lonely planet

Chile & Osterinsel

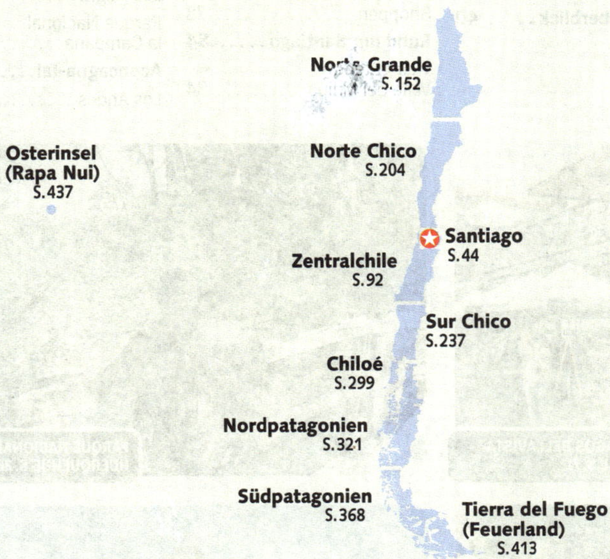

Carolyn McCarthy,
Cathy Brown, Mark Johanson, Kevin Raub, Regis St. Louis

REISEPLANUNG

REISEZIELE IN CHILE

BAS VAN DEN HEUVEL/SHUTTERSTOCK ©

SANTIAGOS BELLAVISTA-VIERTEL S. 71

LARYLITVIN/SHUTTERSTOCK ©

PARQUE NACIONAL HUERQUEHUE S. 261

STEVE ALLEN/SHUTTERSTOCK ©

COLCHAGUA-TAL S. 118

JOSE LUIS STEPHENS/SHUTTERSTOCK ©

IGLESIA SAN FRANCISCO DE CASTRO S. 312

Inhalt

DANITA DELIMONT/GETTY IMAGES ©

AHU TONGARIKI S. 450

REISEZIELE IN CHILE

/GETTY IMAGES ©

EL-TATIO-GEYSIRE S. 171

Inhalt

MUSEO NACIONAL DE BELLAS ARTES S. 53

GREY-GLETSCHER S. 395

Willkommen in Chile

Chiles kolossale Natur ist erstaunlich einfach zu bereisen, wenn man sich Zeit nimmt.

Land der Extreme

Das unheimlich schmale und lange Land erstreckt sich von der Mitte bis zum Fuße Südamerikas, von den trockensten Wüsten der Welt bis zu riesigen Gletscherfeldern im Süden. Auf 4300 km finden sich ausgedörrte Dünen, fruchtbare Täler, Vulkane, Primärwälder, Gletscher sowie Fjorde und jedes Detail ist faszinierend. Besucher sind verblüfft, wenn sie die wilde Natur dieses Landes so intakt vorfinden. Vermutlich wird der Mensch diese Schätze bald gefährden, doch für den Moment wartet Chile mit einigen der unberührtesten Regionen der Welt auf, und man sollte sie sich nicht entgehen lassen.

Weinkultur

Ehe Wein ein Exportgut wurde, stand auf jedem chilenischen Tisch ein schlichtes Weinfass und die Großeltern kümmerten sich um die kleinen Weingärten hinterm Haus. Heute ist Chile ein weltweit beliebter Weinproduzent, dessen vollmundige Rotweine, frische Weißweine und blumige Rosés selbst anspruchsvolle Gaumen zufriedenstellen. Daheim zelebrieren die Chilenen hingegen die Idee von *la buena mesa*. Dabei geht es nicht darum, schick zu sein, sondern um gutes Essen, nette Gesellschaft, entspannte Gespräche und die Blicke, die sich beim Anstoßen begegnen. *Salud!*

Langsame Abenteuer

Für Abenteurer ist in Chile der Weg das Ziel. Eine Radtour über die grobkörnige Carretera Austral kann auf einer Fähre enden, die man sich mit Geländewagen und Ochsenkarren teilt, und eine falsche Abzweigung führt vielleicht zu einem paradiesischen Obstgarten. Schnell übernimmt der Zufall das Steuer und man sollte offen für eine spontane Änderung des Reiseplans sein. Die Einheimischen haben es nie eilig, und vielleicht sollten Besucher es ihnen gleichtun. „Wer sich beeilt, verschwendet seine Zeit", sagt ein patagonisches Sprichwort, das auch das perfekte Mantra der Traveller sein könnte.

La Buena Onda

Chiles enge Grenzen schaffen Vertrautheit. Das von den Anden und dem Pazifik umrahmte Land ist nur 175 km breit und so verwundert es nicht, dass einem immer wieder dieselben Leute begegnen. Wer sich nicht abhetzt, fühlt sich schnell zu Hause, denn hier wird Gastfreundschaft großgeschrieben und die *buena onda* (gute Stimmung) sorgt für Herzlichkeit. In Patagonien trifft man sich gern zu einer Runde *maté*-Tee: Das Ritual der Entspannung und Freundschaftspflege – ein selbstverständlicher Teil der chilenischen Kultur – lädt zum Bleiben und Kontakteknüpfen ein.

Warum ich Chile liebe

Von Carolyn McCarthy, Autorin

Ich habe als Wanderführerin in Chile gearbeitet, das Leben der Pioniere in Patagonien dokumentiert und verbringe jedes Jahr einige Zeit im Süden des Landes. Chiles Natur ist einfach perfekt – die gewaltige, verworrene Wildnis ist in vielen Ecken von Menschenhand immer noch unberührt. Man könnte ein ganzes Leben damit verbringen, all seine wundervollen und wilden Plätze zu erkunden. Es gibt nur noch wenige solcher Orte auf unserem Planeten, aber sie sind von enormer Bedeutung für unsere Gesundheit und das menschliche Leben.

Mehr über unsere Autoren siehe S. 479.

Oben: Carretera Austral (S. 325)

Chile & Osterinsel

Colchagua-Tal
Sonnenverwöhnte Weinberge und Weinproben (S. 118)
Seengebiet
Vulkane, Seen und hügeliges Ackerland (S. 268)
Chiloé
Beeindruckende Überreste von Holzkirchen (S. 299)
Die Carretera Austral
Chiles abenteuerlichster Roadtrip (S. 325)
Torres del Paine
Weltberühmte Granitsäulen (S. 389)
Parque Nacional Patagonia
Guanakos und Kondore (S. 359)
Monumento Natural Los Pingüinos
Magellanpinguine (S. 371)
Puerto Williams
Der südlichste Außenposten des Landes (S. 419)
HÖHEN
4000m
3000m
2000m
1000m
500m
0
CONCEPCIÓN
Chillán
Los Angeles
Parque Nacional Nahuelbuta
TEMUCO
Villarrica
Pucón
VALDIVIA
Osorno
Frutillar
Puerto Varas
PUERTO MONTT
Cochamó
Parque Nacional Puyehue
Parque Nacional Vicente Pérez Rosales
Ancud
Isla Grande de Chiloé
Castro
Chaitén
Quellón
COYHAIQUE
Parque Nacional Patagonia
Cordillera de los Andes
Cordillera de
NEUQUÉN
Bahía Blanca
ATLANTISCHER OZEAN
Comodoro Rivadavia
ARGENTINIEN
El Calafate
Parque Nacional Torres del Paine
Puerto Natales
RIO GALLEGOS
Monumento Natural Los Pingüinos Isla Magdalena
PUNTA ARENAS
Porvenir
Isla Grande de Tierra del Fuego
Parque Nacional Tierra del Fuego
USHUAIA
Puerto Williams
Cabo de Hornos (Kap Hoorn)
STANLEY
Falklandinseln (Islas Malvinas)
35°S
40°S
45°S
50°S
95°W
90°W
85°W
80°W
75°W
70°W
65°W
60°W
55°W

Chiles Top 20

1

Parque Nacional Torres del Paine

1 Ein Ausflug in die Natur tut immer gut, also sollte man seinen Wanderrucksack schnappen und sich durch windige Steppen sowie verschlungene Wälder zu diesen heiligen Granitbergen aufmachen. Die Torres del Paine sind die Hauptattraktion des Parks (S. 389), doch die weite Wildnis hält noch viel mehr bereit. Besucher können zum Grey-Gletscher wandern, das idyllische Hinterland entdecken, den Río Serrano mit dem Kajak erkunden oder den Ausblick vom Paso John Gardner auf das südliche Gletscherfeld genießen.

Großstadtkultur

2 Santiago (S. 44) ist das kulturelle und intellektuelle Zentrum Chiles. In Pablo Nerudas Haus La Chascona können Besucher auf dessen poetischen Spuren wandeln. Es ist der Geliebten des Surrealisten mit dem wilden Haar gewidmet, die seine dritte Frau werden sollte. Massentaugliche Museen wie das Museo Nacional de Bellas Artes und das Museo de Arte Contemporáneo lohnen einen Besuch, bevor man sich an die unkonventionellen Alternativszenen in den Barrios Brasil, Lastarria und Bellas Artes wagt. Unten: Straßenkunst in Bellas Artes

D. JOSEPH MEYER/SHUTTERSTOCK ©

LUCAS VALLECILLOS/ALAMY ©

Moai auf den Osterinseln

3 Zweifellos sind die geheimnisvollen *moai* (große menschenähnliche Statuen) das prägendste Element der Osterinsel (Rapa Nui). Die massiven, auf Steinplattformen thronenden Figuren gleichen kolossalen Puppen auf einer übernatürlichen Bühne und verteilen sich über das gesamte Eiland (S. 437). Sie haben eine mystische Ausstrahlung und stellen vermutlich Stammesvorfahren dar. Das größte Rätsel, nämlich wie die riesigen Statuen von ihrem Herstellungsort auf die Plattformen kamen, ist Gegenstand einer nicht enden wollenden Debatte.

Surfen an der Nordküste

4 Die Surfmekkas Iquique und Arica (S. 188) in Nordchile warten mit anspruchsvollen Tubes auf. Der konstante Wellengang und die perfekten Reefbreaks vor der verlassenen Küste locken das ganze Jahr über Surfer an. Besonders im Juli und August sorgen die gewaltigen hohlen Lefts für einen Ansturm an der Küste. Ins Gepäck gehören Surfschuhe und ein Neoprenanzug, denn die seichten Riffe sind voller Seeigel und der Humboldtstrom sorgt für niedrige Wassertemperaturen.

Unten rechts: Surfen, Arica (S. 192)

PETO LASZLO/SHUTTERSTOCK ©

CHRISTIAN HEINRICH/ALAMY ©

HUGO BRIZARD - YOUGOPHOTO/SHUTTERSTOCK ©

RUBES.FOTOS/SHUTTERSTOCK ©

Die Kirchen von Chiloé

5 Unabhängig davon, wie viele europäische Kathedralen, buddhistische Klöster oder islamische Moscheen man schon gesehen hat, die 16 Holzkirchen – Chiloés UNESCO-Weltkulturerbe (S. 311) – bieten einen unvergleichlichen Anblick. Die architektonischen Schätze warten mit einem Mix aus europäischen und indigenen Elementen sowie unkonventionellen Farben und Strukturen auf. Sie wurden im 17. und 18. Jh.von jesuitischen Missionaren zur Bekehrung von Heiden errichtet. Ihr Überleben zeugt von der Unverwüstlichkeit der Chiloten.

Weinproben

6 Vollmundiger Cabernet und Carménère sind die typischen Rebsorten des Colchagua-Tals (S. 118), einem sonnenverwöhnten Stückchen Erde, das sich zu Chiles erster Adresse für Weinproben gemausert hat. Weinliebhaber und Gourmets werden die schicken Weingüter, Bistros und Luxusunterkünfte der Region lieben. Blumige Weißweine und massentaugliche Rotweine gibt's vor Santiagos Stadttoren in den Weingütern der Täler Casablanca und Maipo, weiter südlich locken ein paar schwere, unprätentiöse Varianten im Maule-Tal.

Ausblick über das Valle de la Luna

7 Von einer gigantischen Düne aus lässt sich hervorragend die untergehende Sonne beobachten, die den Sand in vielerlei Schattierungen taucht und der Wüste vor der Kulisse ferner Vulkane und der gekräuselten Cordillera de la Sal ein surrealistisches Antlitz verleiht. Wenn im Valle de la Luna (S. 169) das Farbspektakel aus intensiven Lila-, Gold-, Rosa- und Gelbtönen beginnt, vergisst man schnell die Besuchermassen, die dieses Ereignis anzieht.

Nationalpark Trifecta in der Región de la Araucanía

8 Der Sur Chico (S. 237) umfasst sieben Nationalparks, darunter die Reserva Nacional Malalcahuello-Nalcas und der Parque Nacional Conguillío, deren dunkle Wüsten aus Vulkanausbrüchen hervorgegangen sind. In der Skisaison punktet der Nationalpark mit verschneiten Pisten und blauem Himmel. Mit dem Parque Nacional Tolhuaca voller Araukarien und farbintensiver Lagunen bilden sie ein eindrucksvolles Trio, das vielfältige Reize in sich vereint und über eine Ausgangsbasis an der Straße nach Longquimay gut zugänglich ist. Unten: Parque Nacional Conguillío (S. 244)

7

JANN/SHUTTERSTOCK ©

8

GEORGE STONE/SHUTTERSTOCK ©

PABLO DE SOUSA FOTOGRAFIA/SHUTTERSTOCK ©

GUAXINIM/SHUTTERSTOCK ©

Elqui-Tal

9 Wer seine lyrische Ader entdecken möchte und die verstorbene Nobelpreisträgerin Gabriela Mistral bewundert, sollte ein paar träge Tage im Elqui-Tal (S. 216) verbringen. Dichtkunst, Pisco, hübsche Dörfer und sternenfunkelnde Nachthimmel prägen die wohltuende Region voller spiritueller Orte, ökologischer Gasthöfe, Aussichtspunkte und kleiner Destillerien. Hier hat man die Möglichkeit, sonnengegarte Gerichte und andine Fusion-Küche mit Kräuteraromen zu kosten, Ballast abzuwerfen und in die Mystik des Tals einzutauchen. Oben links: Vicuña (S. 216)

Skifahren in den Anden

10 Die chilenischen Anden bieten einige der besten Skihänge der südlichen Hemisphäre und des Pulverschneeuniversums. Steile Abfahrten, tolles Panorama, Whirlpool-Partys und jede Menge Après-Ski-Vergnügen warten in den Top-Resorts (S. 91) wie dem Allrounder Portillo, dem günstigen El Colorado und dem schicken La Parva. Das weitläufige Wintersportgebiet Valle Nevado umfasst 2800 ha und in den Termas de Chillán kann man seine müden Muskeln in Thermalbecken entspannen. Oben rechts: Skiresort La Parva (S. 90)

Roadtrip auf der Carretera Austral

11 Die 1240 km lange Carretera Austral (S. 325) durch andines Hinterland mit Parks und Siedlerhöfen wartet mit unzähligen Abenteuern auf und ist der Traum jeden Wanderers. Die staubige Straße ins Nirgendwo wurde in den 1980er-Jahren unter Pinochet gebaut, um Chiles abgelegene Regionen mit dem Rest des Landes zu verbinden. Heute ist die Straße knapp zur Hälfte asphaltiert und es besteht eine Fährverbindung nach Puerto Natales, sodass sie wesentlich zugänglicher geworden ist. Wer Zeit hat, für den lohnen sich Umwege zu Gletschern, Küstendörfern und Bergorten.

Santiagos Essen & Nachtleben

12 Santiagos avantgardistische Restaurants (S. 70) kombinieren klassische Elemente mit innovativen Aromen und setzen so neue Maßstäbe in Sachen südamerikanische Fusion-Küche. Für kulinarische Streifzüge empfehlen sich die Pop-Deco-Bistros in Bellavista, charmante Straßencafés in Lastarria und Luxustempel in Las Condes. Nachts locken laute Kneipen, pulsierende *discotecas*, mit Kerzen beleuchtete Poesiehäuser und das schier unendliche Angebot in Partyvierteln wie Bellavista, Bellas Artes und Lastarria.

Parque Nacional Patagonia

13 Das auch Serengeti des Südkegels genannte Schutzgebiet (S. 359) ist die beste Adresse zur Beobachtung der patagonischen Tierwelt, denn die ehemals heruntergekommene Vieh- und Schaffarm wurde fachkundig in einen international bekannten Modellpark verwandelt. Hier locken Wanderwege zu türkisfarbenen Lagunen, hügeligen Steppen und Bergkämmen, zudem kann man an der Hauptstraße, die zur argentinischen Grenze nahe der Ruta 40 führt, zahlreiche Tiere entdecken.

El-Tatio-Geysire

14 In warmer Kleidung geht's frühmorgens bei eisigen Temperaturen auf eine Wandertour zu den gurgelnden Geysiren, zerklüfteten Kratern und gasspuckenden Fumarolen von El Tatio (S. 171). Das mit 4300 m über dem Meeresspiegel weltweit höchste Geysirfeld ist umgeben von spitzen Vulkanen und mächtigen Bergen. Während die Sonne über den umliegenden Kordilleren aufgeht und sie unvermutet in unwirkliche Rot-, Lila-, Grün- und Blautöne taucht, zischt und ächzt das gigantische Dampfbad und stößt weiße Dampfstrahlen aus.

Puerto Williams, der südlichste Punkt Amerikas

15 Im südlichsten Ort des amerikanischen Kontinents tauschen Jachtbesitzer Geschichten aus und es wartet jede Menge Wildnis. Teil des Reizes ist der Weg hierher über den Beagle-Kanal. Schon wenige Tage nach der Ankunft wird man in Puerto Williams mit Namen gegrüßt. Abenteuerlustige können eine zweitägige Fährfahrt von Punta Arenas mit grandiosem Blick auf herabfallende Gletscher oder eine fünftägige Wanderung auf dem Dientes-de-Navarino-Rundweg (S. 419) durch von steilen Gipfeln gesäumtes Hochland unternehmen.

IVANKONAR/SHUTTERSTOCK ©

Rano Raraku

16 Einen solchen Steinbruch hat wahrscheinlich kein Besucher je in seinem Leben gesehen. Der Vulkan Rano Raraku (S. 449), auch bekannt als „Moai-Kindergarten", lieferte das Material, aus dem die *moai* gefertigt wurden. Man fühlt sich in die frühe polynesische Zeit zurückversetzt, wenn man zwischen den teilweise bearbeiteten Steinen hindurchläuft, die den Südhang des Vulkans einnehmen. Von ganz oben hat man einen atemberaubenden Rundumblick. Im Krater stößt man auf einige stehende *moai* und eine glitzernde Lagune.

Región de los Lagos

17 Auch wenn es der Name vermuten lässt, besteht das Seengebiet nicht nur aus Binnengewässern. Türkisfarbene, blaue und grüne Gletscherseen prägen zwar die Landschaft, sind aber nicht die einzige Attraktion. Hoch aufragende, perfekt geformte Vulkane mit schneebedeckten Gipfeln, charmante Seedörfer, grüne Nationalparks wie der Parque Nacional Huerquehue, jede Menge Outdooraktivitäten und eine einzigartige Latino-Kultur mit deutschen Einflüssen machen den malerischen Allrounder zu einem echten Highlight. Unten: Parque Nacional Huerquehue (S. 261)

16

ABRIENDOMUNDO/SHUTTERSTOCK ©

17

LARYLITVIN/SHUTTERSTOCK ©

NADYARA/SHUTTERSTOCK ©

JEREMYRICHARDS/SHUTTERSTOCK ©

Die Hügel von Valparaíso

18 Generationen von Dichtern, Künstlern, Philosophen und singenden Hafenarbeitern wurden von den bunten *cerros* (Hügeln) in Valparaíso (S. 93) inspiriert. Ein Labyrinth aus verschlungenen Wegen führt zu eindrucksvoller Straßenkunst, tollen Aussichtspunkten und baufälligen Wellblechhütten – ein durch und durch kreativer Ort. Eine Renaissance bringt restaurierte Architektur, Boutique-Hotels und erstklassige Restaurants in den Ort, dessen Seele dicht stehende Häuser, besondere Ausblicke, eine stete Brise und geschäftige Docks prägen.

Monumento Natural Los Pingüinos

19 Jedes Jahr versammeln sich 60 000 Magellanpinguinpärchen vor der Küste von Punta Arenas auf der Isla Magdalena (S. 371). Von der Stadt verkehren eine Schnellfähre und eine Fähre zu der riesigen quäkenden Kolonie. Die Tiere watscheln umher, bewachen ihre Nester, füttern ihre flauschigen Riesenbabys und beäugen misstrauisch jeden Besucher. Vor Ort befindet sich ein historischer Leuchtturm, der in ein interessantes Besucherzentrum umgebaut wurde. Die Pinguine bewohnen die Insel von Oktober bis März.

Isla Robinson Crusoe

20 Die wenig besuchte und schwer zugängliche Isla Robinson Crusoe im Archipiélago Juan Fernández (S. 146) ist einer der schönsten Orte Chiles und ein Traumziel für Geschichtsliebhaber: Alexander Selkirk, der als Vorlage für den fiktionalen Robinson Crusoe diente, verbrachte hier mehrere Jahre als einsamer Schiffbrüchiger. Auch Piraten legten im 17. und 18. Jh. auf der Insel Zwischenstopps ein. Heute erwarten Besucher hervorragende Wandermöglichkeiten, Hummer zum Abendessen und Scuba Diving mit den heimischen Joan-Fernández-Seebären.

Gut zu wissen

Weitere Informationen siehe S. 489

Währung
Chilenischer Peso (Ch$)

Sprache
Spanisch

Visa
Nicht erforderlich für Aufenthalte bis zu 90 Tagen.

Geld
Geldautomaten sind weit verbreitet, außer in der Carretera Austral. Luxushotels sowie einige Restaurants und Geschäfte akzeptieren Kreditkarten. Reiseschecks werden selten angenommen.

Handys
Günstige SIM-Karten gibt's fast überall. Man braucht ein Handy ohne Simlock und mit der GSM-Frequenz 850 oder 1900. In Städten hat man meist 3G- oder 4G-Empfang.

Zeit
Fünf Stunden hinter MEZ, sechs Stunden bzw. fünf Stunden (während der chilenischen Sommerzeit, meist Okt.–Mai) hinter MESZ.

Reisezeit

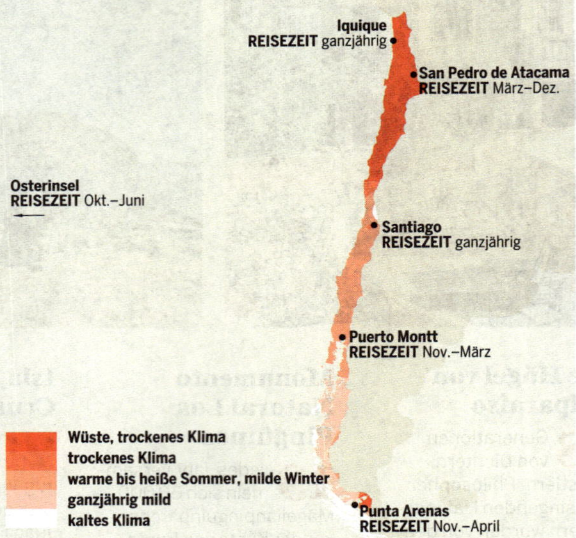

Hauptsaison (Nov.–Feb.)

- Patagonien ist zwischen Dezember und Februar am schönsten (und am teuersten)
- Die Strände sind von Ende Dezember bis Januar völlig überfüllt

Zwischensaison (Sept.–Nov. & März–Mai)

- Angenehme Temperaturen; toll für den Santiago-Besuch
- Das Seengebiet ist von September bis November schön, im April fällt im Süden Herbstlaub
- Im März werden im Weingebiet Trauben geerntet und Feste gefeiert.

Nachsaison (Juni–Aug.)

- Die beste Zeit für die Skiresorts ist von Juni bis August
- Jetzt lohnen sich Reisen in den Norden
- Auf der Carretera Austral ist wenig los und die Bergpässe können durch Schnee blockiert sein
- In den Winterferien (Juli) herrscht überall großer Andrang

Websites

Lonely Planet (www.lonelyplanet.com/chile) Wissenswertes, Hotelbuchung, Forum und mehr.

Sernatur (www.chile.travel/de) Die Nationale Touristenorganisation, auf Spanisch, Englisch, Französisch und Deutsch.

Santiago Times (www.santiagotimes.cl) Englischsprachige Online-Zeitung für ganz Chile.

Chileinfo (www.chileinfo.de) Tourismusportal von Prochile Hamburg, der Wirtschaftsabteilung des chilenischen Generalkonsulates.

Visit Chile (www.visitchile.cl) Allgemeine Touristeninformationen.

Wichtige Telefonnummern

Landesvorwahl Chile	☎56
Internationale Vorwahl	Betreibernummer (drei Ziffern) + ☎0
Auskunft	☎103
Nationale Touristeninformation (in Santiago)	☎562-731-8310
Polizei	☎133

Wechselkurse

Eurozone	1 €	712 Ch$
Schweiz	1 SFr	676 Ch$
USA	1 US$	648 Ch$

Aktuelle Wechselkurse siehe www.xe.com

Tagesbudget

Günstig: Unter 65 000 Ch$

- Preisgünstige *hospedaje*-Zimmer/Schlafsaalbetten: 10 000 Ch$
- Abendessen im Budgetrestaurant: 5000 Ch$
- Mittagsmenü mit drei Gängen: 4000–7000 Ch$

Mittelteuer: 65 000–80 000 Ch$

- Doppelzimmer im Mittelklassehotel oder B&B: 50 000 Ch$
- Abendessen in besseren Restaurants: 8000 Ch$
- Mietwagen bekommt man ab 20 000 Ch$ pro Tag

Teuer: Mehr als 80 000 Ch$

- Doppelzimmer im Luxushotel: 80 000 Ch$
- Abendessen im gehobenen Lokal: 14 000 Ch$
- Ganztägiges Outdoor-Abenteuer mit Guide: 30 000–65 000 Ch$

Öffnungszeiten

Öffnungszeiten werden im Allgemeinen für die Hauptsaison angegeben. In vielen Provinz- und Kleinstädten sind Restaurants und andere Dienstleister sonntags nicht geöffnet und die Touristeninformationen schließen in der Nebensaison.

Banken Mo–Fr 9–14 Uhr, manchmal Sa 10–13 Uhr

Geschäfte 10–20 Uhr, einige schließen 13–15 Uhr

Museen Mo oft geschlossen

Poststellen Mo–Fr 9–18 Uhr, Sa bis 12 Uhr

Regierungsbehörden & private Unternehmen Mo–Fr 9–18 Uhr

Restaurants 12–23 Uhr, viele schließen 16–19 Uhr

Ankunft in Chile

Aeropuerto Internacional Arturo Merino Benítez (Santiago) Es gibt häufige Shuttle-Verbindungen in Santiagos Zentrum (40 Min., 7000 Ch$). Alternativ nimmt man den lokalen Bus (1 Std. bis ins Stadtzentrum, dann Umstieg in die Metro oder den Transantiago-Bus, 1700 Ch$) oder ein Taxi (18 000 Ch$).

Unterwegs vor Ort

Es ist einfach, Chile von Norden nach Süden zu bereisen, denn eine ganze Reihe von Flügen und Bussen verbinden die Städte entlang der Route. Schwieriger ist es, von Ost nach West zu reisen oder sich südlich von Puerto Montt zu bewegen, wo das Land sich in ein Labyrinth auf Fjorden, Gletschern und Bergen verwandelt. Auch hier werden die Straßen aber immer besser. Die Fahrer sind im Allgemeinen höflich und zuverlässig. Mautstraßen sind häufig.

Auto Wer ein eigenes Fahrzeug zur Verfügung hat, kann entlegene Regionen wie Patagonien besser erkunden.

Bus Das beste Verkehrsmittel, um in Chile zu reisen: schnell, mit häufigen Verbindungen, komfortabel, relativ günstig und bedient Städte im ganzen Land. Eignet sich aber weniger, um zu den Nationalparks zu kommen.

Flugzeug Lohnt sich, um auf langen Strecken Zeit zu sparen; in Chile gibt's günstige Tickets

Zug Begrenzt. Einige Strecken in Zentralchile können für Traveller nützlich sein.

Mehr zum Thema **Verkehrsmittel & -wege** siehe S. 501.

Wie wär's mit ...

Urbane Entdeckungen

In den Straßen der quirligen chilenischen Städte Santiago und Valparaiso mit Graffiti, großen Lebensmittelmärkten, engen verwinkelten Treppen und begrünten Museumsvierteln pulsiert das Leben.

La Vega Central Lautstarke Verkäufer bieten zu Türmen aufgeschichtete reife Feigen, Avocados und Cherimoyas an. Auf dem nahegelegenen Mercado Central werden köstliche Mittagsgerichte mit Meeresfrüchten serviert. (S. 58)

Museen von Santiago Das klassische Museo Chileno de Arte Precolombino bildet einen Kontrast zum flippigen Museo de Arte Contemporáneo und dem avantgardistischen Museo de la Moda. (S. 44)

Graffiti-Kunst In den Gassen und auf den steilen Treppen von Valparaíso entdeckt man faszinierende Graffiti, die jeden Spaziergang zu einer Erkundungsreise machen. (S. 93)

Nächtliche Radtour Abends kühlt die Luft ab, der Verkehr lässt nach und die Straßenlichter Santiagos gehen an – perfekt für eine Radtour. (S. 64)

Centro Gabriela Mistral In dem innovativen Kunstzentrum den kulturellen Trends von Santiago nachspüren. (S. 53)

Barrio Recoleta Ein authentisches Stadtviertel abseits ausgetretener Pfade erkunden und großartige lokale Speisen probieren. (S. 58)

Wandern

Chile hat 4000 km Gebirge sowie Wüstengebiete und Regenwald zu bieten, die alle von Trekkingwegen durchzogen sind. Auch weniger bekannte Routen lohnen sich sehr.

Putre Ideale Ausgangsbasis für Wüstentrekking in großen Höhen und weniger überfüllt als San Pedro de Atacama. (S. 199)

Siete Tazas In der Nähe des Weinlandes fließt ein klarer Fluss durch sieben schwarze Basaltbecken. (S. 125)

Cochamó-Tal Durch dieses unberührte Tal mit Wasserfällen und Granit-Panorama führen gut markierte, aber leider recht matschige Wanderwege. (S. 289)

Cerro Castillo Eine Wandertour um den kathedralenartigen Gipfel im Herzen Patagoniens gilt als tolles viertägiges Abenteuer. (S. 347)

Reserva Nacional Lago Jeinimeni
Voller Gegensätze, von sehr anspruchsvollen Rucksacktouren über Bergpässe bis hin zu kurzen Wanderungen zu Felsmalereien. (S. 353)

Tierwelt

Andenkondore kreisen um die Berggipfel, und der kalte Humboldtstrom sorgt für eine vielfältige Unterwasserwelt, zu der u. a. Seelöwen und Blauwale zählen. An Land leben Kamele, jede Menge Vogelarten und der gefährdete Andenhirsch, Chiles Nationalsymbol.

Lago Chungará Rund um den surrealen Spiegelsee im Altiplano hausen zahlreiche Vögel, darunter Flamingos. (S. 202)

Reserva Nacional Las Vicuñas
Über 20 000 Vikunjas (Kamele) bevölkern dieses hochgelegene von Vulkanen umgebene Wüstengebiet. (S. 203)

Chiloé Bei Ancud nisten Magellan- und Humboldtpinguine. Pudus und viele Vögel findet man im Parque Tantauco. (S. 299)

Parque Nacional Patagonia
Ein Refugium für Patagoniens Tierwelt, die von Guanakos über Füchse und Andenkondore bis zu Pumas und Andenhirschen reicht. (S. 359)

Essen & Nachtleben

Im Agrarland Chile dreht sich alles um frische Produkte, angefangen von herrlichen Meeresfrüchten bis hin zu regionalen Weinsorten und Erzeugnissen

SKREIDZELEU/SHUTTERSTOCK ©

Oben: Valle de la Luna (S. 169)

Unten: Rano Kau (S. 449)

im kalifornischen Stil. Das Nachtleben ist rustikal bis vornehm und in der Hauptstadt am spannendsten.

San Pedro de Atacama Den Nachthimmel bewundern an einem der besten Orte der Welt zur Sternbeobachtung. (S. 153)

Santiago Lokale wie Peumayen und Étniko mit ihrem modernen Interieur und innovativer südamerikanischer Fusion-Küche sind eine Bereicherung für die Restaurantszene der Stadt. (S. 44)

Seengebiet Neben deutschen Gerichten gibt's auch *asados* (Barbecues) aus regionalem Rindfleisch, Beerenpasteten und Bio-Sommersalaten. (S. 268)

Stadtviertel von Santiago Partywütige machen in den Tanzhallen der noblen Cafés von Bellavista und Lastarria die Nacht zum Tage. (S. 44)

Patagonien *Cocinas custombristas* zeichnen sich dadurch aus, dass hier Großmütter frische Meeresfrüchte-Eintöpfe zubereiten.(S. 368)

Unvergessliche Landschaften

Schöne Landschaften sind in Chile allgegenwärtig – und decken von Wüsten bis hin zu Gletscherbergen jede Klimazone ab.

Atacama-Wüste Rote Felsschluchten, Kakteengebüsch und kupferfarbene Berge sind ein traumhafter Kontrast zum strahlend blauen Himmel. (S. 153)

Chiloé-Archipel Diese grünen Inseln regen mit ihren Klippen im Westen und den von Stelzenhütten übersäten Buchten im Osten die Fantasie an. (S. 299)

Seengebiet Regengetränkte Hügellandschaften gespickt mit Dutzenden tiefblauen Seen und schneebedeckten Vulkanen als Wachposten. (S. 268)

Patagonische Anden Im tiefsten Süden des Landes erreichen die Anden ihre spektakulärsten Höhen. (S. 389)

Rano Kau Dieser Kratersee mit Blick auf den weiten kobaltblauen Ozean zählt zu den imposantesten Landschaften des Südpazifiks. (S. 449)

Tierra del Fuego Die isolierten Inseln und windgepeitschten Landschaften strahlen eine raue und mystische Atmosphäre aus. (S. 413)

Entlegene Zufluchtsorte

Über 90 % der Einwohner Chiles leben im Zentrum des Landes. Man kann in jede Richtung entfliehen – zur Atacama-Wüste, zur isolierten Carretera Austral und zur kargen Tierra del Fuego. Oder man besucht die Osterinsel, die entlegenste Pazifikinsel.

Belén Precordillera Abseits ausgetretener Pfade antike Piktogramme, alte Kolonialkirchen und zauberhafte Landschaften entdecken. (S. 196)

Nordküste der Osterinsel Der gespenstische Streifen nördlich von Ahu Tahai führt an riesigen *moai* und grünen Hügeln vorbei zum Pazifik. (S. 448)

Raúl Marín Balmaceda Vor den Sandstränden des von Farnen überwucherten, verlassenen Dorfes tummeln sich Otter, Delfine und Seebären. (S. 336)

Caleta Cóndor Ein isoliertes Paradies an einem geschützten Streifen der indigenen Küste nahe Osorno. (S. 269)

Weinanbaugebiete

Koloniale Bodegas, eine frische Meeresbrise und die herrlichen Anden sind die perfekte Kulisse, um köstlichen Wein zu genießen.

Ruta del Vino Der Weg führt zu lokalen Winzern im Weinanbaugebiet rund um Santa Cruz, die Chiles beste Rotweine herstellen. (S. 121)

Weingut Lapostolle In dem noblen und hübschen Betrieb lässt sich das reichste Terroir Chiles kennenlernen. (S. 119)

Casablanca-Tal Ganz in der Nähe von Santiago wird dank des guten Klimas hervorragender Wein produziert. (S. 111)

Museo de Colchagua Nicht die Ausstellung „El Gran Rescate" über die Rettung der 33 Minenarbeiter 2011 verpassen. (S. 119)

Weingut Emiliana Auf dem Bio-Weingut kann man gleichzeitig edlen Wein und schokoladige Desserts kosten. (S. 112)

Lebendige Geschichte

Museen den Rücken kehren und hautnah erleben, wie in alten Kriegsschiffen an der Küste, auf Pionierpfaden und in Chilote-Dörfern (wo nach wie vor Erfindungen der Ahnen genutzt werden) die Geschichte weiterlebt.

Humberstone Die frühere Nitrat-Boomtown und heutige Geisterstadt beflügelt die Fantasie. (S. 186)

Ascensor Concepción Valparaísos Blütezeit kann man bei einer Fahrt mit der ältesten Standseilbahn nachspüren. (S. 98)

Kultstätte Orongo Ein uraltes Dorf im geografischen Zentrum der kuriosen Vogelkultur auf der Osterinsel. (S. 449)

Lago Llanquihue In den historischen deutschen Dörfern rund um den Lago Llanquihue mischt sich lateinamerikanisches Lebensgefühl mit einzigartiger Architektur und deutschen Süßigkeiten. (S. 275)

Mina San José Einen Ausflug zu der Mine unternehmen, in der Bergarbeiter 69 Tage eingeschlossen waren. Die Tour wird von einem der besagten 33 Männer geleitet. (S. 227)

Iquique Hier ankert das alte Marineschiff *Esmeralda*, ein berühmtes Kriegsschiff, das während der Diktatur eine düstere Rolle spielte. (S. 178)

Nordpatagonien Um Palena und Futaleufú die heute ausgetretenden Pfade erkunden, die einst patagonische Pioniere erschlossen. (S. 331)

Pures Adrenalin

Gute Ausrüster, wilde Landschaften, unberührte Natur – Chile ist ideal für Abenteuersportarten. Alpinisten, Kitesurfer und Skifahrer sollten ihre eigene Ausrüstung mitbringen.

Skifahren & Snowboarden Zu Chiles Top-Skigebieten gehören das Valle Nevado, Portillo und das Mekka der Thermalquellen Nevados de Chillán. (S. 90)

Gletscherwege Auf den Grey-Gletscher der Torres del Paine, den San-Rafael-Gletscher oder die Eisberge an der Carretera Austral wandern. (S. 389)

Surfen Pichilemu oder Iquique warten mit einigen der besten Wellen in ganz Südamerika auf. In Buchupureo geht's dagegen etwas ruhiger zu. (S. 122)

Raften & Kajakfahren Der Cajón del Maipo bei Santiago, der Río Petrohué bei Puerto Varas und der erstklassige Río Futaleufú locken mit tollen Bedingungen. (S. 331)

Sandboarden In San Pedro de Atacama und Iquique diesen relativ neuen Sport ausprobieren. (S. 156)

Monat für Monat

TOP-EVENTS

Silvester in Valparaíso, Dezember

Fiestas Patrias, September

Carnaval Ginga, Februar

Campeonato Nacional de Rodeo, April

Tapati Rapa Nui, Februar

Januar

Zum Höhepunkt des Sommers tummeln sich die Chilenen an den Stränden. Jedes Jahr finden in sämtlichen Städten des Landes Feiern mit Livemusik, Festbanketten und Feuerwerk statt. Auch in Patagonien ist jetzt Hauptsaison.

Brotes de Chile

Eines der größten Volksfeste Chiles mit traditionellem Tanz, Essen und Kunsthandwerk findet in der zweiten Januarwoche in Angol statt.

Muestra Cultural Mapuche

Kunsthandwerker, indigene Musik, Essen und rituelle Tänze: Sechs Tage lang dreht sich in Villarrica alles um die Mapuche.

Ruta del Huemul

Am letzten Januarwochenende durchquert eine hundertköpfige Wandergruppe in zwei Tagen die Reserva Nacional Tamango nahe Cochrane. Am besten reservieren.

Santiago a Mil

Das größte Theaterfest (www.stgoamil.cl) Lateinamerikas bringt in Santiago Künstler, internationale Werke und Akrobaten auf die Straße.

Semanas Musicales

Den ganzen Monat zeigen renommierte internationale Ensembles im beeindruckenden Teatro de Frutillar (www.semanasmusicales.cl) im südlichen Frutillar vor einer beeindruckenden Kulisse ihr ganzes Können.

Februar

Der liebste Reisemonat der Chilenen. Weil es vom Norden bis Santiago unerbittlich heiß ist, zieht es die Einwohner in den Süden, besonders nach Pucòn und in das Seengebiet. Die Strände füllen sich und Santiagos Nachtleben verlagert sich nach Viña del Mar und Valparaíso.

Carnaval

Gute Stimmung und Blumenbomben im Bergdorf Putre. Das Fest endet mit der rituellen Verbrennung des *momo*, einer Figur, die für die Frivolität des Karnevals steht.

Carnaval Ginga

Mitte Februar werden in Arica die musikalischen Talente regionaler *comparsas* (Tanzgruppen) präsentiert.

Festival Costumbrista

Castro brüstet sich zur Mitte des Monats mit Chiloés einzigartiger Volksmusik, traditionellem Tanz und Unmengen von Essen.

Festival Internacional de la Canción

Konzertreihe mit vielen Stars: In Viña del Mar treten die Top-Künstler des lateinamerikanischen Pop auf.

Fiesta de la Candelaria

Dieses religiöse Fest Anfang Februar wird am inbrünstigsten in Copiapó gefeiert, wo Tausende Pilger und Tänzer zusammenkommen.

Tapati Rapa Nui

Zu dem unglaublich farbenprächtigen zweiwöchigen Fest auf der Osterinsel gehören Tanz-, Musik- und Kulturwettbewerbe.

März

Ein toller Reisemonat. Die Sommermassen zerstreuen sich und es wird kühler, doch in Patagonien ist es nach wie vor trocken, weniger windig und toll zum Wandern. Im Valle Central beginnt die Traubenernte.

Fiesta de la Vendimia

Santa Cruz feiert die Traubenernte mit Weinständen auf der Plaza, einer Erntekönigin und Volkstanz.

Lollapalooza Chile

60 Bands rocken bei dem internationalen Musikfestival (www.lollapaloozacl.com) Mitte März in Santiagos Parque O'Higgins. Kinder lassen sich im angrenzenden Kidsapalooza zu Punkern stylen.

April

Die Wälder Nordpatagoniens färben sich leuchtend rot und gelb; es ist jeden Tag mit Regen zu rechnen. Fast alle Gäste verlassen den Süden, doch mit Glück kann man noch anständiges Wanderwetter erwischen. In Santiago und im Valle Central herrschen noch angenehme Temperaturen.

Campeonato Nacional de Rodeo

Im April ist in Rancagua die Nationale Rodeomeisterschaft mit Feierlichkei-

Oben: Tapati Rapa Nui (S. 442), Osterinsel

Unten: Carnaval (S. 159), San Pedro de Atacama

ten, *cueca* (spielerischer Tanz, bei dem das Wedeln eines Taschentuchs das Balzen von Hahn und Henne imitiert) und Shows von chilenischen Cowboys.

Juni

Der Winter setzt ein. Jetzt sind die Tage am kürzesten, Nachtleben und Kulturveranstaltungen nehmen zu und die erstklassigen Skiorte rund um Santiago machen sich für die Saison bereit. Eine gute Zeit für einen Besuch der Wüste.

Festival de la Lluvia

Was könnte näher liegen, als den im Seengebiet so reichlichen Winterregen zu feiern? Bei dem kostenlosen einwöchigen Fest in Puerto Varas gehören ein Umzug mit geschmückten Regenschirmen und Livemusik zum Programm.

Fiesta de San Pedro y San Pablo

Das religiöse Fest wird mit Volkstanzgruppen, Rodeo und Prozessionen gefeiert.

Juli

Während der Winterferien sind viele chilenische Familien auf Reisen. In den Skiorten ist jetzt Hauptsaison, und wer sich nach Patagonien wagt, wird mit schönen windstillen Winterlandschaften belohnt.

Carnaval de Invierno

Ende Juli gibt's während der längsten Nächte in Punta Arenas Feuerwerk, Musik und Umzüge.

Festival de la Virgen del Carmen

40 000 Pilger zollen Mitte Juli in La Tirana Chiles Jungfrau Tribut, indem sie auf der Straße in Teufelsmasken samt Hörnern und leuchtenden Augen sowie mit Pailletten besetzten Umhängen tanzen.

August

Die Skisaison endet ebenso wie die Schulferien, deswegen sinken die Zimmerpreise in Urlaubsorten. Im Süden nimmt der winterliche Regen ab.

Festival de Jazz de Ñuñoa

Bei dem kostenlosen Jazzfestival musizieren Chiles beste Jazzkünstler an einem Wochenende Ende August.

Fiesta de Santa Rosa de Lima

Bei dem riesigen katholischen Fest wird am 30. August der hiesigen Heiligen mit einem bunten Straßenumzug gedacht.

September

Der Frühling beschert Santiago milde, sonnige Tage. Es ist Nebensaison, aber eine gute Reisezeit. Rund um den Nationalfeiertag schließen alle Geschäfte und die Menschen feiern ungestüm.

Fiestas Patrias

Mit den Fiestas Patrias in der Woche vom 18. September wird sieben Tage lang überall im Land Chiles Unabhängigkeit gefeiert. Zum Programm gehören große Grillfeste und *terremotos* (starker Weinpunsch).

Oktober

In Nord- und Zentralchile blühen Frühlingsblumen. Eine schöne Reisezeit.

Oktoberfest

Beim Oktoberfest in Puerto Varas und Valdivia gibt's Bier und Live-Blasmusik in Lederhosen.

November

Chiles Süden steht in voller Blüte und das Wetter ist noch frisch. Es lohnt sich, die Strandorte und Patagonien zu besuchen, denn es herrscht wenig Andrang und die Preise bleiben noch rund einen Monat niedrig.

Feria Internacional de Artesania

Auf der riesigen Messe im Parque Bustamante in Providencia zeigen Weber, Töpfer und Künstler Chiles bestes traditionelles Kunsthandwerk.

Dezember

Der Sommer beginnt und die Carretera Austral zieht wieder Touristen an. Da es nach wie vor relativ ruhig zugeht, bieten sich Outdooraktivitäten im Seengebiet und in Patagonien an.

Silvester

Valparaísos größte Feier des Jahres, bei der Menschen auf den Balkonen und Straßen tanzen, trinken und sich sich das Feuerwerk über der Bucht ansehen.

Reiserouten

4 WOCHEN Das volle Programm

In einem Monat führt diese Tour durch die erstaunliche Vielfalt Chiles. Von **Santiago** reist man in die inspirierende Bohème-Hauptstadt **Valparaíso**. Wenn gerade Winter ist, kann man sich in den besten Resorts der Anden wie **Portillo** im Schnee tummeln.

Dann geht's weiter in wärmere Gefilde: Mit dem Flugzeug oder Bus erreicht man das Hochlanddorf **San Pedro de Atacama**. Im stimmungsvollen Altiplano besucht man die Mondlandschaft **Valle de la Luna**, die **El-Tatio-Geysire** und die karge **Reserva Nacional Los Flamencos**. Tagsüber stehen Wandern, Reiten und Vulkanbesteigungen auf dem Programm, während die milden Abende am Lagerfeuer verbracht werden. Oder man reist in die Wüste, fliegt von dort für fünf Tage zur **Osterinsel (Rapa Nui)** und bestaunt die dortigen archäologischen Funde.

Anschließend geht's in den Süden. In **Pucón** locken Rafting, Wanderungen und Thermalquellen inmitten gemäßigten Regenwaldes. Von **Puerto Montt** bietet sich ein Abstecher in die Folklorehauptstadt **Chiloé** oder ein viertägiger Bootstrip durch die Gletscher und Fjorde nach **Puerto Natales** an. Danach dürfte man gut genug in Form sein, um drei Tage bis eine Woche lang das Wandergebiet **Parque Nacional Torres del Paine** zu erkunden.

2 WOCHEN

La Capital & das Weinanbaugebiet

Im Rahmen dieser Tour lernt man die hiesige Weinkultur kennen, die alles von städtischen Weinkellern bis zu Weingütern im Schatten der Anden beinhaltet.

Los geht's in **Santiago** mit einem Spaziergang durch das historische Zentrum, einem Meeresfrüchte-Mittagessen im lauten Mercado Central und einer Besichtigung von La Chascona, Pablo Nerudas Wohnhaus. Anschließend probiert man den Champagner im Bocanáriz oder sieht sich im Centro Gabriela Mistral experimentellen Tanz an.

In den Außenbezirken Santiagos locken vollmundige Rotweine. Im Maipo-Tal lohnt der Besuch der Weingüter **Viña Santa Rita** und **Viña Cousiño Macul**. Probieren sollte man auch die chilenischen Weißweine im **Casablanca-Tal**, wo man im März in den Casas del Bosque sogar bei der Traubenlese mitmachen darf. Toll sind auch die von Tren Sabores del Valle angebotenen Zugfahrten von Santiago nach Santa Cruz mit Weinverkostungen.

Danach geht's nach **Valparaíso**. Hier kann man auf die steilen Hügel klettern, in einem der antiquierten Aufzüge mitfahren, Graffitti bewundern, Nerudas Ferienhaus La Sebastiana besuchen und sich frische Meeresfrüchte schmecken lassen. Im Anschluss wartet etwas Erholung an den Stränden der nahen Ferienorte **Viña del Mar**, **Zapallar** oder **Maitencillo**.

Die Tour endet in Chiles bekanntester Weinregion, dem **Colchagua-Tal**. Nach einer Übernachtung in **Santa Cruz** besucht man am Morgen das Museo de Colchagua und unternimmt eine Kutschfahrt in Viu Manent oder gönnt sich einen erstklassigen Lunch zum Fixpreis im Lapostolle. Im relaxten **Pichilemu** kann man surfen oder die weniger bekannten Weingüter im **Maule-Tal** besuchen.

4 WOCHEN

Patagonien entdecken

Bei dieser vierwöchigen Tour folgt man weitgehend der Carretera Austral, die sich kreuz und quer durch abgelegene Landstriche windet. Die Reise bietet sich im Sommer an, wenn die Verkehrsverbindungen und das Wetter besser sind.

Mit der Fähre geht's von **Puerto Montt** in den **Parque Nacional Pumalín**, wo uralte Waldgebiete und ein Aufstieg zum dampfenden Krater des Volcán Chaitén warten. Danach fährt man über die Carretera Austral nach **Futaleufú**, das mit beeindruckender Landschaft und aufregenden Wildwasserfahrten aufwartet. Lohnenswert sind auch die Thermalquellen bei **Puyuhuapi** und eine Übernachtung im Zelt unter dem hängenden Gletscher im **Parque Nacional Queulat**.

Coyhaique ist das nächste regionale Zentrum. Wer es auf dem riesigen Lago General Carrera bis **Chile Chico** geschafft hat, überquert die Grenze nach **Los Antiguos** und fährt auf Argentiniens Ruta 40 bis nach **El Chaltén**, um dort eine Wandertour rund um den wild gezackten Cerro Fitz Roy zu unternehmen. Für **El Calafate** sind zwei Tage vorgesehen; einer davon für den prächtigen Gletscher **Perito Moreno** im **Parque Nacional Los Glaciares**. Bei der Gelegenheit sollte man sich ein Steak und feurigen Malbec schmecken lassen.

Von El Calafate gibt's eine Busverbindung über **Puerto Natales** zum **Parque Nacional Torres del Paine**. Hier entscheidet man sich entweder für die „W"-Route oder für die einwöchige Trekkingrundtour. Zurück in Natales gönnt man sich Craft-Bier, Entspannung im Whirlpool und leckere Pizza. Wer Zeit hat, nimmt die Navimag-Fähre zurück nach Puerto Montt.

Mit einer Extrawoche ist eine Alternativroute möglich, die Chile Chico auslässt und stattdessen der Carretera Austral zu ihrem südlichen Ende folgt. Nach ein paar Tagen im tollen neuen **Parque Nacional Patagonia**, einer Zuflucht von Guanakos, Pumas und Kondoren, steht **Villa O'Higgins** zum Angeln und Wandern auf dem Plan. Mit der Fähre erreicht man den O'Higgins-Gletscher auf dem südlichen Eisfeld. Von dort geht's per Boot und zu Fuß über die argentinische Grenze nach El Chaltén,.

Oben: Valle de la Luna (S. 169)

Unten: Putre (S. 199)

1 WOCHE

Durch einsame Wüsten

Wie wäre es damit, ein paar Tage unter einem sternenübersäten Himmel zu schlafen und tagsüber Kondore über den Berggipfeln kreisen zu sehen? Dafür braucht man einen Wagen mit Allradantrieb und reichlich Lebensmittel, Wasser und Benzin. Vorher ist an der Playa Cavancha und Playa Huaiquique in **Iquique** aber erst einmal Surfen und ein Tandemgleitschirmflug von den Klippen angesagt. Nach diesem Adrenalinstoß folgt ein gemächlicher Spaziergang durch die Geisterstädte **Santa Laura** und **Humberstone**. Heute kann man sich in den einst florierenden und prächtigen Salpeterstädten zwischen unheimlichen verlassenen Gebäuden umschauen.

Als Nächstes geht's Richtung Norden, vielleicht mit Zwischenstopp in der einsamen Küstenstadt **Pisagua**, die während der Salpeterära ein geschäftiger Hafen und später eine Strafkolonie war. Inzwischen lebt dort allerdings kaum noch jemand. Die Algensammler bei den Ruinen verfallener Villen wirken nahezu poetisch, genau wie der windgepeitschte alte Friedhof auf einem einsamen Hügel.

Heiterer wird es in **Arica**. Unter dem imposanten Felskap El Morro herrschen ideale Surfbedingungen, zudem gibt's ein kleines Museum mit bemerkenswert gut erhaltenen Chinchorro-Mumien. Von der Küste reist man auf dem Highway 11 vorbei an Geoglyphen, Kapellen aus der Kolonialzeit und Bergdörfern zum hübschen Andendorf **Putre**.

Auf schwindelerregenden 3530 m Höhe akklimatisiert man sich ein, zwei Tage und bricht dann zum nahegelegenen UNESCO-Biosphärenreservat **Parque Nacional Lauca** auf, wo der perfekte Kegel des Volcán Parinacota, das winzige gleichnamige Aymara-Dorf, eine Wanderung um den hübschen Lago Chungará und eine beeindruckende Tierwelt warten.

Weiter südlich tummeln sich in der entlegenen **Reserva Nacional Las Vicuñas** Tausende scheue Vikunjas. Noch weiter südlich geht's über schwieriges Gelände durch überwältigende Landschaften und die isolierte Salzebene des **Monumento Natural Salar de Surire**, wo drei Flamingoarten leben (am besten zu sehen von Dezember bis April). Anschließend stehen der extrem abgelegene **Parque Nacional Volcán Isluga** und die Rückkehr nach Iquique auf dem Programm.

Kajakfahren, Futaleufú (S. 331)

Reiseplanung

Outdoor-aktivitäten

Von der ausgedörrten Atacama-Wüste über milde Regenwälder bis hin zu Gletschern im Süden – die vielseitige Geografie Chiles ist wie geschaffen für Aktivitäten im Freien. Mit ausreichend Zeit sind die Möglichkeiten unbegrenzt. Wer auf den Wechsel der Jahreszeiten vorbereitet ist, über die richtige Ausrüstung verfügt und gute Tourveranstalter bzw. Guides findet, hat den Outdoor-Jackpot geknackt.

Nervenkitzel

Wandern im Valle Francés (S. 391)

Das von hohen Gipfeln eingefasste weniger bekannte Tal im Torres-del-Paine-Nationalpark hinterlässt einen bleibenden Eindruck.

Einen Vulkan besteigen (S. 231)

Der Ojos del Salado ist der höchste Vulkan der Welt, aber es gibt noch Dutzende andere.

Die Atacama entdecken (S. 153)

Auf riesige Dünen klettern, Geoglyphen entziffern und sich die Augen reiben.

Surfen in Pichilemu (S. 122)

Die Wellen vor Punta de Lobos gelten als perfekt.

Pulverschnee in Portillo (S. 116)

Steile Pisten und tiefer Schnee – ein Paradies für Snowboarder und Skifahrer.

Tauchen vor der Osterinsel (S. 449)

Im Gewässer rund um die Felsnadel Motu Kao Kao liegt die Sichtweite bei grandiosen 60 m!

Radfahren auf der Carretera Austral (S. 342)

Jeden Sommer unternehmen mehr Radfahrer diese abenteuerliche Reise.

Wandern & Trekking

Der Nationalpark Torres del Paine ist eines der beliebtesten Wanderparadiese des Kontinents, gesegnet mit Gletschern, leuchtenden Seen und Granittürmen. Er ist gut mit öffentlichen Verkehrsmitteln zugänglich und wartet mit zahlreichen *refugios* (Schutzhütten) und Zeltplätzen auf, die ein guter Ausgangspunkt für mehrtägige Wanderungen sind. Um den Besucheransturm zu bändigen, sind gemäß neuer Vorschriften Reservierungen für alle Campingplätze und Lodges auf den Touren „W" und Paine-Circuit notwendig. Eindrucksvoll und herrlich einsam ist auch der Circuito Dientes de Navarino in Feuerland, die Reise dorthin gestaltet sich jedoch schwieriger.

Das Seengebiet bietet unzählige Wanderwege und Traumlandschaften. Im Norden Patagoniens sind im Parque Pumalín tolle Tagestrips möglich; eines der Highlights ist die Wanderung zum Krater-Aussichtspunkt des rauchenden Volcan Chaitén.

Lohnenswerte Zufluchtsorte in Santiago sind das nahegelegene Monumento Natural El Morado und der Parque Nacional La Campana. Reserva Nacional Altos de Lircay in Zentralchile verfügt ebenfalls über tolle Routen. Rund um San Pedro de Atacama und im Parque Nacional Lauca finden sich eine Reihe interessanter Strecken. Mit dem Flugzeug geht's in den Parque Nacional Juan Fernández und auf die Osterinsel.

Aber Trekkingausflüge müssen sich nicht auf die Nationalparks beschränken, bestes Beispiel sind der Sendero de Chile und das touristische Engagement der ländlichen Gemeinden im Süden. Dort werden Ausflüge zu Pferd angeboten. Private Schutzgebiete wie der Parque Tantauco der Insel Chiloé und El Mirador de Chepú sowie der neue Parque Nacional Patagonia nahe Cochrane und schützen herausragende Naturräume.

Einige lokale CONAF-Büros haben brauchbare Wanderkarten. Auch in den für den touristischen Gebrauch konzipierten SIG-Patagon-, Trekking-in-Chile- oder JLM-Karten gibt's eingezeichnete Wege und Infos.

Die umfassende App *Trekking in Chile* (www.fundaciontrekkingchile.cl/programasturismoemocional/trekking chile-app) funktioniert auch offline.

Bergsteigen & Klettern

Chile ist das Land der Bergsteiger und Eiskletterer. Auf sie warten Hunderte von Gipfeln, einschließlich 50 aktiver Vulkane, die vom schlafenden Parinacota auf dem nördlichen Altiplano bis zum schwer besteigbaren Vulkan Ojos del Salado reichen.

Eine eindrucksvolle Kette niedrigerer Vulkankegel erstreckt sich quer durch La Araucania, das Seengebiet und Torres del Paine und beliebte Routen finden sich u. a. am Volcán Osorno mit seinen Eishöhlen. Inzwischen können Eiskletterer auch die in der Nähe von Santiago gelegenen Bergmassive Loma Larga und Plomo erkunden

Für die Besteigung der auf der Grenze gelegenen Gipfel des Pallachatas oder des Ojos del Salado benötigt man eine Genehmigung von der **Dirección de Fronteras y Límites**

(Difrol; Karte S. 48 f.; ☎2-2671-4110; www.difrol.cl; Bandera 52, 4. Stock, Santiago). Eine solche Erlaubnis kann schon vor der Ankunft im Land auf der Website der Grenzschutzbehörde online angefordert werden.

Weitere Infos gibt's bei der **Federación de Andinismo** (Feach; Karte S. 48 f.; ☎2-2222-0888; www.feach.cl; Almirante Simpson 77, Providencia, Santiago; ⏱Mo–Fr 10–14 & 15–20 Uhr; ⓂBaquedano).

Unter www.escalando.cl findet man Routenbeschreibungen und Fotos.

LMSPENCER/SHUTTERSTOCK ©

Surfen, Pichilemu (S. 122)

Ski- & Snowboardfahren

Die chilenischen Anden bieten Weltklasse-Resorts zum Skifahren und Snowboarden. Viele verlangen allerdings auch hohe Preise. Ein neuer Trend sind Erst-Abfahrten an einem der patagonischen Berghänge.

Fast alle Skiorte liegen nur eine Autostunde von Santiago entfernt, darunter das familienorientierte La Parva, El Colorado mit allen Schwierigkeitsgraden und das große Valle Nevado mit der Möglichkeit zum Heli-Skiing. Das legendäre Skizentrum Portillo – Schauplatz so manches Geschwindigkeitsrekords und Sommertrainingsort für Profis – befindet sich nordöstlich von Santiago an der argentinischen Grenze auf Höhe von Mendoza.

Termas de Chillán östlich von Chillán ist ein etwas abgelegener Skiort mit Pisten für Anfänger, und im Parque Nacional Villarrica nahe dem Ferienort Pucón kann man sich die Hänge eines aktiven Vulkans hinabstürzen (das dortige Resort könnte aufgrund der Eruption 2015 aber zeitweise geschlossen sein). Corralco am Volcán Lonquimay verfügt über gutes Terrain für Amateure und Profis sowie exzellenten Zugang zum Hinterland. Von den Vulkanen Osorno und Antillanca östlich von Osorno aus genießt man beim Skifahren einen atemberaubenden Ausblick. Diese südlichen Ferienorte befinden sich oft in der Nähe von Thermalquellen, die nach einem langen Skitag eine echte Wohltat sind. Coyhaique hat sein eigenes kleines Skigebiet, während Punta Arenas mit seinem Meerblick wirbt.

VERANTWORTUNGSVOLLES WANDERN

- Vorsicht mit Lagerfeuern in der windigen patagonischen Steppe.
- Nie über offenem Feuer kochen, sondern mit einem kleinen Butangas-Kocher.
- Müll wieder mitnehmen.
- Wenn es keine Toilette gibt, muss man Fäkalien in einem etwa 15 cm tiefen Loch vergraben, mindestens 100 m von Wasserläufen entfernt. Vor dem Weiterwandern muss es mit Erde oder Steinen abgedeckt werden. Toilettenpapier wieder mitnehmen.
- Zum Waschen biologisch abbaubare Seife verwenden und einen Wasserbehälter mindestens 50 m entfernt von Wasserläufen benutzen.
- Freilebende Tiere niemals füttern.
- Einige Wanderwege erstrecken sich auf Privatgrund. Wer hier durch muss, sollte den Besitzer um Erlaubnis fragen und die Gatter hinterher wieder schließen.

Radfahren, Carretera Austral (S. 325)

Die Skisaison dauert von Juni bis Oktober, wobei der Schneefall im Süden weniger beständig ist. Ausrüstung kann man in Santiago oder in den Skiorten ausleihen.

Unter www.andesweb.com erfährt man alles Wissenswerte über die Skiorte.

Fahrradfahren & Mountainbiken

Von gemütlichen Touren um die Seen bis hin zu rasanten Abfahrten an rauchenden Vulkanhängen hat Chile alles zu bieten. Mountainbiker bevorzugen die Gegend um San Pedro de Atacama, alle anderen sind im Seengebiet gut aufgehoben. Per Fahrrad kann man in abgelegene Gebiete vordringen, die mit öffentlichen Verkehrsmitteln schlecht oder gar nicht zu erreichen sind. Der neue Lago-Llanquihue-Radweg ist beliebt, ebenso wie die Ojos-de-Caburgua-Schleife bei Pucón. Die anspruchsvolle, aber lohnenswerte Route entlang der Carretera Austral hat sich zu einer Kultstrecke für Radler aus aller Welt entwickelt.

Immer mehr Menschen stürzen sich mit Begeisterung in die größte Herausforderung, die Chile zu bieten hat: eine Durchquerung des ganzen Landes. In großen Städten gibt's eigentlich immer Fahrradläden, aber ein eigenes Reparaturset sollte dennoch auf gar keinen Fall im Gepäck fehlen.

Reiten

Den Spuren der chilenischen *huascos* (Cowboys) zu folgen macht Spaß und ist eine gute Möglichkeit, die Wildnis zu erkunden. Für die Pferde sind weder Flussüberquerungen noch Andenberge ein Problem. Heute kann man mühelos in mehreren Tagen über die Anden nach Argentinien reiten – an Stellen, wo es sonst keinen Übergang gibt. Mit Ausnahme des hohen Nordens sind Wanderritte (fast) überall drin.

Dank lokaler Initiativen kann man in vielen Regionen Südchiles geführte Reit- und Trekkingtouren mit Packpferden unternehmen, um entlegene Regionen zu erkunden. Die ortsansässigen Führer verlangen faire Preise, bieten Unterkunft bei ihren Familien und Einblick in ihre Kultur. Veranstalter gibt's in den Tälern von Río Cochamó und Puelo, in Palena und in Coyhaique.

DAS WAR NOCH LÄNGST NICHT ALLES ...

Canyoning In kristallklare Wasserlöcher hüpfen und sich neben rauschenden Wasserfällen abseilen. Besonders schön ist es um Puerto Varas und Pucón.

Baumkronentouren (Canopy-Touren) Nur bei empfohlenen Firmen anmelden! Zur unerlässlichen Ausrüstung gehören ein Klettergurt mit zwei Seilen, die am Kabel hängen (eines dient zur Sicherung), ein Schutzhelm und Handschuhe.

Paragliding & Landsegeln Steile Küstenlandschaften, eine gute Luftströmung und sanft gewellte Dünen machen Iquique zu einem von Südamerikas Top-Zielen für Paraglider. Außerdem kann man in der Wüste Landsegeln und Kitebuggying betreiben.

Fliegenfischen Angler kommen in Massen nach Patagonien und ins Seengebiet, weil sich dort Bach- und Regenbogenforellen sowie atlantische Lachse (eine nicht-endemische Art) im Wasser tummeln. Die Saison dauert von November bis Mai.

Sandboarden Gute Möglichkeiten bieten San Pedro de Atacama und Iquique.

Tauchen Aufregende Tauchspots erstrecken sich rund um den Juan-Fernández-Archipel und die Osterinsel. Entlang der Festlandküste ist Norte Chico eine Option.

Schwimmen Chiles Küstenlinie hat zahlreiche Sandstrände und der Humboldtstrom hält die Wassertemperaturen niedrig. Ausnahme: der äußerste Norden um Arica.

Gute Anbieter haben mehrsprachige Guides und ein breites Spektrum an Serviceleistungen. So können unerfahrene Reiter Praxisunterricht nehmen, bevor sie zu einer längeren Tour aufbrechen. Zu empfehlen sind eintägige oder mehrtägige Ausflüge ab Pucón, Cochamó, Puyehue, dem Elqui-Tal, Hurtado, San Pedro de Atacama und im Nationalpark Torres del Paine. Auch Chiloé ist eine beliebte Anlaufstelle.

Raften & Kajakfahren

Die Vielfalt an Flüssen, Seen, Fjorden und Buchten in Südchile macht das Land zu einem Paradies. Zweifellos sind die Flüsse Weltklasse. Der Río Futaleufú (Klasse IV und V) in Nordpatagonien bietet nach wie vor unvergessliche Wassersporterlebnisse. Tolle – wenn auch technisch weniger anspruchsvolle – Möglichkeiten gibt's bei Pucón und Puerto Varas (Río Petrohué). Ein Abenteuer wert sind auch der Río Simpson und der Río Baker in der Region Aisén.

Der Cajón del Maipo nahe Santiago hat sanfte, aber lohnenswerte Abfahrten. Detaillierte Infos zum Kajakfahren findet man unter www.riversofchile.com.

Agenturen in Santiago, Pucón und Puerto Varas veranstalten Fahrten mit unterschiedlichem Niveau. Es gibt keine offizielle Kontrollbehörde, daher sollte man sich vergewissern, dass die Guides Erste-Hilfe- und Flusssicherheitstrainings absolviert haben und dass die Ausrüstung hochwertig ist. Ein Taucheranzug könnte notwendig sein.

Die Fjorde und Buchten in Südchile sind ein toller Hotspot für Kajakfahrer. Gute Anlaufpunkte liegen im Parque Pumalin und in den Buchten um Chiloé. Beliebt sind zudem Kajaktouren und Stand Up Paddling (SUP) im Seendistrikt.

Surfen & Kitesurfen

Das Land hat Surfern viel zu bieten, vor allem an der Küste im Norden und im Zentrum. In Pichilemu mit seinen hohen Brechern finden die chilenischen Surfmeisterschaften statt. Die perfekte Brandung findet man vielleicht an der linksbrechenden Welle vor Punta de Lobos, Anfänger können sich in La Puntilla austoben. Bei Iquique türmen sich die Wellen an einem seichten Riff, wegen der Seeigel sollte man Gummischuhe tragen. Entlang der Küstenstraße Ruta 1 finden sich unzählige Surfstrände.

Nur bei Arica ist das Wasser einigermaßen warm, weshalb Neoprenanzüge an allen anderen Küstenabschnitten unverzichtbar sind. Die größten Brecher gibt's im Juli. Allzu stürmische Zonen sollten gemieden werden, außerdem sollte man nie allein surfen gehen. Überall lassen sich Bretter mieten oder kaufen und Kurse buchen.

Chile bietet auch viele Möglichkeiten zum Kitesurfen, etwa in Pichilemu und Puclaro (bei Vicuña). Siehe unter www.kitesurf.cl.

Reiseplanung

Mit Kindern reisen

Chile ist ein tolles Reiseland für Familen. Kinder werden im ganzen Land geschätzt, oft bieten sogar Fremde ihre Hilfe an und Hotels sowie Dienstleister sind meist auch sehr familienfreundlich. Die Kleinen können abenteuerlichen Aktiv-Urlaub erleben, zudem gibt's zahlreiche familienorientierte Resorts und Unterkünfte.

Top-Regionen für Kinder

Abenteuer

Rafting auf dem Río Petrohué Bei Puerto Varas (S. 277).

Reiten, Cajón de Maipo Mit Los Baqueanos (S. 87).

Geländepark, Valle Nevado Skiresort (S. 90) mit Grillveranstaltungen für Familien.

Unterhaltung

Lollapalooza Chile, Santiago (S. 65) Hat einen Kinderbereich.

Streifzüge rund um Santiago Kostenlose Touren für Kinder und ein Ausflug in den Parque Bicentenario (S. 61).

Abendessen

Asados in Patagonien Grillveranstaltungen, am besten auf einer *estancia* (Landgut mit Viehwirtschaft).

Imbissbuden in Städten In den Retrorestaurants von Punta Arenas wie dem Fuente Hamburg (S.376) gibt's leckere Burger.

Zufluchtsorte an Regentagen

Museo Interactivo Mirador, Santiago (S. 61) Interaktives Museum.

Teatro del Lago, Frutillar (S. 274) Workshops.

Reiseplanung

Chile könnte kaum kinderfreundlicher sein, trotzdem sollte man auch hier die gleichen Reisevorkehrungen treffen wie anderswo. Oft ist der Eintritt für die Kleinen bei Veranstaltungen kostenlos oder ermäßigt. Die Menschen in öffentlichen Verkehrsmitteln sind hilfsbereit und machen häufig gern Platz für Eltern mit Kindern. Werdenden Müttern stehen zahlreiche ausgewiesene Parkplätze und Sonderschlangen in Lebensmittelgeschäften zur Verfügung.

Spontan eine Betreuung zu finden ist aber nicht einfach. Babysitterservice oder Kinderclubs beschränken sich auf exklusive Hotels und Skiresorts. Natürlich kann man sich von Bekannten, denen man vertraut, einen Babysitter empfehlen lassen.

Milchpulver, Babynahrung und Wegwerfwindeln bekommt man überall. Öffentliche Sanitäranlagen sind in schlechtem Zustand. Man sollte immer Toilettenpapier bei sich haben sowie Hand-Desinfektionsmittel, denn es fehlen oft Seife und Handtücher. Während Frauen mit kleinen Jungen auf die Toilette gehen können, ist es für Männer gesellschaftlich inakzeptabel, ein Mädchen mit auf die Herrentoilette zu bringen.

In Chile gibt's keine besonderen Lebensmittel- und Gesundheitsrisiken. Wer einen empfindlichen Magen hat, sollte Wasser in Flaschen kaufen.

Abenteuer

Aktivitäten wie Radfahren und Wandern machen Kindern Spaß, solange sie ihren Rhythmus selbst bestimmen können. Also das eigene Tempo anpassen, etwas zu essen mitnehmen und einen Plan B haben, falls das Wetter schlecht wird oder die Kleinen ermüden. Oft sind schon die Durchquerung eines Fjords oder eine Fahrt mit der Fähre oder U-Bahn für Kids ein Abenteuer, außerdem lassen sich Aktivitäten für Erwachsene auf Kinder zuschneiden. Bei geführten Ausritten (meist ab acht Jahren), Rafting und Canyoning gibt's oft ein Mindestalter, für Teenager ist die Auswahl jedoch groß.

Ländliche Gegenden bieten Agrotourismus. In manchen Flüssen haben Kinder die Möglichkeit, in einem Reifen zu schwimmen oder zu raften. Vorher sollte man sich allerdings vergewissern, dass die Anbieter Rettungswesten und Neoprenanzüge stellen.

Abendessen

Restaurants haben keine Kinderteller, dafür aber einige schwach gewürzte Speisen. Die Portionen sind riesig, deswegen können sich zwei Kinder bzw. ein Erwachsener und ein Kind gut ein Gericht teilen. Hochstühle gibt's selten. Gewöhnungsbedürftig ist, dass Restaurants nicht vor 19 bzw. 20 Uhr öffnen. Außerdem ist der Service oft langsam. Am besten bringt man eine Zeitschrift oder ein Rätselbuch und Buntstifte mit.

Highlights für Kinder

Santiago

Museen für Kinder, Parks und Winterresorts mit einfachem Terrain, außerdem gibt's jede Menge Kurse für die Kleinen. Im nahen Cajón del Maipo sorgen Öko-Abenteuerparks, Ausritte und Ziplines für aufregende Erlebnisse.

Sur Chico

Hier locken Ausritte, Badeseen, Besuche auf dem Bauernhof, Wassersport und Vulkane. Die besten Ausgangspunkte für eine Erkundung der Region sind Pucón und Puerto Varas. Sie liegen am See und bieten im Sommer Veranstaltungsprogramme für Kinder.

Norte Chico

Resorts am Meer versprechen Strandspaß, Badefreuden und Surfkurse. Kinder lieben die Gezeitenpools am Strand La Piscina in der Bahía Inglesa. Das milde, sonnige Klima eignet sich toll für einen Urlaub am Meer.

REISEPLANUNG

Wer ein Auto mietet, muss vorab um einen Kindersitz bitten, denn diese sind nicht immer verfügbar. Viele Aktivitäten kann man auch einige Tage im Voraus buchen.

Reisezeit

- Im Sommer (Dez.–Feb.) ist gutes Wetter, ideal für Aktivitäten im Freien.
- Die Wüste im Norden kann man das ganze Jahr über bereisen.
- Den Süden in den regenreichsten Monaten (Mai–Juli) meiden.
- Im Winter (Juni–Aug.) können Kids Ski fahren.

Unterkunft

- Hotels gewähren oft Familienrabatt und stellen Kinderbetten.
- In Städten sind Apartmenthotels praktisch und preisgünstig.
- Hütten (oft für Selbstversorger) können im Sommer vielerorts gebucht werden.
- Einige Campingplätze im Süden haben *quinchos* (Grillhütten), in denen man sich bei Regen unterstellen kann.

Das gehört ins Gepäck

- Badesachen, Sonnenhut, warme Kleidung
- Insektenspray ohne Giftstoffe
- Babytragen – nicht überall sind Kinderwagen praktisch.

Chile im Überblick

Das schmale Chile erstreckt sich bis Kap Hoorn und zeigt seine Vielfalt an der Atacama, der trockensten Wüste der Welt, einem Flickwerk aus Weinhängen und Höfen, dem tiefen Grün des Regenwalds sowie dem kühlen Blau der Gletscherfelder. Konstanten sind der aufgewühlte Pazifik im Westen und die zerklüfteten Anden im Osten. Ein Großteil der Bevölkerung lebt in der Landesmitte, wo in Santiago bis in die frühen Morgenstunden etwas los ist. Urbane Coolness verströmt auch das nahegelegene Valparaíso mit seinen engen Gassen voller Graffiti. In jeder Richtung erwarten einen pulsierendes Landleben, Dörfer, in denen die Uhr langsamer zu ticken scheint, und Wildnis, die nur darauf wartet, entdeckt zu werden.

Santiago

Geschichte
Kunst
Nachtleben

Bewegte Vergangenheit

Santiagos Museen dokumentieren Chiles faszinierende Vergangenheit von der frühen Unabhängigkeit bis zum Sturz Salvador Allendes 1973 und zu den Jahren der Militärdiktatur.

Weg der Schönheit

Das Beste von Alt und Neu: Präkolumbische Objekte und chilenische Meisterwerke füllen die traditionellen Museen, Zentren zeitgenössischer Kunst und Galerien zeigen die Werke von Nachwuchskünstlern, Fotografen und Filmemachern.

Partynächte

Chiles lebhafte Hauptstadt zieht Nachteulen an. *Carrete* (Nachtleben) bieten die Bars von Bellavista und im Barrio Brasil, die Cocktail-Lounges von Vitacura sowie Livemusikclubs.

S. 44

Zentralchile

Wein
Strände
Aktivitäten

Weinberg-Magie

¿Tinto o blanco? Chiles gastfreundliche Winzer haben reichlich Rot- und Weißwein. Das Colchagua-Tal ist auf Cabernet Sauvignon spezialisiert, während im Casablanca-Tal köstlicher Chardonnay und Sauvignon Blanc produziert werden.

Küstenabenteuer

Überall an der Küste warten fantastische Wellen förmlich auf Surfer. Zu den Hotspots zählen Pichilemu, Buchupureo und das günstigere Maitencillo.

Anden-Adrenalin

In Chile erstreckt sich über 14 km Südamerikas längster Skihang. Im Sommer locken die Torres del Paine und die Atacama-Wüste Menschenmassen an. Dagegen bleiben die Nationalparks im Zentrum relativ leer.

S. 92

Norte Grande

Landschaften
Aktivitäten
Geschichte

Naturschönheit

Norte Grande wartet mit vielfältiger Landschaft auf, darunter die Höhen des Altiplano und die Wüste mit ihren Sonnenuntergängen und einem sternenübersäten Nachthimmel.

Abenteuerlust

In dieser Gegend gibt's eine gesunde Dosis Adrenalin, etwa beim Wellenreiten in Arica, beim Paragliding vor Iquiques Klippen, beim Sandsurfen rund um San Pedro de Atacama und beim Reiten durch die trockenste Wüste der Welt.

Geister der Vergangenheit

Die Geisterstädte Humberstone und Santa Laura durchstreifen, das historische Schiff *Esmeralda* im Hafen von Iquique erkunden und in Arica die gruseligen Chinchorro-Mumien betrachten.

S. 152

Norte Chico

Strände
Aktivitäten
Architektur

Sonnige Küsten

Eine Reihe schöner Strände wie das quirlige La Serena säumen die Küste von Norte Chico. Es gibt fast unberührte Sandstreifen und hippe Refugien wie das kleine Bahía Inglesa.

Von Vulkanen bis zum Meer

Den höchsten aktiven Vulkan der Welt Ojos del Salado erklimmen, eine Segeltour rund um Bahía Inglesa unternehmen, bei einer Bootstour Humboldtpinguine beobachten und vor der Küste von La Serena surfen.

Koloniale Schätze

Vom kolonialen Charme des grünen La Serena bis zu Calderas neoklassizistischen Herrenhäusern aus der Zeit des frühen Bergbaus bietet Norte Chico eine Menge für Architekturliebhaber.

S. 204

Sur Chico

Parks
Aktivitäten
Seen

Grüne Fluchten

Die Parks dieser Region umfassen die unterschiedlichsten Landschaften. Rund um Pucón liegt fruchtbare Natur und in den Parks warten alpine Seen, Araucaria-Wälder und Skihänge.

Spaß im Freien

Zu den zahlreichen Möglichkeiten der Region gehören Wanderungen sowie Rafting, Kajakfahren im Regenwald, Mountainbiketouren und Vulkanklettern. Pucón ist Chiles Epizentrum für Adrenalinstöße und Puerto Varas ein nahe gelegener Cousin.

Aquatische Landschaften

Tiefblaue und jadegrüne Seen zählen zu den Highlights der Region, aber es gibt auch Thermalquellen wie die verlockenden Termas Geométricas. Die Flüsse sind voller Forellen und reich an Wasserfällen.

S. 237

Chiloé

Kirchen
Kultur
Natur

Das Erbe der Jesuiten

Chiloés Kirchen zählen zum UNESCO-Welterbe. Sie haben eine anbetungswürdige Architektur und wurden im 17. und 18. Jh. für die Jesuiten errichtet.

Inselküche

Die Mythologie und Folklore der Region prägte die Bauart der Kirchen und *palafitos* (Stelzenhäuser), während die hiesige Küche auf prähispanische Kulturen zurückgeht. Meeresfrüchte und Kartoffeln sind sehr beliebt und werden vor allem im *curanto* (Eintopf) verwendet.

Wilde Küsten

Der Parque Nacional Chiloé und der Parque Tantauco schützen Tiere und Regenwald. Magellan- und Humboldtpinguine sieht man am Monumento Natural Islotes de Puñihuil.

S. 299

Nordpatagonien

Kultur
Aktivitäten
Natur

Cowboy-Kultur

Die nördlichste Region Patagoniens ist der entlegenste Teil von Chile und eine Cowboy-Hochburg. Ihre Bewohner versorgen sich autark und leben mit einer launischen Natur.

Entfesselte Natur

Beim Fliegenfischen einen großen Fang machen, auf wilden Flüssen raften oder Reitausflüge ins Hinterland unternehmen. Landschaft und echte Abenteuer bietet die unasphaltierte Carretera Austral.

Wildtierbeobachtung

Das Valle Chacabuco (Parque Nacional Patagonia) ist der beste Ort, um Tiere wie Guanakos und Flamingos zu beobachten. Unweit von Raúl Marín Balmaceda erblickt man vom Kajak aus Delfine und Seelöwen.

S. 321

Südpatagonien

Seefahren
Trekking
Parks

Inseln & Buchten

Segler begründeten den Mythos dieser Kanäle voller Inseln, Wale und Delfine. Heute setzen Fähren nach Puerto Montt und Puerto Williams über und man kann mit Kajaks durch gletschergesäumte Buchten paddeln.

Andische Höhen

Zwischen den Torres del Paine und Argentiniens Fitz-Roy-Massiv erstrecken sich tolle Trekkingrouten, und *refugios* laden zu Pausen ein. Zum Parque Nacional Pali Aike oder zum Cabo Froward führen weniger ausgetretene Wege.

Wilde Landschaften

Gletscher, Felsspitzen und hügelige Steppe: Patagonien ist eine wahre Augenweide. Die Torres del Paine sowie Argentiens Parque Nacional Los Glaciares zählen zu den schönsten Parks.

S. 368

Tierra del Fuego

Wildnis
Geschichte
Landschaften

Wilde Natur

Ob man dem felsigen Rundweg Dientes de Navarino folgt, Pinguine beobachtet oder mit dem Boot zwischen Gletschern und Seelöwen umherfährt – in Feuerland erwacht die Lust auf Abenteuer.

Kulturerbe

Auf der abgelegenen Insel ist die Vergangenheit allgegenwärtig. Das zeigt sich an den Muschelhaufen der Ureinwohner, in Puerto Williams Museo Martín Gusinde oder in Ushuaias altem Gefängnis, dem Museo del Presido.

Freie Aussicht

Von steilen schneebeckten Gipfeln und goldgelben Ebenen bis hin zu labyrinthähnlichen Kanälen – das atemberaubende Feuerland bietet unzählige Möglichkeiten für Trekking, Küstenspaziergänge oder langen Bootsfahrten.

S. 413

Osterinsel (Rapa Nui)

Geschichte
Landschaften
Aktivitäten

Rapa-Nui-Erbe

Rapa Nui ist ein Freiluftmuseum mit archäologischen Überresten aus präeuropäischen Zeiten, darunter *moai* (anthropomorphische Statuen), *ahu* (Plattformen für Zeremonien) und Hügelgräber.

Pazifisches Panorama

Die Kamera nicht vergessen! Besonders spektakulär ist der Blick vom Rand des Kratersees Rano Kau oder bei einer Wanderung über die schöne Halbinsel Poike.

Abtauchen in die Natur

Outdoor-Fans schweben hier im siebten Himmel. Es locken eine Wanderung auf den Maunga Terevaka, Surfkurse, zahlreiche Schnorchel- und Tauchspots sowie Trekking- und Radtouren auf der Halbinsel Poike.

S. 437

Reiseziele in Chile

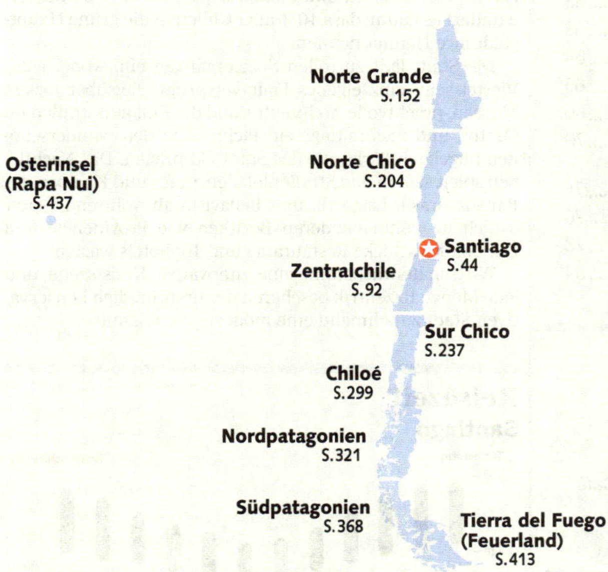

Santiago

☎2 / 7 037 000 EW. / 543 M

Inhalt ➡

Auf nach Santiago!

Santiago überrascht als kosmopolitische, energiegeladene, kultivierte und weltgewandte Stadt voller Kultur, Megapartys, riesiger Museen und erstklassiger Restaurants. Da verwundert es kaum, dass 40 % aller Chilenen die grüne Hauptstadt ihre Heimat nennen.

Die Stadt lädt zu tollen Spaziergängen ein, wobei jedes Viertel sein ganz eigenes Flair versprüht. Tagsüber locken Museen, prachtvolle Architektur und die Einkaufsstraßen im Centro, und nachmittags ein Picknick in den wunderschönen hügeligen Parks, die das Stadtbild prägen. Das Nachtleben spielt sich in den Straßenlokalen, Cafés und Kneipen der Barrios Brasil, Lastarria und Bellavista ab, während weiter östlich in wohlhabenderen Bezirken wie Providencia und Las Condes schicke Restaurants und Tophotels warten.

Wirtschaftswachstum, eine innovative Kunstszene und jede Menge Exzentrik bescheren der ursprünglich konservativen Stadt zunehmend eine moderne Renaissance.

Gut essen

- Boragó (S. 74)
- Silabario (S. 73)
- La Diana (S. 71)
- Salvador Cocina y Café (S. 71)
- Peumayen (S. 72)

Schön übernachten

- Singular (S. 67)
- CasaSur Charming Hotel (S. 69)
- Happy House Hostel (S. 68)
- Hotel Magnolia (S. 66)

Reisezeit

Santiago

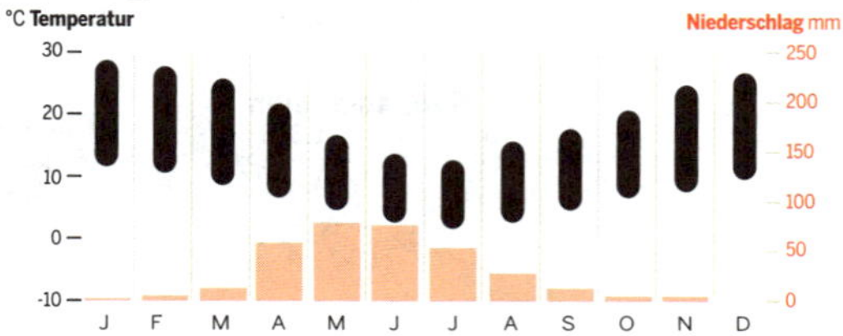

März–Aug. Die Weinernte beginnt und der Juni beschert den Skigebieten Schnee.

Sept.–Nov. Die Fiestas Patrias läuten eine Zeit mit milderen Temperaturen ein.

Dez.–Feb. Im Sommer gibt's Straßenfeste und tolle Unternehmungen auf dem Land.

Geschichte

Bereits 10 000 v. Chr. lebten hier nomadische Jäger und Sammler, aber erst 800 v. Chr. ließen sich Mapuche dauerhaft in der Region nieder. Bald nachdem die Inka die Gegend zu einem bedeutenden Knotenpunkt ihres Straßennetzes gemacht hatten, traf der spanische Soldat Pedro de Valdivia ein, gründete am 12. Februar 1541 die Stadt Santiago de la Nueva Extremadura und zog dann weiter, um die Mapuche im Süden anzugreifen. Die Mapuche der Umgebung wollten das jedoch nicht akzeptieren und zettelten ihrerseits einen Aufstand an. Inés de Suárez, die Geliebte Valdivias und ebenso blutrünstig wie er, übernahm die Verteidigung des Orts und enthauptete höchstpersönlich mindestens einen Mapuche-Häuptling. Trotz ständiger Attacken, Überflutungen und Erdbeben gaben die Konquistadoren Santiago nicht auf und die Stadt wurde größer und größer.

1810 war Santiago Schauplatz der chilenischen Unabhängigkeitserklärung von Spanien und der entscheidenden Schlacht, die die Kolonialmächte 1818 zum Rückzug zwang. Mit ständig wachsender Bevölkerung veränderte sich auch das Bild der Stadt: Es wurden öffentliche Gebäude errichtet, Santiago avancierte zum Zentrum des expandierenden Eisenbahnnetzes und konnte schließlich Anfang des 20. Jhs. Valparaíso als wichtigste Finanzmetropole des Landes ablösen. Nicht alle lebten jedoch im Wohlstand: Verarmte Bauern strömten herbei, und die Oberschicht zog sich in die östlichen Vororte zurück. Die rasche Industrialisierung nach dem Zweiten Weltkrieg schuf zwar viele Arbeitsplätze, aber längst nicht genügend. In der Folge entstanden unzählige illegale Slums, sogenannte *callampas* (Pilze). Sie erhielten diesen Spitznamen, weil sie quasi wie Pilze über Nacht aus dem Boden schossen.

Santiago stand 1973 im Zentrum des Putsches gegen Salvador Allende. In den folgenden finsteren Zeiten wurden Tausende politische Gefangene hingerichtet. Folterzentren und geheime Gefängnisse verteilten sich über die ganze Metropole. Dennoch konnte sich der Militärdiktator General Augusto Pinochet bis 1990 als Präsident an der Spitze des Landes halten. Erst mit der Wahl von Patricio Aylwin zum Präsidenten im selben Jahr lag die Macht wieder in den Händen einer demokratischen Regierung; Pinochet hingegen blieb Oberbefehlshaber des Militärs.

In den 1990er-Jahren vergrößerte sich die Kluft zwischen Arm und Reich, und die soziale Ungleichheit – wenn auch weniger ausgeprägt als in anderen lateinamerikanischen Städten – wird wohl noch eine Weile bestehen bleiben. Bis 2014 erschütterten rund 200 kleinere Anschläge mit einfachen Rohrbomben über einen Zeitraum von zehn Jahren die Hauptstadt. Diese geschahen größtenteils bei Nacht, richteten sich gegen Banken und Regierungsgebäude und wurden höchstwahrscheinlich von anarchistischen Gruppen verübt. Bisher kam dabei nur eine Person (ein Attentäter 2009) ums Leben. Demonstrationen und Streiks von Studenten und Arbeitern sorgen gelegentlich für Unruhe, dennoch gilt Santiago weithin als eine der sichersten Großstädte Lateinamerikas. Das kontinuierliche Wirtschaftswachstum hat eine Art Renaissance eingeleitet. In den letzten Jahren entstanden neue Parks, Museen und supermoderne Wohngebäude. Auch das Flussufer wurde aufgehübscht. Zudem konnten einige großangelegte Projekte umgesetzt werden, etwa der Bau neuer Metrolinien und des Costanera Centers, der höchste Wolkenkratzer Südamerikas. Mit der Ankunft von Immigranten aus Kolumbien, Venezuela, Haiti und der Dominikanischen Republik Ende der 2010er-Jahre ist die Stadt überdies bunter als je zuvor geworden; diese Nationalitäten haben die Peruaner und Bolivianer „abgehängt", die bis dato die meisten Einwanderer auf der Suche nach dem chilenischen Traum gestellt hatten.

Sehenswertes

Dank des Baubooms der letzten Jahre bietet die Hauptstadt ultramoderne Kulturzentren, schicke Museen und große grüne Parks voller farbenprächtiger Skulpturen sowie Einheimischen, die einfach die Sonne genießen. Santiagos Essensmärkte, schattige Wohnbezirke, Straßencafés und lebendige Einkaufsmeilen sind die besten Orte, um die besondere Mischung aus dem für Lateinamerika typischem Trubel und einer eher europäischen Zurückhaltung zu spüren, die diese Metropole ausmacht.

Centro

Das keilförmige Centro ist der älteste und auch der geschäftigste Teil Santiagos. Gesäumt wird es von drei geradezu teuflisch schwer zu überwindenden Grenzen: dem Río Mapocho, der Autobahn Autopista Central (über die nur hier und da mal eine Brücke führt) und der Alameda, deren Mittelgeländer das persönliche Sprungvermögen auf die

Highlights

1 Cerro San Cristóbal (S. 56) Den atemberaubenden Blick über Santiago auf diesem Gipfel genießen.

2 Museo Chileno de Arte Precolombino (S. 50) In diesem interessanten Museum den Wurzeln der chilenischen Kultur und Kunst nachspüren.

3 Mercado Central (S. 70) Leckere *paila marina* (Meeresfrüchteeintopf) probieren und Einheimische beim Einkaufen beobachten.

4 Centro Gabriela Mistral (S. 53) In dem innovativen Komplex für darstellende Künste experimentelle Vorführungen miterleben.

5 Barrio Italia (S. 58) Durch angesagte Einkaufspassagen

streifen und auf üppig beflanzten Terrassen Kaffee trinken.

6 La Chascona (S. 55) Im ehemaligen Wohnhaus Pablo Nerudas auf den Spuren des chilenischen Dichters wandeln.

7 Bellavista (S. 75) In Santiagos Ausgehviertel Nummer eins essen und ausgehen, feiern und tanzen.

8 Valle Nevado (S. 90) Die Hänge von Chiles bestem Skigebiet hinabdüsen.

9 Cajón del Maipo (S. 87) Raften, wandern und Rad fahren in traumhaft schöner Umgebung.

Santiago Zentrum

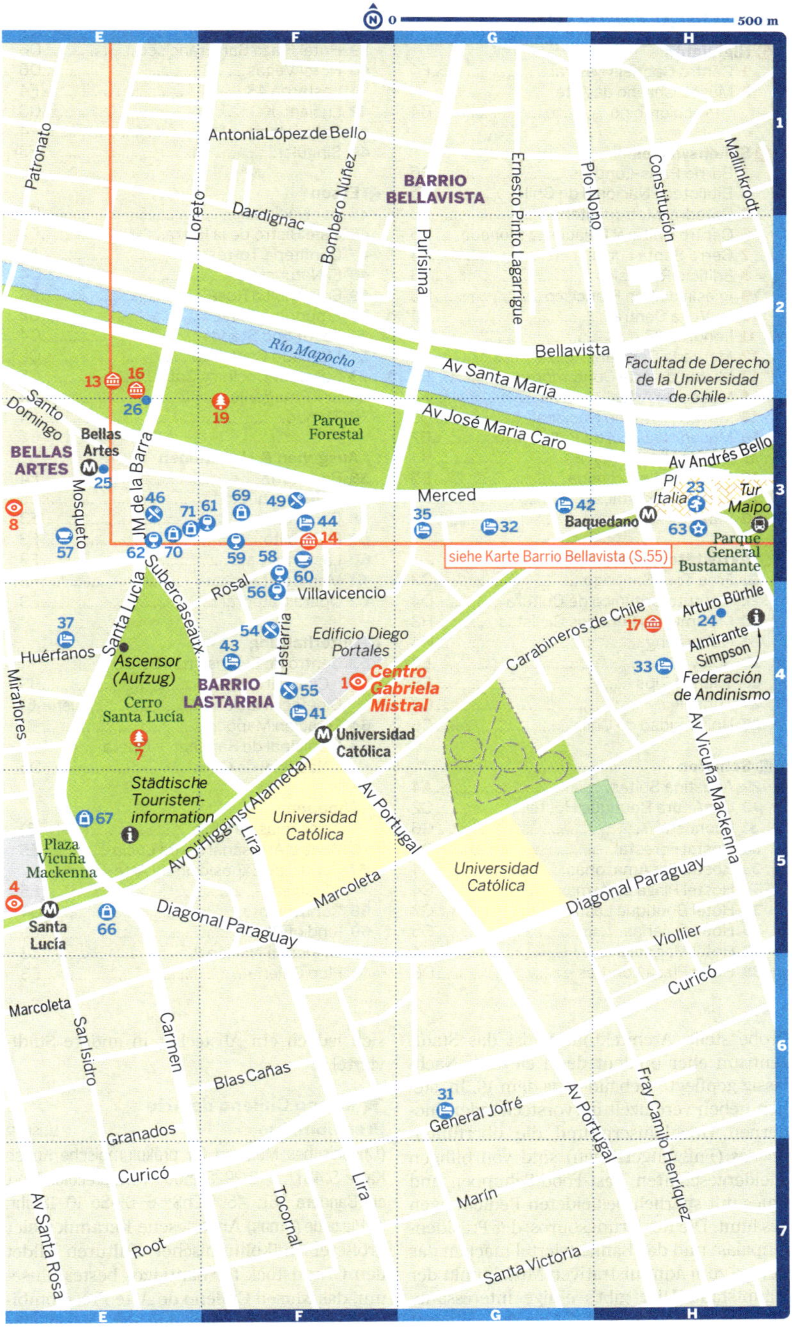
0
500 m
BARRIO BELLAVISTA
BELLAS ARTES
BARRIO LASTARRIA
Río Mapocho
Parque Forestal
Cerro Santa Lucía
Ascensor (Aufzug)
Städtische Touristen-information
Plaza Vicuña Mackenna
Edificio Diego Portales
Centro Gabriela Mistral
Universidad Católica
Universidad Católica
Universidad Católica
Facultad de Derecho de la Universidad de Chile
Pl Italia
Tur Maipo
Parque General Bustamante
Federación de Andinismo
Bellas Artes
Baquedano
Santa Lucía
siehe Karte Barrio Bellavista (S.55)
Patronato
Antonia López de Bello
Dardignac
Loreto
Bombero Núñez
Purísima
Ernesto Pinto Lagarrigue
Pío Nono
Constitución
Mallinkrodt
Bellavista
Av Santa María
Av José María Caro
Av Andrés Bello
Merced
Santo Domingo
Mosqueto
JM de la Barra
Subercaseaux
Santa Lucía
Rosal
Villavicencio
Lastarria
Huérfanos
Miraflores
Carabineros de Chile
Arturo Bürhle
Almirante Simpson
Av Vicuña Mackenna
Av O'Higgins (Alameda)
Lira
Av Portugal
Marcoleta
Diagonal Paraguay
Diagonal Paraguay
Viollier
Curicó
Marcoleta
San Isidro
Carmen
Blas Cañas
General Jofré
Av Portugal
Fray Camilo Henríquez
Granados
Curicó
Lira
Tocornal
Marín
Root
Av Santa Rosa
Santa Victoria
1
2
3
4
5
6
7
SANTIAGO

Santiago Zentrum

Highlights
1 Centro Gabriela Mistral F4
2 Museo Chileno de Arte Precolombino B4

Sehenswertes
3 Barrio París-Londres D6
4 Biblioteca Nacional de Chile E5
5 Catedral Metropolitana C3
6 Centro Cultural Palacio La Moneda B6
7 Cerro Santa Lucía E4
8 Edificio Radicales E3
9 Iglesia de San Francisco D6
10 La Vega Central C1
11 Londres 38 .... D6
12 Mercado Central C2
13 Museo de Arte Contemporáneo E2
14 Museo de Artes Visuales F3
15 Museo Histórico Nacional C3
16 Museo Nacional de Bellas Artes E2
17 Museo Violeta Parra H4
18 Palacio de la Moneda B5
19 Parque Forestal F3
20 Plaza de Armas C3

Aktivitäten, Kurse & Touren
21 Free Tour Santiago C3
22 Instituto Británico de Cultura D4
23 Movimiento Furiosos Ciclistas H3
24 Natalislang H4
25 Spicy Chile E3
26 Tours 4 Tips E3
27 Turistik C3
28 Universidad de Chile C6

Schlafen
29 Agustina Suites A4
30 CasAltura Boutique Hostel C2
31 Ecohostel G6
32 Hostal Forestal G3
33 Hostal Río Amazonas H4
34 Hostel Plaza de Armas C4
35 Hotel Boutique Lastarria G3
36 Hotel Galerías D5
37 Hotel Magnolia E4
38 Hotel Plaza Londres D6
39 Hotel Plaza San Francisco D6
40 Hotel Vegas D6
41 Lastarria 43 .... F4
42 Luciano K G3
43 Poker Hostal F4
44 Singular F3

Essen
45 Bar Nacional B4
46 Café Bistro de la Barra E3
47 Confitería Torres A7
48 El Naturista C4
49 Emporio La Rosa F3
50 Emporio Zunino C2
51 Fast-Food Stands C4
52 Mercado Central C2
53 Salvador Cocina y Café C5
54 Sur Patagónico F4
55 Tambo F4

Ausgehen & Nachtleben
56 Bocanáriz F4
57 Café Mosqueto E3
58 Chipe Libre F3
59 El Diablito F3
60 Lastarria Café F3
61 Mamboleta F3
62 Opera Catedral E3

Unterhaltung
63 Centro de Extensión Artística y Cultural H3
Cineteca Nacional .... (siehe 6)
64 Estación Mapocho B1
65 Municipal de Santiago – Ópera Nacional de Chile D5

Shoppen
Artesanías de Chile .... (siehe 6)
66 Centro Artesanal Santa Lucía E5
67 Centro de Exposición de Arte Indígena E5
68 Contrapunto D4
69 Kind of Blue F3
70 La Tienda Nacional E3
71 Plop Galería E3

Probe stellt. Architektonisch ist das Stadtzentrum eher opulent denn elegant: Nachlässig gepflegte Gebäude aus dem 19. Jh. stehen neben vereinzelt hervorstechenden modernen Hochhäusern und die überfüllten *paseos* (Fußgängerzonen) sind von billigen Kleidergeschäften, Fast-Food-Schuppen und Cafés mit spärlich bekleideten Bedienungen gesäumt. Die Regierungsbüros, der Präsidentenpalast und das Bankenviertel machen das Centro zum administrativen Mittelpunkt der Hauptstadt. Hier gibt's einige interessante Museen, zum Mittag- und Abendessen lohnt sich jedoch ein Abstecher in andere Stadtviertel.

★ Museo Chileno de Arte Precolombino — MUSEUM

(Chilenisches Museum für präkolumbische Kunst; Karte S. 48 f.; ☎ 2-2928-1500; www.precolombino.cl; Bandera 361; 4500 Ch$; ⏲ Di–So 10–18 Uhr; Ⓜ Plaza de Armas) Auserlesene Keramik vieler größerer präkolumbischer Kulturen bildet den Grundstock für Santiagos bestes Museum, das Museo Chileno de Arte Precolombino. Zu den herausragenden Exponaten zählen neben Dutzenden komplex geformter Gefäße in Menschengestalt auch stämmige Steinstelen der Maya, hohe Mapuche-Totems und eine faszinierende Ausstellung mit Textilien aus den Anden.

Ungewöhnlich sind die hölzernen Speispatel, die Schamanen aus dem Amazonasgebiet vor der Einnahme psychoaktiver Pulver benutzten.

Centro Cultural Palacio La Moneda KUNSTZENTRUM

(Karte S.48 f.; ☎ 2-2355-6500; www.ccplm.cl; Plaza de la Ciudadanía 26; Ausstellungen ab 3000 Ch$; ⏲ 9–21 Uhr, Ausstellungen bis 19.30 Uhr; 👪; Ⓜ La Moneda) Der Begriff Untergrundkunst erhält in einem von Santiagos neueren Kulturzentren eine neue Bedeutung, denn das Centro Cultural Palacio La Moneda liegt unterhalb der Plaza de la Ciudadanía. Ein Glasdach versorgt den gewölbeartigen Raum mit natürlichem Licht; Rampen führen durch das zentrale Atrium an der Cineteca Nacional (einem staatlichen Kunstfilmkino) vorbei hinab zu zwei großen Räumen, die für die größten Wechselausstellungen in Santiago genutzt werden.

Die oberste Ebene beherbergt einen Fair-Trade-Kunsthandwerksladen, ein Café und eine Galerie.

Palacio de la Moneda HISTORISCHES GEBÄUDE

(Karte S.48 f.; www.gob.cl/en/guided-tours; Ecke Morandé & Moneda; ⏲ Mo–Fr 9–17 Uhr; Ⓜ La Moneda) GRATIS Das chilenische Präsidialamt ist im Palacio de la Moneda untergebracht. Das verschnörkelte klassizistische Gebäude wurde Ende des 18. Jhs. von dem italienischen Architekten Joaquín Toesca entworfen und war ursprünglich die Münzstätte des Landes. Die inneren Hofanlagen sind in der Regel für Besucher zugänglich; Führungen sind eine Woche im Voraus per E-Mail an visitas@presidencia.cl zu buchen.

Während des Militärputsches 1973 nahm die Nordfassade durch Bombardierung der Luftwaffe schweren Schaden. Präsident Salvador Allende hatte sich geweigert zu fliehen und wurde hier gestürzt. Ihm zu Ehren steht gegenüber auf der Plaza de la Constitución ein Denkmal.

Museo de la Solidaridad Salvador Allende MUSEUM

(Karte S.57; ☎ 2-2689-8761; www.mssa.cl; Av República 475; 1000 Ch$; ⏲ Feb.–Nov. Di–So 10–18 Uhr, Dez. & Jan. Di–So 11–19 Uhr; Ⓜ República) Picasso, Miró, Tàpies und Matta sind nur vier der namhaften Künstler, die dem Museo de la Solidaridad Salvador Allende Werke übereignet haben. Die Sammlung, die als populistische Kunstinitiative unter Allendes Präsidentschaft begann und nach ihm benannt ist, war während der Diktatur ins Ausland ausgelagert und wurde dort zum Symbol des chilenischen Widerstands.

2005 fanden die 2000 Werke schließlich eine neue Heimstatt, als die Fundación Allende dieses stattliche alte Stadthaus kaufte und umbaute. Gelegentlich geht die Dauerausstellung auf Tournee und wird dann von Wechselausstellungen ersetzt. In einem abgedunkelten Raum gibt's eine beklemmende Präsentation persönlicher Gegenstände Allendes. Die Führungen (per E-Mail buchen) zeigen zuweilen auch das Untergeschoss, in dem verknotete Telefonleitungen und Folterinstrumente aus der Zeit zu sehen sind, als das Gebäude noch von der berüchtigten diktatorischen DINA als Abhörstation genutzt wurde.

Plaza de Armas PLATZ

(Karte S.48 f.; Ecke Monjitas & 21 de Mayo; Ⓜ Plaza de Armas) Seit der Stadtgründung im Jahr 1541 ist die Plaza de Armas Santiagos symbolisches Herz. In Kolonialzeiten bildete ein Galgen den gruseligen Mittelpunkt des Platzes, heute ersetzt das Balkengerüst ein von über 100 chilenischen Palmen beschatteter Brunnen zu Ehren des *libertador* (Befreier) Simón Bolívar.

Aus den parallelen Fußgängerzonen Paseo Ahumada und Paseo Estado ergießen sich an den Wochenenden und an sonnigen Nachmittagen massenhaft bummelnde Santiaguinos auf den Platz und lassen sich von Clowns, Musikanten, Luftballonverkäufern und Imbissbuden bei Laune halten.

Mercado Central MARKT

(Zentralmarkt; Karte S.48 f.; www.mercadocentral.cl; Ecke 21 de Mayo & San Pablo; ⏲ So–Do 6–17, Fr bis 20, Sa bis 18 Uhr; Ⓜ Puente Cal y Canto) Im Mercado Central begeistern haufenweise schimmernde frische Fische und Krustentiere auf Bergen von glitzerndem Eis Feinschmecker und Fotografen gleichermaßen. Interessante lokale Spezialitäten sind z. B. *congrio* (Congeraal), *locos* (chilenische Abalone) und *piure* (chilenische Aszidie).

Biblioteca Nacional de Chile BIBLIOTHEK

(Karte S.48 f.; ☎ 2-2360-5272; www.bibliotecanacional.cl; Av B O'Higgins 651; ⏲ Mo–Fr 9–19, Sa 9.10–14 Uhr; Ⓜ Santa Lucía) GRATIS Die chilenische Nationalbibliothek bietet einen eindrücklichen Anblick mit ihren hohen Decken, Kuppeln aus Buntglas, Schachbrettböden und antiken Möbeln. Sie ist eine der größten und ältesten Bibliotheken Lateinamerikas, beherbergt regelmäßig Ausstellungen und bietet sich mit kostenlosem Internet und einem Café für ein Päuschen an.

Palacio Cousiño PALAST

(☎ 2-2386-7449; www.palaciocousino.co.cl; Dieciocho 438; Einlass nur im Rahmen einer Führung; ⏲ Di–Fr 9.30–13.30 & 14.30–17, Sa & So 9.30–13.30 Uhr, letzte Führung 1 Std. vor Schließung; Ⓜ Toesca) „Klotzen statt kleckern" scheint das Leitmotiv beim Bau des überfrachteten Palacio Cousiño gewesen zu sein. Errichtet wurde er zwischen 1870 und 1878 von der prominenten Familie Cousiño-Goyenechea, die durch Weinbau sowie Kohle- und Silberbergbau ein riesiges Vermögen erwirtschaftet hatte. Er bietet einen faszinierenden Einblick in das Leben der chilenischen Elite im 19. Jh.

Säulen aus Carrara-Marmor, ein 500 kg schwerer Kronleuchter aus böhmischem Glas, Möbel aus chinesischem Kirschholz, Goldbesteck und die erste Elektroinstallation des Landes sind nur ein paar Beispiele ihrer Verschwendungssucht.

Catedral Metropolitana KIRCHE

(Karte S. 48 f.; Plaza de Armas; ⏲ Messe 12.30 & 19 Uhr; Ⓜ Plaza de Armas) Die Plaza de Armas wird von der klassizistischen Catedral Metropolitana überragt, die zwischen 1748 und 1800 errichtet wurde. Unter dem opulenten Hauptaltar befindet sich die Krypta mit den Gräbern ehemaliger Bischöfe.

Cerro Santa Lucía PARK

(Karte S. 48 f.; Eingänge Ecke Av O'Higgins & Santa Lucía, Ecke Santa Lucía & Subercaseaux; ⏲ März–Sept. 9–18.30 Uhr, Okt.–Feb. bis 20 Uhr; Ⓜ Santa Lucía) GRATIS Ein nachmittäglicher Spaziergang in dieser wunderschön gestalteten Grünanlage bietet Erholung vom chaotischen Centro. Benjamín Vicuña Mackenna, ein früherer Bürgermeister, ließ den felsigen Hügel im 19. Jh. in einen der schönsten Parks der Stadt umgestalten.

Ein Wegenetz und steile Steintreppen führen über Terrassen hinauf zum Gipfel und zum Torre Mirador. Unterwegs gibt's ein paar Kapellen und einige interessante Gebäude zu sehen. Wer keine Lust auf Bewegung hat, nimmt einfach den kostenlosen Aufzug.

Barrio París-Londres STADTVIERTEL

(Karte S. 48 f.; Ecke París & Londres; Ⓜ Universidad de Chile) Dieses winzige Viertel entwickelte sich aus dem Gelände des Franziskanerklosters Iglesia de San Francisco und besteht aus den zwei gepflasterten Querstraßen París und Londres (London). Sie sind von hübschen europäischen Häusern aus den 1920er-Jahren gesäumt. In der Londres 38 erinnert ein Denkmal an die Regierungszeit Pinochets: Damals diente das Gebäude als Folterzentrum.

Iglesia de San Francisco KIRCHE

(Karte S. 48 f.; Av O'Higgins 834; ⏲ 8–20.30 Uhr; Ⓜ Universidad de Chile) Der erste Stein der nüchternen Iglesia de San Francisco wurde 1586 gelegt, was sie zum ältesten noch erhaltenen Kolonialgebäude in Santiago macht. Ihre massiven Mauern widerstanden einigen gewaltigen Erdbeben, der heutige Glockenturm – 1857 vollendet – ist jedoch bereits der vierte. Wer möchte, kann auch noch das angeschlossene Museum für Kolonialkunst besuchen (1000 Ch$).

Museo Histórico Nacional MUSEUM

(Museum zur Landesgeschichte; Karte S. 48 f.; ☎ 2-2411-7010; www.museohistoriconacional.cl; Plaza de Armas 951; ⏲ Di–So 10–18 Uhr; Ⓜ Plaza de Armas) GRATIS Kolonialmöbel, Waffen, Gemälde, historische Objekte und Modelle dokumentieren im Museo Histórico Nacional Chiles koloniale und republikanische Geschichte. Das Erdgeschoss ist neben einem eher oberflächlichen Überblick zur präkolumbischen Kultur der Eroberung und der Kolonialzeit gewidmet. Das Obergeschoss umfasst die Zeit seit der Unabhängigkeit über Chiles industrielle Revolution bis hin zum Militärputsch von 1973. Das letzte bewegende Exponat ist Allendes zerbrochene Brille.

Museo Violeta Parra MUSEUM

(Karte S. 48 f.; ☎ 2-2355-4600; www.museovioletaparra.cl; Av Vicuña Mackenna 37; ⏲ Di–Fr 9.30–18, Sa & So 11–18 Uhr; Ⓜ Baquedano) GRATIS Violeta Parra war eine der einflussreichsten Folkmusikerinnen auf dem gesamten Kontinent, aber auch eine überaus produktive Künstlerin und die erste Südamerikanerin mit einer eigenen Ausstellung im Louvre. Dieses biografische Museum, eröffnet Ende 2015, zeigt 23 von Parras Stickkunstwerken und widmet sich dem vielseitigen künstlerischen, gesellschaftlichen und kulturellen Erbe der Chilenin.

Londres 38 HISTORISCHE STÄTTE

(Karte S. 48 f.; www.londres38.cl; Londres 38, Barrio Paris-Londres; ⏲ Di–Fr 10–13 & 15–18, Sa 10–14 Uhr; Ⓜ Universidad de Chile) GRATIS Das frühere Ge-

SANTIAGO IN...

...zwei Tagen

Der erste Tag beginnt auf der hektischen **Plaza de Armas** (S. 51) im Herzen der Stadt. Morgens stehen Kunst und Kultur in den Museen im Zentrum auf dem Programm, z. B. im **Museo Chileno de Arte Precolombino** (S. 50). Gegen den Hunger hilft anschließend ein Meeresfrüchtegericht im **Mercado Central** (S. 70), dann geht's hinauf auf den **Cerro Santa Lucía** (S. 52), um die Stadt von oben zu bewundern. Nachmittags bietet sich ein Päuschen zum Leute beobachten in einem der **Cafés im Barrio Lastarria** (S. 71) an. In **Bellavista** (S. 71) empfiehlt sich ein ausgedehntes Abendessen, bevor es zum Feiern (*carrete*) in die Diskotheken des Bezirks geht. Inspiration für den zweiten Tag bietet Pablo Nerudas Haus **La Chascona** (S. 55), gefolgt von weiteren großartigen Aussichten vom Gipfel des **Cerro San Cristóbal** (S. 56). Nach einem Brunch und einer Shoppingtour im **Barrio Italia** (S. 58) lässt man sich im **Chipe Libre** (S. 74) einen Pisco Sour schmecken und sieht sich dann eine Vorstellung im **Centro Gabriela Mistral** (S. 53) – zeitgenössisch – oder im **Municipal de Santiago** (S. 77) – klassisch – an.

...vier Tagen

Am dritten Tag geht's hinaus aufs Land zum **Cajón del Maipo** (S. 87) oder zu den **Weingütern** (S. 84) in der Nähe. Im Winter lockt der Schnee in Tres Valles (S. 90). Am vierten Tag lässt man die Straßenkunst im Arbeiterviertel **Barrio Brasil** (S. 56) auf sich wirken oder genießt zeitgenössische Kunst in den Galerien des schnieken Vitacura, in dem auch das wohl beste Restaurant Chiles angesiedelt ist, das **Boragó** (S. 74). Zum Abschluss wartet eine Weinprobe im renommierten **Bocanáriz** (S. 74) in Lastarria.

fangenenlager ist den dunklen ersten Tagen des Pinochet-Regimes gewidmet. Wer möchte, kann sich einer Führung anschließen.

Die Barrios Lastarria & Bellas Artes

Die beiden hübschen Viertel unweit des Cerro Santa Lucía sind nicht nur Standort von drei der besten Museen Santiagos, sondern auch die Szenetreffs der Stadt. Das Barrio Lastarria östlich des Cerro wurde nach seiner schmalen gepflasterten Hauptstraße Lastarria benannt, in der zahlreiche trendige Bars und Restaurants liegen. Günstigere Cafés und von Bäumen bestandene Grünflächen befinden sich im Barrio Bellas Artes, wie die wenigen Straßenzüge nördlich des Cerro Santa Lucía heute heißen. Hauptachse ist die José Miguel de la Barra.

★ Centro Gabriela Mistral KUNSTZENTRUM

(GAM; Karte S. 48 f.; ☎ 2-2566-5500; www.gam.cl; Av O'Higgins 227, Barrio Lastarria; ⏲ Plazas 8–22 Uhr, Ausstellungsräume Di–Sa 10–21, So ab 11 Uhr; Ⓜ Universidad Católica) GRATIS Das faszinierende Zentrum für Kultur und darstellende Künste ist nach der chilenischen Dichterin Gabriela Mistral benannt, der ersten lateinamerikanischen Literaturnobelpreisträgerin. Der faszinierende Neuling in Santiagos Kunstszene bietet fast jeden Tag Konzerte und Vorstellungen. Die wechselnden Kunstausstellungen im Erdgeschoss, die eindrucksvolle Architektur mit gewölbeartigen und scheinbar schwebenden Elementen im Inneren, die Fassade, die von der Straße her einer rostigen Käsereibe ähnelt, sowie die kleinen Plazas, Wandgemälde, Cafés und mehr lohnen in jedem Fall einen Besuch.

Museo Nacional de Bellas Artes MUSEUM

(Nationalmuseum der Schönen Künste; Karte S. 48 f.; ☎ 2-2499-1600; www.mnba.cl; José Miguel de la Barra 650, Barrio Bellas Artes; ⏲ Di–So 10–18.45 Uhr; Ⓜ Bellas Artes) GRATIS Das Museum der Schönen Künste ist im prachtvollen neoklassizistischen Palacio de Bellas Artes untergebracht, der 1910 als Teil von Chiles Hundertjahrfeierlichkeiten errichtet wurde. Das Museum beherbergt eine hervorragende ständige Sammlung chilenischer Kunst. Täglich ab 10.30 Uhr (bzw. um 12 Uhr im Jan. & Feb.) gibt's kostenlose Führungen auf Spanisch (an ausgewählten Tagen im Feb. auch auf Englisch).

Bemerkenswert sind die Werke von Luis Vargas Rosas. Er ist wie der chilenische Künstler Roberta Matta, dessen Arbeiten hier ebenfalls gut vertreten sind, ein Mitglied der berühmten Gruppe Abstraction-Création.

Museo de Arte Contemporáneo MUSEUM
(MAC, Museum für Zeitgenössische Kunst; Karte S. 48 f.; www.mac.uchile.cl; Ismael Valdés Vergara 506, Barrio Bellas Artes; ⏲Di–Sa 11–19, So bis 18 Uhr; Ⓜ Bellas Artes) GRATIS Das Museo de Arte Contemporáneo im Palacio de Bellas Artes zeigt häufig wechselnde Ausstellungen aus den Bereichen zeitgenössische Fotografie, Design, Bildhauerei, Installationen und Web-Art. Die gepflegten Ausstellungsräume sind das Ergebnis umfangreicher Restaurierungen, die nach Feuer- und Erdbebenschäden nötig wurden. Den Schwerpunkt der ständigen Sammlung bilden chilenische Gemälde aus dem 20. Jh.

Museo de Artes Visuales MUSEUM
(MAVI, Museum für Bildende Kunst; Karte S. 48 f.; ☎2-2664-9337; www.mavi.cl; Lastarria 307, Plaza Mulato Gil de Castro, Barrio Lastarria; 1000 Ch$, So frei; ⏲Di–So 11–19 Uhr; Ⓜ Universidad Católica) Sichtbeton, unbehandeltes Holz und Glas wählte der einheimische Architekt Cristián Undurraga als Materialien für sein verblüffend schlichtes Museo de Artes Visuales. Der Bestand der vier offenen Galerien ist ebenso faszinierend wie das Gebäude selbst: Regelmäßig wechselnde Ausstellungen zeigen moderne Stiche, Skulpturen, Gemälde und Fotografien, alle in erlesener Qualität.

Die Eintrittskarte erlaubt auch den Besuch des im obersten Stockwerk versteckten **Museo Arqueológico de Santiago** (MAS; Archäologisches Museum von Santiago). Der gedämpft beleuchtete Raum mit dunklen Wänden und Holzböden bildet eine atmosphärisch dichte Kulisse für eine kleine, aber hochwertige Sammlung indianischer Diaguita-, San-Pedro- und Molle-Keramik, Mapuche-Schmucks und mehr.

Edificio Radicales KUNSTZENTRUM
(Karte S. 48 f.; www.radicales.cl; Monjitas 578, Barrio Bellas Artes; ⏲variieren je nach Einrichtung; Ⓜ Bellas Artes) Nirgendwo in Santiago kann man in ein und demselben Gebäude eine Kunstgalerie besuchen, sich einen Independent-Film ansehen, in einem Coworking-Bereich eine Runde arbeiten, einen Pisco Sour trinken und außerdem noch ein Sexspielzeug kaufen. Das Edificio Radicales ist ein dreigeschossiges Bauwerk und eine Lieblingsadresse der alternativen Szene. Ehemals war hier die Bar The Clinic (jetzt Bar Radicales) untergebracht.

Parque Forestal PARK
(Karte S. 48 f.; Barrio Bellas Artes; 👪; Ⓜ Bellas Artes) An Wochenendnachmittagen geht's im Parque Forestal, einer schmalen Grünanlage zwischen dem Río Mapocho und der Merced, stets hoch her. Ansonsten tummeln sich dort eher Jogger und Powerwalker.

◎ Barrio Bellavista

Touristen verbinden Bellavista mit Pablo Nerudas Haus und der Marienstatue, die auf dem Cerro San Cristóbal über der Stadt thront. Für Einheimische ist Bellavista hingegen gleichbedeutend mit *carrete* (Nachtleben). Dank der bis zum Morgengrauen dauernden Partys wirken die farbenfrohen Straßen und die gepflasterten Plätze bei Tag

Barrio Bellavista

◎ Highlights
1 Cerro San Cristóbal ... C3
2 La Chascona ... C3

◎ Sehenswertes
3 Patio Bellavista ... C4
4 Patronato ... A4
5 Terraza Bellavista ... C2
6 Zoológico Nacional ... C3

Aktivitäten, Kurse & Touren
7 La Bicicleta Verde ... A4

Schlafen
8 Aubrey Hotel ... C3
9 Bellavista Hostel ... C4
10 Hotel Boutique Tremo ... D4
11 La Chimba ... B3

Essen
12 Azul Profundo ... C4
13 El Caramaño ... B3
14 Etniko ... C4
15 Galindo ... C4
16 Peumayen ... C4
17 Vietnam Discovery ... A3

Ausgehen & Nachtleben
18 Bar La Virgen ... B3
19 Club La Feria ... C3
20 El Clan ... B3
21 Restobar KY ... B2

Essen
22 La Casa en el Aire ... C4

Shoppen
Patio Bellavista ... (siehe 3)
23 Vinomio ... C3

wunderbar verschlafen. Hier kann der Stadtplan getrost in der Tasche bleiben: Die begrünten Wohnstraßen östlich der Plaza de la Constitución eignen sich bestens für einen Spaziergang aufs Geratewohl, während die Straßenzüge westlich davon mit ihren vielen Graffitis ein Paradies für Fotografen sind.

★ **La Chascona** HISTORISCHES GEBÄUDE

(Karte S. 55; ☎ 2-2777-8741; www.fundacionneruda.org; Fernando Márquez de La Plata 0192; Erw./Stud. 7000/2500 Ch$; ⏲ Jan. & Feb. Di–So 10–19 Uhr, März–Dez. Di–So bis 18 Uhr; Ⓜ Baquedano) Als der Dichter Pablo Neruda ein geheimes Liebesnest für sich und seine Geliebte Matilde Urrutia brauchte, ließ er La Chascona errichten. Den Namen („die Ungekämmte") erhielt das Haus wegen Matildes schwer zu bändigenden Haares. Neruda liebte das Meer, dementsprechend ließ er das Esszimmer wie eine Schiffskajüte und das Wohnzimmer wie einen Leuchtturm gestalten.

Audiotouren (auf Englisch, Französisch, Deutsch, Portugiesisch und Spanisch) erläutern die Geschichte des Gebäudes und erklären die Sammlung aus Buntglas, Muscheln, Möbeln und Kunstwerken von berühmten Freunden. Leider ging vieles verloren, als das Haus während der Diktatur geplündert wurde. Die Fundación Neruda, die Nerudas Do-

Barrio Bellavista

mizile verwaltet, hat hier ihren Hauptsitz und betreibt einen wunderbaren Andenkenladen.

★ Cerro San Cristóbal PARK

(Karte S.55; www.parquemet.cl; Pio Nono 450) Die Gipfel und Aussichtspunkte im **Parque Metropolitano**, besser bekannt als Cerro San Cristóbal, bieten den besten Blick über Santiago. Mit 722 ha ist dies die größte Grünanlage in Santiago, die aber immer noch eindeutig urbanes Flair verströmt: Eine Standseilbahn transportiert Passagiere auf einer Seite durch verschiedene gepflegte Parkabschnitte, auf der anderen Seite schwebt man im Teleférico (Drahtseilbahn) darüber hinweg.

Auf dem *cumbre* (Gipfel) der Bellavista-Seite des Parks ragt die schneeweiße 14 m hohe Statue der **Virgen de la Inmaculada Concepción** empor. Bänke zu ihren Füßen erinnern daran, dass Papst Johannes Paul II. im Jahr 1984 hier unter freiem Himmel die Messe las. Hierher gelangt man über eine steile, unbefestigte Serpentinenstraße oder mit der **Standseilbahn** (http://funicularsantiago.cl; Erw./Kind einfache Strecke ab 1500/1000 Ch$, hin & zurück ab 2000/1500 Ch$; ⌚ Di–So 10–18.45, Mo 13–18.45 Uhr; Ⓜ Baquedano) ab der Plaza Caupolicán, wo sich außerdem ein Infokiosk für Touristen befindet. Alternativ betritt man den Park von der Pedro de Valdivia her und kauft ein Ticket für den **Teleférico** (www.parquemet.cl; Parque Metropolitano; wochentags/Wochenende einfache Strecke 1910/2290 Ch$; ⌚ Di–So 10–19 Uhr; Ⓜ Baquedano).

Weitere Attraktionen auf dem Berg sind der Zoológico Nacional (Nationalzoo), der **Jardín Botánico Mapulemu** (Botanischer Garten Mapulemu), die kinderfreundliche **Plaza de Juegos Infantiles Gabriela Mistral** mit einem hübschen Holzspielplatz und einem interaktiven Springbrunnen sowie die zwei großen öffentlichen Schwimmbäder **Piscina Tupahue** (S. 63) und **Piscina Antilén** (S. 63). Der kleine, perfekt gestaltete **Jardín Japonés** (Japanischer Garten) erstreckt sich oberhalb des Eingangs an der Pedro de Valdivia.

Nahe der Bergstation der Standseilbahn befindet sich die **Terraza Bellavista** (Karte S.55; Parque Metropolitano; Ⓜ Baquedano) mit Snackständen und grandiosem Blick über die Stadt. Der Metropolitano liegt nördlich von Bellavista und Providencia; Zugang hat man von beiden Vierteln.

Patio Bellavista STADTVIERTEL

(Karte S.55; www.patiobellavista.cl; Constitución 30–70; ⌚ So–Mi 10–2, Do–Sa bis 4 Uhr; Ⓟ; Ⓜ Baquedano) Gehobene Restaurants und noble Andenkenläden, die sich rund um diesen großen Hof gruppieren, sind der sichtbare Versuch von Stadtplanern, den ramponierten Charme des Viertels etwas aufzupeppen. Die Website listet den aktuellen Veranstaltungskalender auf, samt Livekonzerten und Theatervorstellungen.

Zoológico Nacional ZOO

(Nationalzoo; Karte S.55; ☎ 2-2730-1368; www.parquemet.cl/zoologico-nacional; Parque Metropolitano; Erw./Kind 3000/1500 Ch$; ⌚ Di–So 10–17 Uhr; Ⓜ Baquedano) Im wenig attraktiven Zoológico Nacional leben ein paar vernachlässigte, in die Jahre gekommene Tiere. Allerdings ist er der einzige Ort im Land, in dem Besucher garantiert den Pudu zu sehen bekommen, die kleinste Hirschart der Welt. Die Seilbahn hält nur auf dem Weg hinauf am Zoo, nicht auf dem Weg hinab.

Die Barrios Brasil & Yungay

Beim Bummel durch die etwas verschlafenen Viertel westlich des Zentrums, der einer Reise in die Vergangenheit gleichkommt, darf der Stadtplan im Rucksack ruhig fehlen, nicht jedoch der Fotoapparat. Mit lebendiger Straßenkunst, rebellischen Studenten, baufälligen altmodischen Häusern, rustikalen Märkten und kleinen Imbissläden bieten die *barrios históricos* (historische Stadtviertel) einen charmanten Gegensatz zur hochgestochenen Glitzerwelt in Santiagos Geschäftsbezirken. Touristische Sehenswürdigkeiten sind zwar Mangelware und abends geht's recht zwielichtig zu, doch dafür vermittelt die Gegend Eindrücke einer verblichenen Pracht, wie sie nirgendwo sonst in der chilenischen Hauptstadt zu finden ist.

Eine Andentanne beschattet die **Plaza Brasil**, das grüne Herz des Viertels. Allmählich schwappt eine Welle der Stadterneuerung in die umgebenden Straßen, wo immer mehr Bars und coole Hostels aus dem Boden schießen. So gar nicht zu all den Autozubehörläden zwischen dieser Gegend und der Alameda passen will das winzige **Barrio Concha y Toro**, ein bezaubernder kleiner Platz mit gepflasterten Straßen und Art-déco- sowie Beaux-Arts-Villen.

★ Museo de la Memoria y los Derechos Humanos MUSEUM

(Museum des Gedenkens & der Menschenrechte; Karte S.57; ☎ 2-2597-9600; www.museodelamemoria.cl; Matucana 501, Barrio Yungay; ⌚ Di–So 10–18 Uhr; Ⓜ Quinta Normal) GRATIS Für Menschen mit schwachen Nerven ist dieses 2010 eröffnete Museum eindeutig nicht geeignet: Die

Barrios Brasil & Yungay

Barrios Brasil & Yungay

Highlights
1 Museo de la Memoria y los Derechos Humanos ... A1

Sehenswertes
2 Museo de Arte Contemporáneo Espacio Quinta Normal ... A2
3 Museo de la Solidaridad Salvador Allende ... C4
4 NAVE ... B2
5 Parque Quinta Normal ... A2

Schlafen
6 Happy House Hostel ... D2
7 La Casa Roja ... C2

Essen
8 Las Vacas Gordas ... C2
9 Palacio del Vino ... C2
10 Peluquería Francesa ... B2
11 Squella Restaurant ... C2

Ausgehen & Nachtleben
12 Baires ... C2
13 Blondie ... B3
14 Cerveceria Nacional ... B2

Unterhaltung
15 Centro Cultural Matucana 100 ... A2
16 El Huaso Enrique ... A2

Ausstellungen widmen sich den schrecklichen Menschenrechtsverletzungen und dem „Verschwinden" vieler Chilenen in den Jahren 1973 bis 1990 unter der Militärregierung.

Zweifellos schockiert es, Details über die 40 000 Opfer von Folter und Exekutionen zu erfahren, doch es hilft den Besuchern auch, die bewegte Landesgeschichte zu verstehen.

NAVE KULTURZENTRUM

(Karte S. 57; www.nave.io; Libertad 410, Barrio Yungay; ⌚ variieren je nach Veranstaltung; Ⓜ Quinta

Normal) Die Eröffnung des NAVE 2015 zeugt davon, dass sich das Barrio Yungay zu einem wichtigen Kunstzentrum mausert. Die Künstler, die in dem innovativen Kulturzentrum in einer Villa aus dem 20. Jh. wohnen, sind dazu angehalten, ihre Arbeiten aus den Bereichen Tanz, Performance-Kunst, Musik und Theater der Öffentlichkeit zu präsentieren. Da es nur 146 Sitzplätze gibt, darf man sich bei allen Events auf eine intime Atmosphäre freuen.

Parque Quinta Normal PARK
(Karte S. 57; Barrio Yungay; ⌚ April–Nov. Di–So 7–19.30 Uhr, Dez.–März bis 20.30 Uhr; Ⓜ Quinta Normal) Spaziergänge, Picknicks, Tretbootfahrten, Fußballspiele (*fútbol* auf Spanisch) und leidenschaftliche Sonntagsreden gehören zu den beliebtesten Aktivitäten im 40 ha großen Parque Quinta Normal, der westlich des Barrio Brasil liegt. Außerdem gibt's mehrere Museen, die jedoch leider nicht mit dem in der Stadt sonst üblichen Standard mithalten können.

Museo de Arte Contemporáneo Espacio Quinta Normal MUSEUM
(Museum für Zeitgenössische Kunst, Außenstelle Quinta Normal; Karte S. 57; ☎ 2-2977-1765; www.mac.uchile.cl; Matucana 464, Quinta Normal; ⌚ Di–Sa 11–19, So bis 18 Uhr; Ⓜ Quinta Normal) GRATIS Diese Filiale des Museo de Arte Contemporáneo im Stadtzentrum präsentiert unkonventionelle und experimentelle Ausstellungen. Sie ist im **Palacio Versalles** untergebracht, der 2004 zum nationalen Denkmal erklärt wurde.

⊙ Barrio Italia

Im letzten Jahrzehnt hat sich das Barrio Italia in das dynamischste Viertel Santiagos verwandelt. Dazu tragen die vielen ausgefallen-hippen Cafés, Galerien mit provokanter Kunst und hippen neuen Hotels entlang der parallel verlaufenden Avenidas Italia und Condell bei. Es ist eines der Zentren der aufstrebenden lokalen Cafészene, weshalb man hier wunderbar Mittagessen gehen und brunchen kann – im Barrio Italia ist sogar sonntagmorgens etwas los.

Ein weiteres schlagkräftiges Argument für einen Besuch des Viertels sind die Einkaufsmöglichkeiten. Unabhängige Buchhändler, Restaurateure und hiesige Modedesigner verkaufen ihre Waren „made in Chile" in kleinen Einkaufspassagen, die an Labyrinthe erinnern und sich über die Räumlichkeiten historischer Gebäude erstrecken. Obwohl die Gegend so angesagt ist, hat sie sich viel von ihrem ursprünglichen Arbeiterviertelflair bewahrt.

⊙ Providencia

Je weiter östlich vom Centro gelegen, desto feiner werden Santiagos Stadtteile. Providencia, traditionell ein Viertel der oberen

ABSTECHER

BARRIO RECOLETA

Geschäftige koreanische Lokale und nahöstliche Imbisse, ein lebendiger Markt voll reifer Früchte, ein buntes Durcheinander von Straßenhändlern und eine angesagte Cocktail-Lounge – all das findet man in diesem aufstrebenden Viertel unmittelbar westlich von Bellavista, das sich etwas abseits der Touristenwege erstreckt. Folgende Adressen lohnen einen Besuch:

Restobar KY (Karte S. 55; ☎ 2-2777-7245; www.restobarky.cl; Av Perú 631; ⌚ Di–Sa 20–2 Uhr; Ⓜ Cerro Blanco) Eine eindrucksvolle, vom südostasiatischen Flair des Barrio inspirierte Cocktailbar.

La Vega Central (Karte S. 48 f.; www.lavega.cl; Ecke Nueva Rengifo & Antonia López de Bello; ⌚ Mo–Sa 6–18, So 7–14 Uhr; Ⓜ Patronato) Himbeeren, Quitten, Feigen, Pfirsiche, Khakifrüchte, Zimtäpfel… alles, was in Chile wächst, ist hier zu finden.

Patronato (Karte S. 55; begrenzt von der Av Recoleta, Loreto, Bellavista & Dominica; Ⓜ Patronato) Dieses *barrio* im *barrio* wird in etwa von den Straßen Recoleta, Loreto, Bellavista und Dominica begrenzt und ist das Zentrum von Santiagos Einwanderern, insbesondere der Koreaner, Chinesen und Araber.

Vietnam Discovery (Karte S. 55; ☎ 2-2737-2037; www.vietnamdiscovery.cl; Loreto 324; Hauptgerichte 7000–11 000 Ch$; ⌚ Mo–Sa 13–24, So bis 16 Uhr; ✎; Ⓜ Patronato) Ein französisch-vietnamesisches Paar eröffnete dieses herrlich designte Restaurant (u. a. dekorative Buddhas) – von der bescheidenen Fassade sollte man sich nicht irreführen lassen.

Barrio Italia

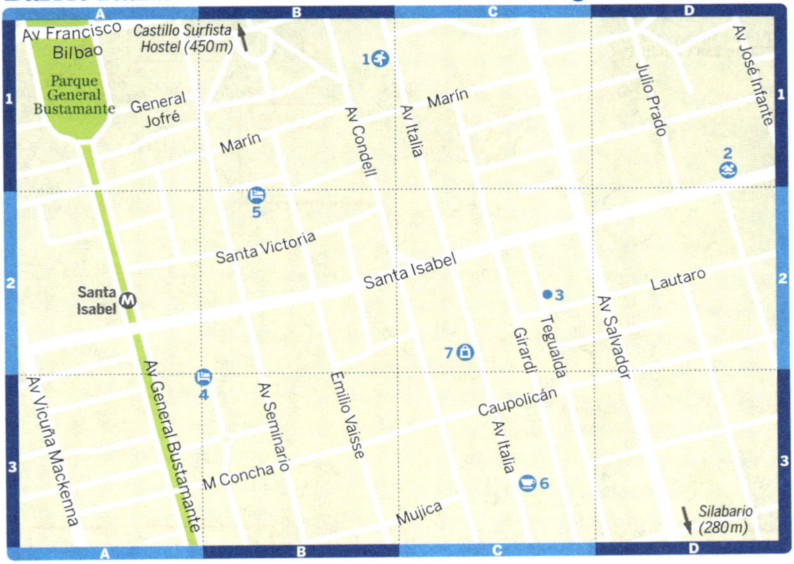

Mittelschicht, ist recht arm an Sehenswürdigkeiten, aber dafür sehr reich an Ausgehmöglichkeiten. Die Hochhäuser aus den 1970er- und 1980er-Jahren in der Hauptstraße Avenida Providencia machen ästhetisch gesehen nicht viel her, doch manche bergen faszinierende *caracoles* (altmodische Einkaufszentren). In den Wohnstraßen der Umgebung sind ein paar wunderbare Häuser aus dem frühen 20. Jh. erhalten geblieben und es gibt einige gepflegte Fahrradwege.

Parque de las Esculturas PARK

(Skulpturenpark; Karte S. 60; Av Santa María 2205; 8–19 Uhr; M Pedro de Valdivia) GRATIS Direkt an der Nordseite des Río Mapocho befindet sich eine Grünanlage mit über 30 einzigartigen Skulpturen von bekannten chilenischen Künstlern.

Las Condes, El Golf & Vitacura

Funkelnde Hochhäuser, gut gesicherte Apartmentblocks und nagelneue Einkaufszentren: Las Condes soll das internationale Gesicht des starken und kontinuierlichen Wirtschaftswachstums von Chile werden. In der westlichsten Ecke von Las Condes, bekannt als Barrio El Golf, sind schicke Restaurants, Luxushotels und bildschöne Villen angesiedelt. In dem noch feineren Stadtviertel Vitacura weiter nördlich verläuft die exklusivste Einkaufsstraße von Santiago, die Avenida Alonso de Córdova. Dort findet man des Weiteren noble Bars und Restaurants. Der augenzwinkernde Spitzname „Sanhattan" bezeichnet den Finanzdistrikt rund um das Costanera Center, das höchste Gebäude Südamerikas. Die Viertel der Oberschicht verströmen nicht den Charme anderer Bezirke, dafür gibt's Mode, Shoppingmöglichkeiten und gute Restaurants und man wird erwartungsgemäß viele Geschäftsleute antreffen.

Barrio Italia

Akivitäten, Kurse & Touren

1 Casa Boulder B1
2 Centro Deportivo Providencia D1
3 Upscape Travel C2

Schlafen

4 CasaSur Charming Hotel B3
5 Hostal Chile Pepper B2

Ausgehen & Nachtleben

6 Xoco Por Ti Chocolate Bar C3

Shoppen

7 Estacion Italia C2

Providencia

Providencia

Sehenswertes
1 Parque de las Esculturas C1

Aktivitäten, Kurse & Touren
2 Altué Active Travel D1
3 Tandem Santiago A4

Schlafen
4 Hotel Orly D4
5 Intiwasi Hotel D2

Essen
6 Aquí Está Coco B2
7 El Huerto D4
8 Holm B2
9 Liguria Bar & Restaurant D4
10 Voraz Pizza B3

Ausgehen & Nachtleben
11 California Cantina D4
12 Faustina C1
13 Mito Urbano B3
14 Santo Remedio A3

Shoppen
Contrapunto .... (siehe 15)
15 Galería Drugstore D4

★ **Museo Ralli** MUSEUM

(☎ 2-2206-4224; www.museoralli.cl; Alonso de Sotomayor 4110, Vitacura; ⏲ Di–So 10.30–17 Uhr, Feb. geschl.) GRATIS An einer ruhigen Straße in einem Wohnbezirk von Vitacura liegt dieses Museum mit einer umwerfenden Sammlung zeitgenössischer Kunst aus Lateinamerika und Werken bekannter europäischer Meister, das jedoch kaum Besucher verzeichnet. Nicht verpassen: die Galerie mit chilenischer Kunst des 20. Jhs. im Erdgeschoss und die surrealistischen Arbeiten von Salvador Dalí und René Magritte im obersten Stockwerk.

Costanera Center BEMERKENSWERTES GEBÄUDE

(Karte S. 62; ☎ 2-2916-9226; www.costaneracenter.cl; Av Andrés Bello 2425, Providencia; ⊙ 10–22 Uhr; Ⓜ Tobalaba) Einer der vier Wolkenkratzer, aus denen das Costanera Center besteht, ist das höchste Gebäude Lateinamerikas, die **Gran Torre Santiago** (300 m). Der Komplex umfasst Büros, ein Luxushotel und das größte Einkaufszentrum Südamerikas. Im Sky Costanera (siehe unten) kann man den Panoramablick von der Spitze der Gran Torre genießen.

➡ **Sky Costanera**

(Karte S. 62; www.skycostanera.cl; Erw./Kind 15 000/10 000 Ch$) Ganz oben im höchsten Gebäude Lateinamerikas eröffnet sich ein Rundumblick über Santiago und die umliegenden Berge, die sich bis zum Horizont erstrecken. Die beste Aussicht hat man an sonnigen Wintertagen, nachdem es geregnet hat, und in den wärmeren Monaten am späten Nachmittag, wenn sich der Smog verflüchtigt.

Parque Bicentenario PARK

(Zweihundertjahr-Park; Karte S. 62; Bicentenario 3236, Vitacura; Ⓜ Tobalaba) Wie der Name bereits verrät, entstand diese wunderbare urbane Oase anlässlich Chiles 200-jährigen Bestehens. Neben Radwegen, 4000 Bäumen und der idyllischen Lage am Río Mapocho bietet der Park gemütliche Chaiselongues und Sonnenschirme sowie einen topmodernen Kinderspielplatz. Hierher führt eine kurze Taxifahrt ab der Metrostation Tobalaba. Alternativ nimmt man den Bus 405 und steigt an der Haltestelle Avenida Alonso de Córdova aus (drei Blocks östlich des Parks).

Museo de la Moda MUSEUM

(Modemuseum; ☎ 2-2219-3623; www.museodelamoda.cl; Av Vitacura 4562, Vitacura; Erw./Stud. & Sen./Kind 3000/1500 Ch$/frei; ⊙ Di–Fr 10–18, Sa & So 11–19 Uhr; Ⓜ Escuela Militar) Dieses schicke privat betriebene Modemuseum zeigt eine erlesene Dauerausstellung westlicher Kleidung mit dem Schwerpunkt auf Designern des 20. Jhs.

SANTIAGO MIT KINDERN

Santiaguinos sind Familienmenschen und reagieren gegenüber Reisenden mit Kindern äußerst freundlich. In Chile bleiben die Kids lange auf und begleiten ihre Eltern oft zu Partys und in Restaurants, wo sie gern gesehen sind und lieber von der normalen Speisekarte bestellen statt von der Kinderkarte. Abgesehen davon sind die meisten kinderorientierten Aktivitäten eher hilfreiche Ablenkungen als besondere Sehenswürdigkeiten. Im Notfall helfen das cremige chilenische Eis, das überall verkauft wird, und die Clowns und Akrobaten, die am Wochenende auf der Plaza de Armas und im Parque Forestal ihr Können zeigen. Außerdem sind Trips zum Cajón del Maipo oder in die Skigebiete großartige Ausflüge.

Fantasilandia (☎ 2-2476-8600; www.fantasilandia.cl; Ecke Av Beaucheff & Tupper, Parque O'Higgins, Centro; Erw./Kind 14 000/7000 Ch$; ⊙ Jan. & Feb. tgl. 12–21 Uhr, März–Okt. Sa & So 12–19 Uhr, Nov. & Dez. geschl.; 👪; Ⓜ Parque O'Higgins) Dieser farbenfrohe Vergnügungspark verspricht Action und Zuckerwatte. Mehr darüber sowie über regelmäßige Rabatte erfährt man auf der Website.

Cerro San Cristóbal (S. 56) Spaß pur gibt's auf dem Cerro San Cristóbal, der einen schlichten Zoo, zwei tolle Freibäder und einen gut gepflegten Spielplatz sowie spannende Transportmittel beherbergt, u. a. eine Standseilbahn (S. 56) und eine neue Drahtseilbahn (Teleférico, S. 56) samt Panoramablick.

Museo Interactivo Mirador (MIM, Interaktives Museum Mirador; ☎ 2-2828-8000; www.mim.cl; Punta Arenas 6711, La Granja; Erw./Kind 3900/2700 Ch$, Mi Tickets zum halben Preis; ⊙ Di–So 9.30–18.30 Uhr; Ⓟ 👪; Ⓜ Mirador) Im Museo Interactivo Mirador geht's eindeutig intellektueller, aber dennoch unterhaltsam zu. „Nicht anfassen" ist hier ein Fremdwort: Besucher dürfen die Exponate berühren, drücken, sich drauflegen und in die meisten sogar hineingehen. Ab vier Jahren.

Museo Artequín (☎ 2-2681-8656; www.artequin.cl; Av Portales 3530, Barrio Estación Central; Erw./Kind 1500/1000 Ch$; ⊙ Di–Fr 9–17, Sa & So 11–18 Uhr, Feb. geschl.; 👪; Ⓜ Quinta Normal) Bildung und Unterhaltung verbinden sich auch im Museo Artequín – mit Kopien berühmter Kunstwerke, die in Kinderhöhe aufgehängt sind. Das auffällige Gebäude aus Gusseisen und Glas war Chiles Pavillon auf der Pariser Weltausstellung 1889.

Las Condes

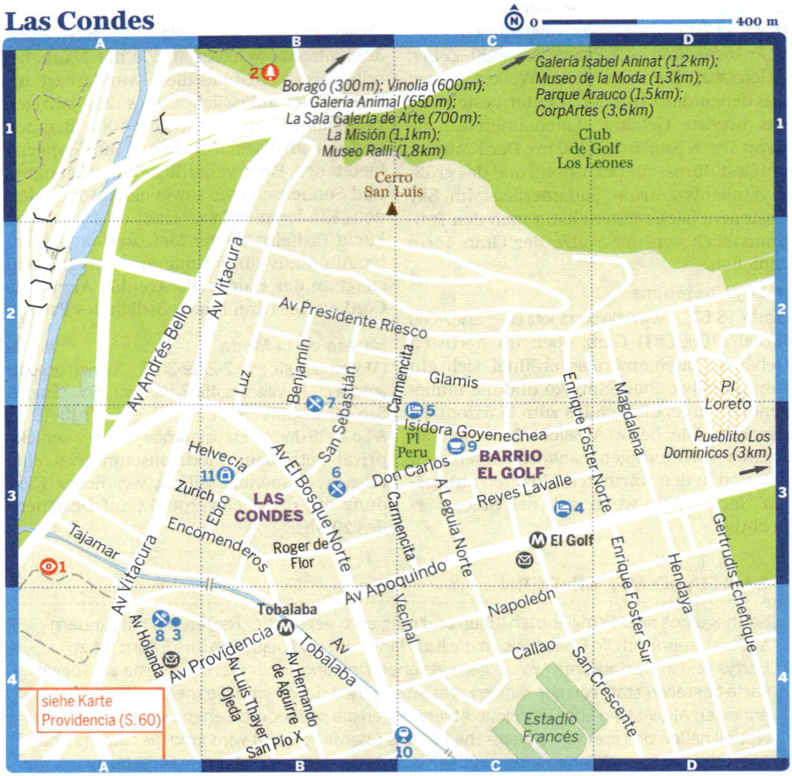

Las Condes

Sehenswertes
- 1 Costanera Center ... A3
- 2 Parque Bicentenario ... B1
- Sky Costanera ... (siehe 1)

Aktivitäten, Kurse & Touren
- 3 Enotour ... A4

Schlafen
- 4 Ritz-Carlton ... C3
- 5 W Santiago ... C3

Essen
- 6 Café Melba ... B3
- 7 Dominó ... B2
- 8 Fuente Las Cabras ... A4

Ausgehen & Nachtleben
- 9 Cafetin ... C3
- 10 Flannery's Beer House ... C4

Shoppen
- 11 Andesgear ... B3
- El Mundo del Vino ... (siehe 5)

Besondere Highlights sind John Lennons Jacke von 1966, der Büstenhalter, den Jean Paul Gaultier für Madonna entwarf, und ein Abendkleid, das Lady Diana 1981 spendete. Die Sammlung umfasst 10 000 Stücke, von denen allerdings jeweils nur ein Bruchteil zu sehen ist. Bisher präsentierte unterhaltsame Wechselausstellungen waren z. B. eine Hommage an Michael Jackson, eine Zeitreise in die 1980er-Jahre und eine *fútbol*-Ausstellung mit Sportkleidung der Fußball-WM in Chile 1962. Im luftigen Café kann man sich in modebewusstem Ambiente einen Kaffee oder ein Mittagessen schmecken lassen.

Besucher nehmen ab der Metrostation Escuela Militar auf der Ostseite der Américo Vespucio den Bus 425 (nur mit Bip!-Karte) bis zur Haltestelle an der Kreuzung mit der

Avenida Vitacura. Alternativ fährt man mit dem Taxi.

Aktivitäten

Casa Boulder KLETTERHALLE
(Karte S. 59; 2-2839-1210; www.casaboulder.cl; Av Italia 875, Barrio Italia; Klettern ab 4000 Ch$, Unterricht (auf Spanisch) ab 9000 Ch$; Mo–Fr 8–22.30, Sa 10–22, So 10–20 Uhr; M Santa Isabel) Bevor man sich daran macht, die höchsten Gipfel der Welt außerhalb Asiens zu besteigen, kann man sich in der Casa Boulder in Form bringen. North Face ist ein Partner dieses Unternehmens mit sechs unterschiedlich hohen Kletterwänden (bis 10 m) und Überhängen in einem Komplex mit Außenbereich. Günstigere Tarife vor 16 Uhr und verbilligter Eintritt für Kletterer bis 25 Jahre.

Movimiento Furiosos Ciclistas RADFAHREN
(Bewegung der rasenden Radfahrer; Karte S. 48 f.; www.movimientofuriososciclistas.cl; M Baquedano) Am ersten Dienstag des Monats versammeln sich Hunderte Radfahrer um 20 Uhr auf der Plaza Italia, um in einer großen Gruppe durch die Stadt zu fahren.

Centro Deportivo Providencia SCHWIMMEN
(Karte S. 59; 2-2341-4790; www.cdprovidencia.cl; Santa Isabel 0830, Providencia; Tageskarte 6000–8000 Ch$; Mo–Fr 6.30–22, Sa & So 9–18 Uhr; M Santa Isabel) In dem 25 m langen Hallenbecken in Providencia kann man das ganze Jahr über seine Bahnen schwimmen.

Piscina Antilén SCHWIMMEN
(2-2730-1331; Cerro San Cristóbal s/n, Parque Metropolitano; Erw./Kind 7500/4000 Ch$; Nov.–März Di–So 10–18.30 Uhr; M Baquedano) Ein öffentliches Schwimmbad mit tollem Blick auf die Stadt.

Piscina Tupahue SCHWIMMEN
(2-2730-1331; Cerro San Cristóbal s/n, Parque Metropolitano; Erw./Kind 6000/3500 Ch$; Nov.–März Di–So 10–18.30 Uhr; M Baquedano) Das große Freibad auf dem Cerro San Cristóbal wartet mit einer großartigen Aussicht auf, eignet sich insgesamt allerdings eher zum Planschen als für ein ernsthaftes Schwimmtraining.

Kurse

Tandem Santiago SPRACHE
(Escuela de Idiomas Violeta Parra; Karte S. 60; 2-2236-4241; www.tandemsantiago.cl; Triana 853, Providencia; Anmeldegebühr 55 US$, Unterricht (45 Min.) 22 US$, Kurs mit 20 Unterrichtsstunden 180 US$; Mo–Fr 9–21 Uhr; M Salvador) Verbindet seinen herausragenden akademischen Ruf mit freundlicher Atmosphäre und kulturellen Aktivitäten. Als Unterkünfte werden Gemeinschafts- oder Privatapartments angeboten. Die Website informiert über Spezialkurse wie „Spanisch für Anwälte" oder „Medizinischerspanisch".

Natalislang SPRACHE
(Karte S. 48 f.; 2-2222-8685; www.natalislang.com; Arturo Bürhle 047, Centro; 3-tägiger Intensivkurs für Urlauber ab 150 000 Ch$; M Baquedano) Bestens geeignet für schnelle Intensivkurse. Eine umfangreiche Liste des Angebots gibt's online.

Instituto Británico de Cultura SPRACHE
(Karte S. 48 f.; 2-2413-2000; www.britanico.cl; Huérfanos 554, Centro; M Santa Lucía) Ausgebildete Englischlehrer können hier eventuell eine Beschäftigung finden.

Universidad de Chile SPRACHE
(Karte S. 48 f.; www.uchile.cl; Av O'Higgins 1058, Centro; M Universidad de Chile) Sprachtandems

KUNSTGALERIEN

Die beste Adresse für Ausstellungen zeitgenössischer chilenischer Kunst und das perfekte Terrain, um Santiagos Schickeria in ihrem natürlichen Lebensraum zu erleben, sind die verschiedenen Galerien rund um die Avenida Alonso de Córdova in Vitacura. Bei Vernissagen läuft die Szene mit Champagnerglas in der Hand zu Höchstform auf. Aktuelle Veranstaltungen und Termine erfährt man auf den jeweiligen Websites.

Galería Animal (2-2371-9090; www.galeriaanimal.com; Av Nueva Costanera 3731, Vitacura; Mo–Fr 9.30–19.30, Sa 10.30–14 Uhr)

Galería Isabel Aninat (2-2481-9870; www.galeriaisabelaninat.cl; Espoz 3100, Vitacura; Mo–Fr 10–20, Sa 11–14 Uhr)

La Sala Galería de Arte (2-22467207; www.galerialasala.cl; Francisco de Aguirre 3720, Vitacura; Mo–Fr 10–20, Sa 11–14.30 Uhr)

und andere alternative Lernformen bietet die Universidad de Chile an. Auf dem Hauptcampus an der Avenida O'Higgins ist die Abteilung für internationale Beziehungen ansässig.

Geführte Touren

★ Uncorked Wine Tours GEFÜHRTE TOUREN
(☎ 2-2981-6242; www.uncorked.cl; Tagestour 195 US$) Organisiert Weintouren ins Casablanca-Tal. Ein englischsprachiger Guide begleitet die Teilnehmer zu drei Weingütern, ein tolles Mittagessen ist inbegriffen. Uncorked hat auch Weinverkostungen in Santiago im Angebot (52 US$) sowie Kochkurse (95 US$) mit Schwerpunkt traditionelle chilenische Küche.

★ La Bicicleta Verde RADTOUREN
(Karte S. 55; ☎ 2-2570-9939; https://labicicletaverde.com; Loreto 6, Barrio Recoleta; Radtouren ab 25 000 Ch$, Leihrad halber/ganzer Tag ab 6000/11 000 Ch$; Ⓜ Bellas Artes) Verleiht Räder sowie Helme und organisiert empfehlenswerte geführte Touren zu Morgenmärkten, schattigen Grünanlagen, in angesagte *barrios* oder nahegelegene Weinberge im Valle del Maipo.

Free Tour Santiago STADTFÜHRUNG
(Karte S. 48 f.; ☎ mobil 9-9236-8789; www.freetoursantiago.cl; Catedral Metropolitana, Plaza de Armas, Centro; ⏲ 10 & 15 Uhr; Ⓜ Plaza de Armas) Kostenlose vierstündige Stadtführungen auf Englisch durch Santiagos Innenstadt. Die Guides arbeiten auf Trinkgeldbasis. Eine Reservierung ist nicht erforderlich, einfach vor der Catedral Metropolitana (S. 52) nach den Guides in roten Hemden Ausschau halten.

Happy Ending Tours GEFÜHRTE TOUREN
(☎ Hand 9-9710-7758; www.happyendingtour.com; Touren ab 30 000 Ch$) Kneipentouren, Winzer-Workshops und gediegene Touren durch die Clubs, die mit einem Glas Schampus im Sky Costanera (S. 61) im höchsten Bauwerk der Stadt beginnen, müssen vorab reserviert werden. Im Preis inbegriffen sind Getränke und der Abholservice von der Unterkunft.

Vinolia WEIN
(☎ 2-2604-8528; www.vinolia.cl; Alonso de Monroy 2869, Local 5, Vitacura; Touren 32 500 Ch$; ⏲ Mo–Sa 11–23 Uhr) Ein Highlight für Weinliebhaber. Die Führungen finden auf Englisch oder Spanisch statt (vorher reservieren). In einem Raum können die Teilnehmer die verschiedenen Weinaromen „auseinandernehmen" und in einem Theater bieten namhafte chilenische Winzer eine audiovisuelle Verkostung mit den dazu passenden leichten Mahlzeiten. In einer schicken Weinbar werden Tapas serviert.

Tours 4 Tips GEFÜHRTE TOUREN
(Karte S. 48 f.; www.tours4tips.com; Barrio Bellas Artes; ⏲ 10 & 15 Uhr; Ⓜ Bellas Artes) Die Führungen unter ehrenamtlicher Leitung (ein angemessenes Trinkgeld geben) beginnen täglich um 10 und um 15 Uhr vor dem Museo de Bellas Artes. Die Guides tragen rot-weiß gestreifte T-Shirts. Die Tour am Morgen führt zu Santiagos unkonventionelleren Ecken, nachmittags geht's zu den üblichen Sehenswürdigkeiten.

Spicy Chile STADTFÜHRUNG
(Karte S. 48 f.; ☎ mobil 9-6835-2286; www.spicychile.cl; Barrio Bellas Artes; Ⓜ Bellas Artes) Täglich um 10 und 15 Uhr starten an der Metrohaltestelle Bellas Artes dreistündige Führungen durchs Stadtzentrum (gegen ein angemessenes Trinkgeld). Die Stadtführer tragen grüne T-Shirts.

Upscape Travel STADTFÜHRUNG
(Santiago Adventures; Karte S. 59; ☎ 2-2244-2750; http://upscapetravel.com; Tegualda 1352, Barrio Italia; Ⓜ Santa Isabel) Kenntnisreiche Englisch sprechende Guides begleiten die Teilnehmer auf individuell zugeschnittenen Stadt-, Gourmet- und Weintouren sowie bei Tagesausflügen zur Küste und zu anderen Zielen im Land.

atour GEFÜHRTE TOUREN
(Karte S. 62; ☎ 2-2481-4081; www.enotourchile.com; Luis Thayer Ojeda 0130, Büro 1204, Providencia; Touren ab 37 000 Ch$; Ⓜ Tobalaba) Die Ausflüge umfassen wunderbare Weinproben in Gruppen in den nahegelegenen Tälern Maipo und Casablanca, man kann aber auch private ein- oder zweitägige Touren in die weiter entfernten Täler Colchagua und Aconcagua buchen. Die Guides sind auf Wein und Essen spezialisiert.

Altué Active Travel ABENTEUER
(Karte S. 60; ☎ 2-2333-1390, mobil 9-9142-7505; www.altue.com; Coyancura 2270, Büro 801, Providencia; ⏲ Mo–Fr 9–17 Uhr; Ⓜ Los Leones) Einer der ersten Anbieter für Abenteuertouren Chiles deckt so ziemlich jede Outdooraktivität ab, die Spezialitäten sind jedoch Kajakfahren auf dem Meer und kulturelle Touren auf Chiloé.

Turistik BUSTOUREN
(Karte S. 48 f.; ☎ 2-2820-1000; https://turistik.com; Städtische Touristeninformation, Plaza de Ar-

mas s/n, Centro; Tageskarte ab 20 000 Ch$; ⌚10–18 Uhr; Ⓜ Plaza de Armas) Doppeldeckerbusse mit beliebigem Ein- und Ausstieg verkehren zwischen dem Centro und dem Parque-Arauco-Einkaufszentrum und legen dabei 12 Stopps ein. Weitere Informationen bietet eine Onlinekarte.

Feste & Events

Santiago a Mil DARSTELLENDE KUNST
(www.fundacionteatroamil.cl/en/santiagoamil; ⌚Jan.) Das bedeutende Festival lockt experimentelle Gruppen aus aller Welt auf Santiagos Bühnen. Mehr als 1000 Vorführungen werden in drei Wochen gepackt; vielfach finden sie in Parks und auf Plätzen statt und sind kostenlos. Dies ist die ohne Zweifel aufregendste Zeit für einen Besuch von Chiles Hauptstadt.

Festival de Jazz de Providencia MUSIK
(www.providencia.cl; Parque de las Esculturas; ⌚Jan.) Einige der weltbesten Jazzmusiker treffen sich immer an einem Wochenende im Januar im Parque de las Esculturas in Providencia. Kostenlose Tickets gibt's bei der Fundación Cultural de Providencia (Nueva Providencia 1995). Man sollte bei den Veranstaltungen zeitig auflaufen, um einen Platz mit guter Sicht zu ergattern. Nette Alternative: mit einer Decke und einem Picknick am anderen Ufer des Río Mapocho niederlassen und das Geschehen auf der Leinwand mitverfolgen.

Festival Nacional del Folklore MUSIK
(www.sanbernardo.cl; ⌚Ende Jan.) Ende Januar werden bei diesem viertägigen Festival im südlichen Vorort San Bernardo traditionelle chilenische Musik, Kultur, Tänze und Speisen gefeiert.

Ñam ESSEN & TRINKEN
(www.niamsantiago.cl; Cerro Santa Lucía; ⌚März) Das größte kulinarische Festival von ganz Chile verwandelt den Cerro Santa Lucía eine Woche lang in ein Labyrinth aus Essensständen. Geboten werden Weinproben, Kochdemonstrationen, Partys und mehr.

Lollapalooza Chile MUSIK
(www.lollapaloozacl.com; ⌚März) Santiago war die erste Stadt außerhalb der Vereinigten Staaten, in der das berühmte Lollapalooza stieg. Im Parque O'Higgins tummeln sich anlässlich des Musikfestivals national und international bekannte Acts.

ABSTECHER

PARQUE POR LA PAZ

Während der Pinochet-Diktatur sind in der Villa Grimaldi von der mittlerweile aufgelösten DINA (nationaler Geheimdienst) etwa 4500 politische Gefangene gefoltert und 241 hingerichtet worden. In den letzten Tagen der Diktatur wurde das Gelände dem Erdboden gleichgemacht, um Beweise zu vernichten. Nach Wiedereinführung der Demokratie gestaltete man es zu einer Gedenkstätte mit Namen **Parque por la Paz** (☎2-2292-5229; www.villagrimaldi.cl; Av José Arrieta 8401, Peñalolén; ⌚10–18 Uhr) um.

Jedes Element symbolisiert einen Aspekt der Gräueltaten, die dort stattfanden. Eine Besichtigung ist faszinierend, aber zugleich erschütternd. Ein wichtiger Hinweis: Beim Fotografieren sollte man sich unbedingt rücksichtsvoll verhalten, da viele Besucher ehemalige Gefangene oder deren Angehörige sind! Eine Führung lässt sich im Voraus online buchen. Zum Parque por la Paz fährt der Transantiago-Bus D09 (nur mit Bip!-Karte) direkt vor dem Ausgang der Metrostation Plaza Egaña (Av Vespucio) ab; er hält gegenüber der Gedenkstätte.

Fiesta del Vino WEIN
(www.fiestadelvinodepirque.cl; ⌚April) Rund um die Metropole finden zur Erntezeit viele Weinfeste statt. Das in Pirque lockt Anfang April mit traditioneller Küche und Folkloremusik.

Santiago Festival Internacional de Cine FILM
(SANFIC; www.sanfic.com; ⌚Aug.) Jeden August präsentiert Santiagos einwöchiges Filmfestival ausgewählte Independent-Streifen in verschiedenen Kinos in der Stadt. Das relativ neue Festival hat in den letzten Jahren an Ansehen gewonnen.

Feria Internacional del Libro de Santiago LITERATUR
(FILSA; https://camaradellibro.cl/ferias/filsa; ⌚Ende Okt.–Anfang Nov.) Unzählige Verlage und Autoren aus der ganzen Spanisch sprechenden Welt (und darüber hinaus) versammeln sich zwei Wochen lang in der Estación Mapocho. Zeitgleich zur Buchmesse wird

ein buntes Kulturprogramm mit Autorengesprächen und Lesungen, Workshops und Livedarbietungen geboten (zumeist auf Spanisch).

Muestra de Artesanía UC KUNST
(www.artesania.uc.cl; Parque Bustamente; ⌚ Ende Nov./Anfang Dez.) Begabte Kunsthandwerker zeigen im Parque Bustamente in Providencia ihre Kreationen. Eine tolle Adresse, um Mitbringsel zu kaufen.

Schlafen

Santiagos einzigartige verschiedene Stadtviertel bieten unterschiedlichen Hintergrund für einen Aufenthalt. Schnellen Zugang zu Museen und Restaurants bieten das Centro, das günstigere Barrio Brasil oder Ausgehbezirke wie das elegante Lastarria und das feucht-fröhliche Bellavista. Schickere Quartiere und edlere Lokale gibt's im grünen Providencia, im angesagten Barrio Italia oder im wohlhabenden Las Condes, allerdings sind von dort die meisten Sehenswürdigkeiten weiter entfernt.

Centro

CasAltura Boutique Hostel HOSTEL $
(Karte S.48f.; ☎ 2-2633-5076; www.casaltura.com; San Antonio 811; B/DZ 13 000/40 000 Ch$, EZ/DZ ohne Bad 20 000/30 000 Ch$; @ 📶; M Puente Cal y Canto) Das schicke „Boutique-Hostel" nahe dem Mercado Central mit Gästeküche, tollem Bettzeug und frisch renovierter Terrasse mit Blick auf den Parque Forestal steht bei Reisenden hoch im Kurs.

Ecohostel HOSTEL $
(Karte S.48f.; ☎ 2-2222-6833; www.ecohostel.cl; General Jofré 349B; B/EZ/DZ ohne Bad 8000/15 000/23 000 Ch$; @ 📶; M Universidad Católica) Traveller auf der Suche nach Entspannung lieben den freundlichen und persönlichen Service, die gemütlichen Sofas und den sonnigen Hof mit Hängematten. Die Schlafsäle für acht Personen (einer nur für Frauen) in dem umgebauten alten Haus wirken teilweise etwas dunkel, aber Betten und Schließschränke sind groß, und es gibt ausreichend viele sowie gut abgetrennte Bäder.

Hostel Plaza de Armas HOSTEL $
(Karte S.48f.; ☎ 2-2671-4436; www.plazadearmashostel.com; Compañía de Jesus 960, Apt. 607, Plaza de Armas; B 6000–10 000 Ch$, DZ mit/ohne Bad 27 500/23 500 Ch$; 📶; M Plaza de Armas) Steht man vor dem geschäftigen Wohnhaus an Santiagos Hauptplatz, befürchtet man vielleicht zunächst, man habe sich in der Adresse geirrt. Fährt man dann aber mit dem Aufzug in den sechsten Stock, trifft man auf ein Hostel mit winzigen Schlafsälen, gut ausgestatteter Gemeinschaftsküche sowie tollen Balkonen mit Blick auf die Plaza de Armas – die entschädigen für die abgerockten Einrichtungen.

Hotel Plaza Londres HOTEL $
(Karte S.48f.; ☎ 2-2633-3320; www.hotelplazalondres.cl; Londres 35, Barrio París-Londres; EZ/DZ/3BZ 27 500/40 000/45 000 Ch$; ❄ 📶; M Universidad de Chile) Am Ende der ruhigen kopfsteingepflasterten Calle Londres beherbergt dieses einfache Hotel modern anmutende Zimmer im Stil der 1970er-Jahre mit etwas deplatzierten Fotos von Privatjets und anderem Schnickschnack. Das verwohnte Kolonialhaus versprüht einen gewissen Charme und ist mit ganz anständiger moderner Kunst ausgestattet.

★ **Hostal Río Amazonas** PENSION $$
(Karte S.48f.; ☎ 2-2635-1631; www.hostalrioamazonas.cl; Av Vicuña Mackenna 47; EZ/DZ 34 000/55 000 Ch$; @ 📶; M Baquedano) Wer die Geselligkeit eines Hostels ebenso schätzt wie die Privatsphäre in einem eigenen Zimmer, ist hier genau richtig. Die alteingesessene Pension in einem nachgebauten Tudor-Herrenhaus verfügt über helle Zimmer, eine große Terrasse, eine moderne Gemeinschaftsküche und eine große Kunstsammlung.

Agustina Suites APARTMENTS $$
(Karte S.48f.; ☎ 2-2710-7422; www.agustinasuite.cl; Huérfanos 1400, Büro 106B; Apt. ab 69 US$; ❄ 📶 🏊; M Santa Ana) Qualitativ hochwertige Apartments im Stadtzentrum mit Flachbild-TVs, Balkonen und einem je nach Jahreszeit geöffneten Außenpool.

Hotel Vegas HOTEL $$
(Karte S.48f.; ☎ 2-2632-2498; www.hotelvegassantiago.com; Londres 49, Barrio París-Londres; EZ/DZ 44 500/54 400 Ch$; ❄ @ 📶; M Universidad de Chile) Die prächtigen alten Zimmer strahlen ein gewisses Vintage-Flair aus – mit einem Stilmix aus Holzvertäfelung, beigefarbenen Bädern und limettengrünen Akzenten in einem Kolonialgebäude. Die sauberen, großen Unterkünfte verfügen teils über Sitzbereiche. Allerdings sind manche Betten recht durchgelegen.

★ **Hotel Magnolia** DESIGNERHOTEL $$$
(Karte S.48f.; ☎ 2-2664-4043; www.hotelmagnolia.cl; Huérfanos 539; Zi. ab 75 000 Ch$; ❄ 📶;

Ⓜ Santa Lucía) In diesem raffiniert gestalteten Designerhotel gleicht kein Zimmer dem anderen. In dem restaurierten Bürogebäude aus den 1920er-Jahren werden Alt und Neu auf meisterhafte Weise miteinander kombiniert. So werden Schachbrettfliesen, Marmortreppen und Buntglasfenster durch eine verspielte moderne Beleuchtung, Möbel mit klaren Linien und Glasböden (Höhenangst!) ergänzt. In der Dachbar genießt man einen Ausblick über den Cerro Santa Lucía und das Stadtzentrum.

Hotel Galerías HOTEL $$$

(Karte S. 48 f.; ☎ 2-2470-7400; www.hotelgalerias.cl; San Antonio 65; EZ/DZ 78 000/88 000 Ch$; ❄ @ 📶 🏊; Ⓜ Santa Lucía) Dieses Hotel ist stolz, chilenisch zu sein: Nachgebildete *moai* (Statuen der Osterinseln) bewachen den Eingang, das Restaurant setzt auf regionale Küche, und die einfachen, aber gut ausgestatteten Zimmer zieren traditionelle Webstoffe sowie Hartholzmöbel. Der Außenpool und die Tatsache, dass Kinder unter zehn Jahren in Begleitung der Eltern nichts bezahlen, machen die Bleibe zu einer familienfreundlichen Option.

Hotel Plaza San Francisco LUXUSHOTEL $$$

(Karte S. 48 f.; ☎ 2-2360-4444; www.plazasanfrancisco.cl; Av O'Higgins 816, Barrio París-Londres; DZ 91 500 Ch$; ❄ @ 📶 🏊; Ⓜ Universidad de Chile) Eichengetäfelte Rezeption, Drucke von Jagdszenen und dunkelrot und senfgelb eingerichtete Zimmer: Das Hotel bemüht sich ganz offensichtlich um englischen Salonlook. Die Angestellten nehmen es dank ihrer untadeligen Umgangsformen direkt mit jedem englischen Butler auf, das Fitnesscenter ist komfortabel und das Frühstücksbüfett sowie das Restaurant überzeugen auf ganzer Linie, trotzdem würde dem Plaza San Francisco eine Renovierung nicht schaden.

Die Barrios Lastarria & Bellas Artes

Poker Hostal PENSION $

(Karte S. 48 f.; ☎ 2-2633-3979; www.pokerhostal.com; Luis de Valdivia 361, Barrio Lastarria; EZ/DZ/FZ ab 17 000/33 000/33 000 Ch$; 📶; Ⓜ Universidad Católica) So vielseitig und kunstaffin wie das Viertel ist diese Pension mit den günstigsten Privatzimmern von ganz Lastarria. Tolles Preis-Leistungs-Verhältnis. Die Gäste haben Zugang zu einer Gemeinschaftsküche. Manche Räume warten mit eigenem Balkon auf.

Hostal Forestal HOSTEL $

(Karte S. 48 f.; ☎ 2-2638-1347; www.hostalforestal.com; Coronel Santiago Bueras 120, Barrio Lastarria; B 10 000 Ch$, DZ mit/ohne Bad 40 000/35 000 Ch$; @ 📶; Ⓜ Baquedano) Die Lage ist der höchste Trumpf dieses Hostels. Es bietet nette Gemeinschaftsbereiche, eine Gästeküche und einen kleinen Hof, die Mehrbettzimmer sind allerdings ein wenig düster.

Lastarria 43 APARTMENTS $$

(Karte S. 48 f.; ☎ mobil 9-9496-1793, 2-2638-3230; www.lastarria43.cl; Lastarria 43, Barrio Lastarria; Studio 76–108 US$, Apt. für 3–5 Pers. 148–200 US$; 📶; Ⓜ Universidad Católica) An einer ruhigen Straße am Rand von Lastarria bieten diese Studios und Apartments für Familien ein tolles Preis-Leistungs-Verhältnis. Gemeinschaftsbereiche gibt's hier nicht, dafür fühlt man sich in den möblierten Apartments mit luxuriösen Extras wie in einem der wohlhabenderen Wohnbezirke von Santiago. Im Gegensatz zu anderen Ferienwohnungen ist hier täglicher Reinigungsservice inbegriffen.

★ Singular LUXUSHOTEL $$$

(Karte S. 48 f.; ☎ 2-2306-8820; www.thesingular.com; Merced 294, Barrio Lastarria; Zi. ab 240 US$; P ❄ 📶 🏊; Ⓜ Universidad Católica) Stilvoll, raffiniert, wohl durchdacht und einfach einzigartig: Das Schmuckstück im Herzen von Lastarria setzt neue Maßstäbe in Sachen Boutique-Luxus. Die großen Zimmer mit eklektischen Möbeln und Kunstwerken werden wohl selbst anspruchsvollste Designliebhaber überzeugen. Abgerundet wird das Gesamtpaket durch Pool und Spa.

Luciano K BOUTIQUE-HOTEL $$$

(Karte S. 48 f.; ☎ 2-2620-0900; www.lucianokhotel.com; Merced 84, Barrio Lastarria; Zi. ab 90 000 Ch$; ❄ 📶 🏊; Ⓜ Baquedano) Das neue Hotel mit edelstem Design erstreckt sich über sieben Geschosse eines Bauwerks aus den 1920ern, das einst das höchste Gebäude Santiagos war und zudem mit dem ersten Aufzug in der Stadt auftrumpfte (der tut's immer noch!). Auf dem Dach befinden sich eine angesagte Bar mit wunderbaren Bodenfliesen und ein Pool, in den eine Kleinfamilie problemlos hineinpasst. Die Zimmer verströmen mit ihren Holzböden, natürlichen Farben und Designermöbeln beiläufige Eleganz.

Hotel Boutique Lastarria BOUTIQUE-HOTEL $$$

(Karte S. 48 f.; ☎ 2-2840-3700; www.lastarriahotel.com; Coronel Santiago Bueras 188, Barrio Lastarria; Zi. 200–339 US$, Suite 369–399 US$; ❄ 📶 🏊;

Ⓜ Bellas Artes) Trotz des recht hohen Standards scheinen uns die 14 Zimmer in diesem Boutique-Hotel etwas überteuert. Für einen Aufenthalt sprechen der begrünte Pool im Garten hinterm Haus, Zimmer mit gewölbten Decken und Travertin-Fliesen, Möbel in klassisch-modernem Stil, jede Menge Platz, ein kleines Fitnessstudio und die ideale Lage.

Barrio Bellavista

Bellavista Hostel HOSTEL $

(Karte S. 55; ☎ 2-2732-3146; www.bellavistahostel.com; Dardignac 0184; B 15–17 US$, EZ/DZ ohne Bad 30/50 US$; @ 📶; Ⓜ Baquedano) Das sehr gesellige Hostel ist ein Klassiker in Bellavista. In leuchtenden Farben gestrichene Wände voller bunter Gemälde und Graffiti sorgen für entspannte Künstleratmosphäre, zudem gibt's eine tolle Terrasse und zwei Küchen. Es könnte allerdings etwas sauberer sein. Die besten Bars und Clubs der Stadt liegen direkt vor der Haustür – friedliche Nachtruhe kann hier keiner garantieren. Wer nachts nicht lange ausgehen möchte, übernachtet am besten im Anbau oder sucht sich gleich eine andere Bleibe.

La Chimba HOSTEL $

(Karte S. 55; ☎ 2-2732-9184; www.facebook.com/lachimbahostel; Ernesto Pinto Lagarrigue 262; B 11 000–15 000, EZ/DZ ohne Bad 24 000/36 000 Ch$; @ 📶; Ⓜ Baquedano) Ein riesiges Wandbild begrüßt die Gäste dieses Party-Hostels in Bellavista. Die coole Lounge mit brennendem Kerzenleuchter und anderem Krimskrams überspannt ein paar Jahrzehnte und erinnert an die 1950er-Jahre. Die etwas schäbigen, aber geschmackvollen Zimmer verbreiten ein gewisses Punk-Rock-Flair und die große Piazza hinterm Haus lädt zu geselligen Stunden ein.

Hotel Boutique Tremo BOUTIQUE-HOTEL $$

(Karte S. 55; ☎ 2-2732-4882; www.tremohotel.cl; Alberto Reyes 32; Zi. 47 000 Ch$; ❄ 📶; Ⓜ Baquedano) Wer nach einer Boutique-Unterkunft zu fairen Preisen sucht, ist hier richtig. Die hübsch umgebaute Villa in einer ruhigen Straße in Bellavista verfügt über eine großartige Patio-Lounge, freche Art-déco-Elemente, guten Service und eine entspannte Atmosphäre.

Eine Wendeltreppe führt zu den hohen in Weiß gehaltenen Zimmern in minimalistischem skandinavischem Design mit flippiger Kunst und modernen Bädern.

Aubrey Hotel LUXUSHOTEL $$$

(Karte S. 55; ☎ 2-2940-2800; www.theaubrey.com; Constitución 317; DZ/Suite ab 200/375 US$; ❄ @ 📶 🏊; Ⓜ Baquedano) Die umgebaute spanische Patriziervilla von 1927 ist eine der besten Luxus-Boutique-Unterkünfte der Stadt. Besondere Details sind der ansprechende, gut beheizte Außenpool, die ausgeklügelte Beleuchtung, die ausgefallene Piano-Lounge und die traumhafte Lage am Fuße des Cerro San Cristóbal.

Der Mix aus Art-déco mit modernem und klassischem Design zieht sich von den Gemeinschaftsbereichen durch bis zu den gut ausgestatteten Zimmern, zudem steht auf Abruf ein Portier bereit, mit dem man auch mal einen kurzen Plausch halten kann.

Die Barrios Brasil & Yungay

★ **Happy House Hostel** HOSTEL $

(Karte S. 57; ☎ 2-2688-4849; www.happyhousehostel.com; Moneda 1829, Barrio Brasil; B 14 000 Ch$, EZ/DZ 40 000/45 000 Ch$, ohne Bad 30 000/35 000 Ch$; @ 📶 🏊; Ⓜ Los Héroes) Die Villa von 1910 schmücken großartige Stuckdecken, originelle moderne Elemente und überraschendes Art-déco-Styling. Es gibt einen Pool, eine Bar, einen Patio hinterm Haus, ein paar Stockwerke mit Schlafsälen und sehr lohnenswerte Privatzimmer.

La Casa Roja HOSTEL $

(Karte S. 57; ☎ 2-2695-0600; www.lacasaroja.cl; Agustinas 2113, Barrio Brasil; B 9500 Ch$, DZ mit/ohne Bad 32 000/28 000 Ch$; @ 📶 🏊; Ⓜ Ricardo Cumming) Swimmingpool, luftige Terrassen, Open-Air-Bar, Garten und eine große, gut konzipierte Küche – kein Wunder, dass der von Australiern betriebene Laden ein Paradies für Backpacker ist. Das gesellige Flair ist nur einer der vielen Vorzüge: Mit breit geschwungenen Treppen und himmelhohen Stuckdecken verströmt das liebevoll restaurierte Haus aus dem 19. Jh. viel Atmosphäre.

Besonders toll für den Preis sind die Doppelzimmer, die über schicke Retro-Möbel und schmucke Bäder verfügen.

Barrio Italia

Hostal Chile Pepper HOSTEL $

(Karte S. 59; ☎ 2-2501-9382; www.hostalchilepepper.com; Claudio Arrau 251; B/DZ 10 000/22 000 Ch$; 📶; Ⓜ Santa Isabel) Ein sauberes Hostel. In einer ruhigen Seitenstraße des Barrio Italia haben die Gäste die Wahl zwischen neun Zimmern (Schlafsäle und Privatunterkünfte). Vorn kann man auf einem Astroturf-Rasen in der Sonne liegen, hinten gibt's einen gemütlichen Patio für Grillgelage und dazwischen findet man großzügige Gemeinschaftsbereiche, in denen Billard spielen und Reisetipps-Austauschen angesagt sind.

★ **CasaSur Charming Hotel** B&B $$$
(Karte S. 59; ☎2-2502-7170; www.casasurchile.com; Eduardo Hyatt 527; Zi. 160–210 US$; ❄📶; Ⓜ Santa Isabel) Die Mitarbeiter sind sehr hilfsbereit, das Frühstück ist opulent und der Service ausgesprochen persönlich (individualisierte Namensschilder auf den hellen, luftigen Zimmern!). Die CasaSur hat tatsächlich so viel Charme, wie sie verspricht. Die Lage an einer ruhigen Seitenstraße ist ideal. Vorab reservieren, das B&B ist beliebt.

Providencia

Castillo Surfista Hostel HOSTEL $
(☎2-2893-3350; www.castillosurfista.com; Maria Luisa Santander 0329; B 9700 Ch$, DZ ohne Bad 26 000 Ch$; @📶; Ⓜ Baquedano) Ein kalifornischer Surfer betreibt dieses renovierte Haus am Übergang zum Norden des Barrio Italia. Es bietet gemütliche Schlafsäle und Doppelzimmer, gepflegte Gemeinschaftsbereiche und entspannte Gastgeber mit guten Kontakten zur Surfszene. Der Besitzer organisiert Tagesausflüge zu weniger bekannten Surfspots und verleiht Wicked-Wohnmobile an Surfer, die sich in Eigenregie zu den Stränden aufmachen möchten.

Intiwasi Hotel BOUTIQUE-HOTEL $$
(Karte S. 60; ☎2-2985-5285; www.intiwasihotel.com; Josue Smith Solar 380; Zi. 85–90 US$; ❄@📶; Ⓜ Los Leones) Eine gemütliche, zentral gelegene Bleibe für ältere Semester. Die Besitzer helfen gern bei der Reiseplanung und der Stil mit bunten Textilien, dunklem Holz sowie leuchtenden Rot- und Orangetönen ist indigen gehalten (Intiwasi bedeutet auf Quechua „Haus der Sonne"). Alle Zimmer haben LCD-Fernseher.

Hotel Orly LUXUSHOTEL $$$
(Karte S. 60; ☎2-2630-3000; www.orlyhotel.com; Av Pedro de Valdivia 027; EZ/DZ 125/145 US$, Apt. 125 US$; P❄@📶; Ⓜ Pedro de Valdivia) Das stattliche (und recht biedere) Hotel verfügt über eine tolle verglaste Terrasse. Dunkle Holzmöbel, schneeweiße Bettwäsche und dunkelrote schwere Vorhänge verbinden sich zu einem eher klassischen Stil. Im Frühstückszimmer gibt's den ganzen Tag über Kaffee, Tee und Kuchen. Für Familien lohnen sich die 23 Apartments des Orly. Frühstück ist im Preis inbegriffen.

ORIENTIERUNG

Der Großraum Santiago liegt zwischen zwei Bergketten, den Anden und der Küstenkordillere. Er besteht zwar aus 37 *comunas* (Stadtteilen), doch die meisten Sehenswürdigkeiten und Aktivitäten konzentrieren sich auf ein paar wenige zentrale Viertel.

Hauptachse der Stadt ist die ost-westlich verlaufende Avenida O'Higgins (besser bekannt als Alameda); östlich der Plaza Italia wird sie zur Avenida Providencia und dann zur Avenida Apoquindo. Unter ihr verläuft über fast die gesamte Länge die Metrolinie 1. Nördlich von ihr fließt weitgehend parallel der stark verschmutzte Río Mapocho, der zugleich die Grenze zwischen dem Stadtzentrum und den nördlichen Vororten bildet.

Aus der sonst flachen Stadtlandschaft ragen drei Hügel hervor, die allesamt bestiegen werden können: der Cerro San Cristóbal – ein großer Freizeitpark–, der Cerro Manquehue (hier verlaufen ein paar tolle Wanderstrecken) und der kleinere Cerro Santa Lucía.

Las Condes, El Golf & Vitacura

W Santiago LUXUSHOTEL $$$
(Karte S. 62; ☎2-2770-0000; www.wsantiagohotel.com; Isidora Goyenechea 3000, Barrio El Golf; Zi. ab 300 US$; P🚭❄@📶🏊🐾; Ⓜ El Golf) Stilbewusst, voller Energie, dekadent und sexy: Das W Santiago bietet alles, was man von der internationalen Kette erwartet. Hier gibt's Partys, spontane Modeschauen, Restaurants, pulsierende Nachtclubs, Promis und schöne Menschen. Die schicken Gästezimmer und Suiten bieten Panoramafenster und alle modernen und technischen Extras, die man sich nur wünschen kann.

Auch wenn man nicht hier übernachtet, lohnt sich ein Abendessen oder eine Partynacht in diesem Komplex. Zur Auswahl stehen mehrere Bars sowie französische, chilenische und japanische Küche im Terrassenbistro. Gäste lieben den Pool auf dem Dach und das Spa in der dritten Etage.

Ritz-Carlton LUXUSHOTEL $$$
(Karte S. 62; ☎ 2-2470-8500; www.ritzcarlton.com/santiago; El Alcalde 15, Barrio El Golf; Zi. ab 398 US$; ❄@🛜🏊; Ⓜ El Golf) Im Ritz, Santiagos althergebrachter Luxusbleibe Nummer eins, dürfen sich Gäste auf breite Betten mit herrlich komfortablen Matratzen und ägyptischer Baumwolle sowie auf verschiedene Spa-Behandlungen freuen.

Highlights sind im obersten Stock der Wellnessclub und der Swimmingpool mit gläsernem Dachgewölbe, wo man unterm Sternenhimmel schwimmen kann. Wer flüssige „Wellness" im Glas bevorzugt: Die in der Bar eigens kreierten Pisco Sours sind geradezu legendär.

Essen

Die besten Restaurants konzentrieren sich in Lastarria, Bellavista, Providencia und Vitacura. Viele offerieren unter der Woche auch preiswerte Mittagsmenüs. Wer klassische chilenische Küche sucht, sollte mittags den zentralen Fischmarkt, die überall in der Stadt verteilt anzutreffenden Empanada-Stände oder die Imbisse im Zentrum mit ihren *completos* (mit Avocado verfeinerte Hotdogs) ansteuern.

Centro

Mercado Central FISCH & MEERESFRÜCHTE $
(Zentralmarkt; Karte S. 48 f.; www.mercadocentral.cl; Ecke 21 de Mayo & San Pablo; ⏲ Essensstände & Restaurants Mo–Fr 9–17, Sa & So 7–15.30 Uhr; Ⓜ Puente Cal y Canto) Santiagos schmiedeeiserne Fischmarkthalle ist ein Klassiker für Meeresfrüchtegerichte (und Fischeintöpfe, die gegen Kater helfen, wie *caldillo de congrio* mit Tomaten und Kartoffeln – Pablo Nerudas Lieblingsgericht). Am besten lässt man die zentral gelegenen touristischen Restaurants links liegen und steuert die kleinen unscheinbaren, günstigen Buden am Rand an.

El Naturista VEGETARISCH $
(Karte S. 48 f.; ☎ 2-2696-1668; www.elnaturista.cl; Paseo Huérfanos 1046; Mahlzeiten 3400–5000 Ch$; ⏲ Mo–Fr 8.30–21, Sa 9–16 Uhr; 🖉; Ⓜ Plaza de Armas) In dem etablierten vegetarischen Restaurant gibt's einfache, aber sättigende Suppen, Sandwiches, Salate, Tartes, frisch gepresste Säfte und leichtes Frühstück.

Emporio Zunino BÄCKEREI $
(Karte S. 48 f.; www.empanadaszunino.com; Puente 801; Empanadas 1000 Ch$; ⏲ Mo–Fr 9.30–20, Sa bis 15 Uhr; Ⓜ Puente Cal y Canto) Seit 1930 fertigt die klassische Bäckerei fantastische Empanadas. Chilenische Gastronomiejournalisten führten sie kürzlich unter den zehn besten in Santiago auf.

ABSTECHER

CEMENTERIO GENERAL

Santiagos **Cementerio General** (www.cementeriogeneral.cl; Av Profesor Alberto Zañartu 951, Barrio Recoleta; ⏲ 8.30–18 Uhr; Ⓜ Cementerios) ist mehr als nur ein Friedhof, eher eine Stadt aus Grabmälern, von denen viele mit Werken berühmter lokaler Bildhauer geschmückt sind. Die Namen oberhalb der Grüfte lesen sich wie das *Who's who* der chilenischen Geschichte. An die turbulentesten Momente erinnern das Grab von Salvador Allende und das **Memorial del Detenido Desaparecido y del Ejecutado Político**, eine Gedenkstätte für die „Verschwundenen" während Pinochets Diktatur.

Wer zur Gedenkstätte möchte, geht vom Haupteingang zunächst die Avenida O'Higgins entlang, biegt dann rechts in die Limay ab und folgt ihr 200 m bis zum Patio Recoleta Norte.

Bar Nacional CHILENISCH $
(Karte S. 48 f.; ☎ 2-2695-3368; Paseo Huérfanos 1151; Hauptgerichte 2000–10 000 Ch$; ⏲ Mo–Fr 7.30–23, Sa bis 17 Uhr; Ⓜ Plaza de Armas) Von der Chromtheke bis hin zum betagten Bedienungspersonal ist dieser *fuente de soda* (ursprünglich eine Softdrink-Bar, heute ein Lokal mit Getränken und Speisenangebot) durch und durch altmodisch. Seit Jahren werden hier chilenische Spezialitäten wie *lomo a lo pobre* (Steak und Pommes frites mit Spiegelei) serviert. Wer Geld sparen möchte, fragt einfach nach der Sandwichkarte.

Aufgrund ihrer großen Beliebtheit hat die Bar Nacional noch zwei weitere Filialen in der Stadt.

Imbissstände CHILENISCH $
(Karte S. 48 f.; Portal Fernández Concha; Snacks 1500–5000 Ch$; ⏲ Mo–Sa 9–23 Uhr; Ⓜ Plaza de Armas) Mit das günstigste Essen der Stadt gibt's an den zahllosen Imbissbuden entlang dem Portal Fernández Concha, einer Arkade auf der Südseite der Plaza de Armas. Tag und Nacht werden hier überdimensionierte Empanadas, *completos* und Pizzastücke über den Tresen gereicht.

★ **Salvador Cocina y Café** CHILENISCH $$
(Karte S. 48 f.; ☎ 2-2673-0619; www.facebook.com/SalvadorCocinaYCafe; Bombero Ossa 1059; Hauptgerichte 6000–7500 Ch$; ⏲ Mo–Fr 8–19 Uhr; Ⓜ Universidad de Chile) Ein schnörkelloser Ort für ein Mittagessen. Das Speisenangebot orientiert sich an dem, was auf dem Markt zu bekommen ist, und wechselt täglich. Im Fokus stehen dabei ausgefallenere Gerichte (und exotischere Fleischsorten) vom Lande. Küchenchef Rolando Ortega gewann 2015 den begehrten Titel „Bester Koch des Jahres" in Chile; seither sind die Tische stets voll besetzt.

★ **La Diana** CHILENISCH $$
(☎ 2-2632-8823; www.ladiana.cl; Arturo Prat 435; Hauptgerichte 6000–8500; ⏲ Di–Sa 13–0.30, So bis 18.30 Uhr; Ⓜ Universidad de Chile) Neben der gleichnamigen Spielhalle für Kinder bergen die Mauern eines alten Klosters ein Lokal, das sich nicht so leicht beschreiben lässt. Die Decken zieren mindestens genauso viele Topfpflanzen wie Kronleuchter, bei den Tischen handelt es sich um zusammengewürfelte „Fundstücke" und auf der Speisekarte fallen besonders die Meeresfrüchte vom Grill und die Pizzas mit Meeresbewohnern ins Auge.

Confitería Torres CAFÉ $$
(Karte S. 48 f.; www.confiteriatorres.cl; Av O'Higgins 1570; 4500–12 000 Ch$; ⏲ Mo–Sa 10.30–24 Uhr; 📶; Ⓜ Los Héroes) Selbst nach Renovierungsarbeiten, die dem Erscheinungsbild eine gewisse moderne Eleganz verleihen, ist hier noch jede Menge Geschichte zu spüren. Die Confitería Torres ist eines von Santiagos ältesten Cafés. Alternde Kellner bedienen souverän unter schimmernden Kronleuchtern, und die grün-weißen Bodenfliesen sind schon recht abgewetzt.

Die Barrios Lastarria & Bellas Artes

Café Bistro de la Barra CAFÉ $
(Karte S. 48 f.; JM de la Barra 455, Barrio Bellas Artes; Sandwiches 4000–5500 Ch$; ⏲ Mo–Fr 8–23, Sa & So 9–23 Uhr; 🖉; Ⓜ Bellas Artes) Abgenutzte alte Bodenfliesen, ein Samtsofa, eine Schaukel aus den 1940er-Jahren und Lampen aus Tassen und Teekannen bilden die verschrobene, aber hübsche Kulisse für das beste Mittagessen und die besten *onces* (Nachmittagstee) in der Stadt. Zu den üppigen Sandwiches zählen die Croissants mit Lachs oder Parmaschinken und Rucola auf fluffigem Olivenbrot. Unbedingt noch Platz lassen für den schön festen Käsekuchen mit Beeren.

Emporio La Rosa EISCREME $
(Karte S. 48 f.; ☎ 2-2638-9257; www.emporiolarosa.com; Merced 291, Barrio Lastarria; Eiscreme 2000 Ch$, Salate & Sandwiches 4000–6000 Ch$; ⏲ Mo–Do & So 10–21, Fr & Sa bis 22 Uhr; 🖉; Ⓜ Bellas Artes) Schoko mit Chili, Rosenblüten oder thailändische Ananas sind nur ein paar der sagenhaften Geschmacksrichtungen der extra sämigen handgemachten Eiscreme, die angeblich süchtig macht. Die blättrigen Schokocroissants und weichen *marraqueta-* (eine Brotart) Sandwiches sind zwei weitere Gründe, sich an den Chromtischen niederzulassen. Das Emporio La Rosa wächst und wächst; inzwischen gibt's ein Dutzend Filialen in der ganzen Stadt.

Tambo PERUANISCH $$
(Karte S. 48 f.; ☎ 2-2633-4802; http://tambo.cl; Lastarria 65, Barrio Lastarria; Hauptgerichte 6000–11 000 Ch$; ⏲ 13–23 Uhr; Ⓜ Universidad Católica) Das moderne Restaurant liegt an einer der charmantesten Straßen Lastarrias und überzeugt mit aromatischen peruanischen Speisen und Getränken. Auf jeden Fall probieren sollte man das fantastische *ceviche*. Ein guter Einstieg in die Geschmacksnoten von der anderen Seite der Grenze ist ein köstlicher Pisco Sour mit *maracuyá* (Passionsfrucht).

Sur Patagónico CHILENISCH $$
(Karte S. 48 f.; ☎ 2-2664-5341; Lastarria 92, Barrio Lastarria; Hauptgerichte 8000–14 000 Ch$; ⏲ Mo–Sa 10.30–23 Uhr; Ⓜ Universidad Católica) Der Service ist notorisch langsam und das Essen leicht überteuert, doch wenn man einen der hübschen Tische im Freien ergattert, stört das kaum, denn an der geschäftigen Ecke lässt sich wunderbar das bunte Treiben beobachten, am besten mit einem kalten chilenischen Bier in der Hand.

Barrio Bellavista

Galindo CHILENISCH $
(Karte S. 55; ☎ 2-2777-0116; www.galindo.cl; Dardignac 098; Hauptgerichte 3000–6000 Ch$; ⏲ Mo–Sa 12–24 Uhr; Ⓜ Baquedano) Retro-Schilder schmücken die holzverkleidete Bar des altbewährten und beliebten Lokals, das meist aus allen Nähten platzt. Der Grund ist offensichtlich: Anders als in den edlen Restaurants ringsum dreht sich im Galindo alles um brutzelnde *parrilladas* (Grillplatten) und herzhafte chilenische Gerichte wie *chorrillana* (Pommes frites mit gegrillten Zwiebeln und Fleisch),

die mit frisch gezapftem Bier oder Hauswein hinuntergespült werden.

El Caramaño CHILENISCH $

(Karte S. 55; http://caramano.tripod.com; Purísima 257, Barrio Recoleta; Hauptgerichte 5000–10 000 Ch$; Mo–Sa 13–23, So bis 17 Uhr; Baquedano) Die umfangreiche Auswahl an chilenischen Klassikern wie *machas a la parmesana* (gratinierte Schwertmuscheln), *merluza a la trauca* (gebackener Seehecht mit Wurst und Tomatensoße) und *oreganato* (zerlassener Ziegenkäse mit Oregano) lockt einheimische Familien hierher. Eine verlässliche Wahl für ein erschwingliches lokaltypisches Abendessen.

Etniko FUSION-KÜCHE $$

(Karte S. 55; 2-2732-0119; www.etniko.cl; Constitución 172; Hauptgerichte 5900–11 000 Ch$; Mo–Sa 19.30–2 Uhr; Baquedano) Leicht übersinnliche Energie, riesige Sushi-Teller und Anleihen aus der japanischen, thailändischen und chilenischen Küche machen dieses hippe, stilbewusste und freundliche Lokal aus. Die Atmosphäre prägt ein Mix aus Stein, Metall, Bambus, Licht und Sound.

Azul Profundo FISCH & MEERESFRÜCHTE $$

(Karte S. 55; mobil 9-5622-0029; Constitución 111; Hauptgerichte 7000–13 000 Ch$; 13–24 Uhr; Baquedano) Maritimes Flair dient als Kulisse für fabelhaft frische und innovative Meeresfrüchtegerichte. Zum Teilen eignet sich der appetitliche *ceviche*-Probierteller, und dazu eine Runde Pisco Sour. Das üppige Essen gehört sicherlich zu den denkwürdigsten kulinarischen Erlebnissen in Chile.

★ **Peumayen** CHILENISCH $$$

(Karte S. 55; www.peumayenchile.cl; Constitución 136; Probiermenü 12 000 Ch$; Di–Sa 13–15 & 19–24, So 13–16 Uhr; Baquedano) Der Neuling in Bellavista verspricht zweifellos eines der unvergesslichsten gastronomischen Erlebnisse des Landes. Die innovative chilenische Küche greift zurück auf die kulinarischen Wurzeln der Mapuche, der Rapa Nui and Atacameños (Bewohner der Atacama).

Wenn man nicht gerade in einer großen Gruppe unterwegs ist, lohnt es sich eigentlich kaum, à la carte zu bestellen. Stattdessen ordert man das auf einer Steinplatte servierte Probiermenü, das indigene Gerichte modern interpretiert, u. a. mit Lama, Lammzunge, Kalbsbries, Pferd und Lachs. Der dramatisch beleuchtete Innenhof und der Innenraum mit der niedrigen Decke sind die perfekte Kulisse für eine bunte Reise zu Chiles kulinarischen Ursprüngen.

Die Barrios Brasil & Yungay

Palacio del Vino CHILENISCH $

(Karte S. 57; mobil 9-8855-1922; www.palaciodelvino.cl; Av Brasil 75, Barrio Brasil; Hauptgerichte 5000–8000 Ch$; Mo–Sa 11–18 Uhr, Abendessen nur mit Reservierung) Der „Weinpalast" ist ein bodenständiges Lokal, das gute Bewertungen für Atmosphäre und Preis-Leistungs-Verhältnis erhält. Ein Glas Gran-Reserva-Wein ist schon für 3000 Ch$ zu haben und ein Gericht mit Meeresfrüchten für weniger als 6000 Ch$. Es ist in einem historischen Gebäude mit reichlich Charme untergebracht.

Peluquería Francesa FRANZÖSISCH $$

(Karte S. 57; 2-2681-5550; www.peluqueriafrancesa.cl; Compañía de Jesús 2789, Barrio Yungay; Hauptgerichte 8500–13 000 Ch$; Mo–Sa 9.30–22.30, So 10–18 Uhr; P; Ricardo Cumming) Das Lokal zählt zu Santiagos innovativeren kulinarischen Adressen. Der Name „Französischer Friseur" passt, schließlich erfüllte das elegante Eckhaus von 1868 ursprünglich genau diesen Zweck. Mit skurrilen Antiquitäten bewahrt sich das Gebäude seinen historischen Charme und lockt an den Wochenenden abends jede Menge hippe Santiaguinos an, die die exzellenten französisch inspirierten Gerichte schätzen.

Squella Restaurant FISCH & MEERESFRÜCHTE $$

(Karte S. 57; 2-2699-3059; www.squellarestaurant.cl; Av Ricardo Cumming 94, Barrio Brasil; Hauptgerichte 10 000–18 000 Ch$; Mo–Sa 12.30–23.30, So bis 17.30 Uhr; Ricardo Cumming) Beim Betreten dieses viergeschossigen Lokals in einem ehemaligen Wohnhaus schwimmt oder krabbelt das Abendessen höchstwahrscheinlich noch in den blubbernden Becken, die eine Seite des Speiseraums im Erdgeschoss säumen. Die frischen Austern, Garnelen, Venusmuscheln und das *ceviche* locken bereits seit Jahrzehnten jede Menge Einheimische in das alteingesessene Fischrestaurant.

Las Vacas Gordas STEAKS $$

(Karte S. 57; 2-2697-1066; Cienfuegos 280, Barrio Brasil; Hauptgerichte 7000–13 000 Ch$; Mo–Sa 12–24, So bis 17 Uhr; Ricardo Cumming) Steaks, Schweinefleisch, Hühnchen und Gemüse brutzeln auf dem riesigen Grill vor dem geschäftigen Hauptspeisebereich und werden dann von Kellnern alter Schule mit ausdruckslosem Gesicht an die Tische gebracht. Das beliebte Steakhaus ist meist gut besucht, deswegen sollte man reservieren oder früh herkommen.

Barrio Italia

★ Silabario CHILENISCH $$

(☎ 2-2502-5429; www.cocinalocal.cl; Lincoyan 920; Hauptgerichte 6000–9500 Ch$; ⏲ Di–Fr 19–23.30, Sa 13–16.30 & 19–24, So 13–16.30 Uhr; Ⓜ Irarrázaval) Südlich der Hauptstraße des Barrio Italia liegt versteckt in einem alten Wohnhaus dieses intime Restaurant, in dem typisch chilenische Küche vom Lande zum Gourmeterlebnis aufpoliert wird. Ob Quinoa-Salate aus dem Norden oder herzhafte Mapuche-Eintöpfe aus dem Süden, jede kulinarische Reise endet mit einem (kostenlosen) hausgemachten *bajativo* (Digestif).

Providencia

Voraz Pizza PIZZA $

(Karte S. 60; ☎ 2-2235-6477; www.vorazpizza.cl; Av Providencia 1321; Pizzas 4000–5000 Ch$; ⏲ Mo–Sa 12.30–23.30, So 17.30–23.30 Uhr; 🌱; Ⓜ Manuel Montt) Dieses winzige einfache Lokal bietet sehr gute dünne Pizzas zu einem günstigen Preis, Craft-Bier, Straßentische und einen Lieferservice. Vegetarier können sich über einige leckere fleischlose Varianten freuen und auch Veganer kommen hier auf ihre Kosten.

Holm CAFÉ $$

(Karte S. 60; ☎ mobil 9-4227-4411; Padre Mariano 125; Mahlzeiten 5000–7500 Ch$; ⏲ Mo–Fr 9–22, Sa & So 10–16 Uhr; 🌱; Ⓜ Pedro de Valdivia) Santiaguinos pilgern jedes Wochenende in Scharen in das heimelige Café in Providencia, weil es hier den besten Brunch der Stadt gibt. Frisch gebackene Brote, Marmeladen, Joghurt und Müsli oder Rührei mit knusprigem Bacon sind nur ein paar der angebotenen Speisen. Unter der Woche kann man Salate, Sandwiches und frische Obstsäfte bestellen.

Liguria Bar & Restaurant MEDITERRAN, CHILENISCH $$

(Karte S. 60; ☎ 2-2334-4346; www.liguria.cl; Av Pedro de Valdivia 47; Hauptgerichte 7000–12 000 Ch$; ⏲ Mo–Sa 10–1.30 Uhr; Ⓜ Pedro de Valdivia) Eine perfekte Mischung aus Bar und Bistro. Die Kreidetafeln, die von adretten Kellnern alter Schule souverän auf rot karierten Tischdecken platziert werden, kündigen Speisen wie geschmortes Kaninchen und andere besondere Gerichte an.

Der holzgetäfelte Raum ist mit klassischer Reklame, chilenischen Memorabilien und alten Flaschen dekoriert, aber die Gäste kämpfen eher um die Straßentische. In der Stadt gibt's drei weitere Filialen.

Fuente Las Cabras CHILENISCH $$

(Karte S. 62; ☎ 2-2232-9671; Av Luis Thayer Ojeda 166; Hauptgerichte 6000–8000 Ch$; ⏲ Mo–Fr 9–11.30 & 12.30–1, Sa & So 13–0.45 Uhr; Ⓜ Tobalaba) Man stelle sich vor, ein preisgekrönter Koch übernähme einen amerikanischen Diner. Hier verpasst Juan Pablo Mellado chilenischen Fast-Food-Klassikern eine Gourmetnote. Dazu gibt's Craft-Bier vom Fass.

El Huerto CAFÉ $$

(Karte S. 60; ☎ 2-2231-4443; www.elhuerto.cl; Orrego Luco 054; Hauptgerichte 6000–8000 Ch$; ⏲ Mo–Sa 12–23, So 12.30–16.30 Uhr; 🌱; Ⓜ Pedro de Valdivia) Die vegetarische Küche dieses bodenständigen Restaurants findet großen Anklang bei coolen jungen Mädchen und Damen, die zum Mittagessen herkommen. Zur Auswahl stehen Algen-*ceviches*, frische Obstsäfte, Quinoa-Salate und wunderbare Desserts.

Aquí Está Coco CHILENISCH $$$

(Karte S. 60; ☎ 2-2410-6200; www.aquiestacoco.cl; La Concepción 236; Hauptgerichte 9100–13 000 Ch$; ⏲ Mo–Sa 13–15 & 19–23 Uhr, Feb. geschl.; 📶; Ⓜ Pedro de Valdivia) 🍃 In der wunderschönen kleinen Villa, die mit nachhaltigen Materialien restauriert wurde, befindet sich eines von Providencias tollsten Restaurants. Der Name „Hier ist Coco" bezieht sich auf den fantasievollen Besitzer, der in den Räumlichkeiten Kunst und Artefakte von seinen Weltreisen zeigt und sich außerdem durch beachtliches kulinarisches Talent und seine Leidenschaft für Wein auszeichnet.

Ñuñoa

Fuente Suiza DINER $

(www.fuentesuiza.cl; Av Irarrázaval 3361; Sandwiches 3200–6300 Ch$; ⏲ Mo–Do 11–24, Fr bis 1, Sa bis 22.30 Uhr; Ⓜ Ñuñoa) Superleckere Schweinefleischsandwiches und frittierte Empanadas machen das einfache Restaurant in Familienbesitz zum perfekten Ort, um sich auf eine lange Kneipentour vorzubereiten (oder sich davon zu erholen).

Las Condes, El Golf & Vitacura

Café Melba CAFÉ $

(Karte S. 62; ☎ 2-2905-8480; www.cafemelba.cl; Don Carlos 2898, Barrio El Golf; Sandwiches 4000 Ch$, Hauptgerichte 4000–6000 Ch$; ⏲ 8–18 Uhr; 🌱; Ⓜ Tobalaba) Vor etwa zehn Jahren war das Café Melba die Nummer eins in Sachen Brunch in Santiago, inzwischen haben ihm diverse Cafés in Providencia und im Barrio Italia den Rang abgelaufen. Dennoch, das Preis-Leistungs-Verhältnis ist unverändert top. Es gibt Eier mit Speck, Waffeln, Croissants, Sandwiches und riesige Pötte Kaffee.

Dominó SANDWICHES **$**
(Karte S. 62; www.domino.cl; Isidora Goyenechea 2930, Barrio El Golf; Sandwiches 1800–6000 Ch$; ⌚Mo–Fr 8–21, Sa 12–21, So 12–16.30 Uhr; Ⓜ Tobalaba) Diese Dominó-Filiale, eine moderne Version der traditionellen *fuentes de soda*, füllt sich zur Mittagszeit mit attraktiven jungen Büroangestellten. In coolem schwarz-weißen Dekor wird stylishes Fast Food auf Chile-Art wie günstige Sandwiches und *completos* serviert. In der Stadt gibt's noch weitere Filialen.

★ **Boragó** CHILENISCH **$$$**
(☎2-2953-8893; www.borago.cl; Av Nueva Costanera 3467, Vitacura; Probiermenü ab 50 000 Ch$; ⌚Mo–Sa 19–23.15 Uhr) Das Boragó gehört zu den 50 besten Restaurants der Welt, weil die chilenischen Gerichte von Chefkoch Rodolfo Guzman einfach unfassbar gut sind. Das minimalistische Design sorgt dafür, dass man sich ausschließlich auf das Essen konzentriert. Die mehrgängigen Probiermenüs umfassen seltene chilenische Zutaten und nehmen die Gäste mit auf eine unvergessliche kulinarische Abenteuerreise von der Atacama-Wüste bis nach Patagonien. Weit im Voraus reservieren.

Ausgehen & Nachtleben

Die Santiaguinos halten sich den Sonntag frei, um Zeit mit der Familie zu verbringen, an den übrigen Tagen der Woche wird jedoch gefeiert. Ausgehadresse Nummer eins ist Bellavista, wer Lust auf einen Drink in einer Bar hat, ist im schicken Lastarria, dem Arbeiter-Barrio Brasil oder in den gediegeneren Vierteln Vitacura und Providencia gut aufgehoben. In den meisten Clubs ist erst ab Mitternacht etwas los; sie schließen um 4 oder 5 Uhr.

Die Barrios Lastarria & Bellas Artes

★ **Bocanáriz** WEINBAR
(Karte S. 48 f.; ☎2-2638-9893; www.bocanariz.cl; Lastarria 276, Barrio Lastarria; ⌚Mo–Sa 12–24, So 19–23 Uhr; Ⓜ Bellas Artes) Die Weinkarte dieser anheimelnden Restaurant-Bar ist wohl die beste in ganz Chile. Die Kellner sind allesamt ausgebildete Sommeliers und kredenzen z. B. eine kreative Weinauswahl (nach Region oder Sorte geordnet) oder auch sehr gute offene Weine. Dazu können die Gäste Fleisch- oder Käseplatten sowie chilenische Speisen bestellen (Hauptgerichte 8000–12 000 Ch$). Besser reservieren.

★ **Chipe Libre** COCKTAILBAR
(Karte S. 48 f.; ☎2-2664-0584; Lastarria 282, Barrio Lastarria; ⌚Mo–Mi 12.30–0.30, Do–Sa bis 1 Uhr; Ⓜ Bellas Artes) In Santiagos einziger Bar, die sich exklusiv dem südamerikanischen Brandy widmet, erfährt man alles über den großen Streit um den Pisco Sour – auch darüber, wer ihn denn nun als Erstes gemixt hat. Auf der Karte stehen genauso viele peruanische wie chilenische Pisco-Sorten. Sie werden im „Dreier-Probierpack" angeboten oder in verschiedenen aromatisierten Sour-Varianten. Die Tische auf der Terrasse im Innenhof muss man vorab reservieren.

Opera Catedral COCKTAILBAR
(Karte S. 48 f.; ☎2-2664-3048; www.operacatedral.cl; Ecke JM de la Barra & Merced, Barrio Bellas Artes; ⌚Mo–Do 12.30–3, Fr & Sa bis 5 Uhr; Ⓜ Bellas Artes) Zweifellos geht die edle Speiseauswahl des Opera Catedral weit über Barsnacks hinaus ... Wie wär's z. B. mit einem Glas Champagner und lilafarbener Crème brûlée? Die selbstbewussten, meist berufstätigen Gäste zwischen 20 und 40 Jahren schätzen die minimalistischen zweifarbigen Sofas, die weiche Holztäfelung und die harmonische Musik. Auf dem Dach eröffnet sich ein Blick über den Cerro Santa Lucía.

Mamboleta COCKTAILBAR
(Karte S. 48 f.; ☎2-2633-0588; www.mamboleta.cl; Merced 337, Barrio Lastarria; ⌚Di–Do 9.30–24, Fr bis 2, Sa 11–2, So 15.30–23 Uhr; 📶; Ⓜ Bellas Artes) Abwechslungsreiche Musik von verschiedenen Kontinenten und aus unterschiedlichen Jahrzehnten und ein recht ansprechender Innenhof machen die Bar zu einem guten Ausgangspunkt für eine Kneipentour durch die *noche de carrete*. Die Cocktails sind hier tendenziell günstiger als in anderen Läden im *barrio*.

Lastarria Café CAFÉ
(Karte S. 48 f.; ☎2-2633-0995; www.facebook.com/lastarriacafe; Lastarria 305, Plaza Mulato Gil de Castro, Barrio Lastarria; ⌚Mo–Fr 9–21, Sa & So ab 11 Uhr; 📶; Ⓜ Bellas Artes) Das nette Innenhof-Café befindet sich neben einem kleinen

Kunstmuseum in einer niedlichen Kopfsteinpflastergasse und kredenzt leckeren Cappuccino, frischen Tee, Gebäck, Gourmetsandwiches sowie Salate.

Café Mosqueto CAFÉ

(Karte S. 48 f.; ☎ 2-2664-0273; Mosqueto 440, Barrio Bellas Artes; ⏲ Mo–Fr 8–22, Sa & So 10–22 Uhr; 📶; Ⓜ Bellas Artes) An einem verregneten Tag lädt das reizende Mosqueto zu gemütlichem Verweilen ein, und bei Sonnenschein lässt sich von den Tischen in der Fußgängerzone wunderbar das bunte Treiben beobachten. Die verkehrsberuhigte Einkaufsstraße in der Mosqueto zwischen Monjitas und Merced ist von mehreren ähnlichen Cafés gesäumt, in denen es günstiges Essen und starken Espresso gibt.

El Diablito BAR

(Karte S. 48 f.; ☎ 2-2638-3512; www.eldiablito.cl; Merced 336, Barrio Lastarria; ⏲ Mo–Fr 18–3, Sa 19–4, So 19–2 Uhr; Ⓜ Bellas Artes) Die dunklen Wände des verrauchten Schuppens hängen voll mit alten Fotos und altmodischen Haushaltsgegenständen. Bei Nacht laden die winzigen Tische förmlich dazu ein, bis zum Morgengrauen konspirativ zusammenzusitzen. Dass *schop* (Bier vom Fass) und die Pisco Sours preiswert sind, ist ein weiterer Grund, hier hängen zu bleiben.

Barrio Bellavista

Club La Feria CLUB

(Karte S. 55; www.laferia.cl; Constitución 275; Eintritt 10 000 Ch$; ⏲ Do–Sa ab 23 Uhr; Ⓜ Baquedano) Berauschende Electro-Sounds, eine aufgeheizte Partymeute und spitzenmäßige DJs – der richtige Ort, um bis zum Morgen durchzutanzen.

El Clan CLUB

(Karte S. 55; www.facebook.com/BarElClan; Bombero Núñez 363, Barrio Recoleta; Eintritt 4000–7000 Ch$; ⏲ Di–Sa 22–4 Uhr; Ⓜ Baquedano) Der Name ist die Kurzform von El Clandestino (der im Untergrund Lebende) – ein Hinweis auf die Zeit der Undercover-Existenz des kleinen Clubs. Wechselnde Bands und eine kleine Truppe DJs halten die Gäste zwischen 20 und 30 Jahren bei Laune; aufgelegt wird alles von den 1980er-Jahren bis House, R&B, Funk oder Techno.

Barrio Italia

Xoco Por Ti Chocolate Bar CAFÉ

(Karte S. 59; ☎ mobil 9-5774-2673; www.xocoporti.com; Av Italia 1634; ⏲ Di–So 12–20 Uhr; Ⓜ Santa Isabel) Naschkatzen werden sich in dieser winzigen „Schoko-Bar" im Nirvana wähnen. Die verführerische Karte mit verschiedenen heißen Schokoladen und der mit Pflanzen begrünte Patio (Innenhof) vertreiben den Winterblues und schlechte Laune. Es gibt maßgeschneiderte Getränke nach Kakaogehalt (55–85 %) und Herkunftsland (Bolivien, Brasilien, Peru oder Ecuador). Auch die Schoko-Frappés und -eiscremes schmecken klasse.

Die Barrios Brasil & Yungay

★ **Blondie** CLUB

(Karte S. 57; www.blondie.cl; Av O'Higgins 2879, Centro; Eintritt 2000–6000 Ch$; ⏲ Do–Sa ab 23.30 Uhr; Ⓜ Union Latinoamericano) Mindestens eine Tanzfläche des Blondie wird noch von den 1980er- und 1990er-Jahren beherrscht, während auf der anderen alles von Gothic Rock und Techno bis zu Britpop oder chilenischem Indie zu hören ist. Sehr beliebt bei Studenten und der Schwulengemeinde und meist proppenvoll.

Cerveceria Nacional CRAFT-BIER

(Karte S. 57; ☎ mobil 9-9218-4706; www.cerveceria nacional.cl; Compañía de Jesús 2858, Barrio Yungay; ⏲ Mo–Do 19–0.30, Fr & Sa bis 1.30 Uhr; Ⓜ Quinta Normal) Craft-Bier im Krug findet man in Santiago nicht unbedingt an jeder Ecke, insofern ist dieses Brauhaus ein wirklich seltenes Kleinod. Die hausgebrauten *cervezas* (Biere) decken alle „Farben" des Bierregenbogens ab, ob Pale Lager oder Imperial Stout. Das Pizzaangebot ist ähnlich vielseitig. Ein Krug Bier und eine Pizza für zwei Personen kosten gerade mal um die 12 000 Ch$.

Baires BAR

(Karte S. 57; ☎ 2-2697-4430; www.bairesushiclub.cl; Av Brasil 255, Barrio Brasil; ⏲ So–Mi 12–2, Do–Sa bis 4 Uhr; 📶; Ⓜ Ricardo Cumming) Offiziell ist das Baires ein „Sushi-Club". Abends füllen sich die Tische auf der Terrasse schnell, selbst an Werktagen. Die Getränkekarte ist ein regelrechter Wälzer und an manchen Wochenenden legen oben DJs auf.

Barrio Recoleta

Bar La Virgen BAR

(Karte S. 55; ☎ mobil9-9221-8576; www.barlavirgen.cl; Bombero Nuñez 290; ⏲ Di–Do 18.30–2, Fr & Sa 19–3 Uhr; Ⓜ Baquedano) Preiswerte chilenische Tapas und Cocktails sind die Gründe, sich einen Tisch in dieser Dachbar in Recoleta zu schnappen. Man blickt bis zum Cerro

San Cristóbal, die namensgebende Jungfrau (La Virgen) oben drauf ist allerdings nicht zu sehen. Hinter einer schwarzen nicht gekennzeichneten Tür auf der Bombero Nuñez (nahe der Kreuzung mit der Santa Filomena) führen Stufen zu der Bar hinauf.

Providencia

Santo Remedio COCKTAILBAR
(Karte S. 60; www.santoremedio.cl; Román Díaz 152; Mo–Fr 13–15.30 & 18–2, Sa 18–2 Uhr; M Manuel Montt) Genau genommen ist das dämmrig beleuchtete und wunderbar kuriose alte Haus mit den hohen Decken ein Restaurant, und ein aphrodisisches noch dazu. Aber eigentlich kommen die Leute wegen der Bar: Heftige, gut gemixte Cocktails und regelmäßige DJ-Auftritte halten die um die Zwanzig- und Dreißigjährigen bei Laune.

Faustina CAFÉ
(Karte S. 60; 2-2244-2129; Av Andrés Bello 2177; Mo–Fr 7.30–18.30, Sa 9–14 Uhr; ; M Los Leones) Expats lieben diesen Laden in Providencia, weil der Kaffee top und das WLAN schnell ist. Die Atmosphäre ist entspannt, sowohl drinnen (Sofas voller Kissen) als auch auf der Terrasse vorn (Sitzbänke im Strandstil).

California Cantina SPORTBAR
(Karte S. 60; mobil 9-6249-3041; www.californiacantina.cl; Las Urbinas 56; Mo–Do 12–2, Fr bis 4, Sa 15–4, So 15–1 Uhr; M Los Leones) Die geräumige kalifornisch inspirierte Bar in Providencias Happy-Hour-Szene bietet fast für jeden etwas: ein Dutzend Biersorten vom Fass, mexikanisches Kneipenessen wie Tacos und Quesadillas, Sitzgelegenheiten auf der Terrasse, tägliche Cocktail-Specials und *fútbol*-Spiele auf Großbildschirm.

Mito Urbano CLUB
(Karte S. 60; www.mitourbano.cl; Av Manuel Montt 350; Eintritt 4000–6000 Ch$; Di–Sa 16–4 Uhr; M Manuel Montt) Unter den blinkenden Discokugeln in diesem unterhaltsamen Nachtclub tanzen Gäste in den Zwanzigern, Dreißigern und Vierzigern zu Oldies und chilenischem Pop. Der Veranstaltungskalender informiert über Salsakurse, Karaoke, Livejazz und andere Angebote, die die Leute schon vor Mitternacht herbeilocken.

Ñuñoa

Cervecería HBH BRAUHAUS
(www.cervezahbh.cl; Av Irarrázaval 3176; Mo–Fr 17–24, Sa 19.30–2 Uhr; M Ñuñoa) Bierfreunde und Studenten schwärmen von dieser lockeren Mikrobrauerei. Neben Krügen mit eisgekühltem eigengebrautem Stark- und Lagerbier bietet das HBH auch Pizza.

Las Condes, El Golf & Vitacura

La Misión WEINBAR
(9-4018-0793; www.lamisionsantiago.cl; Av Nueva Costanera 3969, Vitacura; Mo–Mi 12.30–24, Do–Sa bis 1 Uhr) In Santiagos neuester und angesagtester Weinbar stehen die besten Weine des amerikanischen Kontinents, z. B. aus Argentinien und Uruguay, im Mittelpunkt. Man kann einen „Dreierpack" verkosten (drei Weine aus einer Region z. B. oder aus der gleichen Traubensorte) oder ein paar Gläser bestellen (viele offene Weine). Wer auf der luftigen Terrasse Platz nimmt und etwas isst, wird feststellen, dass die Preise recht hoch und die Portionen eher dürftig sind.

Cafetin KAFFEE
(Karte S. 62; 2-2880-9608; www.cafetin.cl; Don Carlos 3185, Barrio El Golf; Mo–Fr 8–19.45, Sa & So 10–18 Uhr; ; M El Golf) Hier können sich Kaffeeexperten über die neuesten Kaffeetrends auslassen und ihre morgendliche Dosis Koffein (aufgebrüht mit der Chemex, AeroPress etc.) in einem stylischen Ambiente zu sich nehmen. Die wechselnden Kunstausstellungen und Livemusik auf der Terrasse machen das Cafetin zu einer willkommenen Alternative in diesem Geschäftsviertel. An den Wochenenden wird ein opulenter Brunch aufgefahren.

Flannery's Beer House IRISH PUB
(Karte S. 62; 2-2303-0197; www.flannerysbeerhouse.cl; Av Tobalaba 379, Providencia; Mo–Fr 12.30–2, Sa 17–2, So 17.30–23.30 Uhr; M Tobalaba) Das Flannery's hat ein neues Zuhause ein paar Blocks vom ursprünglichen Standort gefunden, ist aber unverändert beliebt bei Ausländern und durchtrainierten, feierfreudigen Einheimischen. Auf zwei Etagen findet man viele Nischen und Ecken, zudem gibt's eine Dachterrasse und eine exzellente Bierkarte.

Unterhaltung

Ob man die Tanzfläche oder das Fußballstadion bevorzugt, lieber im Rhythmus mit klimpernden Folksängern klatscht oder am Ende einer dreistündigen Oper: Santiago bietet jede Menge Vergnügungen.

★ El Huaso Enrique TRADITIONELLE MUSIK
(Karte S. 57; ☎ 2-2681-5257; www.elhuasoenrique.cl; Maipú 462, Barrio Yungay; Eintritt 2500–3000 Ch$; ⌚ Mi–So 19–2 Uhr; Ⓜ Quinta Normal) In dieser traditionellen *cueca*-Lokalität kann man stolzen Chilenen an Wochenendabenden dabei zusehen, wie sie ihre Taschentücher zücken und ihren Nationaltanz aufführen, bei dem der Balztanz zwischen Hahn und Henne nachgeahmt wird. Dazu läuft traditionellen Livemusik.

★ Municipal de Santiago – Ópera Nacional de Chile THEATER
(Stadttheater Santiago – Nationales Opernhaus Chile; Karte S. 48 f.; ☎ 2-2463-1000; www.municipal.cl; Agustinas 794, Centro; Karten ab 3000 Ch$; ⌚ Theaterkasse Mo–Fr 10–19, Sa & So bis 14 Uhr; Ⓜ Santa Lucía) Das wunderschöne klassizistische Gebäude ist das renommierteste Theater der Stadt und Stammhaus der Ópera Nacional de Chile (chilenische Nationaloper), weshalb auch hochkarätige Ballettvorführungen, klassische Musik und Ensembles auf Tournee auf der Bühne zu sehen sind. Montags, mittwochs und freitags um 12 und 16.30 Uhr finden Führungen durchs Theaterhaus statt (7000 Ch$). Englischsprachige Führungen können per Mail an visitasguiadas@municipal.cl organisiert werden.

CorpArtes KUNSTZENTRUM
(☎ 2-2660-6071; www.corpartes.cl; Rosario Nte 660, Las Condes; ⌚ 11–20 Uhr; Ⓜ Manquehue) Das auf Hochglanz polierte (und finanziell gut aufgestellte) Kulturzentrum beherbergt Ausstellungen bekannter Künstler wie Yoko Ono und Yayoi Kusama. In einem Theater mit 880 Sitzplätzen werden überdies hochkarätige Stücke, Tanz- und Orchesterdarbietungen gezeigt.

Centro Cultural Matucana 100 KUNSTZENTRUM
(Karte S. 57; ☎ 2-2964-9240; www.m100.cl; Matucana 100, Barrio Estación Central; Galerien frei, Preise für Vorführungen variieren; ⌚ Galerien Di & Mi 12–18, Do–So bis 21 Uhr; Ⓜ Quinta Normal) Das riesige backsteinerne Centro Cultural Matucana 100 gehört zu Santiagos hippsten alternativen Kunstzentren und verdankt seine düstere Industriearchitektur der früheren Nutzung als Regierungsdepot. Seit der Renovierung im Rahmen des 200-jährigen Bestehens Chiles birgt es eine Galerie, die an einen Hangar erinnert und daneben ein Theater für Kunstfilmreihen, Konzerte und Szeneveranstaltungen.

Estadio Nacional FUSSBALL
(Nationalstadion; ☎ 2-2238-8102; Av Grecia 2001, Ñuñoa; Ⓜ Irarrázaval) Im Großen und Ganzen sind die Chilenen recht gelassen – zumindest, bis sie ein Fußballstadion betreten. Am dramatischsten sind Spiele gegen benachbarte Rivalen wie Peru oder Argentinien, wenn lautes „Chi-Chi-Chi-Le-Le-Le" durch das Estadio Nacional hallt.

Karten werden direkt im Stadion selbst oder bei Feria del Disco verkauft. Nicht weniger leidenschaftlich sind auch die *hinchas* (Fans) von Santiagos Erstliga-*fútbol*-Teams Colo Colo, Universidad de Chile und Universidad Católica.

Centro de Extensión Artística y Cultural THEATER
(CEAC; Karte S. 48 f.; ☎ 2-2978-2480; www.ceacuchile.com; Av Providencia 043, Providencia; Ⓜ Baquedano) In diesem exzellenten Theater unter der Leitung der Universität von Chile treten zwei hochklassige Ensembles auf, das Orquesta Sinfónica de Chile und das Ballet Nacional Chileno. Ob Ballett, Chor-, Orchester- oder Kammerkonzerten, hier wird das volle Programm geboten – sogar das eine oder andere Rockkonzert.

Club de Jazz JAZZ
(☎ 2-2830-6208; www.clubdejazz.cl; Av Ossa 123, La Reina; Eintritt 5000–7000 Ch$; ⌚ Di–Sa 21.30–3 Uhr; Ⓜ Plaza Egaña) Einer der besten Jazzclubs Lateinamerikas – hier sind schon Größen wie Louis Armstrong und Herbie Hancock aufgetreten. Jazz, Blues und Big-Band-Auftritte lokaler und internationaler Musiker.

La Batuta LIVEMUSIK
(www.batuta.cl; Jorge Washington 52, Ñuñoa; Eintritt 3000–6000 Ch$; ⌚ So–Do 19–4, Fr & Sa bis 5 Uhr; Ⓜ Ñuñoa) Die enthusiastischen Gäste toben sich zu Ska, *patchanka* (neotropische Polka wie von Manu Chao), *cumbia chilombiana*, Rockabilly und Surf sowie Tribute Bands und Gothic Rock aus – genauer gesagt zur gesamten Palette an Alternativmusik.

La Casa en el Aire DARSTELLENDE KUNST
(Karte S. 55; ☎ 2-2735-6680; www.lacasaenelaire.cl; Antonia López de Bello 0125, Barrio Bellavista; ⌚ 20 Uhr–open end; Ⓜ Baquedano) Lateinamerikanische Folkmusik, Treffen von Geschichtenerzählern, Filmreihen, Dichterlesungen und andere Kulturevents finden allabendlich in dieser herrlich zwanglosen Boho-Bar statt.

Cineteca Nacional KINO
(Karte S. 48 f.; www.ccplm.cl/sitio/category/cineteca-nacional; Centro Cultural La Moneda, Centro; Erw./Stud. 3000/2000 Ch$; Ⓜ La Moneda) Das alternative Kino im Centro Cultural La Moneda zeigt Dokumentarfilme und Arthausklassiker (meistens nur auf Spanisch).

Estación Mapocho KULTURZENTRUM
(Bahnhof Mapocho; Karte S. 48 f.; www.estacionmapocho.cl; Plaza de la Cultura, Centro; ⏲ für Events variieren, auf der Website nachsehen; Ⓜ Puente Cal y Canto) Von der Estación Mapocho fuhren einstmals die Züge nach Norden ab. Erdbebenschäden und der Verfall des Schienennetzes führten zunächst zur Schließung des Bahnhofs, er erstand jedoch wieder neu als Kulturzentrum, in dem Kunstausstellungen sowie größere Konzerte und Messen stattfinden.

Ein Besuch lohnt sich allein schon wegen der hoch aufragenden gusseisernen Konstruktion der Haupthalle. Sie wurde in Frankreich gebaut und dann in Santiago hinter der goldenen Beaux-Arts-Steinfassade montiert.

Teatro Caupolicán LIVEMUSIK
(☎ 2-2699-1556; www.teatrocaupolican.cl; San Diego 850, Centro; Ⓜ Parque O'Higgins) Zu den lateinamerikanischen Rockern, die hier bereits aufgetreten sind, zählen die Mexikaner Café Tacuba, die argentinische Elektro-Tango-Band Bajofondo und der Oscar-Gewinner aus Uruguay Jorge Drexler. Zudem spielen internationale Künstler wie Garbage und James Blunt im Teatro Caupolicán.

Shoppen

Manch einer wird die wenig inspirierenden Einkaufsstraßen Ahumada und Huérfanos (beide verkehrsberuhigt) im Centro erst einmal abschreckend finden – ganz zu schweigen von den vielen Megamalls, die es den Stadtbewohnern wirklich angetan zu haben scheinen. Doch in der Galería Drugstore in Providencia oder in der Estación Italia im Barrio Italia z. B. gibt's ein paar fantastische unabhängige Läden mit Waren „made in Chile". Richtig billige Kleidung wird im koreanischen und palästinensischen Immigrantenviertel Patronato westlich von Bellavista verkauft.

★ **La Tienda Nacional** BÜCHER
(Karte S. 48 f.; ☎ 2-2638-4706; www.latiendanacional.cl; Merced 369, Barrio Lastarria; ⏲ Mo–Fr 11–20, Sa 12–21 Uhr; Ⓜ Bellas Artes) Mehr als ein einfacher Buchladen. Auf zwei Etagen werden u. a. chilenische Filme, Schallplatten, Spielzeuge, T-Shirts und Dokumentarfilme verkauft. Ein Muss für alle, die einzigartige Mitbringsel suchen.

★ **Pueblito Los Dominicos** KUNST & KUNSTHANDWERK
(Los-Dominicos-Kunsthandwerkerdorf; ☎ mobil 9-7681-6870; Av Apoquindo 9085, Las Condes; ⏲ 10.30–19 Uhr; Ⓜ Los Dominicos) Die Topadresse in Santiago für qualitativ hochwertige Souvenirs und Geschenke, die in Chile gefertigt wurden, etwa Lapislazuli-Schmuck, Textilien aus den Anden, geschnitzte Holzschüsseln und Tonwaren mit indigenen Motiven. Das „Dorf" besteht aus Dutzenden kleinen Geschäften, Galerien und traditionellen Cafés.

★ **Artesanías de Chile** KUNST & KUNSTHANDWERK
(Karte S. 48 f.; ☎ 2-2697-2784; www.artesaniasdechile.cl; Plaza de la Ciudadanía 26, Centro Cultural Palacio La Moneda, Centro; ⏲ Mo–Sa 9.30–19.30, So 10.30–19 Uhr; Ⓜ La Moneda) 🍃 Schmuck, Schnitzarbeiten, Keramik und mit natürlichen Farben gefärbte Textilien zu bezahlbaren Preisen. Der Löwenanteil des Geldes geht an den jeweiligen Kunsthandwerker. Die Stiftung unterhält weitere Filialen in Santiago (z. B. in Los Dominicos und am Flughafen) sowie in ganz Chile.

Plop Galería KUNST & KUNSTHANDWERK
(Karte S. 48 f.; ☎ 2-2633-2902; www.plopgaleria.com; Merced 349, Barrio Lastarria; ⏲ 11–20 Uhr; Ⓜ Bellas Artes) In einem unauffälligen Durchgang hinter dem Ticketverkauf des Teatro Ictus findet man dieses Geschäft, das auf Graphic Art, Designbücher und andere Waren spezialisiert ist, die in Chile von Hand gefertigt wurden. Wer mag, kann sich zudem mit Künstlerzubehör eindecken oder Postkarten – echte Unikate – kaufen.

Vinomio WEIN
(Karte S. 55; ☎ 2-2735-3786; www.vinomio.cl; Antonia López de Bello 090, Barrio Bellavista; ⏲ Mo–Sa 11–21 Uhr; Ⓜ Baquedano) Der edle Weinhandel zeichnet sich durch das fachkundigste Personal der ganzen Stadt aus, das Weinliebhabern dabei hilft, seltene Flaschen zu entdecken, die es in keinem Supermarkt zu kaufen gibt. Das kostet vielleicht etwas mehr, dafür wird man jedoch mit Insiderwissen und einer handverlesenen Auswahl hochwertiger Tropfen belohnt. Donnerstagabends werden kostenlose Weinproben (nur auf Spanisch) angeboten.

Estación Italia EINKAUFSZENTRUM

(Karte S.59; www.estacionitalia.cl; Av Italia 1439, Barrio Italia; ⌚So & Mo 11–19, Di–Sa bis 20 Uhr; Ⓜ Santa Isabel) Das Einkaufszentrum birgt mehr als zwei Dutzend unabhängige Boutiquen, in denen es alles vom Künstlerbedarf (Arte Nostro) über Graphic Novels (Pánico Ediciones) bis hin zu in Chile handgefertigten Lederschuhen (Blasko) gibt. Das Ganze kann man sich als eine Art Mini-Mall für Mall-Gegner vorstellen.

Galería Drugstore MODE & ACCESSOIRES

(Karte S.60; www.drugstore.cl; Av Providencia 2124, Providencia; ⌚Geschäfte Mo–Fr 11–20, Sa bis 18.30 Uhr; Ⓜ Los Leones) Ein cooles dreistöckiges Einkaufszentrum mit Kleidung, wie sie daheim garantiert niemand hat, denn hier verkaufen in winzigen Boutiquen junge aufstrebende Nachwuchsdesigner ihre Kreationen. Außerdem gibt's Kunst-Buchhandlungen und Cafés.

Persa Biobío MARKT

(www.persa-biobio.com; Barrio Franklin; ⌚Sa & So 10–17 Uhr; Ⓜ Franklin) Antiquitäten, Sammelobjekte und faszinierender alter Trödel füllen die Stände dieses berühmten Flohmarkts, der sich über mehrere Blocks zwischen der Bío Bío und der Franklin erstreckt. Sich durch alte Sonnenbrillen und Kognakgläser, Cowboysporen, altmodische Badeanzüge und ausrangierte Bücher zu wühlen ist ein echtes Erlebnis.

Zudem kann man an Straßenständen chilenische Snacks kaufen. Beim Essen sollte man allerdings immer ein Auge auf seine Habseligkeiten haben, denn ahnungslose Marktbesucher sind willkommene Opfer für Taschendiebe.

Kind of Blue MUSIK

(Karte S.48 f.; ☎2-2664-4322; Merced 323, Barrio Lastarria; ⌚Mo–Fr 11.30–20.30, Sa 11–22, So 12.30–20.30 Uhr; Ⓜ Bellas Artes) Die kenntnisreichen mehrsprachigen Angestellten im besten Musikladen der Stadt erläutern gern die einheimische Musik und ihre Interpreten. Sie können auch in kürzester Zeit schwer auffindbare Importartikel organisieren.

El Mundo del Vino WEIN

(Karte S.62; ☎2-2584-1173; www.elmundodelvino.cl; Isidora Goyenechea 3000, Barrio El Golf; ⌚Mo–Sa 10–21 Uhr; Ⓜ Tobalaba) Die renovierte Filiale der edlen Weinkette im hippen W Hotel (weitere Niederlassungen in ganz Chile) hat 6000 Sorten aus der ganzen Welt bzw. aus dem nicht weit von der Stadt entfernten Valle de Colchagua auf Lager.

Patio Bellavista EINKAUFSZENTRUM

(Karte S.55; www.patiobellavista.cl; Constitución 53, Barrio Bellavista; ⌚11–22 Uhr; Ⓜ Baquedano) Der Shopping- und Restaurantkomplex bietet schickes modernes Kunsthandwerk, Lederwaren, Webarbeiten und Schmuck an. Hochpreisig.

Contrapunto BÜCHER

(Karte S.60; ☎2-2231-2947; www.contrapunto.cl; Av Providencia 2124, Galería Drugstore, Local 010-011, Providencia; ⌚Mo–Fr 10.30–20, Sa 11–14.45 Uhr; Ⓜ Los Leones) Verkauft Kunst-, Design- und Bildbände vom Feinsten, vornehmlich auf Spanisch.

Alto Las Condes EINKAUFSZENTRUM

(www.altolascondes.cl; Av Kennedy 9001, Las Condes; ⌚10–22 Uhr) Neben chilenischen und argentinischen Spitzenlabels beherbergt die Mall auch eine Filiale des Kaufhauses Falabella und einen Kinokomplex sowie mehrere chilenische und internationale Outdoorläden. Zur Anfahrt: Vor der Metrostation Escuela Militar halten Busse mit dem Ziel „Alto Las Condes".

Parque Arauco EINKAUFSZENTRUM

(www.parquearauco.cl; Av Kennedy 5413, Las Condes; ⌚Mo–Sa 10–21, So 11–21 Uhr; Ⓜ Manquehue) Eine große Auswahl an einheimischen und internationalen Modeläden sorgt dafür, dass die Fashionistas in Scharen herbeieilen. Von der Metrostation Manquehue ist es 1 km in nördlicher Richtung entlang der Rosario Norte (zu Fuß oder per Taxi).

Andesgear SPORT- & OUTDOORAUSRÜSTUNG

(Karte S.62; ☎2-2245-7076; www.andesgear.cl; Helvecia 210, Barrio El Golf; ⌚Mo–Fr 10–20, Sa bis 14 Uhr; Ⓜ Tobalaba) Vor Ort bekommt man importierte Kletterausrüstung und alles, was man für Hochgebirgs-Camping auf Reisen durch Patagonien benötigt. In der Stadt gibt's mehrere Filialen.

Contrapunto BÜCHER

(Karte S.48 f.; ☎2-2639-1413; www.contrapunto.cl; Huérfanos 665, Centro; ⌚Mo–Fr 10.30–20, Sa bis 14 Uhr; Ⓜ Santa Lucía) Der Buchladen, der zu einer Kette gehört, hat ein großes Sortiment, wobei die Auswahl an englischsprachiger Literatur begrenzt ist.

Centro Artesanal Santa Lucía KUNST & KUNSTHANDWERK

(Karte S.48 f.; Ecke Carmen & Av O'Higgins, Centro; ⌚10–19 Uhr; Ⓜ Santa Lucía) Es ist ziemlich gewagt, die Web- und Lederwaren aus Massenproduktion, die hier zum Verkauf stehen, als

Kunsthandwerk zu betiteln, dennoch eignen sie sich zweifellos prima als günstige Souvenirs – zum Angebot gehören z. B. Panflöten, Silberschmuck und Pullis im Andenstil. Wenn es etwas Authentischeres sein soll, ist Los Dominicos die bessere Adresse.

Centro de Exposición de Arte Indígena KUNST & KUNSTHANDWERK

(Karte S. 48 f.; Av O'Higgins 499, Centro; ⌚ Mo–Sa 10–17.30 Uhr; Ⓜ Santa Lucia) An den Ständen neben dem Terraza-Neptuno-Eingang zum Cerro Santa Lucía verkaufen indigene Kunsthandwerker eine kleine Auswahl an Waren, z. B. Silberschmuck, Postkarten, Instrumente und Mapuche-Wörterbücher.

ℹ Praktische Informationen

GEFAHREN & ÄRGERNISSE

Gewaltverbrechen kommen in Santiago relativ selten vor – die chilenische Hauptstadt wird regelmäßig als sicherste Großstadt Lateinamerikas aufgeführt. Taschendiebstahl und Handtaschenraub stellen jedoch ein echtes Problem dar und oft sind Touristen Objekt der Begierde.

- Besonders um die Plaza de Armas, den Mercado Central, den Cerro San Cristóbal und an den Busbahnhöfen sollte man doppelt wachsam auf persönliche Gegenstände achten.
- Organisierte Taschendiebbanden wählen manchmal Barbesucher in der Pío Nono in Bellavista als Ziel.
- Die kleineren Straßen im Barrio Brasil sind abends ebenfalls kein sicheres Pflaster.
- Politische Demonstrationen sollte man besser meiden, wenn man nicht Teil der Bewegung ist – manchmal kippt die Stimmung anfänglich friedlicher Proteste.

Polizei (Carabineros; ☎ 133)

Primera Comisaría Santiago (Polizeihauptwache; ☎ 2-2922-3700; Santo Domingo 715, Centro; ⌚ 24 Std.; Ⓜ Plaza de Armas)

GELD

Geldautomaten findet man fast überall, z. B. in Supermärkten, Apotheken, Tankstellen und an ganz normalen Straßenecken. Man erkennt sie am dunkelrot-weißen Schild „Redbanc". Aber Vorsicht vor Falschgeld und Geldwechslern ohne Lizenz!

Cambios Afex (www.afex.cl; Moneda 1140, Centro; ⌚ Mo–Fr 9–18.30 Uhr; Ⓜ La Moneda) Bewährte Wechselstube mit Filialen in der ganzen Stadt.

INTERNETZUGANG & TELEFON

Es gibt noch ein paar Internetcafés im Centro und nahe den Universitäten (die Preise liegen zwischen 500 und 1000 Ch$ pro Stunde); viele gehören zu einem *centro de llamados* (öffentliches Telefonzentrum), wo man auch Orts- und Ferngespräche tätigen kann. Die meisten Cafés und Hotels bieten ihren Gästen mittlerweile kostenloses WLAN.

KARTEN

In den Touristeninformationen gibt's eine sich ständig verändernde Kollektion an kostenlosen (sprich gesponserten) Stadtplänen des Zentrums (Centro) und von Providencia. Die Karten mit Suchfunktion von Map City (www.mapcity.com) und EMOL (www.mapas.emol.com) sind zuverlässige Onlinequellen.

Informationen zum Trekking und Klettern bietet die **CONAF** (Corporación Nacional Forestal; ☎ 2-2663-0000; www.conaf.cl; Paseo Bulnes 265, Centro; ⌚ Mo–Do 9.30–17.30, Fr bis 16.30 Uhr; Ⓜ La Moneda). Detaillierte topografische Karten hat das **Instituto Geográfico Militar** (☎ 2-2410-9300; www.igm.cl; Santa Isabel 1651, Centro; ⌚ Mo–Fr 8.30–13 & 14–17 Uhr; Ⓜ Toesca).

MEDIZINISCHE VERSORGUNG

Ärztliche Beratung ist billig in Santiagos staatlichen Krankenhäusern, allerdings muss man mit langen Wartezeiten rechnen und es wird nur selten Englisch gesprochen. Wer eine sofortige ärztliche oder zahnärztliche Behandlung wünscht, muss eine *clínica* (Privatklinik) ansteuern, aber da wird es recht teuer, deshalb ist eine entsprechende Versicherung unumgänglich.

Clínica Alemana (☎ 2-2210-1111; www.alemana.cl; Av Vitacura 5951, Vitacura) Die „deutsche Klinik" ist eine der besten – und teuersten – Privatkliniken der Stadt. Die Mitarbeiter sprechen auch Deutsch.

Clínica Las Condes (☎ 2-2210-4000; www.clinicalascondes.cl; Lo Fontecilla 441, Las Condes) Eine empfehlenswerte Adresse mit internationalem Versorgungsstandard in Las Condes.

Clínica Universidad Católica (Red de Salud UC; ☎ 2-2354-3000; http://redsalud.uc.cl/ucchristus/Hospital/hospital-clinico; Marcoleta 350, Centro; Ⓜ Universidad Católica) Ein angesehenes Universitätskrankenhaus mit praktischer Lage im Centro.

Farmacia Salcobrand (https://salcobrand.cl; Av Portugal 174, Centro; ⌚ 24 Std.; Ⓜ Universidad Católica) Die Apotheke ist rund um die Uhr geöffnet.

Hospital de Urgencia Asistencia Pública (☎ 2-2568-1100; www.huap.cl; Av Portugal 125, Centro; ⌚ 24 Std.; Ⓜ Universidad Católica) Santiagos größte öffentlich geführte Notfallklinik.

Hospital del Salvador (☎ 2-2575-4000; www.hsalvador.cl; Av Salvador 364, Providencia; Ⓜ Salvador) Das beste und am praktischsten gelegene öffentliche (und damit günstigere) Krankenhaus der Stadt.

NOTFALL

Krankenwagen	☎131
Drogen-Hotline	☎135
Feuerwehr	☎132
Polizeilicher Notruf	☎133
Polizei – Informationen	☎139

POST

Correos Chile El Golf (Karte S. 62; www.correos.cl; Av Apoquindo 3297, Barrio El Golf; ⌚Mo–Fr 9–19, Sa 10–14 Uhr; Ⓜ El Golf)

Correos Chile Providencia (Karte S. 60; www.correos.cl; Av Providencia 1466, Providencia; ⌚Mo–Fr 9–18 Uhr; Ⓜ Manuel Montt)

Correos Chile Santiago Centro (Karte S. 48 f.; ☎2-2956-0303; www.correos.cl; Catedral 989, Plaza de Armas, Centro; ⌚Mo–Fr 9–18.30, Sa 10–14 Uhr; Ⓜ Plaza de Armas)

FedEx (Karte S. 62; ☎800-363-030; www.fedex.com/cl_english/contact; Av Providencia 2519, Providencia; ⌚Mo–Sa 10–13 & 14–19 Uhr; Ⓜ Tobalaba)

REISEBÜROS

Chilean Travel Service (CTS; ☎2-2251-0400; www.chileantravelservices.com; Antonio Bellet 77, Büro 101, Providencia; Ⓜ Pedro de Valdivia) Die Mitarbeiter sind gut informiert und sprechen mehrere Sprachen. Sie buchen Unterkünfte und Touren in ganz Chile.

TOURISTENINFORMATION

Städtische Touristeninformation (Karte S. 48 f.; www.santiagocapital.cl; Plaza de Armas s/n, Centro; ⌚Mo–Fr 9–18, Sa & So bis 16 Uhr; Ⓜ Plaza de Armas) Die Ressourcen sind begrenzt, aber die Mitarbeiter meinen es gut. Sie stellen einfache Karten zur Verfügung und geben Basisinfos. Vor Ort gibt's eine kleine Galerie und einen Laden mit chilenischen Produkten.

Städtische Touristeninformation (Karte S. 48 f.; www.santiagocapital.cl; Cerro Santa Lucía s/n, Centro; ⌚Mo–Fr 9–13.30 & 15–18 Uhr; Ⓜ Santa Lucia) Kleine Touristeninformation auf dem Cerro Santa Lucía.

Touristeninformation Providencia (Karte S. 60; ☎2-2374-2743; http://turismo.providencia.cl; Av Providencia 2359, Providencia; ⌚Mo–Fr 9–14 & 15–19, Sa & So 10–16 Uhr; Ⓜ Los Leones) Broschüren, Karten und Infos zu Providencia und dem Großraum Santiago.

Sernatur (Karte S. 60; ☎2-2731-8336; www.chile.travel; Av Providencia 1550, Providencia; ⌚Mo–Fr 9–18, Sa bis 14 Uhr; WLAN; Ⓜ Manuel Montt) Infos, Gratis-WLAN, Karten, Broschüren.

WÄSCHE

Viele Hotels und Hostels bieten einen Wäschedienst an. Zudem kann man seine schmutzigen Klamotten in allen *lavanderías* abgeben (Ladung ca. 7000 Ch$). Waschsalons mit Selbstbedienung sind in Chile unüblich.

Laundromat (Monjitas 507, Centro; 6900 Ch$ pro Ladung; ⌚Mo–Fr 8–19.30, Sa bis 14 Uhr; WLAN; Ⓜ Bellas Artes)

ℹ An- & Weiterreise

AUTO

Der grauenhafte Stoßverkehr und hohe Parkgebühren machen einen Mietwagen in Santiago zu einem sinnlosen Unterfangen. Ein eigenes Fahrzeug ist jedoch von unschätzbarem Wert für Ausflüge ins Valle de Casablanca sowie zu Naturschönheiten wie Cerro la Campana und Cajón del Maipo. Wer vorhat, vor allem das ländliche Chile zu erkunden, könnte bei **Soul Vans** (☎mobil 9-5417-3743; www.soulvans.com; Eduardo Castillo Velasco 3100, Ñuñoa; Wohnmobil ab 39 000 Ch$; ⌚9–13 Uhr; Ⓜ Ñuñoa) ein Wohnmobil mieten; das Unternehmen unterhält Büros in Puerto Montt und Punta Arenas und ermöglicht Einwegmieten.

Chilenische Autovermietungen sind meist etwas preiswerter als internationale, man sollte aber wissen, dass die Verträge oft einen himmelhohen Selbstbehalt einschließen. Die meisten Autovermietungen haben ihre eigene Pannenhilfe, ansonsten bietet der **Automóvil Club de Chile** (☎600-450-6000; www.automovilclub.cl; Av Andrés Bello 1863, Providencia; Ⓜ Pedro de Valdivia) Mitgliedern anderer Automobilclubs Hilfe an. Dafür muss man sich allerdings eventuell erst in einem Büro des chilenischen Automobilclubs registrieren lassen. Einige der folgenden Vermietungen unterhalten Schalter im Flughafen in Pudahuel.

Chilean Rent A Car (☎2-2963-8760; www.chileanrentacar.cl; Bellavista 0183, Barrio Bellavista; Wagenmiete ab 20 000 Ch$ pro Tag; ⌚Mo–Fr 8–21.30, Sa & So 8.30–19 Uhr; Ⓜ Baquedano)

Europcar (☎2-2598-3200; www.europcar.cl; Av Francisco Bilbao 1439, Providencia; Mietwagen ab 33 000 Ch$; ⌚Mo–Fr 8–20, Sa & So 8.30–16 Uhr; Ⓜ Ines de Suárez)

First Rent a Car (☎2-2225-6328; www.first.cl; Rancagua 0514, Providencia; Mietwagen ab 33 000 Ch$; ⌚Mo–Fr 8–17, Sa 9–14 Uhr; Ⓜ Parque Bustamente)

Hertz (☎2-2360-8617; www.hertz.cl; Av Andrés Bello 1469, Providencia; Mietwagen ab 38 000 Ch$; ⌚Mo–Fr 8–20, Sa & So bis 18 Uhr; Ⓜ Manuel Montt)

Piamonte (☎2-2751-0200; www.piamonte.cl; Irarrázaval 3400, Ñuñoa; Mietwagen ab 22 000 Ch$; ⌚Mo–Fr 8–19, Sa 9–14 Uhr; Ⓜ Ñuñoa)

United (☎2-2963-8760; www.united-chile.com; Curricó 360, Centro; Wagenmiete ab 20 000 Ch$ pro Tag; ⌚Mo–Fr 8–21, Sa & So bis 18 Uhr; Ⓜ Universidad Católica)

BUS

Verwirrend viele Busgesellschaften verbinden Santiago mit dem Rest des Landes sowie mit Argentinien und Peru. Zudem starten die Fahrzeuge auch noch von fünf unterschiedlichen Busbahnhöfen. Ticketpreise schwanken erheblich während der Hochsaison und verdoppeln sich für eine *cama* (Schlafkoje). Die folgenden Preise für *clásico* oder *semi-cama* (Standard) sind daher Richtwerte. Die Fahrzeiten gelten für die Hauptreiseziele, die von verschiedenen Busgesellschaften angesteuert werden. Die Preise für Fahrten in kleinere Orte sind bei den entsprechenden Destinationen zu finden. Oft gibt's Ermäßigungen, ein Preisvergleich lohnt sich also. Entweder zieht man los und klappert die Terminals ab oder man wirft einen Blick auf Websites wie das Vergleichsportal Recorrido (www.recorrido.cl), das auch für Ausländer leicht zu bedienen ist (englische Version). Recorrido vergleicht die Preise von mehr als 40 Busunternehmen und Tickets können mit PayPal bezahlt werden.

ZIEL	PREIS (CH$)	DAUER (STD.)
Antofagasta	33 000	19
Arica	44 000	28
Buenos Aires (Arg.)	66 000	24
Chillán	7900	5
Concepción	8000	6½
Copiapó	20 000	11
Iquique	40 000	25
La Serena	11 000	6
Los Andes	2500	1½
Mendoza (Arg.)	29 000	8
Osorno	21 800	11
Pichilemu	7000	4
Pucón	18 800	10
Puerto Montt	22 000	12
San Pedro de Atacama	40 600	23
Santa Cruz	6000	3½
Talca	5000	3½
Temuco	16 000	8
Valdivia	19 000	10
Valparaíso	4000	2
Viña del Mar	4000	2

Terminal de Buses Alameda

An diesem **Busbahnhof** (Ecke Av O'Higgins & Jotabeche, Barrio Estación Central; Ⓜ Universidad de Santiago) neben dem Terminal de Buses Sur starten die Fahrzeuge der Gesellschaften **Turbus** (☎ 600-660-6600; www.turbus.cl) und **Pullman Bus** (☎ 600-320-3200; www.pullman.cl). Beide Firmen haben eine Flotte mit komfortablen und pünktlich verkehrenden Bussen zu Zielen in ganz Chile. Alle 15 Minuten bestehen Verbindungen zu den nahegelegenen Städten Valparaíso und Viña del Mar. **Pullman del Sur** (☎ 2-2776-2424; www.pdelsur.cl; Terminal de Buses Alameda, Barrio Estación Central; Ⓜ Universidad de Santiago) bietet regelmäßig Fahrten in die O'Higgins- und Maule-Regionen an, z. B. nach Rancagua, Pichilemu und Talca.

Terminal de Buses Sur

Santiagos größter **Busbahnhof** (Av O'Higgins 3850, Barrio Estación Central; Ⓜ Universidad de Santiago) wird auch Terminal Santiago genannt, meistens geht's dort sehr hektisch zu. Die Busgesellschaften, die in der großen, halb überdachten Schalterhalle vertreten sind, bedienen hauptsächlich Ziele im Süden von Santiago wie die zentrale Küstenregion, das Seengebiet und Chiloé. Ein paar Unternehmen bieten auch Verbindungen Richtung Norden und ins Ausland an, sodass so ziemlich jede größere Stadt in Südamerika (auch in Kolumbien und Brasilien) erreicht werden kann.

Bus Norte (☎ 600-401-5151; www.busnortechile.cl) ist auf den Strecken nach Puerto Montt und Valparaíso unterwegs und lockt mit superbilligen Preisen. Die modernen, gut ausgestatteten Busse von **Línea Azul** (www.buseslineaazul.cl/destinos.php) verbinden Santiago mit Zielen im Süden, ebenso wie **JAC** (☎ 2-2822-7989; www.jac.cl), **Cruz del Sur** (☎ 2-2682-5038; www.busescruzdelsur.cl) und **Andimar** (☎ 2-2779-4801; www.andimar.cl).

Buses Nilahué (☎ 2-2776-1139; www.busesnilahue.cl) fährt nach Cobquecura (10 000 Ch$, 7 Std., 1-mal tgl.), Termas de Chillán (14 000 Ch$, 7 Std., 1-mal tgl.), Santa Cruz (5000 Ch$, 3 Std., stdl.) und Pichilemu (7000 Ch$, 4 Std., stdl.). **Condor** (☎ 2-2822-7528; www.condorbus.cl) steuert Concón und Quintero (5000 Ch$, 2½ Std., 2-mal stdl.) und größere Städte im Süden an.

Tickets für internationale Strecken werden an Schaltern im Busbahnhof verkauft. **Cata Internacional** (☎ 2-2779-3660; www.catainternacional.com; Terminal de Buses Sur, Barrio Estación Central; Ⓜ Universidad de Santiago) fährt sechsmal täglich nach Mendoza und einmal nach Buenos Aires. **El Rápido** (www.elrapidoint.com.ar) bietet ähnliche, aber etwas billigere Verbindungen, ebenso wie **Tas Choapa** (☎ 2-2822-7561; www.taschoapa.cl).

Terminal Los Héroes

Der kleine, aber zentrale **Busbahnhof** (Karte S. 57; ☎ 2-2420-0099; Tucapel Jiménez 21, Centro; Ⓜ Los Héroes), auch Terrapuerto genannt, ist Standort einiger Busgesellschaften, die in erster Linie Ziele im Norden und in den Anden ansteuern. **Ahumada** (Karte S. 57; www.busesahumada.cl) startet dreimal täglich nach

Mendoza; einige Busse verkehren weiter nach Buenos Aires.

Terminal San Borja

Der **Terminal San Borja** (Karte S. 57; San Borja 184, Barrio Estación Central; Ⓜ Estación Central) liegt hinter der Estación Central. Von hier aus nehmen Busse Kurs auf Städte nördlich von Santiago (z. T. auch südlich) und die Strände an der zentralen Küste. Vor Ort fahren auch die Busse nach Pomaire ab. Die Ticketschalter befinden sich nach Regionen aufgegliedert im zweiten Stock. Die nützlichsten Verbindungen bieten **Libac** (Karte S. 57; ☎ 2-2778-7071; www.buseslibac.cl; Terminal San Borja, Barrio Estación Central; Ⓜ Estación Central) und **Pullman Bus** (S. 82).

Terminal Pajaritos

In dem kleinen, frisch renovierten **Terminal Pajaritos** (Busbahnhof Pajaritos; General Bonilla 5600; Ⓜ Pajaritos) halten die Busse von Santiago zum Flughafen sowie nach Valparaíso und Viña. Da die Station an der Metro Línea 1 liegt, kann man den Innenstadtverkehr umgehen.

FLUGZEUG

Chiles Hauptverkehrsknotenpunkt für internationale und nationale Flüge ist der **Aeropuerto Internacional Arturo Merino Benítez** (Internationaler Flughafen Santiago, SCL; ☎ 2-2690-1796; www.nuevopudahuel.cl; Pudahuel) 16 km westlich von Santiagos Zentrum.

Von hier aus steuern **LATAM Airlines** (☎ 600-526-2000; www.latam.com) und **Aerolíneas Argentinas** (☎ 800-610-200; www.aerolineas.com.ar) sowie die chilenischen Billigflieger **Sky Airline** (www.skyairline.com) und **JetSmart** (www.jetsmart.com) nationale Ziele an. Der brasilianische Billigflieger **Gol** (www.voegol.com.br) bietet Verbindungen in größere brasilianische Städte wie São Paulo, Salvador und Rio. Andere internationale Gesellschaften, die Chile bedienen, unterhalten Büros oder Vertretungen in Santiago.

ZUG

Chiles Zuggesellschaft **TrenCentral** (EFE-Fahrkartenbüro; ☎ 2-2585-5000; www.trencentral.cl; ⏲ Fahrkarten Mo–Fr 7.15–20, Sa 8–19 Uhr) hat seinen Sitz in der **Estación Central** (Av O'Higgins 3170, Barrio Estación Central). Das Schienennetz ist übersichtlich groß. Bahnfahrten sind im Allgemeinen langsamer und teurer als Busreisen, aber die Waggons sind gut in Schuss und die Züge meist pünktlich. Standardzüge fahren gen Süden nach Chillán (8100 Ch$, 5 Std., 2-mal tgl.) und halten unterwegs in Rancagua, Curicó und Talca. An zwei Samstagen im Monat machen sich spezielle Touristenzüge auf den Weg ins Valle de Colchagua (60 000 Ch$).

ℹ Unterwegs vor Ort

AUTO & MOTORRAD

Für Fahrten auf der Stadtautobahn in Santiago muss jedes Auto einen elektronischen Sensor, den TAG, an der Windschutzscheibe haben – alle Mietwagen sind damit ausgestattet. In einigen Bereichen des Zentrums ist Parken auf der Straße verboten, in anderen gebührenpflichtig (wird häufig kontrolliert). Die Kosten liegen je nach Gegend bei 1000 bis 3000 Ch$ pro Stunde. Sind keine Parkautomaten vorhanden, ist es üblich, den „Parkwächtern" eine ähnliche Gebühr zu zahlen. Weitere Infos zum Thema Autofahren und Parken liefert die Seite **Mietwagen in Chile** (www.mietwagen-in-chile.de), über die man außerdem Autos mieten kann.

BUS

Die Transantiago-Busse sind eine billige und bequeme Methode, in der Stadt herumzukommen, besonders wenn die Metro nachts nicht mehr fährt. Grün-weiße Busse verkehren in Santiagos Zentrum oder verbinden zwei Bezirke der Stadt. Jeder Vorort hat seine eigenen farblich markierten Busse und einen ihn kennzeichnenden Buchstaben vor der Streckennummer (Strecken in Las Condes und Vitacura beispielsweise beginnen mit einem C, die Busse sind einheitlich orange). Die Strecken folgen meist größeren Straßen. Haltestellen liegen weit auseinander und treffen oft mit Metro-Stationen zusammen. An vielen Stationen gibt's Routenkarten, die (ebenso wie die Auskunft des Busfahrers) zuverlässiger sind als Informationen der Einheimischen.

Sonntags kommen Besucher in den Genuss des **Circuito Cultural de Transantiago** (www.transantiago.cl; 600 Ch$; ⏲ So 10–18.30 Uhr), einer Rundfahrt, die an der Plaza Italia beginnt und an den Hauptattraktionen der Stadt (Museen, Kulturzentren) vorbeiführt. Mit der Bip!-Karte zahlt man den normalen Busticketpreis und bekommt dann vom Fahrer ein Armband ausgehändigt, mit dem man beliebig oft die Circuito-Busse nutzen kann. Diese sind deutlich gekennzeichnet („Circuito Cultural").

Transantiago

2006 wurden im Zuge der Vereinigung von Bus und Metro zum staatlich betriebenen öffentlichen Verkehrssystem **Transantiago** (☎ 800-730-073; www.transantiago.cl; einfache Fahrt ab 610 Ch$) auch die vielen konkurrierenden privaten Busse der Stadt durch extralange, schnittige Fahrzeuge ersetzt, mit denen man sich schnell, billig und effizient in Santiagos Innenstadt bewegen kann. Die Website von Transantiago bietet Streckenkarten zum Herunterladen und einen Reiseplaner vom gewünschten Start- zum Zielort.

Fahrgäste benötigen eine *tarjeta* **Bip!** (sensorgesteuerte Fahrkarte). Diese kostet 1550 Ch$

(nicht erstattbar) und wird dann mit beliebig viel Geld „aufgeladen". Zwei Personen können sich eine Karte teilen, die übrigens auch für die Metro gilt. Transantiago verlangt den Großteil des Tages 640 Ch$, am frühen Morgen oder späten Abend nur 610 Ch$. Ein Ticket ist zwei Stunden lang für Fahrten innerhalb des Netzes gültig, mehrmaliges Umsteigen inklusive.

FAHRRAD

Santiago ist ziemlich eben und kompakt genug, um sich mit dem Fahrrad fortzubewegen. Auch das Klima ist ideal. Das Fahrradwegenetz wird immer größer (Fahrradweg heißt *ciclovía*) und mehr und mehr Santiaguinos radeln zur Arbeit. Auf der interaktiven Karte Bicimapa (www.bicimapa.cl) sind Routen und für Radfahrer geeignete Anlagen eingezeichnet.

An den fünf wichtigsten Stationen (darunter La Moneda, das Costanera Center und die Plaza de Armas) des städtischen Leihfahrradsystems **Bike Santiago** (☎ 600-750-5600; www.bikesantiago.cl) kann man nach dem „Tourist Plan" fragen. Damit können die Räder einen Tag (5000 Ch$) oder drei Tage lang (10 000 Ch$) genutzt werden. Die orangefarbenen Fahrräder stehen in allen zentralen Stadtvierteln bereit. Ausnahme ist Las Condes, dort gibt's (unpraktisch!) ein eigenes Fahrradverleihsystem.

Eine gute Anlaufstelle ist die Bewegung **Movimiento Furiosos Ciclistas** (S. 63), die jeden ersten Dienstag im Monat eine Critical-Mass-Fahrradtour organisiert.

VOM/ZUM FLUGHAFEN

Zwei günstige und zuverlässige Buslinien verbinden den Flughafen mit dem Stadtzentrum: **Buses Centropuerto** (Karte S. 57; ☎ 2-2601-9883; www.centropuerto.cl; einfache Strecke/hin & zurück 1700/3000 Ch$; ⌚ 5.55–23.30 Uhr, alle 15 Min.) und **Turbus Aeropuerto** (☎ 600-660-6600; www.turbus.cl; einfache Strecke/hin & zurück 1700/2800 Ch$; ⌚ 5–1 Uhr, alle 15 Min.; Ⓜ Universidad de Santiago). Beide starten direkt vor der Ankunftshalle. Fahrkarten bekommt man im Bus selbst. Die Fahrt dauert ca. 40 Minuten. Alle Busse halten an der Metrostation Pajaritos (Línea 1) – durch Umsteigen vermeidet man den Innenstadtverkehr.

In der Ankunftshalle treibt sich eine aufdringliche Mafia „offizieller" Taxifahrer herum. Die Fahrt ins Stadtzentrum sollte zwar rund 18 000 Ch$ kosten, oft wird aber sehr viel mehr verlangt. Einfacher ist es, sich an den Schalter von **Transvip** (☎ 2-2677-3000; www.transvip.cl; einfache Strecke ab 7000Ch$) zu begeben. Dort können Sammeltaxis zu Fixpreisen (ab 7 000 Ch$) ins Zentrum gebucht werden. Wer nach Providencia oder Las Condes möchte, muss etwas tiefer in die Tasche greifen.

METRO

Die **Metro** (www.metro.cl; ab 610 Ch$ pro Fahrt; ⌚ Mo–Sa 6–23, So 8–23 Uhr) wird kontinuierlich ausgebaut und ist ein sauberes, effizientes Transportmittel. Alle sechs miteinander verbundenen Linien verkehren häufig, platzen aber oft aus allen Nähten. Eine siebte Strecke soll Ende 2018 eröffnet werden. Wer die unterirdischen Züge nutzen möchte, braucht eine Bip!-Karte oder kauft sich ein Einzelticket. Nach Passieren der Drehkreuze sucht man sich seine jeweilige Linie. Tagsüber ist die Metro ein praktisches Transportmittel für Besucher, morgens und während des Feierabendverkehrs jedoch geht man vielleicht besser zu Fuß.

TAXI

In Santiago sind unglaublich viele schwarze Taxis mit gelbem Dach unterwegs. Der Grundpreis beträgt 300 Ch$, weitere 150 Ch$ werden alle 200 m (oder pro Minute Wartezeit) fällig. Für längere Fahrten – z. B. vom Stadtzentrum zum Flughafen – lässt sich manchmal ein Festpreis aushandeln. Man kann problemlos ein Taxi auf der Straße anhalten, aber Hotels und Restaurants bestellen auch gerne eines. Die meisten Fahrer sind ehrlich, höflich und hilfsbereit, aber ein paar nehmen gern lange Umwege. Wer sich vorab über die Strecke informiert, ist auf der sicheren Seite. Bei den schwarzen *taxis colectivos* zeigen Schilder auf dem Dach die jeweilige Route an; eine Fahrt mit den Gemeinschaftstaxis kostet in der Regel 1500 bis 2000 Ch$.

RUND UM SANTIAGO

Wo sonst auf der Welt kann man gerade mal zwei Fahrstunden von einer aufregenden Sieben-Millionen-Stadt entfernt Ski fahren, raften, Weingüter besuchen und in Thermalbädern entspannen? *Das* ist der Grund, weshalb Santiago so ein attraktiver Ausgangspunkt für das Reiseabenteuer Chile ist.

Weingüter im Maipo-Tal

Wer genug hat von Santiagos Museen und Plätzen, kann sich gen Süden aufmachen, wo die wunderschönen Weinberge und riesigen Weingüter des Maipo-Tals locken. Hier dreht sich alles um vollmundigen Rotwein wie Cabernet-Sauvignon, Merlot, Carménère und Syrah. Aromen von Eukalyptus oder Minze sind typische Eigenschaften dieser edlen Tropfen. In die Region gelangt man auf eigene Faust, so liegen viele Weingüter eine 1½-stündige Fahrt mit öffentlichen Verkehrsmitteln vom Zentrum entfernt. Wer die Gegend mit einem sachkundigen Guide erkunden möchte, bucht eine der Touren von Uncorked Wine Tours (S. 64). Inbegriffen ist die Besichtigung dreier Weingüter in Begleitung eines Englisch sprechenden Reiseführers sowie ein Mittagessen. Ebenso zu empfehlen sind die Radtouren von La Bicicleta Verde (S. 64), zudem bietet auch Enotour (S. 64) Weintouren an. Für die meisten ist eine Reservierung erforderlich.

Aktivitäten

★ Viña Santa Rita WEIN

(☎ 2-2362-2520; www.santarita.com; Camino Padre Hurtado 0695, Alto Jahuel; Führungen 12 000–40 000 Ch$; ⏲ Führungen Di–So 10–17 Uhr) Die Viña Santa Rita ist für erstklassigen Casa Real Cabernet bekannt. Sie veranstaltet über Turistik (S. 64) Rad- und Weintouren sowie Picknicks, Verkostungen und Führungen über das umwerfenden Weingut. Im Museo Andino vor Ort ist überdies eine erstaunliche Sammlung präkolumbischer Kunst zu sehen – Tonwaren, Textilien und goldener Inca-Schmuck.

Zur Anfahrt: Die Metro bis zur Station Las Mercedes nehmen. Dort in den Bus MB81 Richtung Alto Jahuel umsteigen und bis zum Eingang des Weinguts fahren.

Viña Undurraga WEIN

(☎ 2-2372-2850; www.undurraga.cl; Camino a Melipilla, Km 34, Talagante; Führungen ab 12 000 Ch$; ⏲ Führungen tgl. 10.15, 12 & 15.30 Uhr) Die unterirdischen *bodegas* (Weinkeller) datieren von 1885. Besucher können an Führungen teilnehmen und Weine verkosten.

Am Terminal San Borja fahren regelmäßig öffentliche Busse nach Talagante ab. Den Busfahrer bitten, am Eingang zum Weingut zu halten.

Viña Cousiño Macul WEIN

(☎ 2-2351-4100; www.cousinomacul.com; Av Quilín 7100, Peñalolen; Führungen 14 000–24 000 Ch$; ⏲ Führungen (auf Engl.) Mo–Fr 11, 12.15, 15 & 16.15, Sa 11 & 12.15 Uhr) Ein historisches Weingut im Umland Santiagos. Heute liegen die meisten Weingüter in Buin, aber im Rahmen der Touren werden der Produktionsprozess und die unterirdische Bodega von 1872 gezeigt. La Bicicleta Verde (S. 64) veranstaltet häufig Fahrrad- und Weintouren zu diesem Gut.

Von Santiago aus kann man mit der Buslinie 418 (via Costanera Center und Metrostation Tobalaba) bis zur Kreuzung zwischen der Tobalaba und Avenida Quilín durchfahren. Dann sind es nur noch fünf Gehminuten in westlicher Richtung.

Viña De Martino WEIN

(☎ 2-2577-8037; www.demartino.cl; Manuel Rodríguez 229, Isla de Maipo; Verkostung ab 14 000 Ch$, Führungen ab 17 500 Ch$; ⏲ Mo–Fr 9–13.30 & 15–18, Sa 10.30–13 Uhr) Die maßgeschneiderten Führungen (bei einer mischt man seinen eigenen Wein) und Verkostungen in dem Herrenhaus im toskanischen Stil müssen vorab reserviert werden. Um dieses Weingut zu besuchen, benötigt man einen eigenen fahrbaren Untersatz.

Viña Aquitania WEIN

(☎ 2-2791-4500; www.aquitania.cl; Av Consistorial 5090, Peñalolén; Führungen 13 000–22 000 Ch$; ⏲ Mo–Fr 9–18, Sa 10–14 Uhr nur nach Vereinbarung) Eines der interessantesten Weingüter von Santiago liegt am Fuße der Anden. Es produziert zwar nur winzige Mengen, diese aber in Spitzenqualität.

Von der Metrostation Grecia (Línea 4) fährt der Bus D07 südlich bis zur Kreuzung der Avenida Los Presidentes und Consistorial (nur mit Bip!-Karte). Die Viña Aquitania befindet sich 150 m weiter südlich. Übrigens sind es von hier bis zur Viña Cousiño Macul nur 2 km.

Viña Concha y Toro WEIN

(☎ 2-2476-5269; www.conchaytoro.com; Virginia Subercaseaux 210, Pirque; Standardführungen 14 000 Ch$; ⏲ 10–17 Uhr) Wer sich für Weinherstellung in größerem Umfang interessiert, schließt sich am besten einer der Touren auf der Viña Concha y Toro an – der größte Weinproduzent Lateinamerikas.

In Santiago nimmt man die Metro bis zur Haltestelle Las Mercedes, folgt dem Ausgangsschild „Concha y Toro Oriente" und nimmt einen der Minibusse von Concha y Toro (2000 Ch$, alle 30 Min.).

An- & Weiterreise

Die meisten oben genannten Weingüter sind ab Santiago mit öffentlichen Verkehrsmitteln zu erreichen, wer allerdings zwei oder mehr besichtigen möchte, tut gut daran, einen Wagen zu mieten.

Pomaire

In dem kleinen rustikalen Dorf 68 km südwestlich von Santiago fertigen geschickte Töpfer wunderbar schlichte braune sowie schwarze Steingutkeramik und verkaufen sie zu unglaublich niedrigen Preisen (eine

Rund um Santiago

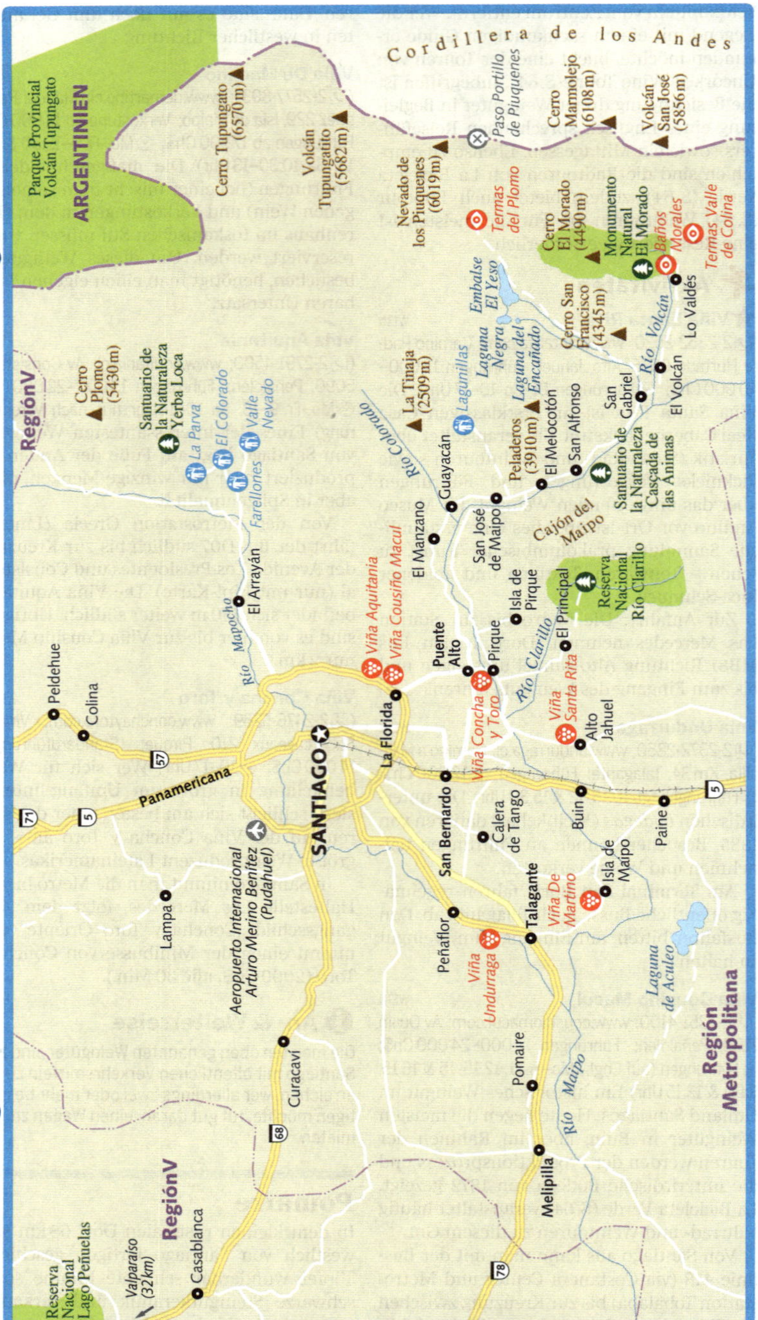

handgemachte Kaffeetasse gibt's beispielsweise schon für 1000 Ch$). Hierher kann man einen angenehmen halbtägigen Ausflug unternehmen, besonders da der Ort auch für seine traditionelle chilenische Küche berühmt ist.

An den Wochenenden drängen sich in Pomaire die Tagesausflügler, aber montags, wenn die Töpfer ihren Ruhetag haben, wirkt das Dorf geradezu ausgestorben.

Das Restaurant **La Fuente de mi Tierra** (☎ mobil 9-8475-3494; www.lafuentedemitierra.cl; Roberto Bravo 49; Hauptgerichte 4000–9000 Ch$; ⏲ Di–So 10–20 Uhr) bietet günstige traditionelle Küche und eine lebendigere Atmosphäre als andere Lokale in der Stadt. Die Wände zieren Fotos und lokal gefertigte Tonkunst und das Essen macht unter Garantie pappsatt.

Buses Bahía Azul (www.bahiaazul.cl) schickt samstags und sonntags drei Direktbusse vom Terminal San Borja nach Pomaire (1800 Ch$, 45 Min.), man kann aber auch einen der regelmäßig verkehrenden Busse nach Melipilla (1500 Ch$, 1 Std., 4-mal stdl.) von Ruta Bus 78 (www.rutabus78.cl) nehmen und am *cruce* (Kreuzung) von Pomaire aussteigen, wo *colectivos* und Minibusse in den Ort abfahren (500 Ch$).

Cajón del Maipo

Die steilen, felsigen Wände der atemberaubenden Schlucht, durch die der Río Maipo fließt, sind üppig bewachsen. Die Klamm beginnt nur 25 km südöstlich von Santiago und ist am Wochenende ein beliebtes Ausflugsziel der Santiaguinos, die hier zelten, wandern, Rad fahren, raften und die Pisten hinunterrasen. Angesagte Restaurants, neue Kleinbrauereien sowie ein großes Weingut stellen sicher, dass auch die Schlemmerei nicht zu kurz kommt.

Von November bis März ist Rafting-Hochsaison, wenn das Gletscherschmelzwasser für Stromschnellen der Klasse III oder IV auf dem Río Maipo sorgt. Skihasen bevölkern die Pisten von Juni bis September. Wandern, Reiten und Restaurantbesuche sind ganzjährig beliebte Zeitvertreibe.

Es gibt Pläne für den Bau eines Wasserkraftwerks, das weitreichende Auswirkungen auf das Ökosystem der Gegend haben könnte. Bis dahin heißt es die unberührte Natur genießen, die man von der Hauptstadt aus problemlos mit dem Auto oder mit öffentlichen Verkehrsmitteln erreicht.

Aktivitäten

★ **Rutavertical Rafting** RAFTING
(☎ mobil 9-9435-3143; www.rutavertical.cl; Camino al Volcán 19635, San José De Maipo; Ausflüge 19 000 Ch$; ⏲ tgl. 11, 14 & 16.30 Uhr) Einstündige Raftingtouren mit enthusiastischen mehrsprachigen Guides führen über Stromschnellen der Klasse III und IV sowie durch einige wunderbare Schluchten bis nach San José de Maipo. Mit dem Briefing, Anziehen der Ausrüstung und der Fahrt flussaufwärts zum Ausgangspunkt der Raftingtour müssen insgesamt ca. 2½ Stunden für den Ausflug eingeplant werden. Helme, Neoprenanzüge und Rettungswesten werden gestellt; die Wertgegenstände können in Schließfächern deponiert werden.

Der Fluss hat einige Stromschnellen der Klasse III und nur wenige ruhigere Zonen – Rafter werden manchmal ins Wasser geschleudert. Immerhin ist es nicht mehr so gefährlich wie in den 1980er-Jahren, als hier die ersten Kajakfahrer unterwegs waren und sich Maschinengewehren gegenübersahen, wenn sie am Anwesen von General Pinochet in El Melocotón vorbeipaddelten. Die enge, felsige Fahrrinne an dieser Stelle – eine der spannendsten Stromschnellen überhaupt – wird heute nach dem Spitznamen des Ex-Diktators „El Pinocho" genannt.

Vizcachas Multiespacio ABENTEUERSPORT
(Ex Geoaventura; ☎ mobil 9-6209-9130; www.facebook.com/multiespaciolasvizcachas; Camino a San José del Maipo 07820, Puente Alto; Ziplining 15 000 Ch$, Bungee-Jumping 25 000 Ch$, Paragliding 40 000 Ch$; ⏲ 10–18 Uhr) Kurz vor dem Cajón del Maipo bietet dieses Abenteuerzentrum Bungee-Jumping, Paragliding, Ziplining, eine Kletterwand, Paintball und mehr.

Schlafen

Los Baqueanos LUXUSCAMP $$$
(☎ mobil 9-9618-7066; www.losbaqueanos.cl; Camino al Volcán 4926, El Canelo; Pauschalangebot inkl. Mahlzeiten & Reiten ab 70 000 Ch$ pro Pers.; 📶) Die Gäste schlafen in luxuriösen kuppelförmigen Zelten, die mit Solarenergie beheizt werden und komfortabel mit gemütlichen Liegen, ergonomischen Stühlen sowie WLAN ausgestattet sind. Der Küchenchef bereitet Gourmetfrühstück und edle Mahlzeiten zu, während wunderschöne chilenische Pferde darauf warten, sich mit den Gästen auf Tagesausflüge zum Cajón del Maipo aufzumachen.

Selbstfahrer sollten sich vorab über den Zustand der unbefestigten Straße erkundigen, die zum Los Baqueanos führt.

An- & Weiterreise

Zwei Straßen schlängeln sich beidseitig des Flusses den Cajón del Maipo hinauf und treffen sich in El Melocotón (7 km vor San Alfonso). Die G-421 an der Südseite führt durch Pirque, die G-25 an der Nordseite durch San José de Maipo und San Alfonso bis zu den Baños Morales und dem Nationalpark Monumento Nacional el Morado. Die 100 km lange Strecke von Santiagos Zentrum zu den Baños Morales nimmt etwa zwei Stunden in Anspruch und ist auch in einem Wagen ohne Allradantrieb möglich. Zu den Termas Valle de Colina benötigt man weitere 20 Minuten; je nach Zustand der Straße kann für das letzte Stück Allradantrieb nötig sein.

Bis zu den Termas Valle de Colina fahren keine öffentlichen Verkehrsmittel durch. Die privaten Minibusse von **Tur Maipo** (Karte S. 48 f.; www.turmaipo.cl; hin & zurück 8400 Ch$) fahren immerhin bis zu den Baños Morales; Abfahrt ist üblicherweise samstags und sonntags vor der Metrostation Baquedano in Santiago. Der Metrobus MB-72 verbindet San Alfonso und San José de Maipo mit der Metrostation Bellavista la Florida. Er fährt von 7 bis 21 Uhr im 30-Minuten-Takt (1100 Ch$).

Pirque

Obwohl Pirque direkt vor den Toren Santiagos liegt, verströmt der Ort ein typisches Kleinstadtflair. Hübsche Weingärten säumen die Straßen, es gibt jede Menge Empanada-Verkaufsstände und ein wunderschönes Naturreservat. Die hiesige Hauptattraktion hat allerdings so gar nichts Beschauliches oder Bescheidenes an sich: Die Viña Concha y Toro (S. 85) ist das größte und industriellste Weingut des Landes. Die Hauptstraße führt von dort aus nach Osten und von Süden her in den Cajón del Maipo Richtung San Alfonso. Nach ca. 3 km stößt man auf mehrere Restaurants, darunter La Vaquita Echá.

Andenwald und Buschland kennzeichnen das hügelige 100 km² große Naturreservat **Reserva Nacional Río Clarillo** (www.conaf.cl/parques/reserva-nacional-rio-clarillo; Camino a Reserva Nacional Río Clarillo s/n, Pirque; Erw./Kind 6000/3000 Ch$; ⌚8.30–18 Uhr) in einer malerischen Seitenschlucht des Cajón del Maipo 18 km südöstlich von Pirque. Dort tummeln sich unzählige Vogelarten, Füchse und Nagetiere sowie der gefährdete chilenische Leguan.

Nahe dem CONAF-Rangerbüro, etwa 300 m hinter dem Eingang, beginnen zwei kurze, deutlich ausgeschilderte Wege: Die Wanderung auf der Quebrada Jorquera dauert etwa eine halbe Stunde, für den Weg Aliwen Mahuida sind rund 1½ Stunden einzuplanen. Tipps für längere Wanderungen am Fluss entlang erhält man von den Rangern. Wer eine solche Tour plant, sollte früh genug starten, da Zelten generell nicht erlaubt ist. Für eine Mittagspause gibt's mehrere Picknickplätze mit Tischen und Grillstellen.

Schlafen & Essen

★ **La Calma de Rita** PENSION $$
(☎ mobil 9-7217-3978; www.lacalmaderita.cl; Camino A Santa Rita 2672; Zi. 75–130 US$; ❄📶🏊) Ein wunderbar ausgefallener Rückzugsort auf dem Lande. Die Gäste schlafen z. B. in einem riesigen Weinfass oder in einem umgebauten Waggon. Die Zimmer sind um einen blühenden Garten mit Hängematten, einem Pool und einem „Wein-Spa" angeordnet, in dem man sowohl etwas für die Poren als auch für den Gaumen tun kann. Das Restaurant vor Ort platzt vor lauter Vintage-Gegenständen aus allen Nähten. Außerdem gibt's einen Laden, in dem lokal hergestellter Käse, Marmeladen und Craft-Bier verkauft werden.

La Vaquita Echá CHILENISCH $$
(www.lavaquitaecha.cl; Ramón Subercaseaux 3355; Hauptgerichte 5200–15 000 Ch$; ⌚11–21 Uhr) Der alteingesessene Favorit der Einheimischen ist zu Recht für köstliche Grillgerichte wie Steaks, Rippchen, Fisch und sogar Wildschwein bekannt. Direkt in Pirque.

An- & Weiterreise

Um nach Pirque zu gelangen, fährt man in Santiago mit der Metro zur Plaza de Puente Alto, der Endhaltestelle der Linie 4. Dann steigt man in einen Minibus mit dem Schild „Pirque" im Fenster. Die Busse verkehren häufig, ein Ticket kostet ca. 500 Ch$. Um sich die umliegenden Weingüter oder Naturschutzgebiete anzusehen, benötigt man ein Auto (ein Taxi ginge auch).

San Alfonso & Cascada de las Ánimas

Auf halbem Weg den Cajón del Maipo hinauf stößt man auf San Alfonso, eine überschaubare Ansammlung von Wohnhäusern und Geschäften. Dort erstreckt sich auch das herrliche private Naturschutzgebiet Santuario de la Naturaleza Cascada de las Ánimas, ein naturnaher halbwilder Freizeitpark.

Aktivitäten

Cascada de las Ánimas OUTDOORAKTIVITÄTEN
(☎ 2-2861-1303; www.cascadadelasanimas.cl; Camino al Volcan 31087) Besuche im Naturreser-

vat sind nur über einen organisierten Ausflug möglich: Wandern, Reiten, Rafting und Ziplining sind im Angebot. Das Schutzgebiet erhielt seinen Namen von dem Wasserfall, den man über die kürzeste der angebotenen Wanderungen erreicht (7000 Ch$). Möglich sind auch geführte Halbtageswanderungen in die hügelige Umgebung (12 000 Ch$) und Raftingtouren (18 000 Ch$). Als größte Attraktion gelten aber Ausritte – schließlich ist das Reservat gleichzeitig eine aktive Ranch.

Bei gutem Wetter werden zweistündige Reitausflüge (25 000 Ch$) und Ganztagestouren (50 000 Ch$ inkl. *asado*-Mittagessen) angeboten. Im Voraus reservieren.

Schlafen & Essen

★ Cascada de las Ánimas RESORT **$$$**
(☎2-2861-1303; www.cascadadelasanimas.cl; Camino al Volcan 31087; Lodge Zi. 100 000 Ch$, Hütten für 3/6/8 Pers. 80 000/110 000/150 000 Ch$, 5-Personen-Kuppelzelt 130 000 Ch$, Stellplätze fürs Zelt ab 10 000 Ch$ pro Pers.; P) Eine ruhige, idyllische Nacht versprechen die Bungalowsuiten der Cascada Lodge. Für rustikalen Schick sorgen Möbel aus unbehandeltem Holz und Stein, Dachfenster, Mosaikfliesen und breite Doppelbetten aus Italien.

Zur Auswahl stehen außerdem verschiedene Holzhütten mit Kamin und komplett eingerichteten Küchen sowie Fünf-Personen-Kuppelzelte, Bungalows für zwei Personen am Fluss oder kleinere Gästezimmer. Ansonsten besteht noch die Möglichkeit, sein Zelt auf einem schattigen Campingplatz aufzuschlagen. Für jedes Budget ist etwas dabei.

Santuario del Río LODGE **$$$**
(☎2-2790-6900; www.santuariodelrio.cl; Camino al Volcán 37659; DZ/4BZ 130 000/220 000 Ch$; P) Die idyllische Lodge direkt vor San Alfonso ist auf Firmenveranstaltungen spezialisiert, es gibt jedoch eine sehr hübsche Auswahl an Zimmern und Hütten aus Holz und Lehm mit erholsamem Flussblick sowie Betten und gewölbten Decken aus Holz. Darüber hinaus gehören zur Anlage ein Spa, ein Hottub, ein Pool und ein exzellentes Restaurant.

Pizzería y Cervecería Jauría PIZZA **$$**
(www.cervezajauria.cl; Bernardo O'Higgins 18; Pizzas 9000 Ch$; ⏲Fr 17–24, Sa 13.30–1, So 13.30–20 Uhr) Lust auf Bier und Pizza? In der neuen Brauereikneipe werden neben kreativen Pizzas (z. B. mit Prosciutto, gegrillter Birne und sonnengetrockneten Tomaten) hausgebraute IPAs, Dunkel- und Starkbiere serviert. Auf der Terrasse kann man im sanften Schein von Tiki-Fackeln die Seele baumeln lassen.

An- & Weiterreise

Das Schutzgebiet Cascada de las Ánimas setzt private Minivans ein, um den Transport ab Santiago und zurück zu gewährleisten (hin & zurück 70 000/90 000 Ch$ für 1/2 Pers.). Sehr viel günstiger ist die Anfahrt mit dem Metrobus MB-72, der zwischen San Alfonso sowie San José de Maipo und der Metrohaltestelle Bellavista la Florida in Santiago verkehrt (7–21 Uhr, alle 30 Min.; 1100 Ch$).

Baños Morales & Monumento Natural El Morado

Ein neuerdings asphaltierter Abschnitt der G-25 führt von San Alfonso aus weiter hinauf in das kleine Dorf Baños Morales. Dort kann man ausgezeichnet wandern und Ausritte unternehmen oder in den Thermalbecken entspannen. Auf ambitionierte Trekker und Outdoorfans warten Abenteuer in den Hochanden sowie Klettertouren und vieles mehr.

In Baños Morales befindet sich der Eingang zum kleinen Nationalpark **Monumento Natural El Morado** (www.conaf.cl/parques/monumento-natural-el-morado; Erw./Kind 5000/2500 Ch$; ⏲Okt.–April Eintritt von 8.30–13 Uhr, Abfahrt bis 18 Uhr, Mai–Sept. Eintritt 8.30–12.30 Uhr, Abfahrt bis 17.30 Uhr). Dort gewährt das Ufer der glitzernden Laguna El Morado einen großartigen Blick auf den Gletscher San Francisco und den 5000 m hohen Gipfel des Cerro El Morado. Zum See sind es ab dem CONAF-Posten etwa 2 Stunden über den gut ausgeschilderten 6 km langen Trekkingweg.

Im Sommer können motivierte Wanderer bis zum Fuß des Gletschers San Francisco (hin & zurück 6 Std. ab dem CONAF-Posten) am unteren Hang des Bergs weitermarschieren.

Wer mag, kann sich bei einem CONAF-Ranger über die vierstündige Wanderung zum Valle de las Arenas gleich außerhalb des Parks informieren. Sie ist traumhaft schön, allerdings nicht sehr gut ausgeschildert.

Das trübe Wasser des **Balneario Termal Baños Morales** (5000 Ch$; ⏲April–Dez. Di–So 10–18 Uhr, Jan.–März tgl. 8–20 Uhr) verspricht Erholung nach einem langen Wandertag, die Thermalquellen sind aber nicht ganz so malerisch wie die Becken weiter oberhalb, im Valle de Colina.

Privatbusse von Tur Maipo (S. 88) fahren im Januar und Februar täglich um 7.30 Uhr an der Metrostation Baquedano in Santiago Richtung Baños Morales ab, den Rest des Jahres nur an den Wochenenden.

Termas Valle de Colina

16 km nach dem Abzweig nach Baños Morales erreicht die G-25 (hier eine unbefestigte Straße, die man am besten mit einem Wagen mit Allradantrieb in Angriff nimmt) die Thermalquellen **Termas Valle de Colina** (☎2-2985-2609; www.termasvalledecolina.com; Eintritt inkl. Camping Erw./Kind Ch$8000/4000), deren heiße natürliche Becken einen genialen Blick über das Tal bieten. Vor Ort befindet sich ein gut geführter Campingplatz, Lebensmittel muss allerdings jeder selbst mitbringen.

Die Angestellten können den Kontakt zu hiesigen Cowboys (*huasos*) herstellen, die in den Sommermonaten (Dez.–März) Ausritte auf die Beine stellen.

Echtes Abenteuer verspricht eine geführte Motorradtour durch die Region mit **Enduro Trip** (☎mobil 9-8764-2776; www.endurotrip.com; Touren 10 000 Ch$ pro Pers.), die um 9 Uhr in Santiago beginnt. Die unternehmungslustigen Guides bieten vier Standardrouten an, darunter eine zu den Baños Morales, den Termas Valle de Colina und dem Glaciar El Morado. Neben der Fahrt selbst und wunderbaren Gelegenheiten, Tiere zu beobachten, werden auf dem Weg Stopps eingelegt, um regionale Spezialitäten wie Empanadas und hausgemachtes Brot zu probieren.

Öffentliche Verkehrsmittel fahren nicht zu den Termas Valle de Colina.

Tres Valles

Santiagos vier beliebteste Skizentren – Farellones/El Colorado, La Parva und Valle Nevado – drängen sich in drei Tälern, daher ihr gemeinsamer Name Tres Valles. Sie liegen zwar nur 30 bis 40 km nordöstlich der Hauptstadt, aber auf den verstopften Straßen geht's oft nur zäh voran. Alle hier angegebenen Preise gelten für das Wochenende und die Hochsaison (meist Anfang Juli bis Mitte August). Außerhalb dieser Zeit gibt's werktags für Skipässe und in Hotels kräftige Ermäßigungen. Gut markierte Abfahrten abseits der Pisten verbinden die drei Täler. Da überwiegend Schlepplifte im Einsatz sind, muss man in den Winterferien mit langen Schlangen rechnen, doch davon einmal abgesehen, bleiben die Besucherzahlen in erträglichem Rahmen. Wer in verschiedenen Resorts fahren möchte, fragt am besten nach Kombitickets.

Aktivitäten

Valle Nevado SKIFAHREN

(☎2-2477-7705; www.vallenevado.com; Camino a Valle Nevado s/n; Tageskarte Erw./Kind 49 500/37 500 Ch$; ⌚Skilifte 9–17 Uhr) Das Valle Nevado wurde europäischen Anlagen nachempfunden und umfasst ein fast 3000 ha großes Skigebiet, das größte in ganz Südamerika. Zudem ist es das bestgepflegte der Resorts rund um Santiago und bietet die anspruchsvollsten Pisten. Verschiedene Anfängerabfahrten eignen sich auch für Kinder.

Dreizehn Sessel- und Schlepplifte und eine tolle Gondelbahn (Gondeln für acht Personen) und Schlepplifte fahren zu den Startpunkten zwischen 2680 und 3670 m. Auch für Adrenalinstöße ist gesorgt: Es gibt einen Snowpark, Freeride-Abfahrten und die Möglichkeit zum Heli-Skiing.

Im Sommer (Dez.–April) bringt der **Sessellift Mirador** (hin & zurück 19 000 Ch$) täglich Wanderer und mit Picknickkörben bewaffnete Familien zu einem 3300 m hohen Gipfel. Die Website informiert über Ausritte, Bergsteigen, geführte Trekkingtouren, Aktivitäten für Kinder und Mittagessen mit Panoramablick im Gipfelrestaurant.

Das Resort liegt etwa 12 km von Farellones entfernt.

La Parva SKIFAHREN

(www.laparva.cl; Los Clonquis s/n; Tageskarte Erw./Kind 46 500/31 500 Ch$; ⌚Skilifte 8–17 Uhr) La Parva ist Santiagos exklusivster Skiort und richtet sich eindeutig nicht an die Pulverschnee-und-Party-Truppe, sondern an vornehmere Familien. Die Gemeinde besteht aus privaten Hütten und Apartments. Von hier bedienen 15 Lifte 48 Pisten, von denen die höchste 3574 m über dem Meeresspiegel beginnt.

Bei reichlich Schnee gibt's auch zahlreiche Abfahrten außerhalb der Pisten. Die Hänge zwischen La Parva und Valle Nevado oder El Colorado sind bei erfahrenen Skifahrern beliebt.

Farellones SKIFAHREN

(www.parquesdefarellones.cl; Camino a Farellones s/n; Tageskarte 20 000 Ch$; ⌚Skilifte 9–17 Uhr) Chiles erster Skiort Farellones liegt auf etwa 2500 m und somit tiefer als das benachbarte El Colorado. Auf der Handvoll Pisten sind hauptsächlich Anfänger sowie Snowtubing-Fans unterwegs. Weitere mögliche Aktivitäten sind Ziplining, Schneeschuhwandern, Fahrten mit dem Fatbike und Schlittenfahren.

El Colorado SKIFAHREN
(www.elcolorado.cl; El Colorado s/n; Tageskarte Erw./Kind 49 000/37 000 Ch$; Skilifte 9–17 Uhr) El Colorado und Farellones sind miteinander verbunden und warten gemeinsam mit 101 Pisten auf. Die Schwierigkeitsgrade reichen von leicht bis fortgeschritten. Der höchste der 19 Lifte in diesem Skigebiet führt auf 3333 m hinauf.

Schlafen & Essen

Hotel Valle Nevado LUXUSHOTEL **$$$**
(www.vallenevado.com; Camino a Valle Nevado s/n; DZ mit Vollpension ab 419 US$ pro Pers.;) Mit den Skiern kann man praktisch bis vor sein Zimmer abfahren. Außerdem ist diese Bleibe von allen Unterkünften in Tres Valles am besten ausgestattet, hat ein beheiztes Freibad, Wellnessangebote und eine Pianobar mit großem Kamin. Das Abendessen im hauseigenen Restaurant La Fourchette und die Ski-Tagespässe sind im Preis inbegriffen.

Hotel Tres Puntas HOTEL **$$$**
(www.vallenevado.com; Camino a Valle Nevado s/n; DZ mit Halbpension 219 US$ pro Pers.;) In der „Budgetunterkunft“ im Valle Nevado wird zwar mit Luxus geknausert, nicht aber bei den Preisen: Das Hotel Tres Puntas verfügt sowohl über normale Zimmer als auch über enge, jedoch funktional ausgestattete Schlafsäle. Im Preis sind die Skipässe (Tageskarten) inbegriffen.

La Fourchette INTERNATIONAL **$$$**
(www.vallenevado.com; Hotel Valle Nevado; Hauptgerichte 15 000–22 000 Ch$; 7–10 & 19–23 Uhr) Das gehobenste der sechs Restaurants im Valle Nevado tischt mediterrane Küche auf.

NICHT VERSÄUMEN

SKIGEBIETE

Einige der besten Skigebiete Chiles liegen so nahe bei Santiago, dass problemlos Tages- oder Zweitagesausflüge möglich sind. Wer kann, sollte unter der Woche Skifahren gehen, denn am Wochenende drängen sich auf den Pisten und Zufahrtsstraßen die schneebegeisterten Santiaguinos.

An- & Weiterreise

Die Skigebiete von Tres Valles werden nicht von öffentlichen Verkehrsmitteln angesteuert. **KL Adventure** (2-2217-9101; www.kladventure.com; Augo Mira Fernández 14248, Las Condes, Santiago; nach Tres Valles hin & zurück 35 750 Ch$, inkl. Abholung am Hotel 50 000 Ch$) und **SkiTotal** (2-2246-0156; www.skitotal.cl; Av Apoquindo 4900, Local 39-42, Las Condes, Santiago; hin & zurück 16 000–18 000 Ch$) betreiben Shuttlebusse zu den Skigebieten, die im Winter täglich verkehren. SkiTotal hat eine praktische Lage unweit der Metrostation Escuela Militar in Las Condes.

Zentralchile

Inhalt ➡

Gut essen

- Casa Botha (S. 113)
- Viña Casa Silva (S. 118)
- Lo que más quiero (S. 141)
- El Peral (S. 102)
- Sativo (S. 109)

Schön übernachten

- Parque Las Nalkas (S. 135)
- WineBox Valparaiso (S. 101)
- Zerohotel (S. 101)
- Casa Chueca (S. 128)
- Ecobox Andino (S. 133)

Auf nach Zentralchile!

Wein, endlose Frühlinge, Straßenkunst, aber auch Skifahren, Wandern, Klettern, Surfen oder einfach nur Faulenzen an einsamen Stränden – wer all das liebt, ist in Zentralchile genau richtig. Es ist das bedeutendste Weinanbaugebiet des Landes, und ein Aufenthalt in den Weingütern und gemütlichen Frühstückspensionen der sonnenbeschienenen Täler Colchagua, Maule und Casablanca verwöhnen den Gaumen und die Sinne. Surfer finden hier wahre Killerbreaks, und in Städten wie Pichilemu; Matanzas und Buchupureo hat sich eine tolle Surferkultur entwickelt. Wanderer und Skifahrer werden die einsamen Lagunen und wilden Pisten im Osten der Anden begeistern, und Kulturfreunde sollten sich unbedingt die Wandmalereien und Gassen von Valparaíso ansehen und die super Musikkonzerte in Concepción erleben.

Reisezeit

Valparaiso

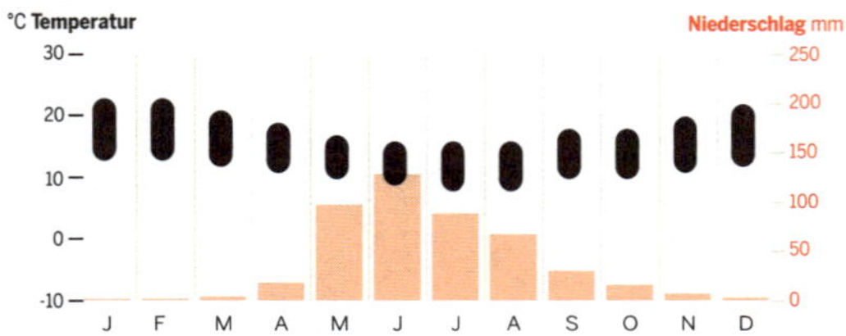

März–April Jetzt finden die Traubenernte auf den Weingütern und viele Weinfeste statt.

Juni–Aug. Häufiger Schneefall lockt Skiläufer und Snowboarder auf die Pisten.

Okt.–Dez. Vor dem Ansturm im Sommer sind die Strandorte ruhig und die Hotelpreise niedriger.

VALPARAÍSO & DIE ZENTRALKÜSTE

Valparaíso

☎32 / 300 000 EW.

Valparaíso ist extravagant, marode, bunt und poetisch – kurz: eine herrlich chaotische Stadt. Pablo Neruda, den die Hafenstadt mit ihren hart arbeitenden Bewohnern stark inspiriert hat, drückte es am besten aus: „Valparaíso, wie töricht du bist ... du kämmtest nicht dein Haar, hattest nie Zeit dich anzukleiden, das Leben hat dich stets überrascht."

Doch Neruda war nicht der einzige Künstler, der Valparaísos unvermuteten Reizen verfiel. Dichter, Maler und Möchtegernphilosophen werden seit jeher von Chiles außergewöhnlichster Stadt angezogen. Zusammen mit der sich stets verändernden Bevölkerung aus Seeleuten, Hafenarbeitern und Prostituierten haben sie Valparaíso, der Harschen, der wunderbar Spontanen, ein trendiges Flair von „alles ist möglich" verliehen. Angesichts der atemberaubenden verblühten Schönheit der chaotischen *cerros* (Hügel), der zum Teil besten Straßenkunst Lateinamerikas, des Labyrinths aus steilen, gewundenen Straßen, Gassen und *escaleras* (Treppen) voller verfallender Häuser wird schnell klar, warum manche Besucher hier wesentlich mehr Zeit als in Santiago verbringen.

Geschichte

Seit jeher hat das Meer die Geschichte Valparaísos und seines Umlands bestimmt. Die ersten Einwohner der Gegend, die Chango, ernährten sich vom Fischfang. Kaum waren die spanischen Eroberer eingetroffen, wurde Valparaíso zum Hafen jener Schiffe, die Gold und andere lateinamerikanische Güter nach Spanien verfrachteten. Bald folgten weitere plündernde Seeleute: englische und holländische Piraten, darunter Sir Francis Drake, der die Stadt mit wechselnder Mannschaft mehrmals auf der Suche nach Gold brandschatzte.

Valparaíso wuchs zunächst langsam, florierte aber, als während des kalifornischen Goldrauschs ein gewaltiger Bedarf an chilenischem Weizen entstand. Als erster Anlaufhafen der Schiffe nach der Umrundung des Cabo de Hornos (Kap Hoorn) von der Atlantikseite entwickelte sich der Ort zum Handelszentrum der gesamten Pazifikküste und Mittelpunkt des aufkeimenden Bankwesens im Land.

Nach den rosigen Anfängen durchlebte die Hafenstadt im 20. Jh. schwere Zeiten: Das Erdbeben von 1906 zerstörte die meisten Gebäude; eine vergleichbar katastrophale Auswirkung auf die Wirtschaft hatte die Eröffnung des Panamakanals. Lediglich die chilenische Marine war stets präsent.

Heute ist Valparaíso als Anlaufhafen für Kreuzfahrtschiffe wieder auf der Seekarte vermerkt, und Chiles wachsender Obstexport hat ihm ebenfalls Auftrieb verliehen. Bedeutender jedoch ist der Umstand, dass es seit 1990 Sitz des chilenischen Kongresses ist. Darüber hinaus verlieh die UNESCO der Stadt den Status als Weltkulturerbe, was dem Tourismus zusätzlich Aufschwung verlieh.

Sehenswertes

El Plan & El Puerto

Mercado Cardonal MARKT

(⏲6–17 Uhr) Die Obst- und Gemüseauslagen im Mercado Cardonal zwischen Yungay, Avenida Brasil, Uruguay und Rawson sind so farbenfroh wie Valparaísos charakteristische Häuser – und fast ebenso hoch aufgetürmt.

Plaza Sotomayor PLAZA

(El Plan) Die Plaza Sotomayor wird vom prunkvollen blauen Gebäude der **Edificio Armada de Chile** (Marinekommandantur) beherrscht. In der Mitte des Platzes liegt das **Monumento a los Héroes de Iquique**, ein unterirdisches Mausoleum, das Chiles Marinemärtyrern Tribut zollt.

In der Nähe befinden sich auch das **Aduana Nacional** (Zollhaus) und die Estación Puerto (S. 106), der Endbahnhof der Pendlerzüge. Auf der Plaza gibt's einen hilfreichen Touristenkiosk und einen Kunsthandwerksmarkt, die Feria de Artesanía. Am **Muelle Prat**, dem Pier am unteren Ende der Plaza Sotomayor, geht es an den Wochenenden sehr lebhaft zu – er ist auch ein perfekter Ort, um die Kräne und Container am Hafen zu beobachten.

Museo de Historia Natural MUSEUM

(Museum für Naturgeschichte; www.mhnv.cl; Condell 1546, El Plan; ⏲Di–Sa 10–18, So bis 14 Uhr) GRATIS In neun Räumen erfährt man alles über Chiles Naturgeschichte mit Fokus auf Biologie und Ökosysteme. Die Beschilderungen sind nur auf Spanisch.

Highlights

1 Valparaíso (S. 93) Sich im steilen Labyrinth der von Wandmalereien gesäumten Gassen verlieren, die sich wie ein Spinnennetz über die 42 Hügel der Stadt ziehen.

2 Weingüter im Colchagua-Tal (S. 118) Die vollmundigen Rotweine kosten.

3 Archipiélago Juan Fernández (S. 146) In die Fußstapfen des echten Schiffbrüchigen treten, dessen Leben die Inspiration zum Roman *Robinson Crusoe* gab.

4 Reserva Nacional Altos de Lircay (S. 129) Den Panoramablick vom Gipfel des El Enladrillado genießen.

5 Buchupureo (S. 135) Auf den tollen Wellen der

berühmten Brandung dieses verschlafenen Strandortes reiten.

6 Viña del Mar (S. 106) In den Discos der Stadt die Nacht zum Tag machen.

7 Nevados de Chillán (S. 133) Auf der längsten Skipiste Südamerikas zwischen Bäumen hindurchgleiten.

8 Maule-Tal (S. 126) Mit Wein, Spabehandlungen und gutem Essen die Sinne verwöhnen.

Valparaíso

A
B
C
D
1
2
3
4
5
6
7
Paseo 21 de Mayo
Cerro Artillería
12
El Mirador (350 m)
Artillería
Ascensor Artillería
Varas
Av Carampangue
29
Plaza Aduana (Wheelwright)
Cerro Arrayan
Valdivia
2
Muelle Prat
Santo Domingo
Matriz
Cerro Santo Domingo
6
13
Plaza Matriz
Plaza Echaurren
Goñi
Serrano
Cochrane
Blanco
16
7
44
14
Plaza Sotomayor
18
5
Estación Puerto
San Francisco
Carrasco
Cerro Cordillera
Av Tomás Ramos
17
Ascensor El Peral
9
Paseo Yugoslavo
40
38
Señoret
Cochrane
Prat
Av Blanco
Av Errázuriz
15
Ascensor Concepción
21
Castillo
Higuera
54
Urriola
37
42
11
Papudo
34
Esmeralda
48
Martínez
30
Cerro Alegre
20
Lautaro Rosas
31
Cerro Concepción
53
23
52
Av Almirante Montt
Beethoven
47
49
33
43
19
Melgarejo
27
San Enrique
Monte Alegre
Templeman
24
41
Cumming
Plaza Aníbal Pinto
45
Cerro Panteón
Morrison
Estanque
Galos
32
35
28
22
39
Ascensor Reina Victoria
26
Capilla
Elías
Atahualpa
Bellavista
Cementerio Católico
3
Pirámide
Condell
Cerro Cárcel
Cementerio de Disidentes
Parque Cultural de Valparaíso
1
4
46
Calvo
Mackenna
Av Yerbas Buenas
Cerro Miraflores
Cumming
Av Equador
Plaza Bismark
25

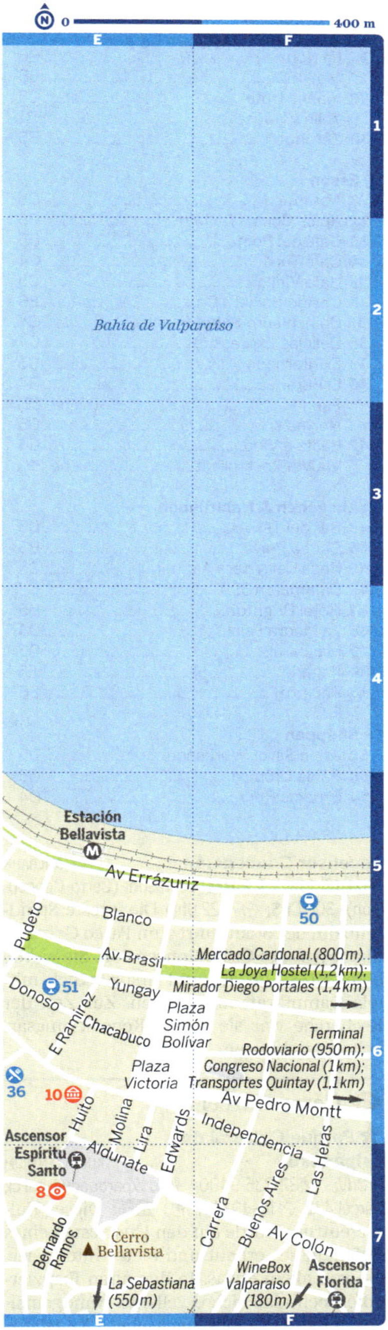

Reloj Turri DENKMAL

(Ecke Esmeralda & Gómez Carreño) An der Stelle, wo Prat und Cochrane zusammentreffen und zur Esmeralda werden, verengt sich das Edificio Turri auf die Breite seines gleichnamigen Glockenturms, des Reloj Turri. Er entstand in den 1920er-Jahren und ist eines der berühmtesten Bauwerke der Stadt.

Barrio El Puerto STADTVIERTEL

(www.barriopuertovalparaiso.cl) Das Barrio El Puerto (Hafenviertel) im Westen von El Plan hält gleich zwei Rekorde: Es ist der älteste Stadtteil Valparaísos und auch der am stärksten verfallene. Die bröckelnden Steinfassaden erinnern an längst vergessene Zeiten.

Mercado Puerto HISTORISCHE STÄTTE

(Ecke Cochrane & San Martín, Puerto) El Puertos Lebensmittelmarkt stand lange leer (und wurde das Heim eines ganzen Haufens Straßenkatzen), wurde aber wunderschön restauriert und dürfte inzwischen wieder in Betrieb sein.

Plaza Matriz PLAZA

(El Puerto) Historisches Zentrum der Stadt ist die Plaza Matriz, die von der **Iglesia La Matriz** überragt wird: Die vierte Kirche an dieser Stelle seit dem Bau der ursprünglichen Kapelle 1559 stammt aus dem Jahr 1837.

Congreso Nacional WAHRZEICHEN

(www.congreso.cl; Ecke Av Pedro Montt & Rawson; nur Bibliothek Mo–Fr 9.30–13 & 14.30–17.30 Uhr) Eines der wenigen modernen Wahrzeichen Valparaísos ist der umstrittene Congreso Nacional (Kongressgebäude) im östlichen Teil der Stadt. Seine Ursprünge liegen buchstäblich und parlamentarisch in Pinochets Zeit der Präsidentschaft und davor: Es wurde auf einem seiner Elternhäuser errichtet und durch die Verfassung von 1980 (durch die das Parlament aus Santiago abgezogen wurde) legitimiert.

Iglesia La Matriz KIRCHE

(www.corporacionlamatriz.cl; Santo Domingo 71, Puerto) Eine vom klassischen Stil inspirierte Kirche, die Sir Francis Drake im 16. Jh. geplündert haben soll. Die heutige Kirche ist bereits die vierte Version.

Cerros Concepción & Alegre

Museo de Bellas Artes MUSEUM

(Palacio Baburizza, Fine Arts Museum; 32-225-2332; http://museobaburizza.cl; Paseo Yugoslavo 176; Eintritt 4000 Ch$; Di–So 10.30–18 Uhr) Das weitläufige Art-Nouveau-Gebäude am west-

Valparaíso

Highlights
1 Parque Cultural de Valparaíso C6

Sehenswertes
2 Barrio El Puerto B2
3 Cementerio de Disidentes D6
4 Cementerios 1 & 2 ....C6
5 Edificio Armada de Chile B3
6 Iglesia La Matriz A3
Mercado Puerto ....(siehe 2)
7 Monumento a los Héroes de Iquique ...C3
8 Museo a Cielo Abierto E7
9 Museo de Bellas Artes C4
10 Museo de Historia Natural E6
11 Museo Lukas C4
12 Museo Marítimo Nacional B1
13 Plaza Matriz B3
14 Plaza Sotomayor C3
15 Reloj Turri C4

Aktivitäten, Kurse & Touren
16 Blue Valpo C3
Chilean Cooking Class and Anti-Tours ....(siehe 35)
Chilean Cuisine ....(siehe 20)
Harbor Boat Tours ....(siehe 16)
17 Natalis Language Center B4
18 Tours 4 Tips B3
19 Valpo Street Art Tours D5

Schlafen
20 Casa Aventura C5
21 Casa Higueras B4
22 Fauna Hotel C5
23 Hostal Cerro Alegre C5
24 Hostal Jacaranda C5
25 Hotel Ultramar B7
26 La Nona B6
27 Mm 450 ....B5
28 Vía Vía Hotel C5
29 Yellow House B1
30 Zerohotel B5

Essen
31 Abtao C5
32 Apice Cocina De Mar C5
33 Café del Poeta D5
34 Café Turri C4
35 Café Vinilo C5
36 Casino Social J Cruz E6
37 Chinchinero Sabor Propio C4
38 Delicias Express C4
39 El Internado C5
40 El Peral B4
Fauna ....(siehe 22)
41 Norma's C5
42 Pasta e Vino C4
Viá Viá Restaurant ....(siehe 28)

Ausgehen & Nachtleben
43 Bar del Tio D5
44 Bar La Playa B3
45 Casa Cervecera Altamira C5
46 Dinamarca 399 ....C7
47 Hotel Brighton D5
48 La Piedra Feliz D4
49 Máscara D5
50 Pagano F5
51 Pajarito E6

Shoppen
52 Art in Silver Workshop B5
53 Bahía Utópica C5
54 Espacio Rojo C4

lichen Ende des Cerro Alegre wird Palacio Baburizza genannt und beherbergt das Museo de Bellas Artes. Es zeigt eine gute Dauerausstellung und vermittelt viele Infos über die ursprünglichen Besitzer des Hauses. Die Seilbahn **Ascensor El Peral** (Plaza de Justicia & Paseo Yugoslavo; 100 Ch$; ⏲7–23 Uhr) fährt hierher; sie startet an der Plaza Sotomayor.

Museo Lukas MUSEUM
(☎32-222-1344; www.lukas.cl; Paseo Gervasoni 448, Cerro Concepción; Erw./Kind & Senior 1000/500 Ch$; ⏲Di–So 11–18 Uhr) Für die Eigentümlichkeiten Valaparaísos hatte der ortsansässige Karikaturist Lukas einen scharfen Blick. Um allerdings die hier ausgestellten sarkastischen politischen Comicstrips zu verstehen, sind Spanischkenntnisse und Geschichtsverständnis nötig, doch die Tuschezeichnungen der berühmten Gebäude der Stadt sprechen für sich.

Ascensor Concepción SEILBAHN
(Prat (El Plan) & Paseo Gervasoni (Cerro Concepción); 300 Ch$; ⏲7–22 Uhr) Die älteste Standseilbahn der Stadt führt zum Paseo Gervasoni am Fuß des Cerro Concepción. Sie wurde bereits 1883 gebaut und ursprünglich mittels Dampfkraft angetrieben. Zur Zeit der Recherche war sie wegen Renovierungsarbeiten geschlossen.

Cerro Carcel

★ **Parque Cultural de Valparaíso** KUNSTZENTRUM
(PCdV; ☎32-235-9400; http://parquecultural.cl; Cárcel 471; ⏲10–19 Uhr; P) GRATIS Dieses Kulturzentrum wurde auf den Überresten eines Gefängnisses erbaut und bietet Interessierten von allem etwas. In den alten Exerzierhöfen befinden sich exzellente Wandgemälde; außerdem gibt's wechselnde Kunstaus-

stellungen, Live-Theater, Tanzvorführungen sowie gelegentlich auch Kurse, Diskussionsrunden und weitere intellektuelle Events.

Um das Zentrum zu erreichen, läuft man die Subida Cumming hinauf.

Cerro Panteón

Cementerios 1 & 2 FRIEDHOF
(Dinamarca s/n; 8.30–17 Uhr) Valaparaísos berühmteste, einflussreichste und berüchtigtste verstorbene Bewohner ruhen auf den Cementerios 1 und 2. Ihre Gräber gleichen überladenen Minipalästen.

Cementerio de Disidentes FRIEDHOF
(Dissidentenfriedhof; Dinamarca s/n; 9–13 & 15–17 Uhr) An den Hauptfriedhof grenzt der Cementerio de Disidentes, auf dem englische und kontinentaleuropäische Immigranten beerdigt wurden. Trotz des Namens waren die hier Bestatteten keine Aufrührer, sondern schlichtweg Protestanten und daher auf den traditionellen Friedhöfen nicht geduldet.

Cerro Bellavista

★ **La Sebastiana** HISTORISCHES GEBÄUDE
(32-225-6606; www.fundacionneruda.org; Ferrari 692; Erw./Kind & Senior 7000/2500 Ch$; Jan. & Feb. Di–So 10.30–18.50 Uhr, März–Dez. Di–So 10.10–18 Uhr) Bellavistas berühmtester Bewohner, der Schriftsteller Pablo Neruda, liebte es, Valparaísos jährliches Silvesterfeuerwerk von seinem Haus La Sebastiana auf dem Gipfel des Hügels zu beobachten. Besucher werden nur in der Reihenfolge des Eintreffens eingelassen, darum sollte man am besten schon morgens da sein.

Der Marsch bergauf ist anstrengend, und auch im Haus selbst geht's mit dem Klettern weiter. Doch der atemberaubende Blick über den Hafen von jedem der Stockwerke aus belohnt einen für die Mühe. La Sebastiana können Besucher auf eigene Faust erkunden und sich die chaotische Sammlung von Galionsfiguren, Glas, Möbeln der 1950er-Jahre sowie Kunstwerken seiner berühmten Freunde im eigenen Tempo anschauen.

Neben dem Haus hat die Fundación Neruda das **Centro Cultural La Sebastiana** mit einem kleinen Ausstellungsraum, Café und Souvenirladen errichten lassen.

La Sebastiana liegt vom Ascensor Espíritu Santo 800 m zu Fuß die Héctor Calvo hinauf. Alternativ nimmt man den grünen Bus O ab der Serrano nahe der Plaza Sotomayor in El Plan oder vom Platz am oberen Ende der Templeman auf dem Cerro Alegre hierher (am Block 6900 der Avenida Alemania aussteigen).

Museo a Cielo Abierto OPEN-AIR-MUSEUM
(Open-Air-Museum; Ecke Rudolph & Ramos; 24 Std.) Zwanzig klassische bunte Wandbilder zieren die Mauern und Fassaden in den unteren Straßen des *cerro* und bilden zusammen das Museo a Cielo Abierto, ein Freiluftmuseum mit Werken von so berühmten chilenischen Künstlern wie Mario Toral und Roberto Matta. Viele sind leider in sehr schlechtem Zustand. Der **Ascensor Espíritu Santo** fährt hinter der Plaza Victoria zur Wandkunst hinauf.

Cerro Artilleria

Museo Marítimo Nacional MUSEUM
(Nationales Marinemuseum; 32-253-7018; www.mmn.cl; Paseo 21 de Mayo 45; Erw./Kind 1000/300 Ch$; Di–So 10–18 Uhr) Noch immer stehen Kanonen vor diesem Museum, das Chiles Sieg im Salpeterkrieg im 19. Jh. viel Raum widmet. Zu den weiteren Exponaten gehören historische Gemälde, Uniformen, Schiffsmöbel, Schwerter, Navigationsinstrumente und Medaillen, alle säuberlich in einem der Flügel um den großen Hof ausgestellt. Man erreicht das Museum mit dem scheppernden **Ascensor Artillería** ab der Plaza Aduana.

Kurse

★ **Chilean Cuisine** KOCHEN
(mobil 9-6621-4626; www.chileancuisine.cl; Pasaje Galvez 25, Cerro Concepcion; Kurse ab 40 000 Ch$ pro Pers.; täglich) Eine energiegeladene Köchin begleitet die Kursteilnehmer beim Einkaufen der Zutaten über den einheimischen Markt, zeigt, wie man Pisco Sours mixt, lokale Weine probiert und schließlich ein typisch chilenisches Menü zubereitet und verspeist.

Chilean Cooking Class and Anti-Tours KOCHEN
(mobil 9-8143-9656; gonzalolarachef@yahoo.es; Av Almirante Montt 448, Cerro Alegre) Gonzalo Lara, der verrückte Koch des Café Vinilo hat ein Gourmetangebot im Programm, das fantastische Kritiken von Travellern bekommen hat. Preise und Verfügbarkeit erfragt man per Mail direkt bei ihm.

Natalis Language Center SPRACHE
(32-225-4849; www.natalislang.com; Plaza Justicia 45, 6. OG, Oficina 602, El Plan; 3-tägiger Crashkurs 180 000 Ch$) Die Sprachschule hat den Ruf, dass man dort schnell Ergebnisse erzielt.

Geführte Touren

★ Valpo Street Art Tours
KULTUR

(☎ mobil 9-4021-5628; www.valpostreetart.com; Pasaje Galvez 25, oficina 2; ⏰ Mo–Sa 10.30 & 15.30 Uhr) Die zweistündigen „GraFREEti Tours", bei denen die Teilnehmer nach eigenem Ermessen zahlen, starten täglich außer Sonntag um 10.30 und um 15.30 Uhr an der Plaza Anibal Pinto. In Begleitung von Führern, die Englisch sprechen und gut Bescheid wissen, spaziert man zu einigen der besten Wandbilder der Stadt und erfährt, warum Valpo zu einem Mekka der Straßenkunst wurde. In den Workshops (30 US$) mit hiesigen Graffiti-Künstlern lernt man, sein eigenes Werk zu sprayen.

★ Tours 4 Tips
STADTSPAZIERGANG

(www.tours4tips.com; Plaza Sotomayor, El Plan; ⏰ 10 & 15 Uhr) Einfach zur Plaza Sotomayor kommen, auf der Mitte des Platzes nach den freundlichen Guides Ausschau halten (sie tragen rot-weiße Hemden) und ab geht's zu einer netten Tour durch die Stadt mit Fokus auf Straßenkunst, Kulturgeschichte und Politik. 5000–10 000 Ch$ sind ein angemessenes Trinkgeld, wenn die Tour Spaß gemacht hat.

Blue Valpo
BOOTSTOUREN

(http://bluevalpo.com; Muelle Prat; 10 000 Ch$; ⏰ 2 Sa im Monat) Zu dieser dreistündigen Sonnenuntergangs-Bootsfahrt kann man seine eigenen Drinks mitbringen und gleitet zu den Beats von DJs und Livebands über die Bucht. Die Boote starten am Muelle Prat. Kommende Touren stehen auf der Website.

Hafenrundfahrten
BOOTSTOUREN

(Muelle Prat; 30-minütige Tour 3000 Ch$, ⏰ 9.30–18.30 Uhr) Im Rahmen der Hafentouren kommt man an riesigen Kreuzfahrtschiffen oder Schlachtschiffen der Marine vorbei, und manchmal kann man auch ein paar Seelöwen beobachten. Mehrere Gesellschaften bieten Ausflüge an, deshalb lohnt sich ein Preisvergleich.

Feste & Events

Puerto de Ideas
KULTUR

(www.puertodeideas.cl; Events 2000 Ch$; ⏰ Nov) Die Intellektuellen-Konferenz findet Ende November statt und ist Chiles Äquivalent zu TED. Für Spanischsprachige kann sie sehr faszinierend sein.

Año Nuevo
SILVESTER/NEUJAHR

(⏰ 31. Dez.) Ein fantastisches Feuerwerk über dem Hafen zieht jeden 31. Dezember Hunderttausende Zuschauer in die Stadt. Eine Unterkunft für diese Zeit sollte lange im Voraus gebucht werden.

Schlafen

★ La Joya Hostel
HOSTEL $

(☎ mobil 9-3187-8552; www.lajoyahostel.com; Quillota 80; B 10 500 Ch$, DZ ab 39 000 Ch$; P @ 🛜) Das La Joya ist fast zu schick für ein Hostel, zudem ist es blitzsauber, hat superbequeme Betten und ist im Stil eines New Yorker Lofts gestaltet. Die angeschlossene hippe Bar und das Burgerlokal lohnen auch dann einen Besuch, wenn man hier gar nicht übernachtet. Die Mitarbeiter geben gern Infos über die Stadt und organisieren manchmal Grillabende auf der Dachterrasse.

Die Lage in der Nähe des Busbahnhof ist günstig, wenn man sehr früh ankommt oder spätabends abreist, aber nicht ideal für einen schnellen Trip zu den beliebtesten *cerros*.

El Mirador
B&B $

(☎ 32-234-5937; www.elmiradordevalparaiso.cl; Levarte 251, Cerro Playa Ancha; EZ/DZ/3BZ inkl. Frühstück 35/60/64 US$, 2-Pers.-Apt. 70 US$; P @ 🛜) Sparsame Pärchen und Alleinreisende schwärmen von diesem gemütlichen B&B. Es liegt zwar etwas abseits, dafür hat das gepflegte Anwesen – ein restauriertes Haus mit gemütlichen Doppelzimmern, Apartments inklusive Küchenzeilen, freundlichen Gastgebern und einer großen Terrasse – ein ziemlich gutes Preis-Leistungs-Verhältnis. Hierher kommt man, indem man vom Museo Marítimo Nacional aus auf der Playa Ancha den Hügel hinaufgeht und links in die Levarte einbiegt.

Hostal Jacaranda
HOSTEL $

(☎ 32-327-7567; www.hostaljacaranda.blogspot.com; Urriola 636, Cerro Alegre; B/DZ ab 8000/25 000 Ch$; 🛜) Klein, aber einladend (und perfekt in einem lebendigen Abschnitt des Cerro Alegre gelegen). Die Terrasse des fröhlichen und familiären Hostels wird bei Dunkelheit romantisch beleuchtet, außerdem sind die Besitzer eine Quelle an Informationen. Auf nette Nachfrage hin zeigen sie einem vielleicht sogar, wie man chilenische Spezialitäten à la Pisco Sours und Empanadas zubereitet.

Hostal Cerro Alegre
B&B $

(☎ 32-327-0374; www.hostalcerroalegre.cl; Urriola 562, Cerro Alegre; B 14 000, Zi. mit/ohne Bad 59 000/44 000 Ch$; 🛜) Ausgefallene Antiquitäten, originale Ölgemälde des früheren Besitzers und eine eklektische Mischung der Farben, Stile und Designs – dieses Hostel ist ein super Ziel für Bohemiens. Es gibt eine Gemeinschaftsküche und einen kleinen Aufenthaltsbereich; in den Schlafsälen übernachten nur vier Personen. Gäste können auch Fahrräder ausleihen (pro Tag/halber Tag 11 000/6000 Ch$).

Yellow House B&B $

(☎32-233-9435; www.theyellowhouse.cl; Capitán Muñoz Gamero 91, Cerro Artillería; Zi. 33 000–55 000 Ch$, ohne Bad 25 000–32 000 Ch$, alle inkl. Frühstück; @ 📶) Ein sensationeller Blick über den alten Hafen und die Hügel, aber ebenso die Fürsorge, mit der die chilenischen Besitzer ihre Gäste verwöhnen, machen das ruhige B&B zu etwas ganz Besonderem. Die behaglichen pastellfarbenen Zimmer sind mit dicken weißen Steppdecken ausgestattet. Vom „Oceano" hat man die schönste Aussicht. Einziger Nachteil: Die Pension liegt recht weit entfernt vom Trubel und den Restaurants und Ausgehlocations der beliebteren *cerros*.

Wer spät nachts anreist, sollte Vorsicht walten lassen, in der Gegend treiben sich manchmal Taschendiebe herum.

La Nona B&B $

(☎mobil 9-6618-6186; www.bblanona.com; Galos 660-662, Cerro Alegre; EZ/DZ/3BZ inkl. Frühstück 36 000/40 000/60 000 Ch$; 📶) Die Englisch sprechenden Betreiber lieben Valpo leidenschaftlich und geben ihren Besuchern jede Menge Insidertipps. Die Zimmer sind einfach, aber in Ordnung; Buntglas- und Dachfenster sorgen für Luft und Licht. Ein weiterer absoluter Pluspunkt ist die zentrale Lage auf dem Cerro Alegre. Man sollte sich ein Zimmer mit Ausblick geben lassen.

Das La Nona bietet sowohl Gästen als auch Nichtgästen einen seltenen Wäscheservice (10 000 Ch$ für bis zu 5 kg).

Casa Aventura HOSTEL $

(☎32-275-5963; www.casaventura.cl; Pasaje Gálvez 11, Cerro Concepción; B/EZ/DZ ohne Bad 11 500/20 000/29 000 Ch$; 📶) Eines der ältesten Hostels der Stadt. Das baufällige Haus birgt luftige Schlafsäle in Pastellfarben, die Doppelzimmer haben sehr hohe Decken und Originalfußböden aus Holz. Es gibt eine Gemeinschaftsküche, aber leider keine kühle Terrasse oder größere Aufenthaltsbereiche.

★ WineBox Valparaiso DESIGNHOTEL $$

(☎mobil 9-9424-5331; Baquedano 763, Cerro Mariposas; Zi. 65 000–180 000 Ch$; P 📶 🐾) 🍃 Die WineBox, die erste urbane Weinkellerei der Stadt, wurde aus 25 stillgelegten Schiffscontainern errichtet und dürfte dem Tourismus in Valparaiso ein neues Gesicht geben. Wenn alles nach Plan geht, eröffnet 2018 eine Weinbar mit 320 verschiedenen Weinen sowie 30 offenen Weinen, darunter die im Keller produzierten.

Alle Zimmer befinden sich in farbenfrohen Schiffscontainern mit bequemen Betten und Bullaugen mit Blick aufs Meer. Außerdem gibt's zwei Terrassen mit Möbeln aus Weinfässern, Aquarien und sogar Badewannen. Fast alles wurde aus recycelten Materialien geschaffen.

Vía Vía Hotel PENSION $$

(☎32-319-2134; www.viaviacafe.cl; Almirante Montt 217, Cerro Alegre; Zi. 50–70 US$; 📶) 🍃 Das Boutique-Hotel im Art-déco-Stil wird von einem ecuadorianisch-belgischen Paar geführt und ist vor allem bei Kunst- und Kulturbegeisterten beliebt. Mit nur fünf Zimmern ist es eine ausgesprochen gemütliche Angelegenheit. Die Räume sind schlicht, aber schön luftig, die Bäder mit Solarduschen und eleganten Steinakzenten ausgestattet. Das fröhliche Café im Erdgeschoss ist ein prima Ort zum Ausgehen.

Hotel Ultramar BOUTIQUE-HOTEL $$

(☎32-221-0000; www.hotelultramar.com; Pérez 173, Cerro Cárcel; DZ inkl. Frühstück 68 000 Ch$; 📶) Die unvergleichliche Aussicht über die Bucht rechtfertigt den Fußweg zum schicken Ultramar hoch auf dem Cerro Cárcel. Hinter der braunen Ziegelfassade wirkt die Unterkunft mit ihren hohen roten und weißen Wänden, schwarzem Treppengeländer und Böden in Schachbrettmuster sehr modern.

Unbedingt rechtzeitig buchen und darauf achten, welches Zimmer man auswählt, denn der Unterschied zwischen den großen Doppelzimmern mit schönem Ausblick und den kleineren Räumen ohne Meerblick ist gewaltig.

★ Zerohotel BOUTIQUE-HOTEL $$$

(☎32-211-3113; www.zerohotel.com; Lautaro Rosas 343, Cerro Alegre; DZ inkl. Frühstück 186 000–263 000 Ch$; 📶) Dieses Boutique-Hotel besitzt eine der schönsten Terrassen der Stadt, und hier die Sonne zu genießen ist ein Erlebnis, an das man noch lange denken wird. Es gibt nur neun Zimmer, alle mit hohen Decken, minimalistischem Design und vielen luxuriösen Annehmlichkeiten, z. B. eine Bar mit einigen der besten Weine Chiles.

Die moderne Einrichtung passt erstaunlich gut zur Architektur des 1880 erbauten Hauses.

★ **Fauna Hotel** BOUTIQUE-HOTEL $$$
(☎ 32-327-0719; http://faunahotel.cl; Pasaje Dimalow 166, Cerro Alegre; Zi. ab 90 000 Ch$; 📶) In diesem High-Tech-Designhotel stecken viele Naturmaterialien, von den unverputzten Ziegelwänden bis zu den Wandverkleidungen aus recyceltem Holz. Alle Zimmer sind individuell mit Kunstwerken, recht skurrilen Wandbildern oder antiken Möbeln gestaltet, das verleiht ihnen eine für Valparaíso typische Atmosphäre. Auf der Dachterrasse kann man die Sonne über dem Hafen untergehen sehen.

Casa Higueras BOUTIQUE-HOTEL $$$
(☎ 32-249-7900; www.casahigueras.cl; Higuera 133, Cerro Alegre; Zi. 197 000–360 000 Ch$; 📶 🏊) Reiche Santiaguinos verbringen ihre Wochenenden lieber in Viña als in Valpo, doch die schicken Zimmer dieses Hotels mit dunklen Holzmöbeln und riesigen Betten, Bädern mit Mosaikkacheln und großen Waschbecken sowie das ruhige Wohnzimmer voller asiatischer Skulpturen und mit beigen Sofas haben es ihnen angetan.

Vom Haus, vom Pool, vom Whirlpool und von der Terrasse blickt man auf die Bucht. Auf Letzterer kann man hervorragend bei Sonnenuntergang einen Cocktail trinken.

Mm 450 BOUTIQUE-HOTEL $$$
(☎ 32-222-9919; www.mm450.cl; Lautaro Rosas 450, Cerro Alegre; Zi. inkl. Frühstück 77 000–120 000 Ch$; 📶) Das Boutique-Hotel hat einen modernen Look, einen herrlichen Innenhof und superkomfortable Zimmer mit strahlend weißen Daunendecken. Nebenan befinden sich ein angesagtes Restaurant und eine Lounge, daher ist immer etwas los.

✕ Essen

★ **Chinchinero Sabor Propio** CHILENISCH $
(☎ mobil 9-9821-6612; Urriola 377, Cerro Alegre; Frühstücks-/Mittagsmenü 3000/6000 Ch$; ⏲ Mo–Sa 10–19, So bis 18 Uhr; 📶 ✎) Die extrem leckeren und üppigen Frühstücks- und Mittagsmenüs dieses funkigen Cafés mit zehn Tischen bieten das beste Preis-Leistungs-Verhältnis der Stadt.

Delicias Express CHILENISCH $
(☎ 32-223-7438; Urriola 358, Cerro Alegre; Empanadas 1000–2400 Ch$; ⏲ Mo–Fr 10–18, Sa & So ab 11 Uhr) Bietet 81 Sorten Empanadas mit knuspriger Kruste sowie freundlichen Service – eines der besten Empanadalokale an der gesamten Küste!

Norma's CHILENISCH $
(☎ 32-222-3112; Av Almirante Montt 391, Cerro Alegre; Mittagsmenü 6900–9900 Ch$; ⏲ Do–Di 11–18 Uhr) Vom Namen und dem nichtssagenden Eingang sollte man sich nicht abschrecken lassen, sondern einfach die hohe Treppe zum fröhlichen, lässig-eleganten Restaurant hinaufsteigen und sich von einem gut zubereiteten, leckeren Mittagsmenü überraschen lassen, das budgetfreundlicher ist, als man es in der Gegend erwartet. Das restaurierte Haus hat noch die prächtigen Dimensionen, gebohnerten Holzböden und charmanten antiken Holzfensterrahmen des Originalbaus.

Café del Poeta CAFÉ $
(☎ 32-222-8897; www.facebook.com/cafedelpoeta; Plaza Aníbal Pinto 1181, El Plan; Hauptgerichte 3500–7800 Ch$; ⏲ Mo–Fr 9–22, Sa & So ab 11 Uhr; 📶) Dieses süße Café-Lokal verleiht der zentralen Plaza in El Plan eine gewisse Raffinesse. Auf der Speisekarte stehen herzhafte Crêpes, Pasta und Meeresfrüchte. Einen entspannenden Nachmittagstee oder ein Glas Wein kann man auch draußen auf dem Bürgersteig genießen. Zusätzlich laden ein paar Bücher über Valparaíso zum längeren Verweilen ein.

Mercado Cardonal MARKT $
(http://elcardonal.cl; Mercado Cardonal, 2. OG, El Plan; Hauptgerichte 3500–5000 Ch$; ⏲ 6–18.30 Uhr) An den Ständen des Hauptmarktes von Valparaíso hat man eine gute Auswahl an Fisch und Meeresfrüchten.

Casino Social J Cruz CHILENISCH $
(☎ 32-221-1225; www.jcruz.cl; Condell 1466, El Plan; Hauptgerichte 6500 Ch$; ⏲ 12–1.30 Uhr) Graffiti bedecken die Wände dieses winzigen Cafés in einer schmalen Gasse in El Plan. Es gibt keine Speisekarte und nur ein wesentliches Gericht: *Chorrillana* (ein Berg Pommes frites mit gebratenem Schweinefleisch, Zwiebeln und Ei) wurde hier erfunden. Am Wochenende treten manchmal bis in die frühen Morgenstunden Folksänger auf.

★ **El Peral** CHILENISCH $$
(☎ 32-336-1353; El Peral 182, Cerro Alegre; Hauptgerichte 8000 Ch$; ⏲ 12–16.30 Uhr, Dez.–April 12–24 Uhr) Das Speisenangebot dieses beliebten Cafés oberhalb des Ascensor El Peral (S. 98) wird jeden Morgen auf Kreidetafeln geschrieben. Meistens sind superfrische

Fisch- und Meeresfrüchtegerichte dabei. Zum Essen werden belebende Fruchtsäfte, lokale Craft-Biere und Pisco Sours in verführerischen Geschmacksrichtungen serviert. Wer einen schattigen Tisch auf der Terrasse mit Blick auf den Hafen unten möchte, sollte reservieren.

★ **El Internado** CHILENISCH **$$**
(☎ 32-335-4153; www.elinternado.cl; Pasaje Dimalow 167, Cerro Alegre; 4500–8000 Ch$; ⊙ So–Do 12–24, Fr & Sa bis 1.30 Uhr; 📶) Der weite Blick über Valpo, die preiswerten chilenischen Sandwiches und die seidenweichen Pisco Sours sorgen dafür, dass sich dieses coole neue Lokal in der Pasaje Dimalow bei den Einheimischen großer Beliebtheit erfreut. Im Untergeschoss gibt's abends Kunstausstellungen, Lesungen, Filmvorführungen, Livemusik und mehr.

Fauna CHILENISCH **$$**
(☎ 32-212-1408; www.faunahotel.cl; Pasaje Dimalow 166, Cerro Alegre; Hauptgerichte 6500–13 000 Ch$; ⊙ 12.30–22.30 Uhr) Eine der besten Dachterrassen der Stadt bietet diese hippe Lounge und Restaurantbar (mit schickem Hotel nebenan). Ein beliebtes Ziel für Einheimische, die hier Craft-Bier, Cocktails und Wein genießen. Auf der der Karte bilden Fisch und Meeresfrüchte den Schwerpunkt. Im Voraus reservieren!

Viá Viá Restaurant CAFÉ **$$**
(☎ 32-319-2134; www.viaviacafe.cl; Av Almirante Montt 217, Cerro Alegre; Hauptgerichte 5500–10 500 Ch$; ⊙ Di–Sa 13–23, So bis 18 Uhr, Mai–Okt. Mo–Mi geschl.; 📶 ✎) 🍃 Das Gartencafé befindet sich unter einem steilen Treppenaufgang und ist mit einem dreistöckigen Wandgemälde geschmückt. Es sprüht nur so vor Kreativität und strahlt viel positive Energie aus. Im Sommer gibt's gelegentlich Livemusik; serviert werden einfache Gerichte und eine gute Mischung aus belgischen Bieren und chilenischen Weinen vom Fass. Ein Pflichtbesuch für Feierfreudige und Fans von Wandmalereien.

Café Vinilo CHILENISCH **$$**
(☎ 32-223-0665; www.cafevinilo.cl; Av Almirante Montt 448, Cerro Alegre; Hauptgerichte 5000–13 000 Ch$; ⊙ So–Do 9–1.30, Fr & Sa bis 3.30 Uhr; 📶) Das Vinilo strahlt einen gewissen Retro-Chic aus, der perfekt (und andererseits ganz und gar nicht) zu den Farben und Rhythmen der Stadt passt. Abends gibt's frischen Langflossenthunfisch und anderen Fang aus der Region. Alle Gerichte werden innovativ präsentiert und in köstlichen Geschmackskombinationen zubereitet. Wenn die letzten Teller leergegessen sind, verwandelt sich das Restaurant in eine Bar, in der Platten aufgelegt werden.

Café Turri FISCH & MEERESFRÜCHTE **$$**
(☎ 32-236-5307; www.turri.cl; Templeman 147; Hauptgerichte 5000–13 000 Ch$; ⊙ Mo–Sa 11.30–23, So bis 19 Uhr; 📶) Für die Einheimischen ist das elegante Café Turri eine überteuerte Touristenfalle, doch der Blick auf den Hafen und das Meer ist unvergesslich. Wenn man sich auf die Terrasse setzt und einen Pisco Sour und dazu gebackene Muscheln oder Oktopus-Carpaccio bestellt, macht man garantiert nichts falsch.

Apice Cocina De Mar FISCH & MEERESFRÜCHTE **$$$**
(☎ mobil 9-5708-9737; www.restaurantapice.cl; Av Almirante Montt 462; Hauptgerichte 12 000–13 000 Ch$; ⊙ nur nach Reservierung Do–Di 19.30–21.30 Uhr) Nur 20 Gäste genießen das Privileg, in diesem kleinen, exklusiven schummrig beleuchteten Meeresfrüchterestaurant auf dem Cerro Alegre zu speisen. Der Fisch wurde am selben Tag gefangen und auf der Weinkarte stehen die Weine von Kleinproduzenten aus den benachbarten Tälern. Rechtzeitig reservieren.

Pasta e Vino ITALIENISCH **$$$**
(☎ 32-249-6187; www.pastaevinoristorante.cl; Papudo 427; Hauptgerichte 12 000–18 000 Ch$; ⊙ Di–Sa 13–15.30 & 19–23, So 13–16 Uhr) Wer das Gourmet-Restaurant mit nur einem Dutzend Tischen besuchen möchte, reserviert am besten vorher. Man speist in eleganter, heimeliger Atmosphäre kreative saisonale Pastas.

Abtao FISCH & MEERESFRÜCHTE **$$$**
(☎ 32-222-3442; www.restauranteabtao.cl; Abtao 550, Cerro Concepción; Hauptgerichte 10 000–17 000 Ch$; ⊙ Mo & Mi–Sa 13–15.30 & 19.30–23, So 13–16.30 Uhr) Wenn es draußen heiß ist, kann man auf der verglasten Terrasse sitzen; wenn nicht, wartet ein intimer und eleganter Speiseraum im Art-déco-Stil. Das Essen ist einen Tick überteuert, aber kreativ und innovativ – der Koch kombiniert Früchte mit Fisch, Süßes mit Herbem und verwendet Gewürze aus aller Welt.

Ausgehen & Nachtleben

★ **Máscara** CLUB
(www.mascara.cl; Plaza Aníbal Pinto 1178, El Plan; Eintritt 2000–3500 Ch$; ⊙ Mo–Sa 22 Uhr–open end) Musikbegeisterte Clubgänger in den

Zwanzigern und Dreißigern lieben diesen schwulenfreundlichen Club: Das Bier ist billig, es gibt reichlich Platz, und vor Ort trifft man kaum Teenies. Vor 1 Uhr ist der Eintritt meist günstiger und zusätzlich gibt's Getränke-Specials.

Bar del Tio BAR
(☎ 32-259-9352; www.facebook.com/bardeltio; Av Almirante Montt 67; ⏲ Di–Do 18–1, Fr bis 3, Sa 20–3 Uhr) In dieser noblen Cocktailbar mit unverputzten Ziegelwänden, unverschämt guten Drinks und leckeren Tapas erklingt Jazzmusik.

Dinamarca 399 CAFÉ
(☎ mobil 9-9705-4227; http://dinamarca399.cl; Dinamarca 399, Cerro Panteón; ⏲ Mo–Do 9–18, Fr–Sa bis 24 Uhr; 📶) Ideal, um nachmittags bei einem Espresso und hausgebackenen Leckereien auf der umlaufenden Terrasse dieses architektonischen Meisterwerks an den Friedhöfen zu entspannen. Die Aussicht ist spektakulär und die Preise sind bezahlbar. Hier gibt's auch eine Galerie, eine Bäckerei und einen Coworking Space. Am Wochenende verwandelt sich das Café abends in eine Tapas-Bar.

Casa Cervecera Altamira CRAFT-BIER
(☎ 32-319-3619; www.cerveceraaltamira.cl; Elías 126; ⏲ Mo–Do 18–24, Fr bis 1, Sa 13–1 Uhr) Diese Kleinbrauerei am unteren Ende des **Ascensor Reina Victoria** (Ch$100; ⏲ 7–23 Uhr) bietet ihr eigenes Pale Ale, Amber und Stout sowie ein Strong Ale, das einen umhaut. Dazu serviert sie Pizzas, Burger und ähnliche Gerichte. Auf der Website stehen die Termine für Livemusik, darunter regelmäßig Jazzabende.

Pagano SCHWULE
(Errazuriz 1852, El Plan; Eintritt variiert; ⏲ Mo–Do 23.30–3.30, Fr & Sa bis 5 Uhr, Jan.–März auch So bis 3.30 Uhr) Eingefleischte Nachteulen, ob schwul oder hetero, können die ganze Woche über im brechend vollen, stickigen Pagano abtanzen. Richtig los geht's erst deutlich nach Mitternacht, vorher ist man vielleicht allein auf der Tanzfläche.

Pajarito BAR
(☎ 32-225-8910; www.pajaritobar.blogspot.com; Donoso 1433, El Plan; ⏲ Mo–Do 11–1.30, Fr 11–2.30, Sa 19–2.30 Uhr) 20- bis 30-jährige *porteños* (Einwohner von Valparaíso) aus der Kunstszene drängen sich in der lässigen altmodischen Bar an Resopaltischen, um bei Bier und Piscola (Mixgetränk aus Pisco und Cola oder anderen Softdrinks) über Poesie und Politik zu reden.

Bar La Playa BAR
(☎ mobil 9-9961-2207; Serrano 567, El Puerto; ⏲ So–Mi 11–23, Do–Sa 11–open end) Die traditionelle holzgetäfelte Bar mit Kellerdisco mag zwar 80 Jahre auf dem Buckel haben, aber von Nachlassen kann keine Rede sein. An Wochenenden locken billiges Bier, starker Pisco und eine freundliche Atmosphäre scharenweise Studenten und junge unkonventionelle Besucher an. Die klassischen *porteño*-Gerichte kosten hier nur halb so viel wie auf den Hügeln.

La Piedra Feliz BAR, CLUB
(www.lapiedrafeliz.cl; Av Errázuriz 1054, El Plan; Eintritt ab 3000 Ch$; ⏲ Do–Sa 21–5 Uhr) Jazz, Blues, Tango, Son, Salsa, Rock, Trinken, Essen, Kino: Gibt's irgendetwas in dem klotzigen Haus am Hafen, was es nicht gibt? Das Publikum ist hier allerdings schon etwas älter.

Hotel Brighton BAR
(☎ 32-222-3513; www.brighton.cl; Paseo Atkinson 151, Cerro Concepción; ⏲ So–Do 10–24, Fr & Sa bis 3 Uhr) Am Rande des Cerro Concepción gelegene Bar mit einem herrlichen Terrassenrestaurant, das einen schönen Ausblick auf Hafen und Stadt ermöglicht. Man sollte bei Sonnenuntergang herkommen und einen Cocktail und das gute (wenn auch nicht sehr aufregende) Essen genießen. An Wochenenden gibt's hier Livemusik.

Shoppen

Bahía Utópica KUNST
(☎ 32-273-4296; www.bahiautopica.cl; Av Almirante Montt 372, Cerro Alegre; ⏲ Mi–Mo 11–19.30 Uhr) Bezahlbare Kunst, originelle Postkarten, Hochglanzbücher und mehr – ein toller Laden, um authentische Souvenirs zu kaufen.

Espacio Rojo KUNST & KUNSTHANDWERK
(☎ 32-324-0437; www.galeriaespaciorojo.com; Pasaje Miramar 175, Cerro Alegre; ⏲ 11–18 Uhr) In dieser vielseitigen Galerie, deren Mitarbeiter Englisch sprechen, gibt's lokale Kunst, Schmuck, Keramik und Souvenirs.

Art in Silver Workshop SCHMUCK
(☎ 32-222-2963; www.silverworkshop.cl; Lautaro Rosas 449A, Cerro Alegre; ⏲ 11–14 & 16–20 Uhr) Silber und Lapislazuli werden in diesem kleinen Juwelierladen zu ungewöhnlichen Schmuckstücken zusammengefügt. Manchmal kann man dem Silberschmied Victor Hugo bei der Arbeit zusehen.

Praktische Informationen

GEFAHREN & ÄRGERNISSE

Im alten Hafenviertel von Valparaíso werden oft Kleinkriminalität und Straßenraub gemeldet, deshalb muss man auf sein Eigentum achten. Besonders begehrt sind Kameras und andere elektronische Geräte. Der Rest der Stadt ist relativ sicher, trotzdem sollten sich ausländische Besucher nachts an die Hauptstraßen halten und dubiose *escaleras* (Treppenaufgänge und Gassen) meiden.

MEDIEN

Ciudad de Valparaíso (www.ciudaddevalparaiso.cl) Nützliche, ausführliche Verzeichnisse mit Dienstleistungen in der Stadt.

El Mercurio de Valparaíso (www.mercuriovalpo.cl) Größte Tageszeitung der Stadt.

Qué hacer en Valpo (www.quehacerenvalpo.cl) Die aktuellsten Events und Ereignisse der Stadt.

TOURISTENINFORMATION

In der Stadt gibt's mehrere hilfreiche Informationsstände, darunter ein **Kiosk** (www.ciudaddevalparaiso.cl; Ecke Wagner & Cumming, El Plan; ⏲10–18 Uhr) an der Plaza Aníbal Pinto und ein weiterer **Kiosk** (www.ciudaddevalparaiso.cl; Muelle Prat, El Plan; ⏲10–18 Uhr) am Muelle Prat.

An- & Weiterreise

AUTO

Die nächstgelegenen Autovermietungen befinden sich in Viña del Mar, doch angesichts der steilen, schmalen Straßen und des Mangels an Parkplätzen verzichten viele Besucher darauf, mit dem Auto in der Stadt zu fahren. Ein Mietwagen ist nur für die Touren außerhalb der Stadt empfehlenswert.

BUS

Alle wichtigen Intercitybusse fahren vom und zum **Terminal Rodoviario** (Av Pedro Montt 2800, El Plan) etwa 20 Straßen östlich des Stadtzentrums. Dort gibt's einen kleinen Touristeninformationskiosk und eine Gepäckaufbewahrung (ab 500 Ch$ pro Gepäckstück).

Nach Santiago starten alle 15 bis 20 Minuten Busse von **Turbus** (☎32-213-3104; www.turbus.cl) und **Condor Bus** (☎32-213-3107; www.condorbus.cl). Beide Unternehmen bieten ebenfalls Verbindungen Richtung Süden nach Puerto Montt (2-mal tgl.), Osorno (2-mal tgl.) und Temuco (3-mal tgl.). Tur Bus bedient zudem Pucón (2-mal tgl.), Concepción (5-mal tgl.) und Chillán (7-mal tgl.).

Turbus fährt auch Richtung Norden nach Iquique (2-mal tgl.), Calama (2-mal tgl.) sowie nach Antofagasta (4-mal tgl.). **Romani** (☎032-222-0662; www.busesromani.cl) und Condor Bus steuern zweimal täglich La Serena an.

Nach Mendoza in Argentinien gelangt man mit **Cata Internacional** (☎800-835-917; www.catainternacional.com), **El Rápido** (☎810-333-6285; www.elrapidoint.com.ar), **Ahumada** (☎32-254-5561; www.busesahumada.cl) und **Andesmar** (www.andesmar.com). Manche Busse fahren weiter bis nach Buenos Aires. **Buses JM** (☎34-344-4373; www.busesjm.cl) und **Pullman Bus Costa Central** (☎600-200-4700; www.pullmancosta.cl) starten beide stündlich nach Los Andes. Direktbusse von **Buses Casablanca** (www.facebook.com/busescasablanca) fahren alle 30 Minuten nach Casablanca.

Pullman Bus Lago Peñuela (☎32-222-4025) steuert stündlich Isla Negra an. Von der Avenida Argentina, direkt vor dem Terminal, verkehren alle 20 Minuten *taxis colectivos* (Sammeltaxis) von **Transportes Quintay** (☎32-236-2669; Av Argentina) nach Quintay.

Die städtische Verkehrsgesellschaft **Transporte Metropolitano Valparaíso** (TMV; ☎32-259-4689; www.tmv.cl; einfache Fahrt innerhalb El Plans 250 Ch$, von El Plan nach Cerro 400 Ch$) betreibt Busse zu den Badeorten nördlich von Valparaíso und Viña del Mar. Nach Reñaca fahren die orangefarbenen Linien 607, 602 und 605. Die Linien 602 und 605 fahren weiter nach Concón.

Die jeweiligen Ticketpreise können sich während der Schulferien und an langen Wochenenden erheblich erhöhen. Auf Langstrecken bezahlt man mehr für die *cama*-Klasse (mit Liegesitzen).

ZIEL	PREIS (CH$)	DAUER (STD.)
Antofagasta	34 000	16
Calama	34 700	19
Casablanca	1000	1
Chillán	8200	8
Concepción	9000	9
Iquique	33 000	25
Isla Negra	3200	1½
La Serena	7000	7
Los Andes	5000	3
Mendoza	22 000	8
Osorno	12 000	14
Pucón	10 000	12
Puerto Montt	12 000	15
Santiago	3000	1½
Temuco	10 000	10

Unterwegs vor Ort

Zu Fuß kann man Valparaíso und die Hügel am besten erkunden – ein bisschen Schummeln auf dem Weg bergauf durch Benutzung eines *ascensor* oder eines *taxi colectivo* (500 Ch$) ist aber natürlich erlaubt. *Colectivos* zu den Cerros Concepción und Alegre warten am unteren Teil der Almirante Montt, die Sammeltaxis zu den Cerros Cárcel und Bellavista in der Avenida Ecuador.

Zahlreiche Busse des **TMV** verbinden das eine Ende von El Plan mit dem anderen. Sie verkehren über die Condell, die Avenida Pedro Montt, die Avenida Brasil und die Yungay. Ein paar fahren auf verschiedene Hügel hinauf und weiter nach Viña oder die Nordküste entlang; die Zielorte stehen an der Frontscheibe. Die berühmteste Buslinie ist die 802, auf der die ältesten noch fahrenden Trolleybusse der Welt eingesetzt sind. Diese gelenkigen Fahrzeuge stammen aus dem Jahr 1947 und wurden zum *monumento nacional* (nationales Wahrzeichen) ernannt.

Die Pendlerzüge der **Metro Valparaíso** (☎ 32-252-7615; www.metro-valparaiso.cl) verkehren alle 6 bis 12 Minuten zwischen der **Estación Puerto** (Ecke Errázuriz & Urriola, Paseo del Puerto; ⌚ Mo–Fr 6–23, Sa & So ab 7.30 Uhr) und der **Estación Bellavista** (Ecke Errázuriz & Bellavista; ⌚ Mo–Fr 6–23, Sa & So ab 7.30 Uhr) in Valparaíso nach Viña del Mar (je nach Abfahrtszeit 450–500 Ch$).

Taxis sind in Valparaíso deutlich teurer als in anderen chilenischen Städten.

Wer die Hügel mit dem Rad bezwingen möchte, findet in der Stadt mehrere Verleihstellen (halber Tag in der Regel 6000 Ch$).

Viña del Mar

☎ 32 / 286 931 EW.

Das saubere, ordentliche Viña del Mar steht in scharfem Kontrast zum charmanten Durcheinander des benachbarten Valparaíso. Von Palmen und stattlichen Palästen gesäumte gepflegte Boulevards, ein weitläufiger öffentlicher Strand und wunderbare Parks haben dem Ort den Spitznamen *Ciudad Jardín* (Gartenstadt) eingebracht. Sein offizieller Name – übersetzt: „Weingarten am Meer" – geht auf die Kolonialzeit zurück: Damals gehörte das Stadtgebiet zur Hazienda der Fa-

Viña del Mar

milie Carrera. Nur wenige ausländische Traveller übernachten in der Stadt, die meisten kommen bloß zu Tagesausflügen von Valparaíso aus hierher. Dennoch ist Viña immer noch ein beliebtes Ferienziel betuchter Santiaguinos – und die *carrete* (Partys) hier sind erste Sahne!

Sehenswertes

Viñas weiße Sandstrände erstrecken sich nordwärts vom Nordufer des Fließgewässers Estero Marga Marga bis zu den Rändern der Vororte Reñaca und Concón.

★ Jardín Botánico Nacional PARK

(Nationaler Botanischer Garten; ☎32-267-2566; www.jbn.cl; Camino El Olivar 305; Erw./Kind 2000/1000 Ch$; ⏲Mai–Aug. 10–18, Sept.–April 10–19 Uhr; 🚌203) Chiles Jardín Botánico Nacional erstreckt sich auf einer Fläche von fast 400 ha Parkland und beherbergt über 3000 Pflanzenarten. Der Botanische Garten liegt 8 km südöstlich des Stadtzentrums. Dorthin

fährt man mit dem Bus 203 ab Viña auf der Calle Alvarez zum Puente El Olivar, dann geht man über die Brücke und schlendert weitere 500 m Richtung Norden zum Parkeingang.

Cerro Castillo STADTVIERTEL

Das fantastische *barrio* lädt mit seinen liebevoll restaurierten Villen, tollen Aussichtspunkten, der kleinen „Burg" und dem Sommerpalast des chilenischen Präsidenten zu einem schönen Nachmittagsspaziergang ein. Die Bajada Britania (nahe der Castillo Wulff) und die Vista Hermosa (abgehend von der Calle Valparaíso) führen nach ganz oben auf den Hügel.

Artequin MUSEUM

(☎32-297-3637; www.artequinvina.cl; Parque Portrenillos 500; Erw./Kind 1200/600 Ch$; ⏲Di–Fr 8.30–17.30, Sa & So 10.15–17.45 Uhr, Jan. & Feb. Di–So 11–18.30 Uhr; P 👪) Das Kindermuseum verfügt über zahlreiche Spielbereiche und eine große Werkstatt für den Kunstunterricht. Es sind auch ein paar Reproduktionen von Meisterwerken aus dem 15. bis 20. Jh. zu sehen, darunter Gemälde und Skulpturen verschiedener chilenischer und internationaler Künstler.

Viña del Mar

Sehenswertes
1 Artequin ... E4
2 Castillo Wulff ... B1
3 Cerro Castillo ... B2
4 Museo de Arqueología e Historia Francisco Fonck ... E1
5 Parque Quinta Vergara ... D4
6 Parroquia Nuestra Señora de Dolores ... E3

Schlafen
7 Columba Hostel ... E3
8 Eco-Hostal Offenbacher-hof ... B3
9 Hotel del Mar ... C1
10 La Blanca Hotel ... D4
11 Not Found Hostel ... E3

Essen
12 Divino Pecado ... C1
13 Panzoni ... E3
14 Portal Álamos ... D3
15 Samoiedo ... E3

Ausgehen & Nachtleben
16 Café Journal ... B3

Unterhaltung
17 Anfiteatro Quinta Vergara ... E4
18 Casino Municipal ... C1

Parque Quinta Vergara PARK
(Errázuriz 563; ⏲7–19 Uhr) Nirgends sonst kommt Viñas Bezeichnung als Gartenstadt besser zum Ausdruck als im prachtvoll gestalteten Parque Quinta Vergara. Der Eingang liegt in der Errázuriz am Südende der Libertad (die hier Eduardo Grove genannt wird). Einst gehörte das Grundstück einer der berühmtesten Familien der Stadt, den Alvares-Vergaras.

Castillo Wulff HISTORISCHES GEBÄUDE
(☎32-218-5753; Av Marina 37; ⏲Di–So 10–13.30 & 15–17.30 Uhr) GRATIS Das schöne Castillo Wulff wurde Anfang des 20. Jh. von einem berühmten Geschäftsmann aus Valparaíso auf einer Klippe über dem Meer erbaut. Nach einem Blick auf die Kunstausstellung geht's zum Turm ganz hinten, durch dessen dicken Glasboden die darunter liegenden Felsen und Wellen zu sehen sind.

Museo de Arqueología e Historia Francisco Fonck MUSEUM
(☎32-268-6753; www.museofonck.cl; 4 Norte 784; Erw./Kind 2700/500 Ch$; ⏲Mo 10–14 & 15–18, Di–Sa 10–18, So 10–14 Uhr) Die *moai* (Original einer Osterinselstatue) vor dem Museum ist nur ein Vorgeschmack auf die wunderschön präsentierten archäologischen Fundstücke von den Osterinseln, die Mapuche-Silberarbeiten und Moche-Keramiken in menschenähnlicher Form. Im oberen Stock befinden sich altmodische Insektenkästen und ausgestopfte chilenische Tiere.

Parroquia Nuestra Señora de Dolores KIRCHE
(www.parroquiadevina.cl; Alvares 662; ⏲Messe 12 & 19 Uhr) Die Ikonografien in Viñas ältester Kirche – errichtet und neu aufgebaut zwischen 1882 und 1912 – sollte man sich unbedingt ansehen.

Feste & Events

★ **Festival Internacional de la Canción** MUSIK
(Internationales Liederfestival; www.festivaldevina.cl; Anfiteatro Quinta Vergara, Parque Quinta Vergara; Tickets ab 25 000 Ch$; ⏲Feb.) Am dritten Wochenende im Februar bringt Südamerikas größtes Musikfestival mit lateinamerikanischen Pop-, Rock- und Folkstars und erstklassigen internationalen Musikern bis zu 15 000 Besucher ins Anfiteatro Quinta Vergara (weitere 150 Mio. Menschen verfolgen das Ereignis bei Liveausstrahlungen und über Streaming im Internet). Das Riesenevent war für viele Künstler ein Karrieresprungbrett, von Shakira bis zur früheren Gastgeberin Sofia Vergara.

Schlafen

Not Found Hostel HOSTEL $
(☎mobil 9-3054-8854; www.notfoundrooms.com; Paseo Cousiño s/n; B/DZ inkl. Frühstück ohne Bad 15 000/35 000 Ch$; 📶) Kryptische gelbe Markierungen weisen in einem früher verlassenen Gebäude am Paseo Cousiño den Weg in die dritte Etage zum Not Found Hostel. Mit dem herzhaften Frühstück, den flauschigen Bettdecken und dem schicken minimalistischen Design ist es eines der besten Hostels der Stadt.

Columba Hostel HOSTEL $
(☎32-299-1669; www.columbahostel.com; Calle Valparaíso 618; B 9000–12 000 Ch$, DZ mit/ohne Bad inkl. Frühstück 35 000/30 000 Ch$; 📶) Dieses lebhafte Hostel hat stilvolle Schlafsäle und Doppelzimmer mit farbenfroher Bettwäsche, Hartholzböden und urbaner Kunst. Es ist ein wenig schmutzig, aber die zentrale Lage ist toll; zudem gibt's eine Gemeinschaftsküche, einen Schlafsaal nur für Frauen und einen Aufenthaltsraum mit Fernseher. Die Privatzimmer sind eigentlich ganz passabel.

Eco-Hostal Offenbacher-hof B&B $$
(☎32-262-1483; www.offenbacher-hof.cl; Balmaceda 102; Zi. inkl. Frühstück 55 000–65 000 Ch$; 📶) 🍃 Die eindrucksvolle rotbraune und gelbe Villa auf dem Gipfel des Cerro Castillo steht unter Denkmalschutz und bietet einen großartigen Blick über die Stadt. Dank des weiten Blicks, der frisch renovierten Badezimmer und der „antiken" Einrichtung ist das makellose Hotel eines der besten Schnäppchen Viñas. Der Besitzer ist charmant, und es gehört eine schöne Terrasse zu dem B&B, auf der man nachmittags Tee trinken kann.

La Blanca Hotel BOUTIQUE-HOTEL $$$
(☎32-320-4121; www.lablancahotel.cl; Echevers 396; Zi. inkl. Frühstück 70 000–120 000 Ch$; 🅿📶) Das elegante, beliebte Hotel mit acht Zimmern befindet sich in einem 1912 erbauten Stadthaus am Ende einer ruhigen kleinen Wohnstraße in der Nähe des Parque Quinta Vergara.

Hotel del Mar LUXUSHOTEL $$$
(☎32-250-0800; www.enjoy.cl; Ecke Av Perú & Los Héroes; Zi. inkl. Frühstück 158 000–214 200 Ch$; ❄📶🏊) Die Aussicht von der eleganten verglasten Lobby in Viñas Spitzenhotel ist ein Vorgeschmack auf das, was einen oben er-

wartet: Auf vielen Stockwerken sieht man den Pazifischen Ozean vom Bett aus, und selbst das Hallenbad scheint in die Meereswellen hinter dem Glas überzugehen. Der glamouröse Service und Stil lassen die wilden 1920er-Jahre wieder aufleben.

Essen

Panzoni ITALIENISCH $
(☎32-271-4134; Paseo Cousiño 12B; Hauptgerichte 4000–7000 Ch$; ⏲tgl 13–16, Do–Sa & 20–23 Uhr) Eines der günstigsten Lokale im Zentrum von Viña versteckt sich an einem Durchgang. Dank der gut zubereiteten italienischen Pasta und des freundlichen Personals ist hier zur Mittagszeit immer richtig viel los.

Portal Álamos SANDWICHES $
(Calle Valparaíso 553; Hauptgerichte ab 2500 Ch$; ⏲Öffnungszeiten variieren) In der Einkaufspassage Portal Álamos im Zentrum gibt's im nach vorne offenen zweiten Stock eine Reihe gleichartiger *schop*-und-Sandwich-Lokale.

Samoiedo SANDWICHES $
(☎32-268-4316; www.samoiedo.cl; Calle Valparaíso 639; Hauptgerichte 3000–7000 Ch$; ⏲8–22.30 Uhr) Seit einem halben Jahrhundert treffen sich Männer in dieser *confitería* (Café mit einfachen Gerichten) zum Mittagessen bei Steaks und Pommes oder gut belegten Sandwiches. Der Sitzbereich im Freien ist eindeutig schöner als der im Inneren, der zu einem lebendigen Einkaufszentrum hinausgeht.

★ **Sativo** CHILENISCH $$
(☎mobil 9-8219-1025; www.sativorestaurant.com; 4 Poniente 630, Local 18; Hauptgerichte 8000–13 000 Ch$; ⏲Di–Sa 12–16, Do–Sa auch 20.30–23.30 Uhr; 📶) Von der einfachen Ladenfassade sollte man sich nicht täuschen lassen: Die Speisen hier sind echte Kunstwerke mit frischen Zutaten, die Weinkarte ist verführerisch und der Service großartig. Vom Brotkorb mit Kräuterbutter, der am Anfang gereicht wird, bis zum Digestiv auf Kosten des Hauses zum Abschluss ist dies ein erinnerungswürdiger Restaurantbesuch. Unbedingt das Oktopus-Carpaccio probieren!

Divino Pecado ITALIENISCH $$
(www.divinopecado.cl; Av San Martín 180; Hauptgerichte 8000–14 000 Ch$; ⏲Mo–Sa 13–16 & 20–23, So 13–16 Uhr) Die Karte dieses gemütlichen italienischen Restaurants mit Kerzenschein enthält Gerichte wie gratinierte Muscheln, Artischocken-Lasagne und Cappelletti mit Lammfleischfüllung – wirklich eine göttliche Sünde.

Ausgehen & Nachtleben

★ **Café Journal** CLUB
(www.facebook.com/cafejournal1999; Ecke Agua Santa & Alvares; Eintritt 3000 Ch$; ⏲So–Do 12–3.30, Fr & Sa bis 4.30 Uhr) In diesem boomenden beliebten Club, auf dessen zwei Tanzflächen es richtig abgeht, ist elektronische Musik angesagt. Er hat eine lebhafte Terrasse und einen angeschlossenen Konzertsaal, in dem freitags und samstags abends Nachwuchsbands auftreten.

Barbones BAR
(☎mobil 9-6434-2200; www.barbones.cl; 7 Norte 420; Hauptgerichte 5000–9000 Ch$; ⏲12.30–3.30 Uhr; 📶) Chilenische Gourmet-Sandwiches und *chorrillanas* (Pommes mit Fleisch, Eiern und Zwiebeln), günstige Cocktails, die auch im Krug serviert werden, und eine große Auswahl an Craft-Bieren vom Fass machen diese Restaurantbar unter freiem Himmel zu einer tollen Option für alle, die direkt vom Abendessen zu einem feucht-fröhlichen Abend übergehen wollen.

Club Divino SCHWULE
(☎mobil 9-5708-4660; www.clubdivino.cl; Camino Internacional 537; Eintritt variiert; ⏲Fr &Sa 23.45–5 Uhr) Chiles größter (und wie manche finden, grellster) Schwulenclub mit Dragqueens, Go-go-Tänzern und Platz für 2000 schweißüberströmte Feierlustige. Er liegt etwa 10 km vom Zentrum Camino Internacional, am besten nimmt man ein Taxi.

La Flor de Chile BAR
(☎32-268-9554; www.laflordechile.cl; 8 Norte 601; Hauptgerichte 4000–10 000 Ch$; ⏲Mo–Sa 12–-24 Uhr) Seit fast 40 Jahren trinken alte und junge Viñamarinos an den dicht besetzten Tischen der wunderbar altbackenen Bar ihre *schops* (Fassbier).

Unterhaltung

Anfiteatro Quinta Vergara KONZERTSTÄTTE
(Parque Quinta Vergara) In diesem gigantischen Amphitheater finden Konzerte und das Festival Internacional de la Canción (S. 108) statt.

Casino Municipal CASINO
(☎32-250-0700; www.enjoy.cl/enjoy-vina-del-mar; Av San Martín 199; am Wochenende Eintritt 3800 Ch$; ⏲Mo–Do 13–5, Fr & Sa bis 7, So bis 4 Uhr) In dem eleganten Wahrzeichen beim Strand am Nordufer des Marga Marga kann man sein Geld in Spielautomaten, beim Bingo, Roulette und Kartenspiel verprassen. Außer-

NICHT VERSÄUMEN

STRANDORTE

Nördlich von Viña del Mar führt eine hübsche Straße die Küste entlang durch eine Reihe Badeorte, die zwischen Dezember und Februar von urlaubenden Chilenen gestürmt werden. Die Strände reichen von kleinen, felsigen Buchten bis zu breiten Sandstreifen. Einige sind von hohen Wohnblocks gesäumt, andere von rustikalen Hütten oder den großen Sommerhäusern der Reichen und Berühmten.

Reñaca & Concón

Viñas Hochhäuser gehen über in die mehrstufigen Apartmentanlagen von Reñaca, einem Vorort im Norden, der mit einem breiten hübschen Strand aufwartet. Bei Sonnenuntergang empfiehlt sich der Aufstieg zur **Roca Oceánica**. Der steinige Hügel ist ein regionales Wahrzeichen und bietet einen unglaublichen Blick auf den Pazifik (nördlich der Stadt hinaus auf der dem Meer zugewandten Seite). Concón befindet sich unmittelbar nördlich von Reñaca und ist bekannt für seine zwanglosen, wunderbar authentischen Fischrestaurants. Wir empfehlen die mit Garnelen gefüllten Empanadas des **Las Deliciosas** (☎32-281-1448; Av Borgoño 25370; Empanadas 1500–2800 Ch$; ⏲9.30–21.30 Uhr) sowie die abendlichen Cocktails und *machas* (Scheidenmuscheln) des **La Gatita** (☎32-327-1782; Pasaje Morales 230, Concón; Hauptgerichte 6000–10 000 Ch$; ⏲12–23 Uhr), einer lokalen Legende.

Horcón

Chiles Hippiebewegung entstand im winzigen Fischerörtchen Horcón auf einer kleinen gekrümmten Halbinsel 28 km nördlich von Concón. Leuchtend bunte baufällige Häuser drängen sich in der steilen Hauptstraße bis hinunter zum kleinen Felsstrand, wo Fischerboote an- und ablegen. Auch heute merkt man noch Spuren von Frieden, Liebe und Kommune: Am Strand versammeln sich bei Sonnenuntergang viele vergnügte Menschen mit Hunden, Gitarren und Alkoholflaschen in Papiertüten. Wer eher auf Hippie-Chic steht, sollte das **La Ritoqueña** (☎mobil 9-6121-2447; www.laritoquena.com; Sitio 70, Ritoque; Zi. ab 65 000 Ch$; 📶) ansteuern, einen Komplex am Strand zwischen Concón und Horcón, der auch Yoga, Surfen und Angeln arrangieren kann.

Maitencillo

Maitencillo liegt 12 km nördlich von Horcón. Der lange Sandstrand erstreckt sich über mehrere Kilometer und zieht viele Besucher an. Bei der **Escuela de Surf Maitencillo**

dem gibt's hier eine Disco, den Club OVO, der freitags und samstags von Mitternacht bis 5 Uhr geöffnet ist (Eintritt kostenlos bis 10 000 Ch$).

Praktische Informationen

Die meisten Straßen sind durch Nummern und Himmelsrichtung gekennzeichnet, heißen also entweder Norte (Norden), Oriente (Osten) oder Poniente (Westen). Die Avenida Libertad trennt die Ponientes von den Orientes.

Banco Santander (☎32-226-6917; Plaza Vergara 108; ⏲Mo–Fr 9–14 Uhr, Geldautomat 24 Std.) Eine von mehreren Banken mit Geldautomaten am Hauptplatz.

CONAF (☎32-232-0200; www.conaf.cl; 3 Norte 541; ⏲Mo–Fr 9–14 Uhr) Infos zu Parks in der Nähe, u. a. zum **Parque Nacional La Campana** (S. 114).

Hospital Gustavo Fricke (☎32-257-7602; www.hospitalfricke.cl; Alvares 1532; ⏲24 Std.) Viñas größtes öffentliches Krankenhaus liegt östlich der Innenstadt.

Lavarápido (☎32-290-6263; Av Arlegui 440, Local 104; 2000 Ch$/kg; ⏲Mo–Fr 10–19, Sa bis 17 Uhr) Waschsalon, bietet auch einen Express-Service.

Postamt (Correos de Chile; Plaza Vergara s/n; ⏲Mo–Fr 9–19, Sa 10–13 Uhr) Zentral abseits der Hauptplaza gelegenes Postamt.

Städtische Touristeninformation (☎32-218-5712; www.visitevinadelmar.cl; Av Arlegui 715; ⏲Mo–Fr 9–14 & 15–17, Sa & So 10–14 & 15–18 Uhr) Hat Karten und Stadtpläne, Broschüren und Mitarbeiter, die Touristen auf Englisch beraten.

An- & Weiterreise

Alle Langstreckenbusse starten vom ordentlichen **Rodoviario Viña del Mar** (☎32-275-2000; www.rodoviario.cl; Valparaíso 1055). Hier gibt's auch eine Touristeninformation und eine Gepäckaufbewahrung (untere Etage; 1000 Ch$).

(☎ mobil 9-9238-4682; www.escueladesurfmaitencillo.cl; Av del Mar 1450; Gruppenunterricht 16 000 Ch$ pro Pers.; ⏲ Unterricht März–Dez. 12 & 16 Uhr, Jan. & Feb. längere Öffnungszeiten) kann man auf entspannte Weise Surfen lernen. Obwohl der Ort voller Ferienwohnungen ist, hat er noch eine angenehm lockere Atmosphäre. Ein beliebtes Restaurant mit Bar und Hütten ist **Cabañas Hermansen & La Canasta** (☎ 32-277-1028; www.hermansen.cl; Av del Mar 592; Hütten für 2/4/6 Pers. 62 000/87 000/110 000 Ch$), das Pizzas aus dem Holzofen und – natürlich – frischen Fisch auftischt.

Cachagua

Der kleine gemütliche Ort 13 km nördlich von Maitencillo befindet sich am Nordende eines langen gebogenen Strands. Gleich gegenüber ragt das **Monumento Nacional Isla de Cachagua** (www.conaf.cl/parques/monumento-natural-isla-cachagua/) aus dem Meer, eine von Guano bedeckte Felsnase, auf der sich etwa 2000 Humboldtpinguine und eine Seelöwenkolonie angesiedelt haben. Wer die Tiere aus der Nähe betrachten will, kann die örtlichen Fischer am Zapallar Caleta bitten, einen näher an die Insel heranzubringen, darf das Boot aber nicht verlassen.

Zapallar

Santiagos Elite strömt in den exklusivsten aller chilenischen Badeorte, der 2 km nördlich von Cachagua liegt. Millionenteure Villen bedecken die bewaldeten Hügel hinter dem Strand. Der kleine, aber unberührte Bogen aus gelbem Sand liegt in einer geschützten Buch. Alle, die in Zapallar etwas auf sich halten, speisen im **El Chiringuito** (☎ mobil 9-9248-3139; Francisco de Paula Pérez s/n; Hauptgerichte 12 500–20 000 Ch$; ⏲ So–Mi 12.30–18, Do–Sa bis 24 Uhr, Jan. & Feb. erweiterte Öffnungszeiten; Ⓟ) zu Mittag, wo die Terrassentische über die Felsen und auf eine Schar hungriger Pelikane blicken, die sich ihre Fische selbst holen müssen.

Papudo

Diese alltägliche Stadt zieht bodenständigere Besucher an als ihr schicker Nachbarort Zapallar, daher kann man hier in netten Restaurants wie dem **Banana** (Irarrázaval 86, Papudo; ⏲ Mo–Do 11.30–20, Fr & Sa bis 23 Uhr) für 1600 Ch$ Empanadas direkt am Meer genießen.

In die nördlich gelegenen Küstenorte wie Reñaca und Concón fahren regelmäßig mehrere lokale Buslinien von **Transporte Metropolitano Valparaíso** (TMV; www.tmv.cl; Kurzfahrten 440 Ch$) sowie die private Busgesellschaft **Sol del Pacífico** (☎ 32-275-2008; www.soldelpacifico.cl). Die Busse halten an der Plaza Vergara und rund um die Metrohaltestelle Viña del Mar. Ein einfaches Ticket kostet je nach Ziel zwischen 1200 und 2200 Ch$. Nach Reñaca verkehren die orangefarbenen Busse 607, 601 und 605. Die Linie 601 fährt weiter nach Concón, das auch von der Linie 302 bedient wird.

ℹ Unterwegs vor Ort

Regionalbusse von Transporte Metropolitano Valparaíso verbinden Viña und Valparaíso. Einige Strecken folgen der Küste über die Avenida Marina und Avenida San Martín, andere verlaufen über die Avenida España und Avenida Libertad durch das Stadtzentrum. Die Zielorte stehen meist an der Frontscheibe.

Im Sommer leidet Viña unter Staus und Parkplatzmangel, ein eigenes Auto kann lästig sein. Wer aber plant, die Nordküste zu erkunden oder eines der Weingüter im Valle de Casablanca zu besuchen, für den lohnt sich ein Leihwagen. **Europcar** (☎ 32-217-7593; www.europcar.com; Marina 15; Leihwagen pro Tag ab 30 000 Ch$; ⏲ Mo–Fr 8.30–19, Sa & So 9–13 & 14–18 Uhr) ist die beste Adresse, um ein Auto zu mieten.

Der Pendlerzug **Metro Valparaíso** (☎ 32-252-7633; www.metro-valparaiso.cl; ⏲ Mo–Fr 6–23, Sa & So ab 7.30 Uhr) verkehrt tagsüber auch alle sechs bis zwölf Minuten zwischen Viña und Valpo.

Weingüter im Casablanca-Tal

Ein kühles Klima und krasse Unterschiede zwischen den Tages- und Nachttemperaturen machen dieses Tal auf halbem Weg zwischen Santiago und Valparaíso zu einem von Chiles besten Anbaugebieten für erstklassige Chardonnays, Sauvignon Blancs und Pinot Noirs. Auf den gut organisierten Weingütern wird der Wein- und Lebensmitteltourismus ernst genommen. Viele haben ein angeschlossenes Restaurant. Zu keinem der Winzer fahren öffentliche Verkehrsmittel, doch mit einem Mietauto kann man problemlos vier bis fünf an einem Tag besuchen. Die meisten liegen an der Ruta 68 oder ganz in der Nähe. Alternativ kontaktiert man die Ruta del Vino de Casablanca oder Enotour (S. 64) für geführte Touren. Man sollte vorab einen Fahrer bestimmen. Dieser sollte tatsächlich überhaupt nichts trinken, da in Chile die 0,0-Promille-Grenze gilt. Einige größere Weingüter können spontan besucht werden, wir empfehlen für Führungen aber eine Buchung im Voraus.

Sehenswertes

Ruta del Vino de Casablanca SHOWROOM

(☎ mobil 9-6572-9579; www.rutadelvinodecasablanca.cl; Óscar Bonilla 56; ⊙ Infocenter & Café Mo–Fr 9–18 Uhr, nur Café Sa 10–19.30 Uhr) Dieses Informationszentrum am Hauptplatz von Casablanca besucht man am besten gleich am Anfang, um sich eine kostenlose Karte mit den Weingütern des Tals zu holen oder eine Tour zu buchen. Zum Zentrum gehören ein Showroom mit lokalen Weinen und ein Café, das Espresso serviert.

Aktivitäten

★ **Viña Indómita** WEIN

(☎ 32-215-3902; www.indomita.cl; Ruta 68, Km 64; Weinverkostung ab 3500 Ch$, Führungen ab 10 000 Ch$; ⊙ 10–17 Uhr) Die Sicht von diesem Weingut ist schlichtweg unschlagbar. Schon von Weitem erblickt man das Schild im Hollywoodstil auf dem Hügel. Für die Teilnahme an speziellen Wanderungen, Ausritten und Erntetouren (März & April) sollte man reservieren.

★ **Emiliana** WEIN

(☎ 2-2353-9130; www.emiliana.cl; Ruta 68, Km 60,7; Weinverkostung ab 12 000 Ch$, Führungen ab 16 000 Ch$; ⊙ 1April–Nov. 10–17, Dez.–März 10–-18 Uhr) Verkostungen finden in einem prächtigen Gebäude aus Schiefer und Holz mit Blick auf die Weine statt, die nach biodynamischen Prinzipien gezüchtet werden. Besondere Veranstaltungen wie Verkostungen nach dem Motto „Schokolade und Wein“, Fahrradtouren, Premium-Weinproben, Picknicks oder Kurse in der häuslichen Weinherstellung müssen im Voraus gebucht werden.

Catrala WEIN

(☎ mobil 9-9639-7563; www.catrala.cl; Camino Lo Orozco, Km 10; Führungen ab 17 000 Ch$, Tagesbesuch mit Mittagessen und Weinverkostung 70 000 Ch$; ⊙ nur nach Vereinbarung) Die Touren und Weinverkostungen in diesem nachhaltig geführten Weingut sind ein exklusives Erlebnis. Man spaziert durch Weingärten, die direkt am Rand eines UNESCO-Biosphärenreservats liegen.

Das Weingut erreicht man von Casablanca aus über die F-50 in ca. 45 Minuten.

Viña Mar WEIN

(☎ 32-275-4300; www.vinamar.cl; Camino Interior Nuevo Mundo s/n; Führungen ab 13 000 Ch$; ⊙ 10–17.30 Uhr, Juni–Aug. verkürzte Öffnungszeiten) Dieses auffällige Herrenhaus inmitten der sorgfältig angelegten Liegenschaft beherbergt das Gourmetrestaurant Ristorante San Marc. Bei den Führungen gibt's auch eine Verkostung der Schaumweine des Viña Mar sowie der Premiumweine des Schwesternweinguts Leyda.

William Cole Vineyards WEIN

(☎ 32-215-7777, App. 114; www.williamcolevineyards.cl; Fundo El Rosal s/n; Weinverkostung ab 7000 Ch$, Führungen ab 13 000 Ch$; ⊙ Mo–Sa 9–18 Uhr) Sehr besucherfreundliches modernes Weingut, dessen Architektur von altmodischen chilenischen Missionen inspiriert wurde und dessen Mitarbeiter Englisch sprechen. In der Regel sind Weinverkostungen ohne Anmeldung möglich.

Viña Casas del Bosque WEIN

(☎ 2-2480-6940; www.casasdelbosque.cl; Hijuelas 2 Ex Fundo Santa Rosa; Weinverkostung 7500 Ch$, Führungen mit/ohne Weinverkostung 12 500/7000 Ch$; ⊙ Mo–Fr 10–17.30, Sa & So bis 18 Uhr) Das Weingut hat einen einmalig schönen *mirador* mit Blick auf das Valle de Casablanca und bietet auch Fahrradtouren in seinen Weingärten an (9000 Ch$). Das Gelände ist zwar traumhaft und der Wein gehört zu den besten des Casablanca-Tals, allerdings ist das Weingut oft von Touristengruppen überlaufen.

Viña Matetic WEIN

(☎ 2-2611-1520; www.matetic.com; Fundo Rosario s/n, Lagunillas; Weinverkostung ab 6000 Ch$, Führungen ab 13 000 Ch$; ⊙ 10–17 Uhr) Ein echter Hingucker: Das Gebäude aus Glas, Holz und Stahl ist nicht weniger interessant als die Weine selbst. Man kann eine Führung im

Voraus buchen oder einfach zu einer Weinverkostung aufkreuzen. Übernachten kann man im La Casona, dem Boutique-Hotel des Weinguts (Zi. ab 450 US$).

House of Morandé WEIN
(☎32-275-4701; www.morande.cl; Ruta 68, Km 61; Weinverkostung ab 5000, Führungen ab 9000 Ch$, ⊙Di–So 9–17 Uhr) Dieses architektonisch bemerkenswerte Wein-„Haus" hat ein fantastisches Gourmetrestaurant und veranstaltet Verkostungen und Führungen im Weingut des Morandé im Casablanca-Tal.

Viña Veramonte WEIN
(☎32-232-9955; www.casonaveramonte.com; Ruta 68, Km 66; Weinverkostung ab 12 500 Ch$, Führungen ab 13 000 Ch$; ⊙9.30–17 Uhr) Die Cabernets und Chardonnays des Veramonte haben regelmäßig die Auszeichnung „Spitzenleistung" des *Wine Spectator* gewonnen. Die Führungen und Verkostungen finden allerdings in einem recht seelenlosen Industriekomplex statt.

Schlafen & Essen

Hotel Casablanca Spa & Wine HOTEL $$
(☎32-274-2711; www.hotelrutadelvino.cl; F-864-G s/n; Zi. ab 64 000 Ch$ P) Die vielen Einrichtungen des Hotels, darunter ein Innen- und ein Außenpool, ein Whirlpool, ein Weinspa, eine Sauna, ein Fitnessraum und ein Tennisplatz, könnten dazu verführen, hier den ganzen Tag zu verbringen, anstatt die Weingüter in der Nähe zu erkunden. Der Lehmziegelbau mit Arkaden und Holzelementen verströmt jede Menge Charakter, das Gelände könnte aber etwas sauberer sein und das Frühstück einfallsreicher.

★ **Casa Botha** INTERNATIONAL $$
(☎mobil 9-7431-2040; Ruta 68, Km 63; Hauptgerichte 13 000 Ch$; ⊙Mi–So 12.30–18 Uhr) In diesem eklektischen Restaurant, das komplett aus recycelten Materialien gebaut wurde, lässt man sich am besten vom geselligen südafrikanischen Besitzer durch eine lange, gemächliche Mittagsmahlzeit mit überraschenden passenden Weinen von Boutique-Produzenten führen. Die Karte wechselt je nach Saison, enthält aber immer hausgemachte Pasta und mindestens ein vegetarisches Gericht.

Anreise & Unterwegs vor Ort

Sowohl **Pullman Bus** (S. 82) als auch Ruta Curacaví bieten stündlich Busse zwischen dem Terminal San Borja in Santiago und der Plaza de Armas in Casablanca. Der letzte Bus verlässt Santiago gegen 19.30 Uhr. Nahverkehrsbusse nach Valparaiso fahren zwischen 7 und 22 Uhr etwa alle 20 Minuten von der Plaza de Armas in Casablanca. Wer mit öffentlichen Verkehrsmitteln reist, muss ein Taxis mieten oder eine Tour buchen, um die Weingüter zu besuchen.

Für einen Besuch der Weingüter im Casablanca-Tal braucht man ein Auto. Entweder fährt man von Valparaíso hierher oder mietet einen Wagen ab Santiago. Darauf achten, dass das GPS eingeschaltet ist, um Mautgebühren zu vermeiden, denn die Gebühren auf der Ruta 68 zwischen den Weingütern können jedes Mal bis zu 1900 Ch$ betragen.

Quintay

Wenn die Sonne über dem Pazifik untergeht, leuchten die schroffen Felsen vor der winzigen Fischerbucht und ehemaligen Walfangstation **Caleta Quintay** (1943–1964) tiefrosa. Sie war die größte chilenische Walfangstation an der Pazifikküste und beschäftigte zu ihren besten Zeiten bis zu 1000 Männer. Das Open-Air-Museum **Museo Ex Ballenera** (www.fundacionquintay.cl; Costanera s/n; Erw./Kind 800 Ch$/frei; ⊙Di–So 9–18 Uhr) auf der Stätte dokumentiert die Walfanggeschichte der Region und beschäftigt sich mit dem heutigen Schutz der Wale. Das Museum ist nur auf Spanisch beschildert.

Etliche der farbenprächtigen Häuser dieses ruhigen Ortes beherbergen Fischrestaurants. Eines der besten für ein Mittagessen am Meer ist das **Restaurant Miramar** (☎032-236-2046; Costanera s/n; Hauptgerichte 7000–10 000 Ch$; ⊙12.30–17.30 Uhr;) mit seiner Terrasse. **Austral Divers** (☎mobil 9-9885-5099; www.australdivers.cl; Costanera s/n; Tauchunterricht Anfänger 45 000 Ch$, einzelner Tauchgang 27 000 Ch$; ⊙9–21 Uhr), ein PADI-zertifizierter Anbieter, veranstaltet vor Ort geführte Tauchexkursionen.

Ein ausgeschilderter Abzweig etwa 1,2 km zurück auf der Straße nach Valparaíso führt über eine 1,5 km lange Straße zur langgestreckten **Playa de Quintay**, einem der schönsten und unberührtesten Strände der Region.

Quintay kann von Valparaíso aus problemlos an einem halben Tag besucht werden. **Transportes Quintay** (☎mobil 9-9183-7388) betreibt *taxis colectivos* zwischen dem Busbahnhof in Valparaíso (in der Avenida Argentina) und der Hauptstraße in Quintay (ab 2000 Ch$, 1 Std.) 500 m von der Caleta Quintay und 2,5 km von der Playa de Quintay entfernt.

Isla Negra

Es war der Dichter Pablo Neruda, der Isla Negra bekannt machte und dem Ort den irreführenden Namen (übersetzt „schwarze Insel") gab, der sich auf die dunklen Felsen vor der Küste bezieht. In Nerudas früheres Wohnhaus und an sein Grab strömen Heerscharen von Besuchern aus der ganzen Welt, und in der Stadt führt eine lebendige Gemeinschaft von Dichtern und Künstlern Nerudas Erbe fort. In Isla Negra gibt's auch stille Strände für Spaziergänge, und auf Wanderer wartet eine malerische Schlucht, die **Quebrada de Cordova**.

Die spektakuläre Lage auf einer windgepeitschten Landspitze veranschaulicht, warum die **Casa de Isla Negra** (Pablo Neruda's House; ☎035-461-284; www.fundacionneruda.org; Poeta Neruda s/n; Erw./Kind 7000/2500 Ch$; ⏲März–Dez. Di–So 10–18 Uhr, Jan. & Feb. tgl. 10–19 Uhr) Pablo Nerudas Lieblingshaus war. Der zu Wohlstand gekommene Dichter hatte es in den 1950er-Jahren errichten lassen. Ein paar Tage nach dem Militärputsch 1973 wurde es gestürmt, Neruda lag zu dieser Zeit mit einem Krebsleiden im Sterben.

Die übereifrige Kommerzialisierung wirkt störend – das Haus ist von zahlreichen Souvenirständen und Themencafés umringt. Doch die Audioguide-Touren ermöglichen es nun, länger bei der außergewöhnlichen Sammlung von Muscheln, Buddelschiffen, nautischen Instrumenten, Buntglas, Kunst und Büchern zu verweilen. Das schier endlos große Haus (Neruda erweiterte es ständig) und seine Einrichtung sind überaus beeindruckend. Auf der Terrasse liegen mit Blick aufs Meer die Gräber Nerudas und seiner dritten Frau Matilde.

Im nachhaltig ausgerichteten Hostel **La Conexion del Poeta** (☎mobil 9-9409-7786; www.laconexiondelpoeta.com; Los Aromos 341; EZ/DZ/3BZ 23 000/33 000/40 000; 📶) 🍃 hat Besitzerin Sandra ein kleines Paradies auf Erden errichtet: Sonntags finden kostenlose Yogastunden statt, es gibt eine Bibliothek mit inspirierenden Büchern, hausgemachte Kräutertees und ein üppiges Frühstück. Hinter dem Hotel liegen ein entspannender Kräutergarten und zwei Studios für Massagen, Reiki, Reflexzonenmassagen und andere Behandlungen. Die Zimmer oben haben teilweise Meerblick.

Das Haus liegt eine bequeme Halbtagestour von Valparaíso entfernt. **Pullman Bus Lago Peñuelas** (☎032-222-4025) bietet vom Busbahnhof in Valparaíso stündlich Busse hierher an (3200 Ch$, 1½ Std.). **Pullman Bus Costa Central** (☎032-246-9398; www.pullmancosta.cl) startet direkt vom Terminal de Buses Alameda in Santiago nach Isla Negra (4000–6000 Ch$, 1½ Std., stündl.).

Parque Nacional la Campana

In diesem **Nationalpark** (☎33-244-1342; www.conaf.cl/parques/parque-nacional-la-campana; Erw./Kind 4000/2000 Ch$; ⏲Sa–Do 9–17, Fr bis 16.30 Uhr) ragen zwei der höchsten Berge der Küste auf, der **Cerro El Roble** (2200 m) und der **Cerro La Campana** (1890 m), den Charles Darwin 1834 bestieg. Seither ist die Zahl der Besucher zwar ständig gestiegen, aber der Park wirkt trotz seiner Nähe zu Santiago noch relativ verlassen. Der Park ist in drei Sektoren unterteilt: Die CONAF-Hauptverwaltung befindet sich in **Granizo** nahe Olmué. Ranger sind auch am nahegelegenen Eingang des **Cajón Grande** und in **Ocoa** im Norden des Parks anzutreffen.

Die Vegetation in einem Großteil des 80 km² großen Schutzgebiets ähnelt dem trockenen, zerklüfteten Buschland der südkalifornischen Berge. Der Park schützt rund 100 Tier- und mehrere endemische Pflanzenarten. Außerdem bietet er großartige Wandermöglichkeiten: Frühling ist die schönste Zeit dafür. Asphaltierte Zugangsstraßen führen zu den beiden Eingängen. Im Park selbst gibt's keine Straßen.

Aktivitäten

Sendero Andinista WANDERN

Viele Besucher wollen es Darwin nachmachen und den Cerro La Campana besteigen: An klaren Tagen bietet dieser einen spektakulären Blick vom Pazifik bis zum Andengipfel Aconcagua. Vom Eingang in Granizo (373 m) steigt der Wanderpfad Sendero Andinista auf einer Länge von nur 7 km ganze 1455 m an.

Zum Glück liegt der Weg meistens im Schatten. Kurz vor dem letzten, schwindelerregenden Stück steht eine Granitmauer mit einer Plakette zum Gedenken an Darwins Besuch. Für den Aufstieg sollte man vier Stunden, für den Abstieg drei Stunden einplanen und früh starten!

Sendero Los Peumos WANDERN

Der 5,5 km lange Sendero Los Peumos verbindet den Eingang in Granizo mit dem Sendero Amasijo, der sich weitere 7 km durch eine von Palmen übersäte Schlucht nach Ocoa zieht.

Die komplette einfache Strecke nimmt etwa fünf Stunden in Anspruch. Der südliche Teil des Sendero Amasijo führt steil bergab in den Cajón Grande, eine Schlucht mit sommergrünen Scheinbuchenwäldern.

Sendero La Cascada WANDERN

Von Ocoa windet sich der 6 km lange Sendero La Cascada zum Salto de la Cortadera, einem hübschen 30 m hohen Wasserfall, der während der Frühjahrsschmelze am meisten beeindruckt.

Schlafen

Die CONAF betreibt in der Nähe der Eingänge Granizo und Cajón Grande zwei einfache **Campingplätze** (6000 Ch$) für 23 Zelte, die über Toiletten und Kaltwasserduschen verfügen. Wildes Zelten ist nicht erlaubt. Bei großer Trockenheit dürfen hier nur einige wenige Camper übernachten, so soll die Brandgefahr verringert werden.

An- & Weiterreise

Mit dem Auto ist der Nationalpark von Santiago (160 km) und Viña del Mar/Valparaíso (60 km) gut zu erreichen. Direkt zu den drei Eingängen fahren keine öffentlichen Verkehrsmittel, doch Busse von Pullman Bus verkehren regelmäßig zwischen Santiago und Olmué. Busse von **Metro Valparaiso** (S. 105) fahren ebenfalls nach Olmué, von dort führt eine kurze Taxifahrt zu den Eingängen Granizo und Cajón Grand.

Rund um Valparaíso & Viña del Mar

ACONCAGUA-TAL

Wer von Mendoza aus über den Landweg nach Chile einreist, taucht als Erstes in die fruchtbare Landschaft des Gran Valle de Aconcagua ein. Bewässert wird es vom Río Aconcagua, der vom höchsten Berg Amerikas, dem Cerro Aconcagua (6962 m), gleich jenseits der argentinischen Grenze westwärts fließt. Die malerische Schnellstraße CH-60 verläuft durch das ganze Tal und schlängelt sich ostwärts weiter über die Anden bis nach Mendoza.

Los Andes

☎34 / 61 000 EW.

Die staubige Agrarstadt ist ein praktischer Zwischenstopp auf dem Weg zum Portillo-Skigebiet oder auf der Reise nach Argentinien. Abgesehen vom großartigen Ausblick auf die umliegenden Hügel und ein paar ruhigen Museen hat Los Andes jedoch nicht viel zu bieten. Im Hotel kann man sich nach Wanderrouten und Weingütern, die Verkostungen anbieten, erkundigen. Wahrscheinlich erfährt man dabei sogar, dass die Nobelpreis-Gewinnerin Gabriela Mistral einst in Los Andes an einer Schule unterrichtet hat. Eine weitere bedeutende chilenische Frau, die Nonne Santa Teresa de los Andes, hat in der Stadt ihre Wunder vollbracht.

Sehenswertes

Museo Antiguo Monasterio del Espíritu Santo MUSEUM

(☎34-242-1765; Av Santa Teresa 389; Erw./Kind 1000/500 Ch$; ⏲Di–Fr 9.30 –13 & 15–18, Sa & So 10–18 Uhr) Der Preis für die unfreiwillig skurrilsten Exponate in Zentralchile geht an dieses Museum. Schaufensterpuppen in Nonnenkleidern stellen Szenen aus dem Leben der hl. Teresa nach: Die Nonne legte in diesem ehemaligen Konvent ihr Gelübde ab und starb bereits mit 19 Jahren an Typhus.

Geführte Touren

Góndola Carril TOURISTENZUG
(mobil 9-9319-3454; www.efe.cl/empresa/servicios/trenes-turisticos/gondola.html; Av Argentina 51; Tickets 35 000 Ch$) Dieser Touristenzug fährt von März bis November einmal im Monat vom FEPASA-Bahnhof Los Andes ab und rattert mit einer altmodischen Passagierlokomotive entlang der alten Trans-Anden-Route das Tal hinauf nach Río Blanco, wo er für eine Mittagspause anhält. Um 18.30 Uhr kommt der Zug wieder in Los Andes an. Am besten checkt man online, ob gerade ein Trip ansteht.

Schlafen & Essen

Hotel Genova PENSION $
(http://hotelgenova.cl; Las Heras 523; EZ/DZ/3BZ 25 000/33 000/39 000 Ch$; P) Hinter der unübersehbaren senfgelben Fassade zwei Blocks südwestlich von der Plaza de Armas verbirgt sich die beste Budgetunterkunft der Stadt. Regionale Textilien und Kunstwerke schmücken die kleinen Zimmer, und der kleine Pool ist an heißen Sommertagen ein wahrer Segen.

Nanko's Delicias Del Mundo INTERNATIONAL $
(mobil 9-9611-3681; www.facebook.com/nankosdelicias; Gral Freire 353; Hauptgerichte 1500–6000 Ch$; Mo–Fr 12–15.30 & 19–22, Sa 19–24 Uhr;) Dieses kleine Restaurant hat eine breit gefächerte Speisekarte, auf der neben Pizzas und Burger auch venezolanische *arepas* stehen. Das Essen ist preiswert und schmeckt gut. Dazu der freundliche Service, die gute Musik und die durstlöschenden Fruchtsäfte – kein Wunder, dass das Nanko's bei Travellern so beliebt ist.

La Table de France FRANZÖSISCH $$$
(mobil 9-7216-1656; http://latabledefrance.cl; Camino Internacional, Km 3, El Sauce; Hauptgerichte 9000–16 000 Ch$; Di–Sa 13–16 & 20.30–23, So 12.30–18 Uhr;) Zwischen den Anden und der weitläufigen Terrasse des von Franzosen betriebenen Restaurants auf einem Hügel (3 km außerhalb des Orts) erstreckt sich eine sanft gewellte Landschaft. Ente, Kaninchen und Wildschwein befriedigen alle Gäste mit Hunger auf Fleisch, während Gerichte wie Ziegenkäse-Lasagne auch die Vegetarier nicht zu kurz kommen lassen.

Vom Stadtzentrum gelangt man in einer kurzen zehnminütige Fahrt über die Avenida Esmeralda Richtung Osten zur General del Canto.

Orientierung

Die Straße zur argentinischen Grenze (CH-60, Carretera Internacional) verläuft durch den Norden von Los Andes, wo sie Avenida Argentina heißt. Nördlich davon liegt die Bushaltestelle, acht Straßenzüge vom Ortszentrum entfernt. An der Nordseite der Plaza de Armas führt die Hauptgeschäftsstraße Esmeralda entlang; hier finden Traveller fast alles, was sie brauchen.

An- & Weiterreise

Los Andes ist der letzte (oder erste) chilenische Ort auf der Strecke zwischen Santiago und Mendoza in Argentinien. Busse verkehren über den **Terminal de Buses Los Andes** (Rodoviario Internacional; Av Carlos Díaz 111), der acht Straßen nordwestlich der Plaza de Armas an der nördlichen Verlängerung der Avenida Santa Teresa (Avenida Carlos Díaz genannt) liegt.

Pullman Bus (www.pullman.cl; Av Carlos Díaz 111) hat regelmäßige Verbindungen zum Busbahnhof San Borja in Santiago (2500 Ch$, 1½ Std., stündl.). Direktbusse von **El Rápido** (www.elrapidoint.com.ar; Av Carlos Díaz 111) fahren nach Mendoza (ab 22 000 Ch$, 10.15 & 23.15 Uhr, 6 Std.) und Buenos Aires (ab 50 000 Ch$, 10 Uhr, 18–20 Std.).

Portillo

Portillo (2-2263-0606; www.skiportillo.com; Tagesskipass Erw./Kind 44 000/26 000 Ch$; Skilifte 9–17 Uhr) am spektakulären Bergsee Laguna del Inca bei der argentinischen Grenze ist einer der beliebtesten Skiorte Chiles. Im Sommer kann man hier nicht viel machen außer zur anderen Seite des Sees zu wandern (5 km), und außerhalb der Skisaison ist das Resort meist geschlossen. Doch mit dem Schnee kommt auch der Spaß. Nicht nur Freizeitsportler lieben die steilen Hänge: Die Nationalmannschaften der USA, Österreichs und Italiens absolvieren hier ihr Sommertraining. Zudem wurde hier erstmals der Geschwindigkeitsrekord von 200 km/h gebrochen. Ein Teil des Geländes eignet sich für Anfänger, aber vor allem eingefleischte Skijunkies blühen auf. Die 20 Pisten (die längste ist 3,2 km lang) liegen zwischen 2590 und 3310 m. Außer dem Resort gibt's hier keine weiteren Einrichtungen oder Geschäfte.

Schlafen

Unterkünfte in Portillo werden meistens für sieben oder seltener für drei Tage als Pauschalpakete vermietet. (Wer 70 km weiter westlich in Los Andes übernachtet, kommt viel billiger weg.) Egal, wo man übernachtet, man darf immer den Fitness- sowie den Yogaraum, das Spielezimmer, das kleine Kino und den Babysitterservice kostenlos nutzen. Läden, ein Internetcafé, eine Bar und eine Disco sind ebenfalls vorhanden. Das spektakuläre beheizte Freibad ist jedoch die mit Abstand herausragendste Annehmlichkeit.

Inca Lodge LODGE **$**
(2-2263-0606; www.skiportillo.com; Zi. inkl. VP & Skipass 1365 US$ pro Pers./Woche;) Die Inca Lodge ist recht düster und veraltet, hier fühlen sich junge Ski-Enthusiasten wohl. Wer viel Geld sparen will, übernachtet im Schlafsaal, der über vier Betten verfügt.

Octagon Lodge LODGE **$$**
(2-2236-0606; www.skiportillo.com; Zi. inkl. VP & Skipass 2125 US$ pro Pers./Woche;) Die etwas beengten Schlafsäle in dieser achteckigen Lodge haben nur vier Betten und alle ein eigenes Bad. Die Lodge ist schon eine Klasse besser als die nahegelegene Inca Lodge und die Gäste sind ein wenig älter.

Hotel Portillo HOTEL **$$$**
(2-2263-0606; www.skiportillo.com; Zi. inkl. VP & Skipass 4400–6475 US$ pro Pers./Woche;) Portillos luxuriöseste Unterkunft ist das Hotel Portillo, das altehrwürdige Eleganz verströmt. Die kleinen Doppelzimmer genießen einen Blick auf das Tal oder den See. Im Sommer (Okt.–Mai) sind das Hotel und die dazugehörigen Einrichtungen geschlossen – nur das Restaurant bleibt geöffnet.

Chalets HÜTTEN **$$$**
(2-2263-0606; www.skiportillo.com; 4BZ/FZ inkl. VP & Skipass 8700/14 000 US$ pro Pers./Woche;) Die einzige im Sommer geöffnete Unterkunft des Orts hat Chalets für vier bis acht Personen im Stil der 70er-Jahre, die an Schiffskabinen erinnern. Tolle Aussicht.

An- & Weiterreise

Je nach Straßenzustand dauert die Fahrt von Santiago nach Portillo rund zwei bis drei Stunden.

Portillo Tours & Travel (2-2263-0606; ptours@skiportillo.com) bietet mittwochs und samstags Shuttlebusse (einfache Fahrt 70 US$). Für einen etwas höheren Preis arrangiert es einen Shuttle an den übrigen Wochentagen.

Eine Alternative sind private Skitransfers, die mittwochs und samstags Shuttlebusse von Santiago zu den Skipisten bieten. Wir haben mit **Ski Total** (2-2246-0156; www.skitotal.cl; Av Apoquindo 4900, Locales 37-46, Las Condes, Santiago; hin & zurück 27 000 Ch$) gute Erfahrungen gemacht. Hier kann man auch die nötige Ausrüstung leihen, was später in Portillo Zeit spart.

DER BERG ACONCAGUA

Wer möglichst dicht an den höchsten Gipfel Südamerikas herankommen will, aber nicht viel Zeit hat, wendet sich an die in Santiago ansässige Firma Andes Wind (mobil 9-9710-7959; www.andeswind.cl; Tagestour 75 000 Ch$), die Tagestouren in die Nähe des Gipfels anbietet. Auf dem Rückweg macht man Halt in Portillo, bevor man gegen 19.30 Uhr wieder zurück in der Hauptstadt ist.

Die Busse von **Buses Tas Choapa** (www.taschoapa.cl) zwischen Santiago und Mendoza können Fahrgäste an der Fernstraße gegenüber von Portillo (fünf Gehminuten vom Ort) absetzen. Busse nach Los Andes, Santiago oder Mendoza halten hier, wenn sie freie Plätze haben.

SÜDLICHES BINNENLAND

Mit seinem mediterranen Klima und den Plantagen von Äpfeln, Birnen, Aprikosen und Kiwis sowie den Weingärten gilt das Valle Central südlich von Santiago zwischen den Anden und den Küstenkordilleren sozusagen als Obstkorb des Landes: Hier wird der größte Teil des chilenischen Weins produziert. Die Anden machen in dieser Gegend einen besonders spektakulären Eindruck: Scheinbuchenwälder bedecken ihre Hänge, und breite Flüsse rauschen ins Tal hinab. Die Küste wartet mit einem atemberaubenden Ausblick, endlosen Stränden und relaxten Surferorten auf.

Geschichte

Nach 7000 einigermaßen ungestörten Jahren wurden die Mapuche-Stämme Zentralchiles in recht kurzer Folge gleich zweimal überfallen – erst von den Inka und dann von den Spaniern. Erdbeben und ständige Belagerungen der Mapuche ließen die frühen spanischen Kolonialstädte fast ebenso schnell zusammenbrechen, wie sie gegründet wurden. Schließlich zogen sich die Mapuche südlich des Río Biobío zurück; das koloniale Zentralchile erlebte eine Blütezeit und wurde zum Dreh- und Angelpunkt im Kampf um die Unabhängigkeit. Dem politischen Wandel folgte das wirtschaftliche Wachstum. Gewaltige Bewässerungsprojekte verwandelten die Täler des Zentrums in fruchtbares Ackerland, bedeutende Bodenschätze wurden entdeckt und ausgebeutet: Kohle in der Nähe von Concepción, Kupfer in Rancagua. Während der Diktatur litt die Region unter extremer Unterdrückung, seit der Rückkehr zur Demokratie ist sie jedoch zum Schauplatz lautstarker Streiks von Studenten und Arbeitern geworden.

Das Erdbeben im Februar 2010 mit einer Stärke von 8,8 auf der Richterskala sorgte vor allem in dieser Region für verheerende Schäden. Nicht nur unzählige Häuser und Büros in Curicó, Concepción sowie Chillán fielen ihm zum Opfer, auch historische Wahrzeichen wie das Villa Cultural Huilquilemu in Talca wurden so schlimm beschädigt, dass sie vielleicht nie wieder eröffnen. Andere historische Gebäude haben vielleicht ein paar Risse, die meisten Geschäfte und Einrichtungen haben aber wieder geöffnet.

Anreise & Unterwegs vor Ort

Die komfortable und gut zu erreichende Bahnstrecke **TrenCentral** (S. 509) verbindet Santiago mit Chillán sowie sämtlichen größeren Orten und Städten. Mit den zahlreichen Buslinien in der Region reist man allerdings um einiges günstiger, darüber hinaus sind die Abfahrten regelmäßiger.

Aus praktischer Sicht ist ein Mietwagen ein Muss, wenn man die Weingüter und abgelegenen Nationalparks besuchen möchte. Manche Ziele werden von öffentlichen Verkehrsmitteln angesteuert, aber selten direkt. Reisende sollten sich darauf gefasst machen, von der Stelle, wo der Bus hält, noch ein paar Kilometer laufen zu müssen. Außerhalb der Städte kann man auch Glück beim Trampen haben.

Colchagua-Tal

Diese sonnenverwöhnte Region voller Weinhänge und Obstgärten ist rundum von Bergen gesäumt und produziert die besten Rotweine Chiles. Ihren Anfang nahm die Weinherstellung im Colchagua-Tal kurz nach der Eroberung Mitte des 16. Jhs., als jesuitische Missionare hier die ersten Weinreben pflanzten. Der Bergbau-Boom im späten 19. Jh. brachte der Region Wohlstand und edle Trauben französischer Herkunft, darunter die Rotweinsorte Carménère, die hier in den 1990er-Jahren wiederentdeckt wurde, nachdem sie in Europa verschwunden war. Sie ist heute Chiles berühmtester Wein.

Die Stadt Santa Cruz verfügt über einige gute Hotels und eine hübsche Plaza; sie dient als zentraler Verkehrsknotenpunkt. Aber der wahre *encanto* hier ist die landschaftliche Umgebung, in der man exzentrische Winzer treffen, viel über Wein lernen und das Flair dieser idyllischen Gegend erleben kann.

Aktivitäten

★ Torreón de Paredes — WEIN

(☎ mobil 9-9225-3991; www.torreon.cl; Las Nieves s/n, Rengo; Weinverkostung ab 10 000 Ch$, Führungen ab 18 000 Ch$; ⌚ Mo–Sa 9.30–17.30 Uhr, Führungen nach Anmeldung) Das herrliche Weingut ist nach dem 300 Jahre alten Lehmziegelturm in seiner Mitte benannt, der nach dem Erdbeben 2010 wiederaufgebaut wurde. Vom Weingut Casa Silva sind es mit dem Auto nur 15 Minuten hierher. Die eleganten Weine werden fast alle für den Export produziert. Der Weinbauer nimmt an den Verkostungen oft persönlich teil, um sein Wissen und seine Gedanken zu teilen.

Viña Casa Silva — WEIN

(☎ 72-291-3117; www.casasilva.cl; Hijuela Norte s/n, San Fernando; Weinverkostung je Glas 1500–6000 Ch$, Führungen ab 16 000 Ch$; ⌚ 10–18.30 Uhr) Die Führungen der Casa Silva, eines der ältesten Weingüter Chiles, geben einen guten Einblick in den Weinanbau. Außerdem gibt's ein ausgezeichnetes Restaurant an einem Polofeld. Hier können Besucher seltene chilenische Weine wie Viognier und Sauvignon Gris probieren.

★ MontGras — WEIN

(☎ 72-282-2845; www.montgras.cl; Camino Isla de Yáquil s/n, Palmilla; Weinverkostung ab 9000 Ch$, Führungen ab 15 000 Ch$; ⌚ Mo–Fr 9–17.30, Sa bis 17 Uhr, Nov.–April auch So 9–17 Uhr; 👪) Neben Weinverkostungen und Kursen für häusliche Weinproduktion (tgl. 12.30 Uhr 33 000 Ch$) bietet dieses sehr freundliche preisgekrönte Weingut Ausritte, Wanderungen und Mountainbiketouren. Von Februar bis Mai finden auch kinderfreundliche Erntetouren statt, bei denen die Teilnehmer ihre eigenen Trauben pflücken und stampfen.

Viu Manent — WEIN

(☎ 2-2379-0020; www.viumanent.cl; Carretera del Vino, Km 37; Weinverkostung ab 13 000 Ch$, Führungen 16 000 Ch$; ⌚ Führungen 10.30, 12, 15 & 16.30 Uhr) Dieses Anwesen ist bereits in der dritten Generation im Besitz derselben Familie. Führungen beinhalten eine Kutschfahrt durch 80 Jahre alte Reben und einen lehrreichen Besuch des Guts in der Nähe von Santa Cruz. Überraschenderweise stellt das Weingut auch Malbec (besser bekannt als argentinischer Wein) her. Die Weinverkostungen (um 11 & 14 Uhr) sind mit sieben Weinproben großzügiger als anderswo, außerdem gibt's auf dem Weingut ein nettes Restaurant und ein günstigeres Café.

Estampa WEIN
(☎2-2202-7000; www.estampa.com; Ruta 90, Km 45, Palmilla; Weinverkostung je Glas 1500–3500 Ch$, Führungen ab 15 000 Ch$; ⏱Mo–Sa 10.30–17.30 Uhr, Nov.–April auch Do–Sa 19–23 Uhr) Um in diesem stilvollen Weingut, das sich auf Verschnitte spezialisiert hat, an einer sehr praktisch ausgerichteten Führung teilzunehmen, kann man sich vorher anmelden oder einfach aufkreuzen. An Sommerabenden lohnt ein zweiter Besuch, um auf der überdachten Terrasse bei Sonnenuntergang Drinks und Tapas zu genießen.

Lugarejo WEIN
(☎mobil 9-7135-9285; www.lugarejo.cl; Camino San Gregorio s/n, Nancagua; Führungen ab 20 000 Ch$; ⏱nach Vereinbarung; 👪) In dem winzigen Weingut auf halber Strecke zwischen Santa Cruz und San Fernando können Besucher die Kunst der Weinherstellung im Kleinformat erkunden. Auf Führungen in englischer Sprache erfährt man sehr detailliert, wie eine Familie ohne den geringsten Hintergrund im Weinanbau ihren Garten in ein preisgekröntes Weingut verwandelte.

Viña Santa Cruz WEIN
(☎72-235-4920; www.vinasantacruz.cl; Lolol; Führungen Erw./Kind 19 000/9000 Ch$; ⏱10–18 Uhr; 👪) Dieses 900 ha große Weingut ist speziell auf Touristen ausgerichtet und einiges der wenigen in der Gegend, die sich auch für Kinder eignen. Bei der Führung inklusive drei Weinproben geht's mit einer Gondelbahn hinauf zu einer kleinen Sternwarte (von Donnerstag bis Samstag sind auf Anfrage auch Sternentouren möglich, 16 000 Ch$) und zu einigen nachgebauten indigenen Dörfern.

Viña Las Niñas WEIN
(☎72-297-8060; www.vinalasninas.com; Apalta Casilla 94, Parcela 11; Weinverkostung 7000 Ch$, Führungen 12 000 Ch$; ⏱Di–Sa 10–17-30 Uhr) Das Bioweingut, das ausschließlich von Frauen geleitet wird, hat neben seiner Winzerei aus Kiefernholz ein neues Besucherzentrum, das Weinverkostungen und Führungen anbietet. Die Mitarbeiter können auch ein Picknick vorbereiten (nach Anmeldung) und Vorschläge für Wanderungen in den umliegenden Hügeln machen.

Lapostolle WEIN
(☎72-295-7350; www.lapostolle.com; Apalta Valley; Führungen 20 000 Ch$, Mittagsmenü zum Festpreis von 40 000–60000 Ch$, Zi. 1500 US$; ⏱10.30–17-30 Uhr) 🍃 Dieses berühmte Weingut ist in einem sechsstöckigen Komplex auf einem Hügel über dem Apalta-Tal untergebracht und veranstaltet nette Degustationstouren. Die Rotweine sind exzellent, und die Führung beinhaltet eine Verkostung der Hausmarke Clos de Apalta. Man sollte sich genug Zeit nehmen, um hier ein hervorragendes Mittagessen zu genießen. In der Nebensaison veranstaltet es manchmal reine Weinverkostungen.

Montes WEIN
(☎72-260-5195; www.monteswines.com; Apalta Valley; Führung ab 14 000 Ch$; ⏱9–18 Uhr) Umweltbewusste Hightech-Weinherstellung und Weinberge auf malerischen Hügeln. Die Führungen beginnen mit einem Besuch der Weinhänge und enden mit der Verkostung von vier Weinen. Dieses Weingut richtet sich stärker an Touristengruppen als an unangemeldete Einzelbesucher.

ℹ An- & Weiterreise

Die Weingüter in dieser Gegend besucht man am besten von Santiago aus mit einem Mietwagen oder mit einer geführten Tour ab Santiago oder Santa Cruz. Auf keinen Fall Auto fahren, wenn man etwas getrunken hat, in puncto Alkohol am Steuer gilt eine Null-Toleranz-Politik!

Santa Cruz

☎72 / 34 915 EW.

Der Startpunkt für Reisen ins Weinland ist eine eher schläfrige Stadt mit hübschem Hauptplatz, tollem Privatmuseum, einigen guten Restaurants und natürlich einem Casino. Außer einem Spaziergang über die Plaza und einem Besuch des Museums kann man hier nicht viel unternehmen. Doch der Ort ist eine gute Basis, um die Umgebung zu erkunden und Picknicks oder Weinverkostungen zu genießen.

Sehenswertes & Aktivitäten

Museo de Colchagua MUSEUM
(☎72-821-050; www.museocolchagua.cl; Errázuriz 145; Erw./Kind 7000/3000 Ch$; ⏱10–19 Uhr) In diesem Museum wird die beeindruckende Privatsammlung des umstrittenen Unternehmers und Waffenhändlers Carlos Cardoen ausgestellt. Es ist das größte Privatmuseum des Landes. Zur Kollektion gehören präkolumbische menschenförmige Kerami-

ken aus ganz Lateinamerika, Waffen, religiöse Artefakte und Mapuche-Silber, zudem ist ein ganzer Raum der Cowboykleidung der *huasos* gewidmet.

Das Highlight für viele Chilenen ist die Ausstellung *El Gran Rescate* (Die Große Rettung), die Schlagzeilen machte. Sie zeigt Objekte, Fotos und Filme rund um die Rettung von 33 Minenarbeitern, die im Oktober 2010 in der Nähe von Copiapó 700 m unter der Erde festsaßen. Ebenso interessant wie das Museum ist die Geschichte seines Gründers Carlos Cardoen, von dem man sagt, dass er während des Regimes von Saddam Hussein Waffen an den Irak verkauft hat. Er spielte eine Hauptrolle bei der Entwicklung des Tourismus im Colchagua-Tal, indem er die Gründung von Museen und anderen Attraktionen rund um den Wein förderte.

Tren Sabores del Valle ZUGFAHRT

(☎600-585-5000; www.trencentral.cl/sabores-del-valle; Tickets 60 000–70 000 Ch$) Der Zug startet um 9.10 Uhr an Santiagos Estacion Central und macht sich auf eine achtstündige Reise zum Colchagua-Tal und zurück. Unterwegs hält er am Bahnhof San Fernando. Dort steigt man aus und fährt mit dem Bus in eine beliebte Weinregion, um edle Tropfen zu kosten.

Der touristenorientierte Trip beinhaltet Verpflegung und zwei Weinverkostungen an Bord des Zuges. Er fährt das ganze Jahr über jeden Samstag, die aktuellen Fahrpläne stehen auf der Website.

Geführte Touren

Red Del Vino GEFÜHRTE TOUREN

(☎72-282-3422; www.reddelvino.com; Diego Portales 957; geführte Touren ab 15 000 Ch$; ⊙Mo–Sa 9–17 Uhr) Ein Zusammenschluss von Kleinproduzenten, der interessante Touren zu den kleineren Weingütern im Tal anbietet.

Feste & Events

Fiesta de la Vendimia de Colchagua WEIN

(www.vendimiadecolchagua.cl; Plaza de Armas; ⊙März) Mit dieser quirligen Fiesta feiert Santa Cruz die Weinlese. Buden lokaler Weingüter säumen die Plaza de Armas, eine Weinkönigin wird gekrönt, und es gibt überall Gesang und Volkstanz.

Schlafen

★**Hotel Casa Pando** B&B $$

(☎72-282-1734; www.casapando.cl; Cabello 421; Zi. 75 000 Ch$; P 📶 ❄) Das superfreundliche B&B sechs Blocks nördlich der Plaza de Armas wird von den Gourmets und Weinliebhabern José María und Mariela geführt. Das umgebaute Haus steht mitten in einem schönen Garten und verfügt über neun große Zimmer (die ein wenig heller sein könnten, aber dennoch sehr komfortabel sind). Es gibt einen großen Pool, und die Besitzer wissen alles, was wichtig ist, um das Weinland angemessen zu erkunden.

Casa Silva HISTORISCHES HOTEL $$$

(☎72-271-7491; www.casasilva.cl; Hijuela Norte s/n, San Fernando; DZ inkl. Frühstück & Weinführung 250 US$; 📶 ❄) Ahornbäume beschatten den gepflasterten Hof mit Brunnen im Herzen des 115 Jahre alten Hauses am Rand eines Weinguts nahe der Ruta 5 (Km 132). Die üppig ausgestatteten Zimmer verströmen mit ihren gepolsterten Wandverkleidungen, den alten Drucken, antiken Schränken und Bettgestellen (viele davon Himmelbetten) europäischen Charme.

Hacienda Histórica Marchigüe HISTORISCHES HOTEL $$$

(☎mobil 9-9307-4183; http://haciendahistorica.com; Los Maitenes s/n, Marchigüe; Zi. inkl. Frühstück 110 000 Ch$; P 📶 ❄) Das weitläufige Hotel wurde 1736 erbaut und von den Jesuiten einst als Verwaltungsgebäude genutzt. Es ist recht abgelegen, bietet aber alles, was man braucht: einen Pool, einen Weinkeller, Mountainbikes, Pferde und viele Möglichkeiten zum Erkunden des 50 ha großen *fundo* (Anwesens).

Hotel Plaza Santa Cruz RESORT $$$

(☎72-220-9600; www.hotelsantacruzplaza.cl; Plaza de Armas 286; EZ/DZ inkl. Frühstück 350/400 US$; P 📶 ❄) Durch den Torbogen abseits des Hauptplatzes betritt man ein auffälliges neues Resort im spanischen Kolonialstil. Über üppig angelegte Grünflächen kommt man zu einem lagunenartigen Pool, zu einer eleganten *vinoteca* (Weinkeller), zwei tollen, auch für Nichtgäste zugänglichen Gourmetrestaurants, einem Wellnessbereich und natürlich dem funkelnden Casino Colchagua.

Essen

179 Pizzeria Bar ITALIENISCH $

(☎72-248-6266; www.bar179.cl; Besoain 179; Hauptgerichte 6000 Ch$, Pizzas zum Teilen 9000 Ch$; ⊙Mo–Sa 11–3 Uhr) Köstliche Pizzas und Pasta sowie Sandwiches und exzellenter Wein locken zur Mittagszeit zahlreiche Besucher in die stilvolle Bar oberhalb der Plaza de Armas. Abends erstrahlt der Laden in blauem Licht, DJs geben sich die Ehre, und die Gäste trinken kreative, starke Cocktails.

Vino Bello ITALIENISCH **$$**
(www.ristorantevinobello.com; Barreales s/n; Hauptgerichte 7000–11 000 Ch$; ⏲12.30–15.30 & 19.30–22.30 Uhr; 🅿📶) Obwohl das herzliche italienische Restaurant nur einen Kilometer außerhalb der Ortschaft liegt, fühlt man sich wie mitten im Weinbaugebiet – erst recht, wenn man bei Sonnenuntergang auf der traumhaften Terrasse ein Gläschen Carménère genießt oder im Kerzenschein hausgemachte Gnocchi oder Pizza mit dünnem Boden verspeist.

Wer hier ein Essen genießen möchte, geht von der Plaza de Armas die Nicolas Palacios hinauf, vorbei an den Weinbergen von Laura Hartwig, bis man linker Hand den Eingang zum Vino Bello erreicht.

Viña La Posada INTERNATIONAL **$$**
(Rafael Casanova 572; Hauptgerichte 7000–11 000 Ch$; ⏲Öffnungszeiten variieren je nach Restaurant 📶) Etwa zehn Blocks westlich der Plaza de Armas stößt man auf dieses schöne Weingut im Kolonialstil, das über mehrere internationale Restaurants verfügt. **La Casita de Barreales** serviert köstliche peruanische Küche, während das **Tatos** peruanische Speisen mit einer modernen Note anbietet. In der **La Posada del Asturiano** kann man in lebhafter Atmosphäre Tapas genießen.

Shoppen

Vinonauta WEIN
(☎mobil 9-9665-5314; www.vinonauta.cl; 21 de Mayo 287; Weinverkostung ab 13 000 Ch$; ⏲Mo–-Sa 11–21, So bis 15 Uhr) Das kleine Geschäft verkauft seltene Garagenweine und ausgezeichnete Weine von chilenischen Kleinproduzenten. Der Besitzer spricht Englisch und kann nach Vereinbarung thematische Verkostungen arrangieren; wenn man in den Laden kommt, ist aber immer eine Flasche offen. Jeden zweiten Samstag finden spezielle Weinbauern-Vorträge statt (nur auf Spanisch).

Eco Bazar KUNST & KUNSTHANDWERK
(www.facebook.com/ecobazarsantacruz; Rafael Casanova 572, Local A; ⏲Mo–Sa 11–20.30, So 12–16 Uhr) Hochwertige, aber bezahlbare Produkte von örtlichen Designern, darunter Keramik, Schmuck, Textilien, Spielzeug und Haushaltswaren.

Praktische Informationen

BancoEstado (Besoain 24; ⏲Mo–Fr 8–17, Sa 9–17 Uhr) Hat einen Geldautomaten und wechselt US-Dollars.

Postamt (☎800-267-736; Claudio Cancino 65; ⏲Mo–Fr 9–14 & 15–18, Sa 10–13 Uhr) Zentral gelegenes Postamt unweit der Plaza de Armas.

Ruta del Vino (☎72-282-3199; www.rutadelvino.cl; Plaza de Armas 298; ⏲9–17 Uhr) In dem Laden in Santa Cruz bekommt man einen Führer zu den Weingütern im Tal, Informationen über die Gegend, kann Touren buchen (ab 14 000 Ch$) und Wein kaufen.

An- & Weiterreise

Langstreckenbusse steuern den **Terminal de Buses Santa Cruz** (Rafael Casanova 478) an und weitere Linien fahren stündlich von Santa Cruz nach Pichilemu (3000 Ch$, 2 Std.), San Fernando (1500 Ch$, 45 Min.) und Santiago (5000 Ch$, 3 Std.).

Nach Lolol und Curicó (1000–1800 Ch$) verkehrt eine ganze Armada lokaler Minibusse. Sie starten zwischen 6.30 und 21 Uhr alle 20 Minuten am Parkplatz neben dem Hauptterminal.

Matanzas

☎72 / 590 EW.

In den letzten Jahren sind hippe Santiaguinos ins winzige Matanzas gezogen, um am langen, grausandigen Strand superstilvolle Hotels und Geschäfte zu eröffnen. Dann gesellten sich Windsurfer und andere begeisterte Abenteurer aus aller Welt dazu. Gemeinsam verwandelten sie das ruhige Örtchen, das von hellgrünen Hügeln gesäumt wird, in einen der angesagtesten Flecken an der Zentralküste.

Schlafen & Essen

Roca Cuadrada Hostel HOSTEL **$**
(☎mobil 9-7552-9414; www.rocacuadrada.cl; Carlos Ibañes del Campo s/n; B/DZ 17 000/55 000 Ch$) Das Hostel am Meer ist spartanisch, aber stilvoll und erfreut sich einer unschlagbaren Lage am Strand. In den Schlafsälen stehen nur vier Betten, es gibt eine Gemeinschaftsküche, Lagerraum für Sportausrüstung und eine Bar mit Meerblick, in der es am Wochenende sehr lebhaft zugeht. Das Surfzentrum auf dem Gelände bietet eineinhalbstündigen Unterricht an (Einzel-/Gruppenunterricht 25 000/20 000 Ch$).

★ **OMZ – Olas de Matanzas** HOTEL **$$$**
(☎mobil 9-9643-4809; www.omz.cl; Fundo San Luis de Lagunillas; Stellplatz für 4 Pers. 45 000 Ch$, Zi. 130 000 Ch$, Hütten 119 000–180 000 Ch$; 🅿📶) In diesem weitläufigen Komplex am Meer gibt's ein stilvolles Hotel aus Holz, noch stilvollere würfelartige Hütten und lu-

xuriöse Zeltstellplätze (mit eigenem Bad und überdachtem Picknickbereich). Und das ist noch nicht alles – hinzu kommen das Yogastudio, der Tennisplatz, das Spa, viele Whirlpools und ein Bikepark. Für alle Gäste mit Ausnahme der Camper sind die meisten Einrichtungen im Preis enthalten.

Das Surfzentrum des OMZ bietet Unterricht (Einzel-/Gruppenunterricht 25 000/ 20 000 Ch$) und verleiht tageweise Ausrüstung zum Windsurfen (50 000 Ch$), Surfen (20 000 Ch$) und Stehpaddeln (20 000 Ch$) sowie Mountainbikes (12 000 Ch$).

Hotel Surazo DESIGNHOTEL **$$$**
(☎ mobil 9-9600-0110; www.surazo.cl; Carlos Ibáñez del Campo s/n; B 25 000 Ch$, DZ 95 000–130 000 Ch$; 📶🏊) Das traumhafte Hightech-Designhotel steht auf Stelzen auf dem Strand, und viele Zimmer gehen direkt zum Meer raus. Zu den Einrichtungen des Hotels zählen ein kleiner Pool, eine Sauna, Whirlpools und Feuerplätze, außerdem gibt's einen komfortablen Schlafsaal für allein reisende Surfer.

Surazo FISCH & MEERESFRÜCHTE, PIZZA **$$**
(www.surazo.cl; Carlos Ibañes del Campo s/n; Hauptgerichte 11 000–13 000 Ch$, Pizzas zum Teilen 10 000 Ch$; ⏲13.30–22.30 Uhr; 📶) Zwischen den Glaswänden dieses Restaurants am Meer stehen zwei knorrige alte Bäume. Auf der häufig wechselnden Speisekarte finden sich kreative Pizzas und exquisite Fisch- und Meeresfrüchtegerichte. Das angeschlossene Hotel konkurriert mit dem OMZ um den Titel als stilvollstes der Stadt.

ℹ An- & Weiterreise

Täglich verkehren drei Busse **Buses Paravias** (☎ 2-2366-0400; www.paravias.com; 6500 Ch$) zwischen dem Terminal San Borja in Santiago und Matanzas. Die Fahrt dauert etwa drei Stunden.

Pichilemu

☎ 72 / 13 900 EW.

Pichilemu ist Chiles inoffizielle Surfhauptstadt. Die Wellenreiter trotzen dem eisigen Gewässer das ganze Jahr über, einfache Strandbesucher tummeln sich von Dezember bis März auf dem langen schwarzen Strand. Die Stadt selbst wird kaum einen Schönheitswettbewerb gewinnen, hat aber einen eigentümlichen Charme und viele gute Restaurants, Cafés und Hotels für ihre Besucher. Direkt außerhalb des Stadtzentrums sind die Straßen noch immer unbefestigt, was dem friedlichen Surferort ein ursprüngliches Flair verleiht. Weiter südlich erstrecken sich mehrere kleine Dörfer mit hervorragenden Surfmöglichkeiten, kleinen Unterkünften und jeder Menge guter Stimmung, die an die goldenen Tage des Surfens erinnert.

Sehenswertes & Aktivitäten

★ **Cahuil** DORF
Das kleine Dorf bietet einen tollen Ausblick auf den Ozean und ein paar Restaurants und Hütten. An der Brücke starten halbstündige Bootstouren zur Laguna de Cahuil (5000 Ch$ pro Boot für bis zu 5 Pers.); hier kann man auch Keramik aus der Region kaufen. Weiter landeinwärts verläuft die **Ruta de la Sal**, eine landschaftlich reizvolle Strecke vorbei an Salzfarmen und Wattgebieten mit vielen Wasservögeln.

Centro Cultural Augustín Ross KULTURZENTRUM
(☎ 72-297-6595; www.centroculturalagustinross.cl; Ross 495; ⏲9–21 Uhr) GRATIS Das dreistöckige Kulturzentrum befindet sich in einem hübschen Gebäude, das einst als Stadtcasino diente. Die Ausstellungen bieten eine willkommene Abwechslung vom lagerfeuerlastigen Strandleben.

Surfen

Der westlichste Teil Pichis ragt als **La Puntilla** ins Meer hinaus und ist die nächstgelegene Surfstelle. Hier gibt's lange und gemächliche Point Breaks. Im Nordosten erstreckt sich vor dem Stadtzentrum die windstille **Playa Principal** (Hauptstrand), im Süden hingegen befindet sich der längere und rauere Strand **Infiernillo**, der für seine gefährlichen Lefts, Fast Tows und sein schönes Strandgut berühmt ist. Die beste Surfstelle ist **Punta de Lobos** 6 km südlich von Pichi; hier findet man steile Lefts. Man kann das ganze Jahr über surfen, von September bis Mai sind die Wellen jedoch am besten. Man braucht definitiv einen Neoprenanzug. Das Pichilemu Surf Hostal verleiht Kiteboards, und Oceános veranstaltet Bootstouren zu abgelegenen Stränden (125 US$).

Escuela de Surf Manzana 54 SURFEN
(☎ mobil 9-9574-5984; www.manzana54.cl; Eugenio Díaz Lira 5; ganztägiger Verleih von Board & Ausrüstung 7000–8000 Ch$, zweistündiger Gruppenunterricht 10 000 Ch$) Eine verlässliche Surfschule am Strand La Puntilla, der gute Bedingungen für Anfänger bietet.

Océanos SURFEN

(☎ mobil 9-7706-0392; www.oceanoschile.com; Pasaje San Alfonso s/n; Surfunterricht 45 US$, Kulturtour 55 US$, 5-tägiger all-inclusive-Surfurlaub 750 US$) Océanos bietet von seinen Kunden empfohlenen Surf- und Stand-up-Paddling-Unterricht in englischer Sprache, Weintouren ins Colchagua-Tal. Kulturtouren nach Cáhuil und all-inclusive-Aufenthalte in seinem gemütlichen Surf House.

Kurse

Pichilemu Institute of Language Studies SPRACHE

(PILS; ☎ mobil 9-6526-3106; www.studyspanishchile.com; Anibal Pinto 21, Piso 3, Oficina 3-R; Privatunterricht 20 US$, Kurs mit 15 Wochenstunden 180 US$ pro Woche) In dieser Sprachschule, die auch Aufenthalte bei Gastfamilien organisiert, kann man eine Pause vom Surfen einlegen.

Schlafen

Surfarm HOSTEL $

(☎ mobil 9-9539-8693; www.surfarm.cl; 1 km südlich der Cahuil-Brücke, Cahuil; Stellplatz 7000 Ch$ pro Pers., B/DZ 10 000/25 000 Ch$; 📶) Wer wirklich einmal allem entfliehen will, kann zu diesem ehemaligen Camp für Arbeiter fahren, das der Jungunternehmer Nico zu einem Hotel mit Surflodge umgebaut hat. Die Wellen und Breaks hier sind super (Surfunterricht 15 000 Ch$). Auch Reiten (18 000 Ch$) ist möglich. Die Schlafsäle sind ziemlich rustikal, die Doppelzimmer hingegen etwas hübscher – sie verfügen über Pinienholzwände, feste Betten und Privatbäder.

Man muss sein eigenes Essen mitbringen. Um hierherzugelangen, ruft man am besten vorher an und lässt sich von Nico abholen.

Eco Camping La Caletilla CAMPING $

(☎ 72-284-1010; www.campingpichilemu.cl; Eugenio Suarez 905; Stellplatz 5000–8000 Ch$ pro Pers.; 📶) Auf diesem coolen Campingplatz 1 km südlich der Stadt stehen Warmwasserduschen, eine Open-Air-Küche und geschützte Stellplätze zur Verfügung. Die meisten Einrichtungen wurden aus recycelten Materialien erbaut.

Pichilemu Surf Hostal HOSTEL $

(☎ mobil 9-9270-9555; www.surfhostal.com; Eugenio Diaz Lira 167; B/EZ/DZ inkl. Frühstück 15 000/30 000/45 000 Ch$; 📶) Alle Zimmer in dem ungewöhnlichen Schindelhaus gegenüber dem Infiernillo-Strand haben mansardenartige Ausgucke mit schönem Blick aufs Meer. Toll sind auch die festen Matratzen, die helle Bettwäsche und die großen gerahmten Fotos von der Brandung vor der Tür. Der holländische Besitzer des Hostels und Surfer Marcel gibt gern fachmännischen Rat.

Nette Extras sind die kostenlosen Fahrräder und die Liegestühle am Strand, außerdem gibt's ein Restaurant mit Bar, das El Puente Holandés. Zur Zeit der Recherche war ein neues, luxuriöseres Haus im Bau.

Hotel Chile España HOTEL $

(☎ 72-284-1270; www.chileespana.cl; Av Ortúzar 255; EZ/DZ/3BZ inkl. Frühstück 25 000/35 000/50 000 Ch$; 📶) Einst ein beliebter Surfertreffpunkt, zieht das Budgethotel am Rand der Stadt inzwischen eher ältere Traveller an. Wer nicht unbedingt Party machen möchte, kann sich hier einquartieren. Das spanisch anmutende Gebäude mit einem grünen zentralen Hof, Holzläden und antiker Inneneinrichtung ist äußerst charmant, einige Zimmer sind aber etwas zellenartig.

Cabañas Waitara HÜTTEN $

(☎ 72-284-3026; www.waitara.cl; Costanera 1039; DZ/3BZ/4BZ 35 000/40 000/55 000 Ch$; 📶) Die Hütten liegen oberhalb des Hauptstrandes der Stadt und verfügen über Giebeldächer, sonnige Veranden, einfache Bäder und kleine Wohnzimmer mit Küchenzeilen. Sie eignen sich gut für Gruppen. In den unterschiedlich großen Hütten haben jeweils zwei bis elf Personen Platz. Der angeschlossene Club ist das Zentrum des städtischen Nachtlebens, am Wochenende kann es also laut werden.

Surf Lodge Punta De Lobos LODGE $$

(☎ mobil 9-8154-1106; www.surflodgepuntadelobos.com; Catrianca s/n; DZ/3BZ/4BZ ab 56 000/60 000/64 000 Ch$; 📶🏊) Das hippe Design und die vielen Spielzeuge für Erwachsene (z. B. Brettspiele, Hängematten und Schaukeln) dieses Komplexes im Wald verströmen das Flair jugendlicher Energie. Es hat seinen guten Grund, dass die Zimmer so klein sind: Die Gäste sollen sich in den Lounges, beim Lagerfeuer, an den beiden Pools, im Spa und im Jacuzzi lieber miteinander unterhalten.

Cabañas Guzmán Lyon RESORT $$

(☎ 72-284-1068; www.cabanasguzmanlyon.cl; San Antonio 48; DZ/3BZ/4BZ inkl. Frühstück 65 000/70 000/80 000 Ch$; 📶🏊) Auf einem Felsvorsprung gleich nördlich der Hauptkreuzung der Stadt besteht dieses weitläufige Resort aus einer Reihe von hellen Schindelhäusern. Der Blick von den privaten Terrassen der Bungalows aufs Meer und den See ist grandios.

La Loica HÜTTEN $$$
(mobil 9-7897-8190; www.loicachile.cl; Punta de Lobos s/n; DZ/4BZ 75 000/80 000 Ch$;) Diese Hütten an der Punta de Lobos haben Kiefernwände, tolle Panoramafenster mit Blick aufs Meer und Terrassen zum Entspannen. Sie eignen sich perfekt für Familien und Surfer. Alle Hütten haben Küchen, Holzöfen und moderne Annehmlichkeiten. Wir waren von Nummer 3 begeistert.

Essen

Pulpo PIZZA $
(72-284-1827; Ortúzar 275; Hauptgerichte 4000–8000 Ch$; Di–Sa 12–1, So 13–16.30, Mo 19.30–0.30 Uhr;) Zentrale Pizzeria mit hübscher Terrasse und hellem Innenraum. Sie serviert knusprige Steinofenpizzas, darunter auch vegetarische Optionen, z. B. mit Artischockenherzen und sonnengetrockneten Tomaten. Außerdem sind Sandwiches, Salate und *ceviches* im Angebot.

La Casa de las Empanadas EMPANADAS $
(Aníbal Pinto 268; Empanadas 1800–2500 Ch$; 11–23 Uhr) Unzählige Surfer sitzen vor der Casa de las Empanadas und schmausen aus braunen Papiertüten göttliche Empanadas. Absolut unschlagbar sind die Varianten mit Meeresfrüchten.

Restaurant Los Colchaguinos CHILENISCH $
(mobil 9-6307-6816; Aníbal Pinto 298; Hauptgerichte 5000–7000 Ch$; 11–19 Uhr, Jan. & Feb. 11–24 Uhr) Die üppige hausgemachte *paila marina* (Eintopf aus Meeresfrüchten) ist in diesem kleinen familiengeführten Restaurant der Renner.

El Puente Holandés FISCH & MEERESFRÜCHTE $$
(mobil 9-9270-0955; Eugenio Díaz Lira 167; Hauptgerichte 8000–10 000 Ch$; 13–16 & 19–23 Uhr) Von der Costanera führt eine hölzerne Bogenbrücke in die hohe Bar mit Restaurant am Infiernillo-Strand. Sie hat den gleichen Besitzer wie das Pichilemu Surf Hostal. Hier werden einfache Fisch- und Meeresfrüchtegerichte wie gegrillter Seebarsch lecker zubereitet. Auf der Terrasse schmecken das Bier und die Cocktails gleich noch besser.

Ausgehen & Nachtleben

In der Eugenio Diaz Lira an der Kreuzung mit der Valderrama findet man einige nette Bars. Der einzige Nachtclub, in dem momentan etwas los ist, befindet sich bei den Cabañas Waitara.

Cúrcuma SAFTBAR
(mobil 9-9509-0670; www.facebook.com/curcumapichilemu; Av Comercio 2241, Local 23; So–Do 11.30–17.30, Fr & Sa bis 21.30 Uhr;) Die Hipster-Saftbar im gut besuchten neuen Einkaufszentrum Altomar am südlichen Stadtrand serviert auch gesunden Brunch.

Shoppen

Tienda Marcelo Pino Sommelier WEIN
(72-284-2522; Ortúzar 255; So–Mi 10–21, Do–Sa bis 23 Uhr) Das Boutique-Weingeschäft ist zugleich eine Weinbar, in der es zu den edlen Tropfen Käse- und Fleischplatten gibt.

Praktische Informationen

BancoEstado (Ortúzar 681; Mo–Fr 9–14 Uhr, Geldautomat 24 Std.) Bankautomat und Geldwechsel (nur US-Dollars und Euros).

Oficina de Información Turística (www.pichilemu.cl; Av Angel Gaete 365, Municipalidad; 8–13 & 14–17 Uhr) Basisinformationen zu Unterkünften und Events gibt's in dieser Touristeninformation im Rathaus.

Postamt (Aníbal Pinto 45; Mo–Fr 9.30–17.30, Sa 9–12 Uhr)

An- & Weiterreise

Der **Terminal de Buses** (72-298-0504; Ecke Av Millaco & Los Alerces) liegt im südwestlichen Teil von Pichilemu. Die nächstgelegene Haltestelle am Ortszentrum befindet sich an der Ecke Santa María und Ortúzar. Vom Busbahnhof verkehren regelmäßig Busse von **Buses Nilahue** (72-284-2042; www.busesnilahue.cl; Ecke Av Millaco & Los Alerces) und **Pullman del Sur** (72-284-2425; www.pdelsur.cl; Ecke Av Millaco & Los Alerces) nach Santa Cruz (3000 Ch$, 2 Std.), San Fernando (5000 Ch$, 3½ Std.) und Santiago (7000 Ch$, 4 Std.). Tickets kann man am Busbahnhof kaufen. Für Busse oder Züge Richtung Süden muss man in San Fernando umsteigen. Wer nach Santiago reist, sollte nach einem Bus fragen, der über Melipilla fährt. Zwar ist die Überlandstrecke mehrere Kilometer lang holprig, aber dafür gelangt man mit dieser neueren, direkten Verbindung in weniger als vier Stunden nach Santiago.

Curicó

75 / 147 017 EW.

„Nette Plaza" ist so ziemlich alles, was die meisten Einheimischen über Curicó zu sagen haben. Stimmt: Etwa 60 hohe Palmen umgeben den Platz, während die Mitte von Zedern, Andentannen, einem markanten Musikpavillon aus dem frühen 20. Jh. und einer Holzstatue des Mapuche-Häuptlings

Toqui Lautaro geschmückt ist. (Am Rande bemerkt: Curicó heißt auf Mapuche „schwarzes Wasser".) Im Frühherbst geht beim viertägigen **Festival de la Vendimia** (Weinlesefest; http://vendimiachile.cl; Plaza de Armas; ⏲März) in Curicó so richtig die Post ab. Ansonsten ist der Ort ziemlich langweilig, die meisten Traveller nutzen ihn als Ausgangsbasis für Touren in die beeindruckende Reserva Nacional Radal Siete Tazas oder zu den nahegelegenen Weingütern in den Tälern Curicó und Maule.

Geführte Touren

Ruta del Vino Curíco GEFÜHRTE TOUREN
(☎75-232-8972; www.rutadelvinocurico.cl; Carmen 727, Hotel Raíces; geführte Touren 87 000 Ch$; ⏲Mo–Fr 10–13 & 15.30–19 Uhr) Arrangiert Fahrten mit Chauffeur zu zwei der besten Weingüter des Curicó-Tals, darunter San Pedro, Echeverria und Aresti, sowie zum Mittagessen im Weingut Miguel Torres.

Schlafen & Essen

Homestay in Chile PENSION $$
(☎75-222-5272; www.homestayinchile.cl; Argomedo 448; EZ/DZ/3BZ 65/85/108 US$; P 📶) Der Gastgeber dieser Pension einen Block südlich der Plaza de Armas spricht Englisch und begrüßt seine Gäste mit überwältigender Herzlichkeit. Auf den Kopfkissen schläft man wie auf einer Wolke, das WLAN ist schnell und zum Frühstück gibt's echten Kaffee und frischen Saft.

★ **El Cerrillo Bed & Breakfast** B&B $$$
(☎mobil 9-8678-0000; Fundo El Cerrillo s/n, Lontue; DZ/4BZ 82 000/108 000 Ch$; 📶 🏊) Dieses Gutshaus auf einem wunderbar gestalteten Grundstück ist eine stimmungsvolle Oase im Weingebiet Curicó-Tal. Alles verströmt Romantik pur – die eleganten Möbel ebenso wie die sonnigen Terrassen mit Blick auf die hügeligen Weingärten. Die Bäder der billigeren Zimmer befinden sich außerhalb.

El Rincón Che CHILENISCH $
(☎75-274-6003; Agromedo 249; Hauptgerichte 3500–10 000 Ch$; ⏲tgl. 12–16, Do–Sa auch 20–22.30 Uhr) In dem entspannten Restaurant nahe der Plaza de Armas gibt's billige Mittagsmenüs und an den Wochenenden abends üppige Teller mit gegrilltem Fleisch.

★ **Restaurante Miguel Torres** CHILENISCH $$$
(☎75-256-4100; www.migueltorres.cl; Panamericana Sur, Km 195; Hauptgerichte 15 000–17 000 Ch$; ⏲tgl. 12.30–16, Fr auch 20.30–23 Uhr) Inmitten ausgedehnter Weinberge stößt man auf dieses Restaurant der Spitzenklasse mit Gourmetvariationen chilenischer Klassiker. Zu jedem Gericht wird ein Wein empfohlen. Wie wär's z. B. mit Lamm und Quinoa und dazu einem Reserva de Pueblo País? *Si, por favor*! Das Restaurant liegt südlich der Stadt an der Schnellstraße 5.

An- & Weiterreise

BUS

Die meisten Busse in Curicó steuern den **Terminal de Buses** (Ecke Prat & Maipú) unweit des Bahnhofs und fünf Straßen westlich der Plaza de Armas an. Busse von **Andimar** (☎75-231-2000; www.andimar.cl) fahren von dort häufig nach Santiago (5000 Ch$, 2½ Std., alle 15 Min.). Die Busse von **Pullman del Sur** (☎2-2776-2424; www.pdelsur.cl) sind billiger (3500 Ch$), fahren aber nur dreimal täglich.

Zum Parque Nacional Radal Siete Tazas kommt man mit einem Bus der Gesellschaft **Aquelarre** (☎75-232-6404; Terminal de Buses Rurales, gegenüber vom Hauptbusbahnhof) nach Molina (500 Ch$, 35 Min., alle 5 Min.). Ab Molina bestehen im Januar und Februar regelmäßige Verbindungen zur Rerserva, die restlichen Monate verkehrt zumindest ein Bus täglich nach Radal, das 9 km vor dem eigentlichen Parkeingang liegt.

Turbus (☎600-660-6600; www.turbus.cl; Ecke Av Manso de Velasco & Castillion) hat einen eigenen Busbahnhof im Südosten der Stadt. Von dort verkehren Busse nach Santiago (4000 Ch$, 2½ Std., 3-mal tgl.) und Valparaíso (8000 Ch$, 4½ Std., 1-mal tgl.), sowie Richtung Süden nach Osorno (12 000 Ch$, 10 Std., 3-mal tgl.), Puerto Montt (12 000 Ch$, 12 Std., 2-mal tgl.) und Valdivia (12 000 Ch$, 10 Std., 2-mal tgl.).

ZUG

Die Passagierzüge von TrenCentral zwischen Santiago und Chillán halten am **Bahnhof** (☎600-585-5000; www.trencentral.cl; Maipú 657; ⏲Ticketbüro Mi–Fr 9.30–14.30, Sa 9–13, So 12.30–20.30 Uhr) von Curicó. Er liegt von der Plaza de Armas aus gesehen fünf Straßen weiter westlich an der Prat, in der Nähe des Busbahnhofs. Täglich fahren drei Züge nach Santiago (8100 Ch$, 2¼ Std.) und Chillán (9100 Ch$, 2½ Std.).

Parque Nacional Radal Siete Tazas

Das obere Becken des Río Claro markiert den ökologischen Übergang zwischen der trockenheitsverträglichen mediterranen Vegetation im Norden und den feuchten, immergrünen Wäldern des Südens. Hier, 78 km südöstlich

Rund um Curicó & Talca

von Curicó an einer schmalen Schotterstraße, liegt der **Parque Nacional Radal Siete Tazas** (☎71-222-4461; www.conaf.cl/parques/parque-nacional-radal-siete-tazas; Erw./Kind 5000/1000 Ch$; ⌚Jan. & Feb. 9–19.30 Uhr, März–Dez. 9–17.30 Uhr).

Das Hauptbüro der CONAF befindet sich im Abschnitt **Parque Inglés** 9 km hinter dem Parkeingang in Radal. Schon auf dem Weg dorthin gibt's zwei interessante Sehenswürdigkeiten: Der **Velo de la Novia** („Brautschleier") ist ein 50 m hoher Wasserfall, den man 2,6 km hinter Radal von einem kleinen Aussichtspunkt an der Straße aus sieht. 4,4 km weiter folgen die CONAF-Rangerhütte und der Parkplatz für den 400 m langen Weg zu den **Siete Tazas** (Sieben Tassen), einer atemberaubenden Serie von sieben Wasserfällen und Becken, die vom Río Claro aus dem schwarzen Basalt ausgewaschen wurden. Vom Wasserfall führt ein weiterer kurzer Weg zu einem Aussichtspunkt mit Blick auf den Wasserfall **Salto la Leona**, der über 50 m von einer schmalen Klamm in das Hauptbett des Río Claro stürzt.

Zwei gut markierte Rundwanderwege beginnen am Camping Los Robles im Parque Inglés: der 1 km lange **Sendero el Coigüe** und der 7 km lange **Sendero Los Chiquillanes**, der tolle Aussicht auf das Valle del Indio bietet (etwa 4 Std. reine Gehzeit für beide Wege einplanen). Der erste Streckenabschnitt ist Teil des Sendero de Chile, der bis zur Schutzhütte in El Bolsón und zum Valle del Indio verläuft. Von hier geht's auch durch das Abflussgebiet des Río Claro zur Reserva Nacional Altos del Lircay (S. 129). Die zweitägige Wanderung (ca. 32 km) dorthin führt über eine nicht ausgeschilderte Route und über privaten Grund. Wer sich dafür interessiert, sollte sich nur mit einem ortskundigen Guide oder zumindest mit detaillierten Informationen von der CONAF, einer topografischen Karte, Kompass und entsprechender Ausrüstung auf den Weg machen. **Trekking Chile** (☎71-197-0097; www.trekkingchile.com; Viña Andrea s/n; geführte Touren ab 45 000 Ch$) im nahegelegenen Talca veranstaltet geführte Touren und hat die besten Karten der Region.

Die CONAF betreibt im Abschnitt Parque Inglés zwei Campingplätze: **Camping Rocas Basálticas** (☎75-222-8029; parque.radalsietetazas@conaf.cl; Parque Inglés; Stellplatz 3000 Ch$ pro Pers.) und **Camping Los Robles** (☎75-222-8029; parque.radalsietetazas@conaf.cl; Stellplatz 3000 Ch$ pro Pers.). Im Sommer herrscht auf beiden viel Betrieb.

ℹ An- & Weiterreise

Im Januar und Februar fahren täglich vier Busse von Buses Hernández vom Terminal de Buses in Molina zum Parkabschnitt Parque Inglés (3000 Ch$, 2½ Std.). Von März bis Dezember verkehrt dagegen nur einmal täglich ein Bus nach Radal (2500 Ch$, 2 Std., 17 Uhr), das 11 km unterhalb des Parque Inglés liegt. Er fährt täglich um 19.30 Uhr nach Molina zurück.

Wer mit dem Auto zum **Parque Nacional Radal Siete Tazas** (S. 125) will, nimmt die Panamericana südlich von Curicó und biegt dann nach Molina ab. Die asphaltierte Straße K-25 verlässt Molina südwärts und wird bald zur Schotterpiste. Von dort sind es noch holprige 39 km bis Radal und anschließend weitere 11 km bis zum Parkabschnitt Parque Inglés.

Maule-Tal

Das Valle del Maule, ein wichtiges Weinbaugebiet des Landes, liefert den Großteil des Exportweins in Chile. Seine Spezialität ist ein vollmundiger Cabernet Sauvignon, das eigentliche Highlight sind aber die verführerischen Flaschen Carignan und País aus alten Reben.

Viele Traveller nutzen Talca als Anlaufstelle, um die Weingüter und das nahegelegene Reserva Nacional Altos de Lircay zu besuchen. In Talca sollte man bei Sernatur nach der kostenlosen Broschüre *Región del Maule* fragen. Sie beinhaltet tolle Informationen (auf Englisch) zu Wanderungen, Tipps zur Umgebung sowie einen Führer zur Flora und Fauna der Region.

Aktivitäten

★ Viña Gillmore WEIN

(☎ 73-197-5539; www.gillmore.cl; Camino Constitución, Km 20; Führungen inkl. Verkostung von 2 Weinen 6000 Ch$, nur Verkostung 2000 Ch$; ⌚ Mo–Sa 9–17 Uhr) Auf diesem Boutique-Weingut, das gerade dabei ist, auf Biobetrieb umzustellen, kann man mehr machen als nur Wein zu probieren und ihn im Glas zu schwenken (obwohl der Vigno Carignan einfach göttlich ist; Vigno ist eine chilenische Herkunftsbezeichnung). Hier gibt's schöne Wanderwege, eine Lodge mit Weinthema (Zi. ab 140 000 Ch$) und einen Wellnessbereich mit zahlreichen Anwendungen auf Weinbasis. Für die Weinverkostung ist keine Anmeldung nötig.

Casa Donoso WEIN

(☎ 71-234-1400; www.casadonoso.cl; Camino a Palmira, Fundo La Oriental, Km 3,5; Verkostung ab 6000 Ch$, Führungen ab 15 000 Ch$; ⌚ Mo–Fr 9–18.30, Sa 10–15 Uhr) Das traditionell geführte Weingut liegt rund um ein Gehöft aus der Kolonialzeit am Rand von Talca (die Taxifahrt kostet 4500 Ch$). Das Weingeschäft verkauft Flaschenweine mit riesigem Rabatt. Eine Anmeldung für die Führungen und Verkostungen wird empfohlen, ist aber nicht immer nötig.

Viña J. Bouchon WEIN

(☎ 73-197-2708; www.bouchonfamilywines.com; Camino Constitución, Km 30; Führungen nur nach Anmeldung 15 000 Ch$; ⌚ Mo–Fr 9–18 Uhr) Zum Programm des nachhaltig geführten Weinguts 30 km von Constitución gehören Ausritte (20 000 Ch$) und andere Outdooraktivitäten, die alle 48 Stunden vorher reserviert werden müssen. Wer will, kann im hübschen Gästehaus übernachten (Zi. ab 320 US$).

Viña Balduzzi WEIN

(☎ 73-232-2138; www.balduzzi.com; Av Balmaceda 1189, San Javier; Führung inkl. Verkostung von 4 Weinen 9000 Ch$, nur Verkostung 4500 Ch$; ⌚ Mo–Sa 9–18 Uhr; San Javier Directo) Das nette Weingut inmitten weitläufiger Gärten und gepflegter Kolonialgebäude ist bereits seit vier Generationen in Familienbesitz. Anders als bei vielen anderen Winzereien ist keine Reservierung erforderlich. Außerdem handelt es sich um eines der wenigen Anwesen, die man gut mit öffentlichen Verkehrsmitteln erreicht: Man muss einfach nur am Busterminal in Talca in einen Bus mit der Aufschrift „San Javier Directo“ (900 Ch$) steigen, der Passagiere in der Nähe der Viña Balduzzi absetzt.

Via Wines WEIN

(☎ 71-241-5500; www.viawines.com; Fundo La Esperanza s/n, San Rafael; Führung inkl. Verkostung von 3 Weinen ab 15 000 Ch$; ⌚ Führungen mit Reservierung 48 Std. im Voraus) Eines der ersten Weingüter des Landes mit zertifiziertem nachhaltigem Weinanbau produziert köstlichen Sauvignon Blanc und Syrah. Es ist zwar nicht ganz so besucherfreundlich wie andere Weingüter im Maule-Tal, nach vorheriger Reservierung kann man aber an sehr guten zweistündigen Führungen durchs Weingut teilnehmen.

Ruta del Vino GEFÜHRTE TOUREN

(www.valledelmaule.cl; Talca) Maules Ruta del Vino war zur Zeit der Recherche noch im Aufbau. Geplant sind die Eröffnung eines Büros in Talca und regelmäßige Weintouren ab 2018.

Essen

Viña Corral Victoria CHILENISCH $$

(☎ mobil 9-9279-4111; www.corralvictoria.cl; Camino San Clemente, Km 11; Hauptgerichte 5000–11 000 Ch$; ⌚ Di–So 11–17, Do–Sa 18–24 Uhr;) 7 km östlich von Talca liegt das Viña Corral Victoria in waldiger Umgebung. Es ist eher ein Restaurant als ein Weingut, wenngleich das Weingeschäft Weinverkostungen für 4000 Ch$ anbietet. Hier speisen die Gäste in ländlichem Ambiente. Das Highlight ist die *parrillada* (Platte mit Grillfleisch zum Teilen).

An- & Weiterreise

Talcas Tourismusvereinigung organisiert gelegentlich Busse von der Plaza de Armas zu Weingütern in der Gegend für nur 1000 Ch$. Die aktuellen Termine stehen auf der Facebook-Seite (www.facebook.com/visitatalca).

Drei Weingüter – **Balduzzi**, **Casa Donoso** und **Corral Victoria** – erreicht man von Talca immer mit öffentlichen Verkehrsmitteln oder kurzen

Taxifahrten (4500–8000 Ch$), doch um das gesamte Tal zu erkunden, ist ein Auto nötig.

Talca

☎71 / 228 045 EW.

Einst zählte das 1690 gegründete Talca zu den wichtigsten Städten des Landes, immerhin wurde hier 1818 Chiles Unabhängigkeitserklärung unterzeichnet. Heute ist es vor allem ein guter Ausgangspunkt für die Erkundung der wunderschönen Reserva Nacional Altos de Lircay und der Weingüter des Valle del Maule. Das Angebot für Traveller ist recht gut, man findet u. a. Restaurants und Unterkünfte, dazu von vielen Punkten aus einen schönen Blick auf die Anden, wenn man in der glühenden Mittagssonne die Fußgängerstraße hinabschlendert. Dennoch gibt's hier wenig Grund, allzu lange zu verweilen.

Schlafen & Essen

Cabañas Stella Bordestero CABAÑAS $
(☎71-235-545; www.turismostella.cl; 4 Poniente 1 Norte 1183; Hütten EZ/DZ inkl. Frühstück 30 000/48 000 Ch$; ❄📶🏊) Obwohl die Schindelhütten in einem baumbestandenen Garten mit Swimmingpool, Liegestühlen und Schaukeln nur vier Straßen von der Plaza de Armas entfernt liegen, sind sie eine Welt für sich. Auch innen haben die Besitzer ganze Arbeit geleistet: Die Unterkünfte verfügen über feste Matratzen, Kabel-TV und kleine Holzveranden, auf denen man abends bei einem Glas Wein entspannen kann.

★ **Casa Chueca** PENSION $$
(☎71-197-0096; www.casa-chueca.com; Viña Andrea s/n, Sector Alto Lircay; B 13 500 Ch$, DZ 49 000–75 000 Ch$, Hütte für 4 Pers. 122 000 Ch$; 📶🏊) 🍃 Gärten mit Blick auf den Río Lircay umgeben die komfortablen Hütten der von Österreichern geführten Casa Chueca. Sie befindet sich auf dem Land außerhalb von Talca. Schon das Hostel an sich ist ein Reiseziel für Outdoor-Fans geworden, denn die kenntnisreichen Besitzer helfen bei der Planung von Wanderungen und Reitausflügen im nahegelegenen Parque Nacional Altos de Lircay (S. 129) und Umgebung.

Sie organisieren zudem Weinproben, Spanischunterricht und kinderfreundliche Aktivitäten. Vom Busbahnhof Talca nimmt man den Mikrobus Taxutal „A“ Richtung San Valentín bis zur Endhaltetselle und geht die letzten 1,9 km zu Fuß. Am einfachsten gelangt man aber mit dem Taxi hierher (5000 Ch$).

Las Viejas Cochinas CHILENISCH $
(☎71-222-1749; www.lasviejascochinas.cl; Rivera Poniente s/n; Hauptgerichte 4200–10 000 Ch$; ⏲12–24 Uhr; 🅿) In der großen Kantine außerhalb der Stadt am Río Claro brauchen mürrische Kellner ewig, um die Hausspezialität *pollo mariscal* (Huhn in Brandy- und Meeresfrüchtesoße) zu servieren, aber das Warten lohnt sich. Die Portionen sind groß genug für zwei.

Man erreicht das Lokal, indem man Talca Richtung Westen auf der 4 Norte (Avenida O'Higgins) verlässt, die Brücke über den Río Claro überquert, sich rechts hält und an der nächsten Straßengabelung rechts fährt.

La Buena Carne CHILENISCH $
(www.parrilladaslabuenacarne.cl; Ecke 6 Oriente & 1 Norte; Hauptgerichte 3500–7500 Ch$; ⏲Mo–Sa 12–23 Uhr) Gemütliches, modernes Steakhaus mit freundlichem Personal, toller zentraler Lage und einer Speisekarte mit gigantischen Steak-Platten, preiswertem offenen Wein und klassischen chilenischen Gerichten. Abends treffen sich hier die Einheimischen, um Bier zu trinken und *fútbol* zu schauen.

Praktische Informationen

BancoEstado (1 Sur 971; ⏲Mo–Fr 9–14 Uhr, Geldautomat 24 Std.) Einer von zahlreichen Geldautomaten in der 1 Sur.

Hospital Regional (☎71-274-7000; www.hospitaldetalca.cl; 1 Norte 1951; ⏲24 Std.) Betriebsames öffentliches Krankenhaus an der Ecke 13 Oriente.

Postamt (Correos de Chile; ☎800-267-736; 1 Oriente 1150; ⏲Mo–Fr 9–18, Sa bis 12 Uhr) In einem großen Gebäude abseits der Plaza de Armas.

Sernatur (☎71-222-6940; www.chile.travel; 1 Oriente 1150; ⏲Mo–Fr 8.30–17.30 Uhr, Dez.–März verlängerte Öffnungszeiten) Außergewöhnlich hilfsbereites englischsprachiges Personal informiert über Unterkünfte und Aktivitäten und gibt zudem Spartipps für Talca. Sernatur organisiert gelegentlich Busse von der Plaza de Armas zu Weingütern in der Gegend für nur 1000 Ch$, der aktuelle Fahrplan steht auf seiner Facebook-Seite (www.facebook.com/visitatalca).

An- & Weiterreise

BUS

Die meisten Unternehmen nutzen den **Terminal de Buses de Talca** (☎71-220-3992; 2 Sur 1920, Ecke 12 Oriente), elf Straßen östlich der Plaza de Armas. **Talca, París y Londres** (☎71-221-1010; www.busestalcaparisylondres.cl) fährt stündlich nach Santiago, ebenso wie **Buses Linatal** (☎71-

268-8765; www.linatal.cl), dessen Busse außerdem elfmal pro Tag Concepción im Süden ansteuern. **Buses Línea Azul** (www.buseslineaazul.cl/destinos.php; 2 Sur 1920) verkehrt stündlich südwärts nach Chillán und **Buses Vilches** (☎ mobil 9-5703-0436) dreimal täglich nach Vilches Alto, dem Tor zur Reserva Nacional Altos de Lircay.

Turbus (☎ 600-660-6600; www.turbus.cl; 3 Sur 1960) nutzt einen eigenen Terminal einen Block südlich vom Hauptbusbahnhof. Von dort fahren stündlich Busse nach Santiago, drei Busse am Tag nach Valparaíso und zwei Busse am Abend südwärts nach Puerto Montt mit Halt in Chillán, Los Angeles, Temuco, Osorno und anderen Orten an der Panamericana. Zu den weiteren Unternehmen, die ähnliche Strecken bedienen, gehören **Pullman del Sur** (☎ 2-2776-2424; www.pdelsur.cl; 2 Sur 1920, Terminal de Buses de Talca) und **Pullman Bus** (☎ 600-320-3200; www.pullman.cl; 2 Sur 1920, Terminal de Buses de Talca).

ZIEL	PREIS (CH$)	DAUER (STD.)
Chillán	4000	2½
Concepción	5500	3½
Osorno	12000	8
Puerto Montt	14000	12
Santiago	5000	3
Temuco	8000	6
Valparaíso/Viña del Mar	9000	6
Vilches	1900	2

ZUG

Vom **TrenCentral-Bahnhof** (☎ 600-585-5000; www.trencentral.cl; 11 Oriente 900; ⏲ Ticketbüro 7–12 & 15–20 Uhr) fahren täglich drei Züge nach Santiago (8100 Ch$, 3½ Std.) und Richtung Süden nach Chillán (9100 Ch$, 2 Std.). Der aktuelle Fahrplan steht auf der Website.

Reserva Nacional Altos de Lircay

Der gut organisierte, leicht zugängliche **Nationalpark** (☎ mobil 9-9064-3369; www.conaf.cl/parques/reserva-nacional-altos-de-lircay; Erw./Kind 5000/1000 Ch$; ⏲ 9–13 & 14–17 Uhr) punktet mit atemberaubenden Aussichten und einem großartigen Angebot an anspruchsvollen Wanderwegen. Auf seinen 121 km² erstrecken sich Hochandensteppen, Lagunen und Laubwälder, die sich im Herbst rotgolden färben. Im Schutzgebiet leben auch Pudu-Hirsche, patagonische Füchse und Colocolos (Pampaskatzen), die allerdings nur selten zu sehen sind.

Aktivitäten

★ Circuito de los Cóndores WANDERN

Zu den längeren Wanderungen im Park zählen die siebentägige Rundwanderung Circuito de los Cóndores, die man nur mit topografischen Karten oder einem Führer in Angriff nehmen sollte, und der Rundweg durch das Abflussgebiet des Río Claro im Parque Nacional Radal Siete Tazas (S. 125).

Sendero Enladrillado WANDERN

Der wohl beste Wanderweg in ganz Zentralchile ist der Sendero Enladrillado, der auf ein 2300 m hohes Basaltplateau führt.

Er folgt zunächst zwei Stunden lang Richtung Osten dem Sendero de Chile, dann geht's an einer ausgeschilderten Abzweigung nach rechts für etwa eine Stunde steil durch dichten Wald, bevor es wieder ebener wird. Schließlich endet der Weg auf der extrem flachen Plattform des **El Enladrillado** – viele glauben, dass er ein UFO-Landeplatz ist. Im Westen sind der abgeflachte Krater des **Volcán Descabezado** („kopfloser Vulkan") und daneben der spitze Gipfel des **Cerro Azul** zu sehen. Die 10 km lange Wanderung dauert aufwärts etwa vier und abwärts drei Stunden. Es gibt zwar zwei oder drei Trinkwasserquellen unterhalb der Baumgrenze, aber jeder sollte trotzdem vernünftigerweise so viel Wasser mitnehmen, wie er tragen kann!

Mirador del Valle Venado WANDERN

Eine sanfte 9 km lange Wanderung (3 Std.) auf dem Sendero de Chile führt von der Administración zum Mirador del Valle Venado mit Blick über den Volcán Descabezado und das Tal des Río Claro.

Sendero Laguna del Alto WANDERN

Der 9 km lange Sendero Laguna del Alto folgt ebenfalls für etwa eine Stunde dem Sendero de Chile, bevor er nach rechts abbiegt und drei Stunden lang zur wunderschönen Laguna del Alto aufsteigt. Der von Bergen eingerahmte See liegt auf 2000 m Höhe. Hin und zurück dauert die Wanderung jeweils etwa drei Stunden. Wer will, kann noch zwei Stunden auf einem Weg gen Nordwesten zum El Enladrillado weitermarschieren – für die Gesamttour sollte man acht Stunden einplanen.

Geführte Touren

Trekking Chile GEFÜHRTE TOUREN

(☎ 71-197-0096; www.trekkingchile.com; Viña Andrea s/n, Talca; geführte Touren im Park ca. 33 000 Ch$ pro Tag) Ein erfahrener österreichischer Wanderer mit Sitz in der Casa Chueca (S. 128) in Talca organisiert diese hervorragenden Touren. Trekking Chile veranstaltet auch Zehntagestouren von Constitución (nahe der Küste) zum Altos de Lircay und über die Anden in den argentinischen Teil Patagoniens mit Elektrofahrrädern (Preis beim Veranstalter erfragen). Eine Tagesversion der E-Bike-Tour zur Laguna del Maule kostet 45 000 Ch$.

Costa y Cumbre Tours GEFÜHRTE TOUREN
(☎ mobil 9-9943-5766; www.costaycumbretours.cl; geführte Touren ab 33 000 Ch$) Verleiht Campingausrüstung, veranstaltet Reittouren und bietet großartige geführte Exkursionen auf den schwierigeren Wegen des Parks.

Schlafen

Hostería de Vilches HÜTTEN $
(☎ mobil 9-9826-7046; www.hosteriadevilches.cl; Camino Vilches Alto, Km 22; Hütte für 2 Pers. ab 50 000 Ch$;) In der Hostería de Vilches kommt man direkt außerhalb des Parks unter, fühlt sich aber wie mitten in der Natur. Von den schönen Einzelhütten genießt man einen Blick auf gepflegte Gärten und zwei Pools. Herzhafte Hausmannskost (Abendessen 8500 Ch$), entspannte Atmosphäre und ein einladender Whirlpool sind nach einem Wandertag ein Geschenk des Himmels.

Camping Antahuara CAMPING $
(☎ mobil 9-9064-3369; Stellplatz 3000 Ch$ pro Pers.) Die CONAF betreibt den hervorragenden Campingplatz Antahuara am Río Lircay im Wald etwa 800 m hinter der Adminstración. Er ist mit dem Auto zu erreichen und verfügt über Strom, heißes Wasser, Spülklos sowie eine Müllabfuhr. Es gibt darüber hinaus zwei *campings primitivos* (ausgewiesene Campingplätze mit Kaltwasserduschen und Toiletten) die jeweils einen drei- bzw. achtstündigen Marsch auf dem Wanderweg Sendero de Chile von der Administración entfernt liegen.

Praktische Informationen

Centro de Información Ambiental (Camino Vilches Alto, Km 24; 8.30–13 & 14–15.30 Uhr) Etwa 2 km vor dem Parkeingang zeigt dieses von der CONAF betriebene Informationszentrum Ausstellungen zur regionalen Natur- und Kulturgeschichte (in der Gegend lebten vier indigene Völker nacheinander).

An- & Weiterreise

Buses Vilches fährt vom **Terminal de Buses de Talca** (S. 128) nach Vilches Alto (1900 Ch$, 2 Std.), einer Häuseransammlung 2 km unterhalb des Centro de Información Ambiental und 5 km von der Administración de Reserva Nacional Altos de Lircay. Busse starten in Talca von März bis Dezember täglich um 7.15, 12 und 16.50 Uhr, im Januar und Februar sogar siebenmal pro Tag. Der letzte Bus zurück nach Talca fährt in der Regel um 17.10 Uhr.

Chillán

☎ 42 / 180 197 EW.

Immer wieder in seiner turbulenten Geschichte wurde Chillán von Erdbeben erschüttert – zuletzt 2010. Die ständig im Wiederaufbau begriffene Stadt ist zwar nicht besonders hübsch oder interessant, aber angenehm grün und eine gute Ausgangsbasis zu einigen der schönsten Landschaften Zentralchiles, nicht zu vergessen zu den wunderbaren Skipisten und Trekkingrouten in den umliegenden Bergen.

Sehenswertes

Mercado de Chillán MARKT
(Maipón 773; Mittagsmenüs ab 2500 Ch$; Mo–Fr 7.30–20, Sa bis 18, So bis 15 Uhr) Der Stadtmarkt teilt sich in zwei Abschnitte beidseitig der Maipón zwischen Isabel Riquelme und 5 de Abril. Hier kann man Chilláns berühmte Wurst *longaniza* probieren.

Escuela México DENKMAL
(Av O'Higgins 250; Spenden willkommen; Mo–Fr 10–12.30 & 15–18 Uhr) Als Reaktion auf die verheerenden Erdbebenschäden 1939 stiftete die mexikanische Regierung die Escuela México in Chillán. Auf Bitte von Pablo Neruda dekorierten die mexikanischen Wandmaler David Alfaro Siqueiros und Xavier Guerrero jeweils die Bibliothek und das Treppenhaus mit symbolhaltigen Wandbildern, die 2008 vollständig restauriert wurden. Heute ist die Escuela eine ganz normale Schule.

Schlafen & Essen

Hotel Canadá PENSION $
(☎ 42-232-9481; www.hotelcanada.cl; Bulnes 240; EZ/DZ 30 000/40 000; P) Eine Reihe von acht sauberen, komfortablen Zimmern in einem friedlichen Garten, etwas zurückgesetzt von der Straße.

Hotel Las Terrazas Express HOTEL $$
(☎ 42-243-7000; www.lasterrazas.cl; Constitución 663; EZ/DZ inkl. Frühstück 53 000/60 000 Ch$; @) Die Zimmer sind zwar etwas eng, aber wer mit wenigen Annehmlichkeiten auskommt und lieber mitten im Stadtzentrum wohnt, ist

Chillán

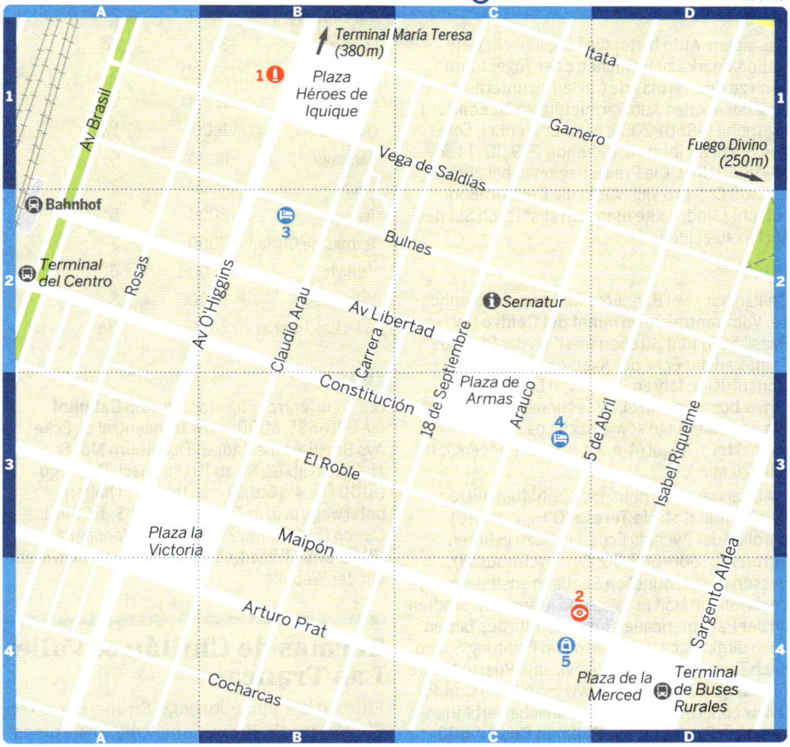

in diesem Businesshotel genau richtig. Die Lobby und das Café im Erdgeschoss sind hell und luftig, darüber hinaus gibt's noch ein paar nette Bereiche zum Abhängen.

★ **Fuego Divino** STEAK $$

(☎42-243-0900; www.fuegodivino.cl; Gamero 980; Hauptgerichte 8000–15 000 Ch$; ⌚Di–Do 12.30–15.30, Fr & Sa bis 24 Uhr) Stilvolle Restaurants sind in Chillán dünn gesät. Dieses wartet mit glänzenden schwarzen Tischen auf und platzt am Wochenende stets aus allen Nähten – vermutlich auch deshalb, weil die gegrillten Osorno-Rinderfilets so verflixt gut schmecken.

Shoppen

La Feria de Chillán MARKT

(Plaza Sargento Aldea; ⌚Mo–sa 8–19, So bis 15 Uhr) Auf der Feria de Chillán gibt's eine ordentliche Auswahl an Kunsthandwerk. Die Keramik aus dem nahegelegenen Dorf Quinchamalí ist besonders gut, daneben findet man auch Rohleder und Lederwaren, Webwaren, Korberzeugnisse und die typischen *chupallas* genannten Strohhüte.

Chillán

Sehenswertes

1 Escuela México B1
2 Mercado de Chillán C4

Schlafen

3 Hotel Canadá B2
4 Hotel Las Terrazas Express C3

Shoppen

5 La Feria de Chillán C4

Praktische Informationen

BancoEstado (Constitución 500; ⌚Mo–Fr 9–14 Uhr) In dieser Straße gibt's Banken mit Geldautomaten.

Sernatur (www.biobioestuyo.cl; 18 de Sepiembre 455; ⌚Mo–Fr 9–14 & 15–18, Sa 10–14 Uhr) Freundliches Personal, Stadtpläne sowie Infos zu Unterkünften und Verkehrsmitteln.

An- & Weiterreise

AUTO

Das eigene Auto bietet die Möglichkeit, viele Nationalparks zu besuchen oder Tagestouren hoch zu den Termas de Chillán zu unternehmen. Eine der lokalen Autovermietungen ist **EcaRent** (☎ mobil 9-8501-2059; www.ecarent.cl; Ecke Avs Brasil & Libertad, Bahnhof; ⏰ 9.30–14 & 16–18.30 Uhr). Die Preise beginnen bei etwa 27 000 Ch$ pro Tag. Wenn die Bergstraßen rutschig sind, sollte man sich zusätzlich Schneeketten ausleihen.

BUS

Chillán hat zwei Bahnhöfe für Langstreckenbusse. Vom zentralen **Terminal del Centro** (Av Brasil 560) fünf Straßen westlich der Plaza de Armas an der Ecke der Avenidas Brasil und Constitución fahren Busse von **Línea Azul** (www.buseslineaazul.cl/destinos.php) regelmäßig nach Santiago sowie nach Los Angeles (6-mal tgl.), Angol (4-mal tgl.) und Concepción (alle 20 Min.).

Alle anderen Fernbusgesellschaften nutzen den **Terminal María Teresa** (O'Higgins 010) nördlich der Avenida Ecuador. Dazu gehören **Turbus** (☎ 600-660-6600; www.turbus.cl), dessen Busse stündlich Santiago ansteuern, einige davon mit Halt in Talca und in anderen Städten an der Panamericana. Busse von Turbus fahren auch direkt nach Valparaíso und Richtung Süden nach Temuco, Osorno, Valdivia und Puerto Montt (4-mal tgl.). **Buses Jac** (www.jac.cl) und **Condor** (www.condorbus.cl) bieten ähnliche Verbindungen nach Puerto Montt. **Pullman Bus** (☎ 600-320-3200; www.pullmanbus.cl) bietet täglich Busse nach Salto del Laja und eine Direktverbindung nach Los Angeles (6-mal tgl.). Außerdem Fahrten Richtung Norden nach Calama, Antofagasta und Arica (10-mal tgl.) und Richtung Süden nach Puerto Montt (6-mal tgl.). Busse von **Sol del Pacífico** (www.soldelpacifico.cl) starten ebenfalls an diesem Terminal und fahren nach Santiago, Viña und Valparaíso.

Stadt- und Regionalbusse starten am **Terminal de Buses Rurales** (Terminal Paseo La Merced; Maipón 890). **Rembus** (☎ 42-222-9377; www.busesrembus.cl; Maipón 890) bedient das Valle Las Trancas (10-mal tgl.); die Busse um 7.50 und 13.20 Uhr fahren weiter ins Valle Hermoso. **Vía Itata** (www.busesviaitata.cl; Maipón 890, Terminal de Buses Rurales) ist eine von mehreren Busgesellschaften, die Verbindungen nach Ninhué (5-mal tgl.) und Cobquecura (2-mal tgl.) und weiter zum Surfertreff Buchupureo bieten.

ZIEL	PREIS (CH$)	DAUER (STD.)
Angol	5000	3
Cobquecura	2300	2¾
Concepción	3000	2
Los Angeles	3000	1½
Osorno	10 100	8
Puerto Montt	11 200	9
Quirihue	1600	1½
Santiago	8000	6
Talca	4000	3
Temuco	8000	5
Termas de Chillán	3000	2
Valdivia	12 000	6
Valparaíso	10 000	8
Valle Las Trancas	2000	1½

ZUG

Die TrenCentral-Züge fahren vom **Bahnhof** (☎ 600-585-5000; www.trencentral.cl; Ecke Avs Brasil & Libertad; ⏰ Ticketbüro Mo–Fr 11–20, Sa ab 12, So ab 10 Uhr) nach Santiago (8100 Ch, 4½ Std., 3-mal tgl.), und halten unterwegs u. a. in Talca (5300 Ch$, 1¾ Std.), Curicó (5300 Ch$, 2½ Std.) und Rancagua (8100 Ch$, 3½ Std.). Der aktuelle Fahrplan steht auf der Website.

Termas de Chillán & Valle Las Trancas

Eine 80 km lange kurvige Straße führt von Chillán in die Berge zum Valle Las Trancas und zu den Termas de Chillán. Im Winter zieht es die chilenischen Schneefanatiker in Scharen zu diesen Hängen, sodass üblicherweise am Ende der Straße mit stockendem Verkehr zu rechnen ist. Das restliche Jahr über geht's gemächlicher zu. Dann blühen die Täler in bunten Farben und stehen in üppigem Grün und eignen sich ideal zum Wandern, Klettern und Reiten oder einfach nur zum Faulenzen in schöner Umgebung. An Sommerwochenenden sind viele Wanderer und Mountainbiker unterwegs, doch alltags ist im Sommer nichts los. Bei den meisten Unterkünften gibt's keine Bankautomaten, also sollte man sich bereits in Chillán mit Bargeld versorgen.

Sehenswertes

Cueva de los Pincheira HÖHLE

(www.turismolospincheira.cl; Ruta 55, Camino Termas de Chillán, Km 61; Erw./Kind 3000/2000 Ch$; ⏰ 9.30–18.30 Uhr; 👪) Auf dem Weg zum Resort lohnt ein Abstecher zu dieser Höhle mit Wasserfall, wo man etwas über die Eskapaden der

Pincheira-Brüder erfahren kann, Banditen, die sich hier einst versteckten. In der Hochsaison finden historische Inszenierungen statt.

Observatorio STERNWARTE

(www.milodge.com; M I Lodge, Camino a Shangri-Lá, Km 2; nächtliche Observationsführung 12 000 Ch$; ⏲ nach Reservierung; 👪) In klaren Sommernächten engagiert die M I Lodge (S. 134) einen Astronomen, der in der Sternwarte nächtliche „Sternentalks" veranstaltet (auf Englisch). Die Teilnehmer können am Sternenhimmel durch ein 18-Zoll-Dobson-Teleskop nach Galaxien und Planeten suchen.

Aktivitäten

Nevados de Chillán Ski Center SKIFAHREN

(☎ 42-220-6100; www.nevadosdechillan.com; Camino Termas de Chillán, Km 85; Skipass pro Tag Erw./Kind 41 000/35 000 Ch$) Die Südhänge des 3122 m hohen Volcán Chillán bilden die atemberaubende Kulisse dieses Ski-Mekkas. Viele der 40 Abfahrten führen – für Chiles Skigebiete ungewöhnlich – durch Wald und sind eine gute Mischung aus Anfänger- und Fortgeschrittenenpisten.

Superlative gibt's reichlich, so hat Nevados de Chillán: die längste Piste in Südamerika (Las Tres Marías: 13 km), den längsten Sessellift und einige der größten bzw. besten Variantenabfahrten. Seit 2008 wartet die Gegend zusätzlich mit einem Snowpark und einem Bikepark (nur im Sommer; 10 000 Ch$, Nov.–März 9–17 Uhr) auf. Oft beginnt die Saison schon Mitte Juni und dauert meist bis Ende September. Einheimische schwören darauf, dass wegen des Superschnees, der leeren Hänge und der ermäßigten Skipässe Ende September die beste Zeit ist. Im Sommer kann man wandern, reiten, klettern sowie Fahrräder mieten und sich im Canyoning wagen. Alle Angebote sind auf der Website nachzulesen. Wenn Geld keine Rolle spielt, quartiert man sich vor Ort im Hotel Nevados de Chillán (S. 134) ein. Hier füllt warmes Thermalwasser den Pool im Freien, der mitten im Schnee liegt.

Valle Hermoso OUTDOORAKTIVITÄTEN

(www.nevadosdechillan.com; Camino Termas de Chillán, Km 83; Thermalquellen Erw./Kind 8000/6000 Ch$, Stellplatz für bis zu 5 Pers. 30 000 Ch$; ⏲ Thermalquelle April–Nov. 9–17 Uhr, Dez.–März bis 21 Uhr) Eine Abzweigung genau zwischen dem Valle Las Trancas und dem Skizentrum führt zu diesem grünen Erholungsgebiet, das man vor allem wegen der ganzjährig geöffneten Thermalquellen unter freiem Himmel besucht. Ziplines (10 000 Ch$) und Reiten (ab 5000 Ch$) sorgen für Extraspaß im Sommer, wenn die Übernachtung auf dem kleinen Campingplatz möglich ist.

M I Lodge Spa SPA

(☎ mobil 9-9321-7567; www.milodge.com; M I Lodge, Camino a Shangri-Lá, Km 2; Pools 9500 Ch$, Pools plus Massage 28 500 Ch$; ⏲ 11–20 Uhr) Das ruhige, ganz aus Holz gebaute Spa befindet sich auf dem Gelände der M I Lodge und ist auch für Nichtgäste zugänglich. Es bietet ein Hallenbad, einen Außenpool, einen Whirlpool, Massagen und Yogakurse.

Rukapali Adventours OUTDOORAKTIVITÄTEN

(☎ mobil 9-8920-4429; www.rukapali.com; geführte Touren ab 15 000 Ch$) Trekking-, Mountainbike- und Klettertouren im Valle las Trancas und im nahegelegenen Parque Nacional Laguna del Laja.

Ecoparque Shangri-Lá ABENTEUERSPORT

(☎ mobil 9-5730-0095; www.facebook.com/ecoparqueshangrila; Camino Shangri-Lá, Km 3; Erw./Kind 15 000/12 000 Ch$; ⏲ Dez.–Feb. tgl. 9–17.30 Uhr, März–Nov. nur Fr–So; 👪) Die wunderbare einstündige Baumkronentour bietet 25 Zipline-Plattformen für Erwachsene. Die Route für Kinder erhebt sich nur 4,5 m über den Erdboden.

Schlafen & Essen

Auf dem Berg stehen zwei Arten von Unterkünften zur Verfügung: Die feinen Hotels in Termas de Chillán am oberen Ende der Straße liegen den Abfahrtshängen am nächsten. In den Hütten, Hostels und Pensionen unten im Valle Las Trancas sind die Preise jedoch niedriger. Viele Hotels bieten in der Nebensaison erheblichen Preisnachlass.

Chil'in Hostel & Restaurante HOSTEL $

(☎ mobil 9-9368-2247; www.chil-in.com; Camino Termas de Chillán, Km 72; B/DZ ohne Bad 10 500/32 000 Ch$; 📶🏊) Die Zimmer dieses großartigen Hostels im Stil einer Skilodge sind einfach, aber sauber. Im gemütlichen Wohnzimmer und der Bar herrscht eine gute, gemeinschaftliche Atmosphäre. Einige Zimmer verfügen über Lofts, um noch mehr Skier unterzubringen. Im angeschlossenen Pizzarestaurant herrscht immer Betrieb, außerdem gibt's in der Nähe ein Haus mit Privatzimmern.

★ **Ecobox Andino** BOUTIQUE-HOTEL $$

(☎ 42-242-3134; www.ecoboxandino.cl; Camino a Shangri-Lá, Km 0,2; Hütten für 2 bis 5 Pers. 40 000–130 000 Ch$, DZ inkl. Frühstück 40 000–

80 000 Ch$;) Vielleicht ist dies die hippste Bleibe in ganz Zentralchile. Kaum zu glauben, dass die einwandfrei gestalteten Hütten einst Schiffscontainer waren. Helle geometrische Muster schmücken die Außenwände, innen wird die moderne Einrichtung durch Kunsthandwerk ergänzt. Man hat die Hütten im Lego-Stil miteinander verzahnt und dadurch außergewöhnliche Unterkünfte im Art-déco-Stil mit moderner Innenausstattung geschaffen.

Von den Holzveranden fällt der Blick auf den baumbestandenen Garten, durch den sich mehrere Wege zum Swimmingpool schlängeln. Ein neues *refugio* (rustikale Unterkunft) verfügt über sieben Zimmer mit Privatbädern und Sicht auf die Gemeinschaftsküche und den Wohnbereich.

Hotel Nevados de Chillán RESORT **$$$**
(42-220-6100; www.nevadosdechillan.com; Camino Termas de Chillán, Km 85; Zi. pro Pers. inkl. Frühstück und Liftticket ab 95 000 Ch$; Dez. geschl.;) Eine elegante Option für die Skisaison mit modernen Zimmern, einem Thermalpool und vielen Aktivitäten.

M I Lodge LODGE **$$$**
(mobil 9-9321-7567; www.milodge.com; Camino a Shangri-Lá, Km 2Zi. pro Pers. inkl. Frühstück 30 000–45 000 Ch$;) Zweifellos hat diese Lodge eine Menge zu bieten: rustikal-schicke Möbel, ein wunderschön gestaltetes französisches, auch für Nichtgäste geöffnetes Restaurant (Spezialität des Hauses sind Crêpes) mit Glas- und Holzwänden sowie einem prasselnden Feuer. Die Räume sind etwas dunkel und veraltet, bieten aber viel Platz und dicke Matratzen. Man sollte sich ein Zimmer mit Ausblick geben lassen.

Snow Pub PUBFOOD **$**
(42-221-3910; Camino Termas de Chillán, Km 71; Hauptgerichte 5000–7000 Ch$; Mo–Sa 13 Uhr–open end, So bis 20 Uhr) Seit Jahren strömen die Après-Ski-Fans des Valle Las Trancas in diese stimmungsvolle Bar, die in der Hochsaison vor Nachtschwärmern aus allen Nähten platzt. Sie serviert nicht nur Drinks, sondern auch köstliche Pizza, Gnocchi und Sandwiches.

An- & Weiterreise

Am Terminal de Buses Rurales in Chillán starten täglich mindestens zehn Busse von **Rembus** (S. 132) ins Valle Las Trancas (2000 Ch$, 1½ Std.); die Busse um 7.50 und 13.20 Uhr fahren weiter ins Valle Hermoso. Vom Terminal Sur in Santiago bietet **Buses Nilahue** (2-2776-1139; www.busesnilahue.cl) eine Direktverbindung ins Valle Las Trancas (14 000 Ch$, 7 Std., tgl. 14.50 Uhr). Im Winter fahren täglich acht Shuttlebusse von Las Trancas in das Skigebiet (1600 Ch$).

Küstenorte

In den abgelegenen Küstenorten nordwestlich von Chillán erstrecken sich stille naturbelassene Strände am Rande einer ländlichen Umgebung. Die Gegend eignet sich ideal für gemächliche Spaziergänge am Meer; gute, ruhige Surfgelegenheiten ziehen Menschen an, die allein die Wellen für sich ohne die üblichen Partys schätzen.

Cobquecura

Cobquecura ist ein beschaulicher kleiner Ort mit malerischen Häusern und Trockenmauern aus lokalem Schiefer, von denen beim Erdbeben 2010 leider viele einstürzten. Zur Gemeinde gehört ein langer, breiter Strand mit wilden Wellen, die ein Magnet für Surfer aus aller Welt sind. Wer am Wasser unterwegs ist, hört von der **La Lobería** genannten Felsformation 50 m vor der Küste ein tiefes bellendes Geräusch: Hier lebt eine große Kolonie von sonnenbadenden Seelöwen.

Wenn man 5 km auf der Küstenstraße Richtung Norden fährt, stößt man auf die eindrucksvolle **Iglesia de Piedra** (Steinerne Kirche), einen massiven Monolithen mit riesigen Kavernen, die sich zum Meer hin öffnen. Das Licht in den Höhlen ist geheimnisvoll – die präkolumbischen Einwohner Cobquecuras hielten wohl auch deshalb im Felsen rituelle Versammlungen ab. Heutzutage steht dort eine Figur der Jungfrau Maria. 5 km außerhalb der Stadt befindet sich die **Playa Rinconada**, der sicherste Strand zum Baden.

Schlafen & Essen

Ruka Antu Eco Lodge BOUTIQUE-HOTEL **$$$**
(www.rukaantu.cl; Playa Rinconada s/n; Zi. 55 000 Ch$ pro Pers.;) Acht kleine, aber stilvolle Zimmer mit Blick auf die tosenden Wellen und ein Rasen mit Hängematten. Die all-inclusive-Pakete beinhalten Frühstück und Abendessen im gläsernen Restaurant, geführte Wanderungen oder Stand-up-Paddling-Unterricht und einen entspannenden Besuch in der Sauna und in den privaten Whirlpools.

Das Hotel liegt 5 km südlich der Stadt an der Playa Rinconada. Wer an der Bushaltestelle in Cobquecura abgeholt werden möchte, sollte den Transfer vorher vereinbaren (5000 Ch$).

Los Copihues CAFÉ **$**
(☎42-197-1360; Independencia 635; Sandwiches & Kuchen 1000–2500 Ch$; ⌚tgl. 10–19 Uhr, Jan. & Feb. 10–21 Uhr; 📶) Das unglaublich billige Frühstück, die Sandwiches und die hausgebackenen Kuchen (den Papaya-Kuchen probieren!) sorgen dafür, dass dieses Café bei den Einheimischen unglaublich beliebt ist. An den Tischen kann man den Blick auf den Innengarten und den freundlichen Service genießen, während man einen Espresso trinkt.

Caleta de Pescadores MEERESFRÜCHTE **$**
(Playa Rinconada; Snacks 2000–2500 Ch$; ⌚10–18 Uhr) Frisch gefangene Krabben, *piure* (ein fleischiges Manteltier) und *navajuelas* (Muscheln) werden an diesem kleinen Stand an der Playa Rinconada, 5 km südlich der Stadt, verkauft.

An- & Weiterreise

Vom Terminal de Buses Rurales in Chillán **Via Itata** (www.busesviaitata.cl) fährt täglich um 7.40 und 11 Uhr ein Bus nach Cobquecura (2500 Ch$, 3 Std.). Im Sommer und an Wochenenden fahren mehr Busse. Täglich kommen vier Busse von **Magabus** (www.magabus.cl) aus Concepción (4500 Ch$) durch Cobquecura und bieten Anschluss nach Buchupureo und Pullay. **Nilahue** (☎2-2776-1139; www.busesnilahue.cl) betreibt einen Direktbus vom Terminal Sur in Santiago nach Cobquecura (10 000 Ch$, 7 Std.). Von April bis Dezember fährt er nur einmal täglich, von Dezember bis März zweimal.

Buchupureo

Das geruhsame Bauerndorf 13 km nördlich von Cobquecura ist wirklich zauberhaft. In der Umgebung erstrecken sich steile Hänge mit üppigem Pflanzenwuchs, was für tropisches Flair sorgt. Obwohl der Ort bei Touristen immer beliebter wird, verläuft das Leben sehr gemächlich: Ochsenkarren sind noch immer ein alltäglicher Anblick. Buchupureo zieht zudem viele Angler an, denn *corvinas* (Seebarsche) schnappen in diesen Gewässern offenbar nach jedem Haken, der vom Strand ins Wasser geworfen wird.

Dünen und Gebüsch trennen den einsamen schwarzen Sandstrand von der Hauptstraße, die parallel zur Küste verläuft, bevor sie durch das kleine Ortszentrum zum Meer hin einen Bogen macht. Ein paar hölzerne Laufstege verbinden zusätzlich Straße und Strand.

Schlafen & Essen

Complejo Turística Ayekán HÜTTEN **$**
(☎mobil 9-9988-5986; www.turismoayekan.cl; Guillermo Cox s/n; Stellplatz 15 000 Ch$, Hütten für 2/4 Pers. 35 000/65 000 Ch$; 🏊) Im Sommer stehen 20 Zeltplätze unweit des Strands in einer hübschen Lichtung am Ende einer von Eukalyptus gesäumten Auffahrt zur Wahl. Das runde Restaurant serviert chilenische und peruanische Küche (Hauptgerichte 5000–15 000 Ch$). Die Hütten haben eigene Küchen und sind mit rustikalen Holzmöbeln eingerichtet, von den Terrassen hört man leise das Meer rauschen.

★ **Parque Las Nalkas** RESORT **$$$**
(☎mobil 9-7779-8469; www.parquelasnalkas.cl; Talcamavida s/n; Hütten & Baumhäuser für 2/5/8 Pers. 95 000/145 000/180 000 Ch$; 📶🏊) In einem 22 ha großen Waldschutzgebiet, 5 km von der Küste entfernt, liegt dieser fantastische Komplex mit Baumhäusern, die der Schwerkraft zu trotzen scheinen. Rot gestrichene Plankenwege verbinden die mit viel Kunst dekorierten Hütten und führen am friedlichen Pool und an einem ideenreichen Spielplatz (mit Baumschaukeln!) vorbei bis zu Aussichtspunkten.

Ein Besuch lohnt auch, wenn man nicht hier übernachtet, um eine Wanderung auf den Wegen des Parks (Eintritt 3000 Ch$ pro Pers.) zu unternehmen und im sehr empfehlenswerten **Gaba Restaurant** Meeresfrüchte oder Pizza zu essen. Ein Taxi vom Zentrum Buchupureos kostet etwa 3000 Ch$.

La Joya del Mar B&B **$$$**
(☎42-197-1733; www.lajoyadelmar.cl; Camino Buchupureo, Km 8,5; Villen für 2/5 Pers. inkl. Frühstück 115 000/150 000 Ch$; 📶🏊) Üppige tropische Pflanzen überwuchern die Terrassen, der Pool scheint mit dem Meer zu verschmelzen – eine wunderbar romantische Unterkunft! Das Flair greift auch auf das luftige Restaurant mit Glasfront über, das Speisen aus erntefrischen Zutaten serviert (Hauptgerichte 9000–11 000 Ch$, 12–22 Uhr geöffnet). Das Anwesen wird von einer kalifornischen Familie geführt. In den drei Villen können zwei bis fünf Personen übernachten.

(Fortsetzung auf Seite 140)

Chilenischer Wein

Man stelle sich einen fantastisch blauen Himmel vor, in sauberen Reihen gepflanzte Weinreben voller kräftiger Trauben sowie hohe Pappeln und schillernde Berggipfel in der Ferne. Wer bei dieser verträumten Landschaft an Kalifornien oder Norditalien denkt, liegt falsch. Chiles Weinregion hat von den großen Anwesen alter Dynastien bis zu emporkommenden Garagenweinen alles zu bieten. Einfach entkorken und genießen.

1

1. Viña Indómita (S. 112)
Im Casablanca-Tal auf halber Strecke zwischen Santiago und Valparaíso boomt der Wein-Tourismus.

2. Viña Concha y Toro (S. 85)
Weinfässer auf Chiles größtem und industriellstem Weingut im Maipo-Tal.

3. Traubenernte
Bei Viña Concha y Toro im Maipo-Tal werden Trauben für den Cabernet Sauvignon geerntet.

4. Viña Veramonte (S. 113)
Dieses Weingut im Casablanca-Tal ist bekannt für seine preisgekrönten Cabernets und Chardonnays.

1

2

4

1. Viña Casas del Bosque (S. 112)
Die Weingüter im Casablanca-Tal überzeugen vor allem mit ihren hervorragenden Chardonnays, Sauvignon Blancs und Pinot Noirs.

2. Colchagua-Tal (S. 118)
Mitte des 16. Jhs. führten jesuitische Missionare in diesem Teil Chiles die ersten Weinberge ein.

3. Maipo-Tal (S. 84)
Herrliche Weingüter und Massenproduktion prägen das Maipo-Tal südlich von Santiago.

4. Elqui-Tal (S. 217)
Zwar kennt man das Elqui-Tal vor allem für seinen kräftigen Traubenbranntwein, den Pisco, doch es ist auch die Heimat zahlreicher Weingüter.

(Fortsetzung von Seite 135)

El Puerto FISCH & MEERESFRÜCHTE $

(mobil 9-9161-2315; www.elpuertobuchupureo.cl; Playa La Boca s/n; Hauptgerichte 5000–7000 Ch$; Jan. & Feb. 9–2 Uhr, März–Dez. 12–24 Uhr) Das bewährte Restaurant mit einer Sonnenterrasse mit Meerblick serviert preiswerte Meeresfrüchtegerichte und starke Cocktails. Die einfachen (aber völlig ausreichenden) Hütten säumen den Hügel über dem Restaurant und locken mit großartiger Aussicht zum Schnäppchenpreis (Hütten für 4 Pers. 35 000 Ch$).

★ **El Chiringuito de Pullay** FISCH & MEERESFRÜCHTE $$

(mobil 9-9185-0344; www.facebook.com/ElChiringuitoDePullay; Playa Pullay s/n, Pullay; Hauptgerichte 6000–8000 Ch$; Dez.–März 12–20 Uhr, Sept.–Nov. & April nur am Wochenende;) Frische saisonale Zutaten von Fischern und Bauern aus der Gegend – das ist die Philosophie dieses ruhigen Strandrestaurant mit bunten Holzmöbeln. Neben dem Restaurant kann man zelten (Stellplatz 5000 Ch$ pro Pers.), allerdings gibt's nur kalte Duschen. Außerdem wird Surfunterricht in englischer Sprache angeboten (20 000 Ch$; nur nach Vereinbarung).

An- & Weiterreise

Vom Terminal de Buses Rurales in Chillán fährt mindestens ein Bus von **Via Itata** (www.busesviaitata.cl) nach Buchupureo (2500 Ch$, 3 Std., 7.40 Uhr). Im Sommer und an den Wochenenden wird die Strecke häufiger bedient. Busse von **Magabus** (S. 135) kommen viermal täglich aus Concepción (4500 Ch$) und halten in Cobquecura, wo es Anschluss nach Buchupureo und Pullay gibt. **Nilahue** (S. 135) betreibt einen Direktbus vom Terminal Sur in Santiago nach Cobquecura (10 000 Ch$, 7 Std.). Von April bis November fährt er nur einmal täglich, von Dezember bis März zweimal. In der Hochsaison fahren die Busse automatisch weiter bis Buchupureo, in der restlichen Zeit des Jahres muss man den Fahrer aber bitten, dort zu halten.

Concepción

41 / 229 000 EW. / 12 M

Die wichtige betriebsame Hafenstadt Concepción ist vor allem für ihre Universitäten und ihre Musikszene bekannt. Viele der besten Rockmusiker Chiles haben hier ihre Karriere gestartet. Sie verfügt über mehrere sehenswerte Plazas und Museen; wer Spanisch spricht, wird die dynamische und jugendliche Kunst-, Musik- und Kulturszene voll auskosten können. Die Stadt liegt am Nordufer des Río Biobío, des einzigen bedeutenden schiffbaren Flusses im Land, der etwa 10 km weiter in den Pazifik mündet. Die Metropole scheint immer weiter zu wachsen – inzwischen leben in der Umgebung schätzungsweise 950 000 Menschen. „Conce", so die regionale Bezeichnung, wurde 2010 vom Erdbeben schwer getroffen und danach von Plünderungen und Gesetzlosigkeit heimgesucht; doch dank ihrer wirtschaftlichen Bedeutung wurde die Stadt schnell wieder aufgebaut.

Sehenswertes

La Casa del Arte MUSEUM

(41-220-3835; http://extension.udec.cl/pinacoteca; Ecke Avs Chacabuco & Paicaví, Barrio Universitario; Di–Fr 10–18, Sa 11–17, So 11–14 Uhr) GRATIS *La Presencia de América Latina*, ein gewaltiges hochpolitisches Wandbild, ist das Highlight des Kunstmuseums der Universität. Es wurde vom mexikanischen Künstler Jorge González Camarena geschaffen, einem Protégé der Wandmalerlegende José Clemente Orozco. Das Werk feiert die indigenen Völker Lateinamerikas und die Unabhängigkeit von kolonialen und imperialistischen Mächten.

Weitere Kunst mit sozialer Aussage findet man rund um den Campus in Form von öffentlichen Wandgemälden auf nahezu jedem Zentimeter Mauerwerk.

Parque Ecuador PARK

(Av Lamas) Es handelt sich um eine schmale Grünanlage am Fuß des **Cerro Caracol**. Zwei Zugangsstraßen (Verlängerungen der Caupolicán und Tucapel) führen auf den Gipfel des Hügels, der eine großartige Aussicht auf Concepción bietet.

Schlafen

Hostal B&B Concepción PENSION $

(41-318-9308; www.hostalboutiqueconcepcion.com; Ongolmo 62; EZ/DZ/3BZ inkl. Frühstück 20 000/33 500/41 000 Ch$; P) Außergewöhnlich saubere Zimmer mit bequemen Betten in bester Lage nahe der Plaza Peru. Nur das Frühstück könnte angesichts der leckeren Kuchen und Kaffees im Café der Pension großzügiger ausfallen.

Hotel Alborada BOUTIQUE-HOTEL $$

(41-291-1121; www.hotelalborada.cl; Barros Arana 457; DZ inkl. Frühstück ab 56 000 Ch$; P) Das überraschend stilvolle neue Haus in Concepcións Hotellandschaft liegt zentral und ist minimalistisch-cool eingerichtet. Die weiß

ABSEITS DER ÜBLICHEN PFADE

MINENTOUR IN LOTA

Concepcións exponenzielles Industrie- und Wirtschaftswachstum ist größtenteils den gewaltigen Kohlevorkommen vor der Küste zu verdanken, die südlich der Stadt an der sogenannten Costa del Carbón (Kohlenküste) entdeckt wurden. Als man die Gruben 1997 schloss, stürzte der hügelige Küstenort Lota in die Armut, und es bildeten sich dort einige der heruntergekommensten Slumsiedlungen des Landes. Mittlerweile hat sich die Gemeinde jedoch als Touristenziel für Gruppenbesichtigungen neu erfunden und ist ein interessantes Ziel für einen Halbtagesausflug von Concepción aus.

Die Hauptattraktion ist die **Mina Chiflón del Diablo** (Teufelspfiffgrube; ☎41-287-0917; www.lotasorprendente.cl; Antonio Ríos 1; 45-minütige Führungen 7500 Ch$, komplettes Lota-Touristenpaket inkl. Besuch der Mine, des Parks & des historischen Museums 8000 Ch$; ⌚Führungen 10.30 & 16.30 Uhr), eine natürlich belüftete Unterwassergrube, die von 1852 bis 1976 in Betrieb war. Ehemalige Grubenarbeiter betätigen sich heute als Führer auf der gut gemachten 45-minütigen Tour (nur auf Spanisch), die durch Stollen und Tunnel zu einem Flöz (Kohlenstoß) 50 m unter dem Meeresspiegel führt.

Alle Besucher erhalten vor dem Einstieg in den ratternden Metallkäfig, der sie nach unten bringt, eine Grubenlampe und Sicherheitsausrüstung. Zu besichtigen ist auch das Pueblito Minero, ein liebevoller Nachbau typischer Bergarbeiterhäuschen, die für den hier gedrehten chilenischen Film *Sub Terra* (Unter Tage) gebaut wurden.

Ein Stück weiter die Straße hinab lädt der **Parque Botánico Isidora Cousiño** (☎41-287-1022; www.lotasorprendente.cl; El Parque 21; Erw./Kind 2500/1700 Ch$; ⌚10.30–18 Uhr) mit gepflegten Blumenbeeten, kleinen Teichen und natürlichem Wald, der sich bis zu einem Leuchtturm an einer Landspitze zieht, zu einem Besuch ein.

Von Concepción nach Lota fahren Busse mit der Aufschrift „Coronel–Lota" (800 Ch$, 1 Std., alle 15 Min.). Man bittet den Fahrer, an der Iglesia Parroquial zu halten, und folgt dann den Schildern hügelabwärts zur Mine.

möblierten und mit viel Glas und Spiegeln ausgestatteten Gemeinschaftsräume kommen schicker daher als die Gästezimmer selbst, die zwar geräumig und bequem, aber nichts Besonderes sind.

Essen

Deli House INTERNATIONAL $
(www.delihouse.cl; Av Diagonal Pedro Aguirre Cerda 1234; Hauptgerichte 3500–6500 Ch$; ⌚Mo–Fr 9.30–23.30, Sa ab 12, So 12.30–16.30 Uhr; 📶) An den Tischen inmitten einer grünen Umgebung kann man toll bei Kaffee, Empanadas, köstlicher Pizza oder in der Happy Hour abschalten und die unkonventionelle Studentenschaft beobachten.

Café Rometsch CAFÉ $
(☎41-274-7046; Barros Arana 685; Hauptgerichte 3500–7000 Ch$; ⌚9–20 Uhr) Köstliche Kuchen und Eis und elegante Tische auf dem Bürgersteig an der Plaza – müssen wir noch mehr sagen?

★ **Lo que más quiero** CHILENISCH $$
(☎41-213-4938; Lincoyán 60; Hauptgerichte 6000–11 000 Ch$; ⌚Mo–Fr 11–15 & 18.30–24 Uhr) Conces bestes Restaurant ist so klar und aufgeräumt wie die Stadt selbst. Die hübsche Einrichtung ist aus Holz, hinten versteckt sich ein Garten. Auf der Karte stehen die größte Auswahl an Salaten, die wir in ganz Chile gesehen haben, kreative Hauptgerichte mit viel Fleisch, köstliche Sandwiches und frische Säfte. Ohne Reservierung geht hier allerdings gar nichts.

Fina Estampa PERUANISCH $$
(☎41-222-1708; www.facebook.com/finaestampa concepcion; Angol 298; Hauptgerichte 8000–10 000 Ch$; ⌚Mo–Sa 12.30–24, So bis 16 Uhr) Gestärkte Tischtücher, akkurat gefaltete Servietten und ehrerbietige Kellner mit Fliege verleihen dem peruanischen Restaurant altmodische Eleganz. *ceviche*, *ají de gallina* (Huhn in pikanter gelber Pfeffersoße) und andere Klassiker sind ebenso wie der gegrillte Fisch perfekt zubereitet.

Ausgehen & Nachtleben

★ **Casa de Salud** BAR
(http://casadesalud.cl; Brasil 574; Eintritt variiert; ⌚Mi–Sa 21.30–4 Uhr) Ein Erlebnis für alle Sinne, für Körper und Seele ist das labyrinthische Casa de Salud, in dem die Grenzen zwi-

schen Bar, Club, Konzertstätte, Kunstgalerie und Kulturzentrum verschwimmen. Was geschieht, wenn all das miteinander verschmilzt? Hier kann man es herausfinden.

Tostaduría de Café Coyoacán KAFFEE
(mobil 9-8739-1054; www.tostaduriacoyoacan.cl; Av Chacabuco 1111; Mo–Fr 9–19.30, Sa 11–14.30 Uhr;) In dem gemütlichen Café bei der Universidad de Concepción werden die Bohnen frisch geröstet, einen frischeren oder aromatischeren Espresso als hier findet man nirgends in der Stadt.

Praktische Informationen

BancoEstado (O'Higgins 486; Mo–Fr 9–14 Uhr) Eine von vielen Banken mit Geldautomaten unweit der Plaza Independencia.

CONAF (41-262-4046; www.conaf.cl; Rengo 345; Mo–Do 8.30–16.30, Fr bis 15.30 Uhr) Spärliche Informationen zu Nationalparks und Schutzgebieten

Hospital Regional (41-272-2500; Ecke San Martín & Av Roosevelt; 24 Std.) Öffentliches Krankenhaus.

Postamt (Correos de Chile; Ecke O'Higgins & Colo Colo; Mo–Fr 9–19, Sa 9.30–13 Uhr) Zentral gelegenes Postamt.

Sernatur (41-274-1337; www.biobioestuyo.cl; Pinto 460; Jan. & Feb. 9–20, Sa bis 16 Uhr Uhr, März–Dez. Mo–Fr 8.30–13 & 15–18 Uhr) Auf der Plaza Independencia, hat Informationen und Broschüren über die Region.

An- & Weiterreise

AUTO

Ein Auto kann nützlich sein, um die Nationalparks südlich von Concepción zu erkunden.

Hertz (41-279-7461; www.hertz.cl; Av Arturo Prat 248; Leihwagen pro Tag ab 30 000 Ch$; Mo–Fr 8–20, Sa 9–13 Uhr) hat ein Büro im Stadtzentrum.

BUS

In Concepción gibt's zwei Fernbusbahnhöfe. Die meisten Unternehmen nutzen den **Terminal de Buses Collao** (Tegualda 860) 3 km östlich des Stadtzentrums. Vor der Haltestelle fahren Taxis in die Stadt.

Nach Santiago bestehen täglich Dutzende Verbindungen mit **Eme Bus** (41-232-0094; www.emebus.cl; Tegualda 860), **Pullman Bus** (600-320-3200; www.pullmanbus.cl; Tegualda 860), **Nilahue** (www.busesnilahue.cl; Tegualda 860) und **Turbus** (600-660-6600; www.turbus.cl; Tucapel 530), das auch Busse nach Valparaíso und Richtung Süden nach Temuco, Valdivia und Puerto Montt hat.

Busse von **Línea Azul** (42-203-800; www.buseslineaazul.cl/destinos.php; Tegualda 860, Terminal de Buses Collao) fahren nach Chillán (alle 30 Min.). Pullman Bus verbindet Conce alle 30 Minuten mit Los Angeles, einige Busse halten am Salto del Laja. Buses Biobío bedient ähnliche Strecken und verkehrt außerdem stündlich nach Angol.

Orte an der Küste, darunter Cañete, bedient **Sol de Lebu** (41-251-2263; www.soldelebu.com; Tegualda 860, Terminal de Buses Collao).

Buses Biobío (www.busesbiobio.cl; Camilo Henríquez 2565, Terminal Camilo Henríquez) nutzt einen anderen Busbahnhof, den Terminal Camilo Henríquez, der Richtung Nordosten an der Verlängerung der Bulnes liegt.

ZIEL	PREIS (CH$)	DAUER (STD.)
Angol	5000	3½
Chillán	2500	2
Los Angeles	2500	2
Lota	800	1
Puerto Montt	10 000	8
Santiago	8000	6½
Talcahuano	500	45 Min.
Temuco	8500	4
Valdivia	12 000	6
Valparaíso/ Viña del Mar	9500	8

Salto del Laja

Auf halber Strecke zwischen Los Angeles und Chillán stürzt der Río Laja über einen Steilhang fast 50 m in die Tiefe und bildet dabei einen hufeisenförmigen **Wasserfall**. Wenn er nach ergiebigen Niederschlägen voll ist, bezeichnen ihn manche gerne etwas übertrieben als „Iguazú-Wasserfälle en miniature“. Nichtsdestotrotz beeindruckt der Anblick von der Straßenbrücke über den Río Laja auf die Fälle. Die Straße selbst ist die alte Panamericana, aber eine neue Umgehung der Ruta 5 im Westen führte dazu, dass nur noch wenige Busse zwischen Chillán und Los Angeles hier durchfahren. Eine Ansammlung von billigen Souvenirbuden und konkurrierenden Restaurants zeugt von der Beliebtheit des Salto del Laja bei den Chilenen aus benachbarten Städten.

Schlafen

Los Manantiales RESORT **$**
(43-231-4275; www.losmanantiales.saltosdellaja.com; Variante Salto del Laja, Km 480; Stellplatz für bis zu 6 Pers. 34 000 Ch$, EZ/DZ 35 000/40 000 Ch$; @) Für einen längeren Aufenthalt am Salto del Laja eignet sich das beliebte Budge-

thotel Los Manantiales, dessen großes Restaurant einen spektakulären Blick auf den Wasserfall bietet. Die holzgetäfelten Zimmer sind geräumig und sauber, und die Einrichtung des gesamten Komplexes scheint seit den 1970er-Jahren herrlich unverändert geblieben zu sein.

Hotel Salto del Laja RESORT **$$**
(☎43-232-1706; www.saltodellaja.cl; Ruta 5 Sur, Km 485; EZ/DZ inkl. Frühstück ab 62 000/72 000 Ch$; @📶🏊) Das nobelste Hotel der Gegend hat große, gut ausgestattete Zimmer mit spektakulärem Blick auf den Wasserfall, einen Neun-Loch-Golfplatz (im Preis enthalten) und sogar eine eigene Kleinbrauerei. Es bietet auch geführte Wanderungen an.

An- & Weiterreise

Vom Terminal de Buses Rurales in Los Angeles fahren Busse mehrerer Busgesellschaften, darunter **Buses Jota Be** (☎41-286-1533), alle 30 Min. zum Salto del Laja (1000 Ch$, 45 Min.). **Pullman Bus** (☎600-320-3200; www.pullman.cl; Av Sor Vicenta 2051, Terminal Santa María) bietet eine ähnliche Verbindung vom Terminal Santa María in Los Angeles. Auch einige Busse, die zwischen Chillán und Los Angeles unterwegs sind, halten hier, man sollte sich aber vor der Fahrt noch einmal genauer informieren.

Los Angeles

☎43 / 169 929 EW.

Los Angeles ist zwar ein ganz brauchbarer Standort für den Besuch des Parque Nacional Laguna del Laja, aber ansonsten ein unscheinbares landwirtschaftliches und industrielles Dienstleistungszentrum 110 km südlich von Chillán.

Schlafen & Essen

★ **Residencial El Rincón** LODGE **$$**
(☎mobil 9-9082-3168; www.elrinconchile.cl; Sector El Olivo s/n; Zi. inkl. Frühstück 48 000–61 000 Ch$, ohne Bad 40 000 Ch$; 📶) Das von Amerikanern geführte Residencial El Rincón liegt in herrlicher ländlicher Umgebung 19 km nördlich von Los Angeles. Wer reisemüde ist, kann hier eine Pause zum Entspannen einlegen. Die Lodge hat gemütliche Zimmer aus Holz und serviert fabelhaftes hausgemachtes Frühstück und Abendessen (Drei-Gänge-Abendessen 16 000 Ch$).

Café Francés FRANZÖSISCH **$**
(☎43-223-4461; www.facebook.com/cafefrances; Colo Colo 696; Hauptgerichte 3000–4500 Ch$; ⏲Mo–Sa 10–21 Uhr; 📶) In diesem schlichten französischen Café gibt's Kaffee und Espresso, Sandwiches, Kuchen sowie süße und herzhafte Crêpes.

An- & Weiterreise

Fernbusse starten an zwei benachbarten Haltestellen in der Avenida Sor Vicenta, der Verlängerung der Villagrán am nordöstlichen Stadtrand.

Busse von **Turbus** (☎43-240-2003; www.turbus.cl) fahren vom **Turbus-Terminal** (Av Sor Vicenta 2061), darunter täglich viele nach Santiago (7500 Ch$, 7 Std.), von denen die meisten in Talca und Curicó halten. Über 20 Busse täglich fahren Richtung Süden nach Temuco (4900 Ch$, 2 Std.), Osorno (8500 Ch$, 7 Std.) und Puerto Montt (10 000 Ch$, 8 Std.). **Buses Bio Bio** (www.busesbiobio.cl) bietet von diesem Busbahnhof regelmäßig Verbindungen nach Concepción (3700 Ch$, 1½ Std.), Chillán (3000 Ch$, 2 Std.) und Angol (1500 Ch$, 2 Std.), dem Tor zum Parque Nacional Nahuelbuta.

Alle andere Busunternehmen nutzen den benachbarten **Terminal Santa María** (Av Sor Vicenta 2051). Von hier gibt's regelmäßige Verbindungen mit **Pullman Bus** zum Salto del Laja (1000 Ch$, 45 Min., alle 30 Min.), nach Temuco, Osorno und Puerto Montt; die Preise und Fahrzeiten gleichen denen von Turbus.

Lokale Busunternehmen, darunter **Jota Be** (☎43-253-3918), starten am **Terminal de Buses Rurales** (Terminal Vega Techada; Villagrán 501) an der Ecke Rengo in der Nähe des Marktes Vega Techada. Von hier fahren häufig Busse zum Salto del Laja.

Parque Nacional Laguna del Laja

93 km östlich von Los Angeles erstreckt sich der 116 km² große **Parque Nacional Laguna del Laja** (☎mobil 9-6642-6899; www.conaf.cl/parques/parque-nacional-laguna-del-laja; Erw./Kind 3000/1500 Ch$; ⏲Dez.–April 8.30–20 Uhr, Mai–Nov. bis 18.30 Uhr). Innerhalb des Parks erhebt sich der symmetrische Kegel des Volcán Antuco (2985 m). Lava von diesem Vulkan hat den Río Laja gestaut und jenen See geschaffen, nach dem der Park benannt wurde. Die Lavafelder direkt um das Gewässer gleichen einer gespenstischen Mondlandschaft. Auch wenn der Vulkan ruhig wirkt, ist er doch nicht erloschen: Die letzte vulkanische Aktivität fand vor etwa 25 Jahren statt.

Im Park stehen die Chilezeder (*Austrocedrus chilensis*), die Araukarie oder Andentanne sowie weitere eher seltene Baumarten unter Schutz. Säugetiere sind selten, obwohl schon Pumas, Füchse und Viscachas gesichtet wurden. Fast 50 Vogelarten leben in der Region, darunter auch der Kondor.

Es gibt einen kleinen CONAF-Posten am Parkeingang **Los Pangues**, wo sich Besucher registrieren lassen müssen. Von dort führt eine kurvige Straße über 3 km bis zur Hauptverwaltung in **Chacay**.

Aktivitäten

Sendero Sierra Velluda WANDERN

Der Star unter den Wanderwegen des Parks ist der 4,6 km lange Sendero Sierra Velluda, der nach dem Hängegletscher benannt ist, der am Weg liegt. Die Route führt durch einen Bergzypressenwald, vorbei an Wasserfällen und Lavafeldern. Unterwegs sind häufig Kondore zu sehen.

Chacay WANDERN

Chacay ist der Startpunkt für mehrere gut markierte Wanderwege. Links von der Straße führt ein einfacher 1,6 km langer Weg zu zwei kleinen, aber sehenswerten Wasserfällen, dem **Salto de Las Chilcas** (wo der unterirdische Río Laja auftaucht) und dem **Salto del Torbellino**. Auf der rechten Seite verläuft der 1,7 km lange **Sendero Los Coigües** mit fabelhaften Ausblicken auf den Volcán Antuco.

Centro de Esquí Volcán Antuco SKIFAHREN

(☎ 43-232-2651; www.skiantuco.cl; Los Carrera s/n; Liftticket 20 000 Ch$) Im Winter betreibt der Club de Esqui de los Angeles an den Skihängen unweit des Vulkanrands nahe Chacay drei Schlepplifte und ein kleines Restaurant (Hauptgerichte 7000 Ch$).

Schlafen

Centro Turistico CABAÑAS $$

(☎ mobil 9-8221-2078; www.parqueantuco.cl; 1 km hinter dem Parkeingang; Stellplätze 5000 Ch$ pro Pers., Hütten für 4/6/7 Pers. 45 000/60 000/70 000 Ch$;) Dieser privat geführte Komplex in einem Tal am Eingang zum Park hat gut ausgestattete Nurdachhütten aus Holz und Stein mit zwei Etagen. Der Blick auf die Berge ist beeindruckend. Es gibt auch 22 Campingstellplätze mit sauberen Bädern und warmen Duschen.

An- & Weiterreise

Vom **Terminal de Buses Rurales** (S. 143) in Los Angeles starten Regionalbusse ins Dorf El Abanico (2000 Ch$, 2 Std., 6-mal tgl.), das 11 km vom Eingang zum Parque Nacional Laguna del Laja entfernt liegt. Der letzte Bus zurück nach Los Angeles verlässt Abanico um 20 Uhr. Zwischen Abanico und dem Park sind keine öffentlichen Verkehrsmittel unterwegs. Zu den Stellplätzen und Hütten des Centro Turistico sind es zu Fuß anderthalb Stunden. Trampen ist generell möglich, viel Verkehr gibt's an Wochentagen aber nicht. Wer selbst fährt, benötigt für diese Straße zwischen Mai und September ein Fahrzeug mit Allradantrieb und Ketten.

Angol

☎ 45 / 56 204 EW.

Trotz ihrer turbulenten und interessanten Geschichte – während des Konflikts zwischen den Mapuche und den Eroberern wurde die Stadt sechsmal dem Erdboden gleichgemacht – ist Angols einzige wirkliche Attraktion ihr guter Zugang zum bergigen Parque Nacional Nahuelbuta.

Angol erstreckt sich zu beiden Seiten des Río Vergara, einem oberen Zufluss des Biobío, der wiederum vom Zusammenfluss des Río Picoiquén und Río Rehue gebildet wird. Der ältere Stadtkern liegt am Westufer um die hübsche Plaza de Armas. Die Plaza schmücken große schattige Bäume, gepflegte Blumenbeete und ein Brunnen mit vier herrlich erhabenen Marmorstatuen, die Europa, Asien, Amerika und Afrika repräsentieren.

Feste & Events

Brotes de Chile MUSIK

(www.festivalbrotesdechile.cl; Jan.) Eines der größten Folkfestivals des ganzen Landes mit traditionellen Tänzen, Essen und Kunsthandwerk findet Mitte Januar in dieser kleinen Stadt statt.

Schlafen & Essen

Hotel Angol HOTEL $

(☎ 45-271-9036; Lautaro 176; DZ inkl. Frühstück 33 000 Ch$;) Die elf einfachen, zentral gelegenen Hotelzimmer haben eigene Bäder und Kabel-TV. Der Check-in findet unten im unauffälligen Café de la Rueda statt, das auch Nichtgästen offensteht

Duhatao BOUTIQUE-HOTEL $$

(☎ 45-271-4320; www.hotelduhatao.cl; Arturo Prat 420; EZ/DZ inkl. Frühstück 39 500/59 500 Ch$;) Ein Designerhotel in Angol – wer hätte das gedacht? Das Duhatao verbindet klare moderne Linien mit örtlichem Kunsthandwerk und typischen Farben – handgewebte Decken liegen auf den elastischen Betten und in den Bädern finden sich große runde Waschbecken. Das elegante Hotelrestaurant mit Bar ist der einzige Ort in der Stadt, der sonntagabends geöffnet hat.

ABSTECHER

CAÑETE

Auf der Angol entgegengesetzten Seite des Parque Nacional Nahuelbuta liegt die Mapuche-Hochburg Cañete mit dem **Museo Mapuche** (Mapuche-Museum Cañete; ☎41-261-1093; www.museomapuchecanete.cl; Camino Contulmo s/n; ⏲Di–Fr 9.30–17.30, Sa ab 11, So ab 13 Uhr) GRATIS. Das markante Gebäude, dessen runde Form an eine *ruka* (traditionelles strohgedecktes Haus der Mapuche) angelehnt ist, zeigt u. a. Keramik, Textilien, Silberschmuck, Webarbeiten und zeremonielle Trompeten. Selbst die meisten Chilenen werden nicht schlau aus der seltsamen Speisekarte des nahen **La Sazón** (☎41-261-9710; Arturo Prat 626; Hauptgerichte 6000–9000 Ch$; ⏲Mo–Sa 12–23, So bis 16 Uhr), das sich von Kochtechniken der Mapuche inspirieren lässt. Es verwendet so ungewöhnliche Zutaten wie *nalca* (chilenischer Rhabarber), *harina tostada* (geröstetes Mehl) und Beeren der Chilenischen Guave (*murtilla*) für Kuchen. Von dieser Seite fahren keine öffentlichen Verkehrsmittel zum Parque Nacional Nahuelbuta, die Stadt ist aber eine tolle Ausgangsbasis für Besucher mit eigenem Fahrzeug. Eine Alternative sind die fünftägigen geführten Touren (in englischer Sprache) durch die Region des in Cañete ansässigen Veranstalters **Parque Ecológico Reussland** (☎mobil 9-5659-1472; www.reussland.cl; Ruta P-60 R, Km 33; Hütten ab 42 000 Ch$, fünftägige all-inclusive-Tour 294 000 Ch$), die Reiten, Wandern im Parque Nacional Nahuelbuta und Besuche von kulturellen Stätten der Mapuche einschließen; der Transport von und nach Concepción ist inbegriffen. Das private Schutzgebiet hat für durchreisende Besucher auch zwei kapselähnliche Hütten im Wald im Angebot.

Sparlatto Pizza PIZZA $$
(www.sparlatto.cl; Bunster 389; Hauptgerichte 5000–9000 Ch$; ⏲Mo–Fr 9.30–12.30, Sa ab 11 Uhr) Auf der Karte des lebendigen kleinen Restaurants auf der Plaza stehen Sandwiches mit Steak, chilenische Favoriten und Pizza. Abends kommen vorwiegend jüngere Gäste zum Biertrinken her.

ℹ An- & Weiterreise

Die meisten Langstreckenbusse starten am **Terminal Rodoviario** (Bonilla 448), 1 km von der Plaza de Armas entfernt. Um von dort ins Stadtzentrum zu kommen, geht man am Hauptausgang nach links und läuft vier Blocks die José Luis Osorio hinunter bis zur Hauptstraße O'Higgins, wo man rechts abbiegt und die Brücke überquert.

Verschiedene Busunternehmen fahren mehrmals täglich nordwärts nach Santiago (7000–10 000 Ch$, 8 Std.), darunter **Pullman JC** (☎45-764-2960), **Línea Azul** (www.buseslineaazul.cl/destinos.php) und **Turbus** (☎45-268-6117; www.turbus.cl; Terminal Rodoviario). Turbus fährt auch nach Chillán (5100 Ch$, 2 Std., 2-mal tgl.), Los Angeles (1500 Ch$, 1 Std., 6-mal tgl.) und Valparaíso (12 000 Ch$, 9 Std., 22.15 Uhr).

Buses Bio Bio (www.busesbiobio.cl; Julio Sepúlveda 550), deren Busse Los Angeles (1600 Ch$, 1 Std., 12-mal tgl.) und Concepción (4900 Ch$, 3½ Std., 15-mal tgl.) ansteuern, hat einen eigenen Busterminal.

Nahverkehrs- und regionale Busse starten am **Terminal de Buses Rurales** (Ilabaca 422) und fahren auch zum Parque Nacional Nahuelbuta.

Parque Nacional Nahuelbuta

Im 68 km² großen **Parque Nacional Nahuelbuta** (www.conaf.cl/parques/parque-nacional-nahuelbuta; Erw./Kind 5000/3000 Ch$; ⏲8.30–18 Uhr) ragt das Küstengebirge zwischen Angol und dem Pazifik bis zu 1550 m hoch auf. Dies ist eines der letzten Refugien außerhalb der Anden für Araukarien (Andentannen), die mit ihren ungewöhnlichen Formen auffallen. Im Sommer gedeihen hier viele interessante Pflanzen, darunter 16 Orchideen- und zwei fleischfressende Arten. Verschiedene Arten der Scheinbuche (*Nothofagus*) kommen ebenfalls häufig vor und bieten dem Magellanspecht einen Lebensraum. Darüber hinaus beherbergt dieses Schutzgebiet seltene Säugetiere wie Pumas, Darwin-Füchse und den chilenischen Minihirsch Pudu. Einige Menschen meinen übrigens, dass die Gegend auch gut zum UFO-Beobachten taugt ...

Die Piste zwischen Angol und Cañete verläuft durch den Park. Verwaltung und Informationszentrum der CONAF liegen in **Pehuenco**, ungefähr auf halbem Weg zwischen den beiden Eingängen, die nur unregelmäßig von Rangern besetzt sind. Im Sommer ist es in dieser Region warm und trocken, im Winter liegt sie meistens unter einer Schneedecke.

Aktivitäten

Cerro Piedra del Águila WANDERN

Die beliebteste Wanderung im Park ist ein leichter 4,5 km langer Marsch durch Araukarienwälder bis zur 1379 m hohen Granitspitze des Cerro Piedra del Águila (wörtlich: „Adlerfelsen"), von dem der Blick von den Anden bis zum Pazifik schweift. Im Südosten sieht man die gesamte Kette der Andenvulkane vom Antuco östlich von Chillán bis zu Villarrica und Lanín östlich von Pucón.

Für den Rückweg bietet sich nach Pehuenco eine Alternativroute über das Tal des Estero Cabrería im Süden an: Diese beginnt unter der Westseite der Granitspitze und dauert etwa drei Stunden. Wer weniger Zeit hat, kann auch mit dem Auto über einen Zugangsweg Richtung Gipfel fahren, vom Parkplatz sind es dann noch 800 m bis zum Gipfel des Cerro Piedra del Águila.

Cerro Anay WANDERN

Dieser Weg führt 5 km nordwärts von Pehuenco zum Cerro Anay, einem 1450 m hohen Berg mit grandioser Aussicht. Es handelt sich um eine leichte vierstündige Wanderung an Wildblumenwiesen und großen Araukarienbeständen vorbei.

Schlafen

Camping Pehuenco CAMPING $

(www.conaf.cl/parques/parque-nacional-nahuelbuta; Stellplatz für 6 Pers. 14 000 Ch$) Neben der Parkverwaltung, 5,5 km vom Eingang an der Angol-Seite des Schutzgebiets entfernt, befinden sich elf Stellplätze auf schattigen Waldlichtungen mit Picknicktischen sowie einfache Bäder mit Spültoiletten und Kaltwasserduschen.

An- & Weiterreise

Mehrere regionale Buslinien, darunter **Buses Carrasco** (☎ 045-715-287) und **Buses Moncada** (☎ 045-714-090), fahren um 6.45 und 16 Uhr von Angol nach Vegas Blancas (1700 Ch$, 1½ St.) 7 km vom östlichen Eingang des Parks und 12,5 km von der Hauptverwaltung in Pehuenco entfernt. Manche verkehren montags, mittwochs und freitags, andere an alternierenden Tagen. Alle starten am **Terminal de Buses Rurales** in Angol und kehren aus Vegas Blancas etwa um 9 und um 18 Uhr zurück (Zeiten bestätigen lassen, damit man nicht festsitzt). Im Januar und Februar hält der Morgenbus meist auch direkt am Parkeingang. Für Autos mit niedriger Radaufhängung kann die steile und staubige Straße schwierig befahrbar sein, und in den Wintermonaten von Juni bis August sind Allradantrieb sowie Schneeketten nötig.

Mountainbiker müssen meist absteigen und den letzten Teil des Wegs hinauf schieben (Achtung: Wasser ist auf der Strecke nur schwer zu finden.). Beide Busse nach Vegas Blancas nehmen jedoch generell gerne Fahrräder mit, von dort zu radeln ist also eine Option.

ARCHIPIÉLAGO JUAN FERNÁNDEZ

In der hollywoodreifen Geschichte dieses entlegenen Archipels, einer Gruppe kleiner Vulkaninseln 667 km westlich von Valparaíso, kommen Piraten, Schiffswracks, politische Gefangene und (vielleicht!) ein vergrabener Schatz vor. Dies ist der Ort, wo der Schiffbrüchige Alexander Selkirk (der später als Inspiration für Daniel Defoes *Robinson Crusoe* diente) jahrelang Ziegen hinterherjagte und den Horizont nach Schiffen absuchte. Später wurde die einstige anonyme Zwischenstation für Marodeure, Robbenfänger und Kriegsschiffe zum Nationalpark und UNESCO-Biosphärenreservat erklärt – 62 % der hiesigen Flora und Fauna finden sich nirgendwo sonst auf der Welt.

Die Inselkette besteht aus drei Hauptinseln vulkanischen Ursprungs. Die Isla Robinson Crusoe, ursprünglich als Más A Tierra bekannt, ist die touristische Hauptattraktion; die Isla Alejandro Selkirk und Isla Santa Clara werden nur selten besucht. Das Mantra des Archipels ist nachhaltiger Tourismus in kleinem Stil – die größten Attraktionen sind Wandern, Tauchen und Angeln.

Geschichte

Im November 1574 kam der portugiesische Seefahrer Juan Fernández zwischen Peru und Valparaíso vom Kurs ab und stieß auf diese Inseln, die heute seinen Namen tragen. Anders als bei der Osterinsel gibt's keine historischen Belege dafür, dass der Archipel vor seiner Entdeckung von Polynesiern oder amerikanischen Ureinwohnern aufgesucht wurde. In den folgenden Jahrhunderten erwiesen sich die Eilande als beliebter Ankerplatz für Schiffe, die im Humboldtstrom kreuzten. In den wenigen Buchten suchten Piraten Zuflucht, jagten wilde Ziegen und legten Felder an, um Proviant für zukünftige Besuche zu haben. Zudem stieg die Zahl der Robbenjäger.

Im frühen 19. Jh. spielte eine Insel eine berüchtigte Rolle in Chiles Unabhängigkeitskampf. Die spanischen Machthaber verbannten 300 *criollo*-Patrioten nach der ka-

Isla Robinson Crusoe

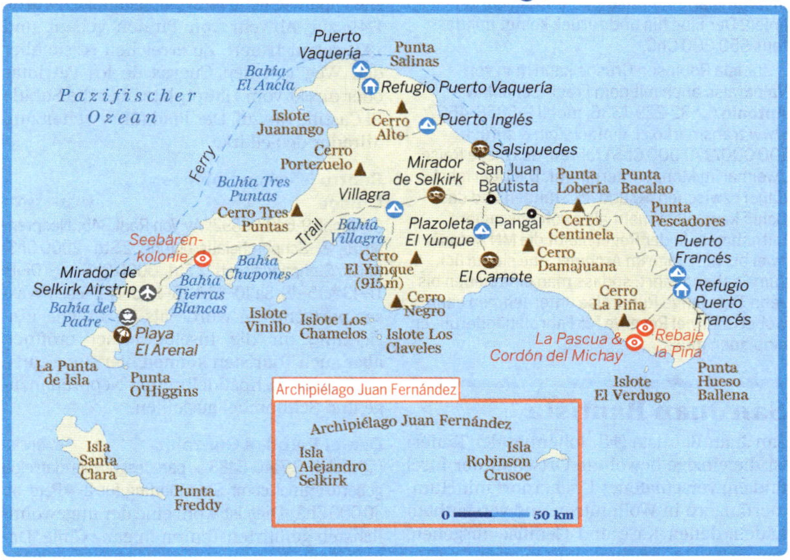

tastrophalen Schlacht von Rancagua (1814) in feuchte Höhlen oberhalb von San Juan Bautista. Zu ihnen zählten Juan Egaña und Manuel de Salas, Persönlichkeiten der chilenischen Oberschicht.

1877 gründete Chile eine permanente Niederlassung. Das seit Kurzem unabhängige Land nutzte die Insel über viele Jahre als nahezu ausbruchssicheres politisches Gefängnis. Im Ersten Weltkrieg dann spielte sie erneut eine denkwürdige historische Rolle, als die britischen Marineschiffe *Glasgow* und *Orama* in der Bahía Cumberland dem deutschen Kreuzer *Dresden* gegenüberstanden. Die deutsche Besatzung versenkte kurzerhand ihr Schiff, bevor es dem Gegner in die Hände fallen konnte.

In jüngster Zeit geriet der Außenposten im Pazifik mit zwei großen Tragödien in die Schlagzeilen: Zuerst beschädigte der Tsunami, der auf das Erdbeben 2010 folgte, seine Infrastruktur schwer, worauf die Wohltätigkeitsstiftung Desafío Levantemos Chile („Chile auf die Beine bringen") sofort nach der Katastrophe mit dem Wiederaufbau begann. Im September 2011 waren eine Gruppe prominenter chilenischer TV-Journalisten sowie das Team des Morgenprogramms *Buenos Días a Todos* zu den Inseln unterwegs, um einen Film über die Wiederaufbauarbeiten zu drehen. Nahe der Isla Robinson Crusoe stürzte ihr Flugzeug ab, und alle 21 Insassen kamen ums Leben. Die chilenische Bevölkerung war schockiert und mit dem Archipel ging es noch weiter bergab. Inzwischen haben sich die Inseln wieder erholt, und die Kampagne, mit der man die Touristen zurückholen will, geht weiter.

An- & Weiterreise

Von Santiago aus fliegen drei Airlines zum Juan-Fernández-Archipel. Zwischen September und April starten mehrere Flieger täglich, im restlichen Jahr weniger. Auf dem 2¼-stündigen Flug nehmen sie zehn bis zwanzig Passagiere an Bord, in der Regel ist das Gepäck auf 10 kg beschränkt. Das Klima spielt eine große Rolle bei den Flugzeiten. Schlechtes Wetter kann im letzten Moment zu einer Verzögerung oder Stornierung führen.

Die Flüge von **Aerocardal** (☎ 2-2377-7400; www.aerocardal.com) und **ATA** (☎ 2-2611-3670; www.aerolineasata.cl) starten am Internationalen Flughafen Santiagos, während **Lassa** (☎ 2-2322-3300; lassaisla@hotmail.com) vom Aeródromo Tobalaba in Santiago fliegt. Nach der Landung auf der Insel werden die Passagiere mit einem Taxiboot (im Flugticket enthalten) auf einer einstündigen Fahrt nach San Juan Bautista gebracht. Für den Rückflug muss eine Mindestanzahl Passagiere zusammenkommen. Reisepläne sollten also entsprechend flexibel gestaltet sein, denn unter Umständen muss man ein oder zwei Tage länger als geplant auf der Insel ausharren. Preise erfährt man bei den Fluglinien. Der Flug hin und zurück kostet mindestens 550 000 Ch$.

Zur Isla Robinson Crusoe kann man von Valparaíso auch mit dem Frachtschiff **MN Antonio** (☎ 32-229-1336, mobil 9-5858-4667; www.transmarko.cl; einfach/hin & zurück 100 000/170 000 Ch$) fahren, das diese Reise zweimal im Monat unternimmt. Die Überfahrt dauert zwischen 40 und 45 Stunden und das Schiff kann nicht mehr als zwölf Passagiere mitnehmen. In der Regel bleibt die MN *Antonio* zwei bis fünf Tage im Archipel, ehe sie zurück zum Festland fährt, sodass man eine sieben bis zehn Tage lange Rundreise unternehmen kann, wobei man viel Reserve für Fahrplanänderungen einplanen muss.

San Juan Bautista

San Juan Bautista (Hl. Johannes der Täufer) ist die einzige bewohnte Ortschaft der Insel und ein verschlafenes Fischerdorf mit Hummerfängern in Wollmützen und verstaubten Läden, denen Käse und Gemüse ausgehen, bevor das Versorgungsschiff kommt. Die Türen haben hier selten Schlösser und die Inselbewohner grüßen noch immer jeden Passanten mit einem freundlichen „Hello".

Der größte Teil der Stadt wurde nach dem Tsunami von 2010 komplett neu gebaut. Über die steilen Hügel hinter dem Ort verteilen sich bescheidene Häuschen und üppige Gärten. Sie sind durchzogen von Pfaden, die zu Pferdeweiden und Wanderwegen im Wald führen.

Sehenswertes & Aktivitäten

Tauchen rund um die Isla Robinson Crusoe ist wie das Hineingleiten in einen riesigen Abgrund. Das einzigartige Ökosystem bietet Tauchgründe von Weltklasse. Muränen, Flundern, Hummer und gewaltige Schwärme von Gelbschwänzen durchziehen die klaren Gewässer. Die größte Attraktion ist jedoch der verspielte Juan-Fernández-Seebär (*Arctocephalus philippii*). Bei ruhigem Wasser kann man in der Bahía Cumberland auch schwimmen, schnorcheln, Kajak fahren oder stehpaddeln.

Cuevas de los Patriotas HÖHLEN
In den feuchten Höhlen, nur einen kurzen Fußweg vom Baron de Rodt entfernt und bei Nacht beleuchtet, lebten nach ihrer Niederlage in der Schlacht von Rancagua 1814 mehrere Jahre Juan Egaña, Manuel de Salas und 300 weitere Patrioten.

Fuerte Santa Bárbara FESTUNG
Die spanische Befestigungsanlage wurde 1749 zur Abwehr von Piraten gebaut und 1974 rekonstruiert. Zu erreichen ist sie über den Weg von den Cuevas de los Patriotas oder direkt vom Hauptplatz über die Subida El Castillo hinauf. Der Pfad führt weiter zum Mirador de Selkirk.

Centro Náutico Robinson Crusoe WASSERSPORT
(☎ mobil 9-6493-6892; Av Von Rodt 345; Neoprenanzug & Schnorchelausrüstung 2 Std. 2000 Ch$; Kajak/Stehpaddelbrett 2 Std. 3000 Ch$.; ⏲ Di–Fr 11–13 & 15–19, Sa 10–13 & 16–19 Uhr) Dieses Wassersportzentrum wurde als öffentliche Einrichtung für die Inselbewohner eröffnet, aber auch Touristen können hier supergünstig Kajaks, Stehpaddelbretter, Neoprenanzüge und Schnorchel ausleihen.

Daniel Paredes Gónzalez WANDERN
(☎ mobil 9-7140-5488; paredesgonzalezdanieldagoberto@gmail.com; Stadtführung für 2–4 Pers. ab 30 000 Ch$) Dies ist wohl eine der ungewöhnlichsten geführten Touren in ganz Chile. Daniel singt die Geschichte der Insel und begleitet sich auf seiner Ukulele, während er die Teilnehmer zu den wichtigsten Stätten der Stadt führt. Er singt alle Lieder in spanischer Sprache, die Tour ist aber auch begrenzt auf Englisch möglich.

Daniel kann außerdem Bootstouren zu so fernen Zielen wie der Isla Alejandro Selkirk (eine 12- bis 14-stündige Reise über Nacht, 3 500 000 Ch$) auf seinem 15 m langen Boot arrangieren.

Schlafen & Essen

Hostería Petit Breulh PENSION **$$**
(☎ mobil 9-9549-9033; petitrobinsoncrusoe@gmail.com; Vicente González 80; Zi. 28 000 Ch$ pro Pers., inkl. HP 38 000 Ch$; 📶) Minibar am Bett, dunkles Leder, Massageduschen und Kabelfernsehen machen diese etwas veraltete Unterkunft zu einer komfortablen Bleibe. Der Hit sind jedoch die Mahlzeiten (6500–9000 Ch$): *ceviche* mit Kapern sowie Zucchini mit viel frischem Fisch und knusprig mit Käse überbacken. Nichtgäste sollten vorher reservieren.

Hostal Mirador de Selkirk PENSION **$$**
(☎ 32-275-1028, mobil 9-9550-5305; mfernandeziana@hotmail.com; Pasaje del Castillo 251; Zi. inkl. Frühstück 35 000 Ch$ pro Pers.; @) Das Familienhaus hoch oben auf dem Hügel hat drei gemütliche Gästezimmer und eine große Terrasse mit Blick auf die Bucht (wo man

sich nach dem Marsch bergauf wieder erholen kann). Señora Julia serviert dort fantastische Mahlzeiten (ab 6000 Ch$), darunter Hummer-Empanadas und *parol* (Eintopf) aus leckeren Meeresfrüchten.

La Robinson Oceanic LODGE **$$$**
(☎ mobil 9-7135-9974; www.lro.cl; Carrera Pinto 198; Zi. inkl. Frühstück 45 000 Ch$ pro Pers.) Die einzigartigen aus derbem Holz gezimmerten Zimmer (teils mit Miniküche) liegen rund um einen prächtigen gepflegten Garten mit einem Whirlpool und einer Terrasse mit Meerblick. Der Magnet sind hier Angel- und Tauchexkursionen, und oft bereiten die Gäste mit den Besitzern ihren Fisch fürs gemeinsame Abendessen zu.

Refugio Naútico BOUTIQUE-HOTEL **$$$**
(☎ mobil 9-7483-5014; www.islarobinsoncrusoe.cl; Carrera Pinto 280; EZ/DZ inkl. HP 98 000/186 000 Ch$) Dieses Refugium am Wasser bietet einen Whirlpool, eine Küche und häuslichen Komfort. Die hellen Zimmer mit Terrasse sind für den Preis zwar recht klein, doch im Aufenthaltsraum gibt's jede Menge Bücher, DVDs und Musik – ideal für Regentage oder eine Pause nach dem Essen. Das hiesige Restaurant Lord Anson ist das beste der Insel.

Im PADI-zertifizierten Tauchzentrum am Pier kann man Kajaks ausleihen und Wander- und Tauchexkursionen buchen. Kreditkartenzahlung möglich.

Salvaje Sándalo Restobar & Hospedaje FISCH & MEERESFRÜCHTE **$$**
(☎ mobil 9-6835-3272; www.facebook.com/salvajiandola; Carrera Pinto 296; Hauptgerichte 7000–9000 Ch$; ⏲ Mi, Do & So 16–22, Fr & Sa bis 24 Uhr) Die freundliche Restobar am Meer serviert Pizza, *ceviche*, Empanadas und mehr. Die Einheimischen schätzen die gute Musik und die umfangreiche Cocktailauswahl, die von Negronis über Mojitos bis zu kreativen Pisco Sours reicht. Über dem Restaurant befinden sich geräumige Gästezimmer mit riesigen Fenstern, durch die die Meeresbrise hereinströmt (EZ/DZ inkl. Frühstück 30 000/50 000 Ch$).

ℹ Praktische Informationen

Auf der Insel gibt's praktisch kein WLAN, außer in der Casa de la Cultura in der Nähe des Verwaltungshauptquartiers der CONAF.

Es gibt auf der Isla Robinson Crusoe keine Bank oder Wechselstube, deshalb sollte man ausreichend Pesos mitbringen, möglichst in kleinen Scheinen. Einige Reiseveranstalter oder Hotels nehmen jedoch US-Dollars und Euros an, aber zu einem schlechten Umtauschkurs. Kreditkarten werden außer in den teureren Unterkünften nur selten akzeptiert.

San Juan Bautista

San Juan Bautista

Sehenswertes
1 Cuevas de los Patriotas ... A3
2 Fuerte Santa Bárbara ... A2

Aktivitäten, Kurse & Touren
3 Centro Náutico Robinson Crusoe ... A3
4 Salsipuedes ... A1

Schlafen
5 Hostal Mirador de Selkirk ... A2
6 Hostería Petit Breulh ... A3
7 La Robinson Oceanic ... B4
8 Refugio Naútico ... B4

Essen
9 Salvaje Sándalo Restobar & Hospedaje ... B4

SELKIRK: DER INBEGRIFF EINES SCHIFFBRÜCHIGEN

Más a Tierra, heute als Isla Robinson Crusoe bekannt, war lange Zeit das Zuhause eines der berühmtesten Schiffbrüchigen der Welt (und damit meinen wir nicht Tom Hanks und seinen Volleyball Wilson). Nach anhaltenden Streitigkeiten mit dem Kapitän des Kaperschiffs Cinque Ports über die Frage nach der Seetüchtigkeit des (ziemlich verrotteten) Kahns bat der Schotte Alexander Selkirk 1704 darum, auf dieser Insel ausgesetzt zu werden. Eine solche Aussetzung kam damals einem Todesurteil gleich, da die Ausgestoßenen bald verhungerten oder sich erschossen. Selkirk aber verbrachte vier Jahre und vier Monate auf der Insel, bis er gerettet wurde. Er passte sich der neuen Umgebung an und harrte trotz seiner hoffnungslosen Isolierung all die Jahre aus.

Die Spanier waren zwar strikt gegen jegliche Freibeuter innerhalb ihres Herrschaftsbereichs, aber ihr Weitblick ermöglichte letztlich Selkirks Überleben. Auf Más a Tierra gab es anders als auf anderen kleinen Inseln reichlich Wild. Selkirk fing Ziegen (die frühere Seemänner eingeführt hatten), verschlang ihr Fleisch und bekleidete sich mit ihren Häuten. Er verkrüppelte und zähmte einige als Haustiere sowie zum einfacheren Jagen. Gesellschaft leisteten ihm daneben auch Seelöwen, Wildkatzen und aus Europa eingeführte Ratten. Selkirk kletterte oft zu einem Ausguck oberhalb der Bahía Cumberland (Cumberland-Bucht) in der Hoffnung, am Horizont ein Schiff zu erblicken. Aber erst 1708 traf sein Retter Kapitän Woodes Rogers mit den englischen Kaperschiffen *Duke* und *Duchess* ein,

An- & Weiterreise

Es gibt zwei Möglichkeiten, vom auf der entgegengesetzten Seite der Insel liegenden Flughafen nach San Juan Bautista zu kommen. Die meisten Besucher nehmen das Taxiboot (1 Std., im Flugticket enthalten). Man kann aber auch nur das Gepäck aufs Boot laden und sich mit einem vorher arrangierten Wanderführer am Flugplatz treffen (45 000 Ch$ für bis zu fünf Pers.). Die 19 km lange Wanderung vom Flughafen nach San Juan Bautista führt durch eine spektakuläre Landschaft.

Parque Nacional Archipiélago Juan Fernández

Dieser **Nationalpark** (☎ mobil 9-9542-1209; www.conaf.cl/parques/parque-nacional-archipielago-de-juan-fernandez; 7-Tage-Pass Erw./Kind 5000/2500 Ch$) umfasst den gesamten Archipel, also insgesamt 93 km², allerdings sind die Gemeinde San Juan Bautista und der Flughafen davon ausgenommen. Die CONAF erlaubt das Begehen vieler Wege nur im Rahmen organisierter Touren mit lokalen registrierten Guides: So soll der Zugang zu den sensibelsten Gebieten des Parks kontrolliert werden. Ein Verzeichnis von Führern hängt im Kiosk unweit vom Platz aus, wo sich Wanderer außerdem vor jeder individuellen Tour registrieren lassen müssen. Tageswanderungen für eine Gruppe von sechs Personen kosten zwischen 25 000 und 50 000 Ch$. Dennoch sind einige Gegenden auch ohne Guide zugänglich. Eine andere Möglichkeit, den Nationalpark zu besuchen, ist eine Bootsfahrt. Lokale Reiseveranstalter organisieren Ausflüge zu den Seebärenkolonien.

Aktivitäten

Mirador de Selkirk WANDERN

Der vielleicht großartigste und spektakulärste Wanderweg der Insel ist jener zum Mirador de Selkirk (Aussichtsplatz) oberhalb von San Juan Bautista – dort hielt Selkirk vier Jahre lang nach Schiffen Ausschau. Der 3 km lange Marsch mit insgesamt 565 m Höhenunterschied dauert etwa anderthalb Stunden (ohne Pause), belohnt aber mit einem Blick über beide Seiten des Eilands.

Auf dem Weg hinauf sollte man nach der Ausschilderung eines Pfads Ausschau halten, der zu den vermutlichen Ruinen der Hütte Selkirks führt.

Villagra to La Punta de Isla WANDERN

Hinter Selkirks Ausguck setzt sich der Weg an der Südseite fort bis nach Villagra (4,8 km, 1 Std.), wo es Campingplätze gibt. Von dort führt ein breiter Pfad an den südlichen Klippen entlang bis nach La Punta de Isla (13 km, etwa 4 Std.) und zum Flugfeld. Auf der Strecke liegt die Bahía Tierras Blancas, die größte Kolonie der Juan-Fernández-Seebären. Die nicht allzu anspruchsvolle Route umfasst einen beträchtlichen Teil der Insel und eignet sich wunderbar, um ihre natürliche Schönheit zu genießen. Ab Villagra werden geführte Touren zum Fuß des

Navigator an Bord war der berühmte Freibeuter William Dampier. Rogers erinnerte sich an seine erste Begegnung mit Selkirk, als seine Männer mit ihm vom Landgang aufs Schiff zurückkehrten: Er charakterisierte ihn als „Mann in Ziegenfellen, der wilder aussah als deren ursprüngliche Besitzer".

Nachdem Selkirk bei Rogers angeheuert hatte und nach Schottland zurückgekehrt war, wurde er zur Berühmtheit und Inspiration für eine bunte Mischung von Realityshows, Vergnügungsparks und großartiger Literatur. Daniel Defoes Klassiker *Robinson Crusoe* soll durch Selkirk inspiriert worden sein. Weitere lesenswerte Romane sind u. a. Kapitän Woodes Rogers: *A Cruising Voyage Round the World*, außerdem *Robinson Crusoe's Island* (1969) von Ralph Lee Woodward und der revisionistische Roman *Mr. Cruso, Mrs. Barton und Mr. Foe* (1986) aus der Feder des Nobelpreisträgers J. M. Coetzee.

Die britische Autorin Diane Souhami ließ die traditionelle Biografie außen vor, als sie anhand des Ortes ein Porträt des Mannes schuf. Ihre Interpretation *Selkirk's Island* gewann 2001 den Whitbread Biography Award. Während ihres Rechercheaufenthalts auf dem Archipel war sie fasziniert davon, wie die Insel modernes Leben auf das Wesentliche beschränkt. Souhami stellte fest, wie sich Selkirks Beziehung zu der Insel, die er einst verfluchte, nach der Rettung veränderte. „Er nannte sie nun ‚meine wunderschöne Insel'", sagt Souhami. „Sie wurde zur wichtigsten Beziehung seines Lebens."

Cerro El Yunque und des Cerro Negro (3,5 km) angeboten, wo es natürliche Badebecken gibt.

Plazoleta El Yunque — WANDERN

Die Plazoleta El Yunque ist eine Lichtung mit Toiletten, Wasser, Picknickplätzen und Campingbereichen am Fuß des 915 m hohen Cerro El Yunque („Amboss"). Unterwegs führt der Weg an den zerfallenen Fundamenten eines Gehöfts vorbei, das einst einem deutschen Überlebenden der *Dresden* gehörte.

Ein erhöhter Wanderpfad führt von hier in ein kleines geschütztes Urwaldgebiet. Dies ist einer der besten Orte, um den Juan-Fernández-Kolibri zu sehen.

Puerto Francés — WANDERN

Puerto Francés an der Ostküste der Insel war früher ein Zufluchtsort französischer Freibeuter; ihretwegen errichtete Spanien 1779 Befestigungsanlagen, deren Überreste heute allerdings fast alle verschwunden sind. Vom Cerro Centinela führt eine 6,4 km lange Route zu einem Hafen mit fünf Campingplätzen, einem *refugio* (nur bei schlechtem Wetter geöffnet), fließendem Wasser und einem Bad.

Puerto Inglés — WANDERN

Zunächst geht es mit dem Taxiboot zu einem Steinstrand bei Puerto Vaquería (toll, um Vögel zu beobachten), dann wandert man mit einem Führer nach Puerto Inglés und erfährt dabei viel über die „versteckten Schätze", nach denen der amerikanische Millionär Bernard Keiser seit über 20 Jahren hier in einer Höhle sucht.

Salsipuedes — WANDERN

Auf der Spitze des La Pólvora schlängelt sich ein Pfad durch Eukalytuswäldchen, Farne und schließlich durch ein Dickicht aus Guaven bis zum Bergrücken Salsipuedes, was so viel heißt wie „Geh raus, wenn du kannst".

Centinela — WANDERN

Auf dem Cerro Centinela (362 m) stehen die Ruinen der ersten Radiostation der Insel, die 1909 errichtet wurde. Der 3 km lange Wanderweg ist von Pangal aus zugänglich.

Norte Grande

Inhalt ➡

Gut essen

- Santorini (S. 183)
- Baltinache (S. 162)
- El Wagón (S. 183)
- Los Aleros de 21 (S. 194)
- Tio Jacinto (S. 177)

Schön übernachten

- Terrace Lodge & Café (S. 200)
- Pampa Hotel (S. 182)
- ta Adela
- a (S. 193)
- a Hostel

Auf zum Norte Grande!

Kleine Wirbelstürme fegen durch den sonnenverbrannten Norte Grande mit seinen sanft gerundeten Felsen und Steinen, hochgelegenen Andenlagunen, Vulkanen, Salzebenen und zerklüfteter Küstenlinie. Die Region ist für ihre Observatorien auf Bergkuppen ebenso berühmt wie für ihre Kupferminen. Weite, unbewohnte Flächen beleben die Fantasie. Hauptattraktion des „Großen Nordens" ist das winzige San Pedro de Atacama mit seinen Lehmziegelhäusern, das einen Tagesausflug vom weltweit höchstgelegenen Geysirfeld und einigen eindrucksvollen Wüstenformationen entfernt liegt.

Doch Norte Grande hat mehr zu bieten als San Pedro. Atemberaubende Abenteuer erlebt man nahe dem Bergdorf Putre im Hochgebirgsreservat des Parque Nacional Lauca oder weiter entfernt am Monumento Natural Salar de Surire. An den Stränden von Iquique und Arica können sich Sonnenhungrige bräunen, und auch die Geisterstädte und unwirtlichen Bergbauzentren lohnen einen Blick.

Reisezeit

Iquique

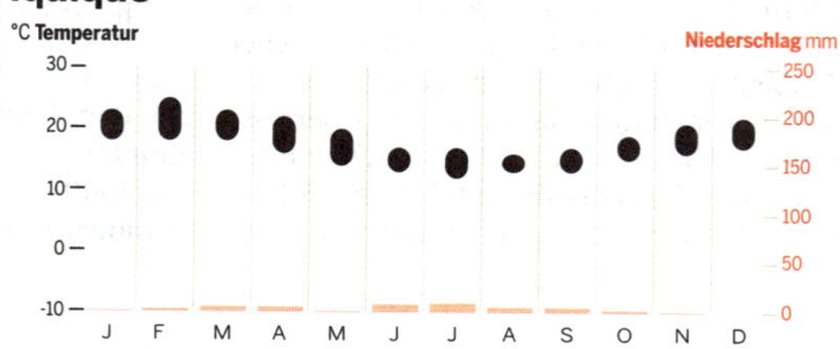

Jan.–Feb. Urlauber überschwemmen die Küste. Manche Hochlandregionen sind unzugänglich.

Sept.–Okt. Solides Wetter auf dem Altiplano, aber viele Urlauber sind bereits abgereist.

Juli–Aug. Die beste Zeit für Ausflüge ins Hochland und für Surfferien; nachts wird es bitterkalt.

Geschichte

Obwohl so weit von Santiago entfernt, spielte die Region in Chiles politischen und ökonomischen Arenen schon immer eine wichtige Rolle. Das verdankt sie größtenteils den gewaltigen Rohstoffvorkommen unter ihrer felsigen Oberfläche. Trotz der extremen Trockenheit bot das Wüstengebiet Menschen seit vielen Tausend Jahren ein regelmäßiges Auskommen.

Zu den ersten Bewohnern zählen die Chinchorro, bekannt für ihre ungewöhnlichen Begräbnisformen, die Chango an der Küste und die Atacameño, die in den Oasen bei Calama und San Pedro de Atacama lebten und Bewässerungstechniken der Tiwanaku-Kultur im heutigen Bolivien nutzten.

Während der spanischen Eroberung Ende des 16. Jhs. wurden die indigenen Völker weitgehend unterworfen, einige Changogemeinschaften konnten allerdings ihre Unabhängigkeit bewahren. Eine Welle der Neubesiedlung setzte im Norte Grande erst ein, als in den Jahren nach 1810 Funde großer Lagerstätten von Nitrat (Salpeter) einen Boom auslösten.

Interessanterweise gehörte dieser Teil des Landes erst ab dem späten 19. Jh. zu Chile. Vor dem Salpeterkrieg (1879–84) kontrollierten Peru und Bolivien die Region, danach hatte Chile seine Landmasse um ein Drittel vergrößert.

Die Chilenen profitierten jedoch keineswegs als Einzige vom Ausgang des Krieges. Ausländische Unternehmer beeilten sich, aus Chiles Landgewinn Kapital zu schlagen, und so nahm der Salpeterboom einzigartige Ausmaße an. Von Unternehmen gegründete Städte erlebten Anfang des 20. Jhs. eine Blüte und wurden zu Oasen der Vitalität und des Profits, zudem florierten auch große Hafenorte wie Antofagasta und Iquique.

Der Boom hielt jedoch nicht lange an. Die Erfindung von Düngemitteln auf Petroleumbasis bedeutete den Niedergang für die Salpeterindustrie. Die folgende Krise trieb das Land an den Rand des Ruins, und an der Panamericana entstanden zahlreiche Geisterstädte.

Bergbau verhalf Chile jedoch erneut auf die Beine: Mit steigenden Kupferpreisen schlug die Stunde der bis dahin stagnierenden Kupferindustrie. Bald durchzogen riesige Gruben die Landschaft (darunter eine der weltgrößten Kupfertagebaugruben in Chuquicamata) und sorgten für wirtschaftlichen Aufschwung. Sie brachten jedoch auch jede Menge immer noch aktuelle Probleme wie Umweltzerstörung, Preissteigerung, Überbevölkerung und Luftverschmutzung mit sich.

NACHHALTIGER TOURISMUS

Während der Hauptsaison fallen Tausende Touristen in das winzige San Pedro ein. Die Einheimischen, insbesondere die indigenen Atacameños, reagieren empfindlich auf die überwältigende Präsenz der „Fremden", deshalb sollte man sich viel Mühe geben, um sich anzupassen und sich angemessen zu verhalten. Im Klartext heißt das, nicht zu viel Haut zu zeigen (Bikinis für die Thermalquellen aufbewahren), Hüte in Kirchen abzunehmen, lange Hosen zu tragen und keine Fotos von Personen zu machen, ohne zuvor um Erlaubnis zu bitten!

Da Wasser knapp ist, ausgedehnte Duschorgien vermeiden.

San Pedro de Atacama

☎ 055 / 5600 EW. / 2438 M HÖHE

Es heißt, die großen Quarz- und Kupfermengen in der Region verleihen den Menschen positive Energie; und gute Stimmung herrscht ganz sicher in Nordchiles Touristenattraktion Nummer eins: in San Pedro de Atacama.

Entscheidend für die Beliebtheit der aus Lehmziegeln errichteten Oase in der Vorkordillere ist ihre Lage, befindet sie sich doch im Herzen einer der spektakulärsten Landschaften Nordchiles. Eine kurze Fahrt entfernt breitet sich die größte Salzebene des Landes aus, deren Ränder majestätisch von Vulkanen überragt werden (der symmetrische 5916 m hohe Licancábur liegt dem Dorf am nächsten). Wie weißer Nebel steigt der Dampf von Geysiren auf, Felsen bilden die ungewöhnlichsten Formen, und sanfte Erhebungen unterbrechen die weite Landschaft.

San Pedro selbst, 106 km südwestlich von Calama (auf der asphaltierten Chile 23), ist recht klein, zieht jedoch jede Menge Reisende an. Trotz der hohen Preise und der Werbetreibenden für Reiseagenturen hat dieses Wüstendorf mit seinen malerischen Lehmsteinstraßen, den entspannten Einheimischen und den Lokalen voller Musik einen unbestreitbaren Reiz.

Highlights

1 San Pedro de Atacama (S. 153) Einzigartige Sonnenuntergänge erleben, auf goldenen Dünen sandboarden und schöne Seen vor schroffen schneebedeckten Gipfeln fotografieren.

2 Museo Arqueológico San Miguel de Azapa (S. 197) Die ältesten Mumien der Welt betrachten und über ihr Leben sinnieren.

3 Parque Nacional Lauca (S. 202) Beim Besuch von Andendörfern und hoch gelegenen Seen saubere (doch sehr dünne) Luft einatmen.

4 Iquique (S. 178) In dieser geschäftigen charmanten Küstenstadt tagsüber surfen und abends Pisco Sours schlürfen.

5 Putre (S. 199) Die touristischen Pfade verlassen und das unerforschte Gebiet nördlich dieses malerischen Aymara-Dorfes erkunden.

6 El-Tatio-Geysire (S. 171) Nach einem Besuch der höchstgelegenen Geysire der Welt einen Blick auf Lamas und Vikunjas erhaschen.

7 Arica (S. 188) Küstenwegen folgen, mit der Bahn nach Poconchile fahren und Meeresfrüchte genießen.

8 Humberstone (S. 186) Bei einem Spaziergang durch diese unheimliche Geisterstadt nahe Iquique in der Vergangenheit schwelgen.

Geschichte

Einst war San Pedro ein präkolumbischer „Boxenstopp" auf der Handelsroute, die Hochland und Küste verband. Der Eroberer Pedro de Valdivia besuchte den Ort 1540. Anfang des 20. Jhs. wurde das Dorf eine wichtige Station für durchziehende Viehtreiber, die von Argentinien zu den Salpeter-*oficinas* in der Wüste unterwegs waren.

Die einheimischen Atacameños leben nach wie vor von der Landwirtschaft und gehören den traditionellen *ayllus* (a-i-us; kleine indigene Gemeinden) an. Viele nutzen für den Landbau die Terrassen, die bereits vor über 1000 Jahren angelegt wurden.

Sehenswertes & Aktivitäten

Iglesia San Pedro KIRCHE
(Le Paige s/n) GRATIS Die kürzlich restaurierte kleine Kirche im Kolonialstil wurde mit traditionellen Materialien errichtet – klobige Lehmziegel für Wände und Dach, *cardón* (Holz vom Kandelaberkaktus) für die Decke und kräftige Lederriemen anstelle von Nägeln. Sie datiert ins 17. Jh., die heute bestehenden Wände stammen jedoch von 1745 und der Glockenturm kam 1890 hinzu.

Trekking & Radfahren

Rund um San Pedro erheben sich gewaltige Vulkane, von denen einige aktiv sind und die zum Besteigen einladen. Wer kein Kletterfan ist, kann einen Trekking- oder Radausflug zu den üblichen Sehenswürdigkeiten in der Region unternehmen, zum Beispiel ins Valle de la Luna. Leihfahrräder sind in der ganzen Stadt in mehreren Agenturen und Hotels verfügbar und kosten etwa 6000 Ch$ pro Tag; zu empfehlen ist **Km O** (Caracoles 282B; halb-/ganztägig 3500/6000 Ch$; 9–21 Uhr).

Vulcano Expediciones ABENTEUER
(55-285-1023; www.vulcanochile.com; Caracoles 317; 10–20 Uhr) Bietet Vulkan- und Bergwanderungen, darunter ganztägige Klettertouren zum Sairecabur (5971 m, 110 000 Ch$), Lascar (5592 m, 85 000 Ch$) und Tocco (5604 m, 670 000 Ch$). Zweitägige Kletterausflüge zum Licancábur (250 000 Ch$) und anderen Zielen sind verfügbar. Auch Motorradtouren mit On Safari (S. 158) können arrangiert werden.

CosmoAndino Expediciones GEFÜHRTE TOUREN
(55-285-1069; www.cosmoandino.cl; Caracoles 259; 9–21.30 Uhr) Dieser altbewährte Anbieter ist auf Trekking-Ausflüge zu nahegelegenen Highlights spezialisiert. Teurer als eine Standardtour, doch getreu dem Motto des Anbieters bekommt man hier mehr „Qualitytime in der Atacama".

Azimut 360 ABENTEUER
(in Santiago 2-235-3085; www.azimut360.com) Obwohl das Azimut 360 mit Sitz in Santiago über kein Büro in der Stadt verfügt, beschäftigt es Experten vor Ort und ist nach wie vor eine hervorragende Wahl für Kletter- und Trekkingtouren. Für Informationen und Buchungen das Büro in Santiago anrufen.

Sandboarding

Sich ein Sandboard zu schnappen und die riesigen Sanddünen hinunterzugleiten ist die beliebteste Aktivität für Adrenalinjunkies rund um San Pedro. Die Anlaufstelle ist Valle de la Muerte, wo 150 m hohe Dünen das ideale Terrain bieten.

Verschiedene Ausstatter bieten Sandboard-Touren, darunter **Sandboard San Pedro** (55-285-1062; www.sandboardsanpedro.com; Caracoles 362-H) und **Altitud Aventura** (Handy 9-7387-5602; Toconao 441; 10–21 Uhr).

Geführte Touren

Das hiesige Angebot umfasst eine riesige Zahl an geführten Touren. Leider haben manche Veranstalter in der Qualität nachgelassen, und manche Reisende klagen über Unternehmen, die kurzfristig absagen oder Fahrzeuge einsetzen, die nicht den Sicherheitsstandards entsprechen. Bisweilen leiten lediglich Fahrer die Touren und nicht ausgebildete Guides. Die Agenturen beauftragen häufig unabhängige Fahrer, die für verschiedene Firmen arbeiten, sodass deren Qualität letztendlich Glücksache ist. Dies sei vorausgeschickt, ist aber noch kein Grund, einheimische Fahrer zurückzuweisen. Viele sind sehr höflich, wissen gut Bescheid und vermitteln eine interessante Insider-Sichtweise.

Mitunter ist der Veranstalter, bei dem gebucht und bezahlt wird, nicht derselbe, der die Ausflügler abholt. Einige bieten geführte Touren auf Deutsch, Englisch oder Niederländisch an, allerdings sind dafür möglicherweise längere Voranmeldung oder Extragebühren fällig. Doch die zahlreiche Konkurrenz hält die Preise niedrig, und Agenturen kommen und gehen.

Im Büro der Touristeninformation gibt's ein hilfreiches, unterhaltsames und gelegentlich erschreckendes Beschwerdebuch. Darin ist beinahe jede Agentur erwähnt, und wer hier zu viel über betrunkene Fahrer oder solche ohne Zulassung liest, könnte sich vielleicht entschließen, besser gar nichts zu unternehmen. Das wäre in dieser wunderschönen Gegend aber ein tragischer Fehler. Dennoch: Bevor man sich für einen Veranstalter entscheidet, sollte man viele Fragen stellen, mit anderen Travellern sprechen, dem eigenen Urteilsvermögen vertrauen und versuchen, flexibel zu sein. Touren auf der Straße zu kaufen ist nicht zu empfehlen – vertrauenswürdige Anbieter haben ein Büro, und es gab bereits Fälle leichtgläubiger Touristen, die auf falsche Versprechungen hereingefallen sind.

Bei der letzten Zählung waren über 50 Reisebüros in der Stadt ansässig, umso mehr lohnt es sich, die Angebote zu vergleichen.

Standardtouren

Die folgenden Ziele gehören zu den beliebtesten Touren, die von Agenturen in San Pedro angeboten werden. Bei den meisten Touranbietern kosten die Trips in etwa dasselbe, weshalb man bei der Anbietersuche die folgenden Preise als Orientierung nehmen kann. Eintrittsgelder sind nicht in den Tourpreisen enthalten.

Valle de la Luna Fährt am Nachmittag in San Pedro ab, mit Blick auf den Sonnenuntergang über dem Tal; Rückkehr am frühen Abend. Beinhaltet Besuche in Valle de la Luna, Valle de la Muerte und Tres Marías (16 000 Ch$, Eintritt 10 000 Ch$).

El-Tatio-Geysire Diese überaus beliebte Tour verlässt San Pedro um 16 oder 17 Uhr, mit surreal wirkender Aussicht auf die Geysire bei Sonnenuntergang; Rückkehr zwischen Mitternacht und 1 Uhr. Die meisten Touren beinhalten Thermalbäder und Frühstück (25 000 Ch$, Eintritt 10 000 Ch$).

Piedras Rojas & Lagunas Verlässt San Pedro zwischen 7 und 8 Uhr, mit Blick auf die Flaminogs in der Laguna Chaxa in der Salar de Atacama. Anschließend geht's weiter in die Stadt Socaire, zu den Lagunas Miñiques und Miscanti, gefolgt von einem Besuch bei den Felsformationen Piedras Rojas, einem tollen Fotomotiv. Rückkehr zwischen 16 und 19 Uhr (45 000 Ch$, Eintritt 5500 Ch$).

Tulor und Pukará de Quitor Halbtägige archäologische Touren führen zu diesen beiden präkolumbischen Ruinen. Die Abfahrt erfolgt zwischen 8 und 9 Uhr, die Rückkehr zwischen 13 und 15 Uhr (etwa 15 000 Ch$, Eintritt 6000 Ch$).

Tours 4 Tips SPAZIERGANG

(www.tours4tips.com; Plaza de Armas; ⏲ geführte Touren 10 & 15 Uhr) Für ein tieferes Verständnis von San Pedro kann man einen erbaulichen Spaziergang mit diesem freundlichen Ausstatter unternehmen. Auf den zweistündigen Spaziergängen durch das Dorf und seine Außenbereiche erzählen die enthusiastischen Guides von faszinierenden Episoden aus San Pedros Vergangenheit sowie von indigenen Überzeugungen und Symbolen, Wüstenpflanzen, Halluzinogenen und sogar ein bisschen Himmelsmythologie. Die Touren werden auf Spanisch und Englisch angeboten.

Una Noche con las Estrellas OUTDOORAKTIVITÄTEN

(☎ Handy 9-5272-2201; www.unanocheconlasestrellas.cl; Calama 440; Astronomietour 20 000 Ch$; ⏲ 10–23 Uhr) Mit diesem empfohlenen Ausstatter erlebt man eine unvergessliche Nacht unter den Sternen an einem lichtfreien Ort etwa 6 km außerhalb der Stadt. Auf Englisch oder Spanisch verfügbar. Man erhält eine kurze Einführung in astronomische Phänomene und hat dann die Möglichkeit, durch fünf Teleskope mit verschiedenen Ausrichtungen zu schauen. Snacks und Getränke inbegriffen.

Die Touren beginnen um 21 und 23 Uhr (im Winter um 20 und 22.30 Uhr).

Cordillera Traveler GEFÜHRTE TOUREN

(☎ 55-320-5028; www.cordilleratraveller.com; Tocopilla 429–B; ⏲ 9–21 Uhr) Dieser kleine familiengeführte Ausstatter erhält für seine Touren nach Uyuni in Bolivien das beste Feedback von Travellern.

San Pedro de Atacama Celestial Explorations OUTDOORAKTIVITÄTEN

(☎ 55-256-6278; www.spaceobs.com; Caracoles 166; 2½-stündige Touren 25 000 Ch$; ⏲ 11–21 Uhr Dez.–März, April–Nov. bis 19 Uhr) Mit **Servicios Astronómicos Maury y Compañía** unternimmt man von San Pedro aus eine Tour durch den Nachthimmel. Der französische Astronom Alain Maury fährt Reisende in die Wüste, weit entfernt von der störenden Lichtverschmutzung, wo man die Sterne in all ihrer Pracht genießen kann. Er besitzt mehrere große Teleskope, durch die man u. a. Galaxien, Nebelflecken und Planeten bestaunen kann. Sternschnuppen sind garantiert.

Lange im Voraus buchen. Die Touren finden zweimal pro Nacht statt und wechseln zwischen Spanisch, Englisch und Französisch. Sehr warme Kleidung mitnehmen.

San Pedro de Atacama

ALMA-Besucherzentrum GEFÜHRTE TOUREN

(☎ in Santiago 2-467-6416; www.almaobservatory.org; Hwy 23, Km 121; gratis mit Online-Anmeldung) GRATIS Etwa 55 km südöstlich von San Pedro gelegen, besteht das Atacama Large Millimeter/Submillimeter Array (ALMA) aus 66 Antennen mit Durchmessern von meist 12 m. Dieses Feld aus „Weltraum-Ohren" simuliert ein einzelnes Teleskop mit 16 km Durchmesser. Damit lassen sich Weltraumobjekte aufspüren, die bis zu 100-mal schwächer leuchten als alles bislang Entdeckte.

Vor dem Besuch das ALMA-Besucherzentrum kontaktieren. Der Eintritt ist frei, die Zahl der Besucher aber begrenzt. Es gibt eine Online-Anmeldung. Ein kostenfreier Shuttleservice von Tumisa nahe Avenida Pedro de Valdivia fährt zur Anlage (Hinfahrt 9 Uhr, Rückfahrt 13 Uhr).

Apacheta OUTDOORAKTIVITÄTEN

(www.apacheta.travel; Plaza de Armas; Astronomietour 20 000 Ch$; ⊙10.30–14.30 & 17–20.30 Uhr) Gegenüber der Plaza de Armas erhält dieser Ausstatter meist positive Bewertungen für seine wissenschaftlich ausgerichteten Astronomietouren, auch wenn Apacheta nicht so weit vor die Stadt führt wie andere Anbieter.

On Safari MOTORRADTOUREN

(☎ Handy 9-7215-3254; www.onsafariatacama.com; 4-stündige Motorradtour 135 000 Ch$) Bietet Motorrad-, Gelände- und Allradwagen-, Mountainbike- und Bergsteigertouren in der Region Atacama und Umgebung. Zum weiteren Angebot gehören Touren mit einem Schwerpunkt auf Fotografie, Vogelbeobachtung oder Astronomie.

Rancho La Herradura REITEN

(☎ 55-285-1956; www.atacamahorseadventure.com; Tocopilla 406; ⊙9–20 Uhr) Sightseeing hoch zu Ross ist bei verschiedenen Agenturen möglich, etwa bei Rancho La Herradura. Es gibt sowohl zweistündige Ausritte für 20 000 Ch$ als auch epische zehntägige Reitwanderun-

San Pedro de Atacama

Sehenswertes
1 Iglesia San Pedro C2

Aktivitäten, Kurse & Touren
2 Altitud Aventura D3
3 Apacheta C2
4 Cordillera Traveler B3
5 CosmoAndino Expediciones C3
6 Desert Adventure C3
7 Km 0 ..... C3
8 Rancho La Herradura B2
9 San Pedro de Atacama Celestial Explorations B3
10 Sandboard San Pedro D3
11 Terra Extreme D3
12 Tours 4 Tips C2
13 Una Noche con las Estrellas B3
14 Vulcano Expediciones C3

Schlafen
15 Hostal Edén Atacameño D4
16 Hostal Lickana A3
17 Hostal Pangea C2
18 Hostal Puritama A3
19 Hostal Sonchek B2
20 Hostelling International D3
21 Hotel Don Sebastián A4
22 Hotel Kimal A4
23 Hotel Loma Sanchez B3
24 Hotel Terrantai C2
25 Katarpe Hostal A3
26 Takha Takha Hotel & Camping A3

Essen
27 Adobe B3
28 Babalú B3
29 Blanco B3
30 Café Peregrino D2
31 Ckunna C2
32 El Churruá B3
33 El Toconar D3
34 La Casona B3
35 La Plaza C2
36 Las Delicias de Carmen B2
37 Salon de Te O2 ..... C3
38 Tahira B1
39 Tchiuchi D3
40 Todo Natural C3

Ausgehen & Nachtleben
41 Chelacabur B3

gen inklusive Camping. Man hat die Wahl zwischen deutsch-, englisch- und französischsprachigen Guides.

Desert Adventure GEFÜHRTE TOUREN
(Handy 9-9779-7211; www.desertadventure.cl; Ecke Caracoles & Tocopilla; 9.30–21 Uhr) Bietet eine breite Palette an Touren und zweisprachige Guides. Zum einzigartigen Angebot gehört eine zweistündige ethnokulturelle „Vorfahren-Karawanen"-Tour mit Lama-Trekking auf Wegen, die die Atacameños in vergangenen Jahrhunderten nutzten (25 000 Ch$).

Terra Extreme GEFÜHRTE TOUREN
(55-285-1274; www.terraextreme.cl; Toconao s/n; 9–21 Uhr) Eine umfassende Auswahl an Standardtouren und eine eigene gepflegte Fahrzeugflotte.

Alternative Touren

Reisende können in San Pedro Tagesausflüge buchen, die morgens zu den Tatio-Geysiren führen, dann in die Dörfer **Caspana** und **Chiu Chiu**, zur Festung **Pukará de Lasana** und zuletzt nach Calama (praktisch, wenn man für den Folgetag einen Flug gebucht hat) bzw. zurück nach San Pedro.

Zunehmend häufiger nachgefragt werden auch Touren zur **Laguna Cejar** und zu den **Ojos de Salar** (in beiden kann man schwimmen, und in Ersterer treibt man auf der Oberfläche wie im Toten Meer), zu den vielfarbigen Felsformationen im **Valle del Arcoiris** (Regenbogental) und zum **Salar de Tara**. Letzteres ist wohl die spektakulärste, wenn auch anstrengendste Tour ab San Pedro, auf der insgesamt 200 km langen Rundfahrt erreicht man Höhen von bis zu 4300 m.

Diese Exkursionen werden nicht ganz so regelmäßig angeboten und sind teurer als die gängigen Standardtouren in der Region.

Feste & Events

Carnaval KARNEVAL
(Feb. oder März) Mit kostümierten Tänzern und Umzügen.

Fiesta de Nuestra Señora de la Candelaria RELIGIÖS
(Feb.) Anfang Februar feiert San Pedro mit religiösen Tänzen.

Fiesta de San Pedro y San Pablo RELIGIÖS
(29. Juni) Volkstänze, eine Messe, eine Prozession mit Statuen, ein Rodeo und moderner Tanz, der gegen Mitternacht in Raufereien ausarten kann.

Schlafen

Hostal Pangea HOSTEL $
(55-320-5080; www.hostalpangea.cl; Le Paige 202; Bett/DZ 13 000/43 000 Ch$;) Das Pan-

gea ist dank seiner zentralen Lage, der freundlichen Mitarbeiter und den günstigen Preisen beliebt unter Travellern. Im geräumigen, farbenfroh gestalteten Innenhof kann man gut andere Reisende kennenlernen. Nachts kann es laut sein, die Unterkunft eignet sich eher zum Kontakteknüpfen und weniger zum Entspannen.

Hostal Sonchek HOSTEL $
(☎55-285-1112; www.hostalsonchek.cl; Ecke Paige & Calama; Bett/DZ 12 000/44 000 Ch$, EZ/DZ ohne Bad 16 000/27 000 Ch$;) Strohdächer und Lehmziegelmauern zeichnen die Zimmer dieses netten, preiswerten Hostels aus, die um einen kleinen Hof angeordnet sind. Es gibt eine Gemeinschaftsküche, Gepäckaufbewahrung und einen kleinen Garten mit Tischtennisplatte sowie ein paar Tischen. Die Bäder mit den durch Solarenergie beheizten Warmwasserduschen sind recht sauber.

Hostal Edén Atacameño HOSTEL $
(☎55-259-0819; http://edenatacameno.cl; Toconao 592; EZ/DZ inkl. Frühstück 25 000/40 000 Ch$, ohne Bad oder Frühstück 12 000/24 000 Ch$; P@) Lässiges Hostel mit Zimmern rund um ein paar nette mit Hängematten und vielfältigen Sitzgelegenheiten gespickte Patios. Gäste haben Zugang zu einer Küche, zudem kann man Kleidung waschen und Gepäck aufbewahren. Die Gemeinschaftsbäder sind sauber.

Hostelling International HOSTEL $
(☎55-256-4683; hostelsanpedro@hotmail.com; Caracoles 360; Bett/DZ 12 000/45 000 Ch$, DZ/3BZ/4BZ ohne Bad 30 000/38 000/45 000 Ch$;) Diese Unterkunft verströmt eine gesellige Atmosphäre und bietet Mehrbettzimmer (manche Etagenbetten sind fast 3 m hoch!) sowie ein paar Doppelzimmer rund um einen kleinen Hof. Gäste können die Gemeinschaftsküche und Schließfächer nutzen und bei den Mitarbeitern Touren buchen. HI-Mitglieder erhalten 2000 Ch$ Ermäßigung.

★ **Hostal Quinta Adela** B&B $$
(☎55-285-1272; www.quintaadela.com; Toconao 624; Zi. ab 73 000 Ch$; @) Netter Familienbetrieb, der nur einen kurzen Fußmarsch von der Stadt entfernt liegt. Die sieben individuell gestalteten Zimmer haben sehr viel Charme, außerdem gibt's eine schattige Terrasse und nebenan erstreckt sich ein Obsthain mit Hängematten. Gepäck kann man einschließen und die Zeiten zum Ein- und Ausschecken sind flexibel.

Hostal Puritama PENSION $$
(☎55-285-1540; www.hostalpuritama.cl; Caracoles 113; EZ/DZ 38 000/48 000 Ch$, ohne Bad 20 000/34 000 Ch$;) Direkt auf der Hauptgeschäftsstraße von San Pedro bietet das Puritama saubere, schlicht eingerichtete Zimmer, von denen einige allerdings etwas klein sind. Im schattigen Garten mit Plastiktischen lauscht man dem Vogelgezwitscher.

Hotel Loma Sanchez HOTEL $$
(☎Handy 9-9277-7478; www.lomasanchez.cl; Caracoles 259-A; DZ/3BZ 55 000/75 000 Ch$, EZ/DZ ohne Bad ab 25 000/30 000 Ch$;) Mitten auf der Geschäftsstraße Caracoles verfügt das Loma Sanchez über einen Hinterhof mit kleinen Jurten mit Lehmziegelwänden und Strohdächern, die für einen atmosphärischen (wenn auch etwas kühlen) Aufenthalt sorgen. Die Pension bietet auch traditionellere Zimmer mit schönen Akzenten wie Holzfußböden und regionalen Webereien als Deko.

Takha Hotel & Camping HOTEL, CAMPINGPLATZ $$
(☎55-285-1038; www.takhatakha.cl; Caracoles 101-A; Campingplatz pro Pers. 13 000 Ch$, EZ/DZ 54 000/62 000 Ch$, ohne Bad 21 000/41 000 Ch$;) Beliebte Anlage mit guten Campingplätzen, schlichten Budgetzimmern und blitzblanken Mittelklasseräumen rund um einen üppigen Blumengarten samt Swimmingpool. Die tolle Lage und die freundlichen Mitarbeiter sind ebenfalls ein Pluspunkt.

Hotel Don Sebastián HOTEL $$
(☎Handy 9-7966-9943; www.donsebastian.cl; Domingo Atienza 140; EZ/DZ 70 000/90 000 Ch$, Hütten 100 000–110 000 Ch$; P@) Solide Mittelklasseoption nur einen Steinwurf von der Stadt entfernt. Die Zimmer sind beheizt und gut ausgestattet. Außerdem gibt's eine Handvoll Hütten mit Küchenzeile. Nette Gemeinschaftsbereiche, allerdings tummeln sich hier manchmal zu viele Reisegruppen.

Hostal Lickana HOSTEL $$
(☎55-256-6370; www.lickanahostal.cl; Caracoles 140; EZ/DZ 49 000/65 000 Ch$; P) Etwas abseits der Hauptstraße punktet dieses niedrige Hostel mit blitzsauberen Zimmern inklusive großer Schränke, bunter Tagesdecken und strohgedeckter Patios. Was fehlt, sind gesellige Gemeinschaftsbereiche wie in den anderen Hostels.

Katarpe Hostal HOTEL $$
(☎55-285-1033; Domingo Atienza 441; EZ/DZ 55 000/67 000 Ch$; P) Tolle Lage unweit der Caracoles. Gäste haben die Wahl zwischen

verschiedenen ausreichend großen Zimmern, die mit frischen Laken und vernünftigen Betten ausgestattet sind. Die Zimmer liegen um ein paar Innenhöfe angeordnet, in einem davon stehen lange Holztische. Außerdem: Wäscheservice und zuvorkommendes Personal.

Hotel Kimal BOUTIQUE-HOTEL $$$
(☎ 55-285-1030; Atienza; EZ/DZ 121 000/135 000 Ch$, Hütten EZ/DZ ab 111 000/124 000 Ch$;) Eine gehobene Option, einen kurzen Spaziergang südlich der Hauptstraße. Das Kimal bietet reizende Zimmer mit Lehmziegelwänden, Holzböden, modernen Bädern und allen Annehmlichkeiten (Minikühlschrank, Zimmerservice) sowie ein hübsches Anwesen mit Pool. Massagen und ein Hatha-Yoga-Kurs sind verfügbar. Man kann auch Ausflüge buchen.

Zudem werden freistehende Hütten in einem überwucherten Garten auf der anderen Straßenseite vermietet.

Atacama Awasi HOTEL $$$
(☎ Handy 9-7659-1320; www.awasiatacama.com; Tocopilla 4; EZ/DZ All-inclusive pro Nacht ab 675/1350 US$; P) Das Awasi, eines der besseren Luxushotels in der Gegend, liegt etwa 1 km südlich der Stadt. Die Zimmer sind wunderschön in rustikal-schickem Stil mit größtenteils hiesigen Materialien eingerichtet; sogar das Badesalz stammt aus der Region. Es gibt ein tolles hauseigenes Restaurant, einen hübschen kleinen Poolbereich und Extras wie einen persönlichen Guide/Fahrer für jeden Gast.

Tierra Atacama Hotel & Spa HOTEL $$$
(☎ 55-255-5977; www.tierrahotels.com; Séquitor s/n; EZ/DZ All-inclusive 2 Nächte 2000/3100 US$; P @) Luxus und Stil erwarten alle, die 1,5 km südlich der Caracoles in diesem Rückzugsort im Resort-Stil übernachten. Die Zimmer mit Steinboden haben einen natürlichen minimalistischen Look, die Duschen befinden sich im Freien und von den Terrassen genießt man einen überwältigenden Blick auf den Licancábur. Außerdem gibt's ein Spa und ein Restaurant. Das All-inclusive-Paket umfasst Essen, Getränke und Touren.

Hotel Terrantai HOTEL $$$
(☎ 55-285-1045; www.terrantai.com; Tocopilla 411; DZ 155 000–190 000 Ch$; P) Zweifellos das intimste und am zentralsten gelegene der Spitzenhotels in San Pedro. Das Geheimnis liegt in der Architektur: Hohe, schmale Korridore aus dem weichem Gestein, das aus dem Loa-Fluss gewonnen wird, führen zu eleganten Zimmern mit andinen Stoffen und Deckenventilatoren. Die Superior Zimmer sind etwas teurer, dafür aber auch geräumiger, heller und bieten einen schöneren Blick. Hinten schließen sich ein von Bambus beschatteter Skulpturengarten, ein Tauchbecken und eine Bar an.

Essen

Franchuteria BÄCKEREI $
(Le Paige 527; Croissants 1100–2500 Ch$; 7–20.30 Uhr) Etwa 500 m östlich der Plaza befindet sich San Pedros beste Bäckerei. Von einem talentierten jungen Franzosen geführt, verkauft die Franchuteria herrliche Backwaren, darunter perfekte Baguettes mit einzigartigen Zutaten wie Roquefort-Käse und Feigen oder Ziegenkäse und Oregano. Es gibt auch Buttercroissants mit einzigartigen Füllungen wie *manjar* (Dulce de Leche).

Die Köstlichkeiten kann man mit einem Espresso im gartenähnlichen Sitzbereich vor dem Lokal genießen.

Babalú EIS $
(Caracoles 140; Eis 1900–3900 Ch$; 10–22 Uhr) Das Babalú ist eine von mehreren Eisdielen an der Hauptstraße und bietet leckere Geschmacksrichtungen, die man zu Hause vergeblich sucht. Es gibt Eis aus Wüstenfrüchten wie *chañar* oder *algarrobo,* Pisco Sour, *hoja de coca* (Coca-Blatt) und köstliche Überraschungen wie Quinoa. Hier kann man nichts falsch machen.

Tchiuchi HÜHNCHEN $
(Toconao 424; Hauptgerichte 3200–6000 Ch$; Do–Di 12–16 & 17–23 Uhr) Wer von den hohen Preisen in San Pedro gebeutelt ist, sollte dieses schlichte Grillhühnchenlokal besuchen. Ein Viertel Hühnchen mit Pommes frites kostet nur 3200 Ch$. Man kann es mitnehmen und ein Picknick veranstalten.

Café Peregrino CAFÉ $
(Gustavo Le Paige 348; Hauptgerichte 3500–6000 Ch$; 9–21 Uhr;) San Pedros nettestes Café in guter Lage gewährt von seinen schattigen Tischen einen Blick auf die vorbeieilenden Leute. Was das Essen angeht, darf man sich auf Pizzas, Quesadillas, Sandwiches, Pfannkuchen (zum Frühstück) sowie leckere Kuchen und Gebäck freuen. Außerdem werden richtige Espressos und Cappuccinos serviert.

Salon de Te O2 CAFÉ $
(Caracoles 295; Hauptgerichte ca. 3000–6000 Ch$; Mo–Sa 7–23, So 8–23 Uhr;) Frühstück in

aller Herrgottsfrühe, leckere Quiches, saftige Sandwiches mit Fleisch und wunderbare Törtchen sind die Highlights in diesem bunten Café, das von einem chilenisch-französischen Paar betrieben wird. Im Hof hinten kann man gut einen Nachmittag vertrödeln.

Tahira CHILENISCH **$**
(Tocopilla 372; 4500–9000 Ch$; ⏲12–23 Uhr) Ein bodenständiges Café, in dem die Einheimischen den Touristen zahlenmäßig überlegen sind. Im Tahira macht man sich über schnörkellose chilenische Klassiker her. Am Wochenende locken Grillgerichte.

La Casona CHILENISCH **$$**
(☎55-285-1337; Caracoles 195; Hauptgerichte 9000–14 000 Ch$; ⏲Mi–Mo 12–24 Uhr; 📶) Das klassische La Casona verfügt über einen Speisesaal mit hohen Decken, dunkler Holzvertäfelung und Lehmziegelkamin in der Mitte. Auf der Karte stehen *parrilladas* (gemischter Grillteller) und chilenische Leibspeisen wie *pastel de choclo* (Maisauflauf). Zudem gibt's eine große Auswahl an chilenischen Weinen und einen kleinen Hof, in dem Mittagessen unter freiem Himmel serviert wird.

Las Delicias de Carmen CHILENISCH **$$**
(Calama 370; Mittagsspezialitäten 4000–7000 Ch$, Hauptgerichte 8000–14 000 Ch$; ⏲8.30–22.30 Uhr; 📶🌿) Tolles Frühstück, köstliche Kuchen und Empanadas, Pizzas aus dem Lehmziegelofen (den Belag darf man selbst wählen) und täglich unterschiedliche Gerichte werden in dem lichtdurchfluteten Restaurant mit Blick ins Grüne aufgetischt. Dank der Tagesspezialitäten wie *cazuela* (Eintopf) oder Karotten-Ingwer-Suppe und des herzhaften *menú del dia* (dreigängiges Mittagessen) ist hier immer viel los.

Todo Natural INTERNATIONAL **$$**
(www.tierratodonatural.cl; Caracoles 271; Hauptgerichte 8000–12 800 Ch$; ⏲12–23 Uhr; 📶🌿) Hiesige Zutaten wie Quinoa, asiatische Einflüsse, Vollkorn-Sandwiches, gute Salate und andere gesunde Gerichte machen die umfangreiche Speisekarte aus. Der Service ist nicht so der Hit, aber das Essen schmeckt und es gibt vegetarische Gerichte.

La Plaza INTERNATIONAL **$$**
(Plaza de Armas; Hauptgerichte 5000–10 000 Ch$; ⏲8–21 Uhr) Das Essen kann mal so, mal so schmecken, doch dieses Lokal mit Sonnenschirmen an den Tischen und Blick aufs Grün der Plaza bietet eine der schönsten Lagen in der Stadt.

El Toconar INTERNATIONAL **$$**
(Ecke Toconao & Caracoles; Hauptgerichte 5000–12 000 Ch$; ⏲12–1 Uhr) El Toconar überzeugt durch die beste Gartenkulisse der Stadt mit Lagerfeuer für kühle Wüstennächte. Zudem gehören eine umfangreiche Speisekarte, eine großartige Cocktailauswahl (u. a. Pisco Sour mit Wüstenkräutern) zum Programm.

El Churruá PIZZA **$$**
(Tocopillo 442; Hauptgerichte 6000–11 000 Ch$; ⏲12–23 Uhr) Das unauffällige Lokal abseits der Hauptstraße serviert die beste knusprig-dünne Pizza der Stadt. Es gibt nur wenige Tische, die Wartezeit lohnt sich aber. Alkohol sucht man auf der Karte vergeblich.

Blanco INTERNATIONAL **$$**
(☎55-285-1301; Caracoles 195B; Hauptgerichte 8500–11 000 Ch$; ⏲Mi–Mo 7–24 Uhr; 📶) Das hippste Restaurant der Stadt ist in einem weißen Lehmziegelgebäude mit Lampenschirmen aus Bambus und einer Terrasse nach hinten samt Kamin untergebracht. Es überzeugt mit guter Gerichteauswahl und lebendiger Atmosphäre. Zu den Klassikern gehören Meeresfrüchte-Risotto, mediterrane Salate und Pizzas.

Ckunna INTERNATIONAL **$$**
(☎55-298-0093; www.ckunna.cl; Tocopilla 359; Hauptgerichte 9000–13 800 Ch$; ⏲12–15 & 19–23.30 Uhr; 📶) In einem alten Gebäude einen kurzen Fußmarsch von der Hauptstraße entfernt locken selbst gemachte Pastagerichte und Fusion-Küche (Altiplano goes Mittelmeer). Die Bar und die Terrasse mit dem offenen Feuer wirken einladend.

★ **Baltinache** CHILENISCH **$$$**
(☎Handy 9-3191-4225; Atienza; 3-Gänge-Menü 15 000 Ch$; ⏲13–16 & 19.30–22 Uhr) Einen kurzen Spaziergang südlich der geschäftigen Caracoles bietet das Baltinache einige der besten Gerichte in San Pedro. Dicke Lehmziegelwände mit von Geoglyphen inspirierten Kunstwerken und flackernde Kerzen sorgen für Stimmung in diesem eleganten, unaufdringlichen Lokal. Die Speisekarte wechselt jeden Abend und umfasst hochwertige regionale Produkte wie Flussforelle, Gemüsesuppe mit geriebenem Ziegenkäse, Kaninchen und Nachtisch aus Wüstenfrüchten. Im Voraus reservieren.

Adobe INTERNATIONAL **$$$**
(☎55-285-1132; Caracoles 211; Hauptgerichte 11 000–14 000 Ch$; ⏲11–1 Uhr; 📶) Wegen seiner gewollten Schlichtheit, dem Dekor mit

ABSTECHER

AUSFLUG NACH UYUNI, BOLIVIEN

Farbenprächtige Hochlandseen, bizarre Spielwiesen aus Felsen, die eines Salvador Dali würdig wären, Flamingos, Vulkane und die berühmte blendend weiße Salzebene von Uyuni: Dies sind einige der Eindrücke, die bei einem Abstecher nach Bolivien nordöstlich von San Pedro de Atacama auf die Besucher warten. Einen gemütlichen Ausflug aufs Land darf man sich allerdings nicht vorstellen, denn auf fünf Reisende, die Uyuni als Highlight ihres Trips preisen, kommt einer, der das Ganze als Alptraum beschreibt.

In der Regel dauert der Ausflug drei Tage. Die bolivianische Grenze wird in Hito Cajón passiert, dann geht's vorbei an der Laguna Colorada zum Salar de Uyuni und in die Stadt Uyuni. Der durchschnittliche Preis beträgt 115 000 Ch$ und schließt den Transport in überfüllten geländegängigen Jeeps, schlichte, oft zum Zähneklappern kalte Unterkünfte sowie Essen ein. Für einen Mehrpreis von 15 000 bis 25 000 Ch$ findet die Rückreise nach San Pedro erst am vierten Tag statt (normalerweise fahren die Tourveranstalter die dritte Nacht durch). Ins Reisegepäck gehören Getränke und Snacks, warme Kleidung und ein Schlafsack. Die Formalitäten zur Rückkehr nach Chile werden in San Pedro und die Einreiseformalitäten nach Bolivien bei der Ankunft in Uyuni geregelt. Eintrittsgelder für bolivianische Parks (etwa 20 000 Ch$) sind nicht im Tourpreis inbegriffen.

Keine der Agenturen, die diese Tour anbieten, erhält uneingeschränkt begeisterte Rückmeldungen. Am empfehlenswertesten nach bisherigen Berichten ist Cordillera Traveler (S. 157).

Felsenkunst, den Sitzbänken und dem rauchigen Feuer im Essbereich draußen steht das Adobe bei Reisenden hoch im Kurs. Die Kellner servieren leckere, aber teure Gerichte wie Pilz-Quinoa-Risotto oder Lammfleisch mit Taboulé und Hummus. Auch nett für einen Drink.

Ausgehen & Nachtleben

In San Pedro sind zwar Touristen gern gesehen, jedoch keine Nachtschwärmer. Es gibt nur eine Bar und nach 1 Uhr wird kein Alkohol verkauft. Reisende mit frühen Touren haben eine kurze Nacht: Wer für einen Ausflug nach El Tatio um 4 Uhr in der Früh aufwachen muss, hat auch so schon Kopfschmerzen – ganz ohne Kater!

Allerdings gibt's eine entspannte Bar- und Restaurantszene und Reisende können Geschichten am Feuer austauschen und Happy Hours genießen.

Chelacabur BAR

(Caracoles 212; ⌚12–1 Uhr) Das Chelacabur ist die einzige Bar in der Stadt, in der sowohl Einheimische als auch Ausländer verkehren. Hier gibt's kaltes Bier, eine festliche, aber gelassene Atmosphäre und Rockmusik. Es werden auch Fußballspiele übertragen.

Es werden keine Mahlzeiten serviert, doch man kann eine Pizza aus dem El Churruá um die Ecke mitbringen.

Praktische Informationen

In der Stadt gibt's drei Geldautomaten (zwei auf der Caracoles und einen gegenüber vom Museum), die aber nicht immer ausreichend gefüllt sind. Aus diesem Grund sollte man ein dickes Bündel Geldscheine mitbringen. In vielen Lokalen kann man mit Karte zahlen, manchmal wird jedoch harte Währung bevorzugt.

Auf der Hauptplaza hat man kostenlosen WLAN-Empfang (wenn er funktioniert).

Oficina de Información Turística (☎ 55-285-1420; Ecke Toconao & Le Paige; ⌚9–21 Uhr) Die Angestellten geben Auskünfte und verteilen Stadtpläne und Broschüren. In dem Buch mit den Gästekommentaren findet man aktuelles Feedback zu verschiedenen Reiseveranstaltern, Hostels, Transportunternehmen und mehr.

Posta Médica (☎ 55-285-1010; Le Paige s/n) Lokale Klinik an der Plaza.

An- & Weiterreise

Der recht neue **Busbahnhof** (Tumisa s/n) von San Pedro liegt 1 km südöstlich der Plaza. Hier erfolgen Abfahrt und Ankunft aller Busse. Ein Unternehmen, **Tur Bus** (☎ 55-268-8711; Licancábur 154), hat in der Innenstadt ein Büro, in dem man Tickets buchen kann.

Buses Atacama 2000 (⌚8–19 Uhr) bietet regelmäßige Verbindungen nach Calama (ab 3000 Ch$, 3-mal tgl.), wo Anschluss zum Bus in Uyuni besteht. **Buses Frontera del Norte** fährt fünfmal täglich nach Calama sowie jeden Abend

(Fortsetzung auf Seite 168)

Die chilenische Natur

Hier kann man die weitläufige einsame Wüste genießen, die rauen Gipfel der Anden erklimmen oder durch die heiligen Wälder des Dichters Pablo Neruda wandern. Vor der endlosen Küste surfen, paddeln und segeln ... oder aber die Geheimnisse der Osterinsel erkunden, Sterne beobachten, in Thermalquellen baden oder das kalbende Eis bewundern. In Chile ist die Natur praktisch allgegenwärtig.

1

ANDREW CLIFFORTH/SHUTTERSTOCK ©

SUNSINGER/SHUTTERSTOCK ©

1. Osterinsel (S. 437)
Im Parque Nacional Rapa Nui stehen viele rätselhafte *moai* (große anthropomorphe Statuen).

2. Parque Nacional Lauca (S. 202)
Dieses UNESCO-Biosphärenreservat beherbergt mit dem Lago Chungará einen der höchstgelegenen Seen der Erde.

3. Lago General Carrera (S. 354)
Boots- und Kajakausflüge zu den coolen Marmorhöhlen der Capilla de Mármol.

4. Valle de la Luna (S. 157)
Gigantische Sanddünen und surreale Mondlandschaften erleben.

DUDAREV MIKHAIL/SHUTTERSTOCK ©

1

2

1. Isla Magdalena (S. 374)
Von Oktober bis März halten sich riesige Kolonien quäkender Magellan-Pinguine auf der Isla Magdalena auf.

2. El-Tatio-Geysire (S. 171)
El Tatio wird von 64 Geysiren und 100 Fumarolen gespeist und erinnert an ein riesiges Dampfbad.

3. San Pedro de Atacama (S. 153)
Diese Lehmziegel.Oase befindet sich im Herzen einer der spektakulärsten Landschaften Nordchiles.

4. Parque Nacional Torres del Paine (S. 389)
Spektakuläre Gipfel, azurblaue Seen und ein glänzender Gletscher bilden Chiles schönsten Nationalpark.

4

SUNSINGER/SHUTTERSTOCK ©

DUDAREV MIKHAIL/SHUTTERSTOCK ©

3

PAVY/SHUTTERSTOCK ©

(*Fortsetzung von Seite 163*)

um 21.45 Uhr nach Arica (ab 18 000 Ch$) und Iquique (15 000 Ch$).

Tur Bus verkehrt stündlich nach Calama (3000–4000 Ch$) mit Anschlüssen zu allen wichtigen Reisezielen in Chile.

Andesmar (☎ 55-259-2692; www.andesmar.com) steuert Salta und Jujuy in Argentinien an und fährt mittwochs und sonntags um 8 Uhr ab (ab 30 000 Ch$, 12 Std. mit Aufenthalt an der Grenze). Pullman Bus fährt mittwochs, freitags und sonntags um 9.30 Uhr ab und bietet ähnliche Preise. **Géminis** (☎ 55-289-2065) fährt um 9.30 Uhr am Dienstag, Freitag und Sonntag ebenfalls nach Salta (32 000 Ch$, 12 Std.).

Mehrere Anbieter in der Stadt bieten Verbindungen zum Flughafen Calama, darunter **Tour Magic** (www.tourmagic.cl), der dreimal täglich regelmäßige Busverbindungen vom Busterminal zum Flughafen bietet (8000 Ch$ pro Person, 1½ Std.).

Unterwegs vor Ort

Mit dem Mountainbike kann man großartig durch San Pedro düsen. Um sicherzugehen, dass nur Kalorien verbrannt werden, sollte man immer Wasser und Sonnenschutz dabeihaben. Verschiedene Reisebüros und Hostels vermieten Mountainbikes für etwa 6000 Ch$ pro Tag. Teilweise gibt's dazu auch eine (fotokopierte) Karte.

Rund um San Pedro de Atacama

Die meisten Reisenden besuchen diese Gegend im Rahmen von geführten Touren. Wer jedoch mit dem eigenen Wagen unterwegs ist, kann sie auf eigene Faust erkunden. Mehrere Orte (einschließlich Valle de la Muerte) sind auch zu Fuß erreichbar, doch Radfahren ist für Naturbegeisterte eine bessere Option. Es gibt keine öffentlichen Verkehrsmittel in der Gegend.

Etwa 3,5 km westlich von San Pedro liegt das eindrucksvolle **Valle de la Muerte** (abseits Ruta 23; 3000 Ch$; ⏲ 9–20 Uhr), das auf keiner Reise in der Region fehlen sollte. Zerklüftete Felsen, eine hoch aufragende Sanddüne und dramatische Aussichtspunkte zum fernen Gebirgszug prägen das Bild. Der Name Valle de la Muerte („Todestal") ist eigentlich eine sprachliche Verzerrung von Valle de Marte (Mars-Tal), das auf die roten Felsformationen und die außerirdische Schönheit des Tals Bezug nimmt.

Touristengruppen kommen normalerweise am Nachmittag, bevor es zum Sonnenuntergang in das nahegelegene Valle de la Luna geht. Das Tal eignet sich ideal für eine einfache Radtour (oder einen langen Spaziergang) und ist auch für Autofahrer erreichbar. Die große Sanddüne lädt zum Sandboarding ein. Ausstatter wie Sandboard San Pedro (S. 156) bieten morgens und nachmittags Ausflüge an.

Das **La-Silla-Observatorium** (☎ Notfälle 9-9839-5312; www.eso.org/public/teles-instr/lasilla) beherbergt verschiedene leistungsfähige Teleskope, mit denen das Forschungsteam schon viele wichtige Entdeckungen gemacht hat. Auf einer öffentlichen Tour, die einmal pro Woche stattfindet, kann man mehr über diesen Ort erfahren. Die Touren finden samstags um 14 Uhr statt, wobei man spätestens um 13.30 Uhr anreisen muss und ein eigenes Transportmittel benötigt. Für die Tour ist das Online-Besucherformular auszufüllen.

In den Ruinen von **Aldea de Tulor** (3000 Ch$; ⏲ 9–19 Uhr), dem ältesten ausgegrabenen Dorf in der Region, drängen sich ringförmige Lehmziegelbauten aneinander (man fühlt sich spontan an eine schlammfarbene Luftpolsterfolie erinnert). Von San Pedro führt südwestlich ein 11 km langer Abstecher hierher. Interessierte können die sandige Strecke mit dem Wagen oder dem Mountainbike erkunden, doch am besten eignet sich eine geführte Tour.

Wer allein unterwegs ist, kann sich an die spanischsprachigen Guides wenden, die über die historischen Hintergründe informieren (im Eintritt enthalten).

Die Ruinen der **Pukará de Quitor** (3000 Ch$; ⏲ 8.30–19 Uhr) aus dem 12. Jh. thronen auf einem Felssporn über dem Río San Pedro. Diese Festung war eine der letzten Bastionen im Norden Chiles gegen Pedro de Valdivia und seine spanischen Truppen. Die indigenen Streitkräfte kämpften tapfer, konnten ihren Widersachern an Waffengewalt jedoch nichts entgegenhalten und wurden oft sofort geköpft. Noch heute sind die einhundert Verteidigungsstellungen zu sehen; sie drücken sich an den Hang wie große steinerne Vogelnester. Von der Bergspitze eröffnet sich ein eindrucksvoller Blick auf die gesamte Oase.

Die Festung liegt 3,5 km nordwestlich von San Pedro und ist zu Fuß, mit dem Fahrrad oder einem Fahrzeug leicht zu erreichen. Der *mirador* (Aussichtspunkt) schließt um 18 Uhr.

Die idyllischen **Termas de Puritama** (Erw./Kind 15 000/7000 Ch$; ⏲ 9.30–17.15 Uhr) sprudeln in einer Klamm 30 km nordöstlich von San Pedro auf dem Weg nach El Tatio. Die Wassertemperatur beträgt etwa 33 °C, es gibt mehrere Wasserfälle, Pools und Umkleidekabinen vor Ort. Wegen der saftigen Eintrittspreise steuern nur wenige Veranstalter die Quellen an, man kann aber in San Pedro ein Taxi nehmen. Vom Parkplatz sind die Quellen 20 Gehminuten entfernt.

Verpflegung, Trinkwasser und Sonnenschutz mitnehmen. Frühmorgens anreisen, um die Massen zu vermeiden. Von Montag bis Freitag sind die Preise nach 14 Uhr günstiger (9000 Ch$).

Reserva Nacional Los Flamencos

Die 740 km² große **Reserva Nacional Los Flamencos** (Eintritt variiert je nach Standort; versch. Öffnungszeiten) bietet einige der spektakulärsten Landschaften Nordchiles. Inmitten einer ausgedörrten, unberührten Landschaft befinden sich ausgedehnte Salzseen, rostrote, mondähnliche Bergrücken und funkelnde topasfarbene Seen vor aufragenden Berggipfeln. Angesichts der großen Vielfalt bräuchte man mindestens eine Woche, um dieses riesige Reservat richtig zu erkunden. Südlich, östlich und westlich von San Pedro de Atacama umfasst es sieben geografisch abgetrennte Gebiete.

Sehenswertes

Laguna Cejar SEE

(10 000–15 000 Ch$; 9–17 Uhr) San Pedro hat eine eigene Mini-Version des Toten Meeres 22 km südlich des Dorfes. Dank des hohen Salzgehalts kann man sich in diesem topasfarbenen See mühelos treiben lassen, ein schöner Ort, um die Berge am Horizont zu betrachten. Cejar ist einer von drei Seen; in den anderen beiden (Laguna Piedra und Baltinache) darf man nicht baden, kann dort aber Flamingos bei der Fütterung beobachten.

Der Preis beträgt 10 000 Ch$ morgens und ab 14.00 Uhr 15 000 Ch$. Es gibt Duschen und Umkleideräume, doch eigene Handtücher und andere Utensilien sind mitzubringen.

Quebrada de Jere SCHLUCHT

(2000 Ch$; 8–20 Uhr) Ein Stück Grün inmitten der Wüstenlandschaft. Diese lange, enge Schlucht ist ein beliebtes Ziel für Wanderer, Badegäste und Kletterer.

Laguna Chaxa SEE

(2500 Ch$; 8–20 Uhr) Der **Salar de Atacama** sieht aus, als hätte hier ein Riese mit einem hartborstigen Besen gewütet. Aber inmitten der leeren monotonen Ödnis trifft man, etwa 25 km südwestlich von Toconao und 65 km von San Pedro entfernt, auf eine Oase des Lebens. Sie ist das am leichtesten zugängliche Flamingo-Brutgebiet der Reserva Nacional Los Flamencos.

Drei von fünf bekannten Spezies (James-, Chile- und Andenflamingo) sind am Salzsee zu beobachten, außerdem Regenpfeifer, Blesshühner und Enten: Zoom-Objektive und flinke Reflexe mitbringen! Bei Sonnenaufgang sind die Vögel auf Nahrungssuche, doch der Park öffnet erst um 8 Uhr. Auch bei Sonnenuntergang ist er wunderschön.

Valle de la Luna NATURPHÄNOMEN

(3000 Ch$; 9–18 Uhr) Den Sonnenuntergang im „Mondtal" zu beobachten ist ein unvergessliches Erlebnis. Vom Gipfel einer riesigen Sanddüne kann man die spektakuläre Aussicht in sich aufnahmen, wenn die Sonne hinterm Horizont versinkt und die Landschaft verwandelt: Der ferne Ring aus Vulkanen, der die Cordillera de la Sal unterbricht, und das wie eine Mondlandschaft anmutende Tal erstrahlen in einem Feuerwerk aus unbeschreiblich schönen Purpur-, Pink- und Goldtönen.

Das Valle de la Luna ist nach den mondähnlichen Landschaftsformen benannt, die Flut und Wind seit Jahrtausenden gestalten. Es erstreckt sich 15 km westlich von San Pedro de Atacama, bildet das nördliche Ende der Cordillera de la Sal und gehört zur Reserva Nacional Los Flamencos.

Ausflüge in dieses Tal zählen zu den beliebtesten und auch günstigsten Tourangeboten in San Pedro. Sie beginnen gegen 16 Uhr, dann bleibt vor Sonnenuntergang genug Zeit, sich umzuschauen. Wer jedoch keine Lust auf Dutzende Touristenbusse hat, die alle an denselben Stellen halten, sollte einen anderen Zeitpunkt wählen. Hartgesottene kommen im Morgengrauen her, um den Massen beim Sonnenuntergang zu entgehen.

Abgesehen vom Blick auf den Sonnenuntergang bietet das Tal verschiedene Spazierwege, die an unberührten geologischen Formationen und sogar Höhlen vorbeiführen (eine Fackel mitnehmen).

Man kann gut mit dem Auto anreisen (kein Allradwagen nötig). Eine gute Möglichkeit ist auch die Anfahrt per Mountainbike, doch man sollte die Straßen und Fahrspuren nicht verlassen. Wer bis zum Sonnenuntergang bleibt, benötigt Lichter und reflektierende Kleidung. Parken darf man nur am

Rund um Calama & San Pedro de Atacama

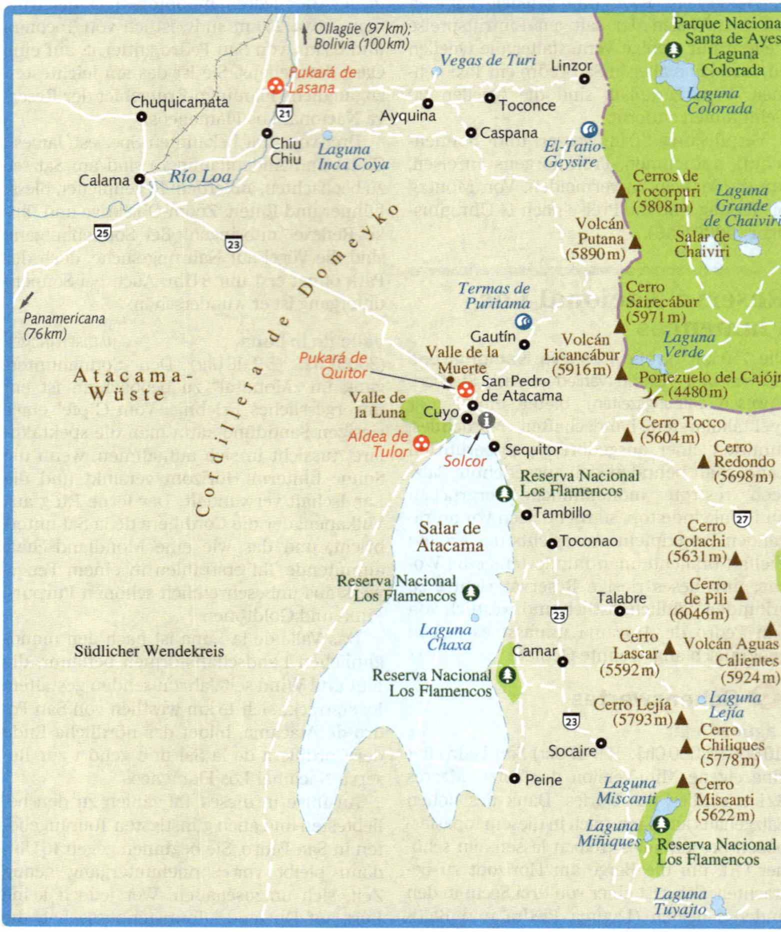

Straßenrand oder an ausgewiesenen Stellen – keinesfalls den empfindlichen Wüstenboden durch Reifenspuren aufreißen!

Laguna Miñiques SEE

(inkl. Eintritt zur Laguna Miscanti 3000 Ch$; ⌚ 9–18 Uhr) Der kleinere von zwei dramatischen Bergseen. Die schillernd blaue Oberfläche des Miñiques wirkt umso atemberaubender vor der Kulisse der rauen schneebedeckten Gipfel.

Socaire DORF

Dieses kleine traditionelle Dorf mit weniger als 500 Einwohnern ist für seine traditionelle Kirche bekannt. Hier kann man regional hergestellte Handarbeiten erwerben.

Laguna Miscanti SEE

(inkl. Eintritt zur Laguna Miñiques 3000 Ch$; ⌚ 9–18 Uhr) Ein glitzernd blauer Süßwassersee vor schneebedeckten Vulkanen.

ℹ An- & Weiterreise

Es gibt keine öffentlichen Verkehrsmittel in der Gegend. Die meisten Besucher kommen auf organisierten Touren von San Pedro hierher. Wer ein Auto hat, kann das Reservat auf eigene Faust besuchen und den Massen aus dem Weg gehen.

El-Tatio-Geysire

Wer bei Tagesanbruch die weltberühmten **El-Tatio-Geysire** (10 000 Ch$; ⏲ 6–18 Uhr) ansteuert, wandelt gleichsam durch ein gewaltiges Dampfbad: Umringt von Vulkanen gurgeln hier 64 Geysire, und Hunderte Fumarolen stoßen Wasserdampf und Gas aus. Wirbelnde Dampfsäulen hüllen wie in einer dantesken Vision die Besucher ein, und das Blubbern und Zischen klingt wie eine ganze Batterie fröhlich kochender Kessel. Und doch *fühlt* sich das Ganze nicht wie ein Badevergnügen an, bestenfalls wie ein Bad am Nordpol. Die meisten Traveller wünschten, die Geysire würden ihre Wärme während der kalten Morgenstunden effektiver verteilen.

El Tatio, das höchstgelegene Geysirfeld der Erde, erstreckt sich 4300 m über dem Meeresspiegel. Der Anblick der dampfenden Fumarolen vor dem azurblauen Himmel des Altiplano ist unvergesslich, und die mineralischen Strukturen, die beim Austritt des kochenden Wassers entstehen, sind von faszinierender Schönheit. Wenn die Dämmerung weicht, krönen Sonnenstrahlen die umgebenden Vulkane und beleuchten den wabernden Dampf.

Unbedingt aufpassen, wo man hintritt – an manchen Stellen sind bereits Besucher durch die dünne Kruste in die darunter befindlichen, mit heißem Wasser gefüllten Pools eingebrochen und haben sich schwer verbrüht. Bei der Auswahl der Kleidung das Zwiebelprinzip beachten: Bei Sonnenaufgang ist es so kalt, dass die Zehen erstarren, aber auf dem Rückweg kann der Bus zum Backofen werden.

Die Geysire liegen 95 km nördlich von San Pedro de Atacama. Ihre Verwaltung wurde 2004 dem indigenen Volk der Atacameños übertragen. 2 km vor der Attraktion befindet sich ein Verwaltungskiosk, an dem Besucher Eintritt zahlen müssen (10 000 Ch$).

Wer mit dem Auto anreist, sollte San Pedro morgens nicht später als 4 Uhr verlassen, um die Geysire bis Sonnenaufgang zu erreichen. Die Route nach Norden ist ab San Pedro ausgeschildert. Einige Fahrer folgen in der Dunkelheit lieber den Tour-Minibussen, was die Busfahrer nicht so gern mögen. Da es sich um eine unbefestigte Straße handelt, wird ein Allradwagen empfohlen. Wer ein kleineres Auto fahren möchte, erkundigt sich am besten in der Touristeninformation nach den aktuellen Fahrbedingungen.

Wenn man in Calama einen Wagen gemietet hat, kann man durch die malerischen Dörfer Caspana und Chiu statt über San Pedro zurückkehren. Einige Ausflugsveranstalter in Calama und San Pedro nutzen ebenfalls diese Route.

Calama

☎ 055 / 148 000 EW. / 2250 M

Calama macht einen düsteren, rauen Eindruck, ist jedoch der Stolz des nördlichen Chile, ein wirtschaftliches Kraftpaket, das Jahr um Jahr Wagenladungen von Kupfergeld in die chilenische Wirtschaft pumpt.

Und obwohl die Bergbaustadt für Besucher wenig Attraktives bereithält – die meisten Leute übernachten hier nur (wenn sie müssen) auf dem Weg nach San Pedro de Atacama –, besitzt diese Bergbaustadt doch eine ehrliche, ungeschönte Ausstrahlung, die in Sachen Authentizität definitiv noch einen drauflegt.

Calama erstreckt sich am Nordufer des Río Loa. Obgleich sie sich mit der Zuwanderung der Arbeiter aus Chuquicamata vergrößert hat, lässt sich ihr Zentrum noch immer gut zu Fuß erkunden. Die Calle Ramírez beginnt als Fußgängerzone und führt zur schattigen Plaza 23 de Marzo, die mit Marktständen und Tauben überquillt.

Schlafen

Hostería Calama HOTEL $

(☎ 55-234-2033; www.hosteriacalama.cl; Latorre 1521; EZ/DZ/3BZ ab 45 000/52 000/60 000 Ch$; P @) Calamas schickstes Hotel im Zentrum beherbergt große Zimmer mit Teppichböden und klassischem Dekor. Manche Räume gewähren Blick ins Grüne. Darüber hinaus werden sämtliche Extras geboten, die man in einer Nobelbleibe erwartet, so ein Fitnessstudio, ein Restaurant und ein Patio. Die Zimmer auf der Vorderseite sind laut, haben dafür jedoch Balkone, denen Bäume Schatten spenden.

Hotel Atenas HOTEL $

(☎ 55-234-2666; Ramírez 1961; EZ/DZ 20 000/25 000 Ch$;) Ein Labyrinth aus dunklen Zimmern in unmittelbarer Nähe zur Fußgängerzone. Das Atenas ist die beste Billigunterkunft von Calama, mit einer guten Lage und sauberen großen Bädern.

Hotel Anpaymi HOTEL $$

(☎ 55-234-2325; www.hotelanpaymi.cl; Sotomayor 1980; EZ/DZ 35 000/45 000 Ch$;) Ein überraschend ruhiges Hotel mitten im geschäftigen Zentrum. Die geräumigen Doppelzimmer mit Holzdielen und winzigen Bädern bieten ein gutes Preis-Leistungs-Verhältnis. Die Einzelzimmer sind klein, aber angemessen.

Hotel El Mirador HOTEL $$

(☎ 55-234-0329; www.hotelmirador.cl; Sotomayor 2064; EZ/DZ ab 45 000/55 000 Ch$; P) Dieses historische Hotel mit einem achteckigen Turm verfügt über Zimmer im Kolonialstil mit einer Atmosphäre „wie bei Großmutter" und kleinen Badezimmern. Sie sind alle um einen sonnenverwöhnten Innenhof angelegt. Im Wohnzimmer findet man alte Fotos von Calama.

Essen & Ausgehen

Mercado Central MARKT $

(Latorre; Menüs 3500 Ch$) Wer schnell etwas Sättigendes zu essen braucht, sollte die *cocinerías* (Schnellrestaurants) des hektischen kleinen Markts zwischen Ramírez und Vargas ansteuern.

Bavaro CHILENISCH $$

(Sotomayor 2095; Hauptgerichte 5500–11 000 Ch$; Mo–Fr 8.30–23, Sa 10–23, So 12–22 Uhr;) Dieses Lokal gehört zu einer Kette, die fast in ganz Nordchile vertreten ist. Dennoch versprüht es ein rustikales Flair und bietet eine gute Auswahl an Fleisch- und Fischgerichten. In der angeschlossenen Cafeteria im unteren Stock gibt's günstigere Menüs.

Pasión Peruana PERUANISCH $$

(Ecke Abaroa & Ramirez; Hauptgerichte 9000–14 000 Ch$; Mo–Sa 12–23, So bis 18 Uhr) Zu den besten Restaurants in Calama gehört dieses großartige Lokal, das eine umfassende Auswahl an peruanischen und chilenischen Gerichten serviert. Es liegt an einer Ecke des Platzes.

Maracaibo Café CAFÉ

(Latorre, nahe Mackenna; Mo–Fr 10–21 Uhr) Ein charmantes, sonnendurchflutetes Café mit venezolanischer Seele (und leckeren Arepas) in einem kleinen Einkaufskomplex. Hier gibt's starken Kaffee, Nachtisch und herzhafte Mittagsspezialitäten (5000–6000 Ch$).

Praktische Informationen

Im Stadtzentrum findet man mehrere Banken mit Geldautomaten. An manchen kann sogar Geld gewechselt werden.

Hospital Carlos Cisternas (☎ 55-265-5721; http://hospitalcalama.gob.cl; Carlos Cisternas 2253) Fünf Blocks nördlich der Plaza 23 de Marzo.

Anreise & Unterwegs vor Ort

AUTO

Leihwagen ab 28 000 Ch$ pro Tag bekommt man u. a. bei **Hertz** (☎ 55-234-1380; Parque Apiac, Sitio 3c; Mo–Fr 8–19 Uhr) und **Avis** (☎ 55-279-3968; Aeropuerto El Loa; Mo–Fr 8–20, Sa 9–20, So 9–19 Uhr).

Besser in Calama volltanken, denn an der einzigen Tankstelle in San Pedro zahlt man ein Vermögen. Für einen Abstecher zu den Geysiren von El Tatio ist es notwendig, ein Fahrzeug mit Allradantrieb oder einen Pick-up zu mieten, denn normale Autos sind für die holprigen Straßen und Flussfurten in der Region nicht geeignet.

BUS

Busunternehmen findet man überall in der Stadt, aber vor allem entlang der Avenida Balmaceda und Antofagasta. Zu den größeren Unternehmen gehören **Condor Bus/Flota Barrios** (☎55-234-5883; www.condorbus.cl; Av Balmaceda 1852) und **Expreso Norte** (☎55-255-6845; www.expresonorte.cl; Balmaceda 1902). Verbindungen auf der Panamericana nach Norden bzw. Süden bieten z. B. folgende Unternehmen an:

ZIEL	PREIS (CH$)	DAUER (STD.)
Antofagasta	6000	3
Arica	15 000	10
Iquique	13 000	7
La Serena	23 000	14
Santiago	32 000	22

Tur Bus (☎55-268-8812; www.turbus.cl; Ramírez 1852) verkehrt vom zentralen **Terminal de Calama** (Av Granaderos 3051) regelmäßig nach San Pedro de Atacama (3000–4000 Ch$, 1½ Std.). **Buses Frontera** (☎55-282-4269; Antofagasta 2046) bietet ebenfalls tägliche Busse nach San Pedro (3000 Ch$, 1½ Std., 3-mal tgl.), ebenso **Buses Atacama 2000** (☎9-7403-2022; Abaroa 2106).

Die internationalen Busse sind meist ausgebucht, deshalb sollte man sein Ticket so lange wie möglich im Voraus reservieren. Wer über Ollagüe (9000 Ch$, 3 Std.) nach Uyuni in Bolivien (12 000 Ch$, 9 Std.) reisen möchte, wendet sich am besten an Frontera und Buses Atacama 2000. Weil deren Busse nur ein paar Mal pro Woche fahren, muss man rechtzeitig Fahrkarten besorgen.

Salta und Jujuy in Argentinien bedient **Pullman** (☎55-234-1282; www.pullmanbus.cl; Balmaceda 1974) immer montags, mittwochs und freitags um 8 Uhr (35 300 Ch$, 12 Std.) und **Géminis** (☎55-289-2050; www.geminis.cl; Antofagasta 2239) dienstags, freitags und sonntags um 7.30 Uhr (35 000 Ch$). In der Hauptsaison (Sommer) Tickets vorab kaufen.

FLUGZEUG

Der **Aeropuerto El Loa** (☎55-234-4897; www.cacsa.cl) liegt 7 km südlich von Calama. Private Taxis vom Flughafen kosten 5700 Ch$; für einen Transfer mit dem Minibus zum Hotel zahlt man 3500 Ch$ pro Person. Taxis (28 000–40 000 Ch$) fahren Touristen nach San Pedro de Atacama, aber es ist billiger, einen Transfer im Voraus zu organisieren (15 000–20 000 Ch$), zum Beispiel mit **Transfer Lincancabur** (☎55-254-3426). **Tour Magic** (S. 168) (8000 Ch$ pro Pers., 1½ Std.) bietet mehrmals täglich eine direkte Busverbindung vom Flughafen Calama nach San Pedro.

LATAM (☎600-526-2000; www.latam.com; Latorre 1726; ⏲Mo–Fr 9–13 & 15–18.30, Sa 10–13 Uhr) fliegt mehrmals täglich nach Santiago (ab 75 000 Ch$, 2 Std.).

Auch **Sky** (☎600-600-2828; www.skyairline.cl) bietet Verbindungen nach Santiago (ab 50 000 Ch$).

Chuquicamata

Abraumhalden so groß wie Berge, eine Erdspalte tiefer als der tiefste See der USA, und Lkw von der Größe eines Hauses: Es sind diese Superlative, die Besucher dazu bringen, die Mine von Chuquicamata (oder einfach Chuqui) zu besichtigen. Der gähnende Abgrund, der 16 km nördlich von Calama den Wüstenboden aufreißt, zählt zu den weltgrößten Kupferminen im Tagebau.

Chuqui war bis vor Kurzem auch der weltgrößte Einzellieferant von Kupfer (diesen Titel hat sich inzwischen die Mina Escondida, 170 km südöstlich von Antofagasta, gekrallt) mit einer Jahresproduktion von sage und schreibe 630 000 t. Es ist vor allem der Mine in Chuqui zu verdanken, dass Chile der bedeutendste Kupferproduzent der Welt ist. Insgesamt macht Kupfer ein Drittel der chilenischen Exporte aus. Und da der Preis für das Metall dank der enormen Nachfrage aus China und Indien in den letzten Jahren in die Höhe geschossen ist, ist die Bedeutung für die chilenische Wirtschaft nicht zu unterschätzen.

Über der Mine, in der 20 000 Menschen arbeiten, schwebt eine permanente Staubwolke, die man im klaren Wüstenhimmel viele Kilometer weit sieht, auch wenn hier jeder menschliche Maßstab auf Zwergengröße schrumpft. Die ellipsenförmige Grube misst unglaubliche acht Millionen Quadratmeter und ist an manchen Stellen 1250 m tief. Die Besichtigungstour besteht im Wesentlichen darin, einfach in die Tiefe zu starren und um einen gewaltigen Bergbaulaster mit 3 m hohen Reifen herumzukraxeln; Infos gibt's bei dieser Stippvisite kaum, aber immerhin beantwortet der zweisprachige Guide Fragen.

Zu Chuquicamata gehörte früher eine Minensiedlung mit guter Infrastruktur, doch Umweltprobleme und Kupfervorkommen unter der Stadt zwangen die gesamte Bevölkerung 2007 zur Übersiedelung nach Calama. Der ursprüngliche Ort ist heute nicht viel mehr als eine Geisterstadt.

CHUQUI MIT DEN AUGEN VON CHE

Vor mehr als 50 Jahren, als Chuquicamata bereits monströse Ausmaße hatte, besuchte der junge Ernesto „Che" Guevara die Mine. Der spätere Revolutionär und sein Reisekumpan Alberto Granado hatten hier bereits die Hälfte ihrer epischen Tour quer durch Südamerika hinter sich, die durch *The Motorcycle Diaries: Tagebuch einer Motorradreise* unsterblich wurde. Die Begegnung mit einem Kommunisten auf dem Weg nach Chuqui gilt als Wendepunkt in Ches politischer Entwicklung. Deshalb ist es besonders spannend, die Einträge zu seinen Erinnerungen an die Mine nachzulesen (sie war damals noch im Besitz von „Gringos"). In einem besonders anschaulichen Abschnitt schreibt der rastlose Medizinstudent über die Mine: „ …mit der pflichtschuldigen Würze von Menschenleben – der Leben jener unbekannten armen Helden dieser Schlacht, die elendig in einer von Tausenden Fallen sterben, mit denen die Natur ihre Schätze verteidigt, obwohl sie nichts anderes im Sinn haben, als ihr tägliches Brot zu verdienen."

In einer Fußnote zu dieser viel interpretierten Textstelle steht, dass die „blonden, effizienten und arroganten Manager" den Reisenden schroff mitteilten, Chuquicamata sei „kein Touristenort". Heute werden pro Jahr jedoch um die 40 000 Besucher verzeichnet.

Geschichte

Im Jahr 1911 wurde bei Probeschürfungen in Chuquicamata ein erster Haupttreffer gelandet und schon bald darauf siedelte sich hier die US-amerikanische Anaconda Copper Mining Company an. Im Handumdrehen errichtete die Firma eine voll funktionierende Minensiedlung mit Häusern, Schulen, Kinos, Geschäften und einem Krankenhaus, dennoch waren Unruhen unter den Arbeitern an der Tagesordnung, und die Ressentiments gegenüber dem Unternehmen wuchsen. In den 1960er-Jahren erzeugten die drei größten Minen in Chile (alle im Besitz von Anaconda) mehr als 80% der Kupferproduktion, 60% der Gesamtexporte und 80% der Steuereinkünfte des Landes. Trotz der hohen Steuerabgaben forderten viele Chilenen, die Kupfermine zu verstaatlichen.

Während der Regierungszeit von Präsident Eduardo Frei Montalva Ende der 1960er-Jahre übernahm Chile eine Aktienmehrheit an den Anlagen von Anaconda und Kennecott. 1971 stimmte der Kongress der völligen Verstaatlichung der Branche zu.

Geführte Touren

Codelco GEFÜHRTE TOUREN
(☎ 55-232-2122; visitas@codelco.cl; Ecke Avs Granaderos & Central Sur, Calama; Tour nach Spende; ⏲ Buchungen Mo–Fr 9–17 Uhr) Führungen lassen sich über die Codelco per Telefon oder E-Mail arrangieren. Die Touren (Mindestalter 8 Jahre) werden von Montag bis Freitag in englischer oder spanischer Sprache durchgeführt. Besucher müssen sich 15 Minuten vor Beginn der Führung in der Oficina an der Ecke Avenida Granaderos und Avenida Central Sur melden; Ausweis nicht vergessen!

Der zweistündige Rundgang startet um 13 Uhr. Teilnehmer sollten geschlossene Schuhe (keine Sandalen), lange Hosen und langärmelige Oberteile tragen. Die Tour endet gegen 16.30 Uhr.

Die Ausflüge sind auf 40 Personen beschränkt, manchmal wird noch ein zweiter Bus eingesetzt. Von Januar bis März sowie im Juli und August ist die Nachfrage groß. In dieser Zeit sollte man mindestens eine Woche im Voraus buchen.

An- & Weiterreise

Codelco bietet ein kostenloses Shuttle von Calama; Abfahrt ist an der **Oficina** (S. 186), etwa 3 km nördlich der Plaza 23 de Marzo. Man sollte um 12.45 Uhr da sein. *Taxis colectivos* (Gemeinschaftstaxis, 700 Ch$, 15 Min.) mit den Nummern 5, 65, 11 oder 17 bringen einen von Latorre zum Sammelpunkt, ebenso wie der *micro* (kleiner Bus) D (500 Ch$).

Antofagasta

☎ 055 / 390 000 EW.

Chiles zweitgrößte Stadt besteht aus einem Gewirr aus Einbahnstraßen und modernen Einkaufspassagen. Der Hafenort erweckt daher nicht gerade die Neugier der Durchreisenden: Viele Traveller, die nach San Pedro de Atacama im Norden oder in Richtung Süden nach Copiapó unterwegs sind, lassen Antofagasta links liegen.

Doch Antofagasta zeichnet sich nicht nur durch gesichtslose Hochhäuser und völlig verstopfte Straßen aus. Auf der altmodischen

Plaza kann man wunderbar abschalten, und das am Meer gelegene Altstadtviertel Barrio Histórico birgt einige viktorianische sowie georgianische Gebäude mit hübschen Holzfassaden, die an die goldene Salpeterzeit erinnern. Den schmutzigen mit Guano überzogenen Hafen säumen verfallende *muelles* (dammähnliche Anlegestellen).

Hier wird ein Großteil der Mineralien verschifft, die in der Atacama-Wüste gewonnen werden, insbesondere Kupfer aus Chuquicamata. Nach wie vor dient Antofagasta als wichtiger Import-Export-Knoten für Bolivien, das dieses Gebiet während des Salpeterkriegs an Chile verloren hat.

Sehenswertes

Ruinas de Huanchaca HISTORISCHE STÄTTE
(☎ 55-241-7860; http://ruinasdehuanchaca.cl; Av Angamos 01606; Museum Erw./Kind 2000/1000 Ch$; ⏲ Di–So 10–13 & 14.30–19 Uhr) Was auf den ersten Blick wie die Ruinen einer uralten indigenen Siedlung aussieht, stammt aus der ersten Hälfte des 20. Jahrhunderts. Von der bolivianischen Hunachaca Company (einer der reichsten Silberminenbetriebe des späten 19. Jahrhunderts) gegründet, diente dieser Ort als Gießerei und Raffinerie für Rohmaterial, das aus der Mine Pulacayo in Bolivien verschifft wurde. Hier waren einst mehr als 1000 Arbeiter beschäftigt. Man darf die Ruinen fotografieren, jedoch nicht betreten.

Das kleine Museum vor der Anlage zeigt Exponate aus den Bereichen Naturgeschichte, Bergbau und indigene Kultur sowie ein vierrädriges Fahrzeug namens „Nomad" (ein früher Prototyp des Mars-Rovers). Für die Anfahrt nimmt man Bus 102 oder 103 vom Zentrum nach Calle Sangra (500 Ch$).

Monumento Natural La Portada AUSSICHTSPUNKT
(⏲ Museum Sa & So 10.30–13.30 & 15–17.30 Uhr) GRATIS Dieses gewaltige Felstor liegt nicht direkt in Antofagasta, sondern 22 km nördlich der Stadt. Es bildet das Herzstück eines 31 ha großen Schutzgebiets und gilt als spektakulärste Sehenswürdigkeit in der Umgebung. Überzogen von Meeressedimenten und getragen von einer stabilen Vulkanbasis ist der einstmals massive Felsen vom Pazifik zu einem Torbogen ausgehöhlt worden. Besucher erreichen ihn von der Fernstraße über eine kurze nach Westen führende Zufahrtstraße. Vor Ort gibt's ein kleines von der CONAF geführtes Museum. Hier oben genießt man einen schönen Blick auf die Strände ringsum.

Für die Anfahrt nimmt man den Bus von **Megatur** (www.megatur.cl; Latorre 2748) nach Mejillones zur Kreuzung am La Portada. Von dort läuft man 2 km gen Westen oder nimmt einen der Busse in diese Richtung, die allerdings nur im Januar und Februar fahren.

Centro Cultural Estación Antofagasta KULTURZENTRUM
(www.facebook.com/centro.cultural.estacion.antofagasta; Bolívar 280; ⏲ Mo–Sa 10–14 & 15–19 Uhr) GRATIS Nur einen Häuserblock von der Uferpromenade entfernt lockt dieses hübsch gestaltete Zentrum mit faszinierenden Ausstellungen, die sich nicht vor anspruchsvollen Themen wie Immigration und nationale Identität scheuen. Das Zentrum bietet auch kostenlose wöchentliche Yoga-Sitzungen, Filmvorführungen und andere Veranstaltungen.

Biblioteca Regional de Antofagasta BIBLIOTHEK
(www.bibliotecaregionalantofagasta.cl; Jorge Washington 2623; ⏲ Di–Fr 10–20, Sa & So bis 14 Uhr) GRATIS Der Stolz von Antofagasta ist diese sorgfältig gestaltete Bibliothek (2013 eröffnet) in einem denkmalgeschützten Gebäude gegenüber der Plaza Colón. Die Bibliothek beherbergt wechselnde Kunstausstellungen und hinten gibt's ein gutes Café.

Terminal Pesquero MARKT
(⏲ 9–18 Uhr) Einige gut genährte männliche Seelöwen, die laut schnauben und gelegentlich nach einem unachtsamen Pelikan schnappen, kreisen in der Hoffnung auf leichte Beute um den lebhaften Fischmarkt gleich nördlich der Hafenkommandantur. Im Inneren werden an etwa einem Dutzend Ständen herzhafte Meeresfrüchtesuppen, *ceviche* und Bratfisch verkauft.

Barrio Histórico STADTVIERTEL
Auch im Barrio Histórico ist der britische Einfluss spürbar. Das im 19. Jh. entstandene Viertel erstreckt sich zwischen der Plaza und dem alten Hafen. Hier stehen hübsche viktorianische und georgianische Gebäude und an der Bolívar befindet sich der flaschengrüne restaurierte **Bahnhof** (erb. 1887), Endstation der Eisenbahnlinie Antofagasta–La Paz. Er ist nicht öffentlich zugänglich, aber durch die Lücken im Zaun an der Westseite sieht man einige alte Loks und britische Telefonzellen.

Plaza Colón PLATZ
Die britische Gemeinde hat auf diesem bildschönen im 19. Jh. angelegten Platz sichtbare

Spuren hinterlassen. Zwischen Palmen, Mimosen und Bougainvilleen plätschern Springbrunnen, und bei dem niedlichen **Torre Reloj** handelt es sich um einen Nachbau des Londoner Big Ben, der sogar dessen charakteristisches Läuten draufhat. Auf seinem Schaft sind Kacheln mit ineinandergreifenden britischen und chilenischen Fahnen eingelassen.

Museo Regional MUSEUM

(www.museodeantofagasta.cl; Ecke Av Balmaceda & Bolívar; ⏲ Di–Fr 9–17, Sa & So 11–14 Uhr) GRATIS In der alten Aduana (Zollhaus) ist jetzt ein zweigeschossiges Museum untergebracht, das sich in einer anschaulichen Ausstellung der Naturgeschichte sowie der prähistorischen und kulturellen Entwicklung widmet. Zu den Exponaten zählen Modelle von einheimischen Flößen (hergestellt aus den aufgeblähten Häuten von Seelöwen), ein deformierter Schädel und allerlei Memorabilien aus der Kolonialzeit sowie der vielgerühmten Salpeter-Ära.

Resguardo Marítimo HISTORISCHES GEBÄUDE

Dieses schöne Gebäude mit hölzernen Balustraden, 1910 als Küstenwache erbaut, befindet sich am Eingang des neu restaurierten **Muelle Salitrero** (Salpeter-Pier), wo verglaste Abschnitte einen Blick auf die alten Pfähle unter dem Gehweg gewähren. Ein schmiedeeiserner Durchgang verbindet das Gebäude mit der ehemaligen **Gobernación Marítima**.

Schlafen

Hotel Frontera HOTEL $

(☎ 55-228-1219; Bolívar 558; EZ/DZ 24 000/27 000 Ch$, ohne Bad 16 000/22 000 Ch$; 📶) Hinter der modern anmutenden Fassade erwarten einen schlichte Zimmer mit Kabel-TV. Frühstück gibt's nicht, dafür jedoch WLAN-Empfang.

Hotel Marina HOTEL $$

(☎ 55-222-4423; www.hotelmarina.cl; La Cañada 15; EZ/DZ 45 000/53 000 Ch$; P 📶) Nahe dem Terminal Pesquero gelegen, fühlt sich dieses Hotel in einem Hochhaus wie ein friedlicher Rückzugsort vom Trubel der Großstadt an. Die Zimmer sind geräumig und gut ausgestattet, und die besten haben einen Balkon mit Blick aufs Wasser. Es gibt ein gutes Restaurant und einen kleinen Strand, nur einen kurzen Spaziergang vom Hotel entfernt.

Hotel Licantay HOTEL $$

(☎ 55-228-0885; www.licantay.cl; 14 de Febrero 2134; Zi. 43 000–68 000 Ch$; 📶) Dieses einladende kleine Hotel verfügt über helle, fröhlich bemalte Zimmer mit Holzmöbeln und Kunstwerken an den Wänden. Alles ist akribisch sauber. Allerdings sind die Badezimmer in den günstigeren Zimmern winzig. Hier wohnt man 1½ Blocks südwestlich des Mercado Central.

Hotel Paola HOTEL $$

(☎ 55-226-8989; www.hotelpaola.cl; Matta 2469; EZ/DZ 40 000/50 000 Ch$; 📶) Eine der schöneren Optionen im Zentrum ist das Paola mit seinem weißen Marmorflur, dem modernen Look, dem Innenhof im 3. Stock und Zimmern auf fünf Etagen mit Holzböden, Kühlschränken und viel Stauraum. Einige Zimmer haben keine Außenfenster.

Hier wohnt man in einer belebten Fußgängerzone, einen halben Block vom großen Mercado Central der Stadt entfernt.

Hotel Ancla Inn HOTEL $$

(☎ 55-235-7400; www.anclainn.cl; Baquedano 516; EZ 33 000–39 000 Ch$, DZ 43 000–49 000 Ch$; P 📶) Zentrale Lage, nettes Personal und gut ausgestattete Zimmer machen das Hotel zu einer brauchbaren Option. Es hat eine eigenartige Fassade, die an ein Chalet erinnert. Die Standardzimmer sind oft von Bergarbeitern belegt, dann bleiben nur noch die teureren und größeren Executive-Zimmer mit WLAN und Kühlschrank.

Essen

Letras y Música CAFÉ $

(Jorge Washington 2623; Sandwiches etwa 3000 Ch$; ⏲ Di–Fr 10–20, Sa & So bis 14 Uhr; 📶) Gegenüber der Plaza bietet die schön gestaltete öffentliche Bibliothek Antofogastas auf der Rückseite ein charmantes Café. Hier gibt's Sandwiches, wechselnde Mittagsspezialitäten (4500 Ch$), Säfte und Nachtisch. Leider ist der Kaffee kein Verkaufsargument.

Marisquería D&D FISCH & MEERESFRÜCHTE $

(Terminal Pesquero; Hauptgerichte 3000–6000 Ch$; ⏲ Mo–Fr 8–17, Sa & So bis 18 Uhr) Auf dem Fischmarkt lockt dieses Restaurant mit leckeren Fischsandwiches, gebratenen Fischplatten und *paila marina* (Meeresfrüchtesuppe). Hier kann man sich einen Platz ergattern und Meeresfrüchte genießen.

Bongo BAR $

(Baquedano 743; Hauptgerichte 2100–3900 Ch$; ⏲ Mo–Sa 9–23 Uhr) Lebhaftes Bar-Lokal mit dick gepolsterten Separées, einem schmucken Zwischengeschoss und einer lecker-ungesunden Speisekarte für die Zeiten, in denen nur noch ein Bier vom Fass und ein Burger helfen – bevorzugt mit *palta* (Avocado). An der Theke bestellen und zahlen, bevor man sich setzt.

★ **Café del Sol** CHILENISCH **$$**
(www.cafedelsolchile.com; Esmeralda 2013; festes Menü 4000 Ch$, Hauptgerichte 8000–13 000 Ch$; ⌚13–16 Uhr) In dieser baufälligen Restaurant-Bar kommt man an den Wochenendabenden in den Genuss von Andentänzen und Livemusik (nach 23 Uhr 3000 Ch$ Eintritt). Zudem bietet das Lokal mit der gemütlichen Einrichtung aus Holz und der schummerigen Beleuchtung eine gute Auswahl an Hauptgerichten.

Tio Jacinto CHILENISCH **$$$**
(☎55-222-8486; http://tiojacinto.cl; Uribe 922; 12 800–15 000 Ch$; ⌚ Mo–Fr 12–16 & 20–22.30, Sa & So 12–16 Uhr) Der Familienbetrieb Tio Jacinto ist eines der besten Restaurants von Antofogasta und serviert köstliche *locos* (chilenische Abalonen), *erizos* (Seeigel) und *jaiba* (Krabben), die ein toller Auftakt für den perfekt gegrillten Fisch sind. Guter Service und eine ordentliche Wein- und Bierkarte. Vorab reservieren.

ℹ Praktische Informationen

In der Innenstadt gibt's viele Geldautomaten.

CONAF (☎55-238-3320; Av Argentina 2510; ⌚Mo–Do 8.30–13.30 & 15–17.30, Fr 8.30–13.30 & 15–16.15 Uhr) Informationen zu den Naturattraktionen der Region.

Sernatur (☎55-245-1818; Arturo Prat 384; ⌚ Mo–Fr 8.30–18, Sa 10–14 Uhr) Die Touristeninformation befindet sich in günstiger Lage an der Plaza und bietet viele Broschüren.

Hospital Regional (☎55-265-6602; Av Argentina 1962)

ℹ Anreise & Unterwegs vor Ort

AUTO

Eine Autovermietung bieten **Europcar** (☎55-257-8160; www.europcar.cl; Panamericana Hotel, Blamaceda 2575; ⌚Mo–Fr 8.30–13.30 & 15–18.30 Uhr) und **First** (☎55-222-5777; www.firstrentacar.cl; Bolívar 623), 3½ Blocks südöstlich der Plaza Colón.

BUS

Der **Terminal de Buses Cardenal Carlos Oviedo** (☎55-248-4502; Av Pedro Aguirre Cerda 5750) bietet Verbindungen zu den meisten Städten. Er liegt etwa 4 km nördlich des Zentrums (mit den Bussen 111, 103, 119 oder 108 erreichbar) und man findet dort Anbieter wie **Condor/Flota Barrios** (☎55-223-4626; www.condorbus.cl). Ein paar größere Fernstrecken-Busunternehmen wie **Tur Bus** (☎55-222-0240; www.turbus.cl; Latorre 2751) und **Pullman Bus** (www.pullmanbus.com; Latorre 2805) verkehren auch außerhalb ihrer Terminals nahe der Innenstadt.

Fast alle Busse gen Norden nach Iquique und Arica nehmen die Küstenstraße Ruta 1 (via Tocopilla).

ZIEL	PREIS (CH$)	DAUER (STD.)
Arica	12 000	9
Calama	5000	3
Copiapó	10 000	9
Iquique	10 000	6
La Serena	15 000	12
Santiago	23 000	18

FLUGZEUG

Der Aeropuerto Cerro Moreno von Antofagasta liegt 25 km nördlich der Stadt. Private Taxis kosten 15 000 Ch$; versuchen, **Gran Via** (☎55-224-0505) anzurufen.

LATAM (☎600-526-2000; www.latam.com; Arturo Prat 445; ⌚Mo–Fr 9–18.15, Sa 10–13 Uhr) bietet mehrere tägliche Flüge nach Santiago (ab 60 000 Ch$, 2 Std.) sowie einen wöchentlichen Direktflug nach La Serena (ab 40 000 Ch$, 1½ Std., So) und Lima, Peru (460 000 Ch$, 3 Std., Sa).

Sky (☎600-600-2828; www.skyairline.cl) fliegt nach Santiago (tgl. ab 60 000 Ch$, 2 Std.) und La Serena (ab 58 000 Ch$) sowie einmal wöchentlich nach Concepción (ab 60 000 Ch$, 2¼ Std., Fr).

Die bolivianische Fluglinie Amaszonas (www.amaszonas.com) fliegt nach Copiapó (65 000 Ch$, 1 Std.) und Iquique (55 000 Ch$, 45 Min.), von wo aus man weiter nach Cochabamba in Bolivien oder Asunción in Paraguay fliegen kann.

Südlich von Antofagasta

Der Abschnitt der Panamericana südlich von Antofagasta führt weiter durch die trockene Atacama-Wüste, in der Wasser, Menschen und touristische Attraktionen rar sind.

Zwischen den größeren Städten verkehren Fernbusse. Um die Region richtig zu erkunden, sollte man ein eigenes Auto leihen.

Sehenswertes

Cerro-Paranal-Observatorium OBSERVATORIUM
(☎Handy 9-9839-5312; www.eso.org; abseits Ruta 710) In der Welt der Hochleistungsteleskope, in der rivalisierende Institutionen unablässig

verkünden, sie besäßen das „größte", „leistungsfähigste" oder „technologisch fortschrittlichste" Gerät, spielt das Paranal ganz vorne in der ersten Liga. Das bahnbrechende Observatorium besitzt ein Very Large Telescope (VLT), das aus vier 8,2-Meter-Teleskopen besteht und das - zumindest eine Zeit lang- sicherlich die leistungsstärkste optische Zusammenstellung der Welt sein wird.

Das Cerro-Paranal-Observatorium wird von der Europäischen Südsternwarte (ESO) betrieben und sieht so futuristisch aus, dass es dem James-Bond-Streifen *Ein Quantum Trost* als Kulisse diente. Vor Ort befindet sich ein „unterirdisches" Hotel für Wissenschaftler. Bei der Führung macht man auch einen Abstecher in die begrünte Lobby. Das Observatorium steht auf dem Cerro Paranal in einer Höhe von 2664 m über dem Meeresspiegel, 120 km südlich von Antofagasta. Wenn man in südlicher Richtung fährt, zweigt die Zufahrtstraße gleich nördlich der Mano del Desierto von der Panamericana ab. Für die Fahrt ab Antofagasta müssen etwa zwei Stunden einkalkuliert werden.

Die faszinierenden kostenlosen Besuche sind immer samstags um 10 und 14 Uhr möglich (eine halbe Stunde vorher da sein) und dauern zwei Stunden. Interessierte müssen sich Monate vorher anmelden (Reservierungen nur über die Website) und mit eigenem Fahrzeug anreisen. Einzelheiten zum Ablauf und aktuelle Informationen sind auf der Website des Observatoriums zu ersehen.

Mano del Desierto SKULPTUR

Diese etwa 70 km südlich von Antofagasta gelegene Granithand erhebt sich aus dem Wüstenboden wie das Überbleibsel eines lange verschütteten Titanen. Das 11 m hohe Werk, das 1992 enthüllt wurde, stammt vom chilenischen Bildhauer Mario Irarrázaval.

Es liegt etwa 45 km südlich der Kreuzung Panamericana und Ruta 28. Busreisende sollten auf der Autobahn gen Westen Ausschau halten.

Schlafen & Essen

Hotel Mi Tampi HOTEL $

(☎55-261-3605; www.hotelmitampi.cl; O'Higgins 138, Taltal; EZ/DZ 40 000/50 000 Ch$; P ᯤ) Diese hübsche kleine Pension liegt in einer ruhigen Straße, nur einen kurzen Spaziergang von der Uferpromenade entfernt, und bietet geräumige Zimmer mit festen Betten, die um einen begrünten Innenhof herum angeordnet sind. Im Voraus reservieren.

Club Social Taltal CHILENISCH $$

(☎55-261-1064; Torreblanca 162, Taltal; Hauptgerichte 8000–12 000 Ch$; ⊙Mo–Sa 12–23 Uhr) Nur einen halben Block von der Plaza (in Richtung Ufer) entfernt befindet sich dieser alte britische Social Club, der großartige saisonale Meeresfrüchte und einen freundlichen Service bietet.

Iquique

☎057 / 192 000 EW.

Lässige Surfer, Profi-Paraglider, Snobs und hektische Händler - all deren Wege kreuzen sich in Iquique, einer Stadt, die Reisende schon auf den ersten Blick für sich einnimmt. Sie liegt an einem goldfarbenen Küstenstreifen und zählt zu Chiles Top-Badeorten mit elegantem Casino, hübscher Strandpromenade und einem übergroßen Angebot an Aktivitäten, das von Gleitschirmfliegen bis Sandboarding reicht. Die größte Attraktion ist aber der breite Strand, an dem optimale Surfbedingungen herrschen.

Die Architektur im georgianischen Stil stammt aus der Zeit des Bergbaubooms im 19. Jh. und wurde sorgfältig instand gesetzt. Besonders reizvoll sind die hölzernen Bürgersteige in der Fußgängerzone auf der Baquedano. Am wichtigsten ist jedoch Iquiques Status als Duty-free-Zone mit einem chaotischen Shoppingbereich *(zona franca)*.

Iquique liegt 1853 km nördlich von Santiago sowie 315 km südlich von Arica eingezwängt zwischen dem Pazifischen Ozean und dem trostlosen braunen Küstengebirge, das etwa 600 m hinter dem Stadtgebiet abrupt aufsteigt.

Geschichte

Die karge, leere Pampa rund um Iquique ist mit Geoglyphen, Hinterlassenschaften alter indigener Völker, übersät. Das Gebiet, auf dem sich die Stadt ausbreitet, wurde oft von den Küstenvölkern der Chango durchstreift. Dennoch erschien die Gegend erst zur Kolonialzeit auf der Landkarte, als die ergiebige Huantajaya-Silbermine entdeckt wurde.

Während des gesamten 19. Jhs. transportierten Schmalspurbahnen Mineralien und Salpeter durch Iquique. Bergbaubarone errichteten opulente Herrenhäuser, ließen Wasserleitungen aus der Kordillere legen und importierten Mutterboden für ihre üppigen Gärten. Die Innenstadt erinnert an die Blütezeit des Salpeterhandels im 19. Jh., und in Humberstone und Santa Laura, den verfallenden Geisterstädten in der Umgebung, kann man der Quelle dieses einstigen Wohlstands nachspüren.

Mit dem wirtschaftlichen Niedergang erfand sich Iqueque vornehmlich als Fischerhafen neu – von hier wird mehr Fischmehl verschifft als von irgendeinem anderen Hafen der Welt. Doch erst die Einrichtung der *zona franca* 1975 machte die Stadt zu einer der florierendsten in ganz Chile.

Sehenswertes

Museo Corbeta Esmeralda MUSEUM
(www.museoesmeralda.cl; Paseo Almirante Lynch; 3500 Ch$; ⏲ Di–So 10–12.15 & 14–17 Uhr) Iquiques ganzer Stolz ist der Nachbau der gesunkenen *Esmeralda,* einer kleinen chilenischen Korvette, die es im Salpeterkrieg mit gepanzerten peruanischen Kriegsschiffen aufnahm. Heute schmückt der Name ihres Kapitäns Arturo Prat (1848–1879) Hunderte Straßen, Plätze und Institutionen. Bei den Führungen (auf vorherige Nachfrage auch in englischer Sprache) wirft man einen Blick in die Mannschaftsunterkünfte, passiert den orange beleuchteten Motor und sieht sich das Schiffsdeck an.

Die Rundgänge müssen vorab gebucht werden; nur sonntags zählt das Prinzip „Wer zuerst kommt, mahlt zuerst".

Casino Español HISTORISCHES GEBÄUDE
(☎ 57-276-0630; www.casinoespanoliquique.cl; Plaza Prat 584; ⏲ Restaurant Di–Sa 13–16 & 20–23 Uhr) Gäbe es einen Preis für das prunkvollste Gebäude der Stadt, ginge er an das im maurischen Stil errichtete Casino Español mit Baujahr 1904 in der nordöstlichen Ecke der Plaza. Das bunt gekachelte Bauwerk beherbergt mittlerweile einen Club und ein Restaurant. Am besten schaut man zu den Essenszeiten vorbei, um sich das Interieur mit beeindruckender Fliesenarbeit, Kassettendecken und fantasievollen Wandmalereien anzuschauen.

Centro Cultural Palacio Astoreca HISTORISCHES GEBÄUDE
(O'Higgins 350; ⏲ Di–Fr 10–14 & 15–18, Sa 11–14 Uhr) GRATIS Das Herrenhaus im georgianischen Stil wurde 1904 für einen Salpeter-Tycoon errichtet und dient als Kulturzentrum, in dem zeitgenössische Arbeiten lokaler Künstler ausgestellt sind. Das fantastische Interieur wartet mit prachtvollen hohen Räumen samt kunstvollen Holzarbeiten, hohen Decken, massiven Kronleuchtern, einem gigantischen Billardtisch und Balkonen auf.

Museo Regional MUSEUM
(Baquedano 951; ⏲ Di–Do 9–18, Fr bis 17, Sa 10–14 Uhr) GRATIS In Iquiques ehemaligem Gerichtsgebäude sind der Nachbau eines traditionellen Dorfs aus dem Altiplano, Chinchorro-Mumien und gestreckte Schädel zu sehen. Fotografien gewähren Einblick in die Anfänge der Stadt, und ein faszinierendes Schaubild erläutert die Salpeterindustrie.

Muelle de Pasajeros BUCHT
(Mue; Bootsfahrt Erw./Kind 3500/1500 Ch$; ⏲ 10–17 Uhr) Einstündige Bootstouren rund um den Hafen beginnen am Pier von Iquique aus dem Jahr 1901 westlich des Edificio de la Aduana. Die Tour führt vorbei an der Boya Conmemorativa del Combat de Iquique, einer Boje, die die Stelle markiert, an der die *Esmeralda* von der eisenbeschlagenen peruanischen Huáscar versenkt wurde. Man nähert sich auch einer Kolonie von Seelöwen.

Die Tour beginnt, wenn genug Personen (meist acht) erscheinen. Am Wochenende sollte man um 11 oder 12 Uhr da sein, um die Wartezeit so gering wie möglich zu halten.

Plaza Prat PLATZ
Dass Iquique während des 19. Jhs. boomte, ist besonders gut am Hauptplatz mit dem **Torre Reloj** (Uhrenturm; erb. 1877) zu erkennen, der aussieht, als sei er gebacken und mit Zuckerguss versehen worden. Springbrunnen säumen den Gehweg Richtung Süden zu den Marmorstufen des **Teatro Municipal**, ein neoklassizistischer Bau, in dem seit 1890 Opern und Theaterstücke aufgeführt werden. Eine hübsch restaurierte **Tram** (Baquedano zwischen Tarapaca & Thompson) hält direkt davor und zuckelt in der Hochsaison gelegentlich die Avenida Baquedano entlang.

Museo Naval MUSEUM
(Esmeralda 250) GRATIS In diesem kleinen Museum kann man Artefakte bestaunen, die aus der versunkenen *Esmeralda* geborgen wurden. Es liegt im stolzen Zollhaus im Kolonialstil, das 1871 gebaut wurde, als Iquique noch peruanisches Territorium war. Während des Pazifikkrieges hielt Peru hier Gefangene inhaftiert. Während des chilenischen Bürgerkriegs von 1891 war das Gebäude Schauplatz von Kämpfen. Es ist derzeit wegen langfristiger Renovierungsarbeiten geschlossen.

Aktivitäten

Bloque Andino KLETTERN
(☎ mobil 9-6735-3127; www.facebook.com/tallerescatarapaca; Ramirez 714; 500 Ch$) Versteckt auf

Iquique

0
400 m
A
B
C
D
1
2
3
4
5
6
7
Av Arturo Prat Chacon
Terminal Rodoviario
Zona Franca (700m)
Puerto de Iquique
Sotomayor
Esmeralda
Bolívar
San Martín
Vivar
Barros Arana
Amunátegui
Martínez
Arturo Fernández
Busfer
Luján
Taxis Aeropuerto
Plaza Condell
Serrano
Tarapacá
Thompson
Gorostiaga
Lagos
Wilson
Grumete Bolados
Freddy Taberna
Barreda; Chacón; Expreso Norte; Pullman; Ramos Cholele; Tur Bus
Taxi Pampa y Mar
Santa Angela
Latorre
Sargento Aldea
Taxi Chubasco
Mercado Centenario
Zegers
Playa Bellavista
O'Higgins
Aníbal Pinto
Baquedano
Patricio Lynch
Obispo Labbé
Ramírez
Manuel Bulnes
Orella
Riquelme
Errázuriz
JJ Pérez
Manuel Rodríguez
La Gaviota
Céspedes y Gonzáles
PAZIFISCHER OZEAN
Libertad
JM Carrera
Bonilla
Playa Cavancha
Santorini (1,5km)
Fuenzalida
1 2 3 4 5 6 7 8 9 10 11 12 13 14 15 16 17 18 19 20 21 22 23 24 25 26 27 28 29 30 31 32 33 34

Iquique

Sehenswertes
1 Casino Español ... B3
2 Centro Cultural Palacio Astoreca ... B4
3 Muelle de Pasajeros ... A2
4 Museo Corbeta Esmeralda ... B1
5 Museo Naval ... B2
6 Museo Regional ... B4
7 Plaza Prat ... B3
8 Torre Reloj ... B3

Aktivitäten, Kurse & Touren
9 Academia de Idiomas del Norte ... C5
10 Bloque Andino ... C3
Boat Rides ... (siehe 3)
11 Magical Tour Chile ... B4
12 Mistico Outdoors ... C6
13 Playa Cavancha ... C7
14 Puro Vuelo ... B4
15 Show Travel ... B4
16 Vertical ... C6

Schlafen
17 Backpacker's Hostel Iquique ... C7
18 Hostal Catedral ... B2
19 Hotel Esmeralda ... B5
20 Hotel Pacifico Norte ... C5
21 Pampa Hotel ... C5
22 Plaza Kilantur ... B4
23 Sunfish Hotel ... C7
24 Virgilio B&B ... C6

Essen
25 Cioccolata ... B2
26 El Guru ... C6
27 El Tercer Ojito ... B5
28 El Wagón ... A3
29 La Mayor Sandwicheria ... C5
30 La Mulata ... C7
31 M.Koo ... C3
Monorganiko ... (siehe 16)

Ausgehen & Nachtleben
32 Clinic ... A3
33 Club Croata ... B3
34 Radicales ... B4

einer Terrasse abseits der Ramirez befindet sich eine kleine Boulderwand, an der Kletterer aus der Region üben. Die Einrichtung wird von einer offenen Gruppe geleitet, und man kann zum Freeclimbing oder zu einem der Kurse vorbeischauen, die unter der Woche zu verschiedenen Zeiten stattfinden (es gibt auch Zirkusnummern im Angebot). Die Zeiten stehen auf der Facebook-Seite.

Puro Vuelo ABENTEUERSPORT
(☎57-231-1127; www.purovuelo.cl; Baquedano 1059; ⏲10–20 Uhr) Ein gut geführter Anbieter, der auf Paragliding spezialisiert ist. Für einen Tandemflug inklusive Fotos zahlt man 45 000 Ch$. Wie bei den meisten Paragliding-Anbietern in Iquique sind auch hier der Abholservice vom Hotel, eine kurze Einführung und ein mindestens 20-minütiger Flug Standard. In der Nebensaison (von April bis November) kosten Flüge etwa 10 % weniger.

Playa Cavancha STRAND
Der beliebteste Strand von Iquique lädt zum Schwimmen und Bodyboarden ein. Surfen und bodyboarden kann man das ganze Jahr über, am besten jedoch im Winter, wenn der Wellengang von Norden kommt. Weniger Andrang herrscht bei den Breaks früh am Morgen an der Playa Cavancha.

Vertical SURFEN
(☎57-237-6031; Av Arturo Prat 580) Iquiques zentraler Surfertreffpunkt mit Ausrüstungsverleih und -verkauf. Ein Wetsuit und ein Board kosten für zwei Stunden 12 000 Ch$; wer nur eines von beidem benötigt, zahlt 8000 Ch$. Privatunterricht liegt bei 24 000 Ch$ (1½ Std.). Außerdem werden Surfausflüge und Sandboarden außerhalb der Stadt am Cerro Dragón angeboten (25 000 Ch$ für 3 Std.).

Kurse & Geführte Touren

Academia de Idiomas del Norte SPRACHKURS
(☎57-241-1827; www.languages.cl; Ramírez 1345; ⏲Mo–Fr 8–22, Sa 9–14 Uhr) Die Academia de Idiomas del Norte unter Schweizer Leitung bietet spanische Sprachkurse. Die Gruppen sind sehr klein (1–4 Pers.) und kosten je nach Intensität 315 000 bis 400 600 Ch$ für eine Woche.

Mistico Outdoors OUTDOORAKTIVITÄTEN
(☎Handy 9-9541-7762; www.chileresponsibleadventure.com; Eleuterio Ramírez 1535; ganztägige Tour ab 61 000 Ch$) Dieser kleine Ausstatter genießt einen guten Ruf für seine maßgeschneiderten Touren und Ausflüge, die von einem halben Tag bis zu drei Wochen andauern können, darunter sechstägige Ausflüge im Parque Nacional Lauca, zehntägige Klettertouren nach Ojos del Salado und ganztägige Trips nach Altos de Pica. Mindestens vier Tage im Voraus reservieren.

Bootsfahrten BOOTSTOUREN
(Erw./Kind 3500/1500 Ch$, mind. 8 Passagiere; ⏲10–17 Uhr) Wer Boote mag, kann am Passa-

gierpier aus dem Jahr 1901 westlich der Aduana an Bord gehen und eine einstündige Fahrt unternehmen. Sie führt u. a. zu einer Seelöwenkolonie und vorbei an einer Boje, welche die Stelle kennzeichnet, wo die *Esmeralda* sank.

Magical Tour Chile GEFÜHRTE TOUREN
(☎57-276-3474; www.magicaltour.cl; Baquedano 997; pro Pers. Ruta del Sol 21 000 Ch$, Aventura Isluga 44 000 Ch$; ⏲Mo–Sa 10.30–20 Uhr) Bietet die gesamte Palette an Ausflügen an, darunter eine ganztägige Ruta-del-Sol-Exkursion zum Geoglyphen Gigante de Atacama, zur Geisterstadt Humberstone und der Oase Pica. Andere Touren führen zu Geysiren (Aventura Isluga) und zu den Seen im Altiplano mit tollen Fotomotiven.

Show Travel ABENTEUER
(☎Handy 9-7367-0517; www.showtravel.cl; Baquedano 1035; ⏲Mo–Fr 9.30–20, Sa 10.30–17 Uhr) Zusätzlich zu den Standardtouren organisiert Show Travel Aktivausflüge zu Zielen abseits der touristischen Pfade, z. B. zum El-Huarango-Ökocamp bei La Tirana.

Feste & Events

Héroes de Mayo SURFEN
(⏲Mitte Mai) Eines der größten Surfevents in Chile.

Schlafen

Virgilio B&B PENSION $
(☎Handy 9-7513-8035; saavedra.ivan@hotmail.fr; Libertad 825; Bett/EZ/DZ ohne Bad 14 000/18 000/33 000 Ch$; 📶) Diese kleine einladende Pension befindet sich in guter Lage, nur wenige Gehminuten vom Strand entfernt. Sie verfügt über saubere Zimmer, eine überdachte Terrasse vor dem Haus und eine Lounge zum Entspannen. Die billigsten Zimmer sind recht klein und keines der Zimmer hat ein eigenes Bad.

Backpacker's Hostel Iquique HOSTEL $
(☎Handy 9-6172-6788; www.hosteliquique.com; Amunátegui 2075; Bett/DZ 10 000/35 000 Ch$, EZ/DZ/3BZ ohne Bad 18 000/27 000/36 000 Ch$; 📶) Als eine der besten Budget-Optionen von Iquique bietet dieses quirlige Hostel schön eingerichtete Zimmer, freundliche Mitarbeiter und eine großartige Lage in der Nähe der Playa Cavancha. Es gibt ein Café mit Bar und kleiner Terrasse, auf der man andere Reisende treffen kann. Das Hostel organisiert auch Aktivitäten und Ausflüge (Sandboarding, Paragliding, Surfkurse).

Plaza Kilantur HOTEL $
(☎57-241-7172; Baquedano 1025; EZ/DZ 25 000/35 000 Ch$; 📶) Das Haus im georgianischen Stil mit Blick auf die Fußgängerzone und einladender Lobby samt großem Oberlicht zählt zu den günstigsten Optionen in dieser Kategorie. Die mittelgroßen Zimmer verteilen sich um einen Hof mit einer hohen Pinie.

Hostal Catedral HOSTEL $
(☎57-242-6372; Obispo Labbé 253; EZ/DZ 18 000/28 000 Ch$, ohne Bad pro Pers. 11 000 Ch$; 📶) Wenn man sehr früh oder sehr spät mit Tur Bus (S. 184) fahren muss, ist die behagliche Unterkunft gegenüber der Hauptkirche der Stadt eine gute Wahl. Sie bietet eine Auswahl an Zimmern, die teils recht muffig, teils geräumig sind – am besten lässt man sich ein paar zeigen.

Hotel Esmeralda HOTEL $$
(☎57-221-6996; www.esmeraldahotel.cl; Labbé 1386; EZ/DZ 45 000/51 000 Ch$; 📶) Geräumige Zimmer und klare Linien zeichnen dieses moderne Hotel aus, ein paar Blocks von der Playa Gaviota entfernt. Die Mitarbeiter sind manchmal etwas zerstreut, aber das Preis-Leistungs-Verhältnis ist gut.

Hotel Pacifico Norte HOTEL $$
(☎57-242-9396; hotelpacificonorte@chileagenda.cl; Ramirez 1941; EZ/DZ 30 000/40 000 Ch$; 📶) Der Service ist freundlich und die Holzböden in diesem altmodischen Schatz quietschen. Die Zimmer im Erdgeschoss verfügen über hohe Decken, aber keine Aussicht. Die Zimmer im Obergeschoss sind gemütlich, doch etwas eng. Die auf der Vorderseite mit süßen kleinen Holzbalkonen und Blick zur Straße sind besonders schön.

Pampa Hotel PENSION $$$
(☎Handy 9-8839-5211; www.pampahotel.com; Ramirez 1475; DZ/3BZ/Loft 62 000/72 000/100 000 Ch$; 📶) Das Pampa Hotel ist eine schöne neue Unterkunft in Iquique mit Zimmern im Boutique-Stil und jungen, herzlichen Gastgebern. Es befindet sich in einem umgebauten Haus aus dem Jahr 1890 und wartet mit vielen beeindruckenden Details auf, darunter originale Oregon-Kiefernholzböden und -wände, hohe Decken, Vintage-Armaturen und durchdachte Details wie handgewebte Decken für das Bett, Alba-Badeprodukte und Verdunkelungsrollos.

Sunfish Hotel HOTEL $$$
(☎57-254-1000; www.sunfish.cl; Amunátegui 1990; EZ/DZ 90 000/98 000 Ch$, mit Aussicht

105 000/113 000 Ch$; P ❄ 📶 🏊) Eine luxuriöse Option ist dieses blaue Hochhaus nahe der Playa Cavancha. Es verfügt über eine glänzende Lobby, effizienten Service und einen Dachpool. Die hellen, geräumigen Zimmer warten mit Balkons auf. Die schönste Aussicht genießt man von den beiden obersten Etagen.

Essen

Monorganiko CAFÉ **$**
(Prat 580; Sandwiches 3000–4000 Ch$; ⏲ Mo–Sa 9–14.30 & 16–21 Uhr; ✍) Dieses winzige Café in versteckter Lage in einem Surfshop serviert mit den besten Kaffee von Iquique. Der Barista bereitet alles zu, was man sich wünscht – V60, Aeropress, Chemex usw., alternativ bekommt man auch einen Flat White, Latte oder Espresso. An der angrenzenden Theke kann man leckere Acai-Schüsseln, Smoothies, Wraps, Sandwiches und Nachtisch bestellen.

El Guru CHILENISCH **$**
(Libertad 732; Mittagsspezialitäten ca. 3000 Ch$, Hauptgerichte 4000–6000 Ch$; ⏲ Mo–Fr 12–16 & 19.30–23, Sa 12–16 Uhr) Einheimische lieben die preiswerte klassische Küche dieses familiären Lokals. Wer früh kommt, kann wechselnde Mittagessen mit gegrilltem Fisch, Steak oder Schweinefleisch und allen möglichen Beilagen genießen. Hier kann nur im Freien vor dem einfachen Restaurant gespeist werden.

M.Koo SÜSSIGKEITEN **$**
(Latorre 600; Snacks ab 600 Ch$; ⏲ Mo–Sa 9–20.30 Uhr) Bunter Eckladen, berühmt für seine bröckeligen *chumbeques*, süße Kekse gefüllt mit Mango, Zitrone, Guave, Passionsfrucht, *manjar* (Dulce de Leche) und anderen Geschmacksvarianten. Ein großes Paket kostet 1500 Ch$.

Cioccolata CAFÉ **$**
(Pinto 487; Snacks 2500–5000 Ch$; ⏲ Mo–Sa 8–22 Uhr; 📶) Der beste Beweis dafür, dass die Chilenen gern mal einen anständigen Espresso trinken. Dieser einladende Coffeeshop platzt gewöhnlich aus allen Nähten. Man kann Sandwiches, leckere Kuchen und Waffeln bestellen.

★ **Santorini** FUSION-KÜCHE **$$**
(☎ 57-222-1572; www.santorinirestobar.cl; Aeropuerto 2808; Hauptgerichte 8000–14 000 Ch$; ⏲ Mo 18.30–23, Di–Fr 13–15.30 & 19–23.30, Sa 13–1, So 13–17; ✍) Das Santorini ist eine überraschende Entdeckung in Iquique und serviert eine riesige Auswahl an authentischen griechischen Gerichten, die man am besten auf der hinteren Terrasse voller Bougainvilleen genießt. Neben *saganaki* (frittiertem Käse) und Souvlaki gibt's auch Pasta, gegrillten Fisch, leckere Pizzas mit dünner Kruste und langsam gebratenes, zartes Lamm aus dem Holzofen. Zum Ausklang bieten sich ein cremiger Nachtisch (wie griechischer Joghurt) und starker griechischer Kaffee an.

Es liegt etwa 4 km südöstlich der Plaza Prat.

La Mayor Sandwicheria SANDWICHES **$$**
(Céspedes y González 717; Hauptgerichte 4500–7800 Ch$; ⏲ Mo–Do 17.30–24, Fr & Sa ab 13 Uhr; ✍) In diesem kleinen Rockladen in Strandnähe lässt man sich nach dem Surfen zischende Gourmet-Burger und schaumiges Craft-Bier schmecken. Der Imbiss lockt mit köstlichen Belägen (iberischem Schinken, Spiegelei, karamellisierten Zwiebeln), ausgezeichneten Pommes, einer riesigen Bierkarte und einer guten vegetarischen Auswahl (Quinoa-Bratling). Die Portionen sind großzügig und man braucht Besteck. Früh hingehen, um einen Tisch zu bekommen.

La Mulata FUSION-KÜCHE **$$**
(☎ 57-247-3727; Prat 902; Hauptgerichte 9000–13 000 Ch$; ⏲ Mo–Sa 12.30–16 & 19.30–24, So 12.30–17 Uhr; 📶 ✍) Die Küche dieses lebhaften peruanisch-japanischen Restaurants kredenzt einige der besten Gerichte der Stadt. Der Service ist zackig, aber persönlich, die Portionen sind großzügig, aber nicht übertrieben, und es bieten sich hübsche Ausblicke zur Playa Cavancha. Die tollen Cocktails sollte man auch nicht vernachlässigen.

El Tercer Ojito INTERNATIONAL **$$**
(www.eltercerojito.cl; Lynch 1420; Hauptgerichte 8000–12 500 Ch$; ⏲ Di–Sa 13–16 & 19.30–22.30, So 13–17 Uhr; 📶 ✍) Das entspannte Restaurant ist an dem riesigen Quarzklumpen vor der Tür zu erkennen und serviert tolle Gerichte mit internationalen Einflüssen, auch vegetarische Speisen. Es gibt z. B. peruanische Spezialitäten, Thai-Currys sowie Spinat- und Ricotta-Ravioli nach italienischer Art. Den blumenbewachsenen Hof zieren Bougainvilleen und andere Pflanzen.

★ **El Wagón** CHILENISCH **$$$**
(☎ 57-234-1428; Thompson 85; Hauptgerichte 11 000–17 000 Ch$; ⏲ Mo–Sa 13–16 & 20–2 Uhr) Das Restaurant bewahrt quasi im Alleingang die kulinarischen Traditionen der Region und serviert in einem rustikalen Speiseraum eine fantastische Auswahl an Meeresfrüchte-

ABKÜHLUNG IN PICA

Die freundliche und entspannte Wüstenoase erscheint wie der grüne Farbklecks eines Malers auf einer sonst trostlosen braunen Leinwand. Sie rühmt sich ihrer üppigen Obstgärten und ist zu Recht bekannt für ihre Limetten, die Grundzutat für jeden ordentlichen Pisco Sour. Besucher kommen her, um sich im angenehmen, aber überfüllten Süßwasserbecken abzukühlen und den ein oder anderen fruchtigen Drink aus dem riesigen Angebot zu genießen.

Die meisten Besucher begeben sich auf dem kürzesten Weg zum Süßwasserbecken von **Cocha Resbaladero** (Termas de Pica; General Ibáñez; 3000 Ch$; ⌚8–20 Uhr) am oberen Ende der General Ibáñez. Umgeben von kühlen Felsen, hängenden Pflanzen und einer wasserunterspülten Höhle ist das ein ganz wunderbarer Platz, um der Wüstenhitze zu entkommen, doch allein dafür lohnt sich eine Anreise nach Pica nicht. Wenige Blocks nördlich der Plaza lockt **El Pomelo** (Bolívar, nahe Maipu; Hauptgerichte 6500–12 000 Ch$; ⌚Mi–So 12.30–18 Uhr), das beste Restaurant der Stadt, mit herzhaften Mittagsspezialitäten (6000 Ch$), Grillfleisch und frischen Säften.

Pica wird von Bussen nach Iquique (3200 Ch$, 2 Std.) und Touranbietern von Iquique aus angefahren.

tellern, inspiriert von Großmutters Rezepten oder Klassikern der Hafen- und Minenarbeiter-Küche. Teuer, aber den Preis wert.

Ausgehen & Nachtleben

Radicales BAR
(Baquedano 1074; ⌚Mo–Do 16–2.30, Fr & Sa bis 5 Uhr) Auf der Flaniermeile Baquedano verfügt diese lebhafte zweistöckige Bar über ein Labyrinth von kreativ gestalteten Zimmern, die man mit einem gut gemixten tropischen Cocktail in der Hand erkunden kann. Es gibt einen Balkon im Obergeschoss und Sitzgelegenheiten im Freien auf der Straße vor dem Lokal – beides gute Orte, die Nacht zu beginnen.

Clinic BAR
(www.facebook.com/bartheclinicqiquque; Lagos 881; ⌚Mi & Do 17–1.30, Fr & Sa bis 3 Uhr) Das hölzerne Interieur verleiht diesem Lokal einen chaletähnlichen Charme und bildet eine gute Kulisse für Getränke und Snacks. An den meisten Wochenenden gibt's Livemusik, die Bands beginnen um 22 Uhr. Normalerweise wird nicht gecovert.

Club Croata CAFÉ
(Plaza Prat 310; ⌚Mo–Sa 10–18 Uhr; 📶) Ein Café an der Plaza mit Bogenfenstern, kroatischen Wappen und mehreren Tischen draußen. Ein schöner Ort für eine Stärkung am Nachmittag.

Shoppen

Zona Franca EINKAUFSZENTRUM
(Zofri; Av Salitrera Victoria; ⌚Mo–Sa 11–21 Uhr) Iquiques 1975 eingerichtete *zona franca* ist ein gewaltiges Monument unkontrollierten Konsums. Zwar bietet die gesamte Region Tarapacá die Möglichkeit, zollfrei zu shoppen, doch den Kern bildet dieses Einkaufszentrum mit 400 Geschäften, das importierte Elektronik, Kleidung, Autos und viele andere Dinge verhökert.

Wer sich zum Shoppen dorthin aufmacht, kann von der Innenstadt jedes *colectivo* (etwa 700 Ch$) Richtung Norden nehmen. Nicht laufen – rundherum befinden sich einige der unsichersten Viertel der Stadt.

Praktische Informationen

In der Innenstadt und der *zona franca* gibt's jede Menge Geldautomaten. Ausländische Währungen und Reiseschecks werden in verschiedenen *cambios* (Wechselstuben) getauscht.

Post (Bolívar 458; ⌚Mo–Fr 9–18, Sa 10–12 Uhr)

Sernatur (☎57-241-9241; www.sernatur.cl; Pinto 436; ⌚Mo–Fr 9–18, Sa 10–14 Uhr) Hier gibt's Touristeninformationen, kostenfreie Stadtpläne und Broschüren.

An- & Weiterreise

BUS

Der Hauptbusbahnhof, der **Terminal Rodoviario** (☎057-242-7100; Lynch), liegt am Nordende der Patricio Lynch. Neben ein paar lokalen Anbietern haben fast alle großen Busunternehmen wie **Expreso Norte** (☎57-242-3215; www.expresonorte.cl; Barros Arana 881), **Pullman** (☎57-242-9852; www.pullman.cl; Barros Arana 825) und **Tur Bus** (☎57-273-6161; www.turbus.cl; Barras Arana 869, Mercado Centenario) Büros rund um den Mercado Centenario, vor allem entlang der Barros Arana. Dort kann man Tickets kaufen (und sich den Weg zum Busterminal sparen), doch die Busse fahren vom Terminal ab. Es gibt regelmäßige Verbindungen nach Norden und Süden. Richtung Süden nutzen die Busse meist die Ruta 1, die Küstenstraße nach Tocopilla (mit Anschluss nach Calama) und Antofagasta (für Panamericana-Anschlüsse nach Copiapó, La Serena und Santiago).

Mehrere größere Gesellschaften verkehren Richtung Norden bis Arica und Richtung Süden bis nach Santiago, darunter **Ramos Cholele** (☎57-247-1628; Barros Arana 851).

Einige Preisbeispiele:

ZIEL	PREIS (CH$)	DAUER (STD.)
Antofagasta	19 000	7
Arica	7200	4½
Calama	13 000	7
Copiapó	36 000	14
La Serena	39 000	19
Santiago	50 000	24

Wer nach Pica möchte, sollte einen der Anbieter an der Barros Arana (zwischen Zegers und Latorre) ansteuern. **Chacón** (Barros Arana 957) fährt z. B. mehrmals täglich nach Pica (ca. 3200 Ch$, 2 Std.), genauso wie das benachbarte **Barreda** (☎057-241-1425; Barros Arana 965). **Santa Angela** (☎057-242-3751; Barros Arana 971) bringt Passagiere nach Pica (3200 Ch$, 2 Std.), La Tirana (2500 Ch$, 1½ Std.) und Humberstone (2500 Ch$, 45 Min.).

Alternativ nimmt man nach Humberstone (und Santa Laura) ein *colectivo* vom Mercado Central aus. Zu den Unternehmen gehören **Taxi Chubasco** (☎57-275-1113; Ecke Amunátegui & Sargento Aldea) und **Taxi Pampa y Mar** (☎57-232-9832; Ecke Barros Arana & Sargento Aldea).

Mehrere Busunternehmen bedienen Ziele in Bolivien, wie La Paz, Cochabamba und Oruro. Sie sind alle in einem Block an der Esmeralda zwischen Amunategui und Martinez ansässig. Das Viertel ist nicht sehr sicher – morgens oder abends sollte man ein Taxi nehmen. Nach La Paz bietet **Busfer** (☎Handy 9-9561-8050; Esmeralda 951) vier Abfahrten täglich (6000–10 000 Ch$, 14 Std.), darunter um 4 und 14 Uhr. Auch **Luján** (Esmeralda 999) fährt die Stadt mehrmals täglich an (10 000 Ch$, 14 Std.).

Am einfachsten gelangen Traveller von hier nach Peru, wenn sie zuerst Arica ansteuern und dort in einen internationalen Bus umsteigen.

FLUGZEUG

Der regionale Flughafen **Aeropuerto Diego Aracena** (☎57-247-3473; www.aeropuertodiegoaracena.cl) liegt 41 km südlich der Innenstadt und ist über die Ruta 1 zu erreichen.

LATAM (☎600-526-2000; www.latam.com; Pinto 699; ⌚Mo–Fr 9–13.30 & 15.30–18.15, Sa 10.30–13 Uhr) fliegt mehrmals täglich nach Santiago (ab 90 000 Ch$, 2½ Std.). Es bietet auch zwei wöchentliche Flüge nach Salta in Argentinien (etwa 155 000 Ch$, 1½ Std.).

Sky (☎600-600-2828; www.skyairline.cl) fliegt mehrmals täglich nach Santiago (ab 55 000 Ch$).

Amaszonas (www.amaszonas.com) fliegt täglich nach Arica (ab 30 000 Ch$, 40 Min.) und Antofagasta (ab 45 000 Ch$, 45 Min.). Es bietet auch vier wöchentliche Flüge nach La Paz in Bolivien (ab 65 000 Ch$) und Salta in Argentinien (ab 190 000 Ch$, 1½ Std.) sowie fünf wöchentliche Flüge nach Asunción in Paraguay (200 000 Ch$, 2 Std.).

ℹ Unterwegs vor Ort

AUTO

Autos kosten ab 26 000 Ch$ pro Tag. Regionale Agenturen verlangen häufig einen internationalen Führerschein.

AVIS (☎57-257-4330; Rodriguez 730; ⌚Mo–Fr 8.30–18.30, Sa 9–14 Uhr)

Econorent Car Rental (☎57-242-3723; Hernán Fuenzalida 1058; ⌚Mo–Fr 8.30–19, Sa 9–13 Uhr)

BUS

Die bequemsten Verkehrsmittel in der Stadt sind die *colectivos* (600 Ch$). Auf einem beleuchteten Schild oben auf dem Taxi werden die Ziele angezeigt.

ZUM/VOM FLUGHAFEN

Der Minibustransfer vom Aeropuerto Diego Aracena ins Hotel kostet 6000 Ch$; Am Flughafen befinden sich ein paar Stände. Ebenfalls preiswert sind Gemeinschaftstaxis (7000 Ch$ pro Pers.), während die Fahrt mit einem normalen Taxi mit 17 000 Ch$ zu Buche schlägt. Zu den Anbietern gehört **Taxis Aeropuerto** (☎057-241-3368; Ecke Anibal Pinto & Tarapaca) vor der Plaza.

Östlich von Iquique

Wer von Iquique aus landeinwärts fährt, stößt in der Wüste immer wieder auf Geisterstädte, spärliche Überreste einst blühender Bergbausiedlungen, in denen das Weiße Gold der Atacama – Salpeter – gewonnen wurde. Es geht an präkolumbischen Geoglyphen vorbei, die daran erinnern, dass hier bereits vor Jahrhunderten Menschen siedelten. Weiter landeinwärts finden sich in der unwirtlichen Landschaft etliche malerische Dörfer mit heißen Quellen, während das Hochland, der Altiplano, mit seinen grandiosen Landschaften überwältigt und als Heimat einer einzigartigen Hirtenkultur dient.

Es gibt verschiedene öffentliche Transportunternehmen, die Iquique mit anderen Städten verbinden, darunter *colectivos* von Iquique bis kurz vor Humberstone (2800 Ch$, 40 Min.) und Busse von Iquique nach La Tirana (2500 Ch$, 1½ Std.), Mamiña (3000 Ch$, 2 Std.) und Colchane (4500 Ch$, 3½ Std.) – mit Letzterem gelangt man zum Parque Nacional Volcán Isluga.

Gigante de Atacama

Es ist die weltweit größte Abbildung eines Menschen, die Archäologen bislang entdeckt haben – gewaltige 86 m hoch –, und dennoch weiß man nur wenig über den **„Riesen von Atacama"** (Ruta 15). Man nimmt an, dass der Geoglyph, der am abgelegenen Westhang des Cerro Unita 14 km östlich von Huara erschaffen wurde, einen mächtigen Schamanen darstellt. Experten schätzen, dass der Riese etwa um 900 n. Chr. entstand. Den Hang sollte man nicht besteigen, um die Stätte nicht zu beschädigen.

Die Straße Huara–Colchane, Hauptverbindung zwischen Iquique und Bolivien, ist asphaltiert; nur eine sehr kurze Abzweigung (etwa 1 km) zum Hügel führt über unbefestigten Wüstenboden. El Gigante de Atacama ist 80 km von Iquique entfernt. Wer das Ganze sehen möchte, nimmt sich am besten einen Leihwagen oder ein Taxi oder schließt sich einer geführten Tour an.

Humberstone & Santa Laura

Noch immer atmet die verlassene Geisterstadt **Humberstone** (www.museodelsalitre.cl; Erw./Kind inkl. Oficina Santa Laura 4000/2000 Ch$; ⏲ Dez.–März 9–19 Uhr, April–Nov. bis 18 Uhr) Einfluss und Wohlstand, genährt durch den Salpeterboom. Einst sprühte die 1872 als La Palma gegründete Bergbausiedlung nur so vor Energie. Kultur und Erfindungsgabe erreichten in den 1940er-Jahren ihren Höhepunkt.

Die Entwicklung synthetischer Nitrate erzwang jedoch bis 1960 die Schließung der *oficina*; 3000 Arbeiter verloren ihre Jobs, und der Ort schrumpfte auf eine verlassene Hülle seiner selbst zusammen. Folgende Einrichtungen liegen nun verlassen da: Das große Theater (angeblich spukt es hier, genauso wie in etlichen anderen Gebäuden), in dem internationale Stars und Sternchen auftraten, das gusseiserne Schwimmbecken, das aus einem Schiffswrack geholt wurde, der Ballsaal, in dem junge *pampinos* (Leute, die in den Salpetersiedlungen in der Wüste leben oder arbeiten) zum ersten Mal die Aufmerksamkeit ihrer Liebsten auf sich zogen, Schulen, Tennis- und Basketballplätze, ein geschäftiger Markt und ein Hotel, in dem die großen Industriebosse abstiegen.

Einige Gebäude sind restauriert, andere verfallen. Vorsicht also beim Betreten der Häuser. Am westlichen Ende der Stadt sieht man noch das elektrische Kraftwerk und die Überreste der Schmalspurbahn zur älteren Oficina Santa Laura. Obgleich Humberstone 1970 zum historischen Denkmal erklärt worden war, fiel es Vandalismus und illegaler Demontage zum Opfer. 2002 erfuhr das Schicksal der Stadt eine positive Wendung, als sie von einer gemeinnützigen Gesellschaft der *pampinos* (Corporación Museo del Salitre) aufgekauft wurde. Diese machte sich daran, die heruntergekommenen Gebäude instand zu setzen. Am Eingang kann man eine nützliche Karte mit Informationen über den ursprünglichen Nutzen der Gebäude mitnehmen.

Im Eintritt ist auch der Zugang zur nahegelegenen Oficina Santa Laura enthalten.

Die wenigen Überreste der **Oficina Santa Laura** (Erw./Kind inkl. Humberstone 4000/2000 Ch$; ⏲ Dez.–März 9–19, April–Nov. bis 18 Uhr) liegen 2 km westlich von Humberstone, einen halbstündigen Fußmarsch in südwestliche Richtung. Santa Laura ist weniger gut besucht und noch zerfallener als Humberstone, aber dennoch wegen des faszinierenden kleinen Museums einen Besuch wert. Es gibt auch Industriegebäude mit schweren alten Maschinen. Ähnlich wie in Humberstone erzählt man sich auch hier Gruselgeschichten: Besucher hörten Kinder weinen oder hatten das Gefühl, von eigenartigen Erscheinungen verfolgt zu werden.

Parque Nacional Volcán Isluga

Wer die ausgetretenen Touristenpfade verlassen möchte, sollte diesen entlegenen Nationalpark besuchen. Im Schutzgebiet, das vom bedrohlich rauchenden Volcán Isluga überragt wird, stößt man immer wieder auf winzige, teils verlassene Hirtendörfer. Die Ortschaft **Isluga**, nach der der Park benannt wurde, ist seit einiger Zeit nicht mehr bewohnt. Als *pueblo ritual* (zeremonielles Dorf) wird sie bisweilen von den verstreut lebenden Nomadenfamilien aufgesucht, die sich in der wie ein Postkartenidyll anmutenden örtlichen Lehmziegelkirche (erb. 17. Jh.) zu religiösen Zeremonien versammeln. 2 km vom Dorf **Enquelga** entfernt befinden sich Thermalquellen.

ABSEITS DER ÜBLICHEN PFADE

MAMIÑA

Bei der Ankunft erscheint Mamiña wie ein staubiges Wüstendorf, umgeben von der ausgedörrten Vorkordillere. In der Talebene weiter unten gibt's jedoch berühmte Thermalquellen, um die sich ein kleines verschlafenes Resort gebildet hat. Die Bäder, besonders beliebt bei Bergleuten aus der Region, sind der einzige Grund für eine Anreise und bieten sich für einen Tagesausflug von Iquique an.

Das Dorf teilt sich in einen oberen und unteren Bereich. Ersterer liegt am Felsvorsprung und beherbergt die **Iglesia de San Marcos** von 1632; Letzterer befindet sich unten im Tal und bietet die Thermalquellen. Zu den „Einrichtungen des Resorts" gehört **Barros Chinos** (Cruce A-653; 3000 Ch$; ⌚9–16 Uhr), wo Schlammanwendungen angeboten werden.

Mamiña liegt 73 km östlich von Pozo Almonte. Busse und *taxis colectivos* von Iquique halten auf dem Platz gegenüber der Kirche. Um von Iquique hierherzugelangen, nimmt man einen der Busse von Barreda (S. 185; 3000 Ch$, 2 Std.), die täglich vom Büro des Unternehmens auf der Barros Arana in Iquique abfahren.

Flora und Fauna des 1750 km² großen Gebiets ähneln der Pflanzen- und Tierwelt des Parque Nacional Lauca; u. a. kommen drei Flamingoarten vor. Von Iquique sind es 250 km bis zum Park. Er liegt 13 km westlich von **Colchane**, einer kleinen Gemeinde an der bolivianischen Grenze.

Schlafen

Hotel Isluga HOTEL $

(☎ Handy 9-8741-6260; Teniente González s/n, Colchane; EZ/DZ 25 000/36 000 Ch$, ohne Bad 16 000/35 000 Ch$) Als angenehmste Übernachtungsmöglichkeit in der Gegend gilt dieses kleine Hotel mit komfortablen Zimmern, in denen es aber nachts ziemlich kalt werden kann. Hier werden auch Touren zu Attraktionen in der Umgebung organisiert.

Hostal Camino del Inca HOTEL $

(☎ Handy 9-8446-3586; hostal_caminodelinka@hotmail.com; Teniente González s/n, Colchane; Zi. pro Pers. inkl. Frühstück & Abendessen 14 000 Ch$, ohne Bad 11 000 Ch$) Der Familienbetrieb, der aus zwei Stockwerken besteht, verfügt über karge, saubere Zimmer und Warmwasserduschen. Nachts ist es bitterkalt, also unbedingt einen Schlafsack mitbringen. Auch eine Taschenlampe gehört ins Gepäck, weil um 23 Uhr der Strom abgeschaltet wird.

An- & Weiterreise

Die Straße nach Colchane ist asphaltiert. Im Park muss man sich mit unbefestigten Wegen begnügen. Täglich passieren Colchane mehrere Busse (sonntags weniger) aus dem 251 km entfernten Iquique (4500 Ch$, 3½ Std.) auf dem Weg nach Oruro (7000 Ch$, 8 Std. plus die Zeit an der Grenze). **Luján** (S. 185) fährt täglich um 13 Uhr von Iquique ab.

In Colchane gibt's einen Grenzübergang nach Bolivien. Dort kann man mit einem Lkw oder Bus in die bolivianische Stadt Oruro weiterreisen.

La Tirana

Umherstolzierende Teufel mit gedrehten Hörnern, ein schwingendes Meer aus kurzen Röcken, eine Galaxie glitzernder Pailletten, und überall trommeln Drum-and-Brass-Bands mitreißende Rhythmen – das **Fest der Jungfrau Carmen** ist das spektakulärste religiöse Event in Chile und wird Mitte Juli in La Tirana gefeiert. Zehn Tage lang überrennen etwa 230 000 Pilger das kleine Dorf (sonst hat es nur 1300 Einwohner), um der Jungfrau in einer karnevalartigen Atmosphäre Tribut zu zollen.

Das Örtchen befindet sich 72 km von Iquique entfernt und liegt an der Nordseite des Salar de Pintados. Es ist bekannt als letzte Ruhestätte einer berühmt-berüchtigten Inka-Prinzessin und bewahrt einen bedeutenden religiösen Schrein. Das **Santuario de La Tirana** besteht aus einer weiten Plaza, die eine der ungewöhnlichsten, ja exzentrischsten Kirchen des Landes schmückt.

La Tirana liegt etwa 78 km östlich von Iquique. Mehrere Busunternehmen bieten tägliche Verbindungen zwischen Iquique und La Tirana (2500 Ch$, 1½ Std.), darunter Barreda (S. 185) und Santa Angela (S. 1).

Pintados

Direkt an der Panamericana, etwa 45 km südlich von Pozo Almonte, wurden die braunen Hügel der Atacama in ein großartiges Kunstwerk der Ureinwohner verwandelt. Bei **Pintados** (Erw./Kind 4000/2000 Ch$; ⏲ Di–So 9.30–17 Uhr), 45 km südlich von Pozo Almonte, gibt's rund 420 Geoglyphen, die die Hügel mit riesigen präkolumbischen Zeichen schmücken. Die geometrischen Figuren stellen Formen, Figuren und Tiere dar. Die meisten Werke stammen aus der Zeit zwischen 500 und 1450 n. Chr.

Pintados liegt 4,5 km westlich der Panamericana, fast gegenüber der östlichen Abzweigung nach Pica, und ist über eine Schotterstraße zu erreichen. Es gibt keine öffentlichen Verkehrsmittel hin zur Stätte, doch Agenturen in Iquique bieten Tagesausflüge an.

Pisagua

☎ 057 / 260 EW.

Die Geister der Vergangenheit von Pisagua durchdringen jeden Lebensbereich in diesem abgelegenen Küstendorf, 120 km nördlich von Iquique. Das Dorf ist nicht viel mehr als ein Schatten seines früheren Selbst. Im 19. Jh. gehörte es zu den größten Nitrathäfen von Chile; heute leben hier 260 Menschen, die ihren Lebensunterhalt mit der Ernte von *huiro* (Algen) und *mariscos* (Muscheln) verdienen. Die Stadt war eine Strafkolonie, in der Pinochet als Armeekapitän erste Erfahrungen sammelte, und wurde kurz darauf als Gefängnis von Pinochets Militärdiktatur (1973–89) berühmt-berüchtigt. Nach der Rückkehr zur Demokratie löste die Entdeckung zahlreicher nicht ausgewiesener Massengräber auf dem örtlichen Friedhof einen internationalen Skandal aus.

Pisagua wohnt etwas Gruseliges, Magisches und Poetisches inne und vermittelt das Gefühl eines vergessenen Küstendorfs unter einer fast senkrechten Felswand.

Sehenswertes

Friedhof FRIEDHOF

(⏲ tagsüber) Der düsterste Ort in Pisagua ist der alte Friedhof, 3 km nördlich der Stadt. Er erstreckt sich über einen einsamen Hang, der abrupt ins Meer abfällt. Geier wachen dort über eine klaffende Grube unterhalb der Felswand, wo ein Massengrab von Opfern der Pinochet-Diktatur entdeckt wurde. Eine ergreifende Erinnerungstafel zitiert Neruda: „Mögen Schritte tausend Jahre diesen Ort berühren, so werden sie doch nie das Blut derer tilgen, die hier gefallen sind."

Hinter dem Friedhof führt die Straße 3,5 km weiter nach Pisagua Vieja mit einer Handvoll Ruinen von Lehmziegelbauten, einem präkolumbischen Friedhof und einem breiten Sandstrand.

Teatro Municipal HISTORISCHES GEBÄUDE

(Esmeralda) Ein einstmals prunkvolles Theater mit breiter Bühne, Logen wie in einem Opernhaus und abblätternden Deckengemälden, die Cherubim darstellen. Den Schlüssel erhält man in der **Bibliothek** (⏲ Mo–Fr 9–15 & 16–18 Uhr) nebenan.

Schlafen & Essen

Hostal La Roca HOTEL $

(☎ 57-273-1502; h.larocapisagua@gmail.com; Manuel Rodríguez 20; EZ/DZ 14 000/28 000 Ch$; P) Das unkonventionelle kleine Hotel hoch oben auf einem Felsvorsprung mit Blick auf den Pazifik wird von einem netten Paar aus der Region betrieben. Es verfügt über vier schöne Zimmer, zwei davon mit Meerblick. Man kann hier auch Surf- und Tauchausflüge arrangieren.

Señora Jacqueline CHILENISCH $

(Patricio Lynch; Hauptgerichte ca. 3000 Ch$; ⏲ 12–23 Uhr) Man muss schon genau hinschauen, um dieses nicht ausgeschilderte, ungezwungene Lokal im Haus einer unternehmungslustigen Einheimischen zu finden. Señora Jacqueline kocht Fisch und was immer am Tag frisch erhältlich ist. Ihr Haus liegt auf einer hügeligen Anhöhe an der Uferpromenade am östlichen Rand des Dorfes.

An- & Weiterreise

Pisagua liegt (Luftlinie) rund 60 km nördlich von Iquique entfernt. Die Straßendistanz ist jedoch doppelt so weit. Hierher führt eine Abzweigung 85 km südlich des Polizeipostens in Cuya bzw. 47 km nördlich von Huara. Nach Verlassen der Panamericana fährt man 40 km nach Westen bis zur Küste.

Einmal täglich um 17 Uhr (außer sonntags) verkehrt ein *micro* (kleiner Bus) vom Busbahnhof in Iquique (2000 Ch$, 2 Std.); die Rückfahrt ab Pisagua erfolgt um 7 Uhr.

Arica

☎ 058 / 221 000 EW.

Arica zeichnet sich durch eine angenehme Atmosphäre aus. Das ganze Jahr über ist es hier frühlingshaft warm und sonnig; es gibt eine coole Einkaufsmeile, auf der man bis Sonnenuntergang herumbummeln kann. Gepflegte Strände, deren Sand an braunen Zucker erinnert, liegen nur einen kurzen Fußweg vom Stadtzentrum entfernt. Vollkommen wird das Ganze durch ein paar ausgezeichnete hohe Surfbreaks. Über allem thront der Felsen El Morro, einst Schauplatz einer Schlacht im Salpeterkrieg. Wer ein paar Tage länger bleibt, kann außerdem den nahegelegenen Parque Nacional Lauca besuchen oder sich einen Nachmittag von der „Strandpflicht" freinehmen und zum Azapa-Tal fahren. Hier wurden die nach heutigem Stand ältesten Mumien der Welt gefunden.

Geschichte

Über Jahrtausende haben indigene Völker diese Gegend durchstreift. Arica selbst war Endpunkt einer bedeutenden Handelsstraße, auf der die Küstenvölker mit den Bewohnern der Vorkordillere und des Altiplano Handel trieben. Sie tauschten Fisch, Baumwolle und Mais gegen Kartoffeln, Wolle und Charque (luftgetrocknetes Fleisch).

Mit der Ankunft der Spanier im frühen 16. Jh. wurde Arica zur Hafenstadt. Hier verschiffte man die Funde, die in der ertragreichen Silbermine in Potosí im heutigen Bolivien zutage kamen. Als Teil des unabhängigen Peru blieb der Ort im 19. Jh. in seiner Entwicklung hinter der übersteigerten Aktivität in den Nitratminen weiter südlich zurück. Als Folge der dramatischen Schlacht um die Felsbastion auf dem El Morro während des Salpeterkriegs fiel Arica an Chile, was 1929 offiziell bestätigt wurde.

Sehenswertes

★ Museo de Sitio Colón 10 — MUSEUM

(Colón 10; Erw./Kind 2000/1000 Ch$; ⏲ Jan.–Feb. Di–So 10–19 Uhr, März–Dez. Di–So bis 18 Uhr) Das winzige Museum unterhalb des El Morro beherbergt 32 Chinchorro-Mumien. Sie wurden entdeckt, nachdem ein Architekt dieses ehemalige Wohnhaus gekauft hatte (eigentlich wollte er es zu einem Hotel umbauen). Die Körper liegen hinter einer schützenden Glasscheibe noch so da, wie sie gefunden wurden: in verschiedenen Positionen im Sand unter dem Boden, mit Grabbeigaben wie Häuten und Federn von Wasservögeln.

Unter ihnen sind auch ein paar Kinder mit rot bemalten Schlammmasken. Geht man die Holzrampe hinauf, kann man die Mumien besser in Augenschein nehmen. Zudem gewährt die überdachte Terrasse eine tolle Aussicht auf die Stadt. Der im Eintritt enthaltene Audioguide (in Englisch und anderen Sprachen verfügbar) bietet gute Hintergrundinformationen zur Stätte.

Ferrocarril Arica-Poconchile — ZUG

(http://trenturistico.fcalp.cl; Av Brasil 117; Erw./Kind hin und zurück 9000/4000 Ch$; ⏲ Ticketschalter Mo–Fr 9–14 & 15–18.30 Uhr) Ein Teil der alten Eisenbahnlinie, die Arica mit La Paz in Bolivien verband, wurde restauriert, sodass einmal pro Woche ein Touristenzug zwischen Arica und der etwa 37 km weiter nordöstlich gelegenen Stadt Poconchile im Lluta-Tal verkehrt. Die altmodischen Zugwagen der 1950er-Jahre fahren derzeit samstags um 10.30 Uhr ab und kommen um 15.30 Uhr nach einer einstündigen Pause in Poconchile wieder in Arica an.

Der Zug fährt vom Bahnhof in Chinchorro, ca. 3 km nordöstlich vom Zentrum ab. Vorher anrufen oder von der Touristeninformation bestätigen lassen, dass der Zug fährt. Außerhalb der Hochsaison (Dezember bis Mitte März) verkehrt er nur zweimal im Monat.

Cuevas de Anzota — NATURPHÄNOMEN

(Av Comandante San Martín) Ungefähr 10 km südlich des Zentrums weichen die ruhigen Strände einem Gebiet mit zerklüfteten Klippen, felsigen Küsten und Höhlen, die vor 9000 Jahren von der Chinchorro-Kultur genutzt wurden. Durch diese Gegend führt ein neuer Küstenweg mit Treppen zu Aussichtspunkten über der Küste. Nach Seelöwen, *chungungo* (Meeresottern) und verschiedenen Meeresvögeln Ausschau halten.

Zu diesem Weg gibt's keine öffentlichen Verkehrsmittel. Am besten nimmt man sich ein Taxi.

El Morro de Arica — AUSSICHTSPUNKT

Mit einer Höhe von 110 m überragt dieser imposante Felsblock die Stadt. Er ist nicht nur eine gute Orientierungshilfe, sondern bietet auch einen hervorragenden Blick auf Arica, den Hafen und den Pazifik. Auf dem hoch aufragenden Kap wurde 1880, im zweiten Jahr des Salpeterkriegs, eine entscheidende Schlacht geschlagen. Die chilenische Armee eroberte El Morro und besiegte die peruanischen Streitkräfte in weniger als einer Stunde.

El Morro ist mit dem Auto oder Taxi (hin & zurück 4000 Ch$ mit 30 Minuten Aufenthalt) oder über einen steilen Fußweg zu erreichen, der am Südende der Calle Colón beginnt. Die Geschichte des El Morro wird im Museo Histórico y de Armas (S. 191) detailgetreu nacherzählt. Infos gibt's auf Spanisch und Englisch.

Arica

Arica

Highlights
1 Museo de Sitio Colón 10 .... C3

Sehenswertes
2 Catedral de San Marcos C3
3 El Morro de Arica B3
4 Ex-Aduana de Arica C2
5 Museo Histórico y de Armas B3

Aktivitäten, Kurse & Touren
6 Miramar B1
7 North Light Academia de Idiomas D3
8 Orange Travel C2
9 Raíces Andinas C4

Schlafen
10 Arica Surfhouse E3
11 Casa Beltrán C3
12 Hostal Huanta-Jaya D3
13 Hostal Jardín del Sol D4
14 Hotel Aruma D3
15 Hotel Gavina Express D3
16 Hotel Mar Azul D2
17 Hotel Savona C3
18 Hotel Sotomayor D3
19 Petit Clos C3

Essen
20 Boulevard Vereda Bolognesi C2
21 Café del Mar C2
22 Govinda's C3
23 Los Aleros de 21 .... D4
24 Lucano E1
25 Maracuyá A4
26 Mata-Rangi B1
27 Mercado Central C3
28 Mousse C3
29 Salon de Te 890 .... E4

Ausgehen & Nachtleben
30 Así Sea Club C3
31 Baristta Coffee D2
32 Mosto Vinoteca C3
33 Old School C3
34 Vieja Habana D3

Shoppen
35 Frutos Rojos D2

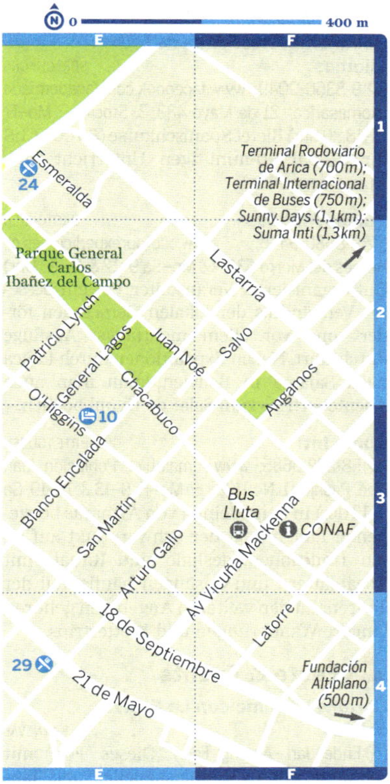

Catedral de San Marcos KIRCHE
(San Marcos 260, Plaza Colón; ⌚ Mo–Fr 8.30–21, Sa 11–13, So 9–13 & 19.30–21 Uhr) Die gotische Kirche ist aus dreierlei Gründen berühmt. Zum einen ist sie ein Entwurf des gefeierten Pariser Ingenieurs Alexandre Gustave Eiffel und wurde noch vor dem prominenten Turm errichtet. Zweitens wurde sie in Eiffels Pariser Werkstatt in den 1870er-Jahren vorgefertigt (auf Anordnung des peruanischen Präsidenten) und dann um die halbe Welt verschifft, um an Ort und Stelle aufgebaut zu werden. Am bemerkenswertesten ist aber die Konstruktion selbst: Die gesamte Kirche besteht aus geprägtem und ausgeformtem, mit Farbe überzogenem Gusseisen.

Ex-Aduana de Arica SEHENSWERTES GEBÄUDE
(Casa de Cultura; ☎ 58-220-9501; Prat s/n) GRATIS Eiffel entwarf auch das große ehemalige Zollhaus. Es wurde ebenfalls in Paris vorgefertigt und 1874 an Ort und Stelle zusammengesetzt. Die Mauern bestehen aus Blöcken und Ziegeln, die in Metallhalterungen stecken. Seit der Restaurierung dient das Gebäude als städtisches Kulturzentrum mit wechselnden Ausstellungen und einer eindrucksvollen schmiedeeisernen Wendeltreppe mit 32 Stufen. Zum Zeitpunkt des Verfassens war es wegen langfristiger Renovierungsarbeiten geschlossen.

Museo Histórico y de Armas MUSEUM
(Erw./Kind 1000/500 Ch$; ⌚ Di–Fr 8–18, Sa & So bis 20 Uhr) Auf dem Gipfel des Morro de Arica erzählt dieses Museum von einer wichtigen Schlacht, die 1880 während des Salpeterkriegs auf diesem Hügel stattfand. Es gibt eine Sammlung von Waffen aus dem 19. und frühen 20. Jh.

Aktivitäten

Strände

Egal ob Surfen, Schwimmen oder Sonnenbaden, an den Stränden von Arica findet jeder sein Plätzchen. Der Pazifik hat eine angenehme Temperatur, allerdings ist das Schwimmen wegen der starken Meeresströmungen an einigen Stränden gefährlich. Das spiegelglatte Wasser der geschützten Playa La Lisera gilt als sicherster Ort für Familien mit kleinen Kindern.

Am meisten Trubel herrscht an den Sandstreifen südlich der Stadt, die sich entlang der Avenida Comandante San Martín erstrecken. Hier gibt's mehrere geschützte Buchten und Strandrestaurants. Der Stadt am nächsten ist die 20 Gehminuten entfernte **Playa El Laucho** direkt hinter dem Club de Yates, gefolgt von der entschieden hübscheren **Playa La Lisera**, 2 km südlich der Innenstadt, die Umkleidekabinen und Duschen bietet. Beide haben eine sanfte Brandung und eignen sich gleichermaßen zum Baden und Faulenzen. An der **Playa Brava** ganz in der Nähe kann man sich dagegen nur sonnen.

9 km südlich der Stadt, hinter einer durchdringend riechenden Fischmehlfabrik, liegt die **Playa Corazones** mit einem Kiosk und Möglichkeiten zum wilden Campen. Von dort führt ein Pfad zu Höhlen, Kormorankolonien und einer Seelöwenkolonie. Am besten zu erreichen per Taxi oder Fahrrad.

Zahlreiche Strände säumen auch die Panamericana Norte, bis sie nach 19 km die peruanische Grenze erreicht; sie sind länger und sauberer und weisen eine stärkere Brandung auf. Die weitläufige **Playa Chinchorro** 2 km nördlich der Innenstadt ist lang, breit und gesäumt von überteuerten Restaurants, Eisdielen sowie – in der Feriensaison – Jet-Ski-Verleihen. Das Meer ist eher stürmisch, aber erfahrene Schwimmer haben ihren Spaß. Im Februar wird das Wasser etwas schlammig.

Einige Kilometer nördlich zieht die **Playa Las Machas** dank ihrer starken Brandung zahlreiche Surfer an. Die Anfahrt erfolgt ab 18 de Septiembre mit dem Bus 12 oder 14; aussteigen muss man an der Ecke Avenida Antarctica und Avenida España.

Surfen

Mittlerweile hat sich Aricas Reputation für grandiose Tubes in der ganzen Welt verbreitet. Die Stadt ist Gastgeberin hochklassiger Wettbewerbe und Top-Anziehungspunkt für Surfer-Filmteams. Im Juli locken die größten Breaks. Neben der Playa Las Machas stürzen sich erfahrene Surfer auch in die hoch aufgetürmten Wellen von El Gringo und El Buey an der Isla de Alacrán, ein Pointbreak für Könner südlich des Club de Yates. Vermietung von Boards oder Surfunterricht bietet das Arica Surfhouse (S. 193).

Mayuru OUTDOORAKTIVITÄTEN

(☎9-8582-1493; www.mayurutour.com; Baquedano 411, Putre) Das Mayuru hat einen guten Ruf für seine qualitativ hochwertigen Touren in der Region. Wer genug Zeit hat, unternimmt statt des eintägigen Ausflugs nach Lauca eine der mehrtägigen Touren von Mayurus, bei denen man die Naturwunder des Altiplano erleben kann.

Das Büro liegt in Putre; vor der Anreise anrufen oder eine E-Mail schreiben.

Miramar BOOTSTOUREN

(Muelle Pesquero; Erw./Kind 3000/1000 Ch$; ⏲10–18 Uhr) Auf dem Angelsteg bietet dieser Anbieter neben mehreren anderen 40-minütige Kreuzfahrten rund um die Bucht mit garantierter Sichtung von Pelikanen, Seelöwen und vielleicht sogar einem Pinguin. Die Boote fahren ab, sobald genügend Passagiere zusammen sind. Am Wochenende vormittags hingehen, um die Wartezeit gering zu halten.

Orange Travel OUTDOORAKTIVITÄTEN

(☎9-8869-3991; www.orangetravel.cl; Paseo Bolgnesi 421; ⏲Mo–Sa 9–18 Uhr) Bietet eine vollständige Auswahl an Touren, darunter ganztägige Ausflüge in den Parque Nacional Lauca (30 000 Ch$) und halbtägige Exkursionen zu den archäologischen Wundern der Region (15 000 Ch$). Auch Leifahrräder stehen zur Verfügung.

Kurse & Geführte Touren

North Light Academia de Idiomas SPRACHKURS

(☎9-8360-0049; www.facebook.com/academiadeidiomasarica; 21 de Mayo 483, 3. Stock; ⏲Mo–Fr 16–18.30 Uhr) Bietet Spanischkurse (60 000 Ch$ für 12-mal 90-minütigen Unterricht inkl. Anmeldegebühr).

Raíces Andinas ÖKOTOUREN

(☎9-8680-9445; www.ecotourexpediciones.cl; Héroes del Morro 632; ⏲Mo–Sa 9–12 & 15–18 Uhr) Gut organisierter Veranstalter, der ein besseres Verständnis der lokalen Gemeinden fördert und vor allem mehrtägige Ausflüge durchführt. Neben Expeditionen durch Lauca nach Sajama in Bolivien kann man auch Abenteuertrips zum Salar de Uyuni buchen.

Suma Inti GEFÜHRTE TOUREN

(☎58-222-5685; www.sumainti.cl; Población Juan Noé, Pasaje 11, No 1128; ⏲Mo–Fr 9–13 & 15–19, Sa 9–13 Uhr) In dem kleinen von Aymaras betriebenen Laden liegt der Schwerpunkt auf alten Traditionen, deshalb sind Rituale mit Cocablättern und Gesängen häufig Teil der Touren. Zu den weiteren Angeboten gehören längere Wanderungen und Klettertrips.

Feste & Events

Carnaval Andino con La Fuerza del Sol KARNEVAL

(⏲Ende Jan.–Anfang Feb.) Dieses Fest mit schmetternden Blechblaskapellen und Tänzen der traditionellen *comparsas*-Gruppen zieht an einem verlängerten Wochenende etwa 15 000 Zuschauer an. Als Zentrum der Aktivitäten dient die Avenida Comandante San Martín nahe El Morro.

Semana Ariqueña FESTIVAL

(⏲Anfang Juni) Die Arica-Woche umfasst Umzüge, Konzerte und Feuerwerk.

Schlafen

Sunny Days PENSION $

(☎58-224-1038; http://sunny-days-arica.cl; Tomas Aravena 161; EZ/DZ 20 000/30 000 Ch$, Bett/EZ/DZ ohne Bad 11 000/15 000/26 000 Ch$; P @ ≋) Wenn man außerhalb des Zentrums unterkommen möchte, ist diese einladende, gemütliche Pension nahe der Playa de Chinchorro eine gute Wahl. Einladende Zimmer, freundliche Englisch sprechende Mitarbeiter, eine geräumige Lounge sowie Zugang zur Küche, zum Waschsalon und zum Fahrradverleih (8000 Ch$ pro Tag) locken einen bunten Mix aus Reisenden an.

Die Unterkunft liegt etwa 2 km nordöstlich des Zentrums. Mit dem *colectivo* (700 Ch$) oder *micro* (500 Ch$) auf der Avenida Santa Maria fahren.

Arica Surfhouse HOSTEL **$**

(☎58-231-2213; www.aricasurfhouse.cl; O'Higgins 664; Bett 12 000 Ch$, EZ/DZ 25 000/36 000 Ch$, ohne Bad 20 000/30 000 Ch$; @📶) Eines der besten Hostels in Arica und gleichzeitig so etwas wie das lokale Surferhauptquartier. Es stehen verschiedene saubere Zimmer zur Verfügung, der Gemeinschaftsbereich draußen ist toll, es besteht die Möglichkeit, Wäsche zu waschen, und man hat rund um die Uhr Warmwasser. In den Wintermonaten fährt ein Shuttle zu den Stränden und die Mitarbeiter arrangieren Surfkurse sowie einen Ausrüstungsverleih.

Man kann auch Fahrräder mieten, Touren buchen (Ausflüge zu Nationalparks) und Parasailing oder Tauchen in Angriff nehmen.

Hostal Jardín del Sol HOTEL **$**

(☎58-223-2795; www.hostaljardindelsol.cl; Sotomayor 848; EZ/DZ 23 000/37 000 Ch$; 📶) Seinem Ruf als eines der besten Hostels der Stadt wird das Hostal Jardín del Sol auch nach so vielen Jahren noch unverändert gerecht. Die Zimmer sind klein, aber makellos sauber und mit Ventilatoren ausgestattet. Im begrünten Patio, in der Gästeküche oder der Lounge trifft man andere Reisende. Weitere Extras: eine Bücherbörse und haufenweise Informationen.

Hostal Huanta-Jaya HOTEL **$**

(☎58-231-4605; hostal.huanta.jaya@gmail.com; 21 de Mayo 660; EZ/DZ ab 20 000/30 000 Ch$; 📶) Zu den netten, sauberen und geräumigen (wenn auch etwas dunklen) Zimmern gelangt man durch einen langen Flur voll mit afrikanischer Kunst. Die günstigsten Zimmer haben keine Fenster nach draußen und es gibt keinen Traveller-Vibe in der Unterkunft.

Hotel Mar Azul HOTEL **$**

(☎58-225-6272; www.facebook.com/marazularica; Colón 665; EZ/DZ 20 000/30 000 Ch$; 📶🏊) Flaggen zieren die Fassade des Mar Azul mitten im Zentrum. Das Dekor ist Weiß in Weiß, es gibt einen netten, kleinen Pool draußen und Kabel-TV.

Petit Clos PENSION **$$**

(☎58-232-3746; www.lepetitclos.cl; Colón 7; DZ 32 000–36 000 Ch$) In der Nähe der Treppe, die nach Morro de Arica führt, befindet sich diese belgisch geführte Pension, ein idealer Ausgangspunkt, um die Stadt zu erkunden. Die Zimmer sind hübsch eingerichtet. Es gibt eine Terrasse mit schöner Aussicht (auf der das Frühstück serviert wird). Tee und Kaffee sind stets erhältlich.

Die Unterkunft erreicht man vom Zentrum aus nach einem steilen Anstieg.

Casa Beltrán HOTEL **$$**

(☎58-225-3839; www.hotelcasabeltran.cl; Sotomayor 266; Zi. 52 000–62 000 Ch$; P❄@📶) Der schicke Charmeur in einer alten *casona* im Zentrum beherbergt 17 schön aufgemachte Zimmer mit dunklen Hartholzböden und allen Extras, die man in einer Nobelbleibe erwarten würde (Schreibtisch, Minikühlschrank, tadellose moderne Bäder). Manche Zimmer haben einen Balkon. Im gehobenen Restaurant (So geschl.) mit Blick auf den grünen Patio locken *almuerzos* (Mittagsmenüs) und Nachtmittagstee.

Hotel Sotomayor HOTEL **$$**

(☎58-258-5761; www.hotelsotomayor.cl; Sotomayor 367; EZ/DZ 35 000/45 000 Ch$; P📶) Das vierstöckige, nicht mehr ganz frische Gebäude von der Plaza bergaufwärts überzeugt mit seiner fröhlich gestrichenen Fassade, seinen geräumigen Zimmern und seiner ruhigen Lage abseits der Straße hinter einem kleinen Platz.

Hotel Gavina Express BUSINESSHOTEL **$$**

(☎58-258-3000; www.gavinaexpress.cl; 21 de Mayo 425; EZ 51 000–61 000 Ch$, DZ 59 000–69 000 Ch$, Suite 80 000 Ch$; ❄📶) Das Businesshotel liegt mitten in der Fußgängerzone und bietet standesgemäßen Komfort wie Kingsize-Betten, geräumige Zimmer und sehr saubere moderne Bäder.

Hotel Savona HOTEL **$$**

(☎58-223-1000; www.hotelsavona.cl; Yungay 380; EZ/DZ 39 000/54 000 Ch$; P@📶🏊) Das schneeweiße Hotel am Fuß des El Morro bietet eine Fassade im Ziehharmonika-Stil, einen schönen Innenhof voller Bougainvilleen und einen pillenförmigen Pool. Die klassischen Zimmer wirken ein bisschen plump, aber die Ausstattung kann sich sehen lassen. Es gibt kostenfreie Leihfahrräder.

★ **Hotel Aruma** BOUTIQUE-HOTEL **$$$**

(☎58-225-0000; www.aruma.cl; Lynch 530; EZ/DZ Standard 80 000/90 000 Ch$, Superior 110 000/120 000 Ch$; ❄📶🏊) Aricas schönstes Hotel ist ein Mix aus cooler Stimmung, modernem Styling und freundlichem Service. Die geräumigen Zimmer haben eine zeitgemäße relaxte Atmosphäre, und die Snackbar, die Loungebereiche sowie der kleine Pool auf dem Dach setzen noch einen drauf.

Gute Angebote findet man übrigens online (Standard/Superior Zimmer ab 67 000/80 000 Ch$).

Hotel Arica HOTEL $$$
(☎58-225-4540; www.panamericanahoteles.cl; Av Comandante San Martín 599; Zi. 75 000–120 000 Ch$, 2-Personen-Hütte 110 000–140 000 Ch$; P❄@📶≋) Dieses große Resort am Meer bietet eine Auswahl an Zimmern, darunter Hütten mit Meerblick sowie Vier-Sterne-Unterkünfte. Es liegt an der Playa El Laucho, etwa 3 km südwestlich vom Zentrum. Um ein Zimmer mit Meerblick bitten und im Internet nach Sonderangeboten suchen.

Essen

Mata-Rangi FISCH & MEERESFRÜCHTE $
(Muelle Pesquero; Hauptgerichte 5000–7000 Ch$; ⊙Do–Di 12.30–16 Uhr) Fantastische Meeresfrüchte werden in diesem wunderschönen Lokal oberhalb des Angelstegs am Hafen serviert Das Holzgebäude mit Windspielen verfügt über einen luftigen Innenraum und eine kleine Terrasse über dem Wasser. Man sollte möglichst früh kommen, um einen Tisch zu ergattern, sonst ist Warten angesagt.

Salon de Te 890 PIZZA $
(21 de Mayo 890; Pizza 3800–6000 Ch$; ⊙Mo–Sa 17–24 Uhr; 📶) In dieser fröhlich gestalteten Teestube mit pastellfarbenen Zimmern und altmodischer Dekoration kann man Pizzas, Sandwiches und himmlisch süße Kuchen genießen. Unbedingt probieren: ein Stück *Siete Sabores*-Kuchen.

Govinda's VEGETARISCH $
(www.facebook.com/viejaescuelabararica; Sotomayor 251; Hauptgerichte 3000–4000 Ch$; ⊙Mo–Fr 9–16, Sa 13–16 Uhr) Eine Pause von Fleisch und Fisch kann man in diesem einladenden vegetarischen Restaurant gleich um die Ecke von der Kathedrale einlegen. Die Speisekarte wechselt täglich und umfasst Gerichte wie Linsensuppe, Quinoa-Risotto, Spinat-Ravioli, Quiche oder Fajitas. Zudem runden Sandwiches, Säfte und ein Frühstück (an Wochentagen) das Angebot ab.

Boulevard Vereda Bolognesi INTERNATIONAL $
(Bolognesi 340; Hauptgerichte 4000–9000 Ch$; ⊙Mo–Sa 10–23 Uhr) In dem hippen kleinen Einkaufszentrum sind ein paar coole Cafés, Restaurants und Bars untergebracht. Man hat die Wahl zwischen einem peruanischen Imbiss, einem italienischen Restaurant oder einer Sushi-Bar und verzehrt sein Essen im zentralen Patio. Am Abend treffen sich hier gern Anwohner auf einen Drink.

Café del Mar CAFÉ $
(21 de Mayo 260; Hauptgerichte 4200–6000 Ch$; ⊙Mo–Sa 9–23 Uhr; 📶) Auf der lebhaften Flaniermeile bietet das altbewährte Café del Mar eine große Auswahl an Salaten, Crêpes, Burgern und Sandwiches sowie hochwertigen Kaffee. Draußen kann man an einem Tisch die Passanten beobachten.

Mercado Central MARKT $
(Sotomayor; Hauptgerichte 3500–6000 Ch$; ⊙Mo–Fr 8–18 Uhr) Der Anwohnermarkt ist auf frische Produkte, billige Kleidung, Essensstände und viele bolivianische Importe spezialisiert.

★ **Los Aleros de 21** CHILENISCH $$
(☎58-225-4641; 21 de Mayo 736; Hauptgerichte 9500–13 500 Ch$; ⊙Mo–Sa 12–15.30 & 20–23.30 Uhr; 📶) Eines der besten Restaurants von Arica serviert in einem hübschen altmodischen Ambiente mit Holzvertäfelungen ausgezeichnete Fleisch- und Fischgerichte vom Grill. Der Service ist insgesamt recht gut und es gibt auch eine anständige Weinkarte.

Lucano ITALIENISCH $$
(☎58-247-5233; www.pizzerialucano.cl; Esmeralda 210; Pizza 6000–12 000 Ch$; ⊙Mo–Fr 18–24, Sa & So ab 13 Uhr; 📶✍) Etwas außerhalb des Zentrums liegt das ungezwungene, charmante Lucano, das zu einer Seite offen ist. Es bietet karierte Tischdecken, Tische im Freien und Hintergrundmusik mit amerikanischem Soul, Funk und Vintage-Jazz. Die Pizzas sind lecker und passen gut zu Guayacan Pale Ale und anderen chilenischen Bieren.

Das Lucano hat auch einen Lieferservice.

Maracuyá FISCH & MEERESFRÜCHTE $$
(☎58-222-7600; Av Comandante San Martín 0321; Hauptgerichte 8700–13 500 Ch$; ⊙Mo–Sa 12.30–15.30 & 20.30–24 Uhr; 📶) Wer sich so richtig etwas gönnen möchte, kann in dieses Restaurant im Villen-Stil neben der Playa El Laucho mit Meerblick, Meeresfrüchten und herausgeputzten Kellnern einkehren. Vorab reservieren.

Mousse ITALIENISCH $$
(www.facebook.com/moussebarrestaurant; 7 de Junio 174; Hauptgerichte 7000–9000 Ch$; ⊙Mo–Sa

9–2, So 17–2 Uhr;) Das Mousse ist eines von mehreren ansprechenden Restaurants mit Innen- und Außenbereichen gegenüber der Plaza Colón und verfügt über eine große Auswahl an Pasta und Pizza sowie Frühstück, Tostadas (gegrillte Sandwiches) und andere Snacks. Die Mittagsspezialitäten (wie vegetarische Lasagne) für 4500 Ch$ bieten ein gutes Preis-Leistungs-Verhältnis.

Rayú FUSION-KÜCHE **$$$**
(58-221-6446; Raúl Pey Casado 2590; Hauptgerichte 8500–15 000 Ch$; Mo–Sa 13–2 Uhr;) Gegenüber der Playa Chinchorro hat das Rayú eine treue Anhängerschaft dank seiner kreativen Küche, die italienische und peruanische Gerichte miteinander kombiniert. Der elegante Außenbereich eignet sich ideal, um köstliches *ceviche* oder zarten Tintenfisch zu probieren, gefolgt von herzhafter Lammlasagne, Ziegenkäse-Ravioli und gegrilltem Fisch mit Abalone-Risotto.

Ausgehen & Nachtleben

Baristta Coffee CAFÉ
(18 de Septiembre 295, 2. Stock; Mo–Fr 8.15–23, Sa 16–23 Uhr;) Der beste Kaffee von Arica wird in diesem hippen Café im Obergeschoss mit geräumiger Terrasse aus Altholz serviert. Man wählt den Zubereitungsstil: V60, Chemex, Siphon oder Aeropress oder einfach einen Espresso. Es gibt auch Mittagsspezialitäten (4000 Ch$), Croissant-Sandwiches und Frühstück.

Lounge by Rayú BAR
(Raúl Pey Casado 2590; Di–Sa 21–4 Uhr) Schöne Menschen strömen an der Playa Chinchorro in diese gehobene Lounge mit Patio im Freien. Hier gibt's Cocktails, Sushi und elektronische Grooves von wechselnden DJs.

Mosto Vinoteca WEINBAR
(www.facebook.com/mostovinotecacl; 7 de Junio 196; Mo–Fr 19–2, Sa & So 12–2 Uhr) Eine gute Aussicht auf die Kathedrale bieten die Tische im Außenbereich dieser neuen Weinbar auf der Plaza. Neben einer guten Auswahl an chilenischen Rotweinen serviert das Mosto Craft-Biere, Käse, Wurstwaren und Sandwiches. An den Wochenenden spielt normalerweise ein DJ oder ein Jazz-Trio.

Así Sea Club BAR
(San Marcos 251; Mo–Do 12–17 & 18–24, Fr & Sa bis 2 Uhr) Ein mondänes Refugium ist dieses weitläufige historische Stadthaus mit ein paar eleganten Räumen inklusive Originalausstattung und einem Patio. Zu Lounge-Musik gibt's *tablas* (Platten für mehrere Pers.; 5000–20 000 Ch$), Cocktails und chilenische Weine.

Old School BAR
(Vieja Escuela; www.facebook.com/viejaescuelabararica; Colón 342; Di–Sa 20–2 Uhr) Das Old School ist eine wichtige Institution des Nachtlebens und eine höhlenartige Location mit Livemusik an den Wochenenden und DJs an einigen Wochentagen. Gelegentlich werden auch chilenische Fußballspiele übertragen.

Soho NACHTCLUB
(www.facebook.com/discosoho; Buenos Aires 209; Mindestverzehr 4000–8000 Ch$; Do–Sa 23–5 Uhr) In der angesagtesten Disco der Stadt treten viele DJs sowie Live-Salsa- und Rockbands auf. Sie liegt etwa 3 km nördlich vom Zentrum, in der Nähe der Playa Chinchorro.

Vieja Habana BAR
(www.facebook.com/vieja.habana.salsoteca; 21 de Mayo 487; Fr & Sa 24–4.30 Uhr) Montags bis donnerstags finden hier von 20 bis 23.30 Uhr Salsa- und Bachata-Kurse (ab 3000 Ch$) statt. Am Wochenende präsentiert sich das Vieja Habana dann als gut besuchte *salsoteca* (Salsaclub).

Shoppen

Frutos Rojos ESSEN & TRINKEN
(18 de Septiembre 330; Mo–Sa 10–22 Uhr) Dieser stimmungsvolle kleine Laden verkauft Nüsse und getrocknete Früchte, Säfte, Coca-Blätter, Yerba-Mate, Tees, mit Mandeln gefüllte Nüsse und Olivenöl aus dem Azapa-Tal. Hier kann man die Produkte aus der Region probieren. Und was hat es mit diesen getrockneten Stapeln an der Tür auf sich, die wie Darm aussehen? Das ist *cochayuyo*, eine in Chile weit verbreitete Seetangart mit vielen Nährstoffen.

Poblado Artesanal MARKT
(Hualles 2825; Di–So 10.30–13.30 & 15.30–19 Uhr) In den Außenbezirken von Arica, nahe der Panamericana Sur, lockt ein tolles Shoppingerlebnis: ein nachgebautes Altiplano-Dorf, das mit einer Reihe Kunsthandwerksläden und Werkstätten aufwartet, die von originaler Keramik bis zu fein austarierten Musikinstrumenten so ziemlich alles verkaufen. Das Dorf hat sogar eine eigene Kirche, ein Nachbau des Gotteshauses von Parinacota, der auch Kopien der dortigen faszinierenden Wandmalereien beherbergt.

ABSTECHER

ABENTEUER IN DEN AUSLÄUFERN DER ANDEN

Auf abenteuerlustige Traveller, die nahe Arica unberührtes Terrain entdecken wollen, warten ein paar abgeschiedene Dörfer. Wie einzelne Glieder einer Halskette schmiegen sie sich an die Ausläufer der Anden. Die hübschen traditionellen Siedlungen, darunter **Belén**, **Saxamar**, **Tignamar** und **Codpa**, sind über holprige Schotterstraßen miteinander verbunden und bezaubern mit Kolonialkirchen, uralten terrassenförmig angelegten Feldern sowie *pukarás* (Festungen aus präspanischer Zeit). In diesem Teil der Anden soll der Kulturtourismus gefördert werden; das Projekt wird als „Missionarsroute" beworben. Verantwortlich dafür ist die Stiftung Fundación Altiplano (siehe unten), die die nachhaltige Entwicklung dieser fast schon vergessenen Andengemeinden vorantreiben will.

Das fruchtbare Codpa-Tal bietet die beste Schlafgelegenheit in der Gegend: die **Codpa Valley Lodge** (☎ Handy 9-8449-1092; http://terraluna.cl/en/codpa-valley-lodge; Ruta A-35; DZ/3BZ 75 000/85 000 Ch$;). Das Refugium wird mit Solarenergie betrieben (Strom hat man nur zwei Stunden am Abend). Es beherbergt gemütliche, rustikale Zimmer mit privaten Terrassen rund um einen Pool und verfügt zudem über ein gutes Restaurant. Ausreichend Pesos mitbringen, da man nur mit Bargeld zahlen kann. Zu den Touren der Lodge gehört ein zweitägiger Trip durch die Vorkordillere nach Putre.

La Paloma in Arica fährt mehrmals wöchentlich nach Belén und Codpa. Leider kann man mit den öffentlichen Verkehrsmitteln keine Rundtour durch sämtliche Dörfer machen.

Reisende mit eigenem Wagen (ohne Allradantrieb kommt man nicht weit) können der spektakulären Strecke von Codpa nach Putre bzw. umgekehrt folgen, allerdings nur mit einer guten Straßenkarte und nicht in der Regenzeit (Dezember bis März), wenn die Flüsse nach starken Regenfällen über die Ufer treten und die Straßen überfluten.

Taxis colectivos der Linien 7 und 8 halten beim Eingang, ebenso wie die Buslinien 7, 8 und 9.

Praktische Informationen

Arica ist zwar eine sehr sichere Stadt, trotzdem tummeln sich hier jede Menge Taschendiebe. Besonders am Busbahnhof und am Strand sollten Reisende gut auf ihre Sachen aufpassen!

In der Fußgängerzone (21 de Mayo) gibt's viele Geldautomaten (24 Std.) sowie *casas de cambio* (Wechselstuben), die US-Dollar, peruanische Sol, Bolivianos, argentinische Pesos und Euros tauschen.

CONAF (☎ 58-220-1201; aricayparinacota.oirs@conaf.cl; Av Vicuña Mackenna 820; ⏲ Mo–Do 8.30–17.30, Fr bis 16 Uhr) Nützliche Infos über die Nationalparks in der Región I (Tarapacá). Anfahrt mit dem *micro* 9 oder den *colectivos* 7, 2 oder 23 ab dem Zentrum (600 Ch$).

Fundación Altiplano (☎ 58-225-3616; www.fundacionaltiplano.cl; Andres Bello 1515)

Sernatur (☎ 58-225-2054; infoarica@sernatur.cl; San Marcos 101; ⏲ Mo–Fr 9–18, Sa 10–14 Uhr) Hilfreicher Service sowie Broschüren über Arica und Umgebung.

Post (Prat 305; ⏲ Mo–Fr 9–15.30 Uhr) Auf einem Fußgängerweg zwischen Pedro Montt und Prat.

Hospital Dr Juan Noé (☎ 58-220-4592; 18 de Septiembre 1000) Östlich und nicht weit von der Innenstadt entfernt.

An- & Weiterreise

Traveller, die von Arica gen Norden reisen, gelangen über die peruanische Grenze nach Tacna und Lima. In südlicher Richtung führt die Straße bis nach Santiago, gen Osten zur bolivianischen Grenze.

BUS

Arica hat zwei große Busbahnhöfe. In der eleganten Halle des **Terminals Rodoviario de Arica** (Terminal de Buses; ☎ 058-222-5202; Diego Portales 948) haben vor allem die Busunternehmen ihre Büros, die zu südlichen Zielen in Chile fahren. Vom Open-Air-**Terminal Internacional de Buses** (☎ 058-224-8709; Diego Portales 1002) gleich nebenan werden viele internationale und einige regionale Ziele angesteuert. Die Gegend ist für Kleinkriminalität berüchtigt, deshalb sollte man immer das Gepäck im Auge behalten! Man erreicht die Busbahnhöfe mit dem *colectivo* 8 ab Maipú oder San Marcos. Eine Taxifahrt kostet rund 3000 Ch$.

Mehr als ein Dutzend Busgesellschaften verfügen über Büros im Terminal Rodoviario de Arica und bedienen Ziele im Süden wie Iquique und Santiago.

Eine Fahrplananzeige im Terminal hilft bei der Suche nach dem richtigen Bus (wobei die Angaben nicht immer stimmen). Sonntags gibt's weniger Verbindungen.

Einige Standardziele und Fahrpreise:

ZIEL	PREIS (CH$)	DAUER (STD.)
Antofagasta	18 000	10
Calama	15 000	10
Copiapó	24 000	18
Iquique	7000	5
La Paz, Bolivia	9000	9
La Serena	25 000	23
Santiago	30 000	27

Tur Bus (☎ 58-222-5202; www.turbus.cl; Diego Portales 948) fährt zweimal täglich nach San Pedro de Atacama (ab 15 000 Ch$), derzeit erfolgt die Abfahrt um 21 und 22 Uhr.

Bus Lluta (Ecke Chacabuco & Av Vicuña Mackenna) startet vier- bis fünfmal täglich nach Poconchile und Lluta (2500 Ch$, 1 Std.).

Buses La Paloma (☎ 58-222-2710; Diego Portales 948) fährt vom Hauptterminal einmal täglich um 7 Uhr nach Putre (4500 Ch$); die Rückkehr aus Putre ist um 14 Uhr. La Paloma fährt auch mehrmals die Woche nach Belén, Socoroma und Codpa. **Transportes Gutierréz** (☎ 58-222-9338; Esteban Ríos 2140) steuert am Montag, Mittwoch und Freitag um 6.45 Uhr (sowie sonntags um 8 Uhr) ebenfalls Putre (4500 Ch$) an.

Wer nach Parinacota (7000 Ch$) und zum Parque Nacional Lauca reisen möchte, sollte im internationalen Terminal nach **Trans Cali Internacional** (☎ 58-226-1068; Oficina 15) Ausschau halten. Los geht's täglich um 8.30 Uhr.

Nach Tacna in Peru fahren Busse jede halbe Stunde vom internationalen Terminal ab (2000 Ch$). *Colectivos* berechnen 4000 Ch$. Landwirtschaftliche Produkte dürfen nicht mit über die Grenze genommen werden.

Nach La Paz in Bolivien (etwa 9000 Ch$, 9 Std.) reist man am bequemsten und schnellsten mit **Chile Bus** (☎ 058-226-0505; Diego Portales 1002), günstigere Verbindungen bieten Trans Cali Internacional und **Trans Salvador** (☎ 058-224-6064; Diego Portales 1002) im internationalen Busbahnhof. Busfahrer lassen Passagiere auf dieser Strecke am Parque Nacional Lauca aussteigen, man muss aber den vollen Preis bis La Paz zahlen.

Buses Géminis (☎ 058-351-465; www.geminis.cl; Diego Portales 948) fährt montags, donnerstags und samstags um 21 Uhr vom Hauptterminal über Calama und San Pedro de Atacama nach Salta und Jujuy in Argentinien (38 000 Ch$, 21 Std.).

FLUGZEUG

Der **Aeropuerto Internacional Chacalluta** (☎ 58-221-3416; www.chacalluta.cl; Av John Wall) liegt 18 km nördlich von Arica, nahe der peruanischen Grenze. Gemeinschaftstaxis kosten 4000 Ch$ zum Flughafen. In der Stadt betreibt **Arica Service** (☎ 58-231-4031) einen Flughafentransfer (4000 Ch$ pro Pers.). Für ein privates Taxi das Unternehmen **Lynn Tour** (☎ Handy 9-5885-8543; www.lynntourarica.cl), das zwischen 10 000 und 14 000 Ch$ berechnet, oder **Taxi Turismo Frontera** (☎ Handy 9-4409-2433) anrufen.

Reisende mit dem Ziel Santiago sollten sich einen Platz auf der linken Seite des Flugzeugs suchen. Dort haben sie einen überwältigenden Blick auf die Anden und das nicht enden wollende Braun der Atacama-Wüste.

LATAM (☎ 600-526-2000; www.latam.com; Arturo Prat 391) bietet täglich Direktflüge nach Santiago (ab 105 000 Ch$, 2½ Std.).

Sky (☎ 600-600-2828; www.skyairline.cl) bietet tägliche Direktflüge nach Santiago (ab 105 000 Ch$, 2½ Std.).

Amaszonas (www.amaszonas.com) fliegt täglich nach Iquique (ab 30 000 Ch$, 40 Min.).

ZUG

Züge nach Tacna (3200 Ch$, 1½ Std.) fahren täglich um 10 und 20.30 Uhr nahe dem Hafen von der **Estación Ferrocarril Arica-Tacna** (☎ Handy 9-7633-2896; Av Máximo Lira, gegenüber Chacabuco) ab.

Nicht vergessen, die Uhr vorzustellen: In Peru herrscht ein Zeitunterschied von zwei Stunden.

ℹ Unterwegs vor Ort

Micros (lokale Busse) und *colectivos* fahren von der Innenstadt zum Hauptbusbahnhof. *Taxis colectivos* kommen schneller voran, verkehren häufiger und kosten 700 Ch$ pro Person. Ihre Fahrtziele sind deutlich auf einem beleuchteten Schild auf dem Wagendach angegeben. *Micros* steuern größere Ziele an und schlagen pro Person mit 500 Ch$ zu Buche. Radio Taxi nimmt je nach Ziel zwischen 2000 und 3000 Ch$.

Mietwagen kosten mindestens 25 000 Ch$ pro Tag.

Europcar (☎ 58-257-8500; www.europcar.com; Chacabuco 602; ⊙ Mo–Fr 8.30–13 & 14.30–18, Sa 9–23.30 Uhr) Am Flughafen.

Hertz (☎ 58-223-1487; Baquedano 999; ⊙ Mo–Fr 8.30–19.30, Sa 9–13 Uhr)

Einige Reisebüros und Hostels in der Stadt verleihen Mountainbikes für rund 8000 Ch$ pro Tag (2000 Ch$ pro Stunde).

Rund um Arica

Azapa-Tal

12 km östlich von Arica beherbergt das **Museo Arqueológico San Miguel de Azapa** (☎ 58-220-5551; Camino Azapa, Km 12; Erw./Kind 2000/1000 Ch$; ⊙ Jan. & Feb. 9–20 Uhr, März–

Dez. 10–18 Uhr) einige der ältesten Mumien der Welt. Es gibt hervorragende lokale archäologische und kulturelle Sehenswürdigkeiten sowie einen praktischen Audioguide in englischer Sprache. *Colectivos* (1200 Ch$) stehen an der Ecke Chacabuco und Patricio Lynch zur Verfügung.

Das Museum befindet sich in einem wunderbar grünen Garten mit hohen Palmen und hat zwei Bereiche: In der ursprünglichen Ausstellungshalle wird eine riesige Sammlung von Exponaten aus der Zeit ab 7000 v. Chr. bis zur spanischen Eroberung gezeigt, darunter Dioramen, Körbe und Masken, Tonwaren, Panflöten und eine große Olivenpresse aus dem 18. Jh. Gut verständliche Broschüren in mehreren Sprachen geleiten durch diesen Teil. Passiert man den „Petroglyphenpark" draußen, gelangt man zur neuen Ausstellungshalle in einem modernen Betongebäude, das sich vor einem Panorama aus Bergen und Olivenhainen erhebt. Die Dauerausstellung widmet sich den Chinchorro-Mumien. In Schaukästen erblickt man Werkzeuge, Kleidung und Zierschmuck, aber auch die Mumien von Kindern, ein paar Schädel und lebensgroße Chinchorro-Menschen.

An- & Weiterreise

Vom Parque General Carlos Ibáñez del Campo in Arica – an der Ecke Chacabuco und Patricio Lynch – zahlt man für die gelben *colectivos* 1200 Ch$ (einfache Fahrt) bis zum Eingang des Museo Arqueológico San Miguel de Azapa.

Wer mit dem Auto unterwegs ist, kann die malerische (aber schmale) A-143 nach Norden bis nach Poconchile nehmen und dann entweder östlich nach Putre oder westlich zurück nach Arica fahren.

Ruta 11

10 km nördlich von Arica kreuzt die Panamericana die asphaltierte Fernstraße Ruta 11, die Richtung Osten durch das Tal des Río Lluta nach Poconchile und weiter nach Putre und zum Parque Nacional Lauca hinaufführt. Entlang der Route gibt's ein paar nette Sehenswürdigkeiten, bei denen man gut eine Pause machen kann. Allerdings ist die gewundene Strecke, die nach La Paz führt, stark befahren (ca. 500 Lkw pro Tag).

Hinter Copaquilla führt die Ruta 11 durch die Vorkordillere stetig bergauf zum Altiplano, dem Hochland. Falls man mit eigenem Wagen unterwegs ist, lohnt sich ein Abstecher in das Aymara-Dorf **Socoroma**, das zwischen Arica und Potosí an einer alten Handelsroute aus der Kolonialzeit liegt. Die Straßen sind mit Kopfsteinen gepflastert, die Kirche aus dem 17. Jh. wird derzeit restauriert, es gibt ein paar Kolonialbauten und auf den Terrassenfeldern wächst Oregano. Um hierherzugelangen, folgt man der Serpentinenstraße, die von der Ruta 11 abgeht, etwa 4,5 km.

Sehenswertes

Geoglyphen von Lluta FELSKUNST

Ein kurzes Stück landeinwärts von der Kreuzung zwischen der Panamericana und der Ruta 11 stößt man auf die präkolumbischen Geoglyphen von Lluta, auch bekannt als Gigantes de Lluta. Sie bedecken einen ansonsten kahlen Hang im südlichen Lluta-Tal. Markierungen zeigen an, wo man halten und in Richtung Hügel blicken muss. Zu sehen sind so unterschiedliche Motive wie ein Frosch, ein Adler, Lamas und gelegentlich Menschen. Die Geoglyphen erinnern daran, dass hier in präkolumbischer Zeit eine Handelsroute nach Tiwanaku verlief.

Socoroma DORF

(abseits Ruta 11) Ein altes Aymara-Dorf mit einer berühmten Kirche aus dem 16. Jh.

Pukará de Copaquilla FESTUNG

(tagsüber) GRATIS 1,5 km hinter der *posada* (Gasthaus) ragt an einer spektakulären Schlucht diese Festung aus dem 12. Jh. auf. Sie wurde zum Schutz der umliegenden Ländereien errichtet und hatte einst 500 Bewohner. Ein vorsichtiger Blick über den Canyon-Rand wird mit der Aussicht auf die aufgegebenen Terrassen und bedrohlich wirkenden Berge ringsum belohnt. Das Echo ist toll! Morgens gegen 10 Uhr ziehen manchmal Kondore über der Burg ihre Kreise.

Schlafen

Eco Truly CAMPINGPLATZ, HOTEL $

(Handy 9-9776-3796; http://vrindaarica.cl/eco-truly-arica; Sector Linderos, Km 29; Campingplätze/Hütten pro Pers. 4000/8000 Ch$, Zi. inkl. Frühstück 8000 Ch$) An einer Straße, die nach einer markierten Abzweigung auf der Chile 11 für 1 km entlang der Eisenbahnschienen verläuft, liegt das Dorf Poconchile, eine etwas surreal anmutende Hare-Krishna-„Ökostadt" und Yoga-Schule namens Eco Truly. Auf dem Weg nach Parinacota ist es ein schöner Ort für ein Mittagessen (vegeta-

IN ZEHN SCHRITTEN ZU EINER CHINCHORRO-MUMIE

Die Chinchorro-Mumien sind die ältesten bekannten Mumien der Welt. Sie haben 2000 Jahre mehr auf dem Buckel als ihre ägyptischen „Kollegen" und wurden von kleinen Gruppen von Fischern und Jägern einbalsamiert, die ab etwa 7000 v. Chr. an der Küste im südlichen Peru und im nördlichen Chile lebten. Für eine derart einfache Kultur waren die angewendeten Techniken erstaunlich ausgeklügelt. Im Verlauf der Jahrtausende entwickelten sich die Methoden weiter. Anfangs entstanden die Mumien jedoch mehr oder weniger auf folgende Weise:

- Kopf, Gliedmaßen und Haut des Leichnams abtrennen.
- Das Gehirn entfernen, indem man den Schädel spaltet oder es an der Basis aus dem Kopf zieht.
- Weitere innere Organe entfernen.
- Den Körper mit heißen Steinen oder Feuer trocknen.
- Den Leichnam mit Stöcken, Schilf, Lehm oder Alpakafell füllen.
- Alle Körperteile wieder zusammenfügen (vielleicht nähte man sie mit Kaktusstacheln aneinander).
- Den Leichnam mit einer dicken Aschepaste einschmieren.
- Die Haut wieder überstreifen (Ausbesserungen mit Seelöwenhaut).
- Den Kopf mit einer Perücke aus menschlichem Haar und einer Lehmmaske versehen.
- Die fertige Mumie mit Mangan schwarz färben (später mit rotem Ocker).

Inzwischen sind Hunderte Chinchorro-Mumien jeden Alters entdeckt worden und es gibt keinen Hinweis darauf, dass nur eine bestimmte Gruppe von Personen mumifiziert wurde. Interessant ist, dass ein paar Mumien mehrfach neu bemalt wurden, was darauf schließen lässt, dass die Chinchorro sie „aufbewahrten" und vor der Beisetzung möglicherweise lange Zeit „ausstellten". Jahrtausende später schockierten die Inka die spanischen Eroberer mit einem ähnlichen Brauch: Bei religiösen Zeremonien stellten sie festlich zurechtgemachte mumifizierte Verwandte zur Schau.

risch, 4000 Ch$) und eignet sich auch für ein paar Tage schlichter Erholung.

An- & Weiterreise

Wenn man ins 35 km von Arica entfernte Poconchile möchte, nimmt man den **Bus Lluta** (S. 197) bis zur Endhaltestelle an der Polizeikontrolle. *Taxis colectivos* kosten 3500 Ch$ und starten vor dem internationalen Busterminal in Arica, sobald alle Plätze besetzt sind. Um die Gegend weiter zu erkunden, braucht man ein Auto.

Putre

☎058 / 1450 EW.

Das winzige Putre ist ein reizendes Aymara-Örtchen, das sich auf 3530 m in schwindelnder Höhe an einen Hang schmiegt. 150 km von Arica entfernt, eignet es sich auf dem Weg zum hoch gelegenen Parque Nacional Lauca auf dem Altiplano ideal als Zwischenstopp, um sich zu akklimatisieren. Aus diesem Grund beherbergt das gemütliche Bergdorf inzwischen einige Hostels und Reiseagenturen.

Ursprünglich entstand es im 16. Jh. als *reducción* (spanische Siedlung, um die Kontrolle über die einheimische Bevölkerung zu gewährleisten), deshalb gibt's im Ort Häuser, die aus der späten Kolonialzeit stammen. An den umliegenden Hängen befinden sich weite, mit Steinen befestigte Terrassen, die bereits vor langer Zeit angelegt wurden. Dort kultivieren die Bauern Alfalfa für Lamas, Schafe und Rinder.

Geführte Touren

Terrace Lodge & Tours GEFÜHRTE TOUREN
(☎58-223-0499; www.terracelodge.com; Circunvalación 25) Flavio von Terrace Lodge ist ein wahrer Quell des (Lokal-)Wissens und leitet noch dazu eine Reihe toller Exkursionen fernab der Touristenmassen. Er führt Traveller an versteckte Orte in unmittelbarer Nähe von Putre sowie weiter nördlich. Zudem verkauft er hochwertige Mappen der Region (5000 Ch$).

Ruta 11 & Parque Nacional Lauca

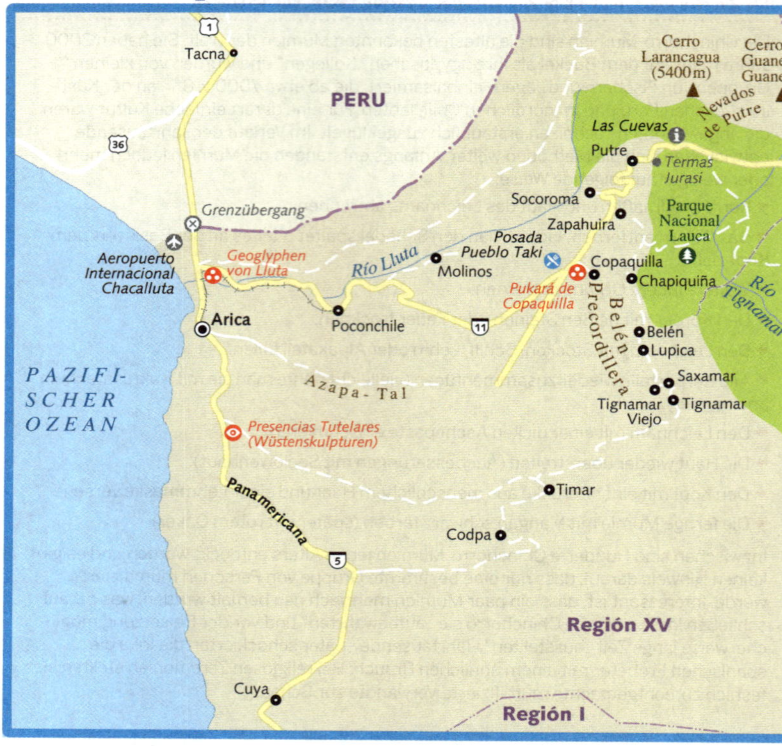

Tour Andino

ABENTEUER

(☎ Handy 9-9011-0702; www.tourandino.com; Baquedano 340) Hinter diesem Ein-Mann-Unternehmen steht Justino Jirón. Der einheimische Guide bietet sowohl die üblichen Touren an, die von den Teilnehmern allerdings ganz unterschiedlich bewertet werden, als auch Treks in die umliegenden Berge sowie Vulkanbesteigungen.

Feste & Events

Carnaval

KARNEVAL

(⌚ Feb.) Putre-Besucher geraten schnell in den Strudel des örtlichen Karnevals. Massenhaft mit Mehl gefüllte Luftballonbomben werden herumgeworfen, ganz zu schweigen vom vielen *chaya* (vielfarbiges Konfetti). Zwei Gruppen, die ältere *banda* und die jüngere *tarqueada*, sorgen für Musik. Die Veranstaltung endet traditionell mit dem Verbrennen des *momo*, einer Figur, die für die Ausgelassenheit des Festes steht.

Schlafen

★ Terrace Lodge & Café

LODGE $

(☎ 58-223-0499; www.terracelodge.com; Circunvalación 25; EZ/DZ 37 000/43 000 Ch$; @ 📶) Ein nettes mehrsprachiges italienisches Paar betreibt dieses Refugium mit fünf rustikal-schicken Zimmern. Sie sind klein, aber gut beheizt und mit Daunendecken ausgestattet. Durch die winzigen langen Fenster blickt man auf die Berge und es gibt den ganzen Tag über warmes Wasser. Wer hierhin will, muss nach dem Schild hinter dem Ortseingang Ausschau halten. Dies ist die einzige Unterkunft, in der man mit Kreditkarte zahlen kann. Am besten sollte man schon weit im Voraus buchen! Die Besitzer veranstalten auch Touren.

Pachamama Hostel

HOSTEL $

(☎ Handy 9-6353-5187; www.hostalpachamama.cl/serv.php; abseits Baquedano; Bett/EZ/DZ ohne Bad 10 000/14 000/25 000 Ch$, Apt. 40 000 Ch$; 📶)

Die preisgünstigste Unterkunft in der Stadt hat eine großartige Traveller-Atmosphäre mit sauberen Zimmern mit Lehmziegelwänden, die um einen sonnigen Innenhof liegen. Man kann die Küche nutzen, Billard oder Tischtennis spielen und in der Lounge entspannen. Das Pachamama veranstaltet auch Ausflüge (ab 30 000 Ch$) und bietet einen Fahrradverleih (3100 Ch$ pro Tag).

Herzhafte Frühstücksvarianten sind für ca. 6100 Ch$ erhältlich.

Hotel Kukuli HOTEL $
(Handy 9-9161-4709; reservashotelkukuli@gmail.com; Baquedano; Zi. 30 000 Ch$; P WLAN) Das Kukuli ist eine nette Option an der Hauptstraße mit blitzblanken Zimmern, die entweder eine kleine Terrasse oder einen sonnigen Alkoven haben. Leider sind sie nicht beheizt. Wenn das Hotel geschlossen aussieht, sollte man im Laden des Besitzers vorbeischauen (Baquedano 301).

Residencial La Paloma PENSION $
(58-222-2710; lapalomaputre@hotmail.com; O'Higgins 353; EZ/DZ 15 000/30 000 Ch$; P WLAN) Putres namhaftestes *residencial* (Budget-Unterkunft) mit Restaurant bietet neun Zimmer um zwei betonierte Höfe, die viel Lärm abbekommen. In den Duschen fließt morgens und abends warmes Wasser. Die Unterkünfte sind sehr unterschiedlich – die bessere Wahl sind die an der Vorderseite. Zugang auf der Rückseite (Baquedano) oder durch das Restaurant.

Hotel Q'antati HOTEL $$
(mobil 9-9663-8998; www.hotelqantati.blogspot.com.ar; Hijuela 208; EZ/DZ 51 000/60 000 Ch$; P) Putres nobelste und teuerste Bleibe, ein von Aymaras betriebenes Hotel, zieht vor allem Reisegruppen an. Gäste können sich rund um die Uhr über warmes Wasser, feste Matratzen, beheizte Doppelzimmer mit unbeheizten großen Bädern und ein schickes Wohnzimmer mit Kamin freuen. Den schönsten Blick bieten die Räume Nr. 8, 9 und 10. Die Unterkunft befindet sich hinter den Armeebaracken am Stadtrand.

Essen

Cantaverdi INTERNATIONAL $
(Canto 339; Hauptgerichte 4000–7500 Ch$; 10–15 & 18:30–22 Uhr) Zwei rustikale Zimmer mit moderner Kunst und einem Kamin in unmittelbarer Nähe der Hauptplaza. Auf der Karte stehen ein paar typische Andengerichte und internationale Leibspeisen wie Sandwiches, Pizzas, *tablas* (Platten für mehrere Personen) und Empanadas.

Walisuma CHILENISCH $
(Baquedano 300; Hauptgerichte 2000–4000 Ch$; 19–21:30 Uhr) Dieses beliebte Lokal zwei Blocks südlich der Plaza serviert herzhafte Mittagsspezialitäten (2 Gänge inklusive Suppe für ca. 3500 Ch$). Es gibt auch Sandwiches und Snacks, aber keine Speisekarte.

Rosamel CHILENISCH $$
(Ecke Carrera & Latorre; Hauptgerichte 4500–7500 Ch$, 3-Gänge-Mittagessen 4000 Ch$; 6–22 Uhr; vegetarisch) An einer Ecke der Plaza bietet das Rosamel eine große Auswahl an Gerichten aus den Anden, darunter *lomo de alpaca con papas fritas* (Alpakafleisch mit Pommes frites). Es gibt auch vegetarische Gerichte wie Quinoa-Burger.

Praktische Informationen

BancoEstado (Arturo Prat 301) Die einzige Bank in Putre unweit der Hauptplaza verfügt über einen 24-Stunden-Geldautomaten, der aber nicht immer ausreichend gefüllt ist. Am besten bringt man genügend Bargeld aus Arica mit.

Oficina de Información Turística (☎ 58-259-4897; imputre@entelchile.net; Latorre s/n; ⏲ Mo–Fr 8.30–13.30 & 14.30–17.45 Uhr) Praktisch gelegene Infoquelle an der Plaza. Leider gibt's keine Stadtpläne, zudem kann man sich auf die Öffnungszeiten nicht immer verlassen.

Centro Salud Familiar de Putre (Baquedano 261; ⏲ 8.30–18.30 Uhr) In dieser Klinik erhält man Sauerstoff, wenn einem die schwindelerregende Höhe zusetzt. Außerhalb der offiziellen Öffnungszeiten klingeln; es ist immer jemand da, der einem hilft.

An- & Weiterreise

Putre liegt 150 km östlich von Arica an der asphaltierten Ruta 11, der internationalen Fernstraße nach Bolivien. Das Busunternehmen **Buses La Paloma** (S. 197) fährt täglich hierher. Los geht's in Arica um 7 Uhr, zurück um 14 Uhr (4500 Ch$). Tickets (hin und zurück) erhält man im Hotel Kukuli.

Transportes Gutierréz (S. 187) bietet montags, dienstags, mittwochs und freitags um 7 Uhr sowie sonntags um 20 Uhr Verbindungen von Arica nach Putre (3500 Ch$, 3 Std.). Busse von Putre nach Arica verkehren montags, dienstags, mittwochs und freitags um 17 Uhr von der Plaza aus (freitags können die Busse ausgebucht sein; im Voraus planen).

Bei der Busfahrt von Arica nach Putre auf der rechten Seite sitzen, um die Geoglyphen des Lluta-Tals zu sehen.

Busse, die nach Parinacota im Parque Nacional Lauca unterwegs sind, halten an der Abzweigung nach Putre, das 5 km von der Hauptstraße entfernt liegt.

Parque Nacional Lauca

Es ist nicht nur die extreme Höhenlage (zwischen 3000 und 6300 m über dem Meeresspiegel), die Besucher dieses Nationalparks atemlos macht. 160 km nordöstlich von Arica (nahe der bolivianischen Grenze), erstreckt sich das UNESCO-Biosphärenreservat Parque Nacional Lauca auf 1380 km² des Altiplano. Beeindruckend sind die malerischen schneebedeckten Vulkane, schimmernden Seen und abgelegenen heißen Quellen. Außerdem gibt's einige hübsche Hochlanddörfer und viele Wildtiere. Das schnelle Vikunja und das kaninchenartige Viscacha (ein Chinchilla) sind die Stars unter den Tieren. Wer sie nicht zu Gesicht bekommt, wird sicherlich anderen Arten wie Lamas und zahlreichen Vögeln (im Park leben mehr als 150 verschiedene Arten, darunter Kondore und flinke Nandus) begegnen.

Laucas spektakulärste Sehenswürdigkeit sind der glitzernde Lago Chungará, einer der höchstgelegenen Seen der Erde, und seine umwerfende Vogelwelt. Überragt wird das Schutzgebiet von dem nahezu perfekten Kegel des erloschenen Volcán Parinacota und seinem Zwilling Volcán Pomerape gleich hinter der bolivianischen Grenze.

Aktivitäten

Termas Jurasi THERMALQUELLEN
(Erw./Kind 2500/1000 Ch$; ⏲ tagsüber) Eine hübsche Ansammlung von Thermal- und Schlammbädern inmitten einer Felslandschaft 11 km nordöstlich von Putre.

Praktische Informationen

Der Parque Nacional Lauca wird vom *refugio* (Schutzhütte) in Parinacota aus verwaltet. Für Auskünfte direkt vor Ort stehen manchmal Ranger am Eingang Las Cuevas und am Lago Chungará zur Verfügung; die Posten sind theoretisch von etwa 9 bis 12.30 und 13 bis 17.30 Uhr besetzt. Wer das Schutzgebiet auf eigene Faust besuchen will, benötigt einen Wagen sowie zusätzliche Benzinvorräte und muss zudem sehr flexibel und ausgesprochen gelassen sein. Bei der **CONAF** (S. 196) erhält man Infos über Wanderwege und Unterkünfte (Letztere sind größtenteils sehr schlicht und nur etwas für Hartgesottene).

Besucher lassen es besser ruhig angehen: Der Park liegt zu großen Teilen über 4000 m, deshalb sollte man sich in den ersten Tagen keiner übermäßigen Anstrengung unterziehen. Es wird empfohlen, nur in Maßen zu essen und zu trinken (am besten leichte Küche, keine kohlensäurehaltigen Getränke und wenig oder gar keinen Alkohol). Wenn es einem dennoch schlecht geht, probiert man eine Tasse Tee aus dem Allzweckheilmittel der Aymara – *chachacoma, rica* oder *mate de coca*. Immer Wasser mitnehmen, denn in dem Klima trocknet der Hals schnell aus und man verliert jede Menge Flüssigkeit. Einen breitkrempigen Hut tragen und auf keinen Fall Sonnencreme vergessen: Die tropischen Sonnenstrahlen sind in dieser Höhe überaus intensiv.

An- & Weiterreise

Der Park erstreckt sich zu beiden Seiten der Ruta 11, der befestigten Passstraße von Arica nach La Paz. Von Arica dauert die Anreise (es verkehren mehrere Busse) knapp drei Stunden. Andere Busunternehmen, die täglich nach La

Paz in Bolivien fahren, lassen einen im Park aussteigen, man muss aber eventuell trotzdem den vollen Ticketpreis zahlen.

Agenturen in Arica und Putre bieten Ausflüge in den Park an. Wer ein Auto mietet, gelangt auch an abgelegenere Stellen wie Guallatire, Caquena und Salar de Surire (Letzterer ist nur per Geländewagen und während der Regenzeit gar nicht zu erreichen, denn unterwegs muss man mehrere Wasserläufe durchqueren). Unbedingt zusätzlich Treibstoff in Kanistern mitnehmen, die fast alle Autovermieter verleihen. Warme Kleidung und Schlafsack einpacken und Zeit für die Anpassung an die Höhe einplanen.

Südlich vom Parque Nacional Lauca

Wer das **Monumento Natural Salar de Surire** besucht, wird unter Garantie große Herden umherstreifender Vikunjas, knuddelige Viscachas und gelegentlich einen plumpen straußenähnlichen Darwin-Nandu erspähen. Die Hauptattraktion dieser abgelegenen 113 km² großen Salzwüste sind jedoch die drei verschiedenen Flamingoarten, darunter der seltene James-Flamingo, die am großen Salzsee nisten.

Am ehesten sieht man die Tiere von Dezember bis April. Das 126 km von Putre entfernte Naturschutzgebiet wurde 1983 mit der Aufteilung des Parque Nacional Lauca eingerichtet. 1989 überließ die aus dem Amt scheidende Diktatur 45,6 km² der Bergbaugesellschaft Quiborax.

Mehr als 20 000 wilde Vikunjas sollen die spärlich bewohnten 2100 km² der abseits vom Touristenrummel gelegenen **Reserva Nacional Las Vicuñas** durchstreifen. Sie liegt unmittelbar südlich von Lauca und ist von hohen Vulkanen umgeben. Am Fuß des rauchenden Volcán Guallatire, 60 km von Parinacota entfernt und über eine Nebenstraße zu erreichen, liegt das Dorf Guallatire mit seiner Kirche aus dem 17. Jh. und ein paar schnörkellosen Schlafgelegenheiten. Einen warmen Schlafsack einpacken!

Es gibt hier keine öffentlichen Verkehrsmittel. Viele Reiseveranstalter in Arica und Putre organisieren zwei- bis viertägige Rundtouren durch beide Schutzgebiete. Anschließend kann man sich in Arica oder Iquique absetzen lassen.

Die meisten Reisenden fahren nach dem Besuch nach Putre zurück. Es ist jedoch auch möglich, noch weiter südlich eine Schleife durch den Parque Nacional Volcán Isluga zu drehen und über Camiña oder Huara nach Arica zurückzukehren, aber in diesem Fall sollte man immer zuerst bei der CONAF (S. 196) oder der Polizei nachfragen, denn die Strecke ist während der sommerlichen Regenzeit nicht immer zugänglich.

Norte Chico

Inhalt ➡

Gut essen

- El Plateao (S. 234)
- Delicias del Sol (S. 219)
- Lemongrass (S. 210)
- Nativo (S. 226)
- Legado (S. 229)

Schön übernachten

- Hacienda Los Andes (S. 214)
- Hostal Tierra Diaguita (S. 209)
- El Tesoro de Elqui (S. 222)
- Coral de Bahía (S. 234)
- Hacienda Santa Cristina (S. 215)

Auf in den Norte Chico!

Obwohl die Region so klein ist, bietet Norte Chico (Kleiner Norden) eine fantastische Vielfalt. La Serena an der Küste, Kolonialhauptstadt und größte Stadt der Region, ist für jeden Besucher ein Muss. Von hier geht's ins mystische grüne Elqui-Tal, wo chilenische Pisco-Produzenten, New-Age-Kommunen und hochmoderne Observatorien zu Hause sind. Weiter nördlich erstrecken sich grandiose Nationalparks, ein angesagter kleiner Strandort und kilometerlange unberührte Küste mit Zeltplätzen und Surfspots.

Die verspielten Pinguine im Reserva Nacional Pingüino de Humboldt und im Parque Nacional Pan de Azúcar gelten als Highlight für Tierfreunde. Und im selten besuchten Parque Nacional Nevado Tres Cruces hoch oben in den Anden lassen sich wunderbar Vikunjas und Flamingos beobachten. So niedlich der Name auch klingt, der Kleine Norden ist ein bisschen größer, als die meisten Leute denken.

Reisezeit

La Serena

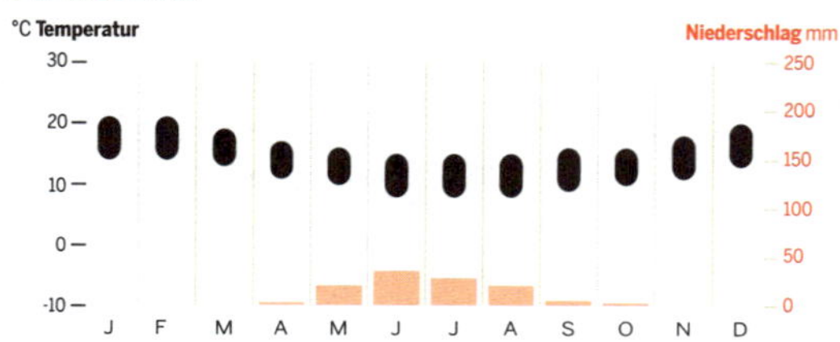

Jan.–Feb. Chilenische Urlauber stürmen Strände, Hotels und Sehenswürdigkeiten.

Juli–Aug. Nachts wird es kalt, doch die Tage sind warm, und es gibt nirgends Gedränge.

Sept.–Nov. Die blühende Wüste erlebt man am besten im Parque Nacional Llanos de Challe.

Highlights

1. **Elqui-Tal** (S. 216) Atemberaubende Landschaften bewundern und alte Pisco-Brennereien besuchen.
2. **Bahía Inglesa** (S. 234) Den Tag an einem schönen Strand verbringen und am Abend Fisch und Meeresfrüchte in Norte Chicos coolster kleinen Stadt am Meer genießen.
3. **Parque Nacional Pan de Azúcar** (S. 235) Wüstenwanderwege erkunden und paradiesische Strände entdecken.
4. **La Serena** (S. 206) Durch koloniale Straßen und auf der breiten Strandpromenade vor der Stadt flanieren.
5. **Parque Nacional Nevado Tres Cruces** (S. 230) Abseits der Touristenpfade inmitten von Guanako-Herden und Andenlagunen wandeln.
6. **Reserva Nacional Pingüino de Humboldt** (S. 224) Pinguinkolonien, Seevögel und Delfine bei einer unvergesslichen Bootsfahrt beobachten.
7. **Observatorien in Norte Chico** (S. 220) Sich von Sternforschern weit entfernte Galaxien am mit Sternen übersäten Nachthimmel zeigen lassen.
8. **Vicuña** (S. 216) In dem ruhigen Dorf mit Sehenswürdigkeiten zu Gabriel Mistral und Craft-Bier-Kneipen eine Nacht verbringen.

La Serena

☎051 / 218 000 EW.

Chiles zweitälteste Stadt und florierender Hauptort der Region IV ist zweifach begünstigt: Herrliche Gebäude und eine lange goldene Küste machen sie sozusagen zu einem Badeparadies für Kunstinteressierte. Im Januar und Februar strömen chilenische Urlauber herbei, doch außerhalb der Sommersaison herrscht weitgehend Ruhe. Beim Herumspazieren im Zentrum entdecken die Besucher würdige Steinkirchen, von Bäumen bestandene Prachtstraßen und ein paar hübsche Plätze. Einige Gebäude stammen aus der Kolonialzeit, doch die meisten entstanden erst danach und sind Teil des „Plan Serena“, den der hier geborene Präsident Gabriel González Videla in den späten 1940er-Jahren verfügte.

Auch im Umland gibt's viel Sehenswertes, darunter hübsche Dörfer und Weinberge für die Pisco-Produktion sowie internationale Observatorien, die sich die außergewöhnlichen atmosphärischen Bedingungen und den klaren Himmel der Region zunutze machen.

Sehenswertes

Jardín del Corazón PARK

(Parque Japonés Kokoro No Niwa; Eduardo de la Barra; Erw./Kind 1000/300 Ch$; ⏲Dez.–März tgl. 10–

La Serena

19.40 Uhr, April–Nov. Di–So bis 17.40 Uhr) Mit seinen rieselnden Bächlein, den dahingleitenden Schwänen und gut gepflegten Kiesgärten ist dieser japanische Garten eine idyllische Oase der Ruhe inmitten der Stadt. Unbedingt sehenswert sind die wunderschönen winzigen Bonsaibaumarten *ciruela* (Kirsche) und *higuera* (Feige) sowie die Ficus-Bäume im Gewächshaus.

Patio Colonial STADTVIERTEL

(Av Balmaceda 432; ⌚ Mo–Fr 10–20, Sa bis 16 Uhr) Die kleine, malerische Straße mit vielen Geschäften und Lokalen liegt versteckt an der Balmaceda. Der Hof im hinteren Teil wirkt wie eine geheime Oase inmitten der Stadt und ist ideal für einen Kaffee oder Snack unter freiem Himmel.

Mercado La Recova MARKT

(Ecke Cantournet & Cienfuegos; ⌚ 10–20 Uhr) La Serenas pulsierender Markt bietet eine Vielzahl an getrockneten Früchten, Regenrohren (zum Musikmachen) und Schmuck sowie eine große Auswahl an regionaler Kleidung aus Wolle und Kunsthandwerk. Ein idealer Ort für Mitbringsel.

Museo Histórico Casa Gabriel González Videla MUSEUM

(Matta 495; ⌚ Mo–Fr 1018, Sa bis 13 Uhr) GRATIS Das zweistöckige Museum in einer Villa aus dem 18. Jh. ist zwar reich mit allgemeinen historischen Exponaten bestückt, konzentriert sich aber vor allem auf den bekanntesten (und umstrittensten) Sohn der Stadt: González Videla, der von 1946 bis 1952 Präsident des Landes war. Der clevere Politiker kam mit Unterstützung der Kommunisten an die Macht, verbot dann aber prompt die Partei und trieb den Dichter Pablo Neruda aus dem Senat sowie ins Exil. Trotz dieses Verrats besuchte González Videla als weltweit erstes Staatsoberhaupt die Antarktis (1948).

Im Obergeschoss gibt's Kuriositäten aus der Vergangenheit zu bestaunen: Zeichnungen von La Serena aus dem 19. Jh., aufwendige Sattel und Lederetuis sowie gefährlich aussehende Trinkhörner.

Museo Arqueológico MUSEUM

(www.museoarqueologicolaserena.cl; Ecke Cordovez & Cienfuegos; ⌚ Di–Fr 9.30–17.50, Sa 10–13 & 16–19, So 10–13 Uhr) Das halbmondförmige Museum mit grünem Innenhof wagt den ehrgeizigen Versuch, Chiles präkolumbische Vergangenheit zusammenzufassen. Zu den Highlights zählen eine Atacameña-Mumie aus der Wüste im Norden, eine mächtige 2,5 m hohe *moai* (große anthropomorphe Statue) von der Osterinsel und interessante Arbeiten der Diaguita, darunter ein kleines Boot aus Seelöwenhaut.

Als der Reiseführer erstellt wurde, war das Museum wegen längerer Sanierungsarbeiten geschlossen. Es soll 2019 wieder eröffnet werden.

Iglesia San Francisco KIRCHE

(Balmaceda 640; ⌚ 9–18 Uhr) Die älteste Kirche von La Serena ist ein koloniales Wunderwerk und wurde zwei Blocks südöstlich der Plaza Anfang des 16. Jhs. erbaut. Die Kirche ist eine Steinkonstruktion und verfügt über einen Turm und eine ausgefallene barocke Fassade.

La Serena

Sehenswertes

1 Iglesia San Francisco B3
2 Jardín del Corazón A3
3 Mercado La Recova C2
4 Museo Arqueológico C3
5 Museo Histórico Casa Gabriel González Videla B2
6 Patio Colonial B2

Aktivitäten, Kurse & Touren

7 Astronomy Adventures D3
8 La Serena School D2
9 Planeta Turismo B2
Sandal Making .... (siehe 18)
10 Tembeta Tours A4

Schlafen

11 America Holidays B1
12 El Arbol A3
13 Hostal El Punto A4
14 Hostal Tierra Diaguita B3
15 Hotel del Cid C1
16 Hotel Francisco de Aguirre A2
17 Hotel Londres C2
18 Maria's Casa A5

Essen

19 Ayawasi A3
20 Casona del 900 .... B3
21 El Guatón C2
22 El Santo Cervecero A5
23 Jack Fish C4
24 La Terrazza B3

Ausgehen & Nachtleben

25 La Rocca C3
26 Lighthouse Coffee B3
27 Moscatel A3

Aktivitäten

Von La Serena verläuft ein Radweg bis nach Coquimbo. Mehrere Pensionen wie z. B. das Hostal El Punto (S. 209) oder das Hostal Tierra Diaguita (S. 209) verleihen Fahrräder für rund 8000 Ch$ pro Tag.

Weitere Aktivitäten sind **Segeln**, **Surfen** und **Windsurfen** (auf den ersten 200 m vom Strand aus auf Schwimmer achten, sonst gibt's Schwierigkeiten mit der Gobernación Marítima). Die Playa Totoralillo südlich von Coquimbo ist bekannt für ihre Brecher und die guten Möglichkeiten zum Windsurfen. **Poisson** (mobil 9138-2383; Av del Mar 1001; 8–21 Uhr) bietet Surfbretter für 5000 Ch$ pro Stunde an.

Oficina del Observatorio Interamericano Cerro Tololo OUTDOORAKTIVITÄTEN
(51-220-5200; www.ctio.noao.edu; Colina El Pino, Casilla 603; Mo–Fr 8.30–12.45 & 14–17.30 Uhr) In dem Büro in La Serena gibt's Genehmigungen für den Besuch des Observatorio Interamericano Cerro Tololo (S. 220). Es liegt 2,5 km südlich der Plaza de Armas.

Kurse

Sandalenherstellung WORKSHOP
(mobil 9-9386-7576; http://leatherhandcraft.blogspot.com; Las Rojas 18; Kurse einschließlich Material 15 000 Ch$) Der kompetente Schuhmacher Francisco „Pancho" Pizarro, der auch die Pension Maria's Casa führt, bietet einen Kurs für Touristen an, die sich ihre eigenen Ledersandalen anfertigen möchten. Farbe und Design sind frei wählbar und die Sohlen bestehen aus Profilen von recycelten Firestone-Reifen.

Der Kurs dauert rund zwei Stunden und danach können die Teilnehmer in ihren neuen schicken Sandalen rumlaufen.

La Serena School SPRACHE
(51-221-1487; www.laserenaschool.cl; Rodríguez 450) Die Schule bietet Spanischkurse (ab 24 000 Ch$ pro Std.) an.

Geführte Touren

Reiseveranstalter haben eine große Auswahl an Touren im Programm, die von Nationalparkbesuchen über nächtliche Ausflüge zur Sternbeobachtung bis hin zu Fahrten mit Pisco-Verkostung und New-Age-Touren zur UFO-Zentrale Cochiguaz reichen. Zu den traditionellen Angeboten zählen halbtägige Stadtrundfahrten (ab 28 000 Ch$) und Tagestrips ins Elqui-Tal (ab 30 000 Ch$), in den Parque Nacional Fray Jorge und ins Valle del Encanto (ab 40 000 Ch$) sowie in den Parque Nacional Pingüino de Humboldt (rund 50 000 Ch$). Darüber hinaus gibt's Touren zu den Observatorien, vor allem nach Mamalluca (S. 220; 25 000 Ch$). Bei Interesse organisieren die Agenturen auch Exkursionen nach Andacollo und Wanderungen zu den Minen in der Nähe (die sogenannte Ruta del Quarzo). Die Mindestteilnehmerzahl je Tour liegt zwischen zwei und sechs Personen.

Ecoturismo La Serena OUTDOORAKTIVITÄTEN
(mobil 9-7495-2666; www.ecoturismolaserena.cl; Francisco de Aguirre 76; Tagesausflüge 50 000 Ch$) Der Veranstalter hat eine große Auswahl an Tagesausflügen im Programm, darunter das Elqui-Tal (30 000 Ch$), Bootsausflüge in die Reserva Nacional Pingüino de Humboldt (Isla Damas, ab 46 000 Ch$) und Sternbeobachtung bei Nacht im Observatorium im Tal (25 000 Ch$).

Ermäßigungen bei Barzahlung!

Planeta Turismo ABENTEUERTOUREN
(51-221-4396; www.talinaychile.com; Balmaceda 432; Mo–Sa 8.30–17.30 Uhr) Zum Angebot gehören die üblichen Ausflüge (ins Elqui-Tal, Sternbeobachtungsausflüge usw.) sowie abenteuerliche Aktivitäten wie Mountainbiken im Parque Nacional Bosques de Fray Jorge, Kajakfahren vor der Playa Herradura (25 000 Ch$) und Reitausflüge im Elqui-Tal (ab 25 000 Ch$).

Tembeta Tours KULTUR
(51-221-5553; www.tembeta.cl; Andres Bello 870; Tagesausflüge ab 35 000 Ch$) Zum Angebot gehört das gesamte Spektrum an Touren durch die Region, darunter Ausflüge in den Parque Nacional Bosques de Fray Jorge, das Elqui-Tal, die Reserva Nacional Pingüino de Humboldt und auch Sternbeobachtungsausflüge.

Feste & Events

Jornadas Musicales de La Serena MUSIK
(Anfang Jan.) Zu dem Festival Anfang Januar gehören mehrere musikalische Events und traditionelle Essstände. Es findet für gewöhnlich auf der Plaza de Armas statt.

Feria Internacional del Libro de La Serena MESSE
(Anfang Feb.) Berühmte chilenische Autoren kommen zur Buchmesse ins Museo Histórico Casa Gabriel González Videla (S. 207).

Schlafen

Für Januar und Februar ist La Serena früh ausgebucht. Einige Hotels akzeptieren in dieser Zeit keine Gäste für eine Nacht. In der Nebensaison gewähren die meisten Mittelklassehotels Rabatt für Langzeiturlauber.

El Arbol HOSTEL $

(☎51-221-6053; www.hostalelarbol.cl; Eduardo de la Barra 29; B/DZ ohne Bad ab 9000/26 000 Ch$; 📶) Das umgebaute Kolonialhaus in der Nähe des Parque Japones verfügt nur über eine Handvoll Zimmer, die aber alle lichtdurchflutet und gut ausgestattet sind. Es gibt einen hübschen Garten voller Bougainvillea, das Personal spricht Englisch und die Gäste können den Aufenthaltsbereich, die Küche und den Grill benutzen. Die Schlafräume sind mit vier bis acht Betten ausgestattet.

Maria's Casa GÄSTEHAUS $

(☎mobil 9-7466-7433; www.hostalmariacasa.cl; Las Rojas 18; DZ 32 000 Ch$, EZ/DZ ohne Bad 20 000/25 000 Ch$; 📶) Einfache, aber gemütliche Zimmer im Landhausstil warten in dieser familiengeführten Pension auf Gäste. Im Garten hinterm Haus kann man zelten (5000 Ch$ pro Pers.). Auch die blitzblanken Gemeinschaftsbäder, die altmodische Landküche mit kostenlosem Tee und Kaffee, der Wäscheservice und der Fahrradverleih sind backpackerfreundlich.

Es können Touren gebucht werden und man kann lernen, wie man seine eigenen Sandalen herstellt.

Hostal El Punto HOSTEL $

(☎51-222-8474; www.hostalelpunto.cl; Bello 979; DZ/3BZ 36 000/41 000 Ch$, B/EZ/DZ/3BZ ohne Bad ab 10 000/20 000/24 000/34 000 Ch$; @📶) La Serenas beste Unterkunft verfügt über verschiedenste Zimmer, mehrere sonnige Terrassen, bunte Mosaike und Tische aus Baumstämmen. Die Mitarbeiter sprechen Deutsch und Englisch und warten u. a. mit Reisetipps, Touren, einem Radverleih, einer Wäscherei, Kuchen sowie einem Büchertausch auf. Weil sich das Hostel verständlicherweise großer Beliebtheit erfreut, muss man vor allem in der Hochsaison Monate im Voraus reservieren.

★ **Hostal Tierra Diaguita** HOSTEL $$

(☎51-221-6608; www.terradiaguita.cl; Eduardo de la Barra 440; EZ/DZ inkl. Frühstück 45 000/52 000 Ch$, ohne Bad 38 000/43 000 Ch$; 📶) Das freundliche Kolonialhaus mit schattiger Terrasse voller präkolumbischer Elemente und Kunst verfügt über schön gestaltete Zimmer mit gemütlichen Möbeln und modernen Bädern. Die Gäste können im grünen Garten entspannen, der über kleine Feuerstellen für kalte Nächte verfügt. Es gibt auch einen Aufenthaltsbereich im Inneren, wo ausgezeichnetes Frühstück serviert wird.

Hotel del Cid HOTEL $$

(☎51-221-2692; www.hoteldelcid.cl; O'Higgins 138; EZ/DZ 50 000/60 000 Ch$; P📶) Eine verlässliche, angenehme Mittelklasseunterkunft mit klassischen Zimmern rund um einen Innenhof im Kolonialstil und mit modernen Räumlichkeiten in einem Anbau hinten. Der englischsprechende Service ist freundlich.

Hotel Londres HOTEL $$

(☎51-221-9066; www.hotellondres.cl; Cordovez 550; EZ/DZ/3BZ 37 000/47 000/57 000 Ch$; P📶) Neben einer tollen Lage hält das familiengeführte Hotel helle Chintz-dekorierte Räume mit festen Betten und geräumigen Bädern bereit. Die Zimmer nach vorn sind lauter, dafür heller.

America Holidays HOTEL $$

(☎51-248-2802; Almagro 399; EZ/DZ 53 000/58 000 Ch$, ohne Bad 34 000/36 000 Ch$, Suite 75 000 Ch$; 📶) Ein schickes kleines Eckhotel mit Boutique-Elementen und modernen, hübsch eingerichteten Zimmern, sehr freundlichem Service und einer friedlichen Atmosphäre.

Mar del Ensueño HOTEL $$$

(☎51-222-2381; www.hotelmarensueno.com; Av del Mar 900; EZ/DZ ab 88 000/95 000 Ch$, Hütten 209 000 Ch$; ❄📶🏊) Das Ensueño punktet mit einer unschlagbaren Lage – der Strand befindet sich gleich auf der anderen Straßenseite. Es ist sehr familienfreundlich (mit Spieleraum und Kinderspielzeug), eignet sich aber auch gut für Paare – die hellen, geräumigen Zimmer blicken aufs Meer, und auch ein gutes Restaurant ist vorhanden.

Familien sollten die *cabañas* in Betracht ziehen, da sie über mehr Platz, eine voll ausgestattete Küche und eine kleine Terrasse verfügen.

Hotel Francisco de Aguirre HOTEL $$$

(☎51-222-2991; www.hotelfranciscodeaguirre.com; Cordovez 210; EZ/DZ ab 66 000/75 000 Ch$; P@📶🏊) Das große Hotel mit einer imposanten Fassade im Neokolonialstil liegt gegenüber der **Iglesia Santo Domingo** (Ecke Cordovez & Muñoz; 9–18 Uhr), deren Glocken Langschläfer stören könnten. Es bietet unterschiedlich große Zimmer; wer ein geräumigeres will, muss einen Superior-Raum buchen. Es gibt einen großen Pool und einen kleinen Fitnessraum.

Essen

La Serena verfügt über viele Essensmöglichkeiten mit einer Mischung aus belebten budgetfreundlichen Lokalen und einigen eher gehobenen Restaurants. Es gibt mehrere Märkte, darunter den bekannten Mercado La Recova (S. 207) mit Obst und Gemüse, Kunsthandwerk und mehreren Restaurants. Supermärkte findet man überall in La Serena.

Ayawasi VEGETARISCH $

(Pedro Pablo Muñoz 566; Hauptgerichte 4000–9500 Ch$; ⌚ Mo–Mi & Fr 9–20, Do bis 16, Sa 12–17 Uhr) Nur einen kurzen Spaziergang von der Plaza serviert dieses kleine vegetarische Lokal fantastische Mittagsmenüs, leckere frische Säfte sowie innovative Sandwiches und Salate. Man kann sich einen Platz im schattigen Garten oder im relaxten Speiseraum schnappen.

Lemongrass ASIATISCH $$

(☎ mobil 9-9760-6361; Las Rojas Peniente 261; Hauptgerichte 7000–10 500 Ch$; ⌚ Mo–Sa 12.30–17 Uhr; ✎) Das Lemongras liegt versteckt in einer Wohngegend 1,5 km südlich der Plaza und hat eine loyale Anhängerschaft unter den Einheimischen wegen seiner köstlichen panasiatischen Küche, was eine Seltenheit in dieser Gegend ist. Man sollte sich einen Tisch auf der kleinen Terrasse vor dem Restaurant suchen und seine Geschmacksknospen mit Massaman Curry (thailändisches Kokosnuss-Curry), Reisnudeln mit Shrimps auf malaysische Art oder Gemüse aus dem Wok anfeuern.

La Mia Pizza ITALIENISCH $$

(☎ 51-221-2232; Av del Mar 2100; ⌚ Mo–Sa 12–24, So bis 16.30 Uhr) La Mia Pizza liegt an La Serenas Strandpromenade und hat einen guten Ruf unter den Einheimischen wegen seiner ausgezeichneten italienischen Küche (Pizza, Nudelgerichte) und seinen erstklassigen Meeresfrüchten. Das Restaurant wirkt sehr stilvoll mit seinen großen Fenstern und einer Terrasse mit Blick auf den Strand. Zwischen Restaurant und Strand liegt eine viel befahrene Straße.

El Guatón CHILENISCH $$

(Brasil 750; Hauptgerichte 6200–13 000 Ch$; ⌚ Mo–Sa 12.30–23, So 13–20 Uhr) Eines der besten Restaurants in La Serena. Das El Guatón verfügt über einen überdachten Innenhof mit wunderschönen Fliesen auf dem Boden und verströmt eine rustikale Eleganz. Ein wunderbarer Ort für gegrilltes Fleisch, Fisch, Meeresfrüchte sowie traditionelle Gerichte wie *pastel de choclo* (Rindfleisch- und Maisauflauf). Die schick gekleideten und Hut tragenden Kellner sind wegen ihres freundlichen Services an dieser Stelle besonders hervorzuheben.

La Terrazza ITALIENISCH $$

(Eduardo de la Barra 435; Hauptgerichte 6000–9000 Ch$; ⌚ Mo–Sa 10–23 Uhr; 📶) Das schicke Restaurant mit hohen Decken serviert köstliche Pizzas, Paninis, Gnocchis und andere italienische Gerichte. Wer einen Muntermacher braucht, sollte am Nachmittag vorbeikommen (Cappuccino, offene Weine). Den besten Platz hat man auf der Holzterrasse davor mit Wärmelampen für kalte Abende.

Jack Fish FUSION-KÜCHE $$

(☎ 51-221-9711; Juan de Dios Pení 508; Hauptgerichte 8000–13 000 Ch$; ⌚ Mo–Sa 13–23.30 Uhr) In dem kleinen und freundlichen Lokal wird *ceviche* und Sushi zusammen mit einer Dosis Heavy Metal serviert. Die kreativen *ceviche*-Platten sind nach berühmten Musiklegenden wie Metallica (Thunfisch, Shrimps und Abalone) oder Black Sabbath (*reineta-Fisch*, Oktopus und Jakobsmuscheln) benannt und es gibt eine große Auswahl an Sushi-Platten, Tempuras und frischen Meeresfrüchten.

El Santo Cervecero INTERNATIONAL $$

(Ecke El Santo & Amunátegui; Hauptgerichte 6500–12 000 Ch$; ⌚ Mo–Sa 12–23 Uhr) Das große Restaurant mit Freiluftbereich thront auf einem Hügel und serviert leckere Pizzas sowie Sandwiches, Steaks und *tablas* (Platten für mehrere Personen). Es gibt auch eine große Auswahl an Craft-Bier inklusive El Santos eigene schaumige Kreationen.

Casona del 900 PARRILLA $$

(☎ 51-252-0767; Av Francisco de Aguirre 431-443; Hauptgerichte 7000–10 000 Ch$; ⌚ Mo–Sa 12–15 & 19–24 Uhr) Mit seinen hohen Decken und dem verglasten Garten verströmt das Steakhaus in einer alten Bierfabrik viel Flair. Einheimische Fleischfreunde kommen scharenweise für die preiswerten Grillgerichte (22 900 Ch$ für 2 Pers. inkl. Wein) her.

Ausgehen & Nachtleben

Rund um die Kreuzung Eduardo de la Barra und O'Higgins ist am meisten los. Hier versammeln sich auch die alternativen Studenten. Am Ufer hinter dem Leuchtturm und bis zum Barrio Inglés Coquimbo funkeln die Lichter der Nachtclubs, besonders im Sommer herrscht dort Trubel.

Lighthouse Coffee CAFÈ
(www.lighthousecoffee.cl; Matta 570; ⌚9–21 Uhr) In dem angesagten Café voller Kunst gibt's den besten Kaffee der Stadt. Freundliche Barista servieren in Chemex-Kannen oder Handfiltern gebrühten Kaffee. Für Naschkatzen gibt's Käsekuchen mit Erdbeeren, Kürbiskuchen und noch viele andere dekadente Desserts rechts des Tresens.

Hinter dem Café gibt's auch eine schattige Terrasse.

Moscatel COCKTAILBAR
(Pedro Pablo Muñoz 580; ⌚Mo–Sa 10–24 Uhr) Die stylische und gehobene Pisco-Bar serviert über 40 verschiedene Spirituosen, darunter auch sehr seltene. Man genießt sie entweder pur oder in Form von wunderschön angerichteten Cocktails wie den Sangre del Elqui mit *horchata* (ein Reis- und Zimtgetränk) und Grenadine oder den klassischen Pisco Sour. Hochwertiges Craft-Bier und großzügige Platten für mehrere Personen (Empanadas, *ceviche*, Fleisch- und Wurstwaren, vegetarisches Carpaccio) runden die Speisekarte ab.

La Rocca BAR
(www.facebook.com/publarocca; Eduardo de la Barra 569; ⌚Di–Sa 16–3 Uhr) Gelegentlich finden in dieser lange geöffneten, sehr beliebten Studentenkneipe mit Innenhof Livekonzerte statt.

ℹ Praktische Informationen

Banken mit Geldautomaten verteilen sich rund um die Plaza de Armas. An der Balmaceda zwischen der Cordobez und der Prat gibt's mehrere Wechselstuben.

Cámara de Turismo Kiosk (Prat; ⌚Mo–Fr 10–18, Sa bis 12 Uhr) Im Sommer öffnet die städtische Touristeninformation einen Schalter an der Iglesia La Merced.

Hospital Juan de Diós (☎51-233-3312; www.hospitalserena.cl; Balmaceda 916; ⌚24 Std.) Der Zugang zur Notaufnahme befindet sich an der Ecke Larraín Alcalde und Anfión Muñóz.

Sernatur (☎51-222-5199; www.turismoregiondecoquimbo.cl; Matta 461; ⌚Dez.–März Mo–Fr 10–20, Sa & So bis 18 Uhr, April–Nov. Mo–Fr 9–18, Sa 10–14 Uhr) Das Büro an der Plaza de Armas bietet tolle touristische Infos.

ℹ An- & Weiterreise

FLUGZEUG

Der **Aeropuerto La Florida** (LSC; ☎51-227-0353; www.aeropuertolaserena.cl) liegt 5 km östlich vom Stadtzentrum an der Ruta 41.

LATAM (☎600-526-2000; Balmaceda 406; ⌚Mo–Fr 9–13.45 & 15.20–18, Sa 10.30–13.15 Uhr) fliegt täglich nach Santiago (ab 25 000 Ch$, eine Stunde) und nach Antofagasta (ab 19 000 Ch$, 1½ Stunden). Sky (www.skyairline.com) fliegt ebenfalls nach Santiago (ab 11 000 Ch$) und Antofagasta (ab 12 000 Ch$).

BUS

Der **Terminal de Buses** (☎51-222-4573; Ecke Amunátegui & Av El Santo) liegt gleich südwestlich vom Zentrum. Auf der Panamericana sind Dutzende Unternehmen von Santiago Richtung Norden nach Arica unterwegs, darunter **Tur Bus** (☎51-221-3060; www.turbus.cl) und **Pullman Bus** (☎51-221-8879; www.pullman.cl; Eduardo de la Barra 435).

Typische Ziele und Fahrpreise:

ZIEL	PREIS (CH$)	DAUER (STD.)
Antofagasta	18 000–36 000	12
Arica	38 000–51 000	22
Calama	17 000–39 000	14
Copiapó	9000–18 000	5
Iquique	27 000–43 000	19
Santiago	8000–18 000	6
Vallenar	5000–10 000	3

Via Elqui (☎51-231-2422; Ecke Juan de Dios Pení & Esmeralda) steuert Vicuña (2700 Ch$, 1½ Std.), Ovalle (2700 Ch$, 2 Std.), Montegrande (4000 Ch$, 2 Std.) und Pisco Elqui (4000 Ch$, 2½ Std.) an. Wer will, kann dank der praktischen Verbindungen einen Tagesausflug ins Elqui-Tal unternehmen: Der erste Bus nach Vicuña startet um 6.40 Uhr, der letzte kehrt um 21 Uhr zurück.

Hector Galleguillos (☎51-225-3206; Aguirre s/n) fährt von La Serena nach Punta de Choros.

In die argentinische Stadt Mendoza geht's sonntags um 18 Uhr (ab 37 000 Ch$, 13 Stunden) mit Cata Internacional (www.catainternacional.com). Im Sommer fährt **Covalle Bus** (☎51-222-1751; Infante 538) immer mittwochs und freitags um 23 Uhr über den Paso de Libertadores ebenfalls in die argentinischen Städte Mendoza (45 000 Ch$, 13 Stunden) und San Juan (45 000 Ch$, 18 Stunden).

TAXI COLECTIVO

Viele Ziele in der Region werden schnell und häufig von *taxis colectivos* angefahren. Die Wagen nach Coquimbo (1000 Ch$, 15 Min.) starten in der Avenida Francisco de Aguirre zwischen der Balmaceda und der Los Carrera.

ℹ Unterwegs vor Ort

Für private Taxis zum Aeropuerto La Florida (5 km östlich des Stadtzentrums an der Ruta 41) zahlt man 6000 Ch$, z. B. bei **Radio Taxi Florida** (☎51-221-2122; http://radiotaxilaflorida.cl).

Alleinreisende Frauen sollten in La Serena Taxifahrern gegenüber vorsichtig sein, denn es wurde von einigen sexuellen Übergriffen berichtet! Sicherer sind Fahrten in den Gemeinschaftstaxis.

Autos vermieten u. a. **Avis** (☎51-254-5300; Av Francisco de Aguirre 063; ⏲Mo–Fr 8.30–18.30, Sa 9–14 Uhr), **Hertz** (☎51-222-6171; Av Francisco de Aguirre 0409; ⏲Mo–Fr 8.30–18.30 Uhr) und **Econorent** (☎51-222-0113; Av Francisco de Aguirre 0141; ⏲Mo–Fr 8.30–18.40, Sa 9–13 Uhr). Alle verfügen neben Büros im Stadtzentrum auch über Verkaufsstände am Flughafen.

Südlich von La Serena

Coquimbo

☎051 / 210 000 EW.

La Serenas Nachbar, der quirlige Hafen Coquimbo, hat in den letzten Jahren eine Art Revolution erlebt. Lange galt die Stadt, die sich an die felsigen Hänge der Península Coquimbo schmiegt, als hässliche Schwester von La Serena, doch inzwischen ist sie zu einem der angesagtesten Orte mit einem tollen Nachtleben und einer lebendigen Restaurantszene aufgeblüht. Eine Wanderung durch das liebevoll restaurierte Barrio Inglés (Englisches Viertel) aus dem 19. Jh. und ein Besuch des Fischmarkts, um frischen Fisch und Meeresfrüchte zu kaufen, sind einen Besuch der Stadt wert. Weitere Highlights sind eine Bootstour durch den Hafen und das riesengroße Kreuz (mit Museum), von dem aus man einen atemberaubenden Blick hat.

Sehenswertes

Fuerte Coquimbo AUSSICHTSPUNKT

(Camino al Fuerte; ⏲24 Std.) GRATIS Von der ehemaligen Festung aus dem 19. Jh., die auch als Fuerte Lambert bekannt ist und auf einem Felsen in der Nähe des nordöstlichen Punktes der Halbinsel liegt, hat man einen atemberaubenden Ausblick über die Bucht. Von den kleinen Aussichtstürmen über den tosenden Wellen aus kann man Pelikane und andere Seevögel erspähen.

Die Festung liegt 2 km nördlich des Barrio Inglés.

Cruz del Tercer Milenio SEHENSWERTES GEBÄUDE

(Kreuz des dritten Millenniums; www.cruzdeltercermilenio.cl; Tenniente Merino, Cerro El Vigía; Erw./Kind 2000/1000 Ch$; ⏲9.30–18 Uhr; Ⓟ) Das 93 m hohe Betonkreuz, eine surreale Mischung aus Wallfahrtsstätte und Themenpark, ist ein exzellenter Aussichtspunkt und von La Serenas Stränden aus weithin sichtbar. Drinnen gibt's ein Museum (größtenteils dem verstorbenen Papst Johannes Paul II. gewidmet), Gebetsräume und einen Aufzug zur Spitze. Jeden Sonntag findet um 16.30 Uhr ein Gottesdienst statt (im Winter um 16 Uhr).

Geführte Touren

Galeon Pirata BOOTSTOUR

(3000 Ch$; ⏲12–20 Uhr) Eine skurrile Bootsfahrt erlebt man auf diesem nachgebauten Piratenschiff. Die einstündigen Bootstouren durch den Hafen starten im Januar und Februar regelmäßig vom Muelle Morgan an der Avenida Costanera, im Winter nur an den Wochenenden.

Schlafen & Essen

Hostal Nomade HOSTEL $

(☎51-275-1161; www.hostalnomadecoquimbo.cl; Regimiento Coquimbo 5; B 15 000 Ch$, DZ ab 28 000 Ch$; ⓅWLAN) Das freundliche Hostal Nomade befindet sich in einem Gebäude von 1850, das einst als französisches Konsulat diente, und bietet Zimmer ganz im Stil des 19. Jhs., eine komplette Küche, Tischtennis, einen urigen Garten und 13 gut erhaltene Schlafsäle und Zimmer.

Die stimmungsvolle alte Villa mit ihrer Bohemien-Atmosphäre und Fluren mit Wandmalereien hat einen großen Pluspunkt: In den Schlafsälen werden nur jeweils bis zu vier Personen untergebracht.

Hotel Iberia HOTEL $$

(☎51-231-2141; www.hoteliberia.cl; Lastra 400; EZ/DZ 20 000/30 000 Ch$; ⓅWLAN) Das Hotel Iberia verfügt über einfach eingerichtete Zimmer in toller Lage direkt gegenüber der Plaza de Armas und in der Nähe des Nachtlebens des Barrio Inglés. Einige Zimmer haben keine Außenfenster. Man sollte sich also mehrere ansehen, bevor man sich entscheidet.

Terminal Pesquero FISCH & MEERESFRÜCHTE $$

(Costanera; Hauptgerichte 5500–12 000 Ch$; ⏲Mo–Sa 9–18 Uhr) Auf dem Fischmarkt am Hafen gibt's eine große Auswahl an frischem Fisch und Meeresfrüchten; zur Mittagszeit zu empfehlen.

Puerto Brasas INTERNATIONAL $$

(Aldunate 865; Hauptgerichte 6500–12 000 Ch$; ⏲Mo–Do 12–24, Fr & Sa bis 14 Uhr; WLAN) Liegt versteckt zwischen den Bars des Barrio Inglés und ist eine gute Wahl wegen seiner ausgezeichneten Fischgerichte, guten *parrilla* (gegrilltes Fleisch) und Livemusik an den Wochenenden.

Ausgehen & Nachtleben

Das Nachtleben tobt vor allem auf der Aldunate, die von der Plaza im Barrio Inglés Richtung Nordwesten verläuft. In diesem Gebiet, das sich über mehrere Blocks erstreckt, wimmelt es von Bars und Clubs, die am Wochenende richtig loslegen. Unter der Woche geht's eher ruhig zu. Nach Einbruch der Dunkelheit sollte man mit dem Taxi fahren, da die Gegend zu Fuß etwas unsicher ist.

Mi Bar Coquimbo CLUB
(☎9-6418-0663; Freire 387; ⌚Mi & Do 18–2, Fr bis 4 Uhr, Sa 20–4 Uhr) Ein guter Ort, um zu Live-Bands und DJs zu tanzen, mit einer Mischung aus Funk, Soul, Hip-Hop, Blues und Jazz. Die besonders großen Cocktails sind legendär.

El Europeo BAR
(Aldunate 809; ⌚Mo–Mi 11–20, Do & Fr bis Mitternacht, Sa 18–2 Uhr) Die kleine einladende Bierbar an der lebendigen Aldunate serviert Craft-Bier, köstliche Burger (rund 4000 Ch$) und Snacks.

An- & Weiterreise

Coquimbos Busbahnhof (Varela) liegt rund 600 m südlich des Barrio Inglés an der Varela zwischen der Borgoño und der Alcalde. Nach La Serena fahren überdies viele lokale Busse und *colectivos* (Bus 600 Ch$, *colectivo* 1200 Ch$, privates Taxi 7000–12 000 Ch$).

Guanaqueros

☎051

Der lange weiße Strand von Guanaqueros macht den kleinen Ort zu einem der beliebtesten Familienziele der Region. Er liegt 30 km südlich von Coquimbo und 5 km westlich der Panamericana und eignet sich gut für einen Tagesausflug, obwohl es an der Eingangsstraße auch viele Hütten zum Übernachten gibt.

Das freundliche **Akitespero** (☎51-239-5311; www.akitespero.cl; Calle La Serena; DZ ab 40 000–80 000 Ch$; P 📶) liegt vom Hafen aus nur eine kleine Anhöhe hinauf und hat fünf gut ausgestattete Apartments, die alle mit einer kleinen Küchenzeile ausgestattet und hell und luftig sind. Zu empfehlen sind Apartments im Obergeschoss, da sie über eine Terrasse mit Meerblick verfügen.

Einen kurzen Spaziergang vom Strand den Hang hoch liegt das **El Guanaquito** (☎mobil 9-8129-6222; www.elguanaquito.com; Av del Ocaso 2920; Apt. 40 000–65 000 Ch$) mit seinen großzügigen Apartments mit eigenem Balkon mit Blick auf die Bucht. Eine Renovierung wäre angebracht, aber in der Nebensaison kann man gute Schnäppchen ergattern (Preise fallen bis auf 25 000 Ch$). Vor Ort gibt's auch ein Restaurant.

Das El Pequeño (Av Guanaqueros; Hauptgerichte 7000–13 500 Ch$; ⌚10–22 Uhr) direkt gegenüber dem Hafen serviert mit den besten gegrillten Fisch in der Stadt. Das Lokal ist bei Einheimischen und Gästen von außerhalb sehr beliebt. Auf der Speisekarte stehen Krabben, Shrimps oder Meeresfrüchte-Empanadas sowie der Fang des Tages, entweder gebraten oder gegrillt. Ein weiterer Tipp ist das lebendige **Centro Gastronomico El Suizo** (Av Guanaqueros 2427; Hauptgerichte 6000–10 000; ⌚10–22 Uhr): Der halbüberdachte Food Court ist umgeben von kleinen Bars und Restaurants.

Um hierherzugelangen, nimmt man einen der häufigen Busse, die von den Busterminals in La Serena und Coquimbo (45 Min., 1900 Ch$) abfahren.

Tongoy

☎051

Das lebhafte kleine Strandresort Tongoy ist ein perfektes Ziel, um frische Meeresfrüchte und kühle *copas* (Gläser) zu genießen und Straßenmusiker zu erleben. Die meisten *marisquerías* (Meeresfrüchte-Restaurants) säumen die Playa Grande. Ein geschützter Strand mit ruhigem Wasser ist die Playa Socos an der Nordseite der Halbinsel.

Das familiengeführte **Hotel Aqua Marina** (☎51-239-1870; Fundación Sur 93; Zi. 35 000 Ch$; P 📶) gleich abseits der Plaza an Tongoys Hauptstraße hat acht einfach eingerichtete Zimmer, die um einen kleinen Innenhof herum liegen. Auf dem **Terminal Pesquero** (Av Coquimbo; Hauptgerichte 1800–3500; ⌚10–17 Uhr), einem kleinen Fischmarkt, bieten Verkäufer frische Austern, *ceviche*, Jakobsmuscheln und weiteren Fisch und Meeresfrüchte an. **La Bahia** (☎51-239-2147; Av Playa Grande; Hauptgerichte 9000–11 000 Ch$) ist das beste Restaurant am Strand und bietet eine große Auswahl an Meeresfrüchteplatten an. Die *lenguado* (Seezunge) ist sehr zu empfehlen. Man sollte früh hingehen, um einen Platz mit Meerblick im Außenbereich zu ergattern.

Ungefähr alle 20 Minuten fahren Busse nach La Serena (ab 2000 Ch$, 70 Minuten); sie halten unterwegs in Guanaqueros und Coquimbo.

Parque Nacional Bosques de Fray Jorge

Vermutlich erwarten Besucher in einer mit Kakteen bestandenen Halbwüste keinesfalls einen üppigen Nebelwald, wie er typisch für das 1205 km weiter südlich gelegene Valdivia ist. Doch genau so einer erstreckt sich im **Parque Nacional Bosques de Fray Jorge** (abseits der Ruta 5; Erw./Kind 6000/3000 Ch$; ⌚9–17.30 Uhr), einem grünen Streifen zwischen Meer und Wüste.

Des Rätsels Lösung, wie die grüne Oase in der ausgedörrten Umgebung gedeihen kann, ist die tägliche Schicht feuchten Küstennebels (*camanchaca*), der vom Pazifik hereinströmt. Wer gegen Mittag kommt, kann beobachten, wie sich das weiße Wolkenkissen über dem Meer schrittweise den Wald hochzieht und einem so das Gefühl vermittelt, auf dem Dach der Welt zu sein – obwohl man nur auf 600 m über dem Meer steht. Die eindrücklichste Zeit, dieses Phänomen und die Ökologie des Nebelwalds zu erleben, ist morgens, wenn dank der Kondensation des Küstennebels die Feuchtigkeit von den Blättern tropft.

Kleine grüne Flecken weiter landeinwärts lassen vermuten, dass die Waldfläche einst wesentlich ausgedehnter war als heute. Von der 100 km^2 großen Gesamtfläche des Nationalparks Fray Jorge sind nur 400 ha der früheren Waldvegetation erhalten geblieben. Doch das ist immerhin noch genug, um das Gebiet zum UNESCO-Biosphärenreservat zu ernennen.

Zu den wenigen Säugetieren zählen Stinktiere und Seeotter ebenso wie zwei Fuchsarten. Es gibt auch rund 80 Vogelarten; kleine Falken sitzen auf den Kakteen, während Adler auf der Suche nach Beute hoch oben ihre Kreise ziehen.

Am Spätnachmittag befeuchten die aufkommenden Nebel den dichten Pflanzenwuchs am **Sendero El Bosque**, einem 1 km langen Wanderweg, der oberhalb des Meeres auf dem Grat verläuft. Er beginnt am Ende der 27 km langen Straße, die von der Panamericana abzweigt. Der letzte Teil ist sehr steil, holprig und staubig.

Es fahren keine öffentlichen Verkehrsmittel zum Park. Er liegt sechs Fahrstunden von Santiago entfernt. Besucher erreichen ihn über eine westliche Seitenstraße der Panamericana bei Km 387, etwa 20 km nördlich der Kreuzung von Ovalle.

Mehrere Reisebüros in La Serena bieten Ausflüge an. Das Tor der Straße zum Parque Nacional Fray Jorge kann außerhalb der Öffnungszeiten verschlossen sein.

Río-Hurtado-Tal

☎053

Das am seltensten besuchte grüne Tal von Norte Chico mit kurvenreichen Straßen, Bergdörfern und endlosen Weingärten ist von kahlen Bergen eingeschlossen. Häufig begegnet man auf den staubigen Straßen eine gefühlte Ewigkeit keinem anderen Menschen, und dann sieht man plötzlich einen einsamen Reiter.

Als nette Unterkunft gilt die wunderbare und weitläufige **Hacienda Los Andes** (☎53-269-1822; www.haciendalosandes.com; abseits der Ruta D-595; Stellplatz 5000 Ch$ pro Pers., EZ/DZ inkl. Frühstück ab 45 000/66 000 Ch$; Ⓟ). Vor Ort kann man in kühlen Hochlandflüssen ins Wasser springen, die Nachmittage in der Hängematte vertrödeln und den Rest der Welt vergessen. Mit Blick auf die üppigen Ufer des Río Hurtado hat die Hacienda Los Andes also jede Menge zu bieten. Im Angebot sind auch Tagesritte (ab 60 000 Ch$ für einen halbtägigen Ausritt), Nachtritte (ab 12 000 Ch$) sowie Autosafaris mit Allradfahrzeugen (60 000 Ch$).

Zu den kostenlosen Vergnügungen gehören reizvolle Wanderungen auf markierten Wegen im Gelände der Hazienda. Für die Fahrt hierher nimmt man den Nachmittagsbus von Ovalle nach Hurtado (2400 Ch$, ungefähr zwischen 12 und 19 Uhr; die genauen Zeiten vorher auf der Website nachsehen). Die Hazienda liegt 6 km vor Hurtado, genau vor der Brücke. Sie bietet ihren Gästen auch einen Abholservice von Ovalle, La Serena und Vicuña an. Zur Unterkunft führt eine 46 km lange Bergstraße von Vicuña.

Am besten nimmt man einen der Busse, die mehrmals täglich von Ovalle nach Hurtado fahren (2400 Ch$, 2½ hours), aber für eine Erkundung des Tals ist am allerbesten ein eigenes Auto geeignet.

Limarí-Tal

☎053

Das oft übersehene hübsche Tal wartet mit heißen Quellen, grünen ländlichen Lodges und einer erstaunlichen Sammlung an präkolumbischer Steinkunst auf. Trotz des trockenen Klimas (durchschnittlich 100 mm Niederschlag pro Jahr) gibt's in Limarí immer mehr Weingüter. Es ist das größte Weinanbaugebiet im Norden Chiles.

Schlafen & Essen

★ **Hacienda Santa Cristina** LODGE $$$
(☎53-242-2270; www.haciendasantacristina.cl; abseits der Ruta D-505; Zi. $89 000 Ch$;) Im Herzen des fruchtbaren Limarí-Tals liegt die einladende familiengeführte Hazienda inmitten von Eukalyptusbäumen, Pappeln und riesigen Blumenwiesen mit Blick auf die fernen Berge. Die Zimmer sind hübsch im klassischen Landhausstil eingerichtet und verfügen über Terrassen mit Blick auf die Außenanlagen und es gibt vor Ort ein erstklassiges Restaurant (Hauptgerichte 6500–11 000 Ch$). Die Hazienda hat einen eigenen Pferdestall und bietet Austritte an.

Der Geschäftsführer Juan Pablo hat viele Tipps über die Gegend zu Weinproben, Dorfbesuchen und anderen Aktivitäten auf Lager.

Cabildo Abierto CHILENISCH $$
(☎mobil 9-425-5367; Ruta D-565, Barraza; Hauptgerichte 6000–8000 Ch$; ⊙13–16 Uhr) In dem kleinen Dorf Barraza gibt's im Cabildo Abierto köstliche hausgemachte chilenische Gerichte, die man im urigen Garten genießen kann. Danach ist eine Besichtigung der Kirche aus dem 17. Jh. direkt gegenüber zu empfehlen.

Das Dorf liegt 34 km westlich von Ovalle und 8 km östlich der Panamericana, nördlich von Socos.

Anreise & Unterwegs vor Ort

Ovalle ist der Hauptzugangsort in das Tal, aber ein eigenes Auto ist zu empfehlen. Es fahren Busse von Ovalle nach Santiago (8000–15 000 Ch$, 5½ Stunden) und Iquique (20 000–40 000 Ch$, 19 Stunden) und es gibt regelmäßige Busverbindungen nach La Serena (ab 2000 Ch$, 1½ Stunden).

Wer im Auto unterwegs ist, kann bequem eine Rundreise von La Serena über Vicuña und Hurtado nach Ovalle unternehmen. Die 43 km lange Schotterstraße von Vicuña nach Hurtado lässt sich zwar auch mit einem normalen Auto bewältigen, doch mit Allradantrieb gestaltet sich die Fahrt deutlich weniger abenteuerlich. Sie führt durch eine herrliche, manchmal steile Wüstenlandschaft mit Kakteen, farbigen Felsen und grandiosen Aussichtspunkten. Öffentliche Verkehrsmittel bedienen die Strecke von Ovalle bis Hurtado, es fehlt allerdings eine Direktverbindung nach Vicuña.

VALLE DEL ENCANTO

Mit einer beeindruckenden Galerie präkolumbischer Felsenkunst wartet das **Monumento Arqueológico Valle del Encanto** (Ruta D-589; Erw./Kind 500/300 Ch$; ⊙Dez.–Feb. 9–20 Uhr, März–Nov. bis 18 Uhr) auf, ein felsiger Canyon des Río Limarí 19 km westlich von Ovalle. Petroglyphen und Piktogramme zeigen tanzende Strichmännchen, die mit ihren Fühlern wie Aliens aussehen, sowie Figuren mit spektakulären Kopfbedeckungen. Die Felsen haben kleine runde Einbuchtungen, die *tacitas* genannt werden und als Mörser zum Zermahlen zeremonieller Pflanzen sowie zur Vorbereitung alltäglicher Lebensmittel dienten.

Die meisten Figuren sind Hinterlassenschaften der El-Molle-Kultur, die in dieser Gegend vom 2. bis 7. Jh. n. Chr. verbreitet war. Am besten betrachtet man die Kunstwerke gegen Mittag, wenn es nur wenig Schatten gibt; allerdings kann es zu dieser Tageszeit sehr heiß sein.

Traveller können jeden nach Westen fahrenden Bus aus Ovalle nehmen und am Wegweiser aussteigen. Ein einfacher, 5 km langer Spaziergang auf einer Schotterstraße führt zum Valle del Encanto, doch mit etwas Glück findet man eine Mitfahrgelegenheit.

Tabalí (☎mobil 9-9015-7960; www.tabali.com; Hacienda Santa Rosa de Tabalí; Führung & Weinprobe ab 10 000 Ch$ pro Pers.; ⊙Mo–Sa Führungen nach Reservierung) ist ein tolles kleines Weingut, das hohe Wellen im Limarí-Tal schlägt. Es liegt auf 1600 m Höhe und der Wein wird auf verschiedenen Böden angebaut (Löss, Misch-, Granitböden). Die Weinberge bringen einen einmalig ausgewogenen und frischen Wein hervor. Führungen und Weinproben müssen im Voraus gebucht werden.

Das Weingut liegt an derselben Straße wie das Monumento Arqueológico Valle del Encanto (2 km südlich des Weinguts) und ist nach der Besichtigung der Felsenkunst im Freien einen Besuch wert.

TERMAS DE SOCOS

Nach einem anstrengenden Tag in der Wüste ist es ein Hochgenuss, sich in die dampfenden Thermalbäder oder einen erfrischenden Swimmingpool der Termas de Socos gleiten zu lassen. Das winzige Thermalbad liegt 1,5 km abseits der Panamericana bei Km 370. Das trinkbare Wasser der Quelle wird vor Ort in Flaschen abgefüllt.

Der Campingplatz **Camping Termas de Socos** (☎53-263-1490; www.campingtermassocos.cl; Stellplatz 7000 Ch$ pro Pers.;), ein hübscher Kies- und Sandplatz, verfügt über einen eigenen Pool und Waschräume. Er liegt nur teilweise im Schatten, hat aber einen Raum mit guten Spielen und einen Spielplatz. Nichtgäste können für 4500 Ch$ den Pool nutzen.

Den Campingplatzbesitzer Francisco findet man in dem Laden und Restaurant direkt neben der Tankstelle an der Hauptstraße in Socos. Ein unerwartetes Highlight ist das **Hotel Termas Socos** (☎53-198-2505; www.termasocos.cl; EZ/DZ inkl. Vollpension 67 000/123 000 Ch$; P ≋) im Schatten eines großen Eukalyptusbaums und umgeben von üppigem Grün, sozusagen eine einsame Oase inmitten trockener Hügel. Im Preis inbegriffen sind ein richtig heißes privates Bad und es gibt schöne Bereiche zum Entspannen einschließlich eines Aufenthaltsraums mit Kamin.

Termas de Socos liegt etwas abseits der Panamericana und 38 km südlich von Ovalle. Die meisten Besucher kommen mit dem eigenen Auto, da von der Hauptstraße nur ein 1,5 km langer staubiger Weg hinführt.

Ovalle

☎053 / 113 000 EW.

Die schlichte Stadt Ovalle ist Hauptort der prosperierenden landwirtschaftlichen Provinz Limarí und ein guter Ausgangspunkt für Ausflüge in die Umgebung.

Im rechten Flügel des alten Bahnhofsgebäudes befindet sich das **Museo de Limari** (☎53-243-3680; Ecke Covarrubias & Antofagasta; ⏲Di–Fr 10–18, Sa & So bis 14 Uhr) GRATIS und zeigt eine dramatisch beleuchtete Keramiksammlung. Die meisten Stücke wurden zwischen 1000 und 1500 n. Chr. von den Diaguita hergestellt.

Das beste Budgethotel der Stadt, das **Hotel Roxi** (☎53-262-0080; karimedaire@hotmail.com; Libertad 155; EZ/DZ 19 000/27 000 Ch$, ohne Bad 16 000/20 000 Ch$), liegt nur ein paar Blocks von der Plaza entfernt und bietet relativ geräumige Zimmer mit guten Warmwasserduschen. Einen kurzen Spaziergang von der Plaza de Armas entfernt liegt das entspannte **Hostal Chile Colonial** (☎53-220-5433; http://hostalchilecolonial.com; Arauco 146; EZ/DZ/2BZ 30 000/35 000/40 000 Ch$; P 📶), das über neun kleine, aber gemütlich eingerichtete Zimmer um einen überdachten Innenhof herum verfügt. Ovalles Lokal mit dem meisten Charme, das **El Relajo** (☎53-244-8323; www.elrelajo.cl; Tirado 177; Hauptgänge 7000–13 000 Ch$; ⏲Mo–Sa 13–15 & 19.30–23 Uhr; 🌶), serviert eine Mischung aus mexikanischen, peruanischen und chilenischen Gerichte inmitten rustikaler Holzmöbel, unter einem Strohdach und begleitet von lateinamerikanischen Klängen.

Obwohl Ovalle 30 km östlich der Panamericana liegt, halten hier viele Busse, die von Norden nach Süden fahren. Im Süden der Stadt liegt der **Terminal Media Luna** (Ariztía Oriente s/n) mit Bussen in die größeren Städte wie Santiago (8000–15 000 Ch$, 5½ Stunden), Arica (25 000–46 000 Ch$, 27 Stunden), Iquique (20 000–40 000 Ch$, 19 Stunden) und Antofagasta (ab 17 000 Ch$, 14 Stunden).

Nördlich des Busbahnhofs auf der Ariztía Oriente fahren regionale Busgesellschaften wie Serena Mar (www.serenmar.cl) ungefähr alle im 20-Minuten-Takt nach La Serena (ab 2000 Ch$, 1½ Stunden). An derselben Straße halten auch *colectivos* (Sammeltaxis) nach La Serena (2500 Ch$, 1½ Stunden).

Elqui-Tal

Vicuña

☎051 / 28 000 EW.

Der Geist von Gabriela Mistrals verträumten Gedichten durchdringt jeden Winkel des verschlafenen kleinen Vicuña. Nur 62 km östlich von La Serena gelegen, ist es der beste Ausgangspunkt, um weiter ins Tal vorzudringen. Die Stadt selbst mit ihrer etwas heruntergekommenen Plaza, ihrem poetischen Flair und ihren kompakten Häusern lohnt einen Aufenthalt von ein oder zwei Tagen, bevor es in die Umgebung geht, um Gerichte der Solarküchen (hier gart die Sonne das Essen) sowie frische Avocados, Papayas und andere Früchte der Region zu genießen, ganz zu schweigen von den berühmten Trauben, aus denen der starke chilenische Weinbrand Pisco destilliert wird.

Sehenswertes

Cervecería Guayacan BRAUEREI

(☎mobil 9-9798-3224; www.cervezaguayacan.cl; Calle Principal 33, Diaguitas; ⏲tgl. 11–18 Uhr) GRATIS Man kommt im Elqui-Tal nicht weit, ohne ein Guayacan angeboten zu bekommen, und wer auch nur entfernt an Bier interessiert ist, sollte diese Sorte unbedingt versuchen. Die kleine Craft-Bier-Brauerei wird immer bekannter, und bei den kurzen Führungen über das Gelände werden auch großzügige Proben der Produkte angeboten.

Die Brauerei liegt in dem hübschen kleinen Dorf Diaguitas, etwa 7 km von Vicuñas Zentrum entfernt. Sie verfügt auch über einen netten Biergarten, in dem von mittwochs bis sonntags leckere Pizzas und Burger (Hauptgerichte 5000–7000 Ch$) aufgetischt werden.

Museo Gabriela Mistral MUSEUM
(☎ 51-241-1223; www.mgmistral.cl; Av Gabriela Mistral 759; ⏲ Di–Fr 10–17.45, Sa 10.30–18, So 10–13 Uhr) GRATIS Vicuñas Wahrzeichen befindet sich zwischen der Riquelme und der Baquedano und ist eine Hommage an Chiles bekannteste Literatin: Gabriela Mistral kam in der Stadt 1889 als Lucila Godoy Alcayaga zur Welt. Im Museum wird ihr Leben präsentiert (leider nur auf Spanisch), vom rekonstruierten Lehmziegel-Geburtshaus bis zum Nobelpreis. Eine Reihe von Büsten lassen sie wie eine strenge Lehrerin erscheinen.

Museo Entomologico e Historia Natural MUSEUM
(Chacabuco 334; Erw./Kind 600/300 Ch$; ⏲ 10.30–13.30 & 13.30–19 Uhr) Auf der Südseite der Plaza beherbergt das kleine aus einem Raum bestehende Museum eine aufsehenerregende Sammlung an gefährlich aussehenden Skarabäus-Käfern, glänzenden Morpho-Schmetterlingen mit blauen Flügeln und anderen Insekten sowie zahlreichen Pfauenspinnern, eine der größten Mottenarten der Welt. Mineralien und Fossilien runden die atemberaubende Sammlung ab

Pisquera Aba BRENNEREI
(☎ 51-241-1039; www.pisquera-aba.cl; Ruta 41, Km66; ⏲ 10–18 Uhr) GRATIS Diese familiengeführte *pisquera* ist bereits seit 1921 in Betrieb und bietet Travellern mal einen etwas anderen Blick auf die Pisco-Herstellung. Die 40-minütigen Touren führen durch alle Aspekte der Pisco-Produktion und enden im Verkostungsraum, wo man die ganze Bandbreite der Erzeugnisse probieren kann – von den Klassikern bis hin zu innovativen Fruchtmischungen. Pisquera Aba liegt 4 km vom Stadtzentrum entfernt und ist nur eine kurze Radfahrt von der Plaza entfernt. Man kann auch gut mit dem Taxi herfahren (3000 Ch$).

Planta Pisco Capel BRENNEREI
(☎ 51-255-4337; www.centroturisticocapel.cl; Führungen ab 4000 Ch$; ⏲ Jan. & Feb. 11.30–19.30 Uhr, März–Dez. bis 18 Uhr) Capel destilliert hier Pisco und betreibt eine einzige Abfüllanlage. 2 km südöstlich der Stadt (20 Gehminuten) können Besucher in dieser Fabrik mit einem

ABSTECHER

DAS ELQUI-TAL ENTDECKEN

Das erste interessante Ziel auf der Fahrt von Vicuña liegt bei Km 14,5 direkt vor Montegrande auf einer Höhe von 1080 m: das **Weingut Cavas del Valle** (☎ mobil 9-6842-5592; www.cavasdel valle.cl; Ruta 485, Km14.5; ⏲ 11–17 Uhr) GRATIS. Es wurde 2004 gegründet und hat den aktuellen Trend erkannt, denn hier wird Wein statt Pisco hergestellt. Allein wegen des Dessertweins *cosecha otoñal* aus rosa Muskattrauben lohnt sich die Fahrt hierher. Eine kurze Führung durch das Gut inklusive drei Weinproben ist kostenlos, Besucher werden aber zum Kauf einer Flasche Wein ermuntert.

3 km südlich von Pisco Elqui befindet sich die **Fundo Los Nichos** (☎ 51-245-1085; www.fundolosnichos.cl; Ruta 485; Führung ab 1000 Ch$; ⏲ 11–18 Uhr), eine 1868 gegründete handwerkliche *pisquería*, die noch immer auf traditionelle Weise Piscos produziert. Die vier Rundgänge (1000 Ch$; nur auf Spanisch; im Sommer tgl. 11.30, 13, 16 & 17 Uhr) beinhalten einen Besuch der Anlagen und die Verkostung von drei Piscos. Von 11 bis 19 Uhr kann man auch einfach zu kostenlosen Pisco-Proben kommen. Eine Flasche kostet mindestens 5000 Ch$.

Von hier geht's zum **Horcón-Handwerksmarkt** (☎ 51-245-1015; Ruta D-393, Horcón Bajo; ⏲ Sommer 12–19.30 Uhr, übriges Jahr Di–So 13–18.30 Uhr) im gleichnamigen Tal und Dorf. An Bambusständen werden unzählige wunderbare handgemachte Produkte, natürliche Lebensmittel aus der Region und Kosmetikartikel verkauft. Mit seinen Traumfängern, Klangspielen, Strickwaren und dem vielen Schmuck ist das Ganze eine richtige Farborgie.

Ab hier verwandelt sich die befestigte Straße in eine staubige Sandpiste, die 14 km hinter Pisco Elqui ins bezaubernde Dorf **Alcoguaz** mit einer gelbroten Holzkirche führt. Wer vor Ort übernachten will, fährt weiter zur **Casona Distante** (☎ mobil 9-9226-5440; www.casonadistante.cl; Fundo Distante, Alcohuaz; Zi. 78 000–120 000; P ✉). Das große hölzerne Bauernhaus aus den 1930er-Jahren wurde schön restauriert und in eine rustikale umweltfreundliche Unterkunft mit acht Zimmern, Pool, Wegen am Fluss, einem kleinen Observatorium und einem Restaurant auf zwei Ebenen verwandelt.

Museum an einer 45-minütigen Führung mit einigen kärglichen Proben teilnehmen (die Premiumtour mit Snacks und sechs weitaus besseren Proben kostet 15 000 Ch$). Von der Stadt zur Distillerie geht's Richtung Südosten über die Brücke und dann nach links.

Es gibt auch eine Mixology-Führung, bei der einem am Ende gezeigt wird, wie man den perfekten Cocktail mixt (8000 Ch$). Für englischsprachige Führungen im Vorfeld anrufen.

Aktivitäten

Vicuña ist eine tolle Basis für eine längere Erkundung des Elqui-Tals. In der Nähe befinden sich nicht nur zwei der grandiosen Observatorien (s. Kasten S. 238), sondern es sind auch Fahrradtouren in die ländliche Umgebung, Trips in die entlegenen Berge rund um den Paso del Agua Negra (nur im Sommer) und Reitausflüge möglich. Am Puclaro-Stausee, 10 km weiter an der Straße nach La Serena, kann man sogar Kitesurfen, Unterricht gibt's bei **Chile KiteSurf** (☎ -mobil 9-5223-7712; www.chilekitesurf.cl; Gualliguaica, Puclaro).

Elki Magic ABENTEUERSPORT
(☎ mobil 9-6877-2015; www.elkimagic.com; San Martin 472; ⌚ 10–20 Uhr) Das enthusiastische chilenisch-französisches Paar bietet Downhilltouren (ab 15 000 Ch$), halbtägige Kleinbusfahrten zu Highlights im Tal (ab 15 000 Ch$) und ganztägige Touren mit dem Geländewagen zu den Lagunen in der Nähe Argentiniens (35 000 Ch$ inkl. Mittagessen) an. Außerdem verleiht es Fahrräder (7000 Ch$ pro Tag) und hat Karten eines 18 km langen Trails in die Dörfer der Umgebung.

Das Büro liegt zwei Blocks nördlich der Plaza.

Feste & Events

Carnaval Elquino KARNEVAL
(⌚ Mitte Jan.–Feb.) Mitte Januar beginnt in Vicuña das Weinlesefest, der Carnaval Elquino, mit Aktivitäten wie Konzerten und Folkloretanz. Es endet am 22. Februar, dem Jahrestag der Stadtgründung.

Schlafen

La Elquina HOSTEL $
(☎ 51-241-1317; www.laelquina.cl; O'Higgins 65; Zeltplatz 6000 Ch$ pro Pers., DZ 30 000 Ch$, EZ/DZ ohne Bad 15 000/25 000 Ch$; P 📶) Vicuñas beste Budgetunterkunft: La Elquina ist ein freundliches und familiengeführtes Hostel und die einfach eingerichteten Zimmer liegen um mehrere große Innenhöfe herum. Es gibt auch schattige Zeltplätze und eine Küche, die 24 Stunden geöffnet ist. An den Außentischen auf der Wiese kann man sich am Nachmittag wunderbar entspannen.

Alfa Aldea HOSTEL $
(☎ 51-241-2441; www.alfaaldea.cl; La Vinita; EZ/DZ 25 000/40 000 Ch$; P 📶) Die 2000 Ch$ teure Taxifahrt (oder der 15-minütige Fußweg) zum Rand der Stadt lohnt sich – dieses unprätentiöse, familiengeführte *hostal* liegt inmitten von Weinbergen und bietet einen unbezahlbaren Blick auf das Tal und die Berge. Es verfügt über einfache, aber extrem gemütliche Zimmer. Hauptattraktion sind jedoch die exzellenten Astronomietouren (S. 205), die vor Ort stattfinden.

Hostal Valle Hermoso HOSTEL $
(☎ 51-241-1206; www.hostalvallehermoso.com; Av Gabriela Mistral 706; EZ/DZ/3BZ 18 000/36 000/48 000 Ch$; 📶) Tolle Unterkunft in einer alten Lehmziegel-*casona* mit Balken aus Douglasie, Böden aus Walnussholz und acht luftigen, blitzsauberen Zimmern. Die Mitarbeiter sind sehr freundlich, und man fühlt sich, als wäre man bei Freunden zu Besuch.

Zaguan Hostal Boutique GÄSTEHAUS $$
(☎ 51-241-1244; http://zaguanhotel.com; Gabriela Mistral 718; Zi. 55 000–75 000 Ch$; P 📶) Das Zaguan befindet sich in einem wunderschönen Lehmhaus aus dem Jahr 1906 und die schön eingerichteten Zimmer mit qualitativ hochwertigen Möbeln liegen um einen Blumengarten herum. Die freundlichen und mehrsprachigen Besitzer tun alles, damit man sich wie zu Hause fühlt. Reichhaltiges Frühstück.

Die zwei Zimmer auf zwei Ebenen mit einem Doppelbett und einem separaten Zimmer mit zwei Einzelbetten sind perfekt für Familien geeignet.

Solar de los Madariaga GÄSTEHAUS $$
(☎ 51-241-1220; www.solardelosmadariaga.cl; Gabriela Mistral 683; DZ/EZ 32 000/53 000 Ch$; P 📶) Das freundliche und einladende Gästehaus in einem wunderschön restaurierten Gebäude aus dem 19. Jh. verfügt über jede Menge Charme. Die schönen Zimmer liegen an einem Garten. Der vordere Teil des Gebäudes wirkt wie ein Museum mit dem Mobiliar und den Familienandenken von der baskischen Familie, die in den 1880er-Jahren hier lebte.

Es gibt nur wenige Zimmer und die sind schnell ausgebucht, also im Voraus reservieren.

Hostal Aldea del Elqui HOTEL $$
(☎51-254-3069; www.hostalaldeadelelqui.cl; Av Gabriela Mistral 197; EZ/DZ 25 000/40 000 Ch$;) Eine umfunktionierte *casona* (großes Haus). In den gepflegten Zimmern stehen gute Betten und Fernseher. Einige Räume befinden sich im zweiten Stock des angrenzenden Gebäudes. Es gibt einen ruhigen Garten mit kleinem Pool, Sauna und Whirlpool. In der Nebensaison sinken die Preise hier stark.

Hostería Vicuña HOTEL $$
(☎51-241-1301; www.hosteriavicuna.cl; Sargento Aldea 101; EZ/DZ/3BZ 40 000/54 000/69 000 Ch$;) Für den doch recht ordentlichen Preis lassen die einfach eingerichteten Zimmer zwar ein wenig zu wünschen übrig und das ganze Hotel wirkt etwas altmodisch, doch in den Gärten erwarten einen warme, mit Wein bepflanzte Patios inklusive Palmen und Schaukelstühlen, ein großer Poolbereich (für Nichtgäste kostet der Zutritt 4000 Ch$ pro Tag) und ein Tennisplatz.

Essen

Govinda's VEGETARISCH $
(Prat 234, 1. OG; Mittagsmenü 3500 Ch$; Mo–Sa 13–17 Uhr) Das Govinda's serviert in einem luftigen Obergeschoss über der Plaza köstliche und mit Liebe gekochte vegetarische Gerichte; täglich wechselnde Speisekarte. Spaghetti mit Gemüse, aromatische Paella und saftige vegetarische Burger stehen z. B. auf der Karte und zum krönenden Abschluss gibt's ein hausgemachtes Dessert.

Das Govinda's bietet auch Yoga-Unterricht an (aktuell montags, dienstags und mittwochs um 18.30 Uhr).

La Bilbaina EIS $
(Gabriela Mistral 383; 11–20 Uhr) La Bilbaina liegt an der Nordseite der Plaza und ist bei Einheimischen sehr beliebt wegen seiner köstlichen und kreativen Eissorten (unbedingt die regionalen Sorten wie *copao,* eine Frucht von einem wilden Kaktus, probieren). Die Eisdiele brummt schon seit über 50 Jahren.

Antawara CHILENISCH $
(Mistral 109; Hauptgerichte 4200–8000 Cs$; Mo–Do 12–24, Fr & Sa bis 17 Uhr) Das beste Ziel für nächtliche Mahlzeiten, die man im verschlafenen Vicuña sonst nirgendwo bekommt. Die Bedienung ist herzlich, die Weinkarte beeindruckend, und es gibt eine gute Auswahl an heißen und kalten *tablas* (Platten), außerdem Sandwiches und ein leckeres, preiswertes Mittagsmenü (4000 Ch$).

Frida INTERNATIONAL $
(Prat zw. Mistral & Chacabuco; Hauptgerichte 3000–4000 Ch$; 10–22 Uhr) Vicuñas buntestes Café ist mit mexikanischem Nippes dekoriert und es gibt etwas fade Ziegenkäsesandwiches, Quesadillas und Fajitas, aber überraschenderweise ansonsten wenig mexikanische Gerichte. Besser am Nachmittag für Getränke und Snacks kommen.

★ **Chivato Negro** INTERNATIONAL $$
(www.facebook.com/restaurantechivatonegro; Mistral 542; Hauptgerichte 3000–8500 Ch$; So–Mi 9–23, Sa bis 1 Uhr;) Das Chivato Negro mit seinem unkonventionellen Vintage-Charme und einem großen versteckten Außenbereich im hinteren Teil des Lokals liegt zwei Blocks von der Plaza entfernt. Es gibt eine große Auswahl an Sandwiches, Pizzas und regionalen Gerichten (wie gegrillte Forelle) sowie ein Drei-Gänge-*menú del día* für 5000 Ch$. Das gemütliche Lokal (mit einem knisternden Feuer am Abend) lädt zum Entspannen ein, sei es bei einem Kaffee oder einem Cocktail.

Von Dezember bis März gibt's gelegentlich Livemusik an den Wochenenden.

Delicias del Sol CHILENISCH $$
(Dorf Villaseca; Hauptgerichte inkl. Wein 7000–8000 Ch$; 13–17 Uhr) Ein Mittagessen hier sollte man sich auf keinen Fall entgehen lassen! Das Lokal liegt 5 km südöstlich von Villaseca, wo eine Gruppe von Frauen eine bahnbrechende neue Weise entdeckte, mit Sonnenstrahlen statt mit knappem Feuerholz zu kochen. Dies ist das beste Solarküchenrestaurant in Villaseca. Der Service ist zwar langsam, doch das Essen schmeckt lecker, zudem genießt man einen herrlichen Ausblick auf die hübschen Weingärten. Die Spezialität des Hauses ist *cabrito* (Ziege) aus der Region.

Paraíso del Elqui CHILENISCH $$
(☎mobil 9-8537-4883; http://ricardopacheco.cl; Chacabuco 237; Hauptgerichte 5800–9500 Ch$; Mo–Sa 12–22 Uhr;) Ein gelernter Koch führt dieses gemütliche Restaurant mit einem Hofgarten, zwei kleinen Speiseräumen und Tischen auf der Terrasse. Auf der Karte stehen regionale Spezialitäten, zahlreiche Empanadas und preiswerte *almuerzos* (Mit-

STERNBEOBACHTUNG IN NORTE CHICO

Highlight der Sternegucker und größte Attraktion des Elqui-Tal ist das **Observatorio Cerro Mamalluca** (☎ 51-267-0330; Erw./Kind 7500/4500 Ch$) 9 km nordöstlich von Vicuña. Hier wollen Horden von Touristen einen Blick durch ein 30-Zentimeter-Teleskop auf entfernte Galaxien, Sternhaufen und Nebelflecken werfen.

Zweistündige zweisprachige Führungen durch den Zweckbau finden im Sommer täglich zwischen 20.30 und 2.30 Uhr sowie im Winter zwischen 19.30 und 1.30 Uhr statt. Die kitschige Tour „Cosmo Visión Andina" (nur auf Spanisch) umfasst Präsentationen und Musik, aber keinen Blick durch die Teleskope, sodass der einfache astronomische Rundgang besser ist.

Reservieren ist ratsam und im Büro in der Avenida Gabriela Mistral 260 in Vicuña möglich. Es gibt keine öffentlichen Verkehrsmittel, aber einen Minivan, der am Büro in Vicuña startet (reservieren; 3000 Ch$ pro Pers.). Einige Reisebüros in La Serena arrangieren Ausflüge.

Wie Mamalluca wurde auch das schimmernde **Observatorio Collowara** (☎ mobil 9-7645-2970; www.collowara.cl; Urmeneta 675, Andacollo; 5500 Ch$) auf einem Hügel in Andacollo für Touristen errichtet; astronomische Forschung findet dort nicht statt. Im Sommer finden zweistündige Führungen um 21.30, 23 und 0.30 Uhr statt, im Winter um 21 Uhr. Die Einrichtung wirbt damit, dass sie drei Aussichtsplattformen und ein 40-Zentimeter-Teleskop besitzt – Letzteres ist also etwas größer als jenes in Mamalluca. Außerdem stehen noch drei kleinere Fernrohre zur Verfügung, sodass niemand lang warten muss. Wer über Nacht in Andacollo bleiben möchte, kann zwischen zahlreichen Unterkünften wählen. Ins 54 km entfernte La Serena fahren Busse (2000 Ch$, 1½ Std.) und *colectivos* (Sammeltaxi: 2500 Ch$, 1 Std.).

Die neueste Sternwarte, das **Observatorio del Pangue** (☎ 51-241-2584; www.observatoriodelpangue.blogspot.com; abseits der Ruta D-445; inkl. Transport 25 000 Ch$) 17 km südlich von Vicuña wird von drei enthusiastischen französischen und chilenischen Astronomen betrieben. Außer bei Vollmond beginnen die zweistündigen Himmelsbeobachtungen (auf Englisch, Französisch & Spanisch, max. 10 Pers.) jeden Abend um 20.30 Uhr, bei Nachfrage auch um 22.30 Uhr.

Tief in die Geheimnisse des Universums eintauchen können Besucher im futuristischen **Observatorio Interamericano Cerro Tololo** (☎ 51-220-5200; www.ctio.noao.edu; Cerro Tololo) GRATIS, in 2200 m Höhe auf dem Gipfel. Zwar lassen sich die Sterne nicht direkt durch die riesigen Teleskope betrachten (nicht einmal Astronomen tun das, weil die Daten erst auf Computermonitore übertragen werden), doch selbst eine Besichtigungstour bei Tag ist aufschlussreich. Das Tololo wird von der in Tucson beheimateten Association of Universities for Research in Astronomy (AURA; eine Gruppe von rund 25 Institutionen, darunter die Universidad de Chile) betrieben und besitzt ein riesiges 4-Meter-Teleskop. Nur am Samstag finden um 9 und um 13 Uhr kostenlose zweisprachige zweistündige Führungen statt, für die man sich in der Hochsaison mindestens einen Monat vorher anmelden muss. Es gibt keine öffentlichen Verkehrsmittel, deshalb ist es nötig, ein Auto zu mieten, ein Taxi zu nehmen oder sich einem organisierten Ausflug anzuschließen (auch dann müssen Besucher selbst die Reservierung beim Observatorium vornehmen).

Wer es leid ist, in großen Observatorien zwischen Menschenmassen zusammengepfercht zu werden, könnte vielleicht die kleinen und persönlichen Sternbeobachtungstouren (in Englisch oder Spanisch) des **Alfa Aldea** (☎ 51-241-2441; www.alfaaldea.cl; Parcela 17, La Viñita; Erw./Kind 15 000/5000 Ch$) interessant finden. Sie werden in einem Amphitheater durchgeführt und beginnen mit einem kurzen Video, das die Grundlagen der Astronomie erklärt; anschließend kommt man den Himmelskörpern mit einem Blick durch die wissenschaftlichen Teleskope ganz nahe. Die Führungen finden im Freien statt, direkt unter dem sternenübersäten Nachthimmel. Da nur wenige Teilnehmer pro Tour erlaubt sind, stehen jede Menge Teleskope zur Verfügung – doch es kann frostig werden. Man sollte sich also warm anziehen (obwohl Decken, Wein und Gemüsesuppe zur Verfügung gestellt werden, die gut gegen die Kälte helfen).

Für professionelle Touren ist **Astronomy Adventures** (☎ mobil 9-9879-4846; www.astronomyadventures.cl; Manuel Rodríguez 589, La Serena; Sternbeobachtungstouren 15 000–42 000 Ch$), ein in la Serena ansässiges Unternehmen, der richtige Ansprechpartner. Es arrangiert maßgeschneiderte Sternbeobachtungstrips in ganz Chile.

tagsmenüs). Auch die vegetarischen Gerichte sind gut.

Praktische Informationen

An der zentralen Plaza befindet sich eine Bank, die US-Dollars tauscht, außerdem gibt's im Zentrum drei Geldautomaten.

Bei Notfällen gibt's das **Hospital San Juan de Dios** (51-233-3424; Ecke Independencia & Prat; 24 Std.), ein paar Blocks nördlich der Plaza de Armas.

In der städtischen Touristeninformation (51-267-0308; www.turismovicuna.cl; San Martín 275; Jan. & Feb. 8.30–20 Uhr, März–Dez. Mo–Fr 8.30–17.30, Sa 9–18, So 9–14 Uhr), ein paar Schritte westlich der Hauptplaza, erfahren Besucher Interessantes zur Geschichte und Gegenwart der Stadt.

Anreise & Unterwegs vor Ort

Die Ruta 41 führt von Vicuña Richtung Osten über die Anden nach Argentinien. Zudem verläuft eine unebene, staubige Piste voller Schlaglöcher (aber mit einem normalen Auto befahrbar) nach Süden bis Hurtado und zurück nach Ovalle.

Vom **Busbahnhof** (Ecke Prat & O'Higgins) geht's regelmäßig nach La Serena (2000 Ch$, 1 Std.), Coquimbo (2000 Ch$, 1¼ Std.), Pisco Elqui (2000 Ch$, 50 Min.) und Montegrande (2000 Ch$, 40 Min.). Busse von Expresso Norte starten zweimal täglich um 11.45 und 21.45 Uhr nach Santiago (12 000–18 000 Ch$, 7 Std.). In La Serena bestehen außerdem noch zahlreiche weitere Verbindungen.

Innerhalb des Busbahnhofs befindet sich der **Terminal de Taxis Colectivos** (Ecke Prat & O'Higgins), von dem schnelle *taxis colectivos* nach La Serena (2500 Ch$, 50 Min.) verkehren.

Qualitativ gute Fahrräder (ab 1000 Ch$ pro Std.) kann man bei **Elki Magic** (S. 218) mieten.

Montegrande

051

In diesem kleinen Straßendorf befindet sich das frühere Wohnhaus der international bekannten Dichterin, Nobelpreisträgerin und Nationalheldin Gabriela Mistral. Abgesehen von der frischen Luft und dem Blick auf die Berge gibt's in dem kleinen Dorf nicht viel zu tun, aber man kann ein paar Sehenswürdigkeiten über Mistral, darunter ihre letzte Ruhestätte, besuchen.

Die Grabstätte von Gabriela Mistral, das **Mausoleo Gabriela Mistral** (Ruta D-485; 1000 Ch$; Di–So 10–13 & 15–18 Uhr) liegt auf einem Hügel südlich von Montegrandes Hauptplaza. Nach oben führt ein mit Zitaten und biografischen Informationen über die berühmte Dichterin gesäumter gewundener Weg; eine Hommage an ihr außergewöhnliches Leben. Mistral besuchte die Volksschule in der Casa Escuela y Correo; dort wurde ihr das bescheidene **Museo Casa-Escuela Gabriela Mistral** (Calle Principal; 500 Ch$; 10–13 & 15–18 Uhr) mit rekonstruiertem Klassenzimmer und Schlafsaal eingerichtet.

Das ruhige **Hotel Las Pleyades** (mobil 9-8520-6983; www.elquihotelpleyades.cl; Calle Principal; DZ 70 000 Ch$; P) in einer alten Lehmziegel-*casona* verfügt über Zimmer mit Blick ins Grüne und einen kleinen Pool. Ein Besuch im **Mesón del Fraile** (Calle Principal; Hauptgerichte 8000–12 000 Ch$; 12–18 Uhr, Mo & Di in der Nebensaison geschlossen) gegenüber vom Museum lohnt sich für *churrasco* (Steak), Pizzas, Sandwiches und frischen Säfte.

Regionalbusse fahren regelmäßig von Vicuña (2000 Ch$, 40 Min.) aus nach Montegrande.

Pisco Elqui

051 / 1200 EW.

Das frühere Dorf La Unión, das umbenannt wurde, um Werbung für das bekannteste Produkt der Region zu machen, ist ein beschaulicher Ort im oberen Einzugsgebiet des Río Claro, einem Nebenfluss des Elqui. In den letzten Jahren entwickelte es sich zum beliebtesten Backpackerziel der Gegend. Manchmal platzt es zwar aus allen Nähten, trotzdem lohnen sich hier ein paar Tage Aufenthalt.

Pisco Elqui hat weder Bank noch Geldautomaten, deshalb muss man genug Bargeld mitbringen.

Sehenswertes

Distileria Pisco Mistral BRENNEREI
(51-245-1358; www.destileriapiscomistral.cl; O'Higgins 746; Führungen ab 6000 Ch$; Jan. & Feb. 12–19.30 Uhr, März–Dez. Di–So 10.30–18 Uhr) Hauptattraktion in Pisco Elqui ist diese Destillerie, die den Premium-Pisco Mistral produziert. Die einstündige „Museums"-Führung gibt Einblick in den Brennvorgang und schließt eine kostenlose Probe von zwei Piscos sowie einen Drink im benachbarten Restaurant ein, wo gelegentlich Livemusik erklingt.

Aktivitäten

Pisco Elqui ist zwar klein, kann sich aber, was Touren und Aktivitäten im Tal bzw. ringsum angeht, durchaus sehen lassen. Zum Angebot gehören geführte Wanderungen (ab 15 000 Ch$ pro halbem Tag), Ausritte (ab 8000 Ch$ pro Std., teurer für mehrtägige Trips in die Berge), Mountainbiking (ab 20 000 Ch$) und Sternbeobachtungsausflüge (ab 15 000 Ch$).

Angesehene Agenturen für solche Touren sind **Turismo Dagaz** (☎ mobil 9-7399-4105; www.turismodagaz.com; Prat; ⊙ 9–20 Uhr) und **Turismo Migrantes** (☎ 51-245-1917; www.turismomigrantes.cl; O'Higgins s/n; ⊙ 10–14 & 15–19 Uhr).

Fahrräder werden an verschiedenen Stellen im Ort für ca. 2000 Ch$ pro Stunde oder 7000 Ch$ pro Tag vermietet.

Schlafen

Hostal Triskel HOSTEL $
(☎ mobil 9-9419-8680; www.hostaltriskel.cl; Baquedano s/n; Zi. ohne Bad 15 000 Ch$ pro Pers.; 📶) Dieses reizende Lehmziegel-Holzhaus oberhalb der Stadt beherbergt sieben saubere Zimmer mit vier Gemeinschaftsbädern und einer Gemeinschaftsküche. Ein riesiger Feigenbaum beschattet den Patio, und im Obstgarten findet man viele hübsche Fleckchen sowie Hängematten. Zu den weiteren Annehmlichkeiten zählt ein Wäscheservice.

Refugio del Angel CAMPINGPLATZ $
(☎ mobil 9-8245-9362; www.campingrefugiodelangel.cl; Calle El Condor; Zelten 10 000 Ch$ pro Pers., Tagesnutzung 4000 Ch$) Ein idyllischer Platz am Fluss mit Badeteichen, Bädern und einem kleinen Laden. Den Abzweig hierher erreicht man 200 m südlich der Plaza an der Manuel Rodriguez.

Cabañas Pisco Elqui HÜTTEN $
(☎ mobil 9-8331-2592; Prat s/n; Hütten 60 000 Ch$; 🏊) Schlichte mittelgroße Hütten mit Holzfußböden, voll ausgestatteten Küchen und hübschen Veranden. Das Gelände, durch das ein sprudelnder Bach fließt, liegt am Fuß eines Hügels.

★ **El Tesoro de Elqui** HOTEL $$
(☎ 51-245-1069; www.tesoro-elqui.cl; Prat s/n; EZ/DZ 30 000–40 000/45 000–55 000 Ch$; 📶 🏊) Von der zentralen Plaza geht's bergauf zu dieser ruhigen Oase mit zehn Holzbungalows samt Terrasse und Zitronenbäumen, grünen Gärten und blühendem Wein. Das Restaurant serviert tollen Kaffee und Kuchen. Man kann vor Ort auch geführte Touren buchen.

Refugio Misterios de Elqui HÜTTEN $$$
(☎ 51-245-1126; www.misteriosdeelqui.cl; Prat s/n; Hütten für zwei Pers. 85 000 Ch$; P 📶 🏊) Pisco Elquis luxuriöseste Unterkunft liegt am Stadtrand an der Straße nach Alcoguaz und besteht aus sieben Hütten in einem üppigen Garten, der sich zum Pool und zum Tal darunter erstreckt. Die Häuschen sind stilvoll eingerichtet, z. B. mit Kopfteilen aus recycelten Bahnschienen, Holzbalken, coolen Kachelböden und Terrassen.

Essen & Ausgehen

In den meisten Restaurants in Pisco Elqui kann man abends auch gut nur etwas trinken.

El Durmiente Elquino INTERNATIONAL $
(Carrera s/n; Hauptgerichte 5000–7500 Ch$; ⊙ Di–So 13–22 Uhr) In dem Lokal, dessen Inneres ganz aus Naturmaterialien wie Holz, Bambus, Lehm und Kieseln gestaltet wurde, kann man leckere Tapas, Pizzas und interessante Hauptgerichte wie Quinoa-Risotto probieren oder auf der kleinen Terrasse draußen mit schönem Bergblick Craft-Bier oder Biowein trinken.

La Escuela CHILENISCH $$
(Prat; 6500–12 000 Ch$; ⊙ 12.30–23.30 Uhr) Für einen denkwürdigen Abend ist dieses schicke Restaurant auf der Hauptstraße Richtung Süden eine ausgezeichnete Wahl. An einem Tisch am Kamin im Innenhof kann man gegrillten Lachs und im Ofen gebackenes Zicklein oder zartes Lamm aus der Region genießen; passend dazu gibt's gute Weine und Cocktails. Auf der Karte stehen auch Quinoa-Salat, Quiche und mindestens ein vegetarisches Tagesgericht.

Rustika BAR
(Carrera s/n; ⊙ 19–2 Uhr) Das Rustika liegt südlich der Plaza und ist ein schönes Lokal, um am Abend etwas trinken zu gehen. Der Außenbereich liegt an einem vor sich hin murmelnden Bach und abends gibt's ein wärmendes Feuer bei Sternenlicht. Außer den Cocktails stehen auch Pizzas, Quesadillas, Platten für mehrere Personen und frische Säfte auf der Karte.

An- & Weiterreise

Da es auch keine Tankstelle gibt, sollte man in Vicuña volltanken.

Zwischen Vicuña und Pisco Elqui (2000 Ch$, 50 Min.) verkehren häufig Busse.

Cochiguaz

☎ 051

Das abgeschiedene Tal von Cochiguaz ist so etwas wie das New-Age-Zentrum Nordchiles. Ihm werden eine außergewöhnliche Konzentration kosmischer Strahlungen, ganz spezielle Energiewirbel und besondere Heilkräfte zugeschrieben, außerdem werden oft UFO-Sichtungen gemeldet. Doch auch wer nicht an seine Kräfte glaubt, kann die herrliche Umgebung genießen, die als Ausgangspunkt für Wanderungen und Reitausflüge ins Hinterland dient. Im Winter schneit es manchmal, dann ist warme Kleidung erforderlich.

Sehenswertes

Centro Otzer Ling BUDDHISTISCHER STUPA
(Estupa Cochiguaz; http://otzerling.com; Di–So 10–19 Uhr) Ein buddhistischer Stupa in einer abgelegenen Region Chiles? Als hätte man auf der Panamericana eine falsche Abzweigung genommen und wäre im Himalaja und nicht in den Anden gelandet. Das beeindruckende schneeweiße Gebäude wurde 2016 erbaut und seine tibetischen Gebetsfahnen wehen im Wind; durch die kargen Berge im Hintergrund wirkt es noch beeindruckender.

Schlafen & Essen

Tambo Huara HÜTTEN $
(mobil 9-9220-7237; www.tambohuara.cl; Km13; Zeltplatz am Fluss/im Wald 7000/10 000 Ch$ pro Pers., Hütten mit/ohne Bad 40 000/35 000 Ch$) Ein idyllisches kleines Fleckchen zwischen Bäumen am Fluss. Tambo Huara bietet mittelgröße Ökohütten (die mit Bad haben Komposttoiletten und Solarduschen). Die Zeltplätze am Fluss sind fantastisch, und vor Ort werden auch Meditation, Healing-Therapie und Yoga angeboten.

Camping Cochiguaz ZELTPLATZ $
(51-245-1154; www.campingcochiguaz.blogspot.com; Camino Cochiguaz; Zeltplatz 8000 Ch$ pro Pers.) Camping Cochiguaz ist ein unter Eukalyptusbäumen gelegener und labyrinthartiger Zeltplatz am Fluss; einige hübsche schattige Plätze liegen auch direkt am Wasser. Er findet sich 17 km von Montegrande entfernt am Ende einer kurvigen Schotterstraße. Reitausflüge werden auch angeboten.

Luna de Quarzo HÜTTEN $$
(mobil 9-8501-5994; www.lunadecuarzo.cl/tortuga.html; El Pangue, Km 11; Hütten 60 000–90 000 Ch$;) Luna de Quarzo liegt auf einem wunderschönen Anwesen in den Bergen und verfügt über gut ausgestattete Hütten mit Holzverkleidung, Wänden aus Kiesel- und Lehmsteinen und Bambusdecken. Die Küchen sind äußerst nützlich – da es in der Gegend kaum Gastronomie gibt, sollte man sein eigenes Essen mitbringen. Am Nachmittag kann man am Pool entspannen und am Abend Sterne beobachten.

Casa del Agua GÄSTEHAUS $$
(mobil 9-5867-6522; www.cabanascasadelagua.cl; Km 13; Hütten für 2/4/6 Pers. 85 000/100 000/150 000 Ch$; P) Kolibris fliegen in den üppigen Gärten des Casa del Agua, einer hübschen Hüttenanlage am Ufer des Río Cochiguaz 13 km nördlich von Montegrande umher. Es gibt eine Bar, ein Restaurant und Wanderwege. Touren sind auch im Angebot.

El Alma Zen HOTEL $$
(mobil 9-9047-3861; www.refugiocochiguaz.cl; Km 11; EZ/DZ ab 45 000/75 000 Ch$;) Das El Alma Zen im kitschigen Hippie-Stil hat gut ausgestattete Hütten, ein Spa, zwei Pools und ist hübsch gelegen in einem Eukalyptuswald direkt am Fluss.

Restaurant Borde Rio CHILENISCH $$
(mobil 9-9905-1490; Km12; Hauptgerichte 9000–12 000 Ch$; 12–23 Uhr;) Das vollständig im Freien inmitten von Bäumen am Rio Cochiguaz liegende Restaurant verfügt über die schönste Lage in der Gegend. *ceviche* oder *ostiones a la parmesana* (Jakobsmuscheln mit Parmesan) als Vorspeise und gegrilltes Fleisch, Fisch oder ein vegetarisches Nudelgericht als Hauptspeise. Badehose oder -anzug mitbringen, damit man nach dem Essen schwimmen gehen kann.

An- & Weiterreise

Momentan fährt nur montags, mittwochs und freitags um 18 Uhr ein Bus von Montegrande nach Cochiguaz, die Rückfahrt erfolgt um 19 Uhr am selben Tag. Alternativ heuert man in Montegrande einen Fahrer an, der rund 10 000 Ch$ pro Fahrzeug (für bis zu vier Pers.) berechnet – oder man macht es wie die Einheimischen und trampt einfach.

Einige Gästehäuser in Cochiguaz bieten auch Fahrten an oder vermitteln einen Fahrer.

Paso del Agua Negra

Eine spektakuläre achterbahnähnliche Straße führt 185 km östlich von Vicuña über die Berge nach Argentinien. Mit schwindelerregenden 4765 m ist dieser Pass einer der höchsten zwischen Chile und Argentinien. Zugleich handelt es sich um einen der besten Orte, um die als *penitentes* (spanisch: Büßer) bekannten Schneegebilde (im Fachjargon Büßerschnee) zu bewundern: Ihren Namen verdanken sie ihrem Aussehen, das an eine Reihe von Mönchen im Habit erinnert. Sowohl auf chilenischer als auch auf argentinischer Seite erstrecken sich Gletscher, zu denen man laufen kann.

Von Vicuña aus klettert die Ruta 41 am Río Turbio entlang bis zum chilenischen Grenzposten und Einwanderungsbüro in Juntas del Toro hoch. Dann verläuft sie an einem türkisblauen Stausee namens La Laguna weiter nach Süden, bevor sie sich wieder nordöstlich nach Agua Negra wendet. Die Straße führt in den argentinischen Thermalkurort Termas de Pismanta und in die Provinzhauptstadt San Juan.

Von Mitte November bis Mitte März oder April ist die Straße für Autos geöffnet, es gibt aber auch einige wenige hartgesottene Radsportler, die sich auf zwei Rädern den steilen Pass hochquälen. Die Passstraße ist mit jeder Art Auto befahrbar.

Öffentliche Verkehrsmittel gibt's nicht, doch Reisebüros in Vicuña und Pisco Elqui bieten im Sommer Touren an.

Reserva Nacional Pingüino de Humboldt

Gruppen von Großen Tümmlern spielen im Wasser des **Naturschutzgebiets** (Islas Damas; Erw./Kind 6000/3000 Ch$; ⌚ Dez.–März 9–15, April–Nov Mi–So bis 15 Uhr), während geschmeidige Fischotter von Felsen gleiten und Pinguine an der steinigen Küste entlangwatscheln, wobei sie einen guten Abstand zu den Seelöwenkolonien halten. Zum 888 ha großen Areal gehören auch drei Inseln vor der Küste an der Grenze zwischen den Regionen III und IV. Das Reservat zählt zu den interessantesten Ausflugszielen im Norte Chico und verdankt seinen Namen den Humboldtpinguinen, die auf der felsigen **Isla Choros** nisten.

Sehenswertes & Aktivitäten

Von Punta de Choros fahren Boote zur 5,6 km vor der Küste gelegenen Isla Damas. Das 60 ha große Eiland besteht aus metamorphem Gestein, wird von einem Granitgipfel gekrönt und hat zwei schneeweiße Strände mit kristallklarem Wasser: die **Playa La Poza**, wo die Boote anlegen, und die feinsandige **Playa Tijeras**, zu Fuß rund 1 km entfernt. Touristen müssen am CONAF-Stand beim Pier die Besuchergebühr zahlen und können nun eine Stunde auf der Insel bleiben.

Die Boote fahren auch an der Isla Choros vorbei, dürfen aber nicht anlegen. Unterwegs sieht man wahrscheinlich Schulen von Großen Tümmlern durchs Meer ziehen, eine gewaltige Seelöwenkolonie, Otter, Humboldtpinguine sowie riesige Schwärme von Kormoranen, Möwen und Tölpeln.

Die größte und nördlichste der drei Inseln, **Isla Chañaral**, ist am schwersten zu erreichen, aber bestens geschützt und am wenigsten überlaufen. Vom malerischen Küstendorf **Caleta Chañaral de Aceituno** (27 km nördlich von Punta de Choros) verkehren zwischen 9 und 16 Uhr Boote für ca. 90 000 Ch$ (bei 10 Pers.) hierher. Vor Ort gibt's mehrere Zeltplätze und ein einfaches Lokal. **Explora Sub** (☎ mobil 9-7795-4983; www.explorasub.cl; Chañaral de Aceituno; Tauchgang mit 1 Flasche inkl. Ausrüstung ab 60 000 Ch$) in Chañaral de Aceituno bietet Tauchausflüge in das Naturschutzgebiet an.

Telefonische Auskunft zur aktuellen Wetterlage erteilt die **CONAF-Station** (☎ 51-224-4769; www.conaf.cl; ⌚ 8.30–17.30 Uhr). Karten für die Boote werden grundsätzlich nur bis 14 Uhr verkauft.

Schlafen & Essen

Mare Alta — HÜTTEN **$$**
(☎ mobil 9-8120-6250; www.marealta.info; Punta de Choros; Hütten ab 90 000 Ch$, Zeltplatz 20 000 Ch$ für 2 Pers.) Die wunderschön gelegene Anlage mit Meerblick hat nur eine Handvoll kleine, aber gemütliche Hütten und ein paar Zimmer in einem großen Holzschiff direkt auf dem Strand. Es gibt ein Restaurant, einen Zeltplatz und man kann vor Ort Touren buchen.

Costa Bahia — CHILENISCH **$$**
(☎ mobil 9-7734-1205; Punta de Choros; Hauptgerichte 6000–11 000 Ch$; ⌚ 10–20.30 Uhr) Das luftige und auf einem Berg gelegene Restaurant ist die beste Location, um sich nach einem Ausflug zu stärken. Es gibt ausgezeichneten Fisch und Meeresfrüchte und der Service ist sehr gut. Die Tische im Freien vor dem Lokal (mit Blick auf die Straße) haben aber keinen Meerblick.

Anreise & Unterwegs vor Ort

Bei einer Abzweigung von der Panamericana 87 km nördlich von La Serena beginnt eine schlaglochreiche Schotterstraße, die durch Los Choros und weiter nach Punta de Choros (123 km von La Serena, ca. 2 Std. mit dem Auto) verläuft. Das 1605 gegründete Los Choros, eine idyllische Oase voller Olivenbäume, war eine der ersten spanischen Siedlungen in der Region. Caleta Chañaral de Aceituno erstreckt sich 27 km weiter nördlich.

DIE NOT DER PINGUINE

Die Tierart brütet entlang der peruanischen und der chilenischen Küste, und die International Union for the Conservation of Nature and Natural Resources (UNCN) führt sie als „gefährdete Art" – ihre Zahl wird auf 12 000 Brutpaare geschätzt. Überfischung und die wirtschaftliche Nutzung des Guano waren die Hauptgründe, dass ihre Zahl zurückging. Experten glauben, dass nur neue Schutzmaßnahmen das Aussterben der Tiere in den nächsten Jahrzehnten verhindern können.

Der Lärm und die Verschmutzung durch die Boote, die durch das Reservat tuckern, beeinträchtigen zwar das Meeresleben, doch am meisten leidet die Isla Damas, der einzige Ort, wo Besucher anlegen können. Örtliche Biologen berichten, dass die Zahl der Vögel auf der Insel in den letzten Jahren beträchtlich gesunken ist. Ursprünglich sollten maximal 60 Touristen pro Tag herkommen, aber in der Hauptsaison kommen Hunderte auf die Insel. Heute scheinen sich hier sogar jeden Tag Hunderte Menschen aufzuhalten. Wer das Schutzgebiet erkunden will und einen Ausflug zur Isla Damas in Erwägung zieht, sollte unbedingt auf den vorhandenen Pfaden bleiben.

Am besten erreicht man das Schutzgebiet von La Serena aus. **Hector Galleguillos** (S. 211) bietet Busverbindungen ab/nach La Serena (5000 Ch$, 2 Std.) an. Abfahrt in La Serena ist um 8.30 Uhr vor der *panadería* (Bäckerei) Los Griegos in der Nähe der Ecke Aguirre und Matta. Für eine Sitzplatzreservierung vorher anrufen.

Im Hafen von Punta de Choros werden Bootsausflüge für 10 000 Ch$ pro Person angeboten. Der Preis gilt erst ab mindestens 10 Personen. Wenn es nicht genügend Passagiere gibt, muss man entweder Aufpreis bezahlen oder warten, bis genug Mitfahrer da sind. Man sollte früh morgens kommen (an den Wochenenden ist am meisten los); in der Nebensaison ist es eher ruhig.

Huasco-Tal

Wie ein üppiges grünes Band zieht sich das fruchtbare Valle del Río Huasco die Anden hinab. Es liegt etwa auf halber Strecke zwischen Copiapó und La Serena und ist bekannt für seine dicken Oliven, den Pisco sowie einen köstlichen Süßwein namens *pajarete*. Für einen berühmt-berüchtigten Ruf hat hingegen der Bergbau gesorgt, der inzwischen die landwirtschaftliche Oase bedroht, seit der kanadische Konzern Barrick Gold hier 2009 ein umstrittenes Bergbauprojekt begonnen hat. Wer mehr über dieses Thema und den Kampf der indigenen Diaguita für den Schutz ihres Landes erfahren will, sollte sich den Dokumentarfilm *Cry of the Andes* ansehen.

Vallenar

☎051 / 53 000 EW.

Die wichtigste Stadt im Huasco-Tal ist eine unspektakuläre ländliche Siedlung. So seltsam es klingen mag: Ihr Name ist eine Verballhornung von Ballinagh – ein irischer Ort und Heimat des regionalen Kolonialgouverneurs Ambrosio O'Higgins. Nach schweren Erdbebenschäden 1922 wurden alle Gebäude in Vallenar aus leichtem Holz statt aus Lehmziegeln (Adobe) gebaut – doch die Stadt steht nach wie vor auf unruhigem Boden.

Vallenar bietet nicht viel mehr als einen Bummel über den Hauptplatz, ist aber ein guter Ausgangspunkt für Besuche des Parque Nacional Llanos de Challe und ein schöner Zwischenstopp auf der Fahrt nach Norden.

Autofahrer lassen Vallenar oft links liegen, weil die Puente Huasco (Huasco-Brücke) über das Tal nicht direkt in die Stadt führt. Am Südende der Brücke verläuft die Vallenar-Huasco-Straße zunächst nach Osten, dann zweigt sie über den Fluss ab.

Schlafen & Essen

Hostal Real Quillahue HOSTEL **$**
(☎51-261-9992; hotel_takia@yahoo.es; Plaza 70; EZ/DZ inkl. Frühstück ab 20 000/27 000 Ch$, ohne Bad ab 15 000/22 000 Ch$; P WLAN) Ein hübsches eingezäuntes Gästehaus direkt an der Südseite der Plaza mit einfachen Zimmern, die einen altmodischen Charme versprühen.

Hotel del Marques HOTEL **$$**
(☎51-261-3892; www.hoteldelmarques.cl; Marañon 680; EZ/DZ/3BZ ab 35 000/50 000/60 000 Ch$; WLAN) Das freundliche Hotel liegt ein paar Blocks nördlich der Hauptplaza (Plaza Ambrosio O'Higgins) und ist mit seinen modernen und fröhlichen gelben Zimmern mit allem Komfort und Blick auf die Berge im Hintergrund der Stadt eine der besten Übernachtungsmöglichkeiten.

Hotel Cecil HOTEL $$

(☎51-260-0680; reservas.cecilhotel@gmail.com; Prat 1059; EZ/DZ ab 35 000/45 000 Ch$; P 📶) Vier Blocks östlich der Plaza hat das Hotel Cecil mit seinen hüttenartigen Zimmern und dem grünen Innenhof ein sehr gutes Preis-Leistungs-Verhältnis für Vallenar. Der Service ist sehr freundlich und nebenan befindet sich ein beliebtes Grillrestaurant.

★ **Nativo** CHILENISCH $$

(Ramírez 1387; Hauptgerichte 7800–11 000 Ch$; ⏲ Mo–Do 12–24, Fr & Sa bis 2 Uhr; 📶 📝) Unkonventionelle Bar mit erdigem Dekor aus Holz und Lehmziegeln, in einer grünen Gegend zehn Gehminuten von der Plaza entfernt. Es tischt Snacks und Pizzas mit ungewöhnlichen Belägen wie Ziegenkäse und *charqui* (Dörrfleisch) und ausgezeichnete (riesengroße) Sandwiches auf. Es gibt Craft-Bier und gute Cocktails, die man am besten auf der schönen Terrasse (tagsüber sonnig, Feuer am Abend) genießt.

Club Social Vallenar INTERNATIONAL $$

(☎mobil 9-8204-8612; http://clubsocialvallenar.cl; Prat 899; ⏲ Mo–Sa 12.30–24, So bis 17 Uhr) Das zwanglose Restaurant mit auffälligen Bodenfliesen und Schwarzweißfotos an den Wänden serviert chilenische, peruanische und italienische Gerichte mit dem besonderen Kick. Highlights sind z. B. *lomo saltado* (mariniertes Steak), Meeresfrüchte-Spaghetti und erfrischende Pisco Sours. An manchen Wochenenden gibt's Livemusik (Jazz, Blues).

Es liegt zwei Blocks östlich der Plaza.

ℹ Praktische Informationen

Rund um die Plaza gibt's Banken mit Geldautomaten

Städtische Touristeninformation (☎51-275-6417; turismovallenar@gmail.com; Prat 1094; ⏲ Mo–Fr 8.30–14 & 15–17, Sa 9–14 Uhr) Vier Blocks östlich der Plaza; Broschüren und Karten erhältlich.

ℹ An- & Weiterreise

Vallenars **Terminal de Buses** (Ecke Prat & Av Matta) liegt am Westende der Stadt, etwa 500 m westlich der Plaza de Armas. Die Haltestelle von **Pullman** (☎51-261-0493; Ecke Atacama & Prat) ist gleich daneben, während sich **Tur Bus** (☎51-261-1738; Prat) gegenüber vom Hauptbusbahnhof befindet; beide Gesellschaften steuern viele Ziele im Norden wie im Süden an. Busse verkehren u. a. nach Santiago (24 000 Ch$, 9 Std.), La Serena (ab 6000 Ch$, 3 Std.), Copiapó (ab 5000 Ch$, 2 Std.) und Antofagasta (14 000 Ch$, 10 Std.).

Huasco

☎051 / 10 200 EW.

Eine Stunde westlich von Vallenar liegt der malerische Fischereihafen Huasco, den man über eine asphaltierte Fernverkehrsstraße erreicht. Der wunderschöne Uferbereich ist von Palmen, Skulpturen, schattigen Bänken und einem scharlachroten Leuchtturm gesäumt. Es gibt auch einen hübschen Strand, der sich bis zum Horizont erstreckt. Die kleine Stadt ist ein hübscher Ort für einen Spaziergang an der Strandpromenade entlang, weiter durch die lebendige Hauptstraße (Calle Craig) und über die verschlafene Hauptplaza, an der eine Kirche steht, die wie der nach oben schießende Bug eines Fischerbootes aussieht.

Der 22 m hohe Leuchtturm **El Faro de Huasco** (Costanera; ⏲ Sa & So, 11–17 Uhr) GRATIS ist eines der Wahrzeichen der Stadt. Seine elegante konische oktogonale Form und die Kuppel aus Kupfer wirken atemberaubend vor der felsigen Küste und den Bergen im Hintergrund. Wer am Wochenende da ist, sollte bis ganz nach oben steigen und den Blick über die Küste genießen.

Schlafen & Essen

Hostal San Fernando HOTEL $

(☎51-253-1726; Valdivia 176; EZ/DZ ab 22 000/28 000 Ch$) An einem einsamen Küstenstreifen wirkt das Hostal San Fernando mit seinem alpinen Baustil seltsam fehl am Platz. Doch seine Zimmer bieten großartigen Meerblick. Man sollte nach einem neuen Zimmer fragen.

Hotel Solaris HOTEL $$

(☎51-253-9001; www.hotelsolaris.cl; Cantera 207; EZ/DZ ab 55 000/60 000 Ch$; P 📶 ❄) Das moderne und irgendwie fehl am Platz wirkende Solaris ist das beste Hotel in Huasco. Die Zimmer sind in Erdtönen gehalten und gut ausgestattet mit Minikühlschrank und einem kleinen Schreibtisch. Einige Zimmer verfügen über einen Balkon

Die Zimmer im dritten Stock haben die beste Aussicht.

Bahia CHILENISCH $$

(Muelle Fiscal, 2. Stock; Hauptgerichte 5500–9300 Ch$; ⏲ Mo–Sa 12–22.30, So bis 18 Uhr) Bei Einheimischen ist das schlichte Lokal wegen des gegrillten Fischs und der opulenten Mittagsmenüs sehr beliebt. Es liegt direkt über dem Fischmarkt und durch die großen Fenster hat man eine tolle Aussicht über die Bucht mit den auf- und abschaukelnden Fischerbooten, über die der Leuchtturm wacht.

El Faro FISCH UND MEERESFRÜCHTE **$$**
(☎ mobil 9-8686-0367; Av Costanera s/n, Playa Grande; Hauptgerichte 7200 10 200 Ch$; ⌚ Mo–So 12.30–16 & 19.30–22.30, So 12.30–17 Uhr) Gleich unterhalb des Leuchtturms bietet das El Faro den tollsten Ausblick der Stadt sowie eine vielseitige Speisekarte mit Meeresfrüchten, acht Sorten *ceviche* und einer großen Auswahl an gegrilltem Fisch und Fleisch und Empanadas.

Praktische Informationen

Touristeninformation (Calle Craig; ⌚ Mo–Fr 9–18 Uhr) Hilfreiches Büro im ehemaligen Bahnhofsgebäude in der Nähe der Hauptplaza. Informationen zu Sehenswürdigkeiten in der Umgebung sowie guten Straßen, um Wüstenblumen zu sehen, wenn man zur richtigen Jahreszeit da ist (Juni bis Oktober).

An- & Weiterreise

Vor dem Busbahnhof von Vallenar (S. 226) fahren alle 15 Minuten Busse nach Huasco (1600 Ch$, 1 Std.). Um nach Vallenar zurückzukommen, winkt man einfach einen der Busse heran, die von Huascos Hauptplaza starten. Sie verkehren etwa alle 15 Minuten.

Parque Nacional Llanos de Challe

Dieser abgelegene **Nationalpark** (Erw./Kind 5000/1500 Ch$; ⌚ Dez.–März 8.30–20 Uhr, April–Nov. bis 17.30 Uhr) schützt die wüstenartige Küste 40 km nördlich von Huasco. Normalerweise zieht er nur wenige Besucher an, doch das ändert sich in den Jahren, wenn das Phänomen des *desierto florido* (blühende Wüste) die Wüste mit einem farbenfrohen Teppich aus Blüten bedeckt. In der Gegend gibt's einige sehenswerte seltene Kakteenarten, scheue Guanakos und Füchse.

Der Park ist nur mit einem privaten Auto zugänglich. Er teilt sich in einen Sektor im Landesinneren an der Quebrada Carrizal, 15 km südöstlich von Carrizal Bajo, und einen Küstenbereich südlich von Carrizal Bajo um die Punta Los Pozos. Auf dem **Camping Playa Blanca** (Zeltplätze 4000 Ch$ pro Pers., Duschen 800 Ch$ für 3 Min.) mit Blick auf den Strand kann man zelten. Und gute Nachrichten für Surfer, schlechte Nachrichten für Schwimmer: In Ufernähe locken herrliche Brecher.

Es gibt keine öffentlichen Verkehrsmittel zum Nationalpark. Von Huasco aus nehmen Autofahrer die schäbige Asphaltstraße entlang der Küste ab dem Bauerndorf Huasco Bajo. Eine Alternative ist die gute Straße, die etwa 40 km nördlich von Vallenar von der Panamericana abzweigt.

Copiapó

☎ 052 / 154 000 EW.

Angesichts Copiapós milden Klimas, der grünen Hauptplaza und der zahlreichen historischen Gebäude fühlen sich die meisten Besucher auf eigenartige Weise wohl zwischen seinen Bergleuten und genießen das geschäftige Treiben. Doch eigentlich lohnt es sich nicht, länger zu verweilen – es sei denn, man plant eine Fahrt in die abgelegene Bergwelt nahe der argentinischen Grenze, etwa zum atemberaubenden Parque Nacional Nevado Tres Cruces, zur Laguna Verde oder zum 6893 m hohen Gipfel des Ojos del Salado, dem höchsten aktiven Vulkan der Welt.

Die Stadt im engen Talgrund am Nordufer des Río Copiapó hat sich einen gewissen Namen dadurch gemacht, dass dort einiges Premiere feierte: Von hier fuhr Südamerikas erste Eisenbahn (1852 fertiggestellt) nach Caldera, zudem gab es hier die ersten Telegrafen- und Telefonleitungen des Landes sowie Chiles erstes Gaswerk. All dies brachte der Goldrausch im 18. Jh. und der Silberabbau ab 1832 im benachbarten Chañarcillo mit sich. Heute verdienen die Bergleute und damit auch die Kellnerinnen in den Bierhallen ihr Geld hauptsächlich mit Kupfer.

Sehenswertes

★ **Mina San José** MINE
(Abseits der Carretera C-327; Besucherzentrum gratis, geführte Touren 5000 Ch$; ⌚ Do–So 10–18 Uhr) 2010 wurden 33 Bergarbeiter 700 m unter der Erdoberfläche nach einem schrecklichen Einsturz innerhalb des Berges, wo sie gearbeitet hatten, eingeschlossen. Durch die gemeinsamen übermenschlichen Anstrengungen mehrerer Länder wurden alle Männer gerettet. Eine Milliarde Menschen schauten weltweit vor dem Fernseher zu, als die Überlebenden einer nach dem anderen unter dem Jubel von Freunden, Familien, Kollegen sowie dem chilenischen Präsidenten Sebastián Piñera aus der extra gebauten Rettungskapsel stiegen.

Die Mine wurde nach dem Unfall geschlossen, aber 2015 als Touristenattraktion von der Regierung wiedereröffnet. Am Eingang befindet sich eine Anhöhe mit 33 Fahnen (eine für jeden Bergarbeiter, auch eine

DIE BLÜHENDE WÜSTE

In manchen Jahren erlebt die karge Wüste Norte Chicos eine kurze, aber erstaunliche Transformation: Wenn es genügend schwere Regenfälle gibt, verwandelt sich das ausgedörrte Land in einen bunten Wildblumenteppich, und die Landschaft, die vorher an *Lawrence von Arabien* erinnerte, wird zu einer Wiesenidylle, die aus *Bambi* stammen könnte.

Dieses herrliche, aber kurzlebige Phänomen wird passend *desierto florido*, „blühende Wüste", genannt. In feuchteren Jahren, wenn schlafende Wildblumensamen zum Sprießen gebracht werden, tritt es zwischen Ende Juli und September auf. Viele der Blumen sind gefährdete Arten, darunter die bemerkenswerte endemische *garra de león* („Löwentatze"), eine der seltensten und beeindruckendsten Wildblumen Chiles. Auch auf der Fahrt über die Panamericana kann man bei Vallenar am Straßenrand zarte weiße oder violette *suspiro de campo* („Seufzer des Feldes"), malvenfarbene, violette oder weiße *pata de Guanaco* („Guanako-Huf") und gelbe *corona de fraile* („Mönchskrone") sehen.

Llanos de Challe ist einer der besten Orte, um dieses Phänomen zu erleben, allerdings machen es die unregelmäßigen Regenfälle in der Region schwer, die schönsten Stellen in einem Jahr vorherzusagen.

bolivianische), die in der Nähe des Zeltlagers Campamento Esperanza (Lager der Hoffnung) liegt, wo Familien und Freunde rund um die Uhr Wache hielten, bis die Männer gerettet waren. Ohne den unnachgiebigen Druck der Ehefrauen, Freundinnen und Familien der Bergarbeiter hätten die Retter vielleicht aufgegeben, bevor sie schließlich doch Kontakt zu den eingeschlossenen Männern herstellen konnten (qualvolle 18 Tage, nachdem sie eingeschlossen wurden).

Vor Ort gibt's ein kleines Besucherzentrum mit Informationen darüber, was die Männer während ihrer zehnwöchigen Gefangenschaft tief unter der Erdoberfläche erleiden mussten. Es gibt Filme über die Rettung der Bergarbeiter, darunter einige emotionale Wiedervereinigungen mit Männern, die viele für tot gehalten hatten. Der Höhepunkt ist die Führung (nur auf Spanisch) von Jorge Galleguillos, einem der 33 Männer.

Die Mine liegt 50 km nordwestlich von Copiapó. Sie ist mit einem normalen Auto erreichbar; viele Reiseveranstalter in Copiapó bieten Touren dahin an.

Museu Regional de Atacama MUSEUM
(Atacama 98; ⏲Di–Fr 9–17.45, Sa 10–12.45 & 15–17.45, So 10.30–13.15 Uhr) GRATIS Das Museum bietet einen Überblick über die Natur- und Menschheitsgeschichte der Region, seinen Mineralreichtum und wichtige Ereignisse, die ihre Geschichte im Lauf der Jahrhunderte geprägt hat. Die umfassende Ausstellung zeigt altertümliche zoomorphe Behälter zur Mischung von Halluzinogenen durch eingeborene Schamanen, Töpferware aus der Ära der El Molle (ungefähr 700 n. Chr.) und Waffen aus dem Pazifikkrieg, als Copiapó als Stützpunkt der chilenischen Invasion in Peru und Bolivien diente.

Es gibt auch einen Raum mit historischen Möbeln und Gemälden von Industriellen und Militärs aus dem 19. Jh. Im Sala de Mineira (Raum der Bergarbeiter) sind alte Gegenstände von Arbeitern ausgestellt, die unter Tage geschuftete haben, sowie eine Ausstellung über die „Los 33" – die 33 Bergarbeiter, die 2010 nach 69 Tagen unter der Erde gerettet wurden. Im Innenhof steht die Originalkapsel (die *Fénix 2*), mit der die Männer gerettet wurden.

Museo Minero de Tierra Amarilla MUSEUM
(☎52-232-9136; www.mmta.cl; Sector Punta del Cobre s/n, Tierra Amarilla; ⏲Mo–Fr 8–17, Sa 14–18 Uhr) GRATIS Mehr über die Geologie der Region erfahren Interessierte in dem neuen Privatmuseum 18 km südöstlich der Stadt nahe dem Dorf Tierra Amarilla. Das 200 Jahre alte restaurierte *quincho* (Grillhütte) liegt inmitten von noch genutzten Minen und präsentiert in acht Räumen Fossilien, Vulkangestein, Meteoriten, Mineralien sowie seltene oxidierte Steine. Von der Ecke Chacabuco und Chañarcillo fahren gelbe *colectivos* her.

Geführte Touren

Chillitrip OUTDOORAKTIVITÄTEN
(☎9-8190-9019; www.chillitrip.cl; Los Carrera 464; Touren ab 15 000 Ch$) Eine große Auswahl an Touren, darunter Mountainbiken, Sandboarden, Ausflüge zu verlassenen Stränden,

Sternbeobachtungen bei Nacht und zweitägige Ausflüge in den Parque Nevado Tres Cruces. Das Büro liegt einen Block von der Plaza entfernt am Ende einer kleinen Einkaufsgalerie.

Geo Adventures OUTDOORAKTIVITÄTEN
(mobil 9-9613-1426; www.geoadventures.cl; Juan Martinez 635; ganztägige Touren ab 70 000 Ch$; Mo–Sa 9–18 Uhr) Ein Veranstalter mit gutem Ruf und einem großen Angebot: von Ausflügen in die blühende Wüste bis zu Abenteuertouren mit dem Geländewagen in den Parque Nacional Nevada Tres Cruces sowie in die Mina San José (S. 227) kombiniert mit Sehenswürdigkeiten an der Küste.

Puna de Atacama GEFÜHRTE TOUREN
(mobil 9-9051-3202; www.punadeatacama.com; ganztägige Touren ab 115 000 Ch$) Ercio Mettifogo Rendic bietet vergnügliche maßgeschneiderte Ausflüge zu den Highlights der Umgebung sowie zu vielen geheimen Orten in der Wüste und in den Bergen.

Schlafen & Essen

Hotel El Sol HOTEL $
(52-221-5672; Rodríguez 550; EZ/DZ 25 000/32 000 Ch$; P) In fröhlichem Gelb gestrichenes Hotel nur einen kurzen Spaziergang von der Plaza mit ein paar einfachen, aber sauberen Zimmern zu guten Preisen.

★ **Hotel La Casona** HOTEL $$
(52-221-7277; www.lacasonahotel.cl; O'Higgins 150; EZ/DZ ab 48 000/54 000 Ch$;) Charme und Leichtigkeit prägen dieses gemütliche Hotel mit zwölf Zimmern und mehreren grünen Innenhöfen zehn Gehminuten westlich der Plaza. Die Besitzer sind zweisprachig. Alle Räume haben ein entspanntes ländliches Flair, Hartholzböden und Kabelfernsehen. Im Restaurant erwartet Gäste ein köstliches Abendessen.

Diventare CAFÉ $
(www.facebook.com/cafeteriadiventare; O'Higgins 760; Sandwiches 2500-5000 Ch$; Mo–Sa 8.30–21 Uhr) Nur wenige Gehminuten von der Plaza liegt das charmante sonnendurchflutete Café Diventare mit Tischen im Freien und es ist ein guter Ort, um einen ausgezeichneten Espresso, Joghurt mit Müsli oder Baguette-Sandwiches zu genießen. Das Eis zieht an heißen Tagen viele Kunden an.

La Chingana CHILENISCH $$
(www.facebook.com/lachingana.restopub; Atacama 271; Hauptgerichte 7000–15 000 Ch$; Mo–Sa 13–3, So 20–3 Uhr) Das vielbesuchte La Chingana verfügt über mit Kunst gefüllte Räume und eine hübsche Terrasse, um etwas zu essen oder zu trinken. Das Drei-Gänge-Mittagsmenü (5000 Ch$) bietet ein gutes Preis-Leistungs-Verhältnis. Die Cocktails sind erstklassig und an den Wochenenden gibt's Livemusik.

Legado CHILENISCH $$
(52-254-1776; www.facebook.com/legadorestaurant; O'Higgins 12; Hauptgerichte 10 000–15 000 Ch$; Mo–Sa 12–15 & 19–23 Uhr) Copiapós bestes Restaurant, um sich so richtig verwöhnen zu lassen. In den elegant gedeckten Speiseräumen gibt's wunderbar gegrillte Steaks, zarte Jakobsmuscheln, Shrimps-Risotto und köstlichen frischen Fisch. Der Service ist aufmerksam und die Weinkarte ausgezeichnet.

Ausgehen & Nachtleben

Tololo Pampa BAR
(Atacama 291; Di–Sa 19–3 Uhr) Lebhafte, alternativ angehauchte Bar mit mehreren künstlerisch gestalteten Räumen und einer offenen Terrasse samt rustikaler Möbel sowie einer Feuerstelle im Freien. Schön für Drinks und spätabendliche Snacks wie Quesadillas und Fajitas (4500–10 000 Ch$).

Praktische Informationen

Rund um die Plaza gibt's zahlreiche Banken mit Geldautomaten.

CONAF (52-221-3404; Rodriguez 434; Mo–Do 8.30–17.30, Fr bis 16.30 Uhr) bietet Informationen über regionale Parks sowie Broschüren auf Englisch über Pan de Azúcar.

Hospital San José (52-246-5600; Los Carrera 1320; 24 Std.) Medizinische Versorgung 1,4 km östlich der Plaza Prat.

Sernatur (52-221-2838; Los Carrera 691; Jan. & Feb. Mo–Fr 8.30–19, Sa & So 9–15, März–Dez. Mo–Fr 8.30–18 Uhr) Die gut geführte Touristeninformation auf der Hauptplaza hat zahlreiche Materialien und Infos in englischer Sprache auf Lager.

An- & Weiterreise

FLUGZEUG

Der **Aeropuerto Desierto de Atacama** (52-252-3600; Ruta 5 Norte, Km 863, Caldera) liegt 50 km westlich von Copiapó.

LAN (600-526-2000; Colipí 484, Mall Plaza Real, Local A-102; Mo–Fr 9–14 & 15–18, Sa 10–13.30 Uhr) fliegt täglich nach Santiago (ab 60 000 Ch$, 1½ Stunden).

Private Taxis zum Aeropuerto Desierto de Atacama, z. B. von **Radio Taxi San Francisco**

(☎ 52-221-8788), schlagen mit 28 000 Ch$ zu Buche. **Transfer Casther** (☎ mobil 9-6545-6386) bringt Flugpassagiere in die Stadt (7000 Ch$, 40 Min.). Busse und *taxis colectivos*, die zwischen Copiapó und Caldera verkehren, lassen Traveller möglicherweise an der Kreuzung 300 m vom Flughafen entfernt ein- oder aussteigen.

BUS & TAXI COLECTIVO

Die Busgesellschaften findet man im südlichen Viertel von Copiapó. Praktisch alle in Nord-Süd-Richtung verkehrenden Busse halten hier, aber auch viele Linien, die zu Zielen ins Landesinnere unterwegs sind. **Pullman Bus** (☎ 52-221-2629; Colipí 127) und **Tur Bus** (☎ 52-223-8612; Chañarcillo 650) haben jeweils einen großen Busbahnhof mit vielen Haltestellen. Zu den weiteren Unternehmen gehören **Expreso Norte** (☎ 52-223-1176), **Buses Libac** (☎ 52-221-2237) und **Condor Bus** (☎ 52-221-3645; www.condorbus.cl), die sich alle ein Terminal in der Chañarcillo 650 teilen. Viele Busse zu Orten in den Wüstenregionen weiter nördlich starten nachts.

Durchschnittspreise und häufige Ziele:

ZIEL	PREIS (CH$)	DAUER (STD.)
Antofagasta	15 000	8
Arica	25 000	18
Calama	20 000	10
Iquique	26 000	15
La Serena	10 000	5
Santiago	30 000	12
Vallenar	7000	2

Buses Casther (☎ 52-221-8889; Buena Esperanza 557) fährt alle 30 Minuten nach Caldera (2500 Ch$).

Unterwegs vor Ort

Mehrere Autovermietungen haben Büros in Copiapó und am Flughafen, darunter **Hertz** (☎ 52-221-3522; Av Copayapu 173; ⌚ Mo–Fr 8.30–19, Sa 9–13 Uhr) und **Budget** (☎ 52-252-4591; Rómulo Peña 102; ⌚ Mo–Fr 8.30–18.30, Sa bis 13.30 Uhr). Das einheimische Unternehmen **Rodaggio** (☎ 52-221-2153; www.rodaggio.cl; Colipí 127; ⌚ Mo–Fr 8.30–13 & 15–20, Sa 9–13 Uhr) hat etwas billigere Preise und gelegentlich auch Schnäppchenangebote für mehrtägige Anmietungen.

Parque Nacional Nevado Tres Cruces

Der schwer zu erreichende **Parque Nacional Nevado Tres Cruces** (Erw./Kind 5000/1500 Ch$; ⌚ 8.30–18 Uhr) hat die gleiche wilde Schönheit zu bieten wie die anderen berühmteren Hochgebirgsparks weiter nördlich, er wird jedoch weitaus seltener als seine Pendants im Norden besucht. Er schützt neben einer spektakulären Bergwelt mit erstklassigen Klettermöglichkeiten auch eine reiche Fauna: Flamingos verbringen hier den Sommer, große Herden von Vikunjas und Guanakos tummeln sich an den Hängen, an und auf den Seen leben zwei Arten von Blesshühnern (*Fulica cornuta* und *Fulica gigantea*), Andengänse und Möwen. Gelegentlich sind sogar Kondore oder ein Puma zu sehen.

Das 591 km² große Schutzgebiet teilt sich in zwei Sektoren entlang der internationalen Straße nach Argentinien, die über den Paso de San Francisco führt. Der größere **Sector Laguna Santa Rosa** umfasst 470 km², er erstreckt sich um den gleichnamigen See in 3700 m Höhe. Auch der schmutzig weiße Salzsee Salar de Maricunga im Norden liegt in diesem Areal.

Der wesentlich kleinere **Sector Laguna del Negro Francisco** umgibt den gleichnamigen See. Im Sommer zieht das flache Wasser rund 8000 Vögel wie Anden- und Chileflamingos sowie seltene Jamesflamingos an. Von Dezember bis Ende Februar ist ihre Zahl am größten. Die CONAF unterhält das gemütliche **Refugio Laguna del Negro Francisco** (10 000 Ch$ pro Pers. & Nacht) mit Betten, Kochgelegenheiten, Strom, Wasserklosetts und warmen Duschen. Bettwäsche (Schlafsack), Trinkwasser und Gas zum Kochen müssen Gäste selbst mitbringen.

Das recht gemütliche **Refugio Flamenco** (☎ mobil 9-9051-3202; erciomettifogo@gmail.com; Zeltplatz 15 000 pro Pers, B 20 000 Ch$, Zi. 40 000 Ch$ pro Pers.; ⌚ Sept.–April) verfügt über einen Schlafraum mit 12 Betten und Stromanschluss, ein anständiges Bad und eine Gemeinschaftsküche. Es gibt auch gemütliche Zimmer mit Bad und WC.

Auf dem Weg zum Nationalpark kann man sich leicht verirren, und es gibt leider keine öffentlichen Verkehrsmittel. Aus diesen Gründen kommt man am besten mit einer Tour von Copiapó her. Wer auf eigene Faust anreisen will, benötigt einen Wagen mit Allradantrieb und hoher Bodenfreiheit sowie ein Satellitentelefon und eine gute Karte.

Der Sector Laguna Santa Rosa liegt 146 km östlich von Copiapó. Hierher führen die Ruta 31 und eine andere (namenlose) Straße zur malerischen Quebrada de Paipote. Der Sector Laguna del Negro Francisco erstreckt sich 81 km weiter im Süden und ist über eine kurvenreiche Straße zu erreichen, die ins Tal des Río Astaburuaga hinunterführt.

Ojos del Salado

Gleich außerhalb der Parkgrenzen erhebt sich der 6893 m hohe Ojos del Salado, Chiles höchster Berg. Er ist nur 69 m niedriger als Südamerikas höchster Gipfel, der Aconcagua in Argentinien, und der höchste aktive Vulkan der Welt: Sein letzter Ausbruch (eine Dampf- und Gasexplosion) fand 1993 statt.

Aktivitäten

Zwischen November und März kann man auf ihn hinaufkraxeln. Einige Bergsteiger versuchen es in acht Tagen, doch das ist nicht ratsam. Nur 25 % derjenigen, die zum Gipfel aufbrechen, kommen auch dort an. Das liegt nicht am Schwierigkeitsgrad – nur die letzten ca. 50 m sind technisch anspruchsvoll –, sondern daran, dass sich viele nicht genug Zeit zum Akklimatisieren lassen. Klüger ist es, zwölf Tage einzuplanen.

Expeditionsteilnehmer verbringen die Nächte in zwei Hütten, die auf der Route zum Gipfel liegen. Los geht's an der spektakulär türkisblauen **Laguna Verde** (4342 m)

LOS 33

121 Jahre lang wurde in der Mina San José 45 km nördlich von Copiapó tief in der Atacama-Wüste gelegen, nach Gold und Kupfer geschürft. Am Nachmittag des 5. August 2010 wurden 33 der Arbeiter nach einem katastrophalen Einsturz 700 m unter der Erdoberfläche eingeschlossen. San José stand plötzlich im Fokus der Öffentlichkeit und die Los 33, wie die verschütteten Männer genannt wurden, wurden ungewollt zu Superstars einer der größten Rettungsaktionen der Menschheitsgeschichte, die im Fernsehen übertragen wurde.

Weniger als sechs Monate vor dem Unglück wurde Chile 2010 von einem Erdbeben und einem darauffolgenden Tsunami heimgesucht. Die Augen des Landes waren auf die Notlage der Bergarbeiter und ihrer Familien gerichtet und alle hatten Mitleid mit ihnen. Aufgrund des gewaltigen Drucks der Öffentlichkeit übernahm die Regierung die Rettung. Das Unterfangen kostete geschätzte 20 Millionen US$, internationale Bohrteams wurden angefordert, Experten von der NASA und mehreren internationalen Konzernen waren behilflich. Am 13. Oktober 2010 wurde während des live im Fernsehen übertragenen Finales, das fast 24 Stunden dauerte und bei dem geschätzt eine Milliarde Menschen vor den Bildschirmen zuschauten, der letzte der 33 Männer durch einen engen Schacht befreit. Ein Schild mit der Aufschrift *Misión cumplida Chile* (Mission erfolgreich abgeschlossen, Chile) wurde vor die Fernsehkameras gehalten.

Während sie unter der Erde eingeschlossen waren, wurde das Leid der Los 33 zu einer Seifenoper, über die rund um die Uhr berichtet wurde. Auf einen Bergarbeiter warteten gleichzeitig die Ehefrau und die Geliebte an der Oberfläche. Nach 69 Tagen in der Dunkelheit in den Tiefen der Erde fanden sich die Männer an der Oberfläche plötzlich im Rampenlicht wieder. Im Wembley-Stadion jubelten ihnen Fußballfans zu, sie jetteten nach Disneyland, wo alle Kosten für sie übernommen wurden, sie wurden mit Geschenken und Geld überhäuft und nach New York geflogen, um von David Letterman interviewt zu werden.

Aber es gab auch Schattenseiten des Ruhms für die Bergarbeiter. Nachdem das öffentliche Drama vorbei war, bekamen die Männer körperliche und psychische Probleme. Ein paar Jahre nach dem Vorfall hatten die meisten Probleme, Arbeit zu finden, und einige kehrten in die Minen zurück. Es war nur ein kurzer Ruhm und die Männer wurden für ihr erlittenes Leid kaum finanziell entschädigt, obwohl es ihre Geschichte bis nach Hollywood schaffte: Der Film *69 Tage Hoffnung*, in dem Antonio Banderas mitspielte, kam 2015 in die Kinos.

Heute kann man die **Mina San José** (S. 227), in der die Männer eingeschlossen waren, besichtigen, aber nur an der Erdoberfläche. Einer der Bergarbeiter, Jorge Galleguillos, leitet Führungen (nur auf Spanisch). In Copiapó lohnt es sich auch, das **Museo Regional de Atacama** (S. 228) zu besuchen, in dem Gegenstände der 33, u. a. die Originalrettungskapsel, zu besichtigen sind.

65 km hinter der Laguna Santa Rosa. Die Farbe des Sees, die durch Minerale zustande kommt, wirkt noch intensiver als das Blau des Himmels. Am Ufer befindet sich ein (frostiger) Campingplatz. Thermalbäder sorgen dafür, dass die halb erfrorenen Zehen wieder auftauen können. Weiter oben übernachten Bergsteiger auf 4540 m im Refugio Claudio Lucero. Die nächste Hütte ist das von der Universidad de Atacama verwaltete Refugio Atacama auf 5100 m. Ganz Entschlossene schaffen es bis zum Refugio Tejos (5833 m), dann folgt nur noch der Gipfel.

Mehrere Veranstalter wie Aventurismo Expediciones oder ChileMontaña bieten geführte Touren zum Gipfel an. Da der Ojos del Salado aber an der Grenze liegt, benötigen Bergsteiger eine Genehmigung von Chiles Dirección de Fronteras y Límites (DIFROL) (www.difrol.cl), die alle Aktivitäten im Grenzbereich überwacht. Die Genehmigungen sind kostenlos, müssen aber im Vorfeld eingeholt werden. Dafür direkt DIFROL kontaktieren.

ChileMontaña OUTDOORAKTIVITÄTEN
(☎ mobil 9-8259-3786; http://andesadventureguides.com) In Santiago ansässiger namhafter Veranstalter für Abenteuertouren.

Aventurismo Expediciones ABENTEUERTOUREN
(☎ mobil 9-9599-2184; www.aventurismo.cl; 8-/12-tägige Touren 3200/4200 US$) Der Veranstalter genießt einen guten Ruf für seine Klettertouren auf den Ojos del Salado. Die Preise sind niedriger, wenn man nicht alleine klettert (12-tägige Touren für eine dreiköpfige Gruppe kosten 2000 US$ pro Pers.).

An- & Weiterreise

Man braucht ein eigenes Auto, um in die Gegend zu kommen, oder muss eine geführte Tour buchen.

Caldera

☎ 052 / 17 700 EW.

Ganzjährig Sonne, einige fantastische Strände sowie reichlich Fisch und Meeresfrüchte machen Caldera – zur Zeit des Bergbaubooms im 19. Jh. der zweitgrößte Hafen – und das benachbarte Bahía Inglesa zu den beliebtesten Badeorten der Region III. Caldera zieht besonders chilenische Urlauber an, während sich die meisten ausländischen Besucher in Bahía Inglesa mit seinen vielen tollen kleinen Hotels und Restaurants und der relaxten Atmosphäre verlieben. Es ist allerdings günstiger, in Caldera zu übernachten und den Tag am Strand von Bahía zu verbringen.

Sehenswertes & Aktivitäten

Weil Calderas Strand mit Benzin vom benachbarten Dock verschmutzt ist, lohnt sich die kurze Tagestour nach Bahía Inglesa oder der längere Weg zur Playa La Virgen. Ein 7 km langer Radweg verbindet die Stadt mit Bahía Inglesa. Fahrräder können bei Qapaq Raymi ausgeliehen werden.

Casa Tornini MUSEUM
(www.casatornini.cl; Paseo Gana 210; 2500 Ch$; ⏲ Führungen März–Dez. 11.30 & 16.30 Uhr, Jan. & Feb. 12 & 20 Uhr) Calderas jüngste Attraktion ist eine neoklassizistische Villa aus den frühen 1890er-Jahren, die einst einer italienischen Einwandererfamilie gehörte. Bei den Führungen werden sechs historische Räume mit alten Gegenständen und den Originalmöbeln gezeigt. In zwei weiteren Räumen sind Sonderausstellungen mit Fotografie und Kunst zu sehen.

Centro Cultural Estación Caldera HISTORISCHES BAUWERK
(Wheelwright s/n; Museum für Paläontologie 1000 Ch$; ⏲ Di–Fr 10.30–13 & 17–19, Sa & So 11–14 & 16–20 Uhr) GRATIS Dieses auffällige Gebäude an der Nordseite der Mole wurde 1850 errichtet und war Endstation der ersten Eisenbahn Südamerikas. Heute beherbergt es eine schöne luftige Ausstellungshalle mit Holzbalken, die manchmal für Festivals und verschiedene Events genutzt wird, sowie ein paläontologisches Museum.

Muelle Pesquero HISTORISCHES BAUWERK
Rund um die farbenfrohe Fischermole treffen sich hungrige Pelikane, bunte kleine Boote und Messer schwingende *señoras*, die eifrig Fisch ausnehmen und braten.

Qapaq Raymi OUTDOORAKTIVITÄTEN
(☎ 9-7386-3041; Edwards 420; halb-/ganztägige Touren ab 10 000/18 000 Ch$) Der enthusiastische neue Veranstalter bietet u. a. Touren in den Parque Nacional Pan de Azúcar, in einheimische Dörfer, zu weißen Sandstränden und in die Mina San José (S. 227) an. Fahrrädervermietungen (halber/ganzer Tag ab 4000/8000 Ch$) und Flughafentransfers gibt's auch.

Trimaran Ecotour BOOTSTOUREN
(☎ mobil 9-9866-4134; Muelle Pesquero; Erw./Kind 5000/3000 Ch$) Auf der einstündigen Bootsfahrt zum Leuchtturm kann man Pinguine und Seelöwen sehen. Trimaran Ecotour hat einen Kiosk an der Mole und veranstaltet im

Sommer täglich mehrere Ausflüge (12.30, 14, 15.30 & 17.30 Uhr), die im Rest des Jahres nur samstags stattfinden.

Schlafen

★ Qapaq Raymi HOSTEL $

(☎ 9-7386-3041; Edwards 420; B/DZ 12 000/ 25 000 Ch$; 📶) Das freundliche und entspannte Qapaq Raymi wurde erst 2007 eröffnet. Die Gäste können sich in dem umgebauten Haus voller Kunst wie zu Hause fühlen. Es verfügt über eine gut ausgestattete Küche, einen Aufenthaltsbereich (wo Gäste Filme schauen oder sich die Gitarre ausleihen können), gemütliche Zimmer und eine Terrasse im hinteren Bereich, wo man grillen oder andere Reisende kennenlernen kann.

Vor Ort bekommt man viele gute Tipps über die Region und kann Touren buchen. Die Betreiber sind sehr umweltbewusst und legen großen Wert auf Recycling, Kompostierung und haben das Haus mit umfunktionierten Möbeln (u. a. Bettgestelle aus recycelten Holzpaletten) ausgestattet.

El Aji Rojo HOSTEL $

(☎ 9-8325-2341; Tocornal 453; DZ 25 000 Ch$; 📶) Nur wenige Gehminuten von der Plaza entfernt liegt das El Aji Rojo mit schönen, aber einfachen Zimmern, einer voll ausgestatteten Gästeküche sowie einem Aufenthaltsbereich auf der Rückseite.

★ Casa Hostal El Faro GÄSTEHAUS $$

(☎ 9-7369-6902; www.casahostalelfaro.com; Pasaje Alcalde Gigoux 504; EZ/DZ/Apt. 31 000/45 000/ 75 000 Ch$; 📶) Das einladende Gästehaus liegt in einem kleinen hügeligen Viertel 1,4 km vom Stadtzentrum entfernt. Es hat nur wenige Zimmer und ein für Gruppen geeignetes Apartment. Die Zimmer sind farbenfroh und mit hübschen Möbeln eingerichtet und von der Veranda hat man einen atemberaubenden Blick über die Bucht. Die Gäste dürfen auch die Küche benutzen.

Hotel Costa Fosil HOTEL $$

(☎ 52-231-6451; www.jandy.cl; Gallo 560; EZ/DZ 35 000/46 000 Ch$; P 📶) Das freundliche Hotel liegt sehr zentral nur einen halben Block von der Plaza entfernt. Die 23 Zimmer liegen um einen luftigen Innenhof, und es gibt eine kleine sonnige Terrasse. Kaffee und Tee sind rund um die Uhr erhältlich.

Essen

Meeresfrüchte bekommt man am Terminal Pesquero gleich hinter dem alten Bahnhof. An den Ständen kann man frischen Fisch bei einem atemberaubenden Ausblick genießen.

Es gibt auch ein gutes Fisch- und Meeresfrüchterestaurant direkt am Ufer. Davon abgesehen sind die meisten Restaurants in Caldera eher zwanglos.

Bahía Inglesa wartet mit einer größeren Auswahl an Restaurants auf.

★ Cafe Museo CAFÈ $

(Edwards 479A; Kuchen 1200–2600 Ch$, Sandwiches ab 2500 Ch$; ⏲ Mo–Sa 10–12 & 17–20 Uhr; 📶) Neben der Casa Tornini liegt dieses süße Café, dekoriert mit alten Postern und Zeitungsausschnitten. An sechs Holztischen drinnen sowie einigen auf dem Bürgersteig kann man köstliche Kuchen, Sandwiches und echten Espresso genießen.

Doña Triny FISCH & MEERESFRÜCHTE $$

(Terminal Pesquero; Hauptgerichte 7000–10 000 Ch$; ⏲ 9–20 Uhr) Einer von einem halben Dutzend zwanglosen Ständen für Fisch und Meeresfrüchte auf dem lebendigen Fischmarkt. Der beste Ort für den frischen Fang des Tages. Von den hinteren Tischen aus hat man die beste Aussicht.

Nuevo Miramar FISCH & MEERESFRÜCHTE $$

(☎ 52-231-5381; Gana 090; Hauptgerichte 7800– 12 350 Ch$; ⏲ Mo–Sa 12–16 & 19.30–22, So 12– 20 Uhr) Ein eher gehobenes Restaurant direkt am Meer mit vielen Fenstern mit Blick auf den Strand und den Hafen; gute Meeresfrüchte und Weinkarte.

Praktische Informationen

Im **Touristenkiosk** (☎ 52-231-6076; Plaza Condell; ⏲ Sommer 9–21 Uhr, übriges Jahr Mo–Sa 9–14 & 16–19 Uhr) an der Nordseite der Plaza bekommt man nur spärliche Informationen und diese auch nur auf Spanisch, aber die Angestellten sind freundlich.

Anreise & Unterwegs vor Ort

Private Taxis zum **Aeropuerto Desierto de Atacama** (S. 229), 25 km südlich der Stadt kosten 12 000 Ch$.

Der Busbahnhof von **Pullman** (☎ 52-231-5227; Ecke Gallo & Vallejos) liegt einen Block östlich der Plaza. Tur Bus hat ein Büro (Gana 241; ⏲ Mo–Fr 9–21, Sa 10–14 & 17–20.30 Uhr) in der Nähe der Plaza, wo man Fahrkarten kaufen kann, aber die Busse fahren von der **Plaza Las Americas** (Ecke Ossa Varas & Cifuentes) fünf Blocks südöstlich der Hauptplaza von Caldera ab. Es gibt Verbindungen nach Copiapó (2500 Ch$, eine Stunde), Antofagasta (13 200–24 000 Ch$, 6 Stunden) und Santiago (ab 28 000 Ch$, 12 Stunden).

Zwischen Caldera und Bahía Inglesa verkehren *taxis colectivos* (Sammeltaxis) für 1000 Ch$. Man kann die 6 km auch mit dem Rad fahren; **Qapaq Raymi** vermietet Fahrräder.

Bahía Inglesa

☎ 052 / 280 EW.

Nur ein kleines Stück südlich von Caldera erstreckt sich der hübsche Badeort Bahía Inglesa, genau die richtige Anlaufstelle für ein ordentliches Strandvergnügen. Mit seinem kristallklaren Wasser, aus dem Felsnasen ragen, einer langen weißen Bucht und der hippen Atmosphäre hat er sich zu einem der beliebtesten Urlaubsziele im Norden entwickelt. Die meisten Einrichtungen für Touristen befinden sich an der parallel zum Strand verlaufenden Avenida El Morro, an deren Südende auch das Hotel Domo Bahía Inglesa liegt (das viele Einheimische als Orientierungspunkt nutzen).

Seinen Namen verdankt der Ort britischen Freibeutern, die hier im 17. Jh. Zuflucht suchten. Legenden erzählen von ihren Schätzen, die noch irgendwo in der Gegend versteckt sein sollen.

Geführte Touren

Geo Turismo Atacama GEFÜHRTE TOUREN
(☎ mobil 9-5647-1513; www.geoturismoatacama.com; Av El Morro 840; Touren 15 000–30 000 Ch$) Der neben dem Hotel Domo Bahía Inglesa liegende Veranstalter bietet Ausflüge und Tagestouren zu Stränden in der Umgebung wie die Playa La Virgen (S. 236) sowie zum Pan de Azúcar (S. 235) und zur Mina San José (S. 227) in Copiapó an. In klaren Nächten stehen auch Sternbeobachtungstouren auf dem Programm.

Bahía Mako TAUCHEN
(☎ mobil 9-5358-0487; www.facebook.com/bahia.mako; Av El Morro; Tauch-/Schnorchelausflüge inkl. Ausrüstung 45 000/25 000 Ch$; ⏲ Dez.–Feb. 10–18 Uhr, März–Nov. bis 17 Uhr) Die Tauchschule bietet Tauch- und Schnorchelausflüge in der Bucht sowie Tauchkurse an. Erfahrende Taucher sollten nach Wracktauchen fragen.

Schlafen

Cabañas Villa Alegre APARTMENT $
(☎ 52-231-5074; Valparaiso; Apt. ab 40 000 Ch$) Gute kleine Apartments mit voll ausgestatteten Küchen, gleich hinter dem Hotel Bahía de Coral. Die Lage ist großartig. Zwar sind die Zimmer etwas abgenutzt, doch die Unterkünfte sind die beste Budgetoption der Stadt.

★ **Coral de Bahía** HOTEL $$
(☎ mobil 9-8434-7749; www.coraldebahia.cl; Av El Morro 559; DZ mit/ohne Meerblick 90 000/75 000 Ch$; P 📶) In der oberen Etage des Hotels am südlichen Ende des Strandes befinden sich elf hübsche Zimmer, einige davon mit Balkonen und weitem Meerblick. Im Sommer ist das Haus oft ausgebucht, also im Voraus reservieren. Das Restaurant am Strand verfügt über eine schöne Terrasse und kredenzt köstliche Meeresfrüchte mit besonderer Note. Die Gerichte auf der Speisekarte haben mittelamerikanische, asiatische und mediterrane Anklänge (Hauptgerichte 10 000–16 500 Ch$).

Nautel GÄSTEHAUS $$
(☎ mobil 9-7849-9030; www.nautel.cl; Copiapó 549; DZ/3BZ/Hütten ab 70 000/85 000/125 000 Ch$; P 📶) Stilvolle Boutique-Pension in einer Straße gleich oberhalb und ein kleines Stück rechts vom Hotel Domo. Das moderne Gebäude bietet acht Doppelzimmer in Erdtönen, fünf davon mit Meerblick, und eine traumhafte Holzhütte für vier Personen am Strand. Die Küche und das „Wohnzimmer" im Freien sind toll, um sich unter die Leute zu mischen, zudem gibt's einen direkten Strandzugang.

Hotel Rocas de Bahía HOTEL $$$
(☎ 52-231-6005; www.rocasdebahia.cl; El Morro 888; DZ ab 96 200 Ch$; P @ 📶 🏊) Das wie ein riesiges Schloss aus Sand wirkende Rocas de Bahía auf einer Klippe über der Bucht hat geräumige Zimmer mit Balkon und viel Tageslicht. Die Hälfte der Zimmer verfügen über Meerblick, aber leider wirken die aquamarinblauen Akzente und die abgenutzte Außenfassade etwas altmodisch. Auch vom kleinen Pool in der vierten Etage genießt man eine hübsche Aussicht.

Essen

Naturalia PIZZA $
(Miramar s/n; Pizzas 5000–7000 Ch$; ⏲ 11–16 & 19–22 Uhr) Mit seinem Nachbarn Punto de Referencia (S. 235) teilt sich das einfache Lokal die Terrasse. Hier stehen Pizzas, Empanadas und frisch gepresste Säfte auf der Karte.

El Plateao INTERNATIONAL $$
(Ave El Morro 756; Hauptgerichte 8000–11 000 Ch$; ⏲ 12–21 Uhr) Das entspannte und mit Kunstwerken dekorierte Restaurant direkt auf der Hauptstraße ist das beliebteste der Stadt Die große Speisekarte umfasst u. a. eine Meeresfrüchtesuppe auf thailändische Art, indisches Tandoori, Shrimps-Lasagne und ge-

grillten Fisch. An den Tischen auf der Terrasse davor kann man wunderbar den Nachmittag genießen.

Punto de Referencia FUSION-KÜCHE $$
(☎ 9-8298-8242; Miramar 182; Hauptgerichte 10 000–16 000 Ch$; ⏲ 12–22 Uhr) Das schicke Restaurant in einer Seitenstraße in der Nähe des Meeres hat sich auf Sushi und Sashimi spezialisiert. Es gibt auch wunderbare warme Gerichte wie gegrilltes Fleisch und frische Pasta. Es ist sehr gemütlich und hat eine Terrasse davor.

Ostiones Vivos FISCH & MEERESFRÜCHTE $$
(Av El Morro; kleine Portion Jakobsmuscheln 3500 Ch$; ⏲ 11–17 Uhr) Das etwas heruntergekommene Lokal direkt am Meer serviert köstliche frische *ostiones* (Jakobsmuscheln). Es liegt am südlichen Ende des Strandes. In der Nebensaison variieren die Öffnungszeiten.

Praktische Informationen

In Bahía Inglesa gibt's weder Wechselstuben noch Bankautomaten. Der nächste Automat ist in Caldera, also sollte man ausreichend Bargeld mitbringen.

An- & Weiterreise

Die besten Verbindungen führen ins benachbarte Caldera, das man mit einem *colectivo* für 1000 Ch$ erreicht. Im Sommer sind die *colectivos* abends rammelvoll, sodass man vielleicht etwas warten muss. Kleinbusse verlangen für die Fahrt zur Playa La Virgen ca. 12 000 Ch$ pro Person bei mindesten drei oder vier Passagieren.

Parque Nacional Pan de Azúcar

Weiße Sandstrände, geschützte Buchten und felsige Landzungen säumen die aride Küste 30 km nördlich von Chañaral. Chañaral selbst ist eine trostlose Bergbau- und Fischereistadt zwischen den Ausläufern der Sierra de las Animas. Für Traveller hat sie wenig zu bieten und dient vor allem als Ausgangspunkt zum **Nationalpark** (www.conaf.cl; Ruta C-120; Erw./Kind 5000/1500 Ch$).

Fast alle internationalen Touristen kommen wegen der Tiere zum Pan de Azúcar, der sich an der Grenze zwischen den Regionen II und III erstreckt. Der kühle Humboldtstrom sorgt für eine vielfältige Meeresfauna, und der absolute Star des Parks ist der weit nördlich lebende bedrohte Humboldtpinguin, der oft auf den Inseln vor der Küste brütet. Vor Ort lassen sich auch geschmeidige Küstenotter und imposante Seelöwen beobachten, außerdem große Kolonien von Pelikanen, Tölpeln und Kormoranen.

Der 437 km² große Park erhebt sich vom Meeresspiegel bis auf 900 m. Seine tollen Campingplätze an der Küste platzen im Sommer aus allen Nähten.

Sehenswertes & Aktivitäten

Isla Pan de Azúcar INSEL
(Zuckerhutinsel) Die etwa dreieckige Isla Pan de Azúcar liegt verführerisch nah an der Küste und ist in der Dämmerung oft von *camanchaca* (dichtem Nebel) umhüllt. Hier leben etwa 2000 Humboldtpinguine, außerdem verschiedene Vögel, Otter und Seelöwen. Das 100 ha große Eiland erstreckt sich in einer Schutzzone, einheimische Fischer fahren Besucher aber relativ nahe heran.

Sie verlangen 6000 bis 12 000 Ch$ pro Person (je nach Teilnehmerzahl, mind. 10 Personen) ab Caleta Pan de Azúcar. In der Nebensaison, wenn nicht so viele Touristen kommen, kann es schwierig werden, wenn man nicht bereit ist, ein ganzes Boot für sich alleine zu mieten. Die Ausflüge dauern 1½ Stunden und finden im Sommer von 10 bis 18 Uhr, im Winter bis 16 Uhr statt. Man muss sich am Kiosk in der Bucht anmelden und auf die nächste Tour warten. Unter der Woche ist es schwieriger, genug Leute für die Bootstour zusammenzubekommen; man wartet dann oft länger oder muss mehr zahlen.

Wanderwege WANDERN
Im Park gibt's fünf Wanderwege. Der größten Beliebtheit erfreut sich der 2,5 km lange **El Mirador**. Auf der Route sieht man Kakteen, Guanakos und Patagonische Füchse. Toll ist auch **Las Lomitas**, eine einfache, 4 km lange Strecke fast ohne Steigungen, auf der sich Kapuzenämmerlinge beobachten lassen. Man kann auch auf einem 1,5 km langen Küstenpfad vom Hafen von Pan de Azúcar zur Playa Piqueros spazieren.

Schlafen & Essen

Zelten ist an den Stränden Playa Piqueros, Playa El Soldado und Caleta Pan de Azúcar möglich. Die einfachsten Plätze kosten mindestens 5000 Ch$ pro Person. Daher übernachten die meisten Besucher lieber in Caldera, das eine Stunde weiter südlich liegt.

Pan de Azúcar Lodge CAMPINGPLATZ, HÜTTEN $$
(☎ mobil 9-9444-5416; www.pandeazucarlodge.cl; Stellplätze 8500 Ch$ pro Pers., Hütten 1/2/6/8 Pers. 35 000/65 000/90 000/120 000) Die Pan de

ABSTECHER

EIN STÜCK VOM PARADIES

Bis vor Kurzem war die atemberaubende **Playa La Virgen** (☎ mobil 9-5858-9728; www.playalavirgen.cl; ⊙ 8–21.30 Uhr) 46 km südlich von Bahía Inglesa an einer hübschen Küstenstraße noch das gut gehütete Geheimnis weniger eingeweihter Chilenen, doch nun ist es gelüftet. Es lohnt sich, einen oder mehrere Tage in dem kleinen sandigen Paradies zu verbringen. Im Januar strömen Partygänger an den mit Sonnenschirmen gespickten Strand, im Februar Familien.

Man kann mit einem der Tourveranstalter aus Caldera oder Bahía Inglesa herkommen, einen Kleinbus organisieren oder das eigene Fahrzeug nehmen. Die Straße ist zwar ziemlich schlecht, aber mit einem normalen Auto befahrbar. Parken an der Rezeption kostet 5000 Ch$, es sei denn, man mietet eine der Hütten. Wer die Parkgebühr vermeiden will, kann das Auto oberhalb des sichelförmigen Strandes abstellen und in zehn Minuten hinunterschlendern.

Wer vor Ort übernachten möchte, zahlt für eine Zwei-Personen-Hütte in der Hochsaison mindestens 110 000 Ch$ für eine *cabaña* mit Küche. Ein Zeltstellplatz (ohne Strom) für sechs Personen kostet 75 000 Ch$ (in der Nebensaison 10 000 Ch$ pro Pers.). Das teure Restaurant (Hauptgerichte ab 10 000 Ch$) ist nur im Januar und Februar geöffnet und hat Sandböden, ein Strohdach und Strohstühle sowie eine Terrasse mit Meerblick.

Azúcar Eco-Lodge betreibt die besten Zeltplätze, einen an der Playa Piqueros und einen am El Soldado. Beide haben Bäder, warmes Wasser und Solarstrom und bieten im Sommer verschiedene Aktivitäten wie Yoga, Wanderungen sowie Workshops an. Zur Lodge gehören auch fünf **Strandhütten** und ein Open-Air-Spabereich.

★ **Club Social Chañaral** CHILENISCH **$$**
(Maipu zw. Los Carrera & Buin; Hauptgerichte 7000–12 000 Ch$; ⊙ 11–22 Uhr) So ein ausgezeichnetes Restaurant erwartet man nicht in der kleinen Stadt Chañaral. Auf der Speisekarte stehen ausgezeichnete Fischgerichte (unbedingt den *pejegallo* mit Kapern und Beurre Blanc probieren) sowie gegrillte Lendensteaks und preiswerte Mittagsmenüs (rund 5000 Ch$). Giancarlo, der freundliche Englisch sprechende Besitzer, weiß jede Menge Klatsch und Tratsch über die Stadt zu berichten.

ℹ Praktische Informationen

Das Umweltinformationszentrum (Playa Piqueros; ⊙ Di–So 9–12.30 & 14–17.30 Uhr) von der CONAF liegt 1 km südlich von Caleta Pan de Azúcar. Es präsentiert Ausstellungen zur Pflanzen- und Tierwelt des Parks und eine Kakteensammlung. Es gibt Broschüren auf Englisch mit Erklärungen und einer Wanderkarte.

An der südlichen Zufahrtsstraße von Chañaral befindet sich bei Km 15 ein CONAF-Checkpoint, wo Besucher die Eintrittsgebühr von 3000 Ch$ zahlen. Das Ticket muss man gut aufbewahren, denn es wird am Ausgangspunkt verschiedener Wanderwege kontrolliert.

ℹ An- & Weiterreise

Pan de Azúcar liegt 30 km nördlich von Chañaral und ist über eine gut gepflegte, zuverlässig befestigte Straße zu erreichen. Die meisten Besucher kommen im Rahmen einer Tour oder auf dem Weg von Caldera/Bahía Inglesa oder Copiapó hierher.

Taxis von Chañaral, die einen morgens abholen und nachmittags wieder aufsammeln, kosten etwa 28 000 Ch$.

Im Norden gibt's an der Panamericana zwei kleinere Parkeingänge, einen bei Km 104 (mit Anschluss zur Route C-112) und einen bei Km 968 (mit Anschluss zur Route C-110).

Sur Chico

Inhalt ➜

Gut essen

- Cotelé (S. 295)
- Awa (S. 285)
- Chile Picante (S. 295)
- La Marca (S. 281)
- Anita Epulef Cocina Mapuche (S. 262)

Schön übernachten

- Refugio Tinquilco (S. 261)
- Refugio Cochamó (S. 290)
- La Montaña Mágica (S. 272)
- Awa (S. 285)
- Campo Eggers (S. 291)

Auf in den Sur Chico!

Hier beginnt Chiles Süden. Die Regionen La Araucanía und Los Ríos sowie das Seengebiet begeistern mit eisbedeckten Vulkanen, Gletscherseen, die scheinbar aus geschmolzener Jade bestehen, und tosenden Flüssen, die durch Wälder mit uraltem Baumbestand und durch von Mapuche bewohnte Dörfer fließen. Die Gegend umfasst acht spektakuläre Nationalparks, viele mit kegelförmigen Vulkanen, und Naturliebhaber fühlen sich hier ebenso magisch angezogen wie Abenteurer.

Zwischen betriebsamen Touristenstädten liegen an den Seen gut erschlossene charmante Dörfer, allen voran Pucón und Puerto Varas, die von grandiosen Nationalparks und Naturschutzgebieten eingerahmt sind. Doch nicht alles in der Region ist so schön arrangiert. Abseits der üblichen Touristenpfade liegen Ziele wie das Cochamó-Tal und die Caleta Cóndor: Sie belohnen unerschrockene Traveller mit besonders spektakulären Eindrücken, und ihre Abgeschiedenheit nährt das Gefühl der absoluten Reise-Glückseligkeit.

Reisezeit

Puerto Montt

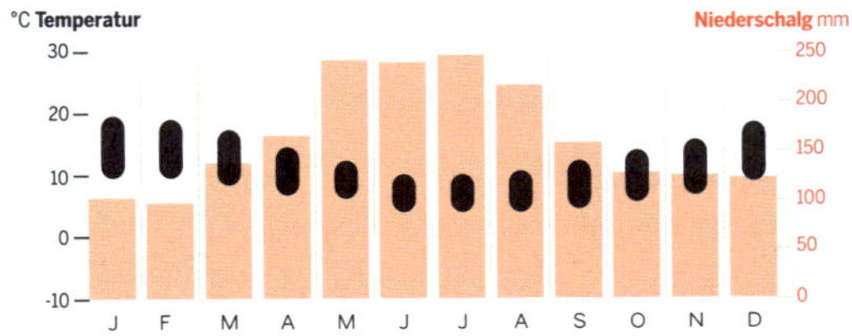

Jan.–Feb. Im Sommer gibt's weniger Niederschläge, eine Regenjacke ist trotzdem sinnvoll.

Nov.–März Hochsaison für die Navimag-Fähre: Sonnenuntergänge und Gletscher in Patagonien.

Jan. Wegen des sonnigen Wetters herrscht großer Besucheransturm auf den Volcán Villarrica.

Highlights

1 Caleta Cóndor (S. 269) Einen der schönsten und zugleich unbekanntesten Orte der Welt kennenlernen.

2 Reserva Nacional Malalcahuello-Nalcas (S. 246) Eine Trekkingtour durch die unwirklichen Landschaften der mit Vulkanen gespickten Nationalparks in La Araucanía unternehmen.

3 Pucón (S. 252) In der Abenteuerhauptstadt Sur Chicos die eigenen Grenzen austesten.

4 Puerto Varas (S. 276) In der entlegenen deutschen Siedlung den malerischen von Vulkanen gesäumten Lago Llanquihue bewundern.

5 Volcán Villarrica (S. 248) Den dampfenden Krater eines aktiven Vulkans besteigen.

6 Parque Nacional Conguillío (S. 244) Mitten durch das Herz des vulkanischen Wunderlandes fahren.

7 Termas Geométricas (S. 250) Einen Tag bei diesen romantischen und spektakulären heißen Quellen verbringen.

8 Bioreservat Huilo-Huilo (S. 272) Bei einem Besuch des wunderschönen Naturreservats in einem märchenhaften Hotel übernachten.

Geschichte

Als sich die spanischen Konquistadoren einen Weg vom heutigen Santiago nach Süden bahnten, waren sie getrieben von Gerüchten um edle Metalle und der Aussicht, eine große Zahl williger einheimischer Arbeiter vorzufinden. La Araucanía und das Seengebiet erschienen als ideales Territorium, um den imperialen Traum von leicht einzuheimsenden Reichtümern weiterzuträumen. Vor Ort holte die Realität die europäischen Eindringlinge allerdings rasch ein: Die Mapuche führten einen der erbittertsten und erfolgreichsten Verteidigungskriege des ganzen Kontinents gegen sie, sodass die Spanier erst im mittleren und späten 19. Jh. im Süden des Río Biobío Fuß fassen konnten.

Deutsche wurden angeworben, das Seengebiet zu besiedeln, und sie hinterließen ihre Spuren in Architektur, Küche, Industrie und Milchwirtschaft. Heute leisten Millionen einheimischer und ausländischer Touristen sowie wohlhabende Stadtflüchtige aus Santiago auf der Suche nach Häusern auf dem Land einen noch weit größeren Beitrag, um das einstmals wilde Land zu zähmen und zu kolonialisieren. Immobilienpreise schießen in die Höhe und die auf wenige Hunderttausend geschrumpften Mapuche werden immer weiter ins Landesinnere abgedrängt. Tourismus, Holzwirtschaft und Lachszucht – auch wenn Letztere 2007 fast vor dem Zusammenbruch stand – geben den Weg in die Zukunft dieser Region vor.

LA ARAUCANÍA

Temuco

☎ 045 / 262 530 EW.

Sein belaubter, von Palmen bestandener Marktplatz, der hübsche Mercado Municipal und die enge Beziehung zur Kultur der Mapuche machen diesen Ort unter allen Arbei-

Temuco

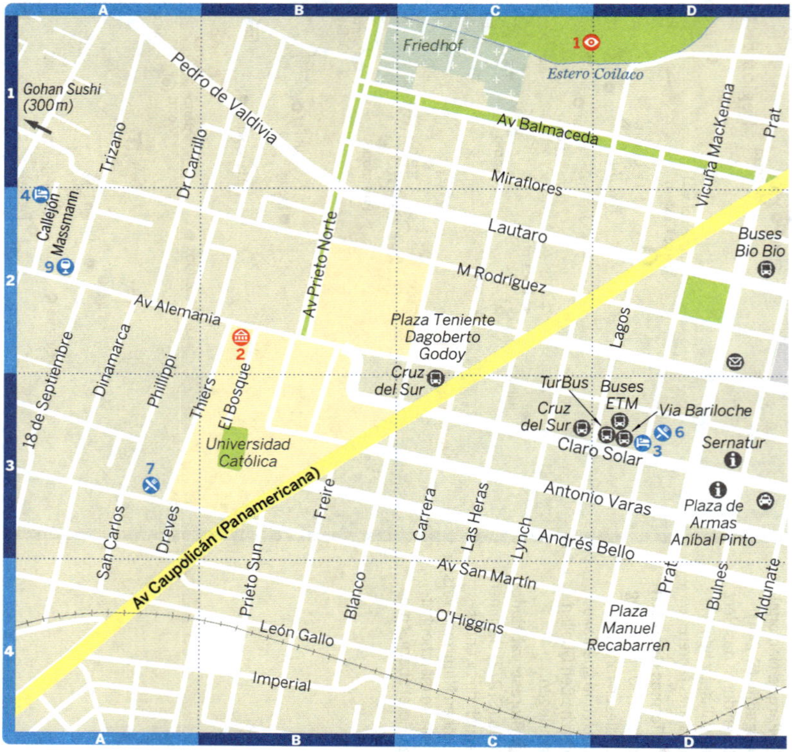

terstädten des Sur Chico zum angenehmsten Ziel. Zudem ist Temuco die Heimat von Pablo Neruda, einem der einflussreichsten Dichter des 20. Jhs., der die Stadt einmal als Wilden Westen bezeichnete. Obwohl Temuco nicht viel Sehenswertes bietet, verbringen hier die meisten Traveller zumindest ein paar Tage – und sei es nur wegen der fehlenden Verkehrsverbindungen.

Sehenswertes

Monumento Natural Cerro Ñielol HISTORISCHE STÄTTE

(www.conaf.cl/parques/monumento-natural-cerro-nielol; Calle Prat; Erw./Kind aus Chile 1000 Ch$/frei, aus dem Ausland 2000/1000 Ch$; ⏲ 8–19 Uhr) Dieser Hügel befindet sich in einem 90 ha großen Naturwald und ist eine kleine Oase in der Stadt. Chiles Nationalblume, die Chilenische Glockenblume *(Lapageria rosea)*, blüht hier von März bis Juli. Der Cerro Ñielol hat auch eine historische Bedeutung, denn 1881 traten die Mapuche-Führer an einem baumbestandenen Ort namens La Patagua Land an die Kolonisten ab, die dort später die Stadt Temuco gründeten.

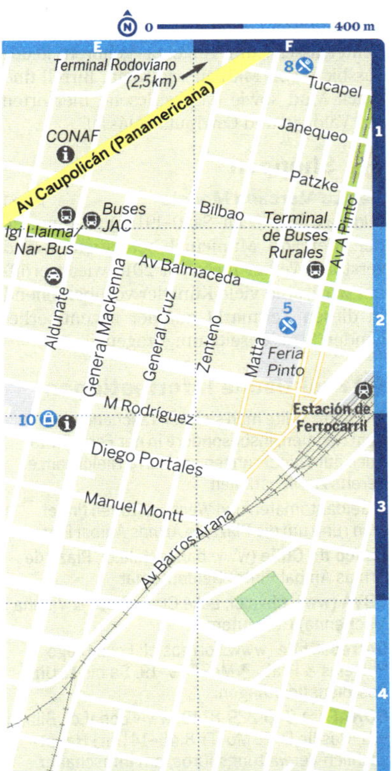

Museo Regional de La Araucanía MUSEUM

(www.museoregionalaraucania.cl; Av Alemania 084; ⏲ Di–Fr 9.30–17.30, Sa 11–17, So 11–14 Uhr) GRATIS Das kleine, aber großartige Regionalmuseum ist eines der besten im Sur Chico. Es befindet sich in einem schönen Gebäude, das 1924 im Grenzlandstil errichtet wurde. Im neu renovierten Ausstellungsbereich im Kellergeschoss erzählen Dauerausstellungen die Geschichte der araukanischen Völker vor, während und nach der spanischen Eroberung. Unter den Exponaten ist auch ein eindrucksvoller Einbaum der Mapuche.

Schlafen

Adela y Helmut PENSION $

(☎ mobil 9-8258-2230; www.adelayhelmut.cl; Faja 16 000, Km5 N, Cunco; inkl. Frühstück B 15 000 Ch$, Zi. 30 000–56 000 Ch$; P 📶) Wer die raue Arbeiterstadt nicht mag, aber hier festsitzt, sollte diese beliebte Backpackerherberge auf einer kleinen Farm 48 km außerhalb von Temuco (an der Straße zum Parque Nacional Conguillío) ansteuern. Solarbeheiztes Wasser, kleine Küchen in jedem Zimmer und ein großartiger Ausblick auf den rauchenden Volcán Llaima sind die Highlights der Pension.

Unbedingt die schwäbischen Spezialitäten wie süßen Hefezopf probieren! Darüber hinaus werden vor Ort Touren mit dem Allradwagen und Reitausflüge (ohne Guide) angeboten.

Temuco

Sehenswertes
1 Monumento Natural Cerro Ñielol........C1
2 Museo Regional de La Araucanía.......B2

Schlafen
3 Hospedaje Klickmann........D3
4 Hostal Callejón Massmann........A2

Essen
5 Feria Pinto........F2
6 Gohan Sushi........D3
7 La Pampa........A3
8 Tradiciones Zuny........F1

Ausgehen & Nachtleben
9 Lagerhaus........A2

Shoppen
10 Centro Mercado Modelo........E3

Hospedaje Klickmann PENSION $
(☎ 45-274-8297; www.hospedajeklickmann.cl; Claro Solar 647; Zi. pro Pers. mit/ohne Bad 20800/16800 Ch$; P @ 📶) Die gut gepflegte, freundliche familiengeführte Unterkunft mit neuen, modernen Bädern liegt nur ein paar wenige Schritte von mehreren Busunternehmen entfernt.

Hostal Callejón Massmann PENSION $$
(☎ 045-248-5955; www.hostalcm.cl; Callejón Massmann 350; Zi. ab 47300 Ch$; P 📶) Allein Reisende sind bei diesen Zimmerpreisen leider schlecht dran, ansonsten ist an dieser neuen Mittelklasseunterkunft in einem hübschen Wohnhaus, das die Struktur der Landschaft aufgreift, nichts auszusetzen. Die zehn Zimmer sind mit stilvollen Möbeln und Daunendecken ausgestattet und hinter dem Haus gibt's eine hübsche Terrasse – und das alles fußläufig zu den besten Restaurants und Nachtbars.

Essen & Ausgehen

★ **Tradiciones Zuny** CHILENISCH $
(Tucapel 1374; Gerichte 5000 Ch$; ⏱ Mo–Sa 12.30–17 Uhr) Temucos bestgehütetes Geheimnis! Frisch zubereitetes ländlich-einfaches Essen gibt's in diesem unterirdischen Stammlokal der Einheimischen, ein Haus im Ethnostil mit indigenen Wandbildern. Leider ist es schwer zu finden – auf das bunte Wandbild mit der Ente und dem Basketball achten –, doch die günstige Chile-Mapuche-Fusion-Küche, noch dazu bio, ist echt der Hit! Also nichts wie hin!

Feria Pinto MARKT $
(Av Barros Arana; Gerichte 2000–3000 Ch$; ⏱ Mo–Sa 7.30–17.30, So 8–15 Uhr) Ein bunter Mapuche-Lebensmittelmarkt, der sich über mehrere Häuserblocks der Barros Arana hinzieht. An den Straßen werden praktische Waren verkauft, während die Händler auf der Feria selbst alles von Äpfeln über Käse und Honig bis hin zu *merkén* (geräuchertes, scharfes Gewürzsalz der Mapuche) anbieten.

Es gibt auch eine Gasse mit *cocinerías* (billigen Speiselokalen), wo man sich hinsetzen und *cazuelas*, *sopapaillas* mit Käse, *pailas* mit Eiern und weitere hausgemachte Köstlichkeiten genießen kann. Unbedingt Don Rigos Chilisoße probieren!

La Pampa STEAKS $$
(www.lapampa.cl; Av San Martín 0137; Steaks 11500–16900 Ch$; ⏱ Mo–Sa 12–16 & 19–24, So bis 16 Uhr; 📶) Dieses äußerst stilvolle zweigeschossige Steakhaus ist in Temuco das Top-Restaurant für alle, die Appetit auf saftiges Fleisch haben.

Gohan Sushi JAPANISCH $$
(☎ 45-274-1110; www.gohan.cl; España 390; Sushi-Rollen 3490–6950 Ch$; ⏱ Mo–Sa 12.50–24 Uhr; 📶) Das innovative und trendige Sushirestaurant mit hippen Mitarbeitern und sanfter Hintergrundmusik serviert eine große Auswahl an ausgefallenen Sushi-Rollen und Garnelengerichten. Es gibt noch eine weitere **Filiale** (☎ 45-248-7656; Vicuña MacKenna 531; Sushi-Rollen 3490–6950 Ch$; ⏱ Mo–Sa 12.30–23.30 Uhr; 📶).

★ **Lagerhaus** CRAFT-BIER
(www.facebook.com/lagerhaustemuco; Trizano 420; Pints 3100–4400 Ch$; ⏱ Mo–Fr 16–2, Sa 17–2 Uhr; 📶) Temucos beliebteste Bar für lokales *cerveza artesanal* (Craft-Bier). Das Lagerhaus versteckt sich in einer Ecke der Einkaufsmeile Paseo Los Suizos und wartet mit 15 verschiedenen Fassbieren auf. Die Innenräume sind mit gemütlichen Polsterbänken eingerichtet und draußen befindet sich eine schöne Sonnenterrasse. Zum Angebot gehören lokale Fassbiere von Marken wie Klein, Birrell und Black Mud sowie handverlesene Biersorten aus Valdivia und Catripulli (Alásse).

Shoppen

Centro Mercado Modelo MARKT
(Aldunate 365; ⏱ Mo–Sa 10–19 Uhr) 2016 wurde der Mercado Municipal bei einem Brand zerstört. Weil er nicht vor 2019 wiedereröffnet wird, sind viele Künstler vorübergehend in diesen Zeltmarkt auf der gegenüberliegenden Straßenseite umgezogen.

Praktische Informationen

Im *centro* sollte man sich vor Taschendieben in Acht nehmen, insbesondere in der Feria Pinto. Auch auf Wanderungen am Cerro Ñielol kam es bereits zu Diebstählen.

Geldautomaten und Wechselstuben findet man rund um die Plaza de Armas Aníbal Pinto.

Banco de Chile (www.bancochile.cl; Plaza de Armas Aníbal Pinto) Geldautomat.

BBVA (www.bbva.cl; Ecke Claro Solar & Vicuña MacKenna) Geldautomat.

CorreosChile (www.correos.cl; Ecke Diego Portales & Prat; ⏱ Mo–Fr 9–19, Sa bis 13 Uhr) Postdienstleistungen.

CONAF (☎ 045-229-8149; www.conaf.cl; Bilbao 931, Pasillo D; ⏱ Mo–Fr 8.45–14 Uhr) Hauptsächlich Verwaltungsbüros, am Infoschalter gibt's jedoch Karten der regionalen Parks.

Sernatur (☎ 45-240-6214; www.sernatur.cl; Ecke Bulnes & Claro Solar; ⊙ Mo–Do 9–14 & 15–18, Fr 9–14 & 15–17 Uhr) Nationale Touristeninformation.

Touristenkiosk (☎ mobil 9-6238-0660; www.temuco.cl; Plaza de Armas; ⊙ Mo–Fr 9–18, Sa 9–14 Uhr, im Winter kürzere Öffnungszeiten) Kostenlose Stadtführungen starten dienstags, freitags und samstags um 9.45 Uhr vom Kiosk an der Plaza; Reservierung empfohlen (ofiturplaza@gmail.com).

Touristenkiosk (☎ 45-297-3628; www.temuco.cl; Centro Mercado Modelo; ⊙ Mo–Sa 9–18, So 10–14 Uhr, im Winter kürzer)

An- & Weiterreise

BUS

Temuco ist eine wichtige Drehscheibe im regionalen Busnetz: Fernbusse starten vom **Terminal Rodoviario** (☎ 45-222-5005; Pérez Rosales 01609) am nördlichen Ortseingang. Vom **Terminal de Buses Rurales** (☎ 45-221-0494; Av Pinto 32), das näher am Stadtzentrum liegt, geht's zu nahen und regionalen Zielen. Die Busgesellschaften haben ihre Ticketschalter überall im Zentrum.

Zu den Unternehmen, die größere Orte an der Panamericana ansteuern, gehören **TurBus** (☎ 45-268-6604; www.turbus.cl; Claro Solar 625; ⊙ Mo–Fr 9–20, Sa bis 14 Uhr) und **Buses ETM** (☎ 45-225-7904; www.etm.cl; Claro Solar 647; ⊙ Mo–Fr 10–19.30, Sa 15–18.30 Uhr), die regelmäßig nach Santiago fahren. Turbus verkehrt zudem nach Valparaíso/Viña del Mar; und **Cruz del Sur** (☎ 45-273-0310; www.busescruzdelsur.cl; Claro Solar 599; ⊙ Mo–Fr 9–19.30, Sa 9–18 Uhr), das auch in der **Manuel Montt 290** (☎ 45-273-0315; www.busescruzdelsur.cl; Manuel Montt 290, Local 7; ⊙ Mo–Fr 9–13, Sa 8.30–13.30 & 14–16.30 Uhr) vertreten ist und die Insel Chiloé ansteuert.

Zu den drei Eingängen des Parque Nacional Conguillío fährt **Nar-Bus** (☎ 45-240-7740; www.igillaima.cl; Balmaceda 995) von seinem eigenen Terminal nach Melipeuco. Am **Terminal de Buses Rurales** startet Vogabus stündlich nach Cherquenco; von dort sind es 17 km per pedes oder per Anhalter bis zur Skilodge in Los Paraguas. **Buses Curacautín Express** (☎ 45-225-8125; Av Pinto 32, Terminal de Buses Rurales) verkehrt nach Curacautín. **Buses JAC** (☎ 45-299-3117; www.jac.cl; Ecke Av Balmaceda & Aldunate) hat einen eigenen Terminal und bietet die häufigsten Linienverbindungen nach Villarrica und Pucón, zudem bedient das Unternehmen Santiago, Lican Ray und Coñaripe. **Buses Bio Bio** (☎ 45-265-7876; www.busesbiobio.cl; Lautaro 854) fährt nach Los Angeles und Concepción sowie nach Chillán und Lonquimay.

Igi Llaima/Nar-Bus verkehrt täglich nach San Martín de Los Andes und Neuquén in Argentinien. **Via Bariloche** (☎ 45-225-7904; www.viabariloche.com.ar; Claro Solar 647; ⊙ Mo–Fr 10–19.30, Sa 15–18.30 Uhr) steuert Neuquén in Argentinien an. **Andesmar** (☎ 45-238-9231; www.andesmar.com; Pérez Rosales 01609, Terminal Rodoviario) bietet die einzige Verbindung von Temuco nach Bariloche; alternativ muss man zuerst nach Osorno fahren und dort umsteigen.

ZIEL	PREIS (CH$)	DAUER (STD.)
Bariloche (Arg.)	28 000	8
Castro (Chiloé)	12 000	9
Cherquenco (in Richtung Los Paraguas)	1400	1½
Chillán	8500	4
Coñaripe	3000	2
Concepción	8500	4½
Curacautín	1500	2
Lican Ray	3800	1¾
Lonquimay	4300	3
Los Angeles	4900	3
Melipeuco	1900	2
Neuquén (Arg.)	19 000	9
Osorno	5500	4
Pucón	2900	2
Puerto Montt	6500	5
San Martín de Los Andes (Arg.)	14 000	6
Santiago	12 000	9
Valdivia	4000	3
Valparaíso/ Viña del Mar	19 000	10
Villarrica	2000	1½

FLUGZEUG

Temucos schicker neuer Flughafen **Aeropuerto de La Araucanía** (☎ 45-220-1900; www.aeropuertoaraucania.cl; Longitudinal Sur, Km 692, Freire) liegt 20 km südlich der Stadt in der Nähe von Freire. **LATAM** (☎ 600-526-2000; www.latam.com; Bulnes 687; ⊙ Mo–Fr 9–13.30 & 15–18.30, Sa 10–13 Uhr), **Sky Airlines** (www.skyairline.com), JetSmart (www.jetsmart.com) und Latin American Wings (www.vuelalaw.com) fliegen von/nach Santiago.

Unterwegs vor Ort

Am günstigsten zum Flughafen kommt man mit **Transfer Temuco** (☎ 045-233-4033; www.transfertemuco.cl; 5000 Ch$), einem zuverlässigen Tür-zu-Tür-Shuttleservice. Uber fährt für 10 000 bis 13 000 Ch$ zum Flughafen (30–45 Min.) sowie für 2300 bis 2900 Ch$ zum

Busbahnhof (15 Min.). *Colectivo* 11 und 111 Express verkehren vom Stadtzentrum (Claro Solar) zum Busbahnhof (500 bis 600 Ch$). *Micro* 7 fährt von Diego Portales (450 Ch$) zum **Busbahnhof** (S. 245).

Europcar (www.europcar.cl), **Avis** (www.avis.cl) und andere Autovermietungen haben Niederlassungen am Flughafen.

Parque Nacional Conguillío

Llaima bedeutet auf Mapudungun „Adern aus Blut". Und genau dieses Naturphänomen erlebten Touristen beim Besuch des **Parque Nacional Conguillío** (www.conaf.cl/parques/parque-nacional-conguillio; Erw./Kind aus Chile 4000/2000 Ch$, aus dem Ausland 6000/3000 Ch$) mit seinem hoch aufragenden Volcán Llaima (3125 m) am Neujahrstag 2008. Das Herzstück des UNESCO-Biosphärenreservats (und des darin befindlichen Geoparque Kütralcura) zählt zu Chiles aktivsten Vulkanen: Seit 1640 brach er mindestens 35-mal aus. Laut den Mapuche ist der beeindruckende Flammenwerfer ein lebendiger Geist, der als Strafmaßnahme (ziemlich heftig) hustet und so die Erde aus dem Gleichgewicht bringt. Trotz der Feuerspuckerei ist der wunderbare 608 km² große Park inzwischen wieder geöffnet. Gegründet wurde er 1950, vorrangig um die Araukarie, die Gebirgsseen, die tiefen Schluchten und die ursprünglichen Wälder zu schützen. Die graubraune zu Lavagestein erstarrte Magma, die sich im Lauf der Jahre angehäuft hat, sorgt in der mondähnlichen Landschaft für dramatische Bilder und eine unheimliche Atmosphäre. Ende April entfaltet sich die explosivste Wirkung, wenn dazu noch die Blätter in herbstlichen Farben leuchten.

Aktivitäten

Beim Vulkanausbruch 2008 ergoss sich Lava in den südöstlichen Sektor Cherquenco, doch alle markierten Wanderwege des Parks blieben zum Glück verschont. Eine von Chiles schönsten Kurzwanderungen, der **Sendero Sierra Nevada** (eine Strecke 7 km, 3 Std.) zum Fuß der Sierra Nevada, beginnt auf dem kleinen Parkplatz bei der Playa Linda am östlichen Rand der Laguna Conguillío. Die Route steigt stetig in nordöstlicher Richtung an, führt durch dichte Coihue-Südbuchenwälder und passiert zwei Aussichtspunkte mit Blick auf den See; vom zweiten und landschaftlich reizvolleren sind dichte Araukarienbestände zu sehen, die am Gebirgskamm allmählich die Coihue-Südbuchen ablösen.

Die CONAF rät allen – außer wirklich bergerfahrenen – Wanderern von der nördlich verlaufenden **Travesía Río Blanco** (eine Strecke 5 km, 5 Std.) ab, da sie sehr viel Erfahrung voraussetzt. Ein Guide ist unerlässlich.

Am Besucherzentrum beginnt der 800 m lange **Sendero Araucarias** (0,8 km, 45 Min.), der durch sattgrünen Regenwald verläuft. Von der Laguna Verde windet sich ein kurzer Pfad zum friedlichen Strand La Ensenada. Der nur 800 m lange **Cañadón-Truful-Truful-Wanderweg** (30 Min.) schlängelt sich durch den Cañon, in dem die strömenden Wasser des Río Truful-Truful Gesteinsschichten in verschiedenen Farben freigelegt haben. Sie veranschaulichen die zahlreichen Eruptionen des Llaima. Über den benachbarten **Los-Vertientes-Wanderweg** (0,8 km, 30 Min.) gelangt man außerdem zu einer Lichtung mit sprudelnden Quellen.

Das **Centro de Ski Las Araucarias** (☎ 45-227-4141; www.skiaraucarias.cl; Liftpreise halb-/ganztägig 22 000/27 000 Ch$) ist für die Skipisten auf dem Volcán Llaima zuständig.

Schlafen

Sendas Conguillío CAMPING, CABAÑAS $
(☎ 2-2840-6852; www.sendasconguillio.cl; Camping pro Stellplatz ab 26 000 Ch$, cabañas 96 000–155 000 Ch$) Sendas Conguillío betreibt im Park mit CONAF-Konzession fünf Campingplätze inklusive Warmwasserversorgung (drei im Sektor Curacautín und zwei im Sektor La Caseta). Es gibt insgesamt 98 Stellplätze, darunter auch ein spezieller Bereich nur für Backpacker (Stellplatz 7500 Ch$), sowie komfortablere Hütten.

An der Rezeption im Sektor Curacautín kann man auch Kajaks für den Lago Conguillío ausleihen (6000 Ch$ pro Std.).

★ **La Baita** LODGE $$
(☎ 45-258-1073; www.labaitaconguillio.cl; Región de la Araucanía, Km 18, Camino a Laguna Verde; EZ/DZ/3BZ inkl. Frühstück 65 000/90 000/95 000 Ch$, cabañas 5/9 Pers. ab 60 000/115 000 Ch$; ⊜) Diese Anlage in einem unberührten Wald gleich außerhalb der südlichen Parkgrenze ist Teil eines Ökotourismusprojekts. Sie umfasst acht schöne Hütten mit langsam brennenden Öfen, Strom- und Warmwasserversorgung aus Solarenergie und Turbinenantrieb sowie eine sehr gemütliche Lodge mit Weihrauchduft, ein Restaurant, sechs Zimmer mit Duschkabinen aus Granit und De-

signwaschbecken, einen angenehmen Massageraum, einen Whirlpool im Freien und eine Sauna.

Inhaberin ist die charmante Isabel Correa, eine ehemalige Sängerin mit Hippie-Attitüde, die jeden Abend bei Wein und Yoga ihre Gäste unterhält, wenn sie nicht gerade in Santiago ist. Zum Programm gehören außerdem Mountainbikes, Kajakfahrten und Trekkingtouren. Die Unterkunft liegt 16 km von Melipeuco und 60 km von Curacautín entfernt.

Praktische Informationen

Besucher müssen sich am **CONAF-Kontrollposten** (www.conaf.cl/parques/parque-nacional-conguillio; R-925-S; ⌚8.30–18.30 Uhr) 6 km vor der Laguna Captrén im Park anmelden und den Eintrittspreis bezahlen.

Centro de Informaciónes Ambientales Santiago Gómez Luna (www.conaf.cl; Laguna Conguillío; ⌚16. Dez.–März 8.30–21.30 Uhr, April–15. Dez. 8.30–13 & 14.30–18 Uhr)

An- & Weiterreise

Der Parque Nacional Conguillío ist aus drei Richtungen zugänglich. Der erste und kürzeste Weg (80 km) führt direkt östlich von Temuco über Vilcún und Cherquenco; so gelangt man auch zu den Skigebieten im Parksektor Los Paraguas. Die Campingplätze, die zentrale Touristeninformation und der Startpunkt der Wanderwege sind jedoch besser über die nördlicher gelegene Route von Temuco über Curacautín (120 km) zu erreichen. Der südliche Parkeingang (120 km von Temuco) wird über Melipeuco angefahren. Ab hier wurde quer durch den Park eine Straße zum Nordeingang angelegt, die ebenfalls Zugang zu den Wanderwegen und Campingplätzen bietet. In der Hochsaison ist sie (da CONAF die Straße wartet) für normale Fahrzeuge Richtung Süden gut passierbar. Zu anderen Jahreszeiten und in der Gegenrichtung – mit viel mehr geschotterten Steigungen – kann es zwischen der Laguna Captren und der Laguna Conguillío ziemlich brenzlig werden.

In Richtung Sektor Los Paraguas fährt Vogabus sechsmal täglich vom Terminal de Buses Rurales in Temuco nach Cherquenco (1400 Ch$, 1½ Std., 13.30–20.30 Uhr,). Von hier sind es 17 km zu Fuß oder per Anhalter zur Skilodge Los Paraguas.

Zum Nordeingang an der Laguna Captrén fährt **Buses Curacautín Express** (☎45-225-8125; Av Manuel Rodríguez, Terminal Curacautín) ab Curacautín, und zwar montags und mittwochs dreimal täglich (6, 9 & 18 Uhr) sowie dienstags und donnerstags zweimal (6 & 18 Uhr). Samstags und sonntags verkehren keine Busse. Der Bus fährt bis Kilometer 26,5 auf der Ruta Curacautín–Parque Nacional Conguillío (wo die R-925-S und S-297-R sich kreuzen) und hält 4,8 km vor der **Guardería Captrén** (siehe links). Von dort sind es bis zum Parkeingang 12 km zu Fuß. Im Winter fährt der Bus so weit, wie es die Witterungsverhältnisse zulassen. Alternativen für die Fahrt ab Curacautín sind Taxis für 30 000 Ch$ (1 Std.), die Mitnahme eines Fahrrads auf dem Bus oder eine Tagestour vom Hostal **Epu Pewen** für insgesamt 55 000 Ch$ pro Nase.

Wer zum Südeingang am Truful-Truful will, reist mit **Nar-Bus** (S. 243), dessen Busse von montags bis samstags achtmal täglich (1900 Ch$, 2 Std., 8–18.30 Uhr) und sonntags fünfmal (9–18.30 Uhr) in Temuco abfahren.

Curacautín

☎045 / 16 508 EW.

Curacautín dient als nördliches Tor zum Parque Nacional Conguillío (S. 244). Das Serviceangebot ist besser als in Melipeuco und auch die Auswahl an Unterkünften überzeugt. Dennoch ist man an der Straße nach Lonquimay besser aufgehoben, denn von dort lassen sich die drei Parks in der Region bequemer besuchen.

Das hervorragende **Hostal Epu Pewen** (☎45-288-1793; www.epupewen.cl; Manuel Rodríguez 705; B ab 8000 Ch$, DZ/3BZ ohne Bad 24 000/34 000 Ch$, DZ/3BZ inkl. Frühstück 33 000/44 000 Ch$; P@ⓦ) wird von einem liebenswerten Mapuche-Pärchen geleitet. Es ist sauber und komfortabel und verfügt über allerlei ethnische Elemente wie mit *kultrün* (Zeremonialtrommeln) geschmückte Bad- und Wandfliesen sowie unkonventionelle Details wie Waschbeckenständer aus Raulibaumholz. Eine Reiseagentur in der Pension bietet umweltfreundliche Wanderungen, Raftingtouren sowie Trips zum Geoparque Kütralcura an. Die Angestellten sprechen Englisch und Französisch.

Praktische Informationen

Información Turística (☎45-288-2102; www.destinocuracautin.cl; Manuel Rodríguez s/n; ⌚Jan.–Feb. 8.30–21 Uhr, im Winter kürzer) Hier bekommt man Broschüren und Infos über den Park sowie zu den Unterkünften im Ort.

An- & Weiterreise

Der **Busbahnhof** (Av Manuel Rodríguez) liegt direkt an der Schnellstraße nach Lonquimay. **Buses Bio Bio** (☎45-288-1123; www.busesbiobio.cl; Av Manuel Rodríguez, Terminal Curacautín) fährt täglich um 7.55 Uhr und von Montag bis Freitag um 13.45 Uhr auf der schnellsten Route über Lautaro (1500 Ch$, 1 Std.) nach

Temuco (1500 Ch$). **Buses Curacautín Express** (S. 245) verkehrt ebenfalls über Lautaro (1000 Ch$) nach Temuco (1500 Ch$, 1½ Std. alle 30 Min., 5.45–20.30 Uhr). **TurBus** (☎ 45-268-6629; www.turbus.cl; Serrano 101), das auch ein Ticketbüro am Busbahnhof hat, bietet ab dem Busbüro auf der Serrano täglich zwei Direktverbindungen nach Santiago an (ab 14 300 Ch$, 20.50 & 21.15 Uhr).

Zu den Unterkünften an der Straße nach Lonquimay gelangt man mit **Buses Flota Erbuc** (☎ mobil 9-5781-1371; Av Manuel Rodríguez, Terminal Curacautín), dessen Busse sechsmal täglich nach Malalcahuello verkehren und Passagiere überall auf der Strecke aussteigen lassen (800 Ch$, 10–20.15 Uhr).

Reserva Nacional Malalcahuello-Nalcas

Das 303 km² große **Naturschutzgebiet** (www.conaf.cl/parques/reserva-nacional-malalcahuello; Erw./Kind 1500/1000 Ch$, aus dem Ausland 2000/1500 Ch$) nördlich der Ortschaft Malalcahuello liegt am Weg nach Lonquimay und berührt fast die Grenze des Parque Nacional Tolhuaca. Das Reservat befindet sich zwar nicht an der großen Parkrunde, birgt aber dennoch eine der spektakulärsten Landschaften des Sur Chico: eine schwarzgraue Wüstenlandschaft aus Asche und Sand, die wie eine nikotinsüchtige Sahara aussieht. Hauptattraktion ist der Cráter Navidad, der beim letzten Ausbruch des Volcán Lonquimay (an Weihnachten 1988, daher der Name!) entstand und die unwirkliche Atmosphäre des Reservats noch verstärkt. Die Landschaft erinnert an den Mars: Reste von Magma und Asche tauchen alles in rötliches Licht. Eine grandiose Kulisse bilden in der Ferne die Vulkane Lonquimay, Tolhuaca und Callaqui. Unbedingt die Kamera mitnehmen!

Aktivitäten

Sled Chile WINTERSPORT
(☎ mobil 9-9541-3348; www.sledchile.com; Volcán Lonquimay, Km 6,5) Dieser aufsteigende Abenteuerspezialist bietet maßgeschneiderte adrenalingeschwängerte Tiefschneetouren mit Snowmobilen und/oder Splitboards.

Cañón del Blanco HEISSE QUELLEN
(☎ mobil 9-7668-4925; www.canondelblanco.cl; Eintritt in der Gruppe/privat 12 000/60 000 Ch$; ⏲ Mo–Sa 11–24, So bis 22 Uhr) An der gleichen Straße wie das Hotel Andenrose kommt nach 16 km dieses neue Thermalbad mit schön gestalteten Becken. Es liegt herrlich im Wald.

Corralco Mountain & Ski Resort WINTERSPORT
(☎ 02-2206-0741; www.corralco.com; Reserva Nacional Malalcahuello-Nalcas; Lifttickets halber/ganzer Tag 25 900 Ch$/37 500 Ch$; 📶) Die zahlreichen Pisten und die schönere Landschaft hier bieten Wintersportlern bessere Bedingungen als Conguillío. Ein weiteres Plus ist die neue Infrastruktur, zu der auch das **Valle Corralco Hotel & Spa** (DZ mit Vollpension ab 232 800 Ch$; P 📶), Sur Chicos bestes Skiresort, gehört. Leihausrüstung kostet 27 000 Ch$ für Erwachsene und 18 000 Ch$ für Kinder.

Hierher gelangt man über die Abzweigung 2 km östlich von Malalcahuello an der Straße nach Lonquimay.

Schlafen

Andenrose LODGE $$
(☎ mobil 9-9869-1700; www.andenrose.com; Camino Internacional, Km 68,5; EZ/DZ inkl. Frühstück ab 48 000/53 000 Ch$, Apt. & cabaña ab 59 000 Ch$; P ⊖ 📶 ≋) Eine Unterkunft im bayerischen Stil mit Bauholz aus nachhaltiger Forstwirtschaft und vielen unverputzten Steinmauern. Das Haus wird von einem gastfreundlichen Süddeutschen geleitet und befindet sich am Rio Cautín. Nach einer unlängst erfolgten Renovierung bietet die Lodge nun einen Pool, vier Zimmer, drei komplett ausgestattete Apartments sowie zwei *cabañas*, die in einem Feld mit Lavendel und Gänseblümchen liegen.

SuizAndina Lodge LODGE $$
(☎ 45-197-3725; www.suizandina.com; Camino Internacional, Km 83; Stellplatz 10 000 Ch$ pro Pers., B 20 000 Ch$, EZ/DZ/3BZ ab 39 000/66 000/76 000 Ch$; P 📶) Ein gastfreundliches Schweizer-chilenisches Paar führt das Suizandina mit vielen deutschen Mitarbeitern. In den wirklich geräumigen Unterkünften mit fantastischen Bädern wird Sauberkeit großgeschrieben. Wein und Minikuchen gehen scheinbar nie aus. Die Speisekarte bietet exzellente Schweizer Spezialitäten wie Rösti, Fondue und Raclette.

Der Besitzer legt einen Fokus auf Massagen und Reiten, denn er ist Physiotherapeut und Pferdeliebhaber, aber auch für Skitouren ist die Lodge ein toller Ausgangspunkt.

★ **Ñamku Lodge** LODGE $$$
(☎ mobil 9-6675-5738; www.namkulodge.com; Ruta 89, Km 1, Malalcahuello; Zi. inkl. Frühstück 350–486 US$, Häuser mit 3 Schlafzimmern ab 550 US$;

(P 📶) 🍃 Die halbamerikanische Inhaberin Annette ist in Chile aufgewachsen. Zusammen mit ihrer Katze Guiña betreibt sie diese eindrucksvolle Drei-Zimmer-Lodge, ein Juwel mitten in der Natur, das von lokaler Handwerkskunst nur so strotzt: Waschbecken aus versteinerter Vulkanasche, Treppen und Tische aus recyceltem Araukariaholz, Sitzkissen aus indigenen Textilien, Regale und Geländer aus Andenbuchen- und Coihue-Holz. In dieser umweltfreundlichen Unterkunft erhalten Gäste einen Einblick in die lokalen Kulturen der Mapuche und Pewenche.

Es gibt Hängematten aus Rattan, in denen man gemütlich lesen kann, und einen Frühstückspavillon aus Bambus, der für morgendliche Entspannung sorgt. Durch das Hotelgelände führen solarbelichtete Wege. Gäste können Natur- und Kulturtouren unternehmen und sich vom Privatkoch (der mit Zutaten direkt aus der Natur arbeitet) und Sommelier verwöhnen lassen. Eine der drei separaten *cabañas* steht direkt am Ufer des Río Cautín, der durch das bewaldete 4 ha große Anwesen fließt. Hier will man gar nicht wieder weg!

Essen & Ausgehen

La Esfera RESTAURANT **$$**

(www.vorticechile.com; Camino Internacional, Km 69,5, Vórtice Ökolodge; Menü 13 000 Ch$; ⏲ 9–21.30 Uhr, Bar bis 22.30 Uhr; 📶) Ein Besuch in dieser Holzkuppel in einem Outdoorabenteuer-Komplex lohnt vor allem wegen der andinen Mapuche-Fusion-Küche des Pewenche-Kochs Ariel Ñamcupil, der erstaunlich preiswerte Gourmetgerichte auftischt und dabei die traditionellen Zutaten seines Stammes verwendet. Spezialitäten sind Räucherfleisch und -fisch sowie ungewöhnliche Desserts wie Rote-Beete- oder Haselnuss-Wildrosen-(*rosa mosqueta*-)Eis.

El Randonnés BAR

(Ejército 600, Malalcahuello; ⏲ 13–22 Uhr, Nov.–Dez. & April–Mai Mo geschl.; 📶) Das beliebte Après-Ski-Restaurant hat sich ganz dem Ski- und Mountainbike-Sport verschrieben (der freundliche Inhaber Andrés fertigt maßgeschneiderte Splitboards an). Die Bar ist ein Paradies für *cervezas artesanales*: Zur Auswahl stehen Fassbiere der Marke Klein aus Temuco (Pale Ale, Porter und Amber) sowie lokale Biersorten wie Cerveza Lonquimay und Tikian (hergestellt in Malalcahuello!) aus der Flasche. Dazu gibt's leckere Gerichte wie Auberginen-Escabeche.

Shoppen

★ Emporio Ñamku

KUNST & KUNSTHANDWERK, HAUSHALTSWAREN

(www.namkulodge.com; Ruta 89, Km 1; ⏲ 11–21 Uhr, Okt.–Dez. & März–Mai Mo & Di geschl.) 🍃 Man möchte diesen großartigen Kunsthandwerksladen am liebsten leerkaufen. Hier gibt's alle möglichen Waren aus Picoyo- und Araukariaholz (Schneidebretter, Servierplatten), Stoffe, Überwürfe und Ponchos der Mapuche und Pewenche sowie – wenn man denn einen Weg findet, sie nach Hause zu transportieren – traditionelle schmiedeeiserne *olleta*-Kochtöpfe! Alle Produkte stammen aus der Region und bestehen aus umweltfreundlichen Materialien. Das Sortiment wird von Annette Bottinelli, Inhaberin der Ñamku Lodge (S. 246), sorgfältig ausgewählt.

Praktische Informationen

Das Cámara de Turismo (www.malalcahuello.org) hat eine hervorragende Website.

CONAF (www.conaf.cl; Camino Internacional, Km 82, Malalcahuello; ⏲ 8.30–13 & 14–18 Uhr)

Guardaparques (www.conaf.cl; R-785; ⏲ 8.30–13 & 14–18 Uhr)

An- & Weiterreise

Östlich von Malalcahuello passiert die Straße den engen einspurigen 4527 m langen Túnel Las Raíces, einen umgebauten Eisenbahntunnel von 1930, der ins Einzugsgebiet des oberen Biobío mündet und sich einen Platz in der Geschichte als längster Tunnel Südamerikas erobert hat. Schließlich erreicht die Straße den 1884 m langen Paso Pino Hachado, einen Grenzübergang, der zu den argentinischen Städten Zapala und Neuquén führt.

Buses Flota Erbuc (S. 246) fährt sechsmal täglich nach Malalcahuello und hält auf Wunsch unterwegs an (800 Ch$, 10–20.15 Uhr). In Malalcahuello haben viele Unterkünfte und Reiseagenturen Tagestouren zum Park im Angebot (75 000–90 000 Ch$).

Melipeuco

☎ 045 / 5590 EW.

Melipeuco, das südliche Tor zum Parque Nacional Conguillío, liegt 90 km östlich von Temuco und ist über Cunco zu erreichen. Hier ist man näher am Schutzgebiet als in Temuco und kann herrliche Tagesausflüge unternehmen, allerdings lässt sich mit der längeren Anfahrt die unwirkliche Atmosphäre des Parks unmittelbarer erleben.

Der **Turismo Remulcura** (☎ mobil 9-9424-2454; www.relmucura.cl; Camino Internacional Icalma, Km 1; Camping-Stellplatz 4000 Ch$ pro Pers., Zi. inkl. Frühstück 15 000 Ch$ pro Pers.; P 📶), ein Mapuche-Bauernhof am östlichen Rand von Melipeuco, vermietet einfache, aber komfortable Zimmer mit modernen Duschkabinen. Das wahre Highlight sind jedoch die Fenster im zweiten Stock, die einen herrlichen Blick auf den Volcán Llaima bieten. Die Inhaberfamilie hat eine eigene Reiseagentur in der Stadt und vermittelt Rafting-, Trekking- sowie Canyoning-Trips.

Praktische Informationen

Touristeninformation (☎ 45-258-1075; www.melipeuko.cl; Pedro Aguirre Cerda s/n; ⊙ Mo–Do 8.30–17, Fr bis 16.30, Sa & So 11–18 Uhr) Freundliche Touristeninformation im neuen Parador Turístico Melipeuco.

An- & Weiterreise

Nar-Bus (S. 243) fährt von seinem eigenen Terminal in Temuco montags bis samstags täglich achtmal nach Melipueco (1900 Ch$, 2 Std., 8–18.30 Uhr); sonntags starten nur fünf Busse (9–18.30 Uhr). In der Gegenrichtung verkehren zwischen 7 und 20 Uhr etwa stündlich Busse auf der Hauptstraße nach Temuco.

Villarrica

☎ 045 / 49 184 EW.

Anders als Pucón ist Villarrica, der wilde Nachbarort am anderen Ufer des windgepeitschten Lago Villarrica, lebendig und betriebsam. Es verströmt zwar weniger Charme, kommt dafür aber bodenständiger daher. Außerdem gibt's keinen hektischen Reisegruppentourismus und auch die Preise sind vernünftiger.

Die *costanera* (Uferpromenade) wurde nach dem Erdbeben 2010 in Concepción gebaut und ist mit dem neuen künstlichen schwarzen Sandstrand, dem ersten in Chile, ziemlich eindrucksvoll (die Aviador Acevedo, die Hauptverkehrsstraße der Stadt, wurde 2017 renoviert). Da man hier die gleichen Aktivitäten wie in Pucón buchen kann, ist der Ort eine ansprechende Alternative für alle, die es weniger touristisch mögen und lieber die lokale Kultur kennenlernen möchten.

Sehenswertes & Aktivitäten

Museo Histórico Arqueológico Municipal MUSEUM
(Av Pedro de Valdivia 1050; ⊙ Mo–Fr 9–13 & 14.30–18 Uhr) GRATIS In dem kleinen Museum hinter der Touristeninformation sind Mapuche-Artefakte wie Schmuck, Musikinstrumente und grobe Holzmasken ausgestellt.

★ Aurora Austral Patagonia Husky HUNDESCHLITTEN
(☎ mobil 9-8901-4518; www.auroraaustral.com; Camino Villarrica–Panguipulli, Km 19,5) Die Huskyfarm unter deutscher Leitung liegt ca. 19 km von Villarrica an der Straße nach Lican Ray. Hier warten rund 55 der wohl niedlichsten Siberian und Alaskan Huskys darauf, Besucher auf die Fahrt ihres Lebens mitzunehmen. Im Winter locken Tagesausflüge (80 000 Ch$), mehrtägige Touren mit Übernachtung in Zelten/Hütten und eine atemberaubende siebentägige Tour durch die Anden (all-inclusive 2 400 000 Ch$).

Im Sommer werden 6 km lange Exkursionen samt optionalem Barbecue (33 000–39 000 Ch$) sowie Husky-Trekkingtouren zum Volcán Villarrica (48 000 Ch$) angeboten. Echte Hundeliebhaber können hier draußen oder in drei hübschen Hütten (40 000–70 000 Ch$) übernachten.

Freiwillige, die vier bis zwölf Wochen bleiben, sind ebenfalls willkommen.

Feste & Events

Muestra Cultural Mapuche KULTURELL
(⊙ Jan.) Präsentiert die Arbeiten regionaler Kunsthandwerker sowie die Musik und rituellen Tänze der Ureinwohner.

Schlafen

La Torre Suiza HOSTEL $
(☎ 45-241-1213; www.torresuiza.com; Bilbao 969; B 11 000 Ch$, EZ/DZ ab 20 000/25 000 Ch$; P 📶) Villarricas einstiges Haupthostel hat sich über die Jahre sehr verändert. Das einstige Travellerparadies mit fahrradbegeisterten Schweizer Inhabern ist heute eine Pension unter chilenischer Führung, die oft von Arbeitsteams ausgebucht ist. Doch die traditionelle Rustikalität des Hostels mit seinen knarrenden alten Fluren und einfachen Räumen hat Charme, und die freundlichen Besitzer tun ihr Bestes, um das Travellerflair zu erhalten.

Hostal Don Juan GÄSTEHAUS $
(☎ 45-241-1833; www.hostaldonjuan.cl; General Körner 770; EZ/DZ 34 000/44 000 Ch$, ohne Bad 25 000/34 000 Ch$; P 📶) An dem großen, vom freundlichen Besitzer selbst gestalteten *parilla* (Außengrill) treffen sich die Gäste dieser Bleibe. Von einigen Zimmern im zweiten Stock genießt man eine traumhafte Aussicht auf den Vulkan. Die Zimmer sind ein-

Villarrica

fach, aber gemütlich und der Service ist freundlich. Frühstück kostet 3500 Ch$ extra.

Hostería de la Colina GÄSTEHAUS **$$**
(☎ 45-241-1503; www.hosteriadelacolina.com; Las Colinas 115; Zi. ab 78 000 Ch$, Suite 90 000 Ch$; P @) Die einst schicke *hostería* (Gasthaus) im Südwesten der Stadt ist von einem mit unglaublicher Gründlichkeit gepflegten üppig grünen Gelände samt gewaltigem Ausblick umgeben. Leider hat sie ein wenig von ihrem Charme verloren, seit neue chilenische Inhaber das Haus nach fast 30 Jahren von den früheren amerikanischen Besitzern übernommen haben. Die gepflegten Zimmer im Haupthaus sind klassisch eingerichtet, dagegen bieten die beiden unabhängigen Suiten mehr Privatsphäre und modernes Interieur.

Essen & Ausgehen

★ **Travellers** RESTAURANT **$**
(www.facebook.com/travellersrestobar; Letelier 753; Hauptgerichte 4950–7950 Ch$; ⌚ Mo–Sa 9–14 Uhr;) Chinesisch, mexikanisch, thailändisch, indianisch, italienisch: In der besonders bei ausländischen Gästen beliebten, schwulenfreundlichen Restaurantbar kann man sich fast auf eine kulinarische Weltreise begeben. Das Essen ist kein Gourmeterlebnis, aber man wird auch nicht enttäuscht sein. Nach einem Brand wurde das Lokal neu gestaltet und bietet nun ein echtes Popkultur-Potpourri mit Postkarten und Bierdeckeln von *amigos* aus der ganzen Welt und einem Poster der New Yorker Skyline über der Bar.

Es gibt Besucherinfos auf Deutsch und Englisch sowie günstige Cocktails (darunter fantastische Himbeer-Mojitos und leckere

Villarrica

Sehenswertes
1 Museo Histórico Arqueológico Municipal C3

Schlafen
2 Hostal Don Juan B3
3 La Torre Suiza B3

Essen
4 Brazas D1
5 Café Bar 2001 .... C2
6 El Sabio C2
7 Huerto Azul C1
8 Travellers C2

Ausgehen & Nachtleben
9 Delirium Tremens C2

Shoppen
10 Centro Cultural Mapuche C3
11 Mercado Fritz C3

ABSTECHER

TERMAS GEOMETRICAS

Wer von all dem Klettern, Wandern, Paddeln und Radfahren müde Knochen und schmerzende Muskeln hat, wird sich in der Nähe von Pucón über einen der größten natürlichen Thermenkomplexe der Welt freuen: die **Termas Geométricas** (☎ mobil 9-7477-1708; www.termasgeometricas.cl; Acceso a Termas Geométricas; Erw./Kind vor 12 Uhr 23 000/12 000 Ch$, 12–18 Uhr 28 000/12 000 Ch$, 18–21 Uhr 25 000/12 000 Ch$, 321–23 Uhr 20 000/12 000 Ch$; ⏲ So–Do 11–20, Fr & S 11–23 Uhr). Heiße Quellen gibt's in der Gegend so viele wie Anbieter von Outdoorabenteuern, doch die Termas Geométricas stechen aus der Menge heraus.

Das traumhafte asiatisch inspirierte Labyrinth aus roten Planken und 17 schönen Thermalquellen mit Schieferbecken liegt an einer grünen Schlucht, in deren Tiefe ein Fluss rauscht. Dank der großartigen Lage und Ausstattung kommen vor allem Paare und Designliebhaber hierher.

Zur Anlage gehören zwei Wasserfälle und drei Kaltwasserbecken zum Abkühlen sowie ein von einem *fogón* (Außenofen) geheiztes Café, in dem Hühnersuppe und echter Kaffee serviert werden. Wenn gerade kein Spanisch zu hören ist, könnte man glatt meinen, man sei in Kyoto.

Die Therme befindet sich 15 km nördlich von Coñaripe. Transportmöglichkeiten bestehen in Coñaripe (33 000 Ch$ inkl. Eintritt), außerdem werden von Pucón aus Tagestouren angeboten (ca. 39 000 Ch$ inkl. Eintritt). Bei gutem Wetter ist die Schotterstraße mit einem normalen PKW befahrbar.

Der Abenteueranbieter **Turismo Aventura Chumay** (☎ 9-9744-8835; www.turismochumay.cl; Las Tepas 201; ⏲ 9–24 Uhr, im Winter kürzer) verleiht Mountainbikes und veranstaltet Trekkingtouren zum Glaciar Pichillancahue, Tagesausflüge zum Biosphärenreservat Huilo-Huilo sowie Touren zu den Termas Geométricas. Übernachten kann man im **Hostal Chumay** (☎ 9-9744-8835; www.hostalchumay.cl; Las Tepas 201; EZ/DZ/3BZ inkl. Frühstück 25 000/35 000/45 000 Ch$; P @ 📶) oder im **Hotel Elizabeth** (☎ 63-231-7272; www.hotelelizabeth.cl; Beck de Ramberga 496; EZ/DZ/3BZ 30 000/48 000/58 000 Ch$; @ 📶); beide Unterkünfte haben eigene Restaurants.

Coñaripe liegt im Schatten des aktivsten Vulkans von Chile und bietet ein weitaus ruhigeres, weniger kommerzielles Reiseerlebnis als Pucón, aber wer etwas erleben will, wird sich hier langweilen. Die **Información Turística** (☎ 63-231-7378; www.sietelagos.cl; Plaza de Armas; ⏲ Jan–Feb. 9–22 Uhr, im Winter kürzer) ist eine gute Informationsquelle zu den Thermalbädern der Region.

Auf der Hauptstraße verkehren Regionalbusse nach Villarica (1200 Ch$, 1½ Std., alle 15 Min., 6.40–21.15 Uhr), Lican Ray (700 Ch$, alle 10 Min., 30 Min., 6.40–20.40 Uhr), Liquiñe (1000 Ch$, 1 Std., 7-mal tgl., 11–19.30 Uhr) und Panguipulli (1200 Ch$, 45 Min., 7-mal tgl., 7.30–17 Uhr).

micheladas mit Torobayo von Kunstmann) zur verlängerten Happy Hour (18–22 Uhr).

El Sabio PIZZA $

(www.elsabio.cl; Zegers 393; Pizza 6700–7600 Ch$; ⏲ Mo–Sa 13–16 & 19.30–23.30 Uhr; 📶) Das von einem freundlichen argentinischen Paar betriebene Lokal wartet mit fantastischen rechteckigen Pizzas auf, die im Ganzen auf kleinen Brettern serviert werden. Alle Klischees über chilenische Pizza kann man hier getrost über Bord werfen.

Café Bar 2001 CHILENISCH $

(www.facebook.com/cafebarvillarrica; Henríquez 379; Sandwiches 2800–7750 Ch$; ⏲ Mo–Sa 9–24, So 10–23 Uhr; 📶) Dieses dinerartige Lokal ist von morgens bis abends rappelvoll. Es wurde 1972 eröffnet und füllt seitdem die Mägen hungriger Villarricaner. Zum Frühstück gibt's *pailas* (Steingutschalen) mit Eiern und tagsüber üppig belegte Sandwiches sowie herzhafte Gerichte. Abends wird die Café Bar 2001 zu einem kulturellen Treffpunkt der Stadtbewohner.

Huerto Azul DESSERTS $

(www.huertoazul.cl; Henríquez 341; Schokolade 2490 Ch$ pro 100 g; ⏲ 9.30–21.30 Uhr) Huerto Azul ist eine Feinkostkette aus Villarrica. Dieser wunderbare, leuchtend blaue Laden mit Eiscafé verleitet wohl jeden Gast zu zuckersüßen Sünden. Hausgemachte Marmeladen und Chutneys schmücken die Wände, und eine große Auswahl belgischer Schokoladenriegel aus eigener Produktion füllt die Vitrinen.

Brazas CHILENISCH $$$
(☎ 45-241-1631; www.brazasvillarrica.cl; General Körner 145; Hauptgerichte 5800–16 550 Ch$; ⏲ 13–16 & 19.30–23.30 Uhr; 📶) Dieses gehobene Restaurant hat alles: für den Sur Chico absolut überdurchschnittlichen Service, von den Erkerfenstern Bilderbuch-Sonnenuntergänge über dem Vulkan, und vor allem das wunderbare Essen dazu. Den Schwerpunkt bilden erstklassige Steaks, doch auch der Rest auf der Gourmetkarte hat es in sich, besonders die karamellisierten Stücke saftiger Schweinerippen, deren Fleisch sich fast von selbst vom Knochen löst, während man immer wieder den Blick über den See schweifen lässt. Auch die gefüllte Forelle ist sehr gut!

Delirium Tremens CRAFT-BIER
(www.facebook.com/cerveceriadtrb; Letelier 898; Pint 2990 Ch$; ⏲ Di–Do 17.30–4, Fr & Sa bis 5 Uhr) In der angesagtesten Kneipe Villarricas mit fünf Zapfhähnen dreht sich alles um lokal gebrautes Craft-Bier. Es gibt einen gemütlichen Hof und mehrere wohnraumartige Zimmer. Das Hausbier Bravía ist als American Amber, Dry Stout und Blonde erhältlich. Oft ist auch das großartige Alásse-Bier aus Catripulli im Angebot.

Shoppen

Mercado Fritz KUNSTHANDWERK
(www.facebook.com/Mercadofritz; Acevedo 612; ⏲ 8.30–20 Uhr) Auf dem wahrscheinlich besten Kunsthandwerksmarkt der Stadt findet man hochwertige Holzarbeiten, Wolltextilien, Schmuck sowie das **Tam Tam** (einen wunderschönen Keramikladen) und mehrere Händler, die regionale Gourmetlebensmittel anbieten.

Centro Cultural Mapuche KUNST & KUNSTHANDWERK
(Feria Wenteche Map; Ecke Pedro de Valdivia & Zegers; ⏲ 10–23 Uhr) Ein guter Laden für von den Mapuche gefertigte Figuren aus Lorbeerbaumholz und Schalen aus dem Holz der Rauli-Südbuche. Das Centro ist auch ein kulturelles und gastronomisches Zentrum.

Praktische Informationen

In der Nähe der Ecke Pedro Montt und Avenida Pedro de Valdivia findet man viele Banken mit Geldautomaten.

BCI (www.bci.cl; Ecke Alderete & Av Pedro de Valdivia) Geldautomat.

Banco de Chile (www.bancochile.cl; Ecke Pedro Montt & Av Pedro de Valdivia) Geldautomat.

CorreosChile (www.correos.cl; Anfión Muñoz 315; ⏲ Mo–Fr 9–13.30 & 15.30–19, Sa 10–13 Uhr) Postdienstleistungen.

Oficina de Turismo (☎ 45-220-6618; www.visitvillarrica.cl; Av Pedro de Valdivia 1070; ⏲ Jan.–Feb. 8.30–23 Uhr, März–Dez. Mo–Fr 8.30–18, Sa & So 9–13 & 14.30–17.30 Uhr) Städtisches Informationsbüro mit hilfsbereitem Personal und vielen Broschüren. Hat eine Filiale auf der **Plaza de Armas** (☎ 45-241-9819; www.visitvillarrica.cl; Plaza de Armas; ⏲ Mo–Fr 8.30–13 & 14.30–18 Uhr).

Hospital de Villarrica (https://villarrica.araucaniasur.cl; San Martín 460; ⏲ 24 Std.) Städtisches Krankenhaus.

An- & Weiterreise

Die meisten Fernbusunternehmen haben in der Nähe des zentralen **Busbahnhofs** (Av Pedro de Valdivia 621) separate Büros und Haltestellen. Die Preise für Langstrecken sind mit denen im eine Stunde entfernten Temuco vergleichbar, wo es allerdings eine deutlich größere Auswahl an Reisemöglichkeiten in den Süden gibt. Vom Busbahnhof, der eigentlich nur ein Parkplatz ist, fährt **Buses Vipu-Ray** (☎ mobil 9-6835-5798) nach Pucón. **Buses Coñaripe** (☎ mobil 9-6168-3803; ⏲ 8–21 Uhr) steuert den ganzen Tag Lican Ray, Coñaripe und Panguipulli an. Busse von **Buses Villarrica** (☎ 45-241-4408) verkehren nach Temuco.

Von den jeweiligen eigenen Terminals starten die Busse folgender Unternehmen: **Buses JAC** (☎ 45-246-7775; www.jac.cl; Bilbao 610; ⏲ Mo–Fr 6–21.40, Sa ab 6.30, So ab 7.30 Uhr) fährt nach Pucón, Temuco, Puerto Montt, Puerto Varas und Valdivia; **TurBus/Cóndor** (☎ 45-220-4102; www.turbus.cl; Anfión Muñoz 657; ⏲ Mo–Fr 9–13 & 15–19, Sa 9–14 Uhr), **Pullman Bus** (☎ 45-241-4217; www.pullman.cl; Ecke Anfión Muñoz & Bilbao) und Buses JAC bieten die häufigsten Verbindungen nach Santiago; Tur-Bus/Cóndor hat auch mindestens einen Nachtbus nach Viña del Mar/Valparaíso (20.40 Uhr).

Die folgenden Busunternehmen verkehren ins Nachbarland Argentinien: **Igi Llaima** (☎ 45-241-2753; www.igillaima.cl; Av Pedro de Valdivia 621, Terminal Villarrica; ⏲ Mo–Fr 9–13.30 & 17.30–20, Sa 9–19, So 12–21 Uhr) fährt täglich vom Hauptbusbahnhof nach San Martín de los Andes. **Buses San Martín** (☎ 045-241-9673; Pedro León Gallo 599; ⏲ Mo–Fr 9–13.30 & 16–20.30, Sa 9–13 Uhr) bedient dieselbe Strecke dienstags, donnerstags und samstags.

ZIEL	PREIS (CH$)	DAUER (STD.)
Coñaripe	2100	1
Lican Ray	1500	¾
Panguipulli	2900	1½
Pucón	900	¾
Puerto Montt	9300	5
Puerto Varas	9000	4¾
San Martín de los Andes (Arg.)	13 000	5
Santiago	27 400	10
Temuco	1800	1
Valdivia	4500	3
Viña del Mar/ Valparaíso	28 800	15

Pucón

☎045 / 22 081 EW.

Pucón gilt als Mekka für Adrenalinjunkies und liegt unter dem schwelenden Volcán Villarrica am schönen Lago Villarrica. Vom einstigen sommerlichen Tummelplatz der chilenischen Reichen wandelt sich die Stadt allmählich zu einer ganzjährig werkelnden Abenteuerfabrik, die alle Einkommensklassen bedient. Besonders im Februar, den man nach Möglichkeit meiden sollte, ist der Ort völlig überlaufen. Dann rollen Flutwellen von Pauschaltouristen, Urlaubern aus Santiago, brasilianischen Snowboard-Novizen, Rucksackreisenden, New-Age-Anhängern auf der Suche nach etwas Spirituellem sowie abgespannten ehemaligen Aktivisten und heutigen Ökopionieren an. Wirkt die Popularität auch auf viele abschreckend, so kann Pucón doch mit der für eine Kleinstadt am besten entwickelten touristischen Infrastruktur südlich von Costa Rica glänzen. Das bedeutet hochwertige Unterkünfte, effiziente Reisebüros, unzählige Aktivitäten und Exkursionen, vegetarische Restaurants, Falafel-Imbisse, Kleinbrauereien und Hunderte Zugezogene aus der ganzen Welt.

Aktivitäten

Mountainbiken

Mountainbikes gibt's überall in der Stadt. Die Preise für einen Tag sind verhandelbar und sollten nicht höher als zwischen 10 000 und 14 000 Ch$ liegen – sofern es sich nicht gerade um ein nagelneues Rad mit Vollfederung handelt.

Größter Beliebtheit erfreut sich die **Ojos-de-Caburgua-Rundtour** (obwohl der ständig zunehmende Verkehr die Freude etwas trübt). Man erreicht die Strecke über die Abzweigung zum 4 km östlich der Stadt gelegenen Flugfeld auf der anderen Seite des Río Trancura. Im Sommer fährt man durch eine Staubwüste, dann macht das Ganze nur noch wirklich hartgesottenen Mountainbikern Spaß. Wer die Runde ausdehnen will, kann noch die **Strecke vom Lago Caburga zum Río Liucura** und die komplette **Río-Trancura-Route** anhängen. Zwei weitere populäre Strecken in Stadtnähe sind der **Correntoso** und der **Alto Palguín Chinay** (zu den heißen Quellen von Palguín). Man kann auch den Vulkan als Downhill-Abfahrt in Angriff nehmen (Preis auf Basis einer Gruppe von 2/4 Pers. 70 000/55 000 Ch$ pro Pers.).

Jeder Fahrradverleih gibt nähere Auskünfte über die Wege und hat oft auch vernünftige Karten. **Freeride Pucón** (☎mobil 9-9317-8673; www.freeridepuconchile.com; Urrutia 436, Local 3; halber/ganzer Tag 8000/14 000 Ch$; ⊙Dez.–Feb. 9–20 Uhr, März–Nov. 9–13 & 15–19 Uhr) ist etwas teurer, doch Räder und Wartung sind in der Stadt unübertroffen.

Rafting & Kajakfahren

Pucón hat sich als Wassersportmekka mit guter Rafting- und Kajakinfrastruktur einen Namen gemacht. Die meisten größeren Reiseveranstalter bieten Raftingtrips an, auf folgenden Flüssen in der Nähe von Pucón (in Klammern die Klassifizierung ihrer Stromschnellen): **Unterer Trancura** (III), **Oberer Trancura** (IV), **Liucura** (II–III), **Puesco Run** (V) und **Maichín** (IV–V). Es gibt aber auch Touren auf anderen Flüssen. Nicht enttäuscht sein: Wildwasserfahrten sind hier nicht so gut wie auf dem Futaleufú.

Beim Buchen einer Rafting- oder Kajaktour sollte man wissen, dass es sich bei den angegebenen Zeiten häufig nicht um den reinen Aufenthalt auf dem Wasser handelt, sondern dass darin auch die Beförderung enthalten ist. Preise reichen von 10 000 Ch$ für die ganztägige Ausleihe bis zu 50 000 Ch$ für Exkursionen, je nach Jahreszeit, Anzahl der Teilnehmer, Veranstalter und Schwierigkeitsgrad. Viele Flüsse führen im Winter Hochwasser und sind für die meisten Sportarten gesperrt, auf manchen ist aber immer noch Rafting oder Kajakfahren möglich.

Im Frühjahr und Winter ist Hydrospeedfahren (25 000 Ch$) eine tolle Aktivität und – wie manche sagen – besser als Rafting.

Thermalquellen

Beliebte heiße Quellen in der Umgebung, die sich für ein erholsames Bad empfehlen, sind

Pucón

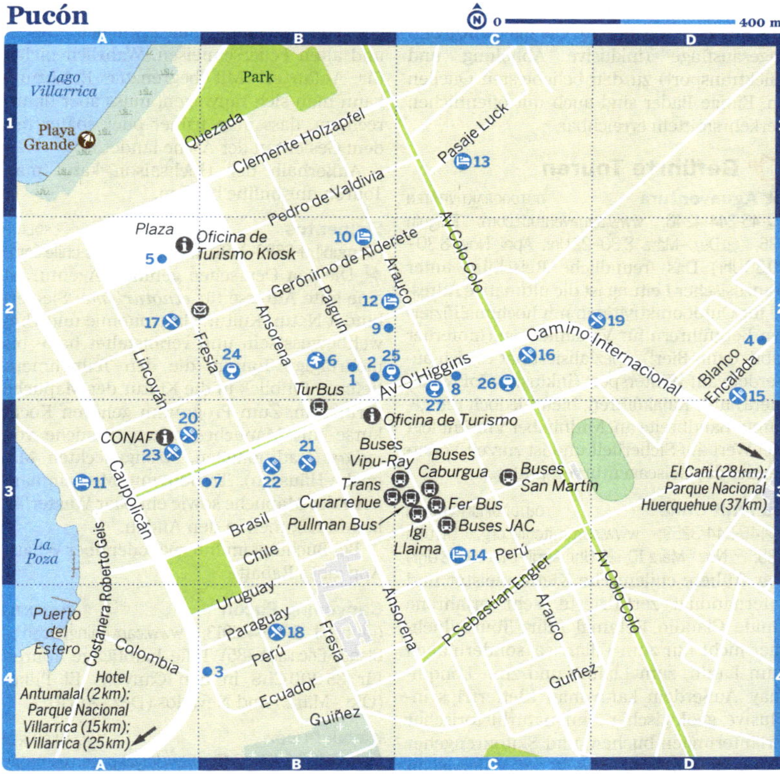

Pucón

Aktivitäten, Kurse & Touren

1 Aguaventura B2
2 Aventur B2
3 Bike Pucón B4
4 Canyoning Pucón D2
5 Free Tour Pucón A2
6 Freeride Pucón B2
7 Kayak Pucón B3
8 Politur C2
9 Summit Chile B2

Schlafen

10 Aldea Naukana B2
11 Chili Kiwi A3
12 ¡école! B2
13 French Andes II C1
14 Hostal Victor C3

Essen

15 Expresso de Lider D2
16 Just Delicious C2
17 La Maga A2
18 La Picada B4
Latitude 39° ..... (siehe 6)
19 Menta Negra D2
20 Pizza Cala A3
21 Sundar B3
22 Trawen B3
23 Viva Perú A3

Ausgehen & Nachtleben

24 BeerHouse B2
25 Black Forest B2
26 La Vieja Escuela C2
Madd Goat Coffee Roasters ..... (siehe 16)
27 Mama's & Tapas C2

die modernen, schlichten **Termas de Panqui**, 56 km östlich von Pucón, sowie die einst beliebten (aber abgewirtschafteten) **Termas Los Pozones**, 36 km östlich, die luxuriösen **Termas Peumayén**, 30 km weiter östlich, und die traditionellen **Termas de Huife**,

35 km östlich von Pucón. Reiseagenturen in der Stadt bieten für 20 000 bis 25 000 Ch$ Tagesausflüge (inklusive Abholung und Rücktransport) zu den beliebtesten Quellen an. Einige Bäder sind auch mit öffentlichen Verkehrsmitteln erreichbar.

Geführte Touren

★ Aguaventura OUTDOORAKTIVITÄTEN
(☎ 45-244-4246; www.aguaventura.com; Palguín 336; ⊙ Dez.–März 8.30–22 Uhr, April–Nov. 8.30–20.30 Uhr) Das freundliche Reisebüro unter französischer Leitung ist die ultimative Adresse für Outdooraktivitäten mit hochqualifizierten Bergführern für Vulkantouren (hinterher gibt's dann Bier!). Spezialisiert hat es sich außerdem auf Wintersport (inklusive GoPro-Kamera) und Kajakfahren, bietet jedoch die gesamte Bandbreite an. Mitinhaber Vincent legt viel Wert auf Sicherheit und ist zurzeit Vorsitzender des Reiseagenturverbandes.

Summit Chile OUTDOORAKTIVITÄTEN
(☎ 45-244-3259; www.summitchile.org; Urrutia 585; ⊙ Nov.–März 10–20 Uhr, April–Okt. 10–18 Uhr) Der frühere chilenische Klettermeister und international zertifizierte, sehr erfahrene Guide Claudio Retamal führt Tourteilnehmer nicht nur zum Villarrica, sondern auch zum Lanín, zum Llaima und zum Lonquimay. Außerdem kann man Klettertrips inklusive geologischer und naturhistorischer Erläuterungen buchen, und Skitourengeher haben hier die Möglichkeit, den Villarrica in Angriff zu nehmen.

Antilco REITEN
(☎ mobil 9-9713-9758; www.antilco.com; Carhuello, Km 7) Ein sehr empfehlenswertes Unternehmen, das halb- bis zwölftägige Reittouren für Anfänger und Fortgeschrittene ins Liucura-Tal, zum Parque Nacional Huerquehue, zu Mapuche-Reservaten und nach Argentinien anbietet. Die Guides sprechen Englisch.

Aventur NATURABENTEUER
(☎ 45-244-2796; www.aventurpucon.cl; Panguín 383; Hydrospeed-Touren 1 oder 2 Tage 20 000–25 000 Ch$) Aventur ist die beste Agentur für Hydrospeedtouren. Im Frühjahr und Winter, wenn die Wasserpegel höher sind, sind diese eine großartige (und preiswerte) Wasseraktivität in Pucón.

Bike Pucón MOUNTAINBIKEN
(☎ mobil 9-9579-4818; www.bikepucon.com; Ecke Caupolicán & Perú; halbtägige Touren inkl. Leihrad 75 000 Ch$; ⊙ Dez.–März 10–14 & 17–21 Uhr) Bietet auf sechs Trassen rasante 17 oder 20 km lange Downhill-Fahrten über sehr rutschiges Vulkangelände, auf schmalen Wegen und alten Feuerschneisen. Wahrlich nichts für Anfänger! Mit begrenzter Erfahrung kann man sich ranwagen, muss aber damit rechnen, dass man früher oder später mit dem Gesicht in der Asche landet.

Außerhalb der Hochsaison kann man Touren nur online buchen.

Elementos KULTUR
(☎ mobil 9-5689-3491; www.elementos-chile.com) Die von Deutschen geführte Agentur ist eine gute Adresse für *etnoturismo*: Sie verbindet Natur, Kultur, Gastronomie und Umweltbewusstsein und veranstaltet halb- bis mehrtägige Touren, die den Teilnehmern tieferen Einblick in die Kultur der Mapuche vermitteln. Zum Programm gehören Kochkurse mit Mapuche-Köchen, Besuche von *rukas* (traditionellen, strohgedeckten Mapuche-Häusern), Treffen mit Medizinmännern der Mapuche sowie ein paar Wasserfälle und Lagunen in den Anden.

Bei Buchung im Internet oder über WhatsApp gibt's Rabatte.

Canyoning Pucón CANYONING
(☎ mobil 9-9294-6913; www.canyoningpucon.cl; Blanco Encalada 185) Tolle halbtägige Touren für 35 000 Ch$ in den Canyons El Pillan (Okt.–März.) und Nevados (Dez.–April).

Kayak Pucón KAJAKFAHREN
(☎ mobil 9-9716-2347; www.kayakpucon.com; Av O'Higgins 211; ⊙ Nov.–Feb. 9–21 Uhr;) Renommierter Veranstalter, der tolle dreitägige Kajaktouren (240 000 Ch$) sowie mehrtägige Exkursionen für erfahrenere Kajakfans organisiert. Halbtägige Ausflüge mit einem Ducky (aufblasbares Einmannboot) auf Stromschnellen der Klasse III sind das Richtige für Anfänger (25 000 Ch$). Zum Angebot gehören außerdem Rafting für Kids sowie abenteuerlichere Touren für Fortgeschrittene. Verleiht auch Kajakausrüstung.

Free Tour Pucón WANDERN
(☎ mobil 9-4305-5479; www.freetourpucon.com; ⊙ Dez.–März Mi–So 11 Uhr) GRATIS Der enthusiastische Englisch sprechende Javier bietet auf dieser zweistündigen Wanderung weit mehr als das Übliche. Auch in der Hochsaison ist keine Reservierung nötig – einfach pünktlich auf der Plaza vor der Kirche sein!

Politur RAFTING
(☎ 45-244-1373; www.politur.cl; Av O'Higgins 635; ⊙ 8–23 Uhr, Mai–Okt. bis 20 Uhr) *Die* Agentur für Raftingtouren.

Schlafen

★ ¡école! HOSTEL $

(☎ 45-244-1675; www.ecole.cl; Urrutia 592; Zi. 36 000–58 000 Ch$, EZ/DZ ohne Bad 20 000/ 24 000 Ch$, B mit/ohne Bettwäsche 12 000/ 9000 Ch$; P @) Das umweltbewusst geführte ¡école! bietet ein ganz eigenes Reiseerlebnis. Als Treffpunkt pflichtbewusster Traveller und als entspannter, künstlerisch angehauchter Rückzugsort gilt es schon lange als Pucóns interessanteste Unterkunft. Alle Zimmer sind klein, sauber und komfortabel gestaltet, allerdings sind die Wände dünn und Stimmen dringen ungehindert hindurch, deswegen eignet sich das Hostel nicht für wilde Partys.

Auf der ruhigen Rückseite des Hostels liegen vier neue Zimmer mit pastellfarbenen Hartholzmöbeln und modernen Bädern mit Duschvorhängen aus Baumwolle; dreimal täglich finden Yogakurse statt, und es gibt einen Massageraum. Das exzellente vegetarische Lokal gehört zu den besten Restaurants in Chile (Hauptgerichte 4800–5400 Ch$). Bereits 20 Jahre vor dem restlichen Chile kümmerten sich die Inhaber um Nachhaltigkeit, Umweltschutz und ökologische Maßnahmen.

Chili Kiwi HOSTEL $

(☎ 45-244-9540; www.chilikiwihostel.com; Roberto Geis 355; B ab 10 000 Ch$, Zi. ohne Bad ab 34 000 Ch$;) In bester Lage am See befindet sich Pucóns geselligstes Hostel, das enthusiastische neuseeländisch-holländische Geschäftspartner betreiben, deren jahrelange Traveller-Erfahrung viele gute Ideen einbrachte. Es bietet unterschiedliche Mehrbett- und Privatzimmer (beispielsweise in umgerüsteten Transportern, Baumhäusern und Quonset-Hütten, alle mit hochwertiger Bettwäsche ausgestattet), zahlreiche kunstvoll designte Küchen und Bäder und bis zu zwei Steckdosen pro Bett.

Der Craft-Bier-Pub (nur für Gäste zugänglich) samt wunderschöner Terrasse wurde von einem deutschen *Wandergesellen* gebaut und bietet preiswerteres Bier als außerhalb an. Besser wird's nicht!

French Andes II HOSTEL $

(☎ 45-244-3324; www.french-andes.com; Pasaje Luck 795; B 1/2 Personen 14 000/24 000 Ch$, Zi. ohne Bad 45 000 Ch$; P @) Das französisch geführte Hostel hat eine Menge zu bieten: Die japanischen Kapselzimmer und leuchtend roten Gemeinschaftsbäder haben ein sehr persönliches Flair. Die Kapselräume (auch als Einzel- und Doppelzimmer verfügbar) bieten mehr Privatsphäre als die üblichen Standardzimmer (das Gepäck wird draußen in Schließfächern oder Boxen aufbewahrt). Der Hinterhof ist ein echter Renner – er bietet alle möglichen Extras, sogar eine Feuerstelle! Das Hostel hat einen herrlichen Blick auf Villarica; die Inhaber nutzen umweltfreundliche Recyclingmethoden.

Okori Hostel HOSTEL $

(☎ mobil 9-9821-9442; www.okorihostelpucon.com; Camino Internacional, Km 5; B ab 12 000 Ch$, Zi. mit/ohne Bad ab 65 000/50 000 Ch$; P) Wer nicht unbedingt im Stadtzentrum wohnen will und gern etwas Natur um sich hat, sollte in diesem neuen Hostel einchecken. Es liegt in einem Wohngebiet 5 km außerhalb von Pucón und wurde komplett aus Hartholz erbaut – die Bar, die Waschbecken und die Treppengeländer bestehen aus recyceltem Hartholz.

Hostal Victor PENSION $

(☎ 45-244-3525; www.hostalvictor.cl; Palguín 705; B 15 000 Ch$, Zi.430 000 Ch$; @) Wer Wert auf guten, erholsamen Schlaf legt, findet hier ausgesprochen saubere Räumlichkeiten und eine warme entspannende Atmosphäre vor. Alle Zimmer – auch die Vierbetträume – haben Privatbäder.

Hotel Antumalal BOUTIQUE-HOTEL $$$

(☎ 45-244-1011; www.antumalal.com; Camino Pucón–Villarrica, Km 2; Zi. ab 339 900 Ch$, Haus am See für 6 Pers. 780 000 Ch$; P) Dieses Beispiel von Bauhaus-Architektur an der Straße nach Villarrica wurde über dem See in eine Klippe hineingebaut. Von den Borkenlampen bis zu den von Araukarien bewachsenen Mauern vermittelt alles eine große Erdverbundenheit, wobei das Ganze andererseits auch wunderbar deplatziert wirkt.

In den schicken Gemeinschaftsräumen bieten die riesengroßen schrägen Fenster unschlagbaren Ausblick auf den Lago Villarrica. Die minimalistisch gestalteten Zimmer haben Kamine; teilweise bestehen die Innenwände aus rohen Steinen, die wie in der Natur mit Flechten und Moos bedeckt sind. Das Restaurant tischt gehobene internationale Küche mit chilenischem Einfluss auf (Hauptgerichte 10 000–17 000 Ch$), wobei viele Zutaten direkt aus dem Gemüsebeet im 12 ha großen Gartengelände des Anwesens stammen.

Aldea Naukana BOUTIQUE-HOTEL $$$

(☎ 45-244-3508; www.aldeanaukana.com; Gerónimo de Alderete 656; Zi. inkl. Frühstück ab 143 000 Ch$,

Suite 190 000 Ch$; P) Der großartige Kontrast aus einheimischem Hartholz und Vulkangestein bildet die Grundstruktur dieses bezaubernden Boutique-Hotels mit zehn Zimmern – unsere erste Wahl in Pucón. Neben den wunderbar komfortablen Zimmern gibt's eine kleine Sauna (Nutzung im Preis enthalten) und auf dem Dach einen kostenpflichtigen Whirlpool mit fantastischem Vulkanblick.

Essen

★ Trawen CHILENISCH, FUSION-KÜCHE $
(45-244 2024; www.trawen.cl; Av O'Higgins 311; Hauptgerichte 6200–16 800 Ch$; 8.30–24 Uhr;) Ein insbesondere bei kreativen Menschen beliebtes altehrwürdiges Restaurant mit hervorragendem Preis-Leistungs-Verhältnis. Alle Gerichte sind innovativ und frisch zubereitet. Highlights sind die exzellenten Ravioli mit Räucherforelle und Spinat-Sahnesoße, in Schinken gewickeltes Wild, Risotto mit *merkén* (Mapuche-Gewürz) und gegrilltem, geräuchertem Tintenfisch sowie die Salate aus dem eigenen Garten, dem ersten zertifizierten Biogarten in Südchile. Als Begleitung zum Essen gibt's biodynamische Naturweine. Trawen bietet auch die beste Craft-Bier-Auswahl in der Stadt.

Just Delicious ORIENTALISCH $
(www.facebook.com/JDpucon; O'Higgins 717, Local 7, Patagonia Blvd; Di–Sa 12–16 & 18.30–21 Uhr;) Der israelische Einwanderer Tal bereitet in seinem fantastischen Restaurant (nur Barzahlung) alle Gerichte von der Pike auf selbst zu. Die Zutaten schmuggelt er aus seinem Heimatland nach Chile. Zur Auswahl stehen Hummus, Falafel, *shakshuka* (Eier in scharfer Tomatensoße), Baba Ghanoush, Baklava und viele weitere Köstlichkeiten! Das Falafel-Sandwich (Hummus, eingelegter Kohl, Tahini und würziges *matbukha* in hausgemachtem Pitabrot) ist eine Offenbarung! Und auch Tals selbstgepökeltes Gemüse ist großartig.

Sundar VEGETARISCH $
(www.facebook.com/sundarvegetariano; Ansorena 438; Gerichte 3000 Ch$; 12–17 Uhr, So geschl.;) Ob man Vegetarier ist oder nicht – das Sundar ist eines der besten und preiswertesten Lokale Pucóns, ein winziger Hotspot, den nur die Einheimischen kennen. Es liegt versteckt hinter einem kleinen Einkaufszentrum und serviert gesunde, täglich wechselnde vegetarische Mittagsgerichte.

Menta Negra CAFÉ $
(www.emporiomentanegra.cl; O'Higgins 772; Menüs 6900 Ch$; 9–24 Uhr, April–Nov. So geschl. ;) An einem sonnigen Tag gibt's kaum was Schöneres, als auf der Terrasse dieses kunstsinnigen Emporiums die gute Hausmannskost zu genießen und dazu die Aussicht auf etwas recht Seltenes in Pucón, nämlich auf Natur anstelle von Häusern.

La Picada CHILENISCH $
(Paraguay 215; Mittagsmenü 4500 Ch$; 12–16 Uhr, März–Nov. So geschl.) Der einstige Geheimtipp der Einheimischen ist inzwischen längst nicht mehr geheim: In einem unterirdischen Wohnzimmer (oder draußen auf der Terrasse) serviert das Lokal unkomplizierte Menüs (Salate, *pastel de choclo*, Maisauflauf, *cazuelas*, Pasta). Ein Schild gibt's nicht, man klopft einfach an die Tür.

Latitude 39° AMERIKANISCH $
(www.latitude39.cl; Urrutia 436, Local 2; Hauptgerichte 5900–7800 Ch$; 12–23.30 Uhr, im Winter kürzer;) Die von Kalifornien nach Pucón umgesiedelten Besitzer füllen mit ihrem Restaurant eine Nische für von Heimweh geplagte Gringos – sehr zur Freude ihrer Gäste. Die saftigen Burger im amerikanischen Stil sind der absolute Renner; besonders gut schmecken der Grand Prix (karamellisierte Zwiebeln, Schinken, Erdnussbutter) und der Buddha (Sriracha-Mayonnaise, asiatischer Krautsalat, Popcorn-Shrimps), doch es gibt auch dicke Frühstücksburritos (auch mittags erhältlich!), Fischtacos, Buffalo Chicken Wraps und alles andere, was man vielleicht vermissen könnte.

Expresso de Lider SUPERMARKT $
(www.lider.cl; Pasaje Las Rosas 635; Mo–Sa 8.30–22, So 9–21 Uhr) Pucóns bester Supermarkt für internationale Lebensmittelmarken.

El Castillo INTERNATIONAL $$
(mobil 9-8901-8089; Camino a Volcán, Km 8; Hauptgerichte 3600–12 900 Ch$; Dez.–Feb. 6–17 Uhr, im Winter kürzer) An der Straße zum Vulkan liegt dieses Restaurant aus Vulkangestein und Holz. Es wird von einem russischen Ofen erwärmt und eröffnet Vulkanansichten wie auf Bildern von Ansel Adams – für Reisende mit Fahrzeug ist der Stopp hier ein absolutes Muss. Köchin Zoe bereitet rustikale Gourmetküche zu, im Mittelpunkt stehen so fantastische Wildgerichte (Wildkaninchen, Wild-Stroganoff, Wildschwein), dass kaum noch Verlangen nach etwas anderem besteht.

La Maga STEAKS $$

(☎ 45-244 4277; www.lamagapucon.cl; Gerónimo de Alderete 276; Steak 13 900–18 900 Ch$; ⊙ Dez.–März 13–16 & 20–23 Uhr, März–Nov. Mo geschl.) In Pucón gibt's zwar für jeden Geldbeutel eine *parrilla* (Steakhaus), aber aus allen sticht dieses uruguayische Restaurant mit seinem *bife de chorizo* (Steak), hausgemachten Pommes frites und superleckeren *chimichurri* (argentinische Steaksoße) heraus. Es ist nicht gerade das billigste, aber eines der besten Grillrestaurants im Sur Chico.

Viva Perú PERUANISCH $$

(www.vivaperudeli.cl; Lincoyán 372; Hauptgerichte 8900–15 900 Ch$; ⊙ Dez.–März 13–24 Uhr, April–Nov. 13–16 & 19.30–23.30 Uhr; 📶) Das intime peruanische Restaurant kredenzt ausgezeichnet zubereitete Klassiker wie *ceviche* (Fisch und Zwiebeln, eingelegt in Limettensaft und Gewürze), *tiradito* (*ceviche* ohne Zwiebeln), *chicharones* (frittierte Schweinehaut) und *ají de gallina* (Hühnchengericht mit Käse, Chili und Erdnüssen). Es serviert sogar Perus berühmte chinesische Fusion-*chifa*-Gerichte.

Pizza Cala PIZZA $$

(www.pizzacala.cl; Lincoyán 361; Pizzas 5700–19 000 Ch$; ⊙ 12–24 Uhr; 📶) Pucóns beste Pizza wird vom argentinisch-amerikanischen Küchenchef in einen massiven Ofen aus 1300 Ziegelsteinen geschoben, sein Basilikum kommt frisch aus eigenem Anbau. Im Winter ist dies das einzige Restaurant der Stadt, in dem man es schön warm hat.

★ La Fleur de Sel FRANZÖSISCH $$$

(☎ 45-197-0060; www.termaspeumayen.cl; Camino Pucón–Huife, Km 28; Hauptgerichte 8900–14 500 Ch$; ⊙ 13–16 & 19.30–21 Uhr, Mitte März–Mitte Dez. Mo geschl.) 🍃 Hier serviert der baskische Küchenchef Michel Moutrousteguy französische Gerichte mit Mapuche-Einflüssen. Sie allein lohnen die Fahrt ins 32 km östlich von Pucón gelegene Termas Peumayén (über den Service kann man das allerdings nicht behaupten), selbst wenn man nicht baden will. Die Küche verwendet viel Fleisch (Wildkaninchen, *pot au feu* mit Rinderzunge, Beef Bourguignonne); die saisonalen Zutaten stammen ausschließlich aus der Region. Das Restaurant hat sich nach und nach den Ruf als Gourmetparadies für Feinschmecker erarbeitet.

Ein Drei-Gänge-Menü inklusive Eintritt in die heißen Quellen kostet 27 500 Ch$. Peumayen erreicht man mit dem Auto, oder alternativ auch fünfmal täglich mit Fer Bus (S. 258) (1500 Ch$).

Ausgehen & Nachtleben

BeerHouse CRAFT-BIER

(www.facebook.com/BeerHousePucon; Urrutia 324; Pint 3300–4000 Ch$; ⊙ Mo–Do 17.30–0.30, Do & Fr bis 1.30 Uhr) In der einzigen Bar Pucóns, die ausschließlich *cervezas artesanales* serviert, versammeln sich die Gäste getreu dem Motto „Bettler dürfen nicht wählerisch sein". Die Auswahl ist wirklich nicht groß (sechs Fassbiere, eine Handvoll Flaschenbiere aus Chile und den USA), aber das, was geboten wird, ist ausgezeichnet: Hopfen-IPA von Tübunger und Jester, Cuello Negro Stout und Ballast Point aus San Diego.

Es gibt auch große Burger und Pommes frites in riesigen Portionen. Am besten schnappt man sich einen Tisch auf der Terrasse mit Blick zur Straße.

Madd Goat Coffee Roasters CAFÉ

(www.facebook.com/patagoniaroast; O'Higgins 717, Local 3, Patagonia Blvd; Kaffee 1600–4000 Ch$; ⊙ Mo–Sa 9–21 Uhr; 📶) Der Kaffeehype ist zwar erst zwanzig Jahre später in Pucón angekommen, aber jetzt gibt's ein Dritte-Welle-Café, das die Leute zufriedenstellt, die an einer Überdosis von Nescafé leiden. Der amerikanische Inhaber Scott Roberts röstet vor Ort Kaffeebohnen aus Lateinamerika und stellt seinen Espresso mit einer schicken Pavoni-Maschine aus Italien her.

Mama's & Tapas BAR, CLUB

(Av O'Higgins 597; Cocktails ab 5500 Ch$; ⊙ Dez.–März 10–5 Uhr, April–Nov. 18–5 Uhr) Das schlicht als „Mama's" bekannte Lokal ist die beständigste und interessanteste Adresse der Stadt. Sie wartet mit einem komplett holzverkleideten Bereich auf, der von einem Akustik-Ingenieur entworfen wurde, um akustisch die optimale Wirkung zu erzielen. Hier geht's erst in den frühen Morgenstunden richtig los, dann verwandelt sich die Bar in einen Club.

Black Forest LOUNGE

(www.blackforest.cl; O'Higgins 524; Cocktails 3000–6000 Ch$; ⊙ So–Do 17–3, Fr–Sa 17–4 Uhr; 📶) Black Forest ist auf eine etwas gehobenere Klientel ausgerichtet, die in schicker Lounge-Umgebung Cocktails trinkt, Sushi isst und samstagsnachts Livemusik genießt.

La Vieja Escuela CLUB

(www.laviejaescuelacultobar.com; Colo Colo 450; ⊙ Mo–Do 20.30–3.30, Fr & Sa bis 5 Uhr; 📶) Das La Vieja zielt mit seiner dunklen, sexy Kombination aus Bar, Club und Livemusik-Location auf niveauvolle Gäste über 30 ab, die das alte Aufreißerspiel zwischen Guide und

Backpacker bereits hinter sich gelassen haben. Die blutroten Samtsessel verströmen viktorianisches Flair, und der gesamte Club spielt in einer eigenen Liga. Hier treten DJs und Rockmusiker auf.

Praktische Informationen

Kleinere Diebstähle nehmen in Pucón zu, vor allem rund um den Strand. Fahrräder, Reisegepäck und Rucksäcke sind besonders beliebte Ziele, auch sollte man über Nacht nichts im Auto lassen. Allgemeine Vorsicht ist durchaus angebracht.

Mehrere Banken mit Geldautomaten verteilen sich auf der gesamten Länge der **Avenida O'Higgins**. Die Banco do Estado hat die niedrigsten Abhebungsgebühren.

Banco de Chile (www.bancochile.cl; Av O'Higgins 311) Geldautomat.

BancoEstado (www.bancoestado.cl; Av O'Higgins 240) Geldautomat.

Carabineros de Chile (☎45-246-6339; www.carabineros.cl; O'Higgins 135; ⌚24 Std.) Polizeistation.

CorreosChile (www.correos.cl; Fresia 183; ⌚Mo–Fr 9–13 & 14.30–18 Uhr, Sa 9–12.30 Uhr) Postdienstleistungen.

CONAF (☎45-244-3781; www.conaf.cl; Lincoyán 336; ⌚Mo–Fr 8.30–18.30 Uhr) Die bestausgestattete CONAF-Filiale der Region.

Oficina de Turismo (☎45-229-3001; www.destinopucon.com; Ecke Av O'Higgins & Palguín; ⌚8:30–22 Uhr, April–Okt. 8.30–19 Uhr) Ganze Stapel mit Infomaterial. In der Regel ist ein Englisch sprechender Mitarbeiter vor Ort. Es gibt auch einen saisonalen **Informationskiosk** (www.destinopucon.com; Plaza de Armas; ⌚Juli & Wochenenden in den Ferien 11.30–19 Uhr, Mitte Dez.–Mitte Feb. 8.30–22 Uhr) auf der Plaza de Armas.

An- & Weiterreise

Die besten Busverbindungen von und nach Santiago bieten **TurBus** (☎45-268-6102; www.turbus.com; Av Bernardo O'Higgins 447A; ⌚7.30–21.30 Uhr), das einen eigenen Busbahnhof östlich vom Zentrum hat, und **Pullman Bus** (☎45-241-4217; www.pullman.cl; Palguín 555; ⌚7.30–21.30 Uhr) im Stadtzentrum. Beide fahren auch mehrmals täglich nach Viña del Mar/Valparaíso. **Buses JAC** (☎045-299-3183; www.jac.cl; Ecke Uruguay & Palguín; ⌚Mo–Sa 7–19, So 9–21 Uhr) fährt nach Temuco sowie zu Zielen im Süden (Osorno, Puerto Varas, Puerto Montt). Nach Valdivia verkehren täglich bis zu sechs Busse von JAC. **Buses Vipu-Ray** (☎mobil 9-6835-5798; Palguín 550) und **Trans Curarrehue** (☎mobil 9-9273-1043; Palguín 550) starten regelmäßig nach Villarrica und Curarrehue. **Buses Caburgua** (☎mobil 9-9838-9047; Palguín 555) fährt dreimal täglich zum Parque Nacional Huerquehue. Vom selben Busbahnhof fährt **Fer Bus** (☎mobil 9-9047-6382; Palguín 555) nach Termas Los Pozones, Termas Peumayen und Santuario El Cañi.

Buses San Martín (☎45-244-2798; Uruguay 627; ⌚Mo–Fr 9–13 & 15.30–19.45, Sa 9–12, So 16.30–19.45 Uhr) bietet dienstags und samstags um 7.45 Uhr Verbindungen in die argentinischen Städte San Martín de los Andes und Neuquén via Junín. **Igi Llaima** (☎45-244-4762; www.igillaima.cl; Ecke Palguín & Uruguay; ⌚7–13.30 & 15–21 Uhr) bedient die gleiche Route.

ZIEL	PREIS (CH$)	DAUER (STD.)
Curarrehue	1000	¾
Neuquén (Arg.)	42 000	9
Parque Nacional Huerquehue	2000	¾
Puerto Montt	9800	5
San Martín de los Andes (Arg.)	14 000	5
Santiago	38 400/35 500	9½
Santuario El Cañi	1000	
Temuco	2800	1
Termas Los Pozones	1500	
Termas Peumayen	1500	
Valdivia	4700	3
Valparaíso/Viña del Mar	35 500	12½
Villarrica	1000	½

Unterwegs vor Ort

Pucón lässt sich gut zu Fuß erkunden. Mehrere Reisebüros vermieten Autos. Konkurrenzbedingt können die Preise günstig sein, vor allem in der Nebensaison, am Wochenende ziehen sie aber meistens an.

Kilometro Libre (☎9-9218-7307; www.rentacarkilometrolibre.com; Palguín 212, Hotel Rangi Pucón; ⌚9–18 Uhr)

Parque Nacional Villarrica

Dank seiner einzigartigen Mischung aus Vulkanen und Seen gehört dieses Schutzgebiet zu den populärsten Nationalparks des Landes. Die Nähe zu Pucón und dessen touristischer Infrastruktur macht es zu einem ungewöhnlich leicht erreichbaren Ziel für Busausflügler, Bergsteiger, Skifahrer und Extremwanderer.

Rund um Pucón

Die Highlights des 630 km² großen Reservats sind seine drei Vulkane: der Villarrica (2847 m), der im März 2015 kurz, aber spektakulär ausbrach; der Quetrupillán (2360 m) und an der Grenze zu Argentinien ein Teil des Lanín (3747 m). Der übrige Teil des Lanín befindet sich in einem ebenso eindrucksvollen Nationalpark auf argentinischer Seite, von wo er auch bestiegen werden kann.

Seit dem Ausbruch im Jahr 2015 wird immer mal wieder die höchste Alarmstufe ausgerufen; vor dem Besuch also unbedingt die aktuelle Lage checken!

Aktivitäten

Klettern

Die Wanderung zum rauchenden, manchmal auch Lava sprühenden Krater des Volcán Villarrica ist eine beliebte Tagesexkursion (für 85 000–95 000 Ch$, dazu kommt die Sesselliftgebühr von 10 000 Ch$), die je nach Saison zwischen 4 und 7 Uhr in Pucón startet. Erfahrung im Bergsteigen wird nicht verlangt, dennoch sollte man sich darüber im Klaren sein, dass es sich nicht um einen Sonntagsspaziergang handelt. Im Herbst, wenn die Schneedecken ausgeapert sind, herrschen die schwierigsten Bedingungen.

Wichtig ist, eine sichere Ausrüstung dabeizuhaben und einen Veranstalter mit guten Bergführern auszuwählen. Schlechtes Wetter kann einen geplanten Aufstieg um Tage verzögern. Unseriöse Veranstalter lassen mitunter einen Teil der Wanderung stattfinden, wohlwissend, dass das Wetter nicht für die Gipfelbesteigung halten wird – so aber müssen sie den Tourpreis nicht mehr zurückzahlen.

Wer den Vulkan allein besteigen will, muss sich bei CONAF in Pucón (S. 258) eine Genehmigung holen.

Wandern

Rucapillán, der am leichtesten zugängliche Parksektor, liegt direkt im Süden von Pucón an einer gut gepflegten Straße und deckt all die beliebtesten Wanderwege rund um den Volcán Villarrica ab.

Der Wanderweg **Challupen Chinay** (23 km, 12 Std.) umrundet den Südhang des Vulkans, durchquert dabei verschiedene Landschaften und endet am Eingang zum Sektor Quetrupillán, der auf der nach Termas de Palguín führenden Straße leicht zu erreichen ist. Will man jedoch nach Coñaripe weiterfahren, verlangt die südlich durch den Park verlaufende Straße selbst bei gutem Wetter einen Allradwagen.

Eine 32 km lange Kombination verschiedener Wanderwege mit ein paar Campingplätzen sichert die Verbindung zum Sektor Puesco nahe der argentinischen Grenze. Von dort gibt's öffentliche Verkehrsmittel zurück nach Curarrehue und Pucón (und auch Verbindungen nach Argentinien).

Wer den Vulkan nicht nur besteigen, sondern überqueren möchte, muss eine Gebühr von 10 000 Ch$ entrichten.

Skifahren

Ski Pucón (☎45-244-1901; www.skipucon.cl; Clemente Holzapfel 190, Büro in Pucón bei Enjoy Tour, Gran Hotel Pucón; Liftticket ganztägig Erw./Kind 38 000/32 000 Ch$; ⏲ Juli–Mitte Okt. 9–17 Uhr) ist das am besten erschlossene Skigebiet in La Araucanía. Offiziell gibt's sechs Lifte und 17 Pisten, manche sind aber nicht immer geöffnet. Der künstliche Schneepark ist gut für Freestyle-Skifahrer und Snowboarder, und durch die Vulkanausbrüche haben sich wunderbare natürliche Schanzen (Halfpipes etc.) herausgebildet.

An- & Weiterreise

Taxis zum Fuß des Vulkans (20 000–25 000 Ch$, 30 Min.), das eigene Auto oder eine geführte Tour sind die einzigen Möglichkeiten, in den Park zu gelangen – es sei denn, man ist Mountainbiker mit sehr guter Kondition.

Liucura-Tal & Caburgua-Tal

Die ostwärts aus Pucón hinausführende Straße teilt sich und führt in zwei Täler. Zu den Highlights des Río-Caburgua-Tals im Norden zählen der **Lago Caburgua** und seine wunderbare **Playa Blanca** (24 km entfernt) sowie die wasserfallreichen **Ojos del Caburgua**. In nordöstlicher Richtung verläuft die Straße Camino Pucón-Huife zu einer Vielzahl heißer Quellen, zum Naturschutzgebiet **El Cañi** (www.santuariocani.cl; Pichares, Km21; mit/ohne Guide 15 000/4000 Ch$; ⏲ Eintritt nur von 8–12 Uhr) und zu Ausblicken auf das silbrige Band des Río Liucura, der ein fruchtbares grünes Tal durchquert. Beide Strecken eignen sich gut für Traveller, die dem Lärm von Pucón entfliehen und sich in ruhiger Umgebung entspannen wollen – vor allem Naturbegeisterte und Badefans, die den Tag oder die Nacht in einer der Badewannen von Mutter Natur verbringen möchten. Beide Routen münden schließlich wieder in die Straße zum Parque Nacional Huerquehue.

Aktivitäten

Im Naturschutzgebiet El Cañi führt ein **Wanderweg** (9 km, 3 Std.) von der Parkverwaltung steil (die ersten 3 km sogar sehr steil) hinauf in einen Wald mit Lenga-Südbuchen sowie Araukarien und endet an der **Laguna Negra**. Bei klarem Wetter eröffnet sich von einem Aussichtspunkt, den man nach einem weiteren Kilometer erreicht, ein sensationeller Blick auf die Vulkane der Gegend. Im Winter, wenn das Unterholz mit Schnee bedeckt ist, sieht die Landschaft besonders zauberhaft aus. Außerhalb der Sommermonate (im Sommer ist der unverschneite Wanderweg leichter zu finden) müssen sich Wanderer einem Guide anschließen. Eine alternative Route, die den steilsten Abschnitt umgeht, beginnt an der Straße nach Coilaco; hierfür ist ebenfalls ein Führer nötig. Campingmöglichkeiten und Unterkünfte gibt's neuerdings im La Loma Pucón.

Eine neue, exzellente Wanderkarte – mit Infos zur Flora und Fauna des Tals – gibt's bei ¡école! (S. 255) und in der Parkverwaltung von El Cañi.

Cañi Guides Group WANDERN
(☎mobil 9-9837-3928; contacto@santuariocani.cl) Das Naturschutzgebiet El Cañi ist jetzt ein Reservat, in dem rund 500 Hektar eines alten Araukarienwaldes bewahrt werden. Es wird mittlerweile erfolgreich von einer örtlichen Bergführervereinigung namens Cañei Guides Group geleitet.

Schlafen

La Loma Pucón CAMPINGPLATZ $
(☎mobil 9-8882-9845; www.tocatierra.cl/tocatierra4.html; Santuario El Cañi; Stellplatz 5000 Ch$ pro Pers.) Rod Walker, eine chilenische Legende in Sachen Umweltbildung, leitet innerhalb des Naturschutzgebietes den Campingplatz La Loma Pucón, der einfache Unterkünfte für Traveller bietet. La Loma liegt

2 km bergaufwärts von der Parkverwaltung und nutzt eine DIY-Fernmeldevorrichtung mit Trust Box und Handy-Backup. Details gibt's online.

Elementos Eco Lodge LODGE $$$
(☎ 45-244-1750; www.elementos-chile.com; Camino a Caburgua, Km 16; inkl. Frühstück EZ/DZ/Suite 100 000/120 000/160 000 Ch$; P 📶) 🍃 Die neue, umweltfreundliche Lodge an der Straße nach Caburgua hat acht Zimmer mit Grasdächern und Suiten, die aus Stroh und Lehm bestehen. Letztere bieten von den Badewannen und Duschen einen großartigen Ausblick auf den Río Liucura. Jedes Zimmer ist nach dem Vorbild eines Mapuche-*ngen* (Naturgeist) gestaltet und bietet eine Kombination aus entsprechender Farbgebung und Aromatherapie. Die Holzmöbel wurden von einem Mapuche-*mamuillñfe* (zeremonieller Bildhauer) passend zum jeweiligen Thema angefertigt.

An- & Weiterreise

Wer El Cañi besuchen möchte, wendet sich an iécole! (S. 255) in Pucón oder fragt am Parkeingang nach. Die Busse von **Fer Bus** (S. 258) halten auf dem Weg nach Caburgua auf Wunsch am Parkeingang. Sie verkehren von Montag bis Samstag fünfmal täglich zwischen 7 und 17.30 Uhr sowie sonntags viermal täglich zwischen 10.30 und 17.30 Uhr (1000 Ch$).

Parque Nacional Huerquehue

Aquamarinblaue Seen inmitten von tiefgrünen uralten Wäldern sorgen dafür, dass der **Parque Nacional Huerquehue** (☎ mobil 9-6157-4089; www.conaf.cl/parques/parque-nacional-huerquehue; Erw./Kind 3000/1500 Ch$, aus dem Ausland 5000/3000 Ch$) einer der leuchtenden Sterne des Südens und etwas ganz Besonderes unter den chilenischen Nationalparks ist. Das 125 km² große Schutzgebiet wurde 1912 gegründet und beherbergt Flüsse, Wasserfälle, Gebirgsseen sowie Araukarienwälder. Es bietet Tieren wie dem Pudu (der kleinste Hirsch der Welt) und *arañas pollitos* (handtellergroße tarantelartige Spinnen), die im Herbst hervorgekrochen kommen, einen Lebensraum.

Die zahlreichen Wanderwege sind gut gekennzeichnet und gepflegt und eignen sich für einen mehrtägigen Aufenthalt. Wer nicht so viel Muße hat, sollte wenigstens einen Tagesausflug von Pucón (35 km in südöstlicher Richtung) aus einplanen.

Schlafen

Lago Tinquilco CAMPINGPLATZ $
(☎ mobil 9-6157-4089; parque.huerquehue@conaf.cl; Stellplatz für Chilenen/Ausländer 15 000/18 000 Ch$) Der Campingplatz wird von CONAF betrieben und bietet 22 Stellplätze sowie Strom und Warmwasser.

Renahue CAMPINGPLATZ $
(☎ mobil 9-6157-4089; parque.huerquehue@conaf.cl; Stellplatz 15 000 Ch$) Der von CONAF betriebene Campingplatz am Wanderweg Los Huerquenes hat spartanische Einrichtungen.

Refugio Tinquilco LODGE $$
(☎ mobil 9-9539-2728; www.tinquilco.cl; Stellplätze inkl. Frühstück 20 000 Ch$, B 16 000 Ch$, DZ mit/ohne Bad 42 900/34 900 Ch$, Hütte 75 000 Ch$; ⏲ Juni–Aug. geschl.) Das Refugio Tinquilco, eine zweistöckige Nobellodge aus Holz, steht 2 km hinterm Parkeingang auf einem Privatgelände am Beginn des Lago-Verde-Wanderwegs. Es bietet viel mehr als nur ein Bett, eine Mahlzeit und ein ruhiges Plätzchen abseits vom Trubel – es ist ein richtiges Erlebnis! Nach einer Trekkingtour kann man sich hier auch noch die süchtig machende Behandlung mit Waldsauna und Tauchbecken (14 000 Ch$) gönnen.

Gastgeber Patricio serviert herzhafte chilenische Hausmannskost, angenehme Kleinigkeiten wie Kaffee aus der Kaffeepresse und eine große Weinauswahl – er ist auch die richtige Gesellschaft für eine Flasche Carménère. Außerdem gibt er einen großartigen Parkgeländeführer heraus, der alles, was die CONAF produziert, in den Schatten stellt.

Die Anlage ist das Gemeinschaftsprojekt eines Architekten, eines Schriftstellers, eines Ingenieurs und eines für den Emmy nominierten Dokumentarfilmers und die ideale Adresse, um eine Woche lang so richtig auszuspannen. Frühstück ist im Preis mit drin, Mittag- oder Abendessen kosten 10 500 Ch$.

Praktische Informationen

Centro de Informaciones Ambientales
(☎ mobil 9-6157-4089; www.conaf.cl; ⏲ 10.30–14.30 & 16.30–19.30 Uhr) Am Eingang zum Parque Nacional Huequehue; bietet Wanderkarten und gibt Infos zum Park.

An- & Weiterreise

Buses Caburgua (S. 258) fährt mindestens dreimal täglich von Pucón zum Parque Nacional Huerquehue (2000 Ch$, 45 Min., 8.30, 13 und 16 Uhr); die Rückfahrt vom Park erfolgt jeweils um 9.30, 14.10 und 17.10 Uhr.

Curarrehue

045 / 6624 EW.

Curarrehue liegt 40 km westlich der argentinischen Grenze und ist an sich nicht besonders sehenswert, hat aber durch sein exzellentes Museum über die Mapuche-Kultur, die Fülle an ethnotouristischen Angeboten im Ort und die schicke neue Plaza de Armas eine gewisse Berühmtheit erlangt. 80 % der Einwohner sind Mapuche, außerdem ist dies der letzte nennenswerte Ort vor Paso de Mamuil Malal (Paso Tromen), der Grenze zu Argentinien.

Museo Intercultural Trawupeyüm (Héroes de la Concepción 21; 1000 Ch$; Jan.–Feb. Mo–Fr 9–20, Sa & So ab 11 Uhr, März–Dez. Mo–Fr 9.30–17.30, Sa 10–17 Uhr) Das einfache, aber hervorragende Museum zur Kultur der Mapuche ist in einer modernen Interpretation einer *ruka* (traditionelles rundes, nach Osten ausgerichtetes Wohnhaus der Mapuche) untergebracht.

Schlafen & Essen

Ko Panqui LODGE **$$**

(mobil 9-9441-5769; www.facebook.com/kopanqui/; Camino a Panqui, Km 4,9; cabañas/Suite 76 000/102 000 Ch$;) Die umweltfreundliche Lodge und Künstlerherberge Ko Panqui liegt 5 km nördlich von Curarrehue in den Panqui-Hügeln. Sie wurde von Claudio Ansorena (dem Enkel des Begründers von Pucón) erbaut und ist ein idyllisches, schwulen- und tierfreundliches Refugium in wunderschöner ländlicher Umgebung. Die drei stilvollen *cabañas* mit Grasdach sind wunderschön; der Infinity-Pool mit Pflanzenfilter und Blick auf drei Vulkane ist ein Stück vom Paradies.

★ **Anita Epulef Cocina Mapuche** CHILENISCH **$**

(Mapu Lyagl; mobil 9-8788-7188; anita.epulef@gmail.com; Camino al Curarrehue; Menü 7500 Ch$; Dez.–Feb. 13,30–17.30 Uhr, April–Nov. nur auf Reservierung;) Mapuche-Köchin Anita Epulef zaubert aus saisonalen Zutaten kreative vegetarische Mapuche-Probiermenüs. Wer möchte, kann Delikatessen der Ureinwohner wie *mullokiñ* (Bohnenpüree in *Quinoa-Blättern*), gebratene *piñones*, die Früchte des Araukarienbaums (saisonabhängig) und geröstetes Maisbrot mit einer großen Salsa-Auswahl kosten. Alles ist einzigartig und schmeckt exzellent.

Außerdem hat man die Möglichkeit, bei Anita einen der halbtägigen Kochkurse zu belegen (15 000 Ch$ pro Pers.; April bis November). Das Restaurant befindet sich (aus Pucón kommend) rechts an der Hauptstraße unmittelbar vorm Ortseingang.

Praktische Informationen

Touristeninformation (45-219-71574; www.curarrehue.cl; O'Higgins s/n; Mo–Fr 9–19 Uhr) Kleine, aber nützliche Touristeninformation an der Hauptstraße durch die Stadt.

An- & Weiterreise

Trans Curarrehue (S. 258) fährt nach Pucón (1000 Ch$, 45 Min., alle 30 bis 60 Min., 6.30–20.30 Uhr).

Busse nach Pucón (O'Higgins s/n)

LOS RÍOS

Valdivia

063 / 154 432 EW.

2007 wurde Valdivia zur Hauptstadt von Chiles jüngster Región XIV (Los Ríos) erklärt. Im Vorfeld gab es aufgrund der deutlichen geografischen, historischen und kulturellen Unterschiede jahrelang politische Diskussionen über deren Zugehörigkeit zum Seengebiet. Valdivia ist die wichtigste Universitätsstadt in Südchile, verströmt jugendliche Energie sowie deutsches Flair und wartet mit viel Kunst und Wissenschaft, studentischen Preisen in den meisten Hostels, Cafés, Restaurants und Bars sowie Chiles bester Craft-Bier-Szene auf.

Sehenswertes

Feria Fluvial MARKT

(Av Prat s/n; 7–15.30 Uhr) Auf dem lebhaften Markt im Süden der Valdivia-Brücke verkaufen Händler frischen Fisch, Fleisch und landwirtschaftliche Erzeugnisse. Seelöwen haben hier ihr Paradies entdeckt und lassen sich rund um die Uhr von Touristen und Verkäufern mit Fischabfällen füttern. Ein frisches *ceviche* kostet 1500 Ch$.

Wer den Seelöwen noch ein bisschen näherkommen möchte, geht an der Costanera noch knapp 200 m weiter.

Cervecería Kunstmann BRAUEREI

(63-229-2969; www.cerveza-kunstmann.cl; Ruta T-350 950; Krug 3100–3500 Ch$, Hauptgerichte 6600–10 600 Ch$; 12–22 Uhr) Die beste Großbrauerei des Südens liegt auf der Isla Teja an Km 5 der Straße nach Niebla. Von

Valdivia

Valdivia

Sehenswertes

1 Feria Fluvial ... B2
2 Museo de Arte Contemporáneo ... A2
3 Museo Histórico y Antropológico ... A2
4 Parque Prochelle ... A1
5 RA Philippi Museo de la Exploración ... A2
6 Torreón de los Canelos ... B4

Aktivitäten, Kurse & Touren

7 Reina Sofía ... B2

Schlafen

8 Airesbuenos Hostel & Permacultura ... D3
9 Hostal Torreón ... B4
10 Hostal Totem ... C1
11 Hostel Bosque Nativo ... C1
12 Hotel Encanto del Río ... C1

Essen

13 Café Moro ... B2
14 Entrelagos ... B3
15 La Calesa ... C1
16 La Última Frontera ... B4
17 Mercado Municipal ... B2

12.15 bis 20 Uhr finden stündlich Standardführungen (10 000 Ch$; 45 Min.) statt. Im Anschluss bekommt man einen Glaskrug geschenkt und darf außerdem 300 ml des ungefilterten Torobayo probieren, das nur hier verkauft und direkt vom Fass gezapft wird. Viermal täglich werden 90-minütige Spezialführungen angeboten (15 000 Ch$), die eine Verkostung von fünf Bieren und eine Fahrt zur Fabrik in einem Elektro-Kombiwagen beinhalten (12.15, 14, 16 und 18 Uhr; Zeiten können variieren).

Wer sich nicht gerade intensiv für die Geschichte des Gerstensafts interessiert, sollte das Geld für die Führung lieber in Kostproben der etwa 15 verschiedenen Biersorten investieren. Sie werden mit herzhafter deutscher Küche wie Schweinekotelett, Sauerkraut und Currywurst serviert. Seitdem der Craft-Bier-Hype auch in Valdivia angekommen ist, tragen die Biere von Kunstmann nicht mehr das gleiche Gütesiegel wie früher. Auf dem Gelände trifft man zwar kaum deutsche Landsleute, dafür aber jede Menge Touristen und Reisegruppen. Es gibt jedoch trotzdem definitiv Schlimmeres, als hier einen Nachmittag lang die verschiedenen Biere zu probieren. *Micro* (Minibus) 20 von Carampangue zur Isla Teja (600 Ch$) lässt Passagiere hier aussteigen – auch für Autofahrer ein guter Tipp!

Museo Histórico y Antropológico MUSEUM
(www.museosaustral.cl; Los Laureles s/n; Erw./Kind 1500/300 Ch$; ⌚10–20 Uhr, im Winter kürzer) Das in einem feinen Herrenhaus auf der Isla Teja untergebrachte Museum ist eines der schönsten in ganz Chile. Es beherbergt eine große, gut beschriebene Sammlung von Exponaten, die von der präkolumbischen Zeit bis in die Gegenwart reichen. Besonders interessant sind die Ausstellungen von Kunstgegenständen der Mapuche, die feinen Silberwaren und die Haushaltsgegenstände aus den frühen deutschen Haushalten in der Gegend.

Auf demselben Gelände befindet sich das einfache **Museo de Arte Contemporáneo** (www.macvaldivia.uach.org; Los Laureles s/n; Erw./Kind 1500/300 Ch$; ⌚10–20 Uhr, im Winter kürzer) und in einer benachbarten Villa das auf Wissenschaft und Natur spezialisierte **RA Philippi Museo de la Exploración** (www.museosaustral.cl; Los Laureles s/n; Erw./Kind 1500/300 Ch$; ⌚10–20 Uhr, im Winter kürzer); der Eintritt für Letzteres in Kombination mit dem Museo Histórico y Antropológico kostet 2500 Ch$.

Parque Prochelle PARK
(⌚8–22 Uhr) GRATIS In dem Stadtpark auf der Insel Isla Teja stehen zwei historische Villen (vom Parkeingang aus auf der anderen Seite der Hauptstraße).

Parque Saval PARK
(Erw./Kind 500/100 Ch$; ⌚8–24 Uhr, im Winter kürzer) Im Parque Saval auf der Isla Teja gibt's einen Flussstrand und einen netten Wanderweg, der in leichtem Schwung der mit Seerosen bewachsenen Uferlinie der Laguna de los Lotos folgt. Vogelliebhaber kommen hier voll auf ihre Kosten.

Torreón de los Canelos TURM
(Ecke Yerbas Buenas & General Lagos) Mehrere Türme überragen die Stadt. Östlich vom Busbahnhof erhebt sich der Torreón de los Canelos aus dem 17. Jh. Leider ist er nicht für Besucher geöffnet.

Torreón del Barro TURM
(Av Costanera Arturo Prat s/n) Der Torreón del Barro ist Teil einer spanischen Festung von 1774. Er ist nicht für Besucher zugänglich.

Geführte Touren

Reina Sofía BOOTSTOUREN
(☎63-220-7120; 20 000 Ch$; ⌚Abfahrt 13.30 Uhr) Ein empfohlener (wenngleich etwas aufdringlicher) Veranstalter von Bootstouren in Valdivia. Die Abfahrt erfolgt vom Puerto Fluvial am Fuß des Arauco.

Feste & Events

Bierfest BIER
(http://bierfestkunstmann.cl; Parque Saval; ⌚Jan.) Von Kunstmann organisiertes Bierfest.

Noche de Valdivia KULTURELL
(www.nochevaldiviana.cl; ⌚3. Sa im Feb.) Valdivias größtes Ereignis ist die Noche de Valdivia mit geschmückten Flussschiffen und Feuerwerk.

Schlafen

★ **Airesbuenos Hostel & Permacultura** HOSTEL $
(☎63-222-2202; www.airesbuenos.cl; García Reyes 550; B/Zi. inkl. Frühstück 12 000/38 000 Ch$; @ 📶) Valdivias bestes Hotel wird von einem freundlichen Nordkalifornier geführt, der den bewährten Travellertreff in eine der umweltfreundlichsten Unterkünfte im Sur Chico verwandelt hat: mit solarbeheizten Duschen, Regenwassersammlung, Permakultur, vertikalen Gärten, Komposttoiletten, Handtüchern aus ägyptischem Bambus und vielem mehr. Mal ganz abgesehen von der Nachhaltigkeit sind die Mehrbettzimmer komfortabel, bunt und schlicht, die schönen Privatzimmer jedoch recht klein.

Hospedaje del Sur B&B $
(☎mobil 9-8391-3169; franco.silvacampos@gmail.com; José Martí 301; EZ/DZ/3BZ inkl. Frühstück 22 000/36 000/50 000 Ch$; P 📶) Im dritten Stock eines Wohngebäudes neben dem Busbahnhof befindet sich die erstaunlich schicke und preiswerte Hospedaje del Sur. Sie wird von dem jungen Anwalt Franco und seiner Familie mit typisch chilenischer Gastfreundlichkeit geführt. Im Sommer stehen drei geräumige Zimmer zur Verfügung (sonst nur eins), die mit großen Flachbild-

fernsehern und schönen Hartholzdecken ausgestattet sind. Das Frühstück überrascht: Es gibt echtes Brot, Gebäck, Käse und kalten Aufschnitt.

Hostal Totem PENSION $

(☎63-222-9284; www.turismototem.cl; Carlos Anwandter 425; EZ/DZ/3BZ 28 000/40 000/ 47 000 Ch$; @ 📶) Unter den vielen Unterkünften in der Carlos Anwandter, die durch ein Wohngebiet führt, bietet diese Pension mit elf Zimmern am meisten fürs Geld. Die sauberen Zimmer, der sonnige Frühstücksraum und die freundlichen Besitzer, die Englisch und Französisch sprechen, machen den Mangel an traditionellem Charakter wieder wett – die knarzenden Dielen des alten Hauses können sich aber hören lassen ...

Hostel Bosque Nativo HOSTEL $

(☎63-243-3782; www.hostelnativo.cl; Pasaje Fresia 290; inkl. Frühstück B 12 000 Ch$, EZ/DZ 32 000/ 35 000 Ch$, ohne Bad 29 000/33 000 Ch$; @ 📶) Eine Nichtregierungsorganisation, die sich für nachhaltige Forstwirtschaft engagiert, betreibt dieses Hostel. Der komfortable Holzbau versteckt sich in einem Wohnviertel am Ende einer Schotterstraße nur wenige Gehminuten vom Busbahnhof. Ein paar Probleme sollten nicht unerwähnt bleiben: In den Bädern gibt's keinerlei Handtücher und sonderbarerweise befindet sich das Toilettenpapier in den Gemeinschaftsbädern außerhalb der Toiletten, zudem wird kaum Englisch gesprochen.

Doch die Privatzimmer zählen zu den günstigsten in Valdivia und das Hostel ist eines der gemütlichsten im Ort.

Hotel Encanto del Río HOTEL $$

(☎63-222-4744; www.hotelencantodelrio.cl; Prat 415; EZ/DZ 59 000/75 000 Ch$; P 📶) Wollwaren der Einheimischen und Botero-Drucke an den Wänden verleihen dem Mittelklassehotel an einem ruhigen und beliebten Flussabschnitt eine Extraportion Charakter und vermitteln Gästen das Gefühl, in einem Wohnhaus mit Hotelservice zu übernachten. Die Zimmer mit Blick auf den Fluss haben kleine Veranden, von denen man über den Río Calle Calle direkt auf eine Fabrik blickt.

Hostal Torreón HISTORISCHES HOTEL $$

(☎63-221-3069; hostaltorreon@gmail.com; Pérez Rosales 783; EZ/DZ 25 000/40 000 Ch$, ohne Bad 20 000/30 000 Ch$; P 📶) Die klapprige alte Villa versteckt sich abseits der Straße, ist stolz auf ihren unebenen Boden (der immerhin zwei heftige Erdbeben überlebt hat!) und besticht vor allem mit ihrem historischen Ambiente. Gemeinschaftsbereiche voller Antiquitäten erinnern an die lange Geschichte des Hauses, wobei die Räume im zweiten Stock heller und weniger feucht sind als die im Untergeschoss. Es ist allerdings recht teuer. Frühstück kostet 4000 bis 7000 Ch$.

Essen

Café Moro CHILENISCH $

(Paseo Libertad 174; Menü 3600 Ch$; ⏲Mo–Fr 9.30–22, Sa 11–22 Uhr; 📶) Exzellente Menüs zu einem unschlagbaren Preis. Das Café zieht eine jung gebliebene bunte Mischung aus intellektuellen Hipstern und cleveren WWF-Wissenschaftlern des Centro de Estudios Científicos in Valdivia an und verwandelt sich im Lauf des Abends immer mehr in eine Bar.

La Última Frontera RESTAURANT, BAR $

(Pérez Rosales 787; Sandwiches 3000–5300 Ch$; ⏲Mo–Sa 10–2 Uhr; 📶) Diese Bohème-Resto-Bar ist die ultimative Adresse für Urlauber. In einem versteckten renovierten Herrenhaus serviert sie jede Menge kreative Sandwiches, frische Säfte und lokales Craft-Bier – allein etwa 15 Fassbiere (Cuello Negro, Totem, Valtare, Duende) und dazu ein paar Flaschenbiere.

Dank der hippen Künstlerszene der Stadt verwandelt sie sich nachts in die beste Bar weit und breit. Gäste können es sich in einem der von Kunst geschmückten Räume gemütlich machen oder sich mit einem kühlen Bier im neuen Patio oder auf der Veranda zurücklehnen.

Entrelagos CAFÉ $

(www.entrelagos.cl; Pérez Rosales 640; Sandwiches 3260–6600 Ch$; ⏲Mo–Fr 9–21.30, Sa 10–21.30, So 11–21 Uhr) Bei köstlichem *café cortado* (Espresso mit Milch, immer serviert mit Mineralwasser), Kuchen und Sandwiches reden Einheimische in diesem klassischen *salón de té* (Teehaus) gern über abwesende Bekannte. Herzhafte *tablas* (Platten für mehrere Personen; nach 16 Uhr) und Toast-Sandwiches sind genau das Richtige für hungrige Mägen, und der Sitzbereich im Pariser Stil wirkt so ganz und gar nicht chilenisch.

Mercado Municipal CHILENISCH $

(Prat s/n; Hauptgerichte 300–8000 Ch$; ⏲9–21 Uhr) Das dreistöckige Restaurant mit Flussblick serviert *choritos al ajillo* (Muscheln mit Knoblauch und Chili) sowie große Teller mit Fish 'n' Chips.

Sello de Raza CHILENISCH **$$**
(63-222-6262; www.restaurantselloderaza.cl; Las Encinas 301; Hauptgerichte 8900–15 900 Ch$; Di–Fr 19–1, Sa 12.30–1, So 12.30–17 Uhr;) Das schicke Sello de Raza hat ein eigenes *parilla* (Steakhaus), serviert aber auch sehr leckere chilenische Klassiker. Das *pastel de choclo* (Maisauflauf) gehört zu den besten in ganz Chile; außerdem gibt's gute *chupe de jaiba* (Krabbentopf), *guatitas a la chilena* (Kutteleintopf) u.v.m.

La Calesa PERUVANISCH **$$**
(http://lacalesarestaurante.blogspot.cl; O'Higgins 160; Hauptgerichte 7300–10 900 Ch$; Mo–Fr 12–16 & 19–23, Sa 12–16.30 & 19–23.30, So 13–17 Uhr;) Hier gibt's schmackhafte peruanische Klassiker, beispielsweise Brathähnchen mit Knoblauch, *lomo saltado* (geschnetzeltes Rindfleisch mit Gewürzen, Zwiebeln, Tomaten und Kartoffeln) und *ceviche*-Appetizer, von denen allein man schon satt wird. Außerdem sind die Pisco Sours so denkwürdig wie das *suspiro,* eine peruanische Nachspeise mit *manjar* (*dulce de leche*, eine Karamellsoße), Baiser und einem Schuss Traubenbrand.

Ausgehen & Nachtleben

★ **El Growler** CRAFT-BIER
(www.elgrowler.cl; Saelzer 41; Krug 2800–4000 Ch$; Mo–Do 12–2, Fr & Sa bis 3, So bis 1 Uhr;) El Growler, Sur Chicos beste Bar für Craft-Bier, wird von einer Brauerei in Oregon und deren chilenischer Partnerfirma betrieben. Sie bietet 15 Fassbiere, die mehr oder weniger gleichmäßig zwischen selbstgebrauten IPAs, Red Ales, Stouts, Porters und experimentellen Sorten (es gibt auch eine Cider-Sorte) sowie Gastbieren aus der Region und den USA aufgeteilt sind. Bei gutem Wetter ist die Außenterrasse brechend voll.

Die großartigen in Chile sehr seltenen Bargerichte (Fischtacos, herrlich saftige Reubens-Sandwiches, Fish 'n' Chips sowie interessante vegetarische Speisen wie Polenta und Kichererbsen-Sandwiches) sorgen dafür, dass man satt in den Feierabend geht; außerdem gibt's weit und breit kein besseres IPA. Die Inhaber bauen direkt auf dem Hof Hopfen an!

Bundor KLEINBRAUEREI
(www.cervezabundor.com; Los Alerces 31; Krug 2500–3000 Ch$; Mo–Do 13–1, Fr & Sa bis 2, So bis 23 Uhr;) Die Brauerei auf der trendigen Isla Teja bietet sieben Fassbiere und stellt lobenswerte Russian Imperial Stouts, Wee Heavies, Oatmeal Stouts, American India Pale Ale und viele weitere Biersorten her, die man am besten mit einem der vielen Burger (5000–8900 Ch$) genießt. Für die Sitzbereiche auf der Außenterrasse wurden Holzpaletten zu Tischen umfunktioniert.

Praktische Informationen

Zentral gelegene Geldautomaten sind in großer Zahl vorhanden.

Banco de Chile (www.bancochile.cl; Plaza de la República) Geldautomat.

BBVA (www.bbva.cl; Ecke Arauco & Camilo Henríquez) Geldautomat.

Carabineros de Chile (63-226-7800; www.carabineros.cl; Beauchef 1025; 24 Std.) Polizeiwache.

CorreosChile (www.correos.cl; O'Higgins 575; Mo–Fr 9–19, Sa 9.30–13 Uhr)

Información Turística (63-222-0498; www.valdiviaturismo.cl; Anfión Muñoz 360, Terminal Valdivia; 8–22 Uhr) In Zone B am Busbahnhof.

Sernatur (63-223-9060; www.turismolosrios.cl; Prat s/n; 9–21 Uhr) Sehr hilfreiches Büro.

An- & Weiterreise

BUS

Valdivias zentral gelegener **Terminal Valdivia** (63-222-0498; www.terminalvaldivia.cl; Anfión Muñoz 360) auf der nordöstlichen Seite der *costanera* an der Anfión Muñoz ist einer der modernesten und am besten organisierten Busbahnhöfe in Chile. Gepäck bewahrt die *custodia de equipaje* (2000 Ch$; geöffnet 7–23 Uhr) auf.

Die Ticketbüros befinden sich in den Zonen B und C. Vom Busbahnhof verkehren regelmäßig Busse zu Zielen an oder unweit der Panamericana zwischen Puerto Montt und Santiago, besonders von **TurBus,** (63-221-2430; www.turbus.cl), **Pullman Bus** (63-220-4669; www.pullman.cl) und **Cruz del Sur** (63-221-3840; www.busescruzdelsur.cl), das die häufigsten Verbindungen nach Chiloé bietet. Nach Viña del Mar/Valparaíso starten dreimal täglich Busse von TurBus.

Zu den regionalen Busunternehmen gehören u. a. **Buses Pirihueico** (63-221-3804), das nach Panguipulli fährt, **Bus Futrono** (63-220-2225), das Futrono ansteuert, und **Buses JAC** (63-233-3343; www.busjac.cl) mit Verbindungen nach Villarrica, Pucón und Temuco. **Ruta 5** (063-231-7040), das kein Büro hat, fährt einmal täglich nach Lago Ranco.

Andesmar (63-220-7948; www.andesmarchile.cl) bietet täglich um 8.15 Uhr einen Direktbus nach Bariloche in Argentinien; daneben verkehren noch ein paar weitere Busgesellschaften von Osorno aus. Wer nach San Martín de los Andes will, muss in Villarrica umsteigen. Nach Neuquén steigt man in Osorno um.

ZIEL	PREIS (CH$)	DAUER (STD.)
Bariloche (Arg.)	23 000	7
Castro (Chiloé)	9300	7
Futrono	2800	1½
Lago Ranco	3100	1¾
Osorno	4000	2
Panguipulli	3300	1¾
Pucón	4700	3
Puerto Montt	5000	3½
Santiago	20 600	12
Temuco	3800	2¼
Valparaíso/ Viña del Mar	27 400	13
Villarrica	4500	1¾

FLUGZEUG

Der **Aeropuerto Pichoy** (☎ 63-227-2294; San José de la Mariquina, Mariquina) liegt 32 km nordöstlich von Valdivia an der Ruta 5. **LATAM** (☎ 600-526-2000; www.latam.com; ⌚ Mo–Fr 9–13 & 15.30–18, Sa 10–13 Uhr) fliegt einmal täglich von Santiago hierher. **JetSmart** (www.jetsmart.com) und **Sky Airline** (www.skyairline.com) steuern den Flughafen ebenfalls an.

Unterwegs vor Ort

Vom und zum Flughafen bietet **Transfer Aeropuerto Valdivia** (☎ 63-222-5533; 4000 Ch$) nach Bedarf einen Minibusservice, am günstigsten ist es aber, einen Bus von **Buses Pirihueico** (S. 266) vom Busbahnhof nach Panguipulli zu nehmen und am Flughafen auszusteigen (1000 Ch$, Mo–Fr 6.30–20.35 Uhr). Ein Taxi vom Busbahnhof kostet 20 000 bis 18 000 Ch$ (Uber fährt für 12 500 bis 17 500 Ch$ vom Stadtzentrum aus). Die Fahrt dauert 30 Minuten.

Wer vom **Busbahnhof** (S. 266) zur Plaza de la República möchte, geht zum südlichen Ende des Busbahnhofs und nimmt die Rolltreppe hinauf in die 3. Etage zum Ausgang zur Carlos Anwandter; dort kann man mit allen grünen oder gelben *colectivos* (tagsüber 500 Ch$, nachts 600 Ch$) oder mit Bus 3 (450 Ch$) fahren, die an der Chacabuco einen Block nördlich der Plaza halten.

Nach Niebla fahren *colectivos* (Ecke Yungay & Chacabuco; 1000 Ch$) und *micro 20* (Carampangue; 600 Ch$). Von der Muelle Niebla setzt zwischen 8 und 21 Uhr etwa alle 20 Minuten ein kleines Boot nach Corral über (800 Ch$), das mehrmals täglich auch die Isla Mancera ansteuert (300 Ch$; Mo–Sa 9, 12.30, 14.30 & 17.30, So 12 & 16 Uhr). Außerdem verkehrt eine große **Fähre** (S. 268), die Autos nach Corral mitnimmt (stündl., 8–24 Uhr).

Hertz (☎ 63-221-8316; Carampangue 488; ⌚ Mo–Fr 8–20, Sa 9–14 Uhr) und andere Autovermietungen in der Stadt verleihen Fahrzeuge.

Rund um Valdivia

Südwestlich von Valdivia, wo der Río Valdivia und der Río Tornagaleones in den Pazifik fließen, liegen mehrere spanische Befestigungsanlagen aus dem 17. Jh., die sehr sehenswert und im Rahmen eines Tagesausflugs bequem zu erreichen sind. Niebla ist besonders schön – die Küstenstadt hat das Flair eines kalifornischen Strandortes und ist von Validvia aus leicht zu erreichen. In der anderen Richtung, 35 km nordwestlich von Valdivia in Curiñanco, erstreckt sich im 80 Hektar großen Parque Punta Curiñanco ein wunderschöner geschützter Regenwald, der sich gut für eine Tageswanderung eignet.

Sehenswertes

Die spanischen Festungen von **Corral**, **Niebla** und **Isla Mancera** sind die Hauptattraktion der Region. Die größte und am besten erhaltene ist das **Castillo de Corral**, das aus dem Castillo San Sebastián de la Cruz (1645), den Geschützständen der Batería de la Argolla (1764) und der Batería de la Cortina (1767) besteht. Die **Fuerte Castillo de Amargos**, die über gut erhaltene Geschützstände verfügt, befindet sich eine halbe Stunde Fußweg weiter nördlich von der Festung Corral und thront über einem kleinen Fischerdorf.

Auf der nördlichen Seite des Flusses stößt man auf die ältesten erhaltenen Ruinen: die zerfallenen Befestigungswälle des **Castillo de la Pura y Limpia Concepción de Monfort de Lemus** (auch Fuerte de Niebla genannt; 1671), von dem spanische Soldaten mögliche Eindringlinge mit Kreuzfeuer in Empfang nahmen. Auf der Isla Mancera erhebt sich das **Castillo San Pedro de Alcántara** (1645), das den Zusammenfluss von Río Valdivia und Río Tornagaleones überwachte. Später diente es als Residenz des Militärgouverneurs.

Der **Parque Punta Curiñanco** (☎ mobil 9-8355-5938; www.codeff.cl/area-punta-curinanco; Curiñanco; Erw./Kind 3000/1000 Ch$, im Winter 2000/1000 Ch$; ⌚ Dez–März 9–19 Uhr, April–Nov.

10–18 Uhr, Mo geschl.) liegt 35 km nordwestlich von Valdivia in Curiñanco. Er ist ein einzigartiger valdivianischer Regenwald, der vier verschiedene Subwälder beherbergt. Der Park eignet sich gut zum Wandern, bietet spektakuläre Ausblicke auf das Meer und hat einen langen, wunderschönen Strand. Man sollte nach Darwin-Nasenfröschen Ausschau halten, die auf den ersten Blick wie Herbstblätter aussehen.

Um von Valdivia aus hierher zu gelangen, nimmt man einen der Busse mit der Aufschrift „Curiñanco" (1300 Ch$, 45 Min.), die links von der Brücke zur Isla Teja (auf der Valdivia-Seite) oder vom Busbahnhof in Valdivia abfahren, und fährt ganz bis zum Ende der Straße. Der Eingang zum Park ist hinter zwei Privatgrundstücken versteckt und 20 Meter hinter dem Ende der Straße durch ein rotes Schild markiert, das links neben einer baufälligen Bushaltestelle steht. Den Schildern etwa 100 Meter bis zum Parkeingang folgen – dort steht ein kleines Haus, wo man sich bei der Wache meldet, die das Tor öffnet und den Eintrittspreis kassiert.

An- & Weiterreise

Die Touren, die am Puerto Fluvial in Valdivia beginnen, sollen Touristen glauben machen, die Befestigungsanlagen seien nur im Rahmen einer Führung zu erreichen. Aber es gibt eine viel preiswertere Alternative: Man gelangt auch mit *colectivos* (Abfahrt von der Ecke Chacabuco/Yungay; 1000 Ch$, 20 Min.) oder *micro* 20 (600 Ch$, 30 Min.) hierher.

Vom neuen **Terminal de Pasajeros de Niebla** (T-350) fahren Passagierfähren nach Corral (1000 Ch$, 30 Min., alle 30 Minuten von 8 bis 20.20 Uhr) und zur Isla Mancera (1300 Ch$, 20 Min., Montag bis Samstag 9.30, 11, 13, 16.40 und 18 Uhr; Sonntag 10.30, 11.30, 15, 17 und 18 Uhr). Die Autofähre nach Corral legt an einem separaten **Hafen** (www.mtt.gob.cl; T-350; Passagier/Auto 730/4620 Ch$) ab, der einige Hundert Meter nordöstlich vom neuen Fährterminal liegt; sie startet im Januar und Februar alle zwei Stunden (von 7 bis 23 Uhr) und das restliche Jahr über viermal täglich (7.15, 13.15, 17.15 und 19.15 Uhr).

DAS SEENGEBIET

Das Seengebiet oder „Los Lagos" – Gletscherseen, die sich in der Region zwischen hoch aufragenden Vulkanen mit verschneiten Gipfeln, unwirklichen Nationalparks und idyllischen Seedörfern verteilen – ist eine der malerischsten Gegenden in Chile. Abenteuerlustige Naturliebhaber treffen sich rund um das hübsche Puerto Varas, die touristischste Stadt der Gegend und Ausgangsbasis für tolle Outdooraktivitäten, die von Ausritten und Felsklettertouren im Tal von Cochamó über Spaziergänge um die Seen Llanquihue, Puyehue und Todos los Santos bis zu komfortablen Exkursionen in die eindrucksvollen Nationalparks reichen.

Osorno

☎064 / 151 913 EW.

Osorno (die Stadt, nicht der Vulkan) ist ein lebhafter Ort und der ökonomische Motor des landwirtschaftlich geprägten Umlands. Er dient als wichtiger Verkehrsknotenpunkt an der Strecke zwischen Puerto Montt und Santiago sowie den Huilliche-Gemeinschaften an der hiesigen Küste, trotzdem halten sich die meisten Besucher hier nicht lange auf – und das, obwohl die Stadt eine blühende Hipsterszene hat. Osorno, das einst dringend eine gute Gastronomie brauchte, wartet heute mit tollen Cafés, Restaurants und Bars auf, die Besucher durchaus ein oder zwei Tage lang zerstreuen können.

Schlafen

Hostel Vermont HOSTEL $
(☎64-224-7030; www.hostelvermont.cl; Toribio Medina 2020; B inkl. Frühstück 15 000 Ch$, EZ/DZ ohne Bad 25 000/37 000 Ch$, Hütten 50 000 Ch$; ⏲April–Okt. geschl.; @📶) Osornos erstes vernünftiges Hostel wird von einer Englisch sprechenden Snowboarderin betrieben, die das Hostel nach ihrem Trip in die Nähe von Burlington in Vermont benannte. Es bietet alles, was man sich von einer günstigen Bleibe wünscht, ist also freundlich, sauber und gut ausgestattet. Minuspunkte gibt's hingegen für den hohen Geräuschpegel bei Nacht, verursacht durch knarrende Dielen und partyfreudige Gäste.

Hotel Villa Eduviges HOTEL $$
(☎64-223-5023; www.hoteleduviges.cl; Eduviges 856; EZ/DZ/3BZ ab 28 000/48 000/58 000 Ch$; P📶) Hut ab vor dem komfortablen Mittelklassehotel Villa Eduviges, das als eines von wenigen Unterkünften in der Region X Doppelzimmer ohne Aufschlag an Singles vergibt. Auch die ruhige Lage in einem Wohngebiet südlich vom Busbahnhof kommt gut an, genau wie die geräumigen, etwas altmodischen Zimmer, die privaten Bäder und das freundliche Management.

ABSEITS DER ÜBLICHEN PFADE

DIE KÜSTE VON OSORNO

Die indigenen Huilliche-Gemeinden an Osornos schöner Küste haben gerade erst bemerkt, dass sie auf einer echten *etnoturismo*-Goldmine sitzen. Im Rahmen mehrtägiger Touren erhalten die Besucher nun Einblick in ihre Kultur. Zum Programm gehören Ausflüge zu Chiles eindrucksvollsten Stränden, Waldwanderungen in Valdivia und ländliche Unterkünfte bei Familien rund um San Juan de la Costa sowie im **Territorio Mapu Lahual**, einem von einer indigenen Gemeinschaft bewohnten Schutzgebiet, das sich in Richtung Süden bis in die Provinz Río Negro erstreckt und zu dem auch **Caleta Cóndor** gehört, eines der schönsten und abgelegensten Urlaubsziele Chiles.

In San Juan de la Costa gibt's fünf großartige mit dem Auto zugängliche *caletas* (Buchten) – Pucatrihue, Maicolpué, Bahía Mansa, Manzano und Tril-Tril – die gute Startpunkte für Touren nach Caleta Cóndor sind.

Beliebte Wanderrouten sind der 10 km lange Rundweg von Maicolpué zur Playa Tril-Tril (die auch mit dem Auto erreichbar ist) und der 16 km lange Rundweg von Caleta Manzano (nur im Umkreis von 1 km mit dem Allradwagen erreichbar). Es werden auch Bootstouren (10 000 Ch$ pro Pers., mind. 3 Pers.) zum Beobachten der Pinguine angeboten. Bei Sonnenuntergang reiten in Maicolpué viele Surfer auf den Wellen.

Cabañas, hospedajes und Campingplätze gibt's hauptsächlich in Bahía Mansa und Maicolpué. Die zentral gelegene **Hostería Miller** (☎ 64-255-0277; www.hosteriamiller.com; Maicolpué; inkl. Frühstück EZ/DZ ohne Bad 15 000/35 000 Ch$, 3BZ/4BZ 45 000/60 000 Ch$; P 📶) hat die beste Ausstattung, um sich für Exkursionen und Aktivitäten auszurüsten.

Hoch über dem Strand von Maicolpué in Maicolpué Río Sur liegt das familienbetriebene Paradies **Altos de Pichi Mallay** (☎ 64-255-4165; raicesrestaurant1@gmail.com; Maicolpué Río Sur camino a Tril Tril, Maicolpué Río Sur; Stellplatz/Zi. 5000/25 000 Ch$ pro Pers.; P 📶) mit zwölf Gästezimmern in der Hauptlodge. Die Räume verfügen über Wolldecken, wunderschöne Hartholzböden und einen herrlichen Meerblick – ein Ausblick, den auch das Restaurant bietet (Hauptgerichte 4500–9500 Ch$). Das wahre Highlight ist aber der holzbeheizte Whirlpool für sechs Personen – er steht mitten im Wald und hat einen absolut atemberaubenden Blick auf den Ozean.

Neben einer schönen Landschaft bietet Caleta Cóndor auch Aktivitäten wie Kajakfahren, Wandern und Reiten. **Caleta Cóndor Expediciones** (☎ Mobil 9-9773-6383; www.caletacondorexpediciones.cl) ist die beste Agentur für Outdooraktivitäten, die Traveller mit Touranbietern in Kontakt bringt. Ein Tauchgang mit 1/2 Tanks kostet 45 000/60 000 Ch$. Man sollte unbedingt auch die etwa 45 Minuten lange geführte Wanderung zum Mirador Caleta Cóndor unternehmen – die Instagram-Follower werden begeistert sein! Als Unterkunft empfiehlt sich das **Hostal Caleta Cóndor** (☎ 9-9382-4035; www.caletacondorexpediciones.cl; Caleta Cóndor; Zi. ohne Bad/inkl. Frühstück 18 000 Ch$ pro Pers., Gerichte 5000 Ch$). Hier sieht man Freilandpferde perfekte Pazifikstrände entlangreiten.

Von der Feria Libre Ráhue (S. 271) in Osorno fahren regelmäßig *micros* (Minibusse) zur Küste, die Bahía Mansa, Pucatrihue und Maicolpué (1800 Ch$, 1½ Std.) ansteuern.

Essen

Café Central CAFÉ $

(O'Higgins 610; Sandwiches 1950–6500 Ch$; ⏲ 8–24, So 8–22 Uhr) Das beliebte zweistöckige Café ist eine Art chilenisches Diner und wegen seiner großartigen Kaffees, riesigen Burger, leckeren Sandwiches und Hot-Dogs *completísimo* (mit Sauerkraut, Avocado und Mayonnaise) immer brechend voll. Es gibt auch einen Tresen – praktisch für Alleinreisende.

Mercado Municipal CHILENISCH $

(Ecke Prat & Errázuriz; ⏲ 6–21 Uhr) Osornos großer und moderner Mercado Municipal bietet eine Auswahl von *cocinerías* (Imbissständen), die gute und preiswerte Mittagsgerichte servieren.

★ **El Galpón** STEAKS $$

(☎ 64-223-4098; www.hotelwaeger.cl; Cochrane 816; Steaks 13 000–18 500 Ch$; ⏲ Mo–Sa 12.30–15 & 19.30–23 Uhr; 📶) Im El Galpón, das eher versteckt neben dem Hotel Waeger liegt, dominieren dunkle Holzböden und eine rustikale, scheunenartige Atmosphäre (z. B. alte Metalleimer als Lampenschirme). Die Hauptattraktion sind jedoch perfekt gegrillte Steaks für echte Fleischfans. Sie werden auf einem *parrilla* zubereitet, der mit Holz beheizt wird und an eine Feuerstelle erinnert. Die Filets sind superdick, und die starken Pisco Sours sind noch besser als die Weine.

Es stehen fünf Beilagen (Butter, Guacamole, Chimichurri, *ají* und eingelegte Oliven) zur Auswahl, die man aber nicht braucht – das Fleisch wird am besten pur genossen.

Panca PERUANISCH **$$**
(☎ 64-223-2924; Rodríguez 1905; Hauptgerichte 5500–12 000 Ch$; ⏰ Mo–Sa 12.30–15 & 20–23.30, So 12.30–15.30 Uhr; 📶) Die authentischen peruanischen Gerichte des angesagten neuen Restaurants haben uns wirklich verblüfft, angesichts der Tatsache, dass der peruanische Teilhaber dieses peruanisch-chilenisch geführten Lokals nicht der Koch ist, sondern die Buchhaltung macht. Würzige *ceviche*, *chaufa* (peruanisch-chinesischer Bratreis), *ají de gallina* (würziges Hühnchen in Sahnesoße), *lomo saltado* (mariniertes Steak) – das Essen ist einfach perfekt.

Und auch die köstlichen *suspiro de limeña* (*manjar blanco* mit Meringue) versetzen einen mitten nach Peru.

Ausgehen & Nachtleben

★ Cervecería Artesanal Armin Schmid KLEINBRAUEREI
(☎ mobil 9-8294-1818; Ruta 215, Km 12; Bier 2300–3300 Ch$, Pizza 8100 Ch$; ⏰ Di–Sa 13.30–22.30 Uhr) Wer gerade nicht weiter als etwa 100 km von Osorno entfernt ist und gerne Bier trinkt, für den lohnt sich ein Abstecher in die Cervecería Artesenal Armin Schmid, einen improvisierten Tempel der Braukunst und die interessanteste Kleinbrauerei des Südens. Sie liegt 12 km von Osorno an der Ruta 215 in Richtung Entre Lagos und argentinischer Grenze.

Taberna Pirata BAR
(www.facebook.com/tabernapirata; MacKenna 1873; ⏰ Mo–Sa 18–3 Uhr; 📶) Das skurrile Themenlokal Pirata ist die legendärste Bar Osornos – etwas heruntergekommen, aber sehr beliebt bei unkonventionellen Einheimischen, die sich in der Szene auskennen. Es ist das beste Craft-Bier-Lokal der Stadt: Im Sommer gibt's 20 Fassbiere (sonst nur an den Wochenenden), darunter Hausbiere und Hopfen von chilenischen Klein- und Mikrobrauereien aus Valdivia und Puerto Varas (es gibt auch einige Flaschenbiere von der Westküste der USA).

Von Mittwoch bis Samstag gibt's jeweils um 19 Uhr Livemusik (Rock und Pop).

Gallardía GASTROPUB
(www.facebook.com/gallardia.sg; O'Higgins 1270; ⏰ Mo 18–1, Di–Sa 13–1, So 13–18 Uhr; 📶) Das mit Plastikhähnen dekorierte Gallardía befindet sich in einem traditionellen Wohnhaus und ist eine Enklave für Craft-Biere (Kross sowie eine Auswahl an belgischen, holländischen, spanischen und deutschen Bieren). Außerdem gibt's Cocktails mit dem patagonischen, handwerklich gebrauten Hipster-Schnaps Trä·kál (hergestellt in Osorno; 5000 Ch$) und eine Vielzahl von köstlichen Gourmetsandwiches mit Slangnamen (5000–7300 Ch$). Hier hängen nur die richtig coolen Leute ab.

ℹ Praktische Informationen

Geldautomaten gibt's auf der Plaza de Armas.

Osorno hat zwei hilfreiche Touristenkioske. Sie befinden sich auf der **Plaza de Armas** (☎ 64-221-8740; www.imo.cl/sitios/cp/turismo; Plaza de Armas; ⏰ Mo–Fr 8.15–14 & 15–17.15, Sa 10.30–13.30 Uhr) und im **Mercado Municipal** (☎ 64-224-0304; www.imo.cl/sitios/cp/turismo; Mercado Municipal; ⏰ Mo–Fr 8.15–14 & 15–17.15 Uhr).

CorreosChile (www.correos.cl; O'Higgins 645; ⏰ Mo–Fr 9–19, Sa bis 13 Uhr)

ℹ An- & Weiterreise

BUS

Fernbusse starten vom Hauptbusbahnhof, dem **Terminal de Buses de Osorno** (☎ 64-221-1120; Errázuriz 1400). Die meisten Busse, die auf der Panamericana Richtung Norden fahren, starten etwa stündlich in Puerto Montt, Busse nach Santiago sind meist über Nacht unterwegs. **Buses ETM** (www.etm.cl; Errázuriz 1400) bietet die häufigsten Direktverbindungen in die Hauptstadt. Weitere gute Busunternehmen sind **Pullman Bus** (☎ 64-223-0808; www.pullman.cl), **TurBus** (☎ 64-220-1526; www.turbus.cl) und **Cruz del Sur** (☎ 64-226-0025; www.busescruzdelsur.cl). Eine kleine *custodia* bewahrt Gepäck auf (1000–2000 Ch$; geöffnet 7.30–22.30 Uhr).

Nach Valparaíso/Viña del Mar nimmt man am besten **Bus Norte** (☎ 64-223-3319; www.busnortechile.cl). **Buses JAC** (☎ 64-255-3300; www.jac.cl) ist die beste Option, um nach Valdivia und Temuco zu fahren. In der Hauptsaison bietet JAC täglich sechs Busse nach Pucón (das restliche Jahr drei). **Ruta 5** (☎ 64-231-7040) fährt nach Lago Ranco. Cruz del Sur bietet die meisten Fahrten Richtung Süden und zur Insel Chiloé.

Verbindungen ins chilenische Patagonien bieten **Queilen Bus** (☎ 64-226-0025; www.queilenbus.cl), das nach Coyhaique fährt. Nach Punta Arenas kann man u. a. Busse von Queilen Bus oder Pullman Bus nehmen. Die **Busse nach Anticura** (Prat zw. Carrera & Errázuriz) fahren an einer Haltestelle auf der Colón ab.

Nach Bariloche in Argentinien fahren u. a. **Bus Norte Internacional** (☎ 64-223-2777; www.busescruzdelsur.cl), **Via Bariloche** (☎ 64-226-0025; www.viabariloche.com.ar; Errázuriz 1400, Terminal Buses de Osorno) und **Andesmar** (☎ 64-223-5186; www.andesmar.com). Alle Busse nach Bariloche halten in Villa Angostura, Argentinien. Andesmar bietet auch Direktverbindungen über Bariloche nach Neuquén und El Bolsón in Argentinien. Direktbusse nach Zapala in Argentinien starten in Temuco.

Ebenfalls vom Hauptbusbahnhof starten mehrmals täglich Fahrten zu Orten rund um den Lago Llanquihue am Fuß des Volcán Osorno.

Andere örtliche und regionale Ziele bedienen die *micros* (Minibusse) vom **Terminal Mercado Municipal** (Errázuriz zw. Prat & Colón) vor dem neuen Mercado Municipal. **Expreso Lago Puyehue** (☎ mobil 9-8838-9527; www.expresolagopuyehue.wix.com/buses-expreso; Errázuriz zw. Prat & Colón, Terminal Mercado Municipal) fährt nach Termas Puyehue/Aguas Calientes und Entre Lagos. **Buses Río Negro** (☎ 64-223-6748; Errázuriz zw. Prat & Colón, Terminal Mercado Municipal) fährt über Río Negro nach Caleta Cóndor (Landweg).

Wer zu den ethnischen Gemeinschaften der Huilliche von San Juan de la Costa – Bahía Mansa, Pucatrihue und Maicolpué – möchte: Minibusse starten stündlich vor der **Feria Libre Ráhue** (Ecke Chillán & Temuco). **Zur Feria** (Colón zw. Errázuriz & Carrera) geht's mit Bus 200 (lila) oder 300 (weiß); die Fahrtrouten wechseln je nach Farbe des Busses, also darauf achten, dass man den richtigen nimmt!

ZIEL	PREIS (CH$)	DAUER (STD.)
Aguas Calientes	2200	1½
Ancud	6200	4
Anticura	6000	½
Bariloche (Arg.)	17 000	5
Concepción	17 000	9
Coyhaique	40 000	20
El Bolsón, (Arg., über Bariloche)	23 400	10
Lago Ranco	1500	2
Neuquén (Arg., über Bariloche)	24 000	12
Pucón	8400	4
Puerto Montt	2000	1¼
Puerto Varas	2000	1¼
Punta Arenas	35 000	28
Río Negro	1200	¾
San Juan de la Costa (Bahía Mansa, Pucatrihue & Maicolpué)	1800	1¾
Santiago	30 000	12
Temuco	5500	3½
Valdivia	3600	1¾
Valparaíso/Viña del Mar	20 000	14
Villa Angostura (Arg.)	17 000	4

FLUGZEUG

Der **Aeródromo Cañal Bajo – Carlos Hott Siebert** (ZOS; ☎ 64-224-7555; abseits der Ruta CH-215) liegt 7 km östlich vom Stadtzentrum. **LATAM** (☎ 600-526-2000; www.latam.com; Eleuterio Ramírez 802; ⏲ Mo–Fr 9–13 & 15–18.30, Sa 9.30–13 Uhr) fliegt dienstags, freitags und sonntags jeweils einmal täglich nach Santiago.

Zum Flughafen gibt's keine öffentlichen Verkehrsverbindungen, aber alle Busse in Richtung Entre Lagos mit Abfahrt am **Terminal Mercado Municipal** lassen Fahrgäste auf Wunsch am Flughafeneingang (300 Meter vom Flughafenterminal entfernt) aussteigen (700 Ch$, 15 Min.). Das schlägt sogar Uber, das 4200–4900 Ch$ verlangt!

Parque Nacional Puyehue

Am Tag nach dem Erdbeben 1960 brach der 2240 m hohe Gipfel des Volcán Puyehue aus und verwandelte eine große Fläche dichten, immerfeuchten Regenwaldes in eine karge Landschaft aus Sanddünen und erstarrten Lavaströmen. Im **Parque Nacional Puyehue** (www.conaf.cl/parques/parque-nacional-puyehue; Ruta Internacional 215, Puyehue; Anticura 1500 Ch$) GRATIS sind 1070 km² dieser kontrastreichen Gegend unter Schutz gestellt. Der Park gehört zu den eher „erschlossenen" Schutzgebieten Chiles, denn er beherbergt ein Skiresort und mehrere Heilbäder.

Schlafen

Lodge El Taíque LODGE $$
(☎ mobil 9-9213-8105; www.lodgeeltaique.cl; Sector El Taíque Puyehue; EZ/DZ inkl. Frühstück 58 000/78 000, Hütten ab 90 000 Ch$; P 📶) 8 km abseits der Ruta 215 liegt zwischen Entre La-

ABSTECHER

BIORESERVAT HUILO-HUILO

Die größtenteils asphaltierte Straße vom Lago Pirihueico 101 km östlich von Valdivia und 80 km südlich von Villarrica nach Puerto Fuy verläuft parallel zum malerischen Río Huilo Huilo, der durch eine imposante Landschaft zum eindrucksvollen **Bioreservat Huilo-Huilo** (☎ 2-2887-3535; www.huilohuilo.com; Camino Internacional Panguipulli–Valdivia Km 55; ⏲ 24 Std.) GRATIS strömt. Das Naturschutzprojekt wurde für den sanften Ökotourismus entwickelt und gehört zu einem viel größeren UNESCO-Biosphärenreservat. Dieser Outdoor-Spielplatz ist eine der unberührtesten und sehenswertesten Regionen in Los Ríos und unbedingt einen Besuch wert, auch wegen seiner märchenhaften Hotels, vor allem aber wegen der großartigen Abenteuer, die man hier erleben kann.

Das Reservat wartet mit zahlreichen Naturabenteuern (Trekking, Bergsteigen, Reiten, Rafting, Kajakfahren) und Touren zum atemberaubenden, 37 m hohen Wasserfall Salto de Huilo-Huilo auf. 2017 wurde mit der **Teleférico Cóndor Andino** (Erw./Kind 12 500/6000 Ch$; ⏲ Jan. & Feb. 11.15–19.35 Uhr, März–Dez. Sa & So 12–19 Uhr) die erste Seilbahn Südchiles eröffnet. Inzwischen sollten auch die drei geplanten Enduro-Mountainbike-Trails eröffnet sein.

Das **Museo de Volcanes** (Erw./Kind 3000/1500 Ch$; ⏲ Dez.–März 10–20 Uhr, April–Nov. 10–18 Uhr) ist von einer Steinkuppel gekrönt. Es ist das eindrucksvollste archäologische Museum im Sur Chico und widmet sich chilenischen indigenen Kulturen. Hier sind u. a. eine der besten Ornamentsammlungen der Mapuche überhaupt zu sehen.

La Montaña Mágica (☎ 2-2887-3535; EZ/DZ 112 622/225 244 Ch$; P @ ☏) ist ein Turmbau, in dem sich auch Hobbits heimisch fühlen würden: Von der Spitze versprüht ein Springbrunnen Wasser, innen locken kitschige Möbel und von der Natur inspirierte Designelemente. Es sind nur neun Zimmer verfügbar (unbedingt im Voraus reservieren!). Das **Nothofagus Hotel & Spa** (☎ 2-2887-3535; EZ/DZ inkl. Frühstück 112 622/225 244 Ch$; P @ ☏) hängt wie ein vom Architekten Gaudi inspirierter umgedrehter Konus in den Baumwipfeln. Mit 55 Zimmern ist es das größte Hotel von Huilo-Huilo. Im Restaurant wird internationale und chilenische Küche mit indigenen Einflüssen serviert. Die exklusive **Nawelpi Lodge** (☎ 2-2887-3535; EZ/DZ all-inclusive-Paket mit 3 Übernachtungen 1 240 580 Ch$/1 783 280 Ch$; P ⊖ ☏) bietet zwölf geräumige Hütten mit luxuriösen Möbeln, Kaminen aus Vulkangestein und großartigen Terrassen samt Blick auf den Río Fuy.

Die von einem Pilz inspirierte **Reino Fungi Lodge** (☎ 2-2887-3535; EZ/DZ inkl. Frühstück 112 622/225 244 Ch$; P ☏) ist eine relativ neue und surreale Unterkunft mit 22 Zimmern. Die Sauna und das Spa sind nach einem langen Tag voller Abenteuer in der Natur eine echte Wohltat. Das **Canopy Village** (☎ 2-2887-3535; cabañas 2/6 Pers. ab 37 128/89 107 Ch$; P) bietet 27 erhöhte Hütten, die durch Holzstege miteinander verbunden sind, mit einer Gästeküche und Traumblick auf den Volcán Mocho. Das etwas abgelegene **El Puma Backpackers** (☎ 2-2887-3535; B 9000 Ch$; P) verfügt über Zehnbettzimmer in gutem Zustand. **Camping Huilo-Huilo** (☎ 2-2887-3535; www.huilohuilo.com; Camping 11 000 Ch$ pro Pers.) hat Strom, hübsche Warmwasserbäder und Thermalbecken auf der Holzveranda im Patio. Bier und Pizza mit dünnem knusprigem Boden gibt's bei **Cervecería Peterman** (Krug Bier 4000 Ch$; ⏲ So–Do 12–22.30, Fr–Sa bis 1 Uhr, März–Nov. 12.30–19.30 Uhr).

Von Puerto Fuy bringt die Fähre **Hua-Hum** (☎ mobil 9-4277-3450; https://barcazahuahum.com/en; Ruta Internacional CH-203, Puerto Fuy; Auto 17 200–25 790 Ch$, Fußgänger Ausländer/Chilenen 950/680 Ch$) Passagiere und Fahrzeuge von April bis 14. Dezember einmal täglich um 13 Uhr (freitags 12 und 16 Uhr) von und nach Puerto Pirihueico (1½ Std.). Vom 15. Dezember bis März verkehrt die Fähre montags bis donnerstags dreimal täglich (8, 13 und 18 Uhr) und freitags bis sonntags viermal täglich (7, 11, 15 und 19 Uhr). Stellplätze für Autos müssen vorher reserviert werden.

Die regelmäßigen Busse von Panguipulli nach Puerto Fuy (2000–3000 Ch$, 1 Std.) halten, wenn man Bescheid sagt, unterwegs im kleinen Dorf Neltume (3 km vom Parkeingang entfernt), das preiswerte Unterkünfte bietet. Außerdem auf Wunsch auch in Huilo-Huilo.

gos und Aguas Calientes die stilvolle Acht-Zimmer-Lodge El Taíque. Sie bietet einen Postkartenblick auf den Volcán Osorno, den Volcán Puntiagudo und den Lago Rupanco. Die französischen Inhaber legen viel Wert aufs Detail und sind sehr gastfreundlich. Die grau gestrichenen Zimmer sind mit Kingsize-Betten und dunklen Hartholzbädern ausgestattet; einige verfügen sogar über eigene Terrassen.

Im Gourmetrestaurant (Hauptgerichte 6000–15 000 Ch$) werden Köstlichkeiten wie Hirsch mit Wildpilzen und Strauß mit einer Soße aus Walnüssen und Blauschimmelkäse serviert. Eine perfekte Zuflucht nicht weit von Entre Lagos und dem Lago Puyehue.

ℹ Praktische Informationen

Centro de Información Ambiental (☎ 64-197-4572; www.conaf.cl; Ruta 215, Camino Antillanca Km 76, Aguas Calientes; ⏲ 8–13 & 14–18 Uhr) Das von der CONAF betriebene Centro de Información Ambiental beherbergt eine informative Ausstellung über die Naturgeschichte und Geomorphologie des Gebietes um den Puyehue.

ℹ An- & Weiterreise

75 km östlich von Osorno erstreckt sich die westliche Parkgrenze. Die asphaltierte Ruta 215 führt dort in den Park hinein und weiter zur argentinischen Grenze, wobei sie dem Lauf des Río Golgol folgt. Von Osorno verkehren Busse nach Aguas Calientes (2200 Ch$, 1½ Std., stündl., 7–19 Uhr) und Anticura (2200 Ch$, 1½ Std., 17 Uhr). Um Antillanca und El Caulle zu erreichen, braucht man ein eigenes Fahrzeug (obwohl El Caulle von der Ruta 215 problemlos zu Fuß zu erreichen ist; einfach den Busfahrer bitten anzuhalten).

Aguas Calientes

Das Thermalheilbad **Termas Aguas Calientes** (☎ 64-223-3178; www.termasaguascalientes.cl; Ruta 215, Camino Antillanca Km 76; ganztägige Nutzung ohne/mit Mahlzeiten 12 500/35 000 Ch$, privat/öffentlich ohne Mahlzeiten 14 500/440 Ch$) beherbergt verschiedene Wannenbäder und Pools sowie Unterkünfte, ein Restaurant und ein Café.

Das Restaurant Los Canelos bietet ein gutes, aber teures Büfett (15 500 Ch$); das einfachere Café Boutique serviert Snacks, Kaffee, Pizza, Sandwiches und Empanadas (2000–3000 Ch$).

Die einzige Übernachtungsmöglichkeit sind die **Cabañas Aguas Calientes** (☎ 64-233-1700; Camping pro Stellplatz 28 000 Ch$, domos für 2/4 Pers. ohne Bad 80 000/105 000 Ch$, Hütte für 4/8 Pers. ab 148 000/215 000 Ch$; P @ ☰ ≋). Von Weitem sieht die Ansammlung zeltförmiger Hütten am Berghang wie ein geplantes Miniaturdorf aus. Mit plüschigen Betten, vollständig eingerichteten Küchen, Warmwasserduschen und holzbefeuerten Öfen sind sie bemerkenswert komfortabel; einige haben sogar Whirlpools, wenngleich mit wenig Privatsphäre. Die komfortablen Kuppelzelte (*domos*) stehen idyllisch am rauschenden Fluss.

Im Preis sind die Spa-Einrichtungen, aber kein Frühstück enthalten – obwohl die Preise in den letzten Jahren erschreckend gestiegen sind.

ℹ An- & Weiterreise

Expreso Lago Puyehue (S. 271) fährt vom Mercado Municipal in Osorno nach Aguas Calientes (2200 Ch$, 1½ Std., stündl., 7–19 Uhr).

Antillanca

Die Skisaison dauert von Anfang Juni bis September. Das **Skigebiet Antillanca** (☎ 64-261-2070; www.skiantillanca.cl; Ruta U-485; Liftkarte 32 000 Ch$, komplette Leihausrüstung Erw./Kind 32 000/20 000 Ch$) umfasst insgesamt fünf Lifte und Pisten mit einem maximalen Höhenunterschied von 460 m. Zum Resort gehört auch ein ganzjährig geöffnetes, unverschämt überteuertes Hotel (das sich über zwei Gebäude erstreckt: das Hotel Eduardo Meyer und das Refugio Carlos) mit der für Skiresorts üblichen Ausstattung.

In der Lodge befindet sich ein Restaurant mit Komplettservice (Hauptgerichte 6000 bis 12 000 Ch$).

Nach Antillanca fahren keine öffentlichen Verkehrsmittel. Das Resort bietet Privattransfers für bis zu 14 Personen mit Abholung und Rücktransport von/nach Osorno (160 000 Ch$, 1½ Std.), Puerto Montt (267 000 Ch$, 2½ Std.) und anderen Städten in der Region.

El Caulle

2 km westlich von Anticura stößt man auf das privat betriebene **El Caulle** (☎ mobil 9-5008-6367; www.elcaulle.com; Fundo El Caulle s/n; Eintrittspreis 10 000 Ch$; ⏲ Restaurant Di–So 10–20 Uhr). Offiziell liegt das Gebiet innerhalb der Parkgrenzen, aber es markiert den südlichen Ausgangspunkt der Trekkingroute am westlichen Fuß des Volcán Puyehue. El Caulla verfügt über ein hervorragendes

Restaurant (7500–10 000 Ch$), das Gerichte wie Wildschweinbraten oder *pastel de jaiba* (Krabbenauflauf) serviert und Unterkünfte in Mehrbettzimmern vermietet (8000 Ch$ mit Schlafsack; 13 000 Ch$ mit Matratze).

Alle Busse von Osorno nach Anticura lassen Wanderer auf Wunsch in El Caulle aussteigen.

Anticura

Patagonia Expeditions (☎ mobil 9-9104-8061; www.anticura.com; Ruta Internacional 215, Km 90) wird u. a. von einem jungen engagierten Kletterer aus Osorno betrieben und hat die Konzession für das Centro Turístico Anticura inne. Kurze Wanderwege ab dem Besucherzentrum – Weggebühr 1000 Ch$ – führen beispielsweise zum Salto de Princesa und zum Salto del Indio, wo sich der Legende nach ein einsamer Mapuche versteckte, um dem *encomienda*-Einsatz (Arbeitssystem in der Kolonialzeit) in einer nahen spanischen Goldmine zu entkommen. Die Route Repucura endet wieder auf der Ruta 215. Weil Busse die Schnellstraße hinunterdüsen, sollten Fußgänger die andere Seite nutzen.

Möglich ist auch ein 4 km langer Aufstieg zu einem Aussichtspunkt.

Von dort führen Exkursionen hinauf zum Volcán Casablanca (1960 m; 40 000 Ch$) und zum Volcán Puyehue (2240 m; 55 000 Ch$ oder 90 000 Ch$ zusammen mit dem Eruptionskrater des Puyehue von 2011). Möglich sind auch nächtliche Ausflüge zu Wasserfällen und mehrtägige Trekkingtouren. Ein Restaurant serviert täglich drei Gerichte (5000–9000 Ch$).

Schlafen

Camping Catrué CAMPING, CABAÑAS **$$**
(☎ mobil 9-9104-8061; www.anticura.com; Ruta Internacional, 215 Km 90; Camping EZ/DZ 5000/9000 Ch$, cabañas für 2/4/6 Pers. 40 000/52 000/60 000 Ch$; 📶) In dem von Patagonia Expeditions geführten Camping Catrué herrscht Hostelatmosphäre. Mittlerweile bietet er 15 Stellplätze im Wald mit zu Picknicktischen umfunktionierten Baumstämmen, Strom und Warmwasserbädern. Die renovierten Hütten sind komplett ausgestattet; zwei werden in der Nebensaison als Schlafsäle (15 000 Ch$) genutzt.

An- & Weiterreise

Von der Prat (zw. Carrera und Errázuriz) verkehrt fünfmal täglich ein **öffentlicher Bus nach Anticura** (S. 271), der bis zur chilenischen Zollabfertigung an der argentinischen Grenze weiterfährt (2000 Ch$, 1½ Std.); die Rückfahrt ab Anticura erfolgt um 7.30 Uhr. **Buses Carlos** (☎ mobil 9-7265-9780; Errázuriz zw. Prat & Colón, Terminal Mercado Municipal) bietet täglich drei Busse vom **Terminal Mercado Municipal** (S. 271) in Osorno nach Anticura (1½ Std., 6.30, 12, 16 Uhr), die aber im Voraus gebucht werden müssen. Der Fahrpreis beträgt etwa 6000 Ch$ pro Person und richtet sich nach der Gruppengröße.

Frutillar

☎ 065 / 16 283 EW.

Das zauberhafte Touristenstädtchen Frutillar liegt nördlich von Puerto Varas am Ufer des Lago Llanquihue. Der Ort hat sich in den letzten zehn Jahren zum echten Überflieger entwickelt: 2010 wurde hier ein Weltklasse-Zentrum für darstellende Kunst eröffnet, 2017 wurde Frutillar als erste Stadt Chiles zur „UNESCO Creative City of Music" ernannt und darf sich nun in die Riege weltbekannter Städte wie Liverpool, Sevilla, Auckland und Adelaide einreihen.

Die Stadt wartet mit einer schönen Mole, einem langgestreckten Strand, charmanter deutscher Architektur und Kuchen in Hülle und Fülle auf, alles begleitet vom Schnattern der Weißhalsibisse, deren Gackern von allen Dächern der Stadt tönt. Obwohl das deutsche Flair manchmal etwas arg gezwungen wirkt und Frutillar im Vergleich zu Puerto Octay sehr touristisch ist, ist es ein friedlicher Ort und eine willkommene Übernachtungsalternative zum chaotischen Puerto Varas.

Sehenswertes

Teatro del Lago KUNSTZENTRUM
(☎ 65-242-2900; www.teatrodellago.cl; Av Philippi 1000; ⏲ Abendkasse 10–18 Uhr) Das erstaunliche 25 Mio. US$ teure Weltklasse-Eldorado für darstellende Kunst, dessen Bau zwölf Jahre dauerte, hat Frutillar 2010 bei seiner Eröffnung im Alleingang in die globale Kulturszene hineinkatapultiert. Der eindrucksvolle Bau mit Kupferdach vor der Kulisse des Sees ist bereits für sich genommen eine Attraktion und bietet traumhaften Blick auf die vier Vulkane. Das ganze Jahr über finden täglich um 12 Uhr 45-minütige Theaterführungen statt (4500 Ch$).

Im Kunstzentrum findet sich eine hochmoderne Konzerthalle mit 1178 Sitzplätzen und wunderschönen schallisolierten Buchenholzwänden sowie ein Amphitheater mit 278 Sitzplätzen. Außerdem gibt's eine Pizzeria und ein Café am See (Sandwiches 6500–7500 Ch$). Das Theater, in dem zahlreiche Kulturveranstaltungen (z. B. das Musikfestival) stattfinden, zieht international bekannte Orchester und Künstler aller Genres an. Das aktuelle Programm steht auf der Website.

Museo Histórico Alemán MUSEUM
(www.museosaustral.cl; Ecke Pérez Rosales & Prat; 2500 Ch$; ⏲9–17.30 Uhr) Das Museo Histórico Colonial Alemán, erbaut in Zusammenarbeit mit Deutschland, wird von der Universidad Austral geleitet. Es zeigt in seinem wunderschönen gepflegten Garten nahezu perfekte Nachbauten einer wasserbetriebenen Mühle, einer Schmiede und eines Bauernhauses mit Glockenstuhl. Es gilt als das beste Museum zur deutschen Besiedlung des Seengebietes.

Geführte Touren

Guillermo Duarte ABENTEUERTRIP
(☎mobil 9-7952-4279; www.facebook.com/guillermoduartetravel) Der Fremdenführer Guillermo Duarte, der aussieht wie eine filmreife Art Cowboy-Bandit, veranstaltet Wander- und Trekkingtouren, Reitausflüge und Vulkanbesteigungen. Seine legendären Touren sind einzigartig – ihm ist kein Abenteuer zu gewagt. Die Preise liegen bei ca. 160 000 Ch$ plus Fahrzeugkosten – die Reiseroute bleibt den wildesten Fantasien überlassen. Guillermo spricht Spanisch, Englisch, Französisch und Portugiesisch.

ABSTECHER

PUERTO OCTAY

Hübsch und reizend, doch kaum besucht ist Puerto Octay. Tatsächlich ist es eine der schönsten Städte am Lago Llanquihue und eine ruhige Alternative zu den Touristenorten im Süden. In den stillen Straßen an einem Berghang über dem See finden sich hinter jeder Ecke interessante architektonische Gebäude aus der Zeit der deutschen Siedler zu Beginn des 19 Jhs. Puerto Octay ist die älteste von deutschen Auswanderern gegründete Ortschaft am See – sie hat sogar ein **Oktoberfest** (www.oktoberfestpuertooctay.cl).

Als Unterkunft empfiehlt sich **Zapato Amarillo** (☎64-221-0787; www.zapatoamarillo.cl; Ruta 55, Km 2,5, La Gruta; B inkl. Frühstück 14 000 Ch$, Zi. 42 000 Ch$, ohne Bad 27 000/36 000 Ch$; Ⓟ📶). Es liegt idyllisch auf einem kleinen Bauernhof etwa 2 km nördlich der Stadt in Richtung Osorno und besteht aus einem achteckigen Gebäude mit Schlafräumen und zwei makellos sauberen Bädern sowie drei separaten Häusern mit schicken rustikalen Zimmern. Das Slow-Food-Dinner (nur für Hotelgäste) kostet 10 000 Ch$, und die Küche vollbringt wahre Wunder! Die gastfreundlichen chilenisch-schweizerischen Inhaber sorgen dafür, dass ihr Hotel bei Travellern aller Altersgruppen beliebt ist. Man kann Roller und Mountainbikes ausleihen und damit die Städte am See erkunden.

Mittags sollten sich Tagesbesucher das **Rancho Espantapájaros** (☎65-233-0049; www.espantapajaros.cl; Quilanto, Camino Puerto Octay–Frutillar Km 5; Büfett 17 000 Ch$, Sandwiches 3500–6500 Ch$; ⏲Jan.–Feb. 10–22 Uhr, März 12–20 Uhr, April–Nov. Mo–Do 12–17.30, Fr & Sa bis 22, So bis 19.30 Uhr; 📶) nicht entgehen lassen. Es liegt 6 km von Puerto Octay an der Straße nach Frutillar. Die Hauptattraktion ist saftiges *jabalí* (Wildschwein – fettig, aber lecker!), es wird hinter dem Büfett an 3,5 m langen Spießen über einem gigantischen *fogó* (Grillfeuer im Freien) zubereitet und zieht Heerscharen von Gästen an. Das Restaurant ist teuer, aber es bietet ein üppiges All-you-can-Eat-Büfett, das ein kostenloses Glas Saft, Wein oder Bier beinhaltet, und alle Speisen sind köstlich.

Abenteuerlustige Selbstfahrer sollten den schwarzen Strand von **Puerto Fonck** besuchen, der 22 km östlich von Puerto Octay am Ende einer langen Kiesstraße liegt.

Puerto Octays **Busbahnhof** (☎64-239-1189; Ecke Balmaceda & Esperanza) bietet regelmäßig Busse nach Osorno (1500 Ch$, 1 Std.) und Cruce de Rupanco (1200 Ch$, 15 Min.). Dort kann man umsteigen und einen der Busse nach Las Cascadas (30 Min.), einer von Touristen kaum besuchten Stadt am See, nehmen. Die Busse verkehren alle 20 Minuten von 7.20 bis 20.15 Uhr. Von 8 bis 18 Uhr starten täglich fünf Busse nach Frutillar (1000 Ch$, 30 Min.), Puerto Varas (1600 Ch$, 1 Std.) und Puerto Montt (1900 Ch$, 1¼ Std.).

Feste & Events

Semana Musical de Frutillar MUSIK
(☎ 65-242-1386; www.semanasmusicales.cl; Teatro del Lago; ⊙ Jan.–Feb.) Das zehntägige Musikfestival (27. Januar bis 4. Februar) bietet Konzerte vieler Musikrichtungen – von Kammermusik bis Jazz ist alles dabei – sowie zwanglose Shows tagsüber und formellere Vorstellungen abends von 20 bis 22 Uhr.

Schlafen & Essen

Ayacara Hotel B&B $$
(☎ 65-242-1550; www.hotelayacara.cl; Av Philippi 1215; EZ/DZ inkl. Frühstück ab 65 000/85 000 Ch$) Das 1910 erbaute Haus wurde zu einem Boutique-Hotel mit acht Zimmern umgestaltet, das helle Aufenthaltsbereiche und im Obergeschoss Fassadenzimmer mit Vulkanblick bietet. Im Ayacara übernachten viele Künstler, Musiker und andere Darsteller des international renommierten Teatro del Lago (es ist ihre offizielle Lieblingsunterkunft).

Cocina Frau Holle STEAKS $$
(☎ 65-242-1345; www.frauholle-frutillar.cl; Varas 54; Steaks 9400–11 500 Ch$; ⊙ 13–15.30 & 19.30–22.30 Uhr, Mai geschl.; 📶) Der Name erinnert an die Gebrüder Grimm, aber Cocina Frau Holle ist ein waschechtes Steakhaus, das landeinwärts vom See liegt und daher nur wenigen Leuten bekannt ist. Hier gibt's keine Béarnaise, Chimichurri oder grüne Chilisoße – nur ordentliche Rindersteaks, perfekt gegrillt auf chilenischen Eichenholzflammen und gewürzt mit Salz – und nur mit Salz! Das Ganze lässt sich mit einem Glas Wein gut herunterspülen. *¡De nada!*

Lavanda Casa de Té TEEHAUS $$
(☎ mobil 9-9458-0804; www.lavandacasadete.cl; Camino a Quebrada Honda, Km 1,5; Menü 15 000 Ch$; ⊙ Nov.–März 13–20 Uhr, April–Okt. Mo–Mi geschl.) Auf einer Lavendelfarm außerhalb der Stadt bietet dieses Teehaus am See Gourmetprodukte aus Lavendel sowie Mittagsgerichte aus erntefrischen Zutaten. Nachmittagstee (9800 Ch$) und Mittagessen müssen im Voraus reserviert werden. Der Mindestbestellwert beträgt 6000 Ch$.

★ **Se Cocina** CHILENISCH $$$
(☎ mobil 9-8972-8195; www.secocina.cl; Camino a Quebrada Honda, Km 2; Hauptgerichte 10 500 Ch$, 3-Gänge-Menü 21 200 Ch$; ⊙ Jan.–Feb. Di–So 13–15 & 20–22.30 Uhr, Dez.–März Mo & Di geschl.) 2 km außerhalb von Frutillar liegt das Restaurant Se Cocina. Das Essen hier ist manchmal gut, manchmal schlecht, aber selbst, wenn es schlecht ist, lohnt sich ein Besuch in dem wunderschönen Bauernhof aus den 1850er Jahren am See. Die täglich wechselnde Speisekarte bietet Nueva-Chilena-Küche, serviert in moderner Atmosphäre in einem denkmalgeschützten Bauernhof.

Shoppen

Vipa & Co. LEBENSMITTEL, KOSMETIK
(www.vipaonline.cl; Av Philippi 989; ⊙ 11–19.50 Uhr) Ein großartiges Geschäft für Gourmetprodukte und biologisch abbaubare Kosmetik. Zur Auswahl stehen hochwertige Marken wie Melí (Gewürze, Salsas und Senf) und Agua de Patagonia (Seifen, Shampoos, Aromatherapie).

Praktische Informationen

Die **Touristeninformation** (Av Philippi s/n; ⊙ 9–13 & 14–18 Uhr) befindet sich in der Nähe des Stadtpiers.

An- & Weiterreise

Die **Minibusse** (Jorge Montt zw. Av Philippi & Vicente Pérez Rosales) nach Puerto Varas (1200 Ch$, 30 Min.) und Puerto Montt (1600 Ch$, 45 Min.) fahren von einer Haltestelle an der Jorge Montt ab. Alle anderen Busse starten von den Busbahnhöfen in Frutillar Alto, die von Frutillar Bajo aus mit *coletivo* 1 zu erreichen sind (500 bis 600 Ch$, 5 Min.). **Cruz del Sur** (☎ 65-242-1552; www.cruzdelsur.cl; Palma 52) bietet die meisten Verbindungen nach Osorno (1500 Ch$, 45 Min., 7-mal tgl., 8.20–20.20 Uhr), Valdivia (4000 Ch$, 2¼ Std., 7-mal tgl., 8.20–20.20 Uhr), Temuco (6000 Ch$, 3½ Std., 8.20, 14.35, 20.20 Uhr) und Santiago (ab 27 000 Ch$, 10½ Std., 21.15 Uhr). Cruz del Sur fährt außerdem nach Castro (Chiloé; 7000 Ch$, 3¾ Std., 4-mal tgl.), einmal täglich nach Bariloche (18 000 Ch$, 6 Std., 9.25 Uhr) sowie dienstags, donnerstags und samstags nach Punta Arenas (50 000 Ch$, 36 Std., 11.55 Uhr). **Buses ETM** (☎ 65-242-1852; www.etm.cl; Winkler 238) fährt nach Santiago (ab 16 000 Ch$, 10½ Std., 19.20 und 20.20 Uhr), Temuco (8500 Ch$, 3½ Std., 19.20 Uhr), Osorno (1500 Ch$, 19.20 Uhr) und Concepción (18 000 Ch$, 8 Std., 10.55 Uhr). **Thaebus** (www.thaebus.cl; Palma 381) bietet fünfmal täglich Verbindungen nach Puerto Octay (1200 Ch$, 45 Min., 7.15–19.15 Uhr) sowie Busse nach Puerto Varas und Puerto Montt.

Puerto Varas

☎ 065 / 37 942 EW.

Die zwei unheimlichen schneebedeckten Vulkane Osorno und Calbuco wachen ehrfurchtgebietend über das malerische Puerto Varas und die schöne Landschaft am See Llanquihue. Nur 23 km von Puerto Montt, aber hinsichtlich Charme, landschaftlicher Schönheit und touristischem Angebot Welten entfernt, wurde Puerto Varas früher als „zweites Pucón" gepriesen. Im Gegensatz zu seinem Zwilling im Norden hat dieser Ort jedoch den Aufstieg zum obligatorischen Reiseziel für Outdoor-Fanatiker besser verkraftet und seine Identität nicht ganz aufgegeben. Hier konnte der Ansturm des Pauschaltourismus, wie er über Pucón hereingebrochen ist, teilweise abgewendet werden.

Trotz aller Annehmlichkeiten, die das nahegelegene Puerto Montt bietet, gilt Puerto Varas als bessere Wahl für einen ausgedehnten Aufenthalt und als guter Ausgangspunkt, um die Region zu erkunden. Manche empfinden es sicherlich als zu touristisch, aber das faszinierende Nebeneinander von deutschem Erbe und modernem chilenischem Extremsportfieber macht regelrecht süchtig.

Sehenswertes & Aktivitäten

Paseo Patrimonial ARCHITEKTUR

Viele Privathäuser aus dem frühen 20. Jh. sind sehr beeindruckend. In der Touristeninformation gibt's einen Stadtplan mit einer Beschreibung des **Paseo Patrimonial**, ein Spaziergang zu zehn verschiedenen Gebäuden, die zu *monumentos nacionales* erklärt wurden. Einige der Häuser werden als *hospedajes* genutzt, zum Beispiel die 1941 bis 1942 erbaute **Casa Schwerter** (Del Carmen 873), die 1930 erbaute **Casa Hitschfeld** (Prat 107) und die ebenfalls 1930 erbaute **Casa Wetzel** (O'Higgins 608).

Iglesia del Sagrado Corazón KIRCHE

(Ecke San Francisco & Verbo Divino; variieren) Die imposante und farbenfrohe Iglesia del Sagrado Corazón wurde 1915 erbaut, thront auf einer Landspitze und ähnelt mit ihrem Spitzturm einer Abteikirche aus dem Schwarzwald.

Al Sur RAFTING, KAJAKFAHREN

(65-223-2300; www.alsurexpeditions.com; Ecke Aconcagua & Imperial) Al Sur spezialisiert sich auf Raftingtouren (es hat ein exklusives Basislager am Ufer des Río Petrohué), bietet aber auch anspruchsvolle, mehrtägige Kajaktouren in den Fjorden des Parque Pumalín. Das Unternehmen legt viel Wert darauf, dass seine Touren umweltfreundlich und nachhaltig sind.

Ko'Kayak RAFTING, CANYONING

(65-223-3004; www.kokayak.cl; San Pedro 311; 8.30–19 Uhr) Der alteingesessene Veranstalter bietet zweimal am Tag halbtägige Raftingtouren für 35 000 Ch$ sowie ein-/zweitägige Seekajaktrips für 70 000/165 000 Ch$.

La Comarca Puelo Adventure MOUNTAINBIKEN

(mobil 9-9799-1920; www.pueloadventure.cl; Av Vicente Pérez Rosales 1621) La Comarca hat sich auf faszinierende maßgeschneiderte Abenteuertouren spezialisiert und nimmt die kaum erschlossenen Gebiete des Valle del Río Puelo, des Valle de Cochamó sowie im weiteren Umland in Angriff. Zu den Highlights gehören ausgedehnte Mountainbike- und Fahrradtouren in Chile und Argentinien (darunter eine großartige zwölftägige Singletrail-Fahrt von Bariloche nach Puerto Varas) sowie Wein-und-Käse-Exkursionen zum 900 m hohen Aussichtspunkt Arco Iris in La Junta.

Die Tour „Bike & Beer" ist eine fröhliche 30 km lange Fahrt am See entlang, die in einer Craft-Bier-Verkostung bei Chester Beer (S. 283) kulminiert. Die Gruppen umfassen maximal zwölf Teilnehmer und Secret Patagonia bemüht sich, jedem Einzelnen im Einklang mit der Natur einzigartige Erlebnisse abseits der Touristenrouten zu bieten. Hier kann man sich auch Rennräder, Mountainbikes mit Vollfederung und E-Bikes ausleihen.

Trails of Chile GEFÜHRTE TOUREN

(65-233-0737; www.trailsofchile.cl) Ein Spezialanbieter für luxuriöse, professionelle Touren und Abenteuerreisen mit exzellentem Service.

Birds Chile VOGELBEOBACHTUNG

(65-223-3004, mobil 9-9269-2606; www.birdschile.com; San Pedro 311; 9–19 Uhr) Hervorragende fachkundige Vogelbeobachtungstouren und Naturtouren. Raffaele Di Biase ist nicht nur einer der führenden Naturkundler der Gegend, sondern auch ein toller Typ, mit dem man gerne einen Tag in der Natur verbringen mag. Er spricht Italienisch und Englisch. Birds Chile ist der einzige Anbieter in Chile, der laut Sernatur das Gütesiegel der Stufe 3 für Nachhaltigkeit innehat.

Patagonia Fishing Rockers ANGELN

(mobil 9-9090-6958; www.facebook.com/patagoniafishingrockers) Gustavo Arenas ist kein typischer Angelführer aus Großvaters Zeiten – bei seinen Angeltouren auf dem Río Maullín, Río Peulo und Río Petrohué gibt's Rock 'n'

Puerto Varas

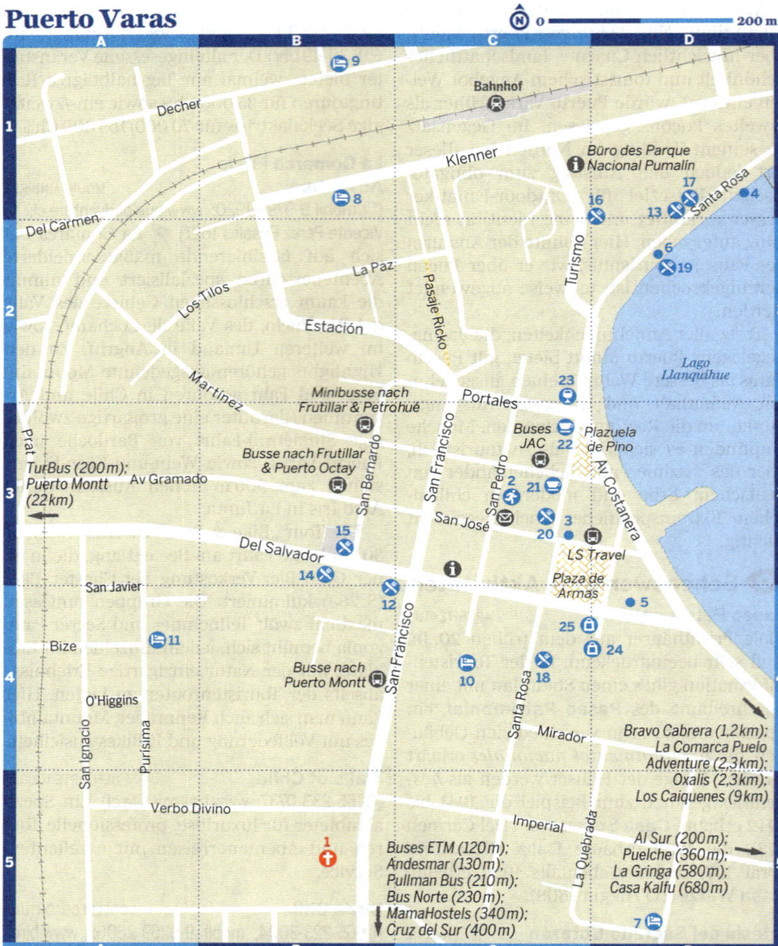

Roll und dazu (vielleicht) ein Gläschen Jägermeister.

Er baut gerade die Puelo Lodge, ein wahres Paradies mit acht Zimmern für Naturliebhaber im Puelo-Flussbecken auf dem Lago Tagua-Tagua. Die Lodge soll 2019 eröffnet werden.

Moyca Expediciones KLETTERN
(mobil 9-7790-5679; www.facebook.com/moycaexpediciones; San José 192, oficina 203; 10–14 & 15–19 Uhr, im Winter kürzer) Dieser Veranstalter mit Sitz in Puerto Varas ist für die Besteigung des Volcán Osorno (2652 m) oder des Volcán Calbuco (2003 m) sehr zu empfehlen. Sein Büro befindet sich über dem Geschäft Patagonia.

Yak Expediciones KAJAKFAHREN
(mobil 9-8332-0574; www.yakexpediciones.cl) Bietet sehr beliebte kurze und mehrtägige Seekajak-Touren auf dem Lago Todos Los Santos, dem Reloncaví-Fjord und im weiteren Umland.

Vive SUP STEHPADDELN
(mobil 9-8475-7830; www.vivesup.com; Santa Rosa s/n; pro Stunde Verleih/Unterricht 5000/8000 Ch$; Dez.–Feb. 10–19 Uhr) Der begeisterte Stehpaddler Eduardo lebt teils in Port-

Puerto Varas

Sehenswertes

1	Iglesia del Sagrado Corazón	B5

Aktivitäten, Kurse & Touren

	Birds Chile	(siehe 2)
2	Ko'Kayak	C3
3	Moyca Expediciones	C3
4	Pionero del Lago	D1
5	TurisTour	D4
6	Vive SUP	D2

Schlafen

7	Casa Azul	D5
8	Compass del Sur	B1
9	Galpón Aíre Puro	B1
10	Hostel Melmac Patagonia	C4
11	Mapatagonia	A4

Essen

12	Café Dane's	B4
13	Casavaldés	D1
14	Costumbrista	B3
15	Donde El Gordito	B3
16	El Humedal	D1
17	La Jardinera	D1
18	La Marca	C4
19	Mesa Tropera	D2
20	Pudú	C3

Ausgehen & Nachtleben

21	Caffé El Barista	C3
22	Casa Mawen Café	C3
23	Pub Puerto Varas	C2

Shoppen

24	Feria Artesanal	D4
25	Fundación Artesanías de Chile	C4

land, teils in den USA und teils in Puerto Varas. Er hilft seinen Kunden, gut übers Wasser zu kommen, und veranstaltet folgende Exkursionen: Sonnenuntergangstrips zur Laguna Escondida, anspruchsvollere Touren auf dem Río Petrohué, achttägige Luxustouren durch das Río-Puelo-Tal und Stehpaddel-Surftrips an der Küste. Außerdem bietet er Unterricht, Yogakurse und Verleih.

Pionero del Lago BOOTSTOUREN
(☎mobil 9-9229-6043; www.pionerodellago.cl; Santa Rosa s/n; Erw./Kind 10 000/6000 Ch$; ⏲Abfahrten 12.30, 17.30, 19.30 Uhr) Veranstaltet täglich drei Katamaran-Trips auf dem Lago Llanquehue. An Bord gibt's einen kostenlosen Pisco Sour oder Softdrink.

TurisTour OUTDOORTRIP
(☎65-222-8440; www.turistour.cl; Del Salvador 72; ⏲Mo–Sa 7.30–20, So 7.30–17 Uhr) Veranstaltet die Tour CruceAndino, eine kombinierte Bus- und Bootsfahrt durch die majestätische Seen- und Berglandschaft am Pérez-Rosales-Pass nach Bariloche in Argentinien oder auch umgekehrt. Der Gesamtpreis beträgt 280 US$ (Backpacker/Fahrradreisende zahlen 120 US$), es gibt aber saisonale Ermäßigungen und 50% Rabatt für Kinder. Das ganze Jahr hindurch verkehren täglich Busse und Boote. Bietet auch zahlreiche Tagestouren ins Umland.

Reservieren muss man mindestens einen Tag vorher. Die Tickets sind am Pier von Petrohué zu kaufen. Für den ersten Teil der Reise nimmt man sich am besten Proviant mit, da die Mahlzeiten an Bord des Katamarans nach Peulla und in Peulla fade und teuer sind. Für den Parque Nacional Nahuel Huapi in Argentinien muss man 23 Ar$ Gebühren bezahlen (nur bar in Argentinischem Peso, Chilenischem Peso, US-Dollar oder Brasilianischem Real).

Schlafen

Hostel Melmac Patagonia HOSTEL $
(☎65-223-0863; www.melmacpatagonia.com; Santa Rosa 608, Interior; B 14 000 Ch$, EZ/DZ ab 35 000/42 000 Ch$; P@) Das perfekt oberhalb des Zentrums gelegene intime Hostel ist mit allen modernen Annehmlichkeiten ausgestattet – bis hin zum Roomba-Putzroboter Wall-E, und zum Craft-Bier aus eigener Produktion, das im Kühlschrank steht und auf der Veranda vorm Haus ein wahrer Genuss ist (erstes Bier kostenlos!). Es gibt auch einen Freiluft-Whirlpool (10 000 Ch$ pro Pers.)

Mapatagonia HOSTEL $
(☎65-223-7695; www.mapatagonia.com; Purísima 681; B 12 000 Ch$, EZ/DZ ohne Bad 24 000/32 000 Ch$; P@) Das große historische Gebäude aus dem Jahr 1932 gehört zu Puerto Varas' Kulturerbe. Es ist das netteste Hotel der Stadt und bietet ruhigere, sehr viel größere Zimmer und Bäder zu besseren Preisen als die meisten anderen Unterkünfte und dazu eine Riesenportion französisch-chilenische Gastfreundschaft. In den großen, hellen Schlafsälen stehen jeweils nur neun Betten.

Galpón Aíre Puro PENSION $$
(☎mobil 9-9979-8009; www.galponairepuro.cl; Ecke Decher & Independencia; EZ/DZ inkl. Frühstück 39 000/58 000 Ch$, Suite 78 000 Ch$; P@)

Die aus Amerika eingewanderte Vicki Johnson – Köchin, Chocolatière und Genießerin – hat diesen massiven Kartoffelspeicher in ihren ganz eigenen Ort des guten Geschmacks umgewandelt und ihr Schokoladengeschäft und Café mit handgemachten Produkten hierher verlegt. Außerdem bietet sie über ihren hippen Büroräumen acht Zimmer für Individualtouristen.

Die riesigen Zimmer unterm Dach, die fabelhaften Bäder aus Stein und der einladende Gemeinschaftsbereich schaffen eine ganz spezielle Atmosphäre von Gemeinschaft, wie sie wirklich nur Vicki zustande bringen kann. Das Frühstück wird unten im **Gallo Negro Café** eingenommen; man kann sich auch in der Gäste-Gourmetküche selbst etwas zubereiten.

Casa Azul HOSTEL $$
(☎ 65-223-2904; www.casaazul.net; Manzanal 66; B 10 000 Ch$, DZ 37 000, EZ/DZ ohne Bad 20 000/29 000 Ch$; P @) An diesem tollen Hostel unter deutsch-chilenischer Leitung gibt's kaum etwas auszusetzen. Es liegt in einer ruhigen Wohngegend vor den Toren der Innenstadt und wartet mit einem wunderbar idyllischen Garten samt Koi-Teich und Bonsais auf. Die Zimmer sind geräumig, die Bäder wurden vor Kurzem neu gefliest, außerdem gibt's eine große Gästeküche und einen Gemeinschaftsbereich mit hübschen aus Ästen gezimmerten Möbeln.

Compass del Sur B&B $$
(☎ 65-233-2044; www.compassdelsur.cl; Klenner 467; Camping 10 000 Ch$, B 14 000 Ch$, EZ/DZ 34 000/46 000 Ch$, ohne Bad 29 000/39 000 Ch$; P) Dieses charmante Kolonialhaus mit skandinavischen Akzenten und sehr freundlichen Mitarbeitern befindet sich oberhalb des Stadtzentrums. Über eine Treppe ist es zu erreichen, es bietet bequeme Betten und ein paar Regenduschen, die auch anspruchsvollere Backpacker – die Hauptklientel – überzeugen.

Es gibt eine neue, umweltfreundliche Pellet-Heizung, die Bäder und die tolle Gemeinschaftsküche sind frisch renoviert, und die Inhaber planen den Bau einer neuen Terrasse: Das Compass del Sur kann also gut mit den anderen Unterkünften der Stadt mithalten.

MamaHostels HOSTEL $$
(☎ mobil 9-6521-4688; www.mamahostels.cl; San Francisco 1256; inkl. Frühstück B 15 000 Ch$, EZ/DZ ohne Bad 40 000/45 000 Ch$, Zi. 50 000 Ch$; P @) Trotz des Namens ist Mama Hostels nur ein Hostel. Seine Lage ist sehr günstig für Reisende, die eine Langstrecken-Busfahrt planen. Das Hostel wird von einem freundlichen chilenisch-venezolanischen Paar geführt und bietet Spiele wie Xbox, Pool-Billard und Tischtennis. Die Waschbecken, Tresen und Tische bestehen aus Alerce-Holz, und die Schlafräume verfügen über Doppelbetten für verliebte Paare. Die Privatzimmer sind mit bunten Kunstwerken geschmückt und haben ein hervorragendes Preis-Leistungs-Verhältnis. Das Hostel holt seine Gäste auf Wunsch auch vom Flughafen ab.

★ **Los Caiquenes** B&B $$$
(☎ mobil 9-8159-0489; www.hotelloscaiquenes.cl; Camino a Ensenada, Km 9,5; Zi. inkl. Frühstück ab 102 000 Ch$; P) 9 km von Puerto Varas an der Straße nach Ensenada liegt dieses Boutique-B&B am Seeufer. Die schäbig-schicke Bleibe ist ein idealer Rückzugsort für Langzeitgäste. Der extrem gemütliche Aufenthaltsbereich und die Küche warten mit großen Erkerfenstern mit Seeblick und einem verlockenden Kamin auf, und die Zimmer mit Hartholzböden, gemütlichen Betten und wundervollen Bädern sind ebenso einladend.

Eine kleine Oase, in der man sich sofort wohlfühlt und die immer besonderen Wert auf persönlichen Service und Gourmetgenüsse legt (Gerichte 7500–13 000 Ch$).

Casa Kalfu B&B $$$
(☎ mobil 9-9959-4110; www.casakalfu.cl; Tronador 1134; EZ/DZ 86 000/113 000 Ch$; P @) Da der Name Casa Azul bereits vergeben war, entschied sich das chilenisch-argentinische Paar, das diese exzellente Mittelklasseunterkunft leitet, stattdessen für Kalfu, das Mapudungun-Wort für blau. Und das strahlend-leuchtende Blau des renovierten Chalets aus den 1940er-Jahren mit 19 Zimmern ist wirklich eine Augenweide. Das minimalistische Dekor besteht aus großen *oveja*-(Naturwoll-)Wandteppichen des renommierten lokalen Künstlers Xicota.

Essen

★ **La Gringa** AMERIKANISCH $
(www.lagringa.cl; Imperial 605; Hauptgerichte 4800–11 900 Ch$; ⏲ Mo–Fr 8–23, Sa 9–23, So 9–18 Uhr;) Der charmante Laden erinnert an verregnete Nachmittage in Cafés am Nordwestpazifik der USA. In der historischen Casa Bechthold kredenzt das reizende Betreiberpaar aus Seattle köstliche hausgebackene Brote und Gebäck, herzhafte Sandwiches

(Pulled Pork mit Kohl), erfrischende Hauptspeisen (gegrillte Baby Back Ribs mit würziger Creme aus australischen Paprikaschoten) und herausragende *menús* für 7300 Ch$ (Festpreismenü; 13–16 Uhr, ganzjährig außer Februar).

★ Costumbrista CHILENISCH $

(☎ mobil 9-6237-2801; Del Salvador 547B; Hauptgerichte 5000–6000 Ch$; ⌚ Mo–Sa 13–16 & 19–21.30 Uhr; 📶) Das kleine, unauffällige Speiselokal könnte so auch auf Chiloé stehen, ist aber Puerto Varas' Geheimtipp für Gourmet-*cocinería* (Gourmetküche). Es hat nur acht Tische und zwei Mitarbeiter. An den Wänden hängen türkisfarbene Schindeltafeln, die die (wenigen) Fisch- und Hauptgerichte des Tages anpreisen. Dazu zählen z. B. perfekt zubereitete Schweinekoteletts, Osso Buco, herrlicher Lachs und köstlicher *meluza* (Seehecht). Alle Speisen werden mit höchstem Können zubereitet und stellen die außergewöhnlich billigen Preise völlig in den Schatten.

Pudú EISCREME $

(www.facebook.com/Heladospudu; Santa Rosa 318; 1/2 Kugeln 2000/2500 Ch$; ⌚ Mo–Fr 10–18, Sa & So 11–21 Uhr) Die superbeliebten Eiscremes bestehen aus lokalen Zutaten: Die Sorte *manjar* (Dulce de Leche) wird z. B. aus Produkten von Fundo Playa Venado hergestellt usw.

Puelche BURGER $

(www.hotelpuelche.cl; Imperial 695; Burger 6500–7500 Ch$; ⌚ Di–Sa 12–16 & 19–23, So 12–17 Uhr; 📶) Ein schlauer Manager hat aus dem angesagten Burgerlokal das beste Restaurant der Stadt für die alte, klassische Kombination von Burgern, Pommes und Bier gemacht. Hier gibt's keine typisch chilenischen Großportionen: Die Rindfleisch-Burger wiegen nur 160 g, sind aber trotzdem köstlich! Leckere, frisch geschnittene Pommes frites, selbst eingelegtes Gemüse und kaltes Craft-Bier runden das Gourmeterlebnis ab.

Café Dane's CAFÉ $

(Del Salvador 441; Hauptgerichte 2100–11 400 Ch$; ⌚ Mo–Sa 7.30–22.30, So 7.30–21.30 Uhr; 📶) Das Lieblingscafé der Einheimischen vereint in seinen Mauern die ganze Geschichte der Region mit allen ihren unterschiedlichen Einflüssen: deutsche Kuchen, Empanadas, alpenländische Architektur, spanische Menüs, Apfelstrudel und *pastel de choclo* (Maisauflauf). Es ist eines der wenigen Lokale, die sonntagfrüh geöffnet sind.

★ La Marca STEAKS $$

(☎ 65-223-2026; www.lamarca.cl; Santa Rosa 539; Steaks 7200–13 300 Ch$; ⌚ Mo–Sa 12.30–23.30, So 13–22 Uhr; 📶) Der Laden in Puerto Varas für Fleischliebhaber! Hier können sie sich große, perfekt zubereitete Rindersteaks vom Grill schmecken lassen. Geschmacklose *rancho*-Deko sucht man vergeblich, denn das Lokal mit den zwölf Tischen ist unprätentiös und stilvoll, und der Service ist manchmal langsam, aber immer freundlich. Das kleine Filet ist ganze 300 g schwer und perfekt gewürzt.

Dazu sollte man eine Flasche des nicht zu teuren Carménère bestellen und Platz lassen für die sündigen *churros* (7300 Ch$) – die besten der Welt.

El Humedal FUSION-KÜCHE $$

(☎ 65-223-6382; Turismo 145; Hauptgerichte 6200–9800 Ch$; ⌚ Di–Sa 12.30–23, So 12.30–17 Uhr; 📶) In einem charmanten, gemütlichen Wohnhaus auf einem Hügel über der Stadt serviert El Humedal (was skurrilerweise „Feuchtgebiet“ bedeutet) die besten Mittagsgerichte in Puerto Varas. Auf der Karte stehen Interpretationen asiatischer Currys und Schmorgerichte, mexikanische Enchiladas und Burritos, Ramen-Nudeln, Fish 'n' Chips u.v.m. Auch die Desserts sind großartig.

Mesa Tropera PIZZA, BIER $$

(www.mesatropera.cl; Santa Rosa 161; Hauptgerichte 6200–7900 Ch$; ⌚ Mo–Sa 10–14 Uhr; 📶) Die extrem beliebte Coyhaique-Brauerei und -Pizzeria zieht vor allem fröhliche Familien und Bierfans an. Sie liegt majestätisch an einem Felsvorsprung des Lago Llanquihue und bietet an klaren Tagen einen herrlichen Blick auf die umliegenden drei Vulkane. Die Pizza sollte man weglassen, aber die hausgemachten Tatar auf Toast sind großartig (erhältlich mit Rindfleisch, Tintenfisch, Lachs und Artischocken). Die zwölf hausgemachten Craft-Biere vom Fass (2000–3700 Ch$) – darunter seltene Double IPAs, Brown Ales und belgische Ales – sind die besten der Stadt.

La Jardinera KLEINE GERICHTE $$

(☎ 65-223-1684; www.lajardinera.cl; Santa Rosa 131; Hauptgerichte 8000–9500 Ch$; ⌚ Di–Sa 13–15.30 & 20–23, So 13–15.30 Uhr; 📶) Ein freundliches chilenisches Pärchen hat dieses schicke Restaurant nach einem fünfjährigen kulinarischen Aufenthalt in London eröffnet. Inzwischen bietet die Küche nur noch wenige Gerichte aus Übersee, sondern viele regionale Klassiker mit Schwerpunkt auf lokaler

Fusion-Küche, z. B. Krabbenkroketten mit *merkén*-Mayo, Lachs mit Pistazienkruste oder Lammconfit.

Donde El Gordito

CHILENISCH, FISCH & MEERESFRÜCHTE **$$**

(San Bernardo 560; Hauptgerichte 6500–18 000 Ch$; ⌚ 12–16.30 & 18.30–22 Uhr, im Juni geschl.) Bei Einheimischen erfreut sich das bodenständige, intime Fischlokal im Mercado Municipal großer Beliebtheit, denn hier werden mit Krebssoße wahre Wunder vollbracht. Alles ist reichhaltig und schmeckt exzellent.

Casavaldés CHILENISCH, FISCH & MEERESFRÜCHTE **$$$**

(☎ mobil 9-9079-3938; www.facebook.com/restaurantecasavaldes; Santa Rosa 40; Hauptgerichte 7500–13 100 Ch$; ⌚ Mo–Sa 12.30–16 & 19–23, So 19–23.30 Uhr; 📶) Es ist zwar ein wenig beengt, doch das intimste, interessanteste und beste Fischrestaurant von Puerto Varas lockt mit Blick auf See und Calbuco. Zu den Highlights auf der innovativen Speisekarte gehören göttliche mit Krabben gefüllte *piquillo*-Paprika und zahlreiche frische Fischgerichte, deren Geschmack noch mit *donostiarria* (Olivenöl, Knoblauch, rote Chilis und Essig) unterstrichen wird. Reservierung empfohlen.

Oxalis FUSION-KÜCHE **$$$**

(☎ 65-223-1957; Av Vicente Pérez Rosales 1679; Hauptgerichte 10 000–19 700 Ch$; ⌚ Mo–Sa 12.30–15.30 & 19.30–23.30, So 12.30–23.30 Uhr; 📶) Das neue Restaurant ist stark im Kommen: Es liegt versteckt am Südostende der *costanera*, bietet herrliche Ausblicke auf See und Stadt und bekommt hohe Bewertungen für seinen kreativen Umgang mit regionalen Zutaten. Die modernen europäischen Gerichte weisen asiatische (in Eukalyptus und Grüntee geräucherter Thunfisch, Rib-Eye-Steak mit Wildpilzen und Bok Choy) und peruanische Einflüsse auf.

Ausgehen & Nachtleben

★ Caffé El Barista CAFÉ

(www.elbarista.cl; Martínez 211; Kaffee 1400–3200 Ch$, ⌚ Mo–Do 8–1, Fr & Sa 8–2, So 12–1 Uhr, im Winter kürzer; 📶) Das schicke Kaffeehaus im italienischen Stil serviert den besten Espresso in Sur Chico, zubereitet mit einer Maschine von La Marzocco. Mit seinen Frühstücks- und Mittagsgerichten (Eier aus gusseisernen Pfannen!), leckeren Sandwiches und köstlichen *menús del dia* (6800 Ch$) zieht es jede Menge gesundheitsbewusste Gäste an. Abends verwandelt sich das Café in eine großartige Bar.

Pub Puerto Varas BAR

(www.facebook.com/pubpuertovaras; Santa Rosa 068, 2. OG; Krug Bier 3000 Ch$; ⌚ Mo 17–2, Di–Do 14–2, Fr & Sa 14–3, So 14–1 Uhr; 📶) Zwei altgediente Hostelbetreiber haben 2017 diese Bar mit dem offensichtlichen Namen Puerto Varas eröffnet und damit der Stadt das gegeben, was ihr seit Jahrzehnten fehlte: Eine Ausgehlocation, die sich ausschließlich dem Trinken widmet – daher lautet das Motto der Bar auch „Trinken & Trinken", nicht „Essen & Trinken"! Es gibt zwölf Fassbiere (größtenteils lokale Craft-Biere wie Chester und Morchela), Cocktails mit lateinamerikanischen Craft-Spirituosen sowie Weine, die mit einem Vinturi-Belüfter dekantiert und im Glas serviert werden.

Auf der großen Außenterrasse im 2. Stock treffen sich die Reichen und Schönen der Stadt – außerdem gibt's oft Livemusik und DJ-Nächte.

Casa Mawen Café CAFÉ

(www.facebook.com/mawencafe; Santa Rosa 218; Kaffee 1500–3300 Ch$; ⌚ Mo–Fr 7.30–22, Sa & So 9.30–23 Uhr; 📶) Das Mawen unter chilenischer Leitung – das andere tolle Café der Stadt – ist in ein großes Haus mit schönem Seeblick umgezogen. Hier ist die Atmosphäre etwas lokaler und besonders familienfreundlich, und der Java-Kaffee schmeckt super. Er besteht zu 100 % aus Arabica-Bohnen, die aus Mexiko und Kolumbien importiert werden. Die riesige Außenterrasse – mit herrlichem Seeblick! – ist nachmittags ein wundervoller Ort zum Kaffeetrinken und Beobachten von Leuten.

Bravo Cabrera BAR, RESTAURANT

(www.bravocabrera.cl; Av Vicente Pérez Rosales 1071; ⌚ Mo–Do 18 Uhr–spät, Fr & Sa 12.30–3, So 12.30–18 Uhr; 📶) Die schicke Resto-Bar an der *costanera* ist nach einem patagonischen Robin Hood benannt, der Rindfleisch von den Reichen stahl und Arme zu Barbecues einlud. Hier lässt sich die Oberschicht Craft-Bier aus Kleinbrauereien, hippe Cocktails und tolles **Kneipenessen** (Hauptgerichte 6200 bis 8400 Ch$) schmecken. Eine tolle Adresse, um abseits des Touristenrummels gut betuchte Einheimische zu erleben.

Eine Taxifahrt am späten Abend ins *centro* kostet 1500 Ch$.

Shoppen

Fundación Artesanías de Chile KUNST & KUNSTHANDWERK

(www.artesaniasdechile.cl; Del Salvador 109; ⌚ Mo–Sa 9–21, So 10.30–19 Uhr) 🍃 Die gemeinnützige Stiftung verkauft wunderschöne Textilien der

ABSTECHER

DIE CHESTER BEER BREWING COMPANY

Die amerikanische Mikrobrauerei „Chester" (geführt von Derek Way) wurde 2006 gegründet, lange bevor Craft-Bier in Chile ein Thema war. Ihre rustikale, aber großartige Landbrauerei **Chester Beer Brewing Company** (www.chesterbeer.cl; Línea Nueva 93, Campo Molino Viejo; Krug Bier 2500 Ch$; ⌚ Mo–Fr 10–17, So 12–19 Uhr) wurde komplett aus Schiffscontainern erbaut. Das provisorische „Biervana" bietet vier Fassbiere – allesamt experimentelle Unikate –, die auch in Flaschen erhältlich sind (IPA, Summer Ale, APA und Stout).

Die Brauerei liegt 8 km nördlich von Puerto Varas und ist nicht mit öffentlichen Verkehrsmitteln erreichbar. Wer mit dem Rad anreist, erhält 50 % Rabatt, man kann aber auch den **Bierbus** (12, 13.30, 15, 16.30 und 18 Uhr) nehmen, der von Dezember bis März immer mittwochs bis sonntags und von April bis November immer donnerstags bis samstags verkehrt und von der Plaza de Armas sowie vom alten Bahnhof in Puerto Varas abfährt.

Bei Redaktionsschluss plante Derek, in eine 220 m² große neue Scheunenbrauerei 1,5 km weiter nordöstlich an der Línea Nueva (Llanquihue) umzuziehen und dort an Picknicktischen mit eigenen *parrillas* (Grillrosten) Kneipenessen anzubieten (Rindfleisch muss selbst mitgebracht werden!).

Mapuche sowie hochwertigen Schmuck und Keramik aus ganz Südchile.

Feria Artesanal KUNST & KUNSTHANDWERK
(Del Salvador; ⌚ 11–19.30 Uhr) Typische Touristensouvenire.

Praktische Informationen

Banco de Chile (www.bancochile.cl; Ecke Del Salvador & Santa Rosa) Geldautomat.

BBVA (www.bbvacompass.com; San Pedro 326) Geldautomat.

BCI (www.bci.cl; Ecke San Pedro & Del Salvador) Geldautomat.

Carabineros de Chile (☎ 65-276-5100; www.carabineros.cl; San Francisco 241; ⌚ 24 Std.) Polizeiwache.

Clínica Puerto Varas (www.clinicapv.cl; Otto Bader 810; ⌚ 24 Std.) In der Nähe der Del Salvador am Südwestausgang der Stadt.

CorreosChile (www.correos.cl; San José 242; ⌚ Mo–Fr 9–13.30 & 15–18, Sa 9.30–12.30 Uhr) Postdienstleistungen.

Büro des Parque Nacional Pumalín (☎ 65-225-0079; www.parquepumalin.cl; Klenner 299; ⌚ Mo–Fr 9–18 Uhr) Obwohl der Park in Nordpatagonien liegt, hat er hier seine offizielle Touristeninformation. Auf dem Büroschild steht „Tompkins Conservation".

Touristeninformation (☎ 65-236-1175; www.ptovaras.cl; Del Salvador 320; ⌚ Dez.–Feb. Mo–Fr 8.30–21, Sa & So 9–21 Uhr, März–Nov. Mo–Fr 8.30–19, Sa & So 10–14 & 15–19 Uhr)

An- & Weiterreise

Die meisten Fernbusgesellschaften aus Puerto Varas haben ihren Sitz in Puerto Montt. Die Busse fahren von den Büros der Busgesellschaften und zwei Busbahnhöfen ab: einen für die Busse von **Cruz del Sur** (☎ 65-223-6969; www.busescruzdelsur.cl; San Francisco 1317; ⌚ Büro 7–22 Uhr) und von Bus Norte nach Bariloche, und einen von **TurBus** (☎ 65-223-3787; www.turbus.cl; Del Salvador 1093; ⌚ Büro Mo–Fr 7–22.30, Sa & So 7–14 & 16–22.30 Uhr) direkt außerhalb des *centro*, von dem auch JAC- und **Cóndor**-Busse fahren. Einige Busgesellschaften verkaufen in ihren jeweiligen Büros im Stadtzentrum Tickets.

Cruz del Sur fährt mehrmals täglich nach Osorno, Valdivia und Temuco sowie nach Chiloé und Punta Arenas. Die besten Verbindungen nach Santiago bieten **Buses ETM** (☎ 65-223-0830; www.etm.cl; Rosas 1017, Büro; ⌚ 8.30–23 Uhr), **Bus Norte** (☎ 65-223-4298; www.busnortechile.cl; Andrés Bello 304, 2. OG, Büro; ⌚ Büro Mo–Fr 10–13 & 15–21, Sa & So 11–13 & 14.30–21 Uhr) sowie **Pullman Bus** (☎ 65-223-7720; www.pullman.cl; San Francisco 1004, Büro; ⌚ 8–15 & 16.45–23 Uhr). **Buses JAC** (☎ 65-238-3800; www.jac.cl; Martínez 230; ⌚ Mo–Fr 9–12 & 14–18.30, Sa 10–13 Uhr), dessen Büro in der Stadt auch TurBus vertritt, fährt nach Villarrica und Pucón. Nach Viña del Mar/Valparaíso starten jeden Abend Busse von Pullman sowie von Buses ETM und TurBus.

Cruz del Sur/**Bus Norte Internacional** fahren täglich nach Bariloche in Argentinien. **Andesmar** (☎ mobil 9-9789-8296; www.andesmar.com; San Francisco 1057) steuert diese Ziele einmal täglich, im Sommer sogar zweimal täglich an. Achtung: Die Busse von Andesmar fahren vom Pullman-Busbahnhof, nicht vom Andesmar-Büro ab.

LS Travel (☎ 65-223-2424; www.lstravel.com; San José 128; ⌚ 8–20 Uhr) offeriert täglich exklusivere Shuttlebusse (170 US$, 7.30 Uhr) und kombinierte Touren mit Bus und Boot

(230 US$, 7.15 Uhr), die unterwegs an touristisch interessanten Stellen halten. Die Busse fahren allerdings nur, wenn mindestens vier Personen im Voraus reservieren.

ZIEL	PREIS (CH$)	DAUER (STD.)
Ancud	5000	2½
Bariloche (Arg.)	18 000	6
Castro (Chiloé)	6500	4½
Osorno	2000	1¼
Pucon	9300	5½
Punta Arenas	50 000	18
Santiago	25 000	12
Temuco	ab 6500	6
Valdivia	4500	3½
Viña del Mar/ Valparaíso	30 000	15

Unterwegs vor Ort

Die Minibusse nach/von Ensenada und Petrohué starten regulär von einer kleinen Haltestelle (Ecke Walker Martínez & San Bernardo), in die Minibusse nach Puerto Montt steigt man aber besser im 600er-Block der San Francisco neben dem neuen Einkaufszentrum zu. Auch Minibusse nach Cochamó und Río Puelo kommen hier ca. 20 Minuten nach ihrer Abfahrt in Puerto Montt (S. 297) vorbei. Die Fahrzeuge nach Frutillar und Puerto Octay nutzen eine kleine Haltestelle in der Avenida Gramado nahe der San Bernardo.

Tarife ab Puerto Varas:

ZIEL	PREIS (CH$)	DAUER (STD.)
Cochamó	2500	1½
Ensenada	1200	1
Frutillar	1200	½
Petrohué	2500	1½
Puerto Montt	800	¼
Río Puelo	4000	3

Ensenada

065 / 1623 EW.

Das ländliche Ensenada liegt 45 km von Puerto Varas entfernt an einer malerischen Küstenstraße. Hier gibt's nicht viel mehr als ein paar Restaurants, *hospedajes* und Veranstalter von Abenteuertouren, aber man findet eine ursprüngliche Landschaft vor mit freiem Blick auf die drei Majestäten Volcán Osorno, Volcán Calbuco und Volcán Puntiagudo. Es spricht eniges dafür, Ensenada einem Aufenthalt in Puerto Varas vorzuziehen: Wer am Osorno klettern oder Ski fahren möchte, kann bei Übernachtung in Ensenada länger schlafen (und ärgert sich, falls das Wetter umschlägt, nicht über eine nutzlose lange Anfahrt). Auch der Volcán Calbuco liegt überraschend nah direkt südlich von Ensenada. Dazwischen erstreckt sich der atemberaubende Parque Nacional Vicente Pérez Rosales (S. 285) mit einem Eingang quasi am Ortsrand.

Wer im Río Petrohué Forellen und Lachs oder im Río Maullin Riesenforellen angeln möchte oder Lust auf Fliegenfischen im Seengebiet hat, kann sich an John Joy in der **Tres Ríos Lodge** (65-271-5710, mobil 9-9825-8577; www.tresrioslodge.com; Route 225, Km 37) wenden, der Tagestouren, Lodge-Übernachtung und Roadtrips in ganz Patagonien anbietet und in Puerto Varas auch das Tradicion Austral B+B betreibt.

Schlafen & Essen

★ **Hamilton's Place** PENSION $$

(mobil 9-8466-4146; www.hamiltonsplace.com; Camino a Ensenada, Km 42; B 17 000 Ch$, EZ/DZ 40 000/50 000 Ch$, ohne Bad 30 000/35 000 Ch$, April–Okt. geschl.; P) Ein freundliches kanadisch-brasilianisches Paar betreibt diese Unterkunft in der Nähe von Ensenada, aber in einer isolierten Wohnstraße, in der man sich wie in einer anderen Welt fühlt. In den geschmackvoll eingerichteten Zimmern, die ein natürliches Flair verströmen und tolle Aussicht auf den Osorno und den Calbuco bieten, stehen hervorragende Betten; die Privatbäder sind mit ungewöhnlichen Badewannen ausgestattet. 2017 wurde im dritten Stock ein neues Mehrbettzimmer eingerichtet.

Die brasilianische Köchin Eloa bäckt für ihre Gäste himmlisches Brot, das auch den Gästen zum aufwendigen Frühstück serviert wird. Manchmal bereitet sie auch gehaltvollere Mahlzeiten zu, darunter brasilianische Spezialitäten wie *feijoada* (Eintopf mit schwarzen Bohnen und Schweinefleisch) oder *moqueca* (Fischeintopf).

Quila Hostel B&B $$

(mobil 9-6760-7039; www.quilahostal.com; Camino a Ensenada, Km 37; EZ/DZ inkl. Frühstück 53 000/58 000 Ch$, EZ/DZ ohne Bad ab 43 000/48 000 Ch$; P @) Das rustikale B&B wird von einem Franzosen betrieben, der früher ein Hostel in Puerto Varas führte. Es ist komplett renoviert und für seine Preisklasse sehr komfortabel. Das 6-Zimmer-Haus hat ein herrlich altmodisches Flair, das an vergangene Zeiten erinnert. Darüber hinaus locken tolle Ausblicke auf den Osorno und den Calbuco. Man ist hier draußen ohne Auto zwar etwas isoliert, aber das ist Teil des Reizes!

★ **Awa** BOUTIQUE-HOTEL **$$$**
(☎65-229-2020; www.hotelawa.cl; Ruta 225, Km 27; EZ/DZ inkl. Frühstück 370/400 US$, Suite 520/550 US$; P @ ≋ ≋) Awa, das schönste neue Hotel im Sur Chico, wird von einer Architektenfamilie betrieben, die das Gebäude auch erbaut hat. Das kleine umweltfreundliche 16-Zimmer-Haus am See wartet mit exquisiten Designdetails auf. In den Gemeinschaftsbereichen sind Rustikalität (von der Decke hängende alte Boote, antike Karten) und Moderne (freiliegende Betondecken, Schieferböden, Möbel aus recyceltem Holz) miteinander vereint; die Zimmer bieten einen herrlichen Vulkanblick, und auf den Betten liegen handgefertigte Überwürfe, die farblich zur Wanddekoration – kinetische Gemälde von Matilde Pérez – passen.

Die Fernseher sind in antiken Truhen versteckt, die Badewannen groß genug für drei Personen, und sogar die Lautsprecher von Harman Kardon passen zum Flair! Es gibt einen 25 m langen Pool; Gäste können kostenlos Kajaks, Fahrräder und Stehpaddel (SUP) ausleihen. Das Restaurant ist für die Region einfach herausragend!

★ **Awa** CHILENISCH **$$$**
(☎65-229-2020; www.awa.cl; Ruta 225, Km 27; Hauptgerichte 13 000 Ch$; ⏲13–15 & 20–22 Uhr; ≋) Der Sommelier des Awa wurde vom Borogo, der Chefkoch vom La Percanta abgeworben – beide Restaurants zählen zu den bekanntesten Gourmettempeln Santiagos. Man kann also mit Großem rechnen! Gott sei Dank werden die Erwartungen auch erfüllt. Obst und Gemüse werden im hauseigenen Biogewächshaus frisch geerntet, die kreative Speisekarte wechselt zweimal täglich (Meeraal in grünem Curry, Ossobuco-ragú, Seehecht mit Bohnenmus und Speck).

Auf der Weinkarte stehen exklusive chilenische Weine wie Tatay de Cristóbal und Viñedo Chadwick. Das Restaurant bezieht – wie auch das Hotel – alles, was es kann, aus einem Umkreis von maximal 100 km. *¡Qué rico!*

ℹ An- & Weiterreise

Minibusse pendeln regelmäßig zwischen Ensenada, Puerto Varas (1200 Ch$, 50 Min.) und Petrohué (1000 Ch$, 30 Min.). Es gibt keine öffentlichen Verkehrsmittel zwischen Ensenada und Las Cascadas, das 22 km von Puerto Octay entfernt liegt.

OH NEIN, DER CALBUCO!

Einen Monat nach dem Ausbruch des Volcán Villarrica explodierte äußerst dramatisch am 22. April 2015 auch der Volcán Calbuco, der sich gleich südlich von Ensenada erhebt. Die gewaltige sub-plinianische Eruption (eine langanhaltende Eruption, die nicht nur Sekunden oder Minuten dauert; solche Eruptionen wurden in der gesamten Geschichte nur 300-mal verzeichnet) forderte zwar keine Opfer, bedrohte aber Nutztiere und sogar Tausende Lachse in den Farmen der Umgebung. Sofort wurde höchste Alarmbereitschaft ausgerufen und die Evakuierung von 4000 Personen in einem Umkreis von 20 km rund um den Vulkan angeordnet. Doch die Einwohner benötigten keinen Befehl: Als es richtig heftig wurde und eine massive Wolke aus Gas, Asche und pyroklastischem Material mehrere Kilometer in die Höhe stieg, versank die Umgebung unter einer Aschedecke und die Bewohner griffen sich nur das Allernötigste und flohen. Obwohl der Calbuco als einer der drei gefährlichsten Vulkane Chiles gilt, war dies der erste Ausbruch seit 42 Jahren.

Parque Nacional Vicente Pérez Rosales

Der **Lago Todos Los Santos** und der **Volcán Osorno** sind in diesem Park vielleicht die größten Attraktionen, aber angesichts all der spektakulären Seen und hoch aufragenden Vulkane sind sie eigentlich nur zwei unter vielen. Seen reihen sich wie die Perlen einer Kette aneinander und die Kulisse wird von Vulkanen beherrscht, die beidseitig des sagenumwobenen Andenpasses thronen. Die charakteristisch zugespitzte Silhouette des Volcán Puntiagudo (2493 m) versteckt sich im Norden, der zerklüftete **Monte Tronador** (3491 m) markiert die argentinische Grenze im Osten.

1926 wurde das 10 km² große Schutzgebiet als erster Nationalpark in Chile gegründet, doch seine Geschichte reicht viel weiter zurück: Schon in präkolumbischer Zeit

Parque Nacional Vicente Pérez Rosales

nutzten die Mapuche den „Camino de Vuriloche" über den Vuriloche-Pass, der über die Anden nach Bariloche führt. Über ein Jahrhundert lang konnten sie nach ihrem erfolgreichen Aufstand 1599 die bedeutende Andenquerung vor den Spaniern geheim halten. Jesuiten reisten von Chiloé Richtung Norden, indem sie dem Estero de Reloncaví folgten und über den Pass südlich von Tronador zum Lago Nahuel Huapi zogen: So konnten sie die risikoreiche Passage durch das heutige Seengebiet umgehen.

Das **Besucherzentrum** (☎65-221-2036; www.conaf.cl; Laguna Verde; ⏲So–Do 8.30–17.30, Fr bis 16.30 Uhr) der CONAF bietet grundlegende Infos und Karten.

Volcán Osorno

Der Volcán Osorno (2652 m), der größte Konkurrent des Volcán Villarrica, ragt hoch über azurblauen Gletscherseen auf. Seine vollkommene Form verdankt er den 40 Kratern zu seinen Füßen – denn dort fanden seine bisherigen Ausbrüche statt, nie ganz oben.

Das **Centro de Ski y Montaña Volcán Osorno** (☎mobil 9-9158-7337; www.volcanosorno.com; Ruta V-555, Km 12; Lifttickets halber/ganzer Tag 20 000/26 000 Ch$; ⏲10–17.30 Uhr) betreibt zwei Lifte. Kürzlich wurden das ganzjährig geöffnete Restaurant und der Ausrüstungsverleih (Ski- und Snowboardsachen, Komplettpaket 20 000 Ch$) erweitert. Es gibt sogar einen Tubing-Park, der Kinder und Erwachsene begeistert (ab 15 000 Ch$).

Auch im Sommer kann man die Lifte inzwischen nutzen und auf 1420 m (12 000 Ch$) oder 1670 m (16 000 Ch$) die Traumaussicht genießen. Für alle, die einen schnelleren Rückweg bevorzugen: es gibt auch Seilrutschen (12 000 Ch$).

Unterhalb der Skihänge bietet das herausgeputzte **Refugio Teski** (☎065-256-6622; www.teski.cl; Ruta V-555, Km 12; B mit Bettzeug/Schlafsack 17 000/15 000 Ch$, Zi. ohne/mit Bad 42 000/54 000 Ch$; 📶) einen unschlagbaren Zugang zum Berg. Die Unterkunft ist nicht immer professionell geführt, aber spektakulär, denn nach Abfahrt der Touristenbusse am späten Nachmittag haben die Gäste den großartigen Ausblick auf den Lago Llanquihue und die umliegenden Berge ganz für sich.

Außerdem kann man, bei Reservierung 24 Stunden vorher, einen **Whirlpool** in den Bergen mieten (40 000 Ch$ für 3 Std. inkl. Pisco Sour und Häppchen) und bei Sonnenuntergang den Abend genießen.

ℹ An- & Weiterreise

Skigebiet und *refugio* sind über die Straße von Ensenada nach Puerto Octay zu erreichen:

Zunächst muss man 3 km von Ensenada bis zu einem Hinweisschild fahren und sich dann 10 km weiter auf der Nebenstraße fortbewegen. Es lohnt sich, einen Leihwagen zu nehmen, weil die asphaltierte Straße eine sensationelle Aussicht zum Osorno auf der einen und zum Calbuco auf der anderen Seite bietet, während sich unter einem der Lago Llanquihue ausbreitet. Der Transport zu den Skipisten wird ausschließlich für Pauschaltouristen organisiert.

Petrohué

Die meisten Traveller kommen nur wegen der Fährpassage nach Petrohué, doch viele bleiben länger als geplant, weil sie von der ruhigen, majestätischen Seenlandschaft begeistert sind. Der Tourismus wirkt hier zwar ein wenig gezwungen, doch sobald die Horden der Touristengruppen weg sind oder man es auf die andere Seite des Sees zu den *hospedajes* geschafft hat, befindet man sich wie in einer anderen Welt. Von Ensenada fährt man nur 20 Minuten auf einer annehmbaren Schotterstraße hierher. Das Städtchen bietet vergleichbare Dienstleistungen in sehr viel hübscherer Umgebung.

Sehenswertes & Aktivitäten

Vom baumbestandenen Camping Playa Petrohué der CONAF direkt hinter dem Parkplatz (hier kann man kostenlos parken) führt eine Schotterstraße zur **Playa Larga**, einem langen schwarzsandigen Strand, der um einiges besser ist als der am Hotel. Vom Strand verläuft der Wanderweg **Sendero Los Alerces** in westlicher Richtung zum Gebirgspass **Sendero La Picada**, der wiederum zum Paso Desolación hin ansteigt und sich weiter zum Refugio La Picada am Nordhang des Vulkans windet. Alternativ nimmt man den Sendero Los Alerces zurück zum Hotel.

Touren zur **Isla Margarita**, einer bewaldeten Insel mit einer Lagune im Inselinneren, kosten 10 000 Ch$ (Mindestteilnehmerzahl 10 Personen); die kleineren Fischerboote unternehmen die Fahrt für niedrigere Preise. Boote warten auch auf Gäste, die eine 30-minütige Fahrt auf dem See unternehmen wollen (5 000 Ch$ für bis zu fünf Personen).

Saltos del Petrohué WASSERFALL
(www.conaf.cl/parques/parque-nacional-vicente-perez-rosales; Erw./Kind 2000/1000 Ch$, aus dem Ausland 4000/2000 Ch$; ⏲9–18 Uhr) 6 km südwestlich von Petrohué stößt man auf die Saltos del Petrohué: Der tosende, schäumende Wasserfall strömt durch einen engen Canyon, der von Lavaströmen in den Fels gegraben wurde. Wer sich wundert, warum die Raftingtouren nicht vom See aus starten, findet hier die Antwort, obgleich verrückte Kajakfahrer es schon versucht haben sollen. Parken kostet 1000 Ch$.

Schlafen

Hospedaje Esmeralda PENSION $
(☎mobil 9-9839-2589, mobil 9-6225-6230; rosabur67@hotmail.com; Stellplatz/Zi. pro Pers. inkl. Frühstück/ohne Bad 7000/15 000 Ch$, Cabañas 70 000 Ch$; @) Wie die Mutter, so der Sohn. Die Holzlodge auf Stelzen ist eine Art gehobene Budgetunterkunft und wird von dem Sohn von Frau Küschel geleitet – der Besitzerin der günstigeren *hospedaje* ein paar hundert Meter das Ufer hinunter. Es gibt einen wunderschönen Frühstücksraum mit breiten Fenstern, die auf den See blicken.

Petrohué Lodge LODGE $$$
(☎65-221-2025; www.petrohue.com; Ruta 225, Km 60; EZ/DZ inkl. Frühstück ab 135 000/185 000 Ch$, Hütten für 4 Pers. 175 000 Ch$; P @ 📶 🏊) Das prächtige Steinhaus mit zahlreichen Holzgiebeln und einem Turm ist eine empfehlenswerte exklusive Abenteuerlodge. Dank der vielen Dachfenster und der prasselnden Kaminfeuer in der Lounge kann man sich hier hervorragend entspannen, ein Buch lesen oder nachdenken. Die Zimmer sind mit Holz ausgestaltet, auf den Betten stapeln sich die Decken für jene, die mehr Wärme brauchen, und überall stehen Kerzen.

Im Restaurant heißt man auch Nichtgäste willkommen. Die Veranstalter von Outdooraktivitäten organisieren Kletter-, Rafting- und Canyoning-Touren und verleihen Kajaks. Die nicht weniger luxuriösen *cabañas* stehen am Seeufer.

An- & Weiterreise

Das ganze Jahr über verkehren Minibusse von Puerto Varas nach Petrohué (1500 Ch$) und Ensenada (1000 Ch$, 15 Min.).

Cochamó

☎065 / 3908 EW.

Die im Chilote-Stil errichtete **Iglesia Parroquial María Inmaculada** ist mit Dachschindeln aus Alerceholz gedeckt. Sie hebt sich malerisch und stolz von dem milchigblauen Wasser des Sees ab und steht an der Straße nach Cochamó, das zu den eindrucksvollsten Orten in der Region zählt und als Zugang zum oberen Tal des Río Cochamó dient. Neben der frisch herausgeputzten *costanera* buhlen auch einige spannende neue Unterkünfte um Aufmerksamkeit und bemühen sich, mehr aus Cochamó zu machen als nur einen Ort, an dem die Tagesausflügler aus Puerto Varas ihre Kajaks ins Wasser lassen.

Das von Einheimischen geführte **Southern Trips** (mobil 9-8407-2559; www.southern-trips.com; Av Cochamó, Pueblo Hundido) an der Hauptstraße veranstaltet drei- (231 000 Ch$) bis elftägige (960 000 Ch$) Reitwanderungen ins Umland und hat Reit- und Packpferde für Touren nach La Junta (pro Pferd 30 000 Ch$, max. 65 kg). Das dazugehörige Café (Dez.–März 10–20 Uhr) auf der gegenüberliegenden Straßenseite bietet WLAN und serviert die besten Espressos und Paninis in Cochamó. Außerdem kann man hier gut Kontakte zu anderen Travellern knüpfen.

Schlafen & Essen

Las Bandurrias Eco Hostal PENSION $
(mobil 9-9672-2590; www.hostalbandurrias.com; Sektor El Bosque s/n; B 15 000 Ch$, EZ/DZ ohne Bad 25 000/37 000 Ch$) Die freundlichen schweizerisch-chilenischen Besitzer dieser neu gebauten umweltfreundlichen Pension holen Gäste in der Stadt ab, um sie zu ihrer märchenhaften Unterkunft zu bringen, der besten und ökologisch nachhaltigsten Option. Die Bäder und die Gästeküche sind toll, und Kompostierung und Solarheizung sind die Norm. Highlights sind das hausgebackene Brot (auch Schweizer Hefezöpfe) sowie die Tische und Bänke im Freien, die einen herrlichen Blick auf die Fjorde bieten.

Da es nur fünf Zimmer gibt, ist eine vorherige Reservierung angesagt. Die Pension ist über die Avenida El Bosque zu erreichen – Google Maps ist hier fehlleitend.

Campo Aventura LODGE $
(mobil 9-9289-4318; www.campo-aventura.com; Valle Concha s/n; Stellplatz pro Pers. 5000 Ch$, Zi. pro Pers. inkl. Frühstück 20 000 Ch$) Der am Fluss gelegene Campingplatz Campo Aventura in Cochamó verfügt über drei wunderbare Schlafsäle für 15 Personen und eine Hütte. Die Besitzer und Manager sind US-Amerikaner. Hier gibt's leckeres Essen und wunderschöne Stellplätze am Fluss. Die Inhaber veranstalten auch Reitausflüge nach La Junta.

La Bicicleta HOSTEL $
(mobil 9-9402-9281; www.labicicletahostel.com; Av Cochamó 179; B inkl. Frühstück 15 000 Ch$, DZ ohne Bad 35 000 Ch$;) Das Hostel mit Fahrrad-Motto bietet nur zwei Vierbett- und ein Doppelzimmer. Es steht hinter dem Wohnhaus des chilenischen Besitzers an der Hauptstraße nach Cochamó und hat eine ganz gute Ausstattung, z. B. stabile Hartholzbetten, Spiegel und Holzstühle. Auch die Gemeinschaftsbäder sind gut: Sie haben schöne Designelemente und WC-Papierhalter aus recycelten Ästen.

Inhaber Sixto bereitet ein großartiges Landfrühstück zu, mit gebratenem *churrasco*-(Steak-)Brot, Eiern aus Freilandhaltung, großartigen Marmeladen, Honig und Käse. WLAN ist über ein tragbares Modem verfügbar, das die Gäste mit in ihre Zimmer nehmen dürfen, um ein besseres Signal zu erhalten. Vorbeikommende Fahrradfahrer sind willkommen, im Hostel einen Kaffee oder Snack zu genießen!

Patagonia Nativa PENSION $
(mobil 9-9316-5635; www.patagonianativa.cl; Av Aeródromo s/n; B 17 000 Ch$, Zi. 40 000–42 000 Ch$, Zi. ohne/mit Bad 40 000/54 000 Ch$;) Dies ist eine von mehreren empfehlenswerten Unterkünften, die oberhalb der Stadt eröffnet haben und mit einem Blick auf den Reloncaví-Fjord locken, der jede Postkarte in den Schatten stellt. Der Besitzer Cristian spricht ausreichend Englisch und hat eine gemütliche Pension im Stil einer Hütte geschaffen, in der noch immer der frische Kieferduft – und der Geruch von frischem Filterkaffee! – in der Luft liegt. Er veranstaltet auch Kajaktouren.

Hospedaje Maura PENSION $
(mobil 9-9334-9213; www.hostalmaura.cl; JJ Molina 77; Zi. pro Pers. ohne Bad 20 000 Ch$, Cabañas 75 000 Ch$) Gemütliche Pension in der Stadt mit charmanten Besitzern, frisch renovierten Zimmern mit guten Betten und sehr niedrigen Decken. Die zwei neuen *cabañas* sind mit schicken Electrolux-Kühlschränken und modernen Bädern ausgestattet. Von der Gästeküche kann man vor dem Schlafengehen noch einmal in den (holzbeheizten) Whirlpool im Freien und in die Sauna springen. Frühstück kostet 4000 Ch$ extra.

El Faro CHILENISCH $
(Costanera s/n; Hauptgerichte 3700–8000 Ch$; 9–22 Uhr, im Winter kürzer) Das beste Lokal Cochamós für eine frisch gekochte Mahlzeit. El Faro serviert *ceviches*, frischen Fisch – *merluza* (Seehecht) und *congrio* (Meeraal) – in verschiedenen Varianten und leckere Meeresfrüchte. Das Restaurant

liegt direkt am Wasser und bietet einen herrlichen Ausblick.

Praktische Informationen

WLAN ist endlich auch in Cochamó angekommen. Wer in seiner Unterkunft kein Signal hat, kann – nach einer kurzen Registrierung mit dem Reisepass – das WLAN in der **Biblioteca Pública** (Av Cochamó s/n; Mo–Fr 9–13 & 14.30–19 Uhr;) nutzen oder mit dem Passwort „crdrcn20co90" in der benachbarten **Municipalidad de Cochamó** (Netzwerk: Coordinacion Municipal) ins Internet gehen. Beide Internetzugänge sind kostenlos und funktionieren nur während der Öffnungszeiten.

Municipalidad de Cochamó (65-256-2586, mobil 9-6480-9493; www.municochamo.cl; Av Cochamó s/n; Mo–Fr 8.30–13 & 14.30–17.30 Uhr;) Bietet Karten, Informationen und WLAN-Zugang. Wer außerhalb der Öffnungszeiten Hilfe braucht, kann Janette unter der Handynummer 9-6480-9493 anrufen.

An- & Weiterreise

Buses Río Puelo/Estuario Reloncaví (65-284-1200; Ecke Av Diego Portales & Lillo, Puerto Montt Terminal, Boletería 42) fährt täglich um 7.45, 14 und 16 Uhr (sonntags 7.45, 12 und 16.30 Uhr) von Puerto Montt nach Cochamó (3000 Ch$, 2½ Std.). **Transhar** (65-225-4187; Ecke Av Diego Portales & Lillo, Puerto Montt Terminal, Boletería 44) fährt dieselbe Strecke von Montag bis Samstag um 12.15 und 15.30 Uhr (2½ Std.). Alle Busse halten in Puerto Varas, Ensenada und Río Puelo (4500 Ch$). Auf der Rückfahrt halten die Busse um 6.30, 7, 8, 14, 14.30 und 17 Uhr in Cochamó; man kann sie einfach an der Straße heranwinken.

Cochamó-Tal

Angesichts der imposanten Granitkuppeln, die das grüne Laubdach der riesigen den Regenwald beherrschenden Alercebäume überragen, vergleichen manche das spektakuläre Tal des Río Cochamó mit dem Yosemite-Park. Ganz in der Nähe weichen die Gletschergewässer des Seengebiets dem Meerwasser des 80 km tiefen Estero de Reloncaví, einem Fjord, der das Tor nach Nordpatagonien darstellt. Die Region hat in den letzten Jahren einen rasanten touristischen Aufschwung erlebt: Ursprünglich war sie ein beliebtes Ziel für Bergsteiger (es gibt über 300 Kletterrouten und sechs Tageswanderungen), aber in letzter Zeit kommen auch immer mehr Camper hierher. Dadurch herrscht in der Hochsaison eine richtige Studenten-Partyszene im Tal (die so wild ist, dass die *carabineros* seit Kurzem einen Drogenspürhund auf den Wanderwegen einsetzen). Die Gegend ist spektakulär schön und lohnt einen mehrtägigen Aufenthalt. Regelmäßige Kontrollen sollen dafür sorgen, dass der Tourismus nicht zu schnell wächst und keine Umweltschäden hinterlässt. Doch trotz aller Bemühungen sind Vergleiche mit dem Yosemite-Nationalpark inzwischen nicht mehr von der Hand zu weisen.

Schlafen

La Frontera CAMPINGPLATZ, LODGE **$**
(mobil 9-8554-9033; www.lafronteravallecochamo.com; La Junta; Stellplatz 5000 Ch$ pro Pers., EZ/DZ inkl. Frühstück 30 000/36 000 Ch$) Der gut organisierte Campingplatz unter chilenisch-tschechischer Führung ist die nächstgelegene Unterkunft zum Startpunkt des Wanderweges nach La Junta (er ist etwa 900 m entfernt – wer hier übernachtet, gewinnt Vorsprung!). Die gemütliche sechseckige Lodge wurde fast komplett von Hand erbaut und so designt, dass sie in der sonst schwülen und dunklen Umgebung das Sonnenlicht maximiert. Der Öko-Campingplatz verfügt über Warmwasserduschen und Komposttoiletten.

Die Inhaber servieren auch Pizza und bieten biomagnetische Therapien.

Río Cochamó Valley Reservations UNTERKUNFTSSERVICE **$**
(www.reservasvallecochamo.org) Alle Touristen, die das Cochamó-Tal zwischen dem 15. Dezember und dem 15. März betreten, müssen sich im Voraus registrieren, ihre Unterkunft wählen und einen Voucher erwerben, der bei der Kontrolle am Wanderweg vorgezeigt werden muss. Ohne Voucher bekommt man keine Unterkunft und wird wieder weggeschickt.

An- & Weiterreise

Die Straße zum Startpunkt der Wanderstrecke zweigt kurz vor der Brücke über den Río Cochamó zum Campo Aventura ab, viele nehmen aber von Cochamó ein Taxi (ab 6000 Ch$, 30 Min.) oder fahren die ersten 7 km zum Wanderweg selbst (Parken kann man für 2000 Ch$ am letzten Haus auf der rechten Seite).

La Junta

Schlafen

Camping La Junta CAMPINGPLATZ **$**
(www.cochamo.com/camping; Stellplatz 5000 Ch$ pro Pers.; Mitte Sept.–April) Der malerische, umweltfreundliche Campingplatz La Junta wird von Kletterern betrieben und bietet pro-

visorische Solarduschen, sechs Badezimmer mit Komposttoiletten, warme Unterkünfte mit Feuerstellen und Waschbecken zum Abwasch von Geschirr. Alle Tageswanderungen in La Junta beginnen hier. Um den Campingplatz zu erreichen, muss man etwa 11 km wandern, die Transportseilbahn zum Campo Aventura passieren und dann noch etwa 1 km laufen (10 Minuten).

Refugio Cochamó LODGE **$$**
(www.cochamo.com; Valle La Junta Décima; B 17 000 Ch$, DZ/4BZ ohne Bad ab 48 000/65 000 Ch$; ⏲ Dez.–März; @) Das beeindruckende Refugio Cochamó im La-Junta-Tal ist eine fantastische Hütte, die mit Holz beheizte Duschen, Wasser direkt vom Trinadad-Wasserfall und selbst gebackene Pizza (ab 15 000 Ch$) bietet. Betrieben wird sie von einem argentinischen Bergsteigerteam. Um hinzukommen, muss man etwa 11 km wandern. Hinter der ersten Transportseilbahn über den Río Cochamó (sie führt zum Campo Aventura) geht man noch weiter, bis man nach ca. zehn Minuten zur Pampa von Camping La Junta kommt; dort folgt man den Schildern zur Transportseilbahn des Refugio Cochamó.

Reservierungen sind nur über die Website möglich.

Campo Aventura La Junta Ranch CAMPINGPLATZ **$$**
(☎ mobil 9-9289-4318; www.campoaventura.cl; Stellplatz pro Pers. 5000 Ch$) Das kerzenbeleuchtete umgebaute Bauernhaus wird vom renommiertesten Touranbieter der Gegend geführt. Auf dem 50 ha großen Grundstück beherbergt der Campingplatz die wenigsten erlaubten Camper auf größtem Raum (also genug Platz für die Ellenbogen!). Zu den Einrichtungen gehören u. a. drei zweigeteilte Außentoiletten und ein *quincho* zum Kochen.

Es gibt ein Vierbettzimmer, eine Hütte mit vier Betten und holzbefeuerten Duschen sowie ein Esszimmer mit einem Holzofen in der Mitte. Die Sonnenterrasse gewährt wunderbaren Ausblick auf den Arco Iris; bei unserem letzten Besuch wurde sie allerdings nur an private Reisegruppen vermietet.

ℹ An- & Weiterreise

La Junta ist nur zu Pferd oder zu Fuß erreichbar. Vom Startpunkt des Trails bei Cochamó führt ein spektakulärer 12 km langer Wanderweg hierher. **La Comarca Puelo Adventure** (S. 277) in Puerto Varas veranstaltet dreitägige Trekkingtouren nach La Junta (390 000 Ch$ pro Pers. inkl. Verpflegung, Unterkunft und Packpferden). Wer nur nach einer Transportmöglichkeit sucht, kann sich an das empfehlenswerte Unternehmen **Southern Trips** (S. 288) in Cochamó wenden.

Río Puelo

Die Straße von Cochamó führt am Estero de Reloncaví entlang weitere 31 km nach Río Puelo. Das stille Bilderbuchdorf liegt unter den wachsamen Augen des Volcán Yates am jadegrünen Río Puelo und dient als guter Ausgangspunkt für ausgedehnte Erkundungs- und Angeltouren im Flusstal.

Der **Parque Tagua-Tagua** (☎ 65-256-6646; www.parquetaguatagua.cl; Erw./Kind 5000/3500 Ch$) erstreckt sich inmitten unberührten valdivianischen Regenwaldes 15 km östlich von Puelo. Südchiles neuestes Schutzgebiet entstand dank einer Privatinitiative. Es wird von der Universidad Mayor in Santiago finanziert und von der Mitico Puelo Lodge und Miralejos Chile Adventure verwaltet. Der Park beherbergt einen 30 km² großen einzigartigen Alerce-Wald sowie den Lago Alerce und den Lago Quetrus, zwei von Granitbergen gesäumte Seen. Zu den beliebtesten Aktivitäten vor Ort zählen Trekking und Klettern, außerdem kann man Vögel und vielleicht sogar Pudus (kleine Hirsche), Pumas oder Kondore beobachten.

Vor Ort gibt's drei einfache, aber gut errichtete Alerce-*refugios* (einfache Unterkünfte) mit Bädern, Sonnenkollektoren und Holzöfen. Sie befinden sich am 25 km langen Wegenetz, das auf gut gebauten Holzbrücken über Flüsse führt. Wegen des sensiblen Ökosystems wird die Zahl der Besucher begrenzt und Besuche sind nur nach vorheriger Reservierung möglich.

Um hierherzugelangen, nimmt man in Puerto Montt (7.45 Uhr) oder Puerto Varas (8.20 Uhr) den einmal am Tag verkehrenden Bus zum Lago Tagua-Tagua, der rechtzeitig zur Fährabfahrt am Ufer des Sees eintrifft. Im Vorfeld muss man sich telefonisch bei den Parkbetreibern anmelden. Diese holen Besucher auf der anderen Seite der Tagua-Tagua-Fährüberfahrt (in Puerto Maldonado) ab und bringen sie per Boot (10 Min.) in den Park.

Schlafen

Puelo SiempreVerde CABAÑAS **$**
(☎ mobil 9-7668-7308; www.puelosiempreverde.cl; Camino Internacional Río Puelo el Bolsón s/n; cabañas für 2/7 Pers. 40 000/90 000 Ch$; P 📶)

Die Mitarbeiter hier sprechen etwas Englisch, aber das ist nicht mehr wichtig, wenn man in den Hütten am Ufer des Río Puelo Chico eingecheckt hat. Die *cabañas* verfügen über Grasdächer und strahlen ein rustikales, aber schickes Flair aus. Mit modernen Küchen und Bädern und der Einrichtung im indigenen Stil sind sie das ultimative Paradies für frisch verliebte Paare.

Die Inhaber verleihen Räder und veranstalten Kajak-, Angel- und Trekkingtouren.

Camping Río Puelo CAMPGROUND **$**
(☎ mobil 9-6769-2918; www.cabalgatasriopuelo.cl; Puelo Alto; Stellplatz 5000 Ch$ pro Pers., DZ/4BZ 30 000/50 000 Ch$ pro Pers.; P 📶) Der einfache Campingplatz bietet einen schönen Blick auf die Anden, ausgebesserte Bäder (mit Freiluft-Solarduschen) und WLAN. Der sehr freundliche Besitzer, der mehrere Sprachen ein wenig beherrscht, hat gut eingerichtete *cabañas* mit rotierenden Heizgeräten – einer eigenen Erfindung! –, die in verschiedene Richtungen gedreht werden können, um die Wärme zu konzentrieren. Vor der Anreise anrufen.

★ **Domo Camp** HOTEL **$$**
(☎ mobil 9-6802-4275; www.andespatagonia.cl; Puelo Alto; DZ/3BZ/4BZ 45 000/55 000/65 000 Ch$, cabaña 45 000 Ch$; P @ 📶) Jede der geodätischen Kuppeln, die untereinander mit durch dichten Wald verlaufenden Holzplanken verbunden sind, hat eine eigene wärmende Feuerstelle sowie kuschelige Matratzen und Schlafsäcke. Im Preis enthalten ist die unbegrenzte Nutzung des erholsamen Whirlpools im Freien, außerdem gibt's einen tollen *quincho* (Grillhütte). Die hiesige Agentur arrangiert Exkursionen sowohl für Gäste als auch für Nichtgäste.

Praktische Informationen

Touristeninformation (☎ 65-256-2551 ext 114; www.municochamo.cl; Santiago Bueras s/n; ⏲ Mo–Fr 8.30–14 & 15–17.30 Uhr) Die kleine Touristeninformation an der Plaza im Gebäude der Municipalidad hat Karten und grundlegende Infos zu Wanderungen in der Gegend und vermittelt Führer und rustikale Unterkünfte bei Familien. Außerhalb der Öffnungszeiten kann man Eliseo unter der Handynummer ☎ 9-9631-1246 anrufen.

An- & Weiterreise

Täglich fahren fünf Busse von und nach Puerto Montt (4500 Ch$, 4 Std.) mit Halt in Puerto Varas, Ensenada und Cochamó (sonntags weniger). Von dort verläuft die Straße landeinwärts nach Puerto Canelo am Lago Tagua-Tagua. Im Januar und Februar unternimmt **Transportes Puelche** (☎ mobil 9-6159-3120; www.navierapuelche.cl; Fahrzeuge 7000 Ch$, Fußgänger 1050 Ch$) dreimal täglich um 7.30, 12 & 16.30 Uhr die 45-minütige Seeüberfahrt bei Puerto Maldonado zur weiterführenden Straße – mit Rückfahrt um 8.30, 13 & 17.30 Uhr (zu anderen Zeiten im Jahr entfällt die erste Fahrt). Die Straße führt dann 32 km parallel zum Fluss bis Llanada Grande. Fahrzeuge sollten sich bereits 90 Minuten vor Abfahrt anstellen.

Puelo-Tal

☎ 065 / 500 EW.

Bisher konnte sich diese Gegend dem Massentourismus noch entziehen und offeriert authentische Abenteuer abseits ausgetretener Pfade. Dem wachsenden Ökotourismus ist es in den letzten Jahren gelungen, Pläne für den Bau von Staudämmen (die den größten Teil des Tals überfluten würden) aufzuhalten, doch die Gefahr ist noch nicht vom Tisch. Vor Ort kann man angeln, wandern und reiten und jede dieser Aktivitäten garantiert ausgefüllte Tage voller unvergesslicher Erlebnisse.

Llanada Grande & Umgebung

In Llanada Grande entstehen stetig neue *hospedajes*, Campingplätze, *cabañas* und gehobene Angler-Lodges. Im Campo Eggers kann man sich nach Unterkünften in Siedlerhäusern und B&Bs auf dem Weg Richtung Osten erkundigen – sie machen die Wanderungen und Reittouren weniger touristisch und kulturell interessanter.

Schlafen

Campo Eggers AGROTOURISMUS **$**
(☎ 65-256-6644, mobil 9-8730-0953; agroturelsalto@gmail.com; Zi. pro Pers. ohne Bad inkl. Frühstück & Abendessen 35 000 Ch$, cabañas für 2/4/6 Pers. 40 000/50 000/60 000 Ch$; P 📶) Eine außerordentlich wertvolle Option in einem makellos sauberen und gut ausgestatteten Holzhaus. Die Besitzerin Blanca Eggers vermittelt Unterkünfte in Siedlerhäusern und B&Bs auf der ganzen Route zum Lago Puelo in Argentinien. Frühstück, *onces* (zweites Frühstück) und Abendessen (mit Wein!) – die Produkte hierfür stammen fast alle vom Bauernhof – sind im Preis mit drin; Letzteres besteht häufig aus traditionellem Lamm- oder Wildschwein-*asado*.

Die Postkartenlandschaft des Bauernhofs mit vielen Tieren vor dem 1200 m hohen Wasserfall El Salto, der von zwei neuen Luxus-*cabañas* wunderschön eingerahmt wird, stellt schon allein für sich ein lohnendes Ziel dar. Sind nur wenige Gäste da, wird es allerdings schnell etwas zu ruhig.

Isla Las Bandurrias COTTAGES **$$$**
(☎ mobil 9-9263-6861; www.opentravel.cl; Isla Las Bandurrias, Lago Las Rocas; Zi. inkl. Vollpension 220 US$ pro Pers.) Die wunderschöne, vier Hektar große Isla Las Bandurrias erstreckt sich etwa 20 km von der argentinischen Grenze vor einer herrlichen Berglandschaft. Ihre atemberaubende Lage ist ihr Trumpf. Ob im hübschen Haupthaus oder den idyllischen Hütten, die rustikale, aber schicke Einrichtung mit recycelten Designelementen, französischen Antiquitäten und Holzöfen sorgt auf jeden Fall für einen großartigen Aufenthalt in einem ultimativen solarbetriebenen Naturparadies.

Die Insel ist nicht leicht zu erreichen – und das ist auch gut so. Die kürzlich verstorbene Mutter von OpenTravel-Inhaberin Cathy Berard baute das kleine Paradies mitten im Lago Las Rocas, 20 km südlich von Llanada Grande, mit wilder Entschlossenheit aus recyceltem Zypressenholz, das aus dem See gerettet wurde. Die Unterkünfte sind teuer, aber im Preis sind drei Mahlzeiten (mit Wein) und Nachmittagstee inbegriffen. Der Bootstransfer über den Lago Las Rocas (15 000 Ch$ für bis zu 8 Pers.) muss extra bezahlt werden (buchbar bei OpenTravel).

An- & Weiterreise

Täglich um 7.45 Uhr fährt **Buses Río Puelo/ Estuario Reloncaví** (S. 289) von Puerto Montt nach Río Puelo und weiter zur Anlegestelle der Fähre bei Puerto Canelo auf der Nordseite des Lago Tagua-Tagua (5000 Ch$, 4½ Std.), die im Januar und Februar täglich dreimal ablegt (45 Min. Fahrtdauer, 7.30, 12 & 16.30 Uhr). Nur auf die 12-Uhr-Fähre wartet in Puerto Maldonado auf der Südseite ein Bus nach Llanada Grande (1000 Ch$, 45 Min.; bei Abfahrt in Llanada Grande gegen 10 Uhr erreicht er in umgekehrter Richtung die 12-Uhr-Fähre). Die Fähren zurück starten in Puerto Maldonado in der Hauptsaison ebenfalls dreimal täglich (45 Min., 8.30, 13 & 17.30 Uhr; ansonsten nur 13 & 17.30 Uhr). In der übrigen Zeit des Jahres entfallen die ersten Abfahrten am Morgen.

Puerto Montt

☎ 065 / 218 858 EW.

Über Puerto Montt mag man sagen, was man will (die Einwohner nennen ihren Ort *Muerto Montt* – Totes Montt), doch wer die mächtigen Vulkane in Südchile, die spiegelnden Gletscherseen und gebirgigen Nationalparks erkunden möchte, kommt kaum umhin, der Hauptstadt von Los Lagos und Wirtschafts- und Verkehrsknotenpunkt der Region einen Besuch abzustatten.

Das Beste an Puerto Montt ist neben der große Auswahl an Verkehrsmitteln – in der Stadt fährt die Navimag-Fähre ab –, dass es sich zu einem prima Ort für gutes Essen entwickelt hat – mit einigen der besten Restaurants der Region. Dennoch, die meisten Traveller, selbst solche, die sich gelegentlich vom ehrlichen chilenischen Arbeiterflair begeistern lassen, ziehen lieber weiter nach Puerto Varas.

Puerto Montt

Sehenswertes
1 Casa del Arte Diego Rivera F2
2 Catedral de Puerto Montt F1

Schlafen
3 Casa Perla B2
4 Colores del Puerto A4
5 Hospedaje Vista al Mar A2

Essen
6 Chile Picante A1
7 El Bosque F1
8 Unimarc G2

Ausgehen & Nachtleben
9 Cirus Bar B3

Shoppen
10 Paseo Costanera G2

Sehenswertes

Monte Verde ARCHÄOLOGISCHE STÄTTE
(www.fundacionmonteverde.cl; V-830; 24 Std.) GRATIS 1975 stellte der Fußabdruck eines Kindes, der in einem Sumpfgebiet 28 km westlich von Puerto Montt gefunden wurde, die archäologische Welt auf den Kopf. Der Beweis für menschliche Besiedlung auf dem amerikanischen Subkontinent datierte das seit Langem anerkannte Clovis-Paradigma plötzlich um 1000 Jahre zurück. Die Stätte am Ufer des Chinchihuapi Creek soll 18 500 Jahre alt sein und damit aus dem tiefsten Eiszeitalter stammen.

Monte Verde wird von dem amerikanischen Anthropologen Tom Dillehay geleitet. Kürzliche Ausgrabungen in der Freiluftsiedlung haben Seile mit Knoten, werkzeugartige Geräte und Mastodon-Knochen zutage gebracht – insgesamt wurden 29 Steinobjek-

Puerto Montt

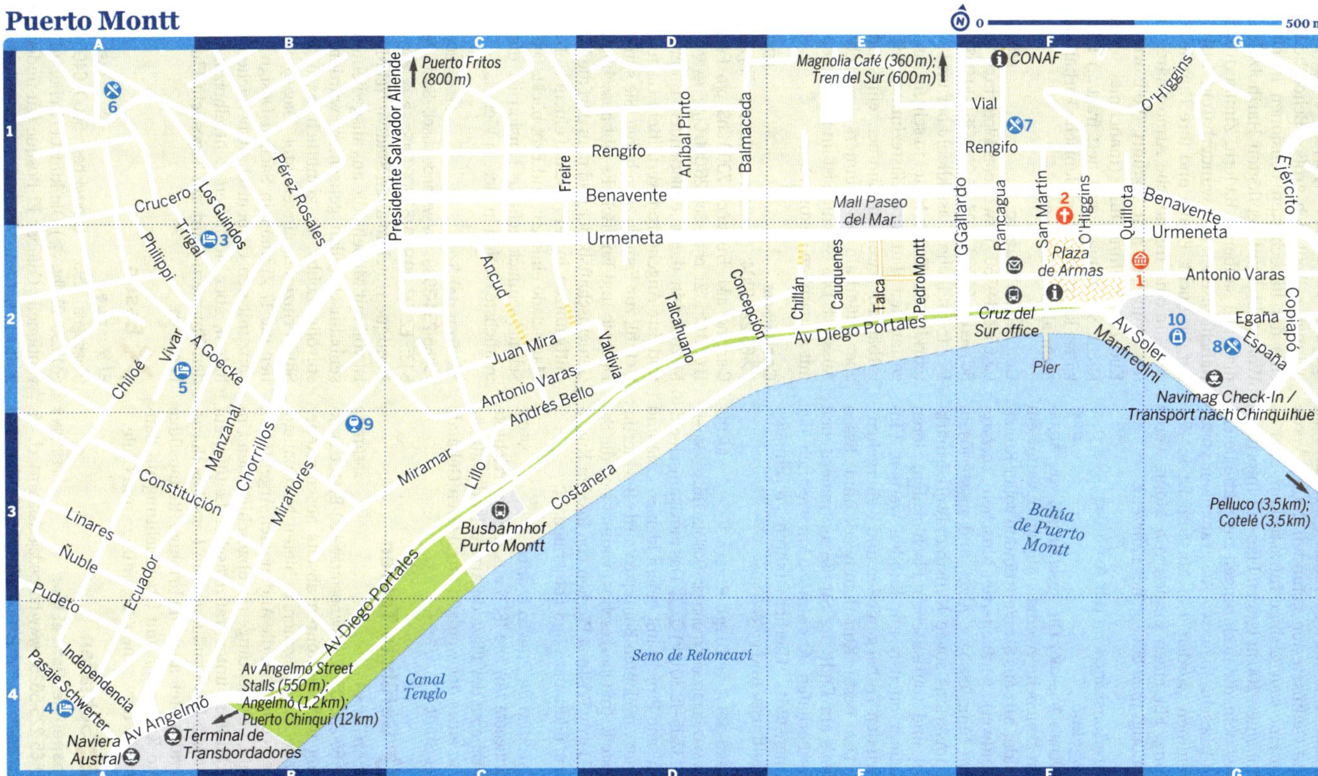

te und 12 kleine Feuerstellen mit Knochen und Gemüseresten gefunden. Monte Verde hat eine sehr geringe Infrastruktur, aber es gibt einen 200 m langen Pfad mit Informationstafeln, die Erklärungen zur Stätte liefern und beschreiben, wo Ausgrabungen vorgenommen wurden. Ein Museum ist in Planung. Für einen Besuch von Monte Verde benötigt man ein eigenes Fahrzeug.

Straßenstände an der Avenida Angelmó MARKT
(Avenida Angelmó) Die geschäftige, von Abgasen benebelte Avenida Angelmó säumt ein wilder Mix aus Straßenständen voller Kunsthandwerk, geräucherten Muscheln, *cochayuyo* (eine essbare Alge) und mysteriösem Krimskrams sowie Kunsthandwerkermärkten und touristischen Fischlokalen, deren Kellner offensiv um Kunden werben. Einfach den Trubel genießen und weitergehen.

Das beste Kunsthandwerk und Essen gibt's am Ende der Straße am malerischen Fischerhafen **Angelmó** 3 km westlich der Innenstadt. Hierher fahren regelmäßig Stadtbusse und *colectivos*.

Casa del Arte Diego Rivera GALERIE
(www.culturapuertomontt.cl; Quillota 116; ⌚Mo–Fr 9–13 & 15–18.30 Uhr) GRATIS Das mexikanisch-chilenische Projekt mit einem kleinen Café und einer exzellenten Boutique wurde 1964 fertiggestellt. Im Obergeschoss widmet sich die Sala Hardy Wistuba Werken von lokalen Künstlern, Bildhauern und Fotografen.

Catedral de Puerto Montt KIRCHE
(Urmeneta s/n) Die 1856 aus Alerce errichtete Kirche an der Plaza de Armas ist das älteste und eines der wenigen attraktiven Gebäude der Stadt.

Geführte Touren

OpenTravel ABENTEUER
(☎65-226-0524; www.opentravel.cl) Bietet Trekking und Reittouren abseits ausgetretener Pfade zu entlegenen Gebieten Nordpatagoniens und über die Anden nach Argentinien mit Übernachtungen in abgeschiedenen Unterkünften unter französischer Leitung auf der Isla Las Bandurrias am Lago Las Rocas. Veranstaltet auch mehrtägige Reitausflüge und Kulturtrips mit Übernachtung auf Bauernhöfen zwischen Argentinien und Chile.

Schlafen

Hospedaje Vista al Mar PENSION $
(☎65-225-5625; www.hospedajevistaalmar.cl; Vivar 1337; EZ/DZ 23 000/35 000 Ch$, ohne Bad 15 000/30 000 Ch$; @📶) Das Familienunternehmen erfreut sich großer Beliebtheit als eine der hübschesten Pensionen in einem Wohngebiet mit gepflegten Hartholzdielen, makellos sauberen Bädern, Zimmern samt Kabelfernsehen und wunderbarem Ausblick auf die Bucht. Eliana und ihre Familie sorgen für eine freundliche Atmosphäre. und das Frühstück mit Joghurt, Vollkornbrot, Kuchen, Muffins und (manchmal – vielleicht, wenn man ganz nett fragt…) Filterkaffee kann sich für chilenische Verhältnisse mehr als sehen lassen.

Colores del Puerto PENSION $
(☎65-248-9360; www.coloresdelpuerto.cl; Pasaje Schwerter 207; EZ/DZ 25 000/36 000 Ch$; 📶) Der freundliche Klassikliebhaber und Amateurkünstler Tomás bietet in seinem gut ausgestatteten Haus drei Gästezimmer mit Privatbädern (zwei im Zimmer, eines privat, aber außerhalb des Zimmers) und schöner Aussicht. Das Gebäude ist im maritimen Stil mit Aquarellen dekoriert.

Casa Perla PENSION $
(☎65-226-2104; www.casaperla.com; Trigal 312; Camping inkl. Frühstück 7000 Ch$ pro Pers., B 11 000 Ch$, Zi. ohne Bad 26 000 Ch$; @📶) Die Matriarchin dieser einladenden Unterkunft und ihre Angehörigen vermitteln Gästen das Gefühl, zur Familie zu gehören. Sie sprechen Deutsch und Englisch. Es gibt ausschließlich Gemeinschaftsbäder und man darf die Küche mitbenutzen, in der Perla auf einem Holzofen Marmelade einkocht und Brot bäckt. Die mit Schnickschnack gefüllte Pension ist die gemütlichste Option in diesem Viertel.

★ **Tren del Sur** DESIGN-HOTEL $$
(☎65-234-3939; www.trendelsur.cl; Santa Teresa 643; EZ/DZ 39 900/53 200 Ch$; P@📶) Das Boutique-Hotel im alten Stadtviertel Modelo ist voll mit Möbeln, die aus ausgedienten Eisenbahnschwellen getischlert wurden. Die stilvolle Lobby ist gemütlich nach Feng-Shui-Prinzipien eingerichtet. Dagegen können die 17 Zimmer in Sachen Design nicht ganz mit den Gemeinschaftsbereichen mithalten, aber sie haben Zentralheizung. Zu den Zimmern führt ein Tageslicht-Flur mit Fenstern.

Essen

El Bosque CAFÉ, BAR $
(Rancagua 293; Sandwiches 5600–6400 Ch$; ⌚10.30–21 Uhr; 📶) Die künstlerische, unkonventionelle Cafébar El Bosque (zu finden im 2. Stock) hat jede Menge Charakter. Sie ist mit

rustikalen Designelementen aus recycelten Materialien eingerichtet. Die täglichen Mittags-*menús* (etwa vier Gerichte zur Auswahl; 4000 bis 6000 Ch$) sind ein echter Geheimtipp und ziehen ein cooles, schickes Publikum an. Es gibt auch großartige Sandwiches sowie tolles Quinoa und Pilzburger für Vegetarier. Im Hintergrund läuft angesagte Musik.

Puerto Fritos FISCH & MEERESFRÜCHTE **$**
(Av Presidente Ibáñez 716, Mercado Municipal Presidente Ibáñez; Hauptgerichte 5300–8900 Ch$; ⏲10–17.30 Uhr; 📶) Die touristische Angelmó kann man getrost vergessen! Dieser hübsche, unauffällige Geheimtipp der Einheimischen hat die beste Aussicht der Stadt – ganz Puerto Montt breitet sich vor einem aus. Die Fahrt mit Uber für 2000 Ch$ lohnt sich, um den exzellenten *caldillo de mariscos* (Fischeintopf; 5300–9900 Ch$) und die *ceviches* (5500–7600 Ch$) zu genießen, deren Zutaten alle ganz frisch direkt von dem bunten Markt genau darunter kommen.

Sonntags gibt's nichts Besseres als ein Fischessen mit Sauvignon Blanc, denn sonst ist in der Stadt nicht viel zu sehen oder zu tun.

Unimarc SUPERMARKT **$**
(www.unimarc.cl; Av Soler Manfredini 51, Paseo Costanera; ⏲Mo–Sa 9–22, So 11–22 Uhr) Der beste Supermarkt der Stadt, um sich mit Vorräten für die Navimag-Fähre einzudecken. Er befindet sich in demselben Einkaufszentrum wie die Haltestelle für die Transferbusse nach Chinquihue.

★ **Cotelé** STEAKS **$$**
(☎65-227-8000; www.cotele.cl; Av Soler Manfredini 1661, Pelluco; Steaks 11 000–15 000 Ch$; ⏲Mo–Sa 13–15.30 & 20–23.30 Uhr; 📶) Das Steakhaus in einem *quincho* (Grillhütte) genießt seit Langem einen guten Ruf, weil seine akribischen Grillmeister das Fleisch gekonnt zubereiten. Trotz mehrfacher Veränderungen arbeitet der Grillmeister Julio Elgueta seit 2002 an der offenen Feuerstelle und hält mit seinen Qualitäten nicht hinterm Berg. Und das muss er auch nicht: Die erstklassigen Stücke vom Angusrind (Lendensteak, Rib-Eye-Steak und Filet) sind fantastisch.

Der Grundpreis für ein Steak beträgt 2000 Ch$, dazu berechnet sich der Preis nach Kilo – Julio bringt vorgegarte Fleischbatzen zum Tisch und schneidet die Stücke nach Wunsch ab. Serviert wird das Fleisch mit gerösteten Brotstangen und scharfer *merkén*-Paste, *sopapillas* (gebratenes Brot) mit *pebre* (Koriander, gehackte Zwiebeln, Olivenöl, Knoblauch und scharfe Paprika) und Kartoffeln. Die schlechten Neuigkeiten: Zur Zeit unserer Recherchen hatte der südamerikanische Inhaber das Cotelé gerade verkauft und war wieder in seine Heimat gezogen; das hat dem Restaurant einen Schlag versetzt, denn ein Inhaberwechsel bringt immer Unsicherheit mit sich.

Das Lokal in Pelluco ist vom Busbahnhof problemlos mit Bussen mit der Aufschrift Chamiza/Pelluco (400 Ch$, 10 Min.) zu erreichen, aber wer eines der Slow-Food-Steaks isst, wird wohl mit Uber (2000–4000 Ch$) fahren müssen – die Busse starten gegen 20.30 Uhr. Reservierung ist generell empfehlenswert, besonders aber von Donnerstag bis Sonntag, denn es gibt nur zehn Tische.

★ **Chile Picante** CHILENISCH **$$**
(☎mobil 9-8454-8923; www.chilepicanterestoran.cl; Vicente Pérez Rosales 567; Menü 10 500 Ch$; ⏲Mo–Sa 11.30–15.30 & 19.30–22.30 Uhr; 📶) In diesem intimen, verspielten Gourmet-Hotspot werkelt der Koch Francisco Sánchez Luengo. Es liegt einen ordentlichen Fußweg bergauf von den Budgetunterkünften, wartet dafür aber mit weitem Blick auf die Stadt und das Meer auf. Luengo offeriert in seinem täglich wechselnden Drei-Gänge-Menü nur eine kleine Auswahl, doch alles ist elegant präsentiert und mit unglaublich geschmackvollen frischen Zutaten zubereitet.

Faszinierende und ungewöhnliche lokale Produkte spielen eine große Rolle: *nalca* (chilenischer Rhabarber), *cochayuyo* (essbarer Seetang), *michuña* (eine aus der Region stammende Chiloé-Kartoffel) etc. Reservierung empfohlen. Bezahlung nur mit Bargeld.

Ausgehen & Nachtleben

Cirus Bar BAR
(Miraflores 1177; ⏲Mo–Do 10–24, Fr–Sa bis 1 Uhr; 📶) Tagsüber ist die Cirus Bar eines der besten und preiswertesten Mittagslokale der Stadt. Nachts ist es, um es mit den Worten eines Einheimischen zu sagen, „ein toller Ort, um finstere Gestalten zu treffen!" Cirus zieht eine verführerische Mischung aus Anwälten, Prostituierten, Künstlern, Schriftstellern und Dichtern mit jeder Menge Lokalkolorit an. Die unkonventionelle Bar ist voller Antiquitäten und ausrangierter Erinnerungsstücke.

Abends wird Folkmusik gespielt, die richtig Stimmung in die Bude bringt!

Magnolia Café CAFÉ
(Luis Ross 460; Kaffee 1400–2890 Ch$; ⏲8.30–20 Uhr; 📶) 🍃 Das süße kleine Café liegt ver-

steckt in der Casa del Diamante, in der sich auch ein Bikram-Yoga-Zentrum befindet. Es ist ein toller Geheimtipp für leckeres Frühstück (2900–4990 Ch$), Kuchen, Gebäck und Espresso.

Shoppen

Paseo Costanera SHOPPEN

(http://pasmar.cl/mall-paseo-costanera; Illapel 10; ⏲10–21 Uhr) Puerto Montts bestes Einkaufszentrum verfügt auch über ein Kino und einen Trampolinpark für die Kids. Wer mit der Navimag-Fähre anreist, findet hier die Ticketbüros der Busunternehmen Cruz del Sur und TurBus/JAC. Outdoor-Equipment verkaufen die Geschäfte Lippi, Rockford, Merrell, Helly Hansen, Weinbrenner, Columbia, Doite, Andesgear, Ripley und Nike.

Praktische Informationen

Nachts sollte man sich vor Taschendieben in Acht nehmen. Abends möglichst nicht durch das Viertel am Busbahnhof laufen und die *costanera* und Antonio Varas meiden – dort treiben sich nachts oft zwielichtige Gestalten herum.

An der **Antonio Varas bei der Plaza de Armas** gibt's mehr Banken als in der Schweiz. Wechselstuben konzentrieren sich vor allem rund um die **Diego Portales** und die **Guillermo Gallardo**.

Banco de Chile (www.bancodechile.cl; Ecke Rancagua & Urmeneta) Geldautomat.

Banco de Chile (www.bancodechile.cl; Ecke Pedro Montt & Antonio Varas) Geldautomat.

CONAF (☎65-248-6115; www.conaf.cl; Ochagavía 458; ⏲Mo–Do 9–13 & 14.30–17.45, Fr bis 16.30 Uhr) Detaillierte Auskünfte über nahe gelegene Nationalparks.

Información Turística (Sernatur; ☎65-222-3016; www.sernatur.cl; San Martín 80; ⏲Mo–Fr 9–13 & 15–18, Sa 9–14 Uhr) An der Erweiterung der Westseite der Plaza de Armas und in der Ankunftshalle des **Flughafens** (Sernatur; www.sernatur.cl; El Aeropuerto Internacional El Tepual, Arrivals Hall, San Antonio; ⏲ Mo–Fr 9–17.50 Uhr). Großes Angebot an Broschüren; Englisch wird allerdings kaum gesprochen.

Andina del Sud (☎65-222-8600; www.andinadelsud.com; Antonio Varas 216, Edificio Torre del Puerto, Suite 907; ⏲Mo–Fr 9–19 Uhr) Vertretung von CruceAndino in Puerto Montt.

Carabineros de Chile (☎65-276-5158; www.carabineros.cl; Guillermo Gallardo 517; ⏲24 Std.)

Clínica Puerto Montt (☎65-248-4800; www.clinpmontt.cl; Panamericana Sur 400; ⏲24 Std.) Eines der besten Privatkrankenhäuser der Stadt.

Argentinian Consulate (☎65-228-2878; www.cpmon.cancilleria.gov.ar; Pedro Montt 160, 6. OG, Puerto Montt)

CorreosChile (www.correos.cl; Rancagua 126; ⏲Mo–Fr 9–19, Sa 9.30–13 Uhr)

Anreise & Unterwegs vor Ort

BUS

Puerto Montts moderner **Busbahnhof** (☎65-228-3000; www.terminalpm.cl; Ecke Av Diego Portales & Lillo) am Ufer ist der größte regionale Verkehrsknotenpunkt. Hier herrscht ein ziemliches Gedränge und Durcheinander. Umso wichtiger, dass man doppelt wachsam auf seine Sachen achtet oder es der *custodia* zur Aufbewahrung gibt (für 24 Std. 1200–2400 Ch$), während man nach dem richtigen Bus sucht. Im Sommer können Ausflüge nach Punta Arenas und Bariloche schnell ausgebucht sein, also sollte man besser rechtzeitig reservieren.

Regionale micros (Minibusse) verkehren u. a. regelmäßig nach Puerto Varas (900 Ch$, 25 Min.), Frutillar (1600 Ch$, 1 Std.) und Puerto Octay (1900 Ch$, 2 Std.), sie starten an der Nordseite des Busbahnhofs. **Buses Río Puelo/Estuario Reloncaví** (S. 289) steuert von Montag bis Samstag um 7.45, 14 und 16 Uhr (sonntags um 7.45, 12 und 16.30 Uhr) die Dörfer Ralún (2500 Ch$, 2 Std.), Cochamó (3000 Ch$, 2½ Std.) und Río Puelo (4500 Ch$) an. Der erste Bus am Morgen fährt weiter bis zum Lago Tagua-Tagua (5000 Ch$, 4½ Std.). **Transhar** (S. 289) fährt von Montag bis Samstag um 12.15 & 15.30 Uhr dorthin (4500 Ch$ bis nach Río Puelo).

Zu den Busgesellschaften, die am **Busbahnhof** (S. 297) ein Büro haben, gehören **Cruz del Sur** (☎65-248-3144; www.busescruzdelsur.cl; Ecke Av Diego Portales & Lillo, Puerto Montt Terminal) mit regelmäßigen Verbindungen nach Chiloé, **Turbus** (☎65-249-3402; www.turbus.cl; Ecke Av Diego Portales & Lillo, Puerto Montt Terminal, Boletería 4) mit täglichen Verbindungen nach Valparaíso/Viña del Mar, **Pullman Bus** (☎65-225-4399; www.pullman.cl; Ecke Av Diego Portales & Lillo, Puerto Montt Terminal, Boletería 30) mit einem Bus nach Santiago um 9.30 Uhr, der unterwegs nur einen Zwischenstopp einlegt, und **Buses ETM** (☎65-225-6253; www.etm.cl; Ecke Av Diego Portales & Lillo, Puerto Montt Terminal, Boletería 14). Alle genannten Unternehmen bieten Fahrten nach Santiago mit verschiedenen Zwischenstopps an (den Einheimischen zufolge ist ETM die zuverlässigste und komfortabelste Busgesellschaft); Buses ETM und **Bus Norte** (☎65-225-2783; www.busnorte.cl; Ecke Av Diego Portales & Lillo, Puerto Montt Terminal, Boletería 12) bieten täglich einen Nachtbus nach Valparaíso/Viña del Mar. Cruz del Sur hat auch ein **Stadtbüro** (☎65-228-1717; www.busescruzdelsur.cl; Antonio Varas 437; ⏲Mo–Fr 9–13 & 14.30–19.30 Uhr).

Nach Pucón, Villarrica und Validivia fahren **Buses JAC** (☎65-238-4600; www.jac.cl; Ecke Av

Diego Portales & Lillo, Puerto Montt Terminal, Boletería 22), das zehnmal täglich verkehrt, und **Kemelbus** (☎65-225-3530; www.kemelbus.cl; Ecke Av Diego Portales & Lillo, Puerto Montt Terminal, Boletería 40), das einmal täglich Chaitén ansteuert und unterwegs am Parque Pumalín hält; alternativ nimmt man einen der vielen Busse nach Hornopirén und steigt dort um.

Für Fernbusverbindungen nach Punta Arenas via Argentinien empfehlen wir **Queilen Bus** (☎65-225-3468; www.queilenbus.cl; Ecke Av Diego Portales & Lillo, Puerto Montt Terminal, Boletería 26), Cruz del Sur und Pullman Bus. Queilen Bus fährt auch nach Coyhaique.

Nach Bariloche in Argentinien fahren folgende Busunternehmen: Cruz del Sur, **Via Bariloche** (☎65-223-3633; www.viabariloche.com.ar; Ecke Av Diego Portales & Lillo, Puerto Montt Terminal, Boletería 47), **Andesmar** (☎65-228-0999; www.andesmar.com; Ecke Av Diego Portales & Lillo, Puerto Montt Terminal, Boletería 46) und **Trans Austral** (☎65-227-0984; www.transaustral.com; Ecke Av Diego Portales & Lillo, Puerto Montt Terminal, Boletería 41).

Busse ab Puerto Montt:

ZIEL	PREIS (CH$)	DAUER (STD.)
Ancud	4000	2½
Bariloche (Arg.)	18 000	6
Castro (Chiloé)	6000	4
Chaitén	20 000	9½
Concepción	17 100	10
Coyhaique	40 000	22
Hornopirén	4000	4
Osorno	2200	1½
Pucón	9800	5½
Punta Arenas	35 000	32
Quellón	8000	6
Santiago	11 900	13
Temuco	6700	5
Valdivia	5200	3½
Valparaíso/ Viña del Mar	12 000	15
Villarrica	9300	5

FLUGZEUG

Der **Aeropuerto El Tepual** (☎65-229-4161; www.aeropuertoeltepual.cl; V-60, San Antonio) liegt 16 km westlich der Stadt. **LATAM** (☎600-526-2000; www.latam.com; O'Higgins 167, Local 1-B; ⏲Mo–Fr 9–13.15 & 15–18.30, Sa 10–13.30 Uhr) fliegt zwei- bis viermal täglich nach Punta Arenas, zweimal täglich nach Balmaceda/Coyhaique und bis zu zehnmal pro Tag nach Santiago. (Flüge nach Castro und Chiloé starten in Santiago.) Der Flughafen wird auch von **Sky Airline** (www.skyairline.com), **JetSmart** (www.jetsmart.com) und **Latin American Wings** (LAW; www.vuelalaw.com) bedient.

Andrés Tour (☎mobil 9-9647-2210; www.andrestur.com; Ecke Av Diego Portales & Lillo, Puerto Montt Terminal, Box 38) fährt vom Busbahnhof zum Flughafen (2500 Ch$, Box 10–14). Am besten nimmt man den Shuttlebus zwei Stunden vor dem Abflug. Man sollte aber pünktlich an der Haltestelle sein: Die Busse zahlen eine Strafe, wenn sie länger als ein paar Minuten an der Haltestelle stehen, und warten darum nicht auf verspätete Fahrgäste. Das Unternehmen bietet außerdem einen Tür-zu-Tür-Transferservice vom Flughafen nach Puerto Montt (5000 Ch$; 8000 Ch$ für zwei Personen) und Puerto Varas (sonderbarerweise 10 000 Ch$ für 1 oder 2 Personen).

Taxis zum Flughafen kosten zwischen 12 000 und 15 000 Ch$ (für Uber werden 7000–9000 Ch$ fällig); in beiden Fällen dauert die Fahrt 30 bis 45 Minuten.

Neben den Autovermietungen am Flughafen empfiehlt sich auch das kleine **Terminal Rent-A-Car** (V-60, San Antonio; ⏲Mo–Fr 7.30–24, Sa–So 8–19 Uhr), das gleich außerhalb des Flughafens an der Hauptstraße liegt: Es beherbergt mehrere budgetfreundliche lokale Autovermietungen.

Charterflüge starten vom kleinen **Aeródromo La Paloma**, 3 km nordöstlich vom Stadtzentrum Puerto Montts.

Pewen Services Aéreos (☎65-222-4000; www.pewenchile.com; Aeródromo La Paloma s/n, Hangar 10) fliegt von Montag bis Freitag jeweils um 9.30, 11.30 und 15.30 Uhr sowie Samstag und Sonntag um 9.30 Uhr nach Chaitén. **Aerocord** (☎65-226-2300; www.aerocord.cl; Aeródromo La Paloma s/n, Hangar 7 & 8) fliegt im Sommer täglich dieselbe Route; bietet in der Nebensaison aber weniger Flüge. Ein einfaches Flugticket kostet bei beiden Fluggesellschaften 50 000 Ch$.

Ein Schnelltaxi von der *costanera* in Puerto Montt zum Flughafen kostet 3000 Ch$.

SCHIFF/FÄHRE

Puerto Montt ist der wichtigste Hafen für Fahrten nach Patagonien. Am **Terminal de Transbordadores** (www.empormontt.cl; Av Angelmó 2187) findet man die Ticketschalter von **Naviera Austral** (☎65-227-0430; www.navieraustral.cl; Av Angelmó 1673; Sitzplatz 17 300 Ch$, Fahrzeug 95 100 Ch$; ⏲Mo–Fr 9–14.45 & 15–18.45, Sa 10–12.45 Uhr). Die Büros von **Navimag** liegen in der Nähe des Busbahnhofs. Beide Reedereien sind in erster Linie kommerzielle Transportunternehmen, man darf also keinen Dom Pérignon

DIE NAVIMAG NACH PUERTO NATALES

Der in Japan erbaute und später nach Patagonien verschiffte Frachter **Navimag** (☎22-869-9900; www.navimag.com; Av Diego Portales 2000, Büro; ⏲Mo–Fr 9–13 & 14.30–18.30, Sa 15–18 Uhr) befördert Fahrgäste an Gletschern vorbei durch unbewohnte Fjorde und bietet unterwegs herrliche Ausblicke auf den orangefarbenen Sonnenuntergang über dem Pazifik. Unterwegs bekommt man Minke- und Humboldtwale, zahlreiche Vögel, ein längst verlassenes Schiffswrack auf dem Meeresspiegel und südamerikanische Seelöwen zu sehen.

Das Leben an Bord ist beengt, aber die Betten sind erstaunlich bequem; ihr Komfortlevel schwankt irgendwo zwischen dem Erste-Klasse-Abteil eines indischen Zuges und einem Bett im Tourbus einer leidlich bekannten Rockband.

Bei schlechtem Wetter ist der Ausblick stark eingeschränkt, und man wird die meiste Zeit damit verbringen, im Speisesaal Filme anzuschauen. Ist das Wetter noch schlechter, kann sich die Abfahrt der Fähre tagelang verzögern. Bei Sturm kann der Golfo de Penas (im offenen Pazifik) nicht überquert werden und es kommt zu Verspätungen. Oft werden die Fahrten auch ganz abgesagt. Windig und kalt ist das Wetter auf See aber immer, auch im Sommer.

Die untenstehenden Preise gelten für die Strecke Puerto Montt–Puerto Natales zwischen November und März. In entgegengesetzter Richtung sind die Tarife in der Hochsaison etwas günstiger. In der Nebensaison (April bis Oktober) sinken die Preise in den Keller.

KLASSE	AAA (US$)	BB (US$)	CC (US$)	C (US$)
Einzel	1950	1500	780	–
Doppel	2100	1520	1200	–
3-Bett	–	2010	1500	–
4-Bett	–	2200	1800	400

oder anderen Luxus erwarten. Wer mehr Komfort genießen oder eine Art Kreuzfahrt erleben will, sollte bei **Skorpios** (☎65-227-5646; www.skorpios.cl; Av Angelmó 1660; EZ/DZ inkl. Mahlzeiten & Alkohol ab 3300/4400 US$; ⏲Mo–Fr 8.30–18.30 Uhr) buchen.

Naviera Austral segelt ganzjährig montags, donnerstags und freitags um 23 Uhr mit der *Jacaf* nach Chaitén. Die Fahrt dauert neun Stunden über Nacht und ist weniger komfortabel.

Etwa alle 30 Minuten bringen Fähren Passagiere und Autos von **Pargua** (☎056-227-0700; www.transmarchilay.cl; Ruta 5; Auto/Fußgänger 12 200 Ch$/frei; ⏲24 Std.; 📶), 62 km südwestlich von Puerto Montt, nach Chacao (30 Min.) an der Nordspitze von Chiloé. Für die Fähre gilt: Wer zuerst kommt, mahlt zuerst.

TAXI

Taxifahrten innerhalb der Stadt kosten meistens um die 3000 Ch$, zum Flughafen 12 000Ch$. *Colectivos* und Minibusse fahren für 400 bis 600 Ch$ die *costanera* rauf und runter.

Europcar (☎65-236-8215; www.europcar.com; Antonio Varas 162; ⏲Mo–Fr 8–19, Sa bis 13.30 Uhr)

Chiloé

Inhalt ➡

Gut essen

- ➡ Rucalaf Putemún (S. 315)
- ➡ Cazador (S. 315)
- ➡ Mercadito (S. 316)
- ➡ La Cocinería Dalcahue (S. 308)
- ➡ Cocineria Tradiciones Morelia (S. 319)

Schön übernachten

- ➡ Tierra Chiloé (S. 312)
- ➡ Palafito del Mar (S. 315)
- ➡ OCIO Territorial Hotel (S. 312)
- ➡ Palafito Cucao Hostel (S. 319)
- ➡ Isla Bruja Lodge (S. 318)

Auf nach Chiloé!

Wenn sich Chiloé in frühmorgendlichen Nebel hüllt, wird auf Anhieb klar, dass an diesem Ort fast alles anders ist. Die Isla Grande de Chiloé ist Südamerikas fünftgrößte Insel und Heimat eines auf Unabhängigkeit pochenden seefahrenden Volkes.

Den deutlichen Unterschied in Architektur und Küche bezeugen die chilotischen *tejuelas* (Holzschindeln), *palafitos* (Pfahlbauten entlang der Küste), die markanten Holzkirchen, von denen 16 auf der UNESCO-Welterbeliste stehen, und der großartige *curanto* (Muschel-Fleisch-Eintopf mit Kartoffeln). Bei genauerem Hinsehen zeigt sich eine Kultur voll tiefer Spiritualität, die auf einer Mythologie aus Hexerei, Geisterschiffen und Waldschraten beruht.

Und all das ist eingebettet in feuchte, grüne windumtoste Landschaften mit Hügeln, entlegenen Nationalparks und dichten Wäldern, was Chiloé einen in Südamerika einzigartigen Charakter verleiht.

Reisezeit

Ancud

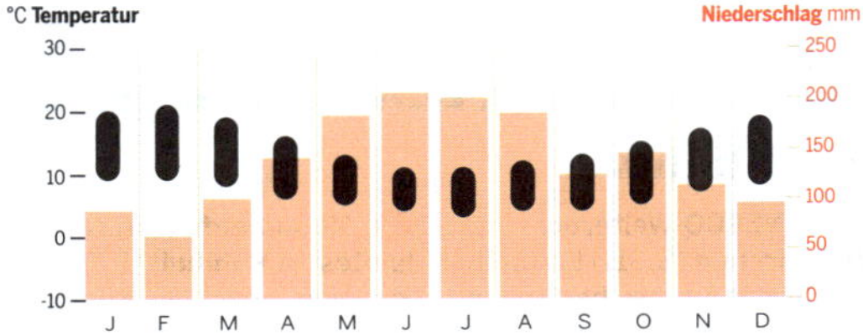

Feb. Der Himmel ist jetzt am klarsten, aber man braucht noch eine Jacke.

Sept.–März Pinguine brüten am Monumento Natural Islotes de Puñihuil.

Dez.–Mai Die beste Jahreszeit, um vor Chiloés Nordwestküste Blauwale zu beobachten.

Highlights

1 **UNESCO-Welterbe: Holzkirchen** (S. 311) Ehrfürchtig Chiloés Kirchen bestaunen.

2 **Muelle de las Almas** (S. 317) Zum mythischen Hafen der Seelen aufbrechen.

3 **Chepu** (S. 307) Mit dem Kajak bei Sonnenaufgang durch einen versunkenen, nebligen Wald paddeln.

4 **Monumento Natural Islotes de Puñihuil** (S. 305) Pinguine in der Wildnis beobachten.

5 **Parque Nacional Chiloé** (S. 317) An der stürmischen Westküste umherstreifen.

6 **Isla Mechuque** (S. 307) Den idyllischen Mikrokosmos dieser Miniinsel erkunden.

7 **Peninsula de Rilán** (S. 311) In abgelegenem Luxus auf einer pittoresken Halbinsel übernachten.

8 **Parque Tantauco** (S. 319) Durch den Regenwald von Hütte zu Hütte wandern.

9 **Curanto** (S. 304) Eine Schüssel von Chiloés traditionellstem Gericht probieren.

Geschichte

Die ersten Bewohner der Insel gehörten zum Chono-Volk, das durch den Einfall der Mapuche aus dem Norden auf den Archipel von Aisén gedrängt wurde. 1567, etwa fünf Jahre nachdem Windpocken einen Großteil der einheimischen Bevölkerung getötet hatten, nahmen die Spanier Chiloé vollständig in Besitz. Eine Masernepidemie 1580 drängte den Einfluss der ursprünglich hier lebenden Ethnie weiter zurück.

Während der Unabhängigkeitskriege war Chiloé ein spanisches Bollwerk; vom stark befestigten Ancud aus leisteten die Spanier 1820 und 1824 den Angriffen der Kreolen Widerstand, bis sie schließlich 1826 endgültig geschlagen wurden. Chiloé selbst rückte erst in den 1850er-Jahren ins Bewusstsein: Die Nähe zum neu gegründeten Puerto Montt verlieh den Inseln wachsende Bedeutung für den Handel. Doch es verging noch ein Jahrhundert, bis die erste Straße in voller Länge über die Hauptinsel gebaut war. Die Fischindustrie war und ist der wichtigste Wirtschaftszweig, wobei inzwischen die Lachs- und Schalentierzucht dominiert.

An- & Weiterreise

Im Moment nutzen die meisten Traveller noch die **Fähre** (S. 297) von Pargua auf dem Festland, 62 km südwestlich von Puerto Montt, nach Chacao, einer kleinen, uninteressanten Stadt an der Nordostecke der Isla Grande de Chiloé. Doch hier wird sich in den nächsten Jahren einiges ändern: Der Bau der umstrittenen 2,6 km langen Hängebrücke Puente Chacao – die größte ihrer Art in Lateinamerika – wird Chiloé mit dem Festland verbinden. Der Baubeginn wurde mehrere Male verschoben, die Brücke *könnte* aber im nächsten Jahrzehnt einsatzbereit sein. Bis dahin schließen die Bustarife zum/vom Festland die halbstündige Überfahrt ein. LATAM Airlines fliegt an fünf Tagen (in der Nebensaison 4-mal) in der Woche jeweils einmal von Santiago über Puerto Montt nach Castro.

Ancud

☎65 / 40 800 EW.

Ancud, einst ein wohlhabender Ort mit freundlichen Häusern, *palafitos* (Pfahlbauten) und einer Eisenbahnverbindung, hat unter dem Erdbeben von 1960 schwer gelitten. Heute präsentiert es sich als weitläufige, recht farblose Stadt mit einigen typisch chilenischen Gebäuden. Spektakulär hingegen ist das Hafenviertel, das nach Umbauarbeiten inzwischen Fahrradwege, einen Pier nur für Fußgänger und mehrere Plazas mit Sitzgelegenheiten haben müsste.

Größter Trumpf der Stadt ist aber die Natur. Wer Chiloé kennenlernen möchte, aber nicht genügend Zeit hat, so weit südlich bis nach Castro zu fahren, findet in diesem Ort mit seiner spektakulären Küste, hervorragenden Meeresfrüchten, gemütlichen Hotels und der Nähe zum Monumento Natural Islotes de Puñihuil eine gute und unkomplizierte Basis, um weniger besuchte Teile der Region zu erkunden.

Sehenswertes

★Centro de Visitantes Inmaculada Concepción MUSEUM
(www.iglesiasdechiloe.cl; Errázuriz 227; empfohlene Spende 500 Ch$; ⏲Jan. & Feb. 9.30–19 Uhr, März–Nov. Mo–Fr 9.30–13 & 14.30–18 Uhr) Vor dem Besuch der zum UNESCO-Welterbe gehörenden Kirchen von Chiloé sollte man unbedingt einen Zwischenstopp in diesem hervorragenden Museum im ehemaligen Convento Inmaculada Concepción de Ancud (1875) einlegen. Es beherbergt Holzmodelle aller 16 Gotteshäuser mit feinen Zimmererarbeiten im Inneren der Gebäude.

Außerdem gibt's einen attraktiven Museumsshop, wo man den kostenlosen zweisprachigen Besucherprospekt *La Ruta de Las Iglesias Chiloé* erhält. Die Stiftung hat einen schönen Bildband über Chiloés Kirchen herausgebracht, der vor Ort erhältlich ist.

★Museo Regional de Ancud Aurelio Bórquez Canobra MUSEUM
(Museo Chilote; www.museoancud.cl; Libertad 370; ⏲Jan. & Feb. 10–19.30 Uhr, März–Dez. Di–Fr 10–17.30, Sa & So 10–14 Uhr) GRATIS Das lohnenswerte Museum, auch Museo Chiloé genannt, bringt dem Besucher die Geschichte der Insel mit interessanten Exponaten nahe, darunter ein immenses Blauwalskelett und eine „lebensgroße" Replik der *Ancud*, die auf den heimtückischen Fjorden in der Magellanstraße unterwegs war, um den chilenischen Anspruch auf die südlichsten Territorien geltend zu machen.

Fuerte San Antonio FESTUNG
(Ecke Lord Cochrane & Baquedano; ⏲Mo–Fr 8.30–21, Sa & So 9–20 Uhr) GRATIS Während der Unabhängigkeitskriege war Fuerte San Antonio Spaniens letzter Außenposten in Chile. Von den Überresten einer Festung vom Anfang des 19. Jhs. blicken Kanonen aus der Spätkolonialzeit auf den Hafen herab. Hinter der Nordmauer liegt ein abgeschiedener Strand, die Playa Gruesa.

Ancud

Ancud

Highlights

1 Centro de Visitantes Inmaculada Concepción C4
2 Museo Regional de Ancud Aurelio Bórquez Canobra B3

Aktivitäten, Kurse & Touren

3 Austral Adventures C5

Schlafen

4 13 Lunas Hostel D5
5 Hostal Lluhay B1
6 Hostal Mundo Nuevo B4

Essen

7 Café Amaranthine B1
8 Café Blanco D4
9 Cocinerías Mercado Gastronómico C2
10 El Embrujo de Chiloé D4
11 Kuranton B2
12 Retro's Pub B3
13 Unimarc D2

Ausgehen & Nachtleben

14 Club Social Baquedano C1

Shoppen

15 Mercado Municipal B2

Geführte Touren

Austral Adventures OUTDOORAKTIVITÄTEN
(☎65-262-5977; www.austral-adventures.com; Av Costanera 904) Empfehlenswerte Agentur für englischsprachige Touren ab Ancud, darunter ausgedehnte Ausflüge zu Pinguinen, Kajakfahrten in der Bucht und Vogelbeobachtung – alles mit viel ökologischem Engagement und niveauvoller als die durchschnittlichen Angebote. Der US-amerikanische Besitzer Britt Lewis ist sehr nett und kompetent.

Schlafen

★13 Lunas Hostel HOSTEL $
(☎65-262-2106; www.13lunas.cl; Los Carrera 855; B ab 11 500 Ch$, EZ/DZ 22 000/30 000 Ch$; P@📶) Die beste Adresse für Backpacker auf der Durchreise liegt direkt gegenüber dem Hauptbusbahnhof. Besitzer Claudio und sein multikulturelles Personal sind jung, enthusiastisch und sprechen Englisch. Für Gemütlichkeit sorgen helles Hartholz, viel natürliches Licht, Bäder wie in einem Hotel, eine Rasenfläche und eine Terrasse mit herrlichem Ausblick. Das Wasser wird über Sonnenenergie erhitzt und Recycling wird ernst genommen.

Hostal Lluhay PENSION $
(☎65-262-2656; www.hostal-lluhay.cl; Lord Cochrane 458; EZ/DZ/3BZ inkl. Frühstück 22 000/38 000/45 000 Ch$; P@📶) Vollgestopft mit antikem Kitsch und Charakter. Die überaus freundliche Besitzer füttern ihre Gäste beispielsweise mit selbst gemachtem Kuchen, füllen sie am Kamin mit Cocktails ab oder schlagen ein paar Tasten auf dem Klavier an.

Camping Arena Gruesa CAMPINGPLATZ $
(☎65-262-3428; www.hotelarenagruesa.cl; Av Costanera Norte 290; Stellplatz 7000 Ch$ pro Pers., EZ/DZ inkl. Frühstück ab 38 000/49 000 Ch$; @📶) Dieser Campingplatz auf einer Klippe in Ancuds Norden bietet die wohl beste Aussicht, die man auf einem städtischen Platz überhaupt haben kann. Das Gelände ist mit Gras bewachsen und gepflegt, es gibt Strom, abends Warmwasser, winzige *refugios* (rustikale Schutzhütten) für Regentage und helle, überraschend saubere Bäder. Am Strand ist man schon innerhalb einer Minute.

Chil-Hué PENSION $$
(☎65-262-5977; www.chil-hue.com; Playa Lechagua; Zi. ab 70 000 Ch$, Casita 110 000 Ch$; 📶) Für alle, die das nötige Kleingeld haben und die Einsamkeit schätzen, ist dies Ancuds beste Adresse. Gastgeber sind Britt von Austral Adventures und seine Frau Sandra, eine peruanische Gourmetköchin (die für 15 000 Ch$ auch Abendessen zubereitet) und Ashtanga-Yogalehrerin. Auf ihrem Anwesen an einem isolierten Strand 6 km südlich vom Ort haben sie drei Unterkünfte errichtet.

Es gibt zwei stilvolle Apartments mit Pantryküchen (Biogemüse kann man direkt im angrenzenden Garten pflücken), leider ohne Meerblick. In der abgelegenen *casita* am Strand ist man dafür mit den Delfinen allein in der Bucht. Das entlegene rustikale Refugium ist allerdings nicht jedermanns Sache.

Hostal Mundo Nuevo HOSTEL $$
(☎65-262-8383; www.hostalmundonuevo.com; Costanera 748; B/EZ/DZ/4BZ 14 000/39 000/52 000/64 000 Ch$, EZ/DZ ohne Bad 29 000/42 000 Ch$; @📶) Das Mittelklassehotel unter Schweizer Leitung liegt in unmittelbarer Nähe des Busbahnhofs Cruz del Sur. Von einer großen, gemütlichen Bank auf der Veranda mit natürlichem Licht hat man einen perfekten Ausblick auf den Sonnenuntergang über der Bucht von Ancud. Für Besucher stehen 13 Einzelzimmer (darunter zwei neue größere Zimmer) und ein Mehrbettzimmer für sechs Personen zur Verfügung.

Der Whirlpool im Freien (ab 12 000 Ch$ für bis zu acht Gäste) sollte ein paar Stunden im Voraus reserviert werden. Bei unserem Besuch war ein neues Restaurant in Arbeit.

Essen & Ausgehen

Unimarc SUPERMARKT $
(www.unimarc.cl; Prat 318; ⏲9–21.30 Uhr) Ancuds bester Supermarkt.

Café Amaranthine CAFÉ $
(www.amaranthinechiloe.com; Lord Cochrane 412; Hauptgerichte 4500–5500 Ch$; ⏲Mo–Sa 10–21 Uhr; 📶) 2017 hat die renommierte peruanische Köchin Sandra Echegaray dieses extrem bezaubernde Café – Chiloés erstes vegetarisches Biolokal – eröffnet. Accessoires im rustikalen Schick wie bunte schmiedeeiserne Stühle und unterschiedliche Retrosofas unterstreichen die reizende Atmosphäre noch. Die großartigen Kaffees, Tees, Smoothies und kulinarischen Angebote (Quinoa-Burger, vegetarische *pichangas,* Käsekuchen mit *maqui*-Beeren) bilden eine nette Abwechslung zu den chilenischen Standards.

Café Blanco CAFÉ $
(www.facebook.com/cafeblancoancud; Ramírez 359; Hauptgerichte 3700–6900 Ch$; ⏲Mo–Sa 9.30–

NICHT VERSÄUMEN

CURANTO: CHILOÉS KULINARISCHER COUP

Worte können einen nicht auf das Erlebnis vorbereiten, wenn zum ersten Mal eine kochend heiße Schüssel *curanto* vor einem auf den Tisch gestellt wird: Wo bin ich da nur hineingeraten, mag vielen durch den Kopf gehen. Doch keine Sorge: Es ist gar nicht so schwierig, diese Portionen zu verdrücken. Die Ursprünge des sehr traditionellen Gerichts von Chiloé verlieren sich im Dunkeln, aber historisch weisen Details der Zubereitung auf die Erdöfen polynesischer Herkunft. Einst bereitete man *curanto* zu, indem man Steine in einem Erdloch erhitzte, bis sie knackten, und dann direkt Schalentiere, Schweine- und Hühnchenfleisch sowie Kartoffeln darauflegte, gefolgt von *nalca* (eine rhabarberähnliche Pflanze) oder *pangue* (eine endemische Pflanze aus Chile). Schließlich wurden feuchte Tücher darübergelegt und alles sorgfältig mit Erde und Gras zugedeckt. Nach knapp zwei Stunden war das Essen gar. An manchen Orten auf der Insel wird das Gericht immer noch so zubereitet – es heißt dann *curanto al hoyo* –, etwa im **Restaurant Quetalmahue** (www.restaurantequetalmahue.es.tl; W-20, Quetalmahue; Curanto 10 000 Ch$; ⌚11–20 Uhr, Jan.–Feb. bis 22 Uhr) in Quetalmahue, einem kleinen Fischerdorf 12 km außerhalb von Ancud (nur in der Hauptsaison, oder für große Gruppen mit vorheriger Reservierung). Wer nicht dorthinkommt (*curanto* von 14–16 Uhr; eine Taxirundfahrt ab Ancud ist je nach Verhandlungsgeschick für rund 15 000 Ch$ inklusive Wartezeit zu haben), für den gibt's den zweitbesten *curanto* – ohne Grube und Erde – im **Kuranton** (Prat 94; Curanto 8000 Ch$; ⌚11–20 Uhr; 📶) in Ancud und im **El Chejo** (S. 306) in Quemchi.

20.30, So 16–19 Uhr; 📶) Dieser sehr willkommene gemütliche Neuzugang in der hiesigen Restaurantszene, ein Ableger aus Castro, befindet sich in einem bunten und weitläufigen alten chilotischen Haus. Hier lohnt sich eine Pause, um Sandwiches und Salate oder Kuchen und Torten (1500–3100 Ch$) zu genießen. Außerdem werden im Bioladen verschiedene regional erzeugte Produkte verkauft.

Retro's Pub PUBFOOD $
(www.facebook.com/retros.pub; Pudeto 44; Hauptgerichte 5000–13 000 Ch$, Pizza 11 000 Ch$; ⌚Mo–Fr 11–4, Sa 18–4 Uhr; 📶) Die zeitlos schöne Bar ist 2016 in eine düsterere Örtlichkeit unweit der Plaza de Armas umgezogen und auf eine Art heruntergekommen, dass es gerade perfekt ist. Auf der Karte steht eine große Auswahl an Tex-Mex-Gerichten, Burritos in Übergröße, riesigen Burgern auf Sauerteigbrötchen, Steinofenpizza und mehr. Alles wird frisch zubereitet.

Der freundliche Besitzer braut u.a. ein gutes belgisches Trappistenbier sowie Porters, Stouts und IPAs.

Cocinerías Mercado Gastronómico MARKT $
(Dieciocho; Gerichte 2500–7000 Ch$; ⌚9–21 Uhr) Hinter der Dieciocho versteckt sich eine Reihe von Marktständen, die *cazuela* (Eintopf aus Fleisch und Gemüse), *chupe* (Fischpfanne) und Mittagsmenüs für etwa 2500 bis 7000 Ch$ im Angebot haben.

El Embrujo de Chiloé CAFÉ $
(Maipú 650; Sandwich 2500–3200 Ch$; ⌚Mo–Fr 9–20, Sa 10–19 Uhr; 📶) Dieses gemütliche Café platzt immer aus allen Nähten. Einheimische schlürfen hier guten Cappuccino (1000–2800 Ch$) oder essen eines der günstigen Sandwiches. Das zauberhafte Ambiente wirkt sehr authentisch.

Club Social Baquedano BAR
(Baquedano 469; Bier 2000–3000 Ch$; ⌚13–1 Mo–Do, Fr & Sa bis 2 Uhr; 📶) Ancuds schickste Bar befindet sich in einem restaurierten chilotischen Haus mit Dachschindeln, das in den 1960er- und 1970er-Jahren unter gleichem Namen als Social Club fungierte. Es gibt Bier vom Fass – Cuello Negro und Kross – sowie Sofas im viktorianischen Stil.

Shoppen

Kelgwo KLEIDUNG
(☎mobil 9-8424-3110; Costanera Norte 200; ⌚Mo–Fr 8–17 Uhr) In Anlehnung an Chiloés uralte Webtraditionen verkauft diese Boutique in einem zerfallenden Haus in Arena Gruesa moderne, natürlich gefärbte, hochwertige gewebte Mäntel, Halstücher, Schals und Tops sowie Wandbehänge und gerahmte Kunstwerke.

Mercado Municipal MARKT
(Prat, Ecke Dieciocho & Libertad; ⌚ Mo–Sa 8.30–19.30, So 9–18.30 Uhr) Zahlreiche Kunsthandwerksstände.

Praktische Informationen

Banco de Chile (Libertad 621) Geldautomat.

CONAF (☎ 65-262-7520; www.conaf.cl; Errázuriz 317; ⊙ Mo & Mi 8.30–12.50 & 14.30–17.30, Fr 8.30–12.50 & 14.30–18.30 Uhr) Ancuds Büro der chilenischen Forstbehörde bietet Infos über die Nationalparks.

CorreosChile (www.correos.cl; Ecke Pudeto & Blanco Encalada; ⊙ Mo–Fr 9–13 & 15–18, Sa 9.30–12.30 Uhr)

Hospital de Ancud (www.hospitalancud.gov.cl; Almirante Latorre 301; ⊙ 24 Std.) Das Krankenhaus befindet sich an der Ecke der Pedro Montt.

Informaciones Turísticas (www.muniancud.cl; Ruta 5; ⊙ 10–17 Uhr) Hilfreiche städtische Touristeninformation am Stadteingang.

Sernatur (☎ 65-262-2800; www.sernatur.cl; Libertad 669; ⊙ Dez.–Feb. Mo–Fr 8.30–19, Sa & So 9.30–19 Uhr, März–Nov. Mo–Do 9.30–17, Sa & So bis 16.30 Uhr; 📶) Die einzige offizielle nationale Touristeninformation auf der Insel – mit hilfsbereitem Personal, Broschüren, Stadtplänen und Unterkunftslisten für den Archipel sowie WLAN.

An- & Weiterreise

Ancud hat drei Busbahnhöfe. **Cruz del Sur** (☎ 65-262-2265; www.busescruzdelsur.cl; ⊙ Mo–Sa 6–23, So 7–23 Uhr) betreibt den zentralen **Terminal de Buses** (Ecke Los Carreras & Cavada; ⊙ Mo–Sa 6–23, So 7–23 Uhr) mit den häufigsten Verbindungen (etwa stündl.) in die Städte südlich von Chiloé und zu den Orten die Panamericana hinauf Richtung Norden (darunter 2-mal tägl. nach Santiago, 19 & 19.35 Uhr). Man erreicht die Haltestelle in fünf Gehminuten vom Wasser und von der Innenstadt aus. Ein Taxi von hier zur Avenida Costanera in der Innenstadt kostet 2000 Ch$. **Queilen Bus** (☎ 65-262-1140; www.queilenbus.cl) operiert vom alten **Terminal Municipal** (Anibal Pinto 1200), 1,5 km vom Stadtzentrum entfernt.

Busse von Cruz del Sur starten jeden Dienstag, Donnerstag und Samstag um 8.30 Uhr nach Punta Arenas. Queilen Bus verkehrt montags um 7.30 Uhr. Wer zu Zielen südlich von Chiloé und nach Bariloche in Argentinien will, nimmt besser einen der Busse ab Puerto Montt.

Einige Ziele und Preise in der Hauptsaison (variieren je nach Busgesellschaft und Qualität der Busse und Klasse):

ZIEL	PREIS (CH$)	DAUER (STD.)
Castro	2000	1½
Concepción	23 000	12
Dalcahue	1700	¾
Osorno	6200	4
Puerto Montt	4500	2
Puerto Varas	5000	1½
Punta Arenas	45 000	32
Quellón	4000	3
Santiago	30 000	16
Temuco	11 000	8
Valdivia	8500	6

Chiloés ländlichere östliche Regionen bedienen Busse vom kleinen **Terminal Inter-Rural** (☎ mobil 9-6301-9912; Colo Colo 860) aus. Hier starten nachmittags auch Busse nach Chepu, dem Tor zum Parque Nacional Chiloé am Nordrand des Schutzgebietes. Der Fahrplan hängt in der Nähe der Toilette aus, Tickets bekommt man beim Fahrer.

Mit öffentlichen Verkehrsmitteln erreicht man das Monumento Natural Islotes de Puñihuil. **Buses Mar Brava** (Terminal Inter-Rural) bietet montags bis freitags um 13 und um 17 Uhr und samstags um 13 Uhr in die Nähe von Pumillahue (2000 Ch$) Verbindungen an. **Buses Pumillahue** (☎ mobil 9-8379-2328, mobil 9-9952-1984; Terminal Inter-Rural) verkehrt montags, mittwochs und freitags um 12 und um 16 Uhr, dienstags und donnerstags um 16 Ihr und sonntags um 13 Uhr. Der Bus hält an der Piedra-Run-Kreuzung. Von dort aus läuft man 2 km zum Strand (auf einer asphaltierten Straße). In der Nebensaison fahren die Busse deutlich seltener.

Unterwegs vor Ort

Ancud ist ein kleiner Ort, den man größtenteils zu Fuß erkunden kann. Weiter entfernte Ziele in den Hügeln wie der Terminal Municipal erreicht man mit *colectivos* (zwischen 7 und 21 Uhr 400 Ch$, nachts & So 500 Ch$), die auf der Dieciocho starten, oder per **Taxi** (☎ 65-262-2577; Ecke Pudeto & Maipú; 2000 Ch$).

Monumento Natural Islotes de Puñihuil

Drei Inseln im Pazifik vor der Küste von Puñihuil dienen den Magellan- und den fast ausgestorbenen Humboldtpinguinen als Brutplätze sowie Blauwalen als Heimat. Das gesamte Gebiet ist als nationales Denkmal geschützt und das Fischen überall verboten. Beste Chancen, die Pinguine zu sichten, bestehen während der Brutzeit zwischen September und März (zu anderen Zeiten hat man vielleicht kein Glück). Etliche Reisebüros in Ancud organisieren Touren hierher.

Am beliebtesten sind Bootsfahrten, bei denen man die Tiere beobachten kann. **Ecoturismo Puñihuil** (☎ mobil 9-8317-4302; www.pinguineraschiloe.cl; Puñihuil; Pinguintour Erw./Kind 3500/700 Ch$) vertritt drei der sieben lizenzierten Veranstalter und bietet täglich zwischen 10 und 18 Uhr rund zwanzig Ausflüge mit drei aufgerüsteten lokalen Fischerbooten an. So können Touristen sich die süßen gefiederten Frackträger (kurz) aus der Nähe ansehen (sind die Boote voll, spaziert man den Strand hinunter und schaut nach anderen Optionen). Ausrüstung für jedes Wetter wird gestellt. In der Hochsaison sind die Boote oft voll, dann bucht man den Trip am besten im Voraus bei Austral Adventures (S. 303) in Ancud. Sofern das Wetter mitspielt, bietet Austral auch Whalewatching und Touren zu Seelöwen an.

An- & Weiterreise

Vom Terminal Inter-Rural in Ancud verkehrt **Buses Mar Brava** (S. 305) nach Pumillahue in der Nähe vom Monumento Natural Islotes de Puñihuil (2000 Ch$, Mo–Fr 13 & 17, Sa 13 Uhr). **Buses Pumillahue** (S. 305) bedient die Strecke ebenfalls (Mo, Mi & Fr 12 & 16, Di & Do 16, So 13 Uhr). Die Busse halten an der Piedra-Run-Kreuzung. Von dort aus geht man 2 km zum Strand (auf einer asphaltierten Straße). In der Nebensaison fahren die Busse deutlich seltener. Sie kehren etwa 75 Minuten nach ihrer Abfahrt in Ancud zurück.

Eine Rundfahrt von Ancud mit dem Taxi kostet inklusive Wartezeit 20 000 Ch$.

Quemchi

065 / 9102 EW.

An klaren Sommertagen zeichnen sich die schneebedeckten südchilenischen Gipfel in der Ferne über dem Dunst von Quemchi ab und setzen auf den ohnehin schon eindrucksvollen Blick zur Strandmauer noch eins drauf. Die Wasserseite der verschlafenen Kleinstadt eignet sich wunderbar dazu, um einen Tag einfach in Ruhe verstreichen zu lassen, etwa bei einem Spaziergang entlang der Bucht oder in einem der besten Restaurants von Chiloé, dem El Chejo. In Quemchi gibt's den größten Tidenhub der Insel (7 m), sodass die bei Niedrigwasser weit an Land liegenden Fischerboote eine unwirkliche Szenerie von gestrandeten Kähnen bilden.

Schlafen & Essen

Hospedaje Costanera PENSION $

(65-269-1230; ray.paredes.d@gmail.com; Diego Bahamonde 141; Zi. ohne Bad 10 000 Ch$ pro Pers., EZ/DZ ab 20 000/25 000 Ch$; P) Dies ist nicht die einzige Unterkunft in der Stadt, aber sie hat den besten (leider durch Stromleitungen verhängten) Meerblick und eine erstklassige Lage, denn von hier sind es nur 50 m bis zum El Chejo. Wegen der Aussicht aufs Meer sollte man wenn möglich Zimmer eins, zwei oder fünf nehmen, doch keinesfalls Zimmer drei, denn da gibt's keinen Platz für das Gepäck!

Hinter dem Haus befinden sich zudem ein paar *cabañas*.

★ **El Chejo** CHILENISCH $

(65-269-1490; Diego Bahamonde 251; Gerichte 4000–9800 Ch$; 9–23 Uhr) Das familienbetriebene El Chejo ist ein echter kulinarischer Schatz und bietet ehrliche Küche. Es gibt keine Speisekarte, also bekommt man das, was an dem Tag zubereitet wird, z. B. als Vorspeise eine exzellente *empanada de centolla* (mit Königskrabbenfleisch gefüllte Pastete), gefolgt von einer Auswahl verschiedener vor Ort gefangener Fische, hinuntergespült mit einem Chilote-Fruchtlikör (wir empfehlen die Geschmacksrichtung *murtado*, eine Arzneibeere).

Jeden Sonntag in der Hauptsaison kann man sich auf *curanto al hoyo* (traditionell im Erdofen zubereitet; 7500 Ch$) freuen.

Ausgehen & Nachtleben

Barlovento's BRAUSTUBE

(Yungay 08; Mo–Do 9–24, Fr & Sa 9–2, So 11–19 Uhr) Das Restaurant mit eigener Braustube und Meeresblick ist Quemchis einzige empfehlenswerte Option für abends. Es gibt hausgebraute *cervezas artesanales* und dazu kann man sich den frischen Fang des Tages (2000–7000 Ch$) – Empanadas, Congrio oder Lachs – schmecken lassen. Freundlicher Service.

Praktische Informationen

Auf halbem Weg zwischen El Chejo und dem Terminal de Transporte befindet sich bei der Stadtbibliothek ein **Geldautomat der Banco de Chile** (Yunguy).

An- & Weiterreise

Landbusse verkehren montags bis freitags zwischen 6.40 und 19 Uhr alle 20 bis 45 Minuten nach Ancud und Castro (1500 Ch$, jeweils 1½ Std.). Samstags und vor allem sonntags sind sehr viel weniger Busse unterwegs. Startpunkt ist am **Terminal de Transporte** (Yungay) am Ende der Straße, wo ein unübersichtlicher Wald aus Fahrplänen hängt.

ABSTECHER

CHEPU

Im Nordteil des Parque Nacional Chiloé 38 km südwestlich von Ancud gelegen, war Chepu früher schwer zu erreichen und wenig erschlossen. Bis heute ist der Park ein Zufluchtsort von unberührter Schönheit mit einem atemberaubenden Strand und Flüssen sowie 128 Vogelarten. Vorräte mitbringen, denn es gibt hier quasi keine Infrastruktur!

Als Highlight gilt ein Ort mit überwältigendem Blick auf den Zusammenstoß dreier Flüsse und auf 140 km² versunkenen Wald. Ursache dieses Phänomens ist das Erdbeben in Valdivia von 1960. Damals senkte sich der Boden um etwa 2 m, sodass Salzwasser in das Gebiet eindringen konnte und die Bäume abstarben. Am besten unternimmt man hier im Morgengrauen eine ruhige Kajaktour. Angeboten werden solche Ausflüge von dem empfehlenswerten Ökotourismusveranstalter **Chiloé Natural** (S. 314) im Rahmen zweitägiger Exkursionen, die in Castro starten (265 000 Ch$ pro Pers. inkl. Unterkunft & Verpflegung).

Nicht entgehen lassen sollte man sich außerdem den **Muelle de la Luz** (25 000 Ch$ pro Pers. inkl. Transport; ⌚ Sa & So 9–19 Uhr), eine größere und neuere Version von Chiloés mystischem und berühmtem Muelle de las Almas, den man mit einer 45-minütigen Bootsfahrt vom Muelle Anguay in der Nähe des Refugio Lugar de Encuentro in Chepu erreicht. Der faszinierende Steg liegt wunderschön an einem Pier, wo der Fluss Chepu in den Ozean fließt. Was fehlt, ist allerdings der starke mythische Hintergrund des Muelle de las Almas.

Im **Alihuen** (☎ mobil 9-7489-9510; www.travelchiloe.com; DZ 30 000 Ch$; 📶) betreibt der flämische Koch und ehemalige Führer Jeroen (Einheimische nennen ihn Yuna) leidenschaftlich eine nachhaltige Farm mit Regenwassertanks und Bio-Gewächshaus, die in der Nähe seiner gemütlichen Cabaña Reciclada, einer Hütte mit zwei Schlafzimmern aus recyceltem Wellblech, liegt. Das versteckte Refugium verfügt über eine voll ausgestattete Küche, die vorwiegend aus Pinienholz besteht, sowie über eine Waschmaschine und einen Grillbereich. Die Mahlzeiten (Frühstück 5000 Ch$, Abendessen 16 000 Ch$) schwanken zwischen belgischer und chilotischer Tradition. **Agroturismo Chepu** (☎ mobil 9-9635-0226, mobil 9-8523-6960; www.agroturismochepu.cl; Camino Ancud-Castro, Km 25; Zi. mit/ohne Bad pro Person inkl. Abendessen 25 000/22 000 Ch$) bietet Unterkünfte auf einem Bauernhof an.

Bus Juan Carlos Silva fährt montags, mittwochs und freitags um 16 Uhr von Ancuds Terminal Inter-Rural nach Chepu. Zurück nach Ancud geht's um 17.30 Uhr (2000 Ch$, 1 Std.); man winkt den Bus an der Hauptstraße heran.

Isla Mechuque

☎ 065 / 500 EW.

Je weiter sich Besucher auf die kleineren Inseln von Chiloé wagen, desto stärker haben sie das Gefühl, in der Zeit zurückzureisen. Zur Isla Mechuque sind es von Tenaún nur 45 Minuten mit der Fähre, doch das ganze Eiland scheint einer vergangenen Epoche entsprungen zu sein. Mechuque gehört zu den Islas Chauques, Chiloés schönster Inselkette. Es ist ebenso klein wie atemberaubend und ein leicht erreichbares Ziel für einen unvergesslichen Tagesausflug. Mit zwei Museen, *tejuela*-Häusern (chilotische Holzschindelhäuser), einem herrlichen Aussichtspunkt, einer malerischen Brücke, köstlichem *curanto al hoyo* und den *palafitos* erscheint es wie ein Mini-Chiloé, das auf engstem Raum zusammengedrängt alle größeren Attraktionen der Inselgruppe in sich versammelt hat.

Die meisten Gäste besuchen die Isla Mechuque im Rahmen eines Tagesausflugs von Castro aus. Es gibt ein paar wenige einfache Pensionen, darunter die empfehlenswerte **Hospedaje Maria Humilde** (☎ mobil 9-9012-6233; Zi. ohne Bad 15 000 Ch$ pro Pers.).

Mehrere Boote fahren vom Fischereihafen in Dalcahue zur Insel. Normalerweise starten sie dienstags um 13, mittwochs und donnerstags um 15.30 und samstags um 12 Uhr und kehren mittwochs um 7 und donnerstags um 8.15 Uhr von der Isla Mechuque zurück. Weil sich der Fahrplan allerdings ständig ändert, erkundigt man sich am besten vorher beim Alcadia de Mar (S. 309) in Dalcahue oder direkt bei den Schiffen nach den genauen Zeiten. Je nach Boot kostet eine Fahrt zwischen 2000 und 500 Ch$. Man erreicht die Insel auch von Tenaún aus; einfach bei der Hospedaje Mirella (S. 310) anrufen.

Am unkompliziertesten lässt sich Mechuque aber auf einer Tour mit Turismo Pehuén (S. 314) in Castro erkunden. Im Januar und im Februar gibt's jeden Samstag um 10 Uhr eine feste Tour, ansonsten nach Absprache.

Dalcahue

☎065 / 8000 EW.

Dalcahue bedeutet auf Huilliche „Dalca-Ort". Die lebhafte kleine Stadt verdankt ihren Namen den *dalcas* (Boote), die Chiloés erste Bewohner bauten. Sie liegt an der Landseite der Insel und ist vor allem für ihren lebendigen sonntäglichen Kunsthandwerkermarkt und ihre UNESCO-Kirche bekannt. Außerdem dient sie als Startpunkt der Fähren zur Isla Quinchao, eine der leichter zugänglichen und interessanten Inseln des Archipels, und zur Isla Mechugue.

2017 wurde der neu gestaltete Uferbereich mit schönen Sitzgelegenheiten und einer Promenade eingeweiht.

Sehenswertes

Crafts Fair MARKT

(Pedro Montt; ⏲ Dez.–Feb. 9–18 Uhr, März–Nov. 9–17 Uhr) Hier bekommt man die authentischsten kunsthandwerklichen Erzeugnisse der Insel, vor allem Pullis, Socken und Hüte, die aus *lana de oveja* (Schafswolle) gewebt und mit natürlichen Pigmenten aus Wurzeln, Blättern und eisenhaltigem Schlamm eingefärbt sind. Die Messe findet jeden Tag statt, am schönsten ist es jedoch sonntags, wenn auch die Bewohner der Nachbarinseln herkommen.

Nuestra Señora de Los Dolores KIRCHE

(Plaza de Armas) Die 1849 errichtete Kirche ist eines der 16 UNESCO-Gotteshäusern auf der Insel. 2015 wurde die Komplettrestaurierung vollendet und nun erstrahlt das Gebäude in neuem Glanz – nicht unbedingt eine Verbesserung, finden manche.

Schlafen

Hostal Lanita PENSION $

(☎65-264-2020; www.lanitahostal.blogspot.com; O'Higgins 50B; Zi. ohne Bad inkl. Frühstück ab 12 500 Ch$ pro Pers.; P 📶) Nur einen Häuserblock vom Meer entfernt liegt diese Pension mit tollem Preis-Leistungs-Verhältnis. Gäste können die riesige Küche benutzen (mittags und abends). In den Zimmern mit Gemeinschaftsbädern warten gemütliche Betten und kuschelige Decken. Die freundliche Ana aus Valparaíso zaubert ein tolles kleines Frühstück.

Hostal Lüfkümen HOSTAL $

(☎mobil 9-9000-6709; www.hostaluftkumen.cl; Ramón Freire 121; EZ/DZ inkl. Frühstück 20 000/40 000 Ch$; P 📶) Die Pension an der Hauptstraße ist in einem Top-Zustand (blitzblanke Böden, Hartholzwände). Es fehlt ihr vielleicht an lokalem Charakter, aber das Preis-Leistungs-Verhältnis ist super. Die Einzelzimmer warten mit Privatbädern auf, die in der Nebensaison nur noch 15 000 Ch$ kosten.

Hostal Encanto Patagon PENSION $

(☎65-264-1651; www.hostalencantopatagon.blogspot.com; Freire 26; B 10 000 Ch$ pro Pers., Zi. ohne Bad 12 000 Ch$ pro Pers.; P @ 📶) Unter dem Umzug von einem weitläufigen 100 Jahre alten chilotischen Haus voll altmodischen Charmes in eine um einiges weniger stimmungsvolle Ranch hat die Atmosphäre des Hotels deutlich gelitten, dennoch überzeugen die schlichten Zimmer und noch viel mehr die ausgezeichneten selbst gekochten Mahlzeiten der Gastgeberin Cecilia (3000 Ch$) sowie der angemessene Preis.

Refugio de Navagantes BOUTIQUE-HOTEL $$$

(☎65-264-1128; www.refugiodenavegantes.cl; San Martín 165; DZ 100 000–150 000 Ch$; P ❄ @ 📶) Dieses schicke neue Boutique-Hotel an der Plaza de Armas ist die beste Unterkunft der Stadt. Die fünf Zimmer sind extragroß, haben gemütliche Betten mit einheimischen Überwürfen und verfügen alle über Terrassen, moderne Bäder und wertvolle lokale Kunstwerke. Das beste Zimmer bietet einen tollen Blick auf die Kirche. Außerdem befindet sich nebenan Dalcahues bestes Café.

Essen

★ **La Cocinería Dalcahue** CHILENISCH $

(www.cocineriasdalcahue.blogspot.cl; Pedro Montt; Hauptgerichte 3000–8000 Ch$; ⏲ 9–19 Uhr) Hinter dem Kunsthandwerkermarkt locken von großmütterlichen Frauen bewirtschaftete Essensstände. Hier gibt's *curanto* (Muschel-Fleisch-Eintopf), *cazuela*, *milcao* (Kartoffelbrote) und chilotische Süßigkeiten – all das darf man in Dalcalhue auf keinen Fall verpassen. Einheimische bevorzugen die Nummer 8 (Camila – Donde Lula) und die dort angebotene herausragendes *cazuela* mit Fleisch und *luche* (Algen) – doch gut sind sie alle.

Refugio de Navegantes CAFÉ $
(www.refugiodenavegantes.cl; San Martín 165; Snacks 900–4900 Ch$; ⏲Mo–Sa 9–23, Do bis 20 Uhr, im Winter kürzere Öffnungszeiten; 📶) Dalcahues Reiche und Schöne lassen sich in diesem Café mit seinen hübschen Dachschindeln an der Plaza de Armas den einzigen ernst zu nehmenden Espresso in der Stadt sowie hochwertige Tees, Wraps und Desserts schmecken. Die Lounge im Obergeschoss ist im Sommer ein echter Hingucker.

Casita de Piedra CAFÉ $
(www.facebook.com/artesania.casitadepiedra; Pedro Montt 144; Kuchen & Sandwich 2200–5600 Ch$; ⏲Mo–Sa 9–22.30, So 12–20 Uhr, im Winter kürzere Öffnungszeiten; 📶) Dieses wundervolle Café direkt am stimmungsvollen Meeresufer beherbergt im ersten Stock einen sehr angesagten Kunsthandwerksladen (alles außer den Tees und den ätherischen Ölen stammt von örtlichen Künstlern). In der Etage darüber gibt's Espresso, Quiche, Sandwiches und eine umwerfende Zitronen-Baiser-Torte.

Dalca FISCH & MEERESFRÜCHTE $
(☎65-264-1222; Calle Acceso Rampla; Hauptgerichte 1500–6800 Ch$; ⏲Mo–Sa 10–23.30, So 11–17.30 Uhr; 📶) Dalcahues Top-Adresse für Fisch und Meeresfrüchte kredenzt u. a. hervorragenden gedünsteten Fisch sowie *caldillo de mariscos* (ein Eintopf aus Meeresfrüchten).

ℹ Praktische Informationen

Ein Geldautomat der **BancoEstado** (Freire 245) liegt an der Freire unweit der Copec-Tankstelle.

ℹ An- & Weiterreise

Dalcahue hat keinen Busbahnhof. **Buses Dalcahue** bietet zwischen 7 und 20.30 Uhr alle 15 Minuten Verbindungen von einer Haltestelle auf der Freire (der Hauptstraße) vor dem Supermarkt Otimarc zwischen Henriquez und Eugenin nach Castro (800 Ch$, 30 Min.) und Mocopulli (600 Ch$) zum Flughafen. Entlang der Hauptstraße lassen sich noch weitere Busse heranwinken. **Cruz del Sur** (☎65-264-1050; www.busescruzdelsur.cl; San Martín 102; ⏲Mo–Sa 8.30–13 & 14.30–19, So 14.30–19 Uhr) fährt zweimal täglich nach Ancud (1700 Ch$) und Puerto Montt (6000 Ch$). Die Busse starten um 9.10 und 15.15 Uhr vom Büro in der San Martín direkt neben der Kirche. Eine zusätzliche Verbindung gibt's sonntags um 19 Uhr. Außerdem pendeln jeden Tag mehrere Busse zwischen Castro und Tenaún (1200 Ch$, 40 Min.), die auf Zuruf an der Hauptstraße anhalten.

Fähren zur Isla Quinchao legen regelmäßig zwischen 6.10 und 1 Uhr ab und sind für Fußgänger kostenlos. Am besten passt man eine ab, die einen Bus Richtung Achao an Bord hat, da man diesen zur Weiterfahrt braucht. Die Überfahrt für Autos kostet 5000 Ch$ (hin & zurück). Vom Anleger in Dalcahue verkehren auch mehrmals wöchentlich Fähren zur Isla Mechuque – einen Fahrplan bekommt man bei **Alcadia de Mar** (☎65-264-1570; Pedro Montt; ⏲24 Std.) im weißen Gebäude unweit des Fischereihafens. Der Preis beträgt normalerweise 5000 Ch$ pro Person. Abfahrten sind dienstags um 13, mittwochs und donnerstags um 15.30 und samstags um 12 Uhr, aber das ändert sich ständig, darum sollte man vorher bei Alcadia oder direkt bei den Kapitänen nachfragen:

Doña Luisa (☎mobil 9-9376-4088)

Doña Luisa II (☎mobil 9-9444-0123, mobil 9-9647-1610)

Isabel (☎mobil 9-9647-0948)

Don José H (☎mobil 9-9146-6548)

Isla Quinchao

☎065 / 9203 EW.

Die langgestreckte Insel ist per Fähre von Dalacahue aus schnell zu erreichen und ein Flickenteppich aus Weiden mit eingestreuten kleinen Dörfern. Eine gut ausgebaute Straße führt der Länge nach über das gesamte Eiland. Über sie gelangt man auch zu den beliebtesten Zielen Curaco de Vélez und Achao. An klaren Tagen genießt man einen spektakulären Blick nach Chiloé im Westen und zu den schneebedeckten Bergen von Nordpatagonien im Südosten.

Curaco de Vélez

☎065 / 3403 EW.

Ein überraschender Schatz wartet auf Besucher der Isla Quinchao: Curaco de Vélez, der erste Ort auf der Hauptstraße, den man vom Fähranleger aus erreicht. Hier geht's herrlich ruhig zu und bei einem Nachmittagsspaziergang kann man die faszinierenden zwei- und dreistöckigen, reich mit Schindeln gedeckten Holzhäuser sowie acht alte Wassermühlen in Augenschein nehmen, für die das liebliche Städtchen bekannt ist. Nicht verpassen sollten Traveller die Krypta von Galvarino Riveros Cárdenas, einem Helden des Pazifikkrieges – er ist direkt hier am Platz begraben!

Nach Curaco kommen die Besucher vor allem wegen der frischen Austern, die in den Restaurants entlang der ungeliebten Uferpromenade serviert werden. Menschenscharen verschlingen hier Quinchaos riesige zwei-

ABSTECHER

TENAÚN

Das winzige Tenaún, 37 km nordöstlich von Dalcahue, ist sehr ländlich, aber es gibt einen sehr guten Grund für einen Besuch: Die unfassbar blaue **Iglesia de Nuestra Señora del Patrocinio** (Galverino Riveros; ⏲11–18 Uhr) ist zweifellos eine der bemerkenswertesten der UNESCO-geschützten Holzkirchen von Chiloé. Beim Anblick seiner drei azurblauen Türme revidiert so manch einer seine Meinung über Kirchenarchitektur. Viel mehr gibt's hier nicht zu sehen oder zu tun, aber wer sich eine weniger befahrene Straße wünscht – auch wenn sie inzwischen asphaltiert ist – Tenaún lockt mit ländlichem chilotischem Charakter und einer schrulligen Seefahreratmosphäre.

Die **Hospedaje Mirella** (☎mobil 9-9647 6750; www.chiloeturismorural.cl/web/archivos/103; Galvarino Riveros; Zi. mit/ohne Bad inkl. Frühstück 16 000/14 000 Ch$; @📶) neben der Kirche gehört zum Agroturismo-Netzwerk und macht einen Aufenthalt in Tenaún lohnenswert. Die unbezahlbare Mirella ist eine herausragende Köchin und tut wirklich alles, um die Gäste mit ihren mehrgängigen Menüs zu verwöhnen (5000–12 000 Ch$). Sie zaubert *curanto al hoyo*, tolle Meeresfrüchte-Empanadas, *cazuelas* und bereitet alles andere zu, was die Fischer frisch von Bord bringen. Mirella organisiert auch Bootsfahrten zur Isla Mechuque (hin & zurück 60 000 Ch$, 45 Min., min. 4 Pers.). Vorher anzurufen ist immer eine gute Idee.

Werktags pendeln regelmäßig Busse zwischen Castro und Tenaún (1600 Ch$, 1½ Std., 7.15–19 Uhr), an Wochenenden seltener. Unterwegs halten sie in Dalcahue (1200 Ch$, 40 Min.). **Buses Ramoncito** (☎mobil 9-9481-6079) bietet montags bis freitags um 8.30 und um 15.30 Uhr jeweils einen Bus nach Ancud (2300 Ch$, 1½ Std.) über Quemchi (1000 Ch$, 30 Min.). Abfahrt ist an der unübersehbaren gelben Bushaltestelle mit roter Blende (Casona Bahamonde Werner) an der Ecke von Av Quarto Centenario und Av Galverino Riveros.

schalige Muscheln. Ein oder zwei ganz gute Restaurants befinden sich auf der Plaza de Armas und in der Umgebung.

Achao

☎065 / 3452 EW.

Wenn der Morgennebel in das 22 km südwestlich von Dalcahue gelegene Chilote-Dorf Achao einzieht, bietet der abgeschiedene Ort mitunter einen schaurigen Anblick. Obwohl ihm ein bisschen von dem Charme und der Ruhe von Curaco fehlt, ist er wegen seiner charakteristischen Kirche (mit ihrem spektakulären Innenraum) und der außergewöhnlichen Architektur doch einen Aufenthalt wert, ganz abgesehen von dem herrlichen Blick zum chilenischen Festland an klaren Tagen. Von den nahen Inseln kommen die Leute hierher, um ihre landwirtschaftlichen Erzeugnisse und andere Waren zu verkaufen. Sie sorgen für Trubel am kleinen Anleger und auf der daneben abgehaltenen *feria artisanal*, dem Kunsthandwerkermarkt.

Sehenswertes

★ **Iglesia Santa María de Loreto** KIRCHE

(Plaza de Armas; ⏲10–19 Uhr) Chiloés ältestes Gotteshaus ist eine 1740 errichtete Jesuitenkirche auf der Südseite der Plaza de Armas von Achao. Der Turm der Weltkulturerbestätte ragt 25 m in die Höhe und ist mit Alerce-Schindeln gedeckt; die ganze Struktur wird nicht mit Nägeln, sondern mit Holzstiften zusammengehalten. Das Gebäude wurde vorsichtig restauriert, wobei man das alte Holz durch neues ersetzt, die Originalgestalt jedoch beibehalten hat.

Den atemberaubenden Innenraum sollte man sich auf keinen Fall entgehen lassen – so was hat man noch nicht gesehen.

Mirador Alto la Paloma AUSSICHTSPUNKT

(W-59) Wer nach Achao fährt, sollte unbedingt diesen beeindruckenden Aussichtspunkt an der Straße nur ein paar Kilometer außerhalb der Stadt besuchen – an einem klaren Tag blickt man spektakulär auf die ganze Achao Bay, auf die benachbarten Inseln und bis zum Chaitán auf dem Festland gegenüber.

Museo de Achao MUSEUM

(Ecke Delicias & Amunátegui; Eintritt durch Spende; ⏲Dez.–März 10–18 Uhr) Dieses Museum widmet sich dem Leben des Chono-Volkes von Achao und anderer indigener Gruppen auf Chiloé. Erzeugnisse aus Holz, Webwaren, Flechtwerk, Töpferei, Steine und zum Färben von Stoffen benutzte Pflanzen sind geschmackvoll und mit informativen Materialien (auf Spanisch) ausgestellt.

Schlafen & Essen

Hospedaje Plaza PENSION $
(☎ 65-266-1283; Amunátegui 20; EZ/DZ inkl. Frühstück 9000/18 000 Ch$, DZ ohne Bad 16 000 Ch$;) Angenehme Familienunterkunft mit acht Zimmern direkt am Platz. Hier fühlen sich die Gäste wie bei Oma zu Hause.

★ **Restaurante El Medan** FISCH & MEERESFRÜCHTE $
(Serrano; Gerichte 2800 Ch$; April–Nov. Mo–Sa 12.30–16 Uhr, Fr geschl.) Das schlichte El Medan hat keine Karte – auf den Tisch kommt, was frisch auf dem Fischmarkt auf der anderen Straßenseite eingekauft wird. Es gibt *cazuela*, Backfisch, *paila marina* (Meeresfrüchteeintopf), gebackenen Lachs und dergleichen, jeden Tag stehen vier wechselnde Gerichte zur Auswahl. Und alles ist ausgezeichnet.

Mar y Velas CHILENISCH, FISCH & MEERESFRÜCHTE $
(Serrano 2; Hauptgerichte 4500–9800 Ch$; 10–1 Uhr;) In diesem empfehlenswerten Fischrestaurant mit Blick auf den betriebsamen Anleger (und normalerweise auf eine dicke, einschüchternde Nebeldecke) wartet eine umfangreiche Speisekarte. Der mit Käse, Wurst und Muscheln belegte Fisch nach Art des Hauses verdient unbedingt eine Kostprobe und auch die Austern schmecken köstlich.

Shoppen

Feria Municipal Achao KUNSTHANDWERK
(Paseo Arturo Prat; 10–17 Uhr) In einem deutlich halbherzigen Versuch, mit dem ausgezeichneten Kunsthandwerksmarkt in Dalcahue zu konkurrieren, hat Achao einen kleinen Markt am Wasser aufgebaut. Es reicht für eine Auswahl an Wollsachen und flippigen Baummagneten aus Holz mit Wollfusseln als Blätter – so was hat zu Hause garantiert niemand am Kühlschrank!

Grupo Artesanal Llingua MARKT
(☎ mobil 9-7464-3319; Ecke Serrano & Ricardo Jara; Nov.–Feb. Mo, Do & Fr 10–16 Uhr) Kunsthandwerker von der nahen Isla Llingua bieten ihre Erzeugnisse wie gewebte Kaffeetassen, Handtaschen und Brotkörbe in einem gut bestückten Markt an, der nur in der Hauptsaison geöffnet ist, wenn die Fähre von der Isla Llingua anlegt. Gefällt einem zu einer anderen Jahreszeit ein Stück in einem der Schaufenster, kann man die angegebene Nummer anrufen und es hilft einem (möglicherweise) jemand.

Praktische Informationen

Ein Geldautomat der **BancoEstado** befindet sich an der Straßenecke Delicias und Velesque, offenes WLAN gibt's auf der **Feria Municipal Achao** (siehe links).

Oficina de Turismo (☎ 65-266-1143; www.facebook.com/turismocomunaquinchao; Amunategui 18; Mo–Fr 8.30–17.30 Uhr) An der Plaza de Armas.

An- & Weiterreise

Der **Busbahnhof** (Ecke Miraflores & Zañartu) liegt einen Block südlich der Kirche. Busse nach Dalcahue (1400 Ch$), Castro (1800 Ch$) und Curaco de Velez (800 Ch$) verkehren täglich von 7 bis 20 Uhr alle 15 bis 30 Minuten. **Queilen Bus** (☎ 65-266-1345; www.queilenbus.cl; Mo–Fr 6.30–7, 10–13.30, 15–19, So 10–11 Uhr) fährt montags bis samstags um 7 sowie sonntags um 13 Uhr ebenfalls nach Puerto Montt (7000 Ch$). **Marorl Bus** (☎ mobil 9-9905-6884) fährt montags bis samstags um 6.30 sowie sonntags um 11 Uhr nach Puerto Montt.

Península de Rilán

Chiloés wilde Schönheit ist allgegenwärtig, doch es gibt kaum etwas Romantischeres, als sich in eine der entlegeneren Ecken der Insel zu verziehen. Auf der Península de Rilán verstecken sich mitten im Nichts und

CHILOÉS SCHÖNSTE KIRCHEN

Chiloé wartete einst mit über 150 prächtigen hölzernen *iglesias* (Kirchen) und *capillas* (Kapellen) auf; heute stehen davon noch rund 60, von denen 16 zum UNESCO-Weltkulturerbe gehören. Fast alle folgen dem gleichen Schema mit einem Turm vorn, geneigten Seitendächern, bogenförmigen Eingängen und attraktiven Holzschindeln. Einige haben eine erstaunliche Außendekoration, aber wirklich überwältigend sind sie von innen. Verglichen mit europäischen Kirchen wirkt die Ausgestaltung völlig unorthodox. Zu den Favoriten gehören Achao, Castro und Tenaún.

Ausflüge zu den weniger leicht zugänglichen Bauwerken organisiert Chiloétnico (S. 314) in Castro.

verborgen in der zerklüfteten Natur ein paar einsame Lodges und Gästehäuser der Spitzenklasse.

Die Kirche **Santa Maria de Rilán** (Plaza de Rilán), eins der UNESCO-geschützten Gotteshäuser Chiloés, besteht aus einem Potpourri an inseleigenen heimischen Harthölzern. Trotz der kürzlichen Renovierung, die 12 Jahre gedauert hat, gibt's nicht wirklich viel zu sehen, aber die dramatisch blaue Decke ist durchaus instagram-würdig. Ist die Kirche geschlossen, unter 9-8875-3061 Maria anrufen.

Schlafen

OCIO Territorial Hotel BOUTIQUE-HOTEL $$$
(☎65-297-1911; www.ocioterritorial.com; Huenuco; EZ/DZ ab 249 900/333 200 Ch$; P ☎) Der verborgene, traditionell mit Schindeln gedeckte Rückzugsort mit 15 Zimmern und dramatischem Blick über den Fjord von Castro begrüßt seine Gäste mit einer gemütlichen Kaminlounge mit Kupferdetails. Die Standardzimmer mit Balkon sind passend zur Umgebung natürlich gestaltet und laden zu gemütlichen Nickerchen ein. Alles ist umweltfreundlich eingerichtet und mit lokaler Kunst geschmückt. Die Luxuszimmer mit den hohen Decken bieten Whirlpools und Loftlounges.

Tierra Chiloé LODGE $$$
(☎65-277-2080; www.tierrachiloe.com; Bahía Pullao, San José Playa; 2 Übernachtungen mit Vollpension EZ/DZ 1950/3100 US$, B&B EZ/DZ 560/640 Ch$; P @) Das imposante Edelhotel am Rand eines der wichtigsten Sumpfgebiete Chiloés wurde 2014 von Tierra Hotels übernommen und ist die neueste der immer mehr werdenden abgelegenen Boutique-Lodges, wie man sie auch in San Pedro de Atacama und Torres del Paine findet.

Castro

☎065 / 41 600 EW.

Wenn es eine kosmopolitische Stadt in Chiloé gibt, dann ist es Castro, wo sich alle Eigenheiten und Reize der Inselgruppe zu einem hübschen Päckchen geschnürt finden. Obwohl es hier manchmal so laut und rau zugeht wie in einer chilenischen Arbeiterstadt, bewahrt der Hauptort des Archipels seinen Chilote-Charakter mit einem Schuss moderner Entwicklung, einer bequemen touristischen Infrastruktur und einer trendigen Seite. In den letzten Jahren hat Castros kulinarische Szene ihren Fokus von Fast Foodies auf Feinschmecker verlegt, und die Stadt verfügt nun über ausgezeichnete Restaurants, die echte kulinarische Höhepunkte hergeben.

Nur 85 km südlich von Ancud erstreckt sich Castro auf dem Felsufer über einem geschützten Meeresarm, der von typischen *palafitos* (Pfahlbauten) gesäumt ist. Die Stadt liegt in der Mitte der Insel und ist deshalb die wichtigste Drehscheibe sowie eine bestens geeignete Basis, um den abgeschiedenen Sehenswürdigkeiten einen Besuch abzustatten.

Sehenswertes

★**Iglesia San Francisco de Castro** KIRCHE
(San Martín; ⏲Jan. & Feb. 9.30–22 Uhr, März–Dez. 9.30–12.30 & 15.30–20.30 Uhr) Als der Italiener Eduardo Provasoli diese kunstvolle Kirche entwarf – einen von Chiloés Schätzen, der durch die UNESCO geschützt ist – entschied er sich für eine Verschmelzung von Neogotik und Klassizismus. Vollendet wurde sie 1912 auf dem Gelände eines abgebrannten Vorgängerbaus (der seinerseits einen noch älteren, ebenfalls niedergebrannten Bau ersetzt hatte).

Das in Gelb mit Violett und Malve gehaltene Gotteshaus ist ein unkonventionelles optisches Highlight. Die Innenausstattung aus lackiertem Holz ist atemberaubend. Ein Sonnentag – wenn es denn einen gibt – eignet sich am besten für einen Besuch, weil dann das Innere durch die Reihen von Buntglasfenstern in ein schöneres Licht getaucht wird.

Iglesia Nuestra Señora de Gracia de Nercón KIRCHE
(☎mobil 9-5704-3413; Nercón; ⏲unterschiedl. Öffnungszeiten) Eine weitere UNESCO-Welterbe-Kirche Chiloés liegt nur vier Kilometer südlich von Castro. Die im Jahr 2012 renovierte Kirche entstand ursprünglich zwischen 1887 und 1888 aus Zypressen- und Lärchenholz. Den markanten 25 m hohen Turm sieht man von der Ruta 5 aus. Zu den Besonderheiten im Innenraum gehören die komplett hölzerne Statue des Heiligen Michael mit einem Teufel und bemalte Säulen in Marmor-Optik. Der spärlich angelegte Garten und der angrenzende Friedhof tragen zur Atmosphäre hier bei. Dank des kleinen benachbarten Besucherzentrums hat diese Kirche eine bessere Tourismusinfrastruktur als die meisten anderen.

Da sich die Öffnungszeiten ständig ändern, ruft man am besten Nancy unter der

Castro

Castro

Highlights
1 Iglesia San Francisco de Castro ... C3

Sehenswertes
2 Museo Regional de Castro ... C3
3 Puente Gamboa Mirador ... A3

Aktivitäten, Kurse & Touren
4 Chiloé Natural ... D3
5 Chiloétnico ... B3
6 Turismo Pehuén ... B3

Schlafen
7 Hospedaje Mirador ... D2
8 Hostal Cordillera ... C2
9 Palafito 1326 ... A3
10 Palafito del Mar ... D1
11 Palafito Hostel ... A3
12 Palafito Waiwen ... A3

Essen
13 Café Blanco ... C3
14 Cazador ... A3
15 Hostalomera ... C3
16 Mercadito ... D2
17 Restaurant Travesía ... D4
18 Sanguche Patito ... C2

Ausgehen & Nachtleben
19 Almud Bar ... C3
20 La Cafeta ... C3

Shoppen
21 Feria Artesanal ... D3

angegebenen Nummer an, sie hat die Schlüssel und öffnet einem die Türen. Der Bus 2 (350 Ch$) von O'Higgins hält 50 m von der Kirche entfernt.

Feria Alcalde José Sandoval Gomez MARKT
(Feria Yumbel; Yumbel 863; ⏲8–20 Uhr, im Winter bis 18 Uhr) Castros gut konzipierter Frischmarkt liegt etwas abseits, aber lohnt sich

wegen der bunten Architektur und der großen Auswahl an Inselköstlichkeiten (frischer Käse, regionale Kartoffeln, Fisch etc.), die sehr anregend angeordnet sind. Im ersten Stockwerk servieren ein halbes Dutzend *cocinerías* selbstgekochte Gerichte (2500–5500 Ch$). Man nimmt die Busse 1B, 2 oder 4 vom Zentrum nach Galvarino Riveros.

Puente Gamboa Mirador AUSSICHTSPUNKT
(Panamericana) Die Ostseite der Brücke, die in die Stadt führt, ist der beste Aussichtspunkt für Palofitos Gamboa.

Museo Regional de Castro MUSEUM
(Esmeralda 255; ⏲ Jan. & Feb. Mo–Fr 9.30–19, Sa bis 18.30, So 10.30–13 Uhr, März–Dez. Mo–Fr 9.30–13 & 15–18.30, Sa 9.30–13 Uhr) GRATIS Einen halben Block südlich von der Plaza de Armas wartet das Museum mit einer gut sortierten Sammlung von Huilliche-Relikten, Musikinstrumenten, traditionellen landwirtschaftlichen Geräten sowie hölzernen Bootsmodellen der Chiloten auf und demonstriert den Prozess der Stadtentwicklung auf Chiloé. Schwarzweißfotos vom Erdbeben von 1960 verdeutlichen die Auswirkungen dieses tragischen Ereignisses.

Geführte Touren

★ Chiloétnico ABENTEUER, KULTUR
(☎ 65-263-0951, mobil 9-4042-1505; www.chiloetnico.cl; Los Carrera 435; ⏲ 9–20 Uhr, im Winter kürzere Öffnungszeiten) Eine sehr empfehlenswerte dreisprachige Agentur (hier wird fließend Deutsch, Englisch und Spanisch gesprochen), die auch Campingausrüstung und Fahrräder verleiht. Der Veranstalter bietet tolle Mountainbiketouren (auch mit E-Bikes) und Wanderungen im Parque Nacional Chiloé, im Parque Tantauco sowie auf den nahen Inseln sowie Naturtripps, die sich mit Flora und Fauna beschäftigen, an. Die Kulturtrips führen zu den unbekannteren Kirchen auf den weniger besuchten Inseln Chiloés.

★ Chiloé Natural KAJAKFAHREN
(☎ 65-253-4973, mobil 9-6319-7388; www.chiloenatural.com; Blanco Encalada 100; ⏲ Mo–Sa 10–21, So bis 14 Uhr, im Winter kürzere Öffnungszeiten) Umweltbewusst und extrem freundlich ist dieser Veranstalter, der sich auf Kajaktouren und ungewöhnlichere Exkursionen (Kochkurse, Messerschmieden) spezialisiert hat. Man kann an einer halb-/ganztägigen Tour rund um Castro und auch weiter weg teilnehmen (ab 55 000 Ch$ pro Pers., bei 2 Teilnehmern), darunter eine grandiose Kajaktour in der Morgendämmerung in Chepu (265 000 Ch$ pro Pers.; ein Muss in Chiloé!) und eine Tour zu UNESCO-geschützten Kirchen (3 Tage; 240 000 Ch$, inkl. Mittagessen). Die Mitarbeiter pflanzen im Namen jedes Kunden einen Baum.

Turismo Pehuén GEFÜHRTE TOUREN
(☎ 65-263-5254; www.turismopehuen.cl; Chacabuco 498; ⏲ Mo–Sa 9–21.30 Uhr, im Winter kürzere Öffnungszeiten) Die renommierte Agentur organisiert Ausflüge zu nahegelegenen Inseln wie Mechuque (ab 60 000 Ch$, inkl. Mittagessen) und zum Parque Nacional Chiloé (ab 55 000 Ch$, inkl. Mittagessen) und dient als offizielles Büro von Naveira Austral in Castro.

Feste & Events

Festival Costumbrista KULTURFEST
(⏲ Feb.) Castro feiert eine Party mit Volksmusik und -tanz sowie traditionellem Essen, die sich über eine ganze Woche hinzieht.

Schlafen

Palafito Waiwen HOSTEL $
(☎ 65-263-3888; www.palafitowaiwen.com; Riquelme 1236; B/EZ/DZ inkl. Frühstück 15 000/45 000/55 000 Ch$; @ 📶) Dieser himmlische *palafito* meistert einige Balanceakte: erschwinglich, aber stylish, hostelartig, aber familienfreundlich. Im Erdgeschoss befinden sich zwei Schlafsäle mit vier Betten, Schließfächern, Zentralheizung und eigenen Bädern sowie eine Gemeinschaftsküche und eine Terrasse mit Meerblick und Grill. Oben sind die hotelartigen privaten Zimmer mit lokaler Kunst geschmückt. Aufgepeppt mit geretteten Antiquitäten (Theatersitzen, Transistorradios) bekommt man in diesem Hostel im Verhältnis zum Preis den meisten Stil in ganz Castro.

Hostal Cordillera PENSION $
(☎ 65-253-2247; www.hostalcordillera.cl; Barros Arana 175; EZ/DZ/3BZ 25 000/35 000/45 000 Ch$, Zi. ohne Bad 15 000 Ch$ pro Pers.; @ 📶) Drückt das Wetter die Stimmung? Die wunderbare Besitzerin verwöhnt ihre Gäste mit mütterlicher Liebe und zaubert ein Lächeln auf jedes Gesicht. Und auch die Zimmer begeistern durch den Meerblick, große Bäder (die zwei frisch renovierten im Obergeschoss), gemütliche Betten, elektrische Heizkörper und Kabel-TV.

Hospedaje Mirador PENSION $
(☎ mobil 9-6570-5950; www.hostalelmiradorcastro.cl; Barros Arana 127; Zi. 35 000 Ch$, EZ/DZ ohne Bad 15 000/25 000 Ch$; ⏲ Nov.–März; P @ 📶)

Eines der besseren Angebote in der Barros Arana verfügt über ein paar Zimmer mit Meerblick und fantastischen Bädern (zumindest nach bescheidenen Chiloé-Maßstäben). Die Atmosphäre ist freundlich und es gibt einen externen Parkplatz, aber kein Frühstück. Die Zimmer im zweiten Standort den Hügel runter haben alle eigene Bäder.

Palafito del Mar BOUTIQUE-HOTEL **$$**
(☎ 65-263-1622; www.palafitodelmar.cl; Pedro Montt 567; Zi. inkl. Frühstück ab 60 000 Ch$; 📶) Von den vielen stylishen *palafitos* in Castro bietet dieses Hotel mit sieben Zimmern, das zu den nördlichen *palafitos* gehört, einen großen Vorteil: Zu jedem Zimmer gehört eine hübsche Terrasse, von der man den Blick aufs Meer genießen kann – oder zumindest auf einen Teil davon –, am besten mit einer Flasche Carménère. Gemütliche Duschen und helles Mañio- und Tepú-Hartholz verleihen dem Hotel eine stylishe Note.

Palafito 1326 BOUTIQUE-HOTEL **$$**
(☎ 65-253-0053; www.palafito1326.cl; Ernesto Riquelme 1326; Zi. inkl. Frühstück ab 74 000 Ch$; @ 📶) Dieses *palafito*-Hotel folgt der Chilote-Ästhetik und besteht komplett aus Tepú- und Zypressenholz und die zwölf kleinen Zimmer sind mit stilvollen Elementen wie Wollüberwürfen aus Dalcahue ausgestattet. In den Räumen mit Fjord-Blick fühlt man sich, als schlafe man direkt über dem Wasser, im 2. Stock gibt's ein Café mit Bilderbuch-Aussichten.

Palafito Hostel HOSTEL **$$**
(☎ 65-253-1008; www.palafitohostel.com; Ernesto Riquelme 1210; B/EZ/DZ inkl. Frühstück 16 000/35 000/48 000 Ch$; P @ 📶) Das Flashpacker-Hostel im Stadtteil Gamboa revolutionierte das gesamte Viertel bei seiner Eröffnung 2008 und sorgte dafür, dass sich die Stadt in ein cooles Reiseziel verwandelte. Ein Bett im Schlafsaal kostet zwar etwas mehr, aber die Qualität – ein großartiges Frühstück, der traumhafte Blick, das coole Ambiente (und die Schließfächer) – machen den Preisunterschied mehr als wett.

Essen

Sanguche Patito SANDWICHES **$**
(www.facebook.com/sanguchepatito/; San Martín 718; Sandwich 3200–2500 Ch$; ⏲ Mo–Sa 13–21.30 Uhr) In diesem spelunkigen Sandwichladen in der Nähe des städtischen Busbahnhofs liegt viel kulinarische Liebe in der Luft. Man wählt die Basis (Huhn, Rindfleisch, Schwein, geräuchertes Schweinefleisch oder Pilze) und dann baut man sich sein eigenes Sandwich aus drei Optionen von einer langen Liste von 18 Zutaten und neun Soßen. Das alles gestapelt auf einem Toastbrot – eine gastronomische Entdeckung!

Cafe Blanco CAFÉ **$**
(www.facebook.com/cafeblancochiloe; Blanco 215; Sandwich 4100–5000 Ch$; ⏲ Mo–Fr 9–21.30, Sa 10–21.30 Uhr; 📶) In dieser neueren, größeren und besseren Filiale der zwei Lokale in dieser Straße geht man auf Nummer sicher in Bezug auf Espresso sowie Sandwiches, Salate oder süße Leckereien wie Kuchen und Torten (1000–3000 Ch$). Im zugehörigen Bioladen kann man lokal produzierte Waren kaufen.

Hostalomera CHILENISCH **$**
(www.hostalomera.cl; Blanco Encalada 159; Festpreismenü 3500 Ch$; ⏲ Mo–Fr 10–24, Sa & So 9–16 Uhr; 📶) Der kunstbeseelte Mittags-Hotspot bietet drei außergewöhnliche hausgemachte Festpreismenüs pro Tag, inklusive Appetizer und Saft. Es gibt auch eine Speisekarte (Hauptgerichte 4500–5500 Ch$) mit Pasta auf chilenische Art wie Ravioli mit *cochayuyo* (eine Alge) und raffinierte Fleisch- und Fischgerichte. Die Bar ist samstags und sonntags bis 3 Uhr geöffnet.

★ **Rucalaf Putemún** FUSION-KÜCHE **$$**
(☎ mobil 9-9579-7571; www.rucalafputemun.cl; Km 3.6 de la Ruta a Rilán; Hauptgerichte 7900–12 500 Ch$; ⏲ Di–Sa 13–16 & 19.30–22.30, So 13–16 Uhr) Dieses tolle Restaurant im winzigen Putamún (7 km außerhalb von Castro auf dem Weg zur Rilan-Halbinsel und nach Dalcahue) ist allein schon eine Reise nach Chiloé wert. In der schick-rustikalen Atmosphäre des bunten und gemütlichen Raums, der an eine Hütte erinnert, tischt das freundliche Personal fabelhafte moderne chilenische Küche auf – ausgezeichnetes *ceviche*, *merluza* (Seehecht) mit Pesto und getrockneten Tomaten, scharf mariniertes Freilandhuhn (Escabeche).

★ **Cazador** CHILENISCH **$$**
(☎ 65-253-1770; www.facebook.com/marycanelachiloe; Ernesto Riquelme 1212; Hauptgerichte 7000–14 000 Ch$; ⏲ Mo–Sa 13–15 & 20–22, So 20–22 Uhr, im Winter kürzere Öffnungszeiten; 📶) Die Köchin aus dem früher bekannten, ausgezeichneten und innovativen Mar y Canela hat es mit ihrem neuen Partner – und Weinkenner – geschafft, das bahnbrechende *palafito* noch zu verbessern. Es konzentriert sich jetzt auf herzhaftere Gerichte, von de-

nen viele in gusseisernen Pfannen serviert werden.

Vorher reservieren – es ist klein. Im gleichen Gebäude verkauft der Laden Pura Isla Castros schönstes Kunsthandwerk.

Restaurant Travesía CHILENISCH $$
(☎ 65-263-0137; www.facebook.com/restaurantravesia; Lillo 188; Hauptgerichte 6000–13 000 Ch$; ⏱ Mo–Sa 1–23, So bis 16 Uhr; 📶) Zwei Einheimische (ein Historiker und eine Köchin) stecken hinter Castros authentischstem Restaurant. Die umfangreiche Karte beinhaltet reanimierte Inselrezepte, die mit regionalen Zutaten (z. B. Algen wie *luche* und *lamilla*) in chilotische Gourmetküche verwandelt wurden. Empfehlenswert sind u. a. *chanchita tentación* (geschmortes Räucherfleisch), die gehaltvolle *congrio*-Suppe (geräuchertes Schweinefleisch, *luche*, Schwertmuscheln) und *murta*-Sours (chilenische Guave).

Bezahlen kann man nur bar. Außerdem ist es sehr klein (Köchin Lorna Muñoz ist in diesem Haus aufgewachsen!), besser reservieren.

Mercadito CHILENISCH $$
(☎ 65-253-3866; www.elmercaditodechiloe.cl; Pedro Montt 210; Hauptgerichte 7200–10 000 Ch$; ⏱ Mo–Sa 12.30–16.40 & 19–23, So 14.30–16.30 Uhr; 📶) Dieses herrlich skurrile Lokal ist die Feinschmecker-Adresse in Castro. Auf kreative Weise werden mit heimischem Obst und Gemüse herausragende Gerichte zubereitet, von Thunfisch mit Kartoffeln und gelbem Paprikapüree über Seehecht mit Korianderkruste und Kichererbsencurry bis zu einheimischen Austern. Die Meeresfrüchte werden nicht außerhalb der Saison serviert und die Tische sind mit echtem Laguiole-Besteck eingedeckt.

Zum Abrunden gibt's eine umfangreiche Karte mit Weinen und regionalen Bieren. Vorab reservieren.

Ausgehen & Nachtleben

★ **Palafito Patagonia** CAFÉ
(www.facebook.com/palafitopatagonia; Pedro Montt 651; ⏱ 12–21 Uhr, im Winter kürzere Öffnungszeiten; 📶) Dieses wundervolle, makellose Galerie-Café nimmt Kaffee sehr ernst – es gibt Intelligentsia und Blue Bottle, zwei der besten Kaffeesorten Nordamerikas, neben in Santiago geröstetem Lama und We Are Four – perfekt für einen Koffeinschub (Espresso, V60, Chemex) und einen kleinen Happen. Von dem luftigen Patio und der Lounge mit natürlichem Licht hat man außerdem einen tollen Blick auf die zunehmend stylishen nördlichen *palafitos von Castro*.

Pioneras Casa Cervecera CRAFT-BIER
(www.facebook.com/pioneraschiloe; Ruta 5, Nercón; ⏱ Mo–Do 18–24, Fr & Sa bis 1 Uhr) Getreu dem Namen eröffneten zwei bahnbrechende einheimische Bierbrauerinnen Castros erste Brauereikneipe, ein unglaublich gemütlicher Rückzugsort in Nercón. Die elf Biere vom Fass werden alle intern gebraut, auf der Karte stehen auch US-amerikanische Biere, die in Chile selten zu finden sind (Rogue, Goose Island), und ein paar belgische Vertreter. An den IPAs wird noch gearbeitet, aber das Imperial Red Ale sollte Kenner überzeugen.

Almud Bar BAR
(www.facebook.com/almudbar; Serrano 325; ⏱ Di–Do 18.30–1, Fr 19.30–3.30, Sa 20.30–3.30 Uhr) Die beste „richtige" Bar in Castro – benannt nach der Maßeinheit für Kartoffeln in Chiloé – hat zahlreiche Cocktails (3000–7500 Ch$), Craft-Biere (3000–4500 Ch$) und Sektsorten im Angebot und serviert dazu leckere Kneipengerichte.

La Cafeta KAFFEE
(Ecke Blanco Encalada & Esmeralda; ⏱ 8–13 Uhr, im Winter kürzere Öffnungszeiten) Ein umfunktionierter Mini-Van serviert einen der besten Espressi von Castro. Die Bohnen kommen aus Peru und das Personal zaubert alle üblichen Trinkvariationen.

Shoppen

Feria Artesanal MARKT
(Lillo; ⏱ 11.30–21 Uhr) Castros Feria Artesanal am Ufer ist bei Weitem der größte Markt auf der Insel, aber Achtung: Viele der Waren werden heimlich aus China, Indien, Peru und Ecuador importiert. Verkäufer bieten eine gute Auswahl an Wollponchos und -pullovern, Kappen, Handschuhen, Korbwaren und Likören an.

Praktische Informationen

Es gibt zahlreiche Geldautomaten an der Plaza de Armas und einen Geldautomat der **Banco de Chile** an der Ecke Blanco Encalada und Serrano.

CorreosChile (www.correos.cl; O'Higgins 388; ⏱ Mo–Fr 9–13.30 & 15–18, Sa 10–12.30 Uhr)

Hospital de Castro (www.hospitalcastro.gov.cl; Freire 852)

CONAF (☎ 65-253-2501; www.conaf.cl; Gamboa 424; ⏱ Mo–Fr 9–13 & 14–17.45) Die offizielle chilenische Auskunft für Nationalparks informiert in begrenztem Umfang auf Spanisch und Englisch.

Información Turistica (☎ 65-254-7706; www.visitchiloe.cl; Plaza de Armas; ⏱ Jan. & Feb.

10–21 Uhr, März–Dez. bis 18 Uhr) Broschüren und Karten.

Büro des Parque Tantauco (☎ 65-263-3805; www.parquetantauco.cl; Panamericana Sur 1826; ⌚ Jan. & Feb. 9–18 Uhr, März–Dez. Mo–Fr bis 18 Uhr)

An- & Weiterreise

BUS

Wegen seiner zentralen Lage ist Castro die wichtigste Drehscheibe für den Busverkehr auf Chiloé. Es gibt zwei große Busbahnhöfe: Der **Terminal de Buses Municipal** (San Martín) für Landbusse bedient fast alle kleineren Reiseziele rund um die Insel und einige entferntere Ziele. Von hier fahren Busse nach Mocopulli (800 Ch$), Dalcahue (800 Ch$), Chonchi (800 Ch$), zur Isla Quinchao (1800 Ch$) und nach Tenaún (1600 Ch$). Die Haltestelle dient auch als Basis von **Queilen Bus** (☎ 65-263-2594; www.queilenbus.cl), zudem befindet sich vor Ort u. a. ein Büro von Cruz del Sur, die viele größere Reiseziele wie Punta Arenas ansteuern (Dez.–März tgl. 6.20 Uhr, außerhalb des Sommers nur Mo).

Buses Ojeda (☎ mobil 9-9887-4129) und **Union Express** (☎ mobil 9-6668-3531) verkehren überdies nach Cucao und zum Parque Nacional Chiloé an der Westküste (tgl. 20-mal, 200 Ch$, 7.45–20 Uhr). Am besten setzt man sich auf die rechte Busseite, um den herrlichen Blick auf den Lago Cucao genießen zu können. Buses Ojeda bieten außerdem eine tägliche Fahrt nach Muelle de las Almas an (hin & zurück 7000 Ch$, 10.30 Uhr, 1¾ Std.).

Der zweite Busbahnhof wird vor allem von **Cruz del Sur** (☎ 65-263-5152; www.busescruzdelsur.cl; San Martín 486) genutzt, das von hier aus die größeren Chilote-Städte Quellón und Ancud und zahlreiche Fernziele bedient, darunter Punta Arenas (Di, Do & Sa 7 Uhr).

Beispiele für Verbindungen und Preise:

ZIEL	PREIS (CH$)	DAUER (STD.)
Ancud	2000	1½
Concepción	25 000	13
Puerto Montt	6200	3¾
Quellón	2000	2
Quemchi	1500	1½
Santiago	31 000	16
Temuco	12 000	10
Valdivia	9500	7
Punta Arenas	50 000	36

FLUGZEUG

Castros Flughafen Aerodrómo Mocopulli 20 km nördlich der Stadt verbindet Chiloé endlich mit dem Rest des Landes. **LATAM** (☎ 600-526-2000; www.latam.com; Blanco 180; ⌚ Mo–Fr 9–13.15 & 15–18.30, Sa 10–13.15 Uhr) fliegt in der Hauptsaison fünfmal pro Woche (in der Nebensaison 4-mal) über Puerto Montt von Santiago hierher. Die Flugzeiten ändern sich ständig.

SCHIFF/FÄHRE

Naviera Austral (☎ 65-263-5254; www.navieraustral.cl; Chacabuco 498) Im Sommer legen Fähren nach und von Chaitén im Januar und Februar sonntags um Mitternacht ab. Ein Sitzplatz kostet 12 700 Ch$. Fahrzeuge kosten 69 000 Ch$.

Unterwegs vor Ort

Castro ist sehr klein und darum gut zu Fuß zu bewältigen. Zur Iglesia Nuestra Señora de Gracia de Nercón fahren **Busse** (Ecke O'Higgins & Latorre) ab der Gamboa und der Balmaceda bei der nordwestlichen Ecke der Plaza de Armas.

Parque Nacional Chiloé

Von der Pazifikküste mit ihrer eindrucksvollen Brandung erstreckt sich der 430 km² große **Parque Nacional Chiloé** (☎ 65-297-0724; www.conaf.cl; Erw./Kind Chilenen 2000/1000 Ch$, Ausländer 4000/2000 Ch$; ⌚ Dez.–März Mo–Do 9.30–19.30, Fr–So bis 18 Uhr, April–Nov. Mo–Do 9.30–17.30, Fr–So bis 16.30 Uhr) über ausgedehnte Gebiete natürlicher immergrüner Wälder. Er liegt nur 30 km westlich von Chonchi und 54 km westlich von Castro. Hier wimmelt es von einheimischen Wildtieren, darunter 110 verschiedene Vogelarten, Füchse und scheue Pudus (die kleinsten Hirsche der Welt), die in den schattigen Wäldern aus knorrigen Tepú-Bäumen leben. Im Park und am östlichen Rand gibt's ein paar Gemeinden der indigenen Huiliche, von denen einige die Campingplätze im Schutzgebiet betreiben.

Besucher sind den Pazifikstürmen ausgesetzt, müssen sich also auf jede Menge Regen einstellen. In Cucao, dem Herzstück des Parks in der Nähe des südlichen Bereichs Chanquín, fallen im Jahr durchschnittlich 2200 mm Niederschlag, deshalb sollten alle, die länger als eine Stunde unterwegs sein wollen, wasserfestes Schuhwerk, Wollsocken und eine Regenjacke tragen. Insektenschutz ist ebenfalls ratsam.

Sehenswertes & Aktivitäten

★ **Muelle de las Almas** PIER
(☎ mobil 9-9592-1286; Punta Pirulil; 1500 Ch$; ⌚ Dez.–Feb. 8.30–19 Uhr, März–Nov. 9–17.30 Uhr) Der sagenumwobene und von der Huilliche-My-

ABSEITS DER ÜBLICHEN PFADE

QUEILÉN

Ruhe und Frieden in ländlichen Unterkünften in unmittelbarer Nähe des Parque Nacional Chiloé findet man in Queilen.

Unweit des Meeresarms Paildad, südwestlich von Queiién und rund 15 km abseits der Ruta 5, hat ein junges chilenisch-amerikanisches Paar ihr gemütliches Zuhause in eine wunderbare und geschmackvolle Lodge verwandelt. In der **Isla Bruja Lodge** (mobil 9-7732-3226; www.islabrujalodge.com; Estero Paildad, Comuna de Queilén; Zi. inkl. Frühstück ab 93 000 Ch$, Cabaña 85 000 Ch$, Baumhaus 100 000 Ch$; P @) empfangen Francisco und Marie sowie ihr zahmes Schaf Torpé, das bei der Geburt von der Mutter verstoßen und hier großgezogen wurde, Ankömmlinge mit großer Gastfreundschaft. Von hier sind Wander- und Mountainbike-Touren möglich. Die Hartholz-Einrichtung verleiht der Lodge einen gewissen Hüttencharakter und im Whirlpool sitzend kann man Delfine im Meeresarm beobachten. Der Pool ist ebenso wie Mietkajaks und -fahrräder im Preis enthalten. Die Lodge ist beliebt bei Seeleuten, die praktisch vor der Tür anlegen, und bei Mountainbikern, die mit Francisco die Wege unsicher machen. Eine neue Cabaña mit zwei Schlafzimmern und zwei abgeschiedene Palofitos de Bosque (Baumhäuser!) bieten mehr Privatsphäre.

Espejo de Luna (mobil 9-9040-5888; www.espejodeluna.cl; Km 35 de la ruta Chonchi-Queilén; Zi. inkl. Frühstück 122 000–205 000 Ch$; P) In dieser extrem gemütlichen Öko-Unterkunft befinden sich die Rezeption und das Restaurant in einem riesigen auf der Seite liegenden Schiff. 7 km außerhalb von Queiién liegen auf einer Fläche von drei Hektar Bungalows in verschiedenen Formen und Größen, die über Holzplanken – für besseren Halt mit recycelten Fischernetzen überzogen – miteinander verbunden sind. Alle Bungalows haben Mapudungun-Namen: die Weisen, die Familie, die Liebenden – Letztere, die Romantik und Einsamkeit suchen, können sich auch für eine Woche verziehen, ohne herauszukommen, außer für ein gelegentliches Bad im äußerst abgeschiedenen Whirlpool in einem Arrayán-Wald (chilenische Myrte).

thologie umnebelte „Pier der Seelen" in Chiloé wurde 2007 von dem Architekten Marcelo Orellana erbaut. Die kurvige Promenade erstreckt sich über 17 m entlang einer beeindruckenden Landschaft und verschwindet scheinbar über ein 70 m hohes Kliff in die Bucht von Cucao. Der Legende nach müssen die Seelen der Verstorbenen vom vorbeifahrenden Bootsmann Tempilcahue „ans andere Ufer" gebracht werden, ansonsten leiden sie bis in alle Ewigkeit in dieser Gegend.

Um selbstständig zu dem entlegenen Pier ins Nirgendwo zu gelangen, muss man zum **Fahrkartenschalter** (Dez.–Feb. 8.30–19 Uhr, März–Nov. 9–17.30 Uhr) in Rahue 7 km südlich von Cucao fahren, bei dem man das Eintrittsgeld an die Landbesitzer Don Orlando (nicht seine Fossiliensammlung verpassen!) und Doña Sonia bezahlen kann. (Das Ticket unbedingt aufbewahren – auf dem Weg gibt's einen Kontrolleur.) Von hier fährt man etwa 2,8 km weiter zu einem Parkplatz (2000 Ch$) und wandert weitere 2,3 km auf einem spärlich gekennzeichneten, auf und ab gehenden, häufig schlammigen Pfad. In der Hauptsaison kommen 700 Leute am Tag hierher, um lange Schlangen zu vermeiden, sollte man sich eine andere Jahreszeit aussuchen. Die Busse von Ojeda (S. 317) in Castro bieten auch einen Tagesausflug nach Muelle de las Almas an (10.30 Uhr, hin & zurück 7000 Ch$).

Palafito Trip ABENTEUER
(mobil 9-9884-9552; www.palafitotrip.cl; Sector Chanqúin, Palafito Cucao Hostel) Organisiert Kajaktouren, Ausritte und Wanderungen im und rund um den Parque Nacional Chiloé und vermietet Fahrräder.

Schlafen & Essen

Camping y Cabañas del Parque CAMPING $
(www.parquechiloe.cl; Zeltplatz 5000 Ch$ pro Pers., Hütten ab 35 000 Ch$; P) Der gut ausgestattete Komplex aus Zeltplätzen und Hütten liegt rund 100 m hinter dem Besucherzentrum in Richtung des Parkinneren. Die Hütten sind überraschend hübsch und mit stylishen Möbeln, fließendem Wasser, heißen Duschen, Kaminholz sowie allen Annehmlichkeiten eingerichtet. Schlafsäle stehen nur in der Nebensaison zur Verfügung. Je nachdem ob die National Forest Corporation (CONAF) eine Konzession gesichert hat, ist es offen oder nicht.

Vor Ort gibt's ein kleines **Café** (Sector Chanqúin; Hauptgerichte 1500–7900 Ch$; ⌚15. Dez.–März 9–18.30 Uhr, April–14. Dez. 10–18 Uhr;) , in dem man sich für die Wanderung stärken kann und das normalerweise gleichzeitig als Rezeption fungiert.

Hospedaje Chucao PENSION **$**
(mobil 9-9787-7319; Huentemó; Zi. ohne Bad inkl. Frühstück 10 000 Ch$ pro Pers.) Anlaufstelle für eine einfache Übernachtung in Huentemó. Unter der angegebenen Nummer erreicht man Jorge Guenuman, um zu reservieren.

★ **Palafito Cucao Hostel** HOTEL **$$**
(65-297-1164; www.hostelpalafitocucao.cl; Camino Rural Cucao, Sector Chanqúin; B/EZ/DZ/3BZ inkl. Frühstück 16 000/45 000/55 000/75 000 Ch$;) Wer in diesem ebenso schicken Schwesterhotel der Palafito Hotels in Castro am Lago Cucao übernachtet, kommt in den Genuss der besten und bequemsten Betten in Cucao, sowohl in einem der elf stilvollen Einzelzimmer als auch in den ebenso eleganten Schlafsälen für bis zu sechs Personen. Zur Anlage gehören ein gemütlicher Gemeinschaftsbereich und eine Küche, um das Gebäude herum verläuft eine hübsche Terrasse mit einem traumhaften Blick auf den Lago Cucao und einem Whirlpool.

El Arrayán CHILENISCH **$**
(mobil 9-9297-7160; www.facebook.com/lagranjadenotuco; Camino Rural Cucao, Sector Chanqúin; Hauptgerichte 7500–9500 Ch$; ⌚10–22 Uhr, im Winter kürzere Öffnungszeiten;) Ein liebenswertes Paar betreibt das beste Restaurant der Stadt. Auf der Speisekarte des einladenden Arrayán findet sich alles von Pisco Sours bis hin zu raffinierten hausgemachten Varianten traditioneller chilenischer Gerichte. Zu Tintenfisch, Garnelen, frischem Fisch und Fleischgerichten werden in einem durch eine riesige *parrilla* erwärmten Speisesaal gute Weine serviert. Auch die Desserts sind empfehlenswert.

★ **Cocineria Tradiciones Morelia** CHILENISCH **$$**
(9-9794-6594; Sector Quilque; Hauptgerichte 6500–9500 Ch$; ⌚10–18 Uhr, im Winter kürzere Öffnungszeiten) Dieses gemütliche, traditionelle, kaminbeheizte Restaurant am Lago Cucao begrüßt hungrige Abenteurer mit einem künstlerischen Speisesaal mit vielen Hartholzmöbeln, mit Wolle bezogenen Bänken und einheimischen Stoffen.

Die täglich wechselnde Karte konzentriert sich auf lokale Produkte: Erdbeersaft mit *nalca* (riesiger chilenischer Rhabarber), Tang-Kuchen, *cazuela* mit *macha* (Muscheln) und Rauchfleischeintopf mit *luche* (rote Algen).

Praktische Informationen

Das **CONAF-Besucherzentrum** (www.conaf.cl; ⌚Dez.–März Mo–Do 9.30–19.30, Fr–So bis 18 Uhr, April–Nov. Mo–Do 9.30–17.30, Fr–So bis 16.30 Uhr) liegt etwa 1 km hinter der Brücke von Cucao und bietet Informationen zum Park in fünf Sprachen.

An- & Weiterreise

Cucao liegt 54 km westlich von Castro und 34 km westlich von Chonchi und ist über eine holprige Schotterstraße zu erreichen, die außer bei widrigstem Wetter immer passierbar ist. Täglich fahren 20 Busse von Castro nach Cucao (2000 Ch$, 7.45–20 Uhr). Der letzte Bus zurück nach Castro verlässt Cucao um 18.30 Uhr. Beide Busunternehmen, Union Express und Buses Oejda, betreiben kleine Fahrkartenschalter in der Nähe des Parkeingangs.

Parque Tantauco

Im Hinblick auf die von Conservation International identifizierte Artenvielfalt ist der **Parque Tantauco** (65-263-3805; www.parquetantauco.cl; Panamericana Sur 1826, Castro; Erw./Kind 3500/500 Ch$) einer der 25 wichtigsten Orte der Welt. Gegründet wurde er vom chilenischen Geschäftsmagnaten und kürzlich wiedergewählten Präsidenten Sebastián Piñera. Für die Verwaltung des Parks ist dessen Stiftung Fundación Futura verantwortlich. 130 Wanderwege durchziehen das private 1180 km^2 große Naturschutzgebiet westlich von Quellón, in dem nicht nur endemische Otter, Darwinfüchse und Pudus (eine kleine chilenische Hirschart) leben, sondern auch die weltgrößten Säugetiere (Blauwale) und die kleinsten Beuteltiere (*monito del monte*, Chiloé-Beutelratten). Hier verbringt man seine Zeit allein mit der Natur, maximal acht Gäste werden pro Tag in den Park gelassen.

Auf dem Weg liegen sechs einfache **refugios** (65-263-3805; www.parquetantauco.cl; Zi. 15 000 pro Pers.) sowie eine absolut wunderbare **Pension** (65-263-3805; www.parquetantauco.cl; Inío; Zi. mit/ohne Bad inkl. Frühstück 70 000/60 000 Ch$;) in Inío, einem faszinierenden Fischerdorf im unteren Teil von Chiloé, wo der Wanderweg endet. Außerdem gibt's zwei Campingplätze am Anfang (Chaiguata) und am Ende (Inío), die 15 000 Ch$ pro Stellplatz für bis zu vier Personen kosten.

Weitere Informationen bekommt man im Büro des Parks in Castro (S. 317).

Um nach Chaiguata zu gelangen, ist die einzige Option ein privater Transfer von Castro (100 000 Ch$, 2½ Std., max. 4 Pers. mit Gepäck), z. B. Chiloé Natural (S. 317). Von Inío aus muss man ein Flugzeug chartern (250 000 Ch$, max. 2 Pers. mit Gepäck) oder einen Platz in einem staatlich geförderten Boot (nur in der Hauptsaison) nach Quellón (10 000 Ch$ pro Pers.) erwischen – Einheimische haben Vorrang.

Quellón

065 / 21 823 EW.

In dieser schlichten Hochburg für Lachs endet eine der großartigsten Überlandstraßen der Welt, die Panamericana (alias Highway 5). Traveller kommen meist nur wegen der Fährverbindung von/nach Chaitén hierher.

Wer aus Chaitén anreist und für diesen Tag lange genug unterwegs gewesen ist, findet einige exzellente Restaurants vor, allerdings sorgen betrunkene Seeleute dafür, dass die wenigsten Touristen im Ort verweilen.

Schlafen & Essen

Patagonia Insular HOTEL $$
(65-268-1610; www.hotelpatagoniainsular.cl; Av Juan Ladrilleros 1737; EZ/DZ inkl. Frühstück ab 62 000/68 000 Ch$; P @) Kommt man gerade von einer heftigen Bootsfahrt und braucht kurzfristig mehr Komfort, ist diese Unterkunft Quellóns beste Option. Die 29 Zimmer thronen über der Stadt und bieten Aussichten über die Bucht. Es ist nicht Luxus pur, aber es unterscheidet sich um Welten von den meisten anderen Unterkünften der Stadt – modern, freundlich und absolut angenehm. Mit dem Taxi kommt man für 1500 Ch$ ins Stadtzentrum.

Hotel El Chico Leo HOTEL $$
(65-268-1567; ligorina@hotmail.com; Costanera Pedro Montt 325; Zi. ohne Bad 12 000 Ch$ pro Pers., EZ/DZ 18 000/32 000 Ch$; P) Das El Chico Leo ist beengt, vollgestopft mit Oma-Schnickschnack und hat Decken, die für größere Reisende eine Herausforderung darstellen, aber es ist eine nette Budgetoption.

Sandwichería Mitos SANDWICHES $
(www.mitoschiloe.cl; Jorge Vivar 145; Sandwich 4000–9000 Ch$; Mo–Fr 8.30–22, Sa 10–22, So 10–16 Uhr;) Das charmante Restaurant eine Straße über dem Ufer versprüht mit den gemütlichen Hartholzmöbeln und den Wollakzenten Lokalkolorit. Die Gäste machen es sich in einem großen offenen Küchenbereich bequem und beobachten, wie eine Schar Frauen die Zutaten für die riesigen Sandwiches auf der umfangreichen Karte schneiden, rühren und würzen.

Taberna Nos SPANISCH $
(O'Higgins 150; Tapas 2800–8000 Ch$; Mo–Sa 20–4 Uhr;) Wer einen Abend in Quellón verbringt, sollte das in diesem Geheimtipp tun. Der Betreiber, ein waschechter Gallizier, serviert in einem schwarzen Wohnhaus ausgezeichnete Tapas, dazu gibt's Drinks an der Bar, die viel zu cool für diese Adresse ist.

El Chico Leo FISCH & MEERESFRÜCHTE $
(Costanera Pedro Montt 325; Hauptgerichte 4500–10 500 Ch$; Mo–Sa 9–23.30, So 13–20.30 Uhr;) Das lange bestehende einladende Meeresfrüchtelokal an der *costanera* versorgt schon seit Jahren an seinen Tischen mit roten Tischdecken hungrige Seeleute. Das *curanto* ist empfehlenswert als erste oder letzte Mahlzeit in Chiloé, aber es gibt auch eine umfassende Karte mit Fisch (*merluza*, Lachs, *congrio*), Krebstieren und Fleisch.

Praktische Informationen

Man sollte nicht westlich der Gómez Garcia auf der *costanera* oder um den Busbahnhof herumlaufen, vor allem nicht nachts, wenn Betrunkene öfter mal Ausländer belästigen.

Bargeld bekommt man in der **Banco de Chile** (Juan Ladrilleros 315) an der Hauptstraße, die durch die Stadt führt.

An- & Weiterreise

Busse nach Castro (2000 Ch$, 2 Std., alle 30 Min., 6–19.30 Uhr) starten am neuen **Busbahnhof Cruz del Sur** (65-268-1284; www.busescruzdelsur.cl; Pedro Aguirre Cerda 052). Außerdem gibt's Busverbindungen nach Puerto Montt (8000 Ch$, 4½ Std., 6–18.20 Uhr) und Temuco (13 000 Ch$, 8 Std., 6.50, 12, 17.15 Uhr).

Das ganze Jahr über legen die Fähren von **Naviera Austral** (65-268-2207; www.navieraustral.cl; Pedro Montt 355; Mo–Sa 9–13 & 15–19, So 15–18.30 Uhr) donnerstags um 3 und sonntags um 6 Uhr morgens nach Chaitén ab (außer jeden zweiten Sonntag im Monat). Für einen Sitzplatz zahlt man 13 000 Ch$ und für ein Fahrzeug 71 000 Ch$. Ganzjährig fährt eine Fähre mittwochs und samstags um 23 Uhr nach Puerto Chacabuco. Ein Sitzplatz an Bord kostet 17 450 Ch$, die Mitnahme eines Fahrzeugs 141 000 Ch$. Die Fahrt dauert 28 Stunden.

Nordpatagonien

Inhalt ➡

Gut essen

- Dalí (S. 344)
- Martín Pescador (S. 333)
- El Rincón Gaucho (S. 360)
- Ruibarbo (S. 344)
- Mamma Gaucha (S. 343)

Schön übernachten

- Entre Hielos (S. 362)
- Destino No Turístico (S. 357)
- Uman Lodge (S. 333)
- Lodge im Valle Chacabuco (S. 359)

Auf nach Nordpatagonien!

Bis vor einem Jahrhundert war Nordpatagonien der raueste und abgelegenste Teil des chilenischen Festlandes und die wenigen Pioniere führten ein Dasein wie im Wilden Westen. Die Region wartet mit üppigen Regenwäldern, kargen Steppen und unbestiegenen Gipfeln auf, wobei sie besonders vom Wasser geprägt ist, das sich in Form von reißenden Flüssen, türkisfarbenen Seen, gewaltigen Gletschern und labyrinthartigen Fjorden zeigt. Besucher des Südens streifen die Gegend häufig nur während eines Ausflugs zum Parque Nacional Torres del Paine, doch die echten Schätze liegen im Hinterland.

Die größtenteils asphaltierte Carretera Austral führt über 1200 km von Puerto Montt südwärts bis nach Villa O'Higgins. In den nördlichen Regionen ohne Straßen, wo die Berge auf das Meer treffen, ist man auf Fährverbindungen angewiesen. Einige Abschnitte nördlich von Coyhaique werden derzeit asphaltiert, aber ansonsten bleibt das Autofahren hier eine Herausforderung.

Reisezeit

Coyhaique

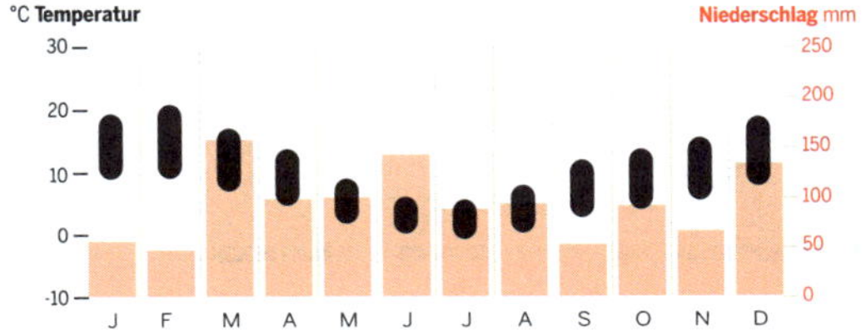

Nov.–März Die wärmsten Monate und die besten Busverbindungen auf der Carretera Austral.

Feb. Beim Festival Costumbrista wird die Pionierkultur gefeiert. Viele Kleinstädte machen mit.

Juli–Aug. Schöne klare Tage rund um Coyhaique. Skifahren und Schneeschuhwanderungen.

Highlights

1 Parque Nacional Pumalín (S. 327) Durch nebelverhangene Fjorde paddeln und in den gemäßigten Regenwäldern dieses bezaubernden Parks Wanderungen unternehmen.

2 Carretera Austral (S. 325) Während der Fahrt auf der mythischen Straße Farmen, rauschende Flüsse und Hängegletscher bewundern.

3 Patagonien der Pioniere (S. 334) Mit traditionsbewussten Cowboys über entlegene Andenpfade reiten.

4 Río Futaleufú (S. 331) Sich beim Rafting furchtlos in die strudelnden Stromschnellen dieses wilden Flusses stürzen.

5 Caleta Tortel (S. 362) Die Zeit vergessen, während man in dem kleinen, auf Stegen gebauten Badeort entspannt.

6 Reserva Nacional Lago Jeinimeni (S. 353) In dem nahezu unbekannten Park nach Höhlenmalereien suchen und Flamingos beobachten.

7 Puerto Río Tranquilo (S. 354) Von dieser Stadt aus eine Tour zum **Glaciar San Rafael** oder den Marmorhöhlen unternehmen.

Geschichte

Das lange isolierte Nordpatagonien ist die zuletzt ins Staatsgebiet integrierte Region. Erst ab dem frühen 20. Jh. wurde die Besiedlung gefördert, deshalb sind viele Städte kaum älter als 50 Jahre.

Vor Tausenden von Jahren bevölkerten die Chono und Kawésqar (auch Alakaluf genannt) das Labyrinth der Fjorde und Inseln, während die Tehuelche in den Steppen des Festlands lebten. In die unwirtliche Landschaft trauten sich nur Glücksritter auf der Suche nach der legendären „Stadt der Kaiser". Zahlreiche Expeditionen führten im späten 18. und frühen 19. Jh. in das Gebiet (an einer davon nahm Charles Darwin teil); ein paar waren auf der Suche nach einem sicheren Landweg zum Atlantik.

Anfang des 20. Jhs. überließ die Regierung der in Valparaíso ansässigen Sociedad Industrial Aisén (SIA) fast 10 000 km² in und um Coyhaique als Dauerpacht. Das Unternehmen, das rasch die regionale Wirtschaft beherrschte, nutzte das Land für die Viehzucht und zur Nutzholzgewinnung. Bald trafen auch Siedler in der Region ein, die ihrerseits Farmland forderten. Angespornt von einem chilenischen Gesetz, das Brandrodung absurderweise mit Rechtsansprüchen auf das Land belohnte, fackelten in den 1940er-Jahren SIA und Siedler in knapp zehn Jahren nahezu 30 000 km² Wald ab und zerstörten große Bestände der in Aisén heimischen Magellan-Südbuche.

Die Region ist spärlich besiedelt, vor allem im Süden von Coyhaique, wo 1991 der Hudson ausbrach. Genau wie bei der Eruption des Volcán Chaitén 2008 regneten Tonnen von Asche auf Tausende Quadratkilometer in Chile und Argentinien. Sie begruben Felder und Weiden und brachten sowohl den Ackerbau als auch die Viehzucht zum Erliegen.

Für die Lachszucht, Patagoniens mächtigen Industriezweig, bieten die regionalen kalten Gewässer optimale Bedingungen. Seit Rückstände der Aquazuchten (Fischkot, Futtermittel) Gewässer der Región los Lagos verschmutzten und ihr ökologisches Gleichgewicht erheblich beeinträchtigten, dringen die Züchter weiter nach Süden vor. Die Macht ihrer Lobby ist sehr groß, zumal es in der Gegend kaum andere Industrie gibt.

Eine große öffentliche Kampagne verhinderte 2014 den Bau einiger Wasserkraftwerke, eine Etappe in dem kontinuierlichen Hin und Her zwischen industrieller Entwicklung und Naturschutz, das Nordpatagonien in den letzten Jahren beherrschte. 2017 erhielt die chilenische Regierung von der Tompkins Conservation eine Schenkung privater Naturschutzflächen in Patagonien. Der Staat fügte weitere Gebiete hinzu, und so wurde Chile zur Region mit der größten Naturschutzfläche der Welt.

ℹ Anreise & Unterwegs vor Ort

Flüge gehen von Puerto Montt nach Chaitén und Coyhaique (einige direkt von Santiago). Innerhalb der Region starten Charterflüge und eventuell regionale Flüge zwischen Coyhaique, Cochrane und Villa O'Higgins.

Die Carretera Austral und ihre Nebenstraßen sind abgelegen. Streckenweise wurde die Straße zwischen Chaitén und Balmaceda gepflastert, doch die Nebenstraßen und Abschnitte weiter im Süden sind unbefestigt und in unterschiedlichem Zustand.

Viele Traveller nehmen zunächst die Fähre von Puerto Montt oder Chiloé nach Chaitén oder Puerto Chacabuco. Manche fliegen auch nach Chaitén oder Coyhaique. Andere entscheiden sich für den Landweg über Argentinien und gelangen via Futaleufú in die Region. Wer die Carretera Austral komplett abfahren will, ist mehrmals auf Fähren angewiesen. Inzwischen kann man auch von Süden her mit einer Autofähre anreisen, die Puerto Natales an Caleta Tortel und Puerto Yungay anbindet.

Einige Busrouten werden nur wenige Male pro Woche bedient (in der Nebensaison noch seltener). Während der Hauptsaison sind die Fernbusse oft schnell voll und es ist nicht erlaubt, im Gang zu stehen. Wer seine Tickets zumindest drei Tage im Voraus bucht, erspart sich den Ärger.

Man kann auf der Carretera Austral trampen, allerdings raten wir davon ab. Wenn man zusammen mit mehreren anderen durch das Land reist oder großes Gepäck dabeihat, ist es unwahrscheinlicher, dass ein Wagen anhält.

Hornopirén

☎ 65 / 1283 EW.

Nur wenige Traveller nehmen sich die Zeit, die Natur rings um diesen Ort zu entdecken, der als wichtiger Verkehrsknotenpunkt fungiert und von der Lachszucht lebt. Ist die Fähre voll, muss man hier eventuell mehr Zeit verbringen als geplant. Das Ruta-Bi-Modal-Schiff verbindet den straßenlosen nördlichen Abschnitt des Parque Nacional Pumalín mit der Caleta Gonzalo, wo die Straße weiter gen Süden führt. Die Straße zwischen dem Fähranleger Puelche und Hornopirén ist asphaltiert.

UNTERWEGS AUF DER CARRETERA AUSTRAL

Zu den ultimativen Fernstraßen der Welt zählt die 1240 km lange **Carretera Austral**. Sie führt vorbei an uralten Wäldern, glitzernden Gletschern, Farmen aus der Pionierzeit, türkisblauen Flüssen und dem anbrandenden Pazifik. Bei Fertigstellung 1996 hatte das Großprojekt 300 Mio. US$ sowie 20 Jahre Bauzeit verschlungen und elf Arbeitern das Leben gekostet. Pinochets Bestreben, eine Straße von Puerto Montt bis zur Südgrenze der Región de Aisén zu bauen, lag kein pragmatischer Plan zugrunde und war mit gesundem Menschenverstand nicht zu erklären. Wahrscheinlich spielte der Symbolwert der Fernstraße, die die vergessenen Außenregionen mit der nationalen Identität vereinen sollte, die ausschlaggebende Rolle.

Allerdings ist „Fernstraße" eine ziemlich wohlwollende Bezeichnung – die südliche Hälfte der Strecke ist unbefestigt und oft in schlechtem Zustand. Bei manchen Abschnitten handelt es sich um eine Art Niemandsland ohne Tankstellen, Raststätten und Schilder. Wer nicht sorgfältig plant und extrem vorsichtig fährt, hat hier schlechte Karten. Möchte man etwas Frisches essen, bringt man es am besten mit, denn vor Ort ist die Auswahl oft sehr dürftig.

Die Unwägbarkeiten beginnen schon im Norden der Carretera Austral, wo die unentbehrlichen Fähren das Verkehrsaufkommen kaum bewältigen können und obendrein nur im Sommer regelmäßig verkehren. Besonders im Winter brechen häufig Felsstücke ab und Erdrutsche können zu mehrtägigen Straßensperrungen führen. Im Süden verläuft die Carretera Austral einen knappen Meter neben dem Überschwemmungsgebiet des Río Baker, Chiles gewaltigstem Fluss.

Aufgrund der isolierten Lage muss man in der Region mit 20 % höheren Preisen als im übrigen Land rechnen. Unsere Empfehlungen zur Vorbereitung:

- Den Wagen vor der Abfahrt gründlich durchchecken lassen.
- Frühzeitig die Autofähre reservieren.
- Ausreichend Bargeld dabeihaben (nur in wenigen Orten gibt's Geldautomaten und die BancoEstado akzeptiert nur MasterCard).
- Nur tagsüber fahren, da die Straßen nicht beleuchtet und die Kurven nicht mit Reflektoren markiert sind.
- Proviant, Wasser und reichlich Benzin mitnehmen. Bei einer Autopanne oder mit leerem Tank ist man auf sich allein gestellt.
- Reservereifen *(neumático)* und Wagenheber *(una gata)* sowie Starthilfekabel sind lebensnotwendig!
- Die Landschaft genießen. Schnelles Fahren auf unbefestigtem Untergrund kann böse enden. 50 km/h sind ein vernünftiges Tempo.
- Wenn es so aussieht, als wenn jemand Hilfe braucht, anhalten.
- Großen Abstand zu den Trucks halten: Der Straßenbelag besteht aus losem Schotter, den der Fahrwind aufwirbelt, und zerbrochene Windschutzscheiben sind an der Tagesordnung.
- Wer die Grenze nach Argentinien überqueren will, muss vorher alle notwendigen Papiere besorgen. Dazu gehören bei Mietwagen die Erlaubnis, das Fahrzeug außer Landes zu bringen, und die erforderlichen Versicherungsunterlagen. Benzin in Ersatzkanistern, Fleisch, Obst und Gemüse sowie Milchprodukte dürfen nicht nach Argentinien eingeführt werden.

Der **Parque Nacional Hornopirén** schützt eine üppig bewachsene Berglandschaft. Er ist relativ unbekannt und wenig besucht, nicht zuletzt weil keine öffentlichen Verkehrsmittel hierher kommen und ein Stück zu Fuß zurückgelegt werden muss. Obwohl die Wege zum und im Park markiert sind, ist es teilweise schwierig, ihnen zu folgen. Die atemberaubende Landschaft entschädigt jedoch für die Mühen. Wer wandern und über Nacht bleiben möchte, sollte sich zuvor bei der CONAF melden.

6 km südlich von Hornopirén gabelt sich die Straße. Die rechte Abzweigung endet in Pichanco. Von dort geht's zu Fuß 8 km auf einem schlecht markierten Weg bis zum eigentlichen Parkeingang. 3 km davon entfernt liegt der Lago General Pinto Concha, an dessen unberührtem Ufer gezeltet werden darf.

Schlafen & Essen

Hotel Hornopirén HOTEL $

(☎ 65-221-7256; Carrera Pinto 388; DZ 35 000 Ch$, EZ/DZ ohne Bad 13 000/30 000 Ch$; @ ☎) Das Hotel verströmt jede Menge altmodischen patagonischen Charme. Es gewährt einen Blick aufs Wasser und die Gegenwart von Señora Ollie wirkt beruhigend. Die besten Zimmer sind im 2. Stock und bieten Meerblick.

Cabañas Lahuan HÜTTEN $$

(☎ 65-221-7239, mobil 9-8409-0231; www.turismolahuan.com; Calle Cahuelmó 40; Hütten für 5-/8-Pers. 75 000/100 000 Ch$; ☎) Solide zweigeschossige Hütten mit Flachbildfernsehern, Holzöfen, Grills und riesigen Panoramafenstern samt Hafenblick. Gäste können die Kajaks nutzen. Außerdem helfen die Besitzer gern bei der Organisation von Ausflügen zu den entlegenen Termas Porcelanas (Buchungen einen Tag im Voraus, 1½ Std. Bootsfahrt).

ALERCE

Einst dienten die kostbaren wasserfesten und nahezu unverwüstlichen Alerce-Schindeln deutschen Kolonisten als Zahlungsmittel. Die Alerce (Patagonische Zypresse, *Fitzroya cupressoides*), die in der Mapuche-Sprache *lahuan* heißt, gehört zu den ältesten und größten Baumarten der Welt. Einige Exemplare erreichen ein biblisches Alter von fast 4000 Jahren. In den gemäßigten Regenwäldern spielen die 40 bis 60 m hohen Riesen eine ökologische Schlüsselrolle. Ihr großer Wert als Bauholz (das Schutz in einem regnerischen Klima bietet) hat zu starker Abholzung geführt und die Baumart fast ausgerottet. Heute steht sie deswegen unter strengstem Naturschutz. Die aus ihrem Holz hergestellten Schindeln lassen sich u. a. an Chilote-Häusern bewundern, die majestätischen Bäume selbst im Seengebiet und in den nordpatagonischen Wäldern.

★ **El Pescador** FISCH & MEERESFRÜCHTE $

(☎ mobil 9-9508-9534; Río Barceló s/n; 6000 Ch$; ⏲ 10–20 Uhr) Hier kommt man in den Genuss einfacher, aber hervorragender chilenischer Gerichte. Die gebratene *merluza* (Seehecht) ist frisch, knusprig und die Portionen sind üppig. Es gibt auch Meeresfrüchtesuppen und überraschend gute Steaks.

Cocinas Costumbristas FISCH & MEERESFRÜCHTE $

(Ecke O'Higgins & Cordillera; Hauptgerichte 7000 Ch$; ⏲ Mo–Sa 8:30–21, So 10–17 Uhr) An diesen marktartigen Ständen isst man wie bei einer chilenischen Großmutter. Zum Angebot gehören frischer Fisch und Riesenportionen.

Praktische Informationen

Auf der Website von **Patagonia Verde** (http://patagoniaverde.org) oder im **Touristenkiosk** (oficinadeturismohualaihue@gmail.com; 21 de Septiembre s/n; ⏲ Dez.–Feb. 9–19 Uhr) auf der Plaza gibt's jede Menge Infos für Traveller.

An- & Weiterreise

Kemelbus (☎ 65-225-6450; Plaza s/n) bietet täglich vier Verbindungen von/zum Busbahnhof in Puerto Montt (4000 Ch$, 4 Std.). Das Ticket gilt gleichzeitig für die Fähre über den schmalen Estuario de Reloncaví. Abfahrt ist um 6 und 8 Uhr von Puerto Montt und Passagiere gelangen mit der Fähre auch über die Ruta Bi-Modal bis zum Parque Nacional Pumalín oder bis Chaitén (20 000, Ch$, 10 Std.). Dabei sind die Fährkosten ebenfalls im Ticketpreis enthalten.

Naviera Austral (☎ in Puerto Montt 65-227-0430; www.taustral.cl; Anlegeplatz, ab Ingeniero Militares) bietet zwei Überfahrten an. Weniger als eine Stunde südlich von Puerto Montt setzt die Fähre von Caleta La Arena nach Puelche über (30 Min., Fahrrad/Auto 2800/9800 Ch$). In der Hauptsaison starten die Schiffe alle halbe Stunde. Während der Sommermonate sind die Betriebszeiten länger.

Zwischen Hornopirén und dem Parque Nacional Pumalín (5600/33 600 Ch$ pro Passagier/Auto) kombiniert das neue Transportsystem Ruta Bi-Modal zwei Fährfahrten und eine 15 km lange Strecke auf dem Festland; Passagiere bezahlen nur einmal. Insgesamt dauert die Reise von Hornopirén nach Caleta Gonzalo fünf Stunden. Von der ersten Januarwoche bis Ende Februar gibt's täglich drei Verbindungen (10.30, 12 und 15 Uhr). Im Sommer ist viel los, deshalb sollte man eine Woche vor der geplanten Fahrt reservieren, entweder online oder per Anzahlung auf das Konto von Naviera Austral (mit Angabe der Passnummer der Traveller und des Kfz-Kennzeichens). Die Strecke wird auch von Kemelbus bedient.

Parque Nacional Pumalín

☎ 65

Sattgrün und unberührt ist der 2889 km² große **Park** (www.parquepumalin.cl) GRATIS, der ein großes Areal an gemäßigtem Regenwald sowie kristallklare Flüsse und einen Küstenabschnitt schützt. Das Reservat beginnt nahe Hornopirén, erstreckt sich bis südlich von Chaitén und verzeichnet eine große Anzahl internationaler Besucher. Es wurde von dem amerikanischen Philanthropen Doug Tompkins (S. 364) geschaffen und war vor der Übergabe an Chile 2017 eines der größten privaten Schutzgebiete der Welt. Für Chile ist der Park ein mustergültiges Projekt mit guten Straßen, Wanderrouten und einer voll ausgebauten Infrastruktur, die aber nur minimal in die Natur eingreift. Da sich die Carretera Austral quer durch den Park zieht und Besucher kaum von Durchreisenden zu unterscheiden sind, wird keine Eintrittsgebühr verlangt.

Nach dem dramatischen Ausbruch des Volcán Chaitén 2008 wurde das Gebiet mehrere Jahre gesperrt. Heute führt ein Wanderweg zu einem spektakulären Aussichtspunkt mit Blick auf den rauchenden Krater.

Aktivitäten

Wanderer sollten sich vor Antritt ihrer Tour in einem der Besucherzentren um aktuelle Infos bemühen, da sich die Gegebenheiten jederzeit ändern können.

★ Sendero los Alerces WANDERN

Dieser 1 km lange Weg durchquert den Fluss und windet sich zu einem Hain mit uralten Alercen (auch Patagonische Zypresse genannt), mit Infotafeln entlang der Strecke. Er liegt 12,5 km südlich von Caleta Gonzalo.

Aero Alerce RUNDFLÜGE

(☎ mobil 9-8198-7283; www.aeroalerce.com; 3 Std. Flug 500 US$ pro Pers.) Der Pilot Rodrigo Noriega verfügt über jahrzehntelange Erfahrung in Patagonien und das merkt man auch. Geboten werden Rundflüge über die Nationalparks Pumalín und Corcovado, Besuche von perfekten Plätzen zum Fliegenfischen und Übernachtungen in der Wildnis. Preisangaben gelten für vier Passagiere. Die dreistündigen Flüge gewähren einen Blick auf den rauchenden Chaitén-Krater. Zu der Tour gehört außerdem ein Picknickstopp am Lago Negro.

Volcán-Chaitén-Kraterweg WANDERN

Dieser fünfstündige Rundweg führt hinauf zum rauchenden Krater des Chaitén-Vulkans. Üppige Vegetation prägt die unteren Abschnitte; die Strecke im oberen Bereich ist karg und sehr schön. Die Route ist 800 m lang, inklusive 250 Höhenmeter, und verläuft durch einen von der Hitze zerstörten Wald nahe Puente Los Gigos.

Laguna Tronador WANDERN

Auf der 4,8 km langen Strecke, für die man etwa vier Stunden benötigt, muss man zahlreiche Treppenstufen hinaufklettern. Es geht u. a. über einen Uferweg und eine *pasarela* (Hängebrücke), die einen reißenden Bach quert. Nach rund einer Stunde naht Erholung auf dem Bergsattel, wo eine Aussichtsplattform (*mirador*) einen atemberaubenden Blick auf den Volcán Michinmahuida und den Wald im Süden bietet. Von dort führt der Weg zum See hinunter, wo es einen winzigen Campingplatz mit zwei Stellplätzen, stabilen Picknicktischen sowie einer Latrine gibt.

Der Ausgangspunkt liegt rund 11 km südlich von der Caleta Gonzalo.

Ventisquero Amarillo WANDERN

(El Amarillo) Diese 10 km lange Route verläuft über offenes, ebenes Gelände zum Amarillo-Hängegletscher, 20 km südlich von Chaitén im neuesten Parkabschnitt von Pumalín. Los geht's am Ventisquero-Campingplatz gegenüber dem Fuß des Michinmahuida-Gletschers. Der Fluss lässt sich am besten an seiner breitesten Stelle, näher am Campingplatz, überqueren.

Michinmahuida WANDERN

(El Amarillo) Am Michinmahuida, 33 km südlich von Caleta Gonzalo, windet sich ein anstrengender 12-km-Pfad mit 700 m Steigung zum Fuß des Vulkans empor.

Sendero Cascada WANDERN

Diese dreistündige Tour führt durch hügeliges, dicht bewaldetes Gelände zu einem großen Wasserfall. Bei Hochwasser kann die nach etwa einer Stunde erforderliche Flussdurchquerung gefährlich werden.

Cascadas Escondidas WANDERN

Bei den Cascadas Escondidas, 14 km südlich von Caleta Gonzalo, kann man einem Weg bis zu einer Reihe von Wasserfällen folgen (1 Std.).

Geführte Touren

Derzeit ist der isolierte nördliche Parkabschnitt nur übers Wasser zu erreichen. Einige Unternehmen mit Sitz in Puerto Varas organisieren Boots- und Kajaktouren durch die Fjorde sowie Ausflüge zu den ebenfalls ausschließlich per Boot zugänglichen Thermalbädern. In Chaitén informiert Chaitur (S. 329) über lokale Guides, die Wandergruppen zum Vulkan führen.

Al Sur Expeditions (☎ in Puerto Varas 65-223-2300; www.alsurexpeditions.com) bietet Kajakfahrten und Boottransport zu den abgeschiedenen Cahuelmó-Thermalquellen an.

Schlafen

Camping Tronador CAMPINGPLATZ $

Zu dem kostenlosen Zeltplatz an einem See im Hinterland mit atemberaubender Kulisse führt der Laguna-Tronador-Weg (eine zweistündige steile Wanderung vom Ausgangspunkt der Strecke).

Lago Blanco CAMPINGPLATZ $

(Stellplatz 5000/10 000 Ch$ pro Pers./Wohnwagen) Das weitläufige Campingareal am Südende des Parks vor Chaitén, 2,5 km vor der Rangerstation am Südeingang, bietet Stellplätze (auch für Autos) und Infos. Es gibt einen überdachten Kochbereich und Waschräume.

Sector Amarillo CAMPINGPLATZ $

(Stellplatz 6000/10 000 Ch$ pro Pers./Wohnwagen) Dieser Parkteil südlich von Chaitén umfasst ehemalige landwirtschaftliche Flächen oberhalb der Bäderanlage Termas El Amarillo. Das per Auto oder auch zu Fuß (mehrere Tageswanderungen von anderen Parkabschnitten entfernt) zu erreichende Gelände lockt mit herrlichem Panorama und offenen, ebenen Zeltplätzen, unterteilt in drei separate Bereiche. Zu der Einrichtung gehören überdachte Kochstellen und Waschräume.

Lago Negro CAMPINGPLATZ $

(Stellplatz 5000/10 000 Ch$ pro Pers./Wohnwagen) Großer Campingplatz am See mit Kochstellen und Waschräumen.

Camping El Volcán CAMPINGPLATZ $

(Stellplatz 5000/10 000 Ch$ pro Pers./Wohnwagen) Das weitläufige Campingareal bietet Stellplätze (auch für Autos), einen überdachten Kochbereich, Waschräume mit Kaltwasserduschen und Infos. Es liegt am Südende des Parks vor Chaitén, 2,5 km vor der Rangerstation am Südeingang.

Cascadas Escondidas CAMPINGPLATZ $

(Stellplatz 6000/10 000 Ch$ pro Pers./Wohnwagen) Auf dem Campingplatz am Anfang des Weges zu den Cascadas Escondidas gibt's überdachte Plattformen für Zelte, einen Kochbereich und Waschräume.

Avellano Lodge LODGE $$

(☎ 65-257-6433, mobil 9-9641-4613; www.elavellanolodge.com; Ayacara; Halbpension 30 000 Ch$ pro Pers.; @ 🛜) Die Halbinsel, auf der diese hübsche aus Hartholz gebaute Lodge steht, befindet sich direkt außerhalb des Parks. Das Anwesen bietet nicht nur einfachen Zugang zum Park, sondern auch angenehmen Service und Komfort, sowie All-inclusive-Wanderungen, Ausflüge zum Fliegenfischen sowie Seekajaktouren, die den Transfer von Puerto Montt umfassen.

★ **Caleta Gonzalo Cabañas** HÜTTEN $$$

(☎ in Puerto Varas 65-225-0079; reservas@parquepumalin.cl; Caleta Gonzalo; Stellplatz 6000/10 000 Ch$ pro Pers./Wohnwagen, EZ/DZ/3BZ/4BZ inkl. Frühstück 80 000/100 000/120 000/145 000 Ch$) Diese winzigen mit Schindeln bedeckten Hütten (ohne Kochgelegenheit) sind wie für Waldgnome geschaffen. Sie bieten Blick auf den Fjord, Edelholzausstaffierung und coole Loftbetten für die Kleinen. Ganz in der Nähe, am Río Gonzalo, gibt's einen Campingplatz mit Kochbereich, Waschräumen und Kaltwasserduschen.

Fundo del Río Cabañas HÜTTEN $$$

(☎ in Puerto Varas 65-225-0079; reservas@parquepumalin.cl; 2-/4-Pers. Hütten 65 000/125 000 Ch$) In landwirtschaftlich genutztem Gebiet liegen einige einsame Hütten mit Meer- oder Talblick. Kochutensilien und Feuerholz sind inklusive.

Essen

Puma Verde MARKT $

(☎ 65-220-2358; Carretera Austral s/n, El Amarillo; ⏲ 10–20 Uhr) Hier kaufen Camper günstigen Proviant, Wein, Eier und andere landwirtschaftliche Erzeugnisse sowie hochwertiges, lokal gefertiges Kunsthandwerk. Im Café vor Ort gibt's Espresso und Snacks.

Café Caleta Gonzalo CAFE $$

(Caleta Gonzalo; Hauptgerichte 8500–16 000 Ch$; ⏲ 9–22 Uhr) Dieses attraktive Café-Restaurant tischt frisches Brot, Honig aus der Gegend und Biogemüse auf. Wer nur etwas zum Mitnehmen möchte, bekommt hausgemachtes Hafergebäck, Honig und Picknickpakete.

Praktische Informationen

Im Park gibt's so gut wie keinen Telefonempfang. Das **Centro de Visitantes Caleta Gonzalo** (www.parquepumalin.cl; Caleta Gonzalo; ⏲ Mo–Sa 9–19, So 10–16 Uhr) und das **Centro de Visitantes El Amarillo** (www.parquepumalin.

cl; El Amarillo; ⌚ Mo–Sa 9–19, So 10–16 Uhr) bieten Broschüren über das Schutzgebiet sowie Fotos und Infos zur Ökologie. Außerdem wird dort regionales Kunsthandwerk verkauft.

Tompkins Conservation (www.tompkinsconservation.org) informiert über alle Naturschutzprojekte unter dem Schirm der Tompkins-Stiftung.

An- & Weiterreise

Die Fähren von **Naviera Austral** (☎ 65-221-7266; www.taustral.cl; Anlegestelle; 6000/34 000 Ch$ pro Passagier/Auto) verkehren in der Hauptsaison zweimal täglich von der Caleta Gonzalo nach Hornopirén (5–6 Std.). Im Rahmen der kombinierten Bus-und-Boot-Verbindungen von Puerto Montt nach Chaitén können sich Traveller im Park absetzen lassen.

Chaitén

☎ 65 / 6200 EW.

Chaitén ist der Hauptzugang zum Parque Nacional Pumalín und der wichtigste Verkehrsknotenpunkt des nördlichen Abschnitts der Carretera Austral. Hier kommen Flugzeuge und Fähren aus Puerto Montt sowie von der Insel Chiloé an.

Als ein bis dahin unbekannter Vulkan am 2. Mai 2008 aus dem Dornröschenschlaf erwachte, wurde in diesem Ort der Ausnahmezustand ausgerufen: Die Bewohner konnten evakuiert werden, wurden daraufhin jedoch jahrelang von der Regierung im Ungewissen über ihre Zukunft gelassen. Sie widersetzten sich dem Plan, den Ort 10 km weiter nördlich umzusiedeln, und haben ihre Gemeinde stolz wiederaufgebaut.

Aktivitäten

Termas El Amarillo THERMALQUELLEN

(☎ Municipalidad de Chaitén 65-274-1500; 7000 Ch$; ⌚ 9–19 Uhr) Im Sommer sind der kürzlich renovierte Pool und die kleineren, heißeren Becken am Río Michinmahuida sehr beliebt. Die Quellen liegen 25 km südöstlich von Chaitén an einer nordwärts führenden Abzweigung der Carretera Austral. Lodge- und Campingunterkünfte bietet ein 1 km entfernter privater Platz. Da es dort keinen Telefonempfang gibt, sollte man Anfragen an die Stadtverwaltung von Chaitén richten.

Chaitur GEFÜHRTE TOUREN

(☎ 65-273-7249, mobil 9-7468-5608; www.chaitur.com; O'Higgins 67; ⌚ Öffnungszeiten variieren) Besitzer Nicolas, der Englisch spricht, ist eine gute Infoquelle, verleiht Fahrräder (10 000 Ch$ pro Tag) und arrangiert die meisten Bustickets sowie zweisprachige Ausflüge (Spanisch und Englisch) zum Parque Pumalín, zum Glaciar Yelcho, zu den Termas El Amarillo und zu Stränden mit Seelöwenkolonien. Während der geführten Wanderungen zum Volcan-Chaitén-Kraterweg erfährt man Spannendes über die wissenschaftlichen Hintergründe.

Schlafen

Doña Collita PENSION $

(☎ mobil 9-8445-7500; Portales 54; ohne Bad inkl. Frühstück 15 000 Ch$ pro Pers., DZ 35 000 Ch$; 📶) Die altmodische *hospedaje* (Pension) zeichnet sich durch saubere Zimmer und eine strenge Gastgeberin aus. Wer leicht friert, hat hier eine der wenigen Übernachtungsmöglichkeiten an der Carretera Austral, wo es permanent heiß ist.

Cielo Mar Camping CAMPINGPLATZ $

(☎ mobil 7468-5608; www.chaitur.com; Ecke O'Higgins & Costanera Av Corcovado; Stellplatz 5000 Ch$ pro Pers.; 📶) Stellplätze hinterm Haus und Duschen mit Warmwasser mitten im Ortszentrum.

Cabañas Grizzly HÜTTEN $$

(☎ 65-224-1908; elguetaangel@gmail.com; Carretera Austral, Km 25, El Amarillo; 2-/4-Personen-Hütten 50 000/60 000 Ch$; 📶) Diese makellosen Hütten im Landhausstil mit schattigen Veranden punkten mit hübschem Edelholz, voll ausgestatteten Küchen und Kabelfernsehen. Keine Sorge wegen der Bären – die Unterkunft ist nach dem Hund der Familie benannt.

Posada Expediciones Kahuel HÜTTEN $$

(☎ mobil 9-8156-6148; www.pymesdechile.cl/posadakahuel/index.php; Carretera Austral s/n; DZ mit Frühstück 50 000 Ch$, Hütten ab 88 000 Ch$; 📶) Zu dem Waldrefugium am Ortsrand gehören kleine Zimmer mit Holzdetails und kuscheligen Wollüberwürfen sowie Hütten für größere Gruppen. Es liegt 400 m vom Meer entfernt, und bei Regen kann es hier dunstig werden. Die Besitzer organisieren Bootsausflüge (80 000 Ch$ für 4 Pers.), auf denen man Seelöwen und vielleicht sogar Delfine sichtet. Kreditkarten werden akzeptiert.

Essen

★ **Cocinerías Costumbristas** FISCH & MEERESFRÜCHTE $

(☎ mobil 9-8170-8983; Portales 258; Hauptgerichte 3000–8000 Ch$; ⌚ 9–24 Uhr) Señoras mit Schürzen bereiten hier heiße Empanadas mit Mee-

ALS DER CHAITÉN ERWACHTE

Niemand nahm den Chaitén als aktiven Vulkan wahr ... bis er am 2. Mai 2008 plötzlich eine 20 km hohe Aschesäule ausspuckte.

Der Ausbruch zog sich über einen Monat hin, eine Explosion folgte auf die andere und allein in der ersten Woche wurden mehr als ein Kubikkilometer Aschepartikel ausgestoßen. Zu den Folgen zählten Überschwemmungen und schwere Schäden an Häusern, Straßen sowie Brücken, zudem verendeten Tausende von Nutztieren und noch über Buenos Aires verdunkelte die Asche den Himmel. Die Einwohner des Dorfes Chaitén wurden evakuiert, und die Regierung verfügte, dass der Ort einfach ein Stück nach Nordwesten in die Gemeinde Santa Bárbara (Nuevo Chaitén) verlegt werden sollte. Doch nachdem die Infrastruktur in Chaitén erneuert wurde, kehrten die Einheimischen in ihre früheren Häuser zurück.

Der Vulkan befindet sich im Parque Nacional Pumalín (S. 327) und ist entlang einiger Abschnitte der dortigen Hauptstraße gut zu sehen. Überdies kann man von hier aus die durch pyroklastische Ströme kalzifizierten Wälder an seinem Nordosthang ausmachen. Der Krater hat einen beeindruckenden Durchmesser von 3 km und birgt zahlreiche Lavaformationen. Wer auf dem Kraterweg (S. 327) zum Kraterrand hochwandert, kann den beeindruckenden Ausblick auf den rauchenden Schlund genießen.

Dank der unermüdlichen Arbeit der Ranger konnte das Schutzgebiet 2011 wiedereröffnet werden. Der Vulkan Chaitén steht unter ständiger Überwachung durch die staatliche Agentur für Geologie und Bergbau Sernageomin (www.sernageomin.cl).

resfrüchten, Fischplatten und frische *paila marina* (Suppe mit Schalentieren) zu. Früh da sein zu Mittag, denn die Einheimischen lieben dieses winzige Lokal.

Café Pizzería Reconquista PIZZERIA, CAFÉ **$**
(☎ mobil 9-7495-4442; Portales 269; Pizzen 5000–8000 Ch$; ⌚ 12–24 Uhr) Blitzblankes Café mit aufmerksamem Personal. Eine gute Adresse für Pizzen mit dünnem Teig, Burger und Cola.

Natour IMBISSWAGEN **$**
(O'Higgins s/n; ⌚ Mo–Sa 9–14 Uhr; 📶☕) Hier werden frisch gemahlener Kaffee, Omeletts und Sandwiches feilgeboten, genauso wie Eiscreme.

Restobar el Volcán CHILENISCH **$$**
(☎ mobil 9-8186-9558; Prat 65; Hauptgerichte 6000–9000 Ch$; ⌚ 9–24 Uhr; 📶) Die nette Restaurant-Bar ist in einem weitläufigen niedrigen Bau untergebracht. Im Sommer peppen lokale Produkte sowie hausgemachte Marmelade und Säfte (z. B. mit *nalca*, einem patagonischen Verwandten des Rhabarber) das Angebot aus Sandwiches, Fisch und herzhaften Steaks aus der Region sowie Frühstück auf. Die Portionen sind gewaltig.

ℹ Praktische Informationen

BancoEstado (Ecke Libertad & O'Higgins; ⌚ Mo–Fr 9–14 Uhr) Mit einem Geldautomat. Die Wechselkurse für Bargeld sind schlecht.

Sernatur (☎ 65-273-1082; Portales 408; ⌚ Mo–Fr 8.30–13.30 & 14.30–17.30 Uhr) Bewirbt die Patagonia-Verde-Route von Hornopirén nach Palena.

Touristenkiosk (Ecke Costanera Av Corcovado & O'Higgins; ⌚ Jan. & Feb. 9–21 Uhr) Flyer und Broschüren sowie eine Unterkunftsliste.

Hospital de Chaitén (☎ 65-731-244; Av Ignacio Carrera Pinto; ⌚ 24 Std.) 24-Stunden-Notdienst.

ℹ An- & Weiterreise

Chaitén ist der Hauptort an der nördlichen Carretera Austral, 56 km südlich von Caleta Gonzalo und 45 km nordwestlich von Puerto Cárdenas.

Im Dezember 2017 kam es rund 75 km südlich in Villa Santa Lucía zu einem großen Erdrutsch, der 14 Tote forderte, einen Großteil des Dorfs zerstörte und die Nord-Süd-Verbindung für einige Monate lahmlegte. So könnte das Transport-, Unterkunfts- und Gastronomieangebot in Villa Santa Lucía in Zukunft bescheidener ausfallen.

BUS

Die Fahrpläne und Busbetreiber für die Carretera Austral ändern sich häufig. Abfahrt ist am **Chaitur-Busterminal** (☎ mobil 9-7468-5608; www.chaitur.com; O'Higgins 67; ⌚ 9–12 & 16–19 Uhr). Kemelbus verkehrt täglich um 10 und 12 Uhr nach Puerto Montt (20 000 Ch$, 9 Std.). Buses Becker steuert mittwochs und sonntags zu Mittag Coyhaique an und hält unterwegs in Villa Santa Lucía (wo man in Busse nach Futaleufú und Palena umsteigen kann), La Junta und Puyuhuapi. Die Strecke wurde zu Redaktionsschluss asphaltiert, was Verzögerungen und Straßensperrungen mit sich brachte. Vielleicht sind die Arbeiten bei Erscheinen des Reiseführers schon abgeschlossen, aber am besten erkundigt man sich vor Ort am Bahnhof nach dem aktuellen Stand der Dinge.

Buses Cárdenas fährt täglich um 13 Uhr nach Futaleufú und um 12 Uhr nach Palena. **Buses Cumbres Nevadas** startet täglich um 16 und 19 Uhr nach Palena und Futaleufú. Derzeit gibt's auf vielen Strecken bezuschusste Tickets für alle Fahrgäste, aber bald gibt's womöglich nur noch Ermäßigungen für Einheimische.

ZIEL	PREIS (CH$)	DAUER (STD.)
Coyhaique	24 000	8
Futaleufú	2000	3
La Junta	12 000	3
Palena	2000	3
Puyuhuapi	15 000	4½
Villa Santa Lucía	1000	1½

FLUGZEUG

Der Flughafen Santa Bárbara befindet sich 10 km nördlich von Chaitén. Sowohl **Aerocord** (☎ mobil 9-7669-4515; www.aerocord.cl; Portales 287) als auch **Pewen** (☎ mobil 9-9403-4298; www.pewenchile.com; O'Higgins s/n) fliegen zum Aeródromo La Paloma in Puerto Montt (einfache Strecke 50 000 Ch$, 45 Min.). Beide verkehren täglich, außer sonntags, und starten in der Regel vormittags.

SCHIFF/FÄHRE

Die Fahrpläne ändern sich regelmäßig, deshalb sollte man immer aktuelle Infos einholen. Die Auto- und Passagierfähre *Don Baldo* von **Naviera Austral** (☎ 65-2731-011; www.navieraustral.cl; Riveros 181; Sitzplatz/Auto 17 300/95 000 Ch$) verkehrt dreimal wöchentlich nach Puerto Montt (9 Std.) und zweimal pro Woche nach Quellón (6 Std.) und Castro, Chiloé (5 Std.).

Von der Anlegestelle bis in die Stadt hat man einen 500 m langen Fußmarsch gen Südosten vor sich.

Futaleufú

☎ 65 / 2300 EW.

Das wild dahinströmende eisige Wasser des Río Futaleufú hat den gleichnamigen bescheidenen Bergort berühmt gemacht. Dieser ist nicht nur ein Eldorado für Kanufahrer und Rafter, sondern auch eine tolle Ausgangsbasis für Fliegenfischer, Wanderer und Reiter. Besser ausgebaute Straßen ziehen auch immer mehr Pauschalreisende an. Ruhiger geht's vor und nach dem großen Ansturm im Sommer zu.

Das gitterförmige Straßennetz des Ortes besteht aus gut 20 Blocks mit pastellfarben gestrichenen Häusern. Im Wesentlichen ist Futaleufú, das 155 km südöstlich von Chaitén liegt, ein Dienstleistungszentrum für den Verkehr zur 8 km entfernten argentinischen Grenze und eine Übernachtungsmöglichkeit für Bootsfahrer. Viele Besucher reisen von hier in die nahegelegenen argentinischen Städte Trevelín und Esquel sowie in den Parque Nacional Los Alerces.

Aktivitäten

Manche Abschnitte des Río Futaleufú, auch „Futa" oder „Fu" genannt, sind nur für erfahrene Rafter geeignet. Abhängig vom Ausrüster und den gebuchten Leistungen beginnen die Preise für eine Tour bei 50 000 Ch$ pro Person und halbem Tag. Dabei wird eine Strecke namens „Bridge to Bridge" befahren, die Stromschnellen der Schwierigkeitsgrade WW IV sowie WW IV-plus umfasst. Ganztägige Ausflüge starten bei 60 000 Ch$. Außerdem gibt's noch die anspruchsvolle Tour „Bridge to Macul" mit zwei zusätzlichen WW-V-Stromschnellen.

Ideal für Familien ist Rafting mit dem Schwierigkeitsgrad WW III auf dem Río Espolón. Kajakneulinge könnten entweder auf diesem Fluss oder auf dem Lago Espolón die ersten Paddelschläge wagen.

Bio Bio Expeditions OUTDOORAKTIVITÄTEN
(☎ 22-196-4258; www.bbxrafting.com) Regionaler Pionier. Die ökologisch orientierte Gruppe organisiert Raftingtouren sowie Pferdetrekking und mehr. Manchmal kann man an den Ausflügen auch ohne Vorabreservierung teilnehmen.

Bochinche Rafting RAFTING
(☎ mobil 9-8847-6174; https://bochinchex.com; Cerda 697; ⏲ 9–22 Uhr) Ein kleinerer Laden, der täglich Raftingtouren im Programm hat, Kajaks und Fahrräder verleiht sowie andere geführte Outdooraktivitäten anbietet.

Expediciones Chile OUTDOORAKTIVITÄTEN
(☎ 65-562-639; www.exchile.com; Mistral 296; ⏲ Dez.–März 9–23 Uhr) Erfahrener Veranstalter, der größten Wert auf Sicherheit legt. Spezialisiert auf einwöchige Raftingtouren, bietet aber auch Kajaktouren, Mountainbiken und Reiten an. Zudem betreibt er ein Ökocamp am Río Azul und eine Kajakschule am Río Espolón.

Carpintero Negro WANDERN
(mobil 9-5825-4073; www.carpinteronegro.com; Cerda 439; Öffnungszeiten variieren) Es gibt unzählige wunderbare Wandermöglichkeiten um Futaleufú, aber nur wenig Infos dazu. Mit Halbtagestouren und mehrtägigen Trips wird hier eine wichtige Nische gefüllt. Kontakt via WhatsApp.

Patagonia Elements RAFTING
(mobil 9-7499-0296; www.patagoniaelements.com; Cerda 549; 9:30–21 Uhr) Kompetente chilenische Guides. Es können auch Mountainbikes geliehen werden (halber Tag 15 000 Ch$).

Feste & Events

Ruta de los Valles SPORT
(www.rutadelosvalles.cl; Ende Jan.) Auf dem alljährlichen Mountainbikerennen, das Besucher aus der ganzen Welt anlockt, geht's über je 20 und 48 km durch wunderschöne Andenszenerien.

Futa Fest SPORT
(https://es-la.facebook.com/GenteDeRios; Ende Feb.–Anf. März) Einmal im Jahr findet zu Ehren des Flusses Futaleufú ein Festival mit Wettkämpfen, Partys und Publikumsveranstaltungen statt. Details dazu bietet die Facebookseite. Anlass gab der Ausbruch des Vulkans Chaitén, der verheerende Folgen für die Region und wirtschaftliche Engpässe nach sich zog. Nun will man den Fluss und seine unglaubliche natürliche Umgebung bewahren.

Schlafen

Las Natalias HOSTEL $
(mobil 9-6283-5371; www.hostallasnatalias.cl; DZ/3BZ 15 000/50 000 Ch$, DZ mit/ohne Bad 36 000/32 000 Ch$; Nov.–April) Das gastfreundliche Hostel ist eine tolle Wahl für Backpacker, die hier auch Tipps zu Outdooraktivitäten bekommen. Es verfügt über Gemeinschaftsbäder, einen großen Aufenthaltsbereich, eine Küche für Gäste und Bergblick. Vom Zentrum sind es zehn Gehminuten: Einfach auf der Cerda ortsauswärts den Schildern Richtung Nordwesten folgen; oben auf dem Hügel liegt das Haus gleich rechts.

Besitzer Nate gibt auch Unterricht im Kajakfahren (80 000 Ch$ pro Tag).

Cara del Indio CAMPINGPLATZ $
(WhatsApp 9-9467-2943; www.caradelindio.cl; Lonconao Sector; Stellplatz 5000 Ch$ pro Pers., Hütten 35 000–50 000 Ch$; Nov.–April) Das 10 km lange Basiscamp für Abenteuertouren mit unterschiedlich großen Hütten, das auch Rafting anbietet, liegt spektakulär am Flussufer und wird von Luis Toro und seiner Familie betrieben. Das Campinggelände bietet heiße Duschen, eine Küche im Freien und eine mit Holz beheizte Sauna. Gäste können im Restaurant essen oder hausgemachte Produkte kaufen. Die angegebene Nummer ist nur über WhatsApp erreichbar.

Der Platz liegt 15 km von Puerto Ramiréz und 35 km von der Carretera Austral entfernt.

Posada Ely PENSION $
(65-272-1205; posada.ely.futaleufu@gmail.com; Balmaceda 409; EZ/DZ inkl. Frühstück 15 000/30 000 Ch$; P) Betty, eine Einheimische, kümmert sich um die gepflegten Zimmer dieser Bleibe und macht eine leckere Hagebuttenmarmelade, die sie zum Frühstück mit frischem Brot, Eiern, Saft, Tee und vielem mehr serviert. Es gibt auch Kabelfernsehen.

Martín Pescador B&B B&B $
(65-272-1279; Balmaceda 603; pro Pers. 20 000 Ch$, Hütten für 6 Pers. 60 000 Ch$) Ein echtes Schnäppchen! Hinter dem Restaurant steht ein gemütliches Wohnhaus mit Lehmziegelwänden und hübschem Mobiliar. Darüber hinaus gibt's rustikale, stilvolle Hütten mit zwei Schlafzimmern, schmalen Treppen und Küchenzeilen. Mitch, der Besitzer, arbeitet auch als Guide.

Aldea Puerto Espolón CAMPINGPLATZ $
(mobil 9-5324-0305; www.aldeapuertoespolon.cl; Ruta 231; Stellplatz 7000 Ch$ pro Pers., Domos 9000 Ch$; Jan.–März) Gleich vor der Stadt erstreckt sich dieser traumhaft schöne Platz an einem sandigen Flussufer, das von Bergen flankiert wird. Es gibt heiße Duschen und überdachte Kochstellen mit Gasbetrieb für Camper. Gruppen können auch in einem geodätischen Kuppelbau (Domo) auf Plattformen übernachten. Einen eigenen Schlafsack mitbringen!

Adolfo's B&B B&B $
(65-272-1256; pettyrios@gmail.com; O'Higgins 302; EZ/DZ inkl. Frühstück 20 000/40 000 Ch$, ohne Bad pro Pers. 15 000 Ch$; @) Futaleufús beste Budgetunterkunft ist das einladende Holzhaus einer gastfreundlichen Familie. Zum Frühstück gehören Eier, selbst gebackenes Brot und Kuchen.

★ **La Antigua Casona** PENSION $$
(65-272-1311; silvanobmw@gmail.com; Rodríguez 215; DZ/3BZ inkl. Frühstück 60 000/80 000 Ch$) In diesem renovierten Sied-

lerhaus zeugt alles von der Detailverliebtheit seiner italienischen und chilenischen Besitzer. Die Zimmer haben hübsche Naturthemen-Dekors, z. B. mit handgemalten Vögeln und gesteppten Bettdecken. Passanten können einen Zwischenstopp in dem einladenden Café (siehe rechts) mit schattiger Terrasse einlegen; es wird von Silvano geführt, der sich für lokale Geschichte begeistert.

La Gringa Carioca B&B **$$**
(☎ 65-272-1260, mobil 9-9659-9341; Aldea 498; EZ/DZ inkl. Frühstück 100/120 US$; 📶) Dieses B&B ist rustikal, mit einem großen Garten voller Hängematten und hübschen Sitzgelegenheiten auf Blumenkästen. Die brasilianische Gastgeberin Adriana spricht mehrere Sprachen und hilft gern mit Tipps zur Umgebung. Bald stehen auch Yoga, Reiki und Massagen auf dem Programm. Zum leckeren Frühstück gibt's Eier vom Hof und echten Kaffee. Zu den Nachteilen gehören die veraltete Ausstattung und die altmodischen Bäder.

Hostería Río Grande HOTEL **$$**
(☎ 65-272-1320; www.pachile.com; O'Higgins 397; EZ/DZ/3BZ 35 000/55 000/65 000 Ch$; P📶) Auf die Gäste warten helle Zimmer mit Teppichböden, transportablen Heizkörpern und niedrigen Betten samt hohen Holzrahmen. Die komfortable mit Schindeln gedeckte Lodge wird vor allem von nimmermüden angloamerikanischen Sportlern besucht. Entspannung verspricht das Café mit WLAN und grasbewachsener Terrasse.

★ Uman Lodge LODGE **$$$**
(☎ 65-272-1700; http://umanlodge.cl; Fundo La Confluencia; EZ/DZ inkl. Frühstück 490/550 US$; 📶🏊) Die 16 luxuriösen Zimmer blicken auf den Zusammenfluss zweier Flüsse, eins der schönsten Panoramen in ganz Patagonien. *Uman* bedeutet auf Mapundungun Unterkunft und man bemüht sich hier um Lokalkolorit ohne Hartholz: Alles ist geschmackvoll modern in Glaswände eingefasst und mit Holzschindeln gedeckt. Geboten werden z. B. Abenteuertouren auf dem Gelände sowie ein Innen- und Außenpool. Die Lodge liegt 2,5 km von der Stadt entfernt und hat eine steile Kieszufahrt.

Zum Restaurant gehört ein bemerkenswerter Weinkeller, in dem unter der Leitung eines ansässigen Sommeliers Verkostungen geboten werden.

Hotel El Barranco HOTEL **$$$**
(☎ 65-272-1314; www.elbarrancochile.cl; O'Higgins 172; DZ inkl. Frühstück 215 US$; @📶🏊) In der Lodge am Rand des Ortszentrums sind elegante, behagliche Zimmer mit geschnitzten Holzelementen, kolonialem Touch und großen Betten untergebracht, obwohl der nachlässige Service kaum den hohen Preis rechtfertigt. Es gibt außerdem ein Restaurant, einen Pool und eine Sauna.

Essen & Ausgehen

Pizzas de Fabio PIZZA **$**
(☎ mobil 9-5877-8334; Carnicer s/n; Pizza 6000 Ch$; ⏲ 12–22 Uhr; 🖉) Die Pizza von Chefkoch Fabio überzeugt mit dünnem Rand und Käse, der schöne Fäden zieht. Der Argentinier kehrte der Haute Cuisine den Rücken, um seine eigene schöne Take-Away-Bude zu eröffnen. Er bietet auch vegane Gerichte an.

Picada de Colonos CHILENISCH **$**
(☎ 65-272-1326; O'Higgins 782; Hauptgerichte 5000–7000 Ch$; ⏲ Mo–Sa 8–22 Uhr) In Nelsas Küche gibt's kein Menü; sie kredenzt Schweinekoteletts, *cazuela* (üppige Eintöpfe), *milanesas* (Schnitzel) und Pommes frites. Die Tische sind mit hausgemachten *sopapillas* (frittiertem Brot) gedeckt, einem Grundnahrungsmittel in Patagonien. Das Restaurant liegt am Weg zur Grenze.

Rincón de Mamá CHILENISCH **$**
(☎ 65-272-1208; O'Higgins 465; Hauptgerichte 8000 Ch$; ⏲ Mo–Sa 11.30–14.30 & 18.30–22 Uhr) Das einfache Lokal mit zitronengelber Deko und Plastiktischdecken befindet sich im zweiten Stock eines großen Gebäudes an einem schmalen Durchgang. Serviert wird Hausmannskost.

Restaurant Antigua Casona ITALIENISCH **$$**
(☎ 65-272-1311; Rodríguez 215; Hauptgerichte 10 000 Ch$; ⏲ 12–22 Uhr) Das Café im kleinen La Antigua Hotel (siehe links) bietet legendäre hausgemachte Pasta, Gnocchi und Lasagne sowie vegetarische Kost in eleganter Atmosphäre. Der Eigentümer kommt aus Mailand, an Authentizität mangelt es nicht. Wie wär's außerdem mit einem selbst gebrauten Bier?

Martín Pescador CHILENISCH **$$**
(☎ 65-721-279; Balmaceda 603; Hauptgerichte 10 000–13 000 Ch$; ⏲ Abendessen Nov.–April; 🖉) 🍃 Dieses Lokal setzt auf Regionalität und Abenteuerlust bei wechselnden Menüs, die ihresgleichen suchen: Es gibt z. B. Honig aus heimischen *michay*-Blumen, Waldpilze, *nalca*-Früchte, Kaninchen und traditionelle *huilliche*-Meeresfrüchte. Es herrscht eine nette, dämmrige Atmosphäre, was u. a. am knis-

ternden Holzfeuer liegt. Das Vier-Gänge-Menü (30 000 Ch$) bietet eine gute Auswahl, zudem sind vegetarische Gerichte erhältlich (am besten vorab erkundigen).

Café Mandala CAFÉ
(Cerda s/n; ⌚Mo–Fr 11–20, Sa & So 12–20 Uhr) Neben verschiedenen Espresso-Getränken hat das kleine Café an der Plaza Säfte, Kuchen und gegrillten Käse im Angebot.

Sur Andes CAFÉ, BAR
(☎mobil 9-7479-1638; Cerda 308; ⌚Mo–Sa 13–16 Uhr; 📶) Café-Bar mit heimeliger Kneipenatmosphäre.

Praktische Informationen

BancoEstado (Ecke O'Higgins & Manuel Rodríguez ; ⌚Mo–Fr 9–14 Uhr) Einzige Wechselmöglichkeit, deshalb sollte man besser ausreichend Geld mitbringen. Ortskundige berichten, dass die Automaten oft keine ausländischen Karten akzeptieren.

Post (☎65-223-7629; Balmaceda 501; ⌚9 Mo–Fr 9–13 & 15–19 Uhr) Infos zu Busfahrplänen und Tickets für Busse und Fähren.

Touristeninformation (☎65-223-7629; O'Higgins 536; ⌚9–21 Uhr) Hilfsbereite Angestellte, die über Hütten, Aktivitäten und Wanderwege in der Gegend informieren.

An- & Weiterreise

Achtung: Busfahrpläne ändern sich häufig!

Bus D&R (☎65-238-0898, mobil 9-9883-2974; Manuel Rodríguez s/n; ⌚9–12 & 15–19 Uhr) verkehrt beinah täglich um 18 Uhr nach Chaitén (2200 Ch$, 3 Std.). **Buses Becker** (☎65-272-1360; www.busesbecker.com; Ecke Balmaceda & Prat; ⌚9–13 & 15–19 Uhr) fährt jeden Sonntag um 11 Uhr nach Coyhaique

ABSEITS DER ÜBLICHEN PFADE

PALENA

In dem verschlafenen Bergstädtchen Palena am gleichnamigen türkisfarbenen Fluss kann man Wanderungen und Ausritte in fruchtbare Täler unternehmen, außerdem finden sich hier noch Anklänge an die Lebensart der Pioniere und wahre Gastfreundlichkeit. Am letzten Januarwochenende wird ein Rodeo abgehalten und Ende Februar lockt die einwöchige **Semana Palena** mit Cowboydarbietungen und Livemusik.

Zum Angebot der **Touristeninformation** (☎65-274-1221; www.municipalidadpalena.cl; O'Higgins 740; ⌚Mo–Fr 8–13 & 14–17 Uhr) an der Plaza zählen Pferdetrekking, Rafting und Angelausflüge mit lokalen Guides – manchmal allerdings mit Vorlaufzeit, wenn ein Veranstalter erst einmal angefunkt werden muss.

Mit dem erfahrenen Guide Jorge Vásquez von **Auquinco** (☎mobil 9-9514-7274; www.auquinco-patagonia-turismo.com/index.html; Palena; 17 000 Ch$) geht's ab in die türkisblauen Strömungen des Río Palena zum Raften oder Floating (14 000 Ch$). Auf dem Programm stehen auch Fliegenfischen von November bis April (2 Pers. 120 000 Ch$) und Reiten. Die Preise sind inklusive Transfer, Guide und Mahlzeiten.

Wer nach einem Pionierabenteuer in Abgeschiedenheit sucht, macht sich per Pferd oder zu Fuß auf zur 5 km entfernten fabelhaften Farm der Familie Casanova in Valle Azul, dem **Rincon de la Nieve** (☎mobil 9-8186-4942; rincondelanieve@hotmail.com; Valle Azul; pro Pers. inkl. Frühstück 18 000 Ch$). Dort kann man reiten, einen Wasserfall besuchen und das Vieh zusammentreiben oder auch den Weg bis zum einsamen Lago Palena fortführen. Die Mahlzeiten (7000 Ch$) werden aus frischen heimischen Erzeugnissen bereitet. Pferde kosten extra. Da es vor Ort kein Telefonnetz gibt, müssen alle Ausflüge im Voraus arrangiert werden. Es gibt zudem ein Dreitagespaket (108 000 Ch$ pro Pers.) mit Ausritten und Tätigkeiten auf der Farm. Den Ausgangspunkt erreicht man mit dem Auto (Allradantrieb) an der Kreuzung zwischen El Tigre und dem Fluss Azul. Alternativ lässt man sich von Palena aus herbringen (insgesamt 20 000 Ch$).

Im Ort bietet **La Chilenita** (☎mobil 9-6777-9112; Pudeto 681; ohne Bad 10 000 Ch$ pro Pers.; 📶) Übernachtungsmöglichkeiten. Señora Elena umsorgt die Gäste in ihrem gemütlichen Heim, das sie hegt und pflegt. Das **Restaurante Al Paso** (☎65-274-1226; Pudeto 661; Menü 7000 Ch$; 📶) nebenan serviert Hausmannskost und hat einige Gästezimmer (15 000 Ch$) im Obergeschoss.

Buses Palena (☎65-741-319; Plaza de Armas) fährt montags, mittwochs und freitags um 6.45 Uhr von der Plaza de Armas nach Chaitén (2000 Ch$, 3 Std.). In Chaitén starten Busse mittwochs und freitags um 15.30 Uhr.

(24 000 Ch$, 10 Std.) und hält unterwegs in Villa Santa Lucía (1½ Std.), La Junta und Puyuhuapi. **Buses Jerry** (Lautaro s/n) steuert dreimal pro Woche Palena (2500 Ch$, 2 Std.) an; es gibt kein Büro, die Haltestelle liegt an der Straße. **Buses Apsa** macht sich dienstags und freitags um 7.30 Uhr auf den Weg nach Puerto Montt (18 000 Ch$, 10 Std.); Tickets gibt's im **Postamt**. **Bus Río Palena** (☎ mobil 9-9321-0621; Carrera 500; ⏲ 8–19 Uhr) macht sich sonntags um 8 Uhr zum selben Ziel über Argentinien auf. Die Abfahrt erfolgt in Palena.

Internationale Busse (☎ 65-272-1458; Cerda 436; 2500 Ch$) zur argentinischen Grenze (15 Min.) fahren derzeit montags und freitags um 9 und 19 Uhr ab. In Argentinien bringt **Transportes Jacobsen** (☎ 02945-454676) Passagiere nach Trevelín und Esquel. Am **Grenzposten von Futaleufú** (Ruta Internacional s/n; ⏲ 8–20 Uhr) werden Ein-/Ausreiseformalitäten viel schneller abgewickelt als in Palena (gegenüber der argentinischen Grenzstadt Carrenleufú).

Auf dem Weg zur Grenze gibt's eine **Copec**-Tankstelle. Benzin ist in Argentinien günstiger!

La Junta

☎ 67 / 914 EW.

Dieser staubige Ort, der sich aus einer *estancia* (Ranch mit Weideland) entwickelt hat, verströmt ein „Ende der Welt"-Flair. Hier, auf halber Strecke zwischen Chaitén und Coyhaique, trafen einst die Farmer aufeinander, die zum Markt unterwegs waren, und dies bleibt ein bedeutender Verkehrsknotenpunkt für Nord-Süd-Verbindungen. Unverwechselbar mit seinem Pinochet-Denkmal als Hauptattraktion spielt der Ort heute als Tank- und Raststopp für Reisende eine wichtige Rolle und hat bessere Schlafgelegenheiten als das nahe gelegene Puyuhuapi. Massive Bergfelsen umgeben diese mit altmodischen Eisenwarenhandlungen angefüllte Gemeinde.

Aktivitäten

Besucher können Bootsfahrten auf dem Río Palena unternehmen, Fliegenfischen oder wandern. In der Reserva Nacional Lago Rosselot und am Lago Verde wimmelt es von Seeforellen (Goldlachs), Regenbogenforellen und Königslachs.

Termas del Sauce THERMALQUELLEN
(☎ mobil 9-9454-2711; Camino a Raúl Marín Balmaceda, Km 17; pro Pers. 5000 Ch$; ⏲ 10.30–20.30 Uhr) 17 km außerhalb der Ortschaft Richtung Raúl Marín Balmaceda gibt's private Thermalquellen mit angenehmen rustikalen Pools und Campingmöglichkeiten (10 000 Ch$ inkl. Thermalquellen). Wer hier unterkommt, kann am Ende des Tages in den Becken richtig ausspannen und einen *quincho* (Outdoorküche/-grill) zum Kochen benutzen.

Yagan Expeditions ABENTEUER
(☎ 67-231-4352; www.yaganexpeditions.com; 5 de Abril 350; ⏲ Öffnungszeiten variieren) Kleine Reiseagentur, die Ausritte, Trekking und Ausflüge zu den Thermalquellen sowie Kajakfahrten auf dem Lago Rosselot organisiert.

Feste & Events

Ruta de Palena SPORT
(Touristenkiosk; ⏲ Anfang Feb.) Mit einer viertägigen Flussfahrt von Palena bis zum Meer bei Raúl Marín Balmaceda inklusive Camping am Río Palena feiert man die beiden Flüsse, die in La Junta ineinander münden. Es gibt Barbecues und allerlei Darbietungen. Weitere Infos bietet das Tourismusbüro in La Junta.

Schlafen & Essen

Mi Casita de Té Alojamiento HOTEL $
(☎ 67-231-4206; www.facebook.com/micasita.dete; Carretera Austral s/n; DZ/4BZ inkl. Frühstück 35 000/55 000 Ch$; 📶) Dieses Hotel an der Hauptstraße bietet auf zwei Stockwerken preiswerte Zimmer an. Das Restaurant mit demselben Namen ist der Hotspot der Ortschaft.

Hostería Mirador del Río BAUERNHOF $
(☎ mobil 9-6177-6894; www.miradordelrio.cl; Camino a Raúl Marín Balmaceda, Km 6; Zi. ohne Bad inkl. Frühstück 15 000 Ch$ pro Pers., Hütte für 3 Pers. 60 000 Ch$) 🍃 Das bezaubernde Bauernhaus wird mit Solar- und Generatorstrom versorgt. Eine liebenswerte Familie serviert ein sättigendes Frühstück mit hausgemachter Marmelade und backfrischem Brot aus dem Holzofen. Der Sohn ist Fremdenführer und arrangiert Bootsausflüge auf dem ruhigen Río Palena oder Angeltrips. Die Unterkunft liegt außerhalb der Ortschaft auf dem Weg nach Raúl Marín Balmaceda.

Von hier aus kann man auch eine Trekkingtour zu einem Bergsee (6 km Rundweg) unternehmen.

Hospedaje Tía Lety PENSION $
(☎ mobil 9-8763-5191; Varas 596; Zi. ohne Bad inkl. Frühstück 15 000 Ch$ pro Pers.; 📶) Nette Famili-

ABSTECHER

RAÚL MARÍN BALMACEDA

Ein Abstecher in das abgeschiedene Inseldorf Raúl Marín Balmaceda, das durch eine Straße mit der Außenwelt verbunden ist, lohnt immer! Der Ort liegt an der Mündung des Río Palena, einem neuen Wasserschutzgebiet und Lebensraum für Unmengen von Tieren wie Otter, Seelöwen und Delfine. Am ehesten bekommt man sie zu Gesicht, wenn man mit dem Kajak lospaddelt oder eine Bootsfahrt unternimmt. Vom Dorf führen breite Sandpisten und Graspfade zu einem hübschen Strand.

Wer in Raúl Marín Balmaceda übernachten möchte, trifft mit der Privatunterkunft **Los Lirios** (☎mobil 9-6242-0180; violaloslirios@gmail.com; Av Central; Zi. mit/ohne Bad inkl. Frühstück ab 15 000/12 000 Ch$ pro Pers.; 📶) eine gute Wahl.

Das **Refugio Puerto Palena** (☎mobil 9-7769-0375; born.ricardo@gmail.com; EZ/DZ 100/120 US$; 📶) verwandelt sich gerade von einem hübschen B&B zu einem richtigen Boutique-Hotel am Wasser mit sieben großen, modern ausgestatteten Zimmern und zwei Apartments. Riesige Fenster bringen den Fjord scheinbar bis ins Zimmer, zudem gibt's einen Lift. Im Voraus buchen! Manchmal werden auch Ausflüge mit dem Katamaran angeboten.

Von der *costanera* (Küstenstraße) starten montags, mittwochs und freitags um 8.30 Uhr Busse nach La Junta (3000 Ch$). Man kann die fast zweistündige Fahrt auch mit dem eigenen Wagen bewältigen (es geht über eine annehmbare Schotterstraße). Über die Mündung des Palena muss man einmal die Fähre nutzen (kostenlos). Achtung: Der Fährbetrieb endet um 19 Uhr.

Naviera Austral (☎600-401-9000; www.navieraustral.cl; ab der Av Central; Passagier/Auto 7500/55 000 Ch$) setzt täglich nach Quellón auf Chiloé vom Pier in der Ortschaft über.

enpension mit sperrigen Betten und gepflegten Zimmern. Das Frühstück – hausgemachte *küchen*, Marmelade und Brot – macht ordentlich satt und Tía Lety ist eine fantastische Gastgeberin. Wer im Voraus Bescheid gibt, bekommt außerdem Empanadas und Abendessen.

Alto Melimoyu Hotel B&B **$$**
(☎67-231-4320; www.altomelimoyu.cl; Carretera Austral 375; EZ/DZ inkl. Frühstück 42 000/55 000 Ch$; 📶) Design-B&B an der Carretera Austral, aber weit genug entfernt, sodass man die Straße komplett vergisst. Eine Holzbadewanne und eine Sauna können gegen Gebühr stundenweise genutzt werden. Einige Touristen standen schon vor verschlossener Tür, daher sollte man sich vorher nach den Öffnungszeiten erkundigen.

★**Espacio y Tiempo** LODGE **$$$**
(☎67-231-4141; www. espacioytiempo.cl; Carretera Austral s/n; EZ/DZ/3BZ inkl. Frühstück 115/148/192 US$; 📶) Diese komfortable Lodge verwöhnt Gäste mit klassischer Musik, einem weitläufigen grünen Garten und einer gut bestückten Bar. Die unlängst renovierten Zimmer warten mit gedeckten Farben sowie hochwertigen Matratzen auf, außerdem gibt's Privatterrassen und ein reichhaltiges Frühstück mit Bohnenkaffee. Die Gastgeber vermitteln Ausflüge in die Umgebung und geben nützliche Tipps.

Viele Einheimische lieben das hauseigene Restaurant, in dem z. B. hausgemachte Wildravioli in Pilzsoße und riesige Salate serviert werden.

Mi Casita de Té CHILENISCH **$$**
(☎mobil 9-7802-0488; Carretera Austral s/n; Menü 8000 Ch$; ⏲9–24 Uhr) Eliana und ihre Crew kredenzen frische Kost in rauen Mengen und dazu Espresso. Während der Sommermonate gibt's Salate mit Biozutaten und frischen Rharbarbersaft. *Cazuela* (Eintopf) mit Rind, Maiskolben, frischen Erbsen und Koriander – chilenisches Wohlfühlessen, das glücklich macht – bekommt man das ganze Jahr über. Leider kriegen nicht alle Gäste gleich große Portionen.

ℹ Praktische Informationen

CONAF (☎67-231-4128; Lynch s/n; ⏲Mo–Fr 9–17 Uhr) Infos zu den Parks und Schutzgebieten der Umgebung.

Touristenkiosk (Ecke Portales & 1 de Noviembre; ⏲Dez.–Feb. Mo–Fr 9–21, Sa & So 10.30–19.30 Uhr) In dem Stand an der Plaza erfährt man mehr zu Busverbindungen, Unterkünften und Aktivitäten.

An- & Weiterreise

Da es keinen Busbahnhof gibt, fragt man am besten Einheimische nach den Fahrplänen und hält vorbeifahrende Busse an.

Es bestehen Verbindungen zwischen Chaitén (12 000 Ch$, 3 Std. Richtung Norden) und Coyhaique (10 000 Ch$, 6 Std. Richtung Süden). Dabei geht es über eine größtenteils befestigte Straße. Bei Redaktionsschluss war Cuesta de Queulat, ein kurzer Abschnitt in den Bergen zwischen La Junta und Puyuhuapi, noch nicht asphaltiert.

Montags, mittwochs und freitags verkehrt um 15 Uhr ein Bus nach Raúl Marín Balmaceda (3000 Ch$, bis 2 Std.), inklusive kurzer Fährübersetzung.

Puyuhuapi

67 / 535 EW.

Das idyllische Dorf an der Küste des Fjords versteckt sich in einer Jurassic-Park-Szenerie aus Riesenfarnen und Nalca-Pflanzen (Mammutblatt, Riesenrharaber). Inspiriert durch die Forschungsreisen des Geografen Hans Steffens siedelten sich hier bereits 1935 vier deutsche Einwanderer an. Puyuhuapi liegt am Nordende des Seno Ventisquero, eines malerischen Fjords, der zum größeren Canal Puyuhuapi gehört, und bildet den Ausgangspunkt für Ausflüge in den Parque Nacional Queulat (S. 337) und zum renommierten Thermalbad Termas de Puyuhuapi (S. 345).

Sehenswertes & Aktivitäten

Fábrica de Alfombras HISTORISCHE STÄTTE
(mobil 9-9359-9515; www.puyuhuapi.com; Aysen s/n; Mo–Fr 9–12 & 15–18.30 Uhr) Die ausgebildeten Textilarbeiter von der Insel Chiloé machen den Erfolg des 1947 von deutschen Einwanderern gegründeten Teppichbetriebs aus, wo immer noch hochwertige Stücke von Hand gewoben werden. Der Verkauf erfolgt online, aber hin und wieder dürfen Besucher einen Blick in die Fabrik werfen.

Termas del Ventisquero THERMALQUELLEN
(mobil 9-7966-6805; www.termasventisquero puyuhuapi.cl; Eintritt 18 000 Ch$; Dez.–Feb. 9–23 Uhr, im Winter kürzer) 6 km südlich von Puerto Puyuhuapi gleich neben der Carretera Austral warten die Termas del Ventisquero mit einem großen Pool und drei kleinen Becken samt Blick auf den Fjord auf. Die Wassertemperaturen liegen zwischen 36 und 40 °C und es stehen Umkleideräume, Duschen und Schließfächer zur Verfügung.

Experiencia Austral KAJAKFAHREN
(mobil 9-8258-5799, mobil 9-7766-1524; http://experienciaustral.com; Av Otto Uebel 36; 9–13 & 14–19 Uhr) Abenteuertouren wie Kajakfahren im Fjord (25 000 Ch$ für 5 Std.), Fahrten zu den Ventisquero-Thermalquellen und Ausflüge in den Parque Nacional Queulat, wo man die Laguna Ventisquero Colgante im Paddelboot erkunden kann (12 000 Ch$). Außerdem werden hier Fahrräder (2000 Ch$ pro Std.) und Sit-on-top-Kajaks (6000 Ch$ pro Std.) vermietet.

Schlafen

Los Mañíos del Queulat HOTEL $
(mobil 9-9491-1920; Circunvalación s/n; DZ inkl. Frühstück mit/ohne Bad 45 000/35 000 Ch$;) Über dem Café (S. 338) befinden sich sechs neue Zimmer mit Berberteppichen und schmucker rustikaler Möblierung, die der Eigentümer selbst getischlert hat. Die Betten verfügen über gute Matratzen und Daunendecken. Reichhaltiges Frühstück.

Hostal Comuyhuapi PENSION $
(mobil 9-7766-1984; comuyhuapi.cl; Llautureo 143; TZ/DZ 35 000/40 000 Ch$;) Dieser Anbau an ein Familienhaus ist eine gute Budgetoption mit ordentlichen Doppelzimmern. Dazu gibt's deftige Mahlzeiten und frisches Brot.

Camping La Sirena CAMPINGPLATZ $
(67-232-5100, mobil 9-7880-6251; Av Costanera 148; Stellplatz 5000 Ch$ pro Pers.) Die kleinen Stellplätze haben ein Regenschutzdach, außerdem gehören Waschräume und heiße Duschen zur Ausstattung. Zum Eingang führt die Straße, die am Spielplatz entlang bis zum Wasser verläuft.

Casa Ludwig PENSION $$
(67-232-5220; www.casaludwig.cl; Av Otto Uebel 202; EZ/DZ 30 000/54 000 Ch$, ohne Bad ab 20 000/30 000 Ch$; Okt.–März) Dieses historische Denkmal verbindet Eleganz mit Gemütlichkeit. In dem großen Wohnzimmer prasselt ein Kaminfeuer und das stattliche Frühstück wird auf einem langen Gemeinschaftstisch serviert. Die Zimmerpreise variieren je nach Größe. Die Deutsch und Englisch sprechenden Besitzer helfen beim Buchen von Touren.

Cabañas Aonikenk HÜTTEN $$
(67-232-5208; www.casaturismorural.cl; Hamburgo 16; DZ/Hütten inkl. Frühstück 54 000/80 000 Ch$;) Um die neuen Holzhütten mit Möbeln aus lokalem Holz, molligem wei-

ßem Bettzeug und kleinem Balkon kümmert sich die liebenswerte Betreiberin Verónica. Gästen stehen Grillmöglichkeiten und Küchen zur Verfügung. Alternativ lässt man sich mit Kaffee und Kuchen im hauseigenen Café verwöhnen. Nützliche Infos für Touristen gibt's auch.

Essen

Los Maňíos del Queulat CAFÉ **$$**
(☎ mobil 9-7664-9866; Circunvalación s/n; Hauptgerichte 8000 Ch$; ⏲12–16 & 19–22 Uhr) Das von einer aufmerksamen Familie betriebene Café serviert Burger und Riesenportionen Rindfleisch oder Schweinekoteletts, eine verführerische Auswahl an hausgemachten Desserts und echten Kaffee. Wer mag, probiert ein Hopper Dietzel, ein lokales Bier aus Puyuhuapi. Ein Kindermenü steht auch auf der Speisekarte.

El Muelle FISCH & MEERESFRÜCHTE **$$**
(☎ mobil 9-7654-3598; Av Otto Uebel s/n; Hauptgerichte 8000 Ch$; ⏲Di–So 12–22 Uhr) Angesichts der fangfrischen *merluza* und der großzügigen Meeresfrüchtegerichte mit Kartoffelbrei oder knusprigen Fritten nimmt man sogar die langsame Bedienung in Kauf. Das geschindelte Gebäude ist von zugewachsenen Blumenbeeten umgeben und befindet sich vor der Polizeiwache.

Praktische Informationen

Auf der *Plaza* gibt's Gratis-WLAN.

In einem der kompetentesten Infozentren Patagoniens, dem hiesigen **Tourismusbüro** (www.puertopuyuhuapi.cl; Av Otto Uebel s/n; ⏲9–21 Uhr), erfährt man alles zu Schlafgelegenheiten, Thermalquellen und Restaurants. Außerdem bekommt man eine Karte mit einem Ortsrundgang.

An- & Weiterreise

Die Straße um Puyuhuapi, zwischen La Junta und dem Parque Nacional Queulat, wird bis 2025 ausgebaut, deswegen sind zeitweise Abschnitte gesperrt. Man sollte sich auf Verzögerungen einstellen und sich in Touristeninformationen und Hotels über die Sperrzeiten informieren.

Busse, die zwischen Coyhaique und Chaitén verkehren, setzen Passagiere an der Hauptstraße Av Otto Uebel in Puyuhuapi ab. Das Hin- und Rückfahrticket sollte man so früh wie möglich kaufen, denn im Sommer sind die Plätze schnell ausgebucht. **Buses Becker** (☎ 67-223-2167; www.busesbecker.com; Av Otto Uebel s/n) steuert Chaitén donnerstags um 12 Uhr und Futaleufú einmal pro Woche an. Busse gen Norden fahren durch La Junta. Einer der Anbieter ist **Entre Verdes** (☎ mobil 9-9510-3196; Stopp Av Otto Uebel). **Terra Austral** (☎ 67-225-4335; Av Otto Uebel s/n, Supermarkt Nido de Puyes) verkehrt täglich um 6 Uhr nach Coyhaique, während Buses Becker montags, mittwochs und freitags um 15.30 Uhr startet.

ZIEL	PREIS (CH$)	DAUER (STD.)
Chaitén	15 000	5
Coyhaique	9000	4–5
Futaleufú	15 000	6
La Junta	2000	1

Parque Nacional Queulat

Im 1540 km² großen **Parque Nacional Queulat** (www.conaf.cl/parques/parque-nacional-queulat; 5000 Ch$; ⏲8.30–17.30 Uhr) mäandrieren die Flüsse durch dichte Südbuchenwälder mit üppigen Farnbeständen. Bei Sonnenschein sind die steilwandigen Fjorde, Hängegletscher und 2000 m hohen Vulkangipfel besonders schön. Über 70 km zieht sich die Carretera Austral durch das Schutzgebiet, das auf halber Strecke zwischen Chaitén und Coyhaique liegt.

Obwohl der 1983 gegründete Nationalpark sehr bekannt ist, nehmen nur wenige die Reise in diesen entlegenen Winkel auf sich, auch wegen des ständigen Regens (jährlich 4000 mm) und der undurchdringlichen Belaubung. Zudem mangelt es an Wanderwegen und die CONAF hat Mühe, die Wegweiser instand zu halten: Entweder verschwinden sie unter der unglaublich schnell wuchernden Vegetation oder sie gehen anderweitig verloren.

Aktivitäten

Unweit des Infozentrums bietet ein Aussichtspunkt freie Sicht auf die Hauptattraktion des Hängegletschers, den **Ventisquero Colgante**. Wer die Brücke des Río Ventisquero überquert und am Nordufer dem 3,2 km langen Pfad entlang einer Moräne folgt, wird zudem mit einem grandiosen Blick auf den Gletscher belohnt, den man nur im Sommer bei einer Bootstour (5000 Ch$) von der **Laguna de Los Témpanos** aus ansteuern kann.

Nördlich vom Südeingang an der Carretera Austral beginnt bei Kilometer 170 eine feuchte Wanderroute durch das Tal des **Río de las Cascadas**. Der mit Kletterpartien verbundene Weg verläuft durch dichte Wälder voll graziler Farne, Lianen der Copihue (Chilenische Wachsglocke, die an von Zweigen hängende Glockenblumen erinnert), baumhoher Fuchsien, Steineiben und Lenga-Südbuchen. Der heftige Regen sickert durch den mehrstöckigen Laubbaldachin. Nach etwa einer halben Stunde taucht ein imposanter Granitkessel auf, aus dessen Hängegletschern sechs Wasserfälle ins Tal stürzen.

Die größeren Gewässer wie der Río Cisnes sowie die Gletscherseen Lago Rosselot, Lago Verde und Lago Risopatrón sind hervorragende Angelplätze.

Schlafen

Camping Ventisquero CAMPINGPLATZ $
(Stellplatz 5000 Ch$) Auf dem reizvollen abgelegenen Gelände mit überdachten Grillplätzen, Picknicktischen und Warmwasserduschen nahe dem Ventisquero Colgante haben zehn Zelte Platz. Der felsige Untergrund eignet sich allerdings weniger für größere Zelte.

Camping Angostura CAMPINGPLATZ $
(Lago Risopatrón; Stellplatz 5000 Ch$) Liegt in einem triefnassen Regenwald etwa 15 km nördlich von Puerto Puyuhuapi, aber die Einrichtungen sind okay (mit Feuerstellen und Warmwasserduschen).

Praktische Informationen

Im gut organisierten **Centro de Información Ambiental** (⏲8.30–17.30 Uhr), 22 km südlich von Puyuhuapi und 2,5 km von der Straße entfernt am Parkplatz zum Ventisquero Colgante, bezahlt man den Eintritt und wird anhand anschaulicher Darstellungen über die regionalen Pflanzen und Gletscheraktivitäten informiert. Zudem helfen die Ranger hier bei der Planung von Trekkingtouren.

An- & Weiterreise

Busse, die zwischen Chaitén (4 Std. nordwärts) und Coyhaique (4½ Std. südwärts) verkehren, halten auf Nachfrage am Park. Im Sommer füllt sich das Camp schon morgens und es gibt später keine Verkehrsverbindungen mehr – also früh da sein. Nach Möglichkeit sollte man das Ticket für die Rückreise bereits in Puyuhuapi kaufen.

Richtung Süden zieht sich die Straße zwischen Kilometer 175 und 178 in Zickzackschleifen hinauf auf den Portezuelo de Queulat und gewährt einen berauschenden Blick auf das Queulat-Tal. Dies ist einer der wenigen noch unbefestigten Straßenabschnitte der Carretera Austral nördlich von Coyhaique, wo es eng und gefährlich wird.

Rund um den Parque Nacional Queulat

Die ländliche Gegend erlaubt einen letzten Blick auf die üppige Vegetation Nordpatagoniens, bevor sich die Steppe in Coyhaique ausbreitet. Südlich vom Parque Nacional Queulat gabelt sich die Straße an der Abzweigung nach Puerto Cisnes. Von hier an ist sie bis Coyhaique vollständig asphaltiert. **Villa Amengual**, ein Pionierdorf, liegt am Fuß des 2760 m hohen Cerro Alto Nevado und wartet mit einer schindelgedeckten Kapelle im Chilote-Stil und rustikalen familienbetriebenen Unterkünften auf. Die Infrastruktur ist auf das Notwendigste beschränkt.

Nach weiteren 13 km südlich von Villa Mañihuales zweigt von der Carretera Austral die ebenfalls asphaltierte Fernstraße nach Puerto Aisén und Puerto Chacabuco ab. Der landschaftlich unglaublich schöne Streckenabschnitt bis Coyhaique durchquert die Anden und führt durch Primärwald mit Farnen und Lianen.

Der **Parque Nacional Isla Magdalena** (☎in Coyhaique 67-221-2109; www.conaf.cl/parques/parque-nacional-isla-magdalena-2), eine Pilgerinsel mit Thermalquellen und Wanderwegen, ist ein lohnender Ausflug für Abenteurer, aber die CONAF hat ihn mit nur wenig Infrastruktur versehen und die Bootsfahrt ist teuer. Die Anreise erfolgt über Puerto Cisnes, ein kommerzielles Lachszuchtgebiet 35 km westlich der Carretera Austral. Als Verbindung dient eine Schotterstraße. Busse von La Junta (3 Std.) fahren täglich hierher.

Schlafen

Aonikenk Karho HÜTTEN $
(☎in Puyuhuapi 67-232-5208; Carretera Austral, Km 198; Stellplatz 5000 Ch$ pro Pers., B/Hütte 10 000/15 000 Ch$; ⏲Mai geschlossen) Wie Vogelhäuschen für Menschen hängen diese einfachen Hütten über den von „Waldfeen bewohnten Farnen" 2 km südlich des Parque Nacional Queulat. Backpacker legen einen tüchtigen Fußmarsch hin, um einen Blick auf den versteckten Gletscher zu erhaschen. Eine Treppe führt durch den Regenwald bis weit hinter die Gemeinschaftsbäder und den *quincho* (Kochstelle) zu Schlafkojen und Campingplattformen. Nicht vergessen: Eigenen Schlafsack mitbringen.

★ **Posada Queulat** HÜTTEN $$$
(☎mobil 9-9319-0297; www.posadaqueulat.cl; Carretera Austral, Km 228; DZ inkl. Halbpension

ABSEITS DER ÜBLICHEN PFADE

SPRITZTOUR: VALLE MIRTA

Alle, die noch nicht genug vom Autofahren haben, können einen traumhaften Ausflug ins entlegene Patagonien vergangener Tage unternehmen. Dazu geht's auf der Carretera Austral 12 km nordwärts bis Valle Mirta, weiter zum **Lago Verde** und über den **Lago Rosselot** zurück. Unterwegs blickt man auf den klotzigen Vulkan **Melimoyu** und ruhige Flüsse und kommt an einsamen Privatunterkünften vorbei. Die 52 km lange Route wird im Uhrzeigersinn in etwa 5 Std. gefahren, am besten mit einem Allradwagen.

130 000 Ch$; ⏲ Sept.–April; 📶) Die schlichten Hütten sind ein wahres Refugium entlang des Fjords für all jene, die Ruhe und Stille suchen. Mit Holzöfen ausgestattete Quartiere bieten genug Platz für den Rückzug. Das Personal ist freundlich und geht gern auf persönliche Wünsche ein. Geführte Kajaktouren (25 000 Ch$), Bootausflüge (ab 30 000 Ch$) und Wanderungen zu einem Wasserfall (15 000 Ch$) sind im Angebot. Die Satelliteninternetverbindung funktioniert nicht immer, aber dafür kommt man wohl kaum hierher.

Los Torreones LODGE $$$
(☎ mobil 9-9829-3263, mobil 9-9873-9031; www.flyfishpatagonia.com; Camino Turístico; 4 Nächte all-Inclusive mit/ohne Angeln 2700/1050 US$ pro Pers. bei Doppelbelegung; ⏲ Nov.–Mai) Die komfortable Lodge in der pittoresken Landschaft am Río Simpson direkt hinter dem Abzweig nach Puerto Aisén bietet hervorragende Möglichkeiten zum Fliegenfischen und Reiten. Für professionelle Angler ist dies ein Paradies. Von Coyhaique sind es 42 km bis zum Camino Turístico; man nimmt die erste Straße links ab.

An- & Weiterreise

Die Busse zwischen Puyuhuapi und Coyhaique halten entlang der Strecke. Am besten fragt man die Einheimischen nach den Fahrzeiten.

Coyhaique

☎ 67 / 53 715 EW.

Die unaufhörlich wachsende Rinderstadt bildet den Knotenpunkt der ländlichen Region Aisén. Sie ist immerhin so urban, dass es alle technischen Neuheiten sowie moderne Klamotten und sogar Diskotheken gibt, alles inmitten einer sanft dahinwogenden Hügellandschaft mit buckeligen Felsen und schneebedeckten Bergen im Hintergrund. Für Besucher ist dies ein guter Standort zum Fliegenfischen, eine Trekkingtour zu den Eiskappen oder die Weiterfahrt auf der Carretera Austral bis zu ihrem südlichen Ausläufer in Villa O'Higgins.

Wer aus der Wildnis des gemäßigten Regenwalds im Norden von Aisén kommt, dem werden der Lärm der Trucks und der Vororte allerdings unangenehm auffallen. Die prosperierende Holz- und Lachsindustrie zieht Landarbeiter an, die Coyhaiques Bevölkerung noch schneller wachsen lassen.

Sehenswertes & Aktivitäten

Das Ortszentrum am Zusammenfluss des Río Simpson und des Río Coyhaique erstreckt sich um einen fünfeckigen Platz, von dem Straßen strahlenförmig abgehen. Der neue Fahrradweg am Río Simpson ist perfekt zum Dampf ablassen.

Viele Reiseagenturen organisieren Tagesausflüge zur Capilla de Marmol (S. 354), aber Achtung: Das ist nur was für Leute, die bereit sind acht lange Stunden im Bus zu hocken. Die bessere Variante wäre, auf eigene Faust Richtung Süden aufzubrechen.

Mirador Río Simpson AUSSICHTSPUNKT
Wer eine erstklassige Aussicht auf den Fluss genießen will, spaziert auf der J. M. Carrera Richtung Westen.

Monumento Natural Dos Lagunas NATURSCHUTZGEBIET
Das 181 ha große **geschützte Feuchtgebiet** (Eintritt 2000 Ch$) liegt an der Straße zum Paso Alto Coyhaique an der argentinischen Grenze. Es bietet einer vielfältigen Vogelwelt, darunter Schwarzhalsschwäne, Blesshühner und Arten aus der Familie der Lappentaucher, einen Lebensraum. Das Reservat, in dem überall Orchideen wachsen, ist eine ökologische Übergangszone zwischen dem Südbuchenwald und der semiariden Steppe. Ein kurzer Wanderpfad führt zur Laguna El Toro, während sich eine längere Schleife um das Nordende der Laguna Escondida zieht. In der Nähe des Eingangs gibt's einen Lehrpfad (1 km) und ein Picknickgelände.

An öffentlichen Verkehrmitteln hierher mangelt es, die CONAF-Zweigstelle in Coyhaique (S. 345) hilft aber bei der Lösung der Transportfragen.

Coyhaique

Coyhaique

Aktivitäten, Kurse & Touren
1 Carretera Austral C2
2 Casa del Turismo Rural B2
3 GeoSur Expediciones B4
4 Patagonia Rafting Excursions B2

Schlafen
5 El Reloj D2
6 Hostal Español D4
7 Huella Patagónica C4
8 La Estancia Cabañas D3
9 Raices B&B C1

Essen
10 Café Confluencia C2
11 Café de Mayo C2
12 Café Holzer B2
13 Carnes Queulat B3
14 Casino de Bomberos B2
15 Dalí A3
16 Mako C1
17 Mamma Gaucha B2
18 Unimarc B4

Ausgehen & Nachtleben
19 Bajo Marquesina C2
20 Piel Roja C2

Shoppen
21 Feria Artesanal B2
22 La Bodeguita A3
23 Paredón B2

Lago Elizalde SEE

Dies ist einer von vielen traumhaft friedlichen Bergseen rings um Coyhaique und eine tolle Adresse zum Forellenfischen, Kajakfahren oder Faulenzen am Strand. Der Lago Elizalde liegt gerade mal 33 km von der Stadt entfernt und ist vom Busbahnhof (S. 345) aus zu erreichen.

Reserva Nacional Coyhaique NATURSCHUTZGEBIET
(☎67-221-2225; www.conaf.cl/parques/reserva-nacional-coyhaique; 3000 Ch$) Lenga-, Ñire- und Coihue-Südbuche überziehen die 21,5 km² große Reserva Nacional Coyhaique, in der zudem kleine Seen und der Cerro Cinchao (1361 m) liegen. Von Coyhaique sind es zu Fuß etwa 1½ Std. zum Schutzgebiet (5 km). Unterwegs genießt man einen grandiosen Ausblick auf die Stadt und die kolossalen Basaltsäulen des Cerro Macay. Zum Park nimmt man die Avenida General Baquedano Richtung Norden, überquert die Brücke, biegt rechts auf die Schotterstraße ein und folgt dieser. Wer mit dem Auto anreisen will, braucht Allradantrieb, denn der Anstieg ist steil.

Der Sektor Casa Bruja mit fünf Campingplätzen (Stellplatz 5000 Ch$), Feuerstellen und sanitären Anlagen (inklusive Warmwasserduschen) liegt 2,5 km vom Parkeingang entfernt. Eine 4 km lange Wanderung durch Coihue- und Lenga-Südbuchenwälder führt zur Laguna Verde mit einem schlicht ausgestatteten Campingplatz und Picknicktischen. Andere Pfade winden sich zur Laguna Los Sapos und zur Laguna Venus.

Patagonia Rafting Excursions RAFTING
(☎mobil 9-5626-9633; Paseo Horn 48; ⏲9–18 Uhr) Raftingtrips auf dem Río Simpson und geführte Touren auf der Carretera Austral. Das Büro befindet sich in einem Restaurant.

GeoSur Expediciones ABENTEUER
(☎mobil 9-9264-8671; www.geosur.com; Simón Bolívar 521; ⏲Mo–Fr 9–17 Uhr) Der empfehlenswerte Spezialist für Abenteuer und regionale Kultur stellt individuelle Touren auf der Carretera Austral sowie ganztägige Kajak-, Wander- oder Landausflüge zusammen. Das Abenteuerzentrum liegt 57 km südlich von Coyhaique. Auch mehrtägige Trekkingtouren zum Cerro Castillo oder zum Jeinimeni-Chacabuco stehen auf dem Programm.

Alma Patagónica WANDERN
(☎mobil 9-7618-3588; hcastaneda.c@gmail.com) Hugo Castañeda leitet viertägige Rucksackwanderungen rund um den Cerro Castillo (300 000 Ch$ pro Pers.) sowie Gletschertrips und auch weitere kürzere Touren rund um Coyhaique.

Carretera Austral GEFÜHRTE TOUREN
(☎mobil 9-6636-7733; www.carretera-austral.info; 21 de Mayo 398; ⏲Mo–Fr 9–13 & 15–18 Uhr) Die Angestellten haben sich auf die Carretera Austral spezialisiert und ein großes Insiderwissen sowie ambitionierte Pläne, die gesamte Region sowie das argentinische Patagonien auf umfassenden Touren vorzustellen.

Schlafen

Huella Patagónica HOSTEL $
(☎67-223-0002, mobil 9-4410-1571; Serrano 621; B/DZ ink. Frühstück 18 000/49 000 Ch$; P 📶) Das dreistöckige Wellblechhotel ist ein willkommenes Zusatzangebot in Coyhaique. Es verfügt über hübsche moderne Schlafsäle mit Bodenheizung sowie Leuchten und Stromanschluss für jeden Schlafplatz. Man merkt deutich, dass die Eigentümer Mauricio and Gabriella schon lang im regionalen Tourismusgeschäft tätig sind. Im Café, das allen offen steht, gibt's Espresso und Snacks.

Hostal Español PENSION $
(☎67-242-580; www.hostalcoyhaique.cl; Aldea 343; EZ/DZ 39 000/53 000 Ch$; @) Geschmackvoll modernes, weiträumiges Haus mit zehn Zimmern, warmem Bettzeug, Zentralheizung und persönlichem Touch. Der Service ist ausgezeichnet und ein komfortabler Aufenthaltsraum lädt dazu ein, vor einem knisternden Kaminfeuer die Beine hochzulegen. Aus irgendeinem Grund besteht das Hotel darauf, ausländischen Gästen die IVA (*impuesto de valor agregado* bzw. Mehrwertsteuer) zu verrechnen, obwohl dies laut Gesetz nicht vorgesehen ist.

Camping La Alborada CAMPINGPLATZ $
(☎67-223-8868; Coyhaique–Puerto Aisén, Km 1; Stellplatz 4500 Ch$ pro Pers.) Neben den Campingmöglichkeiten in der nahegelegenen Reserva Nacional Coyhaique bietet auch dieser Platz nur 1 km von der Stadt entfernt saubere, überdachte Stellplätze, Strom und Feuerstellen sowie jede Menge sanitäre Anlagen mit Einzelwaschbecken und Warmwasserduschen.

Patagonia House BOUTIQUE-HOTEL $$
(☎67-221-1488, mobil 9-7659-9963; www.patagonia-house.com; Campo Alegre s/n; EZ/DZ/Suite 110/120/160 US$, Landhaus für 3 Pers. 160 US$; 📶) 🍃 Das komfortable Landhaus nur 3 km vom hektischen Stadtzentrum entfernt ist der Nachhaltigkeit verschrieben und hat eine Top-Ausstattung im dezent modernen Stil. In den geräumigen Zimmern mit Gartenblick hängen schöne Fotografien. Das Frühstück ist üppig und das Gourmetdinner (17 000 Ch$) ist nach einem langen Tag auf staubigen Straßen genau das Richtige. Außerdem lockt ein Whirlpool unter freiem Himmel.

Besitzerin Ruth betreibt zudem ein Reisebüro, das sich auf Wildtiersafaris in Patagonien und maßgeschneiderte Touren spezialisiert hat.

Raices B&B B&B **$$**
(☎67-221-0490, mobil 9-9619-5672; www.raicesbedandbreakfast.com; Av General Baquedano 444; EZ/DZ inkl. Frühstück 100/145 US$; P📶) Eine kürzlich renovierte zentral gelegene Pension mit geschmackvoller, minimalistischer Einrichtung. In den geräumigen Zimmern mit rustikalen Kaminen oder großen Heizöfen und echten Zypressenholzelementen stehen komfortable Betten mit feiner Bettwäsche. Die ruhigsten Zimmer liegen ganz hinten.

Patagonia Live PENSION **$$**
(☎67-223-0892, mobil 9-9886-7982; www.hostalpatagonialive.cl; Lillo 826; EZ/DZ/3BZ 37 500/55 000/75 000 Ch$; 📶) 🍃 Victor empfängt alle Gäste sehr herzlich in seinem tadellosen Vorstadthaus mit Frühstücksecke und gemütlichen, modernen Zimmern. Es gibt Rabatt für Emissionsausgleich und er hat eine Liste lokaler Künstler, die gern Besucher empfangen.

La Estancia Cabañas HÜTTEN **$$**
(☎67-250-193; cabanasla@hotmail.com; Colón 166; DZ/3BZ/Hütten 30 000/40 000/50 000 Ch$; 📶) Rustikale, geräumige Hütten inmitten einer ruhigen Apfelplantage. Die zweistöckigen Häuschen sind mit Fliesenböden, Holzöfen und Kochzeilen ausgestattet und ideal für kleine Gruppen.

Pampa del Corral BOUTIQUE-HOTEL **$$$**
(☎mobil 9-8528-5680; www.pampadelcorral.com; Campo Alegre AB1; DZ inkl. Frühstück ab 152 US$; 📶) 🍃 Diese elegante Unterkunft in einer grünen Anlage am Stadtrand wartet mit einem Holzwhirlpool und sagenhaftem Ausblick über die Stadt auf. Die großen Zimmer haben riesige Panoramafenster, handbemalte Bettkopfteile, an der Wand befestigte Beistelltische und Smart-TV. Zum üppigen Frühstück wird eine Vielzahl lokaler Produkte gereicht. Das Hotel nutzt Regenwasser, hat einen Kompost und setzt auf Recycling sowie biologische Produkte.

El Reloj BOUTIQUE-HOTEL **$$$**
(☎67-223-1108; www.elrelojhotel.cl; Av General Baquedano 828; EZ/DZ inkl. Frühstück 98/125 US$; P@📶) Kaum zu glauben, dass diese exklusive, komfortable Bleibe früher mal ein Lagerhaus war. Alte rustikale Elemente treffen auf elegantes, klares Design und LED-Leuchten. Mit Zypressenholz getäfelte Wände, Möbel im Kolonialstil und ein gemütlicher gemauerter Kamin tragen zur angenehmen Atmosphäre bei. Die Zimmer sind alle ruhig, wobei die Räume im Obergeschoss mehr Licht und eine bessere Aussicht bieten. Im hoch angesehenen Restaurant werden lokale Produkte aufgetischt.

✕ Essen

Mamma Gaucha PIZZA **$**
(☎67-221-0721; www.mammagaucha.cl; Paseo Horn 47; Hauptgerichte 5000–10 000 Ch$; ⊙Mo–Sa 10–13.30 Uhr) Die Mischung aus patagonischem Flair und einer kultivierten Palette von Gerichten zu annehmbaren Preisen begeistert selbst den anspruchsvollsten Traveller. Decken aus Zuckerrohr und weiß getünchte Wände aus Holzlatten schaffen ein bodenständiges Ambiente. Als Auftakt bietet sich eine frische Minzlimonade, ein Biowein oder ein Glas La Tropera an. Spezialität des Hauses sind die Lehmofen-Pizzas, aber auch die hausgemachte Pasta und die Salate mit Zutaten aus der Region schmecken prima.

Die Zweigstelle und Brauerei Casa Tropera (S. 344) am Stadtrand ist nur mit einem eigenen Fahrzeug erreichbar.

Café de Mayo CAFÉ **$**
(☎mobil 67-227-3020; 21 de Mayo 543; Hauptgerichte 4000–6000 Ch$; ⊙9–22 Uhr; 📶🖉) Das Café hat sich spezialisiert auf Espresso-Getränke, Frühstück mit Eiern vom Bauernhof und sättigende Gerichten wie *pastel de choclo* (Mais-Schmortopf). Es gibt aber auch leckere Sandwiches, tolle Käseplatten und hausgemachte Kuchen, die entweder draußen an Tischen im Schatten oder in dem gemütlichen Innenraum mit zur Dekoration aufgehängten Teekannnen und Kamin serviert werden.

Adobe BURGER **$**
(☎67-224-0846; Av General Baquedano 9; Hauptgerichte 7000 Ch$; ⊙Mo–Mi 13–1, Di–Sa bis 2 Uhr) Überdimensionale Bacon-Cheese-Burger in weichen Brötchen, Lammsandwiches und überraschend leckere Burger mit gebratenem Gemüse dominieren in diesem raststättenähnlichen Lokal den Speiseplan. Die Leute kommen her, um bei einem Bier oder Pisco mit Maqui-Beeren chilenische Fußballmatches anzusehen. Die Stimmung ist gut und Essen wird bis 1 Uhr morgens serviert.

Café Holzer CAFÉ **$**
(www.holzer.cl; Dussen 317; Kuchen 2000 Ch$; ⊙Di–Fr 9.30–21 Uhr, Sa & So 10–21 Uhr; 📶) Ein-

heimischen zufolge ist das winzige Café mit der grasbewachsenen Terrasse die beste Adresse für Süßes. Die köstlichen Kuchen und Torten stammen aus einer namhaften Bäckerei in Santiago, es gibt Bohnenkaffee und leckere heiße Schokolade oder *mate* zum Probieren.

Casino de Bomberos CHILENISCH $
(☎67-223-1437; General Parra 365; Hauptgerichte 7000 Ch$; ⊙12–15.30 Uhr) Ein echtes Kulturerlebnis bietet dieses klassische, aber fensterlose Lokal, in dem Einheimische Fisch und Meeresfrüchte oder Steaks mit Eiern, frischen Empanadas und Pommes frites essen.

Café Confluencia CAFÉ $
(☎67-224-5080; 21 de Mayo 544; Hauptgerichte 5000–7000 Ch$; ⊙Mo–Sa 10.30–22.30 Uhr) Das beliebte Restaurant mit überdachtem Innenhof kredenzt Sandwiches, *tablas* (Käse- und Fleischplatten), Tee und frischgepresste Säfte.

Unimarc SUPERMARKT $
(☎800-510101; Lautaro 331; ⊙9–21 Uhr) Supermarkt für Selbstversorger.

Ruibarbo CHILENISCH $$
(☎67-221-1826, mobil 9-5871-1869; Av General Baquedano 208; Hauptgerichte 8000–13 000 Ch$; ⊙Mo–Fr 7.30–20.30, Sa 8.30–19 Uhr) Tolle Adresse für herrliche lange Mittagessen am Holzofen. Die Highlights sind Appetizer wie gebackene Messermuscheln mit blubberndem Käse oder geräucherter Lachs mit Gemüse und Pflaumen. Zudem gibt's Pisco Sours und erschwingliche Mittagsmenüs. Der Besitzer ist noch dazu ein einfallsreicher Konditor – die Rhabarber-Crème-brûlée sollte man sich nicht entgehen lassen.

Carnes Queulat PARRILLA $$
(☎67-225-0507; www.carnesqueulat.cl; Ramón Freire 327; Hauptgerichte 6000–9000 Ch$; ⊙13–15.30 & 19.30–23 Uhr) In einer mit Schotter bestreuten Gasse hat sich ein nettes, unscheinbares Lokal niedergelassen, das mit den besten Steaks in der Gegend aufwartet. Sein Aushängeschild ist *carne a las brasas* (über Holzscheiten gegrilltes Fleisch), das man am besten mit frischen, heißen hausgemachten Empanadas und einem Pisco Sour (nach Geheimrezept) kombiniert.

Mako SUSHI $$
(☎67-2210-2936; Av General Baquedano 400; Hauptgerichte 7000–11 000 Ch$; ⊙Mo–Sa 13–1 Uhr; ✎) Das japanisch-peruanische Café ist eine gute Alternative für leichte Mahlzeiten: Sushi, Fusionsgerichte und Cocktails werden in einem modernen, minimalistischen Ambiente serviert. *ceviche* kommt mit einer Ingwernote und *merluza* in Sriracha-Soße auf den Tisch. Die Brötchen sind okay, aber mit sehr viel Frischkäse bestrichen.

★ **Dalí** CHILENISCH $$$
(☎67-224-5422, mobil 9-8198-2906; dalipatagonia@gmail.com; Lautaro 82; Hauptgerichte 12 000 Ch$; ⊙Mo–Sa 8–22 Uhr) Hier isst man im Haus des Küchenchefs – ein wirklich besonderes Erlebnis. Eine Speisekarte gibt's nicht, nur ein paar schön gedeckte, mit Kerzenlicht beleuchtete Tische, an denen man von der temperamentvollen Jessica bedient wird. Koch Cristian kombiniert saisonale Meeresfrüchte, Wild und frische lokale Produkte und bereitet daraus köstliche Kreationen. Wir empfehlen *calafate sour* als Vorspeise und als Nachtisch Himbeerbaiser.

Ausgehen & Nachtleben

Casa Tropera KLEINBRAUEREI
(☎mobil 9-6597-0585; Teniente Vidal, Km 1,5; ⊙Mo–Do 18–1, Fr & Sa 12–2 Uhr) Ansässige Hipster, Sportler und Bergsteiger kommen in diesem Lagerhaus zwischen enormen Edelstahlfässern zusammen, um vier verschiedene hausgebraute Biersorten zu zechen. Ohne fahrbaren Untersatz ist die Anreise mühsam, ansonsten lohnt sich ein Besuch. Dazu gibt's leckere Snacks.

Bajo Marquesina SPORTBAR
(☎67-221-0720; bajo.marquesina@gmail.com; 21 de Mayo 306; ⊙Di–Fr 17–24, Sa & So 13.30–22 Uhr) Eine Sportkneipe und passioniertes Fußballmuseum voller alter Fotos fußballspielender patagonischer Cowboys und Trikots von Fußballvereinen aus ganz Chile. Der freundliche Besitzer erzählt Besuchern gern ein wenig über die Reliquien.

Piel Roja BAR
(www.pielroja.cl; Moraleda 495; ⊙18–5 Uhr) In der Bar tummeln sich junge Leute und vereinzelt auch ein paar Tourguides. Das Obergeschoss verwandelt sich in den frühen Morgenstunden in einen brodelnden Tanzclub.

Shoppen

La Bodeguita ALKOHOL
(☎67-221-3709; www.facebook.com/labodeguitacoyhaique; Lautaro 261; ⊙Mo–Sa 10.30–20.30 Uhr) Für alle, deren Geschmack bei Souvenirs eher an Durst grenzt, ist dieser entzückende

ABSTECHER

TERMAS DE PUYUHUAPI HOTEL & SPA

Chiles führende Thermalanlage, die luxuriösen **Termas de Puyuhuapi Hotel & Spa** (☎67-232-5117, 67-232-5103; www.puyuhuapilodge.com; DZ 320 US$, all-inclusive 850 US$ pro Pers. und Tag), liegt in einem üppigen Wald an der Westküste des Seno Ventisquero. Sie ist ausschließlich per Boot zu erreichen. In den Gebäuden vereint sich der rustikale Stil chilotischer *palafitos* (Pfahlbauten) mit bayerischem Flair. Der Großteil der Gäste bucht einen Pauschalurlaub, eine Reservierung für eine Nacht ist daher machmal schwer zu bekommen. Der Bootstransfer ist inklusive.

Drei Becken (inklusive einer heißen und von Farnen beschatteten Schlammlagune) befinden sich direkt am offenen Wasser. So können sich Besucher nach dem Bad im dampfenden Nass mit einem kurzen Sprung Abkühlung verschaffen. Die Innenbereiche sind aufwendiger gehalten, besitzen aber weniger Atmosphäre. Familien tummeln sich dort in Kaltwasserbecken, Jacuzzis sowie in einem großen Whirlpool mit verschiedenen Düsen. Spa-Anwendungen und Massage kosten extra.

In der Hochsaison (Jan. & Feb.) oder bei voller Belegung werden keine Tagesausflügler aufgenommen, ansonsten können diese die Außenbecken nutzen (50 000 Ch$) und den Bootstransfer sowie das Mittagessen buchen. Essen gibt's im Hotelrestaurant und in einem preiswerteren Café.

Die Boote legen vom Bahía-Dorita-Festlandhafen rund 13 km südlich von Puerto Puyuhuapi ab. Abfahrten sind zwischen 10 und 18 Uhr.

Bier- und Schnapsladen die richtige Adresse. In den Regalen findet man Craft-Bier aus Patagonien und Snacks wie Wagyu-Beef-Jerky. Es werden auch regelmäßige Verkostungen geboten.

Paredón GESCHENKE & SOUVENIRS

(☎mobil 9-9506-0304; Dussen 357; ⏲10–13 & 15–18 Uhr) Dieses herzige Geschäft verkauft handgemachte Produkte wie zu 100 % in Chile gefertigte Bücher patagonischer Künstler sowie Bücher über die Region und außergewöhnliches Kunsthandwerk.

Feria Artesanal MARKT

(Plaza de Armas; ⏲tagsüber) Handwerkskunst, Artikel aus Wolle und Schnitzereien. Shop 15 bietet prächtige, originelle Patchworkläufer, die das Leben der Frauen in Patagonien zeigen. Sandra Bórquez Salas stellt sie her.

Praktische Informationen

Auf der Condell zwischen der Plaza de Armas und der Avenida General Baquedano befinden sich mehrere Banken mit Geldautomaten. Dies ist einer der wenigen Orte entlang der Carretera Austral, an denen man Bargeld mit der Visa-Karte ziehen kann.

Casa del Turismo Rural (☎mobil 9-7954-4794; www.casaturismorural.cl; Plaza de Armas; ⏲Mo–Fr 10.30–19.30, Sa 14–18 Uhr) Informationen zu Privatunterkünften und Urlaub auf dem Bauernhof.

CONAF (☎67-221-2109; Av Ogaña 1060; ⏲Mo–Sa 9–20, So 10–18 Uhr) Infos über regionale Parks und andere Schutzgebiete.

Hospital Regional (☎67-221-9100; Ibar 68; ⏲24 Std.) 24-Std-Notdienst.

Polizei (☎67-221-5105; Av General Baquedano 534; ⏲24 Std.)

Post (☎67-223-0013; Lord Cochrane 202; ⏲Mo–Fr 9–18.30, Sa 10–13 Uhr)

Sernatur (☎67-224-0298; www.recorreaysen.cl; Bulnes 35; ⏲Mo–Fr 9–18.30, Sa 10–18 Uhr; 📶) Das hilfsbereite Büro bietet Listen mit Aktivitäten, Unterkünften, Verkehrsverbindungen und Preisen sowie Infos über die ganze Region.

Städtische Touristeninformation (☎67-221-1253; Plaza de Armas; ⏲Do–Di 9–13 & 15–19 Uhr) Die Mitarbeiter sprechen Englisch und geben Auskünfte zu Touren und Unterkünften.

Turismo Cabot (☎67-223-0101; Lautaro 339; ⏲Mo–Fr 9–17 Uhr) Reisebüro für allgemeine Anfragen.

An- & Weiterreise

BUS

Die Busse fahren vom **Busbahnhof** (☎67-225-8203; Lautaro 109; ⏲8–19 Uhr) und vor den Büros der Busunternehmen ab. Fahrpläne ändern sich ständig. Aktuelle Infos gibt's bei **Sernatur** (☎67-224-0290; Bulnes 35; ⏲Mo–Sa 9–18 Uhr). Der Busverkehr von und nach Coyhaique ist genauso verwirrend wie das Straßennetz rund um die Plaza.

ZIEL	PREIS (CH$)	DAUER (STD.)
Chaitén	15 000	9–11
Chile Chico	6000	3½ mit der Fähre
Cochrane	14 000	7–10
Comodoro Rivadavia (Argentinien)	28 000	8
La Junta	10 000	6
Puerto Ingeniero Ibáñez	5000	1¾
Puerto Montt	40 000	23
Puyuhuapi	8000	5
Villa Cerro Castillo	5000	1½

Ziele im Norden

Folgende Gesellschaften bedienen Ziele im Norden:

Buses Becker (☎ 67-223-2167; www.busesbecker.com; General Parra 335) Startet einmal pro Woche Richtung Norden nach Puyuhuapi, La Junta, Villa Santa Lucía, Chaitén und Futaleufú (24 000 Ch$). Weitere Ziele sind Puerto Natales (60 000 Ch$) und Puerto Montt.

Queilen Bus (☎ 67-224-0760; Lautaro 109, Busbahnhof; ⌚ Mo–Sa 11.30–13.30 & 14.30–18.30) Osorno (40 000 Ch$), Puerto Montt und Chiloé (45 000 Ch$) über Argentinien.

Transportes Terra Austral (☎ 67-225-4355; Lautaro 109, Busbahnhof; ⌚ 9.30–13 & 15.30–17.30 Uhr) Puyuhuapi und La Junta.

Ziele im Süden

Folgende Unternehmen steuern Orte im Süden an:

Águilas Patagónicas (☎ 67-221-1288; www.aguilaspatagonicas.cl; Lautaro 109, Busbahnhof; ⌚ Mo–Sa 8.30–13 & 14.15–17 Uhr) Tägliche Fahrten nach Cochrane um 9.30 Uhr, mit Halt in Puerto Río Tranquilo (10 000 Ch$) und Puerto Bertrand (13 000 Ch$).

Buses Acuario 13/Buses Sao Paulo (☎ 67-224-0990; Lautaro 109, Busbahnhof; ⌚ Mo–Fr 8.30–18, Sa bis 10 Uhr) Verkehrt dreimal wöchentlich nach Cochrane, mit Zwischenstopps in Villa Cerro Castillo (5000 Ch$) und Puerto Guadal (11 000 Ch$).

Buses Don Carlos (☎ 67-223-1981; Cruz 63) Bedient Villa Cerro Castillo, Puerto Río Tranquilo, Puerto Bertrand und Cochrane.

Colectivos Puerto Ibáñez (Lautaro s/n) Tür-zu-Tür-Shuttle nach Puerto Ingeniero Ibáñez (5000 Ch$, 1¾ Std.), für die Fährverbindung weiter bis Chile Chico. Zusteigen kann man auch vor dem Supermarkt **Unimarc** (S. 344).

Transaustral (☎ 67-223-2067; Lautaro 109, Busbahnhof; ⌚ 8.30–13 & 15–18 Uhr) Bringt Passagiere nach Río Mayo (5 Std., 20 000 Ch$) und Comodoro Rivadavia, Argentinien (8 Std., 28 000 Ch$), mit Anbindung nach Südargentinien und Punta Arenas. Abfahrt ist montags und freitags um 9 Uhr.

FLUGZEUG

Flugzeuge landen am **Flughafen Balmaceda** (Balmaceda), 57 km südlich der Stadt.

LATAM (☎ 600-526-2000; General Parra 402; ⌚ Mo–Fr 9–13 & 15–18.30, Sa 9.30–13 Uhr) bietet täglich mehrere Flüge (die meisten starten vormittags) vom Flughafen Balmaceda nach Puerto Montt (60 000 Ch$) und Santiago (180 000 Ch$). Wer die Tickets vor Ort kauft, zahlt oft deutlich weniger.

Die Maschinen von **Sky Airline** (☎ 67-240-827; www.skyairline.cl; Balmaceda Airport; ⌚ variieren) machen auf dem Weg von Santiago nach Punta Arenas eine Zwischenlandung am Flughafen Balmaceda.

Aerocord (☎ 67-224-6300; www.aerocord.cl; General Parra 21; ⌚ Mo–Fr 9–13 & 15–19 Uhr) fliegt montags und donnerstags um 10 Uhr mit kleinen Maschinen nach Villa O'Higgins (28 000 Ch$), obwohl zu Redaktionsschluss noch kein Betrieb war. Charterflüge werden nach Raúl Marín Balmaceda, zum Parque Nacional Laguna San Rafael und nach Chile Chico angeboten.

Aerovías DAP (☎ 61-261-6100; www.aeroviasdap.cl; O'Higgins 891) fliegt von Punta Arenas nach Balmaceda. Tickets sind über die Website erhältlich.

SCHIFF/FÄHRE

Fähren und Kreuzfahrtschiffe fahren von Puerto Chacabuco nach Puerto Montt und Chiloé sowie zum Parque Nacional Laguna San Rafael. Puerto Chacabuco liegt 78 km westlich von Coyhaique (eine Busstunde), wo sich die nächstgelegenen Büros befinden.

Navimag (☎ in Santiago 2-2869-9908; www.navimag.com; Lillo 91, Coyhaique; Fähre nach Puerto Montt pro Passagier/Fahrzeug ab 51 000/120 000 Ch$; ⌚ Mo–Fr 9–13 & 15–19, Sa 10–13 Uhr) Auf der 24-stündigen Fahrt von Puerto Chacabuco nach Puerto Montt (zweimal pro Woche zur Hauptsaison) schippert die Fähre durch Patagoniens bezaubernde Fjorde und vorbei an Inseln. Die Unterbringung reicht von Schlafkojen in Gemeinschaftskabinen bis zu privaten Doppelzimmern. Wer ein Auto dabei hat, sollte weit im Voraus buchen.

Somarco (☎ 67-224-7400; www.barcazas.cl/barcazas/wp/region-de-aysen/lago-general-carrera; Bilbao 736; pro Passagier/Fahrzeug 2250/19 500 Ch$; ⌚ Mo–Fr 9–17 Uhr) Traveller nach Chile Chico können das Fährticket online kaufen. Das Unternehmen bietet fast täglich eine Verbindung auf dem Lago General Carrera zwischen Puerto Ingeniero Ibáñez und Chile Chico an (ein Segen für Autofahrer, die sich so jede Mege Zeit auf wirklich schlechten Straßen sparen können). Wer mit dem Wagen unterwegs ist, sollte im Sommer eine Woche im Voraus reservieren.

Unterwegs vor Ort

AUTO & MOTORRAD

Ein Leihwagen ist teuer und im Sommer schwer zu bekommen, aber trotzdem beliebt, weil öffentliche Verkehrsmittel nur sporadisch und meist nur zu Hauptzielen fahren. Ein Preisvergleich und eine Vorabreservierung lohnen sich. Zu den lokalen Mietwagenfirmen gehört etwa **Traeger** (☎ 67-223-1648; www.traeger.cl; Av General Baquedano 457; ⊙ Mo–Fr 9–18, Sa bis 12 Uhr) mit eigener Werkstatt und Abschleppdienst.

FAHRRAD

Figon (☎ 67-223-4616; Simpson 888; ⊙ Mo–Sa 10–13 & 15–19 Uhr) vermietet und repariert Fahrräder.

VOM/ZUM FLUGHAFEN

Der Flughafen Balmaceda liegt 50 km südöstlich der Stadt. Tür-zu-Tür-Shuttlebusse (5000 Ch$, 1 Std.), wie **Transfer Velásquez** (☎ 67-225-0413, mobil 9-8906-4578; Lautaro s/n; Flughafenshuttle 5000 Ch$), holen Passagiere zwei Stunden vor dem Abflug ab.

Um 8 und um 12 Uhr fährt ein öffentlicher Bus (2000 Ch$; 1 Std. 20 Min.) von Arturo Prat 265 zum Flughafen ab.

Reserva Nacional Río Simpson

Gesäumt von mächtigen Bergen fließt der Río Simpson 37 km westlich von Coyhaique träge durch ein breites Tal. Zu beiden Seiten der Fernstraße nach Puerto Chacabuco erstreckt sich die 410 km² große Reserva Nacional Río Simpson. Vor allem bei Anglern und Sommergästen ist das leicht zugängliche, malerische Gelände beliebt. Ein kurzer Spaziergang von CONAFs **Centro de Visitantes** (www.conaf.cl/parques/reserva-nacional-rio-simpson; 3000 Ch$; ⊙ Mo–Sa 10–16, So 11–14 Uhr) führt zur **Cascada de la Virgen**, einem schimmernden Wasserfall an der Nordseite der Fernstraße.

24 km westlich von Coyhaique erstreckt sich am Zusammenfluss von Río Simpson und Río Correntoso der **Camping Río Correntoso** (☎ 67-232-005; Stellplätze 7000 Ch$ pro Pers. Seine 50 geräumigen Stellplätze verteilen sich am Flussufer in einer ländlichen Idylle. Rustikal und schlicht sind auch die Duschen, aber immerhin kommt warmes Wasser raus.

Camping San Sebastián (Stellplätze 7000 Ch$ pro Pers.) mit überdachten Stellplätzen und heißen Duschen liegt 5 km nordwestlich vom Centro de Visitantes entfernt.

Busse, die auf der Carretera Austral nordwärts unterwegs sind, und jene nach Puerto Aisén fahren zur Reserva Nacional Río Simpson.

Parque Nacional Cerro Castillo

Die Basaltspitzen des Cerro Castillo sind das Herzstück des **Parque Nacional Cerro Castillo** (www.conaf.cl/parques/reserva-nacional-cerro-castillo; 3000 Ch$). Er dehnt sich 75 km südlich von Coyhaique auf einem über 1800 km² großen Areal aus. Erst 2017 wurde das Gebiet zum Nationalpark ernannt, wobei in Punkto Infrastruktur noch einiges zu tun ist und die am häufigsten benutzen Zugangsstellen nach wie vor in Privatbesitz sind. Der Park umfasst grandiose Wandermöglichkeiten in einer geschützten Berglandschaft mit einem schönen Südbuchenwald. Drei bedeutende Gletscher flankieren die Südhänge des 2700 m hohen dreiteiligen Cerro Castillo.

Der 16 km lange Trekkingpfad nach Campamento Neozelandés ist ein Streckenabschnitt des Sendero de Chile. Der Cerro Castillo Circuit, eine gute Vier-Tages-Trekkingtour, beginnt im Norden des Schutzgebietes bei Km 75 an der Carretera Austral und führt um den Gipfel vorbei an Gletschern, Flüssen und Seen. Er endet in Villa Cerro Castillo. Diese Route durchs Hinterland ist nicht zu unterschätzen. Vor Aufbruch sollte man sich abmelden und mit den Rangern besprechen, die über saisonal auftretende Gefahren informieren.

An der Laguna Chaguay 67 km südlich von Coyhaique betreibt die Forst-und Umweltbehörde CONAF einen geschützten **Campingplatz** (Carretera Austral s/n; Zelt 3500 Ch$) mit Waschräumen und Warmwasserduschen.

Wanderer, die den Cerro Castillo Circuit gehen, können an der Laguna Chaguay loslegen und nach Villa Cerro Castillo gehen. Busse, die entlang der Carretera Austral unterwegs sind, setzen Fahrgäste an der Rangerstation und am Campingplatz ab. Eintägige Touren starten meist in Villa Cerro Castillo.

Villa Cerro Castillo

Am Fuß des Cerro Castillo mit seinen glitzernden Spitzen erstreckt sich die staubige

Pioniersiedlung Villa Cerro Castillo, ein guter Ausgangspunkt für die Erkundung des Naturschutzgebietes. Sie liegt in der Nähe der Carretera Austral nur etwa 10 km westlich von der Abzweigung nach Puerto Ingeniero Ibáñez. Das größte Fest der Gemeinde, das **Festival Costumbrista**, findet meistens im Februar statt und zieht Künstler sowie Kunsthandwerker aus ganz Chile und Argentinien an.

Senderos Patagonia (mobil 9-6224-4725; www.aysensenderospatagonia.com; Carretera Austral s/n) organisiert Ausritte (zur Laguna Castillo 40 000 Ch$), Pferdetouren und Rucksacktouren. Der Rundweg um Cerro Castillo ist in fünf Tagen machbar (1300 US$ pro Pers., mind. 2 Pers.), inkl. Gepäckträger, Essen und Führung. Der Veranstalter bietet unzählige Informationen und einen guten Service.

Schlafen & Essen

★ Hostel Senderos Patagonia HOSTEL $
(mobil 9-6224-4725; www.aysensenderospatagonia.com; Carretera Austral s/n; Stellplätze 5000 Ch$ pro Pers., B 8000–10 000 Ch$; WLAN) Das Hostel ist der perfekte Startpunkt für Wanderer, die zum Parque Nacional Cerro Castillo aufbrechen, und organisiert auch maßgeschneiderte Wander- und Pferdetouren. Den Gästen steht eine Küche zur Verfügung und Schlafplätze gibt's für 8000 Ch$. Die Eigentümer sprechen Englisch und Spanisch und geben wertvolle Tipps zur Region. Das Hostel liegt an der Hauptstraße direkt neben der Brücke.

Die Besitzer managen auch Hütten für Reisegruppen und teurere Objekte.

Refugio Aventura Tehuelche HÜTTE $
(mobil 9-8411-8736; aventuratehuelche@gmail.com; Sector La Chabela; Stellplätze 3000 Ch$ pro Pers., B 5000 Ch$) Der Fremdenführer Manuel Medina offeriert Unterkünfte in einem simplen *refugio* 2 km von Cerro Castillo. Da die Hütte nur 100 m vom Klettergebiet La Chabela entfernt liegt, findet sie bei der Klettergemeinde großen Anklang. Bisweilen gibt's nur kaltes Wasser zum Duschen. Aber es werden hilfreiche Trekkingtipps erteilt.

Baqueanos de la Patagonia CAMPINGPLATZ $
(mobil 9-6513-6226; Camino Sector Arroyo el Bosque; Stellplätze 4000 Ch$ pro Pers.) Ein Campingplatz mit Warmwasserduschen, der Barbecues organisiert und Fahrräder verleiht sowie Wandertouren in den Parque Nacional Cerro Castillo arrangiert. Wer nach Aktivitäten außerhalb des Parks sucht, kann sich im Reiten probieren. Die Betreiber praktizieren *domo racional*, eine besonders sanfte Art der Pferdehaltung.

Cabañas Don Niba PENSION $
(mobil 9-9474-0408; donniba19@hotmail.com; Los Pioneros 872; DZ 23 000 Ch$, Zi. ohne Bad 10 000 Ch$ pro Pers.) Eine langjährige Institution mit Familientradition ist diese Pension. Zum Frühstück wird umfangreich aufgetischt und Don Niba, Fremdenführer, Geschichtenerzähler und Enkelsohn von Pionieren, leistet gern Gesellschaft. Die Familie eröffnet auch ein Restaurant mit typisch chilenischer Küche.

La Cocina de Sole FOOD TRUCK $
(mobil 9-9839-8135; Carretera Austral s/n; Sandwiches 4000 Ch$; 8:30–20 Uhr) Ein pastellfarbener Bus an der Straßenseite, der riesige Steaksandwiches und Säfte verkauft.

La Querencia CHILENISCH $
(mobil 9-9503-0746; Av O'Higgins 522; Hauptgerichte 6000–8000 Ch$; 8–20 Uhr) Im La Querencia werden hausgemachte Mittagsmenüs und sättigende Mahlzeiten gekocht. Sitzmöglichkeiten sind vorhanden.

Villarica CHILENISCH $
(mobil 9-6656-0173; Av O'Higgins 592; Hauptgerichte 6000–9000 Ch$; tgl. 9–20 Uhr) Hausgemachte Mittagsmenüs sowie Sandwiches mit Rindfleisch, Steak und Eiergerichte. Außerdem stehen einfache Zimmer zur Vermietung (15 000 Ch$ pro Pers.).

Praktische Informationen

Das **Tourismusbüro** (Ecke Carretera Austral & Av O'Higgins; Jan. & Feb. 10–13 & 14–18 Uhr) an der Plaza hat nur im Sommer geöffnet.

An- und Weiterreise

Busse auf dem Weg Richtung Norden nach Coyhaique (5000 Ch$, 1½ Std.) oder Richtung Süden nach Puerto Río Tranquilo (3½ Std.) halten hier täglich.

Puerto Ingeniero Ibáñez

67 / 3000 EW.

Das verschlafene Kaff am Nordufer des Lago General Carrera ist eigentlich eine Durchgangsstation für die Passagiere der Fähren, die zum Südufer des Sees und nach Chile Chico unterwegs sind. Immer mehr neue Kletterrouten locken Bergsteiger an. Als 1991 der Volcán Hudson ausbrach, wurde Puerto

Ingeniero Ibáñez (auch bekannt als Puerto Ibáñez) verschüttet, mittlerweile sieht aber alles wieder aus wie früher.

Wer sich für Handwerk aus der Region interessiert, fragt am besten nach der Töpferin Señora Marta Águila oder Señora Juana Vega, einer Spezialistin für Webarbeiten und Pflanzenheilmittel. Die Einheimischen beschreiben auch bereitwillig den Weg zu den Höhlenmalereien in der Cueva de las Manos oder zu den beeindruckenden Wasserfällen des Río Ibáñez, 8 km weit weg.

Schlafen & Essen

La Casona PENSION $
(mobil 9-7106-3591; senderospatagonia@gmail.com; Camino a Puerto Ingeniero Ibáñez; inkl. Frühstück mit Gemeinschaftsbad 20 000 Ch$ pro Pers., DZ/3BZ 60 000/50 000 Ch$;) Rund 1,5 km nach der Abzweigung von der Carretera Austral Richtung Ibáñez sticht das neonpinke Bauernhaus hervor. Gastgeberin ist die wunderbare Mery. Die Zimmer im Obergeschoss sind mit Einzelbetten und dicken Decken ausgestattet. Die Zimmer mit eigenem Bad nach hinten raus erfüllen den Hotelstandard und verfügen über neue Einrichtung und riesige Panoramafenster.

Casa de Té Doña Leo TEEHAUS $
(Camino a Puerto Ingeniero Ibáñez; Nachmittagstee 6000 Ch$; Di–So 13–15 & 17.30–22 Uhr) Doña Leo kocht nicht nur zig köstliche Marmeladensorten aus heimischen Beeren, sondern bereitet den Gästen auch eine klassische chilenische Teatime, *once* genannt, mit Kuchen, frischem Brot, Rührei, Käse, Aufschnitt und der berühmten Marmelade. Um 13 Uhr serviert sie ein Mittagsmenü. Das Haus liegt an der Hauptstraße, 800 m nördlich der Stadt.

An- und Weiterreise

Die Fähre **Somarco** überquert den Lago General Carrera fast täglich; 30 Minuten vor der Abfahrt da sein. Den aktuellen Fährfahrplan bekommt man online.

Beinahe jeden Tag steuern **Busse Coyhaique** an (67-225-1579; Fährhafen, 5000 Ch$, 2 Std.), immer bei Ankunft der Fähre aus Chile Chico.

Chile Chico

67 / 4600 EW.

Die kleine Plantagenstadt an der Grenze zu Argentinien liegt am windigen Südufer des Lago General Carrera. Das sonnige Mikroklima macht sie zu einer Wohlfühloase in der Steppe. Erreichbar ist der Grenzort per Fähre oder über eine nervenaufreibende Straße. Traditionell lebten die Einheimischen von Ackerbau und Viehzucht, inzwischen haben sie sich als Arbeiter in den Gold- und Silberminen verdingt. Doch da die Minen vor der Schließung stehen, wechseln viele in die Tourismusbranche.

Trekkingfans sollten sich die 60 km entfernte Reserva Nacional Lago Jeinimeni nicht entgehen lassen. Dort erwarten sie einsame Wanderungen durch ein ausgedörrtes Wunderland mit türkisblauen Bergseen, an denen sich Scharen von Flamingos tummeln. Traveller können leicht die argentinische Grenze nach Los Antiguos überqueren und auf der Ruta 40 weiter nach Süden reisen.

Sehenswertes & Aktivitäten

Casa de la Cultura MUSEUM
(67-241-1355; Ecke O'Higgins & Lautaro; Mo–Fr 9–13 & 15–18 Uhr) GRATIS Zeigt eine Ausstellung mit Arbeiten regionaler Künstler. Den ersten Stock füllen Exponate aus der näheren Umgebung, darunter Mineralien und Fossilien. Hinter dem Gebäude ist die *El Andes* aufgebockt: Das im schottischen Glasgow gebaute Schiff war eigentlich für die Themseschifffahrt gedacht, wurde jedoch hierhergebracht, um Passagiere und Fracht über den See zu schippern.

Patagonia Xpress ABENTEUER
(mobil 9-9802-0280; www.patagoniaxpress.com; O'Higgins 333, Galería Municipal No 8; Ganztageswanderung 80 US$; 9–13 & 15–19 Uhr) Ein namhafter Anbieter verleiht Mountainbikes (ganzer Tag 16 000 Ch$) und organisiert geführte Wanderungen in die Reserva Nacional Lago Jeinimeni oder den Transport dorthin. Die Wandertouren gehen über das übliche Programm hinaus: Historisch und kulturell bedeutsame Orte werden unterwegs beleuchtet. Ausstattung wird ebenfalls verliehen.

Turismo Tramel GEFÜHRTE TOUREN
(mobil 9-7538-0178; www.turismotramel.cl; Manuel Rodríguez 487; Tour 45 000 Ch$; Mo–Fr 9–13 & 15–18, Sa 10–13 Uhr) Diese neue Agentur bietet Ganztagestouren nach Capilla de Marmol in Puerto Río Tranquilo. Auf One-Way-Touren gibt's 15 000 Ch$ Nachlass.

(Fortsetzung auf Seite 352)

1

3

1. Carretera Austral (S. 325)
Einer der ultimativen Roadtrips der Welt: eine beeindruckende 1240 km lange Reise vorbei an uralten Wäldern, Gletschern, türkisfarbenen Flüssen und und dem donnernden Pazifik.

2. Parque Nacional Pumalín (S. 327)
Bis er 2017 an Chile gespendet wurde, war dieser 2889 km² umfassende Park der größte seiner Art in privater Hand (gegründet von dem amerikanischen Philantropen Doug Tompkins).

3. Parque Nacional Laguna San Rafael (S. 355)
19 große Gletscher bilden zusammen Chiles nördliches patagonisches Eisfeld.

(Fortsetzung von Seite 349)

Schlafen

Brisas del Lago PENSION $

(☎67-241-1204; brisasdellago@gmail.com; Manuel Rodríguez 443; EZ/DZ ohne Bad inkl. Frühstück 17 000/30 000 Ch$, Apt. 40 000 Ch$, Hütten für 2/3 Pers. 40 000/50 000 Ch$;) Der Familienbetrieb blickt auf eine lange Tradition mit einer Reihe geräumiger, sauberer und komfortabler Zimmer zurück. Im Garten dahinter verteilen sich hinreißende Hütten zwischen den Blumenbeeten. Wärme spendet eine Zentralheizung.

Ñandu Camp HOSTEL $

(☎mobil 9-6779-3390; www.nanducamp.com; O'Higgins 750; B 14 000 Ch$, EZ/DZ ohne Bad 20 000/30 000 Ch$, 4BZ 45 000 Ch$;) Große achteckige Schlafsäle mit Stockbetten und Gemeinschaftsküche. Die Besitzer managen Berghütten in der Reserva Nacional Lago Jeinimeni, bieten Wanderern umfassende Informationen und organisieren Transfers in den Park. Frühstück kostet extra (2500 Ch$).

Kon Aiken PENSION $

(☎67-241-1598, mobil 9-7571-3354; konaikenturismochilechico@gmail.com; Pedro Burgos 6; Stellplätze 5000 Ch$ pro Pers., Zi. inkl. Frühstück 15 000 Ch$ pro Pers., Hütten für 7 Pers. 65 000 Ch$;) In der Unterkunft mit familiärer Atmosphäre herrscht manchmal ziemlicher Trubel und gute Stimmung. Die netten Besitzer verkaufen regionale Produkte. Manchmal arrangieren sie auch einen *asado* oder grillen Lachs. Eine Reihe Pappeln schützt Zelte vor dem Wind und es gibt einen *quincho* zum Kochen.

★ **Hostería de la Patagonia** PENSION $$

(☎67-241-1337, mobil 9-8159-2146; hdelapatagonia@gmail.com; Camino Internacional s/n; Stellplätze 4000 Ch$ pro Pers., Zi. inkl. Frühstück ohne Bad 20 000 Ch$ pro Pers., EZ/DZ/3BZ 45 000/62 000/76 000 Ch$, Hütten 50 000 Ch$;) Die Farm mit einem entzückenden Bauernhaus mit historischen Erinnerungsstücken und Whirlpool im Garten (wird extra berechnet) gehört den Nachkommen belgischer Siedler. Die renovierten Zimmer haben Zentralheizung und es gibt ein erstklassiges Zweibettzimmer ganz aus recyletem Material. Besonders charmante Schlafquartiere sind auf einem wiederhergerichteten Boot – wenn auch an Land – inkl. Küche untergebracht. Die Gastgeber servieren Abendessen und geben gern Reisetipps. Außerdem gibt's Fahrräder für die Gäste.

El Engaño HÜTTEN $$

(☎mobil 9-9134-8162; www.turismoelengano.com; Costanera s/n; Hütten für 3/5 Pers. 70 000/80 000 Ch$;) Die modernen Hütten sind geschmackvoll dekoriert und liegen direkt am Wasser. Man fühlt sich fernab der Stadt, obwohl die Unterkunft nur etwa einen Block weit entfernt ist. Ein paar der Unterbringungen haben eine Küche und alle verfügen über DirecTV (amerikanisches Pay-TV). Zudem können die Gäste einen *quincho* und einen hölzernen Whirlpool (30 000 Ch$) nutzen – am besten einen Tag im Voraus reservieren, damit er schön warm ist! Auch ein gutes Restaurant fehlt nicht.

La Posada del Río HOTEL $$

(☎mobil 9-8945-4078; Camino Internacional, Km 5; DZ/3BZ inkl. Frühstück 62 000/70 000 Ch$) Mitten in der Steppe steht dieses Hotel mit hellen hübschen Zimmern. Zum Frühstück gibt's u. a. Orangensaft und *medialunas* (Croissants).

Essen

Restaurante Jeinimeni PIZZA $

(☎mobil 9-8139-7738; Blest Gana 120; Hauptgerichte 6000–8000 Ch$; ⏲Mo–Sa 13–15 & 19–23 Uhr) Aus dem Steinofen wird zischend eine dünnbodige Pizza nach der anderen geholt. Außerdem gibt's Meeresfrüchte, Sandwiches und chilenische Klassiker. Der Service ist nicht nur freundlich, sondern auch schnell (eine Seltenheit in Patagonien). Dazu passt ein Hudson-Bier, ein lokales Gebräu aus Puerto Ibáñez.

Casa Piedras del Lago INTERNATIONAL $$

(☎67-239-4757, mobil 9-9802-0280; Ecke Ericksen & Portales; Hauptgerichte 8000–12 000 Ch$; ⏲13–16 & 19–24 Uhr) Dieses neue Restaurant bietet ausgefallene Gourmetkost und eine gute Weinauswahl. Zum Start wird Pisco Sour gereicht, für den das Lokal bekannt ist. Das Angebot an Hauptgerichten reicht von zarten Schweinelenden mit karamellisierten Pilzen und Hagebuttensoße bis zu gegrilltem Rindfleisch mit Morcheln und Meeresfrüchten.

Casa Nativa CHILENISCH $$

(☎67-241-145; Manuel Rodríguez 243; Hauptgerichte 8000 Ch$; ⏲12–15.30 & 19–23 Uhr) Aufgetischt werden Klassiker der chilenischen Küche wie Rindfleisch oder Lachs mit Bratkartoffeln. Der Raum ist mit urigen Holzdetails versehen und gewährt einen Ausblick auf den See.

Praktische Informationen

Es gibt nur einen Geldautomaten in der Stadt, aber an der Hauptstraße reihen sich *casas de cambio* (Wechselstuben) aneinander.

BancoEstado (González 112; Mo–Fr 9–14 Uhr) Mit Geldautomat.

CONAF (67-241-1325; Blest Gana 121; Mo–Fr 10–18, Sa 11–16 Uhr) Infos über die Reserva Nacional Jeinimeni.

Oficina de Información Turística (67-241-1751; www.chilechico.cl; Ecke O'Higgins & Blest Ghana; Mo–Do 8–13 & 14–17, Fr bis 16 Uhr) Gute regionale Touristeninformation.

Post (Manuel Rodríguez 121; Mo–Fr 9–18 Uhr)

Sernatur (67-241-1303; www.recorreaysen.cl; O'Higgins 333; Mo–Fr 9–14.30 & 16–18.30, Sa 10–14 Uhr) Die Touristeninformation ist in einem Büro gemeinsam mit der städtischen Touristeninformation untergebracht.

An- & Weiterreise

Eines der Highlights der Region ist die Fahrt über den Paso Las Llaves. Westlich von Chile Chico führt die mit Haarnadelkurven gespickte Straße direkt auf die Carretera Austral. Furchteinflößend und atemberaubend zugleich sind ihre tückischen, unübersichtlichen Kurven und das steile Gefälle hoch über dem See auf losem Schotter mit Schleudergefahr. Es gibt keine Leitplanken. Hier muss man sehr vorsichtig fahren.

Beim Fähranlegeplatz befindet sich eine Copec-Tankstelle.

BUS

Die Busstrecken werden von Privatpersonen bedient, die ihre Unternehmen von der Regierung genehmigen lassen müssen. Aus diesem Grund ändern sich Anbieter und Fahrpläne von Jahr zu Jahr.

Seguel (67-243-1214; Av O'Higgins s/n) und **Buses Eca** (67-243-1224; Av O'Higgins s/n, Bushaltestelle) steuern montags bis freitags um 15 und 17 Uhr Puerto Guadal (8000 Ch$, 2½ Std.) an.

Costa Carrera (mobil 9-8739-2544; Av O'Higgins s/n, Bushaltestelle) fährt zweimal pro Woche nach Puerto Río Tranquilo (15 000 Ch$, 4 Std.) und dreimal pro Woche nach Cochrane (5000 Ch$, 4 Std.).

Buses Acuña (67-225-1579; Rodríguez 143), **Transportes Alejandro** (mobil 9-7652-9546) und **Buses Carolina** (67-241-1490; Fährbüro) bieten eine Kombination aus Bus und Fähre nach Coyhaique über Puerto Ibáñez (5000 Ch$, 4½ Std. inkl. Fähre). Die Fähre ist im Ticketpreis nicht enthalten. Für manche Fahrten kann man am **Busbahnhof** (Av O'Higgins s/n) in Chile Chico im Voraus reservieren, die Busse starten aber in Puerto Ibáñez.

GRENZÜBERGÄNGE

Bei Redaktionsschluss fuhren keine Busse über die Grenze ins nur 9 km entfernte Los Antiguos in Argentinien (20 Min.), da die argentinischen Behörden neue Zölle eingeführt haben. Am besten erkundigt man sich vor Ort nach der aktuellen Lage. Alternativ fahren Taxis bis an die chilenische Grenze (6000 Ch$), von wo man 1 km zu Fuß bis zur Grenze zurücklegen muss. Danach sind es noch 1,5 km bis Los Antiguos.

Von Los Antiguos fahren Busse zu argentinischen Zielen wie Perito Moreno und El Chaltén sowie in Orte im argentinischen Teil Südpatagoniens.

SCHIFF/FÄHRE

Fast jeden Tag verkehrt eine Fähre von **Somarco** (67-241-1093; www.barcazas.cl/barcazas/wp/region-de-aysen/lago-general-carrera; Muelle Chile Chico; Passagier/Auto 2250/19 500 Ch$) über den Lago General Carrera nach Puerto Ingeniero Ibáñez – eine große Abkürzung nach Coyhaique! Autofahrer sollten im Sommer eine Woche im Voraus reservieren. Wer mitwill, muss 30 Minuten vor der Abfahrt da sein.

Reserva Nacional Lago Jeinimeni

Türkisblaue Seen und eine rostbraune Steppe prägen die anmutige Landschaft der selten besuchten Reserva Nacional Lago Jeinimeni. Das 1610 km² große Schutzgebiet liegt in der Übergangszone zur patagonischen Steppe 52 km südwestlich von Chile Chico. Zu seinen Attraktionen zählen sehenswerte Höhlenmalereien und die Fauna, darunter Füchse und Flamingos sowie spektakuläre Wandermöglichkeiten. Trekkingfans können in drei Tagen bis ins Valle Chacabuco auf der anderen Seite der Berge wandern. Nähere Infos dazu bekommt man im Parque Nacional Patagonia.

Auf der Strecke zur Reserva Nacional Jeinimeni verläuft 25 km südlich von Chile Chico eine Zufahrtsstraße zur **Cueva de las Manos** mit Höhlenmalereien der Tehuelche, die aber nicht so beeeindruckend sind wie ihr gleichnamiges Pendant in Argentinien. Der unmarkierte Weg zur Höhle geht steil bergauf über Stock und Stein, deshalb sollte man diese nur in Begleitung eines einheimischen Guides besichtigen.

Von Chile Chico aus werden Touren in den Park arrangiert.

Rund 400 m vom CONAF-Büro befinden sich drei private Campingplätze am Lago Jeinimeni. Der Preis pro Stellplatz gilt für bis zu zehn Besucher.

Die Zufahrt zum Park ist nur mit einem Geländewagen möglich. Auf dem Weg hierher muss der Río Jeinimeni überquert werden. Er führt immer mal wieder sehr viel Wasser und ist kaum passierbar. Tagesausflügler sollten sich rechtzeitig auf den Rückweg machen, damit sie noch vor 16 Uhr auf der anderen Seite sind.

Eine 10 km lange Rundwanderung (Dauer 3 Std.), der **Sendero Lago Verde**, führt Besucher zu einem See, der wie ein himmelsfarbener Edelstein in der Landschaft glitzert.

Die drei- bis viertägige als **Schmugglerroute** (51 km) bekannte Rucksackwandertour vom Lago Jeinimeni über den Paso de la Gloria bis ins Aviles-Tal im Parque Nacional Patagonia wird bei Travellern immer beliebter, die Organisation ist aber logistisch nicht ganz einfach. Wanderer benötigen pfadfinderische Qualitäten und Bergerfahrung, denn die Strecke ist nur spärlich gekennzeichnet und erfordert zahlreiche Flussüberquerungen. Die Transfers zum Ausgangspunkt und vom Ziel zurück müssen im Voraus organisiert werden, da es an beiden Punkten kein Telefonnetz gibt.

Mehr Infos zur Route gibt's im Besucherzentrum (S. 360) des Parque Nacional Patagonia oder über lokale Anbieter in Chile Chico.

Puerto Río Tranquilo

☎67 / 500 EW.

Bisher hielten viele Reisende in dem bescheidenen Dorf mit schindelgedeckten Häuschen am windgepeitschten Westufer des Lago General Carrera nur, um zu tanken, dabei mausert sich Puerto Río Tranquilo gerade zu einer guten Adresse für Outdooraktivitäten. Außerdem ist es die den Capilla-de-Mármol-Höhlen am nächsten gelegene Ortschaft. Seit Kurzem starten hier auch günstigere Touren zum faszinierenden San-Rafael-Gletscher.

Sehenswertes & Aktivitäten

Capilla de Mármol NATURDENKMAL

(Marmorkapelle; 5 Passagiere 50 000 Ch$) Der Abstecher zu diesen geologischen Formationen lohnt sich. Wenn das Wetter mitspielt, gelangt man mit einem Boot über den Lago General Carrera. Ausflüge in kleinen motorisierten Booten oder Kajaks starten nur, wenn das Wasser ruhig ist. Wer mit dem Auto kommt, fährt südöstlich der Stadt 8 km weit bis zu den Ausflugsbooten in der Bahía Manso; von hier ist die Überfahrt kürzer, denn die Bucht liegt direkt gegenüber von den Höhlen.

Valle Exploradores PANORAMASTRASSE

Diese relativ neue Straße verläuft von Osten nach Westen Richtung Laguna San Rafael, endet jedoch abrupt an einem Damm. Die Strecke ist rau, aber wunderschön, gesäumt von Gletschern und wuchernden Nalcas. Man kann sie mit einem Wagen oder Rad abfahren und sollte unbedingt am **Glaciar-Exploradores-Aussichtspunkt** (Weggebühr 4000 Ch$) bei Kilometer 52 halten. Tagesausflügler auf dem Weg zum Glaciar San Rafael treffen die Tourveranstalter meist am Ende der Straße.

El Puesto Expediciones ABENTEUER

(☎mobil 9-6207-3794; www.elpuesto.cl; Lagos 258; Exploradores-Tour 70 000 Ch$) Francisco Croxatta organisiert renommierte Gletschertouren am Glaciar Exploradores, inklusive Transfer und Kajakfahrt zur Capilla de Mármol (42 000 Ch$).

Lapo Expediciones ABENTEUER

(☎mobil 9-5632-2337) Der erfahrene, Spanisch sprechende Guide Guillermo Berracol ist mit den Teilnehmern seiner Touren abseits ausgetretener Pfade unterwegs und sorgt für den Transport.

Destino Patagonia GEFÜHRTE TOUREN

(☎mobil 9-9158-6044; www.destinopatagonia.cl; Flores 208; ganzer Tag 145 US$ pro Pers.; ⏲10–21 Uhr) Die Ganztagestour zum San-Rafael-Gletscher erfolgt in einem überdachten Boot und beinhaltet das Mittagessen und Whiskey auf 1000 Jahre altem Eis. Los geht's in Puerto Río Tranquilo oder bei Kilometer 77 auf der Valle-Exploradores-Straße (20 US$ Nachlass). Es gibt auch Zweitagestouren inklusive Trekking oder Dreitagestouren über die Ofqui-Landenge.

Ruta León ABENTEUERSPORT

(☎mobil 9-9154-1734; www.facebook.com/Rutaleonpatagonia; Costanera s/n; Tagesausflug 55 000 Ch$; ⏲Mo–Fr 10–13 & 15–19 Uhr) Wanderungen zum Aussichtspunkt Glaciar Exploradores.

Schlafen

Es gibt immer mehr Unterkünfte, darunter einfache Pensionen und ein gutes Gasthaus. Ein von Deutschen betriebenes Hostel ist im Aufbau.

Explora Sur PENSION $
(mobil 9-7649-9047; www.explorasur.cl; Carretera Austral 269; DZ/3BZ inkl. Frühstück 45 000/50 000 Ch$;) Die modernen, mollig-warmen Zimmer werden zentral beheizt. Ein Gemeinschaftsbalkon geht direkt zum See hinaus. Von der privaten Anlegestelle starten Bootsausflüge zu den Marmorhöhlen.

Camping Pudu CAMPINGPLATZ $
(mobil 9-8920-5085; https://es-la.facebook.com/campingpudu; Stellplatz 8000 Ch$ pro Pers.; Mitte Nov.–März) Dieser schöne Campingplatz am Seeufer mit Warmwasserduschen, Waschmöglichkeiten und einer Sauna (12 000 Ch$) liegt 1 km südöstlich von Puerto Río Tranquilo. Vor Ort gibt's touristische Infos und man kann mit Kreditkarte bezahlen.

Residencial Darka PENSION $
(mobil 9-9126-5292; Los Arrayanes 330; Zi. 10 000 Ch$ pro Pers.;) Familienbetrieb mit sauberen Zimmern. Für eine ordentliche Prise Kitsch sorgen Pastelltöne und Spitze.

★ **El Puesto** GÄSTEHAUS $$
(mobil 9-6207-3794; www.elpuesto.cl; Pedro Lagos 258; EZ/DZ/3BZ/4BZ inkl. Frühstück 127/168/225/266 US$;) Das Hotel mit zehn Zimmern verwöhnt Gäste mit Wollpantoffeln, handgewebten Decken und Schaukelstühlen. Es gibt sogar Schaukeln für die Kleinen. Die Englisch sprechenden Besitzer, Francisco und Tamara, bieten professionelle Touren zum Glaciar Exploradores und Kajakfahrten zu den Marmorhöhlen an. Nach vorheriger Anmeldung wird Abendessen (19 000 Ch$) serviert. Außerdem kann man sich massieren lassen und Hütten mieten. Das nachhaltige Gästehaus setzt auf Solarenergie und Recycling.

Essen & Ausgehen

Donde Kike CHILENISCH $
(Godoy 25; Menü 6000 Ch$; 11–19 Uhr) Im kleinen Café vor der Tankstelle werden gute chilenische Klassiker mit den wenigen Zutaten, die es bis in die Region schaffen, gezaubert – von Suppen bis zu Fleisch oder Fisch mit Reis und Kartoffeln.

★ **Mate y Truco** CAFÉ $$
(mobil 9-9078-5698; Carretera Austral 269; Hauptgerichte 8000–12 000 Ch$; 12–23 Uhr) Ein fröhliches winziges Café wertet die örtliche Restaurantszene auf. Es gibt Pizza mit dünnem Boden, hausgemachte Gnocchi und Steak in Morchelsoße. Zwei Frauen schmeißen den Laden ganz allein, darum sollte man sich ruhig ein Bier aus der lokalen Mikrobrauerei oder einen Espresso gönnen, während man wartet. Auf der Speisekarte stehen außerdem Salate, Sandwiches und Riesenportionen *milanesas* (Schnitzel). Die Wirtinnen gehen auch auf spezielle Ernährungswünsche ein.

Cervecería Río Tranquilo CRAFT-BIER
(mobil 9-5159-2351; Carretera Austral s/n; 12–1 Uhr) Gegenüber vom Touristenkiosk braut diese gastfreundliche Kneipe Schrägstrich dieses Männercafé Bier. Dazu werden einschüchternde Portionen *chorrillana* gereicht: eine Kalorienbombe aus Pommes frites mit Fleisch oder gebratenen Zwiebeln und Paprikaschoten samt gebratenen Eiern.

Praktische Informationen

Es gibt keine Geldautomaten. Der **Touristenkiosk** (Av Costanera s/n; Dez.–März Di–So 10–13 & 14–18.30 Uhr) hat sporadisch geöffnet und bietet Infos zu Übernachtungsmöglichkeiten, Transportmitteln (darunter auch Kleinbusse zum Valle Exploradores) und Touren zur Capilla de Mármol.

An- & Weiterreise

Zwischen Coyhaique (10000 Ch$, 5 Std.) und Cochrane (8000 Ch$, 3 Std.) verkehrende Busse setzen hier Fahrgäste ab bzw. nehmen sie auf. **Vidal** (mobil 9-9932-9896; Ecke Godoy & Exploradores) und der Minibus von **Pato Aventuras** (mobil 9-8755-9453; 10 000 Ch$) fahren zweimal pro Woche nach Coyhaique. Busse aus dem Süden nach Coyhaique passieren den Ort gewöhnlich gegen 10 Uhr, Busse mit Zielen weiter südlich zwischen 13 und 14 Uhr.

Costa Carrera (S. 353) bedient Chile Chico (15 000 Ch$, 4 Std.) zweimal pro Woche.

Parque Nacional Laguna San Rafael

In diesem fantastischen abgeschiedenen **Nationalpark** (www.conaf.cl/parques/parque-nacional-laguna-san-rafael; 7000 Ch$) stehen Besucher staunend vor dem 30 000 Jahre alten San-Valentín-Gletscher in Chiles nördlichem patagonischem Eisfeld. Das 1959 gegründete 12 000 km² große Schutzgebiet wurde von der UNESCO zum Biosphärenreservat erklärt und ist die beliebteste Attraktion der Region. Der Park umfasst heute selten gewordene Torfmoore, unberührten gemäßigten Regenwald mit Südbuchen und Epyphyten sowie den 4058 m hohen Monte San Valentín, den höchsten Berg der südlichen Anden. Das Interesse der Wissenschaft gilt in erster Linie den extremen Schwankungen des Wasserspiegels der vom Gletscher gespeisten Lagune.

Bis vor Kurzem war die Anreise ein zeit- und kostspieliges Unterfangen, aber eine neue Straße durchs Valle Exploradores ermöglicht eine einfache Zufahrt über Land, mit ein bisschen Hilfe durch Reiseveranstalter in Puerto Río Tranquilo. Besucher, die mit dem Kreuzfahrtschiff ankommen, steigen in kleinere Boote um, um sich der 60 m hohen Gletscherwand zu nähern. Übernachtungen sind sehr zu empfehlen, wenn man das Seufzen, Krachen und Knacken des kalbenden Gletschers hören möchte!

Geführte Touren

Mehrtägige Kreuzfahrten starten von Puerto Chacabuco und von Puerto Montt. Auf den Websites der Anbieter kann man sich über Abfahrtszeiten und Rabatte für Studenten/Senioren informieren.

In Puerto Río Tranquilo arrangiert Destino Patagonia (S. 354) Tagesexkursionen und Touren über Nacht.

Cruceros Skorpios KREUZFAHRT
(☎ in Santiago 2-2477-1900; www.skorpios.cl; 6-tägige Bootsfahrt/5 Nächte im DZ ab 4400 US$) Die opulente *Skorpios II* legt auf ihrer Chonos-Route, die nach den Ureinwohnern der Region benannt ist, in Puerto Montt ab. Den kompletten dritten Tag verbringt man am Gletscher. Ein Highlight ist der Stopp in Quitralco, dem privaten Thermalquellenresort des Fährunternehmens. Auf dem Rückweg steht ein Besuch von Chiloé an.

Catamaranes del Sur KREUZFAHRT
(☎ 67-235-1112; www.catamaranesdelsur.cl; JM Carrera 50, Puerto Chacabuco; Tagestour zum Gletscher 190 000 Ch$ pro Pers.) Veranstaltet ab Puerto Chacabuco zwölfstündige Tagesausflüge auf dem *Catamarán Chaitén* und der kleinen *Iceberg Expedition*, in der Nebensaison zu deutlich ermäßigten Preisen. Da man tagsüber unterwegs ist, hat man einen tollen Blick auf den Fjord, verbringt allerdings weniger Zeit am Gletscher. Die Übernachtung im exklusiven, aber seelenlosen **Loberías del Sur** sowie Besuche des Privatparks **Aikén** sind ebenfalls buchbar. Senioren bekommen einen Rabatt.

Schlafen

In der Nähe des CONAF-Büros an der Landebahn gibt's einen **Campingplatz** (Stellplatz 5000 Ch$). Er bietet fünf rustikale Plätze mit fließendem Wasser und Waschräumen. Offenes Feuer ist nicht erlaubt, außerdem bekommt man nirgendwo im Park etwas Essbares.

An- & Weiterreise

Von Puerto Río Tranquilo erstreckt sich eine 78 km lange Schotterstraße durch das **Valle Exploradores** und ermöglicht Tagesausflüge ab dem Río Tranquilo. Reiseagenturen arrangieren die notwendigen Bootstransfers für die Weiterfahrt am Ende der Straße in Bahía Exploradores.

Geländewagen mit Allradantrieb sind empfehlenswert. Es gibt keine öffentlichen Transportmittel und Reiseveranstalter in Puerto Río Tranquilo berechnen Transfers extra. Achtung: Bei Kilometer 75 ist eine Brücke, die größere Fahrzeuge wie Sprinter und Wohnwagen nicht überqueren können.

Cruce el Maitén

Cruce el Maitén ist kaum mehr als ein Wegkreuz. Hier führt eine Straße gen Osten am Lago General Carrera entlang nach Chile Chico. Die Landschaft ist faszinierend: Der Lago General Carrera und andere Seen und auch der Parque Nacional Patagonia weiter südlich laden zu Erkundungstouren ein.

Der renommierte Reiseveranstalter **Pared Sur Camp** (☎ mobil 9-9345-6736, in Santiago 2-2207-3525; www.paredsur.cl/camp; Carretera Austral, Km 270, Bahía Catalina) bietet Luxuscamping und Hüttenunterkünfte und hat Pauschalangebote für Rad- und Kajakfahren, Rafting und Canopy-Touren.

Schlafen

Mallín Colorado PENSION $$$
(☎ mobil 9-7137-6242; www.mallincolorado.com; Carretera Austral, Km 273, Cruce el Maitén; DZ inkl. Frühstück 140–160 US$, Hütte ab 220 US$; ⊙ Mitte Okt.–März) Auf diesem weitläufigen Gelände fühlt man sich eher wie in Alaska als an der Carretera Austral. Es gibt herzige Hütten und eine neuere, gehobene Pension mit Zentralheizung und großen Panoramafenstern sowie ein Restaurant vor Ort. Die Pension liegt zwar nicht direkt am See, erlaubt den Gästen aber einen großartigen Blick auf das Wasser und wartet mit einem beneidenswerten Wandernetz für Trekkingtouren und Reitausflüge auf.

Hacienda Tres Lagos PENSION $$$
(☎ 67-241-1323; www.haciendatreslagos.com; Carretera Austral, Km 274, Cruce el Maitén; DZ inkl. Frühstück 124 000 Ch$, Hütte am Wasser 200 000 Ch$;

@ 📶) Die Hacienda Tres Lagos am See richtet sich vorrangig an Pauschaltouristen und verfügt über elegante Quartiere sowie Einrichtungen für ein breites Publikum, darunter eine Kunstgalerie, eine Sauna, ein Whirlpool, ein Café und ein Spielraum. Darüber hinaus lockt sie mit zwei schwimmenden Hütten.

An- & Weiterreise

Busse auf der Strecke zwischen Coyhaique und Cochrane halten an diesem Abschnitt der Straße. Einfach bei den Einheimischen nach den genauen Zeiten und dem besten Haltepunkt erkunden. Im Sommer trifft man schon mal auf volle Busse, die weiterfahren.

Puerto Guadal

Dieser vom Wind gebeutelte einsame Ort am südwestlichen Ende des Lago General Carrera liegt an der Straße nach Chile Chico 13 km östlich der Carretera Austral und begeistert mit seiner Postkartenkulisse. Auch wenn es so scheint, als hielten hier alle rund um die Uhr Siesta, versprechen hervorragende Schlafgelegenheiten, Wandermöglichkeiten und Gletscher in unmittelbarer Nähe einen tollen Aufenthalt.

Der Abenteuerveranstalter **Kalen Turismo Aventura** (☎67-243-1289, mobil 9-8811-2535; turismokalenpatagonia@gmail.com; Los Alerces 557; ⏲9–21 Uhr) wird von dem namhaften Guide Pascual Díaz geführt, der Ausritte, Gletschertouren und Treks zu einem fantastischen Fossilienbett arrangiert. Am besten stellt man vorab den Kontakt her (das kleine Büro ist geschlossen, wenn Exkursionen stattfinden).

Schlafen

Destino No Turístico HOSTEL $
(☎mobil 9-7392-5510; www.destino-noturistico.com; Camino Laguna La Manga, Km 1; Stellplatz 5500 Ch$ pro Pers., B/DZ 25 000/60 000 Ch$) Ein Refugium auf dem Land. Das Ökocamp ermöglicht ein Zurück zu einem autarken Lebensstil mit Solarduschen und Komposttoiletten. Die Unterkunft ist makellos, hat komfortable Betten mit je eigenen Leselampen und eine Gemeinschaftsküche. Mittlerweile betreibt sie ein schwedisch-französisches Paar, das die Lernkomponente hervorhebt: Es gibt Workshops zu biologischem Anbau, Permakultur, Aufforstung, Meditation und Kundalini-Yoga.

Das Hostel liegt 1,5 km außerhalb des Ortes und der Weg geht immer schön bergan, wobei sich ein Transfer von der Hauptstraße arrangieren lässt (5000 Ch$). Autos müssen vor dem Eingangstor abgestellt werden.

Terra Luna HÜTTEN $$
(☎67- 243-1263; www.terra-luna.cl; Stellplatz 10 000 Ch$, Hütte für 2 Pers. inkl. Frühstück 70 US$, Domo 120 US$, DZ/3BZ ab 100/120 US$; 📶) In der Abenteuerlodge am See kann man herrlich entspannen, aber auch einen Adrenalinkick der Extraklasse erleben. Gäste übernachten in schicken Apartments, Hütten oder Domos, optional gibt's dazu eine mit Feuer beheizte Wanne am See. Im Restaurant wird jeden Abend ein Menü serviert. Die Stellplätze für Zelte und niedlichen Hütten mit Küchen sind prima für Budgetreisende, ihre Anzahl ist allerdings begrenzt.

Das weitläufige Gelände umfasst einen Spielplatz, Kajaks und Ziplines. Der Betreiber der Anlage ist Azimut, ein französisches Tourguideunternehmen, das hier auch Exkursionen anbietet. Die Wandertour zum Glaciar Los Leones lohnt sich mehr als ein Ausflug mit dem Jetboot. Außerdem sind Touren mit dem Helikopter zum Campo de Hielo Norte möglich. Das Terra Luna liegt 1,5 km von Puerto Guadal entfernt (Richtung Chile Chico).

El Mirador de Guadal PENSION $$$
(☎2-2813-7920; www.elmiradordeguadal.com; Camino a Chile Chico, Km 2; DZ ab 115/130 US$) Diese ansprechende Unterkunft ist für ihren freundlichen, professionellen Service bekannt. Die Location könnte besser nicht sein: am Lago General Carrera mit Blick auf den Monte San Valentín. Es gibt einen privaten Strandzugang und die Gastgeber unterstützen bei der Organisation von geführten Touren. Im Restaurant werden Erzeugnisse aus dem eigenen Garten verarbeitet.

An- & Weiterreise

ECA (☎67-252-8577, mobil 9-8418-1967; Las Magnolias 306) fährt viermal pro Woche morgens nach Coyhaique (12 000 Ch$, 6 Std.) im Norden. Busse nach Süden passieren die Kreuzung gleich außerhalb der Ortschaft, die nach Cochrane (6000 Ch$, 2 Std.) kommen ab ca. 14 Uhr vorbei. Busse von Eca und auch von **Seguel** (☎67-231-1214; Los Notros 560) bedienen die Strecke nach Chile Chico (8000 Ch$, 2½ Std.) wochentags um 7.30 Uhr.

Tage und Fahrzeiten sollte man sich immer vorab bestätigen lassen, da es oft Änderungen gibt!

Puerto Bertrand & Río Baker

☎67 / 300 EW.

Der Ort am Ufer des ultramarinblauen Lago Bertrand unterhalb des schneebedeckten Cerro San Valentín und des Campo de Hielo Norte wartet mit einem Kontrastprogramm auf. In Puerto Bertrand teilen sich verwitterte, mit Kletterrosen berankte Schindelhäuser das Terrain mit exklusiven Anglerlodges. Das Dorf liegt 11 km südlich des Cruce el Maitén am Südostufer des Sees. Es dient als Ausgangspunkt für Raftingtouren auf dem Río Baker, Chiles gewaltigstem Fluss. Er fließt ab dem Lago Bertrand parallel zur Carretera Austral gen Süden nach Cochrane. Am Wegesrand des pittoresken Abschnitts stehen Lodges und ein Museum.

Sehenswertes & Aktivitäten

★ La Confluencia NATURDENKMAL

(Der Zusammenfluss) An diesem ergreifenden Aussichtspunkt wird der Río Baker zu einem riesigen breiten Wasserfall, bevor er sich wirbelnd und kontrastreich in Minz- und Neonblautönen in den milchweißen, gletschergespeisten Río Nef ergießt. Der Zusammenfluss liegt 12 km südlich von Puerto Bertrand. Man parkt an der Straßenseite und folgt einem Pfad 800 m.

Museo Pioneros del Baker MUSEUM

(www.fundacionriobaker.cl; Carretera Austral s/n; ⏲ auf Anfrage) GRATIS Dieses schöne neue Kulturmuseum in einem Siedlerhaus ist voller faszinierender Details, von patagonischen Sprichworten bis zu Hinterlassenschaften der Pioniere und Abdrücken von Tierspuren, aber alles nur auf Spanisch erläutert. Den Schlüssel bekommt man im Haus des Hausmeisters hinter dem Museum, das an der Straßenseite zwischen Puerto Bertrand und der Zufahrt ins Valle Chacabuco/in den Patagonia-Nationalpark liegt.

Baker Patagonia Aventura RAFTING

(☎mobil 9-8817-7525; www.bakerpatagonia.cl; Costanera s/n; halber Tag 28 000 Ch$; ⏲9.30–21 Uhr) Ein- oder fünftägige Raftingausflüge auf dem Río Baker (Klasse WW III). Das Büro des Anbieters befindet sich am Lago Bertrand.

Patagonia Adventure Expeditions ABENTEUER

(☎mobil 9-8182-0608; www.patagoniaadventureexpeditions.com) Dieser gehobene Abenteuerausrüster leistet Pionierarbeit, indem er ein Wildniserlebniszentrum baut und auch wissenschaftliche Unterstützung und Ausbildung auf seine Fahnen schreibt. Man kann an festen Terminen Pferdetrekkings auf dem Aysén-Gletscherweg unternehmen oder sich auf dem Río Baker vom Eis bis zum Meer treiben lassen. Der Unternehmenssitz ist vier Stunden von Cochrane entfernt. Am besten nimmt man zuerst Kontakt über die Website auf.

Schlafen & Essen

Hostería Puerto Bertrand PENSION $

(☎mobil 9-9219-1532; Costanera s/n; Costanera s/n; Zi. ohne Bad 15 000 Ch$ pro Pers., Hütte für 4 Pers. 50 000 Ch$) In dem klapprigen Holzhaus oberhalb des Gemischtwarenladens verbreiten weiche Armsessel und Spitzentischdecken eine gemütliche Atmosphäre. Möglichst ein Zimmer mit Ventilator nehmen.

Patagonia Green Baker HÜTTEN $$

(☎mobil 9-9159-7757, in Santiago 2-2196-0409; www.greenlodgebaker.com; Carretera Austral s/n; DZ inkl. Frühstück 132 US$, Hütte für 2/4/7 Pers. 138/193/311 US$; WLAN) Die komfortable Anlage 3 km südlich von Puerto Bertrand am Fluss wartet mit handgewebten Überwürfen und Daunendecken sowie Whirlpool, Restaurant und Unterhaltungsprogramm (Kajakfahren, Mountainbiken, Reiten) auf. Auch geführte Angelausflüge (145 000 Ch$ ganztags) und Canopy-Touren (20 000 Ch$) stehen auf dem Programm. In den Häuschen gibt's DirecTV (amerikanisches Pay-TV) und Telefone.

★ Bordebaker Lodge HÜTTEN $$$

(☎mobil 9-9234-5315, in Santiago 2-2585-8464; www.bordebaker.cl; Carretera Austral s/n; DZ inkl. Frühstück 260 US$; ⏲Okt.–April; WLAN) Das geschmackvolle Designhotel mit rustikaler Note hat eine zweistöckige Hauptlodge, von der ein Plankenweg zu sieben modernen Hütten führt. Jede bietet Ausblick auf einen herrlichen Abschnitt des smaragdgrünen Río Baker. Die Lodge vermittelt Touren mit lokalen Anbietern und serviert Biogerichte (Abendessen 28 000 Ch$). Sie liegt 8 km südlich von Puerto Bertrand.

Konaiken CAFÉ $

(☎mobil 9-7891-3056; Carretera Austral, Km 301; Hauptgerichte ab 7000 Ch$; ⏲24 Std.) In dem heimeligen Café 6 km südlich von Puerto Bertrand gibt's einfache Gerichte sowie Bohnenkaffee, Kuchen und Torten. Carolina und Héctor stammen aus der Region und stehen mit Touranbietern in Verbindung. Sie managen auch einige **Hütten** (ab 45 000 Ch$) vor Ort.

An- & Weiterreise

Einige Busse, die zwischen Coyhaique und Cochrane verkehren, halten hier; am besten im Voraus erkundigen.

Parque Nacional Patagonia

Der 690 km² große **Parque Nacional Patagonia** (www.parquepatagonia.org; Valle Chacabuco) GRATIS umfasst Steppe, Wälder, Berge, Seen und Lagunen. Besucher können Tiere beobachten und erstklassige Wanderungen unternehmen. Bis vor Kurzem war der neu ernannte Nationalpark 18 km nördlich von Cochrane eine überweidete *estancia*. **Tompkins Conservation** (www.tompkinsconservation.org) begann 2004 mit der Wiederherstellung. Jetzt nennt man das Gebiet auch „Serengeti des Südkegels". Es beherbergt Tausende Guanakos, eine bedeutende Population von Huemuls (bedrohter Andenhirsch) sowie Flamingos, Pumas, Viscachas und Füchse. Der Ñandu, ein in Südchile beinahe ausgerotteter Verwandter des Straußes wird gerade wieder angesiedelt. Der Park erstreckt sich über das Valle Chacabuco vom Río Baker bis zur argentinischen Grenze, die bei Paso Roballos mit eigenem Wagen überquert werden kann. Das Tal soll mit der Reserva Nacional Lago Jeinimeni im Norden und der Reserva Nacional Tamango im Süden zu einem 2400 km² großen Areal im Herzen Patagoniens verbunden werden.

Aktivitäten

Lagunas-Altas-Wanderweg WANDERN

Diese 23 km lange Route führt vom Westwind-Campingplatz nahe dem Besucherzentrum in Richtung eines südlichen Kamms hinauf und dann gen Osten über offenes Terrain sowie um kleine Seen herum, bevor es in Kurven zu den Verwaltungsgebäuden hinabgeht. Dabei genießt man einen spektakulären Blick auf das Chacabuco-Tal, San Lorenzo, das nördliche patagonische Eisfeld und das Jeinimeni-Gebirge. Für die lange Tageswanderung Wasser mitnehmen!

Aviles-Tal-Wanderung WANDERN

Der wunderschöne 16 km lange Rundweg durch die offene Steppe beginnt am Stone-House-Campingplatz (25 km talaufwärts vom Besucherzentrum), ideal für eine Tageswanderung. Wer eine Rucksacktour zur weiter entfernten Reserva Nacional Lago Jeinimeni in der Nähe von Chile Chico machen will, braucht drei bis vier Tage (ca. 45 km), sollte sich aber vorab gut informieren, denn der Park liegt weit vom Ort entfernt und es gibt keine öffentlichen Verkehrsmittel.

Sendero Lago Chico WANDERN

Der 16 km lange Rundweg startet in der Nähe des Mirador Douglas Tompkins, der einen prächtigen Ausblick über den Lago Cochrane und den Monte San Lorenzo bietet, und führt bis ans Ufer des Lago Chico.

Valley Drive TIERBEOBACHTUNG

Die 72 km lange Strecke vom Río Baker zur argentinischen Grenze verläuft durch Steppenlandschaften mit Flamingos, Lagunen und Füchsen. Schön langsam fahren und nur dann überholen, wenn wirklich ausreichend Platz dafür ist.

Schlafen & Essen

Stone House Camping CAMPINGPLATZ $

(Stellplatz 8000 Ch$ pro Pers.; Okt.–April) Campingplatz mit überdachten Bereichen ein Stück die Autoroute durchs Tal bergauf, etwa 25 km vom Besucherzentrum entfernt. Kochstelle und Waschräume mit Warmwasserduschen sind in einem historischen Steingebäude aus der Zeit untergebracht, als der Park noch eine Schaf-*estancia* war.

Westwind Camping CAMPINGPLATZ $

(Stellplatz 8000 Ch$ pro Pers.; Okt.–April) Die wichtigste Campinganlage im Park ist dieses große, grasbewachsene Areal mit 60 Zeltplätzen, 8 überdachten Kochbereichen, Wäscheservice und einem Waschraum mit Solarduschen 4 km südwestlich vom Besucherzentrum. Stellplätze werden nach dem Prinzip „wer zuerst kommt, mahlt zuerst" vergeben.

Camping Alto Valle CAMPINGPLATZ $

(Einheit für 4 Pers. 24 000 Ch$; Okt.–April) Der kürzlich eröffnete Camping Alto Valle hat acht Zeltplätze mit Überdachung, Waschräume mit Solarduschen und zwei Wohnwagenstellplätze. Er befindet sich 35 km vom Besucherzentrum Richtung Paso Roballos entfernt.

★ **Lodge im Valle Chacabuco** BOUTIQUE-HOTEL $$$

(reservas@vallechacabuco.cl; EZ/DZ inkl. Frühstück 289/411 US$; Okt.–April;) Die klassisch schönen, erlesenen Ferienwohnungen aus Stein in Reihenbauweise wurden nach dem Vorbild englischer Architektur im Süden Argentiniens gestaltet. Gemusterte Fliesen, hübsche Holzelemente und große Drucke mit Naturmotiven schaffen ein warmes Ambiente, aber die wahre Attraktion sind die Guanakos, die es sich auf dem Rasen gleich vor den Fenstern bequem machen. Die Zimmer sind großräumig und luxuriös, mit einigen Etagenbetten für Familien. Reservierung vorab erforderlich. Das Hotel liegt unweit des Besucherzentrums.

★ **El Rincón Gaucho** INTERNATIONAL **$$**
(Hauptgerichte 7000–17 000 Ch$; ⌚7.30–10 & 13–22 Uhr) Das hübsche Bar-Restaurant mit filigranen Holzdetails und großen Panoramafenstern bietet eine stimmungsvolle Kulisse. Neben dem empfehlenswerten Gourmentmenü gibt's Sandwiches, Essen zum Mitnehmen und Tee. Die meisten frischen Zutaten dazu stammen aus dem Gewächshaus auf dem Gelände, zudem wird Lamm aus der Gegend serviert. Das Lokal befindet sich in der Nähe des Besucherzentrums.

Praktische Informationen

Da die Carretera Austral quer durch den Park verläuft und Besucher kaum von Durchreisenden zu unterscheiden sind, muss man kein Eintrittsgeld bezahlen. Weitere Infos zum Projekt findet man auf der Website der **Tompkins Conservation** (http://tompkinsconservation.org).

Das neue **Besucherzentrum & Museum** (☎Satellitentelefon 65-297-0833; Ch$3000; ⌚Mo–Sa 10–19 Uhr) bietet ausgezeichnete Ausstellungen zum Thema Naturschutz im Park und weltweite Probleme in diesem Bereich.

An- & Weiterreise

Der Eingang des Schutzgebietes liegt 18 km nördlich von Cochrane (nach dem „Entrada Baker"-Schild Ausschau halten). Busse zwischen Cochrane und Coyhaique halten am Eingang, allerdings befindet sich die Parkverwaltung 11 km weiter östlich an der Hauptstraße nach Paso Roballos.

In Cochrane arrangiert **Turismo Cochrane Patagonia** (S. 362) Tagesausflüge im privaten Kleinbus. Rechtzeitig buchen!

Cochrane

☎67 / 2900 EW.

Der einstige landwirtschaftliche Vorposten ist die wichtigste Ortschaft an der südlichen Carretera Austral. Nachdem Pläne für den Bau von hydroelektrischen Dämmen in der Nähe verworfen wurden, sind auch die Spekulationsgeschäfte beendet und das Dorf konnte in seinen Schlummerzustand zurückkehren.

Obwohl es unscheinbar wirkt, dient Cochrane als Tor zum neuen Parque Nacional Patagonia, zur Reserva Nacional Tamango und zum Anglerziel **Lago Cochrane**. Zudem ist es der beste Ort entlang der einsamen Route, um noch ein paar Auskünfte einzuholen, und die letzte Chance, den Tank aufzufüllen.

Sehenswertes & Aktivitäten

Reserva Nacional Tamango PARK
(3000 Ch$; Stellplatz 5000 Ch$) Chiles größte Population der gefährdeten Huemuls (Andenhirsche) lebt in der Reserva Nacional Tamango. Das 70 km² große Schutzgebiet liegt in der Übergangszone zur patagonischen Steppe. Huemuls sind sehr scheu, aber hier besteht die größte Chance, sie zu Gesicht zu bekommen. Vom Eingang aus führen Wege (1,5–7 km) zur Laguna Elefantina und Laguna Tamanguito sowie zum 1722 m hohen Cerro Tamango. Der Park erstreckt sich 6 km nordöstlich von Cochrane. Leider fahren keine öffentlichen Verkehrsmittel zum Eingang.

Man muss von der Ecke Colonia/San Valentín zu Fuß dorthin gehen. Zu diesem Zweck folgt man der Pasaje 1 Richtung Norden, bis ostwärts die Zugangswege auftauchen. Das CONAF-Büro in Cochrane kann meist mit Plänen aushelfen.

Calluqueo-Gletscher GLETSCHER
Dieser Gletscher an der Nordostflanke des San Lorenzo ist erst seit jüngerer Zeit eine Touristenattraktion. Zugänglich ist er nur per Boot und mit einem Guide.

Mercado Municipal MARKT
(Ecke Pioneros & Vicente Previske; ⌚Mo–Fr 9–19 Uhr) Auf dem überdachten Markt wird Kunsthandwerk feilgeboten. Montags, mittwochs und freitags kann man hier auch lokale Erzeugnisse kaufen.

Turismo Cochrane Patagonia GEFÜHRTE TOUREN
(☎mobil 9-7450-2323; www.turismocochranepatagonia.com; Tagestour in den Park 30 000 Ch$) Tagesausflüge in privaten Kleinbussen mit einer Teilnehmermindestzahl ins Valle Chacabuco (Parque Nacional Patagonia), zur Confluencia und zum Glaciar Calluqueo. Oft sind die Touren schon weit im Voraus ausgebucht.

Lord Patagonia TREKKING
(☎mobil 9-8425-2419; www.lordpatagonia.cl; Tagestour 50 000 Ch$) Guide Jimmy Valdes führt Gruppen auf ganztägigen Trekkingtouren zum Calluqueo-Gletscher (auch mit Übernachtung).

Schlafen & Essen

Residencial Cero a Cero PENSION $

(☎ 67-252-2158, mobil 9-7607-8155; ceroacero@gmail.com; Lago Brown 464; EZ/DZ inkl. Frühstück 25 000/40 000 Ch$, Zi. ohne Bad 13 000 Ch$ pro Pers.;) Mit seinen geräumigen Zimmern und guten Betten, den zahlreichen Fenstern und der warmen Ausstattung bietet das gemütlich eingerichtete Holzhaus eine komfortable Übernachtungsmöglichkeit.

Latitude 47 PENSION $

(☎ mobil 9-5491-2576; Lago Brown 564; DZ 30 000 Ch$, Zi. ohne Bad 12 500 Ch$ pro Pers.;) Im Obergeschoss dieser gastfreundlichen Pension in einem großen weißen Gebäude gibt's ein paar enge Zimmer mit einzeln stehenden Betten und eine Gemeinschaftsküche. Wer sich etwas gönnen möchte, bucht einen der neueren Räume mit Privatbädern.

Sur Austral PENSION $$

(☎ 67-252-2150; Arturo Prat s/n; DZ/Hütte 32 000/50 000 Ch$) Zu der Familienpension gehört auch eine neuere Hütte mit Küche und bequemen Schlafzimmern im zweiten Obergeschoss – eine gute Option.

Cabañas Sol y Luna HÜTTEN $$

(☎ mobil 9-8157-9602; xmardonestorres@hotmail.com; Camino a la Reserva Tamango; Hütte für 4 Pers. 65 000 Ch$;) Nett, neu und hervorragend ausgestattet sind die Hütten mit Küchen, 1 km außerhalb des Orts. Hier kann man sich wunderbar erholen, auch dank der Sauna und der Whirlpools.

Café Tamango CAFÉ $

(☎ mobil 9-9158-4521; Esmeralda 464; Hauptgerichte 5000 Ch$; ⌚ Mo–Sa 9–21 Uhr;) In diesem Café sieht von den selbst gemachten Süßigkeiten über Maronen-Eiscreme und Sandwiches bis zu den Linsenburgern oder dem Couscous mit Gartensalat einfach alles lecker aus. Das Tamango liegt etwas zurückversetzt von der Straße und bietet Sitzplätze im Freien.

Ausgehen & Nachtleben

Cervecería Tehuelche CRAFT-BIER

(☎ mobil 9-7879-4509; Teniente Merino 372; Pizza 5000 Ch$; ⌚ 8–24 Uhr) Die richtige Adresse für eine Pizza am späten Abend und ordentliches lokales Bier.

Nación Patagonia CAFÉ

(☎ mobil 9-9988-7766; Las Golondrinas 198; ⌚ Öffnungszeiten variieren) Das vielseitige Café ist ideal für einen Kaffee und ein Schwätzchen, außerdem gibt's Grillsandwiches, Zitronenkuchen und frisches Obst. Auch Wanderkarten und örtliches Kunsthandwert stehen zum Verkauf.

Praktische Informationen

Es gibt ein **Krankenhaus** (☎ 67-252-2131; O'Higgins 755; ⌚ 24 Std.) mit 24-Std.-Notfalldienst. Eine weitere Klinik ist gerade im Bau.

BancoEstado (Esmeralda 460; ⌚ Mo–Fr 9–14 Uhr) Der Geldautomat akzeptiert nur MasterCard. Vor Ort werden Euros und US-Dollars gewechselt. Für Reisende weiter in den Süden ist dies der letzte Geldautomat auf dem Weg.

CONAF (☎ 67-522-164; Río Neff 417; ⌚ Mo–Sa 10–18 Uhr) Informiert über die Naturschutzgebiete vor Ort.

Post (Esmeralda 199; ⌚ Mo–Fr 9–15, Sa 11–14 Uhr)

Touristenkiosk (www.cochranepatagonia.cl; Plaza de Armas; ⌚ Jan. & Feb. 9–13 & 14–21 Uhr) Busfahrpläne, Angelführer und Infos zu Taxis. In der Nebensaison hilft die Touristeninformation in einem städtischen Gebäude unweit des Hauptplatzes weiter.

An- & Weiterreise

Täglich fahren Busse nach Coyhaique (zwischen 6.30 und 9 Uhr). Zu den Anbietern gehören **Buses Don Carlos** (☎ 67-252-2150; Las Golondrinas s/n, Busbahnhof; ⌚ 8.30–12.30 & 15–19 Uhr), **Buses Acuario 13** (☎ 67-252-2143; Las Golondrinas s/n, Busbahnhof; ⌚ 10–12 & 16–19 Uhr) und **Buses Sao Paulo** (☎ 67-252-2143; Las Golondrinas s/n, Busbahnhof; ⌚ 9–12 & 14.30–19.30 Uhr).

Mehrere Unternehmen verkehren morgens oder abends nach Caleta Tortel, darunter **Buses Aldea** (☎ 67-263-8291; Las Golondrinas s/n, Busbahnhof; ⌚ 9.30–13 & 16–19 Uhr), **Pachamama** (S. 363), **Bus Patagonia** und Acuario 13.

Jeden Donnerstag und Sonntag um 8 Uhr fährt **Águilas Patagónicas** (☎ 67-252-2020; Las Golondrinas s/n, Busbahnhof; ⌚ 10–13 & 15–20 Uhr) nach Villa O'Higgins (8000 Ch$).

Nach Chile Chico kommt man drei Tage in der Woche mit Buses Aldea und **Transportes Marfer** (☎ mobil 9-7756-8234; Las Golondrinas s/n, Busbahnhof; ⌚ 10–12.30 & 15–17 Uhr). Die Busse halten in Puerto Bertrand und Puerto Guadal.

ZIEL	PREIS (CH$)	DAUER (STD.)
Caleta Tortel	10 000	3
Chile Chico	15 000	4
Coyhaique	14 000	7–10
Villa O'Higgins	8000	6

Unterwegs vor Ort

Den Transport in den Parque Nacional Patagonia, zum Calluqueo-Gletscher und zu La Confluencia organisiert **Turismo Cochrane Patagonia** (mobil 9-8256-7718, mobil 9-7450-2323; Tagesausflug Nationalpark 30 000 Ch$).

Zum Parque Nacional Patagonia fahren keine öffentlichen Verkehrsmittel, nur Taxis von der Plaza (30 000 Ch$, ca. 1 Std.).

Caleta Tortel

67 / 523 EW.

Ein Netzwerk knarrender Holzstege säumt das milchige Wasser der von Gletschern gespeisten Meerenge – Straßen gibt's keine. Zwischen zwei Eisfeldern liegt Caleta Tortel an der Mündung des Río Baker, ein Bild wie aus einer alten Sage. Das zum Nationaldenkmal erklärte Fischerdorf schmiegt sich rund um einen Steilhang und ist ein wahrhaft einzigartiger Ort. Einst ließen sich in dieser Gegend die Kawésqar (oder Alakalufes) nieder, ein Seenomadenstamm, der mit Kanus umherzog. Erst 1955 kamen Siedler hierher. Die Einheimischen, die offener sind als andere Patagonier, leben vom Tourismus und der Zypressenholzgewinnung. Ihre Versorgung mit Wasser hängt von einer kleinen Turbine ab. In Dürreperioden kommt es zu Verknappungen, deshalb muss man damit sparsam umgehen! Strom ist nur eingeschränkt vorhanden, einige Stunden morgens und abends.

Sehenswertes & Aktivitäten

Imposante Gletscher wie der Glaciar Montt (Campo de Hielo Sur) und der Glaciar Steffens (Campo de Hielo Norte) können nur auf dem Seeweg erreicht werden. Fahrten mit Motorbooten für acht bis zehn Personen kosten ca. 500 000 Ch$. Bei manchen Exkursionen wird auch gewandert oder geritten. Der Tourpreis wird durch die Anzahl der Teilnehmer geteilt. Wann es losgeht, hängt vom Wetter ab.

Mirador Cerro Vijía AUSSICHTSPUNKT
Oberhalb des Sektors El Rincón von Tortel verläuft ein dreistündiger Rundweg, der Ausblick auf den Ästuar und die Kanäle des Río Baker gewährt.

Paz Austral GEFÜHRTE TOUREN
(mobil 9-9579-3779; www.entrehielostortel.cl; Tagestouren 70 000 Ch$ pro Pers.) Ausflüge zum Ventisquero Montt (500 000 Ch$ für 12 Pers.) sowie zur Mündung des Río Baker und zur Isla de Los Muertos werden täglich angeboten. Auf der neuen 16 m langen *lancha Chilota* für mehrtägige Exkursionen finden acht Passagiere Platz.

Destinos Patagonia GEFÜHRTE TOUREN
(mobil 9-7704-2651; claudio.landeros@live.cl) Das Boot *Qawasqar* nimmt Kurs auf beide Gletscher und auf die Isla de los Muertos (60 000 Ch$).

Schlafen

Brisas del Sur PENSION $
(mobil 9-5688-2723; valerialanderos@hotmail.com; Playa-Ancha-Sektor; DZ inkl. Frühstück 45 000 Ch$, Zi. ohne Bad 20 000 Ch$ pro Pers.;) Señora Valeria verfügt über acht gemütliche Zimmer mit einer hübschen Aussicht auf den Strand. Ein herrlicher Duft nach frisch gekochtem Essen hängt über der Treppe.

Camping Tortel CAMPINGPLATZ $
(mobil 9-7521-5330; www.campingtortel.cl; Stellplatz 5000 Ch$ pro Pers.) Hier wird auf Plattformen gecampt. Es gibt Warmwasserduschen.

Residencial Estilo PENSION $$
(mobil 9-8255-8487; zuri1_67@hotmail.com; DZ 45 000 Ch$, Zi. ohne Bad 20 000 Ch$ pro Pers.) Das gut gepflegte Holzhaus von Alejandra ist in hellen Farben gestrichen und verfügt über ordentliche Doppelzimmer mit Daunendecken.

★ **Entre Hielos** B&B $$$
(mobil 9-9579-3779; www.entrehielostortel.cl; EZ/DZ inkl. Frühstück 118/150 US$;) Am oberen Ende einer steilen Treppe steht ein wunderbares Wohnhaus aus Zypressenholz, das modernen Stil und familiäres Flair miteinander vereint. Zum Frühstück werden Bohnenkaffee sowie hausgemachte Marmeladen serviert. Der Koch bereitet Gerichte mit Rindfleisch aus der Gegend oder Lachs aus dem Río Baker zu, und die Auswahl an Weinen ist super. Außerdem werden Bootsfahrten via Paz Austral (siehe links) angeboten. Der Mindestaufenthalt beträgt zwei Nächte zur Hauptsaison.

Essen & Ausgehen

El Patagón FISCH & MEERESFRÜCHTE $$
(mobil 9-5600-2560; Hauptgerichte 9000–11 000 Ch$; 13–21 Uhr) Das anständige Speiselokal wird von den Señoras Elvira und Fredelinda gemanagt, die Abalonemuschel-Empanadas, frischen Fisch und Fleischgerichte auftafeln.

Sabores Locales CHILENISCH $$
(☎ mobil 9-9087-3064; Hauptgerichte 6000–13 000 Ch$; ⏲ 13–1 Uhr; 🖉) Maritzas Spezialität sind ihre leckeren Suppen, außerdem serviert sie geräucherten Lachs und hausgemachte Pastagerichte sowie mehrere vegetarische Optionen, Likör und heimisches Bier.

★ **Cervecería Chelenka** CRAFT-BIER
(☎ mobil 9-9794-9033; ⏲ 12–22.30 Uhr) Wer hätte gedacht, dass das beste Bier in Patagonien in diesem winzigen Dorf und von einem Franzosen gebraut wird? Julian kreiert ein sämiges IPA nach belgischer Manier, ein gutes Porter und andere Sorten, die gemeinsam mit frischem *ceviche* oder mit Sandwiches serviert werden.

ℹ Praktische Informationen

Touristenkiosk (☎ mobil 9-6230-4879; www.municipalidaddetortel.cl; ⏲ Di–So 10–22 Uhr) Befindet sich an der Stelle beim Ortseingang, wo die Busse halten. Ein paar der hilfsbereiten Angestellten sprechen Englisch.

ℹ An- & Weiterreise

Alle Busse starten an einer Haltestelle neben dem Infokiosk am oberen Dorfeingang, da es keine Zufahrt für motorisierte Fahrzeuge gibt. Die Strecken werden von Privatpersonen bedient, die ihre Unternehmen von der Regierung genehmigen lassen müssen. Aus diesem Grund ändern sich Anbieter und Fahrpläne von Jahr zu Jahr.

Cochrane (10 000 Ch$, 3 Std.) wird von drei Busgesellschaften bedient. **Buses Aldea** (☎ mobil 9-6232-2798) startet viermal pro Woche zu unterschiedlichen Uhrzeiten. **Pachamama** (☎ mobil 9-9411-4755; kamisaraki21@gmail.com) fährt ebenfalls viermal pro Woche und **Hijos de Pioneros** (☎ 67-239-0877) täglich.

Vultur Patagonia (☎ mobil 9-9350-8156; andrearosast@gmail.com) steuert dienstags, donnerstags und samstags um 16.30 Uhr Villa O'Higgins (4000 Ch$, 4 Std.) an. Hijos de Pioneros startet donnerstags um 13.30 Uhr.

In der Hochsaison legt einmal pro Woche eine **Fähre von Puerto Natales** an (☎ in Punta Arenas 61-272-8100; www.tabsa.cl; municipal ramp; 125 000 Ch$), die nach Puerto Yungay weiterschippert. Die Ankunft ist meist spätabends. Da es in diesem Netz aus Holzstegen an Beleuchtung mangelt, sind eine Stirnlampe und eine App auf dem Handy mit den Unterkunftsdetails, die auch offline abrufbar ist, sicherlich nützlich.

ℹ Unterwegs vor Ort

Die Straße endet am Stadtrand, in der Nähe des El-Rincón-Sektors. Stege und Treppen führen ins Ortszentrum und weiter bis zur Playa-Ancha-Sektor, einem breiten Strandstreifen. Mit Wassertaxis kommt man gut herum, hat aber idealerweise nur minimal Gepäck dabei, da es viele Treppen gibt.

Bei den Bootstaxis gilt der Preis jeweils pro Fahrt, nicht pro Person. Sie befördern Passagiere von El Rincón zum Ortszentrum (6000 Ch$), zur Playa Ancha (7000 Ch$) und zur Isla de los Muertos (60 000 Ch$).

Puerto Yungay

Willkommen im Niemandsland! Eine neue Fährroute von Puerto Natales hat Puerto Yungay zu einem wichtigen Verbindungsknoten zwischen Nord- und Südpatagonien gemacht. Reisende ersparen sich damit ganze Tage. Viel mehr sollte man aber nicht erwarten. Reißende Flüsse und Urwald säumen die kurvenreiche Strecke, die südlich von El Vagabundo nach Caleta Tortel verläuft. Folgt man der Carretera Austral Richtung Süden, ist dies der letzte Stopp vor Villa O'Higgins.

Wer mit der Fähre von Puerto Natales anreist, sollte ein Zelt mitbringen. Die nächstgelegenen Übernachtungsmöglichkeiten in diesem wilden Abschnitt gibt's in Caleta Tortel oder Villa O'Higgins.

Einzig ein kleiner Kiosk am Anlegeplatz verkauft Proviant. Er öffnet, wenn Fähren an- bzw- ablegen. Eine Wartezeit ist bei den großen Zeitabständen nicht auszuschließen, sie lässt sich aber mit einer leckeren Empanada vom Kiosk überbrücken.

Die Straße ist nur mit dem Auto zu erreichen, am besten mit Allradantrieb. Die Carretera Austral erfordert hier ständige Aufmerksamkeit, denn bei derart ausgewaschenen Straßenabschnitten drohen manchmal Rutschpartien, sodass ein Jeep oder ein anderer möglichst hochrädriger Wagen empfehlenswert ist.

Traveller, die die Fähre in Puerto Natales nehmen, können in Caleta Tortel oder in Puerto Yungay von Bord gehen, sofern sie einen fahrbaren Untersatz haben. Aber nicht vergessen, dass die Ankunft meist spätabends ist. Die Straßenbedingungen können schlecht sein und es gibt keine Übernachtungsmöglichkeiten in der Nähe.

In Puerto Yungay befördert eine staatlich betriebene Fähre (www.barcazas.cl) Passagiere und Autos zum östlichen Ende des Fiordo Mitchell am Río Bravo. Sie startet zwischen Dezember und März täglich um 10, 12, 15 und 18 Uhr (kostenlos, 1 Std.) und in der Nebensaison zweimal pro Tag. Die Rückfahrt von Villa

O'Higgins geht eine Stunde später los. Passagiere, die ein Auto mitnehmen möchten, sollten eine Stunde vor Abfahrt da sein.

Nach der Überfahrt geht's über eine 100 km lange holprige Straße zum nördlichen Ende eines schmalen Arms des Lago O'Higgins (Lago San Martín auf der argentinischen Seite) und nach Villa O'Higgins.

Villa O'Higgins

☎67 / 612 EW.

Die letzte Station an der Carretera Austral Richtung Süden ist dieses geradezu mythische Dorf, das vor allem durch seine Abgeschiedenheit fasziniert. Zunächst ließen sich hier Engländer (1914–1916) nieder, denen ein paar chilenische Kolonisten folgten. Eine Straßenanbindung gibt's erst seit 1999. Das spektakuläre Umland kann zu Pferd oder zu Fuß erkundet werden und auch für Angler ist die Gegend ein Paradies. Außerdem bietet sich ein Abstecher mit dem Boot zum Glaciar O'Higgins an. Immer mehr Wanderer und Radfahrer finden ihren Weg von El Chaltén in Argentinien hierher und der Bau einer Straße nach Argentinien über Entrada Mayer ist geplant. Außerdem soll ein Stück Straße zwischen Candelaria Mansilla und Lago del Desierto entstehen, um das Reisen ins Nachbarland zu erleichtern. Allerdings wird man selbst dann nicht komplett auf die Fähre verzichten können.

In Villa O'Higgins hat kaum etwas eine Adresse, aber Einheimische weisen Besuchern gern den Weg. Wegen der fehlenden Bankautomaten muss man genug Bargeld dabeihaben, das gilt auch für argentinische Pesos, falls man die Grenze überqueren möchte.

Aktivitäten

★ **Wings Patagonia** RUNDFLÜGE

(Transportes Aéreos del Sur; ☎mobil 9-9357-8196; www.transportesaereosdelsur.com; Vargas 497; Rund-

DAS TOMPKINS-VERMÄCHTNIS

Am 29. Januar 2018 unterzeichneten Präsidentin Michelle Bachelet und Kristine Tompkins ein Dekret zur Erweiterung von Chiles Nationalparkfläche um über 4 Mio. ha. Damit wurden fünf neue Nationalparks geschaffen und drei bestehende vergrößert. Mit über 400 000 ha von der Tompkins Conservation und über 3,5 Mio. ha aus Regierungsbesitz ist die gestiftete Fläche insgesamt größer als die Schweiz. Das ist die größte Schenkung dieser Art und Chile ist damit weltweiter Vorreiter in Sachen Naturschutz.

Der Akt war der Höhepunkt von 25 Jahren harter Arbeit durch Douglas and Kristine Tompkins, zwei US-Amerikaner, die als Abenteurer und Philanthropen nach Chile kamen. Als die Weidehaltung nicht mehr rentabel war, wollten sie die weite Wildnis Patagoniens schützen. 1991 gründete das Paar den Parque Nacional Pumalín, dann verwandelten sie eine überweidete *estancia* in den außergewöhnlichen Parque Nacional Patagonia. Corcovado, Melimoyu, Isla Magdalena und Yendegaia kamen unter Naturschutz und wurden Teil der neuen Stiftung. Und auch in Argentinien rief das Paar beachtliche Naturschutzprojekte ins Leben. Mit über 800 000 ha Land geht das größte Schutzgebiet, das je durch eine Privatperson bewirkt wurde, auf ihre Kappe.

Am 8. Dezember 2015 verstarb Douglas Tompkins an Unterkühlung. Er war mit Freunden am Lago General Carrera Kajakfahren und starker Wind brachte sein Boot zum Kentern. Mit seiner letzten Schenkung reiht sich das Paar unter die großen Naturschützern und Philanthropen ein, darunter Theodore Roosevelt und John Muir. „Ich hoffe, man behält uns als Menschen in Erinnerung, die im Glauben daran gelebt haben, dass allem Leben ein eigener Wert zu eigen ist", bestätigt Kris Tompkins, „und das in einer Zeit, in der sich die Gesellschaft immer mehr von den eigentlichen Dingen distanziert [, von denen sie abhängt]."

In einem Land, in dem solche Handlungsweisen in der Öffentlichkeit wenig Tradition haben, reagierte die Bevölkerung zunächst irritiert auf den Kauf der riesigen Ländereien. Doch mit der Zeit hat sich der wirtschaftliche Wert von Parks auf Weltniveau herausgestellt. Die Bemühungen der Tompkins wurden 2015 mit dem Global Economy Prize des Kiel Institute ausgezeichnet und Kris erhielt 2017 die Carnegie Medal of Philanthropy. Ihre Schenkungen haben sogar andere inspiriert, wie man an Präsident Sebastián Piñeras Parque Tantauco in Chiloé sieht. Aber vor allem waren die Tompkins Schlüsselfiguren, damit Chiles unberührte Wildnis für alle erhalten bleibt.

flug 300 US$ pro Pers.; ⏲ 9–13 & 15–20 Uhr) Hoch über Patagonien genießen die Passagiere einen Blick auf das Campo de Hielo Sur – nur noch ein Andenkondor kann das übertreffen. Die einstündigen Ausflüge in einer Cessna mit einem Sportpiloten sind nichts für schwache Nerven, aber spektakulär. Die Preise basieren auf einer Mindestzahl von vier Passagieren; gestartet wird nur bei gutem Wetter. Kreditkarten werden akzeptiert.

Im Angebot sind auch Charterflüge zum Aeródromo Cerro Castillo (nahe Torres del Paine) und Balmaceda Airport.

Ruedas de la Patagonia BOOTSTOUREN
(☎ mobil 9-7604-2400; www.turismoruedasdelapatagonia.cl; Padre Antonio Ronchi 28; Transfer 35 000 Ch$; ⏲ 9–21 Uhr) Der Shuttleservice (1 Std. 40 Min.) zwischen Candelario Mansilla und Puerto Bahamondez wird von 12 m langen Booten bedient, die 16 Passagiere fassen. Meist fahren sie an Tagen, an denen die Fähre *La Quetru* von Robinson Crusoe nicht in Betrieb ist. Der Preis enthält den Bustransfer nach Villa O'Higgins. Auch Charterservices werden bereitgestellt. Es gab allerdings Beschwerden, dass die Fahrten nicht zu vereinbarten Zeiten bzw. Tagen stattfanden.

Glaciares Austral Expediciones WANDERN
(☎ WhatsApp 9-4232-3013; www.glaciaresexpedicion.cl) Die Guides Nicole Zúñiga und Misael Tiznado organisieren beliebte Wander- und Reittouren von Candelario Mansilla oder der nahegelegenen Halbinsel zum Ventisquero-Chico-Gletscher und zum Aussichtspunkt Glaciar O'Higgins. Sie wollen auch eine Berghütte auf dem Weg errichten. Für hartgesottene Gletscherfans gibt's eine 10-Tages-Tour auf den Campo de Hielo Sur (850 000 Ch$ pro Pers., alles inklusive).

Kontaktaufnahme am besten via WhatsApp, aber die Antwort kann ein bisschen dauern, da die Guides oft keinen Empfang haben.

Robinson Crusoe GEFÜHRTE TOUREN
(☎ 67-243-1811; www.robinsoncrusoe.com; Carretera Austral s/n; Gletschertour 99 000 Ch$; ⏲ Nov.–März Mo–Sa 9–13 & 15–19 Uhr) Der Katamaran *La Quetru* legt in Puerto Bahamondez ab und fährt zum Glaciar O'Higgins, einem atemberaubenden Gletscher am Campo Hielo Sur. Wer nach Argentinien weiterwandern möchte, kann in Candelario Mansilla von Bord gehen (36 000 Ch$, 4 Std.). Das Paketangebot nach El Chaltén (75 000 Ch$) ist äußerst preisgünstig, Boot und Transport auf der argentinischen Seite sind inklusive. Auch Wanderkarten stehen zum Verkauf.

Der Shop plant, ein 20-Passagier-Boot hinzuzukaufen, um die Fahrtzeit nach Dandelario Mansilla zu verkürzen.

Villa O'Higgins Expediciones ABENTEUER
(☎ 67-243-1821, mobil 9-8210-3191; www.villaohiggins.com; Teniente Merino s/n) Die Agentur ist nur sporadisch in Betrieb, aber es gibt nette geführte Ausritte und Trekkingtouren. Zudem werden Fahrräder vermietet.

Schlafen

★ El Mosco HOSTEL $
(☎ 67-243-1819, mobil 9-7658-3017; www.patagoniaelmosco.blogspot.com; Carretera Austral Km 1240; Stellplätze pro Pers. 6000 Ch$, B 9000 Ch$, DZ inkl. Frühstück 45 000 Ch$, EZ/DZ ohne Bad 18 000/30 000 Ch$, Hütten für 4 Pers. 50 000 Ch$) Nette Adresse mit Rundumservice. Hier kehren Radfahrer, Wanderer und sogar der eine oder andere „Normalo"-Reisende ein. Orfelina verwaltet das Ganze mit mütterlicher Sorgfalt. Gästen stehen zahlreiche Reiseinfos und eine Sammlung topografischer Karten sowie eine finnische Sauna zur Verfügung.

Entre Patagones HÜTTEN $
(☎ mobil 9-7642-7287; www.entrepatagones.cl; Carretera Austral s/n; Domo 90 000 Ch$, Hütten für 2/4 Pers. 35 000/45 000 Ch$) Auf der Anlage des gleichnamigen Restaurants gibt's günstige Hütten oder neue geodätische Domos mit privaten Holzwhirlpools am Deck. Das Areal liegt gleich vor der Stadt. Die Domos sind mit Holzarbeiten verziert und befinden sich auf einem bewaldeten Hügel.

Ruedas de la Patagonia PENSION, HÜTTEN $
(☎ mobil 9-6627-8836; Calle Ronchi 128; Zi. inkl. Frühstück 15 000 Ch$ pro Pers., Hütten für 2/4/6 Pers. 40 000/55 000/65 000 Ch$; WLAN) Die soliden Holzhütten sind am Ende einer Sackgasse zu finden und bieten ein gutes Preis-Leistungs-Verhältnis, nur leider ohne Küche. Die Zimmer in der Pension erfüllen ihren Zweck und die Unterkunft akzeptiert Kreditkarten.

Ecocamp Tsonek CAMPINGPLATZ $
(☎ mobil 9-7892-9695; www.tsonek.cl; Carretera Austral s/n; Stellplätze 4000/3000 Ch$ pro Pers./Radfahrer; WLAN) Ein Umweltschutzprojekt in einem wunderschönen Buchenwald mit Plattformen für Zelte (einige Leihzelte), Komposttoiletten, heißen Solar-Duschen und einer Küche. Das Camp ist die Herzensangelegenheit von El Pajarero, einem talentierten Or-

NACH ARGENTINIEN DURCH DIE HINTERTÜR

Begnadete Traveller können das Campo de Hielo Sur umrunden, um von Villa O'Higgins aus den argentinischen Parque Nacional Los Glaciares zu besuchen und nach El Chaltén zu reisen. Die ein bis drei Tage dauernde Tour ist zwischen 1. November und 30. April möglich. Mitzubringen sind der gesamte Proviant, Bargeld in beiden Währungen, ein Reisepass und Regenbekleidung. Wegen schlechten Wetters oder Schwierigkeiten mit den Booten kann es zu Verzögerungen kommen. So verläuft die Route:

- Morgens um 8 Uhr geht's mit dem Bus von Villa O'Higgins nach Puerto Bahamondez (2500 Ch$).
- Dort nimmt man den Katamaran *La Quetru* (36 000 Ch$, 4 Std.) von Robinson Crusoe (S. 365) mit Abfahrt am Hafen Puerto Bahamondez in Villa O'Higgins bis nach Candelario Mansilla am Südufer des Lago O'Higgins (42 000 Ch$, 4 Std.). Dieser fährt ein- bis dreimal pro Woche, meistens montags, mittwochs und samstags.
- Alternativ bietet Ruedas de la Patagonia (S. 365) die Überfahrt in einem kleineren Boot zwischen Candelario Mansilla und Puerto Bahamondez (1 Std. 40 Min., 35 000 Ch$), inkl. Transfer nach Villa O'Higgins. Der Betrieb wird meist aufgenommen, wenn die Fähre nicht unterwegs ist.
- In Candelario Mansilla gibt's einfache Unterkünfte, Reiten und Packpferde zum Leihen (Reiten oder Packpferd 30 000 Ch$).
- Hier erfolgt auch die Abfertigung durch den chilenischen Zoll.
- Wanderung oder Ritt zur Laguna Redonda (2 Std.); Camping ist dort nicht erlaubt.
- Wanderung oder Ritt zur Laguna Larga (1½ Std.); Campen ist auch dort nicht möglich.
- Wanderung oder Ritt zum Nordufer des Lago del Desierto (1½ Std), wo man zelten darf. Hier erfolgt die Abfertigung durch den argentinischen Zoll.
- Mit der Fähre geht's vom Nord- zum Südufer des Lago del Desierto (60 US$, 2¼ Std.). Alternative ist eine Wanderung am Ufer (15 km, 5 Std.). Neben dem Weg darf man zelten. Bei der Zollabfertigung kann man sich nach dem aktuellen Fahrplan der Fähre erkundigen.
- Mit dem Shuttlebus ins 37 km entfernte El Chaltén (27 US$, 1 Std.).

Weitere Infos bietet das Rancho Grande Hostel (S. 408) auf der argentinischen Seite. In Chile stellt Robinson Crusoe (S. 365) auch die ganze Tour zu einem Paketpreis zusammen.

nithologen und Ansprechpartner für Ausflüge und Bootstouren.

Hospedaje Rural Candelario Mansilla PENSION $
(✆ WhatsApp 9-9316-2011; Sector Candelario Mansilla; Stellplätze 5000 Ch$ pro Pers., Zi. pro Pers. ohne Bad 10 000 Ch$) Wer nach der ultimativen Wildnis sucht, für den ist diese nur mit der Fähre oder einem Boot erreichbare Bleibe in der südlichsten Ecke des Candelario-Mansilla-Sektors eine gute Wahl. Mahlzeiten (8000 Ch$) kosten extra.

Robinson Crusoe Lodge LODGE $$$
(Deep Patagonia; ✆ mobil 9-6608-7168, in Santiago 2-2334-1503; www.robinsoncrusoe.com; Carretera Austral Km 1240; EZ/DZ/3BZ inkl. Frühstück 194/230/300 US$; WLAN) Allein auf weiter Flur in der gehobenen Preiskategorie ist dieses moderne Fertighaus, in dem bunte Tagesdecken und bequeme Sofas mit Kissen für Gemütlichkeit sorgen. Die komfortablen großen Betten rechtfertigen zwar nicht den hohen Preis, aber dafür locken weitere nette Extras wie das abwechslungsreiche Frühstücksbüfett und ein Whirlpool aus Holz. Die meisten Gäste haben ein All-inclusive-Paket gebucht, das Unternehmungen mit zweisprachigen Fremdenführern beinhaltet.

Essen & Ausgehen

Restaurante Lago Cisnes CHILENISCH $$
(✆ mobil 9-6673-2734; Calle Nueva 1; Hauptgerichte 9000–12 000 Ch$; ⊙ 11–23 Uhr) Dieses Restaurant hat die verlässlichsten Öffnungszeiten und serviert wird typisch chilenische Kost,

wie Suppen, Meeresfrüchte und Rind. Das Mittagsmenü ist preiswert (6000 Ch$), aber nicht so lecker wie Gerichte à la carte, etwa *merluza frita*.

Entre Patagones CHILENISCH **$$**
(☎ mobil 9-7642-7287; Carretera Austral s/n; Hauptgerichte 8000–10 000 Ch$; ⏲ 13–24 Uhr) Die Restaurant-Bar am Ortseingang bietet das schönste Ambiente in der Stadt in pseudorustikalem Holzlook. Auf der Karte stehen leckere Lachsgerichte mit Salat und Grillspezialitäten, alles in großen Portionen. Vorher anrufen, um sicherzugehen, dass man nicht vor verschlossener Tür steht.

Café Noroeste CAFÉ
(☎ mobil 9-7669-4112; Teniente Merino s/n; ⏲ 7.30–13.30 & 16–21.30 Uhr) Das einzige Café in der Stadt wartet mit Kaffee und Süßigkeiten auf. Selbst dieses Lokal bleibt der Tradition verschrieben und schließt zur Mittagszeit.

ℹ Praktische Informationen

Touristenkiosk (www.municipalidadohiggins.cl; Plaza Cívica; ⏲ Nov.–März 8.30–13 & 14.30–19 Uhr) Der Infostand an der Plaza ist eventuell mit Wanderkarten bestückt.

TAS (☎ 67-239-3163; www.transportesaereosdelsur.com; Vargas 497; ⏲ 9–13 & 15–20 Uhr) Diese Agentur organisiert die Rundflüge von Wings Patagonia und bietet Straßentransporte sowie geführte Ausflüge zum Fliegenfischen und Kajakfahren am See. Es gibt Auskünfte zur Umgebung und Kreditkarten werden angenommen.

ℹ An- und Weiterreise

Aerocord (S. 346) fliegt nach Coyhaique (28 000 Ch$, 1½ Std.), doch derzeit findet kein Flugbetrieb statt. Achtung: Einheimische werden bei der Platzvergabe bevorzugt, da die Region abgeschottet ist.

Busse findet man an der Carretera Austral an der Einfahrt zur Stadt. **Águilas Patagónicas** (S. 361) fährt montags und freitags um 8 Uhr nach Cochrane (8000 Ch$, 6 Std.). In der Nebensaison kommt es häufig zu Änderungen.

GRENZÜBERGÄNGE

Nördlich von Villa O'Higgins führt eine Abzweigung von der Carretera Austral nach Paso Mayer und zur argentinischen Grenze. Während es auf chilenischer Seite eine gute Schotterstraße gibt, fehlt auf argentinischer Seite die nötige Brücke. Mit Geländewagen mag es in der Nebensaison klappen, aber im Sommer ist der Wasserstand oft zu hoch, um den Versuch zu wagen. Am besten bei der örtlichen Polizei vorab nachfragen.

Südpatagonien

Inhalt ➡

Gut essen

- Singular Restaurant (S. 387)
- Afrigonia (S. 386)
- Santolla (S. 387)
- La Aldea (S. 387)
- El Fogon de Lalo (S. 376)

Schön übernachten

- Patagonia Camp (S. 397)
- Singular Hotel (S. 385)
- La Yegua Loca (S. 375)
- Ilaia Hotel (S. 375)
- Wild Patagonia (S. 382)
- Vinn Haus (S. 383)

Auf nach Südpatagonien!

Böige Westwinde, karge Küstenlandschaften und die zerklüfteten Gipfel des Torres del Paine bestimmen Patagoniens Charakter. In den Provinzen Magallanes und Última herrscht eine Grenzlandatmosphäre, die sich sonst höchstens noch tief im Amazonasgebiet und im abgelegenen Alaska finden lässt. Lange, ehe Menschen den Erdteil besiedelten, formten Gletscher diese herrlichen Landschaften. Heute kommen Traveller auf der Suche nach Abenteuern her, sei es, um durch die schroffe Szenerie zu wandern, Heerscharen von Pinguinen zu sehen oder die Steppe auf dem Pferd zu überqueren.

Hauptattraktion der Region ist der wunderschöne Parque Nacional Torres del Paine. Er zieht jedes Jahr Tausende Besucher an, einige von ihnen gar mit Trolleys im Schlepptau (nicht nachahmenswert ...). Überall in der Gegend kann man leicht zwischen Argentinien und Chile umherreisen, deshalb enthält dieses Kapitel zusätzlich auch die Highlights des argentinischen Patagonien.

Reisezeit

Punta Arenas

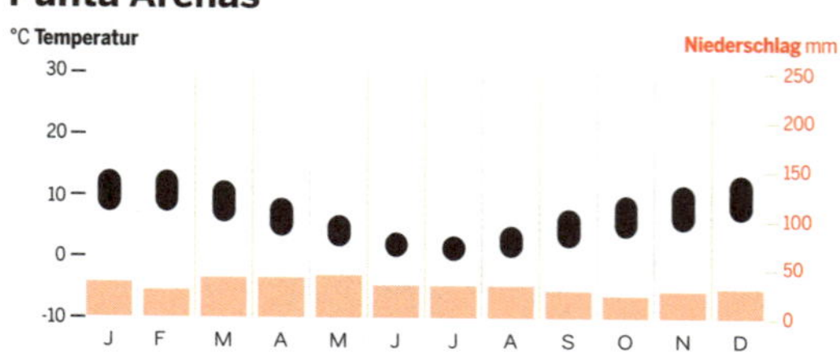

Dez.–Feb. Wärmste Monate; ideal für Rucksacktouren und Besuche von *estancias* (Viehfarmen).

Mitte Okt.–Anfang März An der Küste tummeln sich jede Menge Pinguine und Meeresvögel.

März–April Die starken Sommerwinde ebben ab und Herbstfarben fangen an zu leuchten.

Highlights

1 Parque Nacional Torres del Paine (S. 389) Die entlegenen Gebiete dieses Nationalparks entdecken.

2 Isla Magdalena (S. 371) Sich dem Marsch der Pinguine anschließen.

3 Cerro Fitz Roy (S. 411) Nahe der argentinischen Trekkinghauptstadt El Chaltén unterhalb dieser scharf gezackten Bergkette wandern.

4 Reitausflug (S. 381) Auf einer Ranch bei Puerto Natales traditionelles *asado* (Grillfleisch) essen.

5 Puerto Natales (S. 380) Sich nach dem Besuch des Torres-del-Paine-Parks mit einem lokalen Schnaps, einer Massage und großartigen Mahlzeiten verwöhnen.

6 Parque Nacional Pali Aike (S. 380) Die raue Vulkansteppe dieses kaum bekannten Parks erkunden.

7 Glaciar Perito Moreno (S. 405) Eine Tour über diesen 15 Stockwerke hohen Gletscher unternehmen.

Geschichte

Höhlen in Última Esperanza bezeugen, dass schon 10 000 v. Chr. das Aonikenk-Volk die Region besiedelte. Als erster Europäer kam Ferdinand Magellan 1520 hierher. Der kalifornische Goldrausch trieb die Entwicklung weiter voran, indem er mit den Schiffen, die zwischen Europa, Kalifornien und Australien segelten, den Handel in die Gegend brachte.

Im späten 19. Jh. entstanden *estancias* (Viehfarmen) und führten zu einem regionalen Boom im Wollhandel, der sich sowohl auf das chilenische als auch auf das argentinische Patagonien auswirkte. Auf Kosten der Ureinwohner, die durch Krankheit und Krieg fast ausgelöscht wurden, häuften einige wenige großen Reichtum an. Nach Eröffnung des Panamakanals 1914 verringerte sich der Schiffsverkehr rund um das Kap Hoorn beträchtlich, und die internationale Bedeutung des Gebiets sank.

Heute sorgen Fischereibetriebe, Waldwirtschaft, kleine Ölvorkommen, die Methanolproduktion und der schnell wachsende Tourismus für relativen Wohlstand in der Region.

Anreise & Unterwegs vor Ort

Südpatagonien erreicht man am einfachsten mit einem der vielen täglichen Flüge von Santiago oder Puerto Montt nach Punta Arenas. Auch von anderen chilenischen Großstädten wird die Region regelmäßig, aber weniger häufig angeflogen. Zu den weiteren Anreisemöglichkeiten gehören die Navimag-Fähre von Puerto Montt nach Puerto Natales oder eine ermüdend lange Busfahrt von Puerto Montt nach Argentinien und dann hinüber nach Punta Arenas.

Anders als im übrigen Patagonien sind die Straßen rund um Punta Arenas befestigt und gut befahrbar. Busse zu wichtigen Zielen verkehren regelmäßig, aber im Sommer ist eine Vorausbuchung ratsam. Nach Porvenir oder Puerto Williams gelangt man nur per Flugzeug oder Fähre.

MAGALLANES

Diese schroffe, vom Wetter gebeutelte Region ist seit Hunderten, wenn nicht Tausenden von Jahren besiedelt. Mit den Ureinwohnern, die einst in Kanus durch die Wasserläufe paddelten und Guanakos jagten, haben die heutigen Bewohner wenig gemein. Doch auch sie sind nach wie vor vom Rest des Kontinents durch imposante Gebirge und eiskalte Gewässer abgeschnitten. Gerade die isolierte Lage (und die Gastfreundlichkeit) lockt Besucher nach Magallanes. Von Chile aus müssen sie per Flugzeug oder Schiff anreisen. Der Landweg führt durch das argentinische Patagonien.

Während die Hauptstadt dieser Region, Punta Arenas, alle Annehmlichkeiten einer chilenischen Großstadt bietet, zeigt sich ihr Umland einsam und unwirtlich. Hier spüren Gäste das Am-Ende-der-Welt-Gefühl noch hautnah.

Magallanes' Wirtschaft lebt vom Handel sowie von der Erdölindustrie und der Fischerei. Wohlstand bedeutet in diesem Fall: Innerhalb Chiles hat die Region eine der höchsten Beschäftigungsquoten, außerdem zählt der öffentliche Dienst zu den besten des Landes.

Punta Arenas

☎061 / 124 500 EW.

Die weitläufige Metropole an der Magellanstraße trotzt einer simplen Beschreibung. Sie zeigt sich als eigenartige Mischung aus Grandezza und Verwahrlosung: Den prachtvollen Villen aus der Blütezeit des Wollhandels und dem aufwendig umgebauten Hafen steht ein architektonischer Wildwuchs gegenüber. Gutes Wetter ist am Südende des amerikanischen Doppelkontinents rar – die Sonne kämpft sich nur manchmal durch den seitwärts andrängenden Regen.

Unbeirrt von der unwirtlichen Natur und sogar durch sie genährt sind die Bewohner von außergewöhnlicher Gastfreundlichkeit. Die Stadt gibt sich entspannt und freundlich. Ihr heutiger Wohlstand, den sie der florierenden Erdölindustrie und wachsenden Bevölkerung verdankt, hat ihren einstigen Ruf als Raubein abgeschliffen. Schön wäre es, wenn sich der Aufschwung darauf beschränken würde. Doch die Zukunft werden zollfreies Einkaufen und riesige Einkaufszentren am Ortsrand beherrschen.

Geschichte

Ursprünglich war das wenig mehr als 150 Jahre alte Punta Arenas eine Militärgarnison und Strafkolonie. Später während des Goldrausches gewann es eine wichtige Bedeutung für die Schiffe, die Kalifornien ansteuerten. Im Gegensatz zu der 60 km weiter südlich gelegenen ersten chilenischen Siedlung Fuerte Bulnes besaß Punta Arenas einen besser geschützten Hafen und leichteren Zugriff auf Holz und Wasser. Auf englischen Seekarten ist der Ort als „Sandy Point"

(Sandige Spitze) verzeichnet, was dem spanischen Namen entspricht.

Anfangs bildeten natürliche Ressourcen Punta Arenas' wirtschaftliche Basis, etwa Seehundfelle, Guanakowolle und -häute, Guano, Steinkohle und Gold sowie Bau- und Brennholz. Erst im letzten Viertel des 19. Jhs. nahm die Wirtschaft einen Aufschwung, als der Gouverneur der Region den Kauf von 300 reinrassigen Schafen von den Falklandinseln genehmigte. Das erfolgreiche Experiment ermutigte viele, in Schafe zu investieren, sodass um die Jahrhundertwende fast zwei Millionen Tiere in der Gegend rund um Punta Arenas weideten.

Den Aufbau der Handels- und Schafzuchtimperien verdankt die Region dem Engagement der Einwanderer aus aller Welt, darunter Deutsche, Engländer, Franzosen, Iren, Italiener, Kroaten, Schotten und Spanier. Viele Einheimische stammen von diesen Siedlern ab. Zahlreiche Villen, die einst von den Wohlhabenden erbaut wurden, beherbergen inzwischen Hotels, Banken und verschiedene Museen.

Sehenswertes

★ Cementerio Municipal FRIEDHOF
(Haupteingang in der Av Bulnes 949; ⌚ 7.30–20 Uhr) GRATIS Einer der faszinierendsten Friedhöfe Südamerikas mit bescheidenen Gräbern und imposanten Mausoleen. Laut dem Autor Bruce Chatwin ist das extravagante Grabmal des Wollmagnaten José Menéndez eine maßstabsgetreue Kopie des Denkmals für Vittorio Emanuele in Rom. An der Innenseite des Haupttores hängt ein Lageplan.

Der Friedhof liegt knapp 15 Gehminuten von der Plaza entfernt. Wer lieber hinfahren möchte, kann vor dem Museo Regional de Magallanes in eines der *taxis colectivos* (Sammeltaxi mit fester Route) steigen.

Museo Regional de Magallanes MUSEUM
(Museo Regional Braun-Menéndez; ☎ 61-224-4216; www.museodemagallanes.cl; Magallanes 949; ⌚ Mi–Mo 10.30–17 Uhr, Mai–Dez. bis 14 Uhr) GRATIS Diese stattliche Villa bezeugt, welche Reichtümer und Macht die Pioniere der Schafzucht im späten 19. Jh. besaßen. In dem gepflegten Haus befinden sich ein regionales Geschichtsmuseum (Broschüren in Englisch vorhanden) und das exquisite originale Interieur der Familie, das von Fußböden mit feinen Holzintarsien bis zu chinesischen Vasen reicht. Das Café in den früheren Räumen der Diener unten ist ideal für einen Pisco Sour in grandioser Umgebung.

NICHT VERSÄUMEN

MONUMENTO NATURAL LOS PINGÜINOS

Die gedeihenden Magellan-Pinguinkolonien am **Monumento Natural Los Pingüinos** (www.conaf.cl/parques/monumento-natural-los-pinguinos; Erw./Kind 7000/3500 Ch$; ⌚ Nov.–März) auf der Isla Magdalena und der Isla Marta sind wirklich einen Besuch wert, vor allem wenn man noch nie Pinguine gesehen hat. Die Insel liegt 35 km nordöstlich von Punta Arenas. Fünfstündige Fährentouren (Erw./Kind 50 000/25 000 Ch$) verbringen 1½ Stunden mit der Fahrt und machen eine Stunde Pause auf der Insel. Sie verlassen von Dezember bis Februar dienstags, donnerstags und samstags den Hafen. Man sollte vorher die Zeiten abfragen. Tickets bekommt man bei Turismo Comapa (S. 374), Picknick mitbringen.

Museo Naval y Marítimo MUSEUM
(☎ 61-220-5479; www.museonaval.cl; Pedro Montt 981; Erw./Kind 1000/300 Ch$; ⌚ Di–Sa 9.30–12.30 & 14–17 Uhr) Das Marine- und Meeresmuseum zeigt historische Exponate, darunter eine gute Darstellung des chilenischen Rettungseinsatzes, bei dem es gelang, die Mannschaft von Sir Ernest Shackleton lebend aus der Antarktis zu bergen. Eine besondere Attraktion ist der Nachbau eines vollständigen Schiffes mit Brücke, Seekarten und Funkraum.

Casa Braun-Menéndez HISTORISCHES GEBÄUDE
(☎ 61-224-1489; ⌚ Di–Fr 10.30–13 & 17–20.30, Sa 10.30–13 & 20–22, So 11–14 Uhr) GRATIS An der Nordseite der Plaza Muñoz Gamero befindet sich im früheren Palacio Sara Braun, heute bekannt als Casa Braun-Menéndez, der Club de la Unión.

Museo Río Seco MUSEUM
(☎ mobil 9-5335-0707; www.museodehistorianaturalrioseco.org; Río Seco; ⌚ Mo–Fr 15–18, Sa & So 10–12 & 15–18 Uhr) GRATIS Das abgefahrene einfache Museum ist das Herzensprojekt der Caceres-Brüder und ein reizender Abstecher für Naturkunde-Fans. Fantasievolle Schaubilder zeigen schöne naturalistische Zeichnungen und sorgfältig restaurierte Skelette von Seevögeln, Seelöwen und Walen, die das Leben im Meer darstellen sollen. Vor dem Besuch sollte man anrufen, da sie vielleicht gerade hinterm Haus Walknochen säubern.

Punta Arenas

Freiwilligenarbeit ist mit einer Mindesteinsatzzeit von einer Woche willkommen.

Plaza Muñoz Gamero PLAZA
Prächtige Koniferen säumen die zentrale, von opulenten Villen umringte Plaza. In der Casa Braun-Menéndez an der Nordseite ist der private Club de la Unión untergebracht, der auch die hauseigene Taverne nutzt (für Nichtgäste zugänglich). Das nahegelegene **Denkmal** zu Ehren des 400. Jahrestages von Ferdinand Magellans Reise hat der Wollmagnat José Menéndez 1920 gespendet. Gleich östlich liegt die ehemalige **Sociedad Menéndez Behety** mit den Büros von Turismo Comapa. Die **Kathedrale** erhebt sich im Westen der Plaza.

Instituto de la Patagonia MUSEUM
(☎ 61-220-7051; Av Bulnes 01890; ⏲ Mo–Fr 8.30–11 & 14.30–18 Uhr) Wieder lebendig wird die Zeit der Pioniere im **Museo del Recuerdo** (☎ 61-220-7056; www.umag.cl; 2000 Ch$; ⏲ Mo–Fr 8.30–11 & 14.30–18 Uhr), das zum patagonischen Institut der Universidad de Magallanes gehört. Die Bibliothek beherbergt Karten sowie historische und wissenschaftliche Schriften. Jedes *taxi colectivo* Richtung *zona franca* hält gegenüber dem Museumseingang.

Punta Arenas

Highlights
1 Cementerio Municipal D1

Sehenswertes
2 Casa Braun-Menéndez B4
3 Museo Naval y Marítimo C4
4 Museo Regional de Magallanes B4
5 Plaza Muñoz Gamero B4

Aktivitäten, Kurse & Touren
6 Patagonia Backroads A3
7 Solo Expediciones B4
Turismo Aonikenk ..... (siehe 12)
8 Turismo Comapa B4
9 Turismo Laguna Azul B4
10 Whale Sound B4

Schlafen
11 Al Fin del Mundo C4
12 Hospedaje Magallanes C2
13 Hostal Innata C3
14 Hostel Keoken D1
15 Hotel Cabo de Hornos B4
16 Hotel Dreams del Estrecho C5
17 Hotel Lacolet A2
18 Hotel Patagonia A3
19 Hotel Plaza B4
20 Ilaia Hotel A2
21 La Yegua Loca A3

Essen
22 Café Almacen Tapiz C4
23 Damiana Elena D2
24 Fuente Hamburg B4
25 Kiosco Roca B4
26 La Cuisine C4
27 La Marmita C3
28 La Mesita Grande C4
29 La Vianda B5
30 Los Inmigrantes D3
31 Mercado Municipal B5
32 Pachamama C2
33 Sotito's C5
34 Unimarc C3

Ausgehen & Nachtleben
35 Bar Clinic C5
36 Bodega 87 ..... A5
37 Cafe Wake Up B5
La Taberna ..... (siehe 2)
38 Meraki Cafe B4

Shoppen
39 Andrea Araneda D2

Aktivitäten

Patagonia Diving TAUCHEN
(☎ mobil 9-8982-4635; www.patagoniadiving.cl; Calle Juan Williams s/n, Río Seco; ⏲ Öffnungszeiten variieren) Bei diesem Veranstalter begleiten PADI-zertifizierte Führer Taucher zu Schiffswracks, Kaltwasserkorallen und Seelöwenkolonien. In der Gegend gibt's auch beeindruckende Kelpwälder und Delfine. Tauchgänge und Kurse schließen die komplette Ausrüstung mit ein. Der Anbieter findet sich 13 km nördlich von Punta Arenas Richtung Flughafen.

Cruceros Australis BOOTSTOUREN
(☎ in Santiago 2442-3110; www.australis.com; ⏲ Sept.–Mai) Hat luxuriöse vier- und fünftägige Sightseeing-Bootsfahrten zwischen Punta Arenas und Ushuaia im Angebot. Turismo Comapa kümmert sich vor Ort um die Buchungen.

Ride Patagonia MOUNTAINBIKEN
(☎ mobil 9-7135-8831; www.ridepatagonia.cl; ganzer Tag 150 US$) Dieser neue Rad-Reiseführer veranstaltet Singletrack-Touren und entspanntere Feldweg-Fahrten abseits vom Verkehr um Punta Arenas und sogar in Tierra del Fuego. Alles natürlich mit vollgefederten Bikes.

Geführte Touren

Patagonia Backroads GEFÜHRTE TOUREN
(☎ 61-222-1111, mobil 9-8393-6013; www.patagoniabackroads.com; Av España 1032) Genau das Richtige für Leute, die gerne *Die Reise des jungen Che* nachverfolgen möchten. Der Anbieter Aníbal Vickacka veranstaltet renommierte zehntägige Touren mit BMW-Motorrädern oder Allradwagen zu Zielen in ganz Patagonien.

Kayak Agua Fresca KAJAKFAHREN
(☎ mobil 9-9655-5073; www.kayakaguafresca.com; 4½-stündige Tour 70 000 Ch$) An den wenigen Tagen in Punta Arenas, an denen kaum Wind weht und das Meer wie ein Spiegel wirkt, kann eine Seekajaktour spektakulär sein. Dieser Anbieter bietet auch Schlauchbootfahrten an. Das Unternehmen hat allerdings kein Büro; alle Infos findet man auf der Website.

Solo Expediciones GEFÜHRTE TOUREN
(☎ 61-271-0219; http://soloexpediciones.com; Nogueira 1255) Veranstaltet verschiedene Touren: Pinguintouren zur Isla Magdalena mit empfehlenswerten schnellen, halbstarren Booten (bei anderen Touren fährt man mit der Fähre) und Walbeobachtungstouren im Parque Marino Francisco Coloane.

Isla Magdalena VOGELBEOBACHTUNG
(Eintritt/Tour 7000/63 000 Ch$; ⏲ Dez.–Feb.) Auf der Isla Magdalena gibt's florierende Magellan-Pinguinkolonien. Fünfstündige Fährentouren halten für eine Stunde auf der Insel und verlassen den Hafen von Dezember bis Februar dienstags, donnerstags und samstags. Die Zeiten sollte man vorher erfragen. Tickets gibt's bei Turismo Comapa. Verpflegung mitnehmen.

Turismo Comapa GEFÜHRTE TOUREN
(☎ 61-220-0200; www.comapa.com; Lautaro Navarro 1112; ⏲ Mo–Fr 9–13 & 14.30–18.30 Uhr) Verkauft Tickets für Tagesausflüge rund um Punta Arenas, z. B. zu den bestens gedeihenden Kolonien von Magellanpinguinen im Monumento Natural Los Pingüinos auf der Isla Magdalena. Verkauft auch Navimag-Tickets.

Whale Sound WALBEOBACHTUNG
(☎ 61-222-1935; www.whalesound.com; Lautaro Navarro 1111; Paket mit 3 Übernachtungen 1500 US$/Pers.; ⏲ Nov.–April) Unterstützt die wissenschaftliche Forschung mit Meeresexpeditionen zum entlegenen Parque Marino Francisco Coloane. Es gibt Pakete von zwei Tagen/einer Nacht bis hin zu vier Tagen/fünf Nächten mit Unterbringung sowohl in Betoniglus als auch in der Hostería Faro San Isidro.

Turismo Laguna Azul VOGELBEOBACHTUNG
(☎ 61-222-5200; www.turismolagunaazul.com; Magallanes 1011; Tour 50 000 Ch$) Wer die Königspinguine auf der Tierra del Fuego sehen will, kann eine der langen Touren dieser Agentur buchen. Los geht's bereits vor 8 Uhr morgens, die Rückkehr erfolgt gegen 21 Uhr. Einen Großteil des Trips verbringt man mit der Hin- und Rückfahrt. Guides und Mittagsverpflegung sind nicht immer inklusive (eigenes Essen mitbringen), und der Eintritt zur privaten Reserva Onaisin kostet extra (14 000 Ch$).

Turismo Aonikenk GEFÜHRTE TOUREN
(☎ 61-222-8616; Magallanes 570) Die empfohlene Agentur organisiert Touren nur mit Besuchern, die bereits vor Ort sind. Es gibt Trekkingtouren zum Cabo Froward, Ausflüge zu den Pinguinkolonien in Tierra del Fuego sowie preiswertere offene Expeditionen für erfahrene Teilnehmer. Die Guides sprechen Deutsch, Englisch und Französisch.

Feste & Events

Winter Solstice KULTUR
(⏲ 21. Juni) Am 21. Juni wird die längste Nacht des Jahres gefeiert.

Carnaval de Invierno KULTUR
(⏲ Ende Juli) Zweitägiger Karneval in der letzten Juliwoche mit Feuerwerk, Paraden und fröhlicher Stimmung.

Schlafen

Hostel Entrevientos HOSTEL $
(☎ 61-237-1171; www.hostelentrevientos.cl; Jorge Montt 0690; inkl. Frühstück B 21 US$, DZ/3BZ 56/80 US$; 📶) In der Nähe des glitzernden Uferbereichs bietet dieses geräumige Hostel von seinem supergemütlichen Wohnzimmer im ersten Stock freie Sicht aufs Meer. Es gibt eine große Gästeküche sowie Schlafsäle und kuschelige Privatzimmer unten. Die Besitzer kümmern sich liebevoll um alles und vermieten auch Fahrräder (7000 Ch$/Pers.). Die Schattenseite: Zu Fuß braucht man 25 Minuten ins Zentrum, aber es fahren auch Busse.

Hostal Independencia PENSION $
(☎ 61-222-7572; https://hostalindependencia.es.tl; Av Independencia 374; Stellplatz 5000 Ch$/Pers., B inkl. Frühstück 10 000 Ch$; @📶) In puncto Preis und Stimmung ist die Pension, eine der letzten zähen Backpackerabsteigen, schwer zu schlagen. Trotz des Tohuwabohus sind die Zimmer halbwegs sauber, es gibt eine Küche, Zeltplätze und Leihfahrräder (8000 Ch$/Tag).

Al Fin del Mundo HOSTEL $
(☎ 61-271-0185; www.alfindelmundo.hostel.com; O'Higgins 1026; B/DZ ohne Bad 15 000/40 000 Ch$; 📶) Die Zimmer im zweiten und dritten Stock eines Gebäudes im Zentrum wirken fröhlich, aber renovierungsbedürftig. Alle teilen sich Gemeinschaftsbäder mit Warmwasserduschen, eine große Küche sowie einen Wohnbereich mit Fernseher, Billardtisch und DVD-Sammlung. Es gibt auch einen Fahrradverleih (1000 Ch$/Std.).

Hotel Lacolet BOUTIQUE-HOTEL $$
(☎ 61-222-2045; www.lacolet.cl; Arauco 786; DZ inkl. Frühstück 125–145 US$; P📶) Am Fuße des Aussichtspunkts Cerro de la Cruz steht dieses tolle Backstein-Herrenhaus mit Parkettböden und fünf komfortablen Zimmern mit Fernseher und Fön in den gekachelten Bädern. Der Service ist gut und das Frühstücksbüffet rangiert unter den besten in Patagonien. Es gibt vier verschiedene Sorten selbst gebackenen Brots, einheimische Rhabarbermarmelade, Eier, Obst und eine hochwertige Fleisch- und Käseauswahl.

Hotel Patagonia HOTEL $$
(☎ 61-222-7243; www.patagoniabb.cl; Av España 1048; DZ inkl. Frühstück 85–125 US$; P📶) Eine

solide Mittelklasseoption mit nüchternen Zimmern, frischer weißer Bettwäsche und einfachem Stil. Der Service könnte ein wenig herzlicher sein. Man erreicht dieses Hotel über eine lange Auffahrt hinter dem Hauptgebäude.

Hospedaje Magallanes B&B **$$**
(☎ 61-222-8616; www.hospedaje-magallanes.com; Magallanes 570; DZ 60 000 Ch$, B/DZ ohne Bad 20 000/45 000 Ch$; @) Ein deutsch-chilenisches Paar, das auch Touren im Torres-del-Paine-Park durchführt, leitet diese tolle, preiswerte Unterkunft mit ein paar ruhigen Zimmern. Oft essen die Gäste abends gemeinsam oder grillen bei der Kletterwand. Zum Frühstück werden u. a. dunkles Brot und starker Kaffee gereicht.

Hostel Keoken PENSION **$$**
(☎ 61-224-4086; www.hostelkeoken.cl; Magallanes 209; EZ/DZ 45 000/58 000 Ch$, ohne Bad 35 000/45 000 Ch$; @) Erfreut sich bei Backpackern wachsender Beliebtheit. Auf den bequemen Betten liegen flauschige Daunendecken und zum Frühstück locken hausgemachte Pasteten. Bis ins Stadtzentrum sind es nur ein paar Gehminuten.

★ **La Yegua Loca** BOUTIQUE-HOTEL **$$$**
(☎ 61-237-1734; www.yegualoca.com; Fagnano 310; Zi. 200–220 US$) In diesem wunderbaren Boutique-Hotel taucht man ein in die Sagenwelt der Gegend, unterstützt durch Relikte aus dem Farmerleben, die clever zu Einrichtungsgegenständen und Dekoartikeln umfunktioniert wurden. Die großen Zimmer sind spielerisch nach Mottos wie Schafschererei, Schreinerei und Melkstall eingerichtet und haben alle gemütliche Betten und Zentralheizung. Der Service ist aufmerksam. Das Hotel liegt auf einem Hügel mit tollem Blick über die Stadt; es gibt zudem ein Restaurant.

★ **Ilaia Hotel** BOUTIQUE-HOTEL **$$$**
(☎ 61-272-3100; www.ilaia.cl; Carrera Pinto 351; EZ/DZ/3BZ inkl. Frühstück 110/150/200 US$; ⏲ Sept.–April; P) Das Haus wird mit familiärer Herzlichkeit geführt. Witzige Sprüche lassen sich in Spiegeln lesen, die Zimmer sind schlicht, aber schick, und aus einem fantastischen verglasten Aussichtsraum blickt man auf die Magellanstraße. Bietet Massagen und ein gesundes Frühstück aus *chapati*-Brot, selbst gemachten Marmeladen, Joghurt sowie Avocados. Nur Fernseher sucht man vergeblich. Es wird recycelt und kompostiert.

Hostal Innata PENSION **$$$**
(☎ mobil 9-6279-4254; www.innatapatagonia.com; Magallanes 631; DZ/Apt. 97 000/120 000 Ch$; P) Dieses angenehme, zentrale, stylishe Haus bietet 11 Zimmer mit Daunendecken und LED-TVs und einen neuen Apartmentblock hinten. Frühstück bekommt man zur bestellten Uhrzeit und es gibt Frühstückspakete für frühe Touren. Vorab reservieren.

Hotel Dreams del Estrecho HOTEL **$$$**
(☎ gebührenfrei 600-626-0000; www.mundodreams.com/detalle/dreams-punta-arenas; O'Higgins 1235; DZ 158 000 Ch$; P @) Dieses ovale gläserne Hochhaus nah am Wasser bringt einen Hauch von Las Vegas ans Ende der Welt. Alles glitzert und glänzt, die neuen Zimmer sind geräumig und luxuriös, doch der eigentliche Clou ist der Pool, der mit dem Ozean zu verschmelzen scheint. Darüber hinaus gibt's ein Spa, ein Kasino und ein vornehmes Restaurant.

Hotel Cabo de Hornos BUSINESSHOTEL **$$$**
(☎ 61-224-2134; www.hotelcabodehornos.com; Plaza Muñoz Gamero 1025; DZ/3BZ 235/280 US$; @) Das schicke Haus empfängt Besucher mit einem coolen Design aus Schindeln und spitzen Winkeln, die Zimmer sind hell und entspannt. Von einigen bietet sich ein erstklassiger Ausblick. Der Service ist gut, und die noble Bar lädt zu einem Schlummertrunk ein. Auch das Restaurant genießt einen guten Ruf.

Hotel Plaza HOTEL **$$$**
(☎ 61-224-1300; www.hotelplaza.cl; Nogueira 1116; DZ/3BZ inkl. Frühstück 70 000/101 000 Ch$;) Diese umgebaute Villa wartet mit Gewölbedecken, Blick auf die Plaza und historischen Fotos im Flur auf. Der Landhausstil passt leider nicht zu dieser Grandeur, doch der Service ist gediegen und die Lage unschlagbar.

Essen

La Vianda MARKT **$**
(Errázuriz 928; Snacks 4000 Ch$; ⏲ Mo–Fr 10.30–18.30 Uhr) Der Markt ist die erste Anlaufstelle für Picknicker oder Reisende, die eine Fahrt in einem Langstreckenbus vor sich haben. Es gibt eine Auswahl an ausgezeichneten Broten, darunter auch süße Varianten und Sauerteigbrote, Suppen und frischen Rhabarbersaft und -marmelade. Darüberhinaus verkaufen sie auch fertige Sandwiches.

La Mesita Grande PIZZA **$**
(☎ 61-224-4312; O'Higgins 1001; Hauptgerichte 4000–9000 Ch$; ⏲ Mo–Sa 12–23, So 13–20 Uhr) Die Pizzeria mit freiliegenden Ziegelmauern

serviert dünne, weiche Pizzas mit Biobelägen sowie lokales Bier. Zudem gibt's leckere gemischte Salate. Unbedingt noch Platz für das hausgemachte Eis lassen! Die Hauptfiliale befindet sich in Puerto Natales (S. 386).

Los Inmigrantes CAFÉ $
(☎ 61-222-2205; www.inmigrante.cl; Quillota 559; Hauptgerichte 5000 Ch$; ⌚ 14.30–21 Uhr) Das Café im historischen kroatischen Viertel kredenzt verführerische Kuchen. Zudem zeigt es Exponate dalmatinischer Einwanderer.

Mercado Municipal MARKT $
(21 de Mayo 1465; Hauptgerichte 3000–6000 Ch$; ⌚ 8–15 Uhr) Fisch- und Gemüsemarkt mit günstigen *cocinerías* (preiswerten Restaurants) in der zweiten Etage. Ein perfektes Ziel für billige Gerichte mit Fisch und Meeresfrüchten.

Café Almacen Tapiz CAFÉ $
(☎ mobil 9-8730-3481; www.cafetapiz.cl; Roca 912; Hauptgerichte 5000 Ch$; ⌚ 9–21.30 Uhr; 📶) Das mit Alerce-Schindeln gedeckte lebhafte Café bietet sich für eine stimmungsvolle Kaffeepause an. Zur Wahl stehen wunderbare Sahnetorten, Salate, Pitabrot-Sandwiches mit Ziegenkäse, Fleisch und gebratenes Gemüse.

Fuente Hamburg CHILENISCH $
(☎ 61-224-5375; Errázuriz 856; Hauptgerichte 3000–6500; ⌚ Mo–Fr 10.30–20.30, Sa 10.30–15 Uhr) Glänzende Barhocker flankieren einen großen Grill, der Leckeres für Eilige fabriziert, z. B. *churrascos* (dünne Rindfleischscheiben) mit Tomaten und grünen Bohnen, serviert mit frischer Mayonnaise in einem weichen Brötchen.

Pachamama SUPERMARKT $
(☎ 61-222-6171; Magallanes 619A; ⌚ Mo–Fr 10–13 & 15–20, Sa 10–13.30 Uhr) Laden mit jeder Menge Bioprodukten, darunter Müsli und Knabbereien wie Studentenfutter zu einem guten Preis.

Kiosco Roca SANDWICHES $
(Roca 875; Snacks 700 Ch$; ⌚ Mo–Fr 7–19, Sa 8–13 Uhr) Unwiderstehliches Lokal mit lauter Uni-Krimskrams an den Wänden, vor dem die Einheimischen geduldig auf Sitzplätze am Tresen warten. Hier gibt's ausschließlich häppchengroße Sandwiches mit Chorizo, Käse oder beidem. Am besten genießt man dazu einen Bananenmilchshake.

Unimarc SUPERMARKT $
(Bories 647; ⌚ Mo–Sa 9–22, So 10–21 Uhr) Ein großer, gut sortierter Supermarkt.

El Fogon de Lalo GRILL $$
(☎ 61-237-1149; 21 de Mayo 1650; Hauptgerichte 7000–12 000 Ch$; ⌚ Di–So 8–23 Uhr) In dem lauten Grillhaus, das mit Pionier-Andenken geschmückt ist, wird einheimisches Rindfleisch und Lamm bis zur Perfektion gegrillt, zudem gibt's gute Salate und Beilagen – alles à la carte. Der erfahrene Kellner bedient seine Gäste sehr zuvorkommend und überredet sie gerne mal zu einem Pisco Sour und zu Vorspeisen.

La Marmita CHILENISCH $$
(☎ 61-222-2056; www.marmitamaga.cl; Plaza Sampaio 678; Hauptgerichte 8000–12 000 Ch$; ⌚ Mo–Sa 12.30–15 & 18.30–23.30 Uhr; ✎) Das klassische Bistro erfreut sich wegen seiner verspielten Atmosphäre und des leckeren Essens riesiger Beliebtheit. Neben frischen Salaten und warmem Brot gibt's herzhafte Gerichte wie Aufläufe oder Fisch und Meeresfrüchte nach traditionellen Rezepten sowie gute vegetarische Speisen. Es wird auch Essen zum Mitnehmen angeboten.

La Cuisine FRANZÖSISCH $$
(☎ 61-222-8641; O'Higgins 1037; Hauptgerichte 8000–13 000 Ch$; ⌚ Mo–Sa 12.30–14.45 & 19.30–23 Uhr) Wer außer den gewohnten Kartoffeln noch anderes Gemüse essen will, sollte dieses schlichte französische Restaurant besuchen. Die Meeresfrüchte- und Fischgerichte werden mit sautiertem Gemüse, grünem Salat oder Ratatouille serviert. Es gibt auch hausgemachte Pâté, und der Wein, der in Gläsern kredenzt wird, ist billig.

Damiana Elena CHILENISCH $$
(☎ mobil 9-6122-2818; Magallanes 341; Hauptgerichte 8000–14 000 Ch$; ⌚ Mo–Sa 8–23 Uhr) Das elegante Restaurant mitten in einem Wohnviertel ist in einem romantischen alten Haus untergebracht. Ein Abstecher lohnt sich.

Sotito's FISCH & MEERESFRÜCHTE $$$
(☎ 61-224-3565; O'Higgins 1138; Hauptgerichte 8000–17 000 Ch$; ⌚ Mo–Sa 12–15 & 19–23, So 12–16 Uhr) Diese tolle Adresse in Sachen Meeresfrüchte zieht gut betuchte Einheimische und Kreuzfahrttouristen auf der Suche nach einem Königskrabbengelage an. Die Deko haut einen nicht gerade um, aber das Essen enttäuscht garantiert nicht. Wer im Obergeschoss speist, kann auch zwischen verschiedenen Pastagerichten wählen.

Ausgehen & Nachtleben

★ **Bodega 87** BAR
(☎ 61-237-1357; 21 de Mayo 1469; ⌚ So–Do 20.30–1.30, Fr & Sa bis 2.30 Uhr) Ein toller Neuzugang

in der Stadt – die Nachbarschaftsbar ist freundlich und sprudelt vor Leben. Es gibt äußerst denkwürdige selbstgemixte Cocktails und einheimische Biersorten. Sehr empfehlenswert ist der nicht zu süße Calafate-Mojito.

Bar Clinic PUB
(☎61-237-1250; Errázuriz 970; ⏲Mo–Sa 18–2.30 Uhr) Diese umwerfende Eckkneipe mit Lederdetails und polierten Böden hatte schon neun Leben: In ihrer aktuellen Inkarnation ist sie ein Franchise einer Santiago-Bar, benannt nach der humoristischen politischen Zeitung. Auch wenn die interessante Hintergrundgeschichte für den zufälligen Besucher nicht klar erkennbar ist, die Drinks sind in Ordnung und montags bis donnerstags von 18 bis 21 Uhr für den halben Preis zu haben.

Meraki Cafe KAFFEE
(☎61-224-4097; Magallanes 922; ⏲Mo–Sa 9–20 Uhr) Wer bei seinem Espresso wählerisch ist, sollte den kürzesten Weg zu diesem Café mit Rösterei einschlagen, das auch Sandwiches und Kuchen anbietet. Zur Sicherheit sollte derjenige sich auch gleich ein Paket Bohnen aus seinem Lieblingsanbaugebiet (auf Wunsch auch gemahlen) in den Koffer stecken.

Cafe Wake Up KAFFEE
(☎61-237-1641; Errázuriz 944; ⏲Mo–Fr 7–20, Sa 9–16, So 10–16 Uhr) In diesem Café im Industriechic findet man Hipster mit einem doppelten Latte in der Hand. Dazu gibt's leichte Gerichte zu fairen Preisen.

La Taberna BAR
(☎61-222-2777; Casa Braun-Menéndez, Plaza Muñoz Gamero; ⏲Mo–Fr 19–2, Sa & So 19–3 Uhr) Mit ihrem polierten Holz und den gemütlichen Ecken erinnert die dunkle und elegante unterirdische Bar an ein altmodisches Schiff. Sie ist ein typischer Altherrenclub und füllt sich am Abend mit Zigarrenrauch, doch die Gelegenheit, in der edlen Villa Pisco Sours zu nippen, sollte man sich nicht entgehen lassen.

Shoppen

Andrea Araneda KUNST
(☎mobil 9-8904-5392; aranedacreaciones@gmail.com; Maipu 305; ⏲nach Vereinbarung) Werkstatt der talentierten einheimischen Künstlerin Andrea Araneda mit verspieltem Hang zu magellanschen Themen. Da es ein Arbeitsplatz ist, sollte man vorher anrufen (auch auf Englisch möglich), dann könnte der Besuch sogar ein Glas Wein beinhalten. Zur Zeit der Recherche gab es Pläne, das Studio irgendwann in Zukunft an die Plaza Sampaio zu verlegen.

FATALE ENTDECKUNG

Mitte der 1980er-Jahre glaubten britische Forscher der Halley Station in der Antarktis, ihre Ozonmessgeräte seien defekt, denn die Werte waren so niedrig wie nie zuvor. Leider lag das nicht an den Instrumenten, sondern am Ozon selbst. Im Frühjahr sank dessen Konzentration am Himmel über der Antarktis auf einen Bruchteil der regulären Werte.

Kurz darauf entdeckte man die Schuldigen: Fluorchlorkohlenwasserstoffe (FCKW), künstlich produzierte Gase, die in Sprays, Lösungsmitteln, Kühl- und Klimaanlagen sowie im Brandschutz Verwendung finden. Meist sind diese Gase harmlos, doch im antarktischen Frühling spielen sie eine fatale Rolle: Die Kombination aus extrem niedrigen Temperaturen und der Rückkehr der Sonneneinstrahlung in die Polarregion bewirkt, dass FCKW das in der Stratosphäre gelagerte Ozon zerstört. Resultat ist das weithin bekannte Ozonloch. Wenn die antarktischen Temperaturen im Frühling ansteigen, stellt sich das Ozon wieder ein – bis zum nächsten Frühjahr.

Ozon schützt die Erdoberfläche vor den UV-Strahlen der Sonne. Ozonmangel erhöht also z. B. die Gefahr von Sonnenbrand und Hautkrebs. Vom Ozonloch ist Südpatagonien stärker betroffen als andere bewohnte Teile der Erde. Besonders schlimm ist es im Frühjahr. Für Besucher – vor allem Kinder – gilt daher: Sonnenhut und -brille tragen sowie geeignetes Sonnenschutzmittel verwenden!

Das 1987 verabschiedete Montrealer Protokoll hat die FCKW-Gase verboten, und so verbessern sich die Ozonwerte in der Antarktis allmählich. Doch es wird wohl noch mehr als 20 Jahre dauern, bis die Ozonwerte wieder im normalen Bereich liegen. Leider tragen viele der Gase, die heute anstelle von FCKW eingesetzt werden, ebenfalls zur globalen Erwärmung bei.

Jocelyn Turnbull, Klimaforscherin

Zona Franca EINKAUFSZENTRUM
(Zofri; ☎ 61-236-2000; Km 3,5 Norte; ⏲ Mo–Sa 11–20 Uhr) Die Freihandelszone ist ein großes auf Hochglanz getrimmtes Sammelsurium an Läden. Der Weg dorthin lohnt sich für alle, die elektronische Geräte, Computerzubehör, Kameraausrüstungen oder Outdoor-Klamotten brauchen. *Colectivos* (Gemeinschaftstaxis) pendeln den ganzen Tag auf der Avenida Bulnes zwischen dem Stadtzentrum und der *zona franca*.

Praktische Informationen

Banken mit Geldautomaten verteilen sich überall im ganzen Zentrum. Die Wechselstube **Sur Cambios** (☎ 61-271-0317; Navarro 1001; ⏲ Mo–Fr 9–19, Sa 9.30–13 Uhr) sowie einige Reisebüros wechseln Geld.

Das **Postamt** (Bories 911; ⏲ Mo–Fr 9–18.30, Sa 10–13 Uhr) befindet sich einen Block nördlich der Plaza Muñoz Gamero.

CONAF (☎ 61-223-0681; Av Bulnes 0309; ⏲ Mo–Fr 9–17 Uhr) Informiert über umliegende Parks.

Touristeninformation (☎ 61-220-0610; Plaza Muñoz Gamero; ⏲ Mo–Sa 8–19 Uhr, Dez.–Feb. So 9–19 Uhr) An der Südseite der Plaza.

Polizei (☎ 61-224-1714; Errázuriz 977)

Sernatur (☎ 61-224-1330; www.sernatur.cl; Fagnano 643; ⏲ Mo–Fr 8.30–18, Sa 10–16 Uhr) Freundliches, gut geschultes mehrsprachiges Personal sowie eine Liste mit Unterkünften und Verkehrsmitteln. Kürzere Öffnungszeiten in der Nebensaison.

Sernatur hat eine Liste von empfehlenswerten Ärzten. Medizinische Hilfe bekommt man im **Hospital Regional** (☎ 61-220-5000; Ecke Arauco & Angamos).

An- & Weiterreise

In der Touristeninformation bekommt man eine nützliche Broschüre mit Details zu allen Reisemöglichkeiten vor Ort.

BUS

Busse starten von den Büros der Busunternehmen, die fast alle nur einen oder zwei Blocks von der Avenida Colón liegen. Tickets sollte man mehrere Stunden oder sogar Tage im Voraus kaufen. **Central de Pasajeros** (☎ 61-224-5811; Ecke Magallanes & Av Colón) kommt einem zentralen Ticketbüro am nächsten.

Nach Puerto Natales fahren **Buses Fernández** (☎ 61-224-2313; www.busesfernandez.com; Sanhueza 745) und **Bus Sur** (☎ 61-261-4224; www.bus-sur.cl; Av Colón 842).

Argentinien bedienen **Buses Ghisoni** (☎ 61-224-0646; www.busesbarria.cl; Av España 264), **Buses Pacheco** (☎ 61-224-2174; www.busespacheco.com; Av Colón 900) und **Tecni-Austral** (☎ 61-222-2078; Navarro 975).

In Chiles Seengebiet gelangt man mit **Cruz del Sur** (☎ 61-222-7970; www.busescruzdelsur.cl; Sanhueza 745).

Einige der täglich angefahrenen Ziele und Unternehmen:

ZIEL	PREIS (CH$)	DAUER (STD.)
Osorno	35 000	30
Puerto Natales	7000	3
Río Gallegos	20 000	5–8
Río Grande	30 000	7
Ushuaia	35 000	10

FLUGZEUG

Der Flughafen von Punta Arenas (PUQ) liegt 21 km nördlich der Stadt.

Aerovías DAP (S. 346) hat Antarktisflüge (ganzer Tag 5500 US$), Rundflüge über dem Cabo de Hornos und Verbindungen zu anderen Zielen in Patagonien wie Ushuaia und El Calafate in Argentinien im Programm. Von November bis März gehen Flüge nach Porvenir (hin & zurück 55 000 Ch$, Mo–Sa mehrmals tgl.), nach Pampa Guanaco in Tierra del Fuego und nach Puerto Williams (143 000 Ch$, Mo–Sa 10 Uhr). Pro Person sind nur 10 kg Gepäck erlaubt.

Sky Airline (☎ 61-271-0645; www.skyairline.cl; Roca 935) und **LATAM** (☎ 61-224-1100; www.latam.com; Bories 884) bedient Puerto Montt und Santiago. Zur Zeit der Recherche plante auch die Fluggesellschaft LATAM, Flüge nach Ushuaia aufzunehmen. Aerolineas Argentinas bietet Flüge in und manchmal auch nach Argentinien an.

SCHIFF/FÄHRE

Transbordador Austral Broom (☎ 61-272-8100; www.tabsa.cl; Av Bulnes 05075) Verfügt über drei Fähren, die nach Tierra del Fuego verkehren. Die Auto- und Passagierfähre nach/von Porvenir (6200/39 800 Ch$ pro Pers./Auto, 2½–4 Std.) startet meist um 9 Uhr, manchmal aber auch nachmittags (aktuelle Zeiten stehen auf der Website). Schneller geht's mit den Verbindungen (1700/15 000 Ch$ pro Pers./Auto, 20 Min.) ab Primera Angostura, nordöstlich von Punta Arenas, die zwischen 8.30 und 23.45 Uhr alle 90 Minuten bestehen. Fähren von Broom steuern drei- oder viermal im Monat donnerstags Puerto Williams auf der Isla Navarino an (Liegesitz/Bett inkl. Mahlzeiten 108 000/151 000 Ch$ 30 Std.) und kehren samstags zurück.

Cruceros Australis (S. 373) veranstaltet vier- und fünftägige Sightseeing-Luxuskreuzfahrten nach Ushuaia und zurück. **Turismo Comapa** (S. 374) kümmert sich um Buchungen vor Ort.

Unterwegs vor Ort

AUTO

Mit dem Auto lässt sich der Torres-del-Paine-Park prima erkunden. Leider kostet der Grenzübertritt nach Argentinien mit einem chilenischen Mietwagen aufgrund internationaler Versicherungsbestimmungen ein Heidengeld. Wer nach El Calafate will, leiht besser in Argentinien ein Fahrzeug.

Die Mietwagenpreise im chilenischen Patagonien sind in Punta Arenas am billigsten. Dort bieten die Autoverleiher meist auch einen besseren Service. Zu empfehlen ist **Adel Rent a Car** (☎ 61-222-4819; www.adelrentacar.cl; Pedro Montt 962; ⏲ Mo–Fr 9.30–13 & 15.30–18, Sa 9.30–13 Uhr). Hier arbeitet zuvorkommendes Personal, das gute Reisetipps parat hat, zudem gibt's einen Flughafen-Abholservice und günstige Preise. Weitere Möglichkeiten sind **Hertz** (☎ 61-224-8742; O'Higgins 987) und **Lubag** (☎ 61-271-0484; www.lubag.cl; Magallanes 970).

BUS & TAXI COLECTIVO

Taxis colectivos (Sammeltaxis), die nummerierte Strecken bedienen, kosten nur wenig mehr als Busse (etwa 500 Ch$, nachts und sonntags etwas teurer), sind aber wesentlich komfortabler und schneller.

VOM/ZUM FLUGHAFEN

Busse fahren direkt vom Flughafen nach Puerto Natales. **Patagon Transfer** (☎ mobil 9-5096-3329; www.transferaustral.com; 5000 Ch$) hat auf die Flugzeiten abgestimmte Tür-zu-Tür-Shuttlebusse. **Buses Fernández** betreibt ebenfalls einen regelmäßigen Flughafentransfer (4000 Ch$).

Rund um Punta Arenas

Monumentos Históricos Nacionales Puerto Hambre & Fuerte Bulnes

Zwei nationale Monumente bilden den Parque del Estrecho de Magallanes mit Trails und Führungen sowie einem erstklassigen Museum und einem Café. 1584 von Pedro Sarmiento de Gamboa gegründet, zählte er zu Spaniens unglückseligsten und kurzlebigsten Vorposten in Südamerika und ist heute als Puerto Hambre (Hungerhafen) bekannt, weil seine Bewohner den Hungertod starben.

Im Mai 1843 schickte der chilenische Präsident Manuel Bulnes den Schoner *Ancud* auf die Reise, der ehemalige britische Offizier John Williams führte das mit Chiloten bemannte Schiff. Die Mission lautete, diese südliche von Ureinwohnern nur dünn besiedelte Region in Besitz zu nehmen. Nach vier Monaten landete die *Ancud* am 21. September 1843 in Puerto Hambre. Williams erklärte das Gebiet zu chilenischem Territorium und begann auf einem Hügel eine Festung zu bauen, die er Fuerte Bulnes nannte. Die Wind und Wetter ausgesetzte Lage, Trinkwassermangel, steiniger Boden und minderwertige Weideflächen zwangen die Siedler weiter nordwärts in eine geschütztere Gegend, die den Siedlern als Sandy Point (Sandige Spitze) und den Tehuelche als Lacolet bekannt war.

Sehenswertes

★ Parque del Estrecho de Magallanes PARK
(☎ 61-272-3195; www.phipa.cl; Km 56 Sur; Erw./Kind 14 000/6000 Ch$; ⏲ 9.30–17.15 Uhr) Die historischen Stätten von Puerto Hambre (Hungerhafen) und Fuerte Bulnes sind das Herzstück dieses privat geführten Parks und eine ausgezeichnete Einführung in die Geschichte der Region. Das Museum ist das Beste von Patagonien. Stündliche Vorführungen, manchmal auf Englisch, schwören ein lebendiges Bild vom Leben der Ureinwohner und unerschrockenen Siedler herauf. Zusätzlich gibt's ein restauriertes Holzfort, ein Zaun aus angespitzten Pfählen umgibt die Blockhäuser und Kasernenanlagen sowie eine Kirche. Ein 6 km umfassendes Wegnetz bietet Aussichtspunkte an der Magellanstraße mit Blick auf die Tierra del Fuego.

Man sollte sich mindestens zwei Stunden Zeit nehmen, um die kreativen Exponate im Museum über Naturkunde und Regionalforschung sowie mit Informationen über die Ureinwohner zu bewundern. Es lohnt sich sehr, für eine dynamische Darstellung der Ereignisse an einer Führung teilzunehmen.

An- & Weiterreise

Eine 60 km lange Asphaltstraße verläuft südlich von Punta Arenas zum Park. Öffentliche Verkehrsmittel fahren nicht dorthin. Mehrere Tourveranstalter bieten jedoch einen halbtägigen Ausflug zum Fuerte Bulnes und zum Puerto Hambre an.

Cabo Froward

Dieses Kap ist der südlichste Punkt des südamerikanischen Festlands. Es liegt 90 km südlich von Punta Arenas und lässt sich auf einer zweitägigen Wanderung entlang windumtoster Klippen erreichen. Vor Ort steht auf einem 365 m hohen Hügel ein riesiges Kreuz, das 1987 anlässlich des Besuchs von Papst Johannes Paul II. in Chile errichtet wurde. Es ersetzt das ursprüngliche, 1913 von Monseñor Fagnano aufgestellte Kreuz. Campen ist unterwegs überall möglich. Fast alle Tourveranstalter in Punta Arenas sowie Erratic Rock in Puerto Natales bieten geführte Wanderungen zum Kap an.

Etwa 15 km vor dem Cabo Froward erhebt sich am Monte Tarn (830 m) der Faro San Isidro, ein Leuchtturm. In dessen felsiger Umgebung finden sich eine üppige Vogelwelt und einige schöne Trekkingmöglichkeiten. Hier starten auch die Buckelwal-Beobachtungstouren zur Isla Carlos III. im Parque Marino Francisco Coloane, Chiles erstem maritimen Nationalpark. Zwischen Dezember und Mai tauchen dort regelmäßig Buckel- und Zwergwale auf.

ℹ An- & Weiterreise

Hierher gelangt man nur per Boot oder im Rahmen einer zweitägigen Wanderung, die allerdings durch die Gezeiten eingeschränkt werden kann.

Parque Nacional Pali Aike

Eine schroffe vulkanische Steppenlandschaft, durchsetzt mit Kratern, Höhlen und bizarren Gesteinsformationen, prägt den ungefähr 50 km² großen Park entlang der argentinischen Grenze. Pali Aike bedeutet in der Sprache der Tehuelche „Land des Teufels“. Mineralien färben das Lavagestein rot, gelb oder graugrün. Hier leben Guanakos in Scharen sowie Nandus, Graufüchse und Gürteltiere. In den 1930er-Jahren fand der Archäologe Junius Bird in der 17 m tiefen **Pali-Aike-Höhle** menschliche Artefakte zusammen mit Resten ausgestorbener neuweltlicher Fauna wie dem Mylodon (Riesenfaultier) und dem Urpferd *Onohippidium*.

Den **Parque Nacional Pali Aike** (www.conaf.cl/parques/parque-nacional-pali-aike; Erw./Kind unter 12 J. 3000/1000 Ch$) durchziehen mehrere Wanderwege. Ein 1,7 km langer Pfad verläuft durch die zerklüfteten Lavaablagerungen des **Escorial del Diablo** zum beeindruckenden **Krater Morada del Diablo**. Feste Schuhe sind ein Muss, um die Füße vor Verletzungen zu schützen. Unterwegs sieht man Hunderte Krater, deren Wände teilweise die Höhe vierstöckiger Häuser erreichen. Von der Pali-Aike-Höhle kann man 9 km bis zur **Laguna Ana** laufen. Eine kürzere Strecke führt zu einer Ausgrabungsstätte an der Hauptstraße, 5 km vom Parkeingang entfernt.

ℹ An- & Weiterreise

Das Schutzgebiet liegt 200 km nordöstlich von Punta Arenas. Unterwegs geht's über die RN9, die Ch 255 und eine an der Cooperativa Villa O'Higgins, 11 km nördlich der Estancia Kimiri Aike, abzweigende Schotterpiste. Auch vom chilenischen Grenzposten Monte Aymond gibt's einen Zugang zum Park. Öffentliche Verkehrsmittel steuern ihn nicht an, aber die Reisebüros in Punta Arenas organisieren Tagestouren.

ÚLTIMA ESPERANZA

Der Name der einst abgeschiedenen Provinz erfüllt die Fantasie mit Vorahnungen, denn Última Esperanza bedeutet „Letzte Hoffnung“. Stürme fegen über die Weiten einer Region, der es an landschaftlicher Schönheit nicht mangelt. Immerhin liegen in ihrem Hinterland der Parque Nacional Torres del Paine und Teile des südpatagonischen Eisfeldes. Häufig wird Última Esperanza der Nachbarprovinz Magallanes zugeordnet, aber es handelt sich um eine eigene Provinz im Süden des Landes. Auch wenn das Gebiet gerade im Winter noch ein unwirtliches Reiseziel ist, liegt es längst nicht mehr abseits ausgetretener Pfade. Vielmehr hat der Touristenboom dem ehemals ländlichen Charakter mancher Gegenden geradezu dekadente Züge verliehen. Trotzdem findet sich hier für beinahe jeden etwas Passendes.

Puerto Natales

☎61 / 18 000 EW.

Der einst ruhige Fischerhafen am Seno Última Esperanza ist zu einer Hochburg für Gore-Tex-Träger aufgeblüht. Als Ausgangspunkt für Touren zum Parque Nacional Torres del Paine nährt sich die Stadt vom Tourismus. Statt Tee konsumiert man Importbier und Wein. Coole Ausrüstungsshops haben die Garnverkäufer ersetzt. Während das Bestreben, den internationalen Geschmack zu bedienen, wächst, bleibt in den dicht gedrängten Wellblechhäusern und gemütlichen Unterkünften im Stil von Großmutters Zeiten der alte Reiz bewahrt. Bemerkenswert ist auch, dass die Stadt trotz der nahezu konstanten Besucherschwärme die für Patagonien typische bedächtige Lebensart beibehält.

Puerto Natales befindet sich 250 km nordwestlich von Punta Arenas und ist über die Ruta 9 zu erreichen. Der Blick auf die umliegenden Berge ist atemberaubend. Die Hauptstadt der Provinz Última Esperanza dient auch als südliche Endstation der Fährfahrten durch die chilenischen Fjorde.

Sehenswertes & Aktivitäten

Museo Histórico MUSEUM
(☎61-241-1263; Bulnes 28; 1000 Ch$; ⏲Mo–Fr 8–19, Sa & So 10–13 & 15–19 Uhr) Ein kurzer, aber lohnenswerter Besuch in diesem Museum, das archäologische Funde beherbergt, ist ein Crashkurs in lokaler Geschichte. Neben einem Yaghan-Kanu gibt's *bolas*, die Wurfwaffen der Tehuelche, sowie historische Fotos zu sehen.

Mirador Dorotea WANDERWEG
(Ruta 9; 5000 Ch$) Die Tageswanderung durch einen privaten Lenga-Wald bietet herrlichen Ausblick auf Puerto Natales und das Gletschertal. Dorotea ist die große Felsnase gleich abseits der Ruta 9, weniger als 10 km von Natales entfernt.

Estancia La Península OUTDOOR
(☎mobil 9-6303-6497; www.estanciaspatagonia.com; Península Antonio Varas; Tagestour 130 000 Ch$) Diese klassische *estancia* über dem Wasser wird von einer Familie mit Pionierwurzeln in der Region geführt, die Tagesausflüge mit Wandern und Radfahren, Vorführungen von Hütehunden und Schafscherern sowie mittags ein tolles Barbecue mit am Spieß geröstetem Lamm anbietet. Zudem gibt's ausgezeichnete mehrtägige Wandertouren, bei denen man sich weitab der Zivilisation wähnt. Treffpunkt ist der Dock am Singular Hotel (S. 385).

Mandala Andino SPA
(☎mobil 9-9930-2997; mandalaandino@yahoo.com; Bulnes 301; Massagen ab 25 000 Ch$; ⏲Nov.–März 10–21 Uhr) Empfehlenswertes Wellnesszentrum mit Massagen, Bädern und Behandlungen, darunter Cannabisöl-Massagen. Man kann auch interessante Geschenke und lokales Kunsthandwerk kaufen.

Patagom Lila YOGA
(☎mobil 9-6140-7857; www.yogapatagomlila.com; Galvarino 345) Die wundervolle Yogalehrerin Susanne bietet Kurse in englischer, deutscher und spanischer Sprache. Sie finden in einem Haus im Stadtzentrum oder in einem spektakulären ländlichen Kuppelgebäude mit Blick auf den Seno Última Esperanza statt – hier werden auch Permakultur-Kurse, Yogaferien sowie Thai- und Klangschalenmassagen angeboten. Susanne bereichert die örtliche Yoga-Gemeinde zudem mit alternativen Therapien.

Geführte Touren

Antares/Bigfoot Patagonia ABENTEUER
(☎61-241-4611; www.antarespatagonia.com; Costanera 161, Av Pedro Montt; Kajakfahren auf dem Lago Grey 66 000 Ch$) Antares, das sich auf den Nationalpark Torres del Paine spezialisiert hat, organisiert Klettergenehmigungen und maßgeschneiderte Touren. Das Schwesterunternehmen Big Foot hat die Lizenz für Aktivitäten am Lago Grey und veranstaltet z. B. Eiswanderungen am Grey-Gletscher sowie Kajaktrips, mit Basis im Park.

Baqueano Zamora REITEN
(☎61-261-3530; www.baqueanozamora.cl; Baquedano 534; ⏲10–13 & 15–19 Uhr) Empfehlenswerte Ausritte und Wildpferdbeobachtungen im Nationalpark Torres del Paine.

Chile Nativo ABENTEUER
(☎61-241-1835, mobil 9-9078-9168; www.chilenativo.cl; Eberhard 230, 2. OG) Stellt Kontakt zu örtlichen Gauchos her und organisiert Fotosafaris sowie maßgeschneiderte Abenteuertouren.

Erratic Rock ABENTEUER
(☎61-241-4317; www.erraticrock.com; Baquedano 955; ⏲10–13 & 14–23 Uhr) Veranstaltet rustikale Trips zum Nationalpark Torres del Paine sowie alternative Touren und verleiht die passende Ausrüstung. Zum Angebot gehören Trekkingtouren zum Cabo Froward, zur Isla Navarino und zu weniger bekannten Zielen. Bietet außerdem täglich um 11 und um 15 Uhr ausgezeichnete Informationsveranstaltungen über Torres del Paine.

Turismo 21 de Mayo GEFÜHRTE TOUREN
(☎61-261-4420; www.turismo21demayo.com; Eberhard 560; ⏲Okt.–März 8–22 Uhr) Bootsfahrten/Wanderungen zu den Gletschern Balmaceda und Serrano (90 000 Ch$) und Ausritte zum Cerro Dorotea (30 000 Ch$), direkt vor Puerto Natales.

Fortaleza Expediciones ABENTEUER
(☎61-261-3395; www.fortalezapatagonia.cl; Tomás Rogers 235) Erfahrener Anbieter, der auch Campingausrüstung verleiht.

Pingo Salvaje REITEN
(☎mobil 9-6236-0371; www.pingosalvaje.com; Estancia Laguna Sofia; halbtägiger Ausritt 40 000 Ch$; ⏲Okt.–April) Auf der idyllischen *estancia* kann

Puerto Natales

man reiten und Kondore beobachten. Es gibt auch Unterkünfte in komfortablen Gemeinschaftshütten (22 000 Ch$/Pers.; Schlafsack mitbringen) sowie einen schattigen Zeltplatz (8000 Ch$/Pers.) mit Grill, Tischen und Warmwasserduschen. Pingo Salvaje ist 30 km von Puerto Natales entfernt; der Hin- bzw. Rücktransport kostet 12 000 Ch$ pro Person.

Turismo Fjordo Eberhard ABENTEUER
(Estancia Puerto Consuelo; mobil 9-6171-9655; www.fiordoeberhard.com; Km 23 Norte) Die malerische *estancia* ist von stillen Fjorden und hohen Bergen umgeben und bietet Reitausflüge sowie Kajaktouren.

Schlafen

★ **Wild Patagonia** HOSTEL $
(mobil 9-7715-2423; www.wildhostel.com; Bulnes 555; DZ 85 US$, B/DZ ohne Bad 24/70 US$, alle inkl. Frühstück; Sept.–April;) Das Hostel, das eine fröhliche Stimmung verbreitet, bietet angenehme Zimmer. Zinnverkleidete Hütten umgeben einen Hof mit einer Feuerstelle. Zum Frühstück gibt's u. a. frisches Brot, Joghurt und Marmelade. Das Café serviert leckere lokale Rindfleisch-Burger, abends gibt's häufig Livemusik. Die polyglotten Besitzer sprechen viele Sprachen und vermitteln den Gästen Parkservices. Mit Ausrüstungsverleih.

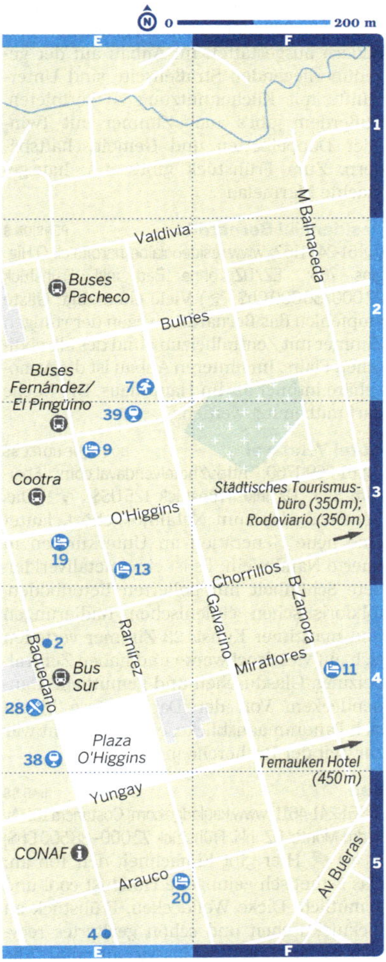

Puerto Natales

Sehenswertes

1 Museo Histórico C3

Aktivitäten, Kurse & Touren

Antares/Bigfoot Patagonia .... (siehe 16)
2 Baqueano Zamora E4
3 Chile Nativo B2
4 Erratic Rock E5
5 Fortaleza Expediciones C2
6 Mandala Andino C3
7 Patagom Lila E2
8 Turismo 21 de Mayo C2

Schlafen

9 4Elementos E3
10 Amerindia B2
11 Big Bang Patagonia F4
12 Hostal Dos Lagunas B2
13 Hostal Nancy E3
14 Hotel IF Patagonia B2
15 Hotel Vendaval C2
16 Kau B1
17 Lili Patagonico's Hostal C3
18 Noi Indigo Patagonia A2
19 Residencial Bernardita E3
20 Singing Lamb E5
21 Vinn Haus C3
22 We Are Patagonia B2
23 Wild Patagonia D3
24 Yaganhouse C3

Essen

25 Afrigonia B3
26 Aluen B2
27 Asador Patagónico C2
28 Cafe Kaiken E4
29 Creperia C3
30 El Bote C3
31 El Living C2
32 La Aldea B2
La Forestera .... (siehe 22)
33 La Guanaca B2
34 La Mesita Grande C2
35 Masay C3
36 Santolla B2

Ausgehen & Nachtleben

37 Baguales C2
38 Base Camp E4
39 Last Hope E3

Unterhaltung

40 Centro Cultural Galpon Patagonia B1

Shopping

41 Oneaco B2
42 Wine & Market B1

★ Vinn Haus BOUTIQUE-HOTEL $

(☎ mobil 9-8269-2510; http://vinnhaus.com; Bulnes 499; B/DZ inkl. Frühstück 24/80 US$; ⌚ Sept.–Mai; 📶) Das chilenisch-finnische Unternehmen lässt Schlafsäle in einem ganz neuen Licht erscheinen. Das tolle Vintage-Flair wird unterstützt durch alte Koffer, antike Kacheln und gebrauchtes Leder. Jede Schlafstelle hat einen eigenen USB-Anschluss und Steckdosen für verschiedene Steckerarten. Die Weinbar und das Café servieren einen der besten Kaffees. Es gibt ein Frühstücksbüffet und einen reizenden Hof zum Entspannen.

We Are Patagonia B&B $

(☎ mobil 9-7389-4802; www.wearepatagonia.com; Barros Arana 155; B inkl. Frühstück 25 US$; 📶) Zauberhaftes kunstorientiertes Hotel mit minimalistischem nordischem Charme und einem grünen Hinterhof. Das kleine Haus bietet gemischte Schlafsäle mit 30 Betten sowie Daunendecken, vier Bäder und eine kleine offene Küche. Die Rezeption ist 24 Stunden geöffnet und verleiht Fahrräder (2000 Ch$/Std.).

Singing Lamb HOSTEL $
(☎61-241-0958; www.thesinginglamb.com; Arauco 779; B 23–28 US$, DZ 80 US$, alle inkl. Frühstück; @) Sauberes, umweltfreundliches Hostel mit eigener Kompostierung und Recycling, Regenwassertonnen und Einkaufstaschen aus Leinen. Die Preise der Schlafsäle richten sich nach der Anzahl der Betten (max. 9). Es gibt viele Gemeinschaftsbereiche. Weitere Vorteile sind die Zentralheizung und hausgemachtes Frühstück. Zur Unterkunft folgt man einfach der Raimírez bis einen Block hinter der Plaza O'Higgins.

Yaganhouse HOSTEL $
(☎61-241-4137; www.yaganhouse.cl; O'Higgins 584; B 15 000 Ch$, DZ mit/ohne Bad 40 000/36 000 Ch$;) Ein chilenisches Landhaus mit renovierten Zimmern, einem netten Hof und einem grünen Garten. Es gibt ein paar Einzelzimmer (24 000 Ch$, Gemeinschaftsbad), gemütliche Gemeinschaftsbereiche voller bunter Decken und Läufer, einen Wäscheservice und einen Ausrüstungsverleih.

Lili Patagonico's Hostal HOSTEL $
(☎61-241-4063; www.lilipatagonicos.com; Arturo Prat 479; B 14 000 Ch$, DZ/3BZ 37 000/42 000 Ch$, DZ/4BZ ohne Bad 29 000/44 000 Ch$, alle inkl. Frühstück; @) Großes Haus mit einer Kletterwand, unterschiedlichen Schlafsälen (manche ohne Pritschen) und farbenfrohen Doppelzimmern samt nagelneuen Bädern und Daunendecken. Die Rezeption ist 24 Stunden geöffnet, es werden mehrere Sprachen gesprochen, es gibt einen Wäscheservice und einen Ausrüstungsverleih.

Hostal Dos Lagunas PENSION $
(☎mobil 9-8162-7755; hostaldoslagunas@gmail.com; Ecke Barros Arana & Bories; B/DZ ohne Bad & inkl. Frühstück 13 000/35 000 Ch$;) Die aufmerksamen Gastgeber Alejandro und Andrea der alteingesessenen makellosen Bleibe verwöhnen Besucher mit üppigem Frühstück, guten Duschen und Reisetipps.

Hostal Nancy PENSION $
(☎61-241-0022, Schlafsaal 61-241-4325; www.nataleslodge.cl; Ramírez 540; B 15 000 Ch$, EZ/DZ/3BZ 25 000/40 000/46 000 Ch$;) Die Besitzerin Nancy ist ein echter Schatz. Sie betreibt dieses umgebaute, familiäre Gästehaus: Alle Zimmer sind mit Fernsehern und Bädern ausgestattet. Im Anbau auf der gegenüberliegenden Straßenseite sind Unterkünfte mit Küchennutzung zu vermieten. Außerdem gibt's auch Zimmer mit Twin- oder Doppelbetten und Gemeinschaftsbädern. Zum Frühstück gibt's u. a. hausgemachte Marmelade.

Residencial Bernardita PENSION $
(☎61-241-1162; www.residencialbernardita.cl; O'Higgins 765; EZ/DZ ohne Bad inkl. Frühstück 22 000/36 000 Ch$;) Viele ehemalige Gäste empfehlen das Bernardita wegen der ruhigen Zimmer mit Zentralheizung und des altmodischen Flairs. Im hinteren Anbau ist die Atmosphäre intimer als im Haupthaus. Die Küche darf mitbenutzt werden.

Hotel Vendaval BOUTIQUE-HOTEL $$
(☎61-269-1760; http://hotelvendaval.com; Eberhard 333; DZ inkl. Frühstück 125 US$;) Das Vendaval, das zum Natalino gehört, läutet eine neue Generation an Unterkünften in Puerto Natales ein: Es ist eine metallverkleidete Schönheit mit polierten Betonböden, folkloristischen chilenischen Radierungen und maritimer Kunst. 23 Zimmer verteilen sich auf vier Stockwerke und haben Zentralheizung, Glasduschen und gemütliche Daunendecken. Von der Dachterrasse bieten sich Panoramaausblicke, ein Restaurant war zur Zeit der Recherche in Arbeit.

Kau B&B $$
(☎61-241-4611; www.kaulodge.com; Costanera 161, Av Pedro Montt; DZ inkl. Frühstück 72 000–88 500 Ch$;) Hier gibt Einfachheit den Ton an: Das ästhetisch gelungene Hotel ist cool und gemütlich. Dicke Wolldecken, Frühstück an Picknicktischen und schön gealtertes recyceltes Holz sorgen für lässige Intimität. Alle Zimmer bieten Fjordblick, Zentralheizung, Toilettenartikel und Schließfächer. An der Espressobar The Coffee Maker bekommt man fantastische Milchkaffees, und die Mitarbeiter haben tonnenweise Informationen parat.

4Elementos PENSION $$
(☎mobil 9-9524-6956; www.4elementos.cl; Esmeralda 811; 30 000 Ch$/Pers.;) Diese einfache Pension, die selbst keinerlei Abfall produziert, gilt als Pionier des Recycelns in Patagonien und kümmert sich leidenschaftlich um Aufklärung über richtige Müllentsorgung. Die Gäste können sich auf ein sorgsam zubereitetes skandinavisches Frühstück

freuen. Außerdem kann man Guides und Besuche im Park buchen, auch Touren in die Natur sind möglich. Vorher unbedingt reservieren, denn die Pension hat nicht immer geöffnet.

Temauken Hotel B&B $$
(☎ 61-241-1666; www.temauken.cl; Calle Ovejero 1123; EZ/DZ/3BZ inkl. Frühstück 65 000/75 000/85 000 Ch$; 📶) Ein neues dreistöckiges Gebäude beherbergt diese fröhliche, elegante Unterkunft abseits des Stadtzentrums. Das große, helle Wohnzimmer lockt mit Panoramablick aufs Meer, und das Restaurant kredenzt leckere Mahlzeiten.

Amerindia B&B $$
(☎ 61-241-1945; www.hostelamerindia.com; Barros Arana 135; DZ 55 000–65 000 Ch$, ohne Bad 48 000 Ch$, Apt. für 6 Pers. 120 000 Ch$; @📶) Uriges Refugium mit einem Holzofen, schönen Webarbeiten und Balken aus unbehandeltem Holz. Zum Frühstück locken Kuchen, Eier und Haferbrei in einem gemütlichen öffentlichen Café, das zudem Bioschokolade und -tee sowie glutenfreie Gerichte im Angebot hat. Vermietet auch Autos.

Big Bang Patagonia B&B $$
(☎ 61-241-4317; www.erraticrock2.com; Benjamin Zamora 732; DZ inkl. Frühstück 80 US$; @📶) Das gemütliche Privathaus bezeichnet sich als „Hostel-Alternative für Paare". Es hat zehn gemütliche Doppelzimmer mit Dekokissen und ordentlichen Bädern. Das reichhaltige Frühstück wird in einem hellen Speiseraum serviert.

In der Nebensaison ist Reservieren Pflicht.

★ **Singular Hotel** BOUTIQUE-HOTEL $$$
(☎ 61-241-4040, Buchung in Santiago 2387-1500; www.thesingular.com; RN 9, Km 1,5; DZ inkl. Frühstück 530 US$, DZ inkl. VP & Exkursionen 1630 US$; P@📶🏊) Das Hotel steht an der Stelle eines früheren Wahrzeichens der Region, einer ehemaligen Fleischversandanlage am Fjord. Sein industrielles Design, das durch Ideen wie Stühle aus alten Radiatoren in der Lobby noch betont wird, ist mit interessanten alten Fotos und Antiquitäten kombiniert. Durch die Glaswände der behaglichen Zimmer schaut man aufs Wasser, und im schicken Restaurant mit Bar (neben dem Museum, auch für Nichtgäste geöffnet) steht frisches regionales Wild auf der Karte.
Gäste können das Spa mit Pool nutzen und die Umgebung mit dem Fahrrad oder Kajak erkunden. Das Hotel liegt in Puerto Bories, 6 km vom Ortszentrum entfernt.

Simple Patagonia BOUTIQUE-HOTEL $$$
(☎ mobil 9-9640-0512; www.simplepatagonia.cl; Puerto Bories; DZ inkl. Frühstück 250–290 US$; 📶) 🍃 Diese moderne, friedliche Lodge mit recycelten Lichtmasten, poliertem Beton und naturbelassenen Details wird von einer warmherzigen chilenischen Familie geführt. Es gibt elf Zimmer mit Safe, Fön, Heizstrahlern und Meerblick. Das eigene Restaurant serviert Gourmetdinner und Frühstück, wann man will. Man kann auch Fahrräder leihen. 4,5 km von Puerto Natales entfernt.

Die Reisedaten darf man kostenlos ändern.

Bories House GÄSTEHAUS $$$
(☎ 61-241-2221; www.borieshouse.com; Puerto Bories 13-B; DZ/3BZ/Hütte 150/195/350 US$; 📶) 🍃 Herrliche Unterkunft außerhalb von Puerto Natales im nahe gelegenen Puerto Bories. Der Gasthof bietet die Eleganz eines englischen Landhauses und fantastischen Blick auf die Meerenge. Es gibt einen komfortablen Aufenthaltsbereich und nur wenige Zimmer, alle mit rustikalen Holzmöbeln ausgestattet. Nach vorheriger Anmeldung wird auch Abendessen serviert.

Hotel IF Patagonia BOUTIQUE-HOTEL $$$
(☎ 61-241-0312; www.hotelifpatagonia.com; Magallanes 73; EZ/DZ inkl. Frühstück 150/160 US$; P📶) 🍃 Das IF im Hotelnamen steht für die ausgesprochen netten Inhaber Isabel und Fernando. In dieser minimalistischen, hübschen Bleibe mit einem hellen, modernen Inneren werden die Gäste mit Wolldecken, Daunenbetten und einer Terrasse samt Blick auf den Fjord verwöhnt. Es gibt auch eine Gartensauna und eine Holzbadewanne.

Remota LODGE $$$
(☎ 61-241-4040, Buchung in Santiago 2387-1500; www.remota.cl; RN 9, Km 1,5; DZ inkl. Frühstück370 US$; @📶🏊) Anders als die meisten Hotels lenkt das Remota die Aufmerksamkeit auf die Umgebung: Stille unterstreicht den tosenden Wind, die Fenster imitieren alte Viehgatter, und ein gewundener Durchgang würdigt die Treibgänge der *estancias*. Die Zimmer sind zwar behaglich, doch es bleibt ein Gefühl der Isolation, und auch der Service kann kühl sein. Mit All-inclusive-Abenteuer- und Fliegenfischenpaketen.

Weskar HOTEL $$$
(☎ 61-241-4168; www.weskar.cl; RN 9, Km 5; DZ 150–250 US$; @📶) Gleich außerhalb der Stadt an der Küstenstraße des Fjords liegt diese Holzlodge mit tollem Ausblick, gemütlichen Ecken und unterschiedlichen Zim-

mern. Für den schlichten, nicht ganz passenden Stil des Hotels sind die Preise teuer, die Zimmer mit Meerblick kosten noch wesentlich mehr, doch in der Nebensaison stimmt das Preis-Leistungs-Verhältnis. Das Frühstück wird im Büfett-Stil serviert, und das Gourmetrestaurant kommt gut an.

Noi Indigo Patagonia BOUTIQUE-HOTEL $$$
(☎ 61-241-3609; www.indigopatagonia.com; Ladrilleros 105; DZ inkl. Frühstück ab 229 US$; @ 📶) Nach einer Wanderung kann man sich zum Whirlpool auf dem Dach und ins verglaste Spa (Nichtgäste 20 000 Ch$) aufmachen. Materialien wie Eukalyptusholz, Schiefer und Eisen überlappen das moderne Ambiente und schaffen interessante Effekte, obwohl die Zimmer eher klein sind. Highlight ist natürlich der Fjord vor der Tür, den man sogar von der Dusche aus sieht. Das Hotel gehört zur chilenischen Luxushotelkette Noi.

Essen

La Forestera BURGER $
(☎ mobil 9-7389-4802; Barros Arana 155; Hauptgerichte 6900 Ch$; ⏲ Di–So 13–15 & 19.30–23 Uhr) Diese leckeren Gourmetburger sind schnell weg. Die köstlichen Rindfleisch- und Lammburger oder Linsen- und Rote Beete-Alternativen werden auf luftigen Briochebuns serviert. Außerdem gibt's superwürzige Wings und knusprige Zwiebelringe, dazu passt ein lokales Bier. Die Tische sind begrenzt, aber man kann sein Essen auch mitnehmen.

Cafe Kaiken CHILENISCH $
(☎ mobil 9-8295-2036; Baquedano 699; Hauptgerichte 7800–11 000 Ch$; ⏲ Mo–Sa 13–15.30 & 18.30–23 Uhr) Intimer geht's nicht: Das Lokal hat nur fünf Tische, und die Gäste werden von einem Pärchen bekocht, das die Gerichte auch selbst serviert und sich mit den Gästen unterhält. Die Besitzer sind von Santiago hierher gezogen, um dem Stress zu entfliehen. Das Pilz-*ceviche*, das langsam geschmorte Lamm oder die handgemachten Ravioli sind die Wartezeit wirklich wert. Man sollte früh da sein, um noch einen Tisch zu ergattern.

Aluen EIS $
(Barros Arana 160; Eis 2000 Ch$; ⏲ Di–So 14–19.30 Uhr) Köstliche Geschmacksrichtungen wie Naturjoghurttorte, *arroz con leche* (Milchreis) und Calafate-Beeren werde vor Ort gezaubert.

Creperia FRANZÖSISCH $
(☎ mobil 9-6657-8348; Bulnes 358; Hauptgerichte 4000–9000 Ch$; ⏲ Mo–Sa 12.30–15 & 17–23 Uhr) Helles Lokal, das herzhafte und süße Crêpes sowie Tees und Kaffeegetränke auftischt. Dank regionaler Zutaten und dem lang ersehnten Nutella entkommt man hier dem ewigen Fleisch-Kartoffel-Kreislauf.

La Mesita Grande PIZZA $
(☎ mobil 9-6141-1571; www.mesitagrande.cl; Arturo Prat 196; Pizza 4000–9000 Ch$; ⏲ Mo–Sa 12.30–15 & 19–23.30, So 13–15 & 19–23.30 Uhr) Glückliche Mittagsgäste sitzen an einem langen Tisch und genießen knusprige Pizza, hochwertige Pastagerichte und Biosalate.

El Living CAFÉ $
(www.el-living.com; Arturo Prat 156; Hauptgerichte 4000–8000 Ch$; ⏲ Nov.–Mitte April Mo–Sa 11–22 Uhr; 🖉) Relaxen wie in einer Londoner Lounge lässt es sich in diesem coolen Café (einem der ältesten der Stadt). Dazu tragen frische vegetarische Kost (auch vegan und glutenfrei), Stapel europäischer Hochglanzmagazine und ein versteckter Hinterhof mit Tischen im Freien bei.

El Bote CHILENISCH $
(☎ 61-241-0045; Bulnes 380; Menü 4500 Ch$; ⏲ Mo–Sa 12–23.30 Uhr) Ein Paradies für chilenische Hausmannskost! Im schlichten Restaurant gibt's Brathähnchen, Schmorgerichte mit Meeresfrüchten und hausgemachte Suppen sowie teurere Wildgerichte mit Guanako- und Hirschfleisch. Zum Dessert empfehlen wir definitiv den Klassiker Maronen in Sahnecreme.

Masay SANDWICHES $
(☎ 61-241-5008; Bulnes 427; Hauptgerichte 3500–7000 Ch$; ⏲ 11–24 Uhr) Nichts Besonderes, nur gute chilenische Sandwiches aus Weißbrötchen und flinker Service.

La Guanaca PIZZA $$
(☎ 61-241-3245; Magallanes 167; Hauptgerichte 5000–16 000 Ch$; 🖉) Knusprige Pizzen aus dem Ofen, Crêpes und marinierte Pilz-Appetizer – dieses einfache Restaurant zaubert wärmende und sättigende Mahlzeiten. Es gibt viele verschiedene riesige Salate, z. B. Quinoa mit gebratenem Gemüse, sowie Craft-Bier und eine Auswahl an Weinen.

Afrigonia FUSION $$
(☎ 61-241-2877; Magallanes 247; Hauptgerichte 12 000–14 000 Ch$; ⏲ 13–15 & 18.30–23 Uhr) Außergewöhnlich und total originell, denn Restaurants, die afrochilenische Küche servieren, findet man wahrscheinlich nicht einmal in New York. Das romantische Schmuckstück tischt duftenden Reis, frische *ceviche*

und gebratenes Lamm mit Minze auf – alles ist sorgfältig zubereitet und lecker. Auch die Desserts treffen ins Schwarze. Vorab reservieren.

La Aldea MEDITERRAN **$$**
(☎ mobil 9-6141-4027; www.aldearestaurant.cl; Barros Arana 132; Hauptgerichte 8000–16 000 Ch$; ⌚ Mi–Mo 19–23 Uhr) Koch Pato ändert die Angebote täglich, aber im Mittelpunkt stehen frische mediterrane Gerichte möglichst mit lokalen Zutaten. Auf der Karte findet man gegrillte Venusmuscheln, Lamm-Tajine und Quinoa-Speisen elegant präsentiert. Zum Nachtisch darf man auf keinen Fall den dekadenten Kuchen *tres leches* (dreimal Milch) verpassen.

Asador Patagónico PARRILLA **$$**
(☎ 61-241-3553; Arturo Prat 158; Hauptgerichte 7500–17 000 Ch$; ⌚ Mo–Sa 12.30–15 & 21–23.30 Uhr) Vornehmes argentinisch ausgerichtetes Grillrestaurant. Zur Wahl stehen flambiertes Lammfleisch, Steaks, Salate und Kalbsbries. Dazu werden gute Weine gereicht.

★ **Singular Restaurant** CHILENISCH **$$$**
(☎ 61-272-2030; Puerto Bories; Hauptgerichte 12 000–18 000 Ch$; ⌚ 8–23 Uhr) Das Restaurant bietet exquisites Essen und aufmerksamen Service. Drinnen punktet es mit Ledersofas, freiliegenden Holzbalken und fantastischem Blick auf den Fjord. Küchenchef Hernan Vaso verwendet nur regionale Zutaten: Frische *ceviche*, zarte Lamm-Medaillons und herrliche Salate werden mit traditionellen Beilagen und edlen chilenischen Weinen kredenzt. Auch die vegetarischen Gerichte sind überragend.

★ **Santolla** FISCH & MEERESFRÜCHTE **$$$**
(☎ 61-241-3493; Magallanes 77; Hauptgerichte 15 000–22 000 Ch$; ⌚ Mo–Sa 19–23 Uhr) Wem der Sinn nach erstklassigen Meeresfrüchtegerichten steht, wird in diesem gemütlichen besitzergeführten Containerrestaurant fündig: wunderbare Salate und auf verschiedene Arten zubereitete Königskrabben, dazu *merken* (geräucherter Chili), Weißwein und Petersilie. Es gibt aber auch Steak oder Kaninchen in schwarzer Trüffelsoße.

Ausgehen & Nachtleben

★ **Last Hope** DESTILLERIE
(☎ mobil 9-7201-8585; www.lasthopedistillery.com; Esmeralda 882; ⌚ Mi–So 17–2 Uhr) Zwei Australier auf Urlaub warfen ihre Jobs hin, um am Ende der Welt Whiskey und Gin zu destillieren. Ihre heitere Bar versorgt Einheimische und Reisende mit einer wechselnden Karte mit tollen Cocktails. Der Drink des Hauses ist ein Gin-Tonic mit Calafate-Beeren. Das Lokal ist winzig und man muss draußen warten – Daunenjacke nicht vergessen.

Base Camp BAR
(☎ 61-241-4658; Baquedano 731; ⌚ 18–2 Uhr) In diesem Gringo-Versteck kann man sich mit seinen neuesten Reiseerlebnissen brüsten. Auch Pubnächte werden veranstaltet, es gibt gutes Kneipenessen und gelegentlich spielt Livemusik..

Baguales MIKROBRAUEREI
(www.cervezabaguales.cl; Bories 430; ⌚ Mo–Sa 18–2.30 Uhr; 📶) Befreundete Kletterer gründeten diese Kleinbrauerei auf der Suche nach Qualitätsbieren. Das Bier wird vor Ort hergestellt und schmeckt super. Ein Anbau im zweiten Stock soll dem starken Ansturm gerecht werden. Die Bar im Gringo-Stil serviert eher mittelmäßiges Essen.

Unterhaltung

Centro Cultural Galpon Patagonia KULTURZENTRUM
(http://galponpatagonia.cl; Pedro Montt 16; ⌚ Di–So 10–13 & 15–19 Uhr) Das Kulturzentrum und Teehaus ist in einem umgebauten Warenhaus von 1920 mit freiliegenden Holzbalken und abgenutzten Holzfußböden untergebracht. Es finden Kunstausstellungen, Theater, Tanz und Konzerte statt.

Shoppen

Wine & Market WEIN
(☎ 61-269-1138; www.wmpatagonia.cl; Magallanes 46; Verkostung 20 000 Ch$; ⌚ Mo–Sa 10–22 Uhr) Picknicker sollten hier vorbeigucken, um sich mit einer Auswahl an köstlichen Gourmetprodukten aus ganz Chile sowie mit gutem Wein und Craft-Bier einzudecken. Wen seine Reise nicht in das Weinland führt, kann hier an einer der empfehlenswerten täglichen Weinproben teilnehmen, bei denen ein Sommelier vier klassische Weine vorstellt.

Oneaco SPORT & OUTDOOR
(Ecke Eberhard & Magallanes; ⌚ Mo–Sa 10–21, So 11–14 & 16–20.30 Uhr) Daunenjacken, Wanderschuhe und Bergausrüstung von internationalen Marken werden hier angeboten. Die Preise sind vielleicht doppelt so hoch wie zu Hause, aber für alle, die auf verlorenes Gepäck warten müssen, ist es ein Lebensretter.

Praktische Informationen

Fast alle Banken in der Stadt haben Geldautomaten. **La Hermandad** (Bulnes 692; ⏲ Mo–Fr 10–19 Uhr) hat angemessene Wechselkurse für Bargeld und Travellerschecks.

Das beste Internetportal für die Region ist www.torresdelpaine.cl.

CONAF (☎ 61-241-1438; www.parquetorresdelpaine.cl; Baquedano 847; ⏲ Mo–Fr 8.30–12.45 & 14.30–17.30 Uhr) Verwaltungsbüro des Nationalparks. Online kann man Campingplätze in Torres del Paine bei der Parkverwaltung buchen; vorherige Reservierung erforderlich.

Fantástico Sur (☎ 61-261-4184; www.fantasticosur.com; Esmeralda 661; ⏲ Mo–Fr 9–13 & 15–18 Uhr) Betreibt die Refugios Torres, El Chileno und Los Cuernos im Torres-del-Paine-Park, bietet Touren im Schutzgebiet an, vermittelt Führer und hilft bei der Planung von Trekkingausflügen (z. B. auch Touren auf eigene Faust).

Hospital (☎ 61-241-1582; Pinto 537) Für Notfälle.

Städtische Touristeninformation (☎ 61-261-4808; Bus Terminal; ⏲ Di–So 8.30–12.30 & 14.30–18 Uhr) Unterkunftslisten für die gesamte Region.

Post (Eberhard 429; ⏲ Mo–Fr 9–13 & 15–18 Uhr)

Sernatur (☎ 61-241-2125; infonatales@sernatur.cl; Costanera 19, Av Pedro Montt; ⏲ Mo–Fr 9–19, Sa & So 9.30–18 Uhr) Hilfreiche Stadtpläne und Regionskarten. In der Hochsaison öffnet eine zweite Filiale an der Plaza.

Turismo Comapa (☎ 61-241-4300; www.comapa.com; Bulnes 541; ⏲ Mo–Fr 9–13 & 15–19, Sa 10–14 Uhr) Buchungen für Navimag-Fähren und Flüge. Bucht auch Tourpakete in Torres del Paine.

Vertice Patagonia (☎ 61-241-2742; www.verticepatagonia.com; Bulnes 100; ⏲ Mo–Fr 9–13 & 14.30–18, Sa 9.30–12 Uhr) Betreibt die Refugios Grey, Dickson und Paine Grande sowie Camping Perros im Torres del Paine. Unbedingt vorher buchen.

An- & Weiterreise

BUS

Die Busse treffen am **Rodoviario** (Bus Terminal; ☎ 61-241-2554; Av España 1455; ⏲ 6.30–24 Uhr) am Stadtrand ein. Tickets bekommt man aber auch in den Stadtbüros der Busunternehmen. Man sollte sein Ticket mindestens einen Tag im Voraus kaufen, vor allem für Verbindungen am frühen Morgen. In der Nebensaison verkehren sehr viel weniger Busse. Mehrere Buslinien gehen nach Punta Arenas. Nach Argentinien fahren **Turismo Zaahj** (☎ 61-241-2260; www.turismozaahj.co.cl; Arturo Prat 236/270), **Cootra** (☎ 61-241-2785; Baquedano 244), **Bus Sur** (☎ 61-242-6011; www.bus-sur.cl; Baquedano 668) und **Buses Pacheco** (☎ 61-241-4800; www.busespacheco.com; Ramírez 224).

Die Busse von **Buses Fernandez** (☎ 61-241-1111; www.busesfernandez.com; Ecke Esmeralda & Ramírez), **Buses Gomez** (☎ 61-241-5700; www.busesgomez.com; Arturo Prat 234), **Buses JBA** (☎ 61-241-0242; Arturo Prat 258) oder Turismo Zaahj fahren zwei- bis dreimal täglich gegen 7, 8 und 14.30 Uhr nach Torres del Paine. Wer in der Nebensaison zur Berglodge Paine Grande möchte, nimmt den Morgenbus, um den Katamaran zu erwischen. Das Ticket kann auch für die Durchfahrt durch den Park benutzt werden. Die Fahrpläne ändern sich, darum unbedingt nachprüfen, bevor man startet.

Einige Zielorte:

ZIEL	PREIS (CH$)	DAUER (STD.)
El Calafate	17 000	5
Punta Arenas	7000	3
Torres del Paine	8000	2
Ushuaia	38 000	13

FLUGZEUG

Der kleine **Flughafen** von Puerto Natales (Aeropuerto Teniente Julio Gallardo; Ruta 9) bietet unregelmäßige Flüge nach Punta Arenas an, von dort gibt's weitere Verbindungen. **LATAM** (S. 378) fliegt nur in der Hauptsaison zweimal in der Woche direkt nach Santiago. **Sky Airline** (☎ gebührenfrei 600-600-2828; www.skyairline.cl; Bulnes 682) fliegt nach Santiago via Puerto Montt.

SCHIFF/FÄHRE

Navimag-Fähre

Für viele Traveller ist die Fahrt durch Chiles spektakuläre Fjorde an Bord der **Navimag-Fähre** (☎ 61-241-1421, Rodoviario 61-241-1642; www.navimag.com; Costanera 308, Av Pedro Montt; ⏲ Mo–Fr 9–13 & 14.30–18.30 Uhr) ein Highlight. Da die viertägige Reise (drei Übernachtungen) gen Norden inzwischen sehr beliebt ist, empfiehlt sich eine frühzeitige Reservierung. Die Abfahrtszeiten der Fähre bekommt man bei Turismo Comapa oder Navimag ein paar Tage vor deren voraussichtlicher Ankunft. Im Rodoviario gibt's auch ein zweites Büro.

Die Fähre legt dienstags um 8 Uhr in Nateles ab und hält auf der Strecke nach Puerto Montt in Puerto Edén (bzw. auf der Südroute beim Glaciar Pía XI). In der Regel kommen die Schiffe freitags um 8 Uhr in Puerto Montt an, dies hängt allerdings immer vom Wetter und den Gezeiten ab. Ankommende Passagiere müssen an Bord bleiben, bis die Fracht abgefertigt ist; wer sich einschifft, verbringt die Nacht bereits an Bord.

Hauptsaison ist von November bis März, Oktober und April gelten jeweils als Zwischensaison, während die Nebensaison von Mai bis September dauert. Die Preise richten sich nach Größe und Lage (inklusive Aussicht) der Kabine und ob ein eigenes oder ein Gemeinschaftsbad zur Verfügung steht. Alle Mahlzeiten und Vorträge sind inbegriffen. Wer vegetarisch essen möchte, muss dies bei der Buchung angeben. Trotzdem sollte jeder Verpflegung, Wasser und andere Getränke für unterwegs am besten selbst mitbringen. Die Preise pro Person reichen in der Hauptsaison von 450 US$ für eine Koje bis zu 2100 US$ für eine komfortable Einzelkabine (Kategorie AAA). Studenten und Senioren erhalten 10 bis 15 % Ermäßigung. Aktuelle Fahrpläne und Preise findet man auf der Navimag-Website.

Puerto Yungay-Fähre

Diese neue Fähre zwischen Puerto Natales und Puerto Yungay verbindet zwei Regionen von Patagonien, die nicht durch Straßen verbunden sind. Transbordador Austral Broom (TABSA) bietet die 41-stündige Fahrt mit der **Puerto Yungay-Fähre** (Cruz Australis; ☎ 61-241-5966; www.tabsa.cl; Costanera s/n; Pers./Fahrrad 120 000/10 000 Ch$) mit Halt in Puerto Edén an. Die Zahl der Abfahrten ändert sich monatlich, aber in der Hauptsaison gibt's rund zehn Fahrten im Monat.

Reisende sollten beachten, dass nach dem aktuellen Fahrplan die Fähre spät nachts in Puerto Edén und Puerto Yungay ankommt (wo es keinerlei Service gibt), darum sollte man im Voraus ein Hotel in Puerto Edén buchen und eine Taschenlampe zur Orientierung mitbringen.

Unterwegs vor Ort

Viele Hostels verleihen Fahrräder. Mietwagen sind günstiger in Punta Arenas. Eine Möglichkeit ist **Emsa/Avis** (☎ 61-261-4388; Barros Arana 118; ⌚ 9–13 & 14.30–19 Uhr). Es gibt zwei Routen zum Torres del Paine; die kürzere Strecke, eine Schotterstraße, führt entlang des Lago Toro.

Auf **Reliable Radio Taxi** (☎ 61-241-2805; Ecke Arturo Prat & Bulnes) ist stets Verlass.

Cueva del Milodón

In den 1890er-Jahren entdeckte der deutsche Pionier Hermann Eberhard in einer 24 km nordwestlich von Puerto Natales gelegenen Höhle die Überreste eines Riesenfaultiers. Das Mylodon, ein bedächtiger, fast 4 m großer Pflanzenfresser, inspirierte Bruce Chatwin angeblich zu seinem Buch *In Patagonia*. Zu Ehren des früheren Bewohners steht in der 30 m hohen **Cueva del Milodón** (www.cuevadelmilodon.cl; Erw./bis 12 J. 4000/500 Ch$; ⌚ Okt.–April 8–19 Uhr, Mai–Sept. 8.30–18 Uhr) eine lebensgroße, aber nicht sonderlich ansprechende Nachbildung. Trotzdem lohnt sich ein Abstecher hierher, sei es, um die herrliche Umgebung zu bewundern oder um zum Aussichtspunkt hinaufzuschlendern.

8 km vom Höhleneingang entfernt verläuft die Straße, auf der die Busse zum Nationalpark Torres del Paine fahren (Aussteigen möglich, in der Nebensaison verkehren sie seltener). Einige Tourveranstalter in Puerto Natales organisieren gelegentlich Ausflüge zur Höhle. Man kann auch trampen oder sich mit anderen ein *taxi colectivo* teilen (20 000 Ch$).

Parque Nacional Bernardo O'Higgins

Der nahezu unpassierbare **Parque Nacional Bernardo O'Higgins** (www.conaf.cl/parques/parque-nacional-bernardo-ohiggins) ist das Reich unzugänglicher Gletscher. Besucher erreichen ihn nur per Boot. Von Puerto Natales veranstaltet Turismo 21 de Mayo (S. 381) ganztägige Exkursionen (90 000 Ch$ inkl. Mittagessen) zum Fuß des Glaciar Serrano.

Derselbe Ausrüster bietet auch Touren mit dem Boot vom Gletscher zum Torres del Paine-Park. Nach dem Gletscherbesuch bringt ein Zodiac (Schlauchboot mit Motor) Passagiere zum Mittagessen zur Estancia Balmaceda, danach geht's weiter auf dem Río Serrano bis zur südlichen Grenze des Schutzgebietes, die gegen 17 Uhr erreicht wird. Die Tour kann auch in umgekehrter Richtung erfolgen. In dem Fall muss man eventuell in der Nähe des Río Serrano campen, um am nächsten Morgen um 9 Uhr das Zodiac zu erwischen.

Parque Nacional Torres del Paine

Fast senkrecht ragen die Granitsäulen des **Parque Nacional Torres del Paine** (Türme von Paine; www.parquetorresdelpaine.cl; 3-Tagespass Haupt-/Nebensaison 21 000/11 000 Ch$) über der patagonischen Steppe auf und beherrschen die Landschaft des schönsten Nationalparks Südamerikas. Nachdem die UNESCO den Park 1978 zum Biosphärenreservat erklärte, hat das 1810 km² große Schutzgebiet aber weit mehr Schönheiten zu bieten als seine Hauptattraktion. Die landschaftliche Vielfalt umfasst türkisfarbene und azurblaue Seen, smaragdgrüne Wälder, rauschende Flüsse und einen riesigen strahlend blauen Gletscher. Guanakos streifen durch die riesige of-

Parque Nacional Torres del Paine

Parque Nacional Torres del Paine

Sehenswertes

1 Parque Nacional Bernardo O'Higgins A4

Aktivitäten, Kurse & Touren

2 Navegación Glaciar Grey B3
3 Paine-Rundweg C2
Das „W" .... (siehe 23)

Schlafen

4 Awasi D2
5 Campamento Británico B2
6 Campamento Italiano B2
7 Campamento Lago Dickson B1
8 Campamento Los Perros B1
9 Campamento Paso A2
10 Campamento Serón C1
11 Campamento Torres B1
Camping Chileno .... (siehe 25)
12 Camping Francés B2
Camping Grey .... (siehe 26)
Camping Las Torres .... (siehe 22)
Camping Los Cuernos .... (siehe 27)
Camping Paine Grande .... (siehe 23)
13 Camping Pehoé B3
14 Camping Río Serrano B4
Domos El Francés .... (siehe 12)
15 Ecocamp C2
16 Explora B3
17 Hostería Lago del Toro B4
18 Hostería Mirador del Payne C3
19 Hostería Pehoé B3
20 Hotel Cabañas del Paine B4
21 Hotel Lago Grey B3
22 Hotel Las Torres C2
23 Mountain Lodge Paine Grande B3
24 Nash Serrano Lodge D3
25 Refugio Chileno C2
26 Refugio Grey A2
Refugio Lago Dickson .... (siehe 7)
Refugio Las Torres .... (siehe 22)
27 Refugio Los Cuernos B2
28 Tierra Patagonia D2

fene Steppe, während Andenkondore durch die hohen Wipfel schweben.

Und es muss nicht die harte Tour sein: Man kann das ganze „W" erwandern und dabei in einem richtigen Bett schlafen, duschen sowie warme Mahlzeiten und leckere Pisco Sours genießen. Aber vollkommen risikolos ist es auch nicht. Das Wetter kann an einem Tag vier Jahreszeiten umfassen, mit plötzlichen Regengüssen und Windböen, die einen wie ein Faustschlag treffen.

Die steigende Beliebtheit des Parks hat die Infrastruktur stark belastet, weswegen ein striktes Reservierungssystem für Übernachtungsgäste eingeführt wurde.

Sehenswertes

Im Park fanden Nandu-Herden, Andenkondore, Flamingos und viele andere Vogelarten eine Heimat. Am deutlichsten zeigt sich der Erfolg der Artenschutzbestrebungen beim Guanako. Gelassen grasen die Tiere in der offenen Steppe, wo Pumas sich nicht unbemerkt anschleichen können. Nach mehr als einem Jahrzehnt Schutz vor Wilderern ergreifen die beständig wachsenden Guanako-Herden mittlerweile nicht einmal mehr die Flucht, wenn sich Menschen oder Fahrzeuge nähern. Auch die Pumapopulation wächst wieder, und es wurden sogar schon *huemuls* (gefährdetes Andenwild) im Valle Francés gesehen.

Aktivitäten

Veranstalter in Puerto Natales bieten geführte Trekkingtouren an, die sämtliche Mahlzeiten und die Übernachtung in *refugios* oder Hotels beinhalten. Bei Gruppen sinkt der Preis pro Person beträchtlich.

Von Puerto Natales aus karren Minibusse Tagesausflügler zum Park. Leider erlauben diese kurzen Spritztouren nur einen winzigen Einblick in das Reservat.

Wandern

Zu den 2800 m hohen Granitgipfeln der Torres del Paine pilgern Heerscharen von Wanderern. Fast alle entscheiden sich für den **Paine-Rundweg** oder das **„W"**, um das klassische Panorama zu genießen. Für den Paine-Rundweg (er umfasst das „W" und die Rückseite der Gipfel) braucht man sieben bis neun Tage, für das „W" alleine nur vier bis fünf Tage („W", weil die Wege auf der Landkarte in etwa diesen Buchstaben bilden). Für diverse durchaus variierende Fahrzeiten sollten ein oder zwei zusätzliche Tage eingeplant werden.

Wanderer starten entweder an der **Laguna Amarga** oder nehmen den Katamaran von Pudeto über den Lago Pehoé und folgen dem „W" von Südwest nach Nordost. Hier genießt man einen noch schöneren Blick auf die schwarzen Gipfel der Los Cuernos (2200–2600 m).

Wanderer, die in der Nebensaison kommen, müssen damit rechnen, dass wegen der Wetterbedingungen und der Vorsaison einige Routen geschlossen sein können. Von Alleingängen ist abzuraten, vor allem an der Rückseite der Berge – die CONAF (Corporación Nacional Forestal; Nationale Forstgesellschaft) kann das gesetzlich regeln.

Zur Erhöhung der Sicherheit müssen alle Besucher beim Betreten des Parks einen Vertrag unterzeichnen. Das Dokument listet alle Parkvorschriften auf und erläutert die Strafen, die bei Nichtbeachtung drohen.

Das „W"

Wandert man von Osten nach Westen, bieten sich einem die schönsten Aussichten auf Los Cuernos, besonders zwischen dem Lago Pehoé und dem Valle Francés. Die meisten Wanderer nehmen den Katamaran über den Lago Pehoé und laufen zur Berglodge Paine Grande. Der Wanderweg ist in dieser Richtung insgesamt 71 km lang. Auch möglich ist eine Bootsfahrt vom Hotel Lago Grey zum Refugio Grey, um sich den Rückweg zu Fuß zu ersparen.

Die folgenden Entfernungsangaben gelten für einfache Strecken:

Von der Guardería Paine Grande zum Refugio Lago Grey (10 km, einfach 4 Std., ab Guardería Paine Grande) Relativ leichte Wanderung vom Lago Pehoé mit ein paar fordernden Anstiegen und Campingmöglichkeiten und *refugios* an beiden Endpunkten. Der Gletscheraussichtspunkt liegt eine weitere halbe Stunde entfernt. Diese Route erholt sich noch von einem Brand im Jahre 2011. Zurück geht's auf demselben Weg.

Von der Guardería Paine Grande zum Valle Francés (13 km, 5 Std.) Von der Berglodge Paine Grande aus befindet sich das Fährdock vorne rechts. Unterwegs passiert man den spektakulären Cuernos zur Linken und den Lago Skottsberg zur Rechten. Dahinter steigt man ins Valle Francés hinauf zu einer Hängebrücke vor dem Campamento Británico.

Vom Valle Francés zu den Los Cuernos/ Lago Pehoé (10 km, 5 Std.) Bei klarem Wetter ist diese Strecke wunderschön. Sie verläuft zwischen dem 3050 m hohen Cerro Paine Grande im Westen und den niedrigeren, aber genauso spektakulären Torres del Paine und Los Cuernos im Osten. Zelten kann man in den Campamentos Italiano und Británico mitten im Tal oder an dessen Eingang im Camping Francés.

Von den Los Cuernos zum Refugio Las Torres (12 km, 7 Std.) Wanderer sollten den unteren Weg nehmen, auf dem oberen, der auch nicht auf der Karte verzeichnet ist, sind schon viele verloren gegangen. Es gibt ein Hotel, einen Campingplatz und ein *refugio*. Die Sommerwinde können sehr heftig wehen.

Vom Refugio Las Torres zum Mirador Las Torres (8 km, 4 Std.) Eine moderate Wanderung führt am Río Ascencio entlang zum Ufer eines Bergsees unterhalb der Ostseite der Torres del Paine. So nahe an den „Türmen“ liegt kein anderer Aussichtspunkt des Parks. Die letzte Stunde führt über ein Geröllfeld mit riesigen Felsen (im Winter ist der Schnee hier knie- bis taillenhoch). Bei Las Torres und Chileno gibt’s Campingplätze und *refugios*. Zurück geht’s auf demselben Weg.

Von der Guardería Paine Grande zur Administración (16 km, 5 Std.) Der Weg ist nur vom 1. Mai bis zum 30. September

Das „W“

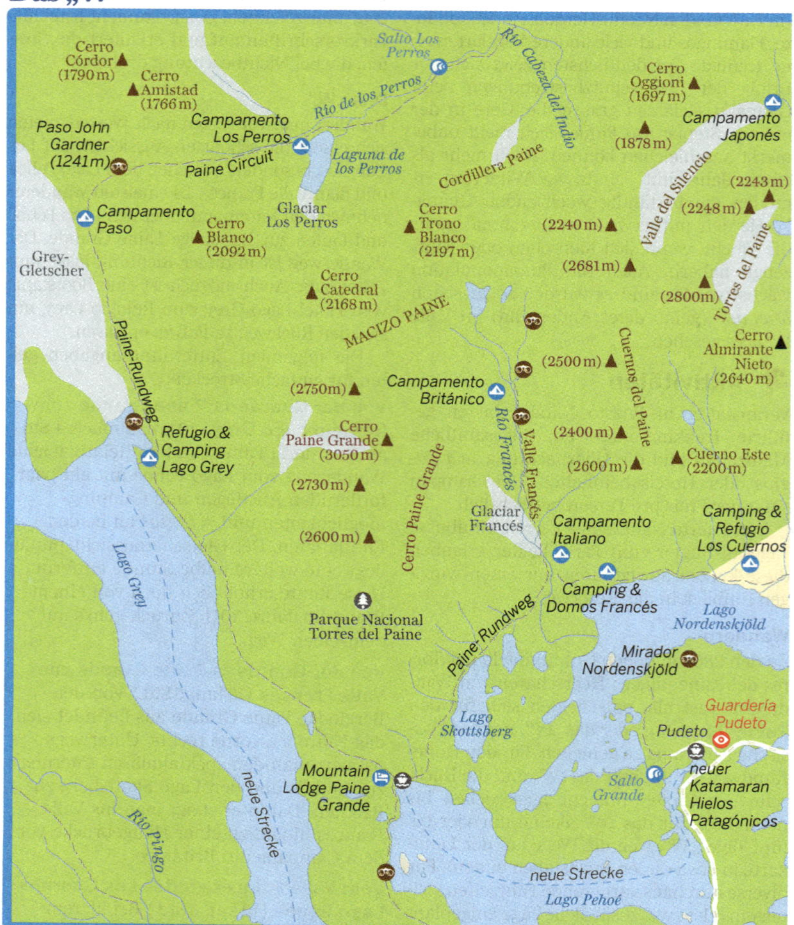

geöffnet und stellt eine Alternative zur Pudeto-Fähre dar. Die Route führt um den Lago Pehoé, dann über das weite Grasland am Río Grey entlang. Das Personal der Berglodge Paine Grande stellt per Funk sicher, dass Wanderer an der Administración einen Bus für die Rückkehr nach Puerto Natales bekommen. Die Lodge ist außerdem Ausgangspunkt für diejenigen, die das „W" von Ost nach West laufen wollen.

Der Paine-Rundweg

Wer einsame Gegenden mit spektakulärer Aussicht liebt und bei Freunden Eindruck schinden möchte, für den bietet sich diese längere Wanderung an. Der Rundweg umfasst das „W" und die nördliche Verbindung zwischen dem Refugio Grey und dem Refugio Las Torres; die Entfernung beträgt insgesamt etwa 112 km. Die Landschaft ist öde und dennoch schön. Auf dem **Paso John Gardner** (1214 m; saisonal geschl.), dem schwierigsten Teil der Strecke, liegen Matsch und Schnee manchmal kniehoch.

Die CONAF hat es lieber, wenn Wanderer die Route gegen den Uhrzeigersinn gehen. Am besten fährt man mit dem Bus zum Parkeingang bei der Laguna Amarga. beendet den Rundweg im Valle Francés und an den Los Cuernos und läuft dann zur Bushaltestelle am Refugio Las Torres. Im Winter ist der Weg geschlossen.

Alle Entfernungsangaben gelten für einfache Strecken:

Von der Laguna Amarga zum Campamento Serón (15 km, 4–5 Std.) Ein sanfter Einstieg in die Wanderung in recht weitem Gebiet. Man kann auch am Refugio Las Torres beginnen.

Vom Campamento Serón zum Campamento Lago Dickson (19 km, 6 Std.) Diese Route führt rund um den Lago Paine, wo der Wind sehr heftig wehen kann und sich der Weg teilweise nur schwer erkennen lässt. Wanderer sollten auf dem Weg bleiben, der am weitesten vom See entfernt ist.

Vom Campamento Dickson zum Campamento Los Perros (9 km, ca. 4½ Std.) Ein recht einfacher, aber sehr windiger Abschnitt.

Vom Campamento Los Perros zum Campamento Paso (12 km, 4 Std.) Auf dieser Strecke müssen Wanderer mit reichlich Schlamm und manchmal auch mit Schnee rechnen. Physischer und psychologischer Höhepunkt der Route ist der Paso John Gardner (1241 m). Nicht verwirren lassen: Was nach dem Überqueren des Passes wie ein Campingplatz wirkt, ist keiner – also weiterwandern, bis eine Hütte in Sicht kommt.

Vom Campamento Paso zum Refugio Lago Grey (10 km, 2 Std. Richtung Süden) Dieser steil abwärts führende Abschnitt bietet wunderbaren Blick zum Gletscher. Wanderstöcke können hier die Knie entlasten. Auf der Route spannen sich drei Hängebrücken (früher waren es Treppen) über schmale Spalten.

Andere mehrtägige Wanderungen

Von der Guardería Lago Grey verläuft eine Wanderroute (4 Std.) am Río Pingo entlang bis zum CONAF-Campingplatz Zapata. Von dort führt ein Weg (weitere 1½–2 Std.) bis zu einem Aussichtspunkt mit beeindruckendem Blick auf den **Glaciar Zapata** und den **Lago Pingo**. Da die Tierwelt und Fossilschichten derzeit noch wissenschaftlich erforscht werden, ist das Wandern in diesem unberührten Gebiet nur mit einem von CONAF lizenzierten Guide möglich.

Von der Guardería Laguna Amarga führt eine etwa vierstündige Wanderung zur **Laguna Azul**, wo man am nordöstlichen Ufer campen kann. Dieses Gebiet fiel der Feuersbrunst zum Opfer und war bei unserem Besuch gesperrt – vor der Wanderung sollte man deshalb bei der CONAF nach dem aktuellen Stand fragen. Nach weiteren zwei Stunden Richtung Norden erreicht man den **Lago Paine**. Auf der anderen Seite des Sees verläuft der Paine-Rundweg, der sich aber von hier aus nicht erreichen lässt, weil der Fluss dazwischen liegt.

Kaum Anstrengung erfordert die dreistündige, größtenteils ebene Strecke mit herrlicher Aussicht, die von der Administración zur Hostería Pehoé führt. Wer noch mehr Einsamkeit sucht, kann nach Überquerung des Río Paine den östlichen Abzweig nehmen und vier Stunden im Zickzack bis zum Rand der Sierra del Toro wandern, wo sich eine Seenkette mit der **Laguna Verde** erstreckt. Auf der besonders für Vogelbeobachtung geeigneten Route gibt's keine Campingmöglichkeit, übernachten kann man in der Hostería Mirador del Payne.

Tagestouren

Von der Guardería Pudeto kann man auf der Hauptstraße des Parks zum **Salto Grande** wandern, einem gewaltigen Wasserfall zwischen dem Lago Nordenskjöld und dem Lago Pehoé. Ein bequemer einstündiger Weg führt von dort weiter zum **Mirador Nordenskjöld** mit grandiosem Ausblick auf den See und die Berge.

Mehr Kondition braucht man für die vierstündige Wanderung zum **Lago Paine**, des-

UMWELTBEWUSSTES WANDERN

Rund 200 000 Touristen strömen jedes Jahr in den Torres-del-Paine-Nationalpark. Mit jedem Bericht über die vielen Aktivitäten im Park wächst natürlich auch dessen Beliebtheit. Das hat jedoch Folgen. In den Hochsaisonmonaten Januar und Februar staut sich der Verkehr auf vielen Wegen. Und auf den Campingplätzen geht's zu wie beim Woodstock-Festival. Dessen Peace-and-Love-Stimmung dient als Vorbild für diese Reisetipps:

- Kein abgefülltes Wasser trinken. Die Flaschen sind ein Recycling-Alptraum, weil Packpferde jedes Stück Abfall aus dem Park bringen müssen. Bessere Lösung: mitnehmbare Wasserreinigungsgeräte oder Wasseraufbereitungstabletten.
- Abfall jeder Art ordentlich zusammenpacken und mitnehmen. Auf Campingplätzen lockt Abfall vor allem Mäuse an.
- Jeder sollte nur dort campen, wo es die Parkverwaltung offiziell gestattet, und nur in den ausgewiesenen Gebieten wandern.
- Lagerfeuer sind illegal!
- Größte Vorsicht mit allem, was einen Brand verursachen kann (Zigaretten, Campingkocher, Feuerzeuge etc.). 2005 und 2011 zerstörten Feuer, die vermutlich von Wanderern verursacht wurden, große Teile des Parks.
- Freundlich bleiben! Die Parkverwaltung hat festgestellt: Mit zunehmender Besucherzahl verringert sich das Gemeinschaftsgefühl. Doch das muss nicht so sein. Wer unterwegs auf Wanderer trifft, sollte immer freundlich grüßen und auf schmalen Wegen den Schnelleren vorbeilassen.

Freiwillige können auch der gemeinnützigen Organisation **AMA Torres del Paine** (www.amatorresdelpaine.org) bei der Wartung der Wege, biologischen Studien und Zählungen des Tierbestands helfen. Zudem kann man dem **Torres del Paine Legacy Fund** (https://supporttdp.org) Geld spenden. Er unterstützt die Wiederaufforstung des Parks und das Recycling in Puerto Natales, beides organisiert von der gemeinnützigen Organisation Sustainable Travel.

sen Nordufer nur von der Laguna Azul aus zugänglich ist. Diese Route windet sich durch stille atemberaubende Landschaften.

Gletschertrekking

Für eine wunderbare Wanderung durch die vom Eis geformte Landschaft sind keine besonderen Erfahrungen nötig. Antares' **Bigfoot Patagonia** (☎61-241-4611; www.bigfootpatagonia.com; Kajakfahren 66 000 Ch$, Gletscherwanderung 105 000 Ch$; ⊙Okt.–April) hat die alleinige Konzession im Park für Eiswanderungen (90 000 Ch$) auf dem Grey-Gletscher. Der fünfstündige Rundweg ab dem CONAF-Haus (dem früheren Refugio Grey) ist von Oktober bis April begehbar, die Touren finden in der Hauptsaison dreimal täglich statt.

Kajakfahren & Bootstouren

Bigfoot Patagonia organisiert im Sommer täglich mehrere 2½-stündige Expeditionen zum mit Eisbergen übersäten Lago Grey – eine tolle Art, die Gletscher aus der Nähe zu erleben. Eine anspruchsvollere fünfstündige Tour (160 000 Ch$) führt auf dem Río Pingo per Boot zum von Eisbergen gesäumten Grey-Gletscher, Ziel ist der Río Serrano.

Von Oktober bis April unternimmt der Katamaran *Grey III* die **Navegación Glaciar Grey** (Grey-Gletscherfahrt; ☎61-271-2100; www.lagogrey.com; Erw./Kind Rundfahrt 75 000/37 500 Ch$, einfach 65 000 Ch$; ⊙Okt.–April), eine dreistündige Bootsfahrt, auf der man einen genauen Blick auf den massiven Gletscher werfen kann. Einmal wird gehalten, damit Wanderer aus- und einsteigen können. In der Hauptsaison ist vier Mal am Tag Abfahrt; auf den letzten beiden Touren gibt's eine Gletscherbesichtigung, bevor am Wanderweg Passagiere einsteigen.

Fantástico Sur (S. 388) veranstaltet familienorientierte Floatingtouren auf dem ruhigen Río Serrano..

Reiten

Wegen der Eigentumsverhältnisse innerhalb des Parks darf man nicht die Grenze zwischen den westlichen Bereichen (Lago Grey, Lago Pehoé, Río Serrano) und dem privaten Ostteil, bekannt als Reserva Cerro Paine, überqueren. Die Trennlinie verläuft ungefähr bei Camping Francés.

Baqueano Zamora (S. 381) ermöglicht ein- und mehrtägige Reittouren zur Laguna Azul, zum Valle Francés, zum Dickson-Gletscher sowie in abgelegene Gebiete.

Das Hotel Las Torres (S. 399) bietet ganztägige Ausritte um den Lago Nordenskjöld sowie darüber hinaus.

DEN MASSEN AUSWEICHEN

- Die meisten Wanderer beginnen ihren Aufstieg zu den Torres gegen 8 Uhr und machen sich um 16 Uhr wieder auf den Rückweg. Im Sommer kann man diesen Ansturm vermeiden, indem man einige Stunden früher oder später startet; am besten informiert man sich in seinem *refugio* (Landhütte) oder bei der *guardaparques* (Rangerstation) über die aktuellen Zeiten des Sonnenauf- und -untergangs.
- Auf dem weniger überfüllten Paine-Rundweg wandern.
- An einem mehrtägigen Trip mit Kajakfahrt auf dem Río Serrano oder an Reitausflügen teilnehmen; so bekommt man eine komplett andere Perspektive und genießt einen herrlichen Ausblick.
- In der Nebensaison wandern und sich gut auf das wechselhafte Wetter vorbereiten. Im März kann es im Park toll sein. Auch im Winter ist es schön, allerdings brauchen Wanderer dann etwas mehr Erfahrung und Ausrüstung.
- Verantwortungsbewusstsein und Sorgfalt sind oberstes Gebot, denn jeder Einzelne ist einer von Hunderttausenden Gästen jährlich.

Mountainbiken

Auf Wanderwegen wie zur Laguna Azul und zum Cañon de Perros darf man auch Mountainbike fahren. Infos dazu erhält man bei den Reiseagenturen in Puerto Natales.

Geführte Touren

Patagonia Bagual WANDERN

(☎mobil 9-5325-1266; http://patagoniabagual.cl; Laguna Azul; 135 000 Ch$) Bei dieser originellen Tour wandern die Teilnehmer quer durch die Landschaft in den unberührtesten Abschnitt des Torres del Paine, um Wildpferde zu beobachten. Das ist definitiv kein Erlebnis aus der Konserve. Die Guides sind erfahren und sprechen mehrere Sprachen. Enthalten ist ein Transfer mit dem Geländewagen, aber nicht der Eintritt in den Park.

Schlafen

2017 wurden Regelungen eingeführt, die vorschreiben, dass Wanderer, die auf dem Rundweg oder dem „W" unterwegs sind, alle

TORRES IM WINTER

Mit schneebedeckten Landschaften und fehlenden Menschenmassen ist der Winter für robuste Reisende eine reizvolle Zeit für einen Besuch des Parks. Wegen der steigenden Nachfrage im Sommer macht die Parkverwaltung einen Besuch im Winter durch erweiterte Angebote und mögliche Routen schmackhafter. Aber diese Jahreszeit hat auch einige Tücken. Besucher sollten sich mit hochwertiger Winterwanderausrüstung ausstatten. Wanderstöcke und sogar Spikes sind echt nützlich.

Zwischen dem 1. Mai und dem 1. August müssen Wanderer zudem alle Wanderungen mit einem anerkannten Führer unternehmen. Besucher dürfen den Park in dieser Zeit nicht ohne anerkannte Guides betreten. Für eine Tageswanderung verlangen diese 80 000 Ch$ und dürfen bis zu sechs Personen leiten. Führer kann man über die Agenturen in Puerto Natales engagieren, oder man folgt einer Empfehlung der Parkbetreiber, der Hotels oder der CONAF. Die aktuellen Öffnungszeiten oder Empfehlungen findet man auf www.parquetorresdelpaine.cl.

Unterkünfte im Voraus buchen, sowohl *refugios* als auch Campingplätze (ja, sogar kostenlose Plätze). Das bedeutet einigen mühsamen logistischen Aufwand, da es keine zentrale Buchungswebsite gibt. Besucher (oder Reiseagenturen) buchen über die zwei Parkkonzessionsunternehmen und über die CONAF. Für die Reservierungen braucht man seine Passdaten, die das Parkpersonal eventuell scannt und überprüft.

Unter den angegebenen Telefonnummern erreicht man die Büros in Puerto Natales.

Refugios & Domos

Wer das „W" oder den Paine-Rundweg entlangwandert, übernachtet unterwegs in *refugios*, *domos* (sehen ähnlich aus wie Iglus und werden auch Jurten genannt) oder auf Zeltplätzen. Unterkünfte müssen unbedingt vorab reserviert werden. Vegetarische Verpflegungswünsche teilt man am besten sofort mit, sobald man die Reise gebucht hat.

Die *refugios* bieten Zimmer mit Stockbetten für vier bis acht Personen, Küchenbenutzung (nur für Gäste und zu bestimmten Zeiten), Warmwasserduschen und Mahlzeiten. Um Bettwanzen zu vermeiden, sind Bettwäsche oder Schlafsäcke in den Unterkünften im Allgemeinen inklusive. Mahlzeiten kosten extra. Falls ein *refugio* ausgebucht ist, stellen die Mitarbeiter die nötige Ausrüstung fürs Campen zur Verfügung. Die meisten Hütten schließen Ende April. *Domos* bestehen entweder aus Stoff oder Plastik und sind mit Schlafkojen oder Pritschen ausgestattet. Außerdem stehen sie meist nur für kürzere Zeit zur Verfügung.

Gäste müssen umsichtig mit den Ressourcen haushalten und Wasser/Strom sparen. Es gibt keine Steckdosen in den Zimmern, also sollte man entweder Solaraufladegeräte oder Batterien mitbringen.

Beim Einchecken wird eine Fotokopie des Lichtbildausweises verlangt. Um das Prozedere zu beschleunigen, sollte man jeweils eine Kopie pro Unterkunft mitbringen. Das Personal kann auch per Funk die Reservierung bei der nächsten Hütte bestätigen. Wegen des Ansturms der Wanderer lassen sich Warteschlangen nicht vermeiden – ein wenig Zen-Praxis könnte nützlich sein.

Kabelloser Internetzugang, wo verfügbar, kostet normalerweise extra.

Refugio Grey HÜTTE $
(☎61-241-2742; www.verticepatagonia.cl; B ab 32 US$, inkl. VP 82 US$; ⊙ganzjährig) Vom See aus weiter landeinwärts stößt man auf diese Deluxe-Version einer Wanderhütte. Sie verfügt über einen aufgedonnerten Wohnbereich mit Ledersofas und Bar, eine jedem Restaurant ebenbürtige Küche und behagliche Schlafsäle für 60 Personen mit viel Platz für Rucksäcke. Außerdem gibt's einen Laden und auch einen überdachten Kochplatz für Camper.

Im Winter (Mai–Sept.) ist die Hütte ebenfalls geöffnet, allerdings gibt's dann keine Mahlzeiten. Man gelangt auch mit dem Katamaran *Grey III* hierher. Reservierung vorab erforderlich.

Mountain Lodge Paine Grande HÜTTE $
(☎61-241-2742; www.verticepatagonia.cl; B ab 50 US$, inkl. VP 100 US$; 📶) Die Einrichtung ist recht groß, doch die Schlafsäle sind netter als andere, und von allen Räumen genießt man eine wunderbare Aussicht auf die Los Cuernos. Dass die Lodge ganzjährig offen bleibt, ist ein Segen für ausgekühlte, durchnässte Winterwanderer; Mahlzeiten gibt's allerdings im Winter nicht (Mai–Sept.). Zur Lodge gehören ein Kiosk mit dem

Nötigsten, ein Campingplatz und Iglus für das etwas luxuriösere Zelten.

Sie liegt zwischen dem Lago Grey und dem Valle Francés, beide eine Tageswanderung entfernt, und ist ebenfalls per Fähre über den Lago Pehoé zugänglich. Reservierung vorab erforderlich.

Refugio Lago Dickson HÜTTE $
(☎61-241-2742; B ab 32 US$, inkl. VP 82 US$; ⏱Nov.–März) Mit 30 Betten eines der kleinsten und zugleich eines der ältesten *refugios*; tolle Lage am Paine-Rundweg unweit des Glaciar Dickson. Reservierung vorab erforderlich.

Refugio Las Torres LODGE $$
(☎61-261-4184; www.fantasticosur.com; B 120 US$, inkl. VP 200 US$; ⏱ganzjährig; 📶) Das geräumige, attraktive Basislager verfügt über 60 Betten, eine komfortable Lounge, ein Restaurant und eine Bar. In der Hochsaison wird zusätzlich ein älteres Gebäude in der Nähe genutzt, um dem Ansturm gerecht zu werden; dort ist die Übernachtung billiger. Reservierung vorab erforderlich.

Nash Serrano Lodge LODGE $$
(☎61-241-4611; www.nashpatagonia.com; Pueblito Río Serrano; B/EZ/2BZ inkl. Frühstück 100/210/240 US$) Das Bergrefugium von Bigfoot Patagonia hat fünf komfortable Zimmer mit Zentralheizung und stellt Schlafsäcke für die Betten zur Verfügung. Es gibt auch Mittag- und Abendessen. Startpunkt für längere Kajaktouren.

Refugio Chileno HÜTTE $$
(☎61-261-4184; www.fantasticosur.com; B inkl. VP 170 US$; ⏱Okt.–April) 🍃 Liegt den berühmten Türmen am nächsten und ist mit seinen 32 Betten sowie einem Versorgungskiosk eines der kleinsten *refugios*. Es wird mit Windenergie betrieben und hat Komposttoiletten mit Biofilter. Reservierung vorab erforderlich.

★Patagonia Camp JURTE $$$
(☎in Puerto Natales 61-241-5149; www.patagoniacamp.com; all-inclusive-DZ inkl. Touren & Transfers 3 Nächte 3800 US$; ⏱Sept.–Mitte Mai; 📶) 🍃 In diesem Luxuscamp taucht man tief ein in die Wildnis abseits der Menschenmengen im Park. Erhöhte Pfade verbinden eine Reihe von geräumigen und komfortablen Jurten mit Blick auf den Lago del Toro. Das Zeltlager versteckt sich in einer 40 500 ha großen privaten *estancia* mit Kajakfahren vor Ort, Stand-up-Paddling, Wandern und Fliegenfischen. Sowohl Service als auch Mahlzeiten sind erstklassig. Als Beitrag zum Umweltschutz gibt's u. a. eine unabhängige Wasseraufbereitungsanlage.

Das Gelände liegt bei Km 74 an der unbefestigten Straße zum Park, die an der Cueva del Milodón vorbeiführt.

Refugio Los Cuernos HÜTTEN $$$
(☎61-261-4184; www.fantasticosur.com; B inkl. VP 170 US$, Hütte für 2 Pers. 310 US$, inkl. VP 470 US$; ⏱ganzjährig) Die kleine Lodge in der Mitte der „W"-Route füllt sich immer schnell mit Wanderern, die in alle Richtungen unterwegs sind, und ist mehr als gemütlich. Pro Zimmer gibt's Betten für acht Personen, Duschen und Bäder sorgen für Entspannung. Noch mehr Privatsphäre bieten die luxuriösen Hütten mit Gemeinschaftsbad und Zugang zu einer kochend heißen hölzernen Gemeinschaftswanne. Reservierung vorab erforderlich.

Ecocamp IGLUS $$$
(☎in Santiago 2-2923-5950; www.ecocamp.travel; 5-tägige „W"-Wandertour Paket 2239 US$) Die Iglus sind Teil einer Pauschaltour und reichen von schlichten Versionen mit gemeinschaftlichen Komposttoiletten bis hin zu Luxusausgaben mit Heizung, Privatbädern und Himmelbetten. Sie sind durch Bretterwege mit den Speise-, Bar- und Yogabereichen verbunden. Zu den geführten Aktivitäten zählen Wanderungen, Fliegenfischen und Kajaktouren.

Domos El Francés IGLUS $$$
(☎61-261-4184; www.fantasticosur.com; B 130 US$, inkl. VP 210 US$; ⏱Okt.–April) Neue Iglus mit Speiseraum auf dem Camping Francés, nur 40 Gehminuten von Los Cuernos entfernt. Jedes ist mit vier Schlafkojen, Zentralheizung und individuellen Bädern mit Duschen ausgestattet.

Reservierung vorab erforderlich.

Camping

Im Park gibt's sowohl kostenlose als auch kostenpflichtige Campingmöglichkeiten. Die CONAF gestattet Besuchern nur eine Nacht auf den kostenlosen Campingplätzen zu bleiben. Laut den neuen Regelungen muss alles vorab reserviert werden, sonst bekommen Wanderer keine Erlaubnis, Abschnitte des Trails zu benutzen, die keine Tagestouren darstellen.

Die *refugios* und auch einige *domos* verleihen auch Ausrüstung wie Zelte (25 US$/Nacht), Schlafsäcke (17 US$) und Isomatten (7 US$) – die eigenen Sachen sind aber in der Regel von besserer Qualität. Kleine Kioske verkaufen zu gesalzenen Preisen Pasta, Tütensuppen und Butangas, die geschützten Kochecken auf einigen Campingplätzen sind bei schlechtem Wetter nützlich.

In der Regel sind die Plätze von Mitte Oktober bis Mitte März geöffnet. Jene auf der Rückseite des Paine-Rundwegs öffnen wegen des raueren Wetters möglicherweise erst im November (das wird von der CONAF entschieden).

Vertice Patagonia (www.verticepatagonia.com) verwaltet die Campingplätze Paine Grande, Grey, Lago Dickson, Los Perros und Paine Grande und ist auch für die Buchungen zuständig. Camping Las Torres, Chileno, Francés, Los Cuernos und Serón gehören zu Fantástico Sur (www.fantasticosur.com).

Auf den von der CONAF (www.parquetorresdelpaine.cl) verwalteten Wanderrouten liegen kostenlose Plätze ohne Duschen und Ausrüstungsverleih. Dazu gehören die Campamentos Británico, Italiano, Paso, Torres sowie Camping Guardas. Weitere private Campingplätze sind z. B. Camping Pehoé und Camping Río Serrano.

Rund um die Plätze lauern Nagetiere. Daher sollte man Lebensmittel nicht im Gepäck bzw. Zelt lassen, sondern an einem Baum aufhängen.

Hotels & Lodges

Bei der Wahl des Hotels ist die Lage besonders wichtig. Unterkünfte an der „W“-Route gestatten Wanderern mehr Unabhängigkeit und Flexibilität. Die meisten haben auch mehrtägige Pakete im Angebot.

Billigere Hotels sind im Sektor **Pueblito Río Serrano** zu finden, gleich außerhalb des Parks an der Schotterstraße von Puerto Natales. Sie liegen an den S-Kurven des Río Serrano und bieten herrlichen Ausblick auf das gesamte Paine-Massiv. Die Wanderwege sind von hier aus allerdings nicht zu Fuß erreichbar.

★ Tierra Patagonia LODGE **$$$**
(☎ in Santiago 2207-8861; www.tierrapatagonia.com; DZ für drei Nächte inkl. VP & Transfers ab 5267 US$; ⏲ Okt.–Mai; @ 📶 🏊) Elegante, einladende Luxuslodge, die sich perfekt in die weite Steppe einfügt. Sie hat einen lebendigen Wohnbereich sowie eine runde Bar mit einer großen Feuerstelle in der Mitte und einer künstlerischen Landkarte des Parks. Ihre großen, dezenten Zimmer schauen auf das Paine-Massiv. All-inclusive-Preise beinhalten den Transfer vom Flughafen, tägliche Exkursionen, die Spa-Nutzung, Mahlzeiten und Getränke.

Das Hotel liegt am Lago Sarmiento gleich außerhalb des Nationalparks und ca. 20 km von der Laguna Amarga entfernt auf dem Gelände der *estancia* Cerro Guido. Die angebotenen Aktivitäten rund ums Ranchleben sind ein großes Plus.

★ Awasi LODGE **$$$**
(☎ in Santiago 2233-9641; www.awasipatagonia.com; 3 Nächte all-inclusive 3200 US$ pro Pers.; 📶) Das Awasi überzeugt mit seinem modernen, dezenten Stil und seiner isolierten Lage mitten in der Wildnis. Villen mit individuellen Whirlpools umgeben die Hauptlodge, in der man edel speisen, entspannen und mit WLAN im Netz surfen kann. Per Funk sind die Unterkünfte miteinander verbunden. Die Lodge strahlt rustikalen Chic aus und ist sehr gepflegt; individuelle maßgeschneiderte Touren sind im Preis bereits inbegriffen. Die Preise beziehen sich auf eine Doppelbelegung.

Awasi liegt außerhalb des Parks an der Nordostseite des Lago Sarmiento im Privatreservat Tercera Barranca. Für die Anreise braucht man etwas Geduld: Die Lodge ist nur über eine Schotterstraße zu erreichen und recht weit von den Hauptattraktionen der Region entfernt, doch es werden Transfers angeboten.

Explora HOTEL **$$$**
(☎ in Santiago 2-2395-2800; www.explora.com; DZ für 3 Nächte inkl. VP & Transfers ab 5736 US$; @ 🏊) Diese noble Unterkunft thront über dem Wasserfall Salto Chico am Ausgang des Lago Pehoé. Im Preis enthalten sind der Flughafentransfer, Gourmetmahlzeiten und eine breite Palette an Ausflügen mit jungen, liebenswerten zweisprachigen Guides. Von jeder Ecke des Hotels ist das gesamte Paine-Massiv zu sehen. Das Spa verfügt über einen beheizten Pool, Sauna und Whirlpools im Freien.

Hotel Lago Grey HOTEL **$$$**
(☎ 61-271-2100; www.lagogrey.cl; Buchungsadresse Lautaro Navarro 1061, Punta Arenas; EZ/DZ inkl. Frühstück ab 305/360 US$; @ 📶) Ganzjährig geöffnetes, geschmackvolles Hotel mit gemütlichen weißen Bungalows, die durch erhöhte Fußwege miteinander verbunden sind, und neuen großartigen Deluxe-Zimmern inklusive Seeblick. Das öffentliche Café überblickt die ganze Pracht. Es sind geführte Exkursionen und Transfers im Park im Angebot. Bootstouren zum Gletscher halten auf der anderen Seite des Sees, um Passagiere ein- und aussteigen zu lassen.

Hotel Las Torres HOTEL $$$
(☎61-261-7450; www.lastorres.com; Buchungsadresse Magallanes 960, Punta Arenas; EZ/DZ inkl. Frühstück ab 382/437 US$; ⏲Juli–Mai; 📶) Das freundliche, gut geführte Haus erfüllt internationale Standards, hat ein Spa mit Whirlpool und organisiert kundig geführte Touren. Besonders bemerkenswert ist das Engagement in Sachen Umwelt: Ein Teil der Einnahmen geht an die gemeinnützige Umweltgruppe AMA, die im Park ihr Hauptquartier hat. Das Büfett bietet Biogemüse aus dem hoteleigenen Gewächshaus und Biofleisch von nahegelegenen Ranches. Die Preise in der Hauptsaison spiegeln die hohe Nachfrage an Quartieren am Weg wider.

Hostería Mirador del Payne GÄSTEHAUS $$$
(☎61-222-8712; www.miradordelpayne.cl; Laguna Verde; EZ/DZ/3BZ 200/245/265 US$) Unterkunft auf dem Gelände der Estancia El Lazo nahe der selten besuchten Laguna Verde. Sie ist bekannt für ihre ruhige Lage unweit spektakulärer Aussichtspunkte und ihren Spitzenservice – nicht aber für leichte Erreichbarkeit der Wanderwege. Zu den Aktivitäten zählen Vogelbeobachtung, Ausritte und Sportfischen. Telefonisch lässt sich die Abholung von der Straßenkreuzung arrangieren.

Hostería Pehoé HOTEL $$$
(☎61-272-2853; www.hosteriapehoe.cl; EZ/DZ/3BZ inkl. Frühstück ab 190/213/276 US$) Eine lange Fußgängerbrücke verbindet das Haus mitten im Lago Pehoé mit dem Festland. Das Panorama der Los Cuernos ist eines Fünf-Sterne-Hotels würdig, die Zimmer sind in Ordnung, aber veraltet. Das öffentliche Restaurant bekommt durchgehend schlechte Noten.

Hostería Lago del Toro GÄSTEHAUS $$$
(☎mobil 9-9678-9375; www.lagodeltoro.com; Pueblito Río Serrano; DZ inkl. Frühstück 165 US$; @📶) Zwischen zwei Hotelburgen eingeklemmt, besitzt die Hostería viel Charme. Hier werden Gäste von frisch mit Teppich ausgelegten Zimmern und molligem Kaminfeuer empfangen. Wellblechfassade, Makrameearbeiten und Massivholzmöbel verleihen dem Haus den Charakter eines altmodischen Gasthofes.

Hotel Cabañas del Paine HÜTTE $$$
(☎61-273-0177; www.hoteldelpaine.cl; Pueblito Río Serrano; DZ inkl. Frühstück 200 US$) Die Zimmer im Bungalowstil am Ufer des Río Serrano locken mit toller Aussicht und zeichnen sich durch ihr geschmackvolles Design sowie die gelungene Integration in die Landschaft aus. Es gibt eine Bar, ein Restaurant, einen Shuttleservice und einen Fahrradverleih.

ℹ Praktische Informationen

Der Parque Nacional Torres del Paine ist ganzjährig geöffnet, aber nicht so einfach zu erreichen. Der Eintritt gilt für drei Tage. Wer außerhalb des Parks übernachtet, muss sich am Ausgang einen Stempel holen, um den Park mit demselben Ticket wieder betreten zu können.

In der Nebensaison sind die Beförderungsmöglichkeiten eingeschränkt, weniger Unterkünfte und Serviceeinrichtungen geöffnet. Zu den besten Trekkingmonaten zählen November und März, dann tummeln sich nicht ganz so viele Besucher im Schutzgebiet. Im März tosen die Winde etwas weniger heftig als sonst. Man sollte vor Anreise nachprüfen, ob alle notwendigen Einrichtungen auch geöffnet haben (Öffnungszeiten variieren je nach Wetter). Auf der Website www.parquetorresdelpaine.cl stehen weitere nützliche Infos.

Der Haupteingang, an dem der Eintritt kassiert wird, ist die **Portería Sarmiento** (⏲bei Tageslicht). 37 km entfernt liegt das **CONAF Centro de Visitantes** (⏲Dez.–Feb. 9–20 Uhr) mit Infos zur Ökologie des Parks und zum Zustand der Wanderwege. Auch die **Administración** (Verwaltung) (☎61-236-0496; Villa Monzino; ⏲8.30–20 Uhr) befindet sich dort. In **Pudeto** gibt's eine kleine Cafeteria; eine weitere ist an der Südspitze des Lago Grey. **Portería & Guardería Río Serrano** liegt am Zugangspunkt zum Río Serrano.

Erratic Rock (S. 381) veranstaltet täglich um 15 Uhr an seinem Standort im Puerto Natales Base Camp eine ausgezeichnete Inforunde. **Fantástico Sur** (S. 388) bietet in seinem Büro in Puerto Natales ebenfalls Infoveranstaltungen (tgl. 10 & 15 Uhr).

Karten sind in Puerto Natales überall erhältlich.

ℹ An- & Weiterreise

Puerto Natales ist 112 km vom Nationalpark entfernt. Seit Kurzem ermöglicht eine unbefestigte Straße von Puerto Natales über Pueblito Río Serrano zur Administración einen kürzeren und direkteren Zugang von Süden.

Ins nahegelegene Argentinien gibt's keine direkten Verkehrsverbindungen vom Park aus. 40 km südlich vom Haupteingang liegt bei Cerro Castillo der saisonal geöffnete Grenzübergang Cancha Carrera. Wer am Tag des Parkbesuchs nach El Calafate in Argentinien weiterreisen will, muss entweder an einer geführten Tour teilnehmen oder das Ganze im Voraus sehr genau planen. Am besten kehrt man nach Puerto Natales zurück.

Unterwegs vor Ort

Shuttlebusse (4000 Ch$) im Park halten an der Laguna Amarga sowie am Bootssteg des Katamarans in Pudeto und an der Administración.

Der Katamaran **Hielos Patagónicos** (☎ 61-241-1133; www.hipsur.com; Pudeto; einfach/hin & zurück 18 000/28 000 Ch$; ⌚ Sept.–April) verbindet Pudeto mit der Berglodge Paine Grande.

Wanderer können die **Navegación Glaciar Grey** (S. 395) nutzen, eine Bootsfahrt vom Refugio Grey zum Hotel Lago Grey mit Gletscherbesichtigung.

PATAGONIEN (ARGENTINIEN)

El Calafate

☎ 02902 / 21 130 EW.

Im Volksmund heißt es: Wer die Beere isst, die dieser Stadt den Namen gab, kommt garantiert nach Patagonien zurück. Doch es sind nicht die Beeren des Calafate-Strauches, die Besucher herbeilocken, sondern eine andere unwiderstehliche Attraktion: der Perito-Moreno-Gletscher im 80 km entfernten Parque Nacional Los Glaciares. Dieses umwerfende Highlight hat das einst beschauliche El Calafate in ein Schickimicki-Ziel verwandelt. Für Touristen bietet der Ort jede Menge Kurzweil und ein großes Angebot an touristischen Dienstleistern. Da er auf der Route zwischen El Chaltén und dem Torres del Paine (Chile) liegt, dient er zwangsläufig als Zwischenstopp auf der Durchreise.

El Calafate liegt 320 km nordwestlich vom Río Gallegos und 32 km westlich von der Kreuzung von RP 11 und der nordwärts führenden RN 40 und grenzt an das Südufer des Lago Argentino.

Sehenswertes & Aktivitäten

★ Glaciarium MUSEUM

(☎ 02902-497912; www.glaciarium.com; Erw./Kind 300/120 Arg$; ⌚ Sept.–Mai 9–20 Uhr, Juni–Aug. 11–20 Uhr) In diesem tollen Museum wird die Welt des Eises beleuchtet. Exponate und Filme auf Spanisch und Englisch zeigen, wie Gletscher entstehen, dokumentieren kontinentale Gletscherexpeditionen und diskutieren den Klimawandel. In der blau beleuchteten *bar de hielo* (inklusive Getränk 240 Arg$) aus Eis mit Temperaturen unter dem Gefrierpunkt bekommen Erwachsene einen Fellumhang und können Wodka oder Fernet und Cola trinken – natürlich aus Eisgläsern.

Hielo y Aventura OUTDOORAKTIVITÄTEN, BOOTSTOUREN

(☎ 02902-492094, 02902-492205; www.hieloyaventura.com; Libertador 935) Veranstaltet die Bootsrundfahrt Safari Nautico (500 Arg$, 1 Std.) und Ausflüge zum Brazo Rico, zum Lago Argentino sowie zum südlichen Abschnitt des Canal de los Témpanos. Die Katamarane werden mit bis zu 130 Passagieren vollgestopft und legen zwischen 10.30 und 16.30 Uhr stündlich vom Puerto Bajo de las Sombras ab. Wenn viel los ist, kauft man sein Ticket für nachmittags am besten im Voraus.

Wer auf dem Gletscher Perito Moreno wandern will, kann den Minitrekking-Trip (2700 Arg$, weniger als 2 Std. auf dem Eis) oder die längere, anspruchsvollere Big-Ice-Tour (5200 Arg$, 4 Std. auf dem Eis) buchen. Beide beinhalten eine kurze Bootsfahrt von Puerto Bajo de las Sombras, eine Wanderung durch Lenga-Wälder, ein Gespräch über Gletscherkunde und abschließend eine Eiswanderung mit Klettereisen. Kinder unter acht Jahren sind nicht erlaubt; man sollte vorher reservieren und eigenes Essen mitbringen. Regenkleidung nicht vergessen: Rund um den Gletscher schneit es oft, und auf dem Bootsdeck kann es schnell nass und kalt werden. Transfer kostet extra (1000 Ar$).

Geführte Touren

★ Glaciar Sur ABENTEUER

(☎ 02902-495050; www.glaciarsur.com; 9 de Julio 57; 250 US$/Pers.; ⌚ 10–20 Uhr) Bei diesen empfehlenswerten Tagestouren zum unentdeckten Ende des Parque Nacional Los Glaciares kann man Gletscher bewundern und die Menschenmassen umgehen. Die kleinen Reisegruppen fahren mit einem kundigen mehrsprachigen Guide zum Lago Roca, um den Glaciar Frias zu besichtigen. Die Abenteuertour beinhaltet eine vierstündige Wanderung, der Kulturtrip ein traditionelles *estancia asado* (Gericht mit Grillfleisch) und einen Besuch des Glaciar Perito Moreno außerhalb der Hauptbesuchszeit.

Chaltén Travel GEFÜHRTE TOUREN

(☎ 02902-492212; www.chaltentravel.com; Libertador 1174; ⌚ 9–21 Uhr) Empfehlenswerte Touren zum Glaciar Perito Moreno mit Stopps zur Tierbeobachtung (Ferngläser werden gestellt) sowie Exkursionen entlang der RN 40. Einige Ausflüge werden von Always Glaciers durchgeführt.

Caltur GEFÜHRTE TOUREN
(☎ 02902-491368; www.caltur.com.ar; Libertador 1080) Touren rund um El Chaltén und Pauschalangebote für Übernachtungen.

Overland Patagonia GEFÜHRTE TOUREN
(☎ 02902-492243, 02902-491243; www.glaciar.com; Gletschertour 52 US$) Hat Büros im Hostel del Glaciar Libertador und im Hostel del Glaciar Pioneros (siehe rechts) und organisiert eine alternative Tour zum Glaciar Perito Moreno, die einen Besuch auf einer *estancia*, eine einstündige Wanderung im Park und eine optionale Bootsfahrt auf dem See beinhaltet (500 Ar$ extra).

Always Glaciers GEFÜHRTE TOUREN
(☎ 02902-493861; www.alwaysglaciers.com; Libertador 924) Bietet preisgünstige Touren zum Glaciar Perito Moreno an.

Schlafen

Hostal Schilling PENSION $
(☎ 02902-491453; http://hostalschilling.com; Paradelo 141; B 26 US$, DZ ohne Bad 65 US$, EZ/DZ/3BZ mit Bad 65/82/106 US$;) Das freundliche Gästehaus mit einem guten Preis-Leistungs-Verhältnis und zentraler Lage ist die Wahl für Reisende, die Wert auf guten Service legen. Das liegt vor allem an der Familie, die diese Pension betreibt und ihre Gäste mit einer Tasse Tee und Tipps für die logistische Planung verwöhnt. Zum Frühstück gibt's u. a. Rührei, Joghurt und Kuchen. Außerdem vorhanden sind zahlreiche Aufenthaltsräume, Erwachsenenmalbücher und Spiele.

America del Sur HOSTEL $
(☎ 02902-493525; www.americahostel.com.ar; Puerto Deseado 151; B 30 US$, DZ & 4BZ 140 US$; @) Backpacker lieben dieses stilvolle Hostel mit toller Aussicht und Fußbodenheizung. Die hippen, modernen Doppelzimmer mit Kunstwerken lassen einen vergessen, dass man im Hostel ist. Es geht immer sehr gesellig zu, in der Hochsaison finden erschwingliche Barbecue-Abende mit Salatbüfett statt. Man kann E-Bikes ausleihen.

Posada Karut Josh B&B $
(☎ 02902-496444; www.posadakarutjosh.com.ar; Calle 12, No 1882, Barrio Bahía Redonda; DZ 71 US$;) Das friedliche B&B mit Aluminiumwand wird von einem italienisch-argentinischen Paar geführt und bietet große, helle Zimmer sowie einen hübschen Garten mit Seeblick. Das Frühstück ist üppig und es gibt auch andere sättigende Mahlzeiten (280 Ar$).

Las Cabañitas HÜTTEN $
(☎ 02902-491118; www.lascabanitascalafate.com; Valentín Feilberg 218; Hütte für 2/3 Pers. 60/70 US$, Apt. Für 4 Pers. 80 US$, alle inkl. Frühstück; ⏲ Sept.–Mai; @) Ein erholsames Plätzchen mit Finnhütten wie aus dem Bilderbuch. Wendeltreppen führen nach oben zu den Betten und Apartments, alle mit LED-TVs. Eugenia, die hilfsbereite Tochter des ursprünglichen Besitzers, leitet die Hütten und bietet u. a. einen Grillbereich, Kochmöglichkeiten für die Gäste und echten Lavendel im Garten.

Hostel del Glaciar Libertador HOSTEL $
(☎ 02902-492492; www.glaciar.com; Libertador 587; B/EZ/DZ 25/77/88 US$; @) Hostel hinter einer viktorianischen Fassade mit Stockbetten samt dicken Decken. Das modern ausgestattete Haus verfügt über eine Küche im Obergeschoss, Fußbodenheizung, Computer und einen geräumigen Aufenthaltsbereich mit Plasmafernseher. Im Schlafsaal kostet das Frühstück extra (84 Ar$).

I Keu Ken Hostel HOSTEL $
(☎ 02902-495175; www.patagoniaikeuken.com.ar; FM Pontoriero 171; B 24 US$, Hütte inkl. Frühstück 70 US$/Pers.; @) Das lebendige Hostel mit hilfsbereitem Personal, hausgemachtem Bier und Liegestühlen mit Industriefedern ist bei Reisenden sehr beliebt, u. a. wegen der einladenden Gemeinschaftsbereiche, einer Terrasse zum Entspannen und erstklassigen Grills. Die Lage oben auf einem steilen Hügel liefert tolle Ausblicke (und integriertes Gratis-Workout). Mit dem Taxi kostet es 80 Ar$ bis zum Busbahnhof.

Camping El Ovejero CAMPINGPLATZ $
(☎ 02902-493422; www.campingelovejero.com.ar; José Pantín 64; Stellplatz7 US$/Pers.; @) Der Campingplatz El Ovejero hat waldige, gepflegte (und etwas laute) Stellplätze mit makellosen Duschen, die rund um die Uhr warmes Wasser spenden. Einheimische sind sich sicher, im zugehörigen Restaurant gibt's die besten Grillgerichte der Stadt. Weitere Pluspunkte sind private Tische, Strom und Grills. Der Platz liegt am Bach direkt nördlich der Brücke in die Stadt. Online reservieren.

Hostel del Glaciar Pioneros HOSTEL $
(☎ 02902-491243; www.glaciar.com; Los Pioneros 251; B/EZ/DZ 20/53/59 US$; ⏲ Nov.–März; @) 15 Minuten zu Fuß von der Stadt entfernt ist das große renovierte rote Haus eins von El Calafates ältesten Hostels. Der gesellige Ort bietet komfortable Gemeinschaftsbereiche,

El Calafate

gemütliche Schlafsäle und ein kleines Restaurant mit hausgemachten Speisen.

Calafate Hostel HOSTEL $
(☎ 02902-492450; www.calafatehostels.com; Moyano 1226; B/EZ/DZ/3BZ 20/71/94/110 US$; @ 📶) Die riesige Blockhütte eignet sich hervorragend für große Gruppen, wirkt aber langweiliger als die Konkurrenz in El Calafate. Die Schlafsäle mit Doppelbetten sind gemütlich, der neue Anbau bietet ordentliche Doppelzimmer aus Backstein.

Cauquenes de Nimez B&B $$
(☎ 02902-492306; www.cauquenesdenimez.com.ar; Calle 303, No 79; DZ/3BZ inkl. Frühstück 100/124 US$; ❄ 📶) 🍃 Gabriels einladende Lodge bietet einen schönen Blick auf die Flamingos am See (von November bis Spätsommer). Die schicken Zimmer mit Korkdecken und Naturfotografien verfügen über Schließfächer und Fernseher. Super sind der persönliche Service und das kostenlose Teegedeck mit Lavendelmuffins, ebenso kann man kostenfrei Räder ausleihen (mit einer Spende unterstützt man das Naturschutzreservat).

South B&B B&B $$
(☎ 02902-489555; www.southbb.com.ar; Av Juan Domingo Perón 1016; DZ/3BZ/4BZ inkl. Frühstück 85/120/150 US$; ⏲ Okt.–April; P 📶) Nur mit einer Drohne bekommt man eine bessere Aussicht auf den Lago Argentino als von diesem riesigen Hotel auf einem Berg, das in ein großes B&B umgewandelt wurde. Die Zimmer sind geräumig, bunt und hell, aber das WLAN reicht nicht bis in jedes. Das B&B ist familienbetrieben und aufmerksam, drei Zwergpudel stehen Wache. Zudem gibt's Lunchpakete (15 US$).

Hosteria La Estepa BOUTIQUE-HOTEL $$
(☎ 02902-496592; www.hosterialaestepa.com; Libertador 5310; EZ/DZ inkl. Frühstück ab 130/150 US$; @ 📶) Glückliche Gäste strömen in dieses schick-rustikale Hotel, das einen Pan-

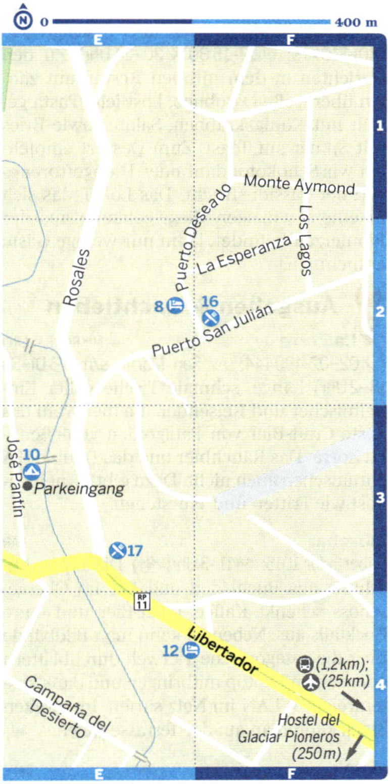

El Calafate

Aktivitäten, Kurse & Touren

1	Always Glaciers	D3
2	Caltur	C3
3	Chaltén Travel	C3
4	Glaciar Sur	C3
5	Hielo y Aventura	D3
6	Solo Patagonia SA	C3
7	Southern Spirit	B3

Schlafen

8	America del Sur	E2
9	Calafate Hostel	C2
10	Camping El Ovejero	E3
11	Hostal Schilling	D4
12	Hostel del Glaciar Libertador	E4
13	Las Cabañitas	B4
14	Madre Tierra	C2

Essen

15	Buenos Cruces	C2
16	Esquina Varela	F2
17	La Tablita	E3
18	Mi Rancho	C2
19	Morphi al Paso	C3
20	Olivia	C3
21	Viva la Pepa	D3

Ausgehen & Nachtleben

22	el ba'r	C3
23	La Zorra	D3
24	Librobar	D3

Unterhaltung

25	La Toldería	C3

oramablick auf den See ermöglicht und mit bäuerlichen Antiquitäten dekoriert ist. Einige der 26 Zimmer haben Seeblick, die Deluxe-Räume verfügen sogar über kleine Wohnbereiche. Im großen Gemeinschaftsraum stehen Karten der Region und Brettspiele zur Verfügung. Das Restaurant serviert hausgemachte Speisen. 5 km westlich des Stadtzentrums auf dem Weg zum Parque Nacional Los Glaciares.

Madre Tierra BOUTIQUE-HOTEL **$$$**

(☎ 02902-489880; www.madretierrapatagonia.com; 9 de Julio 239; DZ inkl. Frühstück 165 US$) Eine Schönheit in Stoffen aus den Anden und in rustikaler Schlichtheit. Das Beste ist das Wohnzimmer im zweiten Stock mit gemütlichen Sofas und einem lodernden Holzofen an kühlen Tagen. Das Haus hat nur sieben Zimmer, die mit riesigen Kommoden und einer klaren, modernen Linie eingerichtet sind. Betreiber sind die langjährigen Führer Natacha und Mariano, die auch Touren und Transfers mit dem Geländewagen anbieten. Reservierung erforderlich.

Essen

Olivia CAFÉ **$**

(☎ 02902-488038; 9 de Julio 187; Snacks 40–120 Ar$; ⏲ 10–20 Uhr; 📶) Das reizende Café verkauft *croque monsieur* (gegrillter Schinken mit Käse), frische Donuts und Espresso-Getränke in einer pastellfarbenen Lounge. Die Kaffeebohnen kommen aus Kolumbien. Eine Runde Aufwärmen gefällig? Da helfen die Quarkscones mit heißer Sahne.

Morphi al Paso FASTFOOD **$**

(☎ 911-3143-6005; 25 de Mayo 130; Hauptgerichte 50–150 Ar$; ⏲ Mo–Sa 12–1 Uhr) Frische *milanesas*, Hotdogs und Burger außerhalb der gewöhnlichen Essenszeiten sind an dieser sauberen, betriebsamen Theke mit Barhockern normal. *Morphi* bedeutet futtern auf Lunfardo, ein argentinischer Slang, der von einem Dialekt aus der Lombardei in Italien stammt.

Viva la Pepa CAFÉ $
(☎ 02902-491880; Amado 833; Hauptgerichte 85–200 Ar$; ⏲ Mo–Sa 12–21 Uhr) In diesem fröhlichen Café mit Kinderzeichnungen an den Wänden gibt's vor allem Crêpes, aber auch tolle Sandwiches aus hausgemachtem Brot (wir empfehlen das mit Hühnchen, Apfel und Blauschimmelkäse), frische Säfte sowie in einer Kalebasse servierten *mate*.

★ **Buenos Cruces** ARGENTINISCH $$
(☎ 02902-492698; Espora 237; Hauptgerichte 130–280 Ar$; ⏲ Mo–Sa 19–23 Uhr;) Das dynamische familienbetriebene Unternehmen bringt neuen Pfiff in argentinische Klassiker. Als Vorspeise gibt's z. B. einen warmen Rote Bete-Salat mit Balsamico-Reduktion. Die Forelle mit Nusskruste ist gewaltig und sättigend, genau wie der Guanako-Hackbraten oder die perfekt knusprig gebackenen Ravioli mit geschmolzenem Roquefort. Der Service ist ausgezeichnet und für die Kinder gibt's einen Spielbereich.

★ **Pura Vida** ARGENTINISCH $$
(☎ 02902-493356; Libertador 1876; Hauptgerichte 130–240 Ar$; ⏲ Do–Di 19.30–23.30 Uhr;) Ein dezent beleuchtetes Restaurant, das argentinische Hausmannskost bietet. Selbst nach vielen Jahren des Erfolgs sieht man den Besitzer noch beim Kochen gebutterter Hühnchenpasteten und beim Nachschenken von Wein. Der braune Reis und das Wokgemüse sowie die Salate sind ein Vergnügen für Vegetarier. Die Portionen sind riesig. Zum Dessert locken köstliche Schokoladenbrownies mit Eiscreme und warmer Beerensoße. Vorab reservieren!

Esquina Varela ARGENTINISCH $$
(☎ 02902-490666; Puerto Deseado 22; Hauptgerichte 190–245 Ar$; ⏲ Do–Di 19 Do–Di 19–open end;) Zur Vorspeise bestellt man sich am besten ein paar frittierte Calamari und Bier in diesem Wellblechlokal. Für danach stehen sättigendes Lammragout, Steak und selbstgemachte Pasta sowie vegetarische Optionen auf der kurzen Karte. Und es gibt Livemusik.

La Tablita PARRILLA $$
(☎ 02902-491065; www.la-tablita.com.ar; Rosales 24; Hauptgerichte 130–300 Ar$; ⏲ 12–15.30 & 19–24 Uhr) Steak und Lamm vom Spieß sind die Spezialitäten dieser beliebten *parrilla* (Steakrestaurant). Für normale Esser reicht sogar ein halbes Steak, abgerundet mit gutem Malbec (Rotwein), frischem Salat oder Knoblauch-Pommes.

Mi Rancho ARGENTINISCH $$$
(☎ 02902-490540; Moyano 1089; Hauptgerichte 180–310 Ar$; ⏲ 12–15.30 & 20–24 Uhr) Zu den Gerichten in dem intimen Restaurant zählen übergroße Ossobuco, köstliche Pasta gefüllt mit Königskrabben, Salate sowie Bries mit Spinat auf Toast. Zum Dessert empfehlen wir Schokofondant oder Halbgefrorenes von der Passionsfrucht. Das Lokal, das sich in einem winzigen Ziegelgebäude aus der Pionierzeit befindet, kann nur wenige Gäste aufnehmen.

Ausgehen & Nachtleben

★ **La Zorra** MIKROBRAUEREI
(☎ 02902-490444; Av San Martín s/n; ⏲ Di–So 18–2 Uhr) Lange, schmale Tische voller Einheimischer und Reisender, die hier wohl das beste Craft-Bier von Patagonien genießen – La Zorra. Das Rauchbier und das Double IPA enttäuschen auch nicht. Dazu gibt's Kneipenkost wie Fritten und Würstchen.

Librobar BAR
(Libertador 1015; ⏲ 11–3 Uhr;) Die hippe Mischung aus Buchladen und Bar im Obergeschoss schenkt Kaffee, Craft-Bier und teure Cocktails aus. Nebenbei kann man Bildbände über die patagonische Tierwelt durchblättern oder seinen Laptop mitbringen und dank kostenfreiem WLAN im Netz surfen. Im zweiten Stock kann man auf der Terrasse sitzen.

el ba'r CAFÉ
(9 de Julio s/n; ⏲ Do–Di 11–22 Uhr) Dieses Patio-Café, ein Hotspot für trendige Leute, kredenzt Espresso, *submarino* (heiße Milch mit einem darin schmelzenden Riegel Zartbitterschokolade), grünen Tee, glutenfreie Snacks und Sandwiches (Hauptgerichte 80–180 Ar$).

Unterhaltung

La Toldería LIVEMUSIK
(☎ 02902-491443; www.facebook.com/LaTolderia; Libertador 1177; ⏲ Mo–Do 12–16, Fr–So bis 18 Uhr) Dieser kleine Laden öffnet nachts seine Türen für Tanz und Liveacts; hier kommt man her, wenn man sich austoben will.

Praktische Informationen

Vor dem Wochenende genügend Bargeld abheben, denn nicht selten sind die Geldautomaten am Sonntag leergeräumt. Wer auf dem Weg nach El Chaltén ist, sollte hier schon etwas Bargeld besorgen.

ACA (Automóvil Club Argentino; ☎ 02902-491004; Valentin Feilberg 51; ⏲ 24 Std.) Argentiniens Automobilclub ist eine gute Quelle für regionale Straßenkarten.

Banco Santa Cruz (Libertador 1285; ⏲ Mo–Fr 8–13 Uhr) Wechselt Reiseschecks und hat einen Geldautomaten.

Büro des Nationalparks (☎ 02902-491545; Libertador 1302; ⏲ Dez.–April 8–20 Uhr, Mai–Nov. bis 18 Uhr) Verfügt über Broschüren und eine ordentliche Karte des Nationalparks. Am besten holt man sich hier Informationen, bevor man den Park erreicht.

Hospital de Alta Complejidad SAMIC (☎ 02902-491889; www.hospitalelcalafate.org; Jorge Newbury 453) In El Calafates oberem Stadtviertel, eine Taxifahrt vom Zentrum.

Post (Libertador 1133; ⏲ Mo–Fr 8–16.30 Uhr)

Städtische Touristeninformation (☎ 02902-491090, 02902-491466; www.elcalafate.tur.ar; Libertador 1411; ⏲ 8–20 Uhr) Hat Stadtpläne und allgemeine Informationen auf Lager. Es gibt auch einen Kiosk am Busbahnhof. In beiden Filialen sprechen einige Mitarbeiter Englisch.

ℹ An- & Weiterreise

FLUGZEUG

Der moderne **Aeropuerto El Calafate** (☎ 02902-491220) liegt 23 km östlich der Stadt abseits der RP 11. Neue Billig-Airlines planen, weitere Flüge nach Buenos Aires, Ushuaia und Río Grande anzubieten. **Aviación Civil Argentina** (ANAC; www.anac.gob.ar) hat eine Karte mit den neuen Routen und Fluglinien.

Die folgenden Preise beziehen sich auf einen einfachen Flug. **Aerolíneas Argentinas** (☎ 02902-492814, 02902-492816; Libertador 1361; ⏲ Mo–Fr 9.30–17, Sa 10–13 Uhr) fliegt täglich nach Bariloche (ab 1860 Ar$), Ushuaia (1800 Ar$), Trelew (4000 Ar$) sowie zu den Flughäfen Aeroparque und Ezeiza in Buenos Aires (ab 4400 Ar$).

LATAM (☎ 02902-495548; 9 de Julio 81; ⏲ Mo–Fr 9–20 Uhr) verkehrt wöchentlich nach Ushuaia. **Aerovías DAP** (S. 346) fliegt in der Hauptsaison nach Punta Arenas (Dez.–März).

BUS

El Calafates **Busbahnhof** (☎ 02902-491476; Jean Mermoz 104; ⏲ 24 Std.) liegt auf einem Hügel, ist zu Fuß jedoch schnell über die Treppe an der Ecke Libertador und 9 de Julio erreichbar. In der Hauptsaison unbedingt reservieren, denn die Busse sind mitunter schnell ausgebucht.

Busse nach Río Gallegos verkehren viermal täglich; Infos dazu gibt's bei **Taqsa/Marga** (☎ 02902-491843; Jean Mermoz 104) oder **Andesmar** (☎ 02902-494250; Jean Mermoz 104). Wer nach Bariloche oder Ushuaia will, muss möglicherweise nachts aufbrechen und in Río Gallegos umsteigen. **Sportman** (☎ 02902-492680; Jean Mermoz 104) bedient verschiedene Ziele in Patagonien.

Busse nach El Chaltén starten täglich um 8, 14 und 18 Uhr. Sowohl **Caltur** (☎ 02902-491368; www.caltur.com.ar; Jean Mermoz 104) als auch **Chaltén Travel** (S. 400) steuern El Chaltén an und fahren im Sommer auch auf der RN 40 nach Bariloche (2425 Ar$, 2 Tage). Die normalen Busse nach Bariloche brauchen im Winter länger, weil sie die Küstenstrecke fahren.

Puerto Natales (Chile) wird von **Cootra** (☎ 02902-491444; Jean Mermoz 104) und **Turismo Zahhj** (☎ 02902-491631; Jean Mermoz 104) täglich um 8 und 8.30 Uhr bedient (in der Nebensaison 3-mal tgl.). Die Busse nehmen den Grenzübergang bei Cerro Costillo, wo vielleicht Anschluss zum Nationalpark Torres del Paine besteht.

ℹ Unterwegs vor Ort

Der Flughafenshuttle **Ves Patagonia** (☎ 02902-494355; www.vespatagonia.com.ar; Flughafentransfer 160 Ar$) bietet einen Tür-zu-Tür-Service (einfach 160 Ar$) oder man nimmt ein Taxi (480 Ar$). Am Flughafen gibt's mehrere Autovermietungen. **Localiza** (☎ 02902-491398; www.localiza.com.ar; Libertador 687; ⏲ 9–20 Uhr) und **Servi Car** (☎ 02902-492541; www.servi4x4.com.ar; Libertador 695; ⏲ Mo–Sa 9.30–12 & 16–20 Uhr) haben günstig gelegene Büros im Stadtzentrum.

Viele Unterkünfte und einige Läden im Zentrum verleihen Fahrräder.

Parque Nacional Los Glaciares (Südteil)

Die absolut größte Attraktion im Südteil des **Parque Nacional Los Glaciares** (www.parquesnacionales.gob.ar/areas-protegidas/region-patagonia-austral/pn-los-glaciares; Erw./Kind 500/130 Ar$, zahlbar nach 8 Uhr) ist der spektakuläre **Glaciar Perito Moreno**, ein 30 km langer, 5 km breiter und 60 m hoher Gletscher mit verhältnismäßig leicht zugänglichen Eisflächen. Er ist einer der ganz wenigen weltweit, die noch kontinuierlich wachsen. Täglich schiebt sich seine Gletscherzunge bis zu 2 m vorwärts und kalbt dabei hausgroße Eisberge. Diese Aktivitäten zu beobachten ist ein langwieriges, aber ungemein spannendes Geduldsspiel.

Eine schmale Spalte in den Anden ermöglichte es den regenreichen Pazifikstürmen, ihre nasse Last östlich des Gebirgskamms in Form von Schnee abzusetzen, was zur Entstehung des Gletschers führte. Über die Jahrtausende verdichteten sich die Schneemas-

DIE GESCHCIHTE DER GLETSCHER

Glitzernde Bänder aus Eis, zerklüftet und rissig vom Druck – die raue Pracht der Gletscher flößt Respekt ein.

Schnee, der im Nährgebiet (Akkumulationsgebiet) eines Gletschers fällt, verdichtet sich zu Eis. Aufgrund der Schwerkraft bewegen sich die Eismassen im Gelände bergab, wobei sich die Eisschichten verformen. Während sich der Gletscher abwärts bewegt, mischt sich Schmelzwasser mit dem Gestein und der Erde des Untergrunds. Ein Teil dieser Mixtur wird zerrieben und bildet eine Art Gleitmittel, das die Vorwärtsbewegung des Gletschers unterstützt. Zugleich wird Geröll zu den Seiten des Gletschers gedrückt und formt aus Gesteinsschutt die sogenannten Moränen. Die Bewegungen verursachen Risse und Verformungen, sogenannte Gletscherspalten.

Im Ablationsgebiet schmilzt der Gletscher. Wenn die im Nährgebiet gefallene Schneemenge größer ist als das im Zehrgebiet abgeschmolzene Eis, dehnt sich der Gletscher aus. Schmilzt im Zehrgebiet mehr Eis, als an Schnee hinzukommt, schrumpft er. Die globale Erwärmung fördert den Rückgang der Gletscher, der seit 1980 weltweit zu beobachten ist.

Ein weiteres Wunder der Gletscher ist ihre Färbung. Warum sind manche blau? Wellenlängen und Luftblasen. Je dichter das Eis ist, desto länger muss das Licht wandern und umso blauer erscheint das Eis. Luftblasen in weniger dichten Bereichen absorbieren lange Wellenlängen weißen Lichts, darum sind sie für unser Auge weiß. Wenn Gletscher in Seen kalben, geben sie „Gletschermehl", also feine Gesteinspartikel ab, die dem Wasser eine milchige, gräuliche Farbe verleihen. Diese Sedimente lösen sich in manchen Seen nicht auf und brechen das Sonnenlicht – eine atemberaubende Farbpalette aus Türkis, Mintgrün und Azurblau.

– Carolyn McCarthy mit Ergänzungen von Ursula Rick

sen durch ihr enormes Gewicht zu Eis, das sich langsam ostwärts schob. Die 1600 km² große Mulde des **Lago Argentino**, der größten zusammenhängenden Wassermasse des Landes, beweist, dass der Gletscher früher viel großflächiger war. Während die meisten Gletscher auf der Erde schrumpfen, wird der Glaciar Perito Moreno als „stabil" betrachtet.

Aktivitäten

Southern Spirit BOOTSTOUREN
(☎ 02902-491582; www.southernspiritfte.com.ar; Libertador 1319, El Calafate; Bootsfahrt 1 Std. 1800 Ar$; ⏲ 9–13 & 16–20 Uhr) Southern Spirit bietet ein- bis dreistündige Bootstouren auf dem Lago Argentino im südlichen Teil des Parque Nacional Los Glaciares an, um den Perito-Moreno-Gletscher zu besichtigen. Eine gute, sportliche Alternative dazu ist eine Wanderung.

Cabalgatas del Glaciar REITEN
(☎ 02902-495447; www.cabalgatasdelglaciar.com; ganzer Tag 2250 Ar$) Cabalgatas del Glaciar veranstaltet ein- und mehrtägige Touren hoch zu Ross oder zu Fuß inklusive tollem Gletscherpanorama vom Lago Rocas bis zum Paso Zamora an der chilenischen Grenze. Die Ausflüge beinhalten den Transfer von El Calafate und ein Steaklunch. Es gibt kein Büro in El Calafate; die Tour bucht man online oder im Caltur-Büro.

Solo Patagonia SA BOOTSTOUREN
(☎ 02902-491115; www.solopatagonia.com; Libertador 867, El Calafate; ⏲ 9–12.30 & 16–20 Uhr) Bietet den Ríos de Hielo Express (1350 Ar$) von Puerto Punta Bandera zu den Gletschern Upsala, Spegazzini und Perito Moreno. Wetterbedingt kann die Route sich ändern. Transfers von El Calafate aus kosten extra (450 Ar$).

Schlafen

★ **Camping Lago Roca** CAMPINGPLATZ $
(☎ 02902-499500; www.losglaciares.com/campinglagoroca; 14 US$/Pers., Hütte für 2/4 Pers. 88/59 US$) Der voll ausgestattete Campingplatz mit Restaurant-Bar ein paar Kilometer hinter dem Bildungslager bildet eine tolle Basis für Abenteuer in der Gegend. Seine sauberen Schlafsäle sind eine gemütliche Alternative zum Campen. In der Gegend gibt's jede Menge Wanderwege. Vor Ort kann man Angelausrüstung leihen und Reitausflüge in der nahegelegenen *estancia* Nibepo Aike buchen.

★ Estancia Cristina ESTANCIA $$$

(☎ 02902-491133, in Buenos Aires 011-4803-7352; www.estanciacristina.com; DZ inkl. VP & Aktivitäten 1738 US$; ⏲ Okt.–April) Einheimische sagen, dass hier die großartigsten Wanderungen in der Region möglich sind. Übernachtet wird in hellen, modernen Bungalows mit weitem Blick. Ein Besuch schließt geführte Aktivitäten und Bootsfahrten zum Glaciar Upsala ein. Die Estancia nahe dem Nordarm des Lago Argentino ist nur per Boot vom Puerto Punta Bandera zu erreichen.

Estancia Nibepo Aike ESTANCIA $$$

(☎ 02902-492797, in Buenos Aires 011-5272-0341; www.nibepoaike.com.ar; RP 15, Km 60; DZ inkl. VP & Aktivitäten ab 152 US$/Pers.; ⏲ Okt.–April; 📶) Diese kroatische Pionierranch, eine noch betriebene Rinderfarm, bietet die übliche Auswahl an *estancia*-Highlights, darunter Vorführungen und Ausritte mit bilingualen Guides. Die Zimmer sind einfach reizend und sehr gute Fotos vermitteln ein Gefühl für die Geschichte der Region. Gäste können die Umgebung auf Drahteseln vom Fahrradbestand erkunden. Transfers nach und von El Calafate sind inklusive.

An- & Weiterreise

El Calafate ist die wichtigste Durchfahrtsstadt auf dem Weg zum südlichen Abschnitt vom Parque Nacional Los Glaciares, hier findet man die meisten Anbieter für Touren und Aktivitäten. Der Glaciar Perito Moreno 80 km westlich von El Calafate ist über die asphaltierte RP 11 zu erreichen. Die Straße führt durch atemberaubende Landschaft rund um den Lago Argentino. Im Sommer finden regelmäßig Bustouren statt (hin & zurück 650 Ar$). Die Fahrzeuge starten frühmorgens und nachmittags in El Calafate und kehren gegen Mittag bzw. um 19 Uhr wieder zurück.

Im Park gibt's einen kostenlosen Shuttle vom Parkplatz zu den Stegen.

El Chaltén

☎ 02962 / 1630 EW.

Das farbenfrohe Dorf überblickt den atemberaubenden nördlichen Teil des Parque Nacional Los Glaciares. Jeden Sommer pilgern Tausende Wanderer über die erstklassigen Wege, die direkt hier beginnen. El Chaltén wurde 1985 eilends aus dem Boden gestampft, um Chile, das die Gegend für sich beanspruchte, zu übertrumpfen. In dem eher ungewöhnlichen Grenzort wird ständig und überall gebaut, Hippies lassen sich hier nieder und Rudel streunender Hunde machen die Gegend unsicher. Jedes Jahr kommen mehr Mainstream-Touristen, um zu sehen, wovon alle reden, aber im Winter (Mai–Sept.) sind die meisten Hotels und Dienstleistungen geschlossen und Verkehrsverbindungen sind rar. Auf www.elchalten.com erhält man eine gute Übersicht über die Stadt.

Geführte Touren

El Relincho REITEN

(☎ 02962-493007, in El Calafate 02902-491961; www.elrelinchopatagonia.com.ar; Av San Martín 505) Der Ausstatter führt Reiter in das schöne Tal vom Río de las Vueltas (3 Std.) und bietet auch anspruchsvollere Ausritte hoch auf den Berg Vizcacha, später gibt's ein Barbecue auf einer traditionellen Ranch. Das Unternehmen stellt auch hüttenähnliche Unterkünfte.

Camino Abierto GEFÜHRTE TOUREN

(☎ 02962-493043; www.caminoabierto.com) Camino Abierto bietet Wanderungen durch Patagonien und einen begleiteten Grenzübergang nach Villa O'Higgins. Abseits der Avenida San Martín.

Schlafen

Albergue Patagonia HOSTEL $

(Patagonia Travellers' Hostel; ☎ 02962-493019; www.patagoniahostel.com.ar; Av San Martín 376; DZ/3BZ 105/130 US$, B/EZ/DZ ohne Bad 25/60/75 US$, alle inkl. Frühstück; ⏲ Sept.–Mai; @📶) Einladendes Holzbauernhaus mit hilfsbereiten Mitarbeitern. Die geräumigen, modernen Schlafsäle befinden sich in verschiedenen Gebäuden, der Service ist gut und die Atmosphäre lebhaft. Es gibt Zimmer mit Privatbädern, Küchennutzung und üppigem Frühstücksbüfett im Fuegia Bistro.

Fahrräder werden auch verliehen, und es wird eine einzigartige Fahrradtour zum Lago del Desierto (1100 Ar$) mit Shuttleoptionen angeboten.

Camping El Relincho CAMPINGPLATZ $

(☎ 02962-493007; www.elrelinchopatagonia.com.ar; Av San Martín 545; Stellplatz pro Person/Fahrzeug/Wohnmobil 9/3/5 US$, Hütten für 4 Pers. 118 US$; 📶) Die Zeltplätze auf dem privaten Campingplatz sind ungeschützt und dem Wind ausgesetzt. Es gibt einen Kochbereich.

Condor de Los Andes HOSTEL $

(☎ 02962-493101; www.condordelosandes.com; Ecke Río de las Vueltas & Halvor Halvorsen; B/DZ 28/91 US$; @📶) Mit den abgenutzten Stockbetten, mollig warmen Räumen und dem prasselnden Kaminfeuer besitzt dieses heimelige Hostel die Atmosphäre einer Skihütte. Die stilvollen Doppelzimmer sind teurer, aber eher keine Option für Paare. Pluspunkte sind die blitzblanke Gemeinschaftsküche und die behaglichen Aufenthaltsräume.

Lo de Trivi HOSTEL $
(☎ 02962-493255; www.lodetrivi.com; Av San Martín 675; DZ 80 US$, B/DZ ohne Bad 19/76 US$;) Das umgebaute Haus ist eine gute Budgetoption mit Schiffscontainern und Terrassen mit alten Betten als Sitzgelegenheiten. Es ist ein ziemliches Durcheinander, aber es hat was. Die verschiedenen Gemeinschaftsbereiche mit oder ohne Fernseher sind ordentlich, aber das Beste ist die große Industrieküche für Gäste. In die Doppelzimmer in den gemütlichen Containern passt gerade noch ein Bett.

Rancho Grande Hostel HOSTEL $
(☎ 02962-493005; www.ranchograndehostel.com; Av San Martín 724; B/DZ/3BZ/4BZ 35/147/170/194 US$; @) Ein Hostel, das gewissermaßen als Chalténs zentraler Busbahnhof fungiert (hier halten die Busse von Chaltén Travel) und jede Menge Rucksacktouristen anzieht. Es bietet jedem etwas, von der Busreservierung über Internetzugang (nicht inbegriffen) bis zum rund um die Uhr geöffneten Caféservice. In den sauberen Vierbettzimmern stapeln sich Decken, und in den Bädern reihen sich Duschkabinen. Wer ein Privatzimmer bucht, bekommt ein eigenes Bad und kostenloses Frühstück.

★ **Nothofagus B&B** B&B $$
(☎ 02962-493087; www.nothofagusbb.com.ar; Ecke Hensen & Riquelme; EZ/DZ/3BZ 74/94/106 US$, ohne Bad 59/71/99 US$; ⊙ Okt.–April; @) Der liebenswerte Gasthof im Stil eines Chalets ist warm und friedlich, der Service aufmerksam und das Frühstück herzhaft. Umweltschutz spielt eine wichtige Rolle und hat dem B&B schon das Sello Verde (grüne Siegel) eingebracht: Müll wird getrennt und frische Handtücher gibt's erst auf Wunsch. Die Zimmer mit Holzbalken und Teppichboden teilen sich meist zu zweit ein Bad und manche haben eine schöne Aussicht. Die Besitzer sind ehemalige Guides und helfen gerne mit Wanderinformationen aus.

Anita's House HÜTTEN $$
(☎ 02962-493288; www.anitashouse.com.ar; Av San Martín 249; Hütte für 2/3/4 Pers. 118/129/141 US$, Hütte für 6 Pers. 188 US$;) Wenn der Wind heult, bieten diese paar modernen Hütten einen gemütlichen Rückzugsort für Gruppen, Paare und Familien, und das mitten im Stadtzentrum. Besitzergeführt und mit tadellosem Service. Die Küchen sind voll ausgestattet, es gibt einen Zimmerservice und Kabel-TV. Die größeren zweistöckigen Hütten sind ziemlich geräumig.

El Barranco GÄSTEHAUS $$
(☎ 02962-493006; www.posadaelbarranco.com; Calle 2, No 45; DZ/3BZ/4BZ inkl. Frühstück 150/165/175 US$;) Dieses Gästehaus mit zehn Zimmern trifft's genau: elegante Zimmer mit Glasduschen, LED-TVs und Schließfächer. Der doppelte Warmwasserbereiter garantiert jedem eine heiße Dusche. Zusätzlich gibt's drei Hütten mit hohen Decken und Küchenecken im grünen Garten. Die Rezeption hat 24 Stunden geöffnet.

Inlandsis PENSION $$
(☎ 02962-493276; www.inlandsis.com.ar; Lago del Desierto 480; DZ 84–99 US$; ⊙ Okt.–April;) Das kleine entspannte Ziegelhaus bietet preiswerte Zimmer mit Stockbetten (einigen mangelt es aber an frischer Luft – vor dem Buchen fragen) und größere, teurere Räume mit zwei Einzelbetten oder einem schmalen Doppelbett. Darüber hinaus gibt's zweistöckige Hütten mit Badewannen, Küchen und DVD-Playern. Tolle Extras wie Nachmittagskekse oder Wein, Lunchpakete für die Wanderung und Transport in die Stadt und zurück.

Pudu Lodge HOTEL $$
(☎ 02962-493365; www.pudulodge.com; Calle Las Loicas 97; DZ inkl. Frühstück 90 US$; P@) Die gemütliche moderne Unterkunft mit freundlichem Service hat 20 geräumige Zimmer mit guten Matratzen. Für El Chaltén ein gutes Preis-Leistungs-Verhältnis. Das Frühstücksbüffet wird in dem tollen Speisesaal mit kathedralenartiger Decke serviert.

★ **Senderos Hostería** B&B $$$
(☎ 02962-493336; www.senderoshosteria.com.ar; Perito Moreno 35; EZ/DZ inkl. Frühstück ab 125/150 US$) Das moderne Wellblechhaus hält tolle Annehmlichkeiten für klamme Wanderer bereit: Das hauseigene Restaurant hat aufmerksames Personal und serviert exquisite Gourmetgerichte sowie hervorragende Weine. Die schicken Zimmer sind mit weißen Laken, stabilen Betten und Schließfächern ausgestattet; sie bieten gelegentlich Blick auf den Fitz Roy.

Hostería El Puma LODGE $$$
(☎ 02962-493095; www.hosteriaelpuma.com.ar; Lionel Terray 212; EZ/DZ/3BZ 146/164/191 US$; P)

Eine Luxus-Lodge mit zwölf komfortablen Zimmern, die Intimität sowie ein riesiges Frühstücksbüffet bietet, ohne abgehoben zu sein. Die Kletter- und Gipfelfotos und die Karten an der Wand im Flur regen zur nächsten Expedition an, aber am angenehmsten beendet man den Tag gemütlich vor dem Kamin.

Kaulem BOUTIQUE-HOTEL **$$$**
(☎ 02962-493251; www.kaulem.com.ar; Ecke Av Antonio Rojo & Comandante Arrua; DZ inkl. Frühstück 155 US$, Hütte mit DZ 135 US$;) Rustikal und stylish, mit nur vier Zimmern, alle mit Blick auf den Fitz Roy, und eine angrenzende Hütte mit Küche ist dieses Boutique-Hotel mit gemütlicher Lodge-Atmosphäre, Café und öffentlicher Kunstgalerie. Zum Frühstücksbüffet gibt's Joghurt, selbstgebackenes Brot und Obst. Die Gäste teilen sich einen großen offenen Ess- und Wohnbereich mit guter Musik, Büchern und Schachspiel.

Essen

Cúrcuma VEGAN **$**
(☎ 02902-485656; Av Rojo 219; Hauptgerichte 160 Ar$; ⏲ 10–22 Uhr;) Das vegane, glutenfreie Café mit vielen Fans verkauft vor allem Essen zum Mitnehmen: von Adzukibohnen-Burgern über Vollkornpizzen bis zu gefüllter Aubergine mit Couscous und Rucola. Salate, Kokosmilch-Risottos und Smoothies sind in Patagonien eine Rarität – also hier zugreifen. Wanderer können einen Tag im Voraus ein Lunchpaket bestellen.

Domo Blanco EIS **$**
(Av San Martín 164; Snacks 90 Ar$; ⏲ 14–24 Uhr) Ausgezeichnetes selbstgemachtes Eis mit Geschmacksrichtungen wie Zitrone-Ingwer und Beeren-Marscarpone, mit Früchten von einer örtlichen *estancia* und Calafatebüschen in der Stadt.

Patagonicus PIZZA **$**
(☎ 02962-493025; Av MM de Güemes 57; Pizza 100–160 Ar$; ⏲ Nov. –April 11–24 Uhr) Pizzen in 20 Varianten, Salate und Wein werden an einfachen Holztischen vor riesigen Panoramafenstern verzehrt – die Einheimischen lieben das Patagonicus. Auch die Kuchen und Kaffeevariationen sind empfehlenswert.

Techado Negro CAFÉ **$**
(☎ 02962-493268; Av Antonio Rojo; Hauptgerichte 90–180 Ar$; ⏲ 12–24 Uhr;) Schlichtes, helles Café mit lässiger Atmosphäre. Die Gerichte sind vielfältig, gut und günstig – teilweise gibt's auch gesunde argentinische Kost. Im Angebot sind z. B. hausgemachte Empanadas, Kürbis gefüllt mit *humitas* (süßem Tamale), vegetarische Speisen mit braunem Reis sowie Suppen und Pasta. Man kann auch Lunchboxen bestellen.

★ **Maffía** ITALIENISCH **$$**
(☎ 02966-449574; Av San Martín 107; Hauptgerichte 180–360 Ar$; ⏲ 11–23 Uhr) Appetit mitbringen! In einem Lebkuchenhaus zaubert dieser Pastaspezialist köstliche gefüllte *panzottis* und *sorrentinos* mit kreativem Innenleben wie Forelle, Aubergine und Basilikum oder Fondue. Zudem gibt's hausgemachte Suppen und Gartensalate. Der Service ist professionell und freundlich. Zum Abschluss den übergroßen selbstgemachten Flan als Dessert nicht vergessen.

Estepa ARGENTINISCH **$$**
(☎ 02962-493069; Ecke Cerro Solo & Av Antonio Rojo; Hauptgerichte 100–300 Ar$; ⏲ 11.30–14 & 18–23 Uhr) In dem bei Einheimischen beliebten Lokal kommen leckere, einfallsreiche Speisen auf den Tisch, etwa Lamm mit Calafate-Soße, Forellenravioli oder Spinatpfannkuchen. Die Portionen sind klein, aber kunstvoll angerichtet, mit Gemüse aus dem eigenen Gewächshaus. Für ein kleines Abendessen gibt's die Grillgerichte zum Mitnehmen.

Don Guerra INTERNATIONAL **$$**
(☎ in Buenos Aires 011-15-6653-5746; Av San Martín s/n; Hauptgerichte 190–230 Ar$; ⏲ 12–23 Uhr) Mit Schaffell überzogene Stühle um eine Barinsel und gemütliche Sitznischen – das ist Patagonien pur. Es gibt selbstgebrautes Bier aus Esquel vom Fass und eine Auswahl an lohnenswerten Gerichten, von *milanesas* bis zu Pfannengerichten und Fajitas.

El Muro ARGENTINISCH **$$**
(☎ 02962-493248; Av San Martín 912; Hauptgerichte 90–210 Ar$; ⏲ 12–15 & 19–23 Uhr) Hervorragendes, kräftiges Gebirgsessen, z. B. sättigende Pfannengerichte, Filet Stroganoff und Forelle mit knackig gebratenem Gemüse, bekommt man in diesem winzigen Restaurant am Ende der Straße.

La Cervecería KNEIPENESSEN **$$**
(☎ 02962-493109; Av San Martín 320; Hauptgerichte 100–190 Ar$; ⏲ 12–24 Uhr) Verführerisch sind nicht nur das sympathische Personal, besonders die temperamentvolle Bierzapferin, sondern auch die kulinarischen Genüsse wie ein kleines Blondes (Pilsener), ein Humpen Bockbier mit Pasta oder *locro* (würziger Eintopf aus Mais, Bohnen, Schweinefleisch und Würstchen).

La Oveja Negra GRILL $$
(☎ 02962-271437; Av San Martín 226; Hauptgerichte 180–240 Ar$; ⏲ 12–23.30 Uhr) Der klassische argentinische Grill in einem netten Holzhaus zaubert Lamm über Holzfeuer, außerdem Rindfleisch und Würstchen. Vegetarier müssen sich mit gegrilltem Gemüse begnügen. Es gibt Craft-Bier vom Fass und Wein.

★ **La Tapera** ARGENTINSCIH $$$
(☎ 02962-493195; Antonio Rojo 74; Hauptgerichte 260–330 Ar$; ⏲ Okt.–April 12–15 & 18.30–23 Uhr) Mit einem zarten Steak in Balsamico-Reduktion, ultrafrischer Forelle aus dem Lago del Desierto und Rotweingläsern so groß wie Köpfe – hier kann man nichts falsch machen. Das La Tapera sieht aus wie eine Blockhütte mit einem offenen Kamin. Bei den vegetarischen Optionen kommt weniger Begeisterung auf – das probiert man am besten woanders. Ansonsten ist der Service auf Zack, die Portionen großzügig und es gibt eine wunderbare Weinauswahl.

Ausgehen & Nachtleben

La Vinería WEINBAR
(☎ 02962-493301; Lago del Desierto 265; ⏲ Okt.–April 14.30–3 Uhr) Diese kleine, sympathische Weinbar ist aus Alaska hierhergezogen und bietet eine ausführliche Karte mit argentinischen Weinen sowie 70 Craft-Bieren und überragenden Appetizern. Bei 50 offenen Weinsorten und einer eigenen Ginkarte könnte manch ein Fan versucht sein, den nächsten Wandertag zu schwänzen.

La Chocolatería CAFÉ
(☎ 02962-493008; Lago del Desierto 105; ⏲ Nov.–März Mo–Fr 11–21, Sa & So 9–21 Uhr) Die Wände dieser unwiderstehlichen Schokoladenfabrik erzählen die Geschichten lokaler Kletterlegenden. Das Angebot reicht von heißer Schokolade mit Schuss bis hin zu Wein und Fondue. Schoko- und Kaffeegetränke kosten 90 Ar$.

Fresco BAR
(Cabo García 38; ⏲ Mo–Sa 17–24 Uhr) Das Wellblechhaus füllt sich, wenn in der minimalistischen Bar Livemusik gespielt wird. Es gibt La Zorra-Bier vom Fass, eins der besten in Patagonien.

Laguna los Tres BAR
(Trevisán 42; ⏲ 18–2 Uhr) Für eine Prise Rock oder Reggae und eine Partie Tischtennis zum Bier geht man in diese angeranzte Kneipe. Am Wochenende gibt's Livemusik; auf der Facebook-Seite steht, was los ist.

Shoppen

Viento Oeste BÜCHER
(☎ 02962-493200; Av San Martín 898; ⏲ 10–23 Uhr) Verkauft Bücher, Karten und Souvenirs und verleiht Campingausrüstung, so wie mehrere ähnliche Läden in der Stadt.

Praktische Informationen

Kommt man aus El Calafate, sollte man Extra-Bargeld mitbringen, falls die Geldautomaten kein Geld mehr haben oder außer Betrieb sind.

Banco de Santa Cruz (Bus Terminal; ⏲ 24 Std.) hat einen Geldautomaten mit LINK-Zugang im Busbahnhof. Vor dem Terminal gibt's einen weiteren.

Laut neuen Regelungen müssen Unterkünfte und Restaurants Kreditkarten annehmen, aber es könnte einige Zeit dauern, bis die Geschäfte das durchführen. Es gibt eine Tankstelle am Stadteingang, die nur Bargeld annimmt. Euro und US-Dollar werden weitgehend akzeptiert.

Chaltén Travel (☎ 02962-493092; www.chaltentravel.com; Av MM de Güemes 7; ⏲ 7–12 & 17–21 Uhr) Bucht Flugtickets (Flüge ab Calafate) und Busreisen auf der RN 40.

Städtische Touristeninformation (☎ 02962-493370; www.elchalten.tur.ar; Bus Terminal; ⏲ 8–22 Uhr) Freundlich und ausgesprochen hilfsbereit. Bietet Listen mit Unterkünften sowie gute Infos über den Ort und Touren. Das Personal spricht Englisch.

Büro der Parkranger (☎ 02962-493024, 02962-493004; pnlgzonanorte@apn.gob.ar; ⏲ Sept.–April 9–17 Uhr, Mai–Aug. 10–17 Uhr) Für eine rasche Orientierung (auf Spanisch und Englisch) halten tagsüber viele Busse erst einmal an diesem neuen Besucherzentrum, das kurz vor der Brücke über den Río Fitz Roy liegt. Die Parkranger haben eine Karte und einen Stadtführer und erläutern die ökologischen Aspekte des Parque Nacional Los Glaciares. Täglich um 14 Uhr laufen Dokumentarfilme über Bergtouren – ideal für Regentage.

An- & Weiterreise

El Chaltén liegt 220 km von El Calafate und ist über eine angenehme asphaltierte Straße zu erreichen. Ein Fahrradweg führt von der Stadt zur Hostería El Pilar im Parque Nacional Los Glaciares. Fahrräder kann man an mehreren Stellen ausleihen.

Viele Reisende kommen nach einer ein- bis dreitägigen Fähren- oder Wandertour von Villa O'Higgins (S. 366) nach El Chaltén.

Alle Busse halten am **Terminal de Omnibus** (☎ 02962-493370) in der Nähe des Ortseingangs. Abfahrende Passagiere müssen eine separate Ausreisesteuer bezahlen (20 Ar$).

El Calafate (600 Arg$, 3½ Std.) wird im Sommer täglich um 7.30, 13 und 18 Uhr von

Chaltén Travel (☎ 02962-493092, 02962-493005; Av San Martín 635) bedient. **Caltur** (☎ 02962-493150; Av San Martín 520) und **Taqsa/Marga** (☎ 02962-493130; Busterminal) verkehren ebenfalls nach El Calafate. In der Nebensaison starten die Busse seltener.

Las Lengas (☎ 02962-493023; Antonio de Viedma 95) betreibt in der Hochsaison Shuttlebusse direkt zum Flughafen El Calafate (600 Ar$) und fährt mit Minivans zum Lago Desierto (hin & zurück 450 Arg$) mit Halt an der Hostería El Pilar und am Río Eléctrico.

Chaltén Travel fährt in der Hauptsaison an ungeraden Tagen im Monat außerdem nach Bariloche (2425 Ar$, 2 Tage), mit einer Übernachtung (Verpflegung & Unterkunft extra). Taqsa bedient auch Bariloche (2020 Ar$) mit Halt an der RN 40 sowie Ushuaia (2150 Ar$).

Parque Nacional Los Glaciares (Nordteil)

Die unwirkliche und atemberaubende Berglandschaft trotzt jeder Logik. Im Nordteil des Parks liegt zweifellos Argentiniens Bergsteiger-Eldorado – das Bergmassiv Fitz Roy mit seinen schroffen Felsen und spitzen Gipfeln, die wie Haifischzähne in den Himmel ragen. Weltklasse-Bergsteiger versuchen sich hier an der schwierigen Besteigung des **Cerro Torre** und des **Cerro Fitz Roy** – für viele Meilensteine in ihrer Karriere. Beide Berge sind jedoch wegen ihrer brutalen Witterungsverhältnisse berüchtigt. Wem solch extreme Herausforderungen nicht liegen, kann auf zahlreichen gut markierten Wanderwegen das atemberaubende Panorama bewundern – sofern sich die Wolken einmal verziehen und den Blick freigeben.

Der Parque Nacional Los Glaciares besteht aus einem Nordteil und einem Südteil, die geografisch voneinander getrennt liegen. El Chaltén liegt am Eingang zum nördlichen Teil des Parks. El Calafate ist das Tor zum Südteil des Parks, in dem sich auch der Perito-Moreno-Gletscher befindet. Da sie nicht durch Wege verbunden sind, werden sie in der Regel als zwei eigenständige Parks betrachtet.

Aktivitäten

★ Laguna de Los Tres — WANDERN

Diese Wanderung zu einem hochgelegenen Bergsee bietet einen der fotogensten Orte im Parque Nacional Los Glaciares. Der Weg ist etwas anstrengender (10 km, Hinweg 4 Std.), darum sollte man bereits in guter körperlicher Verfassung sein. Bei Schmuddelwetter sollte man besonders vorsichtig sein, weil die Trails sehr steil sind.

Laguna Torre — WANDERN

Zu den Highlights auf dieser 18 km langen Rundwanderung zählt ein Blick auf die faszinierende Felsnadel des Cerro Torre. Bei gutem Wetter, d. h. wenig Wind, und klarem Himmel sollten Wanderer der Tour zur Laguna Torres (Hinweg 3 Std.) den Vorrang geben, um einen Blick auf die Gipfelzacken des Cerro Torre zu erhaschen, denn bei keinem anderen Berg in der Gegend besteht angesichts der vielen stürmischen Tage eine so geringe Chance, die Spitze komplett zu sehen.

Lago del Desierto–Chile Trail — WANDERN

Etwa 37 km nördlich von El Chaltén (eine Stunde Fahrt auf einer Schotterstraße) liegt der Lago del Desierto in der Nähe der Grenze zu Chile. Am See führt ein 500 m langer Weg zu einem Aussichtspunkt mit wunderbarem Blick auf den See und den Gletscher. Ein Trail um den Ostteil des Sees geht bis zum Candelario Mansilla in Chile.

Es wird immer beliebter, im Rahmen einer ein- bis dreitägigen kombinierten Wander-/Fährtour die Grenze nach Villa O'Higgins in Chile zu überqueren, der letzte Stopp an der Carretera Austral. Die Route ist auch bei Radfahrern beliebt, obwohl sie ständig ihr Bike schultern müssen, um die steilen Abschnitte, die zu eng sind für Radtaschen, zu überwinden. Eine Straße ist in Planung, aber das kann noch Jahrzehnte dauern.

Lomo del Pliegue Tumbado & Laguna Toro — WANDERN

Dieser Trail (10 km, Hinweg 4–5 Std.) vom Büro der Parkranger in El Chaltén Richtung Süden geht an der Ostseite des Loma del Pliegue Tumbado entlang zum Río Túnel, biegt dann nach Westen ab und führt zur Laguna Toro. Hier ist weniger los als auf den anderen Routen. Die Wanderung ist angenehm, aber man sollte sich auf starke Winde einstellen und viel Wasser mitnehmen.

Piedra del Fraile — WANDERN

Dieser Rundwanderweg (Hinweg 3 Std.) folgt dem Valle Río Eléctrico 16 km weit. Einige Flüsse müssen auf dicken Baumstämmen und einer Brücke überquert werden; man erkennt es an den guten Markierungen. Von der **Hostería El Pilar** geht es 1 km nordöstlich auf der Hauptstraße bis zum markierten Ausgangspunkt des Piedra del Fraile in der Nähe der großen Eisenbrücke.

Geführte Touren

Exploradores Lago del Desierto BOOTSTOUREN

(☎ 02962-493081; www.receptivochalten.com; Gletschertour inkl. Bustransfer 1450 Ar$) Hier gibt's nicht nur eine Bootstour auf dem Lago del Desierto, sondern auch eine kurze Wanderung auf dem Glaciar Vespignani; ohnse Transfer von El Chaltén ist die Tour etwas günstiger. Das Boot überquert auch den Lago del Desierto (40 US$ nach Punta Norte) für Wanderungen nach Candelario Mansilla, Chile.

Patagonia Aventura ABENTEUER

(☎ 02962-493110; www.patagonia-aventura.com; Av San Martín 56, El Chaltén) Dieser Tourenveranstalter bietet Bootsfahrten (1100 Ar$) auf dem Lago Viedma, um den Glaciar Viedma zu besichtigen, und Trekkingtrips (2100 Ar$) auf der Halbinsel oberhalb des Gletschers an. Beide Touren gibt's auch zusammen im Paket (2400 Ar$). Früher konnte man auch auf den Gletscher laufen, aber seitdem er immer weiter schmilzt, ist das nicht mehr möglich. Start ist am Puerto Bahía Túnel.

Chaltén Mountain Guides OUTDOORAKTIVITÄTEN

(☎ 02962-493329; www.chaltenmountainguides.com; Río de las Vueltas 212, El Chaltén) Eisfeldüberquerungen, Trekkingtouren und Bergbesteigungen mit lizenzierten Guides. Je größer die Gruppe, desto günstiger. Das Büro befindet sich im Hotel Kaulem.

Fitzroy Expediciones OUTDOORAKTIVITÄTEN

(Abenteuer in Patagonien; ☎ 02962-436110; www.fitzroyexpediciones.com.ar; Av San Martín 56, El Chaltén; ⏲ 9–13 & 14–20 Uhr) Veranstaltet Trekkingtouren, Gletschertrekking auf dem Viedma-Gletscher, Kajakfahrten und eine fünftägige Tour, die Wanderungen im Gebiet von Fitz Roy und Cerro Torre beinhaltet. Anders als bei den meisten Veranstaltern der Stadt werden auch Kreditkarten akzeptiert.

Schlafen

Lodge Los Troncos HÜTTE $

(Stellplatz 20 US$/Pers., B 50 US$) Reservierungen sind in der Lodge Los Troncos nicht möglich, da es kein Telefon gibt – einfach auftauchen. Auf dem Campingplatz gibt's einen Kiosk, ein Restaurant und ausgezeichnete Einrichtungen.

Hostería El Pilar ESTANCIA $$$

(☎ 02962-493002; www.hosteriaelpilar.com.ar; RP 23, Km 17; EZ/DZ inkl. Frühstück 160/180 US$; ⏲ Nov.–März nur mit vorheriger Reservierung) Am südlichen Ende des Lago del Desierto können Reisende in einem der zehn gemütlichen Zimmer in der *estancia* nächtigen oder in dem einladenden Restaurant speisen, das ausgezeichnete *cocina de autor* (Gourmetküche) serviert. Hier gibt's Wege, die in den Park oder hoch ins Valle Río Eléctrico führen. 17 km von El Chaltén entfernt.

An- & Weiterreise

Der Parque Nacional Los Glaciares liegt direkt vor El Chaltén. Die meisten Wege starten in den Vororten der Stadt und erfordern keine Verkehrsmittel. Ansonsten bieten Veranstalter und Taxis Transfers zu den weiter weg gelegenen Trails an, aber das kostet meistens eine Menge.

Las Lengas (☎ 02962-493023; Antonio de Viedma 95, El Chaltén) betreibt einen Minibusservice zum Lago del Desierto (450 Ar$, hin & zurück, 2 Std.). Abfahrt ist täglich um 8, 12 und 15 Uhr in El Chaltén.

Von Candelario Mansilla, Chile, überquert der Katamaran **Hielo Sur** (☎ in Chile +56-0672-431821; www.villaohiggins.com) die Grenze.

Tierra del Fuego (Feuerland)

Inhalt ➡

Gut essen

➡ Kalma Resto (S. 431)
➡ La Picada de los Veleros (S. 422)
➡ María Lola Restó (S. 431)
➡ Club Croata (S. 417)

Schön übernachten

➡ Yendegaia House (S. 417)
➡ Refugio El Padrino (S. 421)
➡ Lakutaia Lodge (S. 421)
➡ Errante Ecolodge (S. 421)
➡ Antarctica Hostel (S. 427)

Auf in die Tierra del Fuego!

Am Südzipfel Amerikas erstreckt sich das wilde Feuerland mit schiefergrauen Meereslandschaften, purpurroten Mooren und windgepeitschten Wäldern. Die wunderschöne Region gehört halb zu Chile, halb zu Argentinien und ist endlos faszinierend. Den abgeschiedenen chilenischen Teil prägen karge Außenposten, einsame Schaffarmen, endlose Wälder, Seen voller Forellen und namenlose Berge.

Im Gegensatz dazu brummt der argentinische Teil vor Leben. Traveller auf dem Weg in die Antarktis finden in Ushuaia eine quirlige Gourmetszene und Dutzende Geschäfte vor. Man kann mit dem Hundeschlitten ausfahren, durch den Beagle-Kanal schippern oder sich im südlichsten Urlaubsresort der Welt auf Skiern amüsieren. Wer dem Trubel entfliehen will, reist auf die einsame Isla Navarino.

Unzählige unbewohnte Inseln ziehen sich bis zum Cabo de Hornos (Kap Hoorn). Außerdem liegt die Antarktis nur eine kurze Bootsfahrt entfernt.

Reisezeit

Porvenir

Nov.–März Warm, aber windig und toll für Wandern, Pinguine beobachten und Aufenthalt auf einer *estancia*

Mitte Nov.–Mitte April Angelsaison an der Atlantikküste und an Chiles abgelegenem Lago Blanco.

Juli–Sept. Optimal zum Skifahren, Snowboarden und für Hundeschlittentouren in Ushuaia.

Highlights

1. **Dientes de Navarino** (S. 419) Fünf Tage lang auf dem Rundweg durch das Hinterland um zerklüftete Gipfel und durch wilde Landschaften wandern.
2. **Parque Nacional Tierra del Fuego** (S. 434) Den alten moosbewachsenen Wald von Feuerland erkunden.
3. **Ushuaia** (S. 423) Frische regionale Meeresfrüchte im Gourmet-Stil genießen und mit dem Hundeschlitten durch gefrorene Täler rasen.
4. **Porvenir** (S. 416) Auf einer Autotour durch die leeren Nebenstraßen die malerischen Klippen der Bahía Inútil umkurven.
5. **Magellanstraße** (S. 422) Von der Fähre *Yaghan* aus die Gletscher, Wale und abgelegenen Leuchttürme bewundern.
6. **Cerro Castor** (S. 425) Skifahren und Snowboarden mit herrlichem Blick auf das südlichste Resort der Welt, etwas außerhalb von Ushuaia.
7. **Parque Natural Karukinka** (S. 418) Abseits der touristischen Pfade diesen unberührten Park in der Mitte der Hauptinsel erkunden.

Estancia Monte Dinero
Cabo Vírgenes
0
100 km
Cerro Sombrero
Cabo Espíritu Santo
Bahía San Sebastián
257
San Sebastián
ATLANTISCHER OZEAN
CHILE
Río Grande
Isla Grande de Tierra del Fuego
Paso Río Bellavista
RN 3
Lago Blanco
ARGENTINIEN
Tolhuin
Lago Fagnano (Kami)
Parque Nacional Tierra del Fuego
Martial-Gletscher
Altos del Valle
Paso Garibaldi
2
Guardería Lapataia
3
Ushuaia
6
Cerro Castor
Estancia Harberton
Parque Nacional Yendegaia
Dientes de Navarino
1
Villa Ukika
Puerto Navarino
Puerto Williams
Isla Navarino
Lago Windhond
Puerto Toro
Isla Picton
Estrecho de la Maire
Isla Nueva
Isla Lennox
Parque Nacional Cabo de Hornos
Südgeorgien; Antarktis
Cabo de Hornos (Kap Hoorn)

Geschichte

1520, als Magellan durch jene Meerenge segelte, die heute seinen Namen trägt, zeigten weder er noch andere europäische Entdecker Interesse an der Gegend und ihren Bewohnern. Die ersten Seefahrer auf der Suche nach einer Passage zu den Gewürzinseln Asiens fürchteten die steifen Westwinde, die gefährlichen Strömungen und stürmischen Gewässer, die ihre Fahrt um die Südspitze des Kontinents so erschwerten. Deshalb mussten die Ureinwohner der Region – Selk'nam, Haush, Yaghan und Alacalufes – zunächst nicht um ihr Land und ihre Ressourcen fürchten.

Alle Stämme waren Jäger und Sammler. Die Selk'nam (oder Ona) und Haush lebten hauptsächlich von der Jagd auf Guanakos und kleideten sich in deren Häute, während sich die Yaghan und Alacalufes, gemeinhin als „Kanu-Indianer" bezeichnet, von Fisch, Schalentieren und Meeressäugern ernährten. Die Yaghan (oder Yamaná) aßen „indianisches Brot", einen Pilz, der auf der Scheinbuche wächst. Trotz des unbarmherzigen Wetters trugen sie nur spärliche Kleidung und wärmten sich deshalb an ununterbrochen brennenden Feuern. Europäische Seeleute gaben der Region wegen der unzähligen Feuerstellen der Yaghan entlang der Küste den Namen „Feuerland".

Die Besiedlung durch die Europäer sorgte dann für den raschen Untergang der indigenen Feuerländer. Darwin schrieb auf seinem Besuch in der Region 1834, dass der Unterschied zwischen Feuerländern und Europäern größer sei als jener zwischen Wild- und Haustieren (er ist hier nicht sehr beliebt). Auf einer früheren Fahrt hatte Robert Fitzroy, Kapitän der *Beagle*, einige Yaghan entführt und brachte sie nun nach mehreren Jahren missionarischer Erziehung in England in ihre Heimat zurück.

Bevor die Engländer in den 1770er-Jahren die Falkland-Inseln (Islas Malvinas) besetzten, zeigte keine europäische Macht Interesse an der Besiedlung der Region. Die nachfolgenden Regierungen Chiles und Argentiniens sahen das anders. Die chilenische Präsenz an der Magellanstraße seit 1843 und die zunehmende Missionierung durch die Engländer bewog die argentinische Regierung, ihrerseits 1884 Ushuaia zu beanspruchen. 1978 fingen Chile und Argentinien wegen drei kleiner umstrittener Inseln im Beagle-Kanal beinahe einen Krieg an. Die Auseinandersetzungen in der Region wurden erst 1984 beigelegt und sind noch immer ein Streitpunkt.

Unterwegs vor Ort

Die Hälfte der Insel gehört zu Argentinien, für den Grenzübertritt ist ein Reisepass nötig. Per Bus erreicht man Punta Arenas oder südargentinische Städte, wo jeweils Anschlussverbindungen bestehen.

TIERRA DEL FUEGO (CHILE)

Porvenir

061 / 5907 EW.

Wer feuerländischen Alltag in Reinkultur erleben will, der sollte nach Porvenir fahren. Die meisten Besucher unternehmen nur einen kurzen Tagesausflug von Punta Arenas hierher und fühlen sich dabei seekrank von der Überfahrt. Doch wer in diesem Dorf mit metallverkleideten viktorianischen Häusern übernachtet, kann die umliegende Landschaft erkunden und den hiesigen Alltag erleben. Vogelliebhaber können Königspinguine sowie lebhafte Populationen von Kormoranen, Gänsen und Seevögeln beobachten. Porvenir gilt als schwer erreichbar (es gibt keine Busroute hierher), aber der Bau von Straßen durch den südlichen Teil der chilenischen Tierra del Fuego wird den Besuchern eine unberührte Wildnis zugänglich machen.

Nach der Entdeckung von Gold 1879 strömten viele Einwanderer, vor allem aus Kroatien, hierher. *Estancias* (Schaffarmen) boten zuverlässigere Arbeit und lockten auch Chiloten (von der chilenischen Insel Chiloé) an, die Fischfang betrieben. Heute ist die Bevölkerung eine einzigartige Mischung aus beiden Gruppen.

Sehenswertes & Aktivitäten

Als Reiseziel für Tierbeobachtung ist die chilenische Tierra del Fuego fast unbekannt, doch es gibt hier eine reiche Tier- und Vogelwelt mit Peale-Delfinen an der Bahía Chilota und Königspinguinen, die saisonal an der Bahía Inútil zu sehen sind. Die Entdeckung dieser neuen Pinguinkolonie hat für Aufsehen gesorgt. Bis heute gibt's nur wenige Maßnahmen, um die Pinguine vor Massentourismus zu schützen. Den Besuch sollte man bei einer seriösen Agentur buchen, zu den Tieren weiten Abstand halten und ihre Brutzeit respektieren.

Goldwäsche, Reiten und Allradtouren kann man über die Touristesninfo Porvenirs arrangieren.

Museo de Tierra del Fuego MUSEUM
(☎ 61-258-1800; Jorge Schythe 71; 1000 Ch$; ⌚ Mo–Do 8–17, Fr bis 16, Sa & So 10.30–13.30 & 15–17 Uhr) Das fesselnde Museo de Tierra del Fuego an der Plaza de Armas zeigt ein paar überraschende Stücke, darunter Schädel und Mumien der Selk'nam, Musikinstrumente der Missionsindianer auf der Isla Dawson und eine Ausstellung zum frühen chilenischen Kino.

Far South Expeditions OUTDOORAKTIVITÄTEN
(www.fsexpeditions.com) Die gehobenen von einem Naturkundler geleiteten Touren gibt's auch mit Transport ab Punta Arenas. Im Angebot sind ein- und mehrtägige Fahrten zur Königspinguinkolonie und All-inclusive-Pakete. Per Telefon oder E-Mail kontaktieren.

Big Pampa OUTDOORAKTIVITÄTEN
(☎ mobil 9-6190-4183; www.bigpampa.com; Croacia 702; ⌚ versch. Öffnungszeiten) Die einzige Agentur auf Feuerland im chilenischen Teil der großen Insel, die empfehlenswerte Touren zur Königspinguinkolonie, Besuche im Parque Karukinka und Trekking um Seen bietet. Im Yendegaia House.

Travesia del Fin del Mundo REITEN
(☎ mobil 9-4204-0362; wilke.chile@gmail.com; Estancia Porfin; 8-tägige Tour 500 000 Ch$) Der seit Langem als Guide tätige Wilke veranstaltet Reittouren in der Tierra del Fuego mit Beobachtung von Wildpferdeherden und Besuchen auf entlegenen Ranchs. Die Pferde gelten auf der Insel allerdings als Plage, weil sie das fragile Ökosystem aus dem Gleichgewicht bringen. Wilkes Bemühungen, die Pferde zu zähmen und zu verkaufen, zielen auf eine friedliche Lösung ab. Die rustikale Tour ist aber eher für Reiter mit Erfahrung gedacht.

Der Transfer von und nach Porvenir (80 km) ist im Preis enthalten. Wilke ist nicht immer leicht zu erreichen, da er oft in Gebieten ohne Handynetz unterwegs ist. Hier können Freiwillige arbeiten.

Schlafen & Essen

Hotel España HOTEL $
(☎ 61-258-0160; Croacia 698; EZ/DZ/3BZ 25 000/35 000/43 000 Ch$; P 📶) Ein behäbiges Hotel mit geräumigen, tadellos gepflegten Zimmern samt Blick auf die Bucht, Berberteppichen, Fernsehern und Zentralheizung. Unten im Hotel befindet sich außerdem ein Café und hinten kann man seinen Wagen abstellen.

Hotel Yagan PENSION $
(☎ 61-258-0936; Philippi 296; EZ/DZ 62/80 US$; 📶) Elf saubere und angenehme Zimmer mit Heizung und Kabel-TV hat das Hotel Yagan. Einige bieten eine herrliche Aussicht. Im Restaurant, das u. a. frische Meeresfrüchte serviert, kann es zu den Mahlzeiten gut voll werden.

★ **Yendegaia House** B&B $$
(☎ 61-258-1919; http://yendegaiahouse.com; Croacia 702; EZ/DZ/3BZ inkl. Frühstück 67/100/120 US$; 📶) Hier gibt's alles, was man sich in einem B&B wünscht: Naturführer (manche vom Besitzer der Pension geschrieben), ein reichhaltiges Frühstück, Blick auf die Bucht sowie geräumige Zimmer mit dicken Daunendecken. Das historische familiengeführte Magellan-Haus (die erste Unterkunft in Porvenir) wurde liebevoll restauriert und die Gastgeber sind sehr hilfsbereit. Ihre Reiseagentur, Far South Expeditions, bietet von Naturforschern geleitete Touren. Leihfahrräder stehen zur Verfügung.

Das Café serviert Espresso, Sandwiches und Pizza.

El Chispa CAFÉ $
(☎ 61-258-0054; Señoret 202; Hauptgerichte 5000–9000 Ch$; ⌚ versch. Öffnungszeiten) In diesem historischen aquamarinblauen Feuerwehrhaus lassen sich Einheimische gern Lachs, Lamm, Kartoffelbrei und andere Hausmannskost schmecken. Vom Ufer sind es einige Blocks den Hügel hinauf.

Club Croata FISCH & MEERESFRÜCHTE $$
(☎ 61-258-0053; Señoret 542; Hauptgerichte 5000–12 000 Ch$; ⌚ Di–So 11–16 & 19–22.30 Uhr) Dieses traditionelle und gehobene Restaurant gehört zu den altbewährten Lokalen der Stadt. Es serviert eine Auswahl an günstigen Meeresfrüchten und kroatischen Spezialitäten wie Schweinskotelett mit *chucrut* (Sauerkraut). Die Bar hat bis 3 Uhr morgens geöffnet.

Praktische Informationen

Informationen erhält man in der **Touristeninformation** (☎ 61-258-0098, 61-258-0094; www.muniporvenir.cl; Zavattaro 434; ⌚ Mo–Fr 9–17, Sa & So 11–17 Uhr) oder am **Kiosk** (⌚ Jan.–Feb.) vor dem Parque Yugoslavo.

BancoEstado (Ecke Philippi & Croacia; ⌚ Mo–Fr 10–13 Uhr) bietet einen 24-Stunden-Geldautomaten.

Die **Post** (Philippi 176; ⌚ Mo–Fr 9–13 & 15–17 Uhr) liegt an der Plaza.

An- & Weiterreise

Von Punta Arenas aus kann man mit **Aerovías DAP** (☎ 61-261-6100; www.aeroviasdap.cl; Ecke Señoret & Philippi) hierher fliegen oder die Fähre von **Transbordador Austral Broom** (☎ 61-258-0089; www.tabsa.cl; Passagier/Fahrzeug Porvenir-Punta Arenas 6200/39 800 Ch$) nehmen.

Eine gute Schotterstraße (Ruta 257) führt östlich entlang der Bahía Inútil zur argentinischen Grenze in San Sebastián (4 Std.), wo es eine Tankstelle und ein Motel gibt. Ab hier sollten Autofahrer die dicht befahrene und kaputte Lkw-Strecke direkt nach Norden meiden und stattdessen von Onaisín über die Ölstadt Cerro Sombrero reisen sowie die Magellanstraße bei Punta Delgada/Puerto Espora überqueren.

Tierra del Fuego (Landesinneres)

420 EW.

Das wilde Landesinnere kann man auf zwei Arten sehen: Entweder als die Zukunft des Tourismus oder als ein Land mitten im Nirgendwo. Auf Abenteurer und Angler übt es einen ungebrochenen Bann aus. Südlich von Cameron verlief der Zugang zur chilenischen Tierra del Fuego einst in der straßenlosen Wildnis und der zerklüfteten Cordillera Darwin. Da das Bauministerium nun hart daran arbeitet, Zugang zu diesen südlichen Punkten zu schaffen, wird es eine Verbindung nach Ushuaia über den Lago Fagnano geben. In Zukunft wird die Straße weiter zum Parque Nacional Yendegaia führen.

Die Region Timaukel südlich der Bahía Inútil („Nutzlose Bucht") umfasst den Süden des chilenischen Teils von Feuerland. Zu den Attraktionen zählen exklusive Fischerhütten am Lago Blanco, der bei Fliegenfischern beliebt ist, und der Parque Natural Karukinka.

Durch die Gegend führen nur wenige Straßen und es gibt noch weniger öffentliche Verkehrsmittel.

Sehenswertes

Parque Natural Karukinka NATURSCHUTZGEBIET

(☎ in Santiago 2-2222-2697; www.karukinkanatural.cl) Dieser unberührte private Park der Wildlife Conservation Society, Karukinka, erstreckt sich über 300 000 Hektar mit üppigen Feuchtgebieten, Lenga-Wäldern und schneebedeckten Gipfeln. Es gibt tolle Möglichkeiten zur Vogelbeobachtung und mit etwas Glück erspäht man Guanakos, Füchse, Flussotter, Delfine, Robben und See-Elefanten. Auf der Website sind Campingplätze und verschiedene Unterkünfte in der Nähe zu finden. Feuermachen ist nicht erlaubt. Die Zufahrt erfolgt mit dem Auto von Porvenir oder mit saisonalen Flügen von Punta Arenas nach Pampa Guanaco, das etwa 20 Minuten entfernt liegt.

Schlafen & Essen

Im Naturschutzgebiet gibt's einige Campingplätze. Auch eine Fischerhütte und *estancias* bieten Unterkünfte an.

Nona Nina CAFÉ

(☎ 61-274-4349; www.nonanina.cl; Ruta 257, Km 87, Estancia Miriana; Gerichte ab 3000 Ch$; ⏲ versch. Öffnungszeiten) Wer über die San Sebastián in die argentinische Tierra del Fuego unterwegs ist, sollte in diesem einladenden familiengeführten Teehaus in der Estancia Miriana eine Pause einlegen, denn hier gibt's echten Kaffee und Tee aus losen Blättern, serviert mit hausgemachtem Brot, Rhabarbermarmelade und köstlichem Gebäck und Kuchen.

Parque Nacional Yendegaia

Dieser 1500 km² große Nationalpark besteht aus stillen von Gletschern gesäumten Buchten und ursprünglichen Wäldern. Aufgrund seiner Lage in der Cordillera Darwin ist der **Parque Nacional Yendegaia** (www.conaf.cl) eine wichtige Verbindung zwischen dem argentinischen Parque Nacional Tierra del Fuego und dem chilenischen Parque Nacional Alberto de Agostini.

Ein 400 km² großer Teil des Parks war früher eine *estancia*, Viehherden wurden verlegt und Wege saniert. Die Vicuña-Yendegaia-Straße durch den Park soll 2021 fertiggestellt sein. Wege und Besucherinfrastruktur sind noch in Arbeit.

Leider ist der Zugang zum Park schwierig und teuer. Derzeit ist es nur möglich, in der Wildnis zu zelten. Besucher sollten sich darauf einstellen, sich komplett selbst zu versorgen. Es gibt weder Lebensmittelläden noch Telefone.

An- & Weiterreise

Die Fähre von **Transbordador Austral Broom** (S. 422) zwischen Punta Arenas und Puerto Williams hält nach vorheriger Anfrage unterwegs, um Passagiere aussteigen zu lassen. Man muss sich vorab informieren und reservieren, denn pro Woche verkehrt nur eine Fähre pro Richtung, und aufgrund des Wetters können sich die Fahrpläne ändern.

Isla Navarino

Dieser abgelegene Vorposten würde mühelos den Wettbewerb für das authentischste Ende-der-Welt-Flair gewinnen. Die Insel südlich von Ushuaia und jenseits des Beagle-Kanals ist für ihre weitgehend unbewohnte Wildnis weit bekannt und umfasst Moore, Scheinbuchenwälder und die gezackten Felsspitzen namens Dientes del Navarino mit einem berühmten Wanderweg. Merkwürdigerweise wird die Insel zur chilenischen Antarktis gezählt, nicht zum chilenischen Feuerland oder zur Region Magallanes. Puerto Williams ist die einzige Ortschaft und offizieller Hafen für Schiffe auf dem Weg zum Kap Hoorn und in die Antarktis. Hier wohnt auch der letzte lebende Yaghan sprechende Mensch.

Die erste ständige europäische Siedlung auf der Insel wurde Mitte des 19. Jhs. von Missionaren gegründet, ihnen folgten Glücksritter während des Goldrauschs der 1890er-Jahre. Heute zählen Mitglieder der chilenischen Marine, Verwaltungsangestellte sowie Tintenfisch- und Krabbenfischer zu ihren Bewohnern. Die verbliebenen Yaghan-Nachfahren von gemischter Abstammung leben im Küstendorf Villa Ukika.

An- & Weiterreise

Von Punta Arenas gibt's Flüge und eine Fähre von **Transbordador Austral Broom** (S. 422). Auch mit kleinen Booten kann man bei gutem Wetter Ushuaia erreichen. Zudem machen Kreuzfahrtpassagiere hier einen Zwischenstopp.

Puerto Williams

☎61 / 1677 EW.

Hier fühlt man sich von der Außenwelt abgeschnitten,, aber für Reisende ist Puerto Williams ein wahres Abenteuer. Es bietet großartige Möglichkeiten zum Wandern und Kajakfahren. Im Ort passiert nicht viel. Der Wind wirbelt durch die Gassen, Kühe grasen auf dem Dorfplatz und die Höfe sind bis zum Dach mit Feuerholz aufgestockt. Dank der besseren Verkehrsverbindungen werden immer mehr Besucher die südlichste Stadt Südamerikas entdecken.

Sehenswertes

Museo Martín Gusinde MUSEUM
(☎61-262-1043; www.museomartingusinde.cl; Ecke Araguay & Gusinde; Spende erbeten; ⌚Di–Fr 9.30–13 & 15–18.30, Sa & So 14.30–18.30 Uhr, Nebensaison kürzere Öffnungszeiten) Das kunstvolle Museum ehrt den deutschen Priester und Ethnografen, der von 1918 bis 1923 unter den Yaghan arbeitete. Die Exponate konzentrieren sich auf Ethnografie und Naturgeschichte. Die Beschreibungen sind nur auf Spanisch. Öffentliches WLAN ist in der Bibliothek verfügbar. Auf der Facebook-Seite kann man sich über Wechselausstellungen informieren.

Club de Yates Micalvi WAHRZEICHEN
(⌚Ende Sept.–Mai) 1976 wurde der gestrandete deutsche Frachter *Micalvi* zum regionalen Marinemuseum erklärt, fand aber eine bessere Verwendung als schwimmende Bar, die von Marinesoldaten und Jachtbesitzern besucht wird. Leider ist die Bar nicht öffentlich zugänglich.

Yelcho Replica WAHRZEICHEN
Nahe dem Eingang zu den Militärunterkünften befindet sich ein Nachbau des Originalbugs des Schiffs, das die Antarktis-Expedition Ernest Shackletons 1916 von Elephant's Island rettete.

Aktivitäten

Mountainbiketouren sind toll, um die Insel zu sehen. An der Nordküste verläuft eine Schotterstraße. Die Lakutaia Lodge bietet auch Nichtgästen Reitexkursionen und Angeltouren mit dem Helikopter an.

Besucher können Boote zu den Gletschern Italia und Holanda chartern; bei den Reisebüros nachfragen.

★ **Explora Isla Navarino** ABENTEUER
(☎mobil 9-9185-0155; www.exploraislanavarino.com; Centro Comercial 140B; ⌚Mo–Fr 10–13 & 15–19 Uhr) Dieser ausgezeichnete Ausstatter veranstaltet u. a. Kajakausflüge in einer geschützten Bucht, Querfeldeinläufe, Radtouren und mehr. Ein hübsch renovierter Bus dient als Basislager. Es gibt auch ein- und mehrtägige Trekkingtouren zum Dientes-Rundweg sowie Ausflüge mit zweisprachigen Guides mit Sat-Telefon und Erste-Hilfe-Training. Betreut auch Kleingruppen und bereichert die Touren mit Infos zur Geschichte der Region.

Dientes de Navarino WANDERN
Diese fünftägige Trekkingtour bietet eine atemberaubend wilde und windzerzauste Aussicht unter Navarinos Felsspitzen. Der Rundkurs beginnt beim Marienaltar am Ortsrand und schlängelt sich 53,5 km um gezackte Bergspitzen sowie durch eine spektakuläre Wildnis aus blankem Fels und einsa-

EINFÜHRUNG IN DIE DIENTES

Der Rundwanderweg um die Dientes de Navarino (S. 419) wird zunehmend beliebter, erfordert aber mehr Orientierungssinn und Know-how als die Torres del Paine. Hier draußen ist man auf sich allein gestellt. Vor dem Start sollte man unbedingt Folgendes beachten:

- Bevorzugt man auf Natur spezialisierte Reiseführer oder lokale Guides und Träger?
- Vor der Wahl eines Guides nach dessen Erste-Hilfe-Zertifikat, Sprachkenntnissen und Erfahrungen fragen.
- In Flugzeugen ist bis 10 kg Gepäck erlaubt. Möglicherweise muss man die Ausrüstung ausleihen und Campinggas und grundlegende Lebensmittel auf der Insel kaufen. Trockenprodukte sind immer auf Lager, aber Energieriegel sollte man selbst mitbringen.
- Einen Plan B für schlechtes Wetter aufstellen – vielleicht muss man sein Ziel ändern oder sich noch mehr Zeit nehmen.
- An der Polizeiwache (aus Sicherheitsgründen) anmelden, bevor man losgeht.
- Es ist empfehlenswert, ein GPS-Gerät und ein UKW-Radio mitzunehmen.

men Seen. Mit guter Kondition lässt sich die Tour im (relativ) trockenen Sommer in vier Tagen schaffen. Leider ist die Strecke nur rudimentär markiert, deshalb ist ein GPS zusammen mit markierten Karten eine nützliche Navigationshilfe.

Wintertouren sollten nur sehr erfahrene, gut vorbereitete Wanderer unternehmen. Die Touristeninformation bietet eine nützliche Broschüre mit detaillierten Infos zur Route.

Cerro Bandera WANDERN

Die vierstündige Rundtour deckt sich mit dem ersten Teil des Navarino-Wanderwegs und lockt mit einem tollen Ausblick auf den Beagle-Kanal. Der Pfad steigt zwischen Lenga-Südbuchen steil aufwärts zu einem steinübersäten Hügel, auf dem eine chilenische Flagge weht.

Turismo Shila OUTDOORAKTIVITÄTEN

(mobil 9-7897-2005; www.turismoshila.cl; O'Higgins 220; Mo–Sa 9–13.30 & 16–20 Uhr) Sehr hilfreiche Anlaufstelle für Trekker. Bietet Guides und Träger für Dientes-Wege, einen Camping- und Fahrradverleih, Schneeschuhe, Angelausrüstung und nützliche GPS-Tracks für Wanderwege. Verkauft auch Ushuaia-Bootstickets und arrangiert Gletschertouren.

Parque de Aventuras Subantártico ABENTEUER

(mobil 9-8883-9884; www.facebook.com/parquedeaventurassubantartico; Y-905 s/n; 10 000 Ch$; 9–19 Uhr) Dieser Anbieter mit Canopy-Seilrutsche und Aktivitäten am See ist eine gute Option für Familien.

Lago Windhond WANDERN

Eine weniger bekannte, aber lohnenswerte Alternative zum Dientes-Rundweg bietet dieser abgelegene See. Die viertägige Wanderung führt durch geschützte Wälder und Torfmoore direkt zum See und eignet sich auch für stürmisches Wetter. Details zur Route erfährt man bei Turismo Shila. Alternativ engagiert man einen Guide.

Waia Expeditions BOOTSTOUREN

(mobil 9-6228-4207; waiaexpedition@gmail.com) Je nach Wetterlage bietet dieses schnelle Boot Ausflüge um die Insel und um die Gletscher. Die Ausstattung ist einfach; es gibt einen überdachten Bereich, aber kein Badezimmer.

Geführte Touren

Denis Chevallay GEFÜHRTE TOUREN

(mobil 9-7876-6934; denischevallay@gmail.com; Ortiz 260; nach Termin) Für geführte Tagestouren, Stadtrundfahrten und Vogelbeobachtung. Denis spricht Französisch, Deutsch und Englisch und hat gute Kenntnisse in Botanik und Geschichte.

John Cano WANDERN

(mobil 9-9127-6313; www.extremewilliams.com; 60 000 Ch$ pro Tag) John ist ein erfahrener Guide für den Dientes-de-Navarino-Rundweg. Für einen Trägerservice zahlt man extra.

Turismo SIM BOOTSTOUREN

(mobil 9-9354-8322.; www.simexpeditions.com; 21-tägige Antarktis-Expeditionen pro Pers. und Tag ab 350 US$; Nov.–April) Wolf und Jeannette, die herzlichen deutsch-venezolanischen Inhaber, planen renommierte Segeltörns (rechtzeitig im Voraus reservieren!) auf dem Beagle-Kanal, zum Kap Hoorn, zur Insel Südgeorgien und in die Antarktis.

Parque Etnobotánico Omora ÖKOTOUREN
(☎61-262-1715; www.omora.org; Erw./Kind 15 000/7500 Ch$; ⏲8–17 Uhr) Dieser Park eignet sich besonders für diejenigen, die mehr über die örtliche Flora und Fauna erfahren wollen. Hier finden von Wissenschaftlern geführte Touren (2½ Std.) statt, für die man sich vorab anmelden muss. Die Wege sind mit Schildern versehen, die Pflanzennamen auf Yaghan, Lateinisch und Spanisch nennen. Wer hierher will, muss der 4 km langen Straße rechts vom Marienaltar in Richtung Puerto Navarino folgen (60 Gehminuten).

Schlafen

Hostal Pusaki PENSION $
(☎mobil 9-9833-3248; pattypusaki@yahoo.es; Piloto Pardo 222; inkl. Frühstück DZ 75 US$, Zi. pro Pers. ohne Bad 28 US$) Die herzliche Patty begrüßt Reisende in diesem gemütlichen Haus mit komfortablen, mit Teppichen ausgelegten Zimmern. Ihre ausgezeichneten Abendessen mit frischen Meeresfrüchten sind auch für Nicht-Gäste erhältlich.

Hostal Miramar PENSION $
(☎61-272-1372; www.hostalmiramar.wordpress.com; Muñoz 555; DZ mit/ohne Bad inkl. Frühstück 40 000/30 000 Ch$; 📶) Señora Nuri beherbergt Gäste in ihrem hübschen, hellen Haus mit Zentralheizung und tollem Blick auf den Beagle-Kanal. Abendessen gibt's nur nach Voranmeldung.

Refugio El Padrino HOSTEL $
(☎61-262-1136, mobil 9-8438-0843; Costanera 276; Zeltplatz pro Pers. 25 US$, Schlafsaal inkl. Frühstück 13 US$) Dieses saubere, einladende Hostel der quirligen Cecilia bietet Einrichtungen zur Selbstversorgung und eignet sich gut, um Kontakte zu knüpfen. Die kleinen Schlafsäle befinden sich direkt am Kanal. Der mit Flaggen geschmückte Campingplatz verfügt über ein schönes Wohnzimmer, eine Küche und Warmwasserduschen und befindet sich mehrere Häuserblocks entfernt in einer Gasse nahe der Copec-Tankstelle am Wasser.

Hostal Paso McKinlay PENSION $
(☎mobil 9-7998-7598; www.hostalpasomckinlay.cl; Piloto Pardo 213; EZ/DZ inkl. Frühstück 30 000/40 000 Ch$; 📶) Die Unterkunft wird von der freundlichen Familie eines kunstbegeisterten Fischers geführt und verfügt über saubere, neu gestaltete Zimmer mit Kabel-TV, Zentralheizung und einer schönen Aussicht vom 3. Stock. Es gibt eine Gemeinschaftsküche und einen Wäscheservice, aber das Beste ist der frische Fisch zum Abendessen.

Hotel Fio HOTEL $$
(☎mobil 9-3186-0121; www.fio-fio.cl; Cabo de Hornos 14; EZ/DZ/3BZ inkl. Frühstück 85/110/135 US$) Schickes Hotel mit sechs Zimmern, es verfügt über schwarze Zinnen und ist eine gute Ergänzung in der Stadt. Es bietet Berberteppich, Zentralheizung und ein Dekor in gedämpften, natürlichen Tönen. Inklusive Flughafentransfer.

Errante Ecolodge LODGE $$$
(☎mobil 9-9368-9723; www.erranteecolodge.com; Bett/EZ/DZ inkl. Frühstück 60/170/200 US$; 📶) 🍃 Direkt am Ende des Dientes-Wanderwegs liegt diese Lodge am Meer, die von einem jungen Paar mitten in der Natur erbaut wurde. Sie verfügt über ein modernes, elegantes Design, Solarenergie, Zentralheizung und dicke Daunendecken. Von den riesigen Fenstern der Zimmer blickt man auf den Beagle-Kanal. Es gibt auch wunderbare Abendessen am Gemeinschaftstisch. Inklusive Flughafentransfer.

Die beiden geräumigen Schlafsäle verfügen über hohe Decken und schön gestaltete Etagenbetten für drei Personen.

Lakutaia Lodge HOTEL $$$
(☎61-262-1733; www.lakutaia.cl; EZ/DZ/3BZ 233/292/349 US$) Ca. 3 km außerhalb der Stadt Richtung Flughafen findet man in dieser Lodge mit Hotelservice Ruhe und Frieden inmitten einer schönen ländlichen Umgebung. Es gibt ein Restaurant mit Komplettservice und eine Bibliothek mit Büchern über die Geschichte und Natur der Region. Auch Trekking- und Reittouren stehen zur Verfügung. Einziger Nachteil ist die isolierte Lage, weshalb man vielleicht abreist, ohne einen Eindruck von der sonderbaren Stadt bekommen zu haben.

Essen & Ausgehen

Diente de Navarino KOLUMBIANISCH $$
(☎mobil 9-7586-7840; Centro Comercial s/n; Hauptgerichte 4000–12 000 Ch$; ⏲Di–Sa 11–24 Uhr) In diesem kolumbianischen Café mit tropischen Beats werden große Sandwiches, *arepas* (Maiskuchen) und Eintopf serviert. Wer großen Hunger hat, bestellt die *bandeja paisa* mit würzigen Bohnen, Reis, gebratenen Kochbananen, Ei und zähem Fleisch.

Wulaia CHILENISCH $$
(☎ 61-263-9675; Centro Comercial s/n; Hauptgerichte 9000–13 000 Ch$; ⏲ Mo–Sa 12.30–15 & 19–23 Uhr) Eine gute Option für gebratenen Fisch, *chupe de centolla* (Königskrabbenauflauf) und reichliche Fleischgerichte, obwohl das Gemüse etwas fad schmeckt. Der Service kann langsam sein.

Kansaka PIZZA $$
(☎ mobil 9-7987-5491; Costanera 273; Pizza 7000 Ch$; ⏲ Nov.–März 19.30–23.30 Uhr) Diese köstlichen Pizzen mit dünner Kruste serviert ein Ehepaar aus Lyon im eigenen Wohnzimmer an der Küstenstraße. Nach einem lindgrünen Haus Ausschau halten. Getränke kann man selbst mitbringen. Die Portionen sind klein.

La Picada de los Veleros CHILENISCH $$$
(☎ mobil 9-9833-3248; Piloto Pardo 222; Gerichte 15 000–25 000 Ch$; ⏲ Abendessen auf Reservierung) Einer bunten Mischung aus Travellern wird das Essen in familiärer Runde serviert. Patty ist ein Genie in Bezug auf die Zubereitung frischer Meeresfrüchte. Die fröhliche Stimmung lässt sich am besten genießen, wenn man Spanisch spricht. Dazu passt immer eine Flasche Wein.

Puerto Luisa Café CAFÉ
(☎ mobil 9-9934-0849; Costanera 317; Snacks 3000 Ch$; ⏲ Nov.–März Mo–Fr 10–13 & 16–21, Sa 8.30–21 Uhr; 📶) Das kleine Café neben dem Hafenbecken mit tollem Blick aufs Meer offeriert Espresso und Käsekuchen in gemütlichem Ambiente mit übergroßen Stühlen.

El Alambique PUB
(Piloto Pardo 217; ⏲ Di–Sa 20–1 Uhr) Das höhlenartige Pub mit Wandbildern ist der einzige Ort, wo abends Kneipenatmosphäre herrscht.

ℹ Praktische Informationen

Banco de Chile (☎ 61-637-3737; Centro Comercial s/n; ⏲ Mo–Fr 9–14 Uhr) Der einzige Geldautomat auf der Insel ist nicht immer ausreichend gefüllt, doch die Bank bietet für Kreditkarten Barvorschüsse.

Städtische Touristeninformation (www.ptowilliams.cl/turismo.html; Centro Comercial; ⏲ Mo–Fr 9–13 & 14.30–18, Sa 9–13 Uhr) Bietet Stadtpläne, Wanderkarten sowie die Wetter- und Streckenbedingungen für die Trekkingtouren Lago Windhond und Dientes de Navarino. In einem kleinen Kiosk.

Turismo Shila (S. 420) Shop im Freien, der Bootstickets nach Ushuaia verkauft und Bootstouren zur Gletscherbesichtigung arrangieren kann.

ℹ An- & Weiterreise

Puerto Williams erreicht man per Flugzeug oder Fähre, ungünstiges Wetter kann allerdings zu Verspätungen führen. Daher sollte man sich bei der An- und Abreise immer ein Zeitpolster lassen. Von Punta Arenas in Chile gibt's u. a. folgende Optionen:

Aerovías DAP (☎ 61-262-1052; www.aeroviasdap.cl; Centro Comercial s/n; einfach 75 000 Ch$; ⏲ Mo–Fr 9–13 & 14.30–18.30, Sa 10–13.30 Uhr) Fliegt von November bis März von Montag bis Samstag täglich nach Punta Arenas (75 000 Ch$, 1¼ Std.), im Winter gibt's weniger Flüge. Vorab reservieren, da die Nachfrage groß ist.

Der Flughafen liegt 30 Gehminuten vom Zentrum entfernt. Hotels bieten gegebenenfalls einen Abholservice. Die Passagiere nehmen den Transferservice vom Terminal (2500 Ch$ pro Person). DAP-Flüge in die Antarktis legen hier evtl. einen kurzen Zwischenstopp ein.

Transbordador Austral Broom (☎ 61-272-8100; www.tabsa.cl; Liegesitz/Schlafkabine inkl. Mahlzeiten 108 000/151 000 Ch$, 32 Std.) Eine Fähre verkehrt drei- oder viermal monatlich, meistens donnerstags, vom Tres-Puentes-Sektor in Punta Arenas nach Puerto Williams. Die Rückfahrt nach Punta Arenas erfolgt meistens samstags. Nur Schlafkabinen können vorab gebucht werden, die Sitze sind bis kurz vor der Fahrt für Einheimische reserviert; wer aber einen Sitzplatz verlangt, kriegt ihn in der Regel auch. Traveller schwärmen von dem Trip: Bei gutem Wetter hat man vom Deck tolle Aussicht und zwischen Dezember und April die Möglichkeit, Delfine und Wale zu beobachten. Auf der Fahrt von Puerto Williams kommt man nachts an den Gletschern vorbei.

Die Reisemöglichkeiten ab Ushuaia in Argentinien ändern sich häufig. **Turismo Shila** (S. 420) hat den Überblick über die aktuellen Angebote und bietet Reservierungen an.

Fast boats to Argentina (☎ in Argentinien 02901-436193; www.ushuaiaboating.com; einfach 120 US$; ⏲ Service Okt.–April Mo–Sa) Ushuaia wird von drei verschiedenen Unternehmen mit Zodiac-Booten angefahren. Im Ticketpreis enthalten sind die mitunter raue 40-minütige Überfahrt und ein Überlandtransfer von/nach Puerto Navarino. Bei schlechtem Wetter fallen die Fahrten oft aus und werden auf unbestimmte Zeit verschoben.

ℹ Unterwegs vor Ort

Fähre Puerto Toro (⏲ Abfahrt 8 Uhr, Rückfahrt 15 Uhr) Am letzten Sonntag des Monats gibt's eine kostenlose Fähre nach Puerto Toro, einem abgelegenen Fischereihafen am östlichen Ufer der Isla Navarino. Dort kann man die Gegend zu Fuß oder auf Radwegen erkunden. Vom Puerto Williams fährt man zwei Stunden. Bei der Touristeninformation einen Platz reservieren.

Cabo de Hornos & umliegende Inseln

Wer es bis zur Isla Navarino oder nach Ushuaia schafft, hat fast das Ende Südamerikas am Kap Hoorn erreicht. Seit jeher ist die kleine unbewohnte Inselgruppe gleichbedeutend mit Abenteuer und der Romantik der alten Seefahrt, auch wenn sich Seefahrer in der Regel vor dem rauen und ungeheuer kalten Trip fürchteten.

Die Inselgruppe der Südlichen Shetlands liegt am Nordrand der Antarktischen Halbinsel und zählt wegen ihrer spektakulären Landschaft, der reichen Fauna und der Nähe zu Feuerland (1000 km weiter nördlich jenseits der Drakestraße) zu den meistbesuchten Regionen der Antarktis.

Als Teil der Strategie Chiles, das beanspruchte Territorio Chileno Antártico in das restliche Land so weit wie möglich einzubinden, förderte die Regierung die Ansiedlung von Familien auf der Frei-Station. Das erste von mehreren Kindern wurde 1984 geboren. Heute lebt in der Station eine Sommerbelegschaft von etwa 80 Menschen in sterilen wetterfesten Häusern.

Geführte Touren

Aerovías DAP GEFÜHRTE TOUREN

(☎ 61-222-3340; www.dap.cl; ⌚ Nov.–April) Dieser Anbieter fliegt von Punta Arenas zur Frei-Station auf King George Island (3 Std.). Auf dem Programm stehen ein- und zweitägige Touren nach Villa Las Estrellas, zu den Seelöwen- und Pinguinkolonien und zu weiteren Forschungsstationen auf der Insel. Man kann auch Flüge zum Kap Hoorn chartern. Auf der Website findet man die aktuellen Startzeiten und Preise.

Antarctica XXI GEFÜHRTE TOUREN

(☎ Punta Arenas 61-261-4100; www.antarcticaxxi.com; 7 Tage/6 Nächte Doppelbelegung pro Pers. 14 995 US$) Hat als einziges Unternehmen eine Kombitour im Angebot, bei der man mit Flugzeug und Boot unterwegs ist. Erst geht's mit dem Flieger von Punta Arenas zur Frei-Station auf King George Island, dann bricht man mit dem Schiff zur mehrtägigen Kreuzfahrt Richtung Südliche Shetlandinseln und der Region um die Halbinsel auf. Die Programme dauern unterschiedlich lange. Antarctica XXI ist Mitglied der Gesellschaft IAATO, die mit sehr strikten Richtlinien für verantwortungsvolles Reisen in die Antarktis sorgt.

An- & Weiterreise

Wenn man nicht über eine eigene Jacht verfügt, kann man nur im Rahmen einer Tour oder mit einem Charterservice hierher gelangen. **Aerovías DAP** (S. 420) bietet Flüge über Kap Hoorn (ohne Landung vor Ort). Besucher können auch an einem Segeltörn mit **Turismo SIM** (S. 420) teilnehmen.

Der gesamte Verkehr ist wetterabhängig, Schiffe reisen bei schlechtem Wetter jedoch noch eher als kleine Flugzeuge. Man muss Verspätungen einplanen. Wer nicht warten will, darf nicht auf eine Erstattung hoffen. Im Hotel Lakutaia kann man nach Last-Minute-Angeboten von Puerto Williams aus fragen.

TIERRA DEL FUEGO (ARGENTINIEN)

An- & Weiterreise

Die häufigste Verbindung über den Landweg ist von Patagonien aus die 20-minütige Überfahrt mit der Fähre nach **Punta Delgada** (Primera Angostura; ☎ 56-61-272-8100; www.tabsa.cl; Auto/Passagier 15 000/1700 Ch$; ⌚ tagsüber) in Chile. Im Gegensatz zum restlichen Argentinien gibt's auf Feuerland keine regionalen Autobahnen, sondern eher zweitklassige Straßen namens *rutas complementarias*, die mit einem Kleinbuchstaben gekennzeichnet werden. Die Straßen heißen zum Beispiel „RC-a".

Wer auf dem argentinischen Festland ein Auto leihen will, muss auf dem Weg nach Tierra del Fuego mehrmals durch Chile fahren. Hierfür sind spezielle Dokumente erforderlich. Zudem sind die besonderen Richtlinien für den Transport von verbotenen Produkten (hauptsächlich Obst, Milchprodukte, Fleisch und Saatgut) sowie zusätzliche internationale Versicherungsschutzregeln zu beachten. Auf vorherige Anfrage können die meisten Autovermietungen den Papierkram arrangieren.

Chile baut derzeit eine alternative Straße zum südlichen Zipfel der Insel. Zum Zeitpunkt der Recherche gab es eine Verbindung zum Lago Fagnano, für die jedoch ein Allradwagen erforderlich ist.

Besucher können nach Río Grande oder Ushuaia fliegen. Busse nehmen die Fähre vom chilenischen Punta Delgada und fahren alle durch Río Grande, bevor sie Ushuaia erreichen.

Ushuaia

☎ 02901 / 57 000 EW.

Ushuaia ist ein geschäftiges Hafen- und Abenteuerzentrum mit steilen Straßen und einem Durcheinander von Gebäuden unterhalb des

Ushuaia

schneebedeckten Martial-Gebirges. Die Anden treffen auf den berühmten Beagle-Kanal in einem steil abfallenden Tal, in dem sich die Stadt vor dem Meer mit plätschernden Strömungen ausbreitet.

Ushuaia weiß seinen Status als „Ende der Welt" zu nutzen und es laufen immer mehr Schiffe in den Hafen ein, die in die Antarktis fahren. Das geschäftstüchtige Treiben der Stadt kennt keine Ironie: Es gibt einen Souvenirladen, der nach Jimmy Button benannt ist (einem gebürtigen Feuerländer, der zu Ausstellungszwecken mit nach England genommen wurde). Das Skizentrum ist nach dem destruktiven *castor* (Biber) benannt. Dennoch kann man von hier aus beim südlichsten Craft-Bier der Welt mögliche Outdooraktivitäten planen: Wandern, Segeln, Skifahren, Kajakfahren und sogar Tauchen.

Aufgrund der vergleichsweise hohen Löhne in Tierra del Fuego zog es viele Argentinier hierher. Einige Einheimische bedauern die mangelnde Stadtplanung und den Verlust der Kleinstadtkultur.

Sehenswertes

Museo Marítimo & Museo del Presidio

MUSEUM

(☎ 02901-437481; www.museomaritimo.com; Ecke Yaganes & Gobernador Paz; Erw./Stud./Familie 300/200/650 Arg$; ⏲ April–Nov. 10–20 Uhr, Dez.–März 9–20 Uhr, letzter Eintritt 19.30 Uhr) 1906 holte man Sträflinge von der Isla de los Estados nach Ushuaia, um dieses Nationalgefängnis zu bauen, das 1920 fertiggestellt wurde. In den bedrückenden für 380 Insassen geplanten Zellen saßen vor der Schließung im Jahr 1947 800 Gefangene ein. Zu den berühmten Häftlingen gehören der Autor Ricardo Rojas und der russische Anarchist Simón Radowitzky. Die Infos (nur auf Spanisch) zum Gefängnisleben sind faszinierend. Maritime Exponate bieten einen einzigartigen Einblick in die Geschichte der Region.

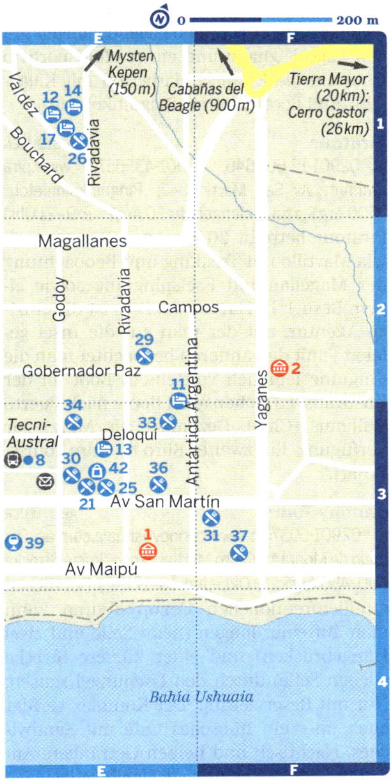

Ushuaia

Sehenswertes

1 Museo del Fin del Mundo ... E3
2 Museo Marítimo & Museo del Presidio ... F2

Aktivitäten, Kurse & Touren

3 Canal Fun ... D3
Che Turismo Alternativo ... (siehe 4)
4 Patagonia Adventure Explorer ... D4
5 Piratour ... C3
6 Rayen Aventura ... D3
7 Tierra ... A3
8 Tolkar ... E3
Tres Marías Excursiones ... (siehe 4)
9 Turismo Comapa ... D3
10 Ushuaia Turismo ... C2

Schlafen

11 Antarctica Hostel ... E2
12 Galeazzi-Basily B&B ... E1
13 Hostel Cruz del Sur ... E3
14 La Casa de Tere B&B ... E1
15 Martín Fierro B&B ... C3
16 Mil 810 ... D2
17 Posada Fin del Mundo ... E1
18 Yakush ... B3

Essen

19 Almacen Ramos Generales ... C3
20 Bodegón Fueguino ... C3
21 Café Bar Banana ... E3
22 Chiko ... D3
23 Christopher ... C3
24 El Turco ... A3
25 Freddo ... E3
26 Kalma Resto ... E1
27 Kaupé ... D2
28 Küar 1900 ... D3
29 La Anónima ... E2
30 La Estancia ... E3
31 Lomitos Martinica ... F3
32 María Lola Restó ... B3
33 Paso Garibaldi ... E3
34 Placeres Patagónicos ... E3
36 Tante Sara ... E3
35 Tante Sara ... C3
37 Volver ... F3

Ausgehen & Nachtleben

38 Dublin Irish Pub ... C3
39 Viagro ... E3

Shoppen

40 Boutique del Libro ... B3
41 Paseo de los Artesanos ... D3
42 Quelhue Wine Shop ... E3

Museo del Fin del Mundo MUSEUM
(☎ 02901-421863; www.tierradelfuego.org.ar/museo; Ecke Av Maipú & Rivadavia; 130 Arg$; ⏲ 10–19 Uhr) Im 1903 als Bank erbauten Gebäude in Hafennähe sind heute ausgestopfte Vögel, Exponate zur Naturgeschichte, zum Leben der Einheimischen und zu frühen Strafkolonien Feuerlands sowie mäßig interessante Modelle ausgestellt. Informationen auf Spanisch mit englischen Übersetzungen. Führungen um 11 und um 15.30 Uhr.

Aktivitäten

Aeroclub Ushuaia RUNDFLÜGE
(☎ 02901-421717, 02901-421892; www.aeroclubushuaia.com; Luis Pedro Fique 151; pro Pers. 15/60 Min. 70/205 US$) Bietet Rundflüge über den Kanal und die Cordillera Darwin. Die Flüge starten vor 13 Uhr; am besten drei Tage vorher bestätigen lassen. Da sich das Wetter schnell ändern kann, kann sich der Abflug evtl. verspäten oder abgesagt werden.

Cerro Castor SKIFAHREN
(☎ 02901-499301; www.cerrocastor.com; Liftticket ganztägig Neben-/Hochsaison 885/1120 Arg$; ⏲ Mitte Juni–Mitte Okt.) Dieses unglaublich maleri-

sche große Skigebiet liegt 26 km von Ushuaia entfernt und ist über die RN 3 zu erreichen. Es bietet 15 Pisten, die 400 Hektar umfassen, schöne Hütten und mehrere Restaurants. Ski- und Boardverleihe sind verfügbar. In der Nebensaison kosten die Skipässe weniger; sparen kann man auch mit Mehrtagespässen. An kalten Tagen wird ein durchsichtiger Windschutz an den Liften montiert. Im August herrschen unglaubliche Schneeverhältnisse.

Cerro Martial & Glaciar Martial OUTDOORAKTIVITÄTEN

Die Panoramen von Ushuaia und dem Beagle-Kanal sind eindrucksvoller als die kleineren Gletscher. Das Wetter ist unvorhersehbar. Warme Kleidung und festes Schuhwerk mitbringen. Man kann wandern gehen oder eine Baumwipfel-Tour unternehmen. Die Anreise erfolgt mit dem Taxi oder einem Minivan zum Cerro Martial. Minivans fahren von 8.30 bis 18.30 Uhr jede halbe Stunde von der Ecke Avenida Maipú und Juana Fadul ab.

Cruceros Australis KREUZFAHRTEN

(☎ in Buenos Aires 011-5128-4632; www.australis.com; 3 Nächte & 4 Tage pro Pers. ab 1190 US$; ⏲ Ende Sept.–Anfang April) Luxuriöse Sightseeing-Kreuzfahrten von Ushuaia nach Punta Arenas (Chile) mit drei oder vier Übernachtungen und der Möglichkeit, am Kap Hoorn auszusteigen.

Rayen Aventura ABENTEUER

(☎ 02901-15-580517, 02901-437005; www.rayenaventura.com; Av San Martín 611) Bekannt für seine aufregenden Geländefahrten zum Lago Fagnano mit Trekking- oder Kajakoptionen und *estancia*-Besuchen. Bietet auch Wintertouren.

★ Tierra ABENTEUER

(☎ 02901-15-486886, 02901-433800; www.tierraturismo.com; Büro 4C, Onas 235) 🍃 Aktivtouren und ungewöhnliche maßgeschneiderte Reisen bietet diese kleine Agentur. Sie wurde von supernetten mehrsprachigen ehemaligen Guides gegründet, die Besuchern ein persönlicheres Erlebnis bieten wollten. Zu den Aktivitäten gehören Geländetouren mit Kajakfahren und Wandern, Trekking im Parque Nacional Tierra del Fuego und Besuche auf der Estancia Harberton.

Canal Fun ABENTEUER

(☎ 02901-435777; www.canalfun.com; Roca 136; 👪) Das von jüngeren, mehrsprachigen Guides geführte Unternehmen hat beliebte Tagesausflüge im Programm, darunter Wanderungen und Kajakfahrten im Parque Nacional Tierra del Fuego, die berühmten Geländefahrten um den Lago Fagnano und einen Multisporttrip rund um die Estancia Harberton mit Kajakfahrt und Bootsfahrt zur Pinguinkolonie.

Piratour BOOTSTOUREN

(☎ 02901-15-604646, 02901-435557; www.piratour.net; Av San Martín 847; Pinguinkolonietour 2500 Arg$, zzgl. Hafengebühr 20 Arg$; ⏲ 9–21 Uhr) Piratour betreibt 20-Personen-Touren nach Isla Martillo mit Trekking und Beobachtung der Magellan-und Eselspinguine sowie einem Besuch in Harberton. Dies ist die einzige Agentur, mit der man auf die Insel gelangt – mit den anderen beobachtet man die Pinguine lediglich von einem Boot an der Küste aus. Es stehen auch Boote nach Puerto Williams (Chile, Dezember bis März) zur Verfügung. Ein zweites Büro liegt am Tourist Wharf.

Canopy Tours ABENTEUER

(☎ 02901-503767; www.canopyushuaia.com.ar; Refugio de Montaña, Cerro Martial; lange/kurze Strecke 600/450 Arg$; ⏲ Okt.–Juni 10–17 Uhr) Bei diesen familienfreundlichen Canopy-Touren kann man auf einer langen (neun Seile und zwei Hängebrücken) und einer kürzere Strecke (sieben Seile) durch den Dschungel sausen. Nur mit Reservierung. Der Komplex verfügt auch über ein hübsches Café mit Sandwiches, Nachtisch und heißen Getränken. Am Anfang des Weges zum Glaciar Martial.

Patagonia Adventure Explorer BOOTSTOUREN

(☎ 02901-15-465842; www.patagoniaadvent.com.ar; Tourist Wharf) Hat komfortable Boote. Der Fahrpreis schließt kleine Snacks und eine kurze Wanderung auf den Isla Bridges ein. Mehr Abenteuer und ein persönlicheres Erlebnis auf dem Beagle-Kanal verspricht ein Törn auf dem 5,5 m langen Segelboot. Ein- und mehrtägige Segeltörns mit Wein und Gourmetimbiss sind ebenfalls möglich.

Che Turismo Alternativo BOOTSTOUREN

(☎ 02901-15-517967; www.facebook.com/elchetu rismoalternativo; Tourist Wharf; Halbtagestour 1200 Arg$) Diese vom Inhaber geführte Bootstour auf dem Beagle-Kanal beinhaltet eine Wanderung auf den Isla Bridges und regionales Fassbier, das man bei der Rückfahrt zum Hafen genießt. Die Tour ist sehr beliebt bei den Hostelgästen. Vor dem Verlassen des Boots zahlt man am Hafen 20 Arg$ extra. Die vierstündigen Touren finden täglich ab 10 Uhr statt.

Compañía de Guías de Patagonia ABENTEUER
(☎ 02901-437753; www.companiadeguias.com.ar; Ganztageswanderung 105 US$) Ein seriöser Ausstatter, organisiert Expeditionen und Mehrtagestouren rund um Ushuaia, die Isla Navarino und weiter entfernte Ziele auf Feuerland. Es stehen auch Gletscher-Trekking, Mountainbiken und Antarktis-Ausflüge mit dem Seekajak zur Auswahl.

Turismo Comapa GEFÜHRTE TOUREN
(☎ 02901-430727; www.comapa.com; Av San Martín 409) In dieser langjährigen Agentur in Chile kann man Fahrten mit Navimag und Cruceros Australis buchen. Auch nach Puerto Williams (Chile) werden die üblichen Touren verkauft.

Tierra Mayor ABENTEUER
(Antartur; ☎ 02901-430329; http://antartur.com.ar; RN 3, Km 3018; geführte Hundeschlittenfahrt 50 US$) Tierra Mayot bietet preisgünstige Abenteuertouren und hat ein eigenes Bergbasislager. Man kann ein wunderschönes alpines Tal mit Schneeschuhen erkunden oder in Tierra Mayor Hundeschlitten fahren. Für eine ganz besondere Nacht lässt man die Trips beim abendlichen Lagerfeuer (130–145 US$) ausklingen. Im Angebot stehen auch geführte Pistenfahrten und ein Tagestrip mit dem Geländewagen zum Lago Fagnano mit Kanufahren und Grillen. Über die RN 3 fährt man von Ushuaia aus 19 km.

Tres Marías Excursiones BOOTSTOUREN
(☎ 02901-15-611199, 02901-436416; www.tresmariasweb.com; Tourist Wharf) Der einzige Veranstalter mit der Genehmigung, an der Isla „H" im Naturreservat Isla Bridges anzulegen. Dort können die Muschelhaufen und eine Kolonie von Felsenscharben begutachtet werden. Auf sein kleines, malerisches Segelboot passen nur acht Personen.

Tolkar GEFÜHRTE TOUREN
(☎ 02901-431408, 02901-431412; www.tolkarturismo.com.ar; Roca 157) Hilfsbereite, beliebte Universalagentur, die mit Tecni-Austral Buses (S. 433) zusammenarbeitet.

Ushuaia Turismo GEFÜHRTE TOUREN
(☎ 02901-436003; www.ushuaiaturismoevt.com.ar; Gobernador Paz 865) Last-Minute-Buchungen für Antarktis-Kreuzfahrten.

Schlafen

Camping Municipal CAMPINGPLATZ $
(RN 3; Zeltplätze gratis) Etwa 10 km westlich der Stadt, auf dem Weg zum Parque Nacional Tierra del Fuego, bietet dieser Campingplatz eine schöne Umgebung, aber minimale Einrichtungen.

★ **Antarctica Hostel** HOSTEL $
(☎ 02901-435774; www.antarcticahostel.com; Antártida Argentina 270; Bett/DZ 26/97 US$; @ 📶) Freundliche Backpackerherberge mit warmherziger Atmosphäre und hilfsbereitem Personal. Der offene Flur und das Bier vom Fass sind neuen Freundschaften förderlich. Im Gemeinschaftsraum entspannen sich die Gäste und spielen Karten, in der kühlen Balkonküche wird gekocht. Die Betonzimmer mit Fußbodenheizung sind sauber und groß.

Hostel Cruz del Sur HOSTEL $
(☎ 02901-434099; www.xdelsur.com.ar; Deloquí 242; Bett 25 US$; @ 📶) Dieses ungezwungene, organisierte Hostel bietet zwei renovierte, orangerot gestrichene Häuser (von 1920 und 1926), die über einen Durchgang verbunden sind. Die Preise für die Schlafsäle basieren auf der Raumkapazität. Der einzige Nachteil: Das Badezimmer könnte in einem anderen Stock liegen. Es gibt einen schönen Hinterhof, doch die Gemeinschaftsräume im Inneren sind spärlich. Rabatte auf Aufenthalte ab fünf Nächten.

La Posta HOSTEL $
(☎ 02901-444650; www.lapostahostel.com.ar; Perón Sur 864; Bett/DZ 22/65 US$; @ 📶) Gemütliches Hostel und Pension am Stadtrand, das sich großer Beliebtheit bei jungen Travellern erfreut und durch einen herzlichen Service, eine gemütliche Einrichtung und eine tadellose Küche überzeugt. Der Minuspunkt: Die Unterkunft liegt weit vom Stadtzentrum entfernt, aber es gibt jede Menge Busse und Taxis.

Los Cormoranes HOSTEL $
(☎ 02901-423459; www.loscormoranes.com; Kamshen 788; Bett 31–40 US$, DZ/3BZ/4BZ 107/132/155 US$; @ 📶) Einen 10-minütigen Spaziergang (bergauf) nördlich der Innenstadt liegt dieses einladende, entspannte HI-Hostel. Die Schlafsäle mit sechs Betten und Fußbodenheizung bieten Blick auf die Dielenflure im Freien; einige haben ein eigenes Bad. Die Doppelzimmer verfügen über polierte Zementböden und Daunendecken. Das beste Zimmer ist die Nummer 10 mit Blick auf die Bucht. Die Bettwäsche könnte ein Upgrade vertragen und die Gemeinschaftsräume sind so lala. Das Frühstück umfasst Eier zum Selbermachen und frisch gepressten Orangensaft.

Yakush HOSTEL $

(☎02901-435807; www.hostelyakush.com; Piedrabuena 118; Bett 23–25 US$, DZ ohne/mit Bad 85/75 US$; ⊙Mitte Okt.–Mitte April; @ 📶) Ein farbenfrohes, einladendes Hostel, das zwar zentral gelegen ist, doch etwas teuer für das, was man bekommt.

★ **Galeazzi-Basily B&B** B&B $$

(☎02901-423213; www.avesdelsur.com.ar; Valdéz 323; EZ/DZ ohne Bad 45/65 US$, 2-/4-Personen-Hütte 110/140 US$; @ 📶) Das Beste an dieser eleganten Holzvilla ist die herzliche Familie, bei der man sich wie zu Hause fühlt. Die Zimmer sind klein, aber persönlich eingerichtet. Sie verfügen über je zwei Einzelbetten, weshalb sich Paare vielleicht lieber in einer der modernen Hütten hinten einquartieren. Es ist ein ruhiger Ort und wo sonst kann man sein Englisch, Französisch, Italienisch und Portugiesisch üben?

Familia Piatti B&B B&B $$

(☎02901-15-613485, 02901-437104; www.familiapiatti.com; Bahía Paraíso 812, Bosque del Faldeo; DZ 80 US$, Suite 139–190 US$; @ 📶) 🍃 Wer Lust hat, im Wald zu faulenzen, sollte dieses einladende B&B nur fünf Minuten außerhalb der Stadt aufsuchen. Es bietet warme Daunendecken und einheimische Lenga-Holzmöbel. Die Wanderwege in der Nähe führen zu den Bergen. Die freundlichen mehrsprachigen Besitzer (Französisch, Italienisch, Spanisch und Portugiesisch) können einen Transfer und geführte Ausflüge arrangieren. Auf der Website findet man eine Wegbeschreibung.

Mysten Kepen PENSION $$

(☎02901-430156, 02901-15-497391; http://mystenkepen.blogspot.com; Rivadavia 826; DZ/3BZ/4BZ 94/144/175 US$; 📶) Für einen authentischen Aufenthalt bei einer argentinischen Familie ist man hier genau richtig. Roberto und Rosario erzählen von ihren Lieblingsgästen der vergangenen Jahre, und ihr Bilderbuchhaus, das sie mit ihren zwei Kindern bewohnen, ist angenehm lebhaft. Die recht neu eingerichteten Zimmer verfügen über helle Decken aus Cord und praktische Regale, um abends zu lesen. Ein Flughafentransfer ist verfügbar. Im Winter gibt's Rabatte.

Martín Fierro B&B B&B $$

(☎02901-430525; www.martinfierrobyb.com.ar; 9 de Julio 175; EZ/DZ 70/110 US$; ⊙Sept.–April; P 📶) Wer in diesem charmanten Gasthof übernachtet, fühlt sich wie in der kühlen Berghütte eines weitgereisten Freundes, der starken Kaffee liebt und eine tolle Büchersammlung hat. Javier, der Besitzer, hat die Innenräume mit regionalem Holz und Stein eigenhändig gebaut. Heutzutage sorgt er für eine freundliche, lockere Atmosphäre, in der Reisende am Frühstückstisch tiefsinnige Gespräche führen.

Posada Fin del Mundo B&B $$

(☎02901-437345; www.posadafindelmundo.com.ar; Ecke Rivadavia & Valdéz; DZ 140 US$) Dieses weitläufige Haus strahlt guten Geschmack und Charakter aus – vom gemütlichen Wohnzimmer mit Volkskunst und weitem Wasserblick bis zum freundlichen Schokoladenlabor. Die besten der neun individuellen Zimmer (manche davon klein) liegen im Obergeschoss. Das Frühstück ist reichlich und es gibt auch Nachmittagstee und Kuchen. Das B&B wird im Winter manchmal von Ski-Teams ausgebucht.

La Casa de Tere B&B B&B $$

(☎02901-422312; www.lacasadetere.com.ar; Rivadavia 620; DZ mit/ohne Bad 120/85 US$) Tere schenkt den Gästen viel Aufmerksamkeit, doch man kann sich vollkommen frei in diesem schönen, modernen Haus mit herrlicher Aussicht bewegen. Die drei sauberen Zimmer sind schnell ausgebucht. Man kann kochen und im Wohnzimmer gibt's Kabel-TV und einen Kamin. Vom Stadtzentrum aus ist es ein kurzer, aber steiler Weg bergauf.

Arakur HOTEL $$$

(☎02901-442900; www.arakur.com; Cerro Alarken; DZ mit Tal-/Meerblick 370/400 US$; P ❄ @ 📶 🏊) Das Arakur erhebt sich auf einer bewaldeten Landzunge über der Stadt und ist das neueste Luxushotel der Stadt, in dem Anwohner das jährliche Musikfestival feiern. Es bietet ein elegantes und modernes Design mit neutralen Tönen, einen persönlichen Service und eine unvergleichliche Aussicht. Die Zimmer verfügen über elektronische Bedientableaus und Badezimmer mit Glaswänden. Der Infinity-Pool im Innen- und Außenbereich ist das ganze Jahr über warm.

Los Cauquenes Resort & Spa RESORT $$$

(☎02901-441300; www.loscauquenes.com; DZ ab 275 US$; @ 📶 🏊) Diese exklusive, weitläufige Holzhütte liegt direkt am Beagle-Kanal in einem privaten Viertel mit Zugang über eine Schotterstraße. Die Zimmer sind geschmackvoll und gut ausgestattet. Zu den Besonderheiten gehören ein Spielezimmer mit Kinderspielen sowie Außenterrassen mit gläsernem Windschutz und atemberaubendem Kanalblick. Kostenlose Shuttlebusse fahren alle paar

Stunden in die Innenstadt. Hier wohnt man 4 km westlich des Flughafens.

Es gibt auch ein Spa, eine Sauna und einen Innen-/Außenpool. Das San Pedro bietet *yerba-mate*-Peelings und Gesichtsmasken mit Torf aus den Anden.

Cabañas del Beagle HÜTTEN **$$$**
(☎ 02901-15-511323, 02901-432785; www.cabanasdelbeagle.com; Las Aljabas 375; 2-Personen-Hütten 140 US$) Pärchen, die nach einer romantischen Zuflucht suchen, treffen mit den rustikal-schicken Hütten eine gute Wahl. Die Häuschen haben beheizte Steinböden, knisternde Kamine und voll ausgestattete Küchen, die täglich mit frischem Brot, Kaffee und anderen Köstlichkeiten aufgefüllt werden. Alejandro, der Besitzer, wird für seinen aufmerksamen Service hoch gelobt. Vom Stadtzentrum geht's über die Avenida Leandro Alem 13 Blocks bergauf. Mindestaufenthalt: vier Nächte.

Cabañas Aldea Nevada HÜTTEN **$$$**
(☎ 02901-422851; www.aldeanevada.com.ar; Martial 1430; 2-/4-Personen-Hütten ab 140/190 US$; @ 📶) Man könnte meinen, hier würden jede Minute Elfen auftauchen. In diesem wunderschönen 6 Hektar großen Lenga-Waldgebiet verbergen sich 13 Blockhütten mit Außengrill. Die Innenräume sind rustikal, aber modern, mit zweckmäßiger Küche, Holzofen und Massivholz. Die groben Bänke an den Teichen laden zum Entspannen ein und es gibt einen Pavillon mit Blick auf den Beagle-Kanal. Mindestaufenthalt: zwei Nächte.

Cumbres del Martial GÄSTEHAUS **$$$**
(☎ 02901-424779; www.cumbresdelmartial.com.ar; Martial 3560; DZ/Hütten 220/340 US$; @ 📶) Stilvolle Unterkunft am Fuß des Glaciar Martial. Die Standardzimmer verströmen einen Hauch englischer Cottage-Atmosphäre und die tollen zweistöckigen Holzhütten haben Steinkamine, Whirlpools sowie schöne Bogenfenster. Flauschige Bademäntel, Massagen (kosten extra) und die heimische Zeitung sind nur einige der angenehmen Sonderleistungen.

Mil 810 HOTEL **$$$**
(☎ 02901-437710; www.hotel1810.com; 25 de Mayo 245; DZ 200 US$; @) Mehr ein kleines gehobenes Hotel als eine Boutique-Unterkunft. Es bietet ein modernes Design mit Naturelementen wie einer Mauer aus Flusssteinen und einer Felswand mit fließendem Wasser. Die 38 Zimmer verfügen über dekorative Wandgestaltung, kräftige Farben, edle Stoffe und abstrakte Kunstakzente. Sie sind mit einem Flachbild-TV und einem Safe ausgestattet. Die Säle werden überwacht.

Essen

★ **Almacen Ramos Generales** CAFÉ **$**
(☎ 02901-424-7317; Av Maipú 749; Hauptgerichte 73–175 Arg$; ⏲ 9–24 Uhr) Die eigenartigen Dinge, die diesen einladenden und gemütlichen ehemaligen Gemischtwarenladen schmücken, und die Zeitungsausschnitte zu örtlichen Umweltproblemen gewähren Einblick ins echte Ushuaia. Hier versammeln sich die Einheimischen, während der französische Konditor knusprige Baguettes bäckt. Zudem gibt's lokales Bier vom Fass, eine Weinkarte und leichte Gerichte wie Sandwiches, Suppen und Quiche.

Café Bar Banana CAFÉ **$**
(☎ 02901-435035; Av San Martín 273; Hauptgerichte 80–150 Arg$; ⏲ 8–1 Uhr) Serviert hausgemachte Burger und Pommes, Sandwiches sowie Steak und Eier. Hier treffen sich gern die Anwohner auf ein herzhaftes, günstiges Gericht.

Freddo EIS **$**
(Av San Martín 209; ⏲ 9.30–24.30 Uhr) Eine der beliebtesten Eisdielen Argentiniens hat seine Türen im verschneiten Ushuaia geöffnet – und plötzlich ist Sommer.

Tante Sara CAFÉ **$**
(☎ 02901-433710; Ecke Rivadavia & Av San Martín; Hauptgerichte 60–130 Arg$; ⏲ Mo–Do 8–20.30, Fr & Sa bis 21 Uhr) Bietet gutes Gebäck und Brunch am Wochenende.

El Turco CAFÉ **$**
(☎ 02901-424711; Av San Martín 1410; Hauptgerichte 70–130 Arg$; ⏲ 12–15 & 20–24 Uhr) Altmodisches, nicht allzu schickes argentinisches Café, das mit günstigen Preisen und flinken Kellnern mit Fliege überzeugt. Letztere freuen sich, ihr Französisch an Touristen ausprobieren zu können. Zu den Standardgerichten zählen *milanesa* (paniertes Fleisch), Pizza, knusprige Pommes frites und Brathühnchen.

Lomitos Martinica ARGENTINISCH **$**
(☎ 02901-432134; Av San Martín 68; Hauptgerichte 85–125 Arg$; ⏲ Mo–Sa 11.30–15 & 20.30–24 Uhr) In dem kleinen günstigen Lokal mit Plätzen am Grill geht's fröhlich zu. Hier tummeln sich Anwohner, die Essen zum Mitnehmen bestellen. Auf der Karte stehen riesige *milanesa*-Sandwiches und mittags gibt's ein günstiges Tagesgericht.

La Anónima SUPERMARKT $
(Ecke Gobernador Paz & Rivadavia; ⏲9–22 Uhr) Lebensmittelladen mit preiswerten Gerichten zum Mitnehmen.

Volver FISCH & MEERESFRÜCHTE $$
(☎02901-423977; Av Maipú 37) Dieses Lokal rühmt sich selbst damit, *ceviche de la puta madre* (höflich übersetzt: „fantastische Meeresfrüchte") zu servieren und wird von einem charismatischen Küchenchef geleitet, den die Einheimischen lieben. Das Essen wird einfach dargereicht, ist aber von unglaublicher Qualität. Wer glaubt, keine Königskrabben zu mögen, sollte es hier noch einmal versuchen: Es gibt keine Soßen und die Krabben werden perfekt zubereitet.

Bodegón Fueguino PATAGONISCH $$
(☎02901-431972; Av San Martín 859; Hauptgerichte 130–250 Arg$; ⏲Di–So 12–14.45 & 20–23.45 Uhr) Das Lokal in dem gelben 100 Jahre alten traditionellen Haus voller Schafsfellbänke, Zedernfässer und Farnkraut ist der beste Ort, um herzhafte hausgemachte patagonische Küche zu probieren oder Wein und Appetizer zu genießen. Wir empfehlen die *picada* (Platte mit Appetithäppchen) für zwei Personen, die Auberginen, Lammspieße, Krabben und in Schinken eingerollte Pflaumen enthält.

Paso Garibaldi ARGENTINISCH $$
(☎02901-432380; Deloquí 133; Hauptgerichte 180–290 Arg$; ⏲Di–Sa 12–14.30 & 19–23.30, So 19–23.30 Uhr) Serviert werden herzhafte regionale Gerichte wie schwarzer Bohneneintopf, würzige Salate und gebratener Seehecht. Dieses neue Lokal ist erfrischend bescheiden. Das recycelte Dekor sieht ein wenig zu improvisiert aus, aber der Service könnte nicht aufmerksamer sein und die Gerichte sind günstig.

Küar 1900 TAPAS $$
(☎02901-436807; http://kuar.com.ar; 2. Stock, Av San Martín 471; Hauptgerichte 120–180 Arg$; ⏲Mo–Sa 12–15.30 & 18.30–24 Uhr) Serviert kunstvoll präsentierte Fleisch- und Käseplatten, Meeresfrüchteplatten für mehrere Personen und regionales Craft-Bier in einem schwach beleuchteten Ambiente. Im Ableger an der Küste gibt's eine größere Auswahl.

Christopher PARRILLA $$
(☎02901-425079; www.christopherushuaia.com.ar; Av Maipú 828; Hauptgerichte 120–280 Arg$; ⏲12–15 & 20–24, Sa bis 1 Uhr; Ⓟ) Dieses klassische Grilllokal mit Kleinbrauerei ist zu Recht bei Einheimischen beliebt. Zu den Vorzügen gehören Grillrippchen, große Salate und Burger. Der Laden bietet ein gutes Preis-Leistungs-Verhältnis, großzügige Portionen, die man vielleicht besser teilt, und einen talentierten Barkeeper, der Cocktails mixt. Von den Tischen am Fenster hat man einen tollen Hafenblick.

La Estancia STEAK $$
(☎02901-431421; Ecke Godoy & Av San Martín; Hauptgerichte 120–240 Arg$; ⏲12–15 & 8–23 Uhr) Das authentische argentinische *asado* (Barbecue) dieses altbewährten, günstigen Grillrestaurants ist unschlagbar. An der Hauptstraße gibt's noch viele andere Lokale, doch La Estancia bietet verlässliche Qualität. Wer großen Hunger hat, wählt *tenedor libre* (All-you-can-eat). Hier genießen Einheimische und Traveller gebratenes Lamm, saftige Steaks, zischende Rippchen und riesige Salate.

Chiko FISCH & MEERESFRÜCHTE $$
(☎02901-431736; www.chikorestaurant.com.ar; 25 de Mayo 62; Hauptgerichte 140–300 Arg$; ⏲Mo–Sa 12–15 & 19.30–23.30 Uhr) In diesem Segen für Meeresfrüchte-Liebhaber werden knusprige übergroße Tintenfischringe, *paila marina* (Eintopf mit Meeresfrüchten) und Fischgerichte wie *abadejo a pil* (Pollack in Knoblauchsoße) so lecker zubereitet, dass sie den etwas langsamen Service wieder wettmachen. Eine seltsame Ansammlung von Erinnerungsstücken aus der Heimat lässt darauf schließen, dass die chilenischen Besitzer Heimweh haben.

Placeres Patagónicos ARGENTINISCH $$
(☎02901-433798; www.facebook.com/Placeres-Patagonicos-Ushuaia-178544198846139; 289 Deloquí; Snacks 65 Arg$, Platten ab 100 Arg$; ⏲12–24 Uhr) Stilvoller Café-Deli, der *tablas* (Holzplatten) mit hausgemachtem Brot und leckeren regionalen Spezialitäten wie geräucherter Forelle und Wildschwein serviert. Hier kann man wunderbar *mate* (bitterer ritueller Tee) mit einem Teller *tortas fritas* (Bratbrot) genießen. Der Kaffee wird dampfend in einer großen Tasse serviert.

Küar Resto Bar PUBFOOD $$
(☎02901-437396; http://kuar.com.ar; Av Perito Moreno 2232; Hauptgerichte 115–300 Arg$; ⏲18 Uhr–open end) Dieser schicke Treffpunkt im Blockhütten-Stil bietet regionales Bier, Käseplatten und Tapas sowie ein komplettes Abendessen mit reichlich frischen Meeresfrüchten. Das Interieur ist stilvoll, aber das Highlight ist der atemberaubende Blick aufs Wasser – beson-

ders bei Sonnenuntergang. Er liegt fünf Minuten mit dem Taxi vom Zentrum entfernt. Alternativ besucht man das Küar 1900, einen kleineren Ableger in der Innenstadt mit einem Schwerpunkt auf Tapas.

Tante Sara CAFÉ **$$**
(☎ 02901-423912; www.tantesara.com; Ecke Av San Martín & Juana Fadul; Hauptgerichte 154–265 Arg$; ⏲ 8–2 Uhr) Von Touristen und Einheimischen gleichermaßen besucht, serviert dieses Eck-Bistro die kulinarischen Klassiker in einladender Atmosphäre. Für einen Mitternachtssnack ist es die beste Wahl; nur hier ist die Küche bis 2 Uhr morgens geöffnet. Die Burgerkarte ist kreativ und umfangreich.

★ **Kalma Resto** INTERNATIONAL **$$$**
(☎ 02901-425786; www.kalmaresto.com.ar; Valdéz 293; Hauptgerichte 350–470 Arg$, 5-Gänge-Degustationsmenü 950 Arg$; ⏲ Mo–Sa 19–23 Uhr) Dieses tolle Lokal setzt feuerländische Klassiker wie Krabben und Oktopus in einen ganz neuen kreativen Kontext. Schwarzer Zackenbarsch wird mit einer scharfen Tomatensoße kombiniert. Außerdem gibt's gefülltes Lammfleisch mit Pfeffer und Rosmarin gewürzt. Die Sommerkräuter und essbaren Blumen stammen frisch aus dem Garten. So bescheiden kommt Gourmetküche sonst nicht daher. Die Weinkarte ist echt der Wahnsinn.

Der Service ist hervorragend. Der charismatische, doch bescheidene junge Chefkoch Jorge geht von Tisch zu Tisch und teilt seine Begeisterung für die Ernte regionaler Zutaten mit. Zum Nachtisch verschwenderisch sein und den nicht allzu süßen zerlegten Schokoladenkuchen probieren.

★ **Kaupé** INTERNATIONAL **$$$**
(☎ 02901-422704; www.kaupe.com.ar; Roca 470; Hauptgerichte 300–500 Arg$) Für ein sehr außergewöhnliches Meeresfrüchte-Erlebnis in diesem von Kerzen beleuchteten Haus mit Blick auf die Bucht reservieren. Der Küchenchef Ernesto Vivian verwendet nur die frischesten Zutaten und der Service ist einwandfrei. Das Degustationsmenü umfasst zwei Vorspeisen, ein Hauptgericht und einen Nachtisch, darunter so herausragende Gerichte wie Königskrabbe und Spinatsuppe oder Schwarzer Zackenbarsch in geschwärzter Butter.

Chez Manu INTERNATIONAL **$$$**
(☎ 02901-432253; www.chezmanu.com; Martial 2135; Hauptgerichte 190–300 Arg$) Wer unterwegs ist zum Glaciar Martial, sollte dieses Qualitätslokal nicht versäumen. Es liegt nur 2 km von der Stadt entfernt, doch man fühlt sich wie mitten in der Natur. Der Küchenchef Emmanuel verleiht regionalen Zutaten eine französische Note, darunter feuerländisches Lammfleisch oder gemischte Platten mit kalten *fruits de mer* (Meeresfrüchten). Der Service ist außergewöhnlich. Das Drei-Gänge-Mittagsmenü ist das beste Angebot.

Die unglaubliche Aussicht stellt einen weiteren Pluspunkt dar.

María Lola Restó ARGENTINISCH **$$$**
(☎ 02901-421185; www.marialolaresto.com.ar; Deloquí 1048; Hauptgerichte 250–400 Arg$; ⏲ Mo–Sa 12–24 Uhr; P) In dieses kreative Café-Restaurant mit Kanalblick strömen die Anwohner wegen der hausgemachten Pasta mit Meeresfrüchten oder des Strip Steaks in dicker Champignonsoße. Unter der Woche kostet das feste Menü zum Mittag- oder Abendessen mit Getränk 500 Arg$. Der Service ist gut und die Portionen neigen zum Gigantischen: Den Nachtisch kann man sich gut teilen. Es ist eines der wenigen Restaurants in der Innenstadt mit Parkplätzen abseits der Straße.

Ausgehen & Nachtleben

Dublin Irish Pub IRISH PUB
(☎ 02901-430744; 9 de Julio 168; ⏲ 19–4 Uhr) Dublin scheint gar nicht so weit weg zu sein in dieser schwach beleuchteten, bei Anwohnern beliebten Bar mit fröhlichem Geplänkel und frei fließenden Getränken. Manchmal wird auch Livemusik gespielt. Wer hier einkehrt, sollte sich mindestens eine der drei lokalen Beagle-Biersorten gönnen. Bis 21 Uhr ankommen, wenn man einen Platz ergattern möchte.

Viagro BAR
(☎ 02901-421617; Roca 55; ⏲ 20–4 Uhr) Abgesehen vom unglücklichen Namen ist dieser schummrig beleuchtete Cocktailladen mit exotischen Kreationen und leckeren Tapas der perfekte Treffpunkt für ein Date. Samstagabends wird getanzt.

Unterhaltung

Casa de la Cultura Performing Arts DARSTELLENDE KÜNSTE
(☎ 02901-422417; Ecke Malvinas Argentinas & 12 de Octubre) In versteckter Lage wird hier gelegentlich Livemusik gespielt. 6 km nördlich des Zentrums, über die Avenida Maipú zu erreichen.

NICHT VERSÄUMEN

ESTANCIA HARBERTON

Als erste *estancia* Feuerlands wurde **Harberton** (☎ Skype estanciaharberton.turismo; www.estanciaharberton.com; Eintritt Erw./Kind 240/gratis Arg$, Bett 50 US$, EZ/DZ inkl. Vollpension & Aktivitäten 325/580 US$; ⏲ 15. Okt.–15.April 10–19 Uhr) 1886 vom Missionar Thomas Bridges und seiner Familie gegründet. Das Haus wurde weltbekannt durch die bewegenden Memoiren *Uttermost Part of the Earth* von Bridges' Sohn Lucas. Dieser erzählt darin von seiner Jugend unter den heute untergegangenen Selk'nam- und Yaghan. Das auf Englisch verfügbare Buch ist eine hervorragende Einführung in die Geschichte der Region und Lebensgewohnheiten der indigenen Völker.

Die wunderschön gelegene *estancia* befindet sich im Besitz der Nachkommen von Thomas Bridges und dient auch als Unterkunft. Tagesbesucher können an geführten Rundgängen (u. a. zum ältesten Haus der Insel und einer nachgebauten Yaghan-Wohnstätte) teilnehmen, im Restaurant dinieren und die Pinguinkolonie Reserva Yecapasela besichtigen. Die Farm ist auch ein beliebtes Ziel für Vogelbeobachter.

Das eindrucksvolle **Museo Acatushún** (www.estanciaharberton.com/museoacatushun english.html; Eintritt mit *estancia*-Besuch Erw./Kind 240 Arg$/gratis) wurde von der nordamerikanischen Biologin Natalie Prosser Goodall gegründet, die in die große Bridges-Familie einheiratete. Hier sind Tausende von Säugetieren, Meeressäugern und Vogelarten aus der Region zu sehen; zu den seltensten Exemplaren zählt ein Hector-Schnabelwal. Der größte Teil des Inventars wurde in der Bahía San Sebastián nördlich von Río Grande gefunden, wo Ebbe und Flut die Tiere stranden lassen. Die Öffnungszeiten des Museums erfährt man auf der Estancia Harberton.

Harberton liegt 85 km östlich von Ushuaia und ist über die RN 3 und die holprige RC-j zu erreichen. Für die Fahrt dorthin braucht man anderthalb bis zwei Stunden. Busse starten um 9 Uhr am unteren Ende der 25 de Mayo an der Avenida Maipú in Ushuaia und kehren gegen 15 Uhr zurück. Die Agenturen in Ushuaia organisieren auch ganztägige Ausflüge mit dem Katamaran.

Shoppen

Quelhue Weinhandlung WEIN
(☎ 02901-435882; www.quelhue.com.ar; Av San Martín 253; ⏲ 9.30–21.15 Uhr) Anscheinend gibt's im ganzen Laden keine einzige schlechte Flasche Wein. Ein wahres Paradies für Weinliebhaber mit raumhohen, rappelvollen Regalen mit den besten Rot-, Weiß- und Schaumweinen aus Argentinien. Hier wird auch eine solide Auswahl an perfekten Picknickzutaten verkauft: Trockenfleisch, eine große Auswahl an Käsesorten und Qualitätsschokolade.

Paseo de los Artesanos MARKT
(Plaza 25 de Mayo) In dieser Künstlermarkthalle werden handgemachter Schmuck, Wollhandwerk, traditionelle *mates* und andere Haushaltswaren verkauft. Die meisten Verkäufer akzeptieren nur argentinische Pesos, also Bargeld mitbringen. Die Öffnungszeiten richten sich nach der Saison und den einzelnen Verkäufern, doch die meisten Stände sind von 12 bis 19 Uhr geöffnet. Neben dem Haupthafen.

Boutique del Libro BÜCHER
(☎ 02901-424750; Av San Martín 1120) Herausragendes Angebot an Literatur, Reiseführern und Bildbänden zu Patagonien und zur Antarktis (auf Spanisch und Englisch).

Praktische Informationen

Mehrere Banken auf der Avenida Maipú und der Avenida San Martín haben Geldautomaten.

Antarctica Touristeninformation (☎ 02901-430015; www.tierradelfuego.org.ar/antartida; Av Maipú 505; ⏲ mit Schiff im Hafen 9–17 Uhr) Sehr hilfreiches Büro am Pier.

All Patagonia (☎ 02901-433622; www.allpatagonia.com; Juana Fadul 48; ⏲ Mo–Fr 10–19, Sa bis 13 Uhr) Amex-Vertretung mit den üblichen und luxuriösen Trips.

Asociación Caza y Pesca (☎ 02901-422423, 02901-423168; www.cazaypescaushuaia.org; Av Maipú 822) Asociación Caza y Pesca kontaktieren, um die Lizenz 1 zu erhalten, die in der ganzen Provinz außer im Parque Nacional Tierra del Fuego gültig ist. Auf der Website gibt's auch Gezeitentabellen.

Automóvil Club Argentino (ACA; www.aca.org.ar; Ecke Malvinas Argentinas & Onachaga) Argentiniens Automobilclub ist eine gute Quelle für regionale Straßenkarten.

Club Andino Ushuaia (☎ 02901-422335, 02901-440732; www.clubandinoushuaia.com.

ar; Refugio Wallner, LN Alem 2873; ⌚ Mo–Fr 10–13 & 15–20 Uhr) Verkauft Karten und einen zweisprachigen Führer zum Wandern, Bergsteigen und Mountainbiken. Der Club organisiert gelegentlich Wanderungen und kann Guides empfehlen. 5 km westlich von Ushuaia.

Freestyle Adventure Travel (☎ 02901-609792, 02901-606661; www.freestyleadventuretravel.com; Gobernador Paz 866) Die dynamische Agentur mit tollen Last-Minute-Angeboten für die Antarktis und Kap Hoorn sowie Service auf Englisch ist Mitglied der International Association of Antarctica Tour Operators und spendet 1 % für den Planeten. Im Büro, das liebevoll „The Bunker" genannt wird, kann man sich bei einer Tasse Kaffee aufwärmen und über Reisemöglichkeiten reden.

Hospital Regional (☎ ext 107, 02901-423200; Ecke Fitz Roy & 12 de Octubre) Notfallaufnahme. Südwestlich des Zentrums, über die Avenida Maipú zu erreichen.

Instituto Fueguino de Turismo (Infuetur; ☎ 02901-421423; www.tierradelfuego.org.ar; Av Maipú 505) Touristeninformation für Feuerland. Hier kann man sich nach dem Stand der Inselwanderwege namens Huella del Fin del Mundo erkundigen. Im Erdgeschoss des Hotels Albatros.

Nationalparkverwaltung (☎ 02901-421315; Av San Martín 1395; ⌚ Mo–Fr 9–17 Uhr) Bietet Informationen zum Parque Nacional Tierra del Fuego.

Post (Ecke Av San Martín & Godoy; ⌚ Mo–Fr 9–18 Uhr)

Rumbo Sur (☎ 02901-421139; www.rumbosur.com.ar; Av San Martín 350; ⌚ Mo–Fr 9–19 Uhr) Die ältestes Agentur von Ushuaia ist auf gewöhnliche Aktivitäten und eine Katamaran-Hafenfahrt spezialisiert. Buchungen zur Antarktis sind ebenfalls möglich.

Städtische Touristeninformation (☎ 02901-437666; www.turismoushuaia.com; Prefectura Naval 470; ⌚ 8–21 Uhr) Sehr hilfreich, mit englisch- und französischsprachigen Mitarbeitern, einem Nachrichtenbrett und mehrsprachigen Broschüren sowie guten Infos zu Unterkünften, Aktivitäten und Transport. Nach Schließung wird draußen eine Liste mit verfügbaren Unterkünften aufgehängt. Es gibt ein zweites Büro am **Flughafen** (☎ 02901-423970; www.turismoushuaia.com; ⌚ während der Ankünfte).

ℹ An- & Weiterreise

BUS

Ushuaia hat keinen Busbahnhof. Tickets müssen stets so früh wie möglich gebucht werden, denn viele Leser haben sich beschwert, dass sie in der Hochsaison nicht aus der Stadt weggekommen sind. Manchmal ist mit langen Wartezeiten an den Grenzübergängen zu rechnen.

Bus Sur (☎ 02901-430727; http://bussur.com; Av San Martín 245) bietet dreimal pro Woche um 8 Uhr Busse nach Punta Arenas und Puerto Natales (Chile) mit Anbindung an Montiel-Busse. Es teilt sich ein Büro mit Turismo Comapa, das ebenfalls Touren und Fähren in Chile anbietet.

Die Busse von **Tecni-Austral** (☎ 02901-431408; www.busbud.com; Roca 157) fahren täglich nach Río Grande und Río Gallegos über Tolhuin sowie dreimal wöchentlich nach Punta Arenas. Die Busse von **Taqsa** (☎ 02901-435453; www.taqsa.com.ar; Juana Fadul 126) fahren um 7 Uhr nach Río Grande und Río Gallegos über Tolhuin, dreimal wöchentlich nach Punta Arenas und Puerto Natales sowie täglich nach Río Gallegos, El Calafate und Bariloche.

Lider (☎ 02901-442264, 02901-436421; http://lidertdf.com.ar; Gobernador Paz 921) betreibt sechs- bis achtmal täglich Minivans von Tür zu Tür nach Tolhuin und Río Grande. Sonntags gibt's weniger Verbindungen. **Montiel** (Transporte Montiel; ☎ 02901-421366; Gobernador Paz 605) bietet einen ähnlichen Service.

ZIEL	PREIS (ARG$)	DAUER (STD.)
El Calafate	1190	18
Punta Arenas, Chile	920	12
Río Gallegos	785	13
Río Grande	410	3½
Tolhuin	260	1½

FLUGZEUG

LAN ist die beste Verbindung nach Buenos Aires. Tickets kann man in den örtlichen Reisebüros erwerben. **Aerolíneas Argentinas** (☎ 0810-2228-6527; www.aerolineas.com.ar; Ecke Av Maipú & 9 de Julio) fliegt mehrmals täglich nach Buenos Aires (einfach, 3½ Std.) – gelegentlich mit Zwischenstopp in El Calafate (70 Min.).

LADE (☎ 02901-421123, in Buenos Aires 011-5353-2387; www.lade.com.ar; Av San Martín 542) fliegt nach Buenos Aires, El Calafate und Río Grande und evtl. auch zu anderen Zielen.

SCHIFF

Ushuaia Boating (☎ 02901-609030; www.ushuaiaboating.com; Tourist Wharf s/n; einfach 120 US$) bietet täglich Zodiac-Boote nach Puerto Williams (Chile). Die Tickets enthalten eine 40-minütige Überfahrt sowie einen Transfer über den Landweg von Puerto Navarino. Aufgrund schlechten Wetters kommt es häufig zu Ausfällen. Es besteht die Möglichkeit einer Abfahrt um 9.30 Uhr und manchmal (bei genügend Nachfrage) um 18 Uhr. Alternativ kommt man mit **Piratour** (S. 426) nach Puerto Williams.

Eine kleine *tasa de embarque* (Abfahrtsgebühr) wird am Pier gezahlt.

Unterwegs vor Ort

Die Taxifahrt vom/zum modernen Flughafen 4 km südwestlich des Stadtzentrums kostet 120 Arg$. Für etwa 1300 Arg$ kann man für drei Stunden ein Taxi mieten. Regionale Busse verkehren entlang der Avenida Maipú.

Kleinwagen (inkl. Versicherung) kann man ab 800 Arg$ pro Tag mieten. Empfehlenswert ist z. B. **Localiza** (☎ 02901-430739; www.localiza.com; Av Maipú 768). Einige Unternehmen verlangen keine Gebühr für die Rückgabe des Autos in anderen Orten des argentinischen Teils Feuerlands.

Stündlich starten Skishuttles (hin & zurück 250 Arg$) an der Ecke Juana Fadul und Avenida Maipú. Sie verkehren täglich zwischen 9 und 14 Uhr entlang der RN 3 zu den Resorts. Jedes Resort betreibt auch einen eigenen Shuttle vom Zentrum Ushuaias.

Parque Nacional Tierra del Fuego

Im Süden Feuerlands säumen stille, duftende Wälder von atemberaubender Schönheit den Beagle-Kanal. Zum **Parque Nacional Tierra del Fuego** (www.parquesnacionales.gob.ar; 350 Arg$, zahlbar 8–20 Uhr) fährt man 12 km westlich von Ushuaia über die RN 3. Der erste Küstennationalpark Argentiniens erstreckt sich über 630 km² vom Beagle-Kanal bis über den im Norden gelegenen Lago Fagnano hinaus.

Es gibt eine Zugangsstraße zum südlichen Teil des Parks mit malerischen Trekkingrouten entlang der Buchten und Flüsse oder durch dichten Wald. Der Herbst bietet ein spektakuläres Farbenspiel, wenn die Hügel im leuchtenden Rot der *ñire* aufleuchten.

Besonders an der Küste lebt eine reiche Vogelwelt. Häufig zu sehen sind Kondore, Albatrosse, Kormorane, Möwen, Seeschwalben, Austernfischer, Lappentaucher, Kelpgänse und drollige, flugunfähige Magellan-Dampfschiffenten. Zu den eingeführten Spezies zählen das europäische Kaninchen und der kanadische Biber, die beide große ökologische Schäden anrichten, obwohl sie so harmlos aussehen. Gelegentlich entdeckt man auch Grau- und Rotfüchse.

Aktivitäten

Nach 3242 km ab Buenos Aires verabschiedet sich die RN 3 am Ufer der Bahía Lapataia. Der Weg **Mirador Lapataia** (500 m) mit herrlicher Aussicht und die **Senda Del Turbal** (400m) führen durch dichten Lenga-Wald weiter in die Bucht. Zu Wanderwegen in diesem Abschnitt gehören auch der Naturlehrpfad **Senda Laguna Negra** (950 m) durch ein Feuchtgebiet und die **Senda Castorera** (400 m), an der man an mehreren Tümpeln riesige verlassene Biberdämme sieht.

Am Ende der Straße zum Lago Roca führt ein flacher Weg (10 km, 4-stündiger Rundweg) um das bewaldete Nordostufer des Lago Roca zum Grenzpfosten Hito XXIV – *veinticuatro* auf Spanisch –, der die argentinisch-chilenische Grenze markiert. Das Überschreiten der regelmäßig patrouillierten Grenze ist illegal.

Vom Ausgangspunkt desselben Wanderwegs erreicht man über den steilen und schwierigen gleichnamigen Weg von 8 km Länge den **Cerro Guanaco** (973 m). Es ist ein langer Anstieg, doch die Aussicht lohnt sich.

Schlafen

Es gibt viele Möglichkeiten zum Wildcampen. **Camping Ensenada** liegt 16 km vom Parkeingang entfernt und am nächsten zum Senda-Costera-Weg; **Camping Río Pipo** befindet sich 6 km vom Eingang entfernt und ist bequem über die Straße nach Cañadon del Toro oder den Senda-Pampa-Alta-Weg zu erreichen. **Camping Laguna Verde** und **Camping Los Cauquenes** liegen auf den Inseln im Río Lapataia. Es gibt keine Einrichtungen auf diesen Campingplätzen; für weitere Informationen kontaktiert man das Besucherzentrum des Parks, das **Centro de Visitantes Alakush** (⏲ 9–19 Uhr, März–Nov. kürzere Öffnungszeiten).

Der Park hat den gebührenpflichtigen Campingplatz am Lago Roca geschlossen, plant jedoch einen neuen Campingplatz mit Duschen in noch unbekannter Lage zu eröffnen.

An- & Weiterreise

Wer sich mit anderen Travellern ein Taxi teilt, zahlt möglicherweise genauso wenig wie für den Bus. Auch private Reisebusse fahren auf der Strecke.

Der touristischste und (abgesehen vom Wandern) langsamste Weg zum Park ist **El Tren del Fin del Mundo** (☎ 02901-431600; www.trendelfindelmundo.com.ar; Erw./Kind plus Parkeintritt 790/150 Arg$), der ursprünglich Sträflinge zum Arbeitsdienst transportierte. Dieser Zug startet (ohne die Sträflinge) in der Estación del Fin de Mundo 8 km westlich von Ushuaia. Im Sommer verkehrt er drei- bis viermal und im Winter ein- bis zweimal täglich.

Auf der einstündigen malerischen Tour mit der Schmalspurbahn bekommen die Fahrgäste auf Englisch und Spanisch Erläuterungen zur Geschichte. Beste Zeit für eine Fahrt sind Januar und Februar, wenn alle Welt Kreuzfahrten bucht. Man kann auch ein einfaches Ticket lösen und mit dem Minibus zurückkehren. Obwohl der Zugpreis für die Hin- und Rückfahrt genauso hoch ist wie für die Hinfahrt.

Man kann auch zum Park trampen, doch viele Autos sind gegebenenfalls schon voll.

Tolhuin & Lago Fagnano

☎ 02901

Tolhuin, das in der Sprache der Selk'nam übersetzt „wie ein Herz" bedeutet und 2000 Einwohner umfasst, erstreckt sich mitten in Feuerland und ist über glatte Asphaltstraßen zu erreichen, 132 km südlich von Río Grande und 104 km nordöstlich von Ushuaia. Schlammige Straßen und kahl geschlagene Wälder prägen das Bild dieses schnell wachsenden Grenzortes am Ostufer des Lago Fagnano (auch „Lago Kami"). Der gletscherförmige Lago Fagnano, der mit Chile geteilt wird, bietet einfache Möglichkeiten zum Reiten, Mountainbiken, Bootfahren und Angeln.

Sehenswertes

Museo Histórico Kami MUSEUM

(tdf@gmail.com; Lago Fagnano s/n; ⌚ Di–So 15–19 Uhr) GRATIS Wer sich nur kurz in Tolhuin aufhält, sollte dieses Museum besuchen, das sich besonders für Spanischsprechende empfiehlt. Das kleine Haus in der ehemaligen Polizeiwache aus den 1920er-Jahren ist der regionalen Geschichte gewidmet, angefangen bei den Selk'nam. Eine Ausstellung dokumentiert die Geschichten der Gemeindemitglieder über Pionierzeiten, die noch nicht lange zurückliegen. Es liegt neben dem Camping Hain am Lago Fagnano. Nicht schüchtern sein und nach einer Tour fragen.

Parque Hain VERGNÜGUNGSPARK

(Parque de Diversiones Reciclado; Lago Fagnano s/n; Erw./Kind 50/20 Arg$; ⌚ 9–17 Uhr; 👪) Das Produkt eines kreativen Geistes, der niemals schläft. Dieser ausgefallene Spielplatz besteht ausschließlich aus recycelten Materialien, darunter 5000 Holzpaletten, umgebaute Reifen zum Spielen und Flaschen zur Zierde. Von Roberto Barbel erschaffen, der auch den Campingplatz auf der gegenüberliegenden Straßenseite mit ähnlichen Elementen besitzt.

Schlafen & Essen

Hostería Ruta Al Sur HOTEL $$

(☎ 02901-492278; RN 3, Km 2954; DZ inkl. Frühstück 125 US$; ⌚ Mitte Okt.–April; @ 🛜 🏊) Diese reizende Lodge auf der Hauptstraße inmitten alter Buchen ist eine kleine Überraschung, genauso wie der unregelmäßige Service. Es gibt glitzernde Zimmer, ein geräumiges Wohnzimmer und ein Restaurant mit einfachen Frühstücksvarianten. Die Preise im Voraus buchen, da für Ausländer evtl. mehr veranschlagt wird (allerdings sind die Preise für Anwohner von Tierra del Fuego vorgesehen).

Panadería La Unión BÄCKEREI $

(☎ 02901-492202; www.panaderialaunion.com.ar; Jeujepen 450; Snacks 100 Arg$; ⌚ rund um die Uhr) Erstklassige *facturas* (Backwaren) und zweitklassiger Instant-Cappuccino halten diese Straßenattraktion am Laufen. Vielleicht erkennt der ein oder andere die argentinischen Prominenten an den Wänden (kleiner Tipp: Die Männer sind alternde Rockstars). Hier halten Busse, um Passagiere und heißes Wasser für *mate* (einen bitteren rituellen Tee) einzusammeln.

Praktische Informationen

Banco de Tierra del Fuego (☎ 02901-492030; Minkiol s/n; ⌚ Di–Fr 10–15 Uhr) Hat einen Geldautomaten.

Touristeninformation (☎ 02901-492125; www.tierradelfuego.org.ar; Av de los Shelknam 80; ⌚ Mo–Fr 8–22 Uhr) Bietet Informationen zu Wandern, Reiten und Ausrüstungsverleihen und liegt hinter der Tankstelle. Wer aus Ushuaia kommt, erhält in der Touristeninformation Ushuaia wahrscheinlich genauere Informationen.

An- & Weiterreise

Den ganzen Tag über halten Busse und Minivans auf dem Weg nach Ushuaia oder Río Grande (280 Arg$) an der Bäckerei Panadería La Unión auf der RN 3 (die in der Hochsaison oft voll ist).

Río Grande

☎ 02964 / 66 500 EW.

Eine monströse Forellenskulptur am Eingang der Stadt kündigt die Fliegenfischerhauptstadt von Tierra del Fuego an. Hier gibt's Weltklasse-Gewässer (ausgezeichnet mit dem „Blauen Band") für kolossale Meerforellen. Wer nicht angelt, wird das windgepeitschte Río Grande wahrscheinlich schnell hinter sich lassen und einen Bus nach Ushuaia nehmen, 230 km weiter südwestlich.

Schlafen & Essen

Hotel Villa HOTEL $

(☎ 02964-424998; www.hotelvilla-riogrande.com; Av San Martín 281; DZ/3BZ 57/77 US$; P @ ☜) Gegenüber dem Casino Status bietet dieses neu eingerichtete Hotel ein Dutzend geräumige, stilvolle Zimmer mit Daunendecken, Frühstück mit *medialunas* (Croissants) und einem beliebten Restaurant.

Posada de los Sauces HOTEL $$

(☎ 02964-432895; http://posadadelossauces.com; Elcano 839; DZ 97 US$; @ ☜) In diesem herzlichen, professionellen Hotel mit Lodge-Atmosphäre, frischen Düften und Holzakzenten verkehren hauptsächlich erfahrene Angler. Die Deluxe-Zimmer verfügen über Whirlpools. Das Bar-Restaurant im oberen Stock mit dunklem Holz und waldigen Grüntönen wartet nur darauf, dass die Gäste ihre Zigarren anzünden und Geschichten zum Besten geben.

Don Peppone ITALIENISCH $$

(☎ 02964-432066; Perito Moreno 247; Hauptgerichte 180–250 Arg$; ⏲ Di–So 12–24 Uhr) Am Wochenende geht's in dieser geschäftigen Pizzeria irgendwie verrückt zu. Es gibt Steinofenkreationen und eine große Auswahl an Pasta und Fleischgerichten. Kreditkarten werden akzeptiert.

Tante Sara CAFÉ $$

(☎ 02964-421114; Av San Martín 192; Hauptgerichte 120–280 Arg$; ⏲ So–Do 8–1, Fr & Sa bis 2 Uhr) Dieses Lokal gehört zwar einer gehobenen Kette in Tierra del Fuego an, ist aber dennoch gemütlich. Hier treffen sich sowohl Damen zu Tee und Kuchen als auch Männer auf Bier und Burger an der lackierten Bar. Die Salate (einschließlich Römersalat, Ei, Blauschimmelkäse und Speck) sind überraschend gut, doch der Service kann etwas träge sein.

Praktische Informationen

Instituto Fueguino de Turismo (Infuetur; ☎ 02964-426805; www.tierradelfuego.org.ar; Av Belgrano 319; ⏲ 9–21 Uhr) Bietet Touristeninformationen für den gesamten argentinischen Teil von Feuerland.

Städtischer Touristenkiosk (☎ 02964-431324; turismo@riogrande.gob.ar; Rosales 350; ⏲ 9–20 Uhr) Hilfreicher Kiosk an der Plaza Almirante Brown mit Karten, Broschüren zu *estancias* und Angeltipps.

An- & Weiterreise

FLUGZEUG

Der **Flughafen** (☎ 02964-420699) abseits der RN 3 ist eine kurze Taxifahrt von der Stadt entfernt. **Aerolíneas Argentinas** (☎ 02964-424467; Av San Martín 607; ⏲ Mo–Fr 9.30–17.30 Uhr) fliegt täglich nach Buenos Aires. **LADE** (☎ 02964-422968; Lasserre 429; ⏲ Mo–Fr 9–15 Uhr) fliegt mehrmals wöchentlich nach Río Gallegos, El Calafate und Buenos Aires. Neue Billigfluggesellschaften planen Flüge nach Buenos Aires, Ushuaia und El Calafate. **Aviación Civil Argentina** (ANAC; www.anac.gob.ar) hat eine Karte mit neuen Routen und Fluglinien.

BUS

Die folgenden Busunternehmen fahren vom **Terminal Fuegina** (Finocchio 1194) ab:

Bus Sur (☎ 02964-420997; www.bus-sur.cl; 25 de Mayo 712) Busse nach Ushuaia, Punta Arenas und Puerto Natales dreimal wöchentlich um 5.30 Uhr, mit Anbindung an Montiel. (Der separate Ticketschalter liegt auf der 25 de Mayo.)

Buses Pacheco (☎ 02964-421554) Die Busse nach Punta Arenas fahren dreimal wöchentlich um 10 Uhr.

Taqsa/Marga (☎ 02964-434316) Busse nach Ushuaia über Tolhuin.

Tecni-Austral (☎ 02964-430610) Busse nach Ushuaia über Tolhuin dreimal wöchentlich um 8.30 Uhr; auch nach Río Gallegos und Punta Arenas dreimal wöchentlich.

Andere Busse:

Lider (☎ 02964-420003; www.lidertdf.com.ar; Av Belgrano 1122) Die beste Wahl für die Fahrt nach Ushuaia und Tolhuin ist dieses Minivan-Unternehmen mit Tür-zu-Tür-Service. Es fahren mehrere Busse täglich. Anrufen, um zu reservieren.

Montiel (☎ 02964-420997; 25 de Mayo 712) Busse nach Ushuaia und Tolhuin.

ZIEL	PREIS (ARG$)	DAUER (STD.)
Punta Arenas, Chile	900	9
Río Gallegos	750	8
Tolhuin	280	2
Ushuaia	370	4

Osterinsel (Rapa Nui)

Inhalt ➜

Gut essen

- ➜ Te Moai Sunset (S. 446)
- ➜ La Kaleta (S. 446)
- ➜ Te Moana (S. 446)
- ➜ Haka Honu (S. 446)
- ➜ Ariki o Te Pana – Tia Berta (S. 445)

Schön übernachten

- ➜ Lemu Lodge Vaihu (S. 444)
- ➜ Explora Rapa Nui (S. 444)
- ➜ Cabañas Christophe (S. 443)
- ➜ Camping Mihinoa (S. 442)
- ➜ Pikera Uri (S. 444)

Auf zur Osterinsel!

Nur wenige Orte haben eine ähnlich mystische Anziehungskraft wie diese Insel, ein besonders abgeschiedenes Fleckchen Erde. Dass es zum 3700 km weiter östlich gelegenen Chile gehört (und Teil unseres Universums ist!), kann man sich eigentlich kaum vorstellen. Es sind vor allem die *moai*, jene rätselhaften Steinstatuen mit Gesichtern, die einander gleichen wie ein Ei dem anderen, die die Osterinsel (oder Rapa Nui, wie die polynesischen Bewohner ihre Heimat nennen) so geheimnisvoll und unwiderstehlich machen.

Die Osterinsel ist aber mehr als ein Freilichtmuseum. Man kann tauchen, schnorcheln und surfen. Die wilde Natur lässt sich am besten umweltfreundlich zu Fuß, auf dem Pferd oder Fahrrad erkunden. Und wer einfach nur seine Batterien wieder aufladen möchte, kann sich an einen der wunderschönen weißen Sandstrände legen.

Die Osterinsel ist weltbekannt und die Besucherzahlen steigen, dennoch hat sie sich ihren persönlichen Charme bewahrt. Ökotourismus wird großgeschrieben.

Reisezeit

Hanga Roa

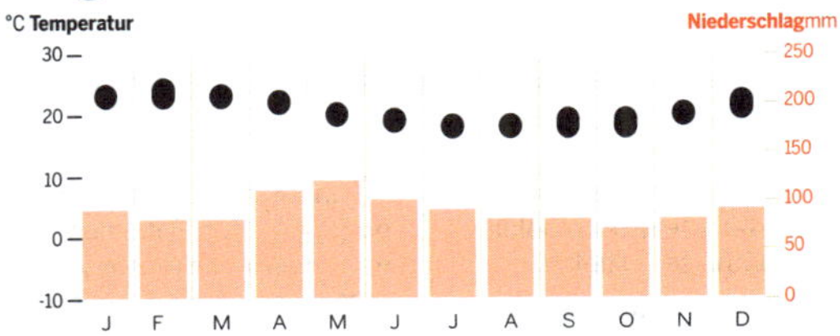

Jan.–März Hauptsaison. Zum Tapati-Rapa-Nui-Fest im Februar gibt's hohe Preise und wenig Zimmer.

Juli–Sept. Kühles Wetter. Weniger toll für die Strände, aber umso besser zum Wandern und Reiten.

April–Juni & Okt.–Dez. Mit dem gemäßigten Klima ist die Zwischensaison keine schlechte Zeit.

Hanga Roa

☎32 / 8300 EW.

Eine Metropole ist Hanga Roa, der einzige größere Ort auf Rapa Nui, nicht gerade. Doch die meisten Sehenswürdigkeiten befinden sich gewissermaßen direkt vor der Haustür, und das Städtchen beherbergt fast alle Hotels, Restaurants, Läden sowie Serviceunternehmen der Insel. So liegt es nahe, sich hier einzuquartieren. Auf Besucher warten ein malerischer Hafen, ein paar eher bescheidene Badestellen und Surfspots. In unmittelbarer Reichweite locken darüber hinaus mehrere verstreut liegende archäologische Stätten.

Highlights

❶ Am **Rano Raraku** (S. 449) seine Archäologiekenntnisse vertiefen.

❷ Beobachten, wie die Sonne hinter den beeindruckenden Statuen des **Ahu Tongariki** (S. 450) aufgeht.

❸ Unter Palmen in der Bucht von **Anakena** (S. 449) ein Nickerchen machen.

❹ In der **Kultstätte Orongo** (S. 449) am Rand des Rano Kau in die mysteriöse Vergangenheit eintauchen.

❺ **Nordküste** (S. 441) Wandern auf zerklüfteten Pfaden in der einsamsten Ecke der Insel.

❻ Im durchsichtigen blauen Wasser rund um die winzige Insel **Motu Nui** (S. 439) schnorcheln oder tauchen.

❼ Auf den weitläufigen Wegen der windumtosten **Península Poike** (S. 450) Höhlen erkunden und auf Vulkankegel steigen.

❽ An den Flanken des erloschenen Vulkans **Maunga Terevaka** (S. 448) entlangspazieren.

Sehenswertes

Ahu Tahai ARCHÄOLOGISCHE STÄTTE

Eine fotogene Stätte mit drei restaurierten *ahu*. Der Ahu Tahai, die mittlere dieser drei Zeremonialplattformen, trägt einen einzelnen großen *moai* (große menschenähnliche Statue) ohne Kopfaufsatz. Nördlich davon befindet sich der Ahu Ko Te Riku mit einem *moai* samt Kopfaufsatz und Augen. Auf dem Ahu Vai Uri (südlich des Ahu Tahai) stehen fünf *moai*, die sich in Größe und Form unterscheiden. Außerdem birgt die Hügellandschaft Fundamente von *hare paenga*, den traditionellen Häusern, die an ein kieloben liegendes Kanu erinnern und eine enge Eingangsöffnung aufweisen.

Museo Antropológico Sebastián Englert MUSEUM

(☎ 32-255-1020; www.museorapanui.cl; Sector Tahai; ⏲ Di–Fr 9.30–17, Sa & So bis 12.30 Uhr) GRATIS Dieses gut organisierte Museum informiert über die Geschichte und Kultur der Insel. Es zeigt Angelhaken aus Balsaholz, Speerspitzen aus Obsidian und andere Waffen, Rundhütten in Form von Bienenstöcken, Felsritzungen, Steingräber und einen seltenen weiblichen *moai*. Auch zu sehen sind nachgemachte Rongo-Rongo-Tafeln voll winziger Symbole, die aussehen wie Hieroglyphen.

Forscher haben zahlreiche Theorien zu den Schrifttafeln, doch bisher konnte sie niemand entziffern.

Caleta Hanga Piko HAFEN

Viele Besucher übersehen die Caleta Hanga Piko, eine kleine Bucht, die von den örtlichen Fischern genutzt wird. An der *caleta* thront auf dem restaurierten Ahu Riata ein einzelner *moai*.

Caleta Hanga Roa BUCHT

Die erste Begegnung msit den *moai* findet für viele Besucher am Ahu Tautira statt. Diese Zeremonialplattform (*ahu*) mit zwei Statuen thront über der Caleta Hanga Roa, dem Fischerhafen der Stadt, am Ende der Avenida Te Pito o Te Henua. Hier sind mehrere Tauchanbieter ansässig, dazu Restaurants und Cafés direkt am Meer.

Ahu Tautira ARCHÄOLOGISCHE STÄTTE

(Av Policarpo Toro) Wer gerade angekommen ist und es nicht erwarten kann, den ersten *moai* (große menschenähnliche Statue) zu sehen, kann sich direkt zum Ahu Tautira begeben. Die Stätte liegt oberhalb der Caleta Hanga Roa, dem Fischereihafen in Hanga Roa am Fuße der Av Te Pito o Te Henua. Hier liegt eine einzelne *ahu* (Begräbnisstätte) mit zwei prächtigen *moai*.

Iglesia Hanga Roa KIRCHE

(Av Tu'u Koihu s/n) Die nicht zu verfehlende Iglesia Hanga Roa lohnt wegen der spektakulären Holzschnitzereien einen Besuch. Letztere verdeutlichen, wie Traditionen der Rapa Nui in die christliche Lehre eingeflossen sind. Sonntagmorgens geht's hier bunt und lebhaft zu.

Centro de Interpretación (Informationszentrum) PARK

(Sector Caleta Vaihu) Das neu eröffnete Informationszentrum hilft Besuchern mit zahlreichen geschichtlichen Informationen, die Trümmer zu interpretieren, die viele archäologische Stätten der Insel umgeben. Auf dem Gelände befindet sich der Nachbau eines Dorfs aus Vulkangestein mitsamt Bootshäusern, irdenen Kochstellen *(umu pae)*, Hühnerställen aus Stein und *mana vai* (mit Steinmauern umgebene runde Gärten).

Ahu Akapu ARCHÄOLOGISCHE STÄTTE

Nördlich des Hanga Roa an der Küste befindet sich diese Stätte mit einem *moai*.

Playa Pea STRAND

Für einen kurzen Sprung ins Wasser erfüllt die winzige Playa Pea an der Südseite der Caleta Hanga Roa ihren Zweck (sie ist allerdings eher eine felsige Höhle als ein prächtiger Sandstrand).

Aktivitäten

Tauchen & Schnorcheln

Immer mehr Taucher entdecken die Osterinsel für sich, denn die Sichtweite im glasklaren Wasser beträgt bis zu 50 m, es ist (noch) wenig los, die Unterwasserlandschaft ist spektakulär und es gibt jede Menge intakte, unberührte Korallen. Viele Meeresbewohner darf man hingegen nicht erwarten.

Dafür kann hier das ganze Jahr über getaucht werden, mit Wassertemperaturen von mindestens 20 °C im Winter und bis zu 26 °C im Sommer. Fast alle Tauchspots befinden sich entlang der Westküste. Ein fortgeschrittenes Niveau ist keine Voraussetzung, auch für Anfänger sind Tauchstellen dabei. Zu den neuen Favoriten zählen **Motu Nui** sowie die landschaftlich beeindruckenden Stellen namens La Catedral und La Pyramide.

Mike Rapu Diving Center TAUCHEN, SCHNORCHELN

(☎ 32-255-1055; www.mikerapu.cl; Caleta Hanga Roa s/n; ⏲ Mo–Sa 8.30–19 Uhr, Dez.–März länger geöff-

Hanga Roa

net) Zum Programm des alteingesessenen Tauchzentrums gehören „Schnuppertauchen" (40 000 Ch$), Einzeltauchgänge (35 000 Ch$) und Kurse. Wer mehr als drei Tauchgänge absolviert, spart gut 15 %. An mindestens drei Tagen pro Woche werden Schnorchelausflüge (25 000 Ch$) nach Motu Nui angeboten.

Orca Diving Center TAUCHEN, SCHNORCHELN
(☎ 32-255-0877; www.orcadivingcenter.cl; Caleta Hanga Roa s/n; ⏲ Mo–Sa 9–19 Uhr) Das moderne Unternehmen führt alle Arten von Tauchabenteuern durch: „Schnuppertauchen" (50 000 Ch$ mit Unterwasserfotos), einzelne Tauchgänge (40 000 Ch$), Kurse und Pauschalpakete, aber auch Schnorchelausflüge nach Motu Nui (28 000 Ch$).

Surfen

Rapa Nui ist das ganze Jahr mit Dünungen aus allen Himmelsrichtungen gesegnet, die tolle Lefts und Rights erzeugen – hauptsächlich Lavariff-Breaks, die bis zu 5 m hoch werden. Die beliebtesten Surfspots verteilen sich entlang der Westküste. Nahe der Caleta Hanga Roa gibt's ein paar Wellen für Anfänger.

Hare Orca SURFEN
(☎ 32-255-0877; Caleta Hanga Roa s/n; Brettverleih halber Tag 10 000–15 000 Ch$; ⏲ 9–19 Uhr) Gehört

Hanga Roa

Sehenswertes

1	Ahu Akapu	C1
2	Ahu Tahai	C2
3	Ahu Tautira	A1
4	Ana Kai Tangata	A5
5	Caleta Hanga Piko	A4
6	Caleta Hanga Roa	A1
7	Iglesia Hanga Roa	C3
8	Museo Antropológico Sebastián Englert	C1
9	Parque Nacional Rapa Nui	A5
10	Playa Pea	A1

Aktivitäten, Kurse & Touren

11	Aku Aku Turismo	C3
12	Cabalgatas Pantu	C1
	Hare Orca	(siehe 41)
	Haumaka Tours	(siehe 15)
13	Makemake Rentabike	A2
	Mike Rapu Diving Center	(siehe 41)
	Orca Diving Center	(siehe 41)
14	Rapa Nui Travel	C4

Schlafen

15	Aloha Nui	B4
16	Altiplanico	D1
17	Aukara Lodge	B4
18	Cabañas Christophe	A5
19	Cabañas Mana Nui Inn	C2
20	Cabañas Morerava	D1
21	Cabañas Ngahu	A2
22	Cabañas Tokerau	C1
23	Camping Mihinoa	A3
24	Hanga Roa Eco Village & Spa	A3
25	Hare Swiss	D1
26	Hostal Petero Atamu	C3
27	Hostal Raioha	B1
28	Hostal Tojika	A4
29	Hotel Taura'a	A2
30	Inaki Uhi	A2
31	Mamma Nui	A2
	Pikera Uri	(siehe 12)
32	Tipanie Moana	C4
33	Vaianny	A2

Essen

34	Ariki o Te Pana – Tia Berta	A2
35	Au Bout du Monde	C2
36	Casa Esquina	C3
37	Hai Tonga	A1
38	Haka Honu	A1
39	Kanahau	A2
40	Kuki Varua	A1
41	La Kaleta	A1
42	Mara Pika	A3
43	Mikafé	A1
44	Moiko Ra'a	A2
	Motu Hava Kafe	(siehe 43)
45	Tataku Vave	A4
46	Te Moai Sunset	C2
47	Te Moana	A1

Ausgehen & Nachtleben

48	Caramelo	A2
	Kanahau	(siehe 39)
49	Piroto Henua	B4
50	Polynesian Coffee & Tea	A2
51	Rapa Rock Resto Bar	B3

Unterhaltung

	Kari Kari	(siehe 39)
52	Maori Tupuna	C2
53	Varua Ora	A2

Shoppen

54	Feria Artesanal	B1
55	Mercado Artesanal	C3

zum Orca Diving Center (S. 440). Hier kann man Body- und Stand-up-Paddleboards, Surfbretter, und Schnorchelausrüstung leihen.

Wandern

Über die Insel führen fantastische Wanderwege. Eine unvergessliche Tour verläuft über die markierte Ruta Patrimonial vom Museo Antropológico Sebastián Englert bis zur Kultstätte Orongo über den gut ausgeschilderten Weg Te Ara O Te Ao (ca. 4 Std., 7 km). Ebenfalls zu empfehlen sind der Aufstieg auf den Maunga Terevaka (ab dem Ahu Akivi ca. 3 Std.) und die Wanderung rund um die Península Poike (ein Tag).

Für die sechs- bis siebenstündige (nicht markierte) Wanderung vom Ahu Tepeu bis zum Anakena-Strand an der Nordküste empfiehlt sich ein Guide.

Radfahren

Mit dem Rad lässt sich die Insel wunderbar erkunden. Die Rundtour über die Osterinsel (man radelt an der Südküste nach Ahu Tongariki, an Poike vorbei hinauf nach Anakena und auf der Straße durchs Inselinnere zurück nach Hanga Roa) ist 48 km lang. Während die Straße an der Küste relativ flach ist, muss man auf der Route durchs Inland ein paar kleinere Hügel bezwingen. Man kann die Tour auf zwei Tage ausweiten und eine Nacht auf dem Camping Sustentable Ana Tekena (S. 450) nahe dem Strand von Anakena zelten.

Makemake Rentabike RADFAHREN
(mobil 9-8733-5596; Av Atamu Tekena; 12 000 Ch$ pro Tag; Mo–Sa 9–13 & 16–20, So 9–13 Uhr) Vermietet Mountainbikes in bestem Zustand. Helm, Karte und ein Notfallset werden ge-

stellt. Als einziger Verleiher vor Ort verlangt Makemake Rentabike nicht, dass man seine Kreditkarte als Garantie hinterlegt. Bei mehrtägigem Verleih wird ein Rabatt gewährt.

Reiten

Cabalgatas Pantu REITEN

(☎32-210-0577; www.pikerauri.com; Sector Tahai s/n; 35 000/75 000 Ch$ für einen halben/ganzen Tag; ⏲jeden Tag mit Reservierung) Geführte Ausritte zu einigen Zeremonienstätten um Hanga Roa oder auch zu entlegeneren Orten wie Maunga Terevaka, Anakena und der Nordküste. Anfänger willkommen. Bei Zahlung mit Kreditkarte wird eine Gebühr erhoben.

Geführte Touren

★Kava Kava Tours KULTUR

(☎mobil 9-4066-9236; www.kavakavatours.com; ganztägige Touren pro Pers. ab 90 US$) Ein junger, kundiger Einheimischer organisiert bei Kava Kava maßgeschneiderte private Touren und Wanderungen sowie hochgradig empfehlenswerte Poike-Wandertouren. Die Webseite von Kava Kava liefert auch praktische Infos zur Insel.

Haumaka Tours KULTUR

(☎32-210-0274; Ecke Avs Atamu Tekena & Hotu Matua; pro Tag 250 US$ (für bis zu 3 Pers.), pro Pers. 75 US$ bei größeren Gruppen) Der sehr zu empfehlende private Anbieter maßgeschneiderter englischsprachiger Touren hat seinen Sitz im Aloha Nui.

Rapa Nui Travel KULTUR

(☎32-210-0548; www.rapanuitravel.com; Av Tu'u Koihu; ⏲ Mo–Fr 8–17.30, Sa & So 8.30–13 Uhr) Ein Pärchen von der Osterinsel und aus Deutschland bietet maßgeschneiderte und budgetfreundliche geführte Touren für Gruppen (halber/ganzer Tag 30/45 US$) auf Englisch, Spanisch und Deutsch an.

Aku Aku Turismo KULTUR

(☎32-210-0770; www.akuakuturismo.cl; Av Tu'u Koihu s/n; ⏲8.30–17 Uhr) Etabliertes Unternehmen mit kompetenten Guides.

Feste & Events

Tapati Rapa Nui, das wichtigste Fest der Osterinsel, ist eine Kulturschau vom Feinsten, die Travellern die Möglichkeit bietet, ein authentisches Stück Rapa Nui kennenzulernen. Es findet in der ersten Februarhälfte statt, dauert zwei Wochen und ist so beeindruckend, dass es sich lohnt, den Besuch in diese Zeit zu legen (über den genauen Termin und das Programm gibt die Touristeninformation Auskunft). Musik, Tanz und Kultur stehen im Mittelpunkt. Besonders attraktiv sind die vielen verschiedenen Wettbewerbe, die sich um die jährlich neu zu kürende Inselkönigin drehen. Das spektakulärste Event ist Haka Pei: Dabei gleiten zwölf Teilnehmer auf Schlittenkonstruktionen die Flanken des Cerro Pui hinab und erreichen eine Geschwindigkeit von bis zu 70 km/h.

Nicht weniger großartig ist der **Taua Rapa Nui**, ein Triathlon vor der magischen Kulisse des Rano-Raraku-Kraters (wenn das Wetter mitspielt). Der erste Teil besteht darin, in einem Schilfboot über den See zu paddeln. Dann rennen die Teilnehmer um den See, wobei sie Bananenstauden auf ihren Schultern transportieren. Im letzten Teil schwimmen die Wettkämpfer durch den See, wobei sie ein Schilffloß als Brett verwenden. Höhepunkt des Fests ist der Umzug durch ganz Hanga Roa mit Flößen und kostümierten Figuren.

Schlafen

Tipanie Moana CAMPINGPLATZ, HOSTEL $

(www.campingtipaniemoana.cl; abseits der Tu'u Koihu; Zeltplatz mit/ohne Zelt 7000/6500 Ch$, B 14 500 Ch$, DZ mit/ohne Bad 35 000/25 000 Ch$; 📶) Wenn nur alle Campingplätze auf der Welt so sauber wären wie dieser mit seinen makellosen Bädern, geräumigen Gemeinschaftsküchen und sogar Trockenständern für Kleidung. Ein paar Schlafsäle und Budgetunterkünfte mit tollem Preis-Leistungs-Verhältnis stehen auch zur Verfügung. Hier kann man super andere Reisende kennenlernen, für Frühaufsteher ist die Unterkunft jedoch weniger günstig.

Camping Mihinoa CAMPINGPLATZ $

(☎32-255-1593; www.camping-mihinoa.com; Av Pont s/n; Zeltplätze pro Pers. mit/ohne Zelt & Ausstattung 8000/7000 Ch$, B 13 000 Ch$, DZ 25 000–45 000 Ch$; 📶) Bietet verschiedene Schlafoptionen: sorgsam geschrubbte Zimmer (die teureren gewähren mehr Privatsphäre), ein paar Schlafsäle mit zwei bis sechs Betten (teils mit eigenem Bad) und einen grasbewachsenen Zeltplatz (kein Schatten!). In der Sanitäranlage gibt's warmes Wasser. Weitere Extras: Zeltverleih, WLAN, eine gut ausgestattete Gemeinschaftsküche und Waschmaschinen. Die Lage ist top: Bis zum Wasser sind es nur ein paar Schritte.

★ Cabañas Christophe BUNGALOWS **$$**
(☎ 32-210-0826; www.cabanaschristophe.com; Av Policarpo Toro s/n; DZ 60 000–90 000 Ch$, FZ 150 000 Ch$; 📶) Ganz ohne Zweifel das beste Preis-Leistungs-Verhältnis in Hanga Roa und genau das Richtige für all jene, die Komfort und Individualität suchen. Die vier Bungalows haben ein tolles Design (mit Hartholz und Vulkangestein), sind geräumig, schön eingerichtet (sehr große Doppelbetten, Küche, private Terrasse) und lichtdurchflutet. Sie stehen am Ausgangspunkt des Orongo-Wanderwegs, ca. 1,5 km vom Zentrum entfernt. Weit im Voraus buchen.

Hare Swiss BUNGALOWS **$$**
(☎ 32-255-2221; www.hareswiss.com; Sector Tahai; EZ/DZ/3BZ ab 90/130/160 US$; 📶) Tolle Unterkunft mit drei tadellosen Bungalows an einem Hang überm Wasser, die allerdings etwas weitab vom Schuss liegt (man braucht ein Fahrrad). Die Bäder sind blitzsauber, die Betten schön groß, die Böden gefliest. Außerdem warten die Häuser mit Küchen und Terrassen mit Meerblick auf. Das nette Betreiberpaar stammt aus Rapa Nui bzw. der Schweiz.

Cabañas Mana Nui Inn HÜTTEN **$$**
(☎ 32-210-0811; www.mananui.cl; Sector Tahai; EZ/DZ/FZ 40 000/60 000/120 000 Ch$; 📶) Das gut geführte Quartier bietet acht Zimmer mit spektakulärem Meerblick und tollem Preis-Leistungs-Verhältnis, die an einen ruhigen Garten angrenzen. Selbstversorger können eine der beiden separaten Hütten beziehen und die Gästeküche nutzen.

Cabañas Ngahu HÜTTEN **$$**
(☎ mobil 9-9090-2774; www.ngahu.cl; Av Policarpo Toro s/n; DZ 98–190 US$; 📶) Ebenfalls top. Hier haben wir hilfsbereite Angestellte, nette Besitzer und glückliche Gäste vorgefunden. Die fünf gut ausgestatteten Hütten in unterschiedlicher Größe und Zuschnitt trumpfen größtenteils mit Meerblick auf und die entspannte Atmosphäre sorgt dafür, dass man schnell vergisst, welcher Tag gerade ist.

Aukara Lodge PENSION **$$**
(☎ 32-210-0539; www.aukara.cl; Av Pont s/n; EZ/DZ 45 000/75 000 Ch$; 📶) „Lodge" trifft es nicht wirklich, immerhin beherbergt das Aukara eine Kunstgalerie mit Bildern und Holzschnitzereien des Besitzers, Bene Tuki. Die Zimmer selbst sind nichts Besonderes, aber durchaus schmuck, das Leben tobt in Gehweite und der schattige Garten eignet sich wunderbar, um alle viere von sich zu strecken. Benes Frau Ana Maria ist ebenfalls Künstlerin (und Kinderbuchautorin), spricht hervorragend Englisch und weiß sehr gut über die Geschichte der Insel Bescheid. Die Galerie des Paars lohnt auch einen Besuch, wenn man nicht hier übernachtet.

Hostal Tojika PENSION **$$**
(☎ mobil 9-9215-2167; www.tojika.com; Av Apina s/n; DZ/3BZ/4BZ ab 45 000/55 000/90 000 Ch$; 📶) Eine gute Anlaufstelle für Budgetreisende. Das Gebäude mit Blick übers Meer beherbergt mehrere individuell gestaltete Zimmer, einen Schlafsaal mit fünf Betten und eine Gemeinschaftsküche. Ein paar Unterkünfte bieten wenig Privatsphäre, sind aber ok, aber der Schlafsaal ist ein guter Deal. Kein Frühstück, aber ein kleines Restaurant am Eingang zum Gelände.

Aloha Nui PENSION **$$**
(☎ 32-210-0274; haumakatours@gmail.com; Av Atamu Tekena s/n; EZ/DZ ab 75/125 US$; 📶) Nette Pension mit sechs gut durchdachten Zimmern und einem großen Gemeinschaftsraum, von dem man in einen mit Blumen bepflanzten Garten gelangt. Vor allem lohnt sich der Besuch hier aber für die Gespräche über Archäologie auf der Insel mit Josefina Nahoe Mulloy und ihrem Mann Ramon, die ausgezeichnet Englisch sprechen und das angesehene Haumaka Tours leiten.

Cabañas Tokerau BUNGALOWS **$$**
(☎ 32-210 0023; www.cabanastokerau.cl; Sector Tahai; DZ/FZ 80 000/170 000 Ch$; 📶) Eine gute Wahl, wenn man eine entspannte Unterkunft in einer ruhigen Umgebung sucht. Sie besteht aus zwei Holzbungalows mit praktischen Kitchenettes und Terrassen mit (eingeschränktem) Blick aufs Meer. In der größeren Einheit finden sechs Personen Platz, die deutlich kleinere eignet sich für ein Paar.

Hostal Petero Atamu PENSION **$$**
(☎ 32-255-1823; www.hostalpeteroatamu.com; abseits der Petero Atamu; mit/ohne Bad EZ 40 000/25 000 Ch$, DZ 60 000/40 000 Ch$; 📶) Ein Favorit bei japanischen Rucksacktouristen ist diese schlichte Pension unweit des Zentrums. Wer aufs Geld achten muss, wird sich auf die kahlen, aber annehmbaren Zimmer mit Gemeinschaftsbad stürzen, „wohlhabendere" Reisende ziehen gewöhnlich die Unterkünfte mit En-suite-Bad und eigener Terrasse vor. Besonders schön sind die Nummern 1, 2 und 3. Außerdem gibt's einen Fernsehraum, eine Küche und eine schöne Terrasse.

Hostal Raioha PENSION $$
(☎32-210-0851; abseits der Av Te Pito o Te Henua; DZ 55 000 Ch$) Ein nettes Paar betreibt diese diskrete Unterkunft, eine gute, sichere und komfortable Option, die angesichts ihrer Lage im Zentrum einen vernünftigen Preis hat. Die fünf gepflegten Zimmer kommen ohne Schnickschnack aus und liegen zu einem üppigen Garten hin. Frühstück gibt's nicht, auch kein WLAN, dafür eine Gemeinschaftsküche, und das nächste Internetcafé ist nur ein Stück die Straße hoch.

Inaki Uhi PENSION $$
(☎32-210-0231; www.inakiuhi.com; Av Atamu Tekena s/n; EZ/DZ/3BZ 80/130/170 US$; WLAN) Alvaro jr. hat 15 Jahre in Australien gelebt und viel Erfahrung darin, Besucher auf Englisch zur Logistik und Reiseplanung zu beraten. Die 15 eher kleinen Zimmer verteilen sich über zwei Reihen aus niedrigen, sich gegenüberstehenden Gebäuden. Frühstück gibt's nicht, aber vier Gemeinschaftsküchen. Das Inaki Uhi steht direkt an der Hauptstraße und ist somit nah am Geschehen.

Hotel Taura'a HOTEL $$
(☎32-210-0463; www.tauraahotel.cl; Av Atamu Tekena s/n; EZ/DZ 75 000/90 000 Ch$; WLAN) Eine verlässliche Option im mittleren Preissegment. Die 15 blitzsauberen Zimmer sind lichtdurchflutet und verfügen über feste Matratzen sowie ordentliche Bäder, bieten aber leider keinen Meerblick. Ein Plus ist das reichhaltige Frühstück und Bill, der australische Besitzer, gilt als unerschöpfliche Infoquelle.

Die erstklassige Lage fast direkt an der Hauptstraße lädt zu Streifzügen durch die Stadt ein.

Vaianny PENSION $$
(☎32-210-0650; www.residencialvaianny.com; Av Tuki Haka He Vari; EZ/DZ 35 000/45 000 Ch$; WLAN) In die Jahr gekommenes, zentral gelegenes Gästehaus, in Ordnung für Sparfüchse. Die einfachen, aber sauberen Zimmer verteilen sich über einen winzigen Garten. Für Selbstversorger steht eine Gästeküche zur Verfügung. Das Beste ist aber die Lage, denn die besten Bars und Restaurants der Stadt sind um die Ecke.

★ **Lemu Lodge Vaihu** ZELTCAMP $$$
(☎mobil 9-9299-6722; http://lemulodge.com; Sector Caleta Vaihu; DZ 250–270 US$) 🌿 Das Clubhaus der neuen „Lodge" im abgelegenen Teil Caleta Vaihu ist mit seinen holzgeschnitzten Säulen, Steinmauern und Baumwurzeln als Tischen ein absoluter Hingucker. Das Camp besteht aus sechs umweltfreundlichen Zelthütten (zwei davon haben Panoramablick aufs Meer) und ist eine tolle Adresse, um mit allem Komfort mitten in der Natur abzuspannen. Man braucht ein Auto für die zwanzigminütige Fahrt von Hanga Roa aus.

Massage und Yoga werden in einem Pavillon im Freien angeboten und an einer Feuerstelle kann man ein Lagerfeuer unter dem schwarzen Himmel Rapa Nuis entzünden.

★ **Pikera Uri** BUNGALOWS $$$
(☎32-210-0577; www.rapanuipantu.com; Tahai s/n; DZ/3BZ 208/260 US$; WLAN) Der ideale Standort und die hübsche Ästhetik machen die Anlage zu einer der besten Adressen in Hanga Roa. Genächtigt wird in unfassbar niedlichen Bungalowzimmern an einem Hang mit Blick auf den Ozean. Die schönste Aussicht hat man in Rito Mata und Uri. Alle Unterkünfte haben viel Platz, viel Licht und eine wunderbare Ausstattung. Vor den Türen erstreckt sich ein kleiner Paddock, auf dem Besitzer Pantu allmorgendlich seine Pferde zusammentreibt.

★ **Explora Rapa Nui** BOUTIQUE-HOTEL $$$
(☎in Santiago 2-2395-2800; www.explora.com; All-inclusive-Pakete mit drei Übernachtungen ab EZ/DZ 2980/4450 US$; Klimaanlage WLAN Pool) 🌿 Rapa Nuis luxuriöseste Unterkunft liegt in einer bewaldeten Vulkanlandschaft. Die Zimmer haben allesamt Blick aufs Meer und auf glühend rote Sonnenuntergänge. Sie sind mit typischen Inselmaterialien gestaltet (Rauliholz aus der Gegend, Vulkanstein), die für Rapa-Nui-Stimmung sorgen. Im Preis inbegriffen sind Mahlzeiten, Getränke und erstklassige Exkursionen.

Ein kleiner Haken: 6 km östlich von Hanga Roa einquartiert fühlt man sich ein wenig isoliert vom Rest der Insel.

Mamma Nui ZELTCAMP $$$
(☎mobil 9-7395 5796; www.mammanui.cl; Av Policarpo Toro s/n; Zeltkuppeln ab 100 000 Ch$; Klimaanlage Pool) Glamping vom Feinsten bietet das Mamma Nui mit Kuppeln auf Stelzen für bis zu vier Personen und unvergesslichem Meerblick. Es gibt einen kleinen Pool und Ruhezonen mit Hängematten und Stühlen auf weißem Sand unter den Kuppeln. Auch für Nicht-Gäste lohnt ein Besuch des Restaurants vor Ort mit *ceviches*, Nudelgerichten und Pizza mit Meeresfrüchten.

Hotel Hare Boutik BOUTIQUE-HOTEL $$$
(☎32-255-0134; Av Hotu Matua s/n; DZ 350 US$; WLAN Pool) Ein Nobelhotel ohne die übliche

Förmlichkeit. Gäste übernachten in Bungalows aus Holz und Stein auf einem reizenden Anwesen nicht weit vom Flughafen. Sie sind geräumig, hell und gut geschnitten, das Mobiliar ist elegant, die Einrichtung solide und es gibt jeweils eine private Terrasse. Da das Gelände ziemlich weitläufig ist, bleibt die Privatsphäre meistens geschützt. Das Restaurant vor Ort ist exzellent. Nachdem das Zentrum sich ein Stück weit entfernt befindet, sind die kostenlosen Leihräder umso praktischer.

Hanga Roa Eco Village & Spa LUXUSHOTEL **$$$**
(☎ 32-255-3700; www.hangaroa.cl; Av Pont s/n; EZ/DZ ab 200/400 US$; ❄ 📶 🏊) 🍃 Die weitläufige Anlage zählt zu den besten Unterkünften der Insel. Sie hat zahlreiche Zimmer mit kreativem Design und Suiten inklusive Meerblick. Alle Gebäude bestehen aus natürlichen Materialien und ihre gebogenen Linien und Formen sind von der Kultstätte Orongo inspiriert. Obwohl sie schick und groß sind, fügen sie sich in die Umgebung ein. Das Restaurant auf dem Gelände serviert feine Küche und das Spa ist einfach der Knaller.

Und das Beste daran: die Hotelbetreiber nutzen ein umweltfreundliches Sparsystem für Wasser und Strom.

Cabañas Morerava BUNGALOWS **$$$**
(☎ mobil 9-9499-1898, mobil 9-9319-6547; www.morerava.com; Sector Tahai; 3BZ/4BZ/FZ 181/187/225 US$; 📶) Mit einem tollen Blick kann diese Unterkunft im Inland zwar nicht punkten, aber dafür stört auch nichts die ländliche Ruhe. Die vier Hütten sind stylish in Naturmaterialien gehalten – praktischerweise sind die Besitzer Architekten – und bieten Platz für bis zu sechs Personen. Das Morerava liegt außerhalb der Stadt, aber man kann Fahrräder leihen.

Altiplanico HOTEL **$$$**
(☎ 32-255-2190; www.altiplanico.cl; Sector Tahai; EZ/DZ 350 000/390 000 Ch$; @ 📶 🏊) Das Beste an diesem gut geführten Hotel mit Boutique-Flair ist seine hervorragende Lage auf einer leichten Erhöhung in Tahai. Die Bungalows 1, 2, 3, 10, 11 und 17 bieten einen Panoramablick über das Meer. Alle 17 Wohneinheiten sind blitzsauber und schrullig eingerichtet. Sie liegen recht eng beieinander und wir fanden den Standardpreis etwas übertrieben. Das Restaurant der Anlage ist elegant und ebenfalls teuer (Pizzas kosten 30 US$).

Essen

★ Ariki o Te Pana – Tia Berta CHILENISCH **$**
(Av Atamu Tekena s/n; Hauptgerichte 3000–10 000 Ch$; ⏲ Mo–Sa 10–22 Uhr) Himmlische Empanadas wie von Mama in einer schnörkellosen Bude.

Hai Tonga CHILENISCH **$**
(☎ mobil 9-8242-9835; Av Te Pito o Te Henua s/n; Hauptgerichte 5500–12 000 Ch$; ⏲ 12–23 Uhr) Der Imbiss mit seinen fröhlichen blauen Möbeln unter freiem Himmel neben dem Fußballfeld, mit einer schönen holzgeschnitzten Bar und einem Fernseher mit großem Flachbildschirm, auf dem Surfvideos laufen, lockt ein junges, hippes Publikum an. Auf der Karte stehen günstige chilenische Sandwiches, Fajitas und Craft-Biere vom Fass.

Moiko Ra'a CAFÉ **$**
(☎ 32-255-0149; Av Atamu Tekena s/n; Snacks 3000–7000 Ch$; ⏲ 9–23 Uhr) Kleine Cafeteria mit lauter leckeren Sachen: Kaffeeteilchen, deren Anblick schon Karies verursacht, tolle Sandwiches, Törtchen und Empanadas. Unbedingt Platz lassen für die dickflüssige heiße Schokolade!

Casa Esquina FAST FOOD **$**
(☎ 32-255-0205; Av Te Pito o Te Henua; Snacks 3000 Ch$, Hauptgerichte 6000–10 000 Ch$; ⏲ Di–So 12–23 Uhr) Eine preiswerte Wahl inklusive windumwehter Terrasse mit Blick auf die Kirche. Die Karte beinhaltet Empanadas, Pizzas, Sandwiches, Salate und Shawarma. All das kann man dann mit einem riesigen *jugo natural* (frisch gepresster Saft) hinunterspülen.

Mikafé CAFÉ **$**
(Caleta Hanga Roa s/n; Eis 2000–3500 Ch$, Sandwiches & Kuchen 3500–7000 Ch$; ⏲ Mo–Sa 9–21 Uhr) Mmm, unbedingt *helados artesanales* (hausgemachtes Eis) probieren! Oh, und der Bananen-po'e-Kuchen macht süchtig! Außerdem gibt's Panini, Sandwiches, Muffins und Brownies sowie Frühstück (ab 6000 Ch$) und richtige Espresso-Spezialitäten.

Mara Pika CHILENISCH **$**
(Av Apina s/n; Hauptgerichte 6000 Ch$; ⏲ Mo–Fr 8–16 Uhr) Das wohl günstigste „richtige" Restaurant (sprich: mit Sitzplätzen) von Hanga Roa erinnert eher an eine Kantine, aber an eine gute. Der Service ist freundlich und packt ordentlich chilenische Hausmannskost auf die Teller, darunter Empanadas und täglich wechselnde Angebote.

★ Te Moai Sunset

FISCH & MEERESFRÜCHTE, CHILENISCH $$

(mobil 9-4241-8603; www.facebook.com/temoaisunset; Sector Tahai; Hauptgerichte 12 000–16 000 Ch$; Mo–Sa 12.30–23 Uhr;) In diesem schicken neuen Restaurant ist es besonders schön am späten Nachmittag, wenn die untergehende Sonne die *moai* von Tahai in unmittelbarer Nähe erstrahlen lässt. Die schönste Sicht hat man im Freien in Korbhängestühlen oder aus einem der Fenster im zweiten Stock heraus. Zu essen gibt's chilenische Spezialitäten mit pfiffiger Note; perfekt ist die genau richtig scharfe *ceviche*!

★ La Kaleta

FISCH & MEERESFRÜCHTE, CHILENISCH $$

(32-255-2244; www.lakaletarestaurant.com; Caleta Hanga Roa; Hauptgerichte 9000–16 000 Ch$; Mo–Sa 11–23 Uhr) Santiagos Zeitung *El Mercurio* kürte das La Kaleta 2016 zum besten regionalen Restaurant in Chile. Seitdem sind die Tische am Meer gut besetzt mit Urlaubern aus dem Land. Die Speisekarte ändert sich je nach Saison, sodass garantiert die frischesten Zutaten aus dem Meer auf den Tisch kommen, doch es gibt auch Standardgerichte wie *ceviche*, gegrillten Fisch und Pastagerichte mit Meeresfrüchten. Der Wein ist ebenfalls hervorragend.

★ Haka Honu

CHILENISCH $$

(32-255-2260; Av Policarpo Toro s/n; Hauptgerichte 11 000–16 000 Ch$; Di–So 12.30–22.30 Uhr) Die Fischgerichte, Steaks, hausgemachten Nudeln, Burger und Salate sorgen für eine ausgewogene Mischung in diesem angesehenen Restaurant, dessen größter Trumpf sein traumhafter Meerblick ist. Besonders lecker ist der gegrillte Fisch mit Papaya-Chutney.

Tataku Vave

FISCH & MEERESFRÜCHTE $$

(32-255-1544; Caleta Hanga Piko s/n; Hauptgerichte 12 000–13 500 Ch$; Mo–Sa 11–22.30 Uhr) Hinter der Caleta Hanga Piko liegt ein schwer zu findender „Geheimtipp", der gern von Einheimischen empfohlen wird. Auf der Terrasse nur wenige Schritte vom Ufer entfernt weht eine herrliche Brise und jede Mahlzeit wird vom Rauschen der Wellen begleitet. Die Fischgerichte sind ein Gedicht. Vorher anrufen, um sich kostenlos vom Hotel abholen zu lassen.

Au Bout du Monde

INTERNATIONAL $$

(32-255-2060; Av Policarpo Toro s/n; Hauptgerichte 11 000–18 000 Ch$; 12.30–14.30 & 18–22.30 Uhr, Juni & Juli geschl.) Hervorragende Küche in einem eher schlicht wirkenden Restaurant unter belgischer Geschäftsführung. Besucher sollten den Thunfisch in tahitianischer Vanillesoße, die hausgemachte Pasta oder das (Bio-)Rinderfilet probieren. Für den Nachtisch Platz lassen: Die belgische Mousse au Chocolat ist göttlich.

Kuki Varua

FISCH & MEERESFRÜCHTE $$

(mobil 9-8192-1940; Av Te Pito o Te Henua s/n; Hauptgerichte 10 000–14 000 Ch$; Mi–Mo 12–16 & 18–23 Uhr) Tag für Tag wird das Kuki Varua mit frischem Fisch beliefert, darunter Thunfisch und *mero* (Zackenbarsch). Auf der Terrasse oben weht immer ein laues (Meeres-)Lüftchen. Platz lassen für einen Nachtisch – göttlich ist die Crème brûlée mit Passionsfrucht.

Motu Hava Kafe

FISCH & MEERESFRÜCHTE $$

(mobil 9-9620-1907; Caleta Hanga Roa s/n; Empanadas 3000 Ch$, Hauptgerichte 9500–15 000 Ch$; 9–16.30 Uhr) Wer nicht aufpasst, übersieht den Eingang dieses einfachen kleinen Imbisses mit Blick auf die Caleta Hanga Roa. Hier kann man sich frisch frittierte Empanadas, *ceviches* und Tunfischsteaks einverleiben.

★ Te Moana

CHILENISCH $$$

(32-255-1578; Av Policarpo Toro s/n; Hauptgerichte 10 000–21 000 Ch$; Mo–Sa 12.30–23 Uhr) Eine der verlässlichsten Optionen in Hanga Roa überzeugt schon allein durch ihre herrliche Lage und eine stimmungsvolle Veranda, die sich zum Meer hin öffnet. Das gut besuchte Restaurant hat sich mit leckeren Fleisch- und Fischgerichten einen Namen gemacht. Ein weiterer Magnet ist das polynesische Dekor, das aus Holzschnitzereien und traditionellen Artefakten an den Wänden besteht.

Kanahau

FISCH & MEERESFRÜCHTE $$$

(32-255-1923; www.restaurantkanahau.com; Av Atamu Tekena s/n; Hauptgerichte 13 000–22 000 Ch$; Mo–Sa 10–0 Uhr) Ob man den ultrafrischen Tunfisch, *lomo* (Rindfleisch mit hausgemachter Soße) oder eins der vielen weiteren herzhaften Gerichte bestellt – sie alle sind liebevoll zubereitet. Aufmerksames Personal serviert die Speisen in atmosphärischer Einrichtung. Dreimal pro Woche tritt das Tanzensemble Varua Ora hier auf.

Ausgehen & Nachtleben

★ Polynesian Coffee & Tea

CAFÉ

(www.facebook.com/polynesiancoffee; Av Atamu Tekena s/n; Mo–Sa 7–21, So 8–15 Uhr) Detox-Säfte, Fruchtsmoothies, Aufgusstees und heiße (oder kalte) Kaffeegetränke machen das strandmäßige Café im Hawaii-Look an der Hauptstraße zu einer sehr empfehlenswerten Adresse am Morgen. Gesunde Frühstücksangebote (u.a. gibt's *açaí*-Schüsseln und Joghurt mit Müsli) runden die solide Speisekarte mit angemessenen Preisen ab.

Nicht verpassen: Im angrenzenden Laden werden handgemachte polynesische Kleidung und Accessoires aus der Region verkauft.

Piroto Henua BAR

(☎ mobil 9-8812-5794; www.facebook.com/pirotohenua; Av Hotu Matua s/n; ⏲ Mo–Sa 20–2.30 Uhr) Manchmal verwandelt sich die grün beleuchtete Kneipe unweit des Flughafens zu einer Sportbar mit Fußball auf der Großleinwand. Dann wieder finden Livekonzerte statt oder feucht-fröhliche Karaokeabende. Egal, was auf dem Programm steht (auf der Facebook-Seite nachschauen), hier kommt man immer prima in Kontakt mit Einheimischen.

Rapa Rock Resto Bar BAR

(☎ 32-255-0411; Av Apina s/n; ⏲ Mi–Mo 10–2 Uhr) Rock und Pop werden in dieser Bar unter freiem Himmel am Wasser gespielt, sofern nicht Bands live auf der Bühne im Sand stehen.

Kanahau BAR

(☎ 32-255-1923; www.restaurantkanahau.com; Av Atamu Tekena s/n; ⏲ Mo–Sa 10–0 Uhr) In der netten mit Holz verkleideten Bar kann man bei einem starken Pisco Sour die Nacht ausklingen lassen. Die *picoteos* (Tapas) sind klasse.

Caramelo CAFÉ

(☎ 32-255-0132; Av Atamu Tekena s/n; ⏲ Mo–Sa 10–21.30 Uhr) Im Caramelo werden Backwaren verkauft und es wird auch frisch gebacken. Hier bekommt man tolle Tees, Kaffeegetränke, Säfte und Smoothies in Geschmacksrichtungen von Mango bis hin zu Guave und Cherimoya. Davon abgesehen steht ein verlockendes Angebot an süßen Teilchen und Kuchen zur Auswahl.

☆ Unterhaltung

★ Kari Kari TRADITIONELLER TANZ

(☎ mobil 9-4280-5388; www.facebook.com/karikari.balletcultural; Av Atamu Tekena s/n; Tickets 15 000 Ch$, mit Abendessen 40 000 Ch$; ⏲ Aufführung Di, Do & Sa 21 Uhr) Kunstvoll kostümierte, talentierte Ensembles erwecken Insellegenden durch Lieder und Tänze zum Leben. Das Kari Kari abseits der Hauptstraße bietet 15 verschiedene Programme, sodass man mehrmals hingehen kann, ohne eine Show zweimal zu sehen. Da es das ältestes Ensemble der Insel ist, wurden hier schon viele Tänzer ausgebildet, die man auch in anderen Shows auftreten sieht.

Im Geschenkeladen von Kari Kari bekommt man Produkte von polynesischen Designern und einige der authentischsten Kleidungsstücke und Souvenirs in Hanga Roa.

Varua Ora TRADITIONELLER TANZ

(☎ 32-255-1923; www.restaurantkanahau.com; Atamu Tekena s/n; Tickets 15 000 Ch$; ⏲ Vorführung Mo, Mi & Fr um 21 Uhr) Nancy Manutomatoma ist die erste weibliche Choreographin der Insel. Zu ihrem Repertoire zählen die empfohlene Show im Restaurant Kanahau mit *hoko*-Kriegertänzen, *kai-kai*-Fadenspielen, alten polynesischen Legenden und mehr.

Pikano LIVEMUSIK

(☎ mobil 9-9141-4254; www.facebook.com/pikanorapanui; Eintritt ab 3000 Ch$; ⏲ Uhrzeit je nach Event unterschiedlich) Das Pikano ist der größte Veranstaltungsort der Insel und liegt abgeschieden an der Straße nach Anakena, rund 3 km vom Flughafen entfernt. Am Wochenende ist hier der Teufel los, wenn ein bunt gemischtes Publikum jede Menge Bier konsumiert, während Livemusik gespielt wird. Zu vorgerückter Stunde verwandelt sich der Laden dann in einen Club. Auf der Facebook-Seite nach aktuellen Veranstaltungen schauen.

Maori Tupuna TRADITIONELLER TANZ

(☎ 32-255-0556; www.maoritupuna.com; Av Policarpo Toro s/n; Tickets 15 000 Ch$; ⏲ Vorführung Mo, Do & Sa 21 Uhr) Hervorragende Tanzshows mit einer tollen Band und modernen Musical-Einlagen. Um 20.30 Uhr kann man bei der traditionellen *takona*-Körperbemalung zusehen.

Shoppen

Mercado Artesanal KUNST & KUSNTHANDWERK

(Ecke Av Tu'u Koihu & Av Ara Roa Rakei; ⏲ Mo–Sa 9–20 Uhr) Auf diesem Markt gegenüber der Kirche findet man alles von Muschelketten über Shirts mit floralem Muster bis hin zu den allgegenwärtigen *moai*-Nachbildungen.

Feria Artesanal KUNST & KUSNTHANDWERK

(Ecke Av Atamu Tekena & Av Tu'u Maheke; ⏲ Mo–Sa 10–20 Uhr) Gute Preise. Die kleinen *moai* aus Stein oder Holz und die Obsidian-Stücke sind ihr Geld wert.

Praktische Informationen

Banco Santander (Av Policarpo Toro; ⌚Mo–Fr 8–13 Uhr) Wechselt Geld (bis 11 Uhr) und hat zwei Geldautomaten, die Visa und MasterCard akzeptieren. Mit der Kreditkarte bekommt man während der Öffnungszeiten Bargeld am Bankschalter (Pass mitbringen!).

BancoEstado (Av Tu'u Maheke s/n; ⌚Mo–Fr 8–13 Uhr) Wechselt US-Dollars und Euros und hat drei rund um die Uhr funktionierende Geldautomaten.

Farmacia Cruz Verde (Av Atamu Tekena; ⌚Mo–Sa 8.30–22, So 9.30–21 Uhr) Große Apotheke.

Hospital Hanga Roa (☎32-210-0215; Av Simón Paoa s/n) Kürzlich modernisiert. Ein Besuch in der Notaufnahme kostet eine Pauschale von 25 000–30 000 Ch$ plus der Kosten für notwendige Behandlungen.

Polizei (☎133; Av Simón Paoa s/n)

Post (Correos Chile; Av Te Pito o Te Henua s/n; ⌚ Mo–Fr 8.30–12.30 & 14–18, Sa 9–13 Uhr)

Puna Vai (Av Hotu Matua; ⌚Mo–Sa 8.30–13.30 & 15–20.30, So 9–14 Uhr) Die Tankstelle dient gleichzeitig als Minimarkt und als Wechselstube (nur US-Dollar und Euro). Sie ist eine bessere Anlaufstelle als Banken (keine Warteschlangen, längere Öffnungszeiten) und dazu gibt's eine gute Auswahl an Weinen vom Festland.

Unterwegs vor Ort

Die meisten Autovermietungen bieten auch Fahrräder und Roller zum Verleih. Man findet sie an der Av Atamu Tekena.

Insular Rent a Car (☎32-210-0480; www.rentainsular.cl; Av Atamu Tekena s/n; Fahrräder/Motorräder/Autos ab 15 000/30 000/50 000 Ch$; ⌚9–20 Uhr)

Oceanic Rapa Nui Rent a Car (☎32-210-0985; www.rentacaroceanic.com; Av Atamu Tekena s/n; Fahrräder/Motorräder/Autos ab 8000/30 000/50 000 Ch$; ⌚9–20.30 Uhr)

Parque Nacional Rapa Nui

Seit 1935 bilden der größte Teil des Inselgebiets und alle archäologischen Stätten gemeinsam einen **Nationalpark** (https://parquenacionalrapanui.cl; Erw./Kind 54 000/27 000 Ch$) mit vielen Höhlen, *ahu* (Begräbnisstätten), umgestürzten *moai* (große menschenähnliche Statuen) und Überresten von Dörfern und Felszeichnungen. Man darf Orongo und Rano Raraku jeweils einmal besuchen, andere Stätten hingegen mehrere Male.

Praktische Informationen

Tickets für den Parque Nacional Rapa Nui erhält man bei der Anreise am Flughafen – nach dem kleinen Schalter Ausschau halten. Die Preise sind in den letzten Jahren deutlich gestiegen, aber das zusätzliche Geld wurde auch sinnvoll investiert: In der Nähe mehrerer archäologischer Stätten wurden neue Komposttoiletten eingerichtet und der behindertengerechte Zugang zu den wesentlichen Sehenswürdigkeiten wurde ausgebaut. Derzeit zahlen Erwachsene 54 000 Ch$ und Kinder 27 000 Ch$. Die Tickets sind 10 Tage ab dem ersten Einlass gültig. Man kann auch Tickets am Hauptsitz der **Ma'u Henua** (☎32-210-0827; https://parquenacionalrapanui.cl; Sector Mataveri; Tickets Erw./Kind 54 000/27 000 Ch$; ⌚8.30–16 Uhr) oder im kleinen Ticketbüro an der Avenida Atamu Tekena in Hanga Roa besorgen. Achtung: An keinem anderen Ort auf der Insel sind Tickets erhältlich.

An- & Weiterreise

Um die archäologischen Stätten von Hanga Roa aus zu besuchen, benötigt man ein Auto, Motorrad oder (für die körperlich Fitten) ein Fahrrad. Alternativ kann man sich einer geführten Tour anschließen oder den Hop-on-Hop-off-Bus **Ara Moai** (☎mobil 9-9715-5811; www.maururutravel.com; Av Pont s/n; 15 000 Ch$; ⌚ Nov.–Febr. tgl., in den übrigen Monaten ab 10 Pers.) nehmen.

Nördlicher Rundweg

Sehenswertes

Ahu Akivi ARCHÄOLOGISCHE STÄTTE

Der Ahu Akivi, an dem 1960 die erste wissenschaftliche Restauration auf der Insel stattfand, hat sieben *moai,* was für die Lage im Inland ungewöhnlich ist. Es sind die einzigen, deren Gesichter Richtung Meer weisen, doch wie alle Statuen blicken sie auf ein Dorf, dessen Spuren man noch erkennt. Wie sich herausgestellt hat, ist die Stätte von astronomischer Bedeutung: Bei den Tagundnachtgleichen schauen die sieben Statuen direkt in die untergehende Sonne

Maunga Terevaka BERG

Dieser alte kahle Vulkan (507 m) ist die höchste Erhebung der Insel und der jüngste der drei Vulkane. Er lässt sich nur zu Fuß oder zu Pferd erklimmen. Der Aufstieg lohnt sich auf jeden Fall, denn oben eröffnet sich ein sensationeller Rundumblick.

Ana Te Pahu HÖHLE

Abseits der Piste nach Akivi stößt man auf frühere Wohnhöhlen mit einem verwilderten Garten für Süßkartoffeln, Taro (Wasserbrotwurzel) und Bananen. Die Höhlen sind sogenannte Lavaröhren, die entstanden, als Gestein um fließende Lavaströme erstarrte.

Ahu Tepeu
ARCHÄOLOGISCHE STÄTTE

An diesem großen *ahu* befinden sich mehrere umgestürzte *moai* und eine Dorfanlage mit Fundamentresten von *hare paenga* (ellipsenförmigen Häusern) und den Mauern einiger Rundhäuser, bestehend aus lose übereinander gestapelten Steinen.

Ana Kakenga
HÖHLE

(Dos Ventanas) 2 km nördlich des Ahu Tahai befindet sich diese Höhle, auch Dos Ventanas (Zwei Fenster) genannt, mit Öffnungen zum Ozean. Taschenlampe mitbringen.

Südwestlicher Rundweg

Sehenswertes & Aktivitäten

★ Kultstätte Orongo
KULTSTÄTTE

(⌚9.30–17.30 Uhr) Der von Totora-Schilf fast vollkommen zugewachsene Kratersee des **Rano Kau** ähnelt einem riesigen Hexenkessel und bietet eine einmalige Vielfalt an endemischen Tieren und Pflanzen. Oben auf dem Rand liegt die **Kultstätte Orongo,** dahinter fallen steile Klippen 300 m bis zum kobaltblauen Ozean ab. Dies ist eine der spektakulärsten Landschaften im Südpazifik. Von der Kultstätte Orongo lassen sich mehrere kleine *motu* (vorgelagerte Inselchen) überblicken, darunter Motu Nui, Motu Iti und Motu Kao Kao. Die Wände der an den Hang geschmiegten Häuser bestehen aus waagerecht übereinanderliegenden Platten. Aus dem gleichen Material wurde das mit Erde bedeckte gebogene Dach gebaut, sodass es den Anschein erweckt, als befände es sich teilweise unter der Erde. Orongo bildete das Zentrum des Vogelmannkults, der dem Gott Makemake huldigte und bis weit ins 19. Jh. hinein auf der gesamten Insel eine bedeutende Rolle spielte. Auf einer Ansammlung von Felsbrocken zwischen der Klippenoberkante und dem Kraterrand sind Zeichnungen des Vogelmannes zu sehen. Die Stätte liegt 4 km vom Stadtzentrum entfernt; man erreicht sie entweder auf einer steilen Wanderung oder nach einer kurzen Fahrt durch schöne Landschaft.

Ana Kai Tangata
HÖHLE

Die weitläufige Höhle hat sich in das schwarze Felsgestein hineingefressen und wartet mit wunderschönen Felszeichnungen des Vogelmannes auf. Als wir vor Ort waren, konnte die Höhle wegen herabfallender Felsbrocken nicht besucht werden.

In der nördlich gelegenen Nachbarhöhle findet man ein natürliches Wasserbecken, in dem das Baden allerdings oft wegen starker Wellen zu gefährlich ist.

Puna Pau
ARCHÄOLOGISCHE STÄTTE

In dem vulkanischen Steinbruch wurden rötliche, zylinderförmige *pukao* (Kopfaufsätze) für die *moai* hergestellt. Etwa 60 davon transportierte man zu verschiedenen Stätten auf der Insel, 25 verblieben in oder nahe dem Steinbruch.

Ahu Vinapu
ARCHÄOLOGISCHE STÄTTE

Vom östlichen Ende des Rollfelds am Flughafen führt eine Straße an einigen großen Öltanks vorbei nach Süden zu dieser Kultstätte mit zwei wichtigen *ahu*. Einer zeichnet sich durch eine Bauweise aus ordentlich behauenen, mörtellosen Steinblöcken aus, die an Inka-Ruinen denken lassen. Auf beiden standen einst *moai*, die aber leider zerbrochen sind und nun mit dem Gesicht nach unten liegen.

Motu Kao Kao
TAUCHEN

Der Motu Kao Kao sieht aus wie ein riesiger *moai*, der sich vom Meeresboden 55 m in die Höhe erhebt. Taucher schwimmen in der Regel in ca. 25 m Tiefe einmal um den Felsen herum. Oft begegnet man hier Schwärmen von Steuerbarschen.

Nordöstlicher Rundweg

Sehenswertes

★ Anakena
STRAND

Sonnenanbeter, die nach einem Ort zum Faulenzen suchen, sollten sich direkt zu diesem idyllischen weißen Sandstrand begeben. Er ist auch ein guter Ausgangspunkt für eine Wanderung zum **Ahu Nau Nau** mit sieben *moai*, einige inklusive Kopfaufsätzen. Auf einer Erhebung südlich des Strandes liegt der **Ahu Ature Huki** samt einem einsamen *moai*, den der norwegische Entdecker Thor Heyerdahl 1956 zusammen mit einem Dutzend Inselbewohnern wieder aufrichtete.

Vor Ort gibt's Toiletten sowie Essens- und Souvenirstände.

★ Rano Raraku
ARCHÄOLOGISCHE STÄTTE

(⌚9.30–17 Uhr) 18 km von Hanga Roa entfernt diente der Vulkan Rano Raraku, „die Wiege" genannt, als Steinbruch für den harten Tuff, aus dem die *moai* gehauen wurden. Bei einem Spaziergang am Südhang des Vulkans zwischen Dutzenden Steinstatuen in allen Entstehungsstufen fühlt man sich wie auf einer Reise in frühe polynesische Zeiten. Der Panoramablick vom Gipfel ist umwerfend. Im Krater befinden sich ein glitzernder See und 20 stehende *moai*.

Am Südosthang des Bergs ist der einzigartige kniende Moai Tukuturi zu sehen; er hat einen vollständigen Körper und kniet auf seinen Fersen, während seine Unterarme auf seinen Oberschenkeln ruhen.

★ Ahu Tongariki ARCHÄOLOGISCHE STÄTTE

Der monumentale Ahu Tongariki bietet schöne Fotomotive. Mit 15 beeindruckenden Statuen ist er der größte je errichtete *ahu*. Die Figuren blicken über die verstreuten Ruinen eines großen Dorfes. In der Nähe gibt's auch einige Felszeichnungen, z. B. von einer Schildkröte mit einem menschlichen Gesicht, einem Thunfisch und einem Vogelmann.

Von 1992 bis 1996 kümmerte sich ein japanisches Expertenteam um die Restaurierung der Stätte, denn 1960 hatte ein Tsunami die Statuen umgeworfen und mehrere Kopfaufsätze weit ins Inland getragen. Nur einer dieser „Hüte" wurde wieder zurück an seinen Ursprungsort, auf den Kopf eines *moai*, gesetzt.

Península Poike HALBINSEL

Der erloschene Vulkan **Maunga Pu A Katiki** (400 m) krönt das von steilen Klippen begrenzte Hochplateau am östlichen Ende der Insel. Ebenfalls auffällig sind die drei kleinen Lavadome. Einer davon besticht durch die Felsritzung einer Maske im Stein, die an eine riesige Fratze erinnert. Außerdem sollte man Ausschau halten nach den kleinen *moai*, die mit dem Gesicht nach unten versteckt im Gras liegen, und sich nach der in den Fels gehauenen **Jungfrauenhöhle** (Ana O Keke) erkundigen.

Der Legende nach wurden in dieser Höhle Jungfrauen eingesperrt, deren Haut so hell wie möglich bleiben sollte. Es lohnt sich, hineinzukrabbeln, falls man sich für Petroglyphen interessiert (ein kleiner Pfad entlang des Felsvorsprungs oberhalb des glatten darunter liegenden Pazifiks führt in die Höhle).

Auf einer geführten Tageswanderung lässt sich die Ursprünglichkeit der Península Poike am besten erleben, denn manche Attraktionen sind nicht ganz leicht zu finden.

Ahu Te Pito Kura ARCHÄOLOGISCHE STÄTTE

Neben der Bahía de La Pérouse liegt ein fast 10 m langer *moai* mit gebrochenem Genick auf seinem Gesicht. Es handelt sich um die größte Statue, die aus Rano Raraku abtransportiert und auf einem *ahu* errichtet wurde. In der Nähe befindet sich ein *pukao*, ein *moia*-„Hut", der in diesem Fall eher oval als rund geraten ist wie auf dem Vinapu.

Ovahe STRAND

Wer gern Robinson Crusoe spielt, findet kaum irgendwo mehr Abgeschiedenheit als an diesem Strand nahe Anakena. Allerdings gilt der Sandstreifen wegen fallender Felsbrocken als gefährlich.

Papa-Vaka-Petroglyphen ARCHÄOLOGISCHE STÄTTE

100 m abseits der Küstenstraße (auf die Beschilderung achten) finden sich massive Basaltplatten mit Zeichnungen, u. a. von einem Hai, einem Tintenfisch und einem Kanu.

Schlafen

Camping Sustentable Ana Tekena CAMPINGPLATZ $

(☎ mobil 9-9690-6941; www.facebook.com/campingsustentable.anatekena; Playa Anakena; Zeltplatz mit/ohne Zelt & Ausrüstung 16 000/12 000 Ch$) Der zwar teuerste Campingplatz auf der Insel, aber dafür ist die Lage direkt oberhalb des Strandes nahe Anakena unschlagbar. Das heiße Wasser in den Duschen wird ausschließlich durch Solarenergie erzeugt und ein Holzofen sorgt für Wärme. In die riesige Hängematte passt eine ganze Fußballmannschaft! Vorsicht: Nachts ist viel Ungeziefer unterwegs.

Die An- und Abfahrt zum und vom Flughafen kostet 7000 Ch$. Die Besitzer bieten auch Schnorchel- und Angelausflüge und Ausritte in der Gegend an (nur auf Spanisch).

RAPA NUI VERSTEHEN

Rapa Nui aktuell

Seit 2007 bildet die Osterinsel innerhalb Chiles ein *territorio especial*, eine Art Sondergebiet, was für die Inselbewohner größere Autonomie mit sich bringt. Allerdings stehen Unabhängigkeitsbestrebungen nicht auf der Tagesordnung, denn die fortdauernde ökonomische Abhängigkeit vom chilenischen Festland lässt diese Option in absehbarer Zukunft wahrscheinlich nicht zu.

Darüber hinaus fordern die Rapa Nui eine Mitsprache bei der Entwicklung und Überwachung der Tourismusindustrie. Von Massentourismus kann hier zwar noch keine Rede sein, aber die zunehmende Zahl an Besuchern – vor zehn Jahren waren es noch ca. 50 000, 2016 bereits ca. 100 000 – wirkt sich natürlich dennoch auf die Umwelt aus.

Der kürzliche Zustrom von Festlandchilenen (meist Angestellte im Tourismussektor) führte zu Spannungen mit einigen Inselbewohnern, die die Zuwanderer als „Unruhestifter“ empfinden. Strengere Einwanderungskontrollen für Rapa Nui sind in Planung, vergleichbar mit denen, die auf den Galapagosinseln in Ecuador gelten.

Im Oktober 2015 stellte die chilenische Regierung einen ambitionierten Umweltschutzplan für die Osterinsel vor: ein riesiges Wasserschutzgebiet, um die Fischbestände der Insel zu schützen, die durch illegalen industriellen Fischfang bedroht sind. Das 720 000 km² große Meeresschutzgebiet – eins der größten der Welt – wurde im September 2017 mit der Zustimmung der Anwohner besiegelt.

Seit 2010 entzweit ein Streit um Land einen Rapa-Nui-Clan mit den Besitzern des Hanga-Roa-Luxushotels. Die Rückgewinnung ihres Heimatlandes ist seit Langem ein Streitpunkt für die indigene Bevölkerung Rapa Nuis, die außerhalb von Hanga Roa so gut wie keine Kontrolle über Grund und Boden hat. Nachdem sie jahrelang für mehr Autonomie gekämpft hat, wurde im November 2017 endlich ihr Wunsch erfüllt: Präsidentin Michelle Bachelet legte offiziell die Kontrolle über die archäologischen Stätten der Insel in die Hände der indigenen Organisation Ma'u Henua.

Geschichte

Zwischen dem 8. und 13. Jh. kamen die ersten Bewohner von den Marquesas, den Mangareva-, Cook- oder Pitcairn-Inseln hierher.

Die Rapa Nui entwickelten eine einzigartige Zivilisation, für die der Bau von kultischen Steinplattformen – den *ahu* – und die berühmten Statuen der Osterinsel – die *moai* – charakteristisch sind. Im 17. Jh. erreichte die Bevölkerung wahrscheinlich einen Höchststand von 15 000 Einwohnern. Schon zu dieser Zeit kam es zu Streitigkeiten um Land und knapp gewordene Güter. Kurz darauf landeten Europäer auf der Insel und es setzte ein Bevölkerungsrückgang ein. Spätere Konflikte zwischen verschiedenen Clans führten zu blutigen Kriegen und Kannibalismus, und viele *moai* wurden auf ihren *ahu* umgestürzt. Doch auch Naturkatastrophen wie Erdbeben und Tsunamis richteten erhebliche Schäden an. Die einzigen *moai*, die heute noch stehen, wurden im letzten Jahrhundert restauriert.

Der Kontakt mit Fremden führte fast zur Ausrottung der Rapa Nui. Bei einem Überfall peruanischer Sklavenhändler 1862 wurden knapp 1500 Inselbewohner verschleppt, um in den Guano-Depots der peruanischen Chincha-Inseln zu arbeiten. Auf intensiven Druck der katholischen Kirche brachte man einige Überlebende zur Osterinsel zurück, aber fast 90 % fielen Krankheiten und Überarbeitung zum Opfer. Eine kurze Phase französischer Missionsarbeit in den 1860er-Jahren führte dazu, dass die meisten Inselbewohner zum Katholizismus konvertierten.

1888 annektierte Chile die Osterinsel. Dies geschah während der Expansionsphase nach dem Salpeterkrieg (1879–1884), in deren Verlauf das Land sich auch peruanisches und bolivianisches Territorium in großem Rahmen einverleibte.

1897 fiel Rapa Nui in die Hände einer einzelnen Wollhandelsgesellschaft. Das Unternehmen übte de facto die Regierungsgewalt über die Insel aus und betrieb den Wollhandel bis Mitte des 20. Jhs. 1953 übernahm dann die chilenische Regierung das Kommando, doch an den Restriktionen, unten denen die Inselbewohner litten, änderte sich nichts. Aufgrund ihrer beschnittenen Rechte, darunter Reisebeschränkungen und der Entzug des Wahlrechts, fühlten sich die Einheimischen wie Bürger zweiter Klasse. 1967 wurde eine reguläre Flugverbindung zwischen Santiago und Tahiti etabliert – mit Tankstopp auf Rapa Nui. So bekam die Osterinsel Kontakt zur Welt – für die Bewohner ein großer Vorteil.

Kultur

Rapa Nui sind konservativ. Familienleben, Ehe und Kinder spielen eine zentrale Rolle, ebenso wie die Religion.

Mehr als ein Drittel der Bevölkerung stammt vom chilenischen Festland oder aus Europa. Am verblüffendsten ist die faszinierende Mischung von polynesischen und chilenischen Gewohnheiten. Obwohl es niemand offen zugeben will, sind die Bewohner der Insel heute ebenso stark mit Südamerika wie mit Polynesien verbunden.

Trotz ihrer einzigartigen Sprache und Geschichte wirkt die Gesellschaft der Rapa Nui heute wenig „traditionell“ – ihre Kontinuität wurde durch die fast komplette Auslöschung der Bevölkerung im vergangenen Jahrhundert beinahe zerstört. Die Osterinsel hat sich dem modernen westlichen Lebensstil angepasst, doch auf ihre Vergangenheit sowie ihre Kultur sind die Menschen sehr stolz und bemühen sich, wenigstens die verbliebenen Traditionen zu pflegen.

WIE MAN AHU UND MOAI AUSEINANDERHÄLT

Ahu

Ahu, die Begräbnis- und Zeremonialstätten der Dörfer, haben sich wahrscheinlich aus Altären Französisch-Polynesiens entwickelt. Entlang der Küste stößt man auf etwa 350 dieser Plattformen. Sie sind mit mehr oder weniger flachen Steinen gepflastert und an jedem Ende sowie an der dem Meer zugewandten Seite mit einer Mauer verblendet.

Ahu wurden in verschiedenen Varianten, zu unterschiedlichen Zeiten und aus verschiedenen Gründen gebaut. Am beeindruckendsten allerdings sind die *ahu moai*, auf denen die massiven Statuen ruhen.

Moai

Am stärksten geprägt wird die Osterinsel durch ihre rätselhaften *moai* – mächtige Statuen, die vielleicht Ahnen der Clans repräsentieren. Die 2 bis 10 m hohen Figuren mit steinernen Gesichtern stehen mit dem Rücken zum Pazifik. Einige wurden komplett restauriert, andere nur wieder aufgerichtet – sie sind von der Erosion gezeichnet. Viele weitere liegen umgestürzt am Boden. Von den 887 bekannten *moai* haben es nur 288 zu ihren *ahu geschafft. 92 entgleisten während des Transports*.

Viele Jahrhunderte war nicht klar, wie *moai* transportiert und aufgestellt wurden – im Durchschnitt wiegen sie 12,5 Tonnen. Experten glaubten lange, dass sie auf einer Art Holzschlitten gezogen oder auf Rollen geschoben wurden, doch seit Anfang des 21. Jh. sind viele Archäologen davon überzeugt, dass die *moai* nicht liegend, sondern stehend und mithilfe von Seilen geschleppt wurden. Diese Theorie würde mit den mündlichen Überlieferungen übereinstimmen, nach denen die *moai* „zu ihrem *ahu* gingen". Beendet ist die Debatte aber noch lange nicht, was zum Mysterium beiträgt und die Osterinsel so faszinierend macht.

Kopfaufsatz

Archäologen halten die rötlichen zylinderförmigen *pukao* (Kopfaufsätze), die zahlreiche *moai* krönen, für eine Männerfrisur, die einst auf Rapa Nui verbreitet war.

Die relativ weiche und leicht zu bearbeitende Vulkanschlacke, aus der die Kopfaufsätze gemacht sind, stammt aus dem kleinen Steinbruch Puna Pau. Die Aufsätze sind ähnlich wie die *moai* gemeißelt und dienten vermutlich ausschließlich als Verzierung. Sie wurden an ihr Ziel gerollt und dann, auch wenn sie so viel wogen wie zwei Elefanten, auf die *moai* gehievt.

Kunst

Wie auf Tahiti ist traditioneller Tanz auf der Osterinsel keine reine Touristenattraktion, sondern eine der lebendigsten Ausdrucksformen der polynesischen Kultur. Ein paar talentierte Gruppen treten regelmäßig in verschiedenen Hotels und Restaurants auf. Auch Tätowierungen sind ein Element der polynesischen Kultur und stehen bei der jungen Generation seit den 1980er-Jahren wieder hoch im Kurs.

Die Osterinsel hat eine stark ausgeprägte Schnitztradition.

Natur & Umwelt

Die Form der Osterinsel gleicht einem Dreieck und in jeder Ecke befindet sich ein erloschener Vulkankegel. Als höchster Punkt ragt im Nordwesten der Maunga Terevaka mit 507 m auf. Die Insel ist maximal 24 km lang und misst an der breitesten Stelle 12 km. Einen Großteil des Landesinneren bedecken Wiesen, Ackerland und zerklüftete Lavafelder. Steile, von der Brandung geformte Klippen dominieren die Küste; der einzige breite Sandstrand ist Anakena an der Nordküste.

Korallenriffe hat Rapa Nui zwar nicht zu bieten, dafür finden sich einige Korallen im flachen Wasser und es gibt bis zu 300 m hohe vom Ozean umspülte Klippen.

Die Erosion, verstärkt durch Überweidung und Abholzung, stellt das größte Problem dar. In den dramatischsten Fällen verursachten Bodensenkungen Erdrutsche, die das Gebiet mit braunem Schlamm (besonders stark auf der Península Poike) überzogen. Mit einem kleinen Aufforstungsprogramm wird auf der Península Poike versucht, dem entgegenzuwirken.

PRAKTISCHE INFORMATIONEN

Allgemeine Informationen

ESSEN

Die folgenden Preiskategorien beziehen sich jeweils auf ein Standardhauptgericht.

**$** unter 8000 Ch$

**$$** 8000–14 000 Ch$

**$$$** mehr als 14 000 Ch$

GELD

An fünf Geldautomaten in Hanga Roa wird die lokale Währung, der chilenische Peso (Ch$), ausgegeben. In manchen Geschäften kann auch mit US-Dollar und Euro gezahlt werden.

Viele *residenciales* (Budgetunterkünfte), Hotels, Restaurants und Tourveranstalter akzeptieren Kreditkarten.

Hanga Roa verfügt über zwei Banken und eine Wechselstube. Der US-Dollar ist die beste Fremdwährung, die man mitbringen kann, gefolgt vom Euro. Die Wechselkursen auf der Osterinsel sind höher als auf dem chilenischen Festland.

Trinkgeld ist in der polynesischen Kultur nicht üblich.

INTERNETZUGANG

In Hanga Roa gibt's noch zwei Internetcafés. Das beliebteste ist das **Omotohi Cybercafé** (Av Te Pito o Te Henua s/n; pro Std. 1000–1500 Ch$; ⌚ Mo–Fr 8.30–22, Sa & So 9.30–22 Uhr; 📶). Dazu gibt's vier öffentliche WLAN-Bereiche. Die meisten Hotels und Pensionen verfügen aber auch über WLAN, das jedoch manchmal extrem langsam ist (oder nach Stürmen komplett ausfällt) – sogar in den luxuriösesten Unterkünften.

TELEFON

Die internationale Telefonvorwahl der Osterinsel ist dieselbe wie die für Chile (☎ 56) und die regionale Vorwahl (☎ 32) gilt für die gesamte Insel. In der Stadt gibt's einige so genannte *centros de comunicación*, in denen gesurft, telefoniert, gefaxt und gedruckt werden kann. Entel ist die einzige Gesellschaft, die GSM-Handyservice bietet. Außerdem kann man bei Entel Prepaid-SIM-Karten im Laden vor der BancoEstado kaufen. Den Handy-Anbieter zuhause fragen, wie es mit den Roaming-Gebühren aussieht.

TOURISTENINFORMATION

Sernatur (☎ 32-210-0255; www.chile.travel/en; Av Policarpo Toro s/n; ⌚ Mo–Fr 8.30–17 Uhr) Broschüren, Karten und Infos zu Unterkünften. Einige Mitarbeiter sprechen gut Englisch.

UNTERKUNFT

Wer vom chilenischen Festland auf die Osterinsel kommt, sollte sich auf einen Schock einstellen, denn trotz zahlreicher Unterkünfte – ca. 160 bei unserem letzten Besuch – sind die Preise im Vergleich zur Leistung sehr hoch.

Die folgenden Preisangaben beziehen sich auf ein Doppelzimmer mit Bad und Frühstück.

**$** unter 40 000 Ch$

**$$** 40 000–80 000 Ch$

**$$$** mehr als 80 000 Ch$

PRAKTISCH & KONKRET

88.9 Radio Manukena Musik, Nachrichten von der Insel und mehr liefert dieser beliebte Radiosender.

Canal 13 Lokale Fernsehnachrichten.

Stromspannung 240 V, 50 Hz AC.

Maße & Gewichte Metrisches System.

An- & Weiterreise

FLUGZEUG

Als einzige Airline fliegt **LATAM** (☎ 600-526-2000; www.latam.com; Av Atamu Tekena s/n; ⌚ Mo–Fr 9–16.30, Sa bis 12.30 Uhr) auf die Osterinsel. Sie bietet tägliche Verbindungen von/nach Santiago und verkehrt einmal pro Woche von/nach Pape'ete (Tahiti). Der Preis für ein Standardticket in der Economy-Klasse ab Santiago liegt bei 450 bis 900 US$.

ÜBERS MEER

Nur fünf bis sechs Kreuzfahrtschiffe pro Jahr legen an der Osterinsel an, die meisten davon im Sommer. Zudem machen hier ein paar Jachten Halt, in der Regel im Januar, Februar und März. Es mangelt an gut geschützten Liegeplätzen.

Unterwegs vor Ort

Außerhalb des Stadtgebiets von Hanga Roa gibt's zwei geteerte Straßen: die östliche Küstenstraße und die Straße nach Anakena.

AUTO & MOTORRAD

Manche Hotels und Agenturen vermieten Geländewagen für 50 000 bis 70 000 Ch$ pro 24 Stunden (Preise abhängig vom Fahrzeug). Da es keine Versicherung gibt, haftet der Mieter persönlich für jeden Autoschaden und sollte deshalb unbedingt vorsichtig fahren. Keine Wertsachen im Auto lassen, denn Diebstähle sind häufig. Motorroller und Motorräder bekommt man für 30 000 bis 35 000 Ch$ pro Tag.

FAHRRAD

In Hanga Roa werden für ca. 8 000 bis 12 000 Ch$ pro Tag Mountainbikes vermietet.

TAXI

Innerhalb von Hanga Roa kosten Taxifahrten etwa 2000 Ch$. Die Fahrt zum Flughafen schlägt mit 3000 Ch$ zu Buche.

ZUM/VOM FLUGHAFEN

Aeropuerto Mataveri (Hanga Roa) Der Flughafen liegt am Rand von Hanga Roa. Dort warten die Besitzer der Unterkünfte auf ihre Gäste und kutschieren sie kostenlos ins Hotel oder in die *residencial*.

Chile verstehen

Chile aktuell

Chile ist ordentlich durchgerüttelt worden – und der Grund dafür war kein Erdbeben. Veränderungen, z.B. den Lebensstil betreffend oder globalisierungsbedingt, halten in Rekord-Tempo Einzug in dem Land mit dem höchsten Haushaltseinkommen Lateinamerikas. Ende 2017 wurde der Milliardär und frühere Präsident Sebastián Piñera zum zweiten Mal in das höchste Amt Chiles gewählt. Sein Versprechen: die Wirtschaft durch eine Modernisierung der Infrastruktur und eine drastische Senkung der Unternehmenssteuern schrittweise aufzubauen. Durch seine Wahl folgt Chile dem aktuellen Trend in der Region: Die Länder rücken nach rechts.

Top-Filme

Gloria (2013) Witziges Porträt einer unkonventionellen 58-Jährigen.

La Nana – Die Perle (2009) Ein Dienstmädchen stellt seine lebenslange Loyalität in Frage.

Violeta ging in den Himmel (2012) Filmbiografie über die rebellische Ikone Violeta Parra.

Die Reisen des jungen Che (2004) Roadtrip, der einen Revolutionär formte.

No! (2013) Brachte tatsächlich eine Werbekampagne einen Diktator zu Fall?

180° Süd (2010) Einem Reisenden in unberührtes Territorium folgen.

Neruda (2016) Der kommunistische Dichter begibt sich auf die Flucht.

Eine fantastische Frau (2017) Transgender-Identität und die Gesellschaft.

Top-Bücher

Deep Down Dark (Héctor Tobar, 2014) Die fesselnde Geschichte der 33 verschütteten Bergarbeiter.

In Patagonien (Bruce Chatwin, 1977) Das Buch über das patagonische Ethos hat Kultcharakter.

Patagonien Express (Luis Sepúlveda, 1995) Witzige Geschichten vom Ende der Welt.

Die Erfindung der Kindheit (Alejandro Zambra, 2011) Meta-Fiktion über eine Kindheit während der Diktatur.

Kauderwelsch Band 101. Spanisch für Chile Wort für Wort (Enno Witfeld) Chilenisches Spanisch – Deutsch.

Die soziale Schere klafft auseinander

Das höchste Bauwerk auf dem südamerikanischen Kontinent, der 64-stöckige Gran Torre Santiago, dominiert die Skyline von Santiago und ist das Symbol für die wachsende Stärke Chiles. Und dennoch ist der OECD zufolge die soziale Ungleichheit in keinem der entwickelten Staaten größer als in Chile (zusammen mit Mexiko und den USA): Die Hälfte des Landesvermögens ist im Besitz von gerade mal 1% der Bevölkerung. Die letzte Regierung hat die Bildungs- und Steuerreformen vorangetrieben, es ist aber immer noch einiges zu tun. Das Thema soziale Ungleichheit war schon während seiner ersten Amtszeit Präsident Piñeras ständiger Begleiter. Nun setzt er auf ein unternehmensfreundliches Chile als Lösung des Problems.

Chiles neues Gesicht

Wenn man sich in die entlegensten Ecken Chiles begibt, trifft man vielleicht auf einen haitianischen Ladenmitarbeiter oder stößt auf ein beliebtes Straßencafé, das von einem Venezolaner betrieben wird. Auch auf dem Land, fernab der kosmopolitischen Hauptstadt Santiago, vollziehen sich grundlegende Veränderungen: Noch vor etwa zehn Jahren war die Zuwanderungsrate in Chile gering, inzwischen nimmt das Land gemessen an der Einwohnerzahl eine hohe Anzahl von Immigranten auf. Viele verlassen ihre Heimatländer, weil die wirtschaftliche Situation verheerend ist und sie der Armut entkommen wollen. Die 500 000 Einwanderer machen zwar nur 3% der Gesamtbevölkerung aus, sie stehen aber für eine kulturelle Verschiebung, die manchen Chilenen nicht ganz geheuer ist.

Während des Wahlkampfs 2017 befeuerten beide politischen Lager nationalistische Gefühle. Sowohl die Rechte als auch die Linke stimmten darin überein, dass die Einwanderungsgesetze aus den 1970er-Jahren veraltet sind. Präsidentin Bachelet postulierte, dass Einwanderer die Posten der Chilenen übernehmen können, die altersbedingt aus dem Arbeitsmarkt ausscheiden.

Auch gesellschaftliche Neuerungen stehen auf der Agenda. Seit Januar 2015 dürfen homosexuelle und unverheiratete Paare ihre Lebenspartnerschaften eintragen lassen. Darüber hinaus wird derzeit ein Gesetzentwurf über die Achtung der Rechte von Transsexuellen erarbeitet. Frauen gehen auf die Straße, um Themen wie Frauenmorde und Abtreibung in den Fokus zu rücken. Ursprünglich galt in Chile eins der strengsten Abtreibungsgesetze der Welt, doch seit 2017 sind Schwangerschaftsabbrüche nicht mehr illegal, falls die Schwangerschaft Folge einer Vergewaltigung ist, das Leben der Mutter gefährdet oder der Fötus nicht überlebensfähig ist. Zwar würde man sich noch weitreichendere Frauenrechte wünschen, aber in einem katholischen Land wie Chile müssen diese Entwicklungen als Erfolg gewertet werden; es war nicht leicht, an den konservativen Traditionen zu rütteln.

Die Zukunft ist grün

Tourismusexperten betrachten Chile als aufstrebenden Stern am Reisehimmel. Kein Wunder: Das Land umfasst die unterschiedlichsten Landschaften und neben der trockensten Wüste der Welt 80 % aller Gletscher auf dem Kontinent. Allein im Jahr 2017 legte der Tourismus um 17 % zu und machte 10 % des Bruttoinlandsprodukts aus. Das Land hielt seinen ersten Tourismusgipfel ab und erhielt bei den World Travel Awards den Titel „Beste Abenteuertourismusdestination".

Gegenwärtig werden die chilenischen Nationalparks vergrößert. Am 15. März 2017 versprachen die damalige Präsidentin Michelle Bachelet und die amerikanische Philanthropin Kristine Tompkins, das Nationalparksystem um 40 500 km² zu vergrößern, um so fünf neue Nationalparks einzurichten und drei existierende zu erweitern. Die geschützte Fläche wird dann größer sein als die Schweiz und nirgendwo wird es mehr Nationalparks auf einem Fleck geben als in Patagonien. Dies wird sich positiv auf die lokale Wirtschaft auswirken, aber auch der Planet profitiert davon – ganz zu schweigen von den Reisenden, die hierherkommen, um eine der unberührtesten Regionen der Welt zu entdecken.

Ohne Investitionen kann allerdings kein Umweltschutz betrieben werden. In Costa Rica gibt das Parksystem 16 US$ pro Hektar für den Umweltschutz aus, in Chile ist es nur 1 US$ pro Hektar – ein erheblicher Unterschied. Mit wachsendem Interesse an den chilenischen Nationalparks wird auch der Bedarf steigen, finanzielle Mittel für ihre Erhaltung aufzutun.

Erste Schwierigkeiten gab es bereits. Dass die Besucherzahlen im beliebtesten Park des Landes, Torres del Paine, begrenzt werden müssen, hatte sich schon länger abgezeichnet. Seit 2017 müssen Wanderer, die im Park übernachten, eine Reservierung vorweisen, da die Masse an Gästen nicht mehr nachhaltig war – angefangen bei überlasteten sanitären Anlagen und erhöhtem Waldbrandrisiko. Ganz sicher ist es zukunftsträchtig, in Parks zu investieren, doch bis dies nicht zur Chefsache erklärt wird, wird aller Ruhm der Welt nichts nützen.

BEVÖLKERUNG: **17,8 MIO.**

BIP: **247 MRD. US$**

INFLATIONSRATE: **4 %**

INTERNETNUTZER: **12 MIO.**

LEBENSERWARTUNG: **79 JAHRE**

DURCHSCHNITTSALTER: **34**

ARBEITSLOSIGKEIT: **6,5 %**

Gäbe es nur 100 Chilenen, wären …

89 weiß
9 Mapuche
2 Angehörige einer anderen Gruppe

Religiöse Gruppen

(% der Bevölkerung)

Einwohner pro km²

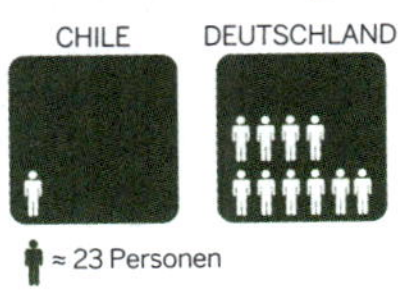

Geschichte

Erst allmählich kommt die erstaunliche Vergangenheit dieses Landes mit der ältesten besiedelten Stätte Amerikas zum Vorschein. Seit den Anfangstagen unter der Herrschaft des spanischen Reiches hat sich hier eine Menge getan. Noch heute ist die Kultur geprägt von einer kleinen Landbesitzerelite, langer Bergbautradition und einer Politik, die Reformen abwechselnd verhindert und vorangetrieben hat. Seine Unverwüstlichkeit machte Chile letztendlich zu einem der stabilsten und einflussreichsten Länder Südamerikas.

Die Anfänge

In den 1980er-Jahren brachte der 12 500 Jahre alte Fußabdruck eines Kindes auf einer sumpfigen Wiese die Grundüberzeugungen der amerikanischen Archäologie ins Wanken. Er belegte nämlich die Existenz von Siedlern in Monte Verde ganz in der Nähe von Puerto Montt. Andere Nachweise waren sogar 33 000 Jahre alt. Die neuen und zunächst sehr umstrittenen Erkenntnisse ließen die lange gültige Clovis-Hypothese auf einmal fragwürdig erscheinen. Ihr zufolge wurde der amerikanische Kontinent erst vor rund 11 500 Jahren über eine Landbrücke in der Beringstraße von der sogenannten Clovis-Kultur besiedelt, die von dort aus allmählich Richtung Süden wanderte. Neue Theorien gehen von unterschiedlichen Wegen nach Amerika oder gar einer Ankunft der ersten Siedler auf dem Seeweg aus. 1998 wurde der Fundort Monte Verde offiziell als älteste Siedlung auf dem amerikanischen Doppelkontinent anerkannt, wobei man mittlerweile Überreste entdeckte, vor allem in New Mexico, die sogar 40 000 Jahre alt sind.

Rund 2000 Jahre vor den Ägyptern begannen die Chinchorro mit der Mumifizierung ihrer Toten. Die älteste bekannte Mumie stammt von ca. 5050 v. Chr.

Frühe Kulturen

Die meisten Funde aus präkolumbischer Zeit gab es im Norden Chiles, denn dort blieben die Fundstücke in der extremen Trockenheit der Wüsten erhalten. Nomadische Chinchorro hinterließen nach heutiger Kenntnis die ältesten bewusst konservierten Mumien der Welt. In den Tälern der nördlichen Wüste bauten sesshafte Aymara Mais und Kartoffeln an und hielten bereits Lamas und Alpakas. Ihre Nachkommen wenden in der Gegend des heutigen Nationalparks Lauca nach wie vor

ZEITACHSE

12 500 v. Chr.

Der Fußabdruck eines Kindes, entdeckt in Monte Verde bei Puerto Montt, widerlegt die These, dass die ersten Menschen über die Beringstraße einwanderten.

1520 n. Chr.

Ferdinand Magellan erblickt am 1. November 1520 als erster Europäer chilenisches Territorium, während er durch die heute nach ihm benannte Meerenge segelt.

1535

Diego de Almagro marschiert mit 500 Mann, 100 Sklaven und 10 000 Indio-Trägern gen Chile. Viele erfrieren auf den Andenpässen. De Almagro findet keine Reichtümer und gibt seinen Anspruch auf.

ähnliche landwirtschaftliche Techniken an. Auch von der Kultur der Atacameño im Norden Chiles existieren bemerkenswert gut erhaltene Objekte von Mumien bis zu verzierten Platten, die bei der Verarbeitung halluzinogener Stoffe zum Einsatz kamen. Die El Molle und die Tiwanaku hinterließen riesige Geoglyphen (Erdzeichnungen), aber auch Felszeichnungen und Keramiken; einige dieser Bilder sind noch in Nordchile zu sehen. Fischer vom Volk der Chango siedelten an der nördlichen Küste, und Diaguita lebten in den Flusstälern im Landesinneren.

Die Inka drangen bis nach Nordchile vor, allerdings erstreckte sich ihr Einfluss kaum ins Landesinnere oder auf die Wälder des Südens, denn dort widersetzten sich die Picunche und die Mapuche entschlossen jedem feindlichen Übergriff. Die Cunco schließlich lebten als Fischer und Ackerbauern auf der Insel Chiloé sowie entlang der Küsten im Golf von Reloncaví und Ancud.

Wer hätte gedacht, dass die Menschen schon in der Antike Drogen nahmen? Die alten Atacameños konsumierten Halluzinogene, wovon heute alte Werkzeuge zeugen: Mini-Spachtel, Bretter zum Schnupfen, Röhrchen, kleine Schachteln und Taschen aus Wolle.

Einfall der Europäer

1495 konnten Amerikas Ureinwohner noch nicht ahnen, dass die beiden Großmächte jener Tage – Spanien und Portugal – das Land bereits unter sich aufteilten. Der päpstliche Vertrag von Tordesillas schlug alle Gebiete westlich von Brasilien den Spaniern zu, die Mitte des 16. Jhs. dann tatsächlich den größten Teil des Kontinents zwischen Florida, Mexiko und Zentralchile beherrschten. Zwar war ihre Zahl vergleichsweise gering, aber das machten die Europäer durch Entschlossenheit und Rücksichtslosigkeit wett. Sie nutzten Streitigkeiten zwischen den einzelnen Urvölkern geschickt aus und schüchterten die Menschen mit ihren Pferden und Feuerwaffen ein. Ihre Hauptverbündeten waren allerdings Infektionskrankheiten, gegen die Einheimische keinen Immunschutz hatten.

Diego de Almagro führte 1535 die erste spanische Expedition nach Nordchile, wählte aber die schwierigste Route über eisige Andenpässe. Obwohl er scheiterte, bereitete er den Boden für den Vorstoß von Pedro de Valdivia, dessen Truppen die ausgedörrte Wüste überlebten und 1540 das fruchtbare Tal des Río Mapocho erreichten. Valdivia unterwarf die dort ansässigen Bewohner und gründete am 12. Februar 1541 die Stadt Santiago. Ein halbes Jahr später schlugen die Ureinwohner zurück und zerstörten den jungen Ort. Doch die Spanier gaben nicht auf und Santiago wuchs weiter. Als Valdivia 1553 von Mapuche, angeführt von den berühmten *caciques* (Häuptlingen) Caupolicán und Lautaro, enthauptet wurde, hatte er bereits zahllose Siedlungen und damit die Grundlage für eine neue Gesellschaft geschaffen.

Caupolicán führte die Mapuche in ihren ersten Kampf gegen die spanischen Invasoren. Angeblich stellte er seine Qualifikation zum *toqui* (militärischen Anführer) unter Beweis, indem er drei Tage und Nächte hindurch einen Baumstamm in die Höhe stemmte und mit einer packenden Rede den Willen seines Volkes zur Rebellion gegen die Spanier weckte.

Chile in der Kolonialzeit

Die Spanier suchten eigentlich Gold und Silber, doch bald erkannten sie, dass der eigentliche Reichtum der Neuen Welt die vielen Ureinwohner waren. Das *encomienda*-System garantierte einzelnen spanischen Bür-

1535–1880

Mit dem Arauco-Krieg beginnt der dreihundertjährige Widerstand der Mapuche gegen die spanischen Eroberer. Die Gegend südlich vom Río Biobío bleibt ihre Hochburg.

1540

Nachdem sie die Atacama-Wüste überquert und ihre Extreme erduldet haben, gründen Pedro de Valdivia und 150 Spanier am Ufer des Río Mapocho eine Kolonie.

1541

Santiago wird am 12. Februar trotz des erbitterten Widerstands der etwa 500 000 indigenen Araukaner gegründet. Die Kolonialisten bringen den Ureinwohnern Krankheit und Tod.

1548

Missionare und Konquistadoren führen Wein in Chile ein. Anfangs kultivieren die Jesuitenpriester robuste *pais*-Trauben. Heute gibt's im Land über 70 Weingüter und Wein ist ein Exportgut.

gern Rechte auf einheimische Arbeitskräfte und Tribute. Besonders in Nordchile, damals Teil von Peru, ließ sich das System leicht einführen, denn die hiesige Bevölkerung war gut organisiert und bereits mit ähnlichen Formen der Ausbeutung vertraut.

Auch das Zentrum Chiles brachten die Spanier unter ihre Kontrolle, allerdings leisteten die nomadischen und halbnomadischen Völker des Südens erbittert Widerstand. Wildpferde aus der argentinischen Pampa halfen den Mapuche dabei, denn die neue Mobilität vergrößerte ihre Fähigkeit zum kriegerischen Angriff.

Gegen den Willen der spanischen Krone belohnte Valdivia seine Gefolgsleute mit riesigen Ländereien. Die *latifundios* (Güter) übten einen prägenden Einfluss auf die Landwirtschaft und Gesellschaft Chiles aus und viele von ihnen existierten bis in die 1960er-Jahre.

Schnell gab es mehr Mestizen – also Mischlinge spanisch-indianischer Herkunft – als Ureinwohner, deren Zahl infolge von Krankheiten, Zwangsarbeit und Kriegen immer weiter abnahm. Die neuen spanischen Herren ermutigten die landlosen Mestizen, auf ihren Gütern als Pächter *(inquilinos)* tätig zu werden.

Chile wirkt heute ziemlich homogen, aber tatsächlich ist auch die Kultur der Schwarzen dort schon sehr lange verankert. In Arica wurde z. B. bereits 1620 ein Schwarzer zum Bürgermeister gewählt – der Vizekönig von Peru annullierte den Wahlsieg allerdings. Die Stiftung *Fundación Oro Negro* dokumentiert diesen Teil des kulturellen Erbes.

Revolution

Zwischen 1808 und 1810 gab es erste Unabhängigkeitsbestrebungen. Sie gingen vor allem von den Kreolen (*criollo*) aus – Nachfahren der Spanier, die bereits in Amerika geboren waren und auf eine Abnabelung vom spanischen Mutterland drängten. Um das Eintreiben der Steuern zu erleichtern, hatte Madrid damals angeordnet, jeglichen Handel mit Spanien auf dem Landweg über Panama abzuwickeln statt auf dem Seeweg. Dieses umständliche Verfahren behinderte den Handel erheblich und trug letztlich mit zum Verlust von Spaniens Weltreich bei.

In der Kolonialzeit war Chile dem Vizekönigreich Peru mit Sitz in Lima untergeordnet. Es wurde Audiencia de Chile genannt und erstreckte sich vom heutigen Chañaral bis nach Puerto Aisén, dazu kamen die heutigen argentinischen Provinzen Mendoza, San Juan und San Luis. Chile entwickelte sich aber fast völlig unabhängig von Peru und bildete eine ganz eigene Identität aus.

In den 1820er-Jahren hatten sich überall in Südamerika Unabhängigkeitsbewegungen formiert. Von Venezuela aus drang eine Kreolenarmee unter Führung von Simón Bolívar bis nach Peru vor, während der argentinische Befreier José de San Martín über die Anden hinweg nach Chile marschierte, Santiago besetzte und auf dem Seeweg weiter nach Norden bis Lima reiste.

San Martín ernannte Bernardo O'Higgins zum zweiten Befehlshaber über seine Truppen. Dem unehelichen Sohn eines Iren, der im spani-

1553

In der Schlacht von Tucapel, bei der 6000 Mapuche-Krieger spanische Festungen im Süden angreifen, wird Valdivia gefangen genommen, an einen Baum gefesselt und enthauptet.

1818

Unabhängigkeitsbewegungen überschwemmen den Kontinent. José de San Martín befreit Santiago und Bernardo O'Higgins wird „Director Supremo" der chilenischen Republik

1834–1835

Charles Darwin segelt mit der HMS Beagle Chiles Küste entlang und trägt Material für seine spätere Evolutionstheorie zusammen. Die für zwei Jahre geplante Expedition dauert fünf.

schen Auftrag das Amt des Vizekönigs von Peru bekleidet hatte, wurde die neue Republik Chile anvertraut.

Auch aus Peru vertrieb San Martín die Spanier. Seine Soldaten beförderte er in Schiffen, die er entweder der spanischen Flotte abgenommen oder Briten und Nordamerikanern abgekauft hatte, die auf Handelsvorteile erpicht waren.

Die chilenische Marine wurde von dem Schotten Thomas Cochrane, einem ehemaligen Offizier der britischen Seestreitkräfte, aufgebaut.

Der aufrüttelnde Film *Sub Terra* (2003) erhebt schwere Vorwürfe gegen die Ausbeuter im chilenischen Bergwerksgeschäft. Viele der Unternehmen werden von Ausländern geführt.

Die junge Republik

Das vom Krieg geschwächte, doch auf die Unabhängigkeit stolze Chile besaß damals nur den Bruchteil seiner heutigen Fläche. Der Verlauf der Grenzen zu Bolivien und Argentinien und zum Land der feindlichen Mapuche südlich des Río Biobío war umstritten.

Rasch entwickelten sich in dem politisch stabilen Staat Landwirtschaft, Bergbau, Industrie und Handel. Nach der formellen Unabhängigkeit 1818 blieb O'Higgins noch fünf Jahre die beherrschende politische Figur im Lande, doch die Unzufriedenheit der Landbesitzerelite über Steuererhöhungen, die Aberkennung von Titeln und Einschränkungen beim Erbrecht wuchs und zwang O'Higgins 1823 zum Rücktritt und ins peruanische Exil.

Diego Portales wurde Innenminister und regierte Chile bis zu seiner Hinrichtung nach einem Aufstand 1837 faktisch wie ein Diktator. Seine Verfassung, die bis 1925 in Kraft blieb, bündelte die Macht in Santiago, stärkte die Rechte der Wohlhabenden und etablierte ein indirektes Wahlverfahren für die Senats- und Präsidentschaftswahlen.

Das späte 19. Jh. war eine Ära der territorialen Veränderungen. Durch Verträge mit den Mapuche (1881) gelangten die gemäßigten südlichen Gebiete unter die Befehlsgewalt Chiles. Das Land konzentrierte sich auf die Ausdehnung im Norden und den Salpeterkrieg. Da Chile große Teile Patagoniens Argentinien überlassen musste, bemühte es sich um eine stärkere Präsenz im Pazifik und annektierte 1988 die winzige entlegene Osterinsel (auch als Rapa Nui bekannt).

1915 versenkten deutsche Seeleute den Kreuzer *SMS Dresden* im Hafen der Isla Robinson Crusoe, nachdem sie von der britischen Marine angegriffen worden waren. Das berüchtigte Kriegsschiff war seinen Verfolgern im Laufe des Ersten Weltkriegs mehrmals entkommen und wurde angeblich auch nur deshalb aufgespürt, weil die Besatzung an Land gegangen war, um an einem Fußballspiel teilzunehmen.

Bürgerkrieg

Die Expansion des Bergbaus schuf eine neue Arbeiterschaft und eine Klasse neureicher Unternehmer. Beiden Gruppen standen die Landbesitzer äußerst misstrauisch gegenüber. Der erste Politiker, der das chilenische Problem des ungleich verteilten Reichtums anging, war Präsident José Manuel Balmaceda, Wahlsieger von 1886. Er leitete wichtige öffentliche Projekte ein, revolutionierte die Infrastruktur und investierte in Krankenhäuser und Schulen. 1890 stimmte die konservative Mehrheit des Kongresses für seine Abberufung.

1860

Der französische Abenteurer Orélie-Antoine de Tounens freundet sich mit Mapuche-Häuptlingen an und ernennt sich zum „König von Araukanien und Patagonien". Später wird er abgeschoben.

1879–1884

Chile baut Nitratvorkommen auf peruanischem und bolivianischem Territorium ab, was zum Salpeterkrieg führt. Das Land besiegt beide Nachbarn und vergrößert sein Staatsgebiet um ein Drittel.

1881

Der Staat will sich nach Norden ausdehnen und verzichtet in einem Abkommen mit Argentinien auf den Osten Patagoniens. Es behält jedoch die Souveränität über die Magellanstraße.

1885–1900

Britische, nordamerikanische und deutsche Investoren verwandeln die Atacama-Wüste dank des Nitrats in eine Goldgrube. Eine reiche städtische Mittelschicht entsteht.

Zum Chef einer Übergangsregierung wählte man den Marinekommandanten Jorge Montt. Während des folgenden Bürgerkriegs kontrollierte Montts Marine die Häfen und besiegte schließlich die Regierung, obwohl die Armee Balmaceda unterstützte. Mehr als 10 000 Chilenen starben und Balmaceda beging Selbstmord.

Der Norweger Thor Heyerdahl nahm bei seiner Pazifiküberquerung von 1950 die Osterinsel unter die Lupe. In seiner Theorie vom südamerikanischen Ursprung der polynesischen Kultur kommt dem Eiland eine zentrale Bedeutung zu. Näheres dazu findet man in Heyerdahls Büchern *Aku-Aku* und *Kon Tiki*.

Das 20. Jahrhundert

Die Abhängigkeit von Nitraten machte der chilenischen Wirtschaft schwer zu schaffen, als diese zunehmend durch Dünger auf Erdölbasis ersetzt wurden. Mit der Eröffnung des Panamakanals verloren die Route um Kap Hoorn und die vielen chilenischen Häfen an Bedeutung.

Nach einer Reihe unfähiger Regierungen riefen einige linksgerichtete Gruppierungen eine kurzlebige sozialistische Republik aus und fusionierten zur Sozialistischen Partei. Die Kommunistische Partei war gespalten, und aus den Splittergruppen teils radikaler, teils reformorientierter Gruppen bildete sich eine bunte Mischung neuer politischer Organisationen. In den 1930er- und 1940er-Jahren wurde die chilenische Politik von den demokratischen Linken dominiert.

Unterdessen gelang es vor allem nordamerikanischen Unternehmen, den chilenischen Kupferbergbau, der bis heute das Fundament der chilenischen Wirtschaft ist, weitgehend unter ihre Kontrolle zu bringen. Die weltweite Nachfrage nach Kupfer stieg im Zweiten Weltkrieg rapide an, wodurch das neutrale Chile sichtlich von dem Konflikt profitierte.

Landreform

In Santiagos Armenviertel La Victoria hat die BRP (Brigada Ramona Parra) ihre Proteste seit den 1940er-Jahren in Form von Wandbildern an die Öffentlichkeit getragen. Die subversiven Werke sind entlang der Avenida 30 de Mayo zu sehen.

In den 1920er-Jahren kontrollierten die Besitzer der Haziendas (große Landgüter) 80 % des besten Ackerlandes und die *inquilinos* (Pächter) kamen nur über sie an Wohnraum, Ackerland sowie Lebensunterhalt und mussten dafür ihr Wahlrecht auf die Besitzer übertragen. Dieses System ließ keine Reformimpulse zu und so stagnierte die Produktion, woran sich bis in die 1960er-Jahre kaum etwas änderte.

Die aufkommende Reformstimmung weckte bei den Vertretern der alten Ordnung Ängste und so beschlossen Liberale und Konservative, ihre Kräfte zu bündeln. Doch ihr Kandidat Jorge Alessandri, Sohn des ehemaligen Präsidenten Arturo Alessandri, gewann die Wahl 1958 nur knapp mit nicht einmal 32 % der Stimmen und musste zwangsläufig einige von der Opposition geforderte moderate Landreformen akzeptieren. Daraufhin begann ein jahrelanger Kampf mit den Großgrundbesitzern.

Bei der Präsidentschaftswahl 1964 trat der Sozialist Salvador Allende gegen den Christdemokraten Eduardo Frei Montalva an, der von konservativen Gruppierungen unterstützt wurde. Im Wahlkampf versprachen beide Parteien dem Volk eine Agrarreform und ein Ende des Hazien-

1888–1960er-Jahre

Chile annektiert die Osterinsel und verbannt die Ureinwohner in die Stadt Hanga Roa. Das restliche Gebiet wird zu Weideland und darf von den Rapa Nui erst in den 1960er-Jahren wieder betreten werden.

1890–1891

Präsident Balmaceda will die Verteilung von Wohlstand und Macht reformieren und löst eine Kongress-Revolte aus. Im folgenden Bürgerkrieg sterben 10 000 Menschen und Balmaceda begeht Selbstmord.

1927

General Carlos Ibáñez del Campo errichtet faktisch eine Diktatur, die in dieser von Instabilität geprägten Dekade zu einer der zehn Regierungen mit der längsten Amtszeit wird.

1938–1946

Kommunisten, Sozialisten und Radikale bilden die Frente Popular, die bei Arbeitern schnell Rückhalt findet und eine wichtige Rolle in der Geschichte der chilenischen Arbeiterbewegung spielt.

da-Systems. Allende blieb wegen Querelen unter den Linken chancenlos und Frei errang einen klaren Wahlsieg.

Die Zeit der Christdemokraten

Die Christdemokraten fühlten sich dem sozialen Wandel verpflichtet und versuchten, die Inflation einzudämmen, ein Gleichgewicht zwischen Importen und Exporten zu erreichen sowie Reformen zu verwirklichen. Doch sowohl die alte Elite als auch die radikale Linke, die um ihren Rückhalt in der Arbeiterschaft fürchtete, empfanden diese Politik als Bedrohung.

Unter Allesandri war es mit der chilenischen Wirtschaft bergab gegangen. Viele verarmte Landarbeiter zogen in die Städte, wo über Nacht illegale Siedlungen, *callampas* (Pilze) genannt, aus dem Boden schossen. Mit dem Export stand es ebenfalls nicht zum Besten, zumal der Wirtschaftssektor von US-amerikanischen Interessen dominiert wurde. Präsident Frei trat dafür ein, die Kupferindustrie in chilenische Hände zu legen (und die ausländischen Investoren loszuwerden), und Allendes Lager sprach sich sogar für eine komplette Verstaatlichung des Industriezweigs aus.

Die Christdemokraten standen großen Herausforderungen gegenüber, etwa gewaltbereiten Gruppierungen wie Movimiento de Izquierda Revolucionario (MIR; Linke Revolutionäre Bewegung), einer Bewegung, die von Studenten der Mittelschicht ausging. Städtische Arbeiter schlossen sich an und bildeten die Frente de Trabajadores Revolucionarios (Revolutionäre Arbeiterfront). Der Aktivismus riss auch die Bauern mit, die auf eine Landreform hofften. Andere linke Gruppen unterstützten die Streiks und Landbesetzungen der Mapuche und der Landarbeiter.

Freis Reformen verliefen den Linken zu schleppend, die Konservativen hielten sein Vorgehen dagegen für überstürzt. Die Lebensbedingungen der Landarbeiter verbesserten sich zwar, zudem zeichneten sich im Bildungs- und Gesundheitssektor Erfolge ab, doch das Land wurde weiterhin von der hohen Inflationsrate, der Abhängigkeit von ausländischen Märkten und fremdem Kapital sowie einer ungleichen Einkommensverteilung geplagt. Es gelang den Christdemokraten nicht, den Erwartungen einer zunehmend polarisierten und gewaltbereiten chilenischen Gesellschaft gerecht zu werden.

In seinem lesenswerten Buch *Liberators: South America's Struggle for Independence* (2002) berichtet Robert Harvey vom kolonialzeitlichen Lateinamerika. Damals gaben echte oder vermeintliche Helden wie O'Higgins, San Martín und Lord Cochrane den Ton an.

Allendes Weg an die Macht

In dieser politisch schwierigen Lage formierte sich ein neues Linksbündnis: die Unidad Popular (UP) unter dem Vorsitz Allendes. Sie hatte sich radikale Forderungen auf die Fahnen geschrieben, z. B. eine Verstaatlichung der Bergwerke, Banken und Versicherungen sowie die Enteignung und Neuverteilung der großen Ländereien. 1970 gewann Allende die Wahlen knapp mit 36 % der Stimmen, die Nationalpartei erhielt 35 %.

1945
Gabriela Mistral erhält als erste Lateinamerikanerin und als fünfte Frau überhaupt den Nobelpreis für Literatur. Sie begann ihre Karriere als schüchterne Dorfschullehrerin.

1948–1958
Aus Angst vor einer zu großen Anhängerschaft wird die Kommunistische Partei im zunehmend konservativen Klima des Kalten Kriegs verboten.

1952
Ibáñez kehrt als gewählter Präsident mit dem Versprechen zurück, die Korruption zu beenden. Er hebt das Verbot der Kommunistischen Partei auf, scheitert aber mit Plänen für einen „Selbstputsch".

1964
Die Ureinwohner der Osterinsel erhalten die vollen chilenischen Bürgerrechte und das Wahlrecht. Drei Jahre später sorgen kommerzielle Flüge für eine Verbindung zum Rest der Welt.

Damit wurde er zum ersten demokratisch gewählten marxistischen Präsidenten der Welt.

Doch das Land und selbst Allendes eigene Koalition waren von Einheit weit entfernt. Die UP bestand aus Sozialisten, Kommunisten und Mitgliedern von Splitterparteien, die sich über ihre Ziele uneinig waren. Allende sah sich konfrontiert mit einem oppositionellen Kongress, einer misstrauischen US-Regierung und einer radikalen Rechten, die unverhohlen zum gewaltsamen Sturz des Präsidenten aufrief. Sein Wirtschaftsprogramm, das die Verstaatlichung zahlreicher Privatunternehmen und eine Umverteilung des Einkommens vorsah, konnte er nur durch Umgehung des Parlaments durchsetzen. Der Versuch, durch erhebliche Staatsausgaben das Land aus der Rezession herauszuführen, funktionierte nur kurzfristig. Letztendlich verkauften zu viele besorgte Landbesitzer und Unternehmer aus Angst vor einer drohenden Enteignung ihr Vieh bzw. ihre Maschinen, woraufhin die Industrieproduktion zusammenbrach, was einen Mangel an Bedarfsgütern, Hyperinflation sowie das Entstehen eines Schwarzmarkts nach sich zog.

Am 22. Mai 1960 erschütterte das schwerste Erdbeben seit Menschengedenken den Süden Chiles zwischen Concepción und Chiloé. Seine Stärke lag zwischen 8,6 und 9,5 auf der Richterskala. Der folgende Tsunami richtete sogar an den 10 000 km entfernt liegenden Küsten von Hawaii und Japan Schaden an.

Pächter und Landarbeiter, die an der Agrarreform zweifelten, nahmen gewaltsam Ländereien in Besitz, sodass auch die landwirtschaftliche Produktion einbrach. Nun war die Regierung gezwungen, mittels Devisenreserven Lebensmittel zu importieren. Immer häufiger gingen die verschiedenen Gruppierungen innerhalb der chilenischen Politik auf Konfrontationskurs, zumal vielen Allende-Anhängern die Durchsetzung von Reformen nicht schnell genug passierte. Die MIR verstärkte ihren Guerilla-Kampf, und in den Fabriken von Santiago kursierten Gerüchte über neu bewaffnete Organisationen der Kommunisten.

Die USA werteten die Enteignung der von ihnen kontrollierten Kupferminen und anderer Unternehmen ebenso als feindlichen Akt wie die offenkundig guten Beziehungen der neuen Regierung zu Kuba. Später kam bei Anhörungen vor dem Kongress der Vereinigten Staaten ans Licht, dass US-Präsident Richard Nixon und Außenminister Henry Kissinger Allendes Arbeit aktiv sabotierten, indem sie z. B. internationale Organisationen daran hinderten, Kredite an Chile zu vergeben, und seinen Gegnern finanziell unter die Arme griffen. Aus den Memoiren eines KGB-Überläufers weiß man, dass auch Moskau Allende damals die Unterstützung entzog, weil dieser sich weigerte, gegen seine Widersacher Gewalt anzuwenden.

Angesichts derart gravierender Probleme bemühte sich die chilenische Regierung, den Konflikt durch klare Regeln für die Verstaatlichung zu begrenzen. Leider war weder die extreme Linke, die den Sozialismus mit Gewalt erzwingen wollte, noch die extreme Rechte, die ihn mit Gewalt verhindern wollte, zu einem solchen Kompromiss bereit.

1970	1973	1973–1989	1978
Salvador Allende wird der erste demokratisch gewählte marxistische Präsident der Welt. Er bewirkt u. a. radikale soziale Reformen und eine massive Einkommensumverteilung.	Am 11. September 1973 stürzt ein Militärputsch die Regierung; Allende begeht offenbar Selbstmord und Tausende seiner Anhänger werden ermordet.	General Pinochet steht an der Spitze einer Militärjunta, die das Parlament auflöst, linke Parteien verbietet, alle anderen Parteien unterdrückt und zahlreiche politische Aktivitäten untersagt.	Drei kleine Inseln im Beagle-Kanal lösen beinahe einen Krieg zwischen Chile und Argentinien aus. 1979 wird der Konflikt durch Vermittlung des Papstes beigelegt.

Reaktion von rechts

1972 legte ein Streik der Lkw-Fahrer, den die Christdemokraten und die Nationalpartei unterstützten, das Land weitgehend lahm. Da der Einfluss der Regierung zusehends schwächer wurde, bot der verzweifelte Allende dem verfassungstreuen General Carlos Prats den wichtigen Posten des Innenministers an, außerdem berief er einen Admiral und einen General der Luftwaffe ins Kabinett. Die Parlamentswahlen vom März 1973 zeigten, dass die Unterstützung für Allende trotz der Wirtschaftskrise sogar zugenommen hatte. Dennoch lag der Kongress in den Händen der vereinten Oppositionsparteien, die eine Polarisierung der Gesellschaft weiter forcierten. 1973 kam es zu einem ersten Putschversuch, der allerdings scheiterte.

Im folgenden Monat streikten die Lkw-Fahrer und andere rechtsgerichtete Gruppen erneut und wurden dabei von der gesamten Opposition unterstützt. General Prats reichte seinen Rücktritt ein, da er den Rückhalt in der Armee verloren hatte, sein Amt übernahm der etwas obskure General Augusto Pinochet Ugarte, den Prats und Allende für loyal hielten.

Am 11. September 1973 führte Pinochet einen brutalen Staatsstreich durch: Die UP-Regierung wurde gestürzt, Allende kam (offenbar durch Selbstmord) ums Leben, unzählige seiner Anhänger wurden getötet. Polizei und Militär verhafteten Tausende Angehörige linker Parteien, vermeintliche Linke und Sympathisanten. Viele von ihnen wurden im Stadion von Santiago zusammengetrieben, geschlagen, gefoltert und hingerichtet. Hunderttausende Chilenen gingen damals ins Exil.

Isabel Allendes historischer Roman *Inés meines Herzens* basiert auf tatsächlichen Begebenheiten aus dem Leben der einstigen Näherin Inés, die dem ersten Gouverneur des Landes, Pedro de Valdivia, bis nach Chile folgte.

Das Militär verteidigte seine brutale Vorgehensweise mit dem Hinweis, Allende habe ein politisches und wirtschaftliches Chaos angerichtet und angeblich sogar die gewaltsame Abschaffung der verfassungsmäßigen Ordnung erwogen. Zweifellos waren untaugliche Maßnahmen schuld an der wirtschaftlichen Misere, aber Allendes vom Ausland noch aufgehetzte Widersacher verschärften mit ihrer Vorgehensweise die Krise weiter und der zwangsläufig entstandene Schwarzmarkt untergrub die Ordnung zusätzlich. Allende war ein überzeugter Demokrat, allerdings hatte seine Unfähigkeit, die linken Splittergruppen des Volksfront-Bündnisses auf eine politische Linie zu bringen, die Mittelschicht ebenso gegen ihn aufgebracht wie die Oligarchie der Gutsbesitzer.

Militärdiktatur

Viele Oppositionsführer, von denen einige den Putsch durchaus herbeigesehnt hatten, erwarteten eine rasche Rückkehr zur zivilen Regierungsform, aber General Pinochet verfolgte andere Pläne. Von 1973 bis 1989 hielt er sich an der Spitze einer Militärjunta. Diese löste das Parlament auf, verbot linksgerichtete Parteien und ächtete gleich auch alle übri-

1980

Pinochet legt dem Volk eine auf ihn zugeschnittene Verfassung vor, die seine Präsidentschaft bis 1989 verlängert. Viele bleiben der Abstimmung aus Protest fern.

1989

Der Kandidat der Concertación para la Democracia (Koalition für die Demokratie), Christdemokrat Patricio Aylwin, besiegt Pinochet bei den ersten freien Wahlen seit 1970.

1994

Chiles neuer Präsident, Christdemokrat Eduardo Frei, leitet eine linkspolitische Ära ein, wird aber durch die Verfassung behindert, die dem Militär noch immer beträchtliche Macht zugesteht.

1998

Pinochet wird in Großbritannien verhaftet und des Mordes angeklagt. Dies ist eine der ersten Verhaftungen eines Diktators nach dem Weltrechtsprinzip. Sieben Jahre juristischer Gefechte folgen.

gen Parteien. Nahezu sämtliche politischen Aktivitäten waren untersagt und das Land wurde durch Militärverordnungen regiert. Nachdem sich Pinochet 1974 zum Präsidenten erklärt hatte, begann er mit der kompletten Umgestaltung der politischen und wirtschaftlichen Struktur des Landes – vornehmlich durch gewaltsame Unterdrückung, Folter und Mord. Sogenannte Todesschwadronen – kleine Militäreinheiten, die per Hubschrauber von Stadt zu Stadt reisten –, töteten vor allem im Norden Chiles unzählige politische Gegner des Regimes, selbst wenn diese sich freiwillig ergeben hatten. Dabei traf es Vertreter aller sozialen Schichten – vom Hochschullehrer bis zum einfachen Bauern. Rund 35 000 Menschen wurden während der 17-jährigen Schreckensherrschaft gefoltert und 3000 „verschwanden" spurlos.

Maßgeblich verantwortlich für diese Form des Staatsterrors waren der Geheimdienst CNI (Centro Nacional de Informaciones) und die Nachfolgeorganisation DINA (Directoria de Inteligencia Nacional). Selbst vor der Ermordung von Kritikern im Ausland schreckte man nicht zurück: Ein Jahr nach dem Putsch starb General Prats in Buenos Aires durch eine in seinem Auto angebrachte Bombe, während der Vorsitzende der Christdemokraten, Bernardo Leighton, 1975 in Rom nur knapp einem Attentatsversuch entging. Internationales Aufsehen erregte 1976 der Mord an Allendes Außenminister Orlando Letelier in Washington, D.C., ebenfalls durch eine Autobombe.

Der 11. September ist für die Chilenen nicht weniger schicksalhaft als für die US-Amerikaner. Am 11. September 1973 nämlich begann der Militärputsch unter General Pinochet. Bis heute erinnert daran eine Straße in Santiago.

1977 argumentierte sogar Luftwaffengeneral Gustavo Leigh, ein Mitglied der Junta, der Kampf gegen die „Subversion" sei so erfolgreich gewesen, dass man eine Rückkehr zur Zivilregierung wagen könne. Daraufhin zwang Pinochet den General zum Rücktritt, denn seine eigene Machtstellung und die der Armee wollte er keinesfalls aufgeben. 1980 fühlte er sich schließlich so sicher, dass er den Wählern einen neuen Verfassungsentwurf vorlegte und seine eigene politische Zukunft damit verband. Bei einem Plebiszit, das allerdings wenige Auswahlmöglichkeiten vorsah, votierten zwei Drittel der Wähler für die Annahme der Verfassung, womit sie auch Pinochets Präsidentenrolle – er war seit 1974 Regierungschef – bis 1989 verlängerten; allerdings blieben viele Wähler aus Protest der Stimmabgabe fern.

Rückkehr zur Demokratie

1983 zeigte das Regime erste Schwächen. Linke Gruppen wagten Demonstrationen und in den ärmlichen Vorstädten wuchs allmählich eine militante Opposition heran. Die politischen Parteien formierten sich vorsichtig neu, kamen allerdings erst 1987 aus der Deckung. Ende 1988 unternahm Pinochet einen Versuch, seine Präsidentschaft noch einmal bis 1997 verlängern zu lassen, doch diesmal verweigerten ihm die Chilenen die Gefolgschaft.

2000
Der gemäßigte Linke Ricardo Lagos schlägt bei den Wahlen einen früheren Vertrauten Pinochets und wird Präsident. In ganz Südamerika werden zahlreiche linksgerichtete Regierungen gewählt.

2003
Die Wirtschaft boomt und Chile schließt als erstes Land Südamerikas ein umstrittenes Freihandelsabkommen mit den USA.

2004
Der Staat bricht mit seiner erzkonservativen Tradition und legalisiert Scheidungen. Daraufhin werden die Gerichte mit Trennungsklagen überflutet.

2005
Mehr als 50 Verfassungsreformen zur Stärkung der wiedererlangten Demokratie werden gebilligt. Der Präsident erhält das Recht, nicht gewählte Senatoren und Militärführer zu entlassen.

1989 fand wieder eine Mehrparteienwahl statt. Dabei siegte der Christdemokrat Patricio Aylwin, der Kompromisskandidat eines Wahlbündnisses verschiedener Oppositionsparteien, die sich unter dem Namen Concertación de Partidos por la Democracia (kurz Concertación) zusammengeschlossen hatten, über einen konservativen Ökonomen. Aylwin festigte die wiederauferstandene Demokratie und dasselbe Wahlbündnis stellte auch seinen Nachfolger Eduardo Frei Ruiz-Tagle.

Die Concertación behielt Pinochets marktwirtschaftliche Reformen bei, doch neue Vorstöße konnten die von ihm ernannten Senatoren verhindern. Pinochet selbst gab seinen Senatssitz erst mit seinem Rückzug aus den militärischen Ämtern 1997 auf – sicher auch, weil ihm dies in Chile bis dahin Immunität vor der Strafverfolgung verschaffte.

Die Relikte aus der Zeit der Diktatur blieben noch bis Juli 2005 erhalten; erst dann bekam der Präsident das Recht, Offiziere zu entlassen und Senatoren, die ihr Amt keiner demokratischen Wahl verdankten, ihren Sitz zu entziehen.

In *The Pinochet File* enthüllt Peter Kornbluh die tiefe Verstrickung der US-Regierung in die chilenische Politik und ihren Beitrag am Sturz der Regierung Allendes.

Aufregung um Pinochet

Im September 1998 veranlasste der spanische Richter Báltazar Garzón, der wegen des Verschwindens spanischer Staatsbürger nach dem Militärputsch in Chile Ermittlungen aufgenommen hatte, dass General Pinochet bei einem Besuch in Londonh unter Hausarrest gestellt wurde, und sorgte damit für großes internationales Aufsehen.

US-Präsident Clinton gab kurze Zeit später Akten frei, die den großen Einfluss der damaligen US-Regierung auf den Sturz Allendes deutlich machen. Pinochet wurde nach seiner Abschiebung aus London auch in Chile unter Arrest gestellt. Vier Jahre wurde über seine Verhandlungsfä-

DIE DOKUMENTATION DER PINOCHET-JAHRE

- In seinem Film *Machuca, mein Freund* (2004) porträtiert der chilenische Regisseur Andrés Wood zwei sehr unterschiedliche Jungen, deren Wege sich im Schicksalsjahr 1973 in Santiago kreuzen.
- Der monumentale Dokumentarfilm *La Batalla de Chile* von Patricio Guzmán ist eine brillante Chronik des Jahres, das zum Militärputsch führte. Er wurde heimlich mit teilweise aus dem Ausland beschafften Materialien gedreht und musste aus Chile herausgeschmuggelt werden.
- In seinem Buch *Pinochet and Me: A Chilean Anti-Memoir* (2002) wirft March Cooper, einst Allendes Dolmetscher, einen kenntnisreichen und kritischen Blick auf die chilenische Gesellschaft – von den Tagen des Putsches bis zur zynischen Konsumgesellschaft von heute.

2006
Michelle Bachelet wird zur ersten Präsidentin des krisengeschüttelten Landes gewählt. Massive Studentenproteste fordern Bildungsreformen. Eine Verkehrsreform legt Santiago lahm.

2006
Pinochet stirbt mit 91 Jahren, ohne dass er je verurteilt wurde. Er bekommt kein Staatsbegräbnis und Präsidentin Bachelet erscheint nicht zu seiner Beerdigung.

2009
China löst die USA als führender Handelspartner Chiles ab, Ende 2010 erreichen die chinesischen Investitionen im Land 440 Mio. US$.

2010
Am 27. Februar fordern ein Erdbeben der Stärke 8,8 und ein Tsunami 525 Menschenleben und richten massive Schäden an. Das Epizentrum liegt 113 km von Concepción entfernt.

higkeit gestritten und schließlich eine Demenz attestiert. Pinochet wurde für prozessunfähig erklärt und musste auch seinen lebenslangen Sitz im Senat räumen. Damit schienen alle Versuche gescheitert, ihn doch noch für die schweren Menschenrechtsverletzungen zur Verantwortung zu ziehen. 2004 gab Pinochet allerdings ein Fernsehinterview, bei dem er vollkommen klar und zurechnungsfähig wirkte. Daraufhin erkannte man ihm die Immunität als ehemaliges Staatsoberhaupt ab. In der Folge wurden viele Klagen gegen ihn erhoben; in einem wichtigen Fall ging es um Pinochets Verwicklung in die „Operation Kondor" aus den 1970er- und 1980er-Jahren, ein zwischen mehreren südamerikanischen Diktaturen abgestimmtes Vorgehen zur Auslöschung der linken Opposition.

Um die Immunität des Ex-Diktators entwickelte sich schon bald eine Art Tauziehen: Ein Gericht entzog ihm den gesetzlichen Schutz, das nächste hob diese Entscheidung wieder auf, ein anderes stellte fest, Pinochet sei durchaus verhandlungsfähig. Die Anklagen wurden auf seine Ehefrau und seinen Sohn ausgeweitet, als sich Anfang 2005 herausstellte, dass Pinochet 27 Mio. US$ auf ausländische Bankkonten geschafft hatte. Dem Ermittler, der die Bankgeschäfte überprüft hatte, wurde mehrfach mit Mord gedroht.

Natürliche Nitrat- bzw. Salpetervorkommen sorgten Anfang des 20. Jhs. für ein rasantes Wirtschaftswachstum. Heute verteilen sich in der Atacama-Wüste 170 Geisterstädte aus der Zeit des Nitratabbaus; nur ein Ort – María Elena – ist noch immer bewohnt.

Trotz engagierter juristischer Bemühungen kam es nie zu einem Prozess gegen Pinochet, der am 10. Dezember 2006 im Alter von 91 Jahren starb. 6000 Demonstranten versammelten sich spontan auf der Plaza Italia in Santiago und feierten das Ereignis mit Konfetti und Champagner; woanders gab es allerdings gewaltsame Ausschreitungen. An Pinochets Beisetzung ehrten ihn Zehntausende Anhänger als Patriot, der die Wirtschaftslage des Landes gestärkt hatte.

2014 setzte ein chilenisches Gericht ein Zeichen, als es 31 einstigen Dissidenten, die auf Dawson Island inhaftiert und gefoltert worden waren, eine Entschädigung von 6,8 Mio. Euro zusprach. Das Urteil wurde mittlerweile von Chiles Oberstem Gerichtshof bestätigt und ist somit die erste Entschädigung für Opfer der Diktatur. 2015 wurden zwei ehemalige Offiziere des Geheimdiensts für das Verschwinden und den Tod zweier Amerikaner im Jahr 1973 angeklagt. Auf der Geschichte einer der Männer, des Journalisten Charles Horman, basiert der Film *Vermisst* aus dem Jahr 1982.

Der Aufstieg der Linken

Im Jahr 2000 gelang der Concertación knapp der dritte Wahlsieg. Ihr Kandidat, der gemäßigte Linke Ricardo Lagos, fügte sich gut in das Bild Südamerikas, denn in vielen Staaten waren linksgerichtete Regierungen wieder auf dem Vormarsch. Einig waren sich alle in dem Bestreben, auf Distanz zu den USA zu gehen. 2003 kam Lagos eine bedeutende Rolle

2010

Nur elf Tage nach dem Erdbeben wird Milliardär und Unternehmer Sebastián Piñera der erste rechtsgerichtete Präsident seit der Pinochet-Ära. Seine wichtigste Aufgabe ist der Wiederaufbau Chiles.

2010

Das Schicksal von 33 Bergarbeitern, die nahe Copiapó 69 Tage lang 700 m unter der Erde eingeschlossen sind, fesselt die Welt. Es ist die längste Verschüttung in der Geschichte.

2011

Um eines der letzten Geheimnisse Chiles zu lüften, werden die Überreste von Salvador Allende exhumiert. Es sollte untersucht werden, ob die Ursache für seinen Tod wirklich Selbstmord war.

2011

Nachdem die Studentenproteste ihren Höhepunkt erreicht haben, führt die 23-jährige Camila Vallejo Gespräche mit der Regierung und wird eine nationale Ikone.

zu, als er im UN-Sicherheitsrat entschieden den Plänen der USA für eine Invasion des Irak widersprach.

In jenen Jahren legte Chile große Teile seines traditionellen Konservatismus ab. 2001 wurde die Todesstrafe abgeschafft, und seit 2004 sind auch Scheidungen gesetzlich geregelt (die „Pille danach" bleibt allerdings umstritten). Die Freiheit der Kunst und der Presse wird nicht mehr angetastet, und die Rechte der Frauen wurden zunehmend gesetzlich verankert.

Als Michelle Bachelet – unter Lagos noch Verteidigungsministerin – 2006 zur Präsidentin gewählt wurde, galt dies als Wendepunkt in der Geschichte des Landes. Und nicht nur, weil sie eine Frau ist: Sie ist religionslos, Sozialistin und alleinerziehende Mutter, also eigentlich das genaue Gegenteil von dem, was Chile vermeintlich ausmacht. Ihr Vater, ein Luftwaffengeneral, war unter Pinochet umgekommen. Auch sie selbst war inhaftiert und gefoltert worden, kam aber frei und lebte lange im Ausland. Ihr Geschick bei der Kompromissfindung half ihr, alte Wunden im Verhältnis von Militär und Gesellschaft zu heilen. Inhaltlich fühlt sie sich der Politik ihres Vorgängers Lagos verpflichtet und kümmert sich vor allem um eine Stärkung der ohnehin schon robusten Wirtschaft.

Als 2008 die Weltwirtschaftskrise ausbrach, stellte sich Chile der Herausforderung und bot den USA Kredite an. Dieser Rollentausch stand der damaligen Präsidentin Bachelet gut.

Anfänglich war die Zustimmung für Bachelets Regierung hoch, doch zunehmende Spaltungen innerhalb ihrer Koalition (La Concertación de Partidos por la Democracia) erschwerten Reformen. Bei der Einführung des Nahverkehrssystems Transantiago wurden abrupt Routen zusammengelegt, andere aufgegeben, und anfangs strandeten viele Fahrgäste am Straßenrand. Auch die Studentenproteste in den Jahren 2006 und 2007 stellten die Regierung vor Probleme. Erst eine schwere Naturkatastrophe sorgte dafür, dass sich die Öffentlichkeit wieder um Bachelet scharte.

Die Erde bebt

Am frühen Morgen des 27. Februar 2010 erschütterte eines der stärksten jemals aufgezeichneten Erdbeben die Küste Zentralchiles. Mit einer Stärke von 8,8 löste es einen Tsunami an der Küste sowie im Archipiélago Juan Fernández aus und forderte 525 Menschenleben. Die Versicherungsunternehmen gingen von Schäden in Milliardenhöhe aus.

Anfangs kam es in den betroffenen Gebieten vereinzelt zu Plünderungen, doch die Ordnung wurde schnell wiederhergestellt. Der chilenische Teletón, eine jährliche Benefizveranstaltung, brachte Spenden in nie da gewesener Höhe ein, umgerechnet 42 Mio. Euro. Mehrere Regierungsbeamte wurden juristisch belangt, weil sie den Archipiélago Juan Fernández nicht vor dem Tsunami gewarnt hatten. Auch die mögliche Mitschuld Bachelets wurde diskutiert, doch letztlich gab es keine Anklage. Insgesamt erhielt die Regierung viel Lob für ihr rasches Handeln bei

2013

Das höchste Gebäude Südamerikas, der 64-stöckige Gran Torre Santiago, wird eingeweiht. Nach der Weltfinanzkrise 2008 waren die Arbeiten zeitweise eingestellt worden.

2013

In einer Stichwahl am 15. Dezember wird die frühere Präsidentin Bachelet erneut gewählt und bringt die Linken zurück an die Macht. Erstmals ist eine Wahlteilnahme nicht Pflicht und die Beteiligung sehr niedrig.

2014

Ein chilenisches Gericht ordnet an, 6,9 Mio. € an 30 ehemalige politische Häftlinge zu zahlen, die unter Pinochet zwei Jahre auf der Isla Dawson gefangen gehalten und gefoltert wurden.

2015

Die Überreste des Dichters Pablo Neruda werden erneut auf Spuren von Gift untersucht, doch ohne Erfolg. Im Februar ordnet ein Gericht an, dass der Leichnam wieder in sein Grab zurückkehren soll.

den ersten Entschädigungen. Gleichzeitig löste die große Solidarität des chilenischen Volkes eine Welle des Nationalstolzes aus.

Bachelets Amtszeit war zu dem Zeitpunkt der Katastrophe fast vorüber. Nach 20-jähriger Herrschaft der liberalen Concertacíon wählte Chile einen konservativen Unternehmer und Milliardär, Sebastián Piñera von der Zentrum-Rechts-Koalition Alianza por Chile, an die Spitze des Landes – die erste rechtsgerichtete Regierung seit Pinochet. Während Piñera seinen Amtseid leistete, erschütterte ein Nachbeben der Stärke 6,9 Santiago. Liberale Kommentatoren, unter ihnen die Autorin Isabel Allende, begriffen dies als Metapher.

Während sie unter der Erde festsaßen, baten die 33 Minenarbeiter um Wein und Zigaretten zur Linderung des Stresses. Stattdessen bekamen sie von ihrem Nasa-Arzt Nikotinpflaster.

Einige Monate später rückten die Menschen im Land wieder zusammen, als sie den 33 verschütteten Bergarbeitern in der Mine von San José zujubelten. Nach 17 Tagen, in denen man sie bereits für tot gehalten hatte, erreichte endlich ein Rettungsbohrer ihren Schutzraum. Die Männer übermittelten eine gekritzelte Nachricht, die Präsident Piñera live im Fernsehen vorlas: „Uns geht es im Schutzraum gut. Die 33."

Während die Hilfskräfte gegen die Zeit arbeiteten, harrten die Männer unglaubliche 69 Tage aus und traten schließlich vor den Augen ihrer Familien und der Weltöffentlichkeit wieder ans Tageslicht. Die Nachwirkungen für die Überlebenden waren groß: Viele litten an posttraumatischen Belastungsstörungen, finanziellen Sorgen und Depressionen. Der Zwischenfall führte zu längst fälligen Reformen im Bergbau, so wurde ein Jahr nach dem Unfall die Konvention der Internationalen Arbeitsorganisation (ILO) zur Sicherheit von Minen angenommen.

Proteste auf den Straßen

Öffentliche Proteste, wie sie in der Diktatur nur selten vorkamen, sind mittlerweile in Chile ganz in normal. Zu Beginn der Amtszeit Bachelets protestierten chilenische Schüler – wegen ihrer Uniformen scherzhaft *pinguinos* (Pinguine) genannt – gemeinsam mit Studenten gegen die erbärmliche Qualität an staatlichen Schulen. Bei einigen Aktionen kam es zu Gewalt, doch letztendlich gelang es den Demonstranten, der angeprangerten Regierung Verbesserungen in der Grund- und Sekundarschulbildung abzuringen.

Eine fesselnde Darstellung des Überlebens der 33 Minenarbeiter, die 69 Tage in der Mine von San José festsaßen, ist Héctor Tobars Buch *Deep Down Dark* (auf Englisch).

Das Problem war soziale Ungerechtigkeit: In einem nationalen Test schnitten Viertklässler an Privatschulen um 50 % besser ab als die in staatlichen Schulen. Nicht einmal jeder zweite Schüler besucht eine der unterfinanzierten öffentlichen Lehranstalten, und wer sich den Besuch einer Privatschule leisten kann, hat später beträchtliche Vorteile. Die Bachelet-Regierung versprach staatliche Stipendien und eine neue Agentur zur Qualitätssicherung bei der Ausbildung. Unter Sebastián Piñera wurden die überteuerten Hochschulen zum Thema. Als von Seiten der Regierung keine Reaktion kam, gab es erneut Proteste: Aufständische marschierten zu den Klängen von Michael Jacksons *Thriller* vor dem Präsidentenpalast auf und ab. Der sogenannte Chilenische Winter entwickelte sich zum längsten öffentlichen Protest seit Jahrzehnten.

Im Februar 2012 legten Bürgerproteste in Puerto Aisén und Coyhaique große Teile der Provinz Patagonien fast einen Monat lahm. Mit Unterstützung von Gewerkschaften organisierten Demonstranten des Movimiento Social por Aysén (soziale Bewegung für Aisén) Blockaden und Straßensperren und machten so den lukrativsten Monat für den Tourismus zu einer Nullrunde. Die Demonstranten beklagten u. a. die schlechte medizinische Versorgung, Bildungsmöglichkeiten und Infrastruktur der Region sowie die deutlich höheren Lebenshaltungskosten in den wenig beachteten Provinzen.

Zusammen mit öffentlichen Appellen führten die großflächigen Proteste dazu, dass die Regierung 2014 das geplante Staudammprojekt HidroAysén mit Investitionskosten von 3,2 Mrd. US$ absagte. Das größte jemals in Chile geplante Energieprojekt mit fünf Staudämmen an zwei der größten Flüsse Patagoniens hätte starke Auswirkungen auf die umliegenden Gemeinden und Parks gehabt.

Eine weitere Konstante der chilenischen Politik sind die Mapuche-Unruhen. Landstreitigkeiten mit Forstunternehmen und Privatpersonen gipfeln seit 2011 immer wieder in verheerenden Brandstiftungen. Um die Beziehungen des Volksstammes zum Staat steht es schlecht, seit Polizisten 2005 und 2008 jugendliche Mapuche getötet und damit massive Demonstrationen und Vandalismus ausgelöst hatten. Die Spannungen zwischen dem Staat und den heute ca. eine Million indigenen Einwohnern dauern an.

Ein neues Fundament

Im ersten Jahrzehnt des neuen Jahrtausends wurde Chile zur Wirtschaftsmacht. Vor allem der Rekordpreis für sein wichtigstes Exportprodukt, Kupfer, befeuerte das Wachstum. Selbst die Weltwirtschaftskrise überstand Chile gut. Als erstes lateinamerikanisches Land unterzeichnete es ein Freihandelsabkommen mit den USA, heute ist Chiles wichtigster Handelspartner jedoch China. Das Land bemüht sich zwar, seine Wirtschaft breiter aufzustellen, doch Kupfer macht noch immer beträchtliche 60 % aller Exporte aus. Aufgrund der sinkenden Nachfrage in China verliert der einst bombensichere chilenische Peso inzwischen an Wert.

Chile beendete das Jahr 2013 mit der Wiederwahl von Michelle Bachelet zur Präsidentin. Erstmals bestand keine Wahlpflicht und die Wahlbeteiligung war allgemein extrem niedrig. Bachelet schrieb sich vor allem die Bekämpfung der Ungleichheit auf die Fahnen. Einige junge Reformkandidaten zogen in den chilenischen Kongress ein, darunter Camilia Vallejo und Giorgio Jackson, die zu ihrer Studienzeit Studentenproteste angeführt hatten.

Bachelet packte in ihrer zweiten Amtsperiode einige neue Themen an: Es wurden ein Ministerium für Frauen und Geschlechtergleichheit eingerichtet, die Abtreibung unter gewissen Umständen legalisiert und die Rechte der Homosexuellen und Transgender gestärkt, wozu auch die gleichgeschlechtliche Ehe zählt. Mithilfe von Spenden von Tompkins Conservation ließ ihre Regierung außerdem 40 500 km² Land als Nationalparkfläche ausweisen.

Leben in Chile

Chile wurde lange vom Pazifik und den Anden förmlich eingeschnürt, doch die Globalisierung ist inzwischen auch hier angekommen: Internet und soziale Medien haben die früher sehr konservative Gesellschaft grundlegend verändert. Aber die Neuerungen erfolgen langsam und Chile hat noch immer etwas Provinzielles. Davon zeugen weiterhin gepflegte Rituale wie der Sonntag im Kreis der ganzen Familie. Chile befindet sich in einer Umbruchphase und Besucher können in diesem Land viel entdecken und erleben.

Mentalität

Jahrhunderte der Isolation und ein starker Einfluss der römisch-katholischen Kirche: Diese Mischung brachte eine kulturell homogene und erzkonservative Gesellschaft hervor. In den Jahren der Militärdiktatur haben Repressionen und Zensur diese Isolation noch verstärkt. Vielleicht heißt es deshalb, Chilenen seien zurückhaltender als andere Lateinamerikaner, weniger mitteilsam, bodenständiger und vor allem arbeitsam.

Auf www.folklore.cl, einer Website, die Chiles folkloristische Traditionen bewahren soll, findet man alles über Kutteln, Zungenbrecher, anzügliche Rätsel und vieles mehr.

Heute gilt das allerdings nicht mehr in vollem Umfang, denn das Land erlebt große gesellschaftliche Veränderungen. Auch die katholische Kirche hat sich modernisiert und geöffnet. Allmählich werden liberalere Gesetze verabschiedet und konservative Werte gelten nicht als unantastbar. Insbesondere die Jugend in den größeren Städten steht den Neuerungen sehr offen gegenüber.

Früher galten Chilenen eher als folgsam und politisch desinteressiert, heute herrscht im Land jedoch viel Bewegung. Die jüngere Generation, die ohne die Restriktionen des Pinochet-Regimes aufgewachsen ist, stellt alte Regeln ohne Scheu infrage und macht von ihren Freiheiten Gebrauch, auch wenn es für die traditionellen Autoritäten bedrohlich wirken mag. Die neuen Impulse beeinflussen auch die Provinzen, allen voran Magallanes und Aisén, die gegen erhöhte Lebenshaltungskosten und die Vernachlässigung durch die Regierung protestieren.

Dessen ungeachtet, sind die Chilenen grundsätzlich auf Harmonie bedacht – gastfreundlich, hilfsbereit und an den Erlebnissen ihrer Besucher interessiert: Wer durch das Land reist, fühlt sich dort schnell heimisch.

Lebensart

Traveller, die über Bolivien oder Peru nach Chile kommen, stellen häufig verwundert fest, dass der „typische Südamerikaner" jenseits der Grenze plötzlich wie vom Erdboden verschluckt ist. Auf den ersten Blick orientiert sich die chilenische Lebensart nämlich stark an Europa. Die Kleidung ist konservativ und im Geschäftsleben eher formell; nach der neuesten Mode ausstaffierte Teenager sieht man selten. Viele Chilenen sind sehr stolz auf ihr traditionelles, wenn auch zeitgeschichtlich kurzes Erbe. Allerdings tun sie kaum etwas für dessen Bewahrung.

Die meisten Einwohner konzentrieren sich auf drei Dinge: ihre Familie, ihr Zuhause und ihre Arbeit. Kinder sollen nicht allzu schnell erwachsen werden, Familien verbringen gern Zeit miteinander und dieses Gemeinschaftsgefühl hat einen höheren Stellenwert als persönliche Unabhängigkeit. Alleinerziehende Mütter sind dennoch nichts Ungewöhnliches. Die Bachelet-Regierung hat Abtreibungen in einigen sehr begrenzten Fällen legalisiert, doch die aktuelle Regierung führte neue Beschränkungen ein, die Genehmigungen noch mehr erschweren.

Die Legalisierung der Scheidung vor einem Jahrzehnt hat dazu beigetragen, dass eine gescheiterte Partnerschaft kein Stigma mehr ist, und einen Ansturm auf die Gerichte verursacht. Homosexualität ist in Chile zwar nicht direkt geächtet, die Öffentlichkeit bringt aber wenig Verständnis dafür auf. Im Januar 2015 hat Chile allerdings mit der Einführung eingetragener Partnerschaften für homosexuelle Paare (und für unverheiratete heterosexuelle Paare) einen großen Schritt nach vorne getan. Der berühmt-berüchtigte lateinamerikanische *machismo* wird hier weniger offen zur Schau gestellt als anderswo und Männer gehen durchaus respektvoll mit Frauen um. Daraus folgt allerdings nicht, dass die traditionelle Rollenverteilung überwunden wäre, und enge Freundschaften werden in der Regel nur mit Gleichgeschlechtlichen geschlossen.

Chilenen zeichnen sich durch eine strenge Arbeitsethik aus und arbeiten sechs Tage pro Woche, wissen aber auch eine gute Party (*carrete*) zu schätzen. Der Militärdienst ist freiwillig, obwohl das Recht auf Zwangseinberufungen nach wie vor existiert. Mittlerweile melden sich immer mehr Frauen und auch die Polizei ist bei Frauen ein beliebter Arbeitgeber.

Die Kluft zwischen hohen und niedrigen Einkommen ist groß und die Lebensverhältnisse im Lande könnten kaum unterschiedlicher sein, was oft genug ein dezidiertes „Klassenbewusstsein“ zur Folge hat. Junge *cuicos* in Santiago, die „Yuppies“ der Oberschicht, führen ein luxuriöses Leben, wohnen in schicken Apartments und beschäftigen oft mehrere Hausmädchen. Dagegen leben die Armen in schäbigen Häusern ohne fließendes Wasser. Immerhin konnte ihre Zahl im Laufe der vergangenen Jahrzehnte halbiert werden, zudem haben Wohnungs- und Sozialprogramme die Not der Allerärmsten ein wenig gelindert.

Da das Land in ethnischer und religiöser Hinsicht sehr homogen ist, sind rassistische Vorurteile kaum verbreitet. Dennoch klagen die Mapuche bis heute über Vorbehalte und Benachteiligungen. Überdies ist das Bewusstsein für die Zugehörigkeit zu einer bestimmten Gesellschaftsschicht so stark ausgeprägt wie eh und je.

Bevölkerung

Die Mehrheit der Bevölkerung zählt Spanier und Ureinwohner zu ihren Vorfahren, aber im Laufe der Geschichte kam es immer wieder zu weiteren kleinen Einwanderungswellen, etwa durch Briten, Iren, Franzosen, Italiener, Kroaten (besonders an der Magellanstraße und in Feuerland) sowie Palästinenser. Deutsche strömten nach 1848 ins Land und siedelten vor allem im Seengebiet. Heutzutage steigt die Zahl der Immigranten, vor allem aus Peru und Argentinien, aber auch zunehmend Europäer, Asiaten und Nordamerikaner wandern nach Chile ein.

ETIKETTE

- Höfliches und umsichtiges Verhalten ist ganz besonders wichtig, wenn man mit Angehörigen der indigenen Völker des Landes zu tun hat. Vor allem auf dem Altiplano und in den Mapuche-Zentren im Süden sollte man Zurückhaltung zeigen.
- Zur Begrüßung und zum Abschied tauschen Männer und Frauen, aber auch Frauen untereinander Wangenküsse aus. Man berührt sich leicht mit den Wangen und haucht den Kuss in die Luft. Treffen sich zwei Männer, schütteln sie einander die Hand.
- Die Zeit der Militärdiktatur ist für viele Chilenen nicht mehr interessant. Kommt man mit Einheimischen ins Gespräch, sollte man sich auf aktuelle Themen beschränken.
- Chilenen halten ihre Ansichten oft aus Höflichkeit zurück. Wer seine Meinung zu schnell äußert, macht sich unbeliebt.

In den nördlichen Anden leben rund 69 200 Ureinwohner, darunter viele Angehörige der Aymara und Atacameño. Im Süden (La Araucanía) sind die Mapuche beheimatet, deren Zahl fast das Zehnfache – gut 620 000 – beträgt. Ihr Name leitet sich von den Wörtern *mapu* (Land) und *che* (Volk) ab. Auf der Osterinsel gibt's noch 3800 Rapa Nui, deren Vorfahren aus Polynesien stammen.

75 % aller Chilenen drängen sich auf 20 % des Staatsgebietes, hauptsächlich in der wichtigsten landwirtschaftlichen Region in Zentralchile. Dazu zählt auch Gran Santiago (die Hauptstadt mitsamt ihren Vorstädten), wo sich mehr als ein Drittel der fast 18 Mio. Chilenen niedergelassen haben, sodass hier die Bevölkerungsdichte 150 Einwohner pro Quadratkilometer umfasst. Mehr als 85 % aller Chilenen sind Städter. Im patagonischen Aisén findet man nur einen Einwohner pro Quadratkilometer und in der Región Metropolitana, dem Bezirk um die Hauptstadt, teilen sich 400 Menschen die gleiche Fläche.

Literatur & Kino

Während die Poesie lange das Lieblingsgenre dieses schmalen Landes war, erlangen die heutigen Filme mittlerweile in der ganzen Welt Berühmtheit. In der letzten Generation führte die Militärdiktatur zu Zensur und zum Exodus der Kultur, doch das Chile von heute hat sich wieder berappelt und präsentiert eine frische, teilweise gewagte Herangehensweise an die Künste.

Literatur & Dichtung

Einige der berühmtesten Schriftsteller Lateinamerikas waren Chilenen, darunter die beiden Nobelpreisträger Pablo Neruda und Gabriela Mistral.

Mistral (geborene Lucila Godoy Alcayaga; 1889–1957) wurde schon für ihre geheimnisvoll-mystische Lyrik bewundert, als die schüchterne junge Lehrerin aus dem Valle de Elqui noch an einer ländlichen Schule arbeitete. 1945 erhielt sie als erste Vertreterin Südamerikas den Nobelpreis für Literatur. *Ausgewählte Gedichte von Gabriela Mistral* von Langston Hughes stellt eine gute Einführung in ihr Werk dar.

Nicanor Parras (1914–2018) „Antipoesie" erregte weithin Aufsehen. Zu seinen bekanntesten Büchern zählen *Hojas* (Seiten von Parra) und *Poemas y antipoemas (Und Chile ist eine Wüste. Poesie und Antipoesie)*. Die Arbeiten des unkonventionellen Dichters Jorge Teillier (1935–96) handeln von der Angst und Einsamkeit junger Menschen.

Von Sex, Drogen und Dichterlesungen handelt *Los detectives salvajes*, der beste Roman des verstorbenen literarischen Bad Boys Roberto Bolaño. Der Hauptcharakter ist ein chilenischer Dichter, der in Mexiko und Spanien im Exil lebt.

Von der Brüchigkeit der gesellschaftlichen Fassade handelt das Werk von José Donoso (1924–1996), der aus Protest gegen Pinochet emigrierte. In seinem Roman *La Desesperanza* (*Die Toteninsel*) schildert er den Alltag während der Diktatur aus der Sicht eines Heimkehrers, während er in *Coronación (Die Krönung)* den Niedergang einer Dynastie betrachtet. Letzterer wurde auch verfilmt.

Die derzeit international wohl bekannteste chilenische Schriftstellerin ist Isabel Allende (geb. 1942), Nichte des Ex-Präsidenten Salvador Allende. In ihre Geschichten, die einem „magischen Realismus" verpflichtet sind, mischt sie immer wieder Ereignisse aus der realen Geschichte ihres Landes. Zu ihren berühmten Werken gehören *Das Geisterhaus, Von Liebe und Schatten, Eva Luna, Fortunas Tochter, Porträt in Sepia* und *Mayas Tagebuch. Mein erfundenes Land (*2004) bietet eine sehr persönliche Sicht auf Chile und Allende selbst. 2014 wurde die Autorin mit der US-amerikanischen Freiheitsmedaille des Präsidenten geehrt.

Aus der Feder des in den USA lebenden Schriftstellers Ariel Dorfman (geb. 1942), ein weiterer bedeutender Literat, stammen Werke wie *La negra Ester* (Schwarze Ester) und *Der Tod und das Mädchen,* das vom Sturz eines südamerikanischen Diktators handelt und auch als Verfilmung hochgelobt wurde.

Der Erzähler Antonio Skármeta (geb. 1940) erregte mit seinem von Pablo Neruda inspirierten Roman *Ardiente paciencia (Mit brennender Geduld)* große Aufmerksamkeit, der als Grundlage für den preisgekrönten Film *Il postino (Der Postmann)* diente.

Luis Sepúlveda (geb. 1949), einer der produktivsten chilenischen Autoren, schuf berühmte Werke wie *Nombre de torero* (Der Name des

DER POET UND POLITIKER PABLO NERUDA

Pablo Neruda, wie sich der Autor schon früh nannte, kam in einer Provinzstadt als Neftalí Ricardo Reyes Basoalto zur Welt. Das Pseudonym wählte er, da er fürchten musste, seine aus einfachen Verhältnissen stammende Familie würde sich seinen literarischen Ambitionen in den Weg stellen. Trotz seiner Nähe zur politischen Linken lebte er auf großem Fuß und ließ sich luxuriös anmutende Häuser in Santiago, Valparaíso sowie auf der Isla Negra errichten. Seinem berühmtesten Wohnsitz gab er den Namen La Chascona, eine Anspielung auf die zerzausten Haare seiner dritten Frau Matilde Urrutia.

Nach seinem frühen literarischen Erfolg wurde ihm ein diplomatischer Posten angeboten. Neruda erlangte internationale Berühmtheit und machte nie einen Hehl aus seinen politischen Überzeugungen. Im Spanischen Bürgerkrieg verhalf er politischen Gefangenen zur Flucht und nach seiner Rückkehr in die Heimat, wo er zum Senator gewählt wurde, trat er offiziell der Kommunistischen Partei bei. 1946 unterstützte Neruda den Präsidentschaftswahlkampf von Gabriel González Videla, musste aber über die Anden ins Exil fliehen, als der Präsident die Kommunistische Partei verbieten ließ. Während dieser ganzen Zeit verfasste er Gedichte.

1969 trat er sogar selbst als Präsidentschaftskandidat an, zog dann aber seine Kandidatur zugunsten Salvador Allendes zurück. Während Neruda als Botschafter für Allende in Frankreich arbeitete, erhielt er den Nobelpreis für Literatur. Er war erst der dritte Lateinamerikaner, dem diese Ehre zuteil wurde.

Kurz nach der Auszeichnung kehrte Neruda schwer krank nach Chile zurück. Die Regierung Allende stand schon unter erheblichem Druck. Wenige Tage nach dem Militärputsch von 1973 starb der Dichter an einem Krebsleiden, vielleicht aber auch aus Trauer über die Niederlage der Demokratie. Testamentarisch hatte er eine Stiftung eingesetzt und sein gesamtes Erbe dem chilenischen Volk vermacht. Das Pinochet-Regime ließ seine Häuser zerstören. Später wurden sie im Auftrag von Nerudas Witwe sorgfältig restauriert und sind heute öffentlich zugänglich.

Viele Gedichtbände des Autors liegen auch in deutscher Übersetzung oder in zweisprachigen Ausgaben vor.

Toreros), das in Deutschland und Chile spielt, sowie die hervorragende Kurzgeschichtensammlung *Patagonia Express.*Leichtere Kost bieten die Kriminalromane von Roberto Ampuero (geb. 1953), darunter *El Alemán de Atacama* (Der Deutsche aus Atacama). Hauptfigur ist ein kubanischer Ermittler, der in Valparaíso lebt.

Roberto Bolaño (1955–2005) zählt verdientermaßen zu den ganz Großen der lateinamerikanischen Literatur. Sein Werk erfährt derzeit eine Renaissance. Die posthume Veröffentlichung seines umfassenden enzyklopädischen Werkes *2666* hat Bolaños Kultstatus endgültig besiegelt, aber auch seine sonstigen Bücher sind eine lohnende Lektüre. Der in Santiago geborene Schriftsteller verbrachte einen Großteil seines Erwachsenenlebens im mexikanischen und spanischen Exil.

Die Bestsellerautorin Marcela Serrano (geb. 1951) widmet sich in ihren Romanen wie *Antigua vida mia* (Mein früheres Leben) u. a. Frauenthemen. Pedro Lemebel (geb. 1950) dagegen behandelt Fragen der Homosexualität und andere Tabuthemen, z. B. in *Tengo miedo torero* (Mein süßer Matador).

Jüngere Autoren lehnen den magischen Realismus der lateinamerikanischen Literatur ab. Zu ihnen zählen Alberto Fuguet (geb. 1964), dessen *Sobredosis* (Überdosis) und *Mala onda* (Ein ungutes Gefühl) viel Lob, aber auch Kritik bekamen. Weitere Werke talentierter junger Autoren sind die erotischen Erzählungen von Andrea Maturana und die des Romanautoren Alejandro Zambra, die Romane von Carlos Franz, Marcelo Mellado, Gonzalo Contreras, María Luisa Bombal, Lina Meruane und Claudia Apablaza.

Kino

Vor dem Militärputsch 1973 entstanden in Chile die interessantesten experimentellen Filme des Kontinents, darunter Alejandro Jodorowskys *El Topo* (*Mystischer Maulwurf*; 1971), ein Kultklassiker, der lange vor Tarantino mit vielen Genres spielt. Allmählich knüpft das Land wieder an diese Tradition an.

Unter Pinochet kam die chilenische Filmproduktion praktisch zum Erliegen, doch chilenische Regisseure im Exil arbeiteten fortan im Ausland weiter. Der Dokumentarfilmemacher Patricio Guzmán machte beispielsweise vielfach die Militärdiktatur zum Thema seiner Werke. Auch Raúl Ruiz floh ins Ausland (nach Paris) und erlangte u. a. mit seinem Psychothriller *Shattered Image* (*Phantom des Todes;* 1998) Bekanntheit.

Die chilenische Filmindustrie, die sich nur langsam von den Folgen der Diktatur erholt, thematisiert diese düstere Epoche verständlicherweise immer wieder. In *La frontera* (*Am Ende der Welt*; 1991) geht Ricardo Larrain dem inneren Exil nach. Gonzalo Justiniano sorgte mit seinem Streifen *Amnesia* (*Gedächtnisschwund;* 1994) dafür, dass seine Landsleute die Gräueltaten Pinochets nicht so schnell vergessen. Der Film handelt von einem Soldaten, dem befohlen wird, Gefangene zu erschießen.

Später hellte sich die Stimmung dann etwas auf. Der erfolgreichste chilenische Film aus jüngster Zeit ist *El chacotero sentimental* (*Der sentimentale Spaßvogel*; 1999) von Cristián Galaz. Der Filmemacher hat 18 nationale und internationale Preise für die wahre Geschichte eines Radiomoderators gewonnen, dessen Hörer ihre Techtelmechtel preisgaben. Silvio Caiozzi ist einer der renommiertesten älteren Regisseure des Landes. Er verfilmte José Donosos Roman *Coronación* (*Die Krönung*; 2000) über den Niedergang einer Familiendynastie. Die Komödie *Taxi para tres* (*Ein Taxi für drei*; 2001) von Orlando Lübbert handelt von Banditen in ihrem geklauten Auto. Pablo Larraíns *Tony Manero* (2008) erzählt die Geschichte eines discobesessenen Mörders.

No! (2013), Pablo Larraíns Drama um das Referendum zur Präsidentschaftswahl Pinochets, wurde als erster chilenischer Film aller Zeiten für den Oscar als bester ausländischer Film nominiert. Larraín ist mittlerweile Regisseur internationaler Filme, darunter der preisgekrönte Film *Jackie* (2017). Zu seinen weiteren chilenischen Produktionen zählen Klassiker wie *El club* (2015) über Sexualverbrecher in der katholischen Kirche und *Neruda* (2016), eine fiktionalisierte Erzählung über Nerudas Zeit im Zwangsexil, als der Kommunismus geächtet wurde.

In einer Art Zelloloid-Therapie hat sich das chilenische Kino der traumatischen Vergangenheit gestellt und sich international einen Ruf erarbeitet. *Machuca* (*Machuca, mein Freund;* 2004) von Andrés Wood erzählt die Geschichte zweier Jungen zur Zeit des Sturzes der Regierung Allende. *Sub terra* (2003) handelt von der Ausbeutung in den Kupferminen des Landes. *Mi mejor enemigo* (Mein bester Feind; 2004), eine chilenisch-argentinisch-spanische Koproduktion, beschreibt den Beagle-Konflikt in Patagonien 1978 (damals stritten sich Argentinien und Chile um drei Inseln im Beagle-Kanal.). *El perro* (2017) von Marcela Said erzählt von einer komplizierten Freundschaft zwischen einer Frau aus der Oberklasse und einem ehemaligen Mitglied der Geheimpolizei.

Natürlich drehen sich nicht alle Filme um die Themen Krieg, Folter und Politik. *Promedio Rojo* (frei übersetzt: Schlechte Noten; 2005) von Regisseur Nicolás López leitete den Siegeszug einer neuen Reihe von Globalisierung geprägter Teenie-Streifen ein. In *Crystal Fairy – Hangover in Chile* (2013) verkörpert Schauspieler Michael Cera einen arroganten Touristen, der mithilfe des berüchtigten San-Pedro-Kaktus high werden will. Auch *La vida de los peces* (*Das Leben der Fische*; 2010) und *En la cama (Im Bett;* 2005) von Regisseur Matías Bize erlangten internationale Aufmerksamkeit. *La once* (*Tea Time*; 2015) von Maite Alberdi ist ein ruhiger Dokumentarfilm über eine Freundschaft über Jahrzehnte hinweg. Der düstere Film *Il futuro* (*Il Futuro – Eine Lumpengeschichte in Rom*; 2013) der Filmemacherin Alicia Scherson basiert auf einem Roman von Roberto Bolaño und wurde auf dem Sundance Film Festival sehr gut vom Publikum angenommen.

Aktuell auf dem Vormarsch sind Filme, die sich mit dem Konflikt zwischen den gesellschaftlichen Schichten beschäftigen. Außerdem werden vermehrt Darstellerinnen herangezogen, um Geschichten aus Chile zu erzählen. Der Favorit des Sundance-Filmfestivals *La nana* (*La Nana – Die Perle*; 2009) von Sebastián Silva handelt von einer Hausangestellten, deren persönliches Leben zu stark mit ihren Aufgaben verknüpft ist. Auch *Gloria* (2013) von Sebastián Lelio war bei internationalen Filmfestivals sehr erfolgreich. Vom selben Regisseur stammt der bahnbrechende Film *Una myjer fantástica* (*Eine fantastische Frau*, 2017), das faszinierende Porträt einer Transgender-Frau in Santiago.

Seine herrliche Landschaft macht Chile auch zu einer traumhaften Kulisse für ausländische Filme. Viele internationale Produktionen sind deshalb zumindest teilweise in Chile entstanden, darunter *Die Reise des jungen Che* (2004), der James-Bond-Blockbuster *Ein Quantum Trost* (2008) und *Colonia Dignidad – Es gibt kein Zurück* über eine deutsche Sekte in Chile mit Emma Watson und Daniel Brühl. *180° Süd* (2010), ein Streifen im Dokumentarfilmstil, folgt einem Surfer durch Patagonien und spricht dabei verschiedene Umweltprobleme an. Die Landschaftsaufnahmen sind atemberaubend. Der Blockbuster *Die 33* (2015) ist die Verfilmung des chilenischen Grubenunglücks, das sich 2010 ereignete.

Natur & Umwelt

Was nach einer Chile-Reise im Gedächtnis bleibt, ist die Natur – sogar Santiagos Skyline erscheint winzig vor den majestätischen Anden. Geografiestudenten könnten bei Exkursionen in dem 4300 km langen und maximal 200 km breiten Land vermutlich ihren gesamten Lehrplan abdecken: Es bietet alles von der trockensten Wüste der Welt bis hin zur mit Eis überzogenen Südspitze. Die Vielfalt der Flora und Fauna ist atemberaubend, und über die Hälfte der Tier- und Pflanzenwelt des Landes findet man sonst nirgends auf der Erde. Da immer mehr Bergbau, Industrie und Elektrizität gefördert werden, bleibt Umweltschutz ein enorm wichtiges Thema.

Das Land

Chiles geologisches Rückgrat bilden die vor etwa 60 Mio. Jahren entstandenen Anden. Während der Süden von Gletschern bedeckt war, lag der Norden einst unter dem Meeresspiegel. Deshalb dehnen sich dort heute pastellfarbene Salzebenen aus, während der Süden übersät ist mit gletschergeformten Seen, kurvenreichen Moränenhügeln und eindrucksvollen Gletschertälern.

Obwohl die chilenischen Anden aus geologischer Sicht noch relativ jung sind, erreichen sie mehrfach Höhen von über 6000 m, am Ojos del Salado – der zweithöchste Gipfel des Kontinents und der höchste aktive Vulkan der Erde – sogar stolze 6893 m.

Das Land erinnert in seiner Form an einen schlanken indianischen Totempfahl und kann in verschiedene horizontal verlaufende Abschnitte unterteilt werden. Nördlich und südlich vom Südlichen Wendekreis liegt die Region Norte Grande mit der Atacama-Wüste, dem trockensten Gebiet der Erde mit Gegenden, in denen es seit Menschengedenken nicht geregnet hat. Gemildert wird die Hitze nur durch den kalten Humboldtstrom entlang der Küstenlinie. Die von ihm verursachte hohe Luftfeuchtigkeit erzeugt dichte Nebelschwaden namens *camanchaca*, die sich dort ablagern. Küstenstädte gewinnen und sammeln ihr Wasser aus Flusstälern, unterirdischen Quellen sowie weit entfernten Flüssen. Die Canyons in den Ausläufern der Kordilleren verlaufen in östlicher Richtung zum Altiplano und zu hohen schneebedeckten Gebirgspässen. Weiter südlich, im Norte Chico, macht die Wüste Platz für eine Landschaft voller Strauchwerk und Waldgebiete. Von Ost nach West erstrecken sich mehrere grüne Flusstäler, in denen Landwirtschaft betrieben wird.

10 % aller weltweit aktiven Vulkane befinden sich auf chilenischem Staatsgebiet.

Südlich des Rio Aconcagua beginnt das fruchtbare Herzland Zentralchiles, gesprenkelt mit Weinbergen und fruchtbaren Äckern und Feldern. Hier befindet sich auch Santiago. Die Hauptstadt des Landes ist ein lebendiger Hafen- und Industrieort mit einer modernen Agglomeration, wo mindestens ein Drittel der Gesamtbevölkerung lebt.

Noch weiter südlich liegt das Seengebiet mit seinen grünen Weideflächen, gemäßigtem Regenwald und schönen Gewässern am Fuße schneebedeckter Vulkane. In dieser Region fällt immer viel Regen, vor allem zwischen Mai und September. Die warmen, meist kräftig aus östlicher Richtung wehenden Winde werden *puelches* genannt. Hier sind die Winter schneereich – schlecht für Fahrten über die Grenze.

Die größte Insel des Landes, Isla Grande de Chiloé, ist den pazifischen Winden und Stürmen ausgesetzt. Östlich davon bilden die umliegenden kleineren Inseln einen Archipel, auf dem man den ständigen Regenfällen kaum entkommen kann. Mit 150 Regentagen im Jahr muss man hier durchaus rechnen.

Die Region Aisén ist ein Mix aus Fjorden, wild schäumenden Flüssen, nahezu undurchdringlichen Wäldern und hohen Bergen. Dort verlaufen die Anden in Richtung Pazifik und zum riesigen Eisfeld Campo de Hielo Norte, wo 19 große Gletscher unter dem Einfluss heftiger Schnee- und Regenfälle fast miteinander verschmelzen. Nach Osten hin weicht der hoch gelegene Regenwald allmählich der kahlen patagonischen Steppe mit dem tiefsten See Südamerikas, dem Lago General Carrera, der bis nach Argentinien reicht.

Wanderer können die umfassende App „Trekking in Chile" (www.fundaciontrekkingchile.cl/programasturismoemocional/trekkingchile-app) mit Routeninformationen herunterladen, die auch offline funktionieren.

Das Eisfeld Campo de Hielo Sur trennt die Carretera Austral von Feuerland. Vor Ort ist das Wetter ausgesprochen wechselhaft, und die Winde sind gnadenlos. Je weiter man sich in den tiefen Süden des Kontinents vorwagt, desto häufiger stößt man auf perlfarbene Gletscher, herrliche Fjorde, riesige Eisfelder und Berge, bevor die Magellanstraße und das nördliche Feuerland in Sicht kommen. Im nördlichen Feuerland erstreckt sich die kahle östlich Pampa bis zur Darwin-Kordillere.

Tiere & Pflanzen

Ein weiterer Punkt, der für eine Reise nach Chile spricht, ist die vielfältige faszinierende Tier- und Pflanzenwelt des Landes. Eingegrenzt von Pazifik, Wüste und hohen Bergen, hat sich eine einzigartige Flora und Fauna mit vielen endemischen Arten entwickelt.

Tiere

Auf reges Interesse bei Reisenden stoßen die domestizierten Lamas und Alpakas sowie ihre wildlebenden schmächtigeren Verwandten. Ähnlich

ANDENKAMELE

Jahrtausendelang waren die Andenvölker auf die Kamelarten der Neuen Welt – wildlebende Guanakos und Vikunjas sowie domestizierte Lamas und Alpakas – angewiesen. Die Menschen nutzten das Fleisch, aber auch die Wolle der Tiere.

Das scheue Guanako, ein fast zierliches Tier mit hohen, schlanken Beinen und langem geschwungenem Hals, trifft man im hohen Norden wie im Süden in fast allen Höhenlagen von Normalnull bis über 4000 m. Die größte Population lebt in den Ebenen und Hochebenen Patagoniens, vor allem im Parque Nacional Torres del Paine. Weniger verbreitet und noch scheuer sind die Tiere im Norden: dort ergreifen sie sofort die Flucht und man sieht sie nur von hinten.

Die zierlicheren Vikunjas mit ihren eleganten Hälsen und winzigen Köpfen sind die kleinsten Kamele überhaupt. Sie leben nur oberhalb von 4000 m in der Puna und im Altiplano von Südperu bis ins nordwestliche Argentinien. Ihre feine goldfarbene Wolle war einst den Inkaherrschern vorbehalten; die Spanier eröffneten allerdings eine gnadenlose Jagd auf diese Tiere. Erst in jüngerer Zeit wurden Schutzgesetze zur Rettung der Art erlassen. Im und um den Parque Nacional Lauca hat sich ihre Population von nur noch 1000 Tieren 1973 dank umfangreicher Wildschutzprogramme auf 25 000 im Jahr 2012 gesteigert.

Viele Dörfer im nördlichen Hochland sind nach wie vor auf die domestizierten Lamas und Alpakas angewiesen. Ersteres dient als Lasttier, und seine Wolle wird für Decken, Stricke und andere Haushaltswaren verwendet. Das Fleisch ergibt ein gutes *charqui* (Dörrfleisch). Die genügsamen Tiere überleben auch auf trockenen und kargen Weideflächen.

Das etwas kleinere und zottelige Alpaka sieht aus wie ein zu groß geratener Pudel mit zu kurzen Beinen. Alpakas sind keine Lasttiere und benötigen feuchtes Grasland, damit ihnen ein wirklich schönes Fell wächst. Ihr feines, reiches Vlies ist meist schwarz, seltener weiß oder gescheckt. Im Norden Chiles findet man überall Verkaufsstände mit Alpakawolle.

WALSCHUTZ

Vor wenigen Jahrzehnten stand das größte Tier der Welt kurz vor dem Aussterben. Und so war die Aufregung immens, als 2003 in den geschützten Fjorden südöstlich von Chiloé im Golfo de Corcovado eine Art „Blauwal-Kinderkrippe" entdeckt wurde. Hier versammelten sich über 100 Tiere, um zu fressen, darunter elf Mütter mit ihren Jungen.

Chile verbot 2008 die Waljagd an der gesamten Küste. Dann richtete die Regierung Anfang 2014 das 120 000 ha große Meeresschutzgebiet Área Marina Costera Protegida de Tic Toc ein, damit sich die schrumpfende Meerestierpopulation wieder erholen kann. 2017 wurden in Chile zwei neue Meeresschutzgebiete in der Größe Frankreichs eingerichtet, eines rund um den Archipiélago Juan Fernández und eines vor dem Kap Hoorn. Infos gibt's bei der **Whale and Dolphin Conservation Society** (www.wdcs.org).

Walbeobachtung wird in Patagonien immer beliebter. Teilnehmer können mehrere Spezies beobachten, darunter Finn-, Buckel-, Orca- und Pottwale. Zu den besten Anlaufstellen gehören das Küstendorf Raúl Marín Balmaceda und Argentina Puerto Madryn.

ungewöhnlich sind Tiere wie der Nandu, der im nördlichen Altiplano und in der südlichen Steppe umherstolziert, und das plumpe Viscacha, eine wildlebende Chinchilla-Art, die in felsigen Höhenlagen haust.

In den Anden gehen noch immer zahlreiche Pumas auf Beutejagd, allerdings bekommt man sie kaum je zu Gesicht. Die seltene, nur knapp die Größe eines Hasen erreichende Hirschart Pudú versteckt sich in den dichten Waldgebieten im Süden des Landes. Noch seltener sind die Huemuls (Andenhirsche), die es nur in Patagonien gibt und die inzwischen vom Aussterben bedroht sind.

Chiles ungewöhnlich lange Küstenlinie dient vielen Meeressäugern als Heimat. So findet man hier ganze Kolonien von Seelöwen, Seebären und anderen Robben sowie Verwandte des Fischotters, vor allem im Süden des Landes. Auch Delfine und Wale kann man erspähen, zudem zeugen zahlreiche Seevögel von der Vielfalt des Meereslebens.

Hobbyornithologen kommen vielerorts auf ihre Kosten. Vor allem im nördlichen Altiplano findet man eine interessante Vogelwelt vor, die von Andenmöwen bis zu riesengroßen Blässhühnern reicht. Prachtvolle Flamingokolonien färben an hoch gelegenen Seen ganze Landstriche vom hohen Norden bis zum Torres-del-Paine-Park rosa. Es gibt drei Arten dieser großen Vögel, darunter die seltenen *parina chicas* (Kurzschnabelflamingos). Zu den absoluten Publikumsmagneten gehören die gefährdeten Humboldt- und Magellanpinguine entlang der chilenischen Küste, besonders im Parque Nacional Pingüino de Humboldt, vor der nordwestlichen Küste der Insel Chiloé und nahe Punta Arenas. Vor Kurzem wurde in Tierra del Fuego überdies eine Kolonie von Königspinguinen entdeckt.

Die legendären Kondore kreisen in ganz Chile am Himmel. Immer häufiger erblickt man im Weideland auch einen unbeholfen wirkenden südamerikanischen Kiebitz (*Vanellus chilensis*), wenn man seinen lauten Klopflauten folgt. Der *queltehue*, eine Stelzvogelart mit schwarz-grau-weißem Gefieder, verteidigt sein Nest mit lauten Rufen – viele sagen, er sei besser als ein Wachhund.

Pflanzen

Chile kann sich einer außergewöhnlichen Pflanzenwelt rühmen. Viele Arten in der nördlichen Wüste fristen ihr Leben auf oft erstaunliche Weise. Mehr als 20 Kakteen- und Sukkulentenarten überleben ausschließlich dank der Feuchtigkeit, die der pazifische Nebel mit sich bringt, darunter der eindrucksvolle Kandelaber-Kaktus mit einer Höhe von bis zu 5 m.

Der hoch gelegene Altiplano ist geprägt von Grasteppichen, dornenartigem Gestrüpp aus *queñoa* und am Boden kauernden Pflanzen wie der limonenfarbigen *llareta*, einem dichten kissenähnlichen Busch. Einst bedeckte der endemische *tamarugo*-Baum große Flächen in der nördlichen Wüste, wo er seine Wurzeln auf der Suche nach Wasser bis zu 15 m in die Tiefe treiben musste.

Die größte Überraschung hat die Wüste jedoch immer dann zu bieten, wenn es im Norte Chico alle paar Jahre zu plötzlichen Regenfällen kommt. Dann brechen zarte Wildblumen durch die trockene Erde und lassen die Gegend in einem Farbenspektakel erblühen, das *desierto florido* genannt wird.

Vom Norte Chico bis nach Zentralchile besteht die vorherrschende Vegetation weitgehend aus Gestrüpp, dessen glänzendes Blattwerk während der langen trockenen Jahreszeit Wasser speichert. Die Südbuchen (*Nothofagus*) an den Hängen entlang der Küste leben von den dichten Nebelschwaden des Pazifiks. Größere Bestände der endemischen Chile-Palme sind leider seltener geworden, am besten findet man sie noch im Parque Nacional La Campana.

In Südchile dehnt sich einer der größten gemäßigten Regenwälder der Erde aus. Seine nördlichen Teile werden Valdivianischer Regenwald genannt, ein Gewirr aus immergrünen Pflanzen, deren Wurzeln unterhalb eines dichten Flechtwerks von Kletterpflanzen und bambusähnlichen Gewächsen verborgen liegen. Hinsichtlich seiner Flora ist der Magellan-Regenwald weiter südlich zwar nicht so vielfältig, beherbergt aber einige hochinteressante Arten. Ähnlich atemberaubend präsentieren sich die Araukarienwälder, deren eigenartige Bäume (bei uns werden sie manchmal als „Zimmertannen" gehalten) bis zu 1000 Jahre alt werden können.

Im südlichen Seenbezirk wächst die Alerce, die bis zu 4000 Jahre alt werden kann und eine der langlebigsten Baumarten der Welt ist. Bestaunen kann man sie vor allem im Parque Nacional Alerce Andino und im Parque Pumalín.

Auf Chiloé, im Seenbezirk und in der Region Aisen gedeiht das größte „Kraut" der Welt, die rhabarberähnliche Nalca mit gigantischen Blättern, die jeweils an der Spitze eines Stängels sitzen. Bei jungen Pflanzen ist dieser im November sogar essbar.

Der Juan-Fernández-Archipel hat sich zu einer Art Schutzraum der biologischen Vielfalt entwickelt: Von den hier vertretenen 140 Pflanzenarten sind 101 endemisch.

Umweltprobleme

Aufgrund der boomenden Industrie ist Chile mit zahlreichen Umweltproblemen konfrontiert. Ähnlich wie Mexiko-Stadt und São Paulo zählt Santiago zu den südamerikanischen Weltstädten mit der höchsten Umweltverschmutzung. Der Smog ist zeitweilig so stark, dass viele Menschen in der Stadt Atemmasken tragen, Schulkinder nicht an Sportübungen teilnehmen und ältere Menschen das Haus nicht mehr verlassen. Die Stadt hat autofreie Tage für Privatfahrzeuge eingeführt und plant, Fahrradspuren zu bauen und das U-Bahn-Netz zu erweitern. Das Land investiert rund eine Milliarde US$ in das Programm „Santiago Breathes" zur Reduktion der globalen Partikelemissionen um 60 %. Im Süden des Landes wird überwiegend mit Holzöfen geheizt. Hier werden Belohnungen für diejenigen ausgelobt, die auf einen Pellet- oder Paraffinofen umsteigen, um den Ausschuss von Schadstoffen zu senken.

Die durch den Bergbau verursachte Wasser- und Luftverschmutzung ist ebenfalls ein großes Problem. Einige der Bergbaustädte waren so stark kontaminiert, dass sie komplett aufgegeben und an anderer Stelle neu errichtet werden mussten. Ein großer Teil des Problems besteht darin, dass die Bergbauindustrie immense Energie- und Wasserreserven verbraucht, zudem verunreinigen Schadstoffe aus dem Bergbau nicht selten die Wasserspeicher und zerstören die Landwirtschaft. Unge-

RÜCKSCHLÄGE FÜR DIE LACHSINDUSTRIE

Vor rund einem Jahrhundert wurde zum ersten Mal Lachs nach Chile importiert. Erst Mitte der 1980er-Jahre jedoch hat sich im großen Stil die Lachszucht in versenkten Käfigen durchgesetzt. Heute ist Chile nach Norwegen der zweitgrößte Lachsproduzent der Welt. Zentrum der Zucht- und Exportindustrie ist Puerto Montt. Hier wurden Ende der 2000er-Jahre Milliarden von Dollar investiert, um die Lachszucht weiter Richtung Süden nach Patagonien an die Magellanstraße zu verlagern mit dem Ziel, Größe und Wachstum bis zum Jahr 2020 zu verdoppeln und Norwegen an der Exportspitze abzulösen. 2006 war Lachs Chiles drittgrößtes Exportgut (nach Kupfer und Molybdän) und man blickte in eine rosige Zukunft. Dann kam die Kehrtwende.

Neben der weltweiten Rezession wurde Chiles Lachsindustrie schwer getroffen von einem plötzlichen Ausbruch der ansteckenden Blutarmut der Lachse (ISA), die zuerst auf einer Farm in norwegischer Hand entdeckt wurde und katastrophale Folgen hatte. Zwischen 2005 und 2010 sank die Jahresproduktion an Atlantischem Lachs von 400 000 auf 100 000 Tonnen. Dies kostete in Puerto Montt und Umgebung 26 000 Arbeitsplätze (und rund 5 Mrd. US$) und viele Menschen im Lachsgewerbe gingen bankrott. In Chile brach eine Lachs-Panik aus, und eine steigende Anzahl von Verbrechen in Puerto Montt und die Verdoppelung der Selbstmordrate trugen nicht gerade zu einem besseren Klima bei. Ganz unerwartet war die Situation nicht gekommen: Riesige Berge von organischem Abfall aus Extrafutter und Lachskot hatten bereits zu einer erheblichen Verschmutzung und dem Schwund anderer Fischarten geführt. Dazu kamen über mehrere Jahre die Probleme von mangelnder Abfall- und Abwasserentsorgung und überfüllter Zuchtgehege.

Umweltschützer wie die Umweltorganisation **Oceana** (☎2-2925-5600; www.oceana.org; Av Suecia 0155, Providencia; Ⓜ Los Leones) und der verstorbene Doug Tompkins, Gründer des Parque Nacional Pumalín (S. 327), trugen ihre Sorge über die negativen Folgen der Lachsindustrie direkt der chilenischen Regierung vor. Die Fundación Terram (S. 485), die die Industrie engmaschig überwacht, hat Berichte zu einer Vielzahl von Themen von Arbeitsbedingungen bis hin zu Umweltschäden veröffentlicht.

2012 berappelte sich die Lachsindustrie wieder, vor allem Dank eines neuen unersättlichen Markts in Brasilien, das zeitweise die USA überholte und nach Japan im Jahr 2010 der zweitgrößte Konsument chilenischen Lachses der Welt wurde. 2014 hatten sich die Lachsbestände wieder vollständig erholt, mit 4 Mrd. US$ Umsatz das Exportgut Molybdän überholt und sich zum zweitgrößten Exportgut Chiles entwickelt, vor allem dank der hohen Nachfrage aus den Vereinigten Staaten, Japan und Brasilien. Im Jahr 2016 jedoch vernichtete die Rote Alge ein Fünftel der Lachsbestände Chiles – Umweltschützer machen das Abfallaufkommen der Fischfarmen dafür verantwortlich.

Mittlerweile ist die Krise überwunden, aber Sorge besteht nach wie vor. Der Servicio Nacional de Pesca y Acuicultura (Sernapesca), Chiles nationaler Fischerei- und Aquakulturdienst, fand heraus, dass in der chilenischen Lachsindustrie mehr Antibiotika als in anderen Ländern eingesetzt wird (2015 waren es 557 Tonnen und damit sieben Mal so viel wie in Norwegen und ein Rekordwert pro Fisch). Unter anderem wurden Chinolone eingesetzt, die in den USA und anderswo wegen der negativen Nebenwirkungen für das menschliche Immunsystem nicht für den Einsatz in Aquakulturen zugelassen sind. Laut einem Bericht des Wirtschaftsverbands SalmonChile (www.salmonchile.cl) aus dem Jahr 2017 gaben alle chilenischen Lachsfarmen, die zusammenarbeiten, an, ihren Einsatz von Antibiotika um 30 % gesenkt zu haben –Skeptiker bezweifeln dies.

Als Nebenbemerkung sei erwähnt, dass sämtlicher hochwertiger Lachs aus Chile exportiert wird. Findet man ihn also auf einer Speisekarte im Land, gibt's zwei Möglichkeiten: entweder ist der Fisch mangelhaft bzw. nicht für den Export geeignet oder "wild", das heißt, dass er von einer Farm entkommen ist (oder von einer entkommenen Linie abstammt). *¡Buen provecho!*

wöhnlich viele Krebserkrankungen rund um Bergbauzentren sind keine Seltenheit. Nach einer Studie von BMI hat Chiles Umweltregulierungsbehörde hart durchgegriffen bei Wassermisswirtschaft im Bergbau und

DER VERSCHWINDENDE SEE

Im April 2008 verlor der Lago Cachet 2 innerhalb weniger Stunden seine gesamten 200 Mio. Kubikmeter Wasser, was zu einem Abwärtsstrom zum Baker, Chiles wasserreichstem Fluss, führte und eine große Welle schuf, die schließlich in den Pazifik mündete. In der Natur geschehen seltsame Dinge, aber dieses mysteriöse Ereignis wiederholte sich in zwei Jahren ganze sieben Mal!

Laut der Zeitschrift *Nature* liegt die Ursache im Klimawandel. Der Gletscherlauf entstand durch die Ausdünnung und den Rückgang der nahen patagonischen Gletscher, was den natürlichen Gletscherdamm schwächte. Nachdem der See sich entleert hat, füllt er sich erneut mit Schmelzwasser. Dieser Prozess ist eine konstante Bedrohung für die Menschen, die am Ufer des Río Colonia leben, doch dank Unterstützung durch die Nasa und eine deutsche Universität wurden nun Überwachungssysteme vor Ort installiert.

Anklage erhoben gegen die Betreiber der Kupfermine Los Pelambres von Antofagasta Minerals sowie gegen die der Goldmine Maricunga von Kinross Gold's, die 2016 den Betrieb einstellen mussten.

2017 wüteten in Chile die schlimmsten Flächenbrände in der Geschichte des Landes, bei denen 200 000 Hektar Wald zerstört und 11 Personen getötet wurden. Viele machen die Liberalisierung der Holzverarbeitungsindustrie unter dem Pinochet-Regime dafür verantwortlich. Angesichts der globalen Erwärmung werden die Wälder im ganzen Land als gefährdet angesehen. Die artenreichen chilenischen Wälder weichen mehr und mehr Plantagen mit schnell wachsendem exotischem Nutzholz wie Eukalyptus oder Monterey-Kiefern. Im Kampf zwischen ökonomischen Interessen und ökologischen Erfordernissen fielen viele wertvolle endemische Baumarten Kettensägen zum Opfer und gelten mittlerweile als extrem gefährdet.

Die aktuellsten Schlagzeilen zum Umweltschutz findet man auf dem englischsprachigen Portal der *Santiago Times* (www.santiagotimes.cl) und dem zweisprachigen Magazin *Patagon Journal* (www.patagonjournal.com).

Ein weiteres Problem liegt in der Verwendung von Chemikalien und Pestiziden in der Landwirtschaft zur Steigerung der chilenischen Obstexporte. 2011 erteilte die chilenische Regierung die Zulassung für die Verwendung genetisch veränderten Saatguts und öffnete damit Tür und Tor für den umstrittenen multinationalen Konzern Monsanto, der die Zukunft der chilenischen Landwirtschaft gestalten soll. Industrieabfälle sind ebenfalls ein großes Thema.

Chile ist der zweitgrößte Lachsproduzent der Welt. Die fortschreitende Ausweitung der Lachszucht in Südchile führt zu großer Wasserverschmutzung, zerstört die Meeresökologie und bedroht andere Fischbestände. 2016 verlor die Lachszucht 800 Mio. US$ aufgrund der Algenblüte, die auch andere Meereslebewesen zerstörte und bei Fischen Virusinfektionen hervorrief. Eine von Oxford University Press veröffentlichte Studie wies nach, dass der Einsatz von Antibiotika zu antibiotikaresistenten Bakterien in Fischen geführt und die Ökosysteme in der Umgebung von Fischfarmen zerstört hat.

Die Osterinsel (Rapa Nui) steht aufgrund steigender Besucherzahlen stark unter Druck. Da sie nur über eingeschränkte Naturressourcen verfügt, ist sie vom weit entfernten Festland abhängig, von wo Benzin und Vorräte hergebracht werden müssen. Die gute Nachricht ist, dass 2017 mit dem Meeresschutzgebiet Rapa Nui Rahui vor der Küste der Osterinseln eins der größten Meeresschutzgebiete der Welt eingerichtet wurde. Es beherbergt 140 weltweit einzige Tierarten.

Der Schutz des marinen Ökosystems ist ein großes Thema. 2015 strandeten 343 Wale, vermutlich Seiwale, vor Patagonien – so viele wie noch nie zuvor. Laut den Wissenschaftlern führte eine giftige Meeresalgenart zum Tod der Tiere. Ereignisse wie dieses werden mit dem Ansteigen der Meerestemperatur in Zusammenhang gebracht.

Inzwischen ist das ständig wachsende Ozonloch über der Antarktis so groß, dass Ärzte in Chile dazu raten, Schutzkleidung zu tragen und Sonnenschutzmittel gegen die krebsfördernde UV-Strahlung zu verwenden, vor allem in Patagonien.

Die globale Klimaerwärmung wirkt sich in Chile besonders stark aus, was sich u. a. am Abschmelzen der Gletscher zeigt. Wissenschaftler haben nachgewiesen, dass sich das Schmelztempo in wenigen Jahren verdoppelt hat und dass sich die Eisfelder im Norden und Süden viel schneller als anfangs vermutet auf dem Rückzug befinden. Insbesondere das Eisfeld in Nordpatagonien trägt maßgeblich zum Ansteigen des Meeresspiegels bei. Und das liegt nicht nur an der höheren Erdtemperatur und den rückläufigen Niederschlagsmengen. Für die Tier- und Pflanzenwelt sowie den natürlichen Wasserhaushalt hat all das verheerende Folgen.

Umweltorganisationen

Folgende Umweltorganisationen sind in Chile ansässig:

Codeff (Comité Pro Defensa de la Fauna y Flora; ☎2-2777-2534; www.codeff.cl; Sara del Campo 570, Santiago; 🐾) Organisiert Kampagnen zum Schutz der chilenischen Flora und Fauna und veranstaltet Ausflüge, Seminare sowie Workshops für Freiwillige.

Fundación Terram (☎2-2269-4499; www.terram.cl; Bustamonte 24, Providencia, Santiago; Ⓜ Baquedano) Eine schonungslose Gruppe von Umweltaktivisten.

Greenpeace Chile (☎2-2634-2120; www.greenpeace.cl; Agromedo 50, Centro, Santiago) Konzentriert sich auf die Erhaltung der Wälder, der Meeresökologie und auf die Vermeidung des Einsatzes von Giftstoffen.

WWF (☎63-227-2100; www.wwf.cl; General Lagos 1355, Valdivia) Der WWF kümmert sich vor allem um die Erhaltung des gemäßigten Regenwaldes rund um Valdívia sowie im südlichen Patagonien und allgemein um die chilenische Tier- und Meereswelt.

Nationalparks

Ungefähr 29 % der Landesfläche Chiles sind Teil von über 100 Nationalparks, Naturdenkmälern und Schutzgebieten. Sie zählen zu den größten Attraktionen des Landes und ziehen jährlich über 3 Mio. Besucher an. Innerhalb des letzten Jahrzehnts haben sich die Zahlen verdoppelt. Doch während die schönsten Parks wie Torres del Paine von den Massen überrannt werden, ist die Mehrheit der Gebiete kaum genutzte Wildnis. Es gibt ein paar Wege für Wanderer, und wer nicht gerade zur Hochsaison im Januar und Februar kommt, findet hier völlige Einsamkeit vor.

Chiles 95 Schutzgebiete sind in drei Kategorien unterteilt: *parques nacionales* (Nationalparks), *reservas nacionales* (Nationalreservate), die begrenzt wirtschaftlich genutzt werden dürfen, und *monumentos naturales* (Naturdenkmäler), kleinere, aber streng geschützte Regionen oder Orte.

Alle Nationalparks und -reservate werden von der Nationalen Forstgesellschaft CONAF verwaltet. Das Hauptaugenmerk der Organisation liegt darauf, die chilenischen Wälder und ihre Entwicklung zu kontrollieren. Aus diesem Grund hat der Tourismus für sie nicht die höchste Priorität. Immer häufiger werden Einrichtungen innerhalb der Parks, wie *refugios* (rustikale Schutzhütten), Campingplätze und Restaurants, in private Hände gegeben. Bestrebungen, eine Nationalparkverwaltung einzurichten, blieben bislang ohne Erfolg.

Bei CONAF ist ein Parkpass erhältlich, der für alle Nationalparks außer den Torres del Paine, das Reserva Nacional Los Flamencos und den Parque Nacional Rapa Nui gilt. Für ein Jahr kostet er 12 000 Ch$ pro Person und 35 000 Ch$ für eine Familie.

In Santiago lohnt sich ein Besuch bei CONAF. Hier erhält man einfache Karten und Broschüren. Leider ist die CONAF chronisch unterfinanziert, deshalb fehlt vielen Parks eine adäquate Pflege, was beispielsweise Waldbrände zu schweren Problemen macht. Einige von der Regierung bezuschusste Projekte widmen sich dem Ökotourismus, darunter auch der Sendero de Chile, der 8000 km Wanderwege vom tiefsten Süden bis in den höchsten Norden Chiles miteinander verbindet.

Private Schutzgebiete

Das chilenische Recht erlaubt die Errichtung privater Reservate, sogenannter *areas de protección turística* (Tourismus-Schutzgebiete) und *santuarios de la naturaleza* (Naturschutzgebiete). Diese gerieten in die Schlagzeilen, als die amerikanischen Naturschützer Kris und Douglas Tompkins begannen, in ganz Patagonien Privatparks zu gründen. Der erste war der Parque Nacional Pumalín, gefolgt vom Parque Nacional Corcovado und dem Parque Nacional Yendegaia in Tierra del Fuego sowie seit Kurzem dem Futuro Parque Nacional Patagonia. Alle diese Parks wurden oder werden gerade dem Staat gespendet. Während sich anfangs eine große Debatte um Landbesitz und -nutzung entzündete, inspirierten sie mittlerweile auch andere Menschen wie den früheren Präsident Sebastián Piñera, der den Parque Tantauco auf Chiloé gründete. Andere erwähnenswerte Parks sind der Parque Nacional Karuinka und das Huilo-Huilo Biological Reserve.

Es gibt in Chile rund 133 private Schutzgebiete, die insgesamt etwa 4000 km² der Landesfläche einnehmen. Codeff (S. 477) betreibt eine Datenbank mit allen Reservaten, die sich zum Red de Áreas Protegidas Privadas (RAPP; Netzwerk der privaten Schutzgebiete) zusammengeschlossen haben.

CHILES NATIONALPARKS

SCHUTZGEBIET	MERKMALE	HIGHLIGHTS	REISEZEIT
Parque Nacional Archipiélago Juan Fernández (S. 150)	Entlegener Archipel, ökologische Schatzkammer für endemische Pflanzen	Wandern, Bootstouren, Tauchen, Flora	Dez.–März
Parque Nacional Bernardo O'Higgins (S. 389)	Isolierte Eisfelder, Gletscher, Wasserfälle; Kormorane und Kondore	Bootstouren	Dez.–März
Parque Nacional Bosques de Fray Jorge (S. 214)	Nebelwald in trockener Wüste, Küstenlinie	Wandern, Flora	ganzjährig
Parque Nacional Chiloé (S. 317)	Dünen, Lagunen & Wälder entlang der Küsten; reiche Vogelwelt; Pudus, Seelöwen	Wandern, Tierbeobachtung, Kajakfahren, Reitausflüge	Dez.–März
Parque Nacional Conguillío (S. 244)	Bergige Araukarienwälder, Seen, Schluchten, aktiver Vulkan	Wandern, Klettern, Skifahren, Bootfahren, Skifahren	Juni–Okt.
Parque Nacional Huerquehue (S. 261)	Wald, Seen, Wasserfälle & fantastischer Ausblick	Wandern	Dez.–März
Parque Nacional La Campana (S. 114)	Küstenkordilleren: Eichenwälder & chilenische Palmen	Wandern, Flora	Nov.–Feb.
Parque Nacional Laguna del Laja (S. 143)	Andenausläufer, Wasserfälle, Seen, seltene Bäume, Kondore	Wandern	Dez.–März
Parque Nacional Laguna San Rafael (S. 355)	Die Gletscher dieses beeindruckenden Eisfeldes reichen bis ans Meer	Bootstouren, Flüge, Wandern, Klettern	Sept.–März
Parque Nacional Lauca (S. 202)	Altiplano-Vulkane, Seen, Steppen; reiche Vogelwelt & Vikunjas	Wandern, Tierwelt, traditionelle Dörfer, Thermalquellen	ganzjährig
Parque Nacional Llanos de Challe (S. 227)	Küstenebenen; nach schweren Regenfällen blühende Wüste; Guanakos	Flora & Fauna	Juli–Sept.
Parque Nacional Nahuelbuta (S. 145)	Araukarienwälder, Wildblumen; Pumas, Pudus, seltene Spechte	Wandern	Nov.–Apr.
Parque Nacional Nevado Tres Cruces (S. 230)	Vulkan Ojos del Salado; Vikunjas, Flamingos, Guanakos	Klettern, Wandern, Tierwelt	Dez.–Feb.
Parque Nacional Pan de Azúcar (S. 235)	Küstenwüste; Pinguine, Seeotter, Seelöwen, Guanakos & Kakteen	Bootstouren, Schwimmen, Wandern, Tierbeobachtung	ganzjährig
Parque Nacional Patagonia (S. 359)	Rückgewonnene Steppe & hohes Bergland; Guanakos, Flamingos, Pumas	Wandern, Tierbeobachtung	Dez.–März
Parque Nacional Puyehue (S. 271)	Vulkanische Dünen, Lavaströme, Wald	Wandern, Thermalquellen, Radfahren, Kanufahren, Skifahren	Dez.–März, Juni–Okt.
Parque Nacional Rapa Nui (S. 448)	Isolierte polynesische Insel mit archäologischen Reichtümern	Archäologie, Tauchen, Wandern, Reiten	ganzjährig
Parque Nacional Torres del Paine (S. 389)	Vorzeigepark mit spektakulären Gipfeln, Wäldern, Gletschern; Guanakos, Kondore, Nandus, Flamingos	Wandern, Tierbeobachtung, Klettern, Gletscher-Trekking, Kajakfahren, Reiten	Dez.–März
Parque Nacional Vicente Pérez Rosales (S. 285)	Der älteste Nationalpark des Landes, voller Seen und Vulkane	Wandern, Klettern, Skifahren, Raften, Kajakfahren, Canyoning,	Juni–Okt.
Parque Nacional Villarrica (S. 258)	Rauchender Vulkankegel mit Ausblick auf Seen & Resorts	Trekking, Klettern, Skifahren	Dez.–März, Juni–Okt.
Parque Nacional Volcán Isluga (S. 186)	Entlegener Altiplano, Vulkane, Geysire, einzigartige ländliche Kultur, reiche Vogelwelt	Dörfer, Wandern, Vogelbeobachtung, Thermalquellen	ganzjährig

Praktische Informationen

Allgemeine Informationen

Adressen

Die Namen von Straßen, Plätzen und Ähnlichem sind im Spanischen oft sehr lang, deshalb werden sie in den Plänen meistens abgekürzt. So heißt die Avenida Libertador General Bernardo O'Higgins auf Karten Avenida B O'Higgins und manchmal auch nur O'Higgins oder wir benutzen einen (kürzeren) allgemein verwendeten Alternativnamen (in diesem Fall: Alameda). Mit *costanera* wird eine Küstenstraße bezeichnet.

Einige Adressen beinhalten den Ausdruck *local* (lokal), gefolgt von einer Ziffer. *Local* meint dabei eines von mehreren Büros, die sich eine Adresse teilen. Manchmal beginnen Hausnummern mit einer 0, z. B. Bosque Norte 084. Diese verwirrende Nummerierung taucht immer dann auf, wenn eine alte Straße bei Haus Nr. 1 in der Gegenrichtung verlängert wurde.

Die Abkürzung s/n nach einem Straßennamen steht für *sin número* (ohne Hausnummer), was bedeutet, dass die Adresse keine eigene Hausnummer besitzt.

Arbeiten in Chile

Es ist schwer, für Chile eine Aufenthalts- und Arbeitserlaubnis zu bekommen, folglich versuchen es die meisten Ausländer erst gar nicht. Verantwortungsbewusste Arbeitgeber bestehen aber auf einem entsprechenden (Arbeits-)Visum. Wer eines benötigt, wendet sich an das **Departamento de Extranjería** (www.extranjeria.gob.cl).

In Santiago bieten viele Jugendherbergen und Hostels Jobs an; die Ausschreibungen findet man auf ihren Websites. Nicht selten arbeiten Traveller als Sprachlehrer in Santiago und anderen Städten. Die Bezahlung erfolgt gewöhnlich auf Stundenbasis, und wer einen Vollzeitjob sucht, muss sich für längere Zeit verpflichten.

Botschaften & Konsulate

Argentinien Santiago (✆022-582-2606; http://csigo.cancilleria.gov.ar/; Vicuña Mackenna 41)

Bolivien Santiago (✆022-232-8180; cgbolivia@manquehue.net; Av Santa María 2796)

Brasilien Santiago (✆022-698-2486; www.embajadadebrasil.cl; Ovalle 1665)

Deutschland Santiago (✆022-463-2500; http://www.santiago.diplo.de; Las Hualtatas 5677, Vitacura)

Österreich Santiago (✆022-223-4774; http://www.bmeia.gv.at/botschaft/santiago-de-chile.html; Barros Errazuriz 1968, 3. OG, Providencia)

Peru Santiago (✆022-235-4600; conpersantiago@adsl.tie.cl; Padre Mariano 10, Oficina 309, Providencia)

Schweiz Santiago (✆022-928-0100; https://www.eda.admin.ch/countries/chile/de/home/vertretungen/botschaft.html; Américo Vespucio Sur 100, 14. OG, Las Condes)

Essen

In den Lokalen herrscht Rauchverbot, manchmal gibt's jedoch separate abgeschlossene Bereiche speziell für Raucher.

Gerichte

Das chilenische Essen ist herzhaft und traditionell. Meist gibt's Suppen, Fleisch, Kartoffeln und Kasserollen wie *pastel de choclo* (mit Mais) oder *chupe de jaiva* (mit Krabben).

Fast alle Küstenstädte haben einen *mercado de mariscos* (Fischmarkt) mit

SICHERHEITSHINWEISE

Die folgenden staatlichen Websites geben Reisetipps und informieren über aktuelle Krisenherde:

Deutsches Auswärtiges Amt (www.auswaertiges-amt.de)

Außenministerium Österreich (www.bmeia.gv.at)

Schweizerische Eidgenossenschaft (www.eda.admin.ch)

PREISE

Die folgenden Preiskategorien beziehen sich jeweils auf ein Standardhauptgericht.

**$** unter 7000 Ch$

**$$** 7000–12 000 Ch$

**$$$** mehr als 12 000 Ch$

Verkaufsständen und kleinen Lokalen. Wer Gewürze mag, sollte nach dem Mapuche-Gewürz *merkén* (geräuchertes Chilipulver) oder *ají Chileno*, eine leicht scharfe, in einigen Restaurants angebotene Soße, Ausschau halten.

Das Frühstück besteht aus weißen Brötchen mit Butter und Marmelade sowie Tee und Instantkaffee. Kaffee aus ganzen Bohnen heißt *café en grano* und ist in einigen Cafés und Unterkünften erhältlich.

Zuhause essen die Chilenen abends oft leichte Speisen, z. B. Brot, Tee, Käse und Schinken. Im Süden ist auch die nachmittägliche Kaffee- bzw. Teepause, *once* genannt, sehr beliebt. Dank des deutschen Einflusses gibt's süße Sachen wie Kuchen & Co.

Getränke

Auch wenn Wein im Rampenlicht steht, hat Chile noch einiges mehr zu bieten. Pisco, ein Brandy aus Trauben, die im hohen Norden angebaut werden, ist das alkoholische Nationalgetränk. Der populäre Cocktail Pisco Sour besteht aus Pisco, Zucker und frischer *limon de pica*. Studenten bevorzugen oft *piscolas* und mixen den Alkohol mit Cola oder anderen Softdrinks.

Fassbier wird *schop* genannt. Biere aus Kleinbrauereien und lokale, handwerklich gebraute Sorten erfreuen sich ebenfalls großer Beliebtheit, besonders im Süden, wo der deutsche Einfluss noch stark ist. Wir empfehlen die Biere von Szot, Kross und Spoh.

Feiertage

Im Folgenden findet man eine Übersicht über staatliche Feiertage, an denen Behörden und Geschäfte geschlossen haben. Einige sollen abgeschafft oder zumindest auf Montage verschoben werden, um die Brückentage zu reduzieren, die von vielen Chilenen zwischen dem Wochenende und den Feiertagen genommen werden.

Año Nuevo (Neujahr) 1. Januar

Semana Santa (Osterwoche) März oder April

Día del Trabajo (Tag der Arbeit) 1. Mai

Glorias Navales (Gedenken an die Seeschlacht von Iquique) 21. Mai

Corpus Christi (Fronleichnam) Mai/Juni; Termin variiert

Día de San Pedro y San Pablo (Hl. Peter und Paul) 29. Juni

Asunción de la Virgen (Mariä Himmelfahrt) 15. August

Día de Unidad Nacional (Tag der Nationalen Einheit) Erster Montag im September

Día de la Independencia Nacional (Unabhängigkeitstag) 18. September

Día del Ejército (Tag der Streitkräfte) 19. September

Día de la Raza (Kolumbus-Tag) 12. Oktober

Todos los Santos (Allerheiligen) 1. November

Inmaculada Concepción (Mariä Empfängnis) 8. Dezember

Navidad (Weihnachten) 25. Dezember

Freiwilligenarbeit

Erfahrene Outdoor-Guides finden in der Hochsaison manchmal Jobs als Leiter von Touren mit freier Übernachtung als Gegenleistung, müssen sich aber meist für die ganze Saison verpflichten. Auch Sprachschulen engagieren häufig Freiwillige. Spanischkenntnisse sind natürlich von Vorteil.

AMA Torres del Paine (www.amatorresdelpaine.org) Arbeitet im Nationalpark mit einer begrenzten Zahl von Volontären.

Experiment Chile (www.experiment.cl) Organisiert vierzehntägige Sprachkurse/Volontärprogramme.

Go Voluntouring (www.govoluntouring.com) Kanadische Organisation mit einem Verzeichnis verschiedener Nichtregierungsorganisationen sowie Sozialprojekten und Unterrichtsprogrammen.

Un Techo Para Chile (www.untechoparachile.cl) Die gemeinnützige Organisation baut im ganzen Land Häuser für Familien mit niedrigem Einkommen.

WWOOF Chile (Worldwide Opportunities on Organic Farms; ✆mobil 9-9129-5033; www.wwoofchile.cl) Arbeiten, leben und lernen auf Biobauernhöfen.

Geld

Die chilenische Währung ist der Peso (Ch$). Banknoten gibt's zu 500, 1000, 2000, 5000, 10 000 und 20 000 Pesos. Münzen haben die Werte 1, 5, 10, 50, 100 und 500 Pesos, die 5- und 10-Peso-Münzen sind ebenso wie die 1-Peso-Münze weitgehend aus dem Zahlungsverkehr verschwunden. Kleingeld wird immer gebraucht, denn in ländlichen Gebieten kann das Wechseln größerer Noten schnell zum Problem werden. Tankstellen und Läden mit alkoholischen Getränken können meistens wechseln – einfach folgenden Satz formulieren: *¿Tiene suelto?* (Haben Sie Kleingeld?)

Die besten Wechselkurse bekommt man in Santiago. Chiles Währung war in den letzten Jahren relativ stabil, der Wert des Dollars scheint allerdings in der Hauptsaison immer zu fallen, um dann pünktlich im März wieder zu steigen ... Ab und zu kann man auch mit US-Dollars bezahlen, vor allem bei Tourveranstaltern (dort allerdings sorgfältig die Kurse überprüfen). Viele Spitzenklassehotels geben ihre Zimmerpreise ebenfalls in US-Dollar an – zu einem etwas niedrigeren Kurs als der Tageskurs. Am besten bezahlt man alles in Pesos.

Geldüberweisungen von Banken in der Heimat brauchen ein paar Tage. Die chilenischen Banken geben den Betrag auf Wunsch auch in US-Dollar heraus. Western-Union-Büros findet man in ganz Chile. Normalerweise liegen sie direkt neben der Post.

Bargeld

Ein paar Banken und *casas de cambio* (Wechselstuben) wechseln Bargeld (gewöhnlich nur US-Dollars). In Letzteren sollte man ein waches Auge auf Provisionen und den Wechselkurs haben (ist oft etwas schlechter als in der Bank). Manchmal können teurere Rechnungen – etwa für Ausflüge oder Hotelzimmer – auch in US-Dollar bezahlt werden.

Geldautomaten

Die unzähligen Geldautomaten (*redbanc*) in Chile sind die bequemste Art, an Bargeld zu kommen. Die Transaktionsgebühr kann bis zu 10 US$ betragen, daher lieber seltener größere Mengen abheben. Manche Reisenden berichteten von Problemen beim Abheben bei der Banco del Estado.

Viele verfügen über Anleitungen in Spanisch und Englisch. Traveller müssen die Taste *tarjeta extranjera* (ausländische Karte) drücken. Auf die Automaten in Pisco Elqui, Bahía Inglesa und in kleinen patagonischen Ortschaften ist kein Verlass. In den patagonischen Dörfern gibt's oft nur eine Bank, die Banco del Estado, deren Automaten die MasterCard nicht immer annehmen.

Wer auf dem Landweg von El Chaltén, Argentinien, nach Villa O'Higgins in Chile reist, sollte sich vorab mit chilenischen Pesos eindecken, denn die nächsten zuverlässigen Banken befinden sich in Coyhaique.

Einige ausländische Banken erstatten Transaktionsgebühren zurück (vorab mit der Bank im Heimatland abklären). Man kann pro Transaktion höchstens 200 000 Ch$ abheben.

Kreditkarten

Wer mit seiner Plastikkarte unterwegs ist (vor allem mit Visa oder MasterCard), wird in den meisten besseren Läden damit zahlen können. Viele Geschäfte verlangen aber einen Aufschlag von 6 %, um damit ihre Kosten für die Transaktion zu decken. Kreditkarten sind oft hilfreich, um „ausreichend Geldmittel" nachzuweisen, wenn man in ein anderes südamerikanisches Land weiterreist.

Trinkgeld

Restaurants In Restaurants gibt man 10 % der Rechnung als Trinkgeld (wird manchmal automatisch berechnet und ist dann auf der Rechnung unter *servicio vermerkt*).

Taxis Taxifahrer erwarten kein Extrageld, aber normalerweise rundet man den geforderten Betrag auf.

Gesundheit

Wer einfache Vorsorgemaßnahmen trifft, wird in Chile kaum Probleme haben. Spezielle Impfungen sind nicht vorgeschrieben, trotzdem sollte man Routineimpfungen auffrischen. Im gemäßigten Südamerika sind von Moskitos übertragene Krankheiten nicht problematisch und die meisten Infektionen werden von kontaminierten Speisen und Getränken verursacht.

Medizinische Versorgung & Kosten

In Santiago gibt's zwei moderne Einrichtungen, die rund um die Uhr Notfälle versorgen und nach Vereinbarung spezielle Behandlungen durchführen können. Eine davon ist die **Clínica Las Condes** (☎2-2210-4000; www.clinicalascondes.cl; Lo Fontecilla 441, Las Condes). Bei Fragen zu Ärzten, Zahnärzten und speziellen Laboratorien kann man sich an die Botschaft seines Heimatlandes wenden.

In Santiago und anderen Städten ist eine gute medizinische Versorgung gewährleistet, in abgelegenen Regionen des Landes dagegen nicht unbedingt. Viele Ärzte und Krankenhäuser erwarten Barzahlung, auch wenn man eine Auslandskrankenversicherung hat.

Fast alle Apotheken sind gut sortiert und haben gut ausgebildetes Personal. Die Qualität der Medikamente lässt sich mit der in Industrieländern vergleichen. Vieles, was in Deutschland, Österreich und der Schweiz verschreibungspflichtig ist, bekommt man hier ohne Rezept. Falls man bestimmte Medikamente einnimmt, sollte man sich den wissenschaftlichen Namen des Wirkstoffs notieren, um das Mittel in Chile auch unter anderem Namen wiederzuerkennen.

Auf der Osterinsel (Rapa Nui) und im Norden Patagoniens ist die medizinische Versorgung sehr eingeschränkt. Die ländlichen *postas* (Kliniken) sind selten mit ausreichend Arzneimitteln ausgestattet und meist ausschließlich mit Rettungssanitätern besetzt. Ernsthafte medizinische Probleme erfordern den Transfer in eine größere Stadt.

Infektionen & Gesundheitsrisiken

BARTONELLOSE (OROYA-FIEBER)

Bartonellose wird von einer Sandfliege in den westlichen Anden zwischen 800 und 3000 m Höhe übertragen. Zum Krankheitsverlauf gehören hohes Fieber und heftige Schmerzen. Möglich sind auch ein Anschwellen von Leber und Milz oder eine schwere Anämie. Gelegentlich verläuft die Erkrankung tödlich. Behandelt wird sie mit Chloramphenicol oder Doxycyclin.

CHILENISCHE EINSIEDLERSPINNE

Die Chilenische Einsiedlerspinne ist im gesamten Land zu finden und nicht aggressiv. Ihr gefährliches Gift bewirkt großflächige Wunden mit absterbendem Gewebe, zudem kann es zu Nierenversagen und zum Tod kommen. Mit Beinen gemessen sind die Tiere 8 bis 30 mm lang. Sie weisen eine braune Farbe, eine violinartige Zeichnung am Körper und die ungewöhnliche Zahl von sechs Augen auf. Wer gebissen wurde, sollte die Wunde mit Eis kühlen und schnell einen Arzt aufsuchen.

HANTAVIRUS-LUNGENSYNDROM

Diese rasch fortschreitende, lebensbedrohliche Infektion wird durch den Kontakt mit Exkrementen von wild lebenden Nagetieren übertragen. 2010 wurde über Fälle in ländlichen Gegenden im Süden sowie im Zentrum Chiles berichtet. Seither gab es immer wieder vereinzelte Erkrankungen. Meist tritt die Krankheit bei Menschen auf, die in unmittelbarer Nähe von Ratten und Mäusen leben.

Reisende sind nicht unmittelbar bedroht, aber bei Aufenthalten in Waldgebieten besteht ein gewisses Risiko. Keinesfalls sollte man einen einsamen und verlassenen *refugio* (einfache Hütte) beziehen, denn dort könnte verseuchter Mäuse- oder Rattenkot die Krankheit übertragen. Sicherer ist die Übernachtung im eigenen Zelt.

In betroffenen Gebieten kann man sich bei den zuständigen Rangern nach der aktuellen Lage erkundigen.

HÖHENKRANKHEIT

Von der auch als *soroche* bekannten Höhenkrankeit sind alle bedroht, die schnell in Höhen über 2500 m aufsteigen. Körperliche Fitness schützt davor nicht, und wer die Krankheit schon einmal erlebt hat, ist auch in Zukunft anfällig. Die Gefahr nimmt mit der Schnelligkeit des Aufstiegs, der erreichten Höhe und dem Grad der Anstrengung zu. Zu den Symptomen zählen Kopfschmerzen, Übelkeit, Erbrechen, Schwindel, Schlaf- und Appetitlosigkeit sowie Ohrensausen. In schweren Fällen gelangt Wasser in die Lunge oder es kommt zu Schwellungen des Gehirns (Lungen- und Hirnödem).

Das beste Mittel gegen die Höhenkrankheit ist der unverzügliche Abstieg. Wer erste Symptome spürt, darf den Aufstieg nicht fortsetzen.

Langsam an Höhe gewöhnen und viel trinken, dabei Alkohol meiden. Wer in großer Höhe klettern oder wandern möchte, sollte das rezeptpflichtige Diamox mitbringen und 24 Stunden vor Beginn der Tour einnehmen.

WASSER

Das Leitungswasser in chilenischen Städten eignet sich im Allgemeinen zum Trinken, ist aber sehr mineralhaltig. Wer einen empfindlichen Magen hat bzw. sich im Norden des Landes befindet, sollte Mineralwasser aus Flaschen vorziehen.

Abkochen ist die beste Art der Reinigung. Wasser muss mindestens eine Minute und in Höhen über 2000 m mindestens drei Minuten sprudelnd kochen, damit es keimfrei wird. Man kann es auch mit Jodtabletten, einem Wasserfilter oder Steripen desinfizieren.

Internetzugang

Viele Orte im Land haben hervorragende Internetverbindungen. Hotels, Hostels und Cafés bieten ihren Gästen meist einen WLAN-Zugang. Große Teile von Patagonien können damit nicht mithalten, obwohl einige Gemeinden auf der zentralen Plaza kostenloses WLAN anbieten. In Internetcafés variieren die Tarife zwischen 500 und 1200 Ch$ pro Stunde. Teuer ist das Surfen nur in abgelegenen Regionen.

Karten

In Santiago erstellt das **Instituto Geográfico Militar** (☎2-2410-9300; www.igm.cl; Santa Isabel 1651, Centro; ⌚Mo–Fr 8.30–13 & 14–17 Uhr; Ⓜ Toesca) gleich südlich der Alameda hervorragende Karten, die auch online verkauft werden. Die topografische Kartenserie (Maßstab 1:50 000) kann nützlich für Trekker sein, auch wenn manche Karten mittlerweile schon etwas veraltet sind. Leider bekommt man Karten, die sensible Grenzbereiche (und damit auch einige Nationalparks) abdecken, oft nur schwer.

JLM Mapas verlegt Karten für alle wichtigen Landesteile und Wandergebiete sowie für einige Innenstadtbereiche; die Maßstäbe reichen von 1:50 000 bis 1:500 000. Sie sind weit verbreitet, leicht zu handhaben und bieten brauchbare Infos, auch wenn sie nicht immer ganz exakt sind.

In zahlreichen größeren Städten betreibt der chilenische **Automóvil Club de Chile** (☎600-450-6000; www.automovilclub.cl; Av Andrés Bello 1863, Providencia; Ⓜ Pedro de Valdivia) Büros, in denen auch Straßenkarten verkauft werden, allerdings sind nicht alle gleichermaßen gut bestückt. Autofahrer finden vielleicht auch die Copec-Pläne von **Compass** (www.mapascompass.cl) nützlich, die an Copec-Tankstellen erhältlich sind. Einige Regionalregierungen bieten auf ihren Homepages interaktive Karten ihrer Region an, die z. B. bei der Suche nach einer Straße in einer Großstadt helfen. Der Plano Digital de Publiguías (www.planos.cl) bietet Kartenmaterial mit Einträgen aus den Gelben Seiten.

Die beste Quelle zu detaillierten topografischen Karten zu Reisezielen in Patagonien und Feuerland einschließlich Torres del Paine ist SIG Patagon (www.facebook.com/sigpatagon).

Öffnungszeiten

Die angegebenen Öffnungszeiten gelten für die Hauptsaison. Auf dem Land bleiben Restaurants, Geschäfte und Behörden in vielen Ortschaften am Sonntag geschlossen. Touristeninformationen öffnen nur in der Hauptsaison.

Banken wochentags 9–14 Uhr, manchmal Sa 10–13 Uhr

Regierungsbehörden & -einrichtungen wochentags 9–18 Uhr

Museen oft Mo geschlossen

Postfilialen Mo–Fr 9–18, Sa bis 12 Uhr

Restaurants 12–23 Uhr, oft 16–19 Uhr geschlossen

Geschäfte 10–20 Uhr, z. T. 13–15 Uhr Mittagspause

Post

Chiles Post, die **Correos de Chile** (☎800-267-736; www.correos.cl) bietet einen recht verlässlichen, wenngleich manchmal langsamen postalischen Service. Pakete versendet man innerhalb Chiles per *encomienda* (das Bussystem), das wesentlich verlässlicher und effizienter ist.

Rechtsfragen

Chiles *carabineros* (Polizisten) treten in der Regel professionell und höflich auf. Der Bußgeldkatalog für die üblichen Verstöße entspricht dem in Europa. Alkohol am Steuer wird nicht toleriert (auch nicht in geringen Mengen). Der Besitz, Gebrauch von und/oder das Handeln mit Drogen – darunter fallen auch „weiche" Drogen wie Cannabis – werden sehr streng mit hohen Geldstrafen und Gefängnis geahndet.

Polizisten können jederzeit verlangen, dass man sich ausweist, man sollte den Reisepass also immer bei sich tragen. Überall im Land gilt die kostenfreie Notrufnummer der Polizei, ☎133.

Chilenen sprechen von Polizisten oft als den *pacos*, eine respektlose (aber nicht obszöne) Bezeichnung, die man als Ausländer niemals in Anwesenheit eines Polizeibeamten aussprechen sollte.

Das Militär nimmt sich selbst immer noch sehr wichtig und man sollte auf keinen Fall militärische Einrichtungen fotografieren!

Wer in einen Autounfall verwickelt ist, dem wird der (internationale) Führerschein abgenommen, bis die Schuldfrage geklärt ist, meistens erhält man aber innerhalb weniger Tage eine zeitlich befristete Fahrerlaubnis als Ersatz. In jedem Fall wird ein Alkoholtest durchgeführt. Anschließend wird man zur Polizeiwache gebracht, um ein Unfallprotokoll aufzusetzen. Dann kann man meist wieder gehen. Laut dem Gesetz dürfen Unfallbeteiligte das Land nicht verlassen, bis der Fall geklärt ist. Wer in eine solche Situation gerät, sollte den Rat des Konsulats, der zuständigen Versicherung und eines Anwalts einholen.

Niemals versuchen, einen Polizisten zu bestechen – die meisten sind sehr stolz auf ihre Integrität.

Reisen mit Behinderung

Chile zu besuchen ist für Menschen mit einer Behinderung eine große Herausforderung, aber mit sorgfältiger Planung durchaus möglich. Selbst Spitzenhotels und Luxusresorts haben oftmals keine Rampe bzw. behindertengerecht eingerichtete Zimmer. Lediglich etwa 10 % der Hotels in der Hauptstadt sind rollstuhlgerecht ausgestattet. Aufzüge findet man vor allem in größeren Hotels. Bei allen öffentlichen Neubauten ist der behindertengerechte Zugang dagegen mittlerweile gesetzlich vorgeschrieben.

Santiagos **Metro** (www.metro.cl; pro Fahrt ab 610 Ch$; ⌚Mo–Sa 6.30–23, So 8–23 Uhr) hat Fahrstühle, **Transantiago** (☎800-730-073; www.transantiago.cl; Einzelfahrt ab 610 Ch$) hat in ihren neuen Bussen Zugangsrampen und Platz für Rollstühle. Einige Ampeln sind mit akustischen Warnsignalen für Sehbehinderte ausgestattet. Rollstuhlfahrer empfinden die Bürgersteige meist als zu eng und schlecht gepflegt. Eine Straßenüberquerung ist nicht einfach, doch eines muss man den chilenischen Autofahrern lassen: Sie sind auffallend aufmerksam gegenüber Fußgängern, vor allem gegenüber körperlich eingeschränkten.

Wheel the World (https://gowheeltheworld.com) macht die abgelegensten Ecken von Chile zugänglicher für Reisende mit Behinderung, dazu sind einige sehr coole Trips in unbekannte Gegenden Patagoniens und auf den Osterinseln im Programm.

Die amerikanische Organisation Accessible Journeys (www.disabilitytravel.com) organisiert Individualreisen für Traveller mit Behinderungen.

Nationalparks verlangen oft ermäßigte oder gar keine Eintrittsgebühren; bei der CONAF (www.conaf.cl) nachfragen. Kreuzfahrtschiffe oder Fähren wie **Navimag** (Karte S. 382 f.; ☎61-241-1421, Rodoviario 61-241-1642; www.navimag.com; Costanera 308, Av Pedro Montt; ⌚Mo–Fr 9–13 & 14.30–18.30 Uhr) gewähren behinderten Reisenden manchmal ein Gratis-Upgrade. Einige Skigebiete in der Nähe von Santiago verleihen spezielle Skiausrüstungen für körperlich eingeschränkte Fahrer.

Schwule & Lesben

Obwohl Chile ein sehr konservatives, katholisches Land ist, unternimmt es große Schritte hin zu einer toleranteren Gesellschaft. So wurden im Januar 2015 eingetragene Lebenspartnerschaften legalisiert. In ihrer zweiten Amtszeit hat Präsidentin Michelle Bachelet einen Linksruck im nationalen Diskurs erwirkt und einen Gesetzesentwurf zur Legalisierung der gleichgeschlechtlichen Ehe an den Kongress geschickt, doch unter dem neuen Präsidenten Sebastián Piñera könnten ihre Bemühungen diesbezüglich wieder zunichte gemacht werden.

Viele der angesagteren Bars und Clubs in Stadtgebieten haben eine aktive Schwulenszene. Überraschend gut ist sie in Santiago, wo sich das Nachtleben auf das Barrio Bellavista konzentriert. Movil H (Bewegung zur Integration und Befreiung von Homosexuellen; www.movilh.cl) setzt sich für die Rechte von Homosexuellen ein und organisiert jedes Jahr im Juni den Umzug Gay Pride mit Tausenden Teilnehmern. Ein Veranstaltungsmagazin auf Englisch ist z. B. VamosGay (www.vamosgay.com). Guia Gay Chile (www.guiagay.cl) führt Clubs in Santiago auf.

PRAKTISCH & KONKRET

Zeitungen *El Mercurio* (www.elmercurio.cl) ist eine konservative und ziemlich trockene, aber hoch angesehene Zeitung. *La Tercera* (www.latercera.cl) ist ein ebenfalls weit verbreitetes Blatt. Die Alternative, *The Clinic* (www.theclinic.cl), hat topaktuelle Leitartikel und satirische Berichte über politische und gesellschaftliche Themen.

Radio Ein empfehlenswerter Radiosender ist Radio Cooperativa (103,1 kHz).

TV Satellitenfernsehen ist weit verbreitet und gehört zum Service vieler Hotels sowie *hospedajes*.

Maße & Gewichte Chile verwendet das metrische System; nur bei Autoreifen wird der Druck in Pfund pro Quadratzoll (psi) gemessen.

Shoppen

In vielen Städten gibt's gute Antiquitätenmärkte. Am bekanntesten sind der Santiagoer Mercado Franklin und der Markt auf der Plaza O'Higgins in Valparaíso. Flohmärkte werden in Chile *ferias persas* (persische Märkte) genannt. Bei der **Fundación Artesanías de Chile** (Chilenische Stiftung für Kunsthandwerk; www.artesaniasdechile.cl) wird hochwertige *artesanía präsentiert.*

Besonderheiten der Region

Chile ist eines der wenigen Länder, in denen der Halbedelstein Lapislazuli abgebaut wird. Dieser hat eine tiefblaue Farbe und wird zu wunderschönem Schmuck verarbeitet, der bei vielen Juwelieren im Land angeboten wird. Interessenten sollte unbedingt die Qualität der Einfassung sowie des verwendeten Silbers prüfen, denn oft werden nur dünne Silberplatten aufgebracht, die sehr weich sind.

Handwerksmärkte finden überall im Land statt. Im Norden fertigen Künstler aus Lama- und Alpakawolle schöne Jacken, Schals und andere nützliche Kleidung für die bitterkalten Hochlandnächte an. Viele der Stücke ähneln denen, die man in Bolivien und Peru kaufen kann. Außerdem gibt's kunsthandwerkliche Arbeiten aus Kaktusholz. Norte Chico begeistert mit Lederwaren.

Auf Chiloé und in Patagonien sind dicke handgestrickte Wollpullover (wie sie Fischer gerne tragen) und Decken vergleichsweise günstig zu bekommen; sie leisten in kalten Wintern gute Dienste. In Araukanien sollte man nach Schmuck im Mapuche-Stil Ausschau halten – er wird nur hier hergestellt. Die Mapuche produzieren darüber hinaus gute Webarbeiten und Korbwaren. Im Seengebiet und in Patagonien schnitzen Künstler Holzteller und Holzschüsseln aus dem Hartholz der Raulí-Südbuche.

Für Weinkenner lohnt sich die Suche nach chilenischen Weinen, die in Europa normalerweise nicht verkauft werden. Auch den starken Traubenbrandy Pisco findet man außerhalb des Landes nur sehr selten. Etwas Besonderes sind *miel de ulmo*, ein aromatischer, wohlschmeckender Honig aus Patagonien, und *mermelada de murta*, Marmelade aus sauren roten Beeren. Solange sie versiegelt sind, kann man alle genannten Lebensmittel problemlos ins Ausland mitnehmen.

Feilschen

Einzig auf Kunsthandwerkermärkten ist Feilschen erlaubt. Ticket- und Zimmerpreise sind normalerweise gut sichtbar ausgehängt und nicht verhandelbar. Die Chilenen fühlen sich schnell durch aggressives Handeln vor den Kopf gestoßen, denn Feilschen ist nicht Teil ihrer Kultur.

Sicherheit

Verglichen mit anderen südamerikanischen Ländern und großen Teilen Nordamerikas ist Chile erstaunlich sicher. Kleinkriminalität, vor allem Diebstahl, kommt allerdings in größeren Städten, an Busbahnhöfen und in Ferienorten durchaus vor. Also immer auf die Wertsachen achten.

Diebstahl

Übergriffe ereignen sich meist in dicht besiedelten städtischen Regionen. Während des Sommers treiben in den Touristenzentren vor allem Diebe ihr Unwesen. Wer in einer Hütte wohnt, sollte beim Verlassen darauf achten, dass alle Fenster geschlossen und verriegelt sind. Das gilt besonders für die beliebten Urlaubsresorts. Am Strand darf man seine Sachen nicht unbeaufsichtigt lassen, wenn man schwimmen geht. Auch abgestellte Autos müssen immer abgeschlossen und von Wertgegenständen leergeräumt werden.

Wem aus heiterem Himmel jemand auf die Schulter klopft, wer angespuckt oder anderweitig belästigt wird oder wem scheinbar versehentlich Flüssigkeit auf die Kleidung geschüttet wird, sollte unbeirrt weitergehen bzw. doppelt aufmerksam auf sein Gepäck achten: Meist handelt es sich bei diesen „Unfällen" um geschickte Ablenkungsmanöver. Wertsachen sicher verwahren und keinen teuren Schmuck zur Schau tragen.

Von politischen Demonstrationen, insbesondere in der Hauptstadt, hält man sich besser fern. Leider haben sie die Tendenz auszuarten und gewalttätig zu werden. Empfehlenswert ist eine Gepäckversicherung. Bargeld oder Kameras nie unbeaufsichtigt in den Zimmern liegen lassen. Manchmal hilft auch schon ein eigenes solides Vorhängeschloss. Bessere Hotels bieten ihren Gästen Zimmersafes.

Hunde & Insekten

Die unzähligen streunenden Hunde sind ein wachsendes Problem, zudem leiden sie oftmals unter Räude. Wer auf ein solches Tier stößt, sollte es auf keinen Fall anfassen, die Krankheit ist hochgradig ansteckend! Bei Autofahrten muss man damit rechnen, dass bellende Hunde hinter dem Wagen herlaufen.

Im Sommer tauchen im Süden die unangenehmen Bremsen *(tábano)* auf. Ihre Bisse sind weniger Gesundheitsrisiko als vielmehr lästige Plage. Mückenschutzmittel, ein schneller Schlag und pastellfarbene Kleidung sind erprobte Gegenmittel.

Naturkatastrophen

Erdbeben gehören für viele Chilenen zum Alltag, trotzdem erfüllt die lokale Bauweise häufig nicht die internationalen Sicherheitsstandards für Risikogebiete. Gefährdet sind vor allem die aus Lehmziegeln errichteten Häuser. Angesichts der Unvorhersehbarkeit von Naturkatastrophen ist es praktisch unmöglich, sich vor Erdbeben zu schützen.

Aktive Vulkane sind nur selten ein Sicherheitsrisiko, da sie ausreichend Warnsignale (grollende Geräusche, Rauch) von sich geben. Nichtsdestotrotz wurde nach unerwarteten Ausbrüchen in den letzten Jahren das Überwachungsnetz noch enger gestrickt.

Vor der Küste muss häufig mit gefährlichen Strömungen gerechnet werden, deshalb empfehlen wir, vor jedem Tauchgang Einheimische zu fragen und jemanden über seinen genauen Aufenthaltsort zu informieren. An zahlreichen Stränden hängen Schilder: *„Apto para bañar"* weist darauf hin, dass das Schwimmen erlaubt ist, während *„no apto para bañar"* vom Schwimmen abrät. Das Schild *„peligroso"* („gefährlich") warnt dringend davor, ins Wasser zu gehen.

Im Winter wird der Smog in Santiago zu einem echten Gesundheitsrisiko. Die Stadtverwaltung unterscheidet zwischen einer Vorwarnstufe und der konkreten Gefahr bei Überschreitung der Grenzwerte. Kinder, ältere Personen und all jene mit Atemproblemen sollten dann das Zentrum meiden.

Sprachkurse

Spanischkurse werden in den größeren Städten und Urlaubsorten angeboten.

Telefon

Überall in Chile gibt's Callcenter mit privaten Kabinen, obwohl diese inzwischen oft von Internetcafés ersetzt werden. Tourveranstalter und Unterkünfte in isolierter Lage haben oft Satellitentelefone mit der Vorwahl von Santiago.

Bei Anrufen vom Mobil- und Festnetz müssen verschiedene Vorwahlen eingetippt werden. In diesem Buch sind die Nummern für Anrufe vom Handy angegeben, da sich viele Traveller eine chilenische SIM-Karte zulegen

Handys

Reisende aus dem Ausland mit entsperrten Handys können erst eine chilenische SIM-Karte verwenden, nachdem sie ihr Telefon in Chile angemeldet haben. Die nationale Telekommunikations-Website führt Unternehmen auf, die Telefone zertifizieren (www.multibanda.cl/empresas-certificadoras). Sich online oder vor Ort registrieren zu lassen dauert fünf Tage.

SIM-KARTEN

Chilenische SIM-Karten sind günstig und vielerorts erhältlich für entsperrte GSM 850/1900-Handys. In Stadtgebieten gibt's 3G- oder 4G-Netze.

Handynummern sind neunstellig und beginnen mit ☎9. Wer ein Gespräch vom Handy ins Festnetz führt, muss die Ortsvorwahl des Festnetzes mitwählen.

Anrufe vom Mobiltelefon ins Festnetz sind teuer und Guthaben in dem Fall schnell aufgebraucht.

Man kann sich in Chile eine SIM-Karte bei einem chilenischen Provider (z. B. Entel oder Movistar) besorgen. Die jeweiligen Guthabenkarten bekommt man in Kiosken, Apotheken oder an den Kassen der Supermärkte. Wer viel Zeit in Patagonien verbringen will, sollte wissen, dass Entel eine größere Netzreichweite als andere Anbieter hat.

In den meisten bewohnten Regionen hat man guten Empfang, im Zentrum der Atacama-Wüste und in Teilen Patagoniens sieht es schlechter aus.

Vorwahlen

Von Mitteleuropa aus ist Chiles internationale Vorwahl ☎56. Alle Telefonnummern in Santiago und im Großraum Santiago sind siebenstellig; alle übrigen Nummern im Land sechsstellig – mit Ausnahme der kostenfreien und der Notrufnummern. Die

Gratisnummer der Polizei ist die ☎133, Krankenwagen werden mit der ☎131 gerufen, die Auskunft hat die Nummer ☎103.

Ferngespräche funktionieren nach folgendem System: Vor die Teilnehmernummer gehört die Vorwahl der Telefongesellschaft, z. B. von Entel (www.entel.cl). Wer ein R-Gespräch führen will, erreicht die Vermittlung über die ☎182.

Strom

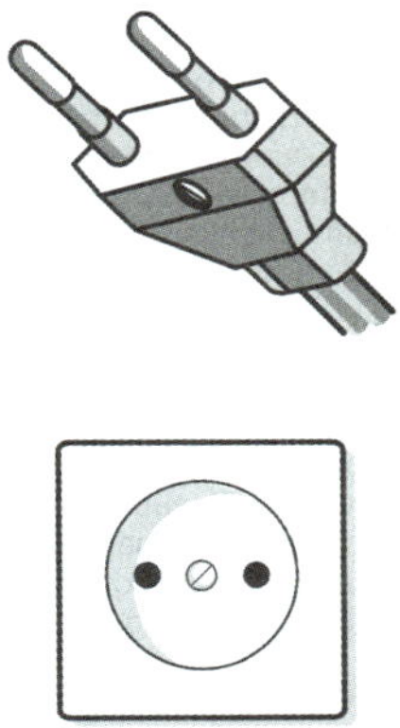

Typ C
220V/50Hz

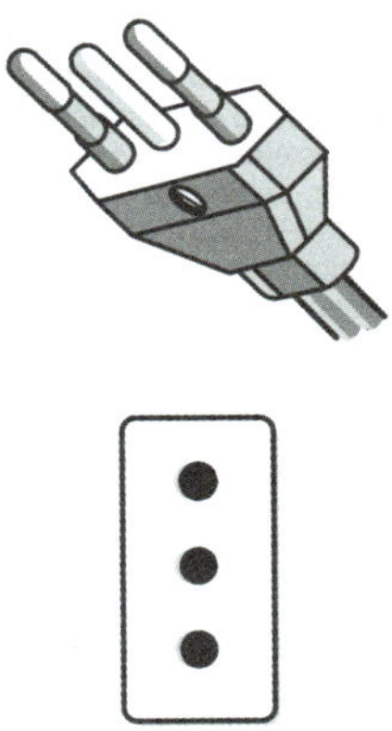

Typ L
220V/50Hz

Toiletten

Die Rohre in alten Häusern verstopfen leicht, deshalb sollte man dort das Toilettenpapier nicht im WC entsorgen, sondern die dafür vorgesehenen Abfallbehälter benutzen. Preiswerte Unterkünfte und öffentliche Toiletten halten nur selten Papier für die Gäste bereit, also muss man sein eigenes mitbringen. Öffentliche Toiletten sind leider meistens ziemlich verschmutzt, eine gute Alternative sind gehobene Restaurants und Cafés.

Touristeninformation

In jeder Regionalhauptstadt und in einigen weiteren Städten gibt's Büros von **Sernatur** (www.chile.travel/en), dem nationalen Fremdenverkehrsamt. Die Filialen sind von sehr unterschiedlicher Qualität. In einigen arbeiten gut informierte mehrsprachige Angestellte, in anderen ist das Wissen um die verschiedenen Regionen, die betreut werden, eher beschränkt.

Viele Städte haben eine eigene Touristeninformation, meist am Hauptplatz oder beim Busbahnhof. Manche dieser Anlaufstellen sind allerdings nur im Sommer geöffnet.

Wer Wanderungen unternehmen möchte, sollte sich ein paar gute topografische Karten in einem Outdoor-Fachgeschäft zulegen, denn in den Parks selbst gibt's selten detailliertes Material.

In einigen Ländern ist der chilenische Tourismusverband offiziell mit einem Büro vertreten, auch Konsulate informieren häufig über Reisen ins Land. Bessere und umfangreichere Infos erhält man über Spezial-Reiseagenturen oder das Internet.

Chile hat einige wenige Reisebüros, die mit Partnern rund um die Welt arbeiten. **Chilean Travel Service** (CTS; ☎2-2251-0400; www.chileantravelservices.com; Antonio Bellet 77, Oficina 101, Providencia; Ⓜ Pedro de Valdivia) beschäftigt gut informierte und mehrsprachige Mitarbeiter und kann über heimische Reisebüros in Deutschland, Österreich und der Schweiz bei der Organisation von Unterkünften sowie Touren im ganzen Land helfen. **STA** (www.statravel.com) ist ein Reisebüro speziell für Studenten.

Unterkunft

Chile bietet Unterkünfte für jedes Budget. Zimmerpreise sind für Einzel- und Doppelbelegung oft gleich. Manchmal gibt's Preisunterschiede zwischen einem Doppelzimmer mit zwei Betten oder einem Doppelbett (Letztere kosten mehr). WLAN-Anschlüsse sind weit verbreitet.

Hotels Von schlichten Hotels mit einem Stern bis hin zu Luxushotels mit fünf Sternen findet man Hotels in sämtlichen Preisklassen.

B&Bs Häufig in Städten und Touristengegenden; der Standard entspricht in der Regel der Mittelklasse.

Hospedajes Gemütliche Unterkünfte, teilweise mit eigenen Bädern.

Cabañas In Feriengegenden zu finden. Oft mit Küche ausgestattet und eine gute Option für Gruppen.

Hostels Günstige Schlafsäle vor allem für jüngere Reisende.

Camping Vor allem im Sommer eine weit verbreitete Option. Teilweise günstiger für Gruppen.

Camping

Chile hat eine gut entwickelte Camping-Infrastruktur, auf den Plätzen kann es aber unruhig zugehen (schlaflose Nächte nicht ausgeschlossen). Wer Einsamkeit in der Natur sucht, wird oft enttäuscht sein. Viele kommerzielle Campingplätze richten sich an Familien: Die Stellplätze sind großzügig bemessen, es gibt Bäder und Waschmaschinen, Feuerstellen, Restaurants oder Snackbars und den obligatorischen Grill für den lebenswichtigen *asado*. Viele sind relativ teuer, weil sich die Preise auf eine Belegung mit mindestens fünf Personen beziehen. Trotzdem lohnt es sich, nach Preisen pro Person zu fragen. In unzugänglichen Gebieten gibt's auch kostenfreie Zeltplätze, die oft aber weder Trinkwasser noch Sanitäranlagen haben.

Mancherorts kann man auch in der freien Natur zelten, im Norden Chiles geht die Polizei allerdings hart gegen wilde Camper vor. In ländlichen Gebieten einfach die Landbesitzer fragen, ob man auf ihrem Grund und Boden übernachten darf. Niemals ohne Genehmigung ein Feuer entzünden, sondern immer feste Feuerplätze nutzen. Campingausrüstung bekommt man überall im Land, doch die Produkte der international bekannten Ausrüsterfirmen kosten deutlich mehr als No-Name-Produkte.

Die staatliche Touristenorganisation **Sernatur** (www.chile.travel/en.html) in Santiago vertreibt eine kostenlose Broschüre, die Zeltplätze im ganzen Land aufführt. Eine weitere Infoquelle ist www.solocampings.com.

Hauptsaison

In touristischen Hochburgen können die Zimmerpreise in der Hauptsaison (Ende Dezember bis einschließlich Februar) auf das Doppelte ansteigen. Besonders hoch sind sie an Weihnachten, Neujahr und in der Osterwoche. Wer nach Rabatten oder billigeren Zimmern fragen will, sollte dies bei der Reservierung tun. Bei der Ankunft bessere Preise auszuhandeln ist nicht üblich.

PREISE

Die folgenden Preiskategorien beziehen sich auf die Tarife für ein Zimmer mit eigenem Bad und Frühstück in der Hauptsaison.

**$** weniger als 50 000 Ch$

**$$** 50 000–78 000 Ch$

**$$$** mehr als 78 000 Ch$

Hospedajes

Sowohl *hospedajes* als auch *residenciales* (Budgetunterkünfte) bieten gemütliche, einfache Unterkünfte, die meist mit Schaummatratzen, harten Kissen, sauberer Bettwäsche und Decken ausgestattet sind. Bäder und Duschen müssen sich die Gäste oft teilen, ab und zu ergattert man aber auch ein Zimmer mit eigenem Bad. Man kann das Personal bitten, den Heißwasserboiler (*calefón*) eine halbe Stunde vor dem Duschen anzustellen. Zum Frühstück gibt's meist Kaffee und Brötchen.

Hostels

Hostels umfassen neben den üblichen Schlafsälen oft auch einige teurere Doppelzimmer für Paare, die zwar die Herbergsatmosphäre lieben, aber mehr Komfort und Privatsphäre wünschen. Eine gute Quelle sind die Broschüren von **Backpackers Chile** (www.backpackerschile.com), die zahlreiche Häuser unter europäischer Leitung auflisten und Wert auf einen guten Standard legen. Viele Herbergen verlangen zwar nicht unbedingt eine Hostelling-International-Karte (HI-Karte), berechnen Nichtmitgliedern jedoch etwas mehr. HI-Partner vor Ort ist die **Asociación Chilena de Albergues Turísticos Juveniles** (Karte S. 62; ☎2-2577-1200; www.hostelling.cl; Av Hernando de Aguirre 201, Oficina 401, Providencia; Ⓜ Tobalaba). In der Hauptverwaltung bekommt man eine Jahresmitgliedschaft für 14 000 Ch$.

Hotels

Hotels verfügen über Zimmer mit eigenem Bad, Telefon sowie Kabel- oder Satellitenfernsehen. Frühstück wird immer angeboten (auch wenn es z. T. nicht unbedingt opulent ausfällt) und ist oft im Preis enthalten. Ohne Reservierung kommt man nicht weit, vor allem bei der Anreise zu einer ungünstigen Zeit oder an einem Ferienwochenende bzw. in der sommerlichen Hochsaison.

Achtung: In Südamerika kann der Begriff „Motel" auch eine euphemistische Umschreibung für ein Stundenhotel sein.

Hütten

Hütten, die man vor allem in Ferienanlagen und Nationalparkregionen und manchmal auch auf Campingplätzen findet, sind besonders für kleine Gruppen und Familien eine interessante Übernachtungsmöglichkeit. Meistens verfügen sie über ein eigenes Bad und eine voll eingerichtete Küche (ohne kostenloses Frühstück). In Resorts drängen sich *cabañas* oft auf kleinen Grundstücken. Wenn einem Privatsphäre wichtig ist, sollte man bei der Buchung nach den örtlichen Gegebenheiten fragen.

Mietunterkünfte

Wer länger in Santiago bleiben will, kann sich die Anzeigen in den Sonntagszeitungen **El Mercurio** (www.elmercurio.cl) und **Santiago Craigslist** (http://santiago.en.craigslist.org) sowie in der Wochenzeitung **El Rastro** (www.elrastro.cl) ansehen. In Urlaubsregionen wie Viña del Mar, La Serena, Villarrica oder Puerto Varas stehen oft Einheimische an den Hauptstraßen, die über die Sommermonate ihre Häuser und Wohnungen untervermieten möchten. Weitere Quellen sind die Touristeninformationen, Schwarze Bretter in Supermärkten und Lokalzeitungen.

Pensionen & Homestays auf dem Land

Alle, die noch mehr lokale Kultur erleben wollen, übernachten am besten in einer *casa de familia* (Pension).

Vor allem im Süden, wo der Tourismus weniger formell ist, vermieten viele Familien und Bauernhofbesitzer Zimmer an Besucher. Die Gäste haben nicht immer Zugang zur Küche, bekommen aber meist gegen eine faire Bezahlung eine umfangreiche Mahlzeit oder frisch gewaschene Kleidung. Die Touristeninformationen verfügen über Listen mit Adressen der *casas de familia*.

Offizielle Netzwerke gibt's vor allem auf Chiloé, am Lago Ranco, rund um Pucón und in Patagonien. Wer sich für Patagonien interessiert, sollte Kontakt mit der **Casa del Turismo Rural** (Karte S. 341; ☎mobil 9-7954-4794; Plaza de Armas; ⏲Mo–Fr 10.30–19.30, Sa 14–18 Uhr) in Coyhaique aufnehmen. Landesweit helfen **Turismo Rural** (www.turismoruralchile.cl) oder die jeweiligen Touristeninformationen weiter.

Refugios

In einigen Nationalparks unterhalten die CONAF oder Privatpersonen mit Konzession *refugios* (rustikale Hütten) für Wanderer. Diese sind recht dürftig ausgestattet, da die Forstbehörde über beschränkte Mittel verfügt. Privat geführte Schutzgebiete bieten ebenfalls *refugios* entlang der dort angelegten Wanderwege.

Steuern

In vielen Mittelklasse- und Luxushotels umgeht man mit der Bezahlung in US-Dollar (bar oder per Kreditkarte) auf legale Weise die lästigen 19 % Mehrwertsteuer (IVA; *impuesto de valor agregado*). Wer sich unsicher ist, ob im genannten Zimmerpreis bereits die IVA enthalten ist, sollte das vor der Bezahlung klären – einige Hotels bieten den Abzug erst auf Nachfrage an. Theoretisch erhält man ihn nur, wenn man in US-Dollar oder mit der Kreditkarte zahlt. Unter Umständen wird man aufgefordert, einen ausländischen Ausweis vorzulegen.

UNTERKUNFT ONLINE BUCHEN

Weitere Hotelbeschreibungen von Lonely Planet Autoren gibt's unter http://lonelyplanet.com/hotels. Dort findet man unabhängige Kritiken und Empfehlungen zu den besten Unterkünften, außerdem kann man gleich online buchen.

Versicherung

Eine Krankenversicherung wird dringend empfohlen. Im Fall einer lebensbedrohlichen Krankheit wird man in sein Heimatland ausgeflogen. Da dies Tausende von Euro kosten kann, sollte man vor der Abreise eine entsprechende Versicherung abschließen. Bei der Botschaft seines Heimatlandes bekommt man Empfehlungen zur medizinischen Versorgung.

Visa

EU-Bürger brauchen für eine Reise nach Chile kein Visum. Es wird nur die Vorlage eines noch sechs Monate gültigen Reisepasses verlangt. Diesen sollte man immer bei sich tragen, da die chilenische Polizei befugt ist, jederzeit nach den Papieren zu fragen. Auch beim Einchecken in Hotels, Einlösen von Reiseschecks und vielen weiteren Routineaktivitäten muss der Pass vorgezeigt werden.

Geht er verloren oder wird er gestohlen, muss man so schnell wie möglich die Polizei und das Konsulat informieren. Die Polizei sollte den Diebstahl bzw. Verlust schriftlich bescheinigen.

Touristenkarten

Bei der Einreise wird eine 90 Tage gültige (kostenlose) Touristenkarte in Form einer Quittung mit Barcode ausgehändigt. Diese darf man auf keinen Fall verlieren, denn sie muss beim Verlassen des Landes wieder abgegeben werden! Im Fall der Fälle bleibt nur der Gang zur *policía internacional* oder zur nächstgelegenen Polizeiwache.

Für eine Verlängerung des Visums um weitere 90 Tage ist das **Departamento de Extranjería** (Karte S. 57; ☎2-2550-2484, Telefon 2-3239-3100; www.extranjeria.gob.cl; Fanor Velasco 56, Centro; ⏲Mo–Fr 9–14 Uhr; Ⓜ Los Héroes) zuständig. Für die Ausstellung sind Fotokopien des Reisepasses und der Touristenkarte nötig. In jeder Regionalhauptstadt gibt's ein Departamento de Extranjería. Um sich die Kosten zu sparen, fahren manche Traveller einmal kurz über die Grenze nach Argentinien.

Zeit

Die meiste Zeit des Jahres über ist Chile fünf Stunden hinter der MEZ bzw. sechs Stunden hinter der MESZ. Während der chilenischen Sommerzeit (ca. Okt. bis Mai) liegt Chile fünf Stunden zurück. Das genaue Datum der Zeitumstellung ändert sich von Jahr zu Jahr. Auf den Osterinseln ist es zwei Stunden früher als auf dem Festland.

Zoll

Wer sich unsicher ist, was und welche Mengen er einführen darf, sollte sich auf der offiziellen Seite des **chilenischen Zolls** (www.aduana.cl) informieren.

Für die chilenische und alle ausländischen Währungen gibt's keine Import- oder Exportbeschränkungen. Duty-free-Ware darf den Wert von 500 US$ nicht überschreiten.

An den Grenzen finden meist nur Routinekontrollen statt, manchmal muss man aber auch umfangreiche Inspektionen über sich ergehen lassen. Traveller, die aus den Regionen I und XII mit dem Status einer *zona franca* (zollfreien Zone) kommen, werden regelmäßig überprüft.

Bei der Einreise nach Chile sollte man sicherstellen, dass sich in den Taschen keine Lebensmittel befinden. Es gibt deftige Strafen für die Einfuhr von Früchten, Milchprodukten, Gewürzen, Nüssen sowie Fleisch und organischen Produkten. Das SAG (Servicio Agrícola-Ganadero; Ministerium für Landwirtschaft und Nutzvieh) untersucht rigoros das Gepäck, um das Einschleppen von Krankheiten und Seuchen, die Chiles boomenden Obstexport gefährden könnten, zu verhindern.

An internationalen Grenzübergängen wie Los Libertadores (Übergang vom argentinischen Mendoza) und Pajaritos (Grenzübergang von Bariloche in Argentinien) werden die Gepäckstücke auch durchleuchtet.

Verkehrsmittel & -wege

AN- & WEITER-REISE

Besucher können mit dem Flugzeug, auf dem Landweg oder per Kreuzfahrt nach Chile reisen. Internationale Flüge und Busse in die Nachbarländer und darüber hinaus gibt's reichlich. Flüge, Mietwagen und geführte Touren kann man online unter www.lonelyplanet.com/bookings buchen.

Einreise

Bei der Einreise muss der mitgeführte Pass noch mindestens sechs Monate gültig sein.

Weiterreiseticket

Chile verlangt von allen Travellern, dass sie über ein Rück- oder Weiterreiseticket verfügen, und man kann auch schon am Abflugschalter des Heimatflughafens danach gefragt werden. Um solche Situationen zu vermeiden, sollte man sich vorab ein voll rückerstattungsfähiges Flug- oder ein möglichst günstiges Busticket (bei einer Busgesellschaft, die Onlinebuchungen anbietet) in ein Nachbarland kaufen und den Beleg ausdrucken.

Flugzeug

Chile wird von Europa aus direkt angesteuert, ebenso wie die meisten angrenzenden Länder. Flugverbindungen zwischen verschiedenen südamerikanischen Staaten sind recht teuer, außer sie wurden gleich als fester Bestandteil eines internationalen Flugs mitgebucht. Günstige Hin- und Rückverbindungen gibt's zwischen Buenos Aires oder Lima und Santiago. Die chilenische Abflugsteuer für internationale Flüge ist im regulären Ticketpreis bereits enthalten.

Flughäfen

Die meisten Langstreckenflüge nach Chile enden auf Santiagos **Aeropuerto Internacional Arturo Merino Benítez** (Internationaler Flughafen Santiago, SCL; ☎2-2690-1796; www.nuevopudahuel.cl) in der Vorstadt Pudahuel.

Von den Nachbarländern aus werden aber auch die Regionalflughäfen in Arica (www.chacalluta.cl), Iquique (www.aeropuertodiegoaracena.cl) und Punta Arenas (www.aeropuertodepuntarenas.cl) angesteuert.

Round-the-World-Tickets

Die meisten interkontinentalen Airlines, die nach Chile fliegen, bieten auch RTW-Tickets in Allianz mit bestimmten weiteren Fluglinien an. Gesellschaften wie **Airtreks** (☎gebührenfrei 877-247-8735; www.airtreks.com) verfügen über flexiblere, stärker auf die Bedürfnisse der Kunden zugeschnittene Tickets, die Kunden nicht an feste Airline-Partner binden. Mit einfachen „Circle-Pacific"-Flügen sind Zwischenstopps in Australasien, Chile und oft sogar auf der Osterinsel (Rapa Nui) möglich. Da

KLIMAWANDEL & REISEN

Fast jede Art der motorisierten Fortbewegung erzeugt CO_2 (die Hauptursache von globaler Erwärmung), doch Flugzeuge sind mit Abstand die schlimmsten Klimakiller – nicht nur wegen der großen Entfernungen und der entsprechend großen CO_2-Mengen, sondern auch weil sie diese Treibhausgase direkt in hohen Schichten der Atmosphäre freisetzen. Auf vielen Websites wie www.atmosfair.de kann man mit speziellen „CO_2-Rechnern" ermitteln, wie das persönliche Emissionskonto nach einer Reise aussieht, und mit einer Spende für Umweltprojekte eine Art Wiedergutmachung leisten. Auch Lonely Planet spendet Gelder, wenn Mitarbeiter und Autoren auf Reisen gehen.

solche Angebote eventuell mit bestimmten Einschränkungen versehen sind, sollte man das Kleingedruckte lesen. RTW-Tickets kann man direkt über Agenturen wie **STA** (www.statravel.de) oder **Travel Overland** (www.travel-overland.de/) buchen.

Europa

Von vielen deutschen sowie einigen österreichischen und Schweizer Flughäfen gibt's Verbindungen nach Chile, in der Regel mit mindestens einem Zwischenstopp, von Deutschland aus zumeist mit zwei Stopps.

Französisch-Polynesien

LATAM fliegt einmal pro Woche nach und von Papeete auf Tahiti mit Zwischenstopp auf der Osterinsel.

Südamerika

Zahlreiche Airlines verkehren täglich zwischen Santiago und Buenos Aires; der Durchschnittspreis liegt bei 275 US$ für einen Hin- und Rückflug. Europäische Airlines, deren Passagiere meistens in Buenos Aires aussteigen, bieten manchmal günstige Hin- und Rückflüge zwischen der argentinischen und der chilenischen Hauptstadt an, um nicht genutzte Plätze zu füllen. LATAM hat einige der besten Verbindungen im Angebot, obwohl andere Fluggesellschaften durchaus mithalten können.

Es gibt günstige Flüge von Santiago nach Mendoza (hin & zurück 180 US$, 2-mal tägl.) und nach Córdoba (hin & zurück 250 US$, 2-mal tägl.).

Außerdem landen täglich zahlreiche Flieger aus Lima, Peru, in Santiago (hin & zurück etwa 260 US$). Auf dieser Strecke kann man auch immer wieder Schnäppchen machen. LATAM verkehrt darüber hinaus von Lima direkt zur Osterinsel und von Lima nach Tacna im Süden Perus (von wo es nur etwa 50 km bis zur chilenischen Grenzstadt Arica sind; hin & zurück 161 US$). Es gibt zudem tägliche Verbindungen von Santiago nach La Paz in Bolivien (hin & zurück 228 US$) mit einem Stopp in Nordchile.

Avianca verkehrt täglich zwischen Santiago und Bogotá in Kolumbien (hin & zurück 500 US$), teilweise mit Zwischenstopp an einem anderen südamerikanischen Flughafen. LATAM steuert die uruguayische Hauptstadt Montevideo an (hin & zurück 300 US$). Gol und LATAM fliegen nach Brasilien und Paraguay.

Amaszonas ist eine neue bolivianische Airline, die Chiles Norden bedient. Die nützlichsten Flüge für Traveller sind die Verbindungen zwischen Iquique und Salta sowie zwischen Iquique und Cochabamba.

Auf dem Landweg

Auto & Motorrad

Wenn man mit einem chilenischen Mietwagen über die Landesgrenze fahren will, muss man auf zusätzliche Kosten und einen Papierkrieg gefasst sein. Unbedingt die geplante Grenzüberschreitung mit der Mietwagenfirma abklären.

Von Argentinien

Wer nicht gerade in Chiles äußerstem Süden über die Grenze fährt, kann eine Andenüberquerung nicht vermeiden. Die öffentlichen Busse nutzen nur wenige Grenzübergänge nach Argentinien. Im Winter sind zahlreiche Pässe geschlossen.

ROUTEN IM NORDEN

Von Calama nach Jujuy und Salta Eine beliebte ganzjährige Strecke über die Anden und San Pedro de Atacama ist die Ruta 27, die über den Paso de Jama führt. Es gibt eine regelmäßige Busverbindung, die man früh reservieren sollte. Etwas weiter südlich verläuft die Ruta 23. Für Motorradfahrer ist der 4079 m hohe Paso de Lago Sico eine zwar rauere, aber passable Sommeralternative. Die chilenischen Grenzkontrollen finden in San Pedro de Atacama statt.

Von Iquique nach Oruro Ein paar vereinzelte Busse fahren auf der asphaltierten Straße von Iquique am Volcán-Isluga-Nationalpark vorbei zum Paso Colchane. Von dort verkehren Laster und Busse auf einer ungeteerten Straße nach Oruro.

Von Copiapó nach Catamarca und La Rioja Den 4726 m hohen Paso de San Francisco überquert kein öffentlicher Bus. Auf dieser Piste können sich nur Autos mit großer Bodenfreiheit fortbewegen. Wer sich für die Strecke entscheidet, den erwarten atemberaubende Landschaften, einschließlich der leuchtenden Laguna Verde.

Von La Serena nach San Juan Mit Dynamit sprengte sich die argentinische Armee während des Streits um den Beagle-Kanal (1978/1979) ihren Weg frei. Die Fahrt über den 4779 m hohen Paso del Agua Negra folgt einer landschaftlich wunderschönen Strecke. Da die Straße ab Guanta ungeteert ist, meiden Busse die Route. Radfahrer sind dagegen ebenso begeistert wie alle, die zu den heißen Quellen auf argentinischer Seite wollen.

ROUTEN IN ZENTRALCHILE

Von Santiago oder Valparaíso nach Mendoza und Buenos Aires Die Ruta 60 verbindet beide Länder als unersetzliche Lebensader, deshalb nutzen mehr als ein Dutzend Busgesellschaften die herrliche Strecke durch den Los-Libertadores-Tunnel ins Nachbarland. Im Winter wird die Straße nach Schneefällen schon mal geschlossen, aber nie lange.

Von Talca nach Malargüe und San Rafael Es gibt keine regelmäßigen Busverbindungen auf der Ruta 115 über den 2553 m hohen Paso Pehuenche südöstlich von Talca. Eine weitere Straße von Curicó über den 2502 m hohen Paso Vergara wird gerade gebaut, bei Redaktionsschluss war sie aber nur schwer zu erreichen.

ROUTEN IM SÜDEN

Einige landschaftlich malerische Straßen führen von Temuco nach Puerto Montt, Abstecher nach Argentinien inklusive. Da bei einigen Strecken zwischenzeitlich ein Umsteigen aufs Boot notwendig ist und die Routen sehr beliebt sind, sollte man frühzeitig buchen.

Von Temuco nach Zapala und Neuquén Die befestigte Straße über den 1884 m hohen Paso de Pino Hachado verläuft gleich östlich von Temuco entlang des oberen Río Biobío. Eine ungeteerte Nebenstrecke windet sich direkt südlich über den 1298 m hohen Paso de Icalma. Gelegentlich verkehren in den Sommermonaten Busse auf dieser Route.

Von Temuco nach San Martín de los Andes Die meistfrequentierte Strecke von Temuco führt vorbei am Lago Villarrica, an Pucón und Curarrehue zum Paso de Mamuil Malal (in Argentinien heißt er Paso Tromen). Auf argentinischer Seite geht's an den Nordhängen des Volcán Lanín vorbei. Im Sommer sind hier regelmäßig Busse unterwegs. Im Winter ist der Pass eventuell gesperrt.

Von Valdivia nach San Martín de los Andes Mit dem Bus fährt man von Valdivia nach Panguipulli, Choshuenco sowie Puerto Fuy und nimmt die Fähre über den Lago Pirihueico zur gleichnamigen Ortschaft. Dort starten lokale Busse zur argentinischen Grenze auf dem 659 m hohen Paso Huahum. Anschließend geht's per Bus weiter nach San Martín.

Von Osorno nach Bariloche über den Paso Cardenal Samoré Die Querung des Passes, die gemeinhin als Pajaritos bekannt ist, gilt als schnellste Landroute im südlichen Seengebiet. Sie führt durch den Parque Nacional Puyehue auf der chilenischen und den Parque Nacional Nahuel Huapi auf der argentinischen Seite. Hier verkehren ganzjährig die Busse verschiedener Gesellschaften.

Von Puerto Varas nach Bariloche Diese vor allem im Sommer genutzte, aber das ganze Jahr über angebotene Kombination aus Bus- und Schiffsreisen verläuft durch den Parque Nacional Vicente Pérez Rosales. Startpunkt ist Puerto Varas. Eine Fähre setzt von Petrohué am westlichen Ende des Lago Todos Los Santos nach Peulla über. Dann nimmt man einen Bus über den 1022 m hohen Paso de Pérez Rosales zur argentinischen Grenzstation in Puerto Frías. Nach der Überquerung des Lago Frías in einer Barkasse folgt eine kurze Busfahrt nach Puerto Blest am Lago Nahuel Huapi. Anschließend nimmt man die Fähre nach Puerto Pañuelo (Llao Llao), wo regelmäßig Linienbusse nach Bariloche starten.

ROUTEN IN SÜDPATAGONIEN

Von Puerto Ramírez nach Esquel Es gibt zwei Routen: Von Villa Santa Lucía an der Carretera Austral führt eine gute Nebenstraße, die sich in Puerto Ramírez teilt. Der nördliche Arm verläuft nach Futaleufú, wo eine Brücke den Fluss zur argentinischen Seite überquert. Dort fahren *colectivos* (Sammeltaxis) nach Esquel. Die Südroute führt nach Palena und zur argentinischen Grenze bei Carrenleufú, wo ein paar Busse nach Trevelin und Esquel starten. Der Grenzübergang in Futaleufú ist effizienter.

Von Coyhaique nach Comodoro Rivadavia Mehrere meist ausgebuchte Busse pro Woche fahren von Coyhaique via Río Mayo nach Comodoro Rivadavia. Für Privatwagen gibt's eine Alternativstrecke von Balmaceda nach Perito Moreno über den 502 m hohen Paso Huemules.

Von Chile Chico nach Los Antiguos In Puerto Ibáñez startet eine Fähre nach Chile Chico am Südufer des Lago Carrera, dann nimmt man einen Shuttlebus nach Los Antiguos, wo Anschluss zu Küstenstädten am Atlantik und zur Ruta 40 besteht. Von Cruce el Maitén am südwestlichen Ende des Lago General Carrera fahren Busse nach Chile Chico.

Von Cochrane nach Bajo Caracoles Der 647 m hohe Paso Roballos führt ins Valle Chacabuco (Parque Nacional Patagonia) und verbindet das Dorf Cochrane mit einem winzigen Außenposten, Baja Caracoles in der argentinischen Provinz Santa Cruz.

Von Puerto Natales nach Río Turbio und El Calafate Das ganze Jahr über fahren regelmäßige Busse von Puerto Natales über Río Turbio nach Río Gallegos und El Calafate. Busse von Puerto Natales steuern El Calafate, die Ausgangsbasis zum Eisfeld im Parque Nacional Los Glaciares, direkt an (über den Paso Río Don Guillermo).

Von Punta Arenas nach Río Gallegos Viele Busse verkehren zwischen Punta Arenas und Río Gallegos. Für die Strecke muss man mit fünf bis acht Stunden rechnen, da der Zoll an der Grenze sehr langsam arbeitet und sich die argentinische Ruta Nacional (RN) 3 in einem schlechten Zustand befindet.

Von Punta Arenas nach Tierra del Fuego Von Punta Arenas ist man mit der Fähre in 2½ Stunden oder mit dem Flieger ab Porvenir in zehn Minuten im chilenischen Teil Feuerlands. Derzeit gibt's keine Anschlussbusse zur argentinischen Seite der Grenze. Die beste Option ist ein Direktbus von Punta Arenas nach Ushuaia über Primera Angostura. Ein kurzes Stück des Weges wird per Fähre zurückgelegt.

Von Puerto Williams nach Ushuaia Personenschiffe starten von Puerto Williams auf der Isla Navarino (dorthin kann man mit Flugzeug oder Schiff von Punta Arenas aus anreisen) ganzjährig, aber wetterabhängig in Richtung der argentinischen Hafenstadt Ushuaia.

Von Bolivien

Zwischen Chile und Bolivien führt eine asphaltierte Straße von Arica nach La Paz. Auch die Straße von Iquique nach Colchane ist geteert, allerdings nur bis Oruro. Beide Routen werden von Bussen genutzt, vor allem die zwischen Arica und La Paz.

Es ist auch möglich, im Rahmen organisierter Jeeptouren von Uyuni (Bolivien) über Portezuelo del Cajón nach San Pedro de Atacama zu fahren.

Von Peru

Die Straße von Tacna nach Arica ist der einzige existierende Landweg. Auf ihm verkehren Busse, *colectivos* und Taxis.

Bus

Viele beliebte internationale Reiseziele werden von den Busgesellschaften angesteuert, die man im **Terminal de Buses Sur** (Terminal Santiago; Av O'Higgins 3850, Barrio Estación Central; Ⓜ Universidad de Santiago) findet.

Grenzübergänge

Im Norden grenzt Chile an Peru und Bolivien, während es sich die lange Ostgrenze mit Argentinien teilt. Leider stehen nur wenige der zahlreichen Grenzübergänge auf den Fahrplänen der Busse.

Übers Meer

Internationale Kreuzfahrtschiffe bedienen Strecken zwischen Chile und den benachbarten Ländern sowie Nordamerika und sogar der Antarktis.

Zug

Die Wiederaufnahme der Verbindung zwischen Arica und Tacna ist eine große Neuigkeit. Der Zug startet zweimal wöchentlich an Aricas **Estación Ferrocarril Arica-Tacna** (☎ mobil 9-7633-2896; Av Máximo Lira, gegenüber von der Chacabuco).

UNTERWEGS VOR ORT

Eine Reise von Norden nach Süden durch Chile ist unproblematisch: Immer wieder wechseln sich von Stadt zu Stadt Flug- und Busverbindungen ab. Weniger angenehm sind Ost-West-Verbindungen bzw. die generelle Verkehrslage südlich von Puerto Montt: Hier weicht das Festland einem Labyrinth aus Fjorden, Gletschern und Bergen. Immerhin werden derzeit einige Strecken verbessert. Die meisten Fahrer verhalten sich höflich und aufmerksam. Mautgebühren auf den Autobahnen sind üblich.

Auto & Motorrad

Ein eigenes Auto ist für den Besuch abgelegener Nationalparks und Sehenswürdigkeiten fast schon ein Muss, insbesondere für die Atacama-Wüste und entlang der Carretera Austral. Sicherheitsprobleme gibt's wenige, trotzdem sollte man sein Fahrzeug immer abschließen und keine Wertsachen sichtbar herumliegen lassen. Wegen des großen Smogproblems in Santiago und Umgebung werden immer wieder Fahrverbote ausgesprochen.

Die Karten im jährlich neu aufgelegten Copec-Führer sind eine gute Infoquelle für kurzfristige Änderungen im Straßennetz; sie weisen sogar aus, welche Strecken kürzlich neu geteert wurden.

Automobilclubs

Der **Automóvil Club de Chile** (☎ 600-450-6000; www.automovilclub.cl; Av Andrés Bello 1863, Providencia; Ⓜ Pedro de Valdivia) hat Vertretungen in allen wichtigen chilenischen Städten. Er bietet nützliche Infos, verkauft Straßenkarten und vermietet Autos. Für Mitglieder gibt's Zusatzdienste und Mitglieder ausländischer Automobilclubpartner (etwa des ADAC) bekommen großzügige Rabatte.

Benzin & Ersatzteile

Der Preis für *bencina* (Benzin) liegt bei etwa 750 Ch$ pro Liter und variiert je nach Oktanzahl. Diesel *(gas-oil)* ist billiger als Benzin.

Selbst in den kleinsten Dörfern findet sich meist ein kompetenter Mechaniker für notwendige Reparaturen.

Eigenes Fahrzeug

Traveller können ihr Fahrzeug per Schiff nach Chile transportieren lassen, müssen dafür allerdings hohe Kosten in Kauf nehmen. Näheres erfährt man bei entsprechenden Spediteuren im Heimatland. Vor der Reise sollte das Auto völlig leergeräumt sein.

Die Genehmigung für den vorübergehenden Import eines touristisch genutzten Fahrzeugs kann auch über die 90-Tage-Frist hinaus beantragt werden. Leichter ist es aber, zwischenzeitlich nach Argentinien aus- und mit neuen Papieren wieder einzureisen.

Zu den Speditionen, die Autos von Chile nach Übersee befördern, gehört **Ultramar** (☎ 2-2630-1000; www.ultramar.cl).

Fahrzeugkauf

Wenn man mehrere Monate im Land bleiben möchte, lohnt sich eventuell ein Fahrzeugkauf. Der Wagen bzw. das Motorrad muss innerhalb von 30 Tagen auf den Namen des Käufers umgemeldet werden, sonst drohen hohe Strafen. Die notwendigen Formalitäten erledigt ein Notar, der Kaufvertrag *(compraventa)* kostet um die 8000 Ch$. Man benötigt eine RUT-Steuernummer (Rol Único Tributario), die man bei der chilenischen Steuerbehörde **Impuestos Internos** (www.sii.cl) anfordern kann (Bearbeitungszeit rund zehn Tage). Chilenische Fahrzeuge dürfen nicht im Ausland verkauft werden.

Preiswerte Wagen/Motorräder werden in den zollfreien Regionen I und XII (Tarapacá und Magallanes) angeboten, allerdings haben nur die dortigen Bewohner ein Anrecht darauf. Die Fahrzeuge dürfen maximal ein Vierteljahr oder 90 Tage außerhalb der Zonen genutzt werden.

Führerschein

Obwohl kein internationaler Führerschein nötig ist, sollte man ihn zusätzlich zum nationalen Führerschein mitbringen, sofern man einen besitzt. Einige Mietwagenfirmen verleihen ihre Autos auch ohne die Vorlage einer solchen Lizenz.

Gefahren

Streunende Hunde laufen erschreckend häufig auf den Straßen und sogar auf Autobahnen herum. Außerdem nutzen immer wieder Leute ausgerechnet die Schnellstraßen als Fußgängerwege.

Mietwagen

Große internationale Mietwagenfirmen unterhalten Büros in Santiago sowie in anderen Großstädten und touristischen Regionen. **Wicked Campers** (☎2-2697-0527; http://wickedsouthamerica.com) und das in Pucón ansässige **Chile Campers** (☎45-244-3309; www.chile-campers.com; 45 400–55 900 Ch$ pro Tag) verleihen ganz schlichte Camper. Um sie zu mieten, braucht man einen gültigen internationalen Führerschein, eine Kreditkarte von einer bekannten Firma wie MasterCard oder Visa (ansonsten muss eine hohe Kaution hinterlegt werden) und muss mindestens 25 Jahre alt sein (mit etwas Glück bekommen aber manchmal auch Jüngere einen Wagen).

Mietwagen sind in Chile nicht gerade billig. Selbst kleine Autovermieter verlangen stolze Preise. Für die kleinsten Modelle muss man mindestens 24 000 Ch$ pro Tag (inklusive 150 bis 200 Freikilometer oder ohne Kilometerbeschränkung) hinblättern. Weitere Kosten entstehen durch Zusatzversicherungen, Benzin und die 19 % *IVA (impuesto de valor agregado*; Mehrwertsteuer*)*. Tarife fürs Wochenende oder eine komplette Woche (mit unbegrenzter Kilometerzahl) sind häufig günstiger.

Einen Wagen nur für eine Hinfahrt zu mieten und dann am Zielort abzugeben ist schwierig, besonders bei unabhängigen kleinen Mietwagenfirmen, und möglicherweise wird ein saftiger Aufschlag verlangt. Einige kleinere Firmen helfen jedoch immerhin beim Papierkrieg für die Fahrt über die Grenze nach Argentinien – vorausgesetzt, der Mietwagen wird nachher in seine Heimatgarage zurückgebracht. Für grenzüberschreitende Fahrten werden ein Aufschlag und diverse Extraversicherungen fällig.

Wer abgelegene Gebiete ansteuern will, wo die Tankstellen eher rar sind, sollte zusätzlich Benzin mitnehmen. Manche Mietwagenfirmen verleihen zu diesem Zweck große Benzinkanister *(bidón)*.

Parken

In vielen Städten ist das Parken an der Straße kostenpflichtig (ab 300 Ch$ pro ½ Std.). Aufseher klemmen einen Zettel mit der Ankunftszeit unter die Windschutzscheibe. Bezahlt wird vor dem Wegfahren. Meistens ist das Parken am Wochenende kostenfrei. Eventuell sind die Aufseher trotzdem vor Ort, doch die Bezahlung erfolgt freiwillig.

Straßenzustand

An der Panamericana gibt's hochwertige Abschnitte und gelegentlich Mautstellen *(peajes)*. Entweder entrichtet man entfernungsabhängige Gebühren (600–3000 Ch$) oder zahlt beim Verlassen der Straße in der Nähe großer Städte (600 Ch$). Eine Gebührentafel (nur auf Spanisch) zur Vorausplanung findet sich auf der Homepage www.turistel.cl.

Viele Straßen im Süden werden gerade asphaltiert. Auf der Panamericana und der Carretera Austral stehen alle 5 km Kilometersteine. Schilder beziehen sich oftmals auf diese Markierungen.

Verkehrsregeln

Chilenische Autofahrer überraschen Besucher mit einer eher zurückhaltenden Fahrweise, die sich sehr vom Verhalten der südamerikanischen Nachbarn unterscheidet. Vor allem Fußgängern gegenüber benehmen sie sich überaus rücksichtsvoll. Autofahrer in den größeren Städten sind trotzdem berüchtigt dafür, rote Ampeln zu ignorieren und beim Abbiegen oder Spurwechsel nicht zu blinken. Die chilenische Polizei ahndet Geschwindigkeitsüberschreitungen mit 35 000 Ch$.

Chile hat eine Null-Toleranz-Politik, was Alkohol am Steuer angeht. Schon ein einziger Drink ist illegal. Die Strafen reichen von Bußgeldern und Führerscheinentzug bis zu Gefängnis.

In Santiago gilt bei extremem Smog für Autos eine *restricción vehicular* (Fahrbeschränkung). Grundlage des Systems sind die letzten Ziffern des Kraftfahrzeug-Kennzeichens: Die Ziffernkombinationen, die am kommenden Tag einem Fahrverbot unterliegen, werden am Vortag in den Medien genannt. Wer das Verbot ignoriert, muss mit Bußgeldern rechnen. Die aktuellen Verbote lassen sich auch im Internet unter www.uoct.cl (auf Spanisch; Stichwort: *restricción vehicular)* abrufen.

Versicherung

Für alle Fahrzeuge schreibt der Staat eine *seguro obligatorio* (Minimalversicherung) vor. Eine zusätzliche Haftpflichtversicherung wird allerdings dringend empfohlen. Mietwagenfirmen bieten entsprechende Policen an. Unbedingt nach Ausschlusskriterien im Kleingedruckten suchen! Fahrten auf ungeteerten Pisten sind kein Problem und lassen sich manchmal kaum vermeiden, Offroadfahrten mit Mietwagen dagegen sind generell verboten. Vorher sollte man ruhig einmal prüfen, ob die eigene Kreditkarte nicht schon eine ausreichende Mietwagenversicherung beinhaltet.

Wer nach Argentinien reisen will, braucht eine spezielle Versicherung (bei jedem Versicherungsbüro erhältlich), die etwa 20 000 Ch$ für sieben Tage kostet.

BUSTARIFE & FAHRTDAUER

ZIEL	PREIS (CH$)	DAUER (STD.)
Asunción, Paraguay	76 000	45
Buenos Aires, Argentinien	78 000	22
Córdoba, Argentinien	60 000	17
Lima, Peru	95 000	48
Mendoza, Argentinien	36 000	7
Montevideo, Uruguay	69 000	32
Rio de Janeiro, Brasilien	142 000	72
São Paulo, Brasilien	96 000	55

Bus

Chilenische Fernbusse gelten allgemein als pünktlich, effizient und komfortabel, allerdings gibt's bei Preisen und Klassen zwischen den einzelnen Anbietern erhebliche Unterschiede. Im Vergleich zu Europa sind sie aber immer günstig. Fast alle Städte des Landes verfügen über einen zentralen Busbahnhof, teilweise betreiben die unterschiedlichen Gesellschaften sogar eigene Büros. In den gut organisierten Busbahnhöfen hängen Zielorte, Fahrpläne und Tarife deutlich sichtbar aus.

Die großen Fern- und auch einige weniger wichtige Überlandstraßen sind geteert (mit Ausnahme einiger Abschnitte der Carretera Austral), Nebenstraßen können allerdings reine Schotter- oder Staubpisten sein. Überlandbusse haben Toiletten an Bord und servieren oft Kaffee, Tee oder auch komplette Mahlzeiten. Busse, die diesen Service nicht bieten können, legen dafür regelmäßige Pausen ein.

Auf den abgelegenen Strecken geht's allerdings langsam voran und die *micros* (oft Minibusse) verkehren seltener, häufig nur mit veralteten und einfacher ausgestatteten Modellen.

Herz und Zentrum des Landes ist natürlich Santiago. Die Hauptstadt verfügt über vier große Busbahnhöfe, von denen Verbindungen nach Norden, ins Zentrum und in den Süden bestehen.

Chiles größtes Busunternehmen **TurBus** (☎600-660-6600; www.turbus.cl) deckt mit seinen Verbindungen fast das ganze Land ab und ist für seine Pünktlichkeit bekannt. Bei Onlinebuchungen gibt's Rabatte; Tickets werden später am Schalter ausgestellt.

An zweiter Stelle steht **Pullman** (☎600-320-3200; www.pullman.cl) mit einem ebenfalls ausgedehnten Streckennetz.

Argentiniens Busgesellschaft **Chaltén Travel** (☎0297-623-4882; www.chaltentravel.com; Av Tehuelches s/n, Los Antiguos) verkehrt zwischen El Calafate und dem Nationalpark Torres del Paine sowie auf der argentinischen Ruta 40.

Klassen

Das Spektrum an Namen für die unterschiedlichen Komfortklassen der Überlandbusse ist groß: So bietet der *clásico* oder *pullman* rund 46 normale Sitze, die sich kaum verstellen lassen; von den Toiletten darf man auch nicht zu viel erwarten. Eine Stufe höher ist der *executivo* und noch eine höher der *semi-cama*: rund 38 Sitze, mehr Beinfreiheit und größere Toiletten. *Semi-cama*-Busse sind teilweise Doppeldecker und besitzen Polstersessel, die weiter zurückklappbar sind. *Salón-cama*-Schlafbusse haben nur 24 Sitze, die sich fast vollständig nach hinten klappen lassen. Die Sitze der exklusiven, eher seltenen *premium*-Busse können komplett waagerecht eingestellt werden. Leider entspricht die Qualität der unterwegs gezeigten Filme nicht unbedingt dem Standard des Busses. Im Preis der Nachtfahrten ist auch ein Frühstück eingeschlossen; wer darauf verzichtet, spart etwas Geld.

Salón-cama- und *premium*-Busse starten abends und kosten mindestens 50 % mehr als normale Linienbusse, bei langen Fahrten lohnt sich diese Differenz aber. Doch selbst die Linienbusse sind relativ bequem, vor allem im Vergleich zu den Fahrzeugen in den Nachbarländern Peru und Bolivien. Es gilt Rauchverbot.

Preise

Die Preisspanne zwischen den Anbietern und Klassen ist gewaltig, deshalb sollte man vergleichen. *Ofertas* (Angebote) außerhalb der sommerlichen Hochsaison liegen bis zu 50 % unter dem Hochsaisonpreis. Studenten erhalten 25 % Rabatt.

Reservierung

Außerhalb der Ferienzeit (Weihnachten, Januar, Februar, Ostern und Mitte September um die Feiertage) sowie an Freitagen und Sonntagen reicht eine Reservierung einige Stunden vor Abfahrt. Auf langen Strecken wie der von Arica nach Santiago oder auf Routen mit wenig Busverkehr (z. B. auf der Carretera Austral) sollte man unbedingt frühzeitig reservieren.

Fahrrad

Für eine Radtour durch Chile braucht man ein *bici todo terreno* (Mountainbike) oder ein Reiserad mit breiten Reifen. Das Klima ist ein nicht unwichtiger Faktor: Von Temuco Richtung Süden muss man mit Regen rechnen. Wer von Santiago aus nach Norden radelt (vor allem durch die Weite der Atacama-Wüste), sollte bedenken, dass nicht regelmäßig Trinkwasser entlang der Strecke zur Verfügung steht und die Ortschaften für europäische Verhältnisse weit voneinander entfernt sind. In einigen Gegenden spielt der Wind eine große Rolle; generell gilt, dass eine Fahrt von Norden nach Süden leichter zu bewältigen ist, allerdings klagen Leser über heftigen Gegenwind im Sommer. Chilenische Autofahrer verhalten sich umsichtig, aber auf den engen zweispurigen Straßen ohne Bankette sind überholende Fahrzeuge trotzdem nicht ungefährlich.

Fähren in Patagonien sowie Fluglinien verlangen oft einen Aufpreis für den Radtransport. In vielen Städten an der Carretera Austral gibt's Läden, die Räder reparieren. In Busse kann man sein Rad meist mitnehmen.

Fahrradkauf

Räder sind in Chile nicht gerade billig. Wer sein Fahrrad am Ende der Reise wieder verkaufen und wenig Zeit aufwenden will, sollte Reisebüros oder Tourveranstalter kontaktieren, die nebenher Räder vermieten.

Leihfahrrad

In vielen touristischen Orten werden Räder ganz unterschiedlicher Qualität angeboten, meistens von *hospedajes* (Budgetunterkünfte) oder Tourveranstaltern. Für diesen Service zahlt man etwa 10 000 bis 16 000 Ch$. Ein gepflegtes Mountainbike mit Vorderbremse und guten Hinterbremsen kostet rund 22 000 Ch$ pro Tag. Ein solches Rad findet man aber oft nur in ausgesprochenen Outdoorzielen wie dem Seengebiet oder in San Pedro de Atacama.

Es ist üblich, beim Verleiher als Sicherheit eine Kaution oder eine Kopie des Personalausweises zu hinterlegen.

Flugzeug

Der Flugverkehr ist in Chile mittlerweile erschwinglicher geworden und teilweise sogar preiswerter als die bequemen Langstreckenbusse. Ein Flug von Arica nach Santiago z. B. dauert nur ein paar Stunden, während man mit dem Bus 28 Stunden einplanen muss. Und wer langsame Fähren vermeiden möchte, schafft es oft nur mit dem Flugzeug, in einer noch vertretbaren Zeit in die abgelegenen Orte des Südens vorzudringen. Hin- und Rückreisetickets sind oft günstiger.

Fluglinien in Chile

In Chile gibt's mehrere große Inlandsfluggesellschaften. LATAM bedient die meisten Strecken. Sky Airlines, LAW und JetSmart sind weitere Optionen.

Regionale Airlines und Flugtaxis verkehren in abgeschiedene Regionen im Süden und zum Archipiélago Juan Fernández. Viele chilenische Städte liegen in der Nähe von kommerziellen Inlandsflughäfen. Der **Aeropuerto Internacional Arturo Merino Benítez** (Internationaler Flughafen Santiago, SCL; ☎2-2690-1796; www.nuevopudahuel.cl) in Santiago hat sogar ein eigenes Terminal für Inlandsflüge, außerdem gibt's in der Hauptstadt kleine Landebahnen für Flugtaxis zum 670 km entfernten Archipiélago Juan Fernández.

Die Abflugsteuer ist im Ticketpreis enthalten.

Tarife

Billigairlines drücken die Preise in Chile. Sky Airline bietet oft günstige einfache Tickets an. Die besten Tarife stehen auf der chilenischen Website von LATAM, die man nur in Chile selbst aufrufen kann. Jede Woche gibt's dort Angebote, die bis zu 40 % unter dem offiziellen Preis liegen können – das gilt vor allem für häufig genutzte Strecken wie Puerto Montt–Punta Arenas. Im Voraus zu buchen und sich für ein Hin- und Rückreiseticket zu entscheiden ist oft günstiger.

Mit dem LATAM-Pass kann man Meilen für die One World Alliance sammeln. Partner sind u. a. Unternehmen wie American Airlines, British Airways, Iberia und Qantas.

ZIEL	PREIS (HIN & ZURÜCK, CH$)
Antofagasta	47 000
Arica	68 000
Calama	50 000
Concepción	70 000
Copiapó	56 000
Coyhaique (Balmaceda)	90 000
Iquique	78 000
La Serena	37 000
Puerto Montt	44 000
Punta Arenas	105 000
Temuco	52 000

Geführte Touren

Mittlerweile gibt's in Chile zahlreiche Anbieter von Abenteuertouren. Viele betreiben Filialen in Santiago und haben saisonal geöffnete Zweigstellen am jeweiligen Startpunkt ihrer Reisen.

Infos zu den Betreibern findet man in den Beschreibungen der Städte und Orte dieses Buches.

Nahverkehr

Bus

In Chile gibt's viele Buslinien und Tickets sind billig (ca. 600 Ch$ für eine Kurzstrecke).

Da viele Fahrzeuge mit der gleichen Liniennummer auf leicht voneinander abweichenden Strecken unterwegs sind, muss man genau auf die Schilder mit der Endstation achten. Beim Einsteigen sagt man dem Fahrer deutlich die gewünschte Haltestelle; dieser nennt dann den Preis und händigt das Ticket aus.

Santiagos Bussystem **Transantiago** (☎800-730-073; www.transantiago.cl; einfache Fahrt ab 610 Ch$) hat Ticketautomaten. Die Strecken kann man sich auch online anzeigen lassen.

Colectivo

Die praktischen *taxis colectivos* ähneln Taxis, fahren aber wie Busse auf festgelegten Strecken: Auf dem Dach oder im Fenster wird das Ziel angegeben. *Colectivos* sind schnell, bequem und nicht viel teurer als Busse (meistens 700–1500 Ch$ innerhalb einer Stadt).

Metro

Santiago verfügt über eine sehr effiziente Metro mit einigen kürzlich erfolgten Erweiterungen. Am besten vermeidet man die Stoßzeiten, denn dann kann es sehr voll werden.

Pendlerzug

Sowohl in Santiago als auch in Valparaíso gibt's Pendlerzüge. In Santiago fährt der moderne *metrotren* von San Fernando auf der Alameda durch Rancagua (Hauptort der Región VI) zum Hauptbahnhof (Estación Central). In Valparaíso verbindet der Zug den Terminal Rodoviario und Viña del Mar.

Taxi & Mitfahrdienste

Fast alle Taxis haben Kilometerzähler. In Santiago wird beim Losfahren *(bajar la bandera* – „die Flagge senken" wie beim Rennbahnstart) ein Grundbetrag von 300 Ch$ fällig plus 150 Ch$ pro 200 m. Im Taxi hängen die geltenden Tarife aus.

Das Unternehmen Uber hat Fahrer in vielen Orten und Städten, die man über die App buchen kann. Allerdings kann die Verfügbarkeit von Autos schlecht sein.

Schiff/Fähre

Obwohl sich an der Küste von Chile unzählige Häfen befinden, gibt's nur im Süden touristische Fährverbindungen.

Bei einer Reise entlang der zerklüfteten chilenischen Pazifikküste gilt die Redewendung „Der Weg ist das Ziel". Die Region südlich von Puerto Montt, der chilenische Teil Patagoniens und Feuerland (Tierra del Fuego) werden alle von Schiffen bedient. Diese verkehren durch ein unglaubliches Labyrinth aus Inseln und Fjorden, die eine spektakuläre Küstenlandschaft bilden.

Außerhalb der typischen Reisesaison sind die Verbindungen deutlich seltener.

Eine Tour mit den Fähren der Reederei Navimag von Puerto Montt nach Puerto Natales zählt zu den großen Reiseerlebnissen Südamerikas. Nachfolgend nennen wir nur die bedeutendsten Schifffahrtsgesellschaften. Außerdem gibt's auch einige exklusive Touranbieter, die eigene Kreuzfahrtschiffe unterhalten.

Zu den beliebtesten Strecken zählen die folgenden:

Von Castro zur Laguna San Rafael Navimags *Mare Australis* steuert die beeindruckende Laguna San Rafael an.

Von Chiloé nach Chaitén Transmarchilay, Naviera Austral und Navimag verkehren im Sommer zwischen Quellón auf Chiloé und Chaitén. Zudem bestehen Verbindungen zwischen Castro und Chaitén.

Von Hornopirén zur Caleta Gonzalo Im Sommer bedient Naviera Austral die Ruta Bi-Modal: Zwei Fähren sind über eine Art kurze Landzunge in der Mitte miteinander verbunden und fahren zur Caleta Gonzalo im Parque Pumalín (60 km nördlich von Chaitén).

Von La Arena nach Puelche 45 km südöstlich von Puerto Montt gibt's einen Shuttledienst über einen Fjord zwischen zwei nördlichen Straßenabschnitten der Carretera Austral.

Vom Festland nach Chiloé Zwischen Pargua und Chacao am Nordende von Chiloé verkehrt eine regelmäßige Fähre.

Von Puerto Ibáñez nach Chile Chico Sotramin schickt Auto- und Personenfähren südlich von Coyhaique über den Lago General Carrera. Außerdem gibt's Shuttledienste von Chile Chico nach Los Antiguos auf argentinischer Seite.

Von Puerto Montt nach Chaitén Naviera Austral betreibt Autofähren von Puerto Montt nach Chaitén.

Von Puerto Montt nach Laguna San Rafael Catamaranes del Sur und Cruceros Skorpios haben Rundfahrten zur Laguna San Rafael im Programm.

Von Puerto Montt nach Puerto Chacabuco Navimag fährt von Puerto Montt nach Puerto Chacabuco, von wo man per Bus weiter nach Coyhaique und zum Parque Nacional Laguna San Rafael gelangt.

Von Puerto Montt nach Puerto Natales Navimag-Fähren legen wöchentlich in Puerto Montt ab. Sie brauchen vier Tage bis Puerto Natales. Das unvorhersehbare patagonische Wetter bringt den Fahrplan allerdings oft durcheinander.

Von Puerto Williams nach Puerto Yungay Die neue Transbordador-Austral-Broom-Route verbindet Südpatagonien mit dem Ende der Carretera Austral (Puerto Yungay befindet sich zwischen Villa O'Higgins und Caleta Tortel). Sie endet in Caleta Tortel.

Von Puerto Williams nach Ushuaia Auf dieser wichtigen Route gibt's immer noch keine öffentlichen Fähren. Motorboote übernehmen den Linienverkehr.

Von Punta Arenas nach Tierra del Fuego Transbordador Austral Broom schickt Fähren auf den Weg vom Anleger Tres Puentes in Punta Arenas nach Porvenir, außerdem von Punta Delgada (östlich von Punta Arenas) nach Bahía Azul und von Tres Puentes nach Puerto Williams auf der Isla Navarino.

Trampen

In puncto Trampen ist Chile zwar eines der sichersten Länder in Lateinamerika, dennoch können wir es nicht empfehlen, weil Trampen nie hundertprozentig sicher ist. Traveller sollten sich bewusst sein, dass sie ein kleines, aber potenziell ernsthaftes Risiko eingehen.

Im Sommer sind die meisten chilenischen Fahrzeuge schon randvoll mit Familienmitgliedern auf dem Weg in den Urlaub, sodass man entsprechend lange auf eine Mitfahrgelegenheit warten muss. Nur wenige Fahrer nehmen Gruppen mit. Aggressive Taktiken sind verpönt. Im weitläufigen Patagonien, wo auf den Straßen wenig los ist, muss man mit langen Wartezeiten rechnen. Es empfiehlt sich auch, ausreichend Essen und Trinken dabeizuhaben, vor allem in den nördlichen Regionen.

Zug

Chiles Schienennetz erlebte seine Blütezeit Ende des 19. Jhs., doch heute sind die meisten Strecken vernachlässigt oder wurden ganz aufgegeben. Immerhin gibt's mittlerweile einen regulären Bahnbetrieb im Zentrum des Landes sowie Pendlerzüge *(metrotren)* zwischen Santiago und San Fernando. Weitere Details und Tarife stehen auf der Website von **TrenCentral** (EFE-Ticketbüro; ☎2-2585-5000; www.trencentral.cl; Estación Central, Barrio Estación Central; ⌚Tickets Mo–Fr 7.15–20, Sa 8–19 Uhr; Ⓜ Estación Central).

Es ist schwierig, aber nicht vollkommen unmöglich, einen Güterzug von Baquedano (an der Panamericana nordöstlich von Antofagasta) zur Grenzstadt Socompa zu nehmen und von dort die Reise nach Salta auf argentinischer Seite, wo Züge verkehren, fortzusetzen.

Sprache

Die Aussprache des Spanischen ist nicht schwierig, da sie dem Deutschen ähnelt. Ch ist ein kehliger Laut (wie das „ch" in „Loch"), v und b spricht man wie ein weiches „w" (zwischen einem „w" und einem „b") und das r wird stark gerollt. Betonte Silben haben einen Akzent (z. B. *días*) und sind in unserer Aussprachehilfe kursiv.

In diesem Kapitel geben wir die höfliche Form an. Wenn sowohl die höfliche als auch die informelle Anrede genannt werden, sind diese mit den Abkürzungen „höfl." und „inf." gekennzeichnet. Maskuline und feminine Formen werden durch einen Schrägstrich getrennt und beginnen mit der männlichen Form, etwa *perdido/a* (m/f)

BASICS

Hallo.	*Hola.*	*o*·la
Tschüs.	*Adiós.*	a·*djos*
Wie geht's?	*¿Qué tal?*	ke tal
Gut, danke.	*Bien, gracias.*	bjen *gra*·sjas
Entschuldigung.	*Perdón.*	per·*don*
Tut mir leid.	*Lo siento.*	lo *sjen*·to
Bitte.	*Por favor.*	por fa·*wor*
Danke.	*Gracias.*	*gra*·sjas
Gern geschehen.	*De nada.*	de *na*·da
Ja./Nein.	*Sí./No.*	si/no

NOCH MEHR SPANISCH?

Wer sich intensiver mit der Sprache beschäftigen möchte, legt sich am besten den praktischen *Reise-Sprachführer Spanisch* zu. Das *Latin American Spanish Phrasebook*, ebenfalls von Lonely Planet, ist bisher nur auf Englisch erhältlich. Letzteres kann man unter **shop.lonelyplanet.com** bestellen.

Ich verstehe nicht.
Yo no entiendo. — jo no en·*tjen*·do

Ich heiße ...
Me llamo ... — me *ja*·mo ...

Wie heißen Sie/heißt du?
¿Cómo se llama Usted? — *ko*·mo se *ja*·ma u·*ste* (höfl.)
¿Cómo te llamas? — *ko*·mo te *ja*·mas (inf.)

Sprechen Sie/sprichst du Deutsch?
¿Habla alemán? — a·bla ale·*man* (höfl.)
¿Hablas alemán? — a·blas ale·*man* (inf.)

ESSEN & TRINKEN

Kann ich bitte die Karte haben?
¿Puedo ver el menú, por favor? — *pue*·do wer el me·*nu* por fa·*wor*

Was empfehlen Sie?
¿Qué recomienda? — ke re·ko·*mjen*·da

Haben Sie vegetarisches Essen?
¿Tienen comida vegetariana? — *tje*·nen ko·*mi*·da we·che·ta·*rja*·na

Ich esse kein (rotes Fleisch).
No como (carne roja). — no *ko*·mo (*kar*·ne *ro*·cha)

Das war köstlich!
¡Estaba buenísimo! — es·*ta*·ba bue·*ni*·si·mo

Zum Wohl!
¡Salud! — sa·*lu*

Die Rechnung bitte.
La cuenta, por favor. — la *kuen*·ta por fa·*wor*

Ich hätte gern einen Tisch für ...	*Quisiera una mesa para ...*	ki·*sje*·ra *u*·na *me*·sa *pa*·ra ...
(acht) Uhr	*las (ocho)*	las (*o*·tscho)
(zwei) Personen	*(dos) personas*	(dos) per·*so*·nas
Frühstück	*desayuno*	de·sa·*ju*·no
Mittagessen	*comida*	ko·*mi*·da
Abendessen	*cena*	*se*·na
Restaurant	*restaurante*	res·tau·*ran*·te

DIE SPRACHE DER RAPA NUI

Die Rapa Nui auf der Osterinsel sprechen zwar Spanisch, unterhalten sich untereinander aber gern in ihrer ursprünglichen indigenen Sprache, die ebenfalls Rapa Nui genannt wird. Aufgrund der isolierten Lage der Insel entwickelte sich diese weitgehend unberührt von äußeren Einflüssen, wobei Ähnlichkeiten zu anderen polynesischen Sprachen wie Hawaiianisch, Tahitianisch und Maori bestehen. Heute unterliegt sie starken spanischen und englischen Einflüssen. Die hieroglyphenartigen Rongo-Rongo-Zeichen, die von den Inselbewohnern nach der Ankunft der Spanier 1770 entwickelt wurden und bis in die 1860er-Jahre in Gebrauch waren, gelten als erste Beispiele für eine eigenständige Schrift auf der Osterinsel. Die mittlerweile verwendete Schreibung des Rapa Nui wurde im 19. Jh. von Missionaren ersonnen, welche die an Vokalen reiche Lautung der Sprache ins lateinische Alphabet übertrugen. Fast alle Einheimischen verstehen Rapa Nui, allerdings können es nur noch wenige der jungen Leute auf der Insel fließend sprechen. Immerhin bemüht man sich, die gefährdete Sprache und somit auch die hiesige Kultur am Leben zu erhalten.

Die Aussprache ist relativ simpel; lange und kurze Vokale werden ähnlich wie im Spanischen oder Italienischen artikuliert. Es gibt nur zehn Konsonanten und einen an der Stimmritze gebildeten Verschlusslaut ('), der wie die Pause im Wort „oh-oh" gesprochen wird. Einheimische freuen sich natürlich, wenn Auswärtige Redewendungen oder Grußformeln benutzen, selbst wenn es nur ein paar Brocken sind. Wer sich eingehender mit der Sprache beschäftigen möchte, besorgt sich das South Pacific Phrasebook von Lonely Planet; auf Deutsch sind derzeit keine Bücher zu diesem Thema erhältlich. Welche Maßnahmen zum Erhalt dieser Kultur ergriffen werden, erfährt man unter www.islandheritage.org.

Hallo.	*'Iorana.*	**Ich heiße …**	*To'oku ingoa ko …*
Auf Wiedersehen.	*'Iorana.*	**Was?**	*Aha?*
Wie geht's?	*Pehē koe/kōrua?* (Sg./Pl.)	**Welche(r/s)?**	*Hē aha?*
Gut.	*Rivariva.*	**Wer?**	*Ko āi?*
Danke.	*Maururu.*	**Wie viel kostet das?**	*'Ehia moni o te me'e nei?*
Wie heißen Sie?	*Ko āi to'ou ingoa?*	**Zum Wohl!**	*Manuia paka-paka.*

NOTFÄLLE

Hilfe!	*¡Socorro!*	so·ko·ro
Gehen Sie weg!	*¡Vete!*	we·te
Rufen Sie …!	*¡Llame a …!*	ja·me a …
einen Arzt	*un médico*	un me·di·ko
die Polizei	*la policía*	la po·li·si·a

Ich habe mich verlaufen.
Estoy perdido/a. es·toi per·di·do/a (m/f)

Ich bin krank.
Estoy enfermo/a. es·toi en·fer·mo/a (m/f)

Es tut hier weh.
Me duele aquí. me due·le a·ki

Ich bin allergisch gegen (Antibiotika).
Soy alérgico/a a (los antibióticos). soy a·ler·chi·ko/a a (los an·ti·bjo·ti·kos) (m/f)

Wo sind die Toiletten?
¿Dónde están los baños? don·de es·tan los ba·njos

SHOPPEN & SERVICE

Ich möchte … kaufen
Quisiera comprar … ki·sje·ra kom·prar …

Ich schau mich nur um.
Sólo estoy mirando. so·lo es·toi mi·ran·do

Kann ich das mal sehen?
¿Puedo verlo? pue·do wer·lo

Das gefällt mir nicht.
No me gusta. no me gus·ta

Wie viel kostet das?
¿Cuánto cuesta? kuan·to kues·ta

Das ist zu teuer.
Es muy caro. es mui ka·ro

Können Sie mit dem Preis runtergehen?
¿Podría bajar un poco el precio? po·dri·a ba·char un po·ko el pre·sjo

In der Rechnung ist ein Fehler.
Hay un error en la cuenta. ai un e·ror en la kuen·ta

Geldautomat	*cajero automático*	ka·che·ro au·to·ma·ti·ko
Internetcafé	*cibercafé*	si·ber·ka·fe
Markt	*mercado*	mer·ka·do
Postamt	*correos*	ko·re·os
Touristeninformation	*oficina de turismo*	o·fi·si·na de tu·ris·mo

SCHILDER

Abierto	Offen
Cerrado	Geschlossen
Entrada	Eingang
Hombres/Varones	Männer
Mujeres/Damas	Frauen
Prohibido	Verboten
Salida	Ausgang
Servicios/Baños	Toiletten

UHRZEIT & DATUM

Wie spät ist es?	*¿Qué hora es?*	ke o·ra es
Es ist (10) Uhr.	*Son (las diez).*	son (las djes)
Es ist halb (zwei).	*Es (la una) y media.*	es (la u·na) i me·dja

Morgen	*mañana*	ma·nja·na
Nachmittag	*tarde*	tar·de
Abend	*noche*	no·tsche
gestern	*ayer*	a·jer
heute	*hoy*	oi
morgen	*mañana*	ma·nja·na

Montag	*lunes*	lu·nes
Dienstag	*martes*	mar·tes
Mittwoch	*miércoles*	mjer·ko·les
Donnerstag	*jueves*	chue·wes
Freitag	*viernes*	wjer·nes
Samstag	*sábado*	sa·ba·do
Sonntag	*domingo*	do·min·go

UNTERKUNFT

Ich hätte gern ein Einzel-/Doppelzimmer.
Quisiera una habitación individual/doble. ki·sje·ra u·na a·bi·ta·sjon in·di·vi·dual/do·ble

Wie viel kostet es pro Nacht/Person?
¿Cuánto cuesta por noche/persona? kuan·to kues·ta por no·tsche/per·so·na

Ist das Frühstück inklusive?
¿Incluye el desayuno? in·klu·je el de·sa·ju·no

Badezimmer	*baño*	ba·njo
Bett	*cama*	ka·ma
Campingplatz	*terreno de cámping*	te·re·no de kam·ping
Fenster	*ventana*	wen·ta·na
Gasthof	*hostería*	os·te·ri·ja
Hotel	*hotel/hostal*	o·tel/os·tal
Hütte	*cabaña*	ka·ba·nja
Jugendherberge	*albergue juvenil*	al·ber·ge chu·we·nil
Klimaanlage	*aire acondicionado*	ai·re a·kon·di·sjo·na·do
Pension	*pensión/hospedaje*	pen·sjon/os·pe·da·che

VERKEHRSMITTEL & -WEGE

Bus	*autobús*	au·to·bus
(kleiner) Bus	*micro*	mi·kro
Flugzeug	*avión*	a·wjon
Sammeltaxi	*colectivo*	ko·lek·ti·wo
Schiff	*barco*	bar·ko
Zug	*tren*	tren
erste(r/s)	*primero*	pri·me·ro
letzte(r/s)	*último*	ul·ti·mo
nächste(r/s)	*próximo*	prok·si·mo

Ein Ticket für ..., bitte.	*Un billete de ..., por favor.*	un bi·je·te de ... por fa·wor
1. Klasse	*primera clase*	pri·me·ra kla·se
2. Klasse	*segunda clase*	se·gun·da kla·se
einfach	*ida*	i·da
hin und zurück	*ida y vuelta*	i·da i wuel·ta

Ich möchte nach ...
Quisiera ir a ... ki·sje·ra ir a ...

Hält er/sie/es in ...?
¿Para en ...? pa·ra en ...

Welche Haltestelle ist das?
¿Cuál es esta parada? kual es es·ta pa·ra·da

Wann kommt/fährt er/sie/es an/ab?
¿A qué hora llega/sale? a ke o·ra je·ga/sa·le

Können Sie mir sagen, wann wir in ... ankommen?
¿Puede avisarme cuando lleguemos a ...? pue·de a·wi·sar·me kuan·do je·ge·mos a ...

Ich möchte hier aussteigen.
Quiero bajarme aquí. kje·ro ba·char·me a·ki

Bahnhof	*estación de trenes*	es·ta·sjon de tre·nes
Bushaltestelle	*parada de autobuses*	pa·ra·da de au·to·bu·ses
Fahrplan	*horario*	o·ra·rjo
Flughafen	*aeropuerto*	a·e·ro·puer·to
Fensterplatz	*asiento junto a la ventana*	a·sjen·to chun·to a la wen·ta·na
Gangplatz	*asiento de pasillo*	a·sjen·to de pa·si·jo

gestrichen	*cancelado*	kan·se·*la*·do
Gleis	*plataforma*	pla·ta·*for*·ma
Ticketschalter	*taquilla*	ta·*ki*·ja
verspätet	*retrasado*	re·tra·*sa*·do

Ich möchte ein(en) ... mieten.	*Quisiera alquilar ...*	ki·*sje*·ra al·ki·*lar* ...
Wagen mit Allradantrieb	*un todo-terreno*	un to·do·te·*re*·no
Auto	*un coche*	un *ko*·tsche
Fahrrad	*una bicicleta*	*u*·na bi·si·*kle*·ta
Motorrad	*una moto*	*u*·na *mo*·to

Benzin	*bencina/ gasolina*	ben·*si*·na ga·so·*li*·na
Diesel	*petróleo*	pet·*ro*·le·o
Helm	*casco*	*kas*·ko
Kindersitz	*asiento de seguridad para niños*	a·*sjen*·to de se·gu·ri·*da* *pa*·ra *ni*·njos
Laster	*camion*	ka·*mjon*
Mechaniker	*mecánico*	me·*ka*·ni·ko
Tankstelle	*gasolinera*	ga·so·li·*ne*·ra
trampen	*hacer botella*	a·*ser* bo·*te*·ja

Ist das die Straße nach ...?
¿Se va a ... por esta carretera? — se wa a ... por es·ta ka·re·*te*·ra

(Wie lange) Kann ich hier parken?
¿(Cuánto tiempo) Puedo aparcar aquí? — (*kuan*·to *tjem*·po) *pue*·do a·par·*kar* a·*ki*

Das Auto ist (in ...) liegen geblieben.
El coche se ha averiado (en ...). — el *ko*·tsche se a a·we·*rja*·do (en ...)

Ich hatte einen Unfall.
He tenido un accidente. — e te·*ni*·do un ak·si·*den*·te

Mir ist das Benzin ausgegangen.
Me he quedado sin gasolina. — me e ke·*da*·do sin ga·so·*li*·na

Ich habe einen Platten.
Tengo un pinchazo. — *ten*·go un pin·*tscha*·so

FRAGEWÖRTER

Wann?	*¿Cuándo?*	*kuan*·do
Warum?	*¿Por qué?*	por ke
Was?	*¿Qué?*	ke
Wer?	*¿Quién?*	kjen
Wie?	*¿Cómo?*	*ko*·mo
Wo?	*¿Dónde?*	*don*·de

ZAHLEN

1	*uno*	*u*·no
2	*dos*	dos
3	*tres*	tres
4	*cuatro*	*kua*·tro
5	*cinco*	*sin*·ko
6	*seis*	sejs
7	*siete*	*sje*·te
8	*ocho*	*o*·tscho
9	*nueve*	*nue*·we
10	*diez*	djes
20	*veinte*	*wejn*·te
30	*treinta*	*trejn*·ta
40	*cuarenta*	kua·*ren*·ta
50	*cincuenta*	sin·*kuen*·ta
60	*sesenta*	se·*sen*·ta
70	*setenta*	se·*ten*·ta
80	*ochenta*	o·*tschen*·ta
90	*noventa*	no·*wen*·ta
100	*cien*	sjen
1000	*mil*	mil

WEGWEISER

Wo ist ...?
¿Dónde está ...? — *don*·de es·*ta* ...

Wie lautet die Adresse?
¿Cuál es la dirección? — kual es la di·rek·*sjon*

Können Sie das bitte aufschreiben?
¿Puede escribirlo, por favor? — *pue*·de es·kri·*bir*·lo por fa·*wor*

Können Sie mir das (auf der Karte) zeigen?
¿Me lo puede indicar (en el mapa)? — me lo *pue*·de in·di·*kar* (en el *ma*·pa)

an der Ampel	*en el semáforo*	en el se·*ma*·fo·ro
an der Ecke	*en la esquina*	en la es·*ki*·na
gegenüber ...	*frente a ...*	*fren*·te a ...
geradeaus	*todo recto*	*to*·do *rek*·to
hinter ...	*detrás de ...*	de·*tras* de ...
links	*izquierda*	is·*kjer*·da
nah	*cerca*	*ser*·ka
neben ...	*al lado de ...*	al *la*·do de ...
rechts	*derecha*	de·*re*·tscha
vor ...	*enfrente de ...*	en·*fren*·te de ...
weit	*lejos*	*le*·chos

GLOSSAR

(RN) bedeutet, dass ein Begriff aus dem Rapa Nui, der Sprache der Osterinsel, stammt.

ahu (RN) – zeremonielle Steinplattform für *moai* (Statuen)

alameda – Allee/Boulevard (von Bäumen gesäumt)

Alpaka – mit dem Lama verwandtes kamelartiges Haustier, das Wolle liefert

Altiplano – Hochland in den Anden

asado – Grill/Grillparty

ascensor – Lift, Seilbahn

Aymara – indigene Bewohner des Anden-*Altiplano* von Peru, Bolivien und Nordchile

bahía – Bucht

barrio – Stadtviertel

bencina – Benzin

bidón – Benzinkanister

bodega – Keller oder Lager für Wein

cabañas – Hütten

caleta – kleine Bucht

callampas – Elendsviertel, Slum; wörtlich: „Pilze"

cama – Bett; auch Liegesitz im Schlafwagen

camanchaca – dichter Küstennebel

carabineros – Polizei

caracoles – Serpentinenstraßen; wörtlich: „Schnecken"

carretera – Schnellstraße

casa de familia – einfache Unterkünfte bei Familien

cerro – Hügel

chachacoma – Pflanzenart in den Anden, die angeblich gegen die Höhenkrankheit hilft

Chilote – Bewohner der Insel Chiloé

ciudad – Stadt

cocinerías – Lokale mit einfachen, preiswerten Gerichten

Codelco – Corporación del Cobre; staatliches Unternehmen, das den Kupferminenabbau beaufsichtigt

colectivo – Gemeinschaftstaxi; auch: *taxi colectivo*

comuna – Gemeinde(-verwaltung)

cordillera – Gebirgszug

costanera – Straße, die am Meer oder auch an Flüssen und Seen entlangführt

criollo – Begriff aus der Kolonialzeit für einen in Südamerika geborenen Spanier

desierto florido – das seltene Erscheinen kurzlebiger Wüstenblumen in der Region Norte Chico

DINA – Dirección de Inteligencia Nacional; gefürchteter oberster Geheimdienst, der nach 1973 gegründet wurde, um Polizei und Militär zu überwachen

Empanada – Pastete mit süßer oder pikanter Füllung

encomienda – Arbeitssystem zur Kolonialzeit; die indigenen Gemeinschaften mussten für die spanischen *encomenderos* hart arbeiten

estancia – sehr großes Landgut mit Viehwirtschaft und vor Ort ansässigen Arbeitern

estero – Flussmündung

feria – Markt für Kunsthandwerk

fuerte – Fort, Festung

fundo – *Hazienda*, kleinerer Bauernhof in Zentralchile

Geoglyph – große präkolumbische Figur oder Erdzeichnung an den Bergen in der Wüste

golfo – Golf

golpe de estado – Staatsstreich

Guanako – wilde Kamelart, die mit dem Lama verwandt ist; zudem eine Bezeichnung für Wasserwerfer der Polizei

hare paenga (RN) – elliptisches Haus, das die Form eines Bootes aufweist

Hazienda – großes Landgut mit zahlreichen abhängigen Arbeitskräften

hospedaje – preiswerte Unterkunft mit Gemeinschaftsbad, meist bei einer Familie

hostal – Hotel, Hostel

hostería – Gasthof oder Pension, in dem/der man auch essen kann

huaso – Viehhirte, eine Art chilenischer Gaucho oder Cowboy

IGM – Instituto Geográfico Militar; Institut, das die Kartografie des chilenischen Territoriums erstellt

isla – Insel

IVA – *impuesto de valor agregado,* Mehrwertsteuer

küchen – süßer Kuchen

lago – See

laguna – Lagune

llareta – dichtes, hartes Gebüsch im chilenischen *Altiplano*, das wie eine Art Kissen aussieht

local – Bestandteil der Adresse; gibt die Nummer des Büros an, wenn sich in einem Gebäude mehrere befinden

lomas – gebirgige Wüste an der Küste

maori (RN) – weiser Mann, der in der Lage ist, *Rongo-Rongo*-Schrifttafeln zu lesen

Mapuche – indigene Bewohner der Gegend südlich des Río Biobío

marisquería – Restaurant, in dem Fisch- und Meeresfrüchtegerichte serviert werden

matua (RN) – Vorfahr, Vater; wird mit dem mythischen Häuptling der ersten polynesischen Einwanderer assoziiert

media pensión – Halbpension im Hotel

mestizo – Person halb indianischer, halb spanischer Herkunft

micro – Kleinbus

mirador – Aussichtspunkt

moai (RN) – große monolithische Statue

motu (RN) – kleine Insel

municipalidad – Rathaus

museo – Museum

Nandu – großer Laufvogel, ähnlich dem Strauß

nevado – mit Schnee bedeckter Berggipfel

onces – Nachmittagstee in Chile; wörtlich: „die Elfer" (von der Zahl elf)

palafitos – Reihen von Pfahlhäusern, die auf der Insel Chiloé über dem Wasser errichtet wurden

Pampa – weitläufiges Wüstengebiet in Chile

parrillada – verschiedene Fleischsorten vom Grill

pensión completa – Vollpension im Hotel

picada – informelles Restaurant für die ganze Familie

pingüinera – Pinguinkolonie

playa – Strand

Porteño – Einwohner von Valparaíso

portezuelo – Gebirgspass

posta – Krankenhaus oder Erste-Hilfe-Station

precordillera – Vorgebirge der Anden

propina – Trinkgeld

puente – Brücke

puerto – Hafen

pukao (RN) – zylinderförmiger Aufsatz auf dem Kopf eines *moai*

pukará – präkolumbische Festung auf einem Berg

puna – Andenhochland, zumeist über 3000 m

punta – Spitze

quebrada – Schlucht

quinoa – Getreidesorte aus den Anden, die in der nördlichen *precordillera* angebaut wird

Rapa Nui – polynesische Bezeichnung für die Osterinsel

reducción – zur Kolonialzeit gegründete Siedlung mit indigenen Einwohnern innerhalb der Städte; sie hatte das Ziel der politischen Kontrolle und religiösen Unterweisung

refugio – rustikale Hütte in einem Nationalpark oder in einer entlegenen Gegend

residencial – preiswerte Unterkunft

Rhea – fachsprachlich und englisch für *Nandu* (auf Spanisch: *ñandú*)

río – Fluss

Rodeo – jährliches Zusammentreiben des Viehs auf einer *estancia* oder einer *Hazienda*

Rongo-Rongo (RN) – Schrift auf Holztafeln, die sich heute nicht mehr dechiffrieren lässt

ruka – traditionell gedecktes Haus der *Mapuche*

ruta – Route, Schnellstraße

salar – Salzsee, Salzsumpf oder Salzpfanne

salón de té – wörtlich: „Teehaus", jedoch eher ein exklusives Café

Santiaguino – Person, die in Santiago geboren wurde oder dort lebt

seno – Meerenge

sierra – Gebirgszug

s/n – „sin número"; Adresse ohne Angabe einer Hausnummer

soroche – Höhenkrankheit

tábano – Bremse (eine Insektenart)

tejuelas – Dachziegel; typisch für die Architektur auf der Insel Chiloé

teleférico – Seilbahn

termas – Thermalquellen

torres – Türme

totora (RN) – Riedgrasart, die zur Herstellung von Flößen genutzt wird

ventisquero – Gletscher

Vikunja – eine mit dem Lama verwandte Wildtierart, die in großer Höhe im Norden lebt

villa – Dorf, kleine Stadt

Viscacha – mit dem Chinchilla verwandte Tierart in den Anden

volcán – Vulkan

Yaghans – Bezeichnung für die indigenen Bewohner des Archipels Tierra del Fuego (Feuerland)

zona franca – Freihandelszone (ohne Mehrwertsteuer)

Hinter den Kulissen

WIR FREUEN UNS ÜBER FEEDBACK

Post von Travellern zu bekommen ist für uns ungemein hilfreich – Kritik und Anregungen halten uns auf dem Laufenden und helfen, unsere Bücher zu verbessern. Unser reiseerfahrenes Team liest alle Zuschriften genau durch, um zu erfahren, was an unseren Reiseführern gut und was schlecht ist. Wir können solche Post zwar nicht individuell beantworten, aber jedes Feedback wird garantiert schnurstracks an die jeweiligen Autoren weitergeleitet, rechtzeitig vor der nächsten Nachauflage.

Wer uns schreiben will, erreicht uns über **www.lonelyplanet.de/kontakt**.

Hinweis: Da wir Beiträge möglicherweise in Lonely Planet Produkten (Reiseführer, Websites, digitale Medien) veröffentlichen, ggf. auch in gekürzter Form, bitten wir um Mitteilung, falls ein Kommentar nicht veröffentlicht oder ein Name nicht genannt werden soll. Wer Näheres über unsere Datenschutzpolitik wissen will, erfährt das unter www.lonelyplanet.com/privacy.

DANK AN UNSERE LESER

Wir danken unseren Lesern, die mit der letzten Ausgabe unterwegs waren und hilfreiche Hinweise, Tipps und interessante Geschichten beigetragen haben:

Alicia Metz, Camila Serrano Strancar, Chelsea Slade, Daniel Aedo, Daniëlle Wolbers, David Peacock, Diana Maddison, Doug Robertson, Elizabeth Rogers, Gabrielle Agosin, Grant McCall, Guy Cunningham, Hendrik Wiebel, Holly Houghton, Jana Alagarajah, Judit Pinter, Kate Menzies, Katy Bowers, Luigi Fiorino, Margriet Rikkers, Mariyam Varley, Nana Mikkelsen, Nicole Binkert, Philip Graham, Robert Hendrickson, Rutger Lange, Shirley Spring, Veronika Bikova, Wolfgang Brueckl

DANK DER AUTOREN

Carolyn McCarthy

Ich bin meiner zweiten Heimat so dankbar für die tollen Menschen und die einzigartige Natur. Ich habe das Glück, beobachten zu dürfen, wie Patagonien durch Umweltschutz und die harte Arbeit der Bewohner sogar noch schöner wird. Besonders danken für diese Reise möchte ich meiner grandiosen Ko-Pilotin Maija. Danke auch an Trauko, Pati, Randy und Andres, an Mireya und Familie und an Mery und Mauricio, an meine Wanderkollegen Walter und Estefania und an die netten Fremden, die meine Wohnung in La Junta in Ordnung gebracht haben. Und vor allem danke ich meinem Piloten Vince, der mir die das südliche Eisfeld in all seiner fragilen Schönheit gezeigt hat.

Cathy Brown

Vielen Dank an meine Kinder, die mich immer unterstützen, wenn ich irgendwohin aufbreche, und meinem Vater, der keine Gelegenheit auslässt, mich wissen zu lassen, wie stolz er auf mich als Reiseschriftstellerin ist. Ebenso danke ich Juan und Ignacio von Tierra Turismo für ihre Freundschaft, tollen Wein, Guns N' Roses-Karaoke, *asados*, magische Lupinenfelder, Tolhuin-Wahnsinn und vor allem für den besten Roadtrip aller Zeiten, auf dem ich ihr geliebtes Feuerland kennenlernen durfte.

Mark Johanson

Muchas gracias an alle Chilenen und Bewohner Rapa Nuis, die mir das Herz gewärmt haben und mich mit so viel *manjar* und Carménère versorgt haben, dass ich oft nicht mehr arbeiten konnte. Mein Dank geht an Felipe Bascuñán, Megan Snedden, Vanessa Petersen und Carla Andrade, die mich auf Etappen der Reise begleitet und mir mit ihrem Wissen geholfen haben. Außerdem danke ich Paula Santa Ana, Franz Schubert, Grant Phelps, Gonzalo Silva und Sandra Luz La Torre, die mich unterwegs mit ihrem Wissen sehr unterstützt haben.

Kevin Raub

Ich danke meiner Frau, Adriana Schmidt Raub – es war ein hartes Jahr. Und MaSovaida Morgan sowie meinen Ko-Autoren Carolyn McCarthy, Regis St. Louis und Mark Johanson. Für die Zeit unterwegs danke ich Britt Lewis, Cyril Christensen, Juan Pablo Mansilla, Karin Terrsy, Alfonso Spoliansky, Fernando Claude und Amory, Daniel Seeliger und Silvina Verdun,

Kurt Schillinger, Rodrigo Condeza, Ernesto Palm de Curto, Marie Brandt und Francisco Campbell, Natalia Hidalgo, Sirce Santibañez, Tracy Katelman, Vincent Baudin, James Graham und Kristin Kidd sowie Annette Bottinelli.

Regis St. Louis

Mein Dank geht an die unzähligen Einheimischen, die mir unterwegs geholfen haben, vor allem Manuel in Caldera, Flavio und Patrizia in Putre, Aris in Iquique und Priscilla in San Pedro. Ich danke auch MaSovaida Morgan, die mich an Bord geholt hat, und meiner Ko-Autorin Carolyn McCarthy für ihre harte Arbeit. Danke an meine Frau Cassandra und meine Töchter Magdalena und Genevieve, die meine teilweise langen Abwesenheiten tolerieren.

QUELLENANGABEN

Klimakartendaten von Peel MC, Finlayson BL & McMahon TA (2007) „Updated World Map of the Köppen-Geiger Climate Classification", *Hydrology and Earth System Sciences*, 11, 163344.

Umschlagfoto: *Moai*-Statue, Osterinsel, Randy Olsen/National Geographic Creative ©

DIESES BUCH

Dies ist die 4. Auflage von *Chile & Osterinsel*, basierend auf der mittlerweile 11. Auflage von *Chile & Easter Island*. Sie wurde von Carolyn McCarthy, Cathy Brown, Mark Johanson, Kevin Raub und Regis St. Louis verfasst. Die vorherige Auflage stammt von Carolyn McCarthy, Greg Benchwick, Jean-Bernard Carillet, Kevin Raub und Lucas Vidgen. Dieses Buch wurde von folgenden Personen produziert:

Verantwortliche Redakteure MaSovaida Morgan, Bailey Freeman

Leitende Produktmanager Saralinda Turner

Produktmanagerin Sandie Kestell

Leitender Kartograf Corey Hutchison

Buchdesign Clara Monitto

Redaktionsassistenz Katie Connolly, Lucy Cowie, Andrea Dobbin, Kellie Langdon, Jodie Martire, Anne Mulvaney, Kristin Odijk, Charlotte Orr, Sarah Reid

Umschlagrecherche Naomi Parker

Dank an Hannah Cartmel, Gwen Cotter, Ross Taylor, Angela Tinson

Register

Kartenverweise **000**
Fotoverweise **000**

Kartenverweise **000**
Fotoverweise **000**

Kartenlegende

Sehenswertes
- Strand
- Vogelschutzgebiet
- Buddhistisch
- Burg/Festung
- Christlich
- Konfuzianisch
- Hinduistisch
- Islamisch
- Jainistisch
- Jüdisch
- Denkmal
- Museum/Galerie/Hist. Gebäude
- Ruine
- Shintoistisch
- Sikhistisch
- Taoistisch
- Weingut/Weinberg
- Zoo/Tierschutzgebiet
- Andere Sehenswürdigkeit

Aktivitäten, Kurse & Touren
- Bodysurfen
- Tauchen
- Kanu-/Kajakfahren
- Kurs/Tour
- Sentō/Onsen
- Skifahren
- Schnorcheln
- Surfen
- Schwimmen/Pool
- Wandern
- Windsurfen
- Andere Aktivität

Schlafen
- Unterkunft
- Campingplatz
- Hütte/Schutzhütte

Essen
- Restaurant

Ausgehen & Nachtleben
- Bar/Kneipe/Club
- Café

Unterhaltung
- Theater/Kino/Oper

Shoppen
- Geschäft/Einkaufszentrum

Praktisches
- Bank
- Botschaft/Konsulat
- Krankenhaus/Arzt
- Internet
- Polizei
- Post
- Telefon
- Toilette
- Touristeninformation
- Noch mehr Praktisches

Landschaften
- Strand
- Schranke
- Hütte/Unterstand
- Leuchtturm
- Aussichtspunkt
- Berg/Vulkan
- Oase
- Park
- Pass
- Rastplatz
- Wasserfall

Städte
- Hauptstadt
- Landeshauptstadt
- Stadt/Großstadt
- Ort/Dorf

Transport
- Flughafen
- Grenzübergang
- Bus
- Seilbahn/Standseilbahn
- Fahrradweg
- Fähre
- Metro/MRT-Bahnhof
- Einschienenbahn
- Parkplatz
- Tankstelle
- S-Bahn-/Skytrain-Station
- Taxi
- Bahnhof/Eisenbahn
- Tram/Straßenbahn
- U-Bahn-Station
- Anderes Verkehrsmittel

Verkehrswege
- Mautstraße
- Autobahn
- Hauptstraße
- Landstraße
- Verbindungsstraße
- Sonstige Straße
- Unbefestigte Straße
- Straße im Bau
- Platz/Fußgängerzone
- Stufen
- Tunnel
- Fußgängerbrücke
- Spaziergang/Wanderung
- Wanderung mit Abstecher
- Pfad/Wanderweg

Grenzen
- Staatsgrenze
- Bundesstaaten-/Provinzgrenze
- Umstrittene Grenze
- Regionale Grenze/Vorortgrenze
- Meeresschutzgebiet
- Klippen
- Mauer

Gewässer
- Fluss/Bach
- Periodischer Fluss
- Kanal
- Gewässer
- Trocken-/Salz-/Periodischer See
- Riff

Gebietsformen
- Flughafen/Start- & Landebahn
- Strand/Wüste
- Christlicher Friedhof
- Sonstiger Friedhof
- Gletscher
- Watt
- Park/Wald
- Sehenswertes Gebäude
- Sportanlage
- Sumpf/Mangroven

Hinweis: Nicht alle Symbole kommen in den Karten dieses Reiseführers vor.

UNSERE AUTOREN

Carolyn McCarthy

Nordpatagonien, Südpatagonien, Tierra del Fuego Carolyn schreibt über Reisen, Kultur und Abenteuer in Nord-, Mittel- und Südamerika, u. a. für *National Geographic, Outside, BBC Magazine, Sierra Magazine,* den *Boston Globe* und andere Magazine. Bei Ihren Recherchen hat sie die abgelegensten Winkel Lateinamerikas bereist. Für Lonely Planet hat Carolyn bereits an 40 Bänden und Sammelbänden mitgearbeitet, darunter *Colorado, USA, Argentinien, Chile, Trekking in the Patagonian Andes (auf Englisch), Panama, Peru* und *Amerikas Nationalparks*. Mehr über sie erfährt man auf www.carolynmccarthy.org oder über ihren Instagram-Account travels@mccarthyoffmap. Carolyn hat außerdem die Reiseplanungstexte am Anfang des Buches sowie die Kapitel „Chile verstehen" und „Allgemeine Informationen" verfasst.

Cathy Brown

Tierra del Fuego Cathy arbeitet als Reiseschriftstellerin (Lonely Planet, OARS, Luxury Latin America) und Redakteurin (Matador Network). Sie lebt mit ihren drei Kindern in den Anden Patagoniens in Chile, wo sie wandert, gärtnert, Malbec trinkt, mit Heilkräutern und indigenen Kulturen arbeitet und sich ein Haus aus Strohballen baut. Sie liebt Abenteuerreisen und geht gern surfen, raften, Ski fahren, klettern und wandern. Cathy arbeitet eng zusammen mit der Adventure Travel Trade Association.

Mark Johanson

Santiago, Zentralchile, Osterinsel (Rapa Nui) Mark wuchs in Virginia auf und hat in den letzten zehn Jahren in fünf Ländern gelebt. Seine Karriere als Reiseschriftsteller begann er aus einer Lebenskrise in jungen Jahren heraus. Seitdem ist er in den letzten acht Jahren glücklich für australische Reisemagazine (wie Get Lost) und britische Zeitungen (u. a. The Guardian), amerikanische Lifestyle-Magazine (wie das Men's Journal) und internationale Fernsehsender wie CNN und BBC um die Welt gereist. Ist er gerade nicht unterwegs, findet man ihn in seinem Zuhause in Santiago, von dem aus er in die Anden schaut.

Kevin Raub

Sur Chico, Chiloé Kevin stammt aus Atlanta und arbeitete zunächst als Musikjournalist in New York, z. B. für Zeitschriften wie *Men's Journal* und *Rolling Stone*, doch dann kehrte er dem Rock-'n'-Roll-Lifestyle den Rücken, um Reisebücher zu schreiben, und hat mittlerweile an knapp 50 Reiseführern für Lonely Planet mitgearbeitet. Seine Schwerpunkte liegen dabei auf Brasilien, Chile, Kolumbien, den USA, Indien, der Karibik und Portugal. Außerdem schreibt Raub für verschiedene amerikanische und englische Reisemagazine. Unterwegs ist der selbstbekennende Bierjunkie auf der Suche nach regionalen Bieren mit möglichst vielen Bittereinheiten. Man kann ihm auf Twitter und Instagram folgen (@RaubOnTheRoad).

Regis St Louis

Norte Grande, Norte Chico Regis wuchs in einer Kleinstadt im Mittleren Westen der USA auf – in der Art von Kleinstadt, die große Reiseträume nährt. Schon früh begeisterte er sich für die verschiedenen Sprachen und Kulturen der Welt. Während seiner prägenden Jahre lernte er Russisch und ein paar romanische Sprachen, was ihm bei seinen späteren Trips über den Großteil des Planeten sehr zugute kam. Bislang hat Regis an mehr als 50 Lonely-Planet-Bänden mitgewirkt und dabei über Ziele auf sechs Kontinenten geschrieben. Auf seinen Reisen hat er u. a. die Berge von Kamtschatka, entlegene Inseldörfer in Melanesien und viele Großstädte besucht. Wenn er nicht gerade unterwegs ist, lebt Regis in New Orleans. Man kann ihm unter www.instagram.com/regisstlouis folgen.

DIE LONELY PLANET STORY

Ein uraltes Auto, ein paar Dollar in den Hosentaschen und Abenteuerlust, mehr brauchten Tony und Maureen Wheeler nicht, als sie 1972 zu der Reise ihres Lebens aufbrachen. Diese führte sie quer durch Europa und Asien bis nach Australien. Nach mehreren Monaten kehrten sie zurück – pleite, aber glücklich –, setzten sich an ihren Küchentisch und verfassten ihren ersten Reiseführer *Across Asia on the Cheap*. Binnen einer Woche verkauften sie 1500 Bücher und Lonely Planet war geboren. Heute unterhält der Verlag Büros in Franklin und Oakland (USA), London, Melbourne (Australien), Beijing (China) und Delhi (Indien) mit über 600 Mitarbeitern und Autoren. Sie alle teilen Tonys Überzeugung, dass ein guter Reiseführer drei Dinge tun sollte: informieren, bilden und unterhalten.

Lonely Planet Global Limited
Digital Depot
The Digital Hub
Dublin D08 TCV4
Ireland

Verlag der deutschen Ausgabe:
MAIRDUMONT, Marco-Polo-Straße 1, 73760 Ostfildern,
www.lonelyplanet.de, www.mairdumont.com, lonelyplanet-online@mairdumont.com

Chefredakteurin deutsche Ausgabe: Birgit Borowski

Redaktion: Verlagsbüro Wais & Partner, Stuttgart (Meike Etmann, Julia Rietsch, Kai Wieland, Juliane Hansen)
Übersetzung: Anne Cappel, Sonja Hofmann, Gabriela Huber Martins, Britt Maaß, Claudia Riefert, Svenja Tengs, Katja Weber, Carina Wurzinger
(An früheren Auflagen haben zusätzlich mitgewirkt: Julie Bacher, Brigitte Beier, Petra Dubilski, Beatrix Gehlhoff, Christiane Gsänger, Raphaela Moczynski, Thomas Pago, Christiane Radünz, Jutta Ressel, Petra Sparrer, Heinz Vestner, Renate Weinberger)
Technischer Support: Primustype, Notzingen

Chile & Osterinsel
4. deutsche Auflage Januar 2019,
übersetzt von *Chile & Easter Island 11th edition*, Oktober 2018
Lonely Planet Global Limited
Deutsche Ausgabe © Lonely Planet Global Limited, Januar 2019
Fotos © wie angegeben 2018

Printed in Poland

FSC www.fsc.org MIX Papier aus verantwortungsvollen Quellen FSC® C018236